Otto Hartwig

Zentralblatt für Bibliotekswesen

Otto Hartwig

Zentralblatt für Bibliotekswesen

ISBN/EAN: 9783741166945

Hergestellt in Europa, USA, Kanada, Australien, Japan

Cover: Foto ©Andreas Hilbeck / pixelio.de

Manufactured and distributed by brebook publishing software (www.brebook.com)

Otto Hartwig

Zentralblatt für Bibliotekswesen

Centralblatt für Bibliothekswesen

XII

Centralblatt
für
Bibliothekswesen

Herausgegeben

unter ständiger Mitwirkung zahlreicher Fachgenossen
des In- und Auslandes

von

Dr. O. Hartwig
Bibliotheksdirektor in Halle

Zwölfter Jahrgang

Leipzig
Otto Harrassowitz
1895

Inhalts-Verzeichnis.

	Seite
Diebolt Lauber und seine Werkstatt in Hagenau von Rudolf Kautzsch	1 57
Das Accipies-Bild in den Wiegendrucken von F. Falk	32
L'Exposition du Livre à Paris (août—novembre 1894) par Henry Stein	84
Ein Sammelband deutscher Lieder aus dem Jahre 1529 in der Grossherzoglichen Hofbibliothek zu Darmstadt von Adolf Schmidt	113
Die Bibliotheken der evangelischen Kirche in ihrer rechtsgeschichtlichen Entwicklung von O. Radlach	153
Der Dictionnaire der französischen Akademie. Ein bibliographischer Versuch zum 200jährigen Jubiläum von Gabriel Meier	173
† Monsignor Isidoro Carini	198
Darf der Holzschnitt als Vorläufer der Buchdruckerkunst betrachtet werden? von W. L. Schreiber	201
Hugo Blotius in seinen Beziehungen zu Strassburg von G. Knod	266
Bibliothekstechnische Mitteilungen von Düring	297
Statistik der bedeutenderen ausserdeutschen Bibliotheken der Erde von Richard Kukula	311
Zur Bibliographie der liturgischen Drucke des Erzstifts Mainz von F. W. E. Roth	326
Wolfgang Schenck und Nicolaus Marschalck von Gustav Bauch	353
Bibliothekstechnisches von Wilhelm Altmann	410
Notes sur quelques manuscrits grecs de la Bibliothèque archiépiscopale d'Udine provenant du cardinal D. Grimani par H. Omont	415
Aus Lucas Holstenius' Nachlass von Hugo Rabe	441
Gedruckte Katalogzettel von Hans Schnorr v. Carolsfeld	448
Die Marienthaler Drucke der Seminarbibliothek zu Mainz von F. W. E. Roth	452
Un noël historique allemand de 1478 par Paul Bergmans	456
Die sogenannte Chyliński'sche Bibel. Bibliographische Beiträge von Joseph Paczkowski	458
Welche Bücher gaben die Leidener Professoren heraus? von W. N. du Rieu	467

	Seite
Die Katalogzettel für Sonderabdrücke und Ausschnitte von Heinrich Simon	489
Bibliotheks-Adressbuch, wissenschaftliche und Volks-Bibliotheken von P. Schwenke	494
Bibliothekstechnisches. Erwiderung von F. Eichler	501
Noch einmal J. P. A. Madden und die Druckerei im Kloster Weidenbach zu Köln von Jak. Schnorrenberg	502
Über den Krakauer Druck von Turrecremata, Explanatio in Psalterium von K. Różycki	507
Die deutschen Kartographen Nicolaus von Cusa, Kardinal, und Nicolaus Donis, Benediktiner, von F. Falk	512
Die Maya-Litteratur und der Maya-Apparat zu Dresden von Konrad Haebler	537

Recensionen und Anzeigen	37 130 180 275 331 416 472 514 576
Mitteilungen aus und über Bibliotheken	43 136 184 279 385 421 474 517 579
Vermischte Notizen	48 140 188 283 339 426 478 522 584
Neue Erscheinungen auf dem Gebiete des Bibliothekswesens	52 149 192 291 344 437 484 531 588
Antiquarische Kataloge	55 152 197 295 349 439 487 535 591
Auktionen	198
Anfragen und Bitten	148 343 436 544
Personalnachrichten	56 152 200 296 351 439 488 536 592

Verzeichnis der besprochenen Bücher.

Adressbuch, Zoologisches. Hrsg. von R. Friedländer u. Sohn. 578.
Annerstedt, Claes, Upsala universitetsbibliotheks historia intill ar 1702. 418.
Bahlmann, P., Deutschlands katholische Katechismen bis zum Ende des sechzehnten Jahrhunderts. 42.
Beer, Rudolf, Handschriftenschätze Spaniens. 277.
Bibliographie der Württembergischen Geschichte I s. Heyd, Wilh. 410.
Bücherschatz, Neuer Deutscher. 419.
Catalogue, A, of the Books and Pamphlets in the Library [of the Manchester Museum Owens College] arranged by Will E. Hoyle. 473.
Clapin, Sylva, Dictionnaire canadien-français. 180.
Ex-Libris Collection, The, of the Ducal Library at Wolfenbüttel. With a preface by Dr. O. von Heinemann. 275.
Fletcher, William J., Public Libraries in America. 134.
Frati, Carlo, s. Pubblicazioni. 181.
Friedländer, H., u. Sohn s. Zoologisches Adressbuch. 578.
Genesis, Die Wiener. Hrsg. von Wilh. Ritter von Hartel und Franz Wickhoff. 473.
Grulich, Oscar, Geschichte der Bibliothek und Naturaliensammlung der Kaiserl. Leopoldinisch-Carolinischen deutschen Akademie der Naturforscher. 133.
Hartel, Wilh. v., s. Die Wiener Genesis. 473.
Hartmann, August, Deutsche Meisterlieder-Handschriften in Ungarn. 331.
Heinemann, O. von, Die Herzogliche Bibliothek zu Wolfenbüttel. 2. Aufl. 40.
Heinemann, O. von, s. s. The Ex-Libris Collection. 275.
Heyd, Wilhelm, Bibliographie der Württembergischen Geschichte I. 410.
Hoyle, W. E., s. Catalogue. 473.
Jürges, Paul, Die modernen Systeme von Büchergestellen mit verstellbaren Legeböden. 514.
Katalog der Hss. der Königl. Bibliothek zu Bamberg s. Leitschuh, Friedr. 332.
Katalog der Ornamentstich-Sammlung des Kunstgewerbe-Museums. 136.
Kętrzyński, Wojciech, Zakład narodowy imiena Ossolińskich. 132.
Leitschuh, Friedrich, Katalog der Hss. der Königl. Bibliothek zu Bamberg. 332.
Meyer, Wilhelm, s. Verzeichnis. 183.
Mittheilungen aus der Sammlung der Papyrus Erzherzog Rainer 1—4. 181.
Nissen, Waldemar, Die Diataxis des Michael Attaleiates von 1077. 41.
Ochelhäuser, A. von, Die Miniaturen der Universitäts-Bibliothek in Heidelberg II. 576.
Papyrus Erzherzog Rainer. Führer durch die Ausstellung. 181.
Pellechet, M., Catalogue des Incunables des Bibliothèques publiques de Lyon. 275.
Pohler, Joh., Bibliotheca historico-militaris Bd. III Heft 3 u. 4. 472.
Pubblicazioni della R. Biblioteca Estense di Modena. I. Lettere di Girolamo Tiraboschi al Padre Ireneo Affò . . . a cura di Carlo Frati. Parte I. 181.

Rowell, Joseph C., Classification of books in the library. 277.
Schönbach, Anton E., Über Lesen und Bildung. 276.
Sudhoff, Karl, Versuch einer Kritik der Echtheit der Paracelsischen Schriften. 1. Theil. Die unter Hohenheims Namen erschienenen Druckschriften 130.
Tiraboschi, Girolamo, Lettere di, al Padre Ireneo Affò a. Pubblicazioni. 181.
Verzeichnis, Alphabetisches, der französischen Litteratur in der Herzogl. Bibliothek zu Wolfenbüttel. Der Bücher-Verzeichnisse der Herzogl. Bibl. zu Wolfenbüttel 2. Bd. 37.
Verzeichniss der Handschriften im preussischen Staate. I. Hannover. 3. Göttingen 3 (hrsg. v. Wilh. Meyer). 183.
Wickhoff, Franz, s. Die Wiener Genesis. 473.
Wolkan, Rudolf, Böhmens Anteil an der deutschen Litteratur des XVI. Jahrh. 516.

Namen- und Sachregister zu den kleineren Mitteilungen.

Acta Borussica. 41.
Adressbuch d. Deutschen Zeitschriften, v. Sperling. 175.
Äther, eosigsaurer, Bibliographie. 530.
Ahn, Friedr., Bibliographische Seltenheiten der Trubertiteratur. 40.
Akademie der Wissensch. in Wien. 181 (gekündigter Tauschverkehr).
Albino, Jan, Rodenburgh-Bibliographie. 253.
Altenburgische Gesangbücher. 12.
Altsächsische Bibelübersetzung, Hs. der. 340.
Altserbische Pergamenthss. 343.
Amerikanische Schenkungen an Volksbibliotheken. 251.
Andrea, Giovanni d'. 291.
Anfragen, bibliographische, an Bibliotheken. 358.
Angriffe gegen die deutschen Bibliotheken. 179.
Anweisung für einen Kopisten. 142.
Argentinische öffentliche Bibliotheken. 281.
Aristote. 471.
Asolano, Antonio Blado. 426.
Auktion d. Bibl. K. Bernsteins. 484.
Autor- u. Verlagsrecht im Altertum. 190.
Blumker, Wilh. 343.
Bancroft's, George, Büchersammlung. 44.
Barlaam und Josaphat. 142.
Basel, alte Klosterbibliotheken in. 188.
Beck, Rich., Aus dem Leben Joachim Fellers. 132.
Beer, R., Mittelalterl. Biblioth. Spaniens u. ihr Bestand an mthss. Litt. 582.
Behördenorganisation, Akten der. 51.
Belli, Giacomo. 427.
Belsheim, J. 117.
Benediktinerbrevier von 1459. 46.
Benzler, Joh. Lor. 252.

Berger, Samuel. 146. 147.
Bergmann, Paul. 252. 441. 526.
Bericht über die Thätigkeit des Wiener Schulbücher-Verlags. 435.
Berlin, Öffentliche Leschalle in. 580.
Bernoulli, C. Chr., Über alte Baseler Klosterbibl. 188.
Bernstein, Karl. 484.
Betrachtungen eines alten Sortimenters über das Weihnachtsgeschäft. 185.
Biagi, Guido. 339.
Bianchi, Andrea. 426.
Bibel, grösste der Welt. 142.
—, Gutenbergsche 42zeilige. 477.
—, italienische, des MA. 147.
—, Lyoner. 142.
Bibelübersetzung, Hs. der altsächs. 340.
—, deutsche, in Württemberg. 343.
Bibelverbreitung. 143. 179.
Bibliographical Contributions. 482.
Bibliographie des ensigmanten Äthers. 530.
— der amerikan. histor. Litteratur 1502 u. 1503. 102.
— über Cochet. 527.
—, histor., der Dauphiné. 254.
— über die griech.-römische Epoche Egyptens. 201.
—, Japanische. 252.
—, geschichtl., des italien. Journalismus. 147.
— des Lockfarium. 143.
— der „schönen Magelone". 341.
— der neugriechischen Mundartenforschung. 253.
— über Murners Narrenbeschwörung. 147.
— der histor. Litteratur von Nord-Carolina. 41. 482.
— über das Notariat. 527.
— über Reinh. Paull. 481.
— rothéloise. 254.
— über Theod. Rodenburgh. 253.

Bibliographie über Wilhelm Roscher. 451.
— über Slav. Starovolscius. 192.
— der Thèses de doctorat spécial von Gent. 263.
— des Vergerio. 142.
— der Wakash-Sprachen. 192.
— über J. Zupitza. 556.
Bibliographieen, spanische. 148.
Bibliographische Anfragen an Bibliotheken. 555.
— Internation. Konferenz in Brüssel. 451. 522.

Bibliotheca bibliographica Italica, Supplemento. 263.
Bibliothek George Bancroft's. 44.
— der Gesellschaft f. deutsche Sprache. 137.
— J. Hamburgers, verbrannt. 143.
— des Prof. v. Helmholtz. 282.
— des russischen Generalstabes. 520.
— Karl Vogts. 143.
— des Klosters Wessobrunn. 282.
Bibliothekare, Gehälter der preuss. 45. 140.

Bibliotheken (im Alphabet der Ortsnamen).

Addis Abeba, Landesbibl. 46.
Alexandrien. 187 (Geschenk d. deutsch. Kaisers).
Amsterdam, Univ.-Bibl. 137 (Statistik).
Baltimore, Enoch Pratt Libr. 583.
Bamberg, Kgl. Bibl. 136.
Berkeley, Bibl. d. Univ. von Californien. 521.
Berlin, Bibl. d. Dorotheenstädt. Realgymn. 137.
—, Bibl. d. Korporation Berl. Buchhändler. 423.
Bologna. 427.
Boston, Publ. Libr. 43 (Jahresber.).
Bremen, Öffentl. Bibl. 424 (Vera. d. naturwiss. Zeitschr.).
Budapest, Bibl. d. Akad. d. Wissenschaften. 522.
Cambridge, Engl., Fitzwilliam Museum. 424 (Illus.-Kat.).
—, Engl., Univ.-Bibl. 424.
—, Mass., Harvard Univers. 44 (Bulletin), 452 (Bibliogr. Contributions).
Chantilly, Bibl. d. Hzgs. v. Aumale. 286 (Sammelbd. Ital. Gedichte).
Chicago, Bibl. d. Germania Männerchors. 583.
—, Newberry Libr. 521.
—, Public Library. 45 (Jahresber.).
Christiania, Un.-Bibl. 157.
Colmar, Stadtbibl. 424 (Inkunabelkatal.).
Córdoba, Un.-Bibl. 261.
Darmstadt, Hofbibl. 279 (kostenfreier Bücher-Versand).
Donaueschingen, Fürstl. Fürstenberg. Bibl. 583.
Dresden, Stadtbibl. 155 (Katal.-Nachtrag).
—, Bibl. d. Technischen Hochschule. 424.
Einbeck, Stadtbibl. 158.
Elbing, Stadtbibl. 165 (Katal.).

Erfurt, Kgl. Bibl. 517.
Essen, Bibl. der Münsterpfarrei. 49. 141. 189 (alte Hs.).
Evanston, Orrington Lunt Libr. 425.
Florenz, Bibl. Nazionale Centrale. 43. 426.
—, Bibl. Riccardiana. 426 (Illus.-Kat.).
Frankfurt a. M., Rothschild'sche Bibl. 423.
Freiburg i. B., Gymnasial-Bibl. 336 (Gesch.).
—, Univ.-Bibl. 282. 474. 510.
Freyenthurn, Schlossbibl. 46.
Giessen, Univ.-Bibl. 517.
Graz, Landesbibl. 475 (Inkunabelvers.).
—, Univ.-Bibl. 474. 475.
Greifswald, Un.-Bibl. 51 (Samml. d. Vitae Pomeranorum).
Haag, Kgl. Bibl. 520 (Bücher über China u. Japan), 584 (Italkanländer).
Halle, Bibl. d. Kriminalist. Seminars. 139.
Hamburg, Stadtbibl. 188 (Jahresber.). 187 (Lesesäle).
Hanau, Bibl. der Hohen Landesschule. 337.
Hannover, Kgl. Bibl. 136 (Briefhs.).
—, Volksbibl. 423.
Heidelberg, Univ.-Bibl. 423.
Karlsruhe, Hof- u. Landesbibl. 130. 510 (Hss.-Katal.).
Kiel, Univ.-Bibl. 519.
Köln, Dombibl. 518.
—, Bibl. d. Klosters Sion. 579.
Königsberg i. Pr., Bibl. des Kneiphöfischen Stadtgymn. 140 (Gesch.).
Kopenhagen, Kgl. Bibl. 427 (Jahresbericht).
Krakau, Jagellon. Bibl. 282.
Jamnitz, Schlossbibl. 143.
Jersey City. 44 (Library Record).
Ithaca, Cornell University. 44 (Library Bulletin).

XI

Lawrence. 477.
Leipzig, Bibl. des Börsenvereins der deutsch. Buchhdlr. 526.
—, Bibl. d. Comenius-Stiftung. 475.
—, Bibl. d. Handelskammer. 552.
—, Reichsgerichtsbibl. 518.
—, Univ.-Bibl. 423.
Lemberg, Ossolinskisches Institut. 156.
—, Un.-Bibl. 282.
Linz, Alumnatsbibl. 337.
Löbau, Stadtbibl. 47 (Gesch.).
London, British Museum. 46 (Erwerbungen). 528 (Buchelabde).
—, Bibl. d. Royal Colonial Institute. 47.
St. Louis, Free Public Libr. 336.
—, Mercantile Library. 336.
Lübeck, Stadtbibl. 139 (Jahresber.).
Mailand, Bibl. Nazionale. 428.
Mainz, Stadtbibl. 283.
Manchester, Owens College. 281.
Marbach, Schillerarchiv. 396.
Michelsberg, Klosterbibl. 476 (Gesch.).
Michigan, Bibl. d. Ann Arbor Univ. 426.
Milwaukee. 44 (Quaterly Index of additions).
Modena, Bibl. Estense. 427 (Musikdrucke).
Montevideo, Nationalbibl. 281.
Montreal, Bibl. d. Mc. Gill Univ. 426.
München, Hof- und Staatsbibl. 522 (Wasserzeichen in Hss. d. 14. Jhrts.). 553 (Ex-libris-Ausstellung).
Münster, Dombibl. 476 (Gesch.).
Nantes, Musée Dobrée. 477.
New York, Astor Library. 281.
—, Columbia College. 281. 336. 426.
—, Lenox Library. 44. 281.
—, Un.-Bibl. 477 (Schenkung).
Nürnberg, Bibl. d. Katharinenklosters. 553 (alter Katal.).
Oxford, Bodleiana. 425.
Padua, Univ.-Bibl. 427.
Palo Alto. 47.
Paris, Nationalbibl. 335. 384 (Katal. der franz. Hss.). 336 (d. deutsch. Hss.). 477 (Kat. d. Hss. a. d. Abtei St. Martial zu Limoges). 477 (Probe des Generalkatal.).

Paris, Bibliothèque du Roi. 383.
Peoria. 43.
St. Petersburg, Bibl. d. Generalstabes. 520.
—, Kaiserl. öffentl. Bibl. 520.
St. Pölten. 476.
Posen, Bibl. der Gesellsch. der Freunde der Wissensch. 157.
—, Landesbibl. 49.
Prag, Böhm. Museum. 142 (2 Hss.).
Recife, Bibl. d. Jurist. Fakultät. 281.
Rom, Vaticana. 156 (Diebstahl). 140 (Klimax-Hs.). 338 (Gesch.).
—, Bibl. Vittorio Emannele. 426. 427.
Saint-Paul. 428.
Sarnen, Kantonalbibl. 338.
Schweidnitz, Volksbibl. 158 (Projekt).
Seitenstetten, Stiftsbibl. 47 (Miniaturen).
Sommerhausen a. M., „Klosterbibl." 156.
Stettin, Bibl. des Marienstifts-Gymn. 423 (Gesch.).
Stockholm, Kgl. Bibl. 477.
Strassburg, Un.- u. Landesbibl. 522 (Ausschmückung des Lesesaals).
Trier, Stadtbibl. 475 (Hs. Nr. 508).
Üzen, Marien-Kirchenbibl. 475 (Velerins- u. Seneca-Hs.).
Upsala, Un.-Bibl. 281 (Erhöhung d. Budgets). 336 (Kat. d. altisländ. u. altnord. Hss.).
Waidhofen a. d. Ybbs, Bibl. d. Landes-Unterrealschule. 288.
Washington, Bibl. d. National-Museums. 426.
—, Bibl. d. Smithsonian Institution. 426.
Wernigerode. 521.
Wessobrunn, Klosterbibl. 282.
Wien, Fideikommiss-Bibl. 476 (Catal. codd. hagiograph. — Gebetbuch Erzherzog Ernsts).
—, Univ.-Bibl. 185.
Zürich, Stadtbibl. 139 (Jahresber.).
Zwickau, Ratsschulbibl. 137 (Flugschriftenlitt.).
Zwittau, Volksbibl. 157 (2. Jahresbericht).

Bibliotheken, deutsche, Angriffe gegen sie. 279.
—, öffentl., Deutschlands. 147.
— Italiens. 158 (Statistik). 183 (Sicherung gegen Feuersgefahr).
— Preussens. 140 (Stat. Gesamtkatal.).
— Schwedens. 43. 427 (Zuwachsverzeichnis).

Bibliotheken Spaniens, mittelalterl. 352.
—, öffentl., der Vereinigten Staaten, Statistik. 156.
— der Unterrichtsanstalten der Vereinigten Staaten, Statistisches. 280.
— westfälischer Klöster, Stifte. 141.
Bibliotheksbeamte Italiens, Gehälter der. 529.

XII

Bibliotheksbeamte Preussens, Gehälter der. 48. 140.
Bibliotheksdirektoren, Gehälter der preuss. 140.
Bibliotheks-Erlass, italien., 1894. 185.
Bibliotheksexamina. 340.
— in Frankreich. 341.
— in England. 764.
Bibliotheks-Katalog, hornlichs., von 1437. 432.
Bibliotheksordnung des ehemaligen Klosters Sion in Köln. 579.
— kathol. geistlicher Orden. 431.
Bildt, Karl. 339.
Blado Asolano, Antonio. 426.
Biamdel, Marcellin, Bibliographie de l'abbé Cochet. 527.
Börkel. 587.
Bogliortegnelse, Norsk, for 1892. 285.
Bologna, griech. Hss. in. 427.
Bolte, Joh. 341.
Bonner Inkunabeln-Katalog, Nachträge u. Berichtigungen. 429.
Bookworm, The. 340.
Brambach, Wilh., Gregorianisch. 340.
—, Psalterium, Berichtigungen u. Ergänzungen. 287.
Brandschäden in Bibliotheken. 143.
Braun, Edm., Trierer Sacramentar des 10. Jhs. 531.
Brescimo, Giovanni. 291.
Bresalau, Harry. 476.
Breviarium, glagolitisches, v. 1493. 527.
Briefhandschrift der Kgl. Bibl. in Hannover. 138.
Bruchmalski, Wilh. 148.
Brückner, A. 147.
Brüsseler Internation. bibliogr. Konferenz. 481. 522.
Buchdruck im hebr. Hinterlande. 146.
— in Konstantinopel. 481. 585.
—, cyrillischer, in Krakau. 147.
— in l'oitiers. 285.
—, Geschichte des schottischen. 482.
— in Schwerin. 565.
—, Trier-Metzer, Zur Geschichte d. 143.
Buchdrucker, ältester, in Mailand. 339.
Buchdruckereien in Speier im 15. u. 16. Jht. 179.
Buchelnhände, engl., Veröffentl. über. 525.
Buchemann, Fr. 424.
Buchhandel, Missstände im. 188.
— der Provinz Sachsen. 289.
Buchwald, Georg. 433.
Bücher über Stenographie. 191.
Büchermarken, Zürcher. 50.
Bücherpreise auf antiquarischen Auktionen. 286. 432.

Bücherpreise, hohe moderne. 143.
Bücherproduktion Italiens. 483.
— in Russland. 530.
Büchertitel, ungeschickte. 288.
Bücherumsatz Dänemarks mit Deutschland 1891. 529.
Bücherverkehr im 16. Jhrt. 433.
Bücherverzeichnis, norwegisches, für 1892. 285.
Bulletin des Institut international de Bibliographie. 522.
Burger, Konr., Schriftprobe vom J. 1525. 478.
Buxheim, G. Zainer's Geschenke an das Kloster —. 432.
Caeria, Antonio. 339.
Cambridge, Mass., Urk. zur ältest. Gesch. d. Univers. in. 482.
Carta, Francesco. 426.
Catalogue des mss. allemands de la Bibliothèque nation. 336.
— de la librairie française 1894. 341.
— général des livres imprimés de la Bibliothèque nation., Probe. 477.
— général des mss. français de la Bibl. nat. 585.
— général des mss. des bibliothèques publ. de France. 335.
Chevalier, Ulysse. 284.
Chilovi, D. 43.
Cajus, Joh., Grammatica Germanicae linguae. 142.
Classification, Decimal. 481. 523. 525. 526.
Claudin, A. 255. 587.
Cochet. 527.
Cochläus, Joh., Wider die Reubischen vnd Murdischen rotten der Bawren. 145. 288.
Codex epistolaris Imperatorum, Rogum etc. 135.
Columbus-Bibliographie, 339.
Combaire, Ch. J. 49.
Conradus de Rodenberg. 342.
Conradus a Zabern. 342.
Contributions, Bibliographical. 482.
Cranach'sche Holzschnitte d. jüngsten Gerichts. 586.
Croy, Henry de, L'Art et science de rethorkque. 530.
Cyrillischer Buchdruck in Krakau. 147.
Dänisch-deutscher Bücherumsatz 1894. 529.
Dahlgren, E. W. 43. 427.
Dante-Bibliotheken. 431.
Dauphiné, histor. Bibliogr. 284.
Davis, Andrew McFarland. 482.
Debra Sinan. 46.
Decameron, Leo Gratias-Druck. 436.

Decimal Classification. 481. 523. 525. 526.
Decker, Ant., Hildebohl'sche Manuskriptensammlung d. Kölner Domes. 518.
Dejardin, Ad. 50.
Delisle, Léop. 477. 479.
Deo Gratias-Druck d. Decameron. 436.
Detmer, H., Zur Gesch. d. Münsterschen Dombibl. 476.
Deutsch-dänischer Bücheraustatz 1894. 520.
Deutschlands öffentl. Bibliotb. 147.
Dewey, Melvil. 481. 525. 526.
Dictionnaire der franzsf. Akademie, Amsterdamer Nachdruck 284.
—, histor. et géogr. de l'Imprimerie en Italie, v. G. Fumagalli. 482.
Diebstahl in der Vaticana. 136.
Dominicus de Clavasio. 436.
Dominikanerinnen, Bibliotheknordnung der. 473.
Dresdener Internation. Kongress zum Schutze des geistigen Eigentums an Schriftwerken. 525.
Druck, erster hebräischer, in Deutschland. 480.
Drucke, römische, von Ant. Blado Asolano. 426.
Dufferin, Lord. 50.
Dziatzko, K., Autorrecht im Alterium. 190.
—, Sammlung bibliothekswissensch. Arbeiten 7. u. 8. 310.
Egypten, Bibliographie der griech.-röm. Epoche. 291.
Elsässer, Hans. 138.
England, Zahl der Zeitungen in. 340.
Englische Kathedralbibliotheken, Hss. derselben. 425.
Englisches Bibliotheksexamen. 284.
Erlasse betr. die Gehälter der preuss. Bibliotheksbeamten. 48. 522.
Escher, C. 138.
Esplagues, Évrard d'. 435.
Etat der preussischen Bibliotb. 140.
Eulenspiegel, Volksbuch vom. 284.
Évrard d' Esplagues. 435.
Ewangeli vñ Epistel. 424.
Examen der englischen Bibliothekare. 284.
Ex-libris. 285. 443. 528. 543.
Ex-libris-Litteratur. 285.
Fabre, Paul, Le Vatican. 338.
Falk, F., Bibliotheksordnung der Karmeliten. 421.
—, Zu Hains Repertorium. 342.
—, Klosterdruckerei im Gardasee 1517. 432.

Falkenauer Stadtbuch. 531.
Faulmann, K., Gesch. und Litt. der Stenographie. 191.
Feller, Joachim. 137.
Fernandez Duro, Cesaréo. 339.
Festa, Niccola. 427.
Festschrift der Docenten z. Halle'schen Univ.-Jubiläum. 48.
Feuersgefahr, Sicherung der ital. Bibliotheken gegen. 185.
Files, George Taylor. 147.
Final, VIII. 147. 427.
Fiske, Willard. 431.
Flint, Weston. 186.
Flugschriftenlitteratur in Zwickau. 137.
Fock, Gust. 431.
Förster, Rich. 141.
Forargue, H. W. 50.
Fraul, L. 147.
Frey, Josef. 141.
Fridolin, Stephan. 531.
Friebe, Moritz. 141.
Fritz, G., Die Hof- u. Staatsdruckerei in Wien. 288.
Froschauer, Chph. 51.
Fumagalli, Giuseppe. 147. 289. 426. 482.
Fust und Schöffer'sches Psalterium, 1450. 46.
Gardasee, Klosterdruckerei im. 432.
Garnett. 50.
Gebetbuch Erzherzog Ernst's. 476.
Gehalt der italienischen Bibliotheksbeamten. 529.
— der preussischen Bibliotheksbeamten. 48. 140.
— der preuss. Bibliotheksdirektoren. 140.
— der preuss. Hülfsbibliothekare. 140. 522
Generalkatalog der öffentl. Bibliotb. (Vander Haeghen's Vorschlag). 428. 520.
— der Pariser Nationalbibl. 477 (Probe). 527.
Generalstabsbibliothek, russische. 529.
Gerhard, Ferd. 147.
Gesamtkatalog der preuss. Bibliotb. 140.
Gesangbuch, ältestes deutsches katholisches. 169. 343.
Gesangbücher, Altenburgische. 49 (Gesch.).
Geschichte des schottischen Buchdrucks. 482.
Gesellschaft für deutsche Sprache in Berlin. 137.
— zur photographischen Vervielfältigung von Hss. 339.

Gesellschaft zur Verbreitg. v. Volksbildung, Gründung von Volksbibl. 564.
Giesing. 47.
Giovanni d'Andrea. 201.
Gla, Dietr., Systematisch geordnetes Repertorium der kathol.-theolog. Litteratur. 526.
Glagolitisches Breviarium v. 1493. 527.
— Missale v. 1463. 528.
Glossar, lat -deutsch., d. 15. Jhrts. 190.
Göddel, Wilh. 336.
Gradenwitz. 526.
Grassel, Manuel de bibliothéconomie, trad. de J. Laude. 527.
Grazer Exemplar der Icones novi testamenti. 529.
Griechische Hss. der Bibliotheken Bolognas. 427.
Grimme, Fr. 49.
Grimmelshausen, Pralerei und Gepräng mit dem Teutschen Michel. 344.
Gutenberg, Feier seines 500jähr. Geburtstags. 557.
Gutenberg'sche 42zeilige Bibel. 477.
Italian-Blumenstock, A., Kanonistische Hss. d. Kais. öff. Bibl. in St. Petersburg. 520.
Hach, Ed. 479.
Hagedorn, A., Anfänge d. hamburg. Zeitungspresse. 478.
Hager, Gg. 242.
Hains Repertorium, Zu. 842.
Halle, Festschrift d. Docenten z. Jubiläum d. Univers. 48.
Hamborger, J. 149.
Hamburgische Zeitungspresse, älteste. 478.
Handschrift der altsächs. Bibelübersetzung. 340.
— der Münsterkirche in Essen. 49. 141. 189.
— Nr. 509 der Trierer Stadtbibl. 475.
Handschriften englischer Kathedralbiblioth. 425.
—, griech., der Biblioth. Bolognas. 427.
—, hebr., der Pia Casa de' Neofiti. 49.
Handschriftenverwendung, direkte, aus fremden Bibliotheken. 421.
Handschriftenverzeichnis der ital. Bibliotheken. 269.
Harrison, J. Park, Architektur der Bodleiana. 425.
Hase, Osk. v., Schrift- u. Buchwesen 1598. 528.
Haupt-Bibel-Gesellschaft, preuss. 479.
Hauthaler, Willibald. 138.
Hebräischer Druck, erster, in Deutschland. 480.

Hecker, O., Deo Gratias-Druck des Decameron. 436.
Hecq, Gaëtan. 530.
Heidelberger Liederhandschrift. 49.
Heidenheimer. 587.
Heiligtumsbücher, Trierer. 50.
Heimann, Georg, Berufskrankheiten der Buchdrucker. 530.
Helta, Paul, Zürcher Büchermarken. 50.
Heliwig. 146.
v. Helmholtz' Bibliothek. 262.
Herberger'sche Bibliothek. 141.
Heures bretonnes. 470.
Hildebold'sche Manuskriptensammlung. 518.
Histoire des intrigues galantes de la Reine Christine. 339.
Holder, Alfr. 519.
Holtzmann, H. 343.
Houwaert, J. D. 530.
Hubert, Friedr., Vergerius publizist. Thätigkeit. 142.
Hülfsbibliothekare, Gehälter der. 140. 522.
Huet, Gédéon. 336. 435.
Hymnarius, Sigmundslust 1524. 139. 343.
Jacobs, Ed., Über Joh. Lor. Benzler. 269.
—, Schriftum und Bücherwesen in Wernigerode. 521.
Jacobus de Voragine. 435.
Jadart, Henri, Bibliographie rétheloise. 285.
Jagić, V. 527.
Jahrbuch der Schule der Vereinfachten Stenographie IV. 191.
Jahresbericht, XIII., der Dante-Society in Cambridge (Mass.). 431.
Jahresversammlung der englischen Bibliothekare. 50. 328.
Jahresverzeichnis d. deutschen Schulschriften. 339.
— der deutschen Univ.-Schriften. 265.
— der österreichischen Schulschriften. 285.
James, Montagne Rhodes. 424.
Japanische Bibliographie. 269.
Icones novi testamenti, Grazer Exemplar. 529.
Ilg. 47.
Indici e Cataloghi. 426.
Inkunabeln, Kölnische. 136.
Inkunabeln-Katalog, Bonner, Nachträge. 429.
Institut international de Bibliographie. 522.
Instrumentum vendicionis unius vel plurimorum librorum. 142.

Inventari dei mss. delle biblioteche d'Italia IV. 259.
Inventarium der Bücher Herzog Johann Friedrichs d. A. v. Sachsen. 311.
Joachimsohn, P., Tacheru Buch von den Kaisergeschichten. 551.
Johann Friedrich d. A. von Sachsen, Inventarium seiner Bücher. 311.
Johnen, Christian. 191. 192.
Jones. 143.
Jordell, D., Catalogue annuel de la librairie française 1894. 341.
Josenhans, J., Bibelübersetzung in Württemberg. 343.
Jostes. 141. 169. 353.
Isola dei Frati, Klosterdruckerei auf. 432.
Italienische Bibel des MA. 145.
— Bibliotheken, Statistik. 149. Sicherung gegen Feuersgefahr. 155.
— Volksbücher in München u. Berlin. 147.
Italiens Bücherproduktion 1894. 453.
Juramentum scholasticl der Kreuzkirche in Nordhausen. 146.
Kant-Handschriften, Versendung von Dorpat nach Berlin. 478.
Karmeliten, Bibliotheksordnung der. 421.
Karthäuser, Bibliotheksordnung der. 422.
Katalog aller gedruckten Bücher. 525.
— der französ. Illas. der Pariser Nationalbibl. 354.
Kataloge der Schulbibliotheken. 519.
Katechismen, Strassburger, der Reformationszeit. 343.
Kathedralbibliotheken, engl., Mss. derselben. 425.
Katzerowsky, W. 433. 530.
Kaufflock, Paul. 479.
Keinz, Wasserzeichen des 14. Jhts. in Hss. der Staatsbibl. in München. 522.
Kerkoner, Job. 521.
Kessler. 478.
Kbull, Ferd. 254.
Kirchenbibliotheken, alte, in Pommern. 141.
Kirchenbuch, ältestes protest. von Posen. 142.
Kirchenbücher in der Provinz Sachsen u. Thüringen. 436.
Kirchenordnung, Pommersche. 141.
Kleinwächter, Heinr. 147.
Klimax-Hs. der Vaticana. 110.
Klosterbibliothek in Wessobrunn. 252.
Klosterbibliotheken, alte, in Basel. 185.
Klosterdruckerei im Gardasee 1517. 432.

Knaake, K., Zur Cochleus-Bibliographie, 258.
Kniggo, Johan Illmer Frh. v. 431.
Koutel, Paul, Eine schlesische Soldatenbibl. des 17. Jhrts. 431.
Koch, Joha. 137.
Koehler, S. R. 426.
Kolbing, E., über Zupitza. 556.
Kölnische Inkunabeln. 436.
Könnecke, Gust., Bilderatlas z. Gesch. d. deutsch. Nationallitteratur. 253.
Konferens, Internationale bibliographische, in Brüssel. 451. 522.
Kongress, Internation., zum Schutze des geistigen Eigentums an Schriftwerken in Dresden. 525.
Konstantinopel, Urk. zur Buchdruckergesch. von. 431. 455.
Kopist, Anweisung für einen. 142.
Koppen. 337.
Kovatschewitsch. 343.
Krakau, Verbot des cyrillischen Buchdruckes in. 147.
Krieg, R. 436.
Kroschel. 530.
Krumbach, K. Jul., über Schullesebücher. 190.
Kukula, R., Minerva. 52.
—, Statistik der Univers.-Bibliotheken. 338.
Kurzschlacher Bibliotheks-Katalog von 1437. 432.
Längin, Theod. 139.
Lahmer, Rob. 146.
Lamey, Ferd. 139.
Lane, William C. 421.
Lange, E., Greifswalder Professoren i. d. Samml. d. Vitae Pomeranor. 51.
Lauchert, F., Zur Cochläus-Bibliographie. 145.
Laude, Jules, Übersetzung v. Graesels Bibliotheklehre. 527.
Lauenburgische Zeitung. 146 (Gesch.).
Leihverkehr zwischen Biblioth. 421.
Leiningen-Westerburg, K. E. Grf. zu, Ex-libris-Litteratur. 255.
Leitmeritzer Memorabilienbücher. 433. 530.
Leitschuh, F., Zu Wilhelm Brambachs „Psalterium". 257.
Lemcke, Hugo. 141.
Lermina. 525.
Lesehalle, öffentl., in Berlin. 558.
Lessing, G. E., Anmerkungen zu den Fabeln des Aesop. 144.
Library Assistants' Association. 452.
Library Association of the U. K. 80. 528 (Jahresversamml.).
Liederhandschrift, Heidelberger. 49.

Liège, Karten u. Ansichten von. 40.
Limoges, Katalog der Hss.-Sammlung der Abtei St. Martial zu. 477.
Linotype-Setzmaschine. 477.
Lippert, Woldemar. 432.
Liszt, Fr. v. 139.
Lobris, Verkauf der dortigen Schlossbibl. 190.
Loevinson, Herm. 432.
Lorenz, Otto Heinr. 434.
Loserth, Joh. 529.
Luckhardus. 143.
Lumbroso, Giac., Progressi della Egittologia greco-romana. 291.
Lunt, Orrington. 425.
Lyoner Bibel. 142.
Mackintosh, James. 45.
Mailand, ältester Buchdrucker in. 339.
Mann, Friedr., über die deutschen Bibliotheken. 279.
Manuskripten-Kataloge, Regulativ f. Bearbeitung von. 336.
Martens, Thierry. 481.
Mayer, Herm. 336.
Mazzatinti, G. 289.
Menelik's II. von Abyssinien Bibl. 46.
Menghini, M. 427.
Metz-Trierer Buchdruck, Zur Gesch. des. 143.
Meyer, Gust., Bibliogr. d. neugriech. Mundartenforsch. 283.
Minerva, Jahrbuch für die gelehrte Welt. 52.
Miniaturen, engl., des 10. u. 11. Jhts. 147.
— der Stiftsbibl. in Seitenstetten. 47.
Minnesinger, Wappen der deutschen. 146.
Missale, glagolitisches, v. 1483. 528.
Misstände im deutschen Buchhandel. 188.
Mitteilungen aus d. Stadtbibliothek in Hamburg. 185.
Mollnet, Jehan, Traitile de réthorique. 530.
Mollmann, Ernst. 140.
Moltke, Max. 582.
Mommsen's Widmung der Ausgabe des Solinus. 587.
Mone, F. 146.
Morpurgo, S. 426.
Morrhe, Gerhard. 340.
Mortet, Victor, über die Bibliotheksexamina. 340.
Motta, Emilio. 339.
Mourek, V. E. 142.
Mücke, Rud. 478.
Murmellus, Latein.-ungarisch. Wörterbuch. 483.

Murner, Thom., Narrenbeschwörung. 147.
Musée Dobrée in Nantes. 477.
Nachrichten aus dem Buchhandel 1895 No. 226. 528.
Nachträge u. Berichtigungen z. Bonner Inkunabeln-Katalog. 428.
Nestle, E., Der erste hebräische Druck in Deutschland. 480.
—, Etwas an den Büchertiteln! 286.
Neubaur, L. 185.
Neues Testament, Tyndales englische Übersetz. 284.
Neugriechische Mundartenforschung, Bibliographie. 283.
Niedling, A., Bücher-Ornamentik, 2. Aufl. 481.
Nigri, Peter. 480.
Nissen, Nic. 146.
Nord-Carolina, histor. Litterat. von. 44. 482.
Normalpapier. 132.
Norwegisches Bücherverzeichnis für 1892. 285.
Notariat, Bibliographie. 527.
Notendruck mit beweglichen Lettern. 189.
Öffentliche Bibliotheken Deutschlands. 117.
— Bibliotheken d. Vereinigten Staaten. Statistik. 186.
Oglio, Erland. 189.
Olivieri, Alessandro. 427.
Omont, H. 141. 340. 481. 584 f.
Ordnung des Gerichts. 144.
Ottino, G. 283.
Pacini, Filippo. 426.
Palimpseste, photographische Rekonstruktion von. 528.
Papier u. Tinte im amtlichen Gebrauch. 432.
Papierindustrie in Chicago 1893. 432.
Pappafava, Wlad., Lijst van boeken over het notariaat. 527.
Patrologia syriaca. 286.
Paull, Reinhold. 481.
Pellechet, M. 435.
Pergamenthandschriften, altserbische. 343.
Petrinia, Jub. 478.
Photographische Rekonstruktion von Palimpsesten. 528.
Pia Casa de' Neofiti, hebräische Hss. der. 49.
Picot, Emil. 286.
Pilling, James Constantine. 192. 587.
Pohl, Jos., Über ein in Deutschland verschollenes Werk des Thomas v. Kempen. 339.

Poitiers, Buchdruck in. 285.
Polnische Privatbibliotheken. 282.
Pomeranorum Vitae. 51.
Pommerns alte Kirchenbibliotheken. 141.
Pommersche Kirchenordnung. 141.
Posener ältestes protestant. Kirchenbuch. 147.
— Stadtbuch. 49.
Preussens Staatsbibl., Etat. 140.
Pringsheim, E. 526.
Privatbibliotheken, polnische. 282.
Probe des Generalkatal. der Pariser Nationalbibl. 477.
Prudentiushandschriften, Illustrierte. 587.
Psalter, Uspenskijscher. 580.
Psalterium quadruplex in Essen. 189.
— von 1459. 46.
Rabener's, Mart., Inventarium. 290.
Radics, P. v., über Joh. Ludw. Schünleben. 343.
Raphaardi. 137.
Refanowitsch. 343.
Reformationszeit, Schriften aus der, in Sommerhausen. 156.
Register zu den Drucksachen des Reichstags. 557.
Regulativ für die Bearbeitung von Manuskripten-Katalogen. 510.
Reichstagsdrucksachen, Register zu. 557.
Reishart, Symphorian. 556.
Reliefrüchte eines Bibliothekars. 552.
Rekonstruktion, photographische, von Palimpsesten. 526.
Remunerationen der preuss. Hülfsbibliothekare. 522.
Renner, Der. 142.
Report of the Commissioner of Education 1890/91. 258.
Retana, W. E. 148.
Rethel, Bibliographie über. 285.
Revue internationale des archives, des bibliothèques et des musées. 526.
Rietsch, K. Fr., Stadtbuch v. Falkenau. 581.
Rivista d. Biblioteche e degli Archivi. 339.
Rodenberg, Conradus de. 342.
Rodenburgh, Theod. 285.
Roscher, Wilh. 481.
Roth, F. W. E., Buchdruckereien in Speier im 15. u. 16. Jht. 479.
Rühl, Frz., Uspenskijscher Psalter. 580.
Ruepprecht, Chr., Zur Benutzung der öffentl. Bibl. 343.
Ruß, Ferd. 288.

Russlands Büchererzeugung 1894. 530.
Sacerdote, Gust. 49.
Sachsen, Buchhandel der Provinz. 289.
—, Kirchenbücher der Provinz. 436.
Sacramentar, Trierer, d. 10. Jhts. 531.
Sammelband italien. Gedichte in Chantilly. 286.
Sammlung bibliothekswissenschaftl. Arbeiten 7 u. 8. 340.
— E. Waterton. 286. 425.
Sandars, Samuel. 425.
Schenkl, Heinr. 425.
Schenkung Low's an das Columbia College in New York. 338.
— an die Univers. d. Stadt New York. 477.
Schenkungen an nordamerikan. öffentl. Bibloth. 281.
Schiffsbibliotheken. 187.
Schillerbibliothek in Marbach. 386.
Schilling, M. 137.
Schlosser, Jul. v. 529.
Schmoller, Akten der Behördenorganisation. 51.
Schönleben, Joh. Ludw. 343.
Schurbach, Karl, Lucidarius. 143.
Schriften aus d. Reformationszeit in Sommerhausen. 156.
Schriftwart, Der. 191.
Schrift- u. Buchwesen 1893. 528.
Schröder, Anfänge des Buchdrucks in Schwerin. 555.
Schröer über die deutschen Bibliotheken. 279.
Schulbücher-Verlag, Wiener. 435.
Schulleseb ücher, Gesch. d. deutschen. 190.
Schulprogramm, Beitr. z. Gesch. des. 530.
Schulschriften, Jahresverzeichnis der deutschen. 339.
—, Verzeichn. d. Österreich. 288.
Schwank-Literatur d. 17. Jh. 147.
Schwarz, Peter. 480.
Schwedens Bibliotheken. 13. 427 (Zuwachsverzeichnis).
Schweighauserische Buchhandlung in Basel, Jubiläum. 189.
Schwerin, Anfänge des Buchdrucks in. 555.
Seneca- u. Valerius-Hs. in Olzen. 475.
Seraphin, Fr. Wilh., ein lat.-deutsch. Glossar d. 15. Jhts. 190.
Seyler, G. A., Illustriertes Handbuch der Ex-libris-Kunde. 453. 528.
Seymour, Paul H., Bibliogr. d. ewigwären Athem. 530.
Sion, Kloster in Köln, Bibliotheksordnung. 550.

Snoilsky, C., Svenska historiska planscher. 477.
Soldaten-Bibliotheken in Wien. 424.
Sommervogel, Carlos, Introduction de l'Imprimerie dans différ. villes. 50.
Southwell, Robert. 45.
Spanier, M. 147.
Spanische Bibliographieen. 145.
— mittelalterliche Bibliotheken. 652.
Spelerer Buchdruckereien im 15. u. 16. Jht. 439.
Sperling's Adressbuch der Deutschen Zeitschriften. 475.
Stadthuch von Falkenau. 531.
— von Leitmeritz. 5.m.
— von Posen. 10.
Starovolscius, Simon. 192.
Statistik der Italien. Biblioth. 184.
— der öffentl. Bibl. der Vereinigten Staaten. 186.
Statistisches über die Biblioth. der Unterrichtsanstalten i. d. Vereinigten Staaten. 280.
Steffenhagen, E., Verordnung d. Regg. Karl für d. Kieler Univ.-Bibl. 519.
Stein, Henri. 526.
Strinsch, Joh. Jak. v. 579.
Stenographie, Bücher über. 191.
Stettiner, R., Illustrierte Prudentiushss. 647.
Stoll, Adolf, über Friedr. Wilken. 479.
Strassburger Katechismen der Reformationszeit. 343.
Supplement zu Hain. 340.
Suringar, Hugo, Uitwendige versiering van boeken. 435.
Ssamota, Stefan. 435.
Tadra, Ferd. 142.
Tauschverkehr, von der Wiener Akademie gekündigt. 191.
Testament, Neues, Tyndales engl. Übers. 284.
Thesaurus latinitatis. 140.
Thèses de doctorat spécial soutenues dev. l'Un. de Gand. 283.
Thomas, Antoine, über Évrard d'Espingues. 435.
Thomas v. Kempen, Meditationes ac Vita Christi. 339.
Tiukanen, J. J. 140.
Tokuno, T. 426.
Toner, J. M. 192.
Toulouse, Buchgewerbe im 16. Jht. in. 587.
Toynbee, Paget. 431.
Trier-Metzer Buchdruck, Zur Gesch. des. 143.
Trierer Heiligtumsbuch. 50.
— Sacramentar d. 10. Jhts. 531.

Truberlitteratur. 50.
Trübner, Minerva. 52.
Tuchers Buch von den Kaiserangesichten. 531.
Tümpel, W. 49.
Tyndale, William. 261.
Übersicht über die Leistungen der Deutschen Böhmens auf d. Gebiete d. Wissenschaft etc. 435.
Universalverzeichnis der Werke der Wissenschaft, Litteratur u. Kunst. 525.
Universitätsschriften, Jahresverzeichnis der deutschen. 258.
Uspenskijscher Psalter. 680.
Valerius- u. Seneca-Hs. in Chzen. 475.
Van den Daele, O. 530.
Vander Haeghen, Ferd. 429. 520.
Van Veerdeghem, F. 530.
Varnhagen, Herm. 147.
Vergerio, Pietro Paolo. 142.
Verkauf der Bibl. auf Schloss Lobris. 190.
Versendung v. Kant-Hss. aus Dorpat nach Berlin. 478.
Vibana, Conde de la. 148.
Vitae Pomeranorum. 51.
Vogel, Karl. 432.
Vogt, Karl. 145.
Volksbibliotheken in Argentinien. 261.
—, Gründungen von — durch die Gesellsch. f. Verbreitg. v. Volksbildg. 561.
—, Schenkungen in Amerika an. 251.
—, Statistik der nordamerik. 186.
Volksbuch vom Eulenspiegel. 254.
Volksbücher, Ital., in München und Berlin. 147.
Vouillième, E. 50. 145. 431. 436.
Vulgata unter Merovingern u. Karolingern. 148.
Wachtendonck, Peter. 679.
Wakashan Languages. 192.
Waldner, Fr. 168. 343.
Walthor, Ch. 284.
Warschauer, Adolf. 49.
Waterton's, F., Sammlung. 286. 425.
Weeks, Stephen B. 152.
Wehrmann, M. 424.
Weidling, Friedr. 142.
Wenckstern, Fr. v., Bibliography of the Japanese empire. 289.
Westerholt-Gysenberg, Grf. W. v. 46.
Westfälische Kloster- u. s. w. Bibliotheken. 141.
White, Andrew D. 41.
Wien, Soldaten-Bibliotheken in. 424.
Wiener Akademie der Wissenschaft. 191 (gekündigter Tauschverkehr).

Wiener Hof- u. Staatsdruckerei. 255.
— Schulbücher-Verlag. 435.
Wierzbowski, Th., Verzeichnis der Schriften des Surovolscius. 192.
Wilken, Friedr. 479.
Willcox, E. S. 43.
Württemberg, deutsche Bibelübersetzung in. 343.
Wyss, Georg v. 135.
Zabern, Conradus a. 342.
Zainer, G. 432.

Zeilenzählung am Rande. 145.
Zeitung, Lauenburgische. 146.
Zeitungen in England, Zahl der. 340.
Zeitungspresse, älteste hamburgische. 478.
Ziesing, Th. 138.
Züricher Büchermarken. 50.
Zupitza, Jul., Bibliographie. 580.
Zuwachsverzeichnis der Bibliotheken Schwedens. 43. 427.

Namenregister zu den Personalnachrichten.

Andrews. 352.
Ascherson. 152. 206.
Bader. 196. 592.
Bernoulli. 440.
Billings. 440.
Blox. 200.
Blömcke. 351.
Bollig. 200.
Carini. 198. 200.
Caussade, de. 56.
Chaney. 352.
Dämmling. 488.
Decrel. 351.
Diestel. 206. 439.
Dziatzko. 488.
Ebel. 351.
Ehrenberg. 592.
Ehrle. 200. 440. 536.
Franke. 296. 592.
Fritzsche. 351.
Gawalowski. 352.
Geiger. 486.
Geiser. 440.
Gilbert. 152.
Gleiniger. 592.
Goltsch. 352.
Grulich. 152.
Haeberlin. 458.
Hamann. 296.
Hanitsch. 351.
Hartl. 502.

Heinemann, von. 440.
Heinemann. 351.
Heller. 200.
Henneberg. 488.
Hirsch. 488.
Hochegger. 536.
Höfhammer. 352.
Hohenauer. 440.
Hordyński. 440.
Kelchner. 440.
Kemke. 56.
Kletto. 152.
Kopfermann. 152.
Kuhnert. 206.
Kukula. 440.
Laban. 351. 536.
Lafrenz. 440.
Langguth. 440.
Lauter. 351.
Lehner, von. 352.
Lennert. 296.
Loubier. 440.
Marktanner-Turneretscher. 352.
Martinsen. 351.
Maurer. 56. 200.
Milius. 351.
Morin. 296.
Müller, Job. 351.
Münzel. 152.
Nentwig. 440.
Nick. 200.

Pauli. 592.
Pietsch. 455.
Putnam. 352.
Rantenberg. 152.
Reicke, Joh. 296.
Reicke, R. 200.
Riebel. 296.
Robert-tornow. 200, 455.
Rödiger. 152.
Roth, von. 440.
Rowe. 351.
Sann. 592.
Schaarschmidt. 455.
Schalk. 455.
Schmidt, Adolf. 200.
Schott. 200.
Schröder. 296.

Schuch. 352.
Schwartz. 440. 455.
Steffenhagen. 152.
Stübel. 351.
Thompson. 440.
Thorn. 440.
Voltz. 200.
Wetzel. 440.
Wiebert. 296.
Wijnmalen. 152.
Wilmanns. 152.
Winterlin. 200.
Wolff. 592.
Wukadinović. 351.
Zangemeister. 440.
Zedler. 139.
Zerbst. 592.

Centralblatt
für
Bibliothekswesen.

XII. Jahrgang.   **1. Heft.**   **Januar 1895.**

Diebolt Lauber und seine Werkstatt in Hagenau.
(Mit einer Tafel.)

Einleitung.

Wenn wir unter den deutschen Bilderhandschriften des 15. Jahrhunderts Umschau halten, so erregt bald eine bestimmte, sehr reichlich vertretene Klasse von Werken unsere Aufmerksamkeit. Es ist zunächst die Art der Ausstattung, welche auffällt: die Texte sind mit grossen, leicht bemalten Federzeichnungen geschmückt, deren kunstlose, ja oft rohe Art gar weit hinter den zierlichen Bildchen anderer gleichzeitiger Bilderhandschriften zurückbleibt. Doch ist ihren Illustratoren eine saubere Gleichmässigkeit und eine ganz erstaunliche Fingerfertigkeit nicht abzusprechen. Und diese Eigenheit giebt im Verein mit der reinlich fliessenden Schrift jenen Werken das Aussehen gefälliger Fabrikwaare mehr als allen andern Erzeugnissen der Illustration des 15. Jahrhunderts.

Widmen wir dieser Gruppe von Bilderhandschriften eine eingehendere Beobachtung,[1]) so gelangen wir bald zu folgenden Bemerkungen.

---

[1]) Ueber den Weg, der zur Beschaffung eines reichlichen Hss.-Materials für eine solche Untersuchung etwa einzuschlagen ist, habe ich in meinen einleitenden Erörterungen (Strassburg, Heitz 1894) S. 66 Genaueres berichtet. Wer die Schwierigkeiten einer Arbeit über Bilderhandschriften kennt, wird lückenlose Vollständigkeit in der Aufführung der Erzeugnisse einer Schreibstube nicht verlangen. Haben wir doch gerade von den bedeutendsten deutschen Bibliotheken noch immer keine zulänglichen Hss.-Kataloge. Und die vorhandenen geben keineswegs immer an, ob ein Werk Bilder irgend einer Art enthalte, oder nicht. Nachweise vollends über den Dialekt der Hss. habe ich bisher allein in dem neuen Göttinger Katalog gefunden. Im Interesse der Verwerthung unserer deutschen Bilderhss. für die Zwecke der Kunstgeschichte wäre dringend zu wünschen, dass die Hss.-Verzeichnisse in einer einheitlichen, strung durchgeführten Terminologie Vorhandensein und Art des Schmuckes kurz angeben möchten. Mindestens eben so wichtig wie diese Angabe ist aber die Bezeichnung des Dialektes der Hss. Häufig habe ich — wenn nicht reichliche Textanführungen im Katalog eine Bestimmung der Hss. erlaubten — zehn Werke eingesehen, um schliesslich in einem einzigen elsässische Arbeit zu finden.

Nur dem freundlichen Entgegenkommen, das mir fast überall zu Theil geworden, danke ich es, dass ich überhaupt zu einem Ergebnis gelangte.

2   Diebolt Lauber und seine Werkstatt in Hagenau

1. Den Handschriften ist sämmtlich deutsche Sprache und volksthümlicher Inhalt eigen: es sind Bibeln, Erbauungsschriften, Heiligenleben, Epen der mhd. Blüthezeit, spätere Romane, Naturgeschichten, Rechtsbücher und ähnliche.
2. Sie sind durchaus in classischer Mundart, also wohl von classischen Schreibern geschrieben.
3. Sie zeigen in der äusseren Anlage (Art der Rubricierung, Anwendung der Initialen, Form der Ueberschriften und des Explicit u. s. w.) die engste Verwandtschaft.
4. Dieselben Zeichner kehren hier und dort wieder, so dass einer und der andere an drei, vier (bis zu 18) verschiedenen Hss. mitgearbeitet hat.
5. Einzelne Werke sind von mehreren Zeichnern illustriert, bald so, dass zwei Hände Lage um Lage mit einander wechseln, bald so, dass die eine Hälfte von a, die andere von b mit Bildern versehen ist, bald auch so, dass die einzelnen Bände eines umfangreichen Werkes von verschiedenen Arbeitern ausgeschmückt sind.

Alle diese Beobachtungen drängen uns die Vermuthung auf, dass wir es mit Erzeugnissen einer Werkstatt zu thun haben, in der mehrere Gesellen neben einander unter Leitung eines Unternehmers mit Schreiben, Rubricieren, Zeichnen und Malen beschäftigt waren. Mit völliger Sicherheit können wir dieser Werkstatt vorerst freilich nur solche Hss. zuweisen, deren Illustratoren durch gemeinsame Arbeiten mit einander verbunden sind. Nehmen wir etwa eine fünfhändige, deutsche Bibel der Palatina, die zu unserer Gruppe gehört, zum Ausgangspunkt (s. u. K VII): am Bilderschmuck dieses Werks sind fünf verschiedene Hände, die sich deutlich von einander unterscheiden, thätig gewesen. Nun dürfen wir in unsere Gruppe alle die Hss. einreihen, deren Bilder von einem der fünf Illustratoren gefertigt sind. Wenn sich jetzt unter diesen Hss. die eine oder andere findet, die wiederum von mehreren Händen gefertigt ist, so werden diese Werke neue Mittelpunkte für Untergruppen, die ebenso zuverlässig unserer Werkstatt entstammen, zumal wenn einzelne ihrer Zeichner auch sonst wieder im Gesammtbereich unserer Werkstatthandschriften auftauchen.

Wir versuchen graphisch darzustellen, wie sich auf diese Weise schliesslich eine Gruppe von 13 mit einander eng verbundenen Zeichnern ergiebt.[1])

Und so spreche ich denn an dieser Stelle den Vorständen und Beamten aller der Bibliotheken, die ich benutzen durfte, meine aufrichtige Erkenntlichkeit aus. Ganz besonders verpflichtet bin ich Herrn Prof. Merauer in St. Gallen, Herrn Abbé Hanauer in Hagenau und Herrn André Waltz in Colmar.

1) Die grossen Buchstaben geben die Zeichner an. Keineswegs soll aber die Länge der Linien alle Zeit der Thätigkeit des Einzelnen ausdrücken. Darüber wissen wir gar nichts Festes. Jede neu auftauchende Hs. könnte die Angaben ändern. Die römischen Ziffern bezeichnen die Werke, an denen unsere Arbeiter gemeinsam thätig gewesen sind. Und zwar: I) eine Historienbibel im Kölner Stadtarchiv, s. u. C I u. öfter.   II) eine Historienbibel in Dresden, s. n. D I, E,   III) den palat. 324, s. u. F II n. öfter.   IV) den palat. 149, s. n. F III, B.   V) den palat. 19 ff., s. u. K VII u. die angef. Stellen.

A B C D E F G H J K L M N

I   VI   VII

   II

    III

     IV

V

         VIII

IX

 Die Thatsache einer blühenden Werkstätte zur Erzeugung von Bilderhss. dürfte darnach gesichert sein. Nun erhebt sich die Frage, wo haben wir sie zu suchen. Irgendwo im Elsass sicherlich. Das zeigt schon die classische Mundart aller unserer Hss. Weiter finden wir auf den Falzen einer ganzen Anzahl von ihnen zahlreiche elsässische Orts- und Adelsnamen; es sind elsässische Urkunden zum Heften der Lagen verwandt worden, bevor diese beschrieben wurden. Endlich weisen auch die beiden einzigen Ortsangaben unter Schreibernamen, die sich vorfinden, aufs Elsass. Ein Hans Schilling von Hagenau (s. u. K I) und ein Johannes Port de Argentina (s. u. F II) haben uns nebst ihren Namen auch ihre Heimath überliefert. Aber auch diese Angaben helfen uns nicht, den Ort unserer Werkstatt zu bestimmen. Denn aus einem „von Hagenau" oder „de Argentina" schliessen zu wollen, dass eine dieser Städte unsere Schreibstube in ihren Mauern geborgen habe, wäre doch vorschnell; mag Hans Schilling geschrieben und gemalt haben, wo er wolle, er durfte überall mit gleichem Recht seinem Namen das „von Hagenau" zufügen. Kurz, wir sehen, die Hss. selbst sagen uns vorläufig über den Ort ihrer Entstehung nichts weiter.
 Doch es fügt sich, dass wir anderswoher Auskunft erhalten.

Erstes Kapitel.
Diebolt Lauber.

 Schon seit geraumer Zeit hat man sich mit einigen merkwürdigen Schriftstücken beschäftigt, die sich hie und da auf leeren Blättern vor

VI) eine Historienbibel in St. Gallen (1. Bd.), s. u. G I, H. VII) eine Historienbibel in Wolfenbüttel, s. u. K VIII, L, M, N. VIII) eine Historienbibel in St. Gallen (2. Bd.), s. u. G I, K IX. IX) eine Historienbibel in München, s. u. A VI, K IX.

oder hinter dem Texte deutscher Hss. des 15. Jahrhunderts fanden. Theils sind es umfängliche Verzeichnisse von Werken volksthümlichen Inhalts, die ein „Schreiber" zum Kauf anpreist, theils ist es nur die allgemeine Anzeige, dass „hübsche Bücher, geistlich oder weltlich, schön gemalt" bei eben demselben zu haben seien. Es ist Diebolt Lauber, der merkwürdige Schreiber von Hagenau, der auf diese Weise seine Erzeugnisse an den Mann zu bringen sucht. Leider kann ich über den zweifellos sehr interessanten Hagenauer nichts mittheilen, was nicht schon bekannt wäre[1]). Ueber seine Person wissen wir so gut wie nichts. Dass er schon vor 1447 mit Handschriften handelte, also spätestens am 1425 geboren ist, lehrt uns die Eintragung in der S. 14 ff. besprochenen Hs. No. 5. Er war von Haus aus Schreiber, wohl ein sogenannter Stuhlschreiber, cathedralis. Das geht aus den erwähnten Selbstzeugnissen des Mannes hervor, auch folgt es aus der Schlussschrift eines Psalters von seiner Hand (s. Hs. No. 1 S. 11). Eine weitere Bücheranzeige nennt ihn „schreyber lert die Kinder". Wenn diese Anzeige (Hs. 5 S. 14 ff.) getreu nach einem Original von Laubers Feder kopiert ist, so haben wir damit den Beweis, dass er wie viele seines Berufs Schreiblehrer und Buchschreiber zugleich war.[2]) Aber er trieb die Schreiberei auf die Dauer nicht ohne festen Rückhalt. Das zeigt eine dritte Anpreisung (Hs. 6 S. 16), die unterfertigt ist: Diebolt Lauber schreiber in der burge zu hagenow. Auf der Burg befand sich der Sitz der Landvogtei.[3]) Vgl. z. B. Hertzog.[4]) Edelsasser Cronik IX S. 150: „Es hat auch ein Landvogt inn der Statt Hagenaw seine Residentz unnd wonung inn der Burg". Darnach ist kaum ein Zweifel, dass Lauber Schreiber in der Landvogtei war.

Wieder einen Schritt weiter führt uns die genaue Auslegung eines Briefes von der Hand des Mannes. Mone fand „in einem deutschen Psalter des 15. Jahrhunderts zu Lichtenthal vorn und hinten" die unten mitgetheilten „Notizen",[5]) durchweg, wie auch die Hälfte

---

[1]) Weder das Stadtarchiv von Hagenau noch das Bezirksarchiv des Unterelsass zu Strassburg (Fonds der ehemaligen Landvogtei) ist in Besitz von irgendwelchen Urkunden oder Acten, die Aufschluss geben könnten.
Man vergleiche vor allem Wattenbach, Schriftwesen² S. 478 und Kirchhoff, Beiträge zur Gesch. des deutschen Buchhandels I, Leipzig 1851. Derselbe, Hss.-Händler des M.-A., Leipzig 1853, und: Weitere Beiträge zur Gesch. des Hss.-Handels, Halle 1855. Kapp, Gesch. des Deutschen Buchhandels bringt nichts Neues. Was den genannten Schriften etwa beizufügen ist, findet sich an gegebenen Orte bemerkt.
[2]) Ob er urspr. Schulmeister war, dann Schreiber wurde, oder ob er (was auch mir dem Folgenden nach wahrscheinlicher vorkommt) den Schreibunterricht nur in zweiter Linie betrieb, kann mit völliger Sicherheit nicht mehr ausgemacht werden. Vgl. Wattenbach S. 479.
[3]) Auf diese Thatsache hat mich zuerst eine freundliche Mittheilung des Herrn Abbé Hanauer in Hagenau aufmerksam gemacht.
[4]) Hertzog, Chronicon Alsatiae, Edelsasser Cronik. Strassburg, Bernhardt Jobin 1592.
[5]) Schriften des Alterthums-Vereins für das Grossherzogthum Baden II. 1846. S. 254.

der ganzen Hs., von einer Hand geschrieben. Mone sagt aber nicht, ob diese Notizen, die er „gleichzeitig" mit dem Buch nennt, auf leere Seiten eben des Werks selbst oder auf besonders eingeklebte Blätter geschrieben sind. Da der Psalter inzwischen in der Strassburger Bibliothek geborgen wurde (s. u. S. 11 f.), so können wir wenigstens feststellen, dass die kürzere zweite Hälfte der Mittheilung Mones auf dem inneren Blatt des Rückdeckels sich (noch heute) vorfindet. Allein die nicht weniger werthvolle erste Hälfte ist aus dem Buch verschwunden. Glücklicherweise aber nicht verloren. Die Stadtbibliothek von Hagenau besitzt ein Blatt, das jene Zeilen vollständig enthält und uns Mones Hand in den Besitz der genannten Bibliothek gelangte. Es ist nach der Mittheilung des Herrn Abbé Hanauer, dem ich diesen ganzen Nachweis verdanke, ein Blatt aus dem Psalter selbst und wurde also von Mone oder von irgendwem sonst herausgelöst. Das Schriftstück lautet:

Gnediger lieber Juncherre als hat mich Emmerich ein zedel lossen lesen hat myn gnediger herre hertzog Ruprecht etc. selbs gescbriben umb suben stuk bücher, nemlich die zwey bücher der heiligen leben winterteil und sommerteil, item der heiligen drige künig büch gemolt und morolff gemolt etc.. Item Wilhelm von Orliens gemolt und der Parcifal die beiden bücher gar hübsch gemolt, und Bellial und das Sübenmeisterbuch die zwei ouch gar hübsch gemolt etc. und wolten ir ouch der heiligen drige künige büch gemolt und Adams leben darinne. so schickent Eberlin ein zedel, so ward es neb etc. Ouch lieber juncher als ir gerne künig Artuss und her Ybin hetten die schribe ich yetz und wolt neb die gerne vergeben schribn, das ir geben den kosten zu m..., und luzubinden und mir ein früntliche bede brief an meister und rat mahtent, das ich uwer geniessen möhte, dann zu allen molen etwas lidig wird, das mir gefüglichen were, das wolt ich ewiclichen umb uwer gnade verdienen.

Ouch so schribent dem apt von sant Waltpurg der hat die glose die buchs gar hübsch etc

Der Werth dieses ganzen Briefes steht und fällt mit der Beantwortung der Frage: hat Mone recht mit der Bemerkung: „die ganze Notiz sowie auch die Hälfte der Hs. ist von Laubers Hand".[1]) Nun ist der zweite Theil des Psalters zweifellos von Lauber geschrieben: „des frowen sich myn diebolt loubers hende" (s. S. 11). Und mit den Schriftzügen dieses Theils stimmt auch die kurze Selbstempfehlung des Hss.-Händlers auf dem Rückdeckel des Buchs genau überein. Vgl. das unten S. 11 erwähnte Facsimile im Trübnerschen Katalog. Darnach

---

1) Hat Lauber den Brief nicht selbst in den Psalter geschrieben, so kann er nach dem Original von seiner Hand durch den Besitzer des Buches oder irgendwen auf das Psalterblatt abgeschrieben worden sein.
Wir wissen aber in diesem Fall nicht einmal, ob denn wirklich der Brief, der so kopirt wurde, von Lauber selbst herrührt. Und so vorzüglich er zu allem, was wir von Lauber wissen, passt, ist an und für sich jene Möglichkeit doch zuzugeben.

hat sich Mone, der ja die erste Hand im Psaltertext von der zweiten wohl unterschied, schwerlich gerade in der Hauptsache geirrt.[1])

Was sich weiter für die Eigenhändigkeit des Briefs anführen lässt, ist neben der allgemeinen Unwahrscheinlichkeit, dass ihn noch im 15. Jahrhundert irgend Jemand in den Psalter sollte abgeschrieben haben, etwa dies: der Brief hat sich von Anfang an in Begleitung einer Hs. befunden, vgl. die Worte: „glose dis buchs". Sodann stimmt auch die Schreib- und Ausdrucksweise, besonders in den Büchertiteln, völlig mit der Laubers in einer sicher eigenhändigen Anpreisung[2]) überein.

Nach alledem glaube ich, wir dürfen annehmen: Diebolt Lauber selbst hat den Brief auf ein Vorsatzblatt eben des Psalters geschrieben, den er an den Junker, den Adressaten des Briefes, schickte.

Sehen wir — unter der Voraussetzung, dass sich dies so verhält — einmal zu, was uns das Schriftstück lehrt.

Erstlich, es ist ein Begleitschreiben, das Diebolt Lauber mit einer Hs. an einen Gönner und Kunden sandte. Ton und Inhalt lassen auf vorausgegangene Geschäftsbeziehungen zwischen beiden schliessen. Den Verkehr vermitteln Emmerich[3]) und Eberlin, seien sie nun öffentliche Boten oder Bedienstete des Hagenauer Schreibers. Weiter, in diesem Begleitschreiben erzählt Lauber dem Junker, dass sein gnädiger Herr, Herzog Ruprecht, sieben Bücher bei ihm bestellt habe.[4]) Er kann ihm das doch nur dazu erzählen, um ihn zu einem ähnlichen Bücherkauf anzuspornen. Darum legt er ihm nahe, ein Buch zu bestellen, das der andere eben sich hat schreiben lassen (Legende der heil. drei Könige). Dann bittet er den Junker, sich für ihn bei Meistern und Rath dahin zu verwenden, dass er die erste offene Stelle, die für ihn passe, erhalte. Da wir den Brief in ursprünglichen Zusammenhang mit der Psalterhandschrift gestellt haben, so kann es sich nur um Meister und Rath der Stadt Hagenau handeln, wo sich Lauber nach der Schlussanzeige des Psalters damals befand. Der Adressat des Briefes muss also irgend welchen Einfluss auf die Obrigkeit von Hagenau gehabt haben. Endlich kann der Junker nicht allzuweit vom Kloster Waltpurg[5]) zu Hause gewesen sein. Versuchen wir nach diesen

---

1) Ich habe leider zu spät von dem Vorhandensein der Vorlage jener Moneschen Mittheilung in der Hagenauer Bibliothek Nachricht erhalten, um selbst nachprüfen zu können. Uebrigens getraue ich mich nicht, die Identität zweier Kurshände des 15. Jahrhunderts auf Grund so kleiner Proben zu behaupten oder zu verneinen. Gerade Lauber schreibt bisweilen ganz wie irgend ein anderer Hagenauer.

Ich durfte von einer weiteren Verfolgung der Sache schliesslich absehen, weil für die Lösung unserer eigentlichen Aufgabe auf den Brief nicht so gar viel ankommt.

2) Vgl. die Anlage, Spalte 1 und 4.

3) Der Emmerich, der ihn den Bestellzettel „lesen liess", scheint der Ueberbringer von Waare oder Nachrichten zwischen Lauber und seiner Kundschaft. Denn daran ist doch wohl nicht zu denken, dass Emmerich ein zweiter Buchfabrikant wäre, der dem Lauber, seinem Konkurrenten, eine Bestellung mittheilte, die der Herzog bei ihm (E.) gemacht.

4) S. die vorstehende Anmerkung.

5) Doch wohl Benediktinerkloster St. Walpurgis nördlich von Hagenau.

wenigen festen Punkten den Empfänger von Psalter und Brief zu ermitteln.¹) Soviel sehen wir schon, zu einem sicheren Ergebniss werden wir nicht gelangen. Aber vielleicht ist folgende Erwägung gestattet.

Einfluss auf die Obrigkeit in Hagenau hatte vor anderen der Landvogt der Reichsvogtei Hagenau. Nun bekleidete Lauber erwiesenermassen ungefähr um 1455—60 (s. o. S. 4) das Amt eines Schreibers in der Landvogtei. Wir dürfen vielleicht annehmen, dass eben dieses Amt die Erfüllung seiner Wünsche, wie er sie in dem Brief ausspricht, wurde. Ist dies der Fall, so haben wir einen zweiten Anlass, an den Landvogt als Adressaten zu denken. Nun gab es im 15. Jahrhundert Ober- und Unterlandvögte in der Reichsvogtei. Der Unterlandvogt hatte, soweit wir wissen, seinen Sitz ständig in Hagenau.²) Lauber brauchte also nicht an ihn zu schreiben. Und auf die Reise wird er ihm diesen Brief und eine Hs. schwerlich nachgeschickt haben. Wir sehen uns also auf einen Oberlandvogt angewiesen. Auf den Oberlandvogt scheint aber wieder Anrede und Ton des Briefes nicht recht zu passen. Wir müssten denn etwa an den jungen Pfalzgrafen Ludwig IV. von Heidelberg denken, der 1436 zu Hagenau den Eid als Oberlandvogt leistete. Er war 1436 erst 12 Jahre alt und stand unter Vormundschaft seines Oheims Otto von Mosbach (bis 1442, von da an selbständig, „der Sanftmüthige", gest. 1449). An ihn könnte um 1440 der Brief recht wohl gerichtet sein. Wenn wir nun vorgreifenderweise hier erwähnen, dass in der pfalzgräflichen Bibliothek in Heidelberg eine ganz beträchtliche Anzahl von Werken Lauberschen Verlags sich befindet, wenn wir weiter erwägen, dass eben Ludwig IV., der fünf Jahre jüngere Bruder jener bekannten für Litteratur lebhaft interessierten Pfalzgräfin Mechthild,³) in späteren Jahren den Wissenschaften nicht abhold war, so werden wir zugestehen, dass jene Möglichkeit sogar einiges für sich hat.

Ist Ludwig IV. der Empfänger des Briefes, so ist auch über die Person des Herzogs Ruprecht schon entschieden. Um 1440 kann allein Ruprecht, der dritte Sohn Herzog Stephans von Pfalz-Simmern, gemeint sein, der 1420 geboren ist und 1439 zum Bischof von Strassburg erwählt und bestätigt ward.⁴) Es mag auffallen, dass er nur „Herzog

---

1) Da der Brief, wie er uns vorliegt, auf ein Blatt des Psalters selbst geschrieben ist, so hat er begreiflicherweise keine Adresse. Er bedurfte ihrer auch nicht, da die Hs. selbst vermuthlich durch einen Boten überreicht wurde.
2) S. o. S. 4 die Stelle aus Herzogs Elsässer Chronik. Ferner ebenda IX, 145: „es haben auch ihre Landvögt, wie noch uff dise stunde, inn dem Schloss Hagenaw gewonet". Auch aus Schöpflin, Alsatia illustrata II, 575 (§ 258) folgt, dass nur ausnahmsweise der Unterlandvogt anderswo wohnte. Ein solcher Ausnahmsfall ist aber bis zu dem hier besprochenen Jahr 1463 nicht bekannt. Und auch 1491/92 noch wird gegen den Unterlandvogt Grafen Kraft von Hohenlohe Einspruch erhoben, sobald er auswärts residieren will. Freilich vergeblich.
3) Strauch, Pfalzgräfin Mechthild in ihren litterarischen Beziehungen.
4) Auf diesen ist schon Bordach (die pfälzischen Wittelsbacher und die altdeutschen Hss. der Palatina, Centralbl. f. Bibl.-Wesen V, 126) verfallen.

Ruprecht etc." genannt ist, wenn der Brief etwa nach seiner Wahl zum Bischof geschrieben sein sollte. Allein man bedenke, dass Ruprecht erst 1440 in Strassburg feierlich einzog, vorher aber ein recht ungeistlich-weltliches Leben führte. So mag ihn schliesslich der Hagenauer, der den Sohn eines langjährigen Unterlandvogts[1]) recht wohl kannte, noch eine Zeit lang kurzweg Herzog Ruprecht genannt haben. Übrigens steht nichts ernstliches im Wege, den Brief ins Jahr 1438 oder 1439 zu verlegen.

Wie nun oben die Annahme, Ludwig IV. sei der Empfänger des Briefs, nur ein Vorschlag war, der aber eine Fülle anderer Möglichkeiten keineswegs ausschliesst, so können wir auch noch den einen oder den andern „Herzog Ruprecht" für den erwähnten namhaft machen. Freilich über 1460 dürfen wir nicht herabgehen und im Hause der Pfälzer müssen wir den Ruprecht jedenfalls suchen, da ein „Herzog Ruprecht" in Südwestdeutschland sonst im 15. Jahrhundert nicht vorkommt. Es bieten sich noch etwa:

Ruprecht, gen. England, 1. Sohn Ludwigs III. v. d. Pfalz, geb. 1406. gest. 1426,

Ruprecht, des eben genannten jüngerer Stiefbruder, geb. 1427, wurde 1463 Bischof von Köln, zuvor Dompropst in Würzburg, gest. 1480.

Ruprecht, Ottos von Mosbach zweiter Sohn, geb. 1431, Bischof von Regensburg 1457, gest. 1465.

Immerhin, man sieht, mindestens ebensogut wie einer von diesen kann der nachmalige Bischof von Strassburg der Erwähnte sein.

Aber wenden wir uns von dieser schwankenden Brücke von Vermuthungen dem festen Boden wieder zu, so wollen wir aus dem Briefe wenigstens die Gewissheit mitnehmen, dass Lauber schon in der ersten Hälfte des 15. Jahrhunderts mit hohen Herren Südwestdeutschlands in Geschäftsverbindungen stand [2]). Und dazu dies andere, nicht minder

[1] Ruprechts Vater, Herzog Stephan von Simmern, war 1425—1436 Unterlandvogt in Hagenau. S. Schöpflin, Alsatia illustrata II, 570 ff.

[2] Unter diesen waren gewiss auch die Heidelberger Pfalzgrafen. Hier sehe ich mich genöthigt, ein Bedenken gegen Burdachs Ausführungen geltend zu machen (die pfälzischen Wittelsbacher und die altdeutschen Hss. der Palatina, Centralbl. f. B.-W. V S. 125 ff.). Im Anschluss an Scherer (Q. u. F. 21 S. 16) wird der schwäbisch-pfälzische Humanismus erörtert und dessen Rückwirkung auf die Bildung von Bibliotheken im Südwesten dahin bestimmt: bis um 1440 noch lebhaftes Verlangen nach Dichtungen der deutschen Blüthezeit (13. Jahrh.), darnach Überwiegen der Renaissancelitteratur, etwa seit 1460, Ich glaube, das muss man wohl zugeben. Aber wenn nun Burdach auf jede Weise ausschliessen möchte, dass die Pfälzer von 1400 bis auf Otto Heinrich in grösserem Umfange etwas anderes als Renaissancelitteratur gesammelt, so kann ich nicht zustimmen. Burdach meint: „Seitdem 1365 Johann v. Speier für Pfalzgraf Ruprecht I. Rudolfs v. Ems Weltchronik abschrieb, scheint, soviel ich wenigstens im Augenblick übersehe, bis auf Otto Heinrich von den regierenden Mitgliedern des Pfalzgräflichen Hauses der weltlichen Dichtung der mhd. Blüthezeit eine direete lebhafte Sympathie nicht mehr entgegengebracht zu sein", so dass also erst „in der zweiten Hälfte des 16. und zu Anfang des 17. Jahrhunderts" dies reichste Repertorium altdeutscher Litteratur zusammengebracht worden wäre. Dieser Annahme widerspricht allerlei: 1) Pilterichs

wichtig, was er von seiner eigenen Thätigkeit sagt. Diese Äusserung „die schribe ich yetz" wird glücklicherweise völlig bestätigt einmal dadurch, dass er sich selbst stets nur schriber nennt, und sodann vor allem durch das Explicit jenes Psalters (s. u. S. 11).

Wir betonen dies hier desshalb so stark, weil man über Laubers eigentliche Thätigkeit nicht immer einerlei Meinung gewesen ist. Die erstaunliche Menge[1] der von ihm angezeigten Bücher hat schon längst an der Vermuthung Anlass gegeben, er habe auch die Erzeugnisse fremden Fleisses verkauft. Am weitesten nach dieser Seite ist Kirchhoff[2] gegangen. Er nahm an, dass in Hagenau eine oder mehrere Schreibstuben bestanden, in denen Arbeiter berufsmässig schrieben und malten. „In der Person Diebolt Laubers findet sich nun ein Vermittler des nothwendigerweise entstehenden örtlichen Überflusses." Bei dieser Auffassung wird m. E. nur der eine Punkt zu wenig in Betracht gezogen, wie wir uns denn die Entstehung eines so regen Geschäftsbetriebes an einem doch verhältnissmässig kleinen Orte denken sollen. Ich meine, dergleichen erwächst am natürlichsten aus dem unternehmenden Sinne eines Mannes, der Mittel und Wege zu gedeihlichem Fortgang vor andern zu finden weiss. Zudem war, wie wir gesehen haben, D. Lauber keinesfalls nur Händler, sondern mindestens eine Zeit lang in erster Linie auch Erzeuger seiner Waare.

Ehrenbrief erwähnt ausser den ihm unbekannten Schriften der neuen Kanzelleiliteratur noch 50 andere, die, wie wir voraussetzen müssen, ihm bekannt waren. Was sollen sie eigentlich anders enthalten haben als Werke der mhd. klassischen Periode? Sind aber von jenen neuen Schriften noch heute Überreste in der Palatina erhalten, warum sollen sich nicht die überaus zahlreichen Bücher der andern Gattung, die wir heute in der pfalzgräflichen Bibliothek bewundern, eben unter den 50 ihm wohlbekannten schon damals (1450—1460) etwa befunden haben? Selbst wenn dies aber nicht so wäre, so müssen wir doch annehmen, dass die reichen Schätze von Hss. des 15. Jahrh. in der Palatina bald nach ihrer Entstehung und nicht erst von Otto Heinrich und seinen Nachfolgern in pfälzischen Besitz gebracht worden sind. Wir könnten uns ja allenfalls mit der Behauptung helfen, dass eben Büchereien der pfälzischen Nebenlinien den Hauptbestandtheil der heutigen Sammlung mhd. Litteraturwerke in Heidelberg bilden, obwohl dies nur eine Vermuthung wäre, die obendrein durch nichts gefordert wird. Das aber ist auf jeden Fall abzulehnen, dass die Pfälzer des 16. Jahrhunderts, wenn sie wirklich solch eine ausschliessliche Vorliebe für mhd. Litteratur hatten, gerade auf die durchschnittlich recht rohen Hss. des 15. Jahrhunderts verfielen. Sie konnten ja für beinahe alle diese Werke gute Drucke erhalten. Und wenn ihnen diese zu künstlos gewesen wären, so waren es die Hss. Diebolt Laubers erst recht. Und eben diese und noch schlimmere (im Ganzen 16 Hss.) machen einen grossen Theil wenigstens der Bilderhandschriften in der altdentschen Bibliothek aus. Und endlich, wenn wirklich erst Otto Heinrich oder einer seiner Nachfolger gerade solche Hss. gesucht hätte, so wäre die Thatsache, dass diese Menge ganz einheitlicher Hss. ihm zugefallen, nur durch die Annahme zu erklären, dass er eine ganze Bibliothek Hss. aus älterer Zeit erwarb. Davon aber ist wieder nichts bekannt. Kurz, ich glaube, wir dürfen ruhig annehmen, die Pfälzer, auch die Heidelberger, zählten mit zu den Kunden Diebolt Laubers. Darauf weist uns der Brief und die Zahl der Hss. aus Laubers Verlag (acht) in der Palatina gleichmässig hin.

1) Eine Anzeige enthält 50 Titel „und sust andere bücher".
2) Beiträge I S. 3.

Andererseits bin auch ich der Ansicht, dass, um eine solche Fülle von Büchern herzustellen, die Kräfte eines einzigen kaum ausgereicht haben dürften. Darnach dünkt mich das Wahrscheinlichste, dass Diebolt Lauber als einzelner Schreiber begann. Bald wird er aber einen oder mehrere Arbeiter in Dienst genommen haben. Dies müssen wir schon für die Abfassungszeit jenes Briefes voraussetzen. Selbst wenn Emmerich und Eberlin nicht Leute Laubers sind, ist doch die Thatsache, dass der Psalter, dem der Brief beifolgte, nur zur Hälfte von Laubers Hand geschrieben ist, kaum anders zu erklären als durch die Annahme eines Gehilfen in Laubers Schreibstube. Und auch der Umstand, dass er sich für einen andern Fall die Kosten für Einband und Malerei sichert, braucht keineswegs so gedeutet zu werden, dass er sein Schreibwerk ausser dem Hause zum fertigen Buche machen liess. Wir werden einer Hs. begegnen, in der er wahrscheinlich nur die Rubrication ausführte, Text und Bilder von anderer Hand herstellen liess. All dies führt mit ziemlicher Sicherheit darauf, ihn als Vorsteher einer eigentlichen Werkstatt zu betrachten. Auch Wattenbach gelangt schliesslich zu dem Ergebniss: „Sehr wahrscheinlich ist, dass Diebolt Lauber mehrere Personen beschäftigte."

Zweites Kapitel.
Diebolt Laubers Werkstatt.

Wir haben oben die Erörterung einer Gruppe elsässischer Bilderhandschriften an dem Punkte abgebrochen, da wir sagen konnten, diese Handschriften müssen Erzeugnisse einer Werkstatt sein. Irgendwo im Elsass muss diese Werkstatt thätig gewesen sein. Nun hat Diebolt Lauber in Hagenau höchst wahrscheinlich eine solche Werkstatt geleitet. Wenn wir jetzt Angesichts seiner umfangreichen Bücheranzeigen auf die Vermuthung kommen, unsere Werkstatt könne die jenes Mannes sein, so gilt es, sorgfältig seine Erzeugnisse mit unseren elsässischen Handschriften zu vergleichen.

Zunächst fällt uns bei einem Blick auf Laubers Bücheranzeigen auf (s. die Anlage), dass fast alle Werke unserer Gruppe inhaltlich sich mit denen Laubers decken. Sodann, dass die meisten Bücher in Laubers Verlag ausdrücklich als „hübsch gemolt" bezeichnet werden. Weiter erinnern wir uns, dass zum Heften und Einbinden unserer Hss. eine auffallende Anzahl elsässischer Urkunden verwandt wurde. Das hätte nach einer Identificierung beider Werkstätten nichts Auffallendes mehr: der Schreiber an der Landvogtei war als um Maculatur verlegen.

Aber das alles ist noch kein Beweis. Diesen zu erbringen, müssen wir uns an die erhaltenen Hss. mit Laubers eigenhändiger Eintragung halten. Stimmen diese in ihrer Anlage, im Schriftcharakter, im Stil der Bilder mit denen unserer Gruppe völlig überein, so wird die Identität beider Schreibstuben wahrscheinlich. Tritt vollends in einer Hs. mit unbezweifelbar eigenhändiger Eintragung Laubers ein Zeichner auf, der im Verband unserer Gruppe steht, so ist sie gewiss.

Wir werden uns demnach jetzt den erhaltenen Hss. Diebolt Laubers zu und prüfen sie auf jene Gesichtspunkte hin.

Wir kennen folgende Hss. mit Bücheranzeigen Diebolt Laubers:

1. Hs. eines deutschen Psalters, von Mone in den Schriften des Alterthums-Vereins für das Grossherzogthum Baden II. 1846, S. 254 folgendermassen besprochen: „In einem teutschen Psalter des XV. Jahrhunderts zu Lichtenthal, in gross Duodez, steht vorn und hinten folgende gleichzeitige Notiz;...[1]) „Was materien man gerne hat von hübschen büchern gross oder clein, geistlich oder weltlich, hübsch gemolt, die findet man alle by diebolt louber schriber zu hagenow." Die ganze Notiz, sowie auch die Hälfte der Hs. ist von Laubers Hand.[2] Nun zeigt der Katalog v. K. Trübner in Strassburg zur Versteigerung am 23. Oct. 1886[?]) auf Seite 10 unter Nr. 34 folgende Hs. an: Deutscher Psalter, Perg.-hs. des XV. Jahrhunderts. Geschrieben von Diebold Louber in Hagenau. Kl. 8". Rother Lederband. 172 Bll. Einspaltig. Von 2 Händen geschrieben, die 2te (Loubers) beginnt auf Blatt 106. Mit vielen kleinen rothen Initialen. Am Ende: Hie hat der tütsche psalter ein ende, des frowent sich myn diebolt loubers hende.

Ferner auf dem innern Blatt des Rückdeckels: „was materien man gerne hat von hübschen büchern gross oder clein geistlich oder weltlich hübsch gemolt die findet man alle by diebolt louber schriber zu hagenow." Beachten wir, dass alles, was Mone über den Psalter, den er in Lichtenthal sah, sagt, völlig mit der hier gegebenen Beschreibung übereinstimmt, und beachten wir ferner, dass der genannte Trübner'sche Katalog eine ganze Reihe Hss. aufweist, die aus dem Kloster Lichtenthal in den Besitz der Firma Trübner gelangt sind, so ist kein Zweifel, dass die beiden hier besprochenen Psalter identisch sind.

Bei der Versteigerung am 23. Oct. erstand die Kaiserl. Universitäts- und Landesbibliothek Strassburg den Psalter, der seitdem die Signatur L. 513 führt. Es ist also derselbe, den Walther, die deutsche Bibelübersetzung des M.-A., auf Spalte 627 bespricht. Wir merken hier an, dass die ganze Anlage und äussere Ausstattung der Hs. sehr gut zu allem passt, was wir nach dieser Seite den Erzeugnissen unserer Werkstatt entnehmen können. Weiter erhält dadurch, dass hier zwei Hände deutlich zu unterscheiden sind, die Annahme, dass Lauber Arbeiter unter sich hatte, wie wir gesehen haben, eine kräftige Stütze. Endlich muss erwähnt werden, dass die Hand Diebolt Laubers, wie wir sie aus dem beigegebenen Facsimile des Auctionskatalogs kennen lernen, durchaus identisch ist mit der Hand, welche die Anpreisungen in den unter 2 und 6 aufgeführten Lauberhandschriften (s. S. 16) schrieb. Darnach hat Diebolt Lauber alle uns erhaltenen Bücheranzeigen, soweit sie sich in Hss. seiner Werkstatt finden, selbst geschrieben.

2. Hs. der Kgl. Bibliothek zu Berlin (ms. germ. fol. 18): Flore und Blanscheflur.[3]

---

[1] Es folgt zunächst der Brief o. S. 5 bis: glaso die buchs gar hübsch etc. Dann geht es weiter: was materien....
[2] Mit Facsimile.
[3] Vgl. Sommer, Flore u. Blanscheflur S. 30.

fol. pap. XV. Jahrhundert. 199 Bll. Einspaltig, von einer Hand. Rothe Überschriften und Anfangsbuchstaben, erste Buchstaben aller Verszeilen roth durchstrichen. Zu 36 Bildern der Raum ausgespart; keines ausgeführt. Anfangsinitial (W) ohne Figuren und nicht farbig behandelt, sondern nur kalligraphisch-ornamental in schwarzer und rother Tinte verziert. Doch sind die Blätter und Ornamente, die sich an den Buchstabenkörper ansetzen, durchaus die in unserer Werkstatt üblichen.

fol. 1 (roth): vîng an tertia post quasimodogeniti.

fol. 2 (roth): Item zů hagenowe vil hübscher bücher geistlich oder weltlich hubsch gemolt by diebolt louber schriber und gute latinsche bůchere.

fol. 3 (roth): Hie hebet sich an dis buches Cappittel das do genant ist flore und Blantschefflur und saget von gar grosser liebe... und ist mit den figuren gar hübsch gemolt.

Folgt das Kapitelverzeichniss mit 61 Kapiteln.

fol. 7 (roth): Hie fohet an das löbenliche buche das uns saget von floren und von Blantscheflor.

Wellichen got also getîret hat
Daz gar sine synne zů tugenden stat u. s. f.

Wenn auch die Hauptsache, der Bilderschmuck, fehlt, so gewährt diese Handschrift doch allerlei Auskunft. Zwar die beim Einband verwandte Hagenauer Pergamenturkunde von 1460 lehrt uns über die Entstehungszeit des Textes nichts. Aber die ganze äussere Ausstattung des Buches ist so sehr die in unserer Werkstatt übliche, dass wir davon Kenntniss nehmen müssen. Dass der Initialenschmuck dieselbe Verwandtschaft zeigt, wurde schon erwähnt.

J. Z. f. d. A. III, 191—193 spricht M. Haupt von den Bücheranpreisungen Laubers, erwähnt die Anzeige im palat. 314 (s. unter 5) und fährt fort: „Abschrift eines ähnlichen Verzeichnisses, von dem Stirnblatte einer gleichzeitigen Berliner Hs., welche die Legende der heiligen drei Könige enthält, habe ich vor Jahren durch die Güte des Herrn Kustos Dr. Gottlieb Friedländer erhalten. Indem ich dieses Verzeichniss hier abdrucken lasse, füge ich zur Bequemlichkeit Zahlen hinzu.

Item welcher hande bücher man gerne hat, gros oder klein, geistlich oder weltlich, hubsch gemolt, die findet man alle bei Diebolt Louber schriber in der burge zu Hagenow. 1. Item das grosse buch" u. s. f., s. die Anlage.

Ich habe nun in Berlin Nachforschungen nach dieser Handschrift angestellt, konnte sie aber nicht finden: weder die Königl. Bibliothek, noch das Kupferstichkabinet bewahrt sie, und die Verwaltung der erstgenannten Anstalt hat mir bereitwillig bestätigt, dass die Kgl. Bibliothek nie im Besitz eines entsprechenden Werkes gewesen sei.[1]) Wenn sich die Handschrift also einmal in Berlin befand, so

---

[1]) Wie Gottlieb, mittelalterliche Bibliotheken S. 50 unter „Louber" auf die Signatur „Berliner Hs. No. 1314" kommt, weiss ich nicht. Sehr einleuchtend vermuthete die Verwaltung in Berlin, dass eine Verwechslung mit dem palat. 314 vorliege. S. unter 5 S. 14.

kann dies nur in Privatbesitz gewesen sein. Ich glaube aber, man thut besser, die „Berliner Hs." überhaupt aus der Litteratur verschwinden zu lassen. Vergleichen wir nämlich das von Haupt abgedruckte Verzeichniss mit dem von Lempertz in Facsimile mitgetheilten (s. unter 6), so bleibt kaum ein Zweifel, dass die beiden zusammenfallen. Die Abweichungen sind nur orthographischer Art und lauten zu Ungunsten von Haupts Verzeichniss: Lauber hat nie geschrieben: hel, gereymte. Weiter lässt das Hauptsche Verzeichniss unter No. 7 zwischen Passional u. leben die Worte „der heiligen" aus, die bei Lempertz richtig stehen. Weiter hat die Abschrift das auch bei Lempertz unleserliche Wort (unter 10) her gaw.. in Herr Gobbin verwandelt. Ferner sind bei Haupt die meisten Eigennamen gross geschrieben, was Lauber selten thut. Da nun die aufgezählten Bücher in beiden Verzeichnissen dieselben sind, auch die Ordnung der Aufzählung ganz die gleiche, so bleibt nur die Wahl: entweder liegt in Haupts Mittheilung eine Abschrift von einer alten Kopie nach dem Verzeichniss Laubers, welches bei Lempertz facsimilliert ist, vor, oder Herr Dr. Friedländer hat etwas ungenau dieselbe Anzeige abgeschrieben, welche Lempertz getreu überliefert. In diesem letzteren Fall müssen wir ganz von Haupts Mittheilung absehen. Werth für uns hat sie aber auch im erstgenannten Fall nicht. Selbst wenn sich die „Berliner Hs." irgendwo finde, Lauber selbst wird kaum ein zweites Mal ganz sklavisch dieselbe Anzeige abgeschrieben haben, die er einem andern Buch desselben Inhalts schon mitgegeben hatte. Nur eine Bilderhandschrift mit eigenhändiger Eintragung des Mannes aber dürfen wir zur Stütze unseres Beweises machen. Sollte Friedländer aber gar schon jene Lücken und die onelässsischen Vokalismen in seiner Vorlage gefunden haben, so lässt sich nicht einmal an eine Hs. aus Laubers Werkstatt denken. Um so beruhigter werden wir die weitere Nachforschung nach der „Berliner Handschrift" aufgeben und uns der nächsten bekannten Lauber-Anzeige zuwenden.

4. Auch über diese ist nur aus dritter Hand Nachricht in die Öffentlichkeit gedrungen. Sotzmann, Gutenberg und seine Mitbewerber oder die Briefdrucker und die Buchdrucker in Baumers hist. Taschenbuch N. F. II. 1841 schreibt S. 537: „Eine ähnliche, noch ausführlichere Ankündigung hat sich seitdem auch auf dem ersten Blatt einer deutschen Hs. der Legende von den heiligen drei Königen in Westfalen (Mittheilung des Herrn Prem.-Lieut. C. Becker) gefunden mit der Überschrift: Item welcher lande bücher man gerne hat, gross oder clein, geistlich oder weltlich, hübsch gemolt, die findet man alle by diebold louber schriber in der burge zu hagenow. Den Anfang macht das gross buch genannt Gesta Romanorum mit den viguren gemolt, welches jedoch nach der näheren Beschreibung nicht die unter diesem Namen bekannte homiletische Novellensammlung, sondern ein mit den Mirabilia urbis Romae verwandtes und eine kurze Kaiser- und Papst-Chronik enthaltendes Buch gewesen sein muss. Das übrige sind theils deutsche bekannte Helden- und andere grössere Gedichte, wie der Parzival,

Tristan, Freidank und viele andere, theils kleinere Erzählungen, von denen nur der wil farn ritter, von eine getrawen ritter der sin eigen hertze gab umb einer schönen frowen willen, der ritter under dem zuber und sant Anshelms fraw unbekannt zu sein scheinen, theils biblische und legendarische Bücher, wie ein gerymete lübel, ein salter (Psalter) latin und tütsch, episteln und evangelien durch das jor, vita christy, das gantze passional, winterteil und summerteil, theils andere geistliche und Andachtsbücher, die XXIV alten, belibal, der selen trost, der rosenkrantz, die zehen gebot mit glosen und vast eleine bette bücher, theils endlich weltliche prosaische Volksbücher, wie gute bewehrte arzneico bücher, gemolte losubücher (Wahrsagebücher), schachzabel gemolt, ein kaiserlich relitbnek (Kaberrecht) u. a. Hier ist fast alles gemolt, d. h. mit kunstlosen Federzeichnungen, die mit Wasserfarben bemalt sind, versehen".

Ich habe die ganze Stelle hierhergesetzt, weil für das Folgende eben die Fassung des Verzeichnisses bei Sotzmann in Betracht kommt. Es leuchtet nämlich ein, dass die hier mitgetheilte Anordnung nicht die ursprüngliche ist. Wie Sotzmann nur eine Auswahl der zum Verkauf angezeigten Bücher abdruckt, so hat er sie auch nach ihrem Inhalt neu gruppiert. Und so lässt sich die Behauptung, auch dieses Verzeichniss sei nur eine Abschrift desselben, das Lempertz veröffentlicht hat, mit gewichtigen Gründen stützen. Zunächst kehrt alles, was Sotzmann citierend anführt, wörtlich so im Facsimile bei Lempertz wieder. Sodann geht die Bemerkung zu den Gesta Romanorum sichtlich auf einen Zusatz im Original zurück, der sich mit dem des Facsimiles an derselben Stelle völlig gedeckt haben muss. Endlich ist auch hier die Hs., in der sich die Anzeige befunden hat, eine Legende der heil. drei Könige wie bei Lempertz.

Also wiederum nur die doppelte Möglichkeit: die Vorlage des Herrn Prem.-Lieut. Becker war entweder eine Abschrift nach der Urhandschrift (mit Laubers eigenhändiger Eintragung, welche Lempertz Facsimile zu Grunde liegt) oder war diese Urhandschrift selbst. Da sich die Urhandschrift erst 1860 nachweisbar im Besitz des Buchhändlers Heussner in Brüssel befand, so steht der Annahme nichts im Wege, dass sie seit 1840 oder 1841 dahin gelangt sein könnte.

Und wiederum besteht die Unwahrscheinlichkeit, dass noch eine zweite Legende der heil. drei Könige mit einer eigenhändigen Abschrift der Bücheranzeige aus der ersten existiert haben sollte. Nur eine Handschrift mit ganz sicherer Eintragung von Laubers eigener Hand aber kann uns hier etwas nützen. Also verzichten wir auch auf diese Handschrift. Anders steht es mit einer Lauberhandschrift, welche bisher immer an der Spitze der Erörterung jener Bücheranzeigen auftrat.

5. Cod. palat. germ. 314. 8. Bartsch, die altdeutschen Hss. zu Heidelberg No. 149. „Pap. XV. Jahrh. (1443—1447). 197 Bll. (und 1 leeres Blatt nach 56, eins nach 94, 24 nach 103, und 1*—16*, 198*—203*). 20, 6 × 28, 8. Zweispaltig, verschiedene Hände und

Zeilenzahl. Rothe Initialen, bei den abgesetzten Versen die Anfangsbuchstaben roth durchstrichen. Lagen meist von 12 Bll."

f. 4" Item zů Hagenow py dypold laber schreyber lert die kinder sind die bucher tůlsch u. s. f.

f. 16" verschiedene Scherze und Geschichtchen.

f. 1—50 (von anderer Hand): Boners Edelstein.

f. 51—81 (von der ersten Hand (wie fol. 4") abwechselnd mit einer dritten): Beispiele, Sprüche u. s. f.

f. 82—94 (von einer vierten Hand): Fridancus metrice.

f. 94' Explicit fridanko« in Augusta Anno domini MCCCCXLIII".

f. 95 (von verschiedenen Händen) ist Geschichtchen, Weiggers Lügen u. s. f.

f. 105 Dietrichs Flucht.

f. 162 Rabenschlacht.

f. 197 1447 die 20 decembris.

f. 200° (von der ersten Hand w. o.): Item accomodavi frydrico rabsakstainer scriptori judicialii Iurain anno 1449 a. d. 24 marcij 2ª feria post letare vitam sancte brigite in albo libro mů« quartal' artl. tuⁿ e⁰ accomodabit m' reynhardum cum weschelyer et ywain in uno volumine zalt.

Item mer hat er ain bůch von floyr.

Aus diesem bunten Inhalt fällt zunächst der Freidank heraus: er ist von einer Hand geschrieben, die sonst im ganzen Codex nicht vorkommt, zeigt deutlich schwäbischen Dialekt (au für â u. s. w.) und schliesst: Explicit in Augusta 1443.

Zweifellos ist dieses Stück in Augsburg geschrieben. Das wäre an sich nicht von Belang. Aber wir machen folgende Beobachtung; der Freidank steht durchaus auf demselben Papier wie fol. 51—81 (Wasserzeichen: Waage im Kreis), ja die Blätter hängen zusammen, d. h. mit fol. 82 (Freidank) beginnt keine neue Lage. Also sind die Stücke nicht nachträglich zusammengebunden, sondern nach einander niedergeschrieben. Wir erinnern uns, dass auf fol. 51—81 wiederholt dieselbe Hand vorkam, welche auch auf fol. 4" die Eintragung geschrieben hat. Darnach bleibt höchstens noch die Möglichkeit, dass in eine Sammel-Hs. aus Laubers Werkstätte, welche nur halbvoll geschrieben war, später in Augsburg der Freidank u. s. f. eingetragen wurde.

Auch dies ist unmöglich. Dieselbe Hand, welche die Bücheranzeige Laubers schrieb, hat auch die Notiz über weitere Büchergeschäfte mit Friedrich Rabsakstainer in Itain¹) eingetragen. Es kann das also nicht wohl ein Arbeiter Laubers gewesen sein. An Lauber selbst zu denken, verbietet schon die gänzlich andere Schreibweise (zahlreiche Abkürzungen, kleine, unklare Züge). Viel einfacher ist dem gegenüber die Annahme, dass jene Eintragungen auf fol. 4" und

1) Im Elsass giebt es kein „Itain". Der Eintragende muss in der Nähe des Orts (s. d. Stelle) zu Hause gewesen sein. Da einmal alles auf Augsburg weist, werden wir an das Städtchen Itain nördlich von Augsburg in dem Winkel zwischen Lech und Donau noch am ehesten denken.

200° von einem Schwaben, etwa Augsburger, gemacht wurden, der auf diese Weise sich die Quellen zu weiterem Bücherkauf anmerkte. Diese Annahme erhält denn auch eine ausschlaggebende Bestätigung durch die Fassung der Bücheranzeige auf fol. 4° selbst. Nie in den achten Eintragungen von Laubers eigener Hand (unter 1, 2 und 6), welche durchaus dieselben Schriftzüge wie seine zweifellose Schlussbemerkung (des froment sich myn diebolt loubers hende) aufweisen, begegnen Formen als: py, schreyber gemalt, österreych. Nie hat sich Lauber dypold laber geschrieben.

Darnach kann kein Zweifel mehr sein: Die Eintragungen stammen so wenig wie die ganze Sammelhandschrift aus Laubers Werkstätte. Unser Interesse am palat. 314 ist aber mit der Lauberschen Bücheranzeige noch nicht erschöpft; der bisher noch nicht besprochene Theil, fol. 1—50, Boners Fabeln enthaltend, ist illustriert. Wie werthvoll, wenn er wenigstens aus der Hagenauer Schreibstube stammte. Ist das aber nach dem oben Gesagten schon an sich höchst unwahrscheinlich, so wird es durch einen Blick auf Dialekt und Bilder der Hs. als unmöglich erwiesen. Der Dialekt ist keineswegs der elsässische um 1440; el, an für l, ö. Nur altes lu hat sich als ü gehalten; ei ist wenigstens theilweise ai, on stets au: o für u, iu (ü) für o findet sich nirgends. Der Konsonantismus weist streng auf oberdeutsches Gebiet (also keine els, d für t) u. s. f. Der Dialekt des Stückes gestattet vielmehr, es ebenfalls nach Augsburg zu versetzen. Allerdings wird beharrlich a, à à für (zu erwartendes) au geschrieben. Das ist aber nach Kauffmann, Gesch. der schwäb. Mdart S. 49 nicht auffällig.[1] Und da der erste Schreiber sogar für Louber Läber schrieb, so werden wir Augsburg als ohnehin wahrscheinlichsten Entstehungsort um so bereitwilliger annehmen. Aber auch die Bilder weisen bestimmt auf das östliche Illustrationsgebiet; das kleine Format, Rahmen um die Bildchen, die kleinen untersetzten Gestalten mit den dicken Köpfen, die als kleine Ringe gezeichneten Augen, die Bemalung: alles ist nicht elsässisch, ja nicht einmal westschwäbisch (wenn wir das Stromgebiet des Rheins in Schwaben mit diesem Namen bezeichnen dürfen). Darnach besteht kaum ein Bedenken, die ganze Hs. nach Augsburg oder Umgegend zu versetzen. Für unsere Zwecke lässt sich ihr nichts entnehmen.

6. So bleibt uns denn nur noch eine Hs. aus Laubers Werkstatt zu besprechen, diejenige, aus der Læmperts (Bilderhefte zur Gesch. des Bücherhandels, Köln 1853—65, zum Jahr 1462 auf Tafel 1) eine Anzeige des Hagenauer Händlers in Facsimile mittheilt. Da heisst es: „Das neu entdeckte und hier zuerst vollständig facsimilierte Verzeichniss fand sich in einer Legende der heil. drei Könige, mit kolorierten Zeichnungen; Papiermanuscript in Folio, welches aus Paelincks Bibliothek

---

[1] Nach E. Schröder, G. g. A. 1888. 1. April (No. 7). S. 262 ist à für au in Augsburger Hss um 1450 belegt. Dass graphisch a à ä nicht selten ist, geht aus den Beispielen bei Kauffmann zur Genüge hervor. Herr Prof. Sievers bestätigte mir freundlicherweise, dass der Boner augsburgisch sein könne.

(No. 651 & 120 des Katalogs der Auction vom 26.—28. Nov. 1860 bei Heussner in Brüssel) stammte und für England angesteigert wurde."
Item welicher bande bücher man gerne hat gross oder klein geistlich oder weltlich hübsch gemolt die findet man alle bÿ diebolt louber schriber. In der bürge zů hagenow.
Item das gross bůch genant Jesta Romanorum u. s. f."¹)
Glücklicherweise ist das „für England angesteigerte Papiermanuscript" drüben bald in feste Hände gekommen. Im Catalogue of additions to the Manuscripts in the British Museum II 1877 wird zum Jahr 1871 unter No. 28,752 vermerkt: „Die heiligen drige kunige" a German translation of the Libre trium Regum Magorum; with coloured drawings. Prefixed is a list of Mss. with the title: Item welicher hande buecher man gerne hat, gross oder clein, geistlich oder weltlich hubsch gemolt, die findet man alle by Diebolt Louber, schriber in der burge zu Hagenow".
Paper; XVth cent. Folio."
Ich meine, wir müssen nothwendigerweise in dieser Hs. des British Museum dieselbe Hs. wiedererkennen, welche 1860 aus Brüssel nach England wanderte.
Damit haben wir endlich eine Bilderhandschrift mit völlig gesicherter Eintragung von Laubers eigener Hand. Denn die Schriftzüge des Facsimiles bei Lempertz²) sind mit Laubers Schrift in 1 und 2 durchaus identisch.
Leider konnte ich gerade diese Hs. nicht mit eigenen Augen auf unsere Frage hin prüfen. Aber eine ausreichende Photographie verschafft uns allen wünschenswerthen Aufschluss.
Das Blatt (s. d. Tafel) zeigt oben die Rubrication, die den Inhalt des folgenden Kapitels und den Text zum Bilde angiebt. Darunter vier Zeilen des laufenden Inhalts und ein Bild: die Anbetung des Kindes durch die heil. drei Könige.
Nach den wenigen Textzeilen, noch dazu nur einer Photographie, ist es nicht möglich, ein sicheres Urtheil über den Schreiber abzugeben. Der Rubricator scheint, wenn er auch gedrängter die Buchstaben setzt, als sonst Diebolt Lauber zu thun pflegt, doch mit diesem identisch zu sein. Ob er auch die vier Zeilen schwarz geschrieben hat, ist mir eher zweifelhaft.
Aber gleichviel, sicher ist, dass das Bild nicht von seiner Hand

---

1) Ein Bericht über die Hs. findet sich auch im Bibliographe Alsacien I 1862 S. 14. Der Beschreibung entnehmen wir folgende genauere Angaben: ... 75 ffll. 2spaltig geschrieben. 12 grosse kolorierte Zeichnungen. „Malheureusement trois des figures, sinon qu'un feuillet, sont en partie déchirés." Einband: „ancienne reliure en bois, recouverte de peau."
2) Da Lempertz Materialsammlungen in den Besitz der Bibliothek des Buchhändlerbörsenvereins in Leipzig übergegangen sind, hatte ich Gelegenheit, die dem Facsimile zu Grunde liegende Photographie zu vergleichen. Sie zeigte einige Vorzüge gegenüber dem Druck, die in unserer Abschrift (Anlage, Sp. 1) berücksichtigt sind. Der Schriftcharakter tritt natürlich in der Photographie ebenfalls noch schärfer hervor.

herrührt, wohl aber von einem Zeichner, dem wir in Werken unserer Gruppe classischer Bilderhandschriften aus einer Werkstatt wieder begegnen. Wir werden zu zeigen haben, dass es ein gewisser Hans Schilling ist, der eine grosse Weltchronik in Kolmar geschrieben und illustriert hat, ein stattliches Werk, das uns auch seinen Namen überliefert (s. u. K Hs. I). Und wir werden weiter zu zeigen haben, dass dieser Hans Schilling noch an sieben andern Bilderhandschriften mitgearbeitet hat und so wesentlich mithilft, zahlreiche Werke als Erzeugnisse unserer Schreibstube zusammenzuschliessen. Wenn jetzt dieser „Hans Schilling von Hagenowe" als Zeichner in einer Hs. mit eigner Eintragung „Diebolt Laubers schriber zu hagenow" auftritt, der eine: sicher hervorragendes Glied einer grossen Werkstatt, der andere: ⟨d⟩eher Buchschreiber und Führer eines blühenden Buchhandels, da bleibt kein Ausweg: Hans Schilling stand in Verbindung mit Diebolt Lauber, und die Zeichner und Schreiber, die neben Hans Schilling thätig waren, die waren auch für Diebolt Lauber thätig. Die Hss., welche wir auf anderem Wege als Erzeugnisse einer Werkstatt kennen lernten, sind eben die, welche der Buchhändler Diebolt Lauber vertrieb. Hielt er selbst eine Werkstatt, so war es keine andere, als jene von uns gefundene.[1])

Drittes Kapitel.
Brauch und Kunst in der Werkstatt.

Wir haben 38 Hss. zusammengebracht, die sich an 16 verschiedene Zeichner vertheilen. Einer unter ihnen ist mit 18 Werken, andere mit

---

[1]) Man könnte ja einwenden, was wir ganz zuverlässig wissen, ist nur soviel: Diebolt Lauber hat selbst, bisweilen auch mit Hilfe eines Gesellen (Strassburger Psalter) dem Schreibwerk obgelegen. Dass er aber in eigener Person jener grossen Werkstatt vorstand, ist nicht sicher. Das war vielleicht viel eher die Werkstatt des Hans Schilling. In dieser Hess Lauber seine Bücher oft mit Bildern versehen, wie das denn auch ab und zu unterblieb (Berliner Flore und Blantscheflur). Verkauft hat er dann seine und daneben anderer Leute Erzeugnisse.

Darauf kann man nur erwidern, wenn man sich das Gezwungene einer solchen Annahme einmal recht klar macht, wird man sie gerne fahren lassen:

1. In der Werkstatt des Hans Schilling (um diese Bezeichnung anzunehmen) wurde sowohl geschrieben als gemalt. Es begegnen ungefähr grade soviel Schreiberhände als Zeichner. Wir können nicht glauben, dass der Mann, der den Verkauf besorgte, Zeit seines Lebens darauf verzichtet hätte, den gangbarsten Theil seiner Waare auch selbst zu erzeugen (die Bilderhandschriften).

2. Wie soll man sich überhaupt das Aufblühen einer so regen Werkstatt denken? Sie musste doch ihren Absatzes von vorn herein sicher sein. Wenn nun wirklich Lauber anfangs die Werke eines oder des anderen unabhängigen Schreibers mitverkauft hätte, muss er doch nothwendig, sobald er sah, dass die Sache ging, auf den Gedanken gekommen sein, einen zweiten Schreiber, einen Zeichner u. s. f. selbst zu beschäftigen. So sind sicherlich jene 38 Hss., die er auf einmal anzeigt, in seiner Werkstatt geschrieben Und Hans Schilling, der das Buch eben mit dieser Anzeige illustrierte, war sicherlich ein Glied seiner, Laubers, Werkstatt.

Etwas ganz anderes ist es natürlich, anzunehmen, dass sich D. Lauber mit der Zeit von der eigentlichen Arbeit der Schreibstube mehr und mehr zurückzog und nur noch den Handel trieb.

weniger, einzelne nur mit einem einzigen, ja nur mit ein paar Blättern in der Gruppe vertreten. Ebenso lassen sich mit Sicherheit wenigstens 5[1]) verschiedene Schreiber feststellen. Wichtiger ist, dass gleichzeitig mindestens einmal 5[2]) Zeichner und ein andermal 4[3]) Schreiber in der Werkstatt thätig gewesen sein müssen; das zeigt, wie vortrefflich das Geschäft geblüht hat. Leider ist es nur wenig, was uns die Hss. über die Schicksale der Werkstatt lehren. Der Zeichner, der weitaus die meisten Bilder hinterlassen hat, scheint zugleich der älteste Arbeiter Diebolt Laubers gewesen zu sein. Er hat auch die Hs. illustriert, welche uns die früheste Jahresangabe über die Thätigkeit der Schreibstube überliefert: das Jahr 1427[4]). Die letzte datierte Schreibernotiz stammt vom Jahre 1467[5]). Ungefähr dürften diese beiden Angaben auch wirklich die Zeit der Blüthe unserer Werkstatt umspannen. Wir haben schon oben (Einl. S. 3) darzustellen versucht, wie der erste Zeichner (A) vermuthlich am längsten in der Schreibstube thätig gewesen ist; er kommt neben 5 andern Arbeitern vor. Und da er schon 1427 auftritt, so ist wahrscheinlich, dass er auch die übrigen (vielleicht mit Ausnahme der drei letzten: L.—N) neben sich gesehen hat. Nächst A ist der wichtigste Mann der Gruppe zweifellos Hans Schilling von Hagenau. Was über ihn vermuthet werden kann, ist unten (vor K 1) zusammengestellt. Hier nur so viel: er scheint die älteren Genossen der Werkstatt überdauert zu haben und noch neben einer zweiten Generation thätig gewesen zu sein; in der Wolfenbütteler Historienbibel tritt er zusammen mit drei neuen Zeichnern auf. Auch der Schreiber dieser Handschrift unterscheidet sich von den Schreibern, die mit A vereint arbeiten, sehr merklich.

Allem nach dürfen wir aus diesen Umständen auf Veränderungen im Personalbestand der Werkstatt schliessen. Doch möchte ich daran festhalten, dass auch jetzt noch Diebolt Lauber der Leiter der Werkstatt gewesen ist. Hat er doch eben in ein Buch, das Hans Schilling illustrierte, seine reichste Anpreisung gesetzt. Und die Bilder eben dieses Buchs zeigen völlig die ausgebildete Weise jenes Zeichners.

Ob die Werkstatt mit dem Tode ihres Haupts aus einander fiel, ob sie — vielleicht unter der Leitung Hans Schillings — weiter arbeitete, wissen wir nicht. War es der Fall, so bereitete ihr doch der Buchdruck bald ein rasches Ende.

In der Werkstatt herrschte naturgemäss Arbeitstheilung[6]). Wenn

1) Diese Zahl erreicht bei weitem nicht den wirklichen Sachbestand. Allein bei der Schwierigkeit Kursivhände des 15. Jahrhunderts zu unterscheiden musste ich mich damit begnügen, nur die ganz augenfällig verschiedenen Schreiber anzumerken. Es ist fast unmöglich, ohne Vergleichung der Originale über Identität oder Verschiedenheit zweier Hände der Hagenauer Schreibstube zu urtheilen.
2) S. u. K VII.
3) S. u. A III.
4) S. u. A I.
5) S. u. K V.
6) Über den Gang der Arbeit in unserer Werkstatt habe ich ausführlicher berichtet in meinen einleitenden Erörterungen S. 72.

auch Schreiber und Zeichner in einigen Fällen nachweisbar identisch sind[1]), so ist doch ersichtlich der Bilderschmuck überall erst nach Beendigung der Schreibarbeit eingesetzt und zwar allermeist von anderen Händen[2]). Ob auch der Rubricator ein besonderer Arbeiter war, ist schwer anzunehmen[3]). Meist sind die Schriftzüge der rothen Überschriften dieselben wie die des Textes. Von grosser Bedeutung ist dagegen, dass man — vermutlich um eine raschere Vollendung umfangreicher Werke zu ermöglichen — mehrere Zeichner mit dem Bilderschmuck eines Werkes betraute. In den unter F II und L—N besprochenen Hss. ist der Text ganz deutlich lagenweise von verschiedenen Künstlern illustriert worden. Dabei ist, wenigstens im letzteren Falle, der Schreiber ein und derselbe. Es ergiebt sich also, dass man hier nach Beendigung der Schreibarbeit die Lagen an zwei Zeichner vertheilt hat, die nun gleichzeitig arbeiteten. Zeichner und Maler sind meist identisch. So sind die Bilder A's in allen 18 Hss., in denen er auftritt, also auch da, wo er neben anderen arbeitet, stets in derselben eigenen Weise bemalt. Nie aber erstreckt sich diese Art Bemalung auf ein Bild irgend eines andern Zeichners. Das ist schwerlich anders zu erklären, als durch die Annahme, dass er überall selbst seine Bilder auch bemalt hat.

Text und Bilder werden nach der Vorlage kopiert. Sicher besass die Werkstatt für alle einigermassen gangbaren Werke eigene Vorlagen. Diese mögen schliesslich in der Schreibstube zu Grunde gegangen sein; so kommt es, dass wir unter den Hss. des Diebolt Lauber selten oder nie ein Abhängigkeitsverhältniss[4]) feststellen können, wir haben nur einander nebengeordnete Tochterhandschriften.

Wir wenden uns noch für einen Augenblick dem Abnehmerkreis Diebolt Laubers zu: es versteht sich, dass man von dem Geschmack des Publikums rückwirkenden Einfluss auf die Arbeit der Werkstatt erwarten muss.

Wir treffen, wie wir schon sahen, die Käufer unter dem höchsten Adel. Mag jener Brief (s. S. 4 ff.) gerichtet sein, an wen er wolle: der darin erwähnte Herzog Ruprecht weist jedenfalls auf Geschäftsbeziehungen Diebolt Laubers zu den Pfälzern hin. Neben den Pfälzern[5]) kauften aber auch die elsässischen und rheinischen Herrn zweiten Grades bei Lauber. Wir werden den Wappen der Anzoltzheim (s. K I), Blankenheim (s. A V) und anderer Geschlechter (s. H) begegnen.

1) S. die Hs. K I.
2) Derselbe Zeichner tritt mit drei, vier verschiedenen Schreibern auf, ein einheitlich geschriebener Text wird von zwei, drei verschiedenen Händen illustriert. So gut wie nie fällt ein Wechsel der Zeichner mit einem Wechsel der Schreiber zusammen. Weber ist z. B. die unter K II besprochene Hs. von Hans Schilling illustriert, aber nicht geschrieben u. s. w.
3) Es liegt nahe, daran zu denken, dass mindestens derjenige, welcher die rothen und blauen Initialen (oft mit der Schablone) einsetzte, ein eigens mit diesem Geschäft betrauter Arbeiter war.
4) Unter fünf Historienbibeln derselben Klasse aus Diebolt Laubers Werkstatt ist keine von der andern abhängig.
5) S. o. S. 5 Anm. 2.

von Dr. R. Kautzsch.

Sicherlich war aber die Kundschaft keine ausschliesslich vornehme. Wie wir durch Eintragungen in Ilss. des 15. Jahrhunderts wissen, besass auch der Bürger Sinn und Geld etwa für eine stattliche Bibel oder für ein Fabelbuch. Und so wird auch manches Werk aus Hagenau in diese oder jene Stadt gewandert sein. Schon die Bücheranzeigen sprechen dafür: Arznei- und Loosbücher, Bellal, der Seele Trost, Rosenkranz, die 24 Alten, Psalter u. s. f. waren wohl ebenso für die bürgerliche Welt, als für den Adel bestimmt. Im Ganzen ist doch auffallend, dass man sich so lange mit so kunstlosen, ja rohen Leistungen begnügte. Und zwar bis weit in die Zeiten hinein, da in denselben Gegenden die schönen Stiche des Meisters E. S. und anderer geschaffen worden. Es ist nicht nowichtig, sich dies gegenwärtig zu halten. Von einem Publikum, das an solchen Bildern Gefallen fand, war ein verständnissvolles Entgegenkommen für den eigentlichen Künstler kaum zu erwarten. Noch immer, bis über die Mitte des Jahrhunderts, lässt die Frage nach dem Lehr- und Erbauungswerth des Inhalts und die Freude an klarer, sprechender Wiedergabe den Sinn für die eigentlich künstlerische Seite der Darstellung nicht aufkommen. Ein Meister E. S., Martin Schongauer mussten ihr Publikum erst erziehen. Gewiss gab es auch vor ihnen manche treffliche Leistung elsässischer Hand im Gebiet der Buchillustration. Aber es ist sehr auffallend, wie verschwindend klein der Bruchtheil erhaltener elsässischer Bilderhandschriften ist, die nicht in der Art der Lauber'schen Werkstattübung gefertigt sind.

Und nun zu den Werken selbst.

Sie tragen den Stempel fabrikmässiger Entstehung an der Stirn, so sehr, dass wir ihren Gesammtcharakter bis ins Einzelne zusammenfassend schildern können, ohne bei der Aufzählung der Arbeiten dann wesentliche neue Züge nachholen zu müssen [1]). Natürlich, die geistigen Voraussetzungen sind sicherlich bei den einzelnen Zeichnern sehr gleichartige gewesen. So ist aus individuellem Trieb eine Auflehnung gegen die Macht handwerklicher Überlieferung nicht zu erwarten: die Grundlage, die Auffassung des Zwecks der Buchillustration blieb die gleiche. Und es ist keine andere, als die des 14. Jahrhunderts. Doch davon später [2]).

---
[1]) Auszunehmen sind höchstens die zwei Zeichner L. und M der Wolfenbüttler Historien-Bibel.
[2]) Es kann nichts Befremdliches haben, dass gerade eine ganze Werkstatt auf dem alten Boden stehen blieb. In Regensburg, in den oberschwäbischen Werkstätten macht dagegen stets die ganze Gruppe den Schritt zum vollen Realismus. Bezeichnend ist eben dies Entweder — Oder. Wo einmal begonnen wird, die Natur selbst abzubilden, da ist man trotz aller Fehler gegen die Perspective doch sehr rasch mit dem symbolischen Realismus durch. Ich muss für diese Fragen auf meine einleitenden Erörterungen (Strassburg, Heitz 1894) verweisen; dort habe ich eingehend über den Realismus in der Ilss.-Illustration gehandelt.

Dieselben Verhältnisse lassen sich im Bilddruck beobachten. Zurückgebliebenheit oder Freiheit in der Naturschilderung bieten daher bis etwa 1460 nur sehr unvollkommene Anhaltspunkte zur Datierung von Holzschnitten.

Die vielen hundert Scenen aus biblischer und Profangeschichte, aus dem Reich der Dichtung und der (mittelalterlichen) Wissenschaft spielen sich sämmtlich auf dem seit dem frühen M. A. üblichen Bodenstreifen ab. Dieser Streifen, stets in irgend einem Tone grün bemalt, ist entweder nur durch eine mehrfach gebrochene Linie von der Form eines länglichen Ovals gebildet ohne jede Innenzeichnung, oder es wird Vegetation wenigstens angedeutet theils als oberer Abschluss des Bodens, theils im Innern des Flecks. Das geschieht bald stenographisch durch kurze Strich- und Kreuzlagen, bald durch mehr oder weniger deutliche Blätterbüschel, wohl auch Blumen. Bei besonders sorgsamer Ausführung bringt ein Zeichner (z. B. K) auch einmal recht naturalistische (natürlich stets zu grosse) Pflanzen, als Erdbeeren mit grossen rothen Früchten, Disteln, Schneeglöckchen, Winden, Nelken. Freilich kehrt derselbe Zeichner wieder zu den stehenden Strichlagen zurück, sobald die Massenarbeit ihm die Feinausführung zu umständlich erscheinen lässt. Andererseits machen Arbeiter, die sonst gute Kenntniss aller Arten von Pflanzen verrathen, wie die Illustratoren der Naturgeschichte Megenbergs, gar keinen Gebrauch von dieser Kenntniss, um den Boden der Thier- und Menschendarstellungen zu beleben.

Der untere Rand des Bodenstreifens ist häufig gradlinig, mehrfach scharf gebrochen und in parallelen Linien doppelt gezeichnet, wohl auch durch rothe Färbung noch hervorgehoben, so dass der ganze Bodenfleck das Aussehen einer oben bewachsenen, vorn abgeschroffen Felsplatte gewinnt. Die Bäume, welche die Scene hie und da erfordert, zerfallen ebenfalls in zwei Klassen. Beiden ist der naturalistisch knorrige, oben verästelte Stamm eigen mit dem stehenden Aststumpf. Die Krone dagegen wird bald durch einen Büschel ganz grosser Blätter der verschiedensten Form verdunlicht, bald durch eine unregelmässige Zeichnung, welche zusammengeballte Laubmassen darstellen soll. Auch ein ganz lanbloser vielverästelter Baum tritt vereinzelt auf. Wieder ist anzumerken, dass auch ganz naturalistische Bäume gelingen, sobald beabsichtigt wird, bestimmte, wirkliche Baumarten vorzuführen. Erwähnt mag in diesem Zusammenhang werden, dass sich die Palme, d. h. wenigstens ein Erzeugniss offenbaren Strebens, einen südlichen Baum zu schildern, z. B. zum Einzug Jesu in Jerusalem schon beim Zeichner A um 1430 findet. Die in der Regel gelbgrün bemalte Laubkrone wird hie und da durch bunte Früchte, Blumen, Rosetten, oft recht unorganisch, belebt.

Einen noch unorganischeren Schmuck der Scene bilden die nicht seltenen grossen grünen Ranken, die theils im Boden wurzeln, theils ohne jede Verbindung mit ihm den Hintergrund füllen. Sie sind meist mit fünfblättrigen Rosetten verziert und weisen ganz gerade auf die schon in Hss. des XIV. Jahrhunderts[1]) üblichen Hintergrundfüllungen zurück.

Eine Erweiterung des Bodenstreifens zu eigentlicher Landschaft kommt nur in ganz schwachen Ansätzen vor. Eine Art Felslandschaft ist

1) Vgl. die Manessehs.

dann Regel, senkrecht in geraden Flächen abgeschroffte, rothbemalte Felsen bilden Hügel, auf denen kleine Architectur sichtbar wird. Weiter sind Bäume und Gebäude von jenen Hügeln überschnitten vorhanden.

Die in rothen Platten gebrochenen Felsen sind eine stehende Eigenheit der ganzen Schreibstube. Da nun auch die Architectur sehr häufig ebenso roth bemalt ist, so wird man wohl vermuthen dürfen, dass eine Erinnerung an den rothen Vogesensandstein, der im Elsass so vielfach zum Bauen verwandt wird, zu Grunde liegt. Doch zurück zur „Landschaft". Ein sich regendes Gefühl für Ausdehnung des Schauplatzes in die Tiefe könnte man darin sehen, dass vereinzelt zwischen der Architectur und den auftretenden Personen ein etwas grösserer Raum gelassen wird, der dann durch einen geschlängelten Weg bis zum Thor des Gebäudes, der Stadt durchschnitten wird. Freilich bleiben diese Ansätze sehr weit hinter der gelungenen Anwendung desselben Mittels durch die gleichzeitigen Genossen unserer Arbeiter an der Donau zurück. So kann es nicht Wunder nehmen, wenn da, wo der Gegenstand Ausdehnung in die Tiefe, ein Hintereinander verlangt, absonderliche Mittel ergriffen werden, den gewollten Eindruck zu erreichen. Erlaubt in solchem Fall die Schilderung eine Zerlegung des Schauplatzes, so wird er getheilt. Nur einige besonders sprechende Fälle will ich hierfür anführen. In Konrads von Würzburg Trojanerkrieg (Berliner Hs., s. u. A XV) hält Heracles mit den Seinen in einem Walde unfern einer Feste: ganz hübsch ist da vorn (unten) die Kriegerschaar unter Bäumen dargestellt. Aber über den Baumkronen bis zum Fuss des höher gezeichneten Burghügels ist kein Erdboden vorhanden (Zeichnung A'a). Ganz entsprechend findet sich bei Schilling folgende Schilderung: eine fröhliche Tischgesellschaft oben, darunter ein ebenfalls zur Scene gehöriger Rebgarten, zwischen beiden leerer Raum, nur an einer Seite ein Felsen von einem Baum gekrönt, der von unten auf bis in die obere Scene sich erhebt und so beide verbindet (Kolmarer Reimbibel fol. 207). Konnte sich der Zeichner, sobald die Scene in zwei Theile zerlegbar war, dadurch helfen, dass er zwei Darstellungen je mit besonderem Boden über einander ordnete, so war das unmöglich, sobald eine wirkliche Fläche, sei es eine zusammenhängende Landschaft, oder Wasser, dargestellt werden sollte. Ersteres fordert z. B. die Geschichte Josephs, wo er seinem alten Vater das Land Gosen zeigt. Es kann nicht befremden, wenn hier „das Land" einfach als ein den Personen nebengeordneter Bestandtheil der Erzählung gefasst und demgemäss als ein Hügel mit Architectur von gleicher Grösse wie die beschauenden Menschen neben diese auf den üblichen Bodenstreifen gestellt wird. Etwas anders hilft sich ein anderer Zeichner in ähnlicher Lage. Er soll schildern, wie Josua das eroberte Land vertheilt. Da wird der Bodenfleck ein wenig reicher ausgestattet, rechts und links je ein Hügel, davor Häuschen gezeichnet, und in der Mitte, in der Einsenkung zwischen den zwei Hügeln, erscheinen Josua und etwas Volk sämmtlich als Brustbilder. Noch schlimmer ist der Zeichner dran, wenn es gilt, Wasser unterzubringen. Der Untergang der Ägypter im rothen Meer erfährt hier auch jetzt noch keine andere Darstellung, als im 13. und 14. Jahrhundert, und die Taufe Jesu im Jordan ist das neutestamentliche Gegenstück dazu: von einem wirklich zwischen Ufern strömenden Fluss ist keine Rede. Wenn schliesslich auch die jüngeren Glieder der Werkstatt nach dieser Seite kleine Fortschritte machen, ein Zug bleibt ihnen allen gemeinsam: auch das grösste Meer wird nie ausschnittweise gegeben, sondern stets rings von Ufern umsäumt. Ich meine, all das genügt, um zu zeigen, dass nirgends auch nur der Versuch gemacht wird, Landschaft als einen Ausschnitt aus der Wirklichkeit, so wie zwei Augen ihn sehen, zu schildern. Vielmehr werden Erde, Baum und Fluss hier noch immer mit den Symbolen wiedergegeben, die seit lange schon üblich sind. Wie tief dieses Verhältniss zur Natur noch wurzelt, sieht man daran, dass häufig das Wasser durch allerlei Wasserthiere gekennzeichnet werden muss.

Herrscht so, wie wir deutlich sehen, in der Schilderung der „Landschaft" kein grundsätzlicher Realismus, so werden wir ihn auch nicht von der Darstellung der Architectur erwarten. Sie wird denn auch noch gänzlich stenographisch wiedergegeben, bald grösser, bald kleiner, aber immer mehr stellvertretend, als abbildend. So ist eine „Stadt" stets eine kleine Gruppe von zwei bis drei Gebäuden, an welche die Mauer mit Thürmen nicht fehlen darf. Allermeist ist diese Stadt ebenso wie einzelne vorkommende Häuser äusserst klein. Soll nun z. B. eine Begegnung der Maria und Elisabeth in der Stadt dargestellt werden, so werden wir nicht etwa in eine Strasse der Stadt geführt, sondern wir bekommen zunächst die niedrige Stadtmauer mit ihren Thürmen zu sehen, über ihr die zwei Frauen bis an die Knie. Bleibt neben ihnen noch Raum, so wird er durch kleine, ebenfalls nur zur oberen Hälfte sichtbare Gebäude ausgefüllt.

Wie die „Stadt" werden auch einzelne Gebäude behandelt. Nur so viel die Geschichte verlangt, wird gegeben ohne Rücksicht auf dessen Beschaffenheit und Lage in der Wirklichkeit. Dass ein Gefängnissthurm nicht allein auf freiem Plan steht, dass Lots Haus vermuthlich in einer Strasse in Sodom lag, kümmert keinen Zeichner. Die Geschichte spricht nur vom Gefängniss, also genügt dieser Rundthurm mit Gitterfenstern, nur von Lots Haus, also genügt dies Puppenhäuschen.

Trotz dieser Auffassung haben wir wie im 14. Jahrhundert manches gut beobachtete Einzelstück zu verzeichnen: hübsche gotische Bogen mit reichem Masswerk, dann wieder romanische Erinnerungen als Rundbogenfries und gekuppelte Fensterchen.

Das alles war schon Gut des 14. Jahrhunderts, und übers 14. Jahrhundert führt uns auch nicht hinaus die Schilderung des Innenraums.

Allermeist ist auf seine Wiedergabe von vornherein verzichtet. Der Tisch, das Bett, der Betschemel, der Thron oder, was sonst den Mittelpunkt der Handlung abgiebt, wird ohne Weiteres auf den grünen

Bodenstreifen gestellt, höchstens, dass ein Vorhang auf einer oder zwei Seiten zur Abgrenzung angebracht wird. Aber wie oft stehen z. B. beim Zeichner G Betten unter blühenden Bäumen! Hie und da tritt wenigstens ein gemusterter Fussboden für den grünen Rasen ein. Soll der Innenraum wirklich dargestellt werden, oder ist er unerlässlich, so hilft man sich mit den alten Mitteln: ein kapellenartiger Raum, dessen Grundriss ein Achteck bildet und dessen drei vordere Seiten fehlen, überwölbt, wird besonders von A gern verwendet. Weiter kommt vor eine Art Thorbogen mit Dach darüber, häufig fehlt jedoch im Innern des Bogens die Hauptsache, Hinterwand, Seitenwände und die Decke. Ab und zu ist der Bogen vorn bis zu halber Höhe durch eine Mauer mit Zinnen geschlossen. Eine dritte Form ist die Darstellung eines ganzen Hauses von aussen, dessen eine Wand fehlt, so dass man ins Innere sehen kann. Oder es öffnet sich eine Wand in einem grossen Bogen zur obern Hälfte wie oben. Dann sieht man die Personen als Kniestücke.

Eine besonders sprechende Darstellung dieser Art findet sich einmal bei C. Es soll der Text illustriert werden: Hie kam ein engel zu Josua, hies in Jericho gewynnen und die Juden ir osterlamp essen. Das Bild zeigt Josua mit einigen Bewaffneten zu Pferde vor einer Stadt. Wahrscheinlich ist es nur ein Versehen des Zeichners, dass der Engel, der ihm Gottes Befehl ausrichtet, fehlt. Uns geht mehr die zweite Hälfte des Bildes an, wie die Juden das Osterlamm essen. In der Stadt nämlich, die mit Thurm und Mauer befestigt ist, erhebt sich ein grosses Gebäude. Es öffnet sich nach vorn, wie oben beschrieben, in weitem Bogen, und durch die Öffnung sehen wir drei Juden beim Mahle. Befehl und Ausführung werden so in einem Bilde gezeigt. Es leuchtet ein, nur die vollständige Wiedergabe des Textes in Bilderschrift wird angestrebt. Darum genügen die alten Bildzeichen, darum findet sich nirgends ein idealer Querschnitt durch einen Innenraum.

Vollends deutlich wird die Art, wie der Illustrator seine Aufgabe fasst, sobald es sich darum handelt eine Geschichte zu erzählen, die einen zusammengesetzten Schauplatz erfordert. Ich führe nur die Bathsebageschichte an, weil sie von allen wichtigeren Zeichnern dargestellt wird. Und sie wird es mit unwesentlichen Abweichungen überall folgendermassen: rechts König David unter Krone auf seinem Thurm als Brustbild, links hart unter dem Thurm auf dem Boden ein grosser Badezuber, darin Bathseba. Vor ihr zwischen Thurm und Zuber der Bote, der den Auftrag des Königs überbringt. Man sieht, es kommt gar nicht darauf an, ein einigermassen wahrheitsgetreues Spiegelbild der Geschichte, so wie sie sich zugetragen hat, zu geben: wenn nur alle Bestandtheile der Historie da sind: David und Bathseba, Thurm und Zuber, der Bote und sein Spiess.

Der Himmel, der sich über solchem Schauplatz wölben sollte, ist nicht vorhanden. Er wird nur angegeben, wenn Erscheinungen oder atmosphärische Vorgänge (Hagel z. B.) ihn fordern, und dann meist in der Form gekrauselter Lappen, wie wir ihn noch auf den Schöpfungsbildern der ältesten Holzschnittbibeln, oder auf dem Titelblatt zur Schedelschen Weltchronik dargestellt sehen. Nur zwei Zeichner, oder richtiger Maler, lassen auch Scenen ohne jene besonderen Anforderungen unter blauem Himmel spielen. Es ist dies Hans Schilling (K), der eine kleine Anzahl Bildchen in seinem Prachtwerk mit einem Himmel aus feinen parallelen Strichelchen und flockenartigen Wolken ausgestattet, die oben dunkelblau, nach unten heller werden. Bezeichnenderweise bleibt diese Schilderung des Himmels sofort aus, sobald der Zeichner in den üblichen handwerksmässigen Schleuderstil zurückfällt. Ausser jenen wenigen Bildern kommt blauer Himmel nur noch einmal vor, auf der Wappentafel vor einer Historienbibel in St. Gallen. Dieses Blatt steht in der Bemalung den Bildern Schillings ausserordentlich nahe, und so ist auch der Himmel ganz so behandelt, wie dort.

Von dieser Betrachtung des Schauplatzes der Geschehnisse wenden wir uns deren Trägern, den Personen zu. Da jeder Zeichner der Werkstatt seine eigenartig ausgebildete Gewohnheit hat, Menschen zu zeichnen, so können an dieser Stelle nur einige allgemeine Bemerkungen gegeben werden. Die Glieder des nackten Leibes sind voll. Auch bei kleinen Kindern finden sich nie die hageren, verkrüppelten Formen, wie in der gleichzeitigen niederländischen Kunst, von der sie auch Schongauer übernahm. Die Innenzeichnung zur Angabe der Muskulatur nackter Körper ist meist ganz oberflächlich. Eine Ausnahme macht allenfalls die Darstellung Jesu am Kreuz. Vielleicht drängte sich dabei die Erinnerung an Holzkruzifixe stark auf. Die Köpfe sind durchaus schematisch gezeichnet: jeder Zeichner gewöhnt sich einen Typus an, den er bis zur Starrheit immer wiederholt. Ebenso zeichnet er die Haare nach einer immer wiederkehrenden Regel. Die Gesichter stehen fast durchaus im Dreiviertelprofil, doch kommt volle Vorderansicht vor, und das (dann stets karikierte) Vollprofil fehlt auch nicht. Die Hände sind meist natürlich, aber nicht eingehend gezeichnet.

Wenn so in der Formengebung noch ein gutes Stück des 14. Jahrhunderts steckt, so ist unverkennen, dass in der Charakteristik der Lebensalter, der Stände und Berufsklassen unsere Werkstatterzeugnisse selbst gute Hss. vor 1400 übertreffen. Und dabei haben wir immer noch den Eindruck, dass sich dies mehr oder minder nach dem Grad der Flüchtigkeit in der Arbeit richtet, dass also alle diese Zeichner, sobald sie wollen, noch weit besseres leisten können. In der That: je sorgfältiger ein Zeichner arbeitet, um so eingehender charakterisiert er auch, während sich derselbe Mann bei anderer Gelegenheit wieder ganz in seinen schematischen Bildungen ergeht. Jeder hat aber in guter Stunde auch einmal etwas Hübsches geschaffen. Zunächst ist schon die allgemeine Fähigkeit zu individualisieren gestiegen. Neben den Karikaturen in Vollprofil, die schon das 14. Jahrhundert kannte, begegnen jetzt auch individuell gebrochene Wangenlinien in Dreiviertel-Profil. Auch die Nase wird immer häufiger dabei lebenswahr gestaltet.

Freilich, Gesichter, wie das eines Henkers in der Kolmarer Weltchronik von Schillings Hand (fol. 339), gehören noch durchaus zu den Ausnahmen. Doch können wir tüchtige Anläufe zu solchen Gestalten fast aus allen Hss. anführen. Wir finden den alten Mann mit runzeligem Gesicht, starkem Leib und schwachen Beinen, den schmucken aufrechten Jüngling und das dralle Knäbchen, den stolzen König und den ehrwürdigen Propheten, den Ritter und die vornehme Dame, Pharisäer und Zöllner, den Schreiber mit der grossen Brille auf der hageren Nase, den Schulmeister, den wackern Handwerker und den lottrigen Bauern hinter dem Pflug, den bettelnden Krüppel und den mit Beulen bedeckten Aussätzigen. Und alle diese Gestalten sind nicht nur durch ihre stehenden Attribute deutlich unterschieden; das verstand man im vorigen Jahrhundert schon ebenso wohl. Vielmehr hilft hier Gesichtsausdruck und Haltung, Körperform und Benehmen schon ganz wirkungsvoll mit charakterisieren. Kein Zweifel, damit hat die Buchillustration auf alter Grundlage ihr letztes Ziel erreicht: vollkommene Deutlichkeit des Vorgangs ohne einen grundsätzlichen Realismus.[1])

Von der Tracht ist im Allgemeinen nur zu sagen, dass sie durchaus die moderne ist, bis auf wenige Erzväter, ganz vereinzelte Propheten, die Engel, Jesus Christus und Gott Vater. Dabei ist recht hübsch der Übergang von den phantastisch stoffreichen, gezaddelten Gewändern der Frühzeit des 15. Jahrhunderts zu den einfachen, weiten (tiefgegürteten) der vierziger und zu den knapp anliegenden Röcken der sechziger Jahre zu beobachten.

Wichtiger ist für uns, dass wir ebenso deutlich das siegreiche Durchdringen der scharfgebrochenen Gewandfalten verfolgen können.

Was nun die Bethätigung der Menschen angeht, so wäre da eine Fülle gut gelungener Stellungen und Bewegungen zu verzeichnen. Daneben freilich manches höchst Ungeschickte. So sind auf der Erde liegende Gestalten so gut wie nie wirklich schwer auf dem Boden lastend gezeichnet: meist schweben sie wie steif gefroren in der Luft, etwa nur mit den Fersen den Boden berührend. Sitzen wird ebenfalls oft recht mangelhaft dargestellt, und starke Bewegungen, als Rennen, Laufen, Stürzen, gelingen höchst selten.

Hier ist auch daran zu erinnern, wie zur Bezeichnung entfernt stehender Personen einfach deren Vorführung als Brustbilder verwandt wurde. Ebenso hilflos zeigen sich die Illustratoren, sobald es gilt, Personen mit Architectur in Beziehung zu setzen. Dann tritt der völlige Mangel an Raumanschauung deutlich zu Tage. Was im Innern eines Hauses vorgehen sollte, spielt sich öfter vor dem üblichen Bogen ab (wenigstens zur Hälfte), als unter ihm. Meist sind die Menschen eben so gross, als die Architectur, hinter, neben oder auf der sie

---

[1]) Denn, man bemerke wohl, von der vollendetsten Charakteristik der Lebensalter, Stände u. s. f. bis zur bildnissartigen, individuellen Behandlung jedes beliebigen Gesichts ist noch immer ein weiter Schritt.

gedacht sind. Überhaupt ist in der Regel gar keine Möglichkeit, dass die Menschen mit solcher Architectur in irgend eine Verbindung treten könnten. Sobald z. B. eine Person von einem Bautheil etwa zur Hälfte verdeckt dargestellt ist, ist die andere Hälfte schlechterdings nicht zu ergänzen, ohne mit der Architectur in Widerspruch zu gerathen. Insbesondere sind gern auf ganz niedrige Zinnenmauern Brustbilder und Köpfe gemalt, ohne dass abzusehen wäre, wo der übrige Körper zu denken ist.

Ebenso macht der Raum noch Schwierigkeiten, wenn auf ebenem Boden Gruppen zu bilden sind. Wo es irgend geht, wird nach der Breite componiert. Doch fehlt nicht mehr jegliche Tiefe. Selten ist das Unvermögen noch so gross, dass Gruppen in zwei einander gegenüberstehende Haufen von Profilfiguren zerlegt werden müssen — Kämpfe ausgenommen, bei denen das zunächst auch Regel ist. Sonst aber überrascht oft, selbst bei älteren Zeichnern, eine gelungene Composition von einiger Tiefe. Nur darf man nicht an eine bewusste Raumausdehnung zum Zweck der Anordnung einer Gruppe in mehreren Plänen denken. Vielmehr kommen noch bei allen Zeichnern die alten Mängel vor: die Beine und Füsse der hinten Stehenden fehlen mitunter ganz. Nebeneinanderstehende treten sich auf die Füsse, bei Knieenden ist das hintere Knie unter dem vorderen sichtbar u. s. f. Aber daneben kommen doch lockere Gruppen vor und dann sind die Füsse der entfernteren Personen in der Regel höher angesetzt, als die der Personen des Vordergrundes. Und wenn auch der Bodenstreifen niemals zu eigentlicher Landschaft erweitert wird, so genügt er doch, um die Haufen aufzulösen. Angelegentlich mit einander beschäftigte Personen werden einander gegenübergestellt, unbetheiligte weiter weggerückt u. s. f. Selbst Gruppen mit drei Plänen sind zu verzeichnen, ohne dass dabei der Bodenstreifen verlassen wäre, aber auch ohne dass allzu arge Verstösse gegen die Perspective begegneten.

Wie wenig aber jeder solche scheinbare Fortschritt aus einer Veränderung der Grundanschauung fliesst, zeigt wieder der Umstand, dass dicht neben einander befindliche Personen oft in den auffallendsten Grössenmissverhältnissen zu einander gezeichnet sind. Doch ist dabei nicht wohl an jene Unterscheidung von höher und niedriger stehenden Personen durch Grössenabstand zu denken. Nur das Jeweils Wichtige wird so hervorgehoben, und wiederholt versagt selbst diese Erklärung (z. B. bei C).

Die geistige Belebung dieser Gruppen muss zum allergrössten Theil noch immer das Spiel der Hände vollziehen. Zwar von einer durchgeführten Typik der Gesten kann nicht wohl die Rede sein. Ist doch eine solche im strengsten Sinne schon nach 1300 nicht mehr nachweisbar. Hier vollends kann man höchstens noch in dem Aufstützen der Wange in die flache Hand einen letzten Rest jener Erscheinung erkennen. Dieses Mittel, Trauer und Schmerz auszudrücken, wird nur noch von wenigen Zeichnern und auch da öfter entstellt bis zur völligen Verdeckung des Gesichts oder der Augen mit der Hand angewendet. Allein für jede Äusserung geistiger Vorgänge wird eine entsprechende Handbewegung gefunden, oft verändert, stets dem besonderen Falle angemessen. Und mit bewundernswerther Deutlichkeit sehen wir im Spiel der Hände dieser Menschen sprechen, lehren, hören, schweigen, anklagen, sich vertheidigen, verlangen, bitten, versagen, streiten, versichern, zustimmen, abwehren. Wir sehen sie freudig erregt und trauernd, erschrocken und verzweifelt, nachdenklich und lebhaft u. s. w.

Immer ist die Handbewegung so ausdrucksvoll, dass es kaum noch anderer Mittel bedarf. Doch kommt die Körperhaltung in einzelnen Fällen der Hand zu Hilfe: Senken des Kopfes, sich zuneigen und abkehren, schlotterndes oder straffes Stehen u. s. f. Endlich verstehen es auch die meisten Zeichner, den Affect im Gesicht anzudeuten: nach innen hoch gezogene Augenbrauen, herabgezogene Mundwinkel, Gesichtsfalten, geöffneter Mund begegnen nicht selten

So kann es nicht Wunder nehmen, wenn wir mitunter recht lebendige Scenen finden. Um wenigstens ein Beispiel und zwar von der Hand eines der älteren Zeichner anzuführen, will ich hier kurz das Urtheil Salomos beschreiben, wie es sich in der unter IV genannten Hs. A's fol. 233 findet: Links steht der König, die Rechte zum Befehl ausstreckend. Die unächte Mutter in der Mitte des Bildes hat das Kind auf einen Tisch neben sich gelegt, noch hält sie sein Händchen mit der Rechten fest. Die Linke streckt sie, ihr Einverständniss äussernd, nach dem Henker aus, der von rechts mit erhobenem Schwert herantritt. Aber das Schreckliche darf nicht geschehen: hinter dem Tisch sehen wir die ächte Mutter voll Verzweiflung beide Arme zur Abwehr emporheben, den einen nach dem König, den andern nach dem Henker, die Hände sind gegen jeden der beiden geöffnet, die Fingerspitzen nach oben gedreht. Hier ist also nicht nur der Augenblick der höchsten Spannung glücklich erfasst, er ist auch mit erstaunlicher Sicherheit wiedergegeben. Keine Person fällt aus der Gruppe heraus, alle sind sie zu einander in Beziehung gesetzt, die Personen in der Mitte durch höchst lebendige „getheilte" Handlung nach beiden Seiten verbindende Glieder. Und das Ganze ist auf den ersten Blick deutlich. Die Aufzählung lebendiger Scenen liesse sich ohne Mühe leicht fortsetzen. Und wenn im Einzelnen manche steife Bewegung, mancher tote Zug mit unterläuft, der Gegenstand ist fast immer klar und sofort verständlich. Das aber war der Zweck jeder Darstellung.

Endlich ist noch ein Blick auf die gegenständliche Welt zu werfen, welche diese Gestalten umgiebt. Anknüpfend an das, was oben S. 24 gesagt wurde, möchte ich nun hier behaupten: sobald das Beiwerk den nothwendigen Inhalt der Scene überwiegt, ist das Eindringen des neuen Geistes unverkennbar. Und die Freude am Beiwerk bricht bei jedem unserer Zeichner einmal durch, sowenig auch dergleichen Regel ist. Abgesehen von den modischen Trachten, von der eingehenden Schilderung des Geräths, der meist gelungenen

Zeichnung der Thiere ist hier vor allem die völlig neuweltliche Auffassung altgewohnter biblischer Stoffe hervorzuheben: Jephtae Tochter geht dem Vater entgegen Geige spielend, ein Kränzlein im Haar. Abraham vertheilt unter dem Laub auch Küchen- und Hausgeräthe. Statt des üblichen Strohdaches auf vier Pfählen wird zur Geburt Jesu eine wirklich nach der Natur gedachte Hütte mit durchbrochener Lehmwand eingeführt. Bei der Verkündigung an die Hirten vertreiben diese sich eben die Zeit mit Dudelsackpfeifen, ihr Hund liegt schläfrig zusammengerollt zu ihren Füssen. Mose weist die Gaukler aus: ein stolzer Hahn zieht ein Brettchen, das auf vier Rädern geht. Darauf steht ein Zwergenpaar. Jesus wird zur Schule gebracht: der Knabe trägt seine Schiefertafel mit dem Abc bei sich. Ein ander Mal spielt er mit einem Vogel. So taucht als stattlicher Bau das Strassburger Münster auf. So werden uns endlich (von K) alle irgend denkbaren menschlichen Beschäftigungen und alle Handwerke vorgeführt.

Genug. Man darf annehmen, wo solche Züge selbständiger Beobachtung den vom Text geforderten Darstellungsinhalt überwuchern, da ist das Ende der alten Illustration nahe. Eine neue Zeit macht neue Forderungen geltend. Diese haben auch die Schreibstube von Hagenau gesprengt.

Wenn wir noch einmal das Besprochene zusammenfassen, so müssen wir sagen, im Verhältniss zur Welt steht die Werkstatt noch durchaus auf der Stufe, die das Ende des 14. Jahrhunderts schon erreicht hatte. Sehr viel mögen zu diesem Beharren am Alten immer wieder die Vorlagen beigetragen haben, nach denen man arbeitete. Der Hauptgrund ist aber sicherlich ein anderer. Nur ein geweckter Sinn, ein scharfes Auge wurde dazu geführt, sich an die Natur selbst zu wenden. Mochte immerhin die Freude an dem bunten vielgestaltigen Leben der Aussenwelt längst vorhanden sein, handwerklich-enger Geist verhinderte jede grundsätzliche Neuerung. Und wenn eine solche nicht vom Künstler ausging, das Publikum regte nichts dazu an. War es doch durch das „was" der Schilderung voll befriedigt und fragte nicht nach dem „wie".

Und dieser Zug wiederum ist ja freilich in seiner Wurzel noch mittelalterlich. Zugleich aber ist es doch ein Zug, der noch lange durch die Äusserungen deutscher Kunst überhaupt geht.

So werden wir denn nicht zu hart über die Hagenauer Illustratoren urtheilen, zumal immerhin einiges auch ihre Erzeugnisse von denen des 14. Jahrhunderts scheidet.

Schon dass man jeden Zeichner sofort aus seinen Genossen heraus erkennt, ist ein Schritt über jene Zeit hinaus. Jeder schafft sich seine Formensprache selbst. Zwar roh ist sie, und vor allem wird sie bald ganz gewohnheitsmässig für alle Gestalten jeden Standes und Alters verwendet, aber sie ist doch bei jedem Zeichner wieder eine andere.

Und dann, auch in der zweiten Hälfte des 14. Jahrhunderts begegnet man nirgends so lebensfähigen, individuell wahren Köpfen. Die meisten unserer Arbeiter schaffen mitunter auch einmal recht gute

Gestalten. Denn jetzt gilt: Je sorgfältiger, desto lebensvoller. Dort wurde die Gestalt je sorgfältiger ausgeführt, um so allgemeiner.

Dass man auch nach der Seite der Ausdehnung des Bodens in die Tiefe es den besten Leistungen um 1400 gleich und allmählig zuvorthat, soll nur nebenbei erwähnt werden. Wenn aber selbst in unserer Werkstatt der blaue Himmel einzieht, so ist das eine Errungenschaft, die das 14. Jahrhundert auch in seinen besten Vertretern nicht kannte.

Aber genug. Das alles ändert nichts an der Thatsache, dass die Schreibstube von Hagenau auf alter Grundlage stand, auf ihr fortarbeitete fast unberührt von der tiefgehenden grundsätzlichen Wandlung, die sich draussen unterdess vollzog.

Noch ein Wort über die Art der Federführung will ich hier anschliessen. Auch sie ist bei den einzelnen Zeichnern sehr verschieden. Sie bewegt sich nämlich in mancherlei Stufen zwischen zwei Extremen, die sofort näher zu beschreiben sind. Nirgends treffen wir eine eigentlich zeichnerische Behandlung der Umrisslinien, jene feinen, wiederholt absetzenden Striche, die nicht ein fortlaufend geschlossenes Ganzes bilden, sondern vielfach zur Innenzeichnung, zur Schattierung mit dienen, sich schnellen, oft auch einen Zwischenraum im Umriss lassen, kurz ein freies, stets dem besonderen Zwecke angepasstes Gefüge zarter Federstriche. Vielmehr setzt sich der übliche Umriss entweder der Art zusammen, dass für jede Erstreckung nach einer Richtung ein Federstrich genügt: die Feder wird leicht angesetzt und mit einem Druck, der in der Mitte am stärksten ist, bis zu Ende geführt. Infolge dieser Art der Zeichnung besteht dann der gezeichnete Körper aus lauter schwach-stark-schwachen geschwungenen Linien, die an ihren Enden durchaus nicht immer zusammenlaufen. Auch dieser Umriss ist also gelöst, aber es ist eine ziemlich rohe Art der Federführung, wenn auch keck und des gewollten Ergebnisses sicher.

Die andere in unserer Werkstatt angewandte Zeichenweise geht auf einen Umriss in gleichmässig starken Linien aus. Diese werden darum langsam bei immer gleichem Druck, meist ziemlich stark, gezogen. Um bei der nachfolgenden Beschreibung der einzelnen Zeichner diese Unterschiede mit einem Wort ausdrücken zu können, erlauben wir uns im vollen Bewusstsein ihrer Unzulänglichkeit die Bezeichnungen „gestrichene" und „gezogene" Umrisse, Linien u. s. f. zu brauchen.

Anhangsweise gestalte man noch eine kurze Bemerkung über das Verhältniss des eben geschilderten Stils zur gesammten zeichnenden Kunst im Elsass. Dass man von den Erzeugnissen einer Werkstatt aus nicht ohne Weiteres auf die Zustände im ganzen Lande schliessen darf, ist selbstverständlich. Immerhin möchte ich erwähnen, dass mir nur ein einziges von den Hagenauer Hss. stark abweichendes Werk elsässischer Herkunft aus sicher früherer Zeit bekannt geworden ist. Es ist dies der palat. germ. 322 (Heidelberg), bei Bartsch 154. Diese Hs. (Otto von Passau, die 24 Alten) ist 1457 vollendet worden und enthält eine Reihe sehr interessanter Bilder: grosse Gestalten von äusserst lebendiger Haltung und charakteristischem Ausdruck. Am meisten überrascht aber der Stil; wir finden nämlich ganz eckig gebrochene Gewandung, überhaupt die völlig ausgebildete gradlinige Zeichenweise mit sparsamer Schraffierung, die wir gleichzeitig auch am Bodensee und an der Donau haben. Dieser neue Stil mag an Orten, wo ein regerer Verkehr bestand, und wo ein rühriges Holzschneidergewerbe blühte, früher zur Herrschaft gelangt sein, als anderswo. Und so kann und wird z. B. in Strassburg schon in den 40er und 50er Jahren ganz anders gezeichnet worden sein, als gleichzeitig in Hagenau.

In den 80er und 90er Jahren scheint dann der Kupferstich die Zeichenweise ganz in seinen Bann zu ziehen. Darauf deutet eine Historienbibel in Strassburg (L germ. 593) hin, deren Bilder eine Verwandtschaft mit Schongauers Kunst nicht verkennen lassen.

(Fortsetzung und Schluss folgen.)

Das Accipies-Bild in den Wiegendrucken.

Im Anschlusse an die neueste Arbeit über die in einer Reihe von Wiegendrucken vorkommenden s. g. Accipies-Bilder, nämlich an die Abhandlung, die Robert Proctor unter dem Titel: The Accipies

woodcut in der neuen Zeitschrift Bibliographica¹) Part I p. 53 mit vier
verschiedenen Acciples-Bildern veröffentlicht hat, möchte ich hier unter
Beigabe eines gleichen Holzschnittes²) als Ergänzung zu der Arbeit
Proctors die Deutung des Bildes überhaupt versuchen.

Der auf allen Bildern in den verschiedenen Varietäten vorkommende Lehrer ist nicht ein Lehrer im gewöhnlichen Sinne, sondern
es ist der Papst Gregor der Grosse, der Patron der Schule in der Zeit
des Mittelalters. Schon der Nimbus um das Haupt deutet auf einen
Heiligen³), und die auf der rechten Schulter sitzende Taube kenn-
zeichnet den Heiligen als Papst Gregor. Merkwürdiger Weise, aber
ganz richtig, ist die Taube auf Cut D bei Proctor S. 62 deutlich
mit dem Kreuznimbus versehen, wodurch die Taube als Heiliggeist
taube⁴) charakterisirt wird, denn den Kreuznimbus gab die mittelalterliche Kunst nur allein den göttlichen Personen.

Einen prächtigen Gregorius Magnus, mit Tiara und Taube, auf
dem Throne sitzend, im Nimbus die Worte Sanctus Gregorius, hat
Herr Rosenthal in seinen Incunabula xylographica et chalcographica
S. 53 aus einem Florentiner Drucke des Jahres 1486 wiedergegeben.

Wie Gregorius M. zur Ehre eines Patrons der Schule und Schul-
jugend gekommen, darüber siehe Falk, Schul- und Kinderfeste im
Mittelalter. Frankfurt a. M. 1880. S. 0: Gregoriusfest; es fiel auf den
Gregoriustag, 12. März, und bildete zugleich den Anfang des Schuljahrs.⁵)

An der Wand hinter St. Gregors Rücken hängt eine Tafel, es ist
eine ABC-Tafel. Eine solche war ehedem in der Schule gebräuchlich; sie findet sich, sehr deutlich, auf dem Bilde von Heisch's Margarita
philosophica⁶), wo Nicostrata mit der Linken den Schlüssel hält und
die Pforte des Lehrgebäudes öffnet, während sie mit der Rechten dem
herzutretenden Schulknaben die ABC-Tafel einladend entgegenstreckt.

An dem oberen Theile der rechten Schmalseite des Pultes stecken
zwei Tintenfässer. Zu Tintenfässchen verwendete man im Mittelalter
kurze Kuhhörner. von Cohausen in seinem Antiquarisch-Technischen
Führer durch das Alterthums-Museum zu Wiesbaden S. 79 sagt: „Die

---

1) Bibliographica. A Magazine of bibliography in twelve quarterly
parts. London, Kegan Paul etc. (S. C. f. B. XI, 406).
2) Entnommen einem Exercitium grammaticale puerorum per dictas
distributum. 1500.
3) Acciples tanti doctoris dogmata sancti.
4) Menzel, Christliche Symbolik s. v. Kirchenväter I, 402; der hl. Geist
pflegte als Taube auf seiner Schulter zu sitzen und ihm weisen Rath zu
ertheilen.
5) Wohlfarth, Gesch. der Erziehung II, 173 weiss, dass man noch im
9. Jahrhundert zu Rom das Bett zeigte, von welchem aus der am Podagra
kranke Papst die Schüler unterrichtete, sowie den Stock, womit er sieb Aufmerksamkeit verschaffte.
6) Ein Abdruck in l. Geiger, Renaissance und Humanismus in Italien
und Deutschland. Berl. 1882. S. 400. Vgl. auch Hartfelder über Reisch
und seine Marg. phil. in Zeitschr. für Gesch. des Oberrheins. N. F. V, 170
(1890).

Tinte wurde in einem kleinen Kuhhorn, das am Schreibpulte hing, aufbewahrt. Auch rothe Tinte hing oft daneben".[1])
Einer der Schulknaben, welche in jener Zeit nur Sitzbänke hatten, hält ein Stäbchen in der Rechten, womit er auf die Buchstaben deutet, wie heute noch die Kinder beim Lesen thun.
Der in Mitte und Ende reimende Hexameter auf dem Spruchbande bedarf noch weiterer Untersuchung. Vermuthlich eröffnete er in den handschriftlichen Lehrbüchern, zumal den gereimten, den Text.

F. Falk.

L'Exposition du Livre à Paris
(août-novembre 1894).

Quelques personnes zélées ont imaginé de profiter des locaux libres du Palais de l'Industrie pour organiser à Paris, actuellement, une sorte de bazar où l'entrée n'est libre qu'après avoir payé un franc, et qu'elles ont décoré du nom un peu pompeux d'Exposition artistique et rétrospective du livre. Les affiches répandues à profusion sur les murs de la cité pour engager les curieux à s'y rendre vous annoncent des attractions diverses, concert chaque jour, et une exhibition étonnante de curiosités de toute sorte. Les désoeuvrés et les badauds, les étrangers, les professionnels du livre accourent pour la visiter et se trouvent dès le début péniblement déçus.

Dans une exposition du livre, en effet, que s'attendrait-on à trouver? Ce serait, j'imagine, une série complète de livres manuscrits et imprimés depuis la plus haute antiquité jusqu'à nos jours, une histoire par l'image de l'illustration des volumes et de leur reliure depuis la Renaissance jusqu'aux derniers perfectionnements modernes, une suite de presses anciennes et modernes, de caractères divers d'imprimerie, de fleurons, de culs-de-lampe, d'ex-libris, etc., enfin quelque chose comme le Musée Plantin en miniature reconstitué ; ce serait aussi les procédés de fabrication du papier, en orient comme en occident ; des spécimens heureusement choisis de papyrus, de parchemins de papiers de tout format et de toute origine, d'autographes, de billets de banque, de cartonnages, d'affiches, de timbres, de filigranes, comme un grand atelier organisé sur des bases assez vastes pour montrer au public tout ce qui peut être fait à l'aide du papier.

Pour arriver à ce résultat qui eut été vraiment intéressant, il fallait une association sérieuse de gens compétents dans ces diverses branches professionnelles, et l'on devait se contenter de nous présenter ce qui rentrait nécessairement dans le cadre proposé et déjà suffisamment large. Au lieu de cela, on exhibe devant les visiteurs des vêtements, des voitures, des machines, des pendules, des lampes, des tentures, des pianos,..... et des remèdes contre les insectes qui attaquent les arbres fruitiers. Avouez que tout cela est bizarre et n'avait rien à faire présentement : le mot de bazar était donc bien le vrai.

Mais, dites-vous, toute une partie de l'édifice est conservée au livre, et c'est là que vous devez vous rendre si vous en êtes curieux. J'en conviens, mais, après l'avoir parcourue en tous sens, je n'y vois pas ce que j'y cherche; à part l'exposition toujours bien réussie du Cercle de la Librairie de Paris, et celles des sections belge (papiers), autrichienne (papiers et librairie) et danoise (librairie), qui font très bon effet, mais qui sont pure-

---

[1] Tintenfässer in Raum III, Schrank II, 43, 53, 54 und Raum III, 20, S. 188 Nr. 20 Johannes der Evangelist mit dem beachtenswerthen Schreibzeug am Gürtel.

ment contemporaines. Je n'ai rien trouvé autre chose que des objets prêtés par des particuliers et susceptibles de participer à une exposition artistique et rétrospective, mais non de la constituer entièrement. Ces particuliers sont d'ailleurs en petit nombre, et si leurs collections sont très précieuses, parce qu'ils s'appellent Claudin (livres anciens), Gruel (reliures anciennes), Giraud-Carteret (affiches et almanachs populaires), Edouard Montagne (cartes à jouer), Sébillot (documents orientaux et des colonies). Il semble que l'on aurait pu y adjoindre beaucoup d'autres pièces curieuses en étendant un peu plus le champ des investigations. Pourquoi, par exemple, n'avoir pas cherché à exhiber un lot considérable de livres microscopiques, de livres imprimés sur papier végétal ou sur papiers de couleur, de livres à format singulier, d'incunables curieux ? Pourquoi n'avoir pas entrepris de recueillir et d'exposer toute une bibliothèque relative à l'histoire de l'imprimerie, ou de factums contre des libraires, ou de documents judiciaires poursuivant ou condamnant des libelles diffamatoires ou des écrits contraires aux bonnes mœurs, à la religion ou aux souverains? Il y avait là une mine très vaste à exploiter, et le catalogue de tous ces imprimés eût été utile aux curieux et aux amateurs. Il est vrai qu'il fallait se donner la peine de dresser un catalogue, et cette peine n'a même pas été prise.

Au surplus, le projet ne pouvait convenablement aboutir que si le gouvernement français, ou par son intermédiaire la Bibliothèque nationale, les autres bibliothèques de Paris et celles de la province, différents dépôts d'archives publiques avaient prêté aux organisateurs un concours effectif par le prêt d'une suite de documents bien choisis. Alors on pouvait constituer un véritable musée du livre qui aurait eu, pour les professionnels et pour les amateurs, un véritable intérêt et aurait pu compter sur un grand succès de curiosité. Dans la section rétrospective du travail de l'Exposition universelle de 1889, certaines salles fort bien aménagées pouvaient être considérées comme un spécimen d'exposition rétrospective du livre, et les organisateurs d'aujourd'hui auraient sagement agi en les prenant pour type et pour modèle à imiter et à agrandir.

Est-ce à dire cependant que l'on ne gagne rien à visiter l'Exposition du livre ? Il serait injuste de passer totalement sous silence les collections qui y figurent, mais qui, nous le répétons, sont des collections privées, prêtées en bloc pour quelques mois; et parmi celles-ci la plus remarquable est sans contredit celle de M. L. Gruel, un professionnel érudit à qui nous devons un excellent Manuel historique et bibliographique de l'amateur de reliures. Nous avons particulièrement à signaler dans ses vitrines : une reliure estampée à froid, à ébauchons, signée Golion, 1523; — une reliure monastique du couvent de Rebdorff, estampée et datée de 1518; — une reliure en peau de truie estampée, exécutée en 1550 par Thomas Kruger; — une reliure faite pour l'empereur Charles V, à Amsterdam en 1540, par Pieter Heinrics; — et un certain nombre d'autres exécutées par André Boule (XVe siècle), par Jehan Norvis (1523), par Jacobus Clere de Ghele (1529), par Philippes Huffort (1539), par les Angeliers (1538 à 1544), par Jean Bogard (1556 à 1576), par Jacques du Puys (1551), par les Gryphe, les Elzévir, Plantin, G. Tory, les Giunte et les Alde à différentes époques. Dans la même collection, le portrait de M. de Gauffecourt (original peint par Nonnotte, gravé par J. Daullé en 1751), auteur du premier livre imprimé sur la reliure. Tout auprès, des ouvrages reliés portant les noms de Canevarius, de Grolier, de Maioli, de R. Thévenin, tous chefs d'œuvre d'art et de goût. Plus loin, des matrices de reliures, des fers du XVIIe et du XVIIIe siècle, d'anciens papiers de gardes, et des matrices en cuir de chameau servant à l'estampage des reliures orientales. Malheureusement, il faut le dire encore, ce sont là des unités à admirer, ce ne sont pas des séries propres à frapper l'imagination et à servir d'enseignement.

M. Gruel a encore exposé quelques documents curieux pour l'histoire des relieurs en Allemagne, et dont voici l'énumération : Livre d'inscription des diplômes de capacité délivrés aux apprentis relieurs de Gotha, années

1643 et 1713; — Statuts de la corporation des relieurs de Gotha, en 1714; — Liber sodeorum de Johann Ernst Böhm, relieur à Gotha, années 1737 à 1745 (avec dessins en couleurs); — Rolle des Buchbinderamts in Münster, 1792; — enfin le livre de l'auberge des ouvriers relieurs "La Rose d'or" de 1714 à 1788, livre sur lequel M. Gruel lui-même a écrit une notice détaillée, insérée dans le Bulletin du bibliophile et du bibliothécaire en janvier 1894, et qui n'aura pas échappé à l'attention des chercheurs; cette auberge où passèrent nombre de relieurs était établie à Calw en Würtemberg.

Sur quelques pans de murs, nous avons remarqué d'intéressants spécimens d'impressions sur étoffe et sur toile, notamment un panneau attribué à Huet, imprimé chez Réveillon en 1786, des tentures de Joseph Dufour (1810), un fragment de décor de Psyché, dessiné par Lafitte et exécuté par Dufour en 1811, d'autres panneaux provenant des ateliers Madère père (1818), A. Le Roy (1831), Dufour et Le Roy (1834), et encore un qui représente "les Prodigues", qu'a dessiné Th. Couture, le célèbre artiste, et imprimé chez Desfossé en 1854. Mais là encore même observation : quelque intéressant que soit ce groupement, il ne suffit pas parce qu'il est trop peu nombreux et trop exclusivement parisien, et il eût gagné à la comparaison avec d'autres épreuves variées. Pourquoi, je vous prie, n'avoir pas sollicité le prêt des quelques dessins de décors qui existent dans les archives des théâtres de l'Opéra et de la Comédie-Française, dessins inconnus du public qui y eût trouvé son compte? Il y avait là un élément de curiosité certain à utiliser, et on n'aurait eu que l'embarras du choix.

L'exposition rétrospective a voulu comprendre aussi dans son programme les essais d'ornementation spéciale dans l'affichage qui est une des formes nouvelles de l'imagerie. Destinée à attirer l'attention publique, recherchant le succès cette ornementation de nos rues et de nos boulevards, sans cesse différente et sans cesse renaissante, est dès à présent sortie de sa période initiale et a conquis d'assez multiples droits de cité pour mériter de prendre place dans une semblable exposition, sans paraître s'y présenter sous forme de réclame et de publicité d'où l'exactitude n'est pas plus bannie que la fantaisie; sorte d'épilogue de ce que l'on a pu remarquer déjà à l'Exposition universelle de 1889, l'image actuelle et vivante après l'affiche rétrospective. Nous avisons quelques-uns des meilleurs dessins de Chéret (imprimerie Chaix et Cie), les étonnantes productions de Grasset, les similigravures de Hugo d'Alési, les tirages très recommandables de la maison Champenois; et, pour l'étranger, les essais vraiment bien réussis, mais parfois moins délicats et moins harmonieux, qu'ont envoyés les ateliers J. Weiner (London-Wien) et Stafford (Netherfield-Nottingham). Fort bien; mais combien de compositions allemandes, suisses, américaines, etc., auraient pu nous être présentées, qui nous auraient instruits en nous réjouissant les yeux par des couleurs habilement combinées et des sujets ingénieusement présentés! Il est toujours curieux de comparer les essais des autres aux siens propres, surtout en une matière aussi neuve et aussi susceptible de transformation rapide.

L'exposition chalcographique offrait peut-être quelque attrait pour les initiés, mais j'imagine qu'il s'y serait rencontré plus de monde si, au lieu d'examiner sous vitrine ces petits morceaux de papier de couleur aux effigies les plus variées, on avait pu les échanger commercialement. J'aime mieux vous signaler un document historique, le numéro du vendredi 4 novembre 1870 du journal politique l'Indépendant Rémois avec les observations faites et les passages raturés par la censure allemande; je préfère aussi vous signaler les collections de cartes à jouer prêtées par divers amateurs et provenant des fabriques de Hunt (1760—1870); Piatnik, de Wien; Reuter, de Darmstadt; Bamgioll, de Firenze; Biermato, de Turnhout; Daveluy, de Bruges; Wüst, de Frankfurt, pour ne parler que des plus connues; et un lot de cartes allemandes avec des scènes de la dernière guerre, fabriquées en 1872.

Mais, à part quelques salles tout-à-fait bien sérieusement aménagées, l'Exposition du Livre n'a pas donné ce qu'elle promettait, sans doute par faute d'une préparation suffisante et par suite des lacunes trop considérables qu'offrent la plupart de ses subdivisions.

On m'assure que, dans les dernières semaines cette exposition s'est augmentée dans de notables proportions, mais je ne puis dire, sans l'avoir revue, si elle s'était améliorée.

Paris. Henri Stein.

Recensionen und Anzeigen.

Alphabetisches Verzeichnis der französischen Litteratur in der Herzoglichen Bibliothek zu Wolfenbüttel. Der Bücher-Verzeichnisse der Herzoglichen Bibliothek zu Wolfenbüttel Zweiter Band. Wolfenbüttel 1894. Verlagsbuchhandlung von Julius Zwissler. Gedruckt in der Offizin von Otto Wollermann in Wolfenbüttel. (°. XV u. 595 SS.[1])

Allen Freunden der französischen Litteratur und der Bibliographie überhaupt wird der, unter Leitung des Herrn Oberbibliothekars v. Heinemann, von Herrn Bibliothekar Dr. G. Milchsack verfasste Katalog höchst willkommen sein. Wie bekannt, waren die Herzoge Julius († 1589), August († 1666), Anton Ulrich († 1714) und andere Mitglieder der herzoglichen Familie von Braunschweig-Wolfenbüttel ausgezeichnete Kenner der franz. Verhältnisse; sie standen gewiss mit mehreren Dichtern und sonstigen Schriftstellern in Verbindung, und so bietet der von ihnen gesammelte Bücherschatz ein grosses Interesse. Das alphabetische Verzeichnis zählt 5158 Nummern, obwohl die Herren Verfasser, mit wenigen Ausnahmen, die übrigens in Wolfenbüttel spärlich vertretene Litteratur unserer Zeit bei Seite gelassen haben.

Die Bibliothek ist an Werken des XVII und XVIII. Jahrhunderts besonders reich; doch können wir auch manche Seltenheit aus dem XVI Jahrhundert anführen. Dagegen enthält die Sammlung kaum drei oder vier Inkunabeln, darunter leider unvollständige Exemplare des Arbre des batailles (Paris, Jehan Du Pré, 22 Juin 1493) und des Compost und Kalendrier des bergiers (Paris, par Gulot Marchaut, 7 Jan. 1497. n. S.). Unter allen seltenen und werthvollen Büchern nehmen wohl die Liederbücher, und zwar die Chansons nouvelles (Lyon, en la maison de feu Claude Nourry, um 1534)[2], die Chansons nouvelles 1535[3] (beide Werkchen dürften wohl Unica sein), die Chansons nouvelles 1533 und 1569, der Nouveau Recueil 1581, das Cabinet des plus belles chansons 1588, die Fleur de toutes les chansons (Lyon, Benoist Rondette, o. J.), die Fleur des chansons amoureuses 1600, die Eslite de toutes les chansons 1603, auch 1619, der Recueil des plus beaux airs (Caen, Jaq. Mangeant, 1615), sowie die Novis, den ersten Rang ein. Nebenbei bemerkt, scheinen die französischen Liedersammlungen in Deutschland von jeher gesucht worden zu sein, und so enthalten die Bibliotheken zu Wolfenbüttel, München, Stuttgart u. A. eine Anzahl Liederbücher, welche die französischen Bibliotheken nicht aufzuweisen vermöchten.

Unter den älteren Dichtern fehlt sonderbarer Weise Villon. Dagegen ist Marot in mehreren Ausgaben (1538, 1539, 1547, 1557, 1579 u. s. w.) vorhanden. Eine Erwähnung verdienen vier Werke Gringore's (Le Chasteau d'amours 1533, Le Chasteau de labour, o. J., Les diverses Fantasies 1538, und Notables, Enseignemens, Adages et Proverbes

---

[1] Wir erhielten diese treffliche Anzeige des berühmten Bibliographen in deutscher Sprache abgefasst. — In der Bibliothèque de l'École des Chartes 1894 S. 539 — 42 ist das „Alphabetische Verzeichnis" von Herrn L. Delisle angezeigt worden. O. H.

[2] Vgl. Revue d'histoire littéraire de la France 1 (1894) S. 152.

[3] Ebend. 1 S. 148.

1559), die Œuvres de Louise Labé (Rouen, 1556), die Œuvres de P. de Ronsard, 1571, 1604, 1609, 1629, eine Reihe Ausgaben und Uebersetzungen des Du Bartas u. s. w.

Ziemlich gut vertreten sind die Ritterromane, wie Valentin et Orson 1526, Doolin de Mayence, Geoffroy a la grant dent, Gerard de Roussillon, alle in Lyoner Drucken von Olivier Arnoullet, die Cronique de Turpin 1527, Tristan 1514 u. viele andere.

Unter den Novellenschreibern weist Autone de La Salle Ausgaben von den Cent Nouvelles und von der Cronique du petit Jehan de Saintré, beide von Philippe Le Noir um 1510, auf. Von Marguerite d'Angoulême ist der Heptameron 1559 zu nennen.

Das alte Drama ist in Wolfenbüttel gar nicht vertreten. In dem handschriftlichen Katalog steht wohl (18. 18. Eth. 8) eine Moralité nouvelle, recreatifve et profitable, a quatre personnages, die wir vor sechzehn Jahren mit grosser Spannung suchten, und die seit dieser Zeit nicht zum Vorschein gekommen zu sein scheint. Aus der Renaissance-Zeit ist ein einziges Stück hervorzuheben von ausserordentlicher Seltenheit. Es ist dies die erste Ausgabe von Le Marchant converti, aus dem Latein. des Th. Kirchmair, gen. Naogeorgus, von Jean Crespin übersetzt, 1558. Von dieser ersten Ausgabe kennen wir nur ein zweites Exemplar bei Herrn Alfred André in Paris. Bedeutende Varianten des Textes verleihen den ersten Drucken des Crespin'schen Dramas einen besonderen Werth.

Wollen wir jetzt die späteren Werke einer raschen Prüfung unterziehen, so reicht es wohl hin zu bemerken, dass die Classiker im Allgemeinen gut vertreten sind. Ein viel grösseres Interesse bieten jedoch die Werke der Schriftsteller zweiten oder dritten Ranges, vor Allem natürlich die Werke jener Dichter, Philosophen und Kritiker, die gegen Ende des XVII. oder im Laufe des XVIII. Jhdts. in Deutschland lebten oder enge Beziehungen mit den deutschen Fürsten hatten.

Die Redaktion des Verzeichnisses entspricht allen Forderungen der modernen Bibliothekonomie. „Die Abschrift des Titels ist eine wörtliche … Auslassungen sind im Texte des Titels (nicht auch bei Verlagsangaben) durch drei Punkte angedeutet … Auf die Ermittelung der Verfasser bei anonymen, pseudonymen und dergleichen Werken sowie auf die Vervollständigung ihrer Familien- und Vornamen ist alle Mühe und Sorgfalt verwendet worden. …" Zahlreiche Verweisungen machen es gewöhnlich dem Leser leicht, anonyme oder pseudonyme Werke zu finden.

Nach obigen und anderen im Vorworte dargestellten Grundsätzen wurde die Arbeit von Herrn Dr. Milchsack mit ausserordentlichem Fleiss und ungewöhnlicher Konsequenz ausgeführt. Es sei uns nun erlaubt einigen Nummern kurze Bemerkungen oder Berichtigungen beizufügen.

S. IX rühmt Milchsack den Herzog August, die Werke eines Clément Marot, Roger Bontemps, Victor Brodeau u. A. der Bibliothek zugeführt zu haben. Diesen Roger Bontemps kennen wir nicht. Roger de Collerye wurde allerdings mehr denn einmal so genannt: jedoch existiren dessen Werke in Wolfenbüttel nicht. An Roger Bontemps ce belle humeur ist auch aus dem Grunde nicht zu denken, weil das Buch erst 1670, also vier Jahre nach des Herzogs Tode erschien.

S. X. Die Preise, welche einige der wolfenbütteler Schätze auf pariser Versteigerungen erreicht haben, dürften bei allen Buchhändlern und Bibliophilen für höchst phantastisch gelten. Alle diese Preise liessen sich wohl vor etwa fünfzehn Jahren unter gewissen Bedingungen der Erhaltung und des Einbandes nachweisen, stehen aber heutzutage unter gewöhnlichen Umständen acht- oder zehnmal zu hoch. Enorme Preise erreichen nur noch solche Bücher, die sich durch historische Einbände, Autographen oder seltene Figuren auszeichnen. Der litterarische Werth des Werkes wird von unseren jetzigen Amateurs sozusagen gar nicht berücksichtigt.

Nr. 32 33. Als Uebersetzer der berühmten Lettres portugaises wird unter 32 Lavergne de Guilleragues, unter 33 (Thomas Ferdou de) Su-

bligny genannt. Beide Hypothesen sind unsicher. Nach dem Wortlaut des
Privilegiums werden die Réponses aux Lettres portugaises von „le
sieur D. L. D. M." ins Französische übersetzt. Derselbe Schriftsteller dürfte
wohl die Lettres der Alcaforada für die französischen Leser bearbeitet
haben. Der „Chevalier de C..." ist der spätere Feldmarschall Noël Bouton
de Chamilly.

Nr. 88. L'Amour vangé. Verfasser ist Alain Reué Le Sage.
Nr. 92. Les Amours du Soleil. Verfasser ist Jean Donneau de Visé.
Nr. 197. Soll stehen Sentimens de Cleante sur les Entretiens
d'Ariste et d'Eugene [du P. Bouhours]. Par Jean Barbier d'Aucour].
Vgl. 657.

Nr. 476. Comedie du Pape malade. Verfasser ist nicht Théodore
de Bèze, sondern nach den Protokollen des Genfer Rathes Conrad Badius.
S. La France protestante, nouv. éd., I. 686.

Nr. 927. 974. Robert Challes und Robert Chasles sind eine und die-
selbe Person. Vgl. Prosper Marchand, Dictionnaire historique I, 185.
Nr. 975. Jean Le Preux druckte 1585 in Morges oder in Genf.
Nr. 988 991. Der Sieur de Chavigny hat gewiss Nichts gemein mit
dem früheren Dichter Jean-Aimé de Chavigny aus Beaune.
Nr. 1255. Frederic Morel. Soll heissen Federic.
Nr. 1311—1346. Die Bigarrures und Touches sollten unter Ta-
bourot, nicht unter Des Accords stehen.
Nr. 1343. Du Unisson, der angebliche Verfasser des Eservigoes
dijonnoises, ist Nichts als ein Pseudonym Tabourot's. Vgl. 1335.
Nr. 1415. Dass M. Phllone ein Pseudonym Louis Des Masure's sei, ist
im höchsten Grade zweifelhaft. Vgl. Catal. Rothschild II Nr. 1692 fg.
Nr. 1471. Brunet (IV, 685) vermuthet, der Plaisant et facetieux
Discours des animaux sei nur eine Uebersetzung von Ortensio Lando's
Sermoni funebri. Die Frage hätte man leicht erläutern können.
Nr. 1505. Es fragt sich, was Drelincourt mit den Horae succlsivae
zu thun habe. Verfasser des Werkes ist der Engländer Jos. Henshaw. Die
4. englische Ausgabe war schon 1635 erschienen. Vgl. Hazlitt, Collections
and Notes p. 280.
Nr. 1521. Verfasser des Elouzire hypocondre ist Le Boulanger de
Chalussay. Cf. 2745
Nr. 1506. Nizeleau, richtiger Nisleau, ist ein Anagramm des Pierre
Beaunis.
Nr. 2205. Vers 1510. Soll heissen: vers 1534.
Nr. 2518. Die Contes et Discours d'Eutrapol sollten unter Du
Fail stehen. Vgl. 1678.
Nr. 2705. Sollte unter Assanlt stehen. Cf. 168.
Nr. 3102. Adr. Morront. O. J. [1573]. Soll heissen um 1600.
Nr. 3102—3205. Die Werke Martial d'Auvergne's sollten unter Auvergne
stehen. Benedictus Curtius hiess französisch Benoist de Court. Die Ver-
weisung unter Le Court S. 307 ist daher irrig. Die letzte Stelle bietet noch
andere Fehler: Rich. statt Martial d'Auvergne und Avesta
Nr. 3236. Verfasser der französischen achtzeiligen Strophen sind Claude
Chappuys, Antoine Hérošt, gen. La Maison Neufve, und Melin de Saint-Gelais.
Vgl. Catal. Rothschild III Nr. 2567.
Nr. 3509. Verfasser dieser Noels ist Jehan Chaperon. Vgl. Noëlz
du Jehan Chaperon, dit le Lassé de repos, publiés d'après
l'exemplaire unique de la Bibliothèque de Wolfenbüttel, par
Émile Picot. A Paris, chez Damascène Morgand et Charles Fatout, 1879, 16.
Nr. 3611. Verfasser der Occasion perdue ist Canteme. Vgl. unsere
Bibliographie Cornélienne Nr. 217.
Nr. 3618. Olvido ist kein Verfassername. Das spanische Motto Acu-
erdo olvido (franz. Souvenance oubli) benutzte der Dichter und Ueber-
setzer Nicolas de Herberay, seigneur des Essarts.

Nr. 3619. Verfasser des Onguant pour la bruinre ist Jean Barbier d'Aucour.

Nr. 3661—3663. Le Muet, La Serenade, Attendez-moy sous l'orme. Die drei Komödien sind fälschlich dem Palaprat zugeschrieben worden. Verfasser ist Regnard.

Nr. 4991. Verfasser der Satyres chrestiennes ist nicht Pierre Viret, sondern Conrad Badius.

Paris, den 15. Nov. 1894. Emil Picot.

O. von Heinemann, Die Herzogliche Bibliothek zu Wolfenbüttel. Ein Beitrag zur Geschichte deutscher Büchersammlungen. Zweite völlig neu bearbeitete Auflage. Mit vier bildlichen Darstellungen. Wolfenbüttel 1894. Julius Zwissler. 315 S. 8°.

Zu den mannigfaltigen Verdiensten, welche sich der dermalige Vorstand der Guelferbytana um die seiner Obhut anvertraute Bibliothek erworben hat, ist jetzt noch ein neues hinzugekommen. Herr O. v. Heinemann hat den Vortrag über die Geschichte der Bibliothek zu Wolfenbüttel, den er 1878 hat erscheinen lassen und der seitdem vergriffen ist, zu einem Buche erweitert, das eine gründliche und gut geschriebene Darstellung der Entwicklung der berühmten Bibliothek (S. 1—251) und in einem „Anhang" verschiedene Urkunden zu derselben enthält.

Die Darstellung der Geschichte hat der Herr Verfasser in vier verschiedene Abschnitte gegliedert. I. Die alte Wolfenbütteler Bibliothek. II. Die Augusteische Bibliothek. III. Die Bibliothek bis zum Tode Lessings. IV. Die Bibliothek während des letzten Jahrhunderts. Die Aktenstücke des Anhangs, die sich auf die Jahre von 1580—1877 vertheilen, sind in fünf Abschnitte gegliedert. Die vier Abbildungen bringen ein Porträt des eigentlichen Begründers der Bibliothek, des Herzogs August des Jüngeren von Braunschweig-Lüneburg, ohne Zweifel eines der in jeder Beziehung ausgezeichnetsten deutschen Fürsten des 17. Jahrhunderts; ferner ein Bild des von 1706—1710 aufgeführten Baues der „alten Bibliothek und des Lessinghauses"; Porträts von fünf der bekanntesten 18 Bibliothekare der Guelferbytana: von Burckhard, Leibniz, Lessing, Langer und Bethmann; und eine Abbildung der „neuen Bibliothek", um deren Bau sich Herr von Heinemann selbst die grössten Verdienste erworben hat.

Es kann hier nicht meine Aufgabe sein, die Geschicke der Wolfenbütteler Bibliothek im Anschluss an den Heinemann'schen Bericht auch nur in dürftigsten Auszüge zu wiederholen. Und eine Kritik desselben hier im Einzelnen zu geben, kann fast noch weniger meine Absicht sein. Wenn ein Mann, wie Herr von Heinemann, der mehr als 25 Jahre an der Spitze der W. Bibliothek gestanden hat, mit Benutzung aller ihm zugänglichen und zum Theil nur ihm zugänglichen Quellen eine Geschichte derselben schreibt, so wird jeder seiner Kritiker nur eine sehr bescheidene Nachlese halten können. Ich beschränke mich daher nur darauf, zu sagen, dass mir der Abschnitt, der die Geschicke der Gründung der Bibliothek erzählt und die Verdienste des Herzogs August des Jüngeren schildert, am besten gefallen hat. Der Herr Verfasser konnte hier als guter Braunschweiger mit Recht seinem lebendigen Heimatsgefühle vollen Ausdruck geben. Ebenso hat mich die Hervorhebung der Verdienste August Bethmanns um die Büchersammlung recht sympathisch berührt. Herr O. von Heinemann stand ja auch in einem gewissen Pietätsverhältnisse zu dem ausgezeichneten Kenner der deutschen Geschichtsquellen. Ob eine solche ausführliche Polemik gegen A. Stuhrs Darstellung der Wolfenbütteler Bibliotheksverhältnisse u. s. w. in dessen Leben Lessings nöthig war, wollen wir dahin gestellt sein lassen. Ich finde nicht, dass Lessings Bild durch die gewiss objektive Darstellung der Verdienste, die sich der berühmteste der Wolfenbütteler Bibliothekare um die seiner Verwaltung anvertraute Sammlung erworben, gerade gewonnen hat. — Dass Herr von Heinemann die S. 255 u. 256 seines Buches eine ira ac studio geschrieben habe, wird sich schwer beweisen lassen. Doch da die „Agitation" dazu geführt hat, dass Herr von Heinemann wieder Handschriften der W. Bibliothek an die Bibliotheken zur Benutzung verwendet, wie das von Heitmann in liebenswürdigster Weise geschehen war, so wollen wir hier nicht auf die Angelegenheit zurückkommen.   O. H.

Waldemar Nissen, Die Diataxis des Michael Attaleiates von 1077. Ein Beitrag zur Geschichte des Klosterwesens im byzantinischen Reiche. Jena, Verlag von Hermann Pohle, 1894. IV, 124 S. 8°. 2,10 M.

Zur Kenntniss der griechischen Klostergeschichte wird uns durch das vorliegende Werk ein bedeutsamer Beitrag von Nissen geliefert. Zwar beschäftigt er sich hier speciell nur mit der Stiftungsurkunde (Diataxis, Typikon) der „Armenanstalt des Allerbarmers" (Πτωχοτροφεῖον τοῦ Παναοίκτιρμονος) in Rhaedestos und Konstantinopel, einer Klostergründung des kaiserlichen Richters Michael aus Attalia in Pamphylien; aber es werden so viele verwandte Gegenstände in den Kreis der noch lange nicht abgeschlossenen Untersuchungen auf einem bisher ziemlich unangebauten Gebiete gezogen, dass auch für die Studien des mittelalterlichen Bibliotheks- und Buchwesens reichliche Brocken abfallen. Zur Kennzeichnung des Ertrages sei beiläufig erwähnt, dass durch diese Publication unsere griechischen Lexika um fast 80 neue Wörter und Wortformen bereichert werden. Uns interessirt hier zunächst nur das der Diataxis angehängte Inventar (βρέβιον) des neugegründeten Klosters, besonders derjenige Theil, welcher die geschenkten Bücher umfasst. Der Verfasser begnügt sich aber nicht mit einer einfachen Beschreibung dieses Brevions, sondern er zählt, bevor er dazu übergeht, die bisher bekannten und erhaltenen Brevia auf. Das älteste Bibliotheksverzeichniss dieser Art ist von Gedeon, Ἄθως p. 339 (Konstantinopel 1885) mitgetheilt worden; es findet sich in einer Verkaufsurkunde vom Jahre 960 und umfasst nur sechs Bände. Das dem Umfange nach bedeutendste ist das von Ch. Diehl (Byzantin. Zeitschr. I, 488 -525) veröffentlichte Inventar des Johannesklosters auf Patmos, welches im Jahre 1201 aufgenommen wurde. Wenn auch dieses für die Kunde des älteren Bibliothekswesens reichere Ausbeute liefert, so beruht doch der Werth unseres Brevions, abgesehen von dem früheren Ursprunge, hauptsächlich darauf, dass es das einzige grössere auf den Stifter eines Klosters zurückgeht. Dadurch ist zugleich der ursprüngliche Charakter der Sammlung besser gewahrt worden, während bei jenem Katalog von Patmos seit der Gründung des Klosters (1088) schon mehr als hundert Jahre verstrichen sind und auf dessen Composition inzwischen die mannigfachsten, zufälligen Einflüsse gewirkt haben. Michael Attaleiates hat aber nicht sofort seine ganze Bibliothek geschenkt, sondern es gelangten nach seinem Tode noch ein Dutzend Bücher aus seinem Nachlass an das Kloster; das Brevion hat er ganz gleichzeitig mit der Diataxis verfasst. Es enthält in der Abtheilung διὰ τῶν χάτωθεν 80 Werke in 79 Bänden, von denen 25 Werke in 28 Bänden dem ursprünglichen Bestande angehörten. Zuerst werden drei Prachtbände mit Zierraten aus Gold, vergoldetem Silber, Silber und Email beschrieben. Die zahlreichen Kunstausdrücke für die Einzelheiten des Schmuckes sind bei dem gegenwärtigen Stande der Forschung nicht sicher zu erklären; für einen Theil derselben ist Nissen auf blosse Vermuthungen angewiesen. Besonders beachtenswerth sind die Angaben über den Beschreibstoff; wo dieser ausdrücklich bezeichnet ist, finden wir nur 6 Pergamentbände gegenüber 11 Papierbänden (χαρτῶοι, χαρτίτζια, χαρτζίτζια). In dem oben erwähnten Patmosinventar stehen 63 Papiercodices, zum Theil als sehr alt bezeichnete, gegen 267 pergamentene. Die Benutzung des Papiers beschränkte sich aber nicht etwa auf minderwerthige Bücher, denn ein Geschichtswerk des Stifters war auf Papier geschrieben. Der Nachfolger des Attaleiates, Abt Michael, schenkte doppelt so viele Papierbücher wie Pergamentbücher. — Das Ergebniss, zu dem der Verfasser S. 89 im Gegensatz zu Gardthausen, aber im Einklange mit Karabaceks Untersuchungen gelangt, dass schon Ende des

XI. Jahrhunderts von den Griechen mehr auf Papier als auf Pergament geschrieben wurde, ist von ungeheurer Tragweite für die Geschichte des Buchwesens. Das nur in der Diataxis belegte Wort ἐπιλάττεκτος, das Andere irrig mit ἐπιχάρτιον identificiren, bezieht Verfasser überhaupt nicht auf den Beschreibstoff, sondern auf den Einband und zwar auf die geschabte Holztafel; unter ἔργος versteht er ein Schriftwerk als technisches Erzeugniss; λιτόγραφος (von λιτός, einfach, schlicht, schmucklos) erklärt er etwas kühn als „in der, verhältnissmässig schmucklosen, Uncialschrift geschrieben“; im Gegensatz dazu bedeute das bisher unerklärte, von καῖρος abzuleitende καιράγραφος (vielleicht mit cerus, caerimonia verwandt?) „in zusammenhängender Schrift, in Minuskeln geschrieben“. — Dem Inhalte nach umfasst die kleine Bibliothek des Klosters Pantokrator biblische Schriften (am häufigsten den Psalter, zwei Exemplare der Propheten, Evangelien nebst Commentar des bulgarischen Erzbischofs Theophylaktos von Achrida u. a.), liturgische Schriften (besonders die sogenannten Menaeen), patristische Schriften (z. B. Basileios, Chrysostomos, Johannes Damaskenos), Erbauungsbücher (Heiligenviten, Metaphrasen des Symeon) und eine verschwindend kleine Zahl profaner Schriften, nämlich zwei Exemplare des Nomokanon, ein Seismobrontologion, [illegible] und ein Χρονικόν. — Alles dies bildet aber nur einen geringen Bruchtheil des Gesammtinventars, durch dessen Publication wir einen tiefen Einblick in die Cultur jener Zeit gewinnen. Wenn auch verhältnissmässig viel für andere zu thun noch übrig bleibt, so verdient doch Verfasser schon für das Gebotene aufrichtigen Dank und Anerkennung.

Marburg. C. Haeberlin.

Dr. P. Bahlmann, Kustos an der Königl. Paulin. Bibliothek zu Münster i. W., Deutschlands katholische Katechismen bis zum Ende des sechzehnten Jahrhunderts. Mit einer Beilage: Tafel des christlichen Lebens (ca. 1480). Münster, Regensbergs Buchhdlg. 1894.

Dass schon längst vor der Reformation an verschiedenen Orten kirchliche Erlasse ausgingen, die den Klerus ermahnten, das Volk mit den Hauptstücken der christlichen Lehre bekannt zu machen, und dass auch schon verschiedene Zusammenstellungen solcher Hauptstücke geschrieben und gedruckt erschienen, ist längst festgestellt und anerkannt. Das hier vorliegende kleine Buch hat das Verdienst, die bisher ans Licht gezogenen derartigen Druckschriften aus der vorreformatorischen Zeit und ferner die katholischen Katechismen bis zum Ende des 16. Jahrhunderts — nämlich den Titel und die Inhaltsangabe derselben — in chronologischer Ordnung zu verzeichnen (wobei die lateinisch abgefassten — nach S. 7 „aus rein äusserlichen Gründen“ — in die Anmerkungen verwiesen sind).

Zum Namen „Katechismen“ muss hierbei bemerkt werden, dass ihn der Verf. auf alle die Schriften ausdehnt, „welche von den katechetischen Hauptstücken Glaube, Gebet des Herrn, zehn Gebote und deren Uebertretung, Sakramente mindestens zwei oder mehr ausführlich behandeln“, und, so müssen wir beifügen, welche grossentheils neben solchen zwei oder drei Stücken noch dies und das behandeln, was heutzutage kein Katholik oder Protestant in Katechismen suchen wird; man vergl. z. B. in verschiedenen der mitgetheilten Inhaltsverzeichnisse und besonders auch in der als Beilage vollständig mitgetheilten „Tafel des christl. Lebens“ Stücke wie die vier (sogenannten philosophischen) Cardinaltugenden und daneben 35 andere Tugenden, die spezielle Aufführung von einzelnen Sünden, nämlich nicht bloss von 7 Todsünden, sondern auch von 4 himmelschreienden Sünden und von 42 Töchtern der 7 Hauptsünden, daneben noch von 6 Sünden wider den heil. Geist u. s. w., mitten unter den religiösen Bestimmungen auch z. B. die von 5 „auswendigen“ und zugleich von 5 „inwendigen“ Sinnen (letztere lateinisch: sensus communis, imaginatio u. s. w.). Uebrigens ist ja das Alles gerade recht belehrend für den Charakter des damaligen Unterrichts.

Man darf ferner nicht meinen, dass mit der reichlichen Aufführung derartiger Begriffe und Formeln darum auch schon eine verständliche schriftliche oder gedruckte Belehrung über sie sich verband. Eine solche fehlt z. B. ganz in jener „Tafel". Wie weit sie etwa in andern der aufgeführten Schriften versucht war, zieht unser Buch nicht an. Dieses ist überhaupt zwar sehr verdienstlich als Aufführung jener Schriften und auch vieler der oben erwähnten kirchlichen Erlasse, reicht aber natürlich weit nicht hin, ein richtiges Urtheil über den damals wirklich gegebenen kirchlichen Unterricht zu bilden.

J. K.

Mittheilungen aus und über Bibliotheken.

Am 25. Nov. 1894 hat der verdiente Vorstand der Biblioteca Nazionale Centrale zu Florenz, Herr D. Chilovi, in einer Ansprache an seine Beamten an den Tag erinnert, an welchem er vor 25 Jahren die Verwaltung dieser Bibliothek übernommen hatte, und einen Ueberblick über die Geschicke der Bibliothek seit einem Menschenalter gegeben. Als Herr Chilovi die Bibliothek zum ersten Mal sah, es war das 1855, hiess sie noch B. Magliabecchiana und zählte ungefähr 30 000 Bände. Im Jahre 1894 bestand sie dagegen aus 18 071 Handschriften, 435,070 Bänden von Werken, 451 040 kleineren Schriften (opuscoli) und 11 385 musikalischen Compositionen. Gewiss ein seltenes Wachsthum. Die Klagen des Herrn Collegen Chilovi, dass wegen Raummangels keine Ordnung mehr zu halten sei, sind wohl begründet. Möchte doch endlich ihnen abgeholfen werden! O. H.

Das achte jährliche Zuwachsverzeichniss der öffentlichen Bibliotheken Schwedens (Sveriges offentliga bibliotek. Accessions-katalog. 8. 1893. Stockholm 1894) ist wie die früheren von der Königlichen Bibliothek in Stockholm durch den Bibliothekar Dahlgren herausgegeben. Es umfasst 372 Seiten in systematischer Anordnung. Ausgeschlossen ist die in Schweden gedruckte Litteratur, die als Pflichtexemplare geliefert wird und im Årskatalog für svenska bokhandeln verzeichnet wird. S. K.

Von amerikanischen Bibliotheken liegt wieder eine Reihe von Berichten vor, die von der gedeihlichen Entwickelung, die das Bibliothekswesen in den Vereinigten Staaten nimmt, Zeugniss ablegen. Der XIII. Annual Report of the Peoria Public Library, Peoria, Illinois, erstattet vom Bibliothekar E. S. Willcox, constatirt, dass, obgleich 30 Städte der Vereinigten Staaten volkreicher sind als Peoria, die Peoria Public Library doch nur von 10 Bibliotheken übertroffen wird und, sieht man das Verhältniss von Bücherzahl zur Bevölkerungsziffer in Betracht, sogar nur von 5. In dem Jahre vom 1. Juni 1893 bis 31. Mai 1894 hatte die Bibliothek einen Zuwachs von 5200 Bänden und erreichte damit einen Bestand von 54 327 Bänden. Besondere Aufmerksamkeit war den Zeitschriften zugewendet worden, von denen die Bibliothek jetzt die wichtigsten vollständig oder doch nahezu vollständig besitzt. 255 derselben waren im Lesezimmer zugänglich gemacht. Die Benutzung war sehr rege, die stärkste seit Bestehen der Bibliothek, und umfasste 119 800 Bände, was gegen das Vorjahr eine Zunahme um 23½ % bedeutet. Dabei war diese Zunahme keineswegs der sog. „schönen Litteratur" zu gute gekommen, die vielmehr einen kleinen procentuellen Rückgang aufwies. Die Zahl der Benutzungsberechtigten ist auf 5130 gestiegen, Einnahmen und Ausgaben auf 15 463 $. — Der Jahresbericht der Public Library zu Boston für das Jahr 1893 weiss gleichfalls von einer bedeutenden Steigerung der Benutzung zu berichten. In dieser Bibliothek, die zu den grössten von Nordamerika gehört und ausser einer Centralbibliothek 11 Zweigbibliotheken hat, waren im Jahre 1893 nicht weniger als 1 928 492 Bände in Circulation, die theils nach Hause entliehen theils in den Räumen der Bibliothek benutzt worden. Die Zahl derer, welche Bücher nach Hause entnahmen, bezifferte sich auf 35 000. Der Bestand der Bibliothek wuchs in dem Berichtsjahre von

576237 auf 597152 Bände. Man wird eine derartige Vermehrung, obgleich die darauf verwendete Summe — im ganzen etwa 31500 $ — verhältnissmässig nur klein genannt werden kann, erklärlich finden, wenn man die lange Liste der Geschenke betrachtet, die 12063 Bände von 1261 Geschenkgebern aufweist. Das Budget der Bibliothek belief sich auf 172531 $. 9?498 $ entfielen auf die Jahresgehalte des 161 Köpfe starken Personals. Im Laufe der Jahre hat die Bibliothek infolge von Geschenken und testamentarischen Zuwendungen Kapitalien im Betrage von 200713 $ angesammelt, deren Erträge zum Ankauf bestimmter Kategorien von Büchern Verwendung finden müssen. Auch 1893 floss ihr eine neue Gabe zu: eine jährliche Rente von 7000 $, resp. ein Kapital von 50000 $, zur Anschaffung von Zeitungen, die in einem besonderen Zimmer des neuen Bibliotheksgebäudes, das man Ende 1894 zu beziehen hoffte, zugänglich gemacht werden sollen. Von besonderer Bedeutung war das Jahr 1893 für die Lenox Library zu New York, die nach Monopatilichem, durch bauliche Aenderungen nothwendig gewordenem Schluss am 22. Februar 1893 wieder eröffnet wurde. Dieselbe erwarb nämlich für den Preis von 84492 $ die 14646 Bände, 4618 Broschüren und 486 Handschriften umfassende Büchersammlung des am 17. Januar 1891 verstorbenen Geschichtsschreibers der Vereinigten Staaten George Bancroft, auf die nach dessen letztem Willen der Regierung der Vereinigten Staaten ein Vorkaufsrecht eingeräumt war, von dem dieselbe jedoch keinen Gebrauch gemacht hatte. Sie erhielt dadurch eine höchst bedeutsame Sammlung von Werken zur amerikanischen Geschichte, insbesondere über die Periode der amerikanischen Revolution. Von Wichtigkeit sind auch die Handschriften; unter ihnen befinden sich mehr denn 300 Folio-Bände Abschriften aus öffentlichen und privaten Archiven Englands, Frankreichs und Deutschlands, die Bancroft in der Zeit angefertigt hatte, wo er als Gesandter in England und Deutschland lebte. Der gesammte Zuwachs der Bibliothek im Jahre 1893 betrug 22527 Bände und Broschüren, 1571 davon als Geschenke (unter ihnen eine reichhaltige Sammlung von Don Quixote-Ausgaben), so dass Ende 1893 81311 Bände und 30408 Broschüren = 113738 Bücher vorhanden waren. Die Benutzungs-Statistik der Lenox Library als einer wissenschaftlichen Bibliothek vermag sich natürlich mit der der Public Libraries nicht zu messen. In den 10 Monaten, die die Bibliothek 1893 geöffnet war, benutzten 2005 Leser 9252 Bände, wobei amerikanische Geschichte und Geographie bevorzugt wurden. 20335 Personen besuchten im Laufe des Jahres die Bibliothek, deren treffliche Ausstattung die dem Jahresberichte beigegebenen Abbildungen erkennen lassen. Von einer abermaligen Schenkung ihres ersten Präsidenten Andrew D. White hat das Library Bulletin der Cornell University zu Ithaca zu berichten. Dieselbe verdankt ihm aufs neue eine in Leipzig erworbene Sammlung von Werken von und über Spinoza, wie sie an Vollständigkeit nicht ihres gleichen haben dürfte; ferner Werke zur russischen Geschichte, sowie zur Geschichte des Aberglaubens und der Wissenschaften. Ausser der Angabe der „recent gifts to the library" bieten die beiden uns vorliegenden Nummern des Bulletin (No. 35 u. 36) ein Verzeichniss der im Jahre 1893 u. seitens der Cornell University und ihrer Lehrer veröffentlichten literarischen Arbeiten sowie eine Aufzählung der Accessionen der Bibliothek in der Zeit vom September 1893 bis April 1894. — No. 38 des Quaterly Index of additions to the Milwaukee Public Library zählt die Werke auf, welche die öffentliche Bibliothek zu Milwaukee im 1. Vierteljahre 1894 erworben hat. — Ein Verzeichniss des Zuwachses bringt auch der Library Record der Free Public Library zu Jersey City in New Jersey, von dem uns die Nrn. 4—11 des 3. Bandes zugegangen sind. Dieselben geben zugleich ein Beispiel von der regen Betheiligung historischer Stimes in Amerika. Die Bibliotheks-Verwaltung zeigt sich nämlich bestrebt alle auf die Geschichte ihrer City bezüglichen Drucksachen zu sammeln. — No. 58 des Harvard University Bulletin, hrsg. vom Universitäts-Bibliothekar Justin Winsor, bringt die Fortsetzung der Historical literature of North-Carolina von Spencer—Zeigler.

llt.

Mittheilungen aus und über Bibliotheken.

In der Zeitung „Der Westen", welche in Chicago erscheint, findet sich am 24. Juni 1894 folgender Auszug aus dem (inzwischen auch uns zugegangenen) Jahresberichte der Stadtbibliothek von Chicago, den wir mit bestem Dank an den uns unbekannten Herrn Einsender hier unverkürzt zum Abdruck bringen, da er für nordamerikanische Bibliotheksverhältnisse typisch ist.

In seinem grösseren veröffentlichten 22. Jahresberichte weist das Direktorium der Chicagoer öffentlichen Bibliothek mit Genugthuung auf die stetigen Fortschritte hin, welche der Bestand und in gleicher Weise auch die Benutzung der Bibliothek gewonnen, erklärt, an seiner Politik festhalten zu wollen, wonach die Bibliothek nicht zur Freude vereinzelter Bibliophilen ihre Fonds bei der Anschaffung seltener und kostbarer Raritäten verschleudern, sondern den Bedürfnissen des gesammten Publikums entgegenkommen soll, ohne die Interessen von Gelehrten und Forschern ausser Acht zu lassen, hebt mit Genugthuung hervor, dass während des zur Zeit der Weltausstellung abgehaltenen Congresses von Bibliothekaren manche berühmte Leiter von ähnlichen Instituten dem Bibliotheksrath ihre Anerkennung für dessen Geschäftsmethoden ausgesprochen hätten, berührt unter rühmender Erwähnung der Verdienste des den Bau der neuen Bibliothek leitenden Architekten Nicolas E. Weydert die Fortschritte, welche der Bau, ohne dass die Gefahr der Ueberschreitung des Kostenanschlags vorliege, genommen habe, und ersucht schliesslich den Stadtrath, bei der Legislatur dahin vorstellig zu werden, dass der Bibliothek die zur Bestreitung der Mehrausgaben, die ohne unausbleibliche Folge der Beziehung des neuen Gebäudes sind, nöthigen Bewilligungssummen zur Verfügung gestellt werden.

Dem mehr allgemein gehaltenen Jahresberichte des Direktoriums sind die Berichte des Baucomités, aus den Herren Bernhard Moss, E. S. Dreyer, Pliny B. Smith, Z. P. Brosseau und John G. Shortall bestehend, des Sekretärs sowie des Bibliothekars Fred. H. Hild beigefügt. Aus dem Berichte des Baucomités heben wir hervor, dass trotz der durch allgemein bekannte Umstände veranlassten Bauverzögerung das Dach des neuen Gebäudes etwa am 1. August d. J. aufgeführt werden und das ganze Gebäude spätestens am 1. Oktober 1895 bezugsfertig sein wird. An Einnahmen standen dem Baucomité $ 1463614 zur Verfügung, verausgabt wurden $ 9 2161,33, noch zu zahlen sind, von gerichtlich bestrittenen Forderungen für Extraarbeiten abgesehen, an die Contraktoren-Firma Moss & Arnold $ 27 700,50 und an David Heed $ 301 461,20, so dass ein Ueberschuss von $ 1-22999,63 bleibt. Innerhalb einiger Wochen werden Offerten auf die Contrakte für die Lieferung und Anstellung von Heizungs-, Beleuchtungs-, Ventilations- und Fahrstuhlbetriebs-Maschinerien, für Glaser-, Schreiner- und Plumberarbeiten eingefordert werden, und späterhin sind dann noch die Contrakte für die Stuckatur- und Dekorationsarbeiten, sowie für die ganze innere Einrichtung der Bibliothek zu vergeben. Das Baucomité spricht die Erwartung aus, durch Festhalten an dem Grundsatze, für angebliche Extraarbeiten nichts zu bewilligen, mit dem zur Vollendung des Baues bewilligten Betrage auskommen zu können.

Nach dem Bericht des Sekretärs stellten sich die Jahreseinnahmen für die Bestreitung der Verwaltungskosten und für Neu-Anschaffungen mit Einschluss des Kassenbestandes vom Juni 1893 auf $ 275 150,70. Verausgabt wurden $ 132 766,84, und zwar für Gehälter $ 69 0 0,61, für den Ankauf von Büchern $ 15 052,21, für Einbände $ 8 540,14 und für die 34 Bücherausgabe-Stationen $ 4 2 155,71. Aus dem Verkauf von Nachschlagelisten wurden $ 400,30 erzielt, für verlorene Bücher $ 573,90 ersetzt und an Geldstrafen von säumigen Benutzern der Leihbibliothek $ 6 086,07 eingenommen.

Die interessantesten Daten bringt der Bericht des Bibliothekars Hild. Aus demselben entnehmen wir, dass die Gesammtzahl der Bände in der Bibliothek sich am 31. Mai d. J. auf 198 827 belief. Im letzten Jahre wurden 13237 Bände dem Bestand hinzugefügt, und zwar wurden 9902 angekauft, 1815 durch Schenkung erworben und 1520 von den verschiedenen Lesesälen übernommen. Nach Abzug der ausrangirten, verlorenen oder nicht wieder abgelieferten Bücher enthält die Bibliothek am 31. Mai d. J. 9477 Bände mehr, als im Vorjahr. Im Ganzen wurden im vergangenen Jahre 2 856 429 Bücher, Zeitungen unter Zeitschriften ausgegeben. Folgende Zahlen geben näheren Aufschluss über die Circulation:

Bücher:
Zur häuslichen Lektüre aus der Hauptbibliothek entliehen 581 031
Entliehen aus den Zweigstationen 446 168
Nachschlage-Departement 378 122
Patent-Departement 32 531
Zweig-Lesesäle 165 283
Gebundene Zeitungen 3 113
Oeffentliche Schulen 472
Bücher insgesammt ausgegeben 1 532 770

Zeitungen und Zeitschriften:
Lesesaal in der Hauptbibliothek 631 477
Zweig-Lesesäle 192 182
Zusammen 823 659

Mit der Circulation des Vorjahres verglichen, bedeuten diese Zahlen eine Steigerung von 157 916 in der Zahl der ausgeliehenen Bücher und von 104 119 in der Zahl der in den Lesezimmern ausgegebenen periodisch erscheinenden Zeitschriften. Am 2. November 1893 wurden nicht weniger als 13 000 Bände aus der Leihbibliothek entliehen, am 15. Juli 1893 dagegen die geringste Zahl, nämlich nur 2301.

Zweigstationen der Bibliothek sind 31 vorhanden, von denen 9 auf der Nord-, 11 auf der Süd- und 11 auf der Westseite liegen. Während der Procentsatz der zur häuslichen Lektüre ausgelehenen Bände gegen das Vorjahr bei Romanen, Novellen und ähnlichen Prosadichtungen in englischer Sprache sich etwas ungünstig stellte, wurden im letzten Jahre von den Lesern verhältnissmässig mehr Bücher gewünscht, die auf das Departement der schönen und praktischen Künste, der Naturwissenschaften und der fremden Litteraturen entfielen.

Im Nachschlage-Departement wurden 138 985 Leser. Im Hauptlesezimmer 618 331, an Sonn- und Feiertagen durchschnittlich 528, im Patent-Departement 8837 Besucher gezählt. Die Zahl der Bibliotheks-Angestellten beläuft sich, mit Einschluss der Wärter, Janitors u. dgl., auf 107, die ein Gesammtgehalt von 8 69 000,01 beziehen.

In der Bibliothek des Grafen W. von Westerholt-Gysenberg auf Schloss Freyenthurn bei Klagenfurt ist ein gutes Exemplar des Benediktinerbreviers (Psalterium) von 1459 von Fust und Schöffer, das vom 29. August datirt ist, gefunden. S. „Internationale Litteraturberichte" Nr. 27 vom 3. Oktober 1894.

Die Bibliothek Kaiser Menelik's des Zweiten von Abyssinien. Der Nachfolger des Kaisers Johannes II. von Abyssinien, Menelik II., eine originelle, sympathische Natur, unternahm vor Kurzem eine Expedition nach dem im Süden von Schoa gelegenen See Zual, die einen für die Kulturverhältnisse Aethiopiens beachtenswerthen Zweck hatte. Des Monarchen neue Hauptstadt, Addis Abeba, ist durch schweizer Ingenieure und Zimmerleute förmlich aus dem Boden gestampft worden, und da hat Menelik die Absicht, auf seinem neuen Sitz auch eine grosse Landesbibliothek zu gründen. Im Vorjahr liess er im ganzen Reich die noch vorhandenen alten äthiopischen Bücher sammeln und nach Addis Abeba schaffen. Eine Sage meldete nun, während der berühmten Invasion Abyssiniens im sechzehnten Jahrhundert durch die Somali Muhammed Gragne's seien auf einer Insel im Zual-See, Debra Sinan („Berg Sinai"), alle Bücher der äthiopischen Kaiser verborgen worden und würden dort noch heute verwahrt. Schon im Jahre 1839 hatte Menelik's Grossvater, König Sahla Sellasie von Schoa, dem französischen Reisenden Rochet d'Hericourt gegenüber von diesen verborgenen Büchern Erwähnung gethan; allein man hatte die Insel niemals aufgesucht. Kaiser Menelik II. liess am Zual im Dezember vorigen Jahres eine aus Flössen bestehende Flotte erbauen und setzte nach dem für heilig gehaltenen Eiland Debra Sinau, welches selbst die feindlichen Galla niemals anzugreifen wagten, über. Einige mitgeführte Geschütze hielten die zahlreichen, aber ungastlichen Insulaner in heilsamem Respekt vor ihrem Landesherrn. Die Bücherschätze fanden sich wirklich vor. Die Debra-Sinauer hatten sie, obwohl weder des Lesens, noch Schreibens kundig, mit abergläubischer Scheu durch Jahrhunderte treu gehütet. Kaiser Menelik liess die Handschriften, abyssinischer Sitte gemäss, sorgfältig in Seide hüllen und vertraute sie weiter der Verwahrung des alten Aufsehers an, befahl jedoch, Abschriften von jedem der Manuskripte zu machen, die nach der neuen Hauptstadt gebracht werden. Debra Sinau ist ein altes Äthiopisches Asyl. Menelik gedenkt, die Insel befestigen und auf dem Zual einen Dampfer einstellen zu lassen. Ein französisches Haus wurde beauftragt, Dampfer für den Kaiser zu bauen. (Ilb.)   W.

 Ueber Miniaturen in der Stiftsbibliothek zu Seitenstetten giebt Ilg in dem Monatsblatt des Alterthums-Vereins zu Wien Bd. I Jg. II (1894) S. 111 folgende Notiz: Ein im Hause selbst gefertigtes Missale, ca. vom Ende des 12. Jahrhunderts, enthält ausser Initialen auch drei Vollbilder auf ganzen Seiten, darstellend die Madonna mit dem Kinde zwischen zwei Häusern, Christus am Kreuze, Maria und Johannes. Die Gestalten sind von beinahe byzantinischer Hagerkeit, eckig und streng, mit grünem Schatten in dem Incarnat. Fast zu Ende des Bandes folgt in einer Initiale das Bild des Stifters, Grafen Udalschalk von Stille und Heft (1109), als Mönch mit dem Kirchenmodell in dem Texte: Oratio pro fundatore.... Die Vergoldung ist Blattgold. — Ein Antiphonarium des 14. Jahrhunderts mit Neumen stammt aus dem Kloster Aberbach in Bayern; aus dieser Periode sind ausserdem noch mehrere Bände vorhanden. Ein sehr kleines Gebetbuch einer Gräfin von Montfort aus dem 15. Jahrhundert hat schöne Blumenmalereien naturhistorischen Stiles.   W.

 Die Geschichte der Stadtbibliothek in Löbau, die durch Vereinigung alter Kirchen- und Schulbücher mit Werken aus der sogenannten Rathsbibliothek und andern der Stadtverwaltung vermachten Büchersammlungen entstanden ist, verdanken wir ihrem Bibliothekar, dem Realschuldirektor Dr. Glening in Löbau, der sie im Jahresbericht der Realschule 1894 veröffentlicht hat. Die Bibliothek wird in den städtischen Annalen zuerst erwähnt, als am 3. Dezbr. 1630 in einer Rathssitzung beschlossen wurde, eine solche anzulegen und für 120 Thlr. Bücher zu kaufen; Gjesing meint indess, dass schon damals dort eine Büchersammlung bestanden hat. (Vgl. Schwenke S. 233.)   W.

 Die Bibliothek der Leland Stanford Junior University in Palo Alto (Californien) besitzt nach dem Register der Universität für 1893/94: 19000 Bände und 5000 Broschüren. Für Anschaffung von biologischen Werken hat Timothy Hopkins in San Francisco 1893/94 4000 $ gespendet.   W.

 Im letzten Juli-Heft druckt The Library einen auf einer Versammlung der Library Association gehaltenen Vortrag über die Bibliothek des Royal Colonial Institute in London ab. Für uns ist es interessant zu sehen, wie schnell sich diese von privaten Gesellschaften begründeten Büchersammlungen jenseits des Kanals zu entwickeln vermögen. 1868 zugleich mit der Gesellschaft gegründet war anfangs das Wachsthum allerdings auch nur gering, aber sehr bald trat ein schnelleres Tempo ein. Jetzt beträgt der jährliche Zuwachs über 2000 Bände und die ganze Sammlung, die alle Zweige der Colonial-Litteratur umfasst, nicht denn 20000. Des Vergleichens wegen sei angeführt, dass die 1878, also 10 Jahre früher, begründete Bibliothek der

Berliner Gesellschaft für Erdkunde nach Schwenke S. 50 nur erst 13200 Bände und 12000 Karten und Kartenwerke besitzt.   Hr.

Das Britische Museum in London hat, wie The Athenaeum (No. 3491 S. 387) nach dessen letztem Verwaltungsbericht mittheilt, in jüngster Zeit 40 Bände Collectaneen erworben, die der bekannte James Mackintosh für eine Geschichte Englands von 1688 bis 1787 gesammelt hatte. Desgleichen eine grössere Anzahl Original-Briefe und Akten aus dem 17. und 18. Jahrhundert, darunter Gesuche an das Parlament und den Staatsrath von 1648—54 und eine Sammlung der Correspondenz und Staatsakten des englischen Gesandten in Portugal Robert Southwell von 1665—60.   Hr.

Die in Posen von der provinzialständischen Verwaltung neugegründete Landesbibliothek ist hervorgegangen aus der Vereinigung einer Reihe von wissenschaftlichen Vereinsbibliotheken, in erster Linie der Bibliothek der Historischen Gesellschaft für die Provinz Posen, welche ca. 15000, des Naturwissenschaftlichen Vereins, welcher ca. 7000 Bände, des Aerztevereins, des Architekten- und Ingenieurvereins und des Kunstvereins, von denen die letzteren jeder mehrere hundert Bände hergegeben haben. Zu erwarten ist in den nächsten Wochen noch von verschiedenen anderen Seiten ein Zuwachs, so dass bis Ende des Jahres (1894) etwa 30000 Bände zur Verfügung stehen werden. Untergebracht ist die Bibliothek zugleich mit dem neugegründeten Provinzialmuseum in dem von der Provinz zu diesem Zwecke angekauften ehemaligen Generalkommando, Wilhelmstrasse 9. Als System für die Regale ist durchweg das Marburger — Wenker- zum Egen — angenommen worden und hat sich bis jetzt durchaus bewährt. Ein geräumiges Lesezimmer, welches wochentäglich von 4—8 Uhr Nachmittags geöffnet ist, enthält eine kleine Handbibliothek encyklopädischer Werke aus allen Wissenschaften, bis jetzt 240 Bände, und einen Journalschrank, in welchem zur Zeit ca. 100 wissenschaftliche Journale und Zeitschriften regelmässig auslagen, desgl. die wesentlichsten (18) politischen Provinzialblätter. Das Lesezimmer wurde in 23 Benutzungstagen des Monats Oktober von 239 Personen benutzt.

Als Kataloge dienen einstweilen noch die mit den einzelnen Bibliotheksabtheilungen übernommenen, doch soll eine völlige Neukatalogisirung gleich in Angriff genommen werden. Das Personal besteht zunächst für Bibliothek und Museum gemeinsam aus dem Vorstande (nebenamtlich), einem Bureaugehülfen und einem Diener. Die Mittel werden bis zum 1. April 1895 aus dem ständischen Dispositionsfonds genommen, mit diesem Termin soll ein regelrechter Etat in Wirkung treten.

Vermischte Notizen.

Auf Anfragen von verschiedenen Seiten erlaube ich mir mitzutheilen, dass der nächsten Sendung der hiesigen Universitätsschriften auch ein Exemplar der gelegentlich des diesjährigen Jubiläums der Universität Halle-Wittenberg von Docenten der hiesigen Universität verfassten Festschrift beigelegt werden wird. Ich habe die nöthige Anzahl Exemplare heute erhalten.

Halle, 3. Dec. 1894.   O. H.

Das Novemberheft des „Centralblattes für die gesammte Unterrichts-Verwaltung in Preussen" veröffentlicht S. 732 u. f. den Erlass vom 3. Oktober 1894 betreffend „die Regelung der Gehälter der etatsmässigen wissenschaftlichen Beamten der Königlichen Bibliothek zu Berlin, sowie der Universitäts-Bibliotheken und der Paulinischen Bibliothek zu Münster i. W. nach Dienstaltersstufen". Bei der grossen Verbreitung des „C. f. d. g. U." glauben wir den genannten Erlass hier nicht wieder abdrucken zu müssen.

Vermischte Notizen.

Im Archive der Münsterkirche zu Essen ist Zeitungsnachrichten zufolge in jüngster Zeit ein höchst werthvoller Fund gemacht worden, eine alte Handschrift, enthaltend auf jeder Seite in drei Kolumnen nebeneinander den lateinischen Text fast aller Psalmen in verschiedenen Uebersetzungen, dann in einer vierten Kolumne den griechischen Text in lateinischen Buchstaben. Ferner enthält der stattliche Band die im Brevier gebräuchlichen Cantica, wie das Magnificat, das Pater noster, das apostolische Glaubensbekenntniss, Te deum laudamus, das Symbolum Athanasianum, die Litanei von allen Heiligen u. s. w. Das noch sehr gut erhaltene, deutlich und sauber geschriebene Werk soll aus der Karolingischen Zeit stammen, wahrscheinlich aus der Mitte des 9. Jahrhunderts. Der älteste bis dahin bekannte lateinische Psalmencodex ist der Codex Bambergensis von 909.

Als ersten Band der Sonder-Veröffentlichungen der historischen Gesellschaft für die Provinz Posen veröffentlicht Adolf Warschauer das Stadtbuch von Posen (Posen 1892). In der Einleitung giebt er eine ausführliche Darstellung des Posenschen Stadtarchivs, dessen 5. Abtheilung (S. 30* ff.) eine aus mehr als hundert Nummern bestehende Sammlung von Handschriften enthält. Ihr grösserer Theil ist, ohne geradezu Protokollbücher städtischer Behörden zu sein, doch im amtlichen Geschäftsbetrieb derselben entstanden, von derartigen Handschriften wird genauer beschrieben das „grosse Privilegienbuch", der „Codex des Magdeburger Rechts", das „Statutenbuch der Stadt Posen". Eine zweite Reihe der in dem Stadtarchiv befindlichen Handschriften trägt zwar ebenfalls den Charakter amtlicher Entstehung, gehört aber nicht mehr dem eigentlichen Wirkungskreise des Posener Magistrats an, vielmehr scheinen die Bücher der sicheren Aufbewahrung wegen oder durch irgend welche jetzt nicht mehr zu ergründende Vorfälle in das Archiv gelangt zu sein. Hierher gehören die Protokollbücher von Innungen, die Bücher von kirchlichen Gemeinschaften u. s. w. Nur eine kleine Anzahl von Handschriften sind privater Natur und wissenschaftlichen Inhalts, nämlich ein Kompendium des kanonischen Rechts, ein Manuskript chemischen und alchimistischen Inhalts, sowie ein theologischer Codex, alle drei aus dem 15. Jahrh. Wie sie in das Eigenthum der Stadt gekommen sind, ist unbekannt. — Aus dem Text der Veröffentlichung wollen wir nur dem Maleficiorum liber ab anno 1502—64 das Geständniss, die confessio Andree Gonsliczky entnehmen: Item recepit (raubte) uni monacho libros et pacificale cum aliis rebus (S. 332).
W.

Von der Anordnung der grossen Heidelberger Liederhandschrift handelt ein Aufsatz Fr. Grimme's in den Neuen Heidelberger Jahrbüchern Jahrg. 4 (1894) S. 59—90, gegen A. Schulte's Abhandlung über die Disposition derselben Handschrift in der Zeitschrift für die Geschichte des Oberrheins Bd. 46 polemisirend.
W.

Zur Geschichte der Altenburgischen Gesangbücher liefert Pfarrer W. Tümpel in den Mittheilungen des Vereins für Geschichts- und Alterthumskunde zu Kahla und Roda Bd. 4 S. 509—29 einen schätzenswerthen Beitrag. Die Geschichte der Altenburgischen Gesangbücher reicht freilich nur bis in den Anfang des 18. Jahrh. zurück.
W.

Die Hebräischen Handschriften der Pia Casa de' Neofiti in Rom beschreibt Gustav Sacerdote in den Atti della R. Accademia dei Lincei Anno 289. 1892 Serie 4. Cl. di scienze mor. stor. e filol. Vol. 10. P. 1 (1893) S. 157—94.
W.

Im Bulletin de l'Institut archéologique Liégeois T. 23 (1893) p. 280—344 veröffentlicht Ch. J. Comhaire das 3. und letzte Supplement zu den Recherches sur les cartes de la principauté de Liége et sur les plans et vues de la ville des verstorbenen Capitulus Ad. Dejardin, die dieser im genannten Bulletin Tome 4 begonnen hatte. W.

Man weiss ja zur Genüge, wie der Protestantismus, der sich in der 2. Hälfte des 16. Jahrhunderts in Innerösterreich stark verbreitet hatte, niedergeschlagen worden ist. Der Patriarch von Aquileja liess 1581 in seinem Sprengel 2000 Exemplare lutherischer Bücher verbrennen, der Erzherzog Karl im folgenden Jahre 12000. Unter den Verbreitern des Protestantismus in Krain war der hervorragendste Primus Truber. Er und seine Freunde gewannen das Volk namentlich dadurch für sich, dass sie die H. Schrift und andere Erbauungswerke in seiner Sprache, in Krain besonders also in slovenischer Sprache, erscheinen liessen. Diese Bücher waren der vorzüglichste Gegenstand der Verfolgung der jesuitischen Reformations-Commission und sind dadurch zu wahren bibliographischen Seltenheiten geworden. Von einzelnen von ihnen, namentlich von einem Unicum, der slovenischen Uebersetzung der Spangenbergischen Postille, handelt Herr Friedrich Ahn in seinem in Graz im Selbstverlage 1894 erschienenen Schriftchen von 48 S. in 8°. Bibliographische Seltenheiten der Truberlitteratur, auf das wir alle die, welche sich für diese seltenen Drucke interessiren, hinweisen möchten. Es ist das Schriftchen sehr sorgfältig gearbeitet und ergänzt die bisherigen Bibliographieen über diese Litteraturdenkmale erst wesentlich. O. H.

Werthvolle Nachträge und Verbesserungen zu Deschamps' Dictionnaire de géographie ancienne et moderne à l'usage du libraire et de l'amateur de livres bietet ein Aufsatz von Carlos Sommervogel: Introduction de l'imprimerie dans différentes villes au XVIIe et au XVIIIe siècles, der im März-April-Heft der Revue des bibliothèques erschienen ist und auch in einem Sonder-Abdruck vorliegt. Der Verfasser weist darin für eine Anzahl von Städten Deutschlands, Oesterreichs, Italiens, Frankreichs u. s. w. frühere Druckjahre nach, als sie dem Herausgeber des Dictionnaire bekannt waren; desgleichen führt er mehrere Orte an, aus denen jener überhaupt von keinem Drucke wusste. Ht.

The Athenaeum No. 3490 (vom 15. Sept. 1894) bringt auf S. 353–55 einen Bericht über die 17. Jahresversammlung der Library Association of the United Kingdom, welche vom 4. bis 7. September unter sehr zahlreicher Betheiligung der Bibliothekare des Vereinigten Königreichs und mit überaus reichhaltigem Programm an den 3 wissenschaftlicher Berathung gewidmeten Tagen kamen nicht denn 20 Vorträge zu Gehör — in Belfast abgehalten wurde. Die bei Eröffnung dieser Versammlung vom jetzigen und früheren Präsidenten der Association, Lord Dufferin und Dr. Garnett, gehaltenen Ansprachen sind im October-Heft von The Library S. 295 ff. abgedruckt, desgleichen (S. 307 ff.) ein Vortrag H. W. Fovargue's über Parish Councils and the Libraries Acts. Ht.

In dem Korrespondenzblatt des Vereins für niederdeutsche Sprachforschung Jahrgang 1893 No. 5, das erst im November 1894 erschienen ist, veröffentlicht Herr Bibliothekar Dr. E. Voullième einen bisher unbekannten Einblattdruck, der zu den Trierer Heiligthumsbüchern (C. f. B. IV S. 481 u. f.) gehört.

Herr Paul Heitz in Strassburg erstreckt seine verdienstvolle Thätigkeit in Veröffentlichung von Formschneider-Arbeiten, Büchermarken o. dgl. des 16. Jahrhunderts jetzt auch über xylographische Produktionen, die sich nicht allein auf Strassburg beziehen. So hat er jetzt in einem stattlichen Quartheft die „Zürcher Büchermarken bis zum Anfange des 17. Jahrhunderts" mit Hülfe der Stiftung Schnyders von Wartensee (C. f. B. 1892 S. 372) in Zürich bei Fäsi u. Beer erscheinen lassen. Sie bringen natür-

lich vor Allem die Froschauer'schen Zeichen und ergänzen damit die Werke von Vögelin und Rudolphi über Christoph Froschauer und dessen Familie, die keine Reproduktionen von Druckerzeichen haben. Ausserdem sind noch die Druckerzeichen von 7 anderen Züricher Typographen des 16. Jahrhunderts wiedergegeben, unter denen die Gessner'schen nach den Froschauer'schen der Zahl nach den zweiten Rang einnehmen. — Die Reproduktion ist wie immer eine vortreffliche.
  X. X.

In den „Baltischen Studien" von 1894 hat Dr. E. Lange in Greifswald unter dem Titel „Greifswalder Professoren in der Sammlung der Vitae Pomeranorum" einen Aufsatz veröffentlicht, der in manchen Collegen, z. B. den Bearbeitern von Katalogen der Saxonica oder Hassiaca, angenehme Erinnerungen aus der Praxis wachrufen dürfte. Die Greifswalder Universitätsbibliothek besitzt nämlich eine Sammlung von 154 Quart- und Folbänden voll biographischer Gelegenheitslitteratur, besonders Leichen- und Abdankungsreden nebst zugehörigen Personalien. An der Hand einzelner Beispiele versucht der Verfasser, in den culturgeschichtlichen und litterarischen Werth derselben einen Einblick zu gewähren; er wählt dazu die auf die Theologen Friedrich Runge (16. Jahrh.), Konrad Tiburtius Rango (17. Jahrh.) und Albrecht Joachim von Krakewitz (1674—1732) bezüglichen Schriften, meistens in gebundener Rede verfasst, sowie eine Anzahl verschiedener Hochzeitscarmina. Die unter den Namen unmündiger Kinder und zum Theil wohl auch die unter den Namen von Prinz-n und fürstlichen Persönlichkeiten laufenden Gedichte sind in Wahrheit von älteren Verwandten, Erziehern oder Informatoren verfasst worden. Freilich dürfte jener Sammlung zur pommerschen Biographie an Reichhaltigkeit diejenige zur sächsisch-thüringischen Biographie, welche die von Ponickau'sche Bibliothek in Halle besitzt, überlegen sein; denn so schlimm, wie in Sachsen, besonders in Leipzig, haben es die Versifexe in Pommern nicht getrieben. Viele Ueberschwänglichkeiten auf den überaus weitschweifigen, oft schwer zu katalogisirenden Titeln oder im Inhalt derartiger Elaborate sind übrigens keineswegs ernst zu nehmen, sondern einfach als conventionelle Phrasen anzusehen, weshalb man sich vor übereilten Schlüssen auf den Charakter der Verfasser zu hüten hat; im modernen Briefstil haben wir noch Nachwirkungen derselben Erscheinung. Immerhin sind dieselben ganz amüsant zu lesen.
  Ihrig.

Im Jahrgang 1892 S. 514 u. f. den C. f. B. habe ich mir erlaubt, die nichtdeutschen Herrn Collegen auf die grosse Wichtigkeit der von der Berliner Akademie der Wissenschaften herausgegebenen Acta Borussica, Denkmäler der Preussischen Staatsverwaltung im 18. Jahrhundert hinzuweisen, obwohl diese Quellenpublication zur Innern Geschichte Preussens sich gar nicht mit den Aufgaben beschäftigt, denen dieser Blätter gewidmet sind. Indem ich desshalb hier nur auf die kurzen Darlegungen verweise, die ich dieser bedeutsamen Sammlung von Aktenstücken damals gewidmet habe, füge ich hier nur bei, dass eine Fortsetzung derselben jetzt erschienen ist, die durch eine Einleitung des Herrn Professor Dr. Schmoller zu den „Akten der Behördenorganisation von 1701 bis Ende Juni 1714", welche dieser Band bringt, ein allgemeines Interesse besonders beansprucht. Denn in ihr wird S. 15—113 ein Ueberblick über die Entwicklung des Behörden- und Amtswesens seit seiner Begründung im römischen Staate durch das Mittelalter hindurch namentlich für Deutschland und speciell für Preussen (seit 1610) gegeben. Aufgefallen ist mir hierbei, dass in diesem Ueberblicke, der allerdings nur ein sehr summarischer sein konnte, von den ersten wirklichen Beamtenstande, den das Abendland im Mittelalter gesehen hat, dem vom Kaiser Friedrich II. in Unteritalien etablirten, mit keiner Silbe die Rede ist. Und doch hätte er es sicher verdient, neben dem französischen wenigstens kurz genannt zu werden. Auf die „Akten" selbst einzugehen, fehlt hier leider jeder Platz.   O. B.

52　Neue Erscheinungen auf dem Gebiete des Bibliothekswesens.

　　Auch für dieses Jahr (1894—95) haben die Herren Kukula u. Trübner ihr so werthvolles „Jahrbuch für die gelehrte Welt", den vierten Jahrgang der „Minerva" herausgegeben. Dieselbe ist mit einem ausgezeichneten Porträt des Lord Kelvin, des Präsidenten der Londoner Royal Society, in der gelehrten Welt wohl bekannter als der grosse Physiker W. Thomson, von Herkomer geschmückt. Auch dieser Jahrgang verräth die fortdauernd bessernde und ergänzende Nachhülfe der Herausgeber. So ist das italienische Archivwesen auf Grund von Mittheilungen des trefflichen Diplomatikers und Historikers Cesare Paoli ergänzt; ebenso die ungarischen, rumänischen, südamerikanischen und neuseeländischen gelehrten Anstalten. Das Jahrbuch verdient vollkommen den Titel, den es trägt.

Neue Erscheinungen auf dem Gebiete des Bibliothekswesens.*)

Mitgetheilt von O. Koller in Leipzig.

†The Bookworm. No. 84, Nov. 1894: Book collectors of to-day, the rev. prebendary Hedgeland, by W. Roberts. — Dr. Johnson on book collecting.

Library Journal. Vol. 10, No. 10: Notes on geographical indexing, J. B. Nichols. — Iowa library legislation, G. W. Wakefield. — Matters bibliographical, G. W. Cole. — A project for a general catalog of french libraries. — The present condition of english bibliography and suggestions for the future. — The Orrington Lunt library.
No. 11: The new Public Library of the city of Boston, L. F. Gray. — The information desk, W. E. Foster. — The development of the library, J. J. Winsor. — The Forbes Library, Northampton.

Revue des bibliothèques. No. 11, 12, Nov. Déc. 1894: Notes bibliographiques sur le Dictionnaire de géographie de Deschamps, p. P. Bergmann. — Visite du pape Pie VII à la Bibliothèque impériale en 1805, p. H. Omont. — Auge Politien et la Vaticane, p. L. Dorez. — Nouvelles acquisitions de la bibliothèque de la ville de Mâcon (1889—1894), p. L. Lex. — Catalogue des manuscrits allemands de la Bibliothèque Nationale, p. G. Huet, p. 115—128.

Bibliographie der psycho-physiologischen Litteratur des Jahres 1893. [Aus: Zeitschrift für Psychologie und Physiologie der Sinnesorgane.] Hamburg, L. Voss. 8. 438—510. gr. 8°. M. 1,50

Bibliographie générale et complète des livres de droit et de jurisprudence publiés jusqu'au 26 Octobre 1894, classée dans l'ordre des Codes avec table alphabétique des matières et des noms des auteurs. Paris, Marchal & Billard. 8°. Fr. 1.25

*Bibliotheca Platneriana. Supplemento al catalogo della biblioteca che contiene statuti e storie generali e particolari d'Italia, pubblicato l'anno 1891. Roma, tip. Forzani e C. 7° p. 8°.

Bibliotheca zoologica II. Verzeichniss der Schriften über Zoologie, welche in den periodischen Werken enthalten und vom J. 1861—1880 selbständig erschienen sind. Mit Einschluss der allgemein-naturgeschichtlichen, periodischen und palaeontologischen Schriften. Bearbeitet von O. Taschenberg. Lieferung 12. Leipzig, Wilh. Engelmann. V u. S. 3369—3888. gr. 8°. M. 7.—, Vellinpapier M. 12.—

---

*) Von den mit † bezeichneten Zeitschriften sind nur die Artikel bibliographischen oder bibliothekarischen Inhalts angezeigt. — Die mit * bezeichneten Bücher haben der Redaktion vorgelegen.

Bogfortegnelse, Norsk. for 1892. Udgiven af Universitets-Bibliotheket i henhold til lov af 20. Juni 1882. Med et systematisk register (udarbeidet af A. Kjaer). Kristiania. Aschehoug & Co. 2. 120 p. gr. 8°. Kr. 2.

Bouraillère, A. de la. Nouveaux documents sur les débuts de l'imprimerie à Poitiers. Paris, Em. Paul, L. Huard & Guillemin. 63 p. avec 5 planches de facsimilés et de marques typograph. 8°. Fr. 4. -, sur papier de Hollande Fr. 5.—
 Tiré à 140 exemplaires, dont 80 seulement mis dans le commerce.

Brooklyn, N. Y., Library. Catalogue of english prose fiction, including juveniles and translations. Complete and revised edition. Brooklyn. 4. 234 p. 8°.
 — Finding list of books and periodicals in the Central Library. Part 3 (completing fifth edition): Philosophy, religion, language, literature, essays and miscellaneous works, periodicals, fine arts, practical arts, natural science, medicine, games and sports, and public documents. 5th ed. P. 577—880. 8°.
 — Pratt Institute. Bulletin No. 15: Alphabetical subjectlist of government documents. 171 p. 8°.

Campbell, F. B. F. Memorandum relative to the need for special bibliographical societies, with an appendix on the division of the stream of literature: in illustration of „the bibliography of the future", a paper submitted to the Library Association, Sept. 1894. London. 8 p. fol.

Catalogue de la bibliothèque technique du Cercle de la librairie de Paris. Paris, au Cercle de la librairie. XII. 216 p. 8°. Fr. 5.—

Catalogue des dissertations et écrits académiques provenant des échanges avec les universités étrangères et reçus par la Bibliothèque nationale en 1892. Paris, C. Klincksieck. 143 p. 8°.

'Chilovi, D. Parole dette agli impiegati della Biblioteca Nazionale Centrale di Firenze il 25 novembre 1894. Firenze, stab. tip. Fiorentino. 4 p. 8°.

Czimjegyzéke a budapesti magyar királyi tudományi-egyetem könyvtárának. XVII. (Katalog der kön. ungarischen Universitäts-Bibliothek.) Budapest, Kilian. XII. 9s p. 8°.

Dorveaux, P. Catalogue des thèses de pharmacie soutenues en province depuis la création des écoles de pharmacie jusqu'à nos jours (1803—1894), suivi d'un appendice au catalogue des thèses soutenues devant l'Ecole de pharmacie de Paris. Paris, H. Welter. 118 p. 8°. Fr. 7.50; sur papier de Hollande Fr. 15.—

Durrieu, P., et J. J. Marquet de Vasselot. Les manuscrits à miniatures des Héroïdes d'Ovide, traduites par Saint-Gelais, et un grand miniaturiste français du XVI siècle. Châteaudun, impr. de la Société typograph. 38 p. et planches 8°.
 Extrait de l'Artiste.

Gauthier. Rapport sur les archives départementales et communales du département du Doubs. Année 1893—94. Besançon, imp. Millot frères & Co., 82 p. 8°.

Gibson, M. D. Catalogue of the arabic mss. in the Convent of St. Catharine on Mount Sinaï. New York, Macmillan & Co. 138 p. 4°. D. 3.
 Studia Sinaitica. Nr. 3.

'Gla, D. Systematisch geordnetes Repertorium der katholisch-theologischen Litteratur, welche in Deutschland, Oesterreich und der Schweiz seit 1700 bis zur Gegenwart erschienen ist. Mit zahlreichen litterarhistorischen und kritischen Anmerkungen und einem Personen- und Sachregister. Band I, Abteilung I: Litteratur der theologischen Encyklopädie und Methodologie, der Exegese des Alten und Neuen Testaments und ihrer Hilfswissenschaften. Paderborn, Ferd. Schöningh. XI. 178 S. 8°. M. 5.—

Halifax, N. S. Citizen's Free Library. Catalog, prepared by H. Piers. Halifax. 312 p. 8°.

Hamilton, Ont., Public Library. Catalogue of books, June 1894. Hamilton. 138 p. 4°.

54   Neue Erscheinungen auf dem Gebiete des Bibliothekswesens.

Hamilton, W. Dated book-plates (Ex-Libris), with a treatise on their origin and development. Part 1: Introductory treatise on book-plates dated prior to 1700. New York, Macmillan & Co. With 20 illustr. 4°. D. 3.—
Hauser, H. Histoire d'une grève au XVIe siècle. Les Imprimeurs lyonnais de 1539 à 1542. Paris, Giard & Brière, 24 p. 8°.
   Extrait de la Revue internationale de sociologie.
*Heitz, P. Die Zürcher Büchermarken bis zum Anfang des 17. Jahrhunderts. Ein bibliographischer und bildlicher Nachtrag zu C. Rudolphi's und S. Vögelin's Arbeiten über Zürcher Druckwerke. Herausgegeben durch die Stiftung von Schnyder von Wartensee. Zürich, Füsi & Beer. 48 S. mit 39 Abbildungen fol. M. 7.—
Kade, H. Geschichte des Freiberger Buchdrucks. [Aus: Mitteilungen des Freiberger Altertumsvereins.] Freiberg, Gerlachsche Buchdr. II. 83 S. mit Abbildungen u. 10 Tafeln. gr. 8°. M. 2.—
*Kukula, R., and K. Trübner. Minerva Jahrbuch der gelehrten Welt. Jahrgang 4: 1894—95. Strassburg, Karl J. Trübner. XVI, 930 S. mit 1 Bildnis. 8°. M. 7.—; in Halbpergament M 8.—
*Leitschuh, F. Geschichte der Königlichen Bibliothek zu Bamberg nach der Säkularisation. Bamberg, C. C. Buchner. IV. 34 S. mit dem Bildnisse J. H. Jaecks. 8°. M. 1.—
Lewis, A. S. Catalogue of the syriac mss. in the Convent of St. Catharine on Mount Sinai. New York, Macmillan & Co. 131 p. 4°. D. 5.50
   Studia Sinaitica, No. 1.
Margadant, J W. Inventaris van het archief van de classis van Gouda. Gouda, G. B. van Goor Zonen. VIII 62 p. 8°.
Marichal, P., Dufourny et Lancelot. Notes sur les anciens inventaires du Trésor des chartes de Lorraine. Nancy, G. Crépin-Leblond, 74 p. 8°. Fr. 2.50
Mugnier, Fr. Les manuscrits à miniatures de la maison de Savoie. Le Bréviaire de Marie de Savoie, duchesse de Milan; les heures des ducs Louis et Amédée IX. Moutiers, F Ducloz. Avec 17 phototypies hors texte. 8°. Fr. 30.—
   Tirage à 100 exemplaires numérotés.
*Omont, H. Inventaire des manuscrits grecs et latins donnés à Saint-Marc de Venise par le cardinal Bessarion en 1468. Paris, Bouillon. 59 p. 8°
   Extrait de la Revue des bibliothèques.
*Picot, G. Rapport présenté à M. le ministre de l'instruction publique au nom de la Commission des bibliothèques nationales et municipales, chargée d'examiner l'état de l'inventaire des livres imprimés de la Bibliothèque Nationale et les moyens d'en effectuer l'impression. Paris, Imprimerie nationale. 1. 76 p. 4°.
(Plummer, M. W.) Hints to small libraries. Brooklyn, Pratt Institute Free Library. 56 p. 8°. D. —.25
Repertorium der technischen Journal-Litteratur. Im Auftrage des kaiserl. Patentamts herausgegeben von Mell. Jahrgang 1894. Berlin, C. Heymanns Verl. XII. 412 Sp. hoch 1°. M. 15 —
Rocchi, Ant. De coenobio Cryptoferratensi ejusque bibliotheca et codicibus praesertim graecis commentarii. Tusculum, tip. Tusculana. 318 p. 4°.
Salvioli, G. e C. Bibliografia universale del teatro drammatico italiano, con particolare riguardo alla storia della musica italiana. Vol. 1, disp. 1. Venezia, C. Ferrari 95 p. 8°. L. 2.50
Sattler, J. Art in book plates. London, Grevel & Co. 4°. Sh. 42.—
Seydel's Führer durch die technische Litteratur. Abtheilung: Mechanik u. Maschinenbaukunde, das Berg-, Hütten- und Salinenwesen, die Patent- und Gewerbe-Gesetzgebung, sowie die Physik und Elektrotechnik. 12. Auflage. Berlin, Polytechnische Buchh. IV. 252 S. 8°. M. 1.
Sherborn, C. Dav. A bibliography of Malaya, from June 1892 to July 1893. (Journal of the Straits branch of the Royal Asiatic Society, No. 27. Singapore. P. 135—175.)

Antiquarische Kataloge. 55

Taunton, Mass., Public Library. Third supplement to the catalogue. Taunton. 8. 132. 122 p. 8°.
Tímarit hins íslenzka bókmentafélags. XIV. árgángur: 1893. Reykjavik, prentad í Isafoldarprentsmidju. 1893. IV. 275 S. 8°.
University of State of New York. State library bulletin. Public libraries, No. 2, June 1894. Statistics of New York libraries for 1893. New York.
*Verzeichniss der Handschriften im Preussischen Staate. I. Hannover. 3. Göttingen. 3. Berlin, A. Bath. VIII. 551 u. 244 S. gr. 8°. M. 26.—
Vicaire, G. Manuel de l'amateur de livres du XIX° siècle, 1801—1893. Éditions originales. Ouvrages et périodiques illustrés. Romantiques. Réimpressions critiques de textes anciens ou classiques. Bibliothèques et collections diverses. Publications des Sociétés de Bibliophiles de Paris et des départements. Curiosités bibliographiques. Fascicule 3. Paris, A. Rouquette. gr. 8°. Fr. 10.—
Vinycomb, J. On the processes for the production of Ex-libris. London, A. & C. Black. 110 p. 8°. Sh. 3,6
Ward, H. Catalogue of romances in the department of manuscripts in the British Museum. Vol. 2. London, printed by order of the trustees.
Wilson, J. G. The world's largest libraries: a commencement address delivered at St. Stephen's College, Annandale, N. Y. New York, E. & J. B. Young & Co. 7. 73 p. 8°. D.—.50
*Zugangs-Verzeichnis der grossherzoglichen Hofbibliothek in Darmstadt. Neue Folge. Jahrgang I: 1891. Darmstadt, A. Klingelhöffer. 178 S. gr. 8°. M. 2.—

Antiquarische Kataloge.

Ackermann Braunschweig. Theologie. Werke aus allen Wissensch. 1300 N°°.
Auer Donauwörth. No. 142: Klass. Philologie. (Bibl. d. Prof. Huber Dillingen.) 3184 N°°.
Bamberg Greifswald. No. 105: Rechts- u. Staatswissensch. 578 N°°. — No. 106: Class. Philologie. 1642 N°°. — No. 107: Mathematik. Physik. Technologie. 572 N°°. — No. 108: Naturwissenschaften. 1027 N°°.
Baer & Co. Frankfurt. No. 386: Christl. Kunst. (Bibl. d. Dombaum. Lucas Mainz.) 1073 N°°. — No. 337: Architectur, Sculptur, Numismatik d. klass. Alterthums. 359 N°°. — No. 338: Gesch. u. Literatur d. National-Oekon. No. 4251—4749. -- Anz. No. 439: Auswahl aus Literatur u. Kunst. No. 1257—1549.
Hermann & Altmann Wien. No. 117: Auswahl besser. Werke. N-Philos. 58 S.
Bertling Dresden. No. 28: Prakt. Musik u. Hymnologie. 1138 N°°.
Bibliograph. Bureau Berlin. No. 4: Deutsche u. preuss. Geschichte. 2521 N°°.
Bielefelds Hofbh. Karlsruhe. No. 168: Biblioth. genealog. II. K—Z. (Bibl. von Dr. Mayr v. Mayerfels.) No. 1413—3204. — No. 170: Zoologie u. vergleich. Anatomie. 1710 N°°. — No. 171: Pferdekunde u. Reitkunst. 701 N°°. — No. 174: Jagdwiss. u. Jagdkunde. 705 N°°.
Carlebach Heidelberg. No. 203: Deutsche Literatur d. 18. u. 19. Jahrh. (Bibl. v. Prof. Pfeiffer Kiel.) 1224 N°°
Cieslar Graz. No. 142: Medizin u. Thierheilkunde. 2684 N°°.
Claassen Turin. No. 101: Livres franç., espagn. et portug. 2079 N°°.
Deuticke Wien. No. 30: Medicin. 1416 N°°.
Fränkel Berlin. No. 9: Rechtswissenschaften. 1871 N°°.
Geering Basel. No. 247: Grammatik, Wörterbücher, Literat. d. neuen Sprachen. 2191 N°°.
Geiger & Jedele Stuttgart. No. 221. 222: Theologie. 2748. 2935 N°°
Georg & Co. Basel. No. 90: Impressions du XVII. s. 561 N°°
Gilhofer & Ranschburg Wien. Anz. No. 28: Vermischtes. No. 747—1046.
Gross Nürnberg. No. 6: Sprachwiss. Ausländ. Literatur. 648 N°°.

Antiquarische Kataloge. Personalnachrichten.

Heberle Köln. No. 96: Auswahl selt. u. werthvoller Werke. 1123 N⁰⁸
Hess & Cie. München. No. 9: Christl. Kunst. 484 N⁰⁸
Hiersemann Leipzig. No. 145: Aegyptologie. 362 N⁰⁸
Hoepli Mailand. No. 96: Americana. 268 N⁰⁸ — No. 97: Biblioteca Sabauda. Libri e manoscritti riguard. la casa di Savoia. 518 N⁰⁸. — No. 98: Histoire de la France. 976 N⁰⁸.
Jürgensen & Becker Hamburg. No. 5: Vermischtes 3 4 N⁰⁸
Kampffmeyer Berlin. No. 351: Theologie, Philos., Oriental. 88 S. No. 352: Geschichte. 112 N⁰⁸.
Kauffmann Frankfurt a. M. No. 21: Hebraica u. Judaica. 3097 N⁰⁸.
Köhner Breslau. No. 226: Vermischtes. 3657 N⁰⁸.
Liebisch Leipzig. No. 90, 91: Auswahl werthvoller Werke. I. Theologie. Philologie. No. 1 4547. — II. Rechts- und Staatswiss. Geschichte. No. 4448—8819. — No. 92: Theologie. (Neueste Erwerbgn.) 1193 N⁰⁸
Lissa Berlin. No. 16: Seltene u. interess. Bücher. 950 N⁰⁸.
List & Francke Leipzig. No 264: Oesterreich-Ungarn. 1883 N⁰⁸.
Lorentz Leipzig. No. 77: Medicin, Pharmacie, Thierheilkunde. 6103 N⁰⁸ — Ang. No. 78: Auswahl empfehlenswerther Werke. 13 S.
Lübcke & Hartmann Lübeck. No. 14: Schöne Wissensch. I. 1918 N⁰⁸.
Mayer Stuttgart. No. 1: Neueste Erwerbgn. 603 N⁰⁸.
Meier-Merhart Zürich No. 214: Vermischtes. 3223 N⁰⁸
Mueller Halle. No. 46: Geschichte, Literat., etc. Frankreichs, Italiens, Portugals. 1300 N⁰⁸ — Ang. No. 8: Varia. 566 N⁰⁸.
Mussotter Munderkingen. No 24: Kathol. Theologie. 1311 N⁰⁸.
Nauck Berlin. Theologie. 1917 N⁰⁸.
Nutt London. No. 44: Classics and class. antiquity. 1891 N⁰⁸.
Quaritch London. No. 143: Americana. Oriental miniatures etc. 683 N⁰⁸.
Reich Basel. No. 66: Class. Philologie. 3587 N⁰⁸ — No. 67: Littérat. franç. 1737 N⁰⁸.
Schmitz' Ant. Elberfeld. No. 107: Theologie. 1126 N⁰⁸.
Schourpfeil Leobschütz. No. 74: Fastenpredigten. 421 N⁰⁸.
Schulz Leipzig. No. 24: Das Zeitalter d. Reformation u. d. 30jähr. Krieges in Schrift u. Bild. 1470 N⁰⁸.
Seligsberg Bayreuth. No. 223: Jurisprudenz u. Staatswiss. 1260 N⁰⁸.
Stadelmeyer Odessa. No. 4: Vermischtes. 2288 N⁰⁸
Steffenhagen Merseburg. No. 21: Evang. Theologie. 517 N⁰⁸.
Strubel Jena. No. 2: Medicin. Zoologie. 752 N⁰⁸.
Twietmeyer Leipzig. No. 109: Kunst u. Kunstgewerbe. 2270 N⁰⁸.
Völcker Frankfurt. No. 201: Class. Philologie. 1637 N⁰⁸ — Ang. No. 35: Frankfurt a. M. Auswahl. 832 N⁰⁸.
Volsch Augsburg. No. 21: Neue Ankäufe. 1032 N⁰⁸.
Weg Leipzig. No. 41: Littérat. franç. (Bibl. de M. E. Catalan Liége.) 2162 N⁰⁸.
Wolgel, Osw., Leipzig. No. 67: Zoologie u. Zoographie. 1043 N⁰⁸.
Windprecht Augsburg. No. 487, 488: Varia. 401. 226 N⁰⁸.
v. Zahn & Jaensch Dresden. No. 42: Autographen. 870 N⁰⁸ — No. 43: Musik, Theater. 1611 N⁰⁸ — No. 46: Vermischtes. 86 S.
Zaehlensche Nachf. Leipzig. Das Zeitalter Napoleon I. Einzelblätter. 1050 N⁰⁸.

Personalnachrichten.

Im November 1894 starb der Conservator der Bibliothéque Mazarine zu Paris de Caussade.

Der bisherige Assistent an der Königlichen Bibliothek zu Berlin Dr. Kemke ist zum Hilfsbibliothekar an derselben Bibliothek befördert worden.

Am 13. Dezember 1894 starb der Direktor der Grossherzogl. Hofbibliothek zu Darmstadt Dr. Wilhelm Maurer.

Verlag von Otto Harrassowitz, Leipzig. — Druck von Blurhardt Karras, Halle.

Centralblatt
für
Bibliothekswesen.

XII. Jahrgang. 2. u. 3. Heft. Febr.-März 1895.

Diebolt Lauber und seine Werkstatt in Hagenau.
(Fortsetzung und Schluss.)

Viertes Kapitel.
Die Zeichner und ihre Werke.

A.[1]

Von dem ersten Zeichner unserer Werkstatt ist vor allem zu rühmen, dass kein anderer so sehr Herr über seine Hand ist, wie er. Keiner bleibt so sehr durch alle seine Werke hindurch sich gleich. Keiner vermag aber auch so gut wie er seinen Gebilden den Schein sauberer, abgewogener, in gewissem Sinne selbst vollendeter Existenz zu geben. Wie es unmöglich ist, die Hss. die im Folgenden aufzuzählen sind, chronologisch streng zu ordnen, weil er in jeder einzelnen alle wesentlichen Merkmale zeigt, die der Gesammtheit zukommen, so sind auch alle diese Hss. frei von den Absonderlichkeiten, den Roheiten, welche fast bei allen Zeichnern der Gruppe mitunter begegnen.

Seine Technik ist die des ausgebildetsten Strichstils, um die eben genauer umschriebene Bezeichnung anzuwenden. Er setzt die Feder leicht an und führt Strich an Strich mit einem Druck, an- und abschwellend, aus. Dabei ist der Umriss so keck, dass er an gewissen Stellen, z. B. den eingebogenen Fingern einer Hand, gar nicht geschlossen ist, ohne dass man dies sofort bemerkte.

Die Zeichnung ist fast ganz aus freier Hand geführt. Nur bisweilen wird zur Darstellung von Architectur, eines überlangen Schwertes und dergl. das Lineal zu Hilfe genommen. Die Feder giebt im wesentlichen nur den Umriss und die nothwendigste Innenzeichnung. Auch die Gewandfalten bestehen nur aus einzelnen Strichen. Doch kommt bisweilen ein Schraffieren vermittelst Strich- und ganz vereinzelt auch Kreuzlagen vor. Aber das ist mehr als missverstandene Wiederholung einer anderswo abgesehenen Gewohnheit zu betrachten: die Bedeutung der Schraffierung für die körperliche Rundung eines Bildes ist dem Zeichner ganz unbekannt. Schatten hat vielmehr die Bemalung zu ver-

---

[1] Dies ist, um das hier vorauszunehmen, der Zeichner, dem schon Lamprecht, Report. VII S. 110 ff. mit scharfem Blick vier Hss. zugewiesen hat. Nur mit dem Konstanzer Richentalcodex hat er nichts zu thun. Vgl. meine Besprechung der Richentalhss. in der Oberrh. Zschrft. 1894.

lelben. Die Farbe ist nie fehlendes, von vornherein vorgesehenes Mittel der Schilderung.

Wir finden dieselbe Farbenleiter, dieselben Farbtöne, dieselben Grundsätze in ihrer Verwendung stets mit den Umrissen des Zeichners A verbunden. Wir finden andererseits diese Art der Bemalung nur in seinen Bildern. Auch da, wo ein anderer Zeichner mit A eine Hs. illustriert hat, theilt er die Bemalung nicht mit ihm. So sind wir zu dem Schluss berechtigt, dass A seine Zeichnungen auch selbst angemalt hat. Sonst müssten wir annehmen, dass er von seinem ersten bis zum letzten Werke einen Maler neben sich hatte, der alles, was er zeichnete, malte, aber auch nichts anderes malte als das. Ich meine, diese Annahme wäre eine allzu künstliche.

A verwendet folgende Farben: Rothbraun, eine glänzende, wo satt aufgetragen, brüchige Farbe, bald mehr roth, bald mehr braun, bald blass, bald kräftig.[1] Purpurroth. Karmin (fast nur für Blut und Flammen). Dunkles Kaffeebraun (immer verdünnt). Schwarz. Leuchtendes Blau. Stumpfes, helles Grün. Strohgelb.

Die Farbe füllt bald gleichmässig den ganzen Umriss, bald dient sie nur zur Modellirung, die Lichter werden ausgespart. Allein auch die weitere Möglichkeit ist ausgewerthet: es wird in zwei Tönen gemalt. Auf gleichmässig hellem Grund werden die Schatten dunkler eingetragen. So sind purpurrothe, graunschwarze, grüne Gewänder behandelt. Die fast allen Arbeitern der Werkstatt gemeinsame Gewohnheit, den Boden und das Baumlaub erst grün und darüber gelb (oder umgekehrt) anzustreichen, findet sich auch hier. Dagegen kommt der bei andern Malern sehr beliebte Brauch, z. B. ein Gewand in zwei verschiedenen Farben zu behandeln, bei A so gut wie gar nicht vor.

Bei dem Charakter der Zeichnung, wie wir ihn oben zu umschreiben versuchten, werden wir keine starke, noch weniger bewusste Auflehnung gegen die überkommene Werkstattübung erwarten dürfen. In der That beharrt A durchaus auf der einmal erreichten Kunststufe. Ab und zu gelingt eine Gestalt, eine Bewegung, die Wiedergabe eines Affectes, eine Gruppe. Von einem Schritt nach der Erfassung eines grundsätzlichen Realismus dagegen über das Gesammtvermögen der Schreibstube hinaus findet sich keine Spur. Seine Gestalten haben einen bestimmten Schein von Lebensfähigkeit, aber sie sind nicht Abbilder wirklichen Lebens,[2] sie führen ein Leben für sich. Ihre Aufgabe ist das Wort zu erläutern, sie sind nicht entstanden aus dem Drang, die wechselnden Bilder des Auges getreu wiederzugeben.

Wir haben daher das Recht, den Zeichner A als den eigent-

---

[1] Absichtlich sind alle Angaben über Farbstoffe vermieden. Mit dem Herumrathen ist doch nichts gethan, und ohne chemische Untersuchung einerseits, bestimmte geschichtliche Nachrichten über Farbenbereitung andererseits ist jeder Willkür Weg gebahnt.

Dieses Rothbraun weist übrigens hier und ebenso in oberschwäbischen Hss. einen lackartigen Glanz auf, der nur von einem harzigen Bindemittel herrühren kann.

[2] So kann es uns nicht Wunder nehmen, noch blaue Pferde zu treffen.

lichsten Durchschnittscharakter der Werkstatt zu bezeichnen. In ihm zeigt sich offenbar am reinsten die Absicht der ganzen Schreibstube: grosse, saubere Federzeichnung, freundlich bemalt, zur klaren, für sich sprechenden Wiedergabe der Geschichte.

Hier haben wir nur noch hervorzuheben, wodurch sich A am schärfsten von seinen Genossen unterscheidet. Die Eigenheiten der Bemalung springen zuerst in die Augen. Allein da ich kein Blatt farbig wiedergeben kann, will ich mich darauf beschränken, hier darauf hinzuweisen, dass seine Farben meist hell, durchsichtig und sauber aufgetragen sind. Der besondere Ton der Farbe lässt sich mit Worten nicht genau schildern.

Anders steht es mit der Formensprache. Zunächst ist A der beste Vertreter des gestrichenen Stils. Besonders deutlich wird dies an Zaddelbesätzen, Wolken, überhaupt an allen halbrunden kurzen Strichen.

Sodann ist das breite, unten ganz stumpfe Gesichtsoval, die meist nach einer Seite gedrängten, glotzigen Augensterne, die meist gerade Nase, das schematische Haar, die lebhaft bewegte Hand für ihn bezeichnend. Eigentlich individuell charakteristische, lebensvolle Gesichter kommen nie vor. Auch Köpfe im vollen Profil werden höchstens zu Karikaturen.

Ebenso stehend, wie in den Typen, wiederholt sich A in der Tracht. Insbesondere der weite, über die Knice herabgehende Rock der Männer, locker gegürtet, in dicken, halbrunden Falten unten abstehend, mit weiten Ärmeln, an allen Säumen mit breiter Borte versehen, kommt auf jedem zweiten Bild vor und findet sich doch in dieser Form bei keinem anderen Zeichner.

A arbeitete, wie aus den Daten in den Hss. I und VI zu ersehen ist, jedenfalls 1427 und 1436. Da er jedoch auch an der grossen Bibel (palat. 19 ff. s. Nr. XVI) mit thätig war, welche sicher nicht vor der Mitte des Jahrhunderts entstand, so ist kein Zweifel, dass er noch zu dieser Zeit in ungeminderter Schaffenskraft stand.

1. (1)[1]
Historisches Archiv der Stadt Köln (Ms. theol. 251):
Evangelien und Episteln (nebst Glosse) auf das ganze Jahr.[2]

Fol. pap. XV. Jahrh. (1427). 1ᵛ—2ᵃ + 230 Bll. Zweispaltig, von einer Hand. Rothe Überschriften, rothe und blaue Anfangsbuchstaben. 52 Bilder.

---

[1] Beschrieben sind nur Hss. solcher Bibliotheken, die ein genaueres Verzeichnis nicht veröffentlicht oder in Aussicht gestellt haben. Für einzelne Lücken in meinen Angaben muss ich um Nachsicht bitten. Ich hatte ursprünglich nicht die Absicht, einen ausführlichen Katalog zu geben, und nachträglich ist es nicht in jedem Falle möglich gewesen, die flüchtigen und z. Th. unvollständigen Reisenotizen überall nachzuprüfen und zu ergänzen. Doch glaube ich wenigstens für das, was ich gebe, einstehen zu können.

[2] S. Wackernagel, Gesch. der deutschen Litt.⁴ I, 412. Zur Ill. vgl. Lamprecht, Repert. VII S. 411 und Janitschek, Gesch. der deutschen Malerei

fol. 1 grosser Initial (B) in üblicher Weise ausgeführt: ein wildes Männchen und ein Drache zur Füllung, saftige Blätter in den Ranken.
Anfang: (B)rüder wissent daz yetzent die stunde ist von dem sloffe uf zů stonde wanne neher ist unser heil Denne wir gelobetent...
fol. 212': etc. XXVII.
fol. 229'. Schlussschrift: Explicit liber iste per me dieboldum de dachstein¹) proxima feria secunda ante nativitatem domini Sub anno domini m° cccc° xxvii°. Orate pro me deum.
Wasserzeichen²): Wage, ein katzenartiges Ungethüm.
Einband wohl des 16. Jahrhunderts. Stark beschnitten.
Herkunft: laut Eintragung auf fol. 1 oben: 'Bibliotheca Blanquenheimensis' aus der Bücherei der Grafen Manderscheid-Blankenheim (Eifel).

Das Jahr 1427, in dem die Schreibarbeit vollendet wurde, ist der erste Anhaltspunkt zur zeitlichen Bestimmung der Thätigkeit unseres Zeichners A. Zugleich scheint die vorliegende Hs. überhaupt eine der frühesten unter den bisher bekannten Arbeiten A's zu sein. Die Strichführung ist nicht so sicher wie in anderen Hss., wiederholt sind Umrisstheile doppelt ausgeführt.

Auch die Formengebung ist noch nicht in allen Stücken die der späteren Zeit: die Gesichtslinie hat mehrfach die starke Einziehung gegen das Auge und selbst das spitze Kinn. Eigenheiten, die sehr scharf beim Zeichner D ausgebildet sind und bestimmt auf die Typen vom Anfang des Jahrhunderts im Elsass hinweisen. Weiter macht sich eine gewisse Armuth in der Erfindung geltend. Wenn auch der Stoff häufig der Darstellung reichlich zu spröde war, so hat A doch später selbst in Wiederholungen desselben Gegenstandes Abwechslung einzuführen gewusst. Hier aber tritt stets zur Illustrierung der Worte: „zů der zit sprach Jhesus zů sinen jüngern' dieselbe Gruppe auf: rechts der Herr, links, ihm gegenüber, die Jünger, deren äusserster ganz links von hinten zu sehen ist.

S. 244. Die Hs. ist aber nicht, wie man darnach vermuthen könnte, der zweite Band einer deutschen Bibel, hat vielmehr mit der von den genannten Gelehrten mit ihr zusammengestellten weiteren Hs. desselben Aufbewahrungsorts nur gleiche Herkunft. Das Neue Testament der Bibel befindet sich mit dem Alten in einem Band. Ja ich bin überzeugt, dass die beiden Hss. nicht nur ursprünglich nicht zusammengehörten, sondern sogar zu ganz verschiedener Zeit entstanden.
1) Man könnte auf den Gedanken kommen, in diesem dieboldus de dachstein unsern Diebolt Lauber zu erblicken. Wenn der Schreiber dieboldus de dachstein mit dem Zeichner A identisch sein sollte, hätte diese Vermuthung sogar allerlei für sich. Man erwäge, was oben über A gesagt wurde, und bedenke, dass von 35 Hss. 14 auf seinen Antheil fallen! Aber mehr als eine ganz unsichere Vermuthung ist diese Identificierung doch nicht.
2) Ich weiss sehr wohl, dass jede Anführung von Wasserzeichen ohne genaue Beschreibung oder Abbildung zwecklos ist. Hier aber soll nur gezeigt werden, wie verschiedenes Papier in einer Werkstatt gebraucht wurde, und dann, wie sich doch bestimmte Gruppen von Papieren ergeben, andere ganz fehlen.

Weniger sichere Schlüsse über die Entstehungszeit gestattet die Bemalung. Diese ist zwar hier eine auffallend einfache: alle Farben sind in einem blassen, stark verdünnten Ton aufgetragen, Blau und Purpurroth fehlen ganz. Aber diese Einfachheit könnte sich an sich ebensowohl aus Gründen der Bequemlichkeit und Billigkeit herleiten, als aus mangelnder Übung. Immerhin spricht sie keineswegs gegen die Annahme, dass unsere Hs. die früheste aus bisher bekannte Arbeit A's ist. Dabei ist auffallend, wie doch wieder alle Eigenheiten, die den Zeichner später aus allen andern herausheben, hier schon vorhanden sind.

II. (2)

Grossherzogl. Hofbibliothek, Darmstadt (Hs. No. 1):

Historienbibel (Fassung II mit der „nuwen E"). [1]

Fol. pap. XV. Jahrh. 288 Bll. Zweispaltig. Verschiedene Hände. Rothe Überschriften und Kapitelzahlen über den Seiten. Rothe und blaue Initialen. Noch 108 Bilder im Alten, 28 im Neuen Testament. Die Hs. ist durch Herausreissen von ganzen und halben Blättern ausserordentlich verstümmelt.

fol. 1 leer, 1' Bild.

fol. 2 Beginn des Textes unter einem Bild: (R)icher got...

Der Text des Alten Testaments ist am Schluss unvollständig. Er enthält die alttestamentl. Geschichte bis Ahab.

fol. 213 Beginn des Neuen Testaments. Register bis fol. 215: 159 Kapitel.

fol. 217 Beginn des Textes: (M)aria mûter edele.

Der Schluss (von Kapitel 143 an): verschiedene „Empfänge" Mariae im Himmel, fehlt.

Einband: alter Ledereinband mit Buckeln und Schliessen und einer Kette.

In den Bildern dieses Werkes zeigt sich A anfangs noch nicht ganz so fertig, wie in den weiterhin aufzuzählenden Hss. Mehrfach sind die Umrisse doppelt gezogen. Aber schon in den späteren Bildern merken wir kaum eine Unsicherheit mehr.

Die Hs. dürfte demnach ebenfalls eine der frühesten Arbeiten unseres Zeichners sein.

Die Farbenwahl ist eine beschränkte.

III. (3)

Stadtbibliothek, Mainz (Nr. 64):

Historienbibel (Fassung II mit der „nuwen E").

Fol. pap. XV. Jahrb. 291 Bll., davon unvollständig 19, 25, 26, 38, 125, 137, 145, 176, 177, 240, 262, 265, 271. Aber ausser diesen Verstümmelungen einzelner Blätter ist die Hs. durch Herausreissen

---

[1] Vgl. Merzdorf, deutsche Historienbibeln des M. A. Lit. Ver. No. 100 u. 101. Tübingen 1870. Die Hs. ist hier nicht besprochen.

ganzer Lagen um wenigstens $1/_3$ ihres früheren Umfangs verkürzt. An 32 Stellen, wo ein Bild zu erwarten wäre, ist eine Lücke vorhanden, und zwar fehlen — um von dem Umfang dieser Lücken einen Begriff zu geben — z. B. allein zwischen fol. 135 und 136 3½ Kapitel.
Zweispaltig. Mindestens 4 verschiedene Hände. Rothe Überschriften und Anfangsbuchstaben, rothe Kapitelzählung über den Spalten. 80 Bilder im Alten, 18 im Neuen Testament (vielfach nur theilweise) erhalten. Die zwei üblichen Initialen (R und M) verziert wie oben mit Blättern, einem wilden Männchen und Engel.

    fol. 1—12 Register mit 466 Kapiteln: Hie vohent sich an die büches cappitel u. s. f.

    fol. 13' Bild.

    fol. 14 Beginn des Textes: (D)ieher gott von hímelriche und ertriche.

    fol. 218' Schloss: Hie hat dise byhel der alten E ein ende Got uns ain helfe sende. Amen.

    fol. 219 ff. Register zur nuwen E, nicht ganz vollständig. Ebenso fehlt der Anfang des Textes und das letzte Blatt mit dem grössten Theil des Schlusskapitels (160).

Wasserzeichen: 2 gekreuzte Schlüssel, Wage u. eine unklare Figur.
Einband: modern, nach den Verstümmelungen hergestellt.[1])
Herkunft: laut Stempel: Ex bibliotheca universitatis Moguntinae (fol. 1).

Da wenigstens der Fundort, Mainz, ferner sämmtliche angeführte Stellen, sowie die Zahl der Kapitel dieser Hs. genau zu der Beschreibung einer Mainzer Historienbibel bei Merzdorf (a. O. S. 49 unter Σ) stimmen, so glaube ich nicht zweifeln zu dürfen, dass die beiden Hss. identisch sind. Kleine Abweichungen (die aber wie gesagt nie die bei Merzdorf angehobenen Stellen treffen) erklären sich daraus, dass Merzdorf die Hs. nicht selbst gesehen hat, und weiter daraus, dass seine Quelle G. Fischer im Jahre 1801 das Werk noch in einer weniger arg zugerichteten Gestalt vor sich gehabt haben mag.[2])

Über Zeichnung und Bemalung ist nichts Besonderes zu bemerken. Die letztere weist die volle Farbenleiter A's auf.

1) S. die folgende Anmerkung am Ende.
2) Die Sache steht so: Merzdorf spricht ganz allgemein von einer Hs. in Mainz, die er nur aus Fischer, Beschreibung typographischer Seltenheiten und merkwürdiger Hss. 3. Lieferung, Nürnberg 1801, kennt. Die hier S. 161 beschriebene Hs. war allerdings 1801 vollständiger als die unsrige. Aber die Beschreibung stimmt doch, soweit controllierbar, genau auf unsere Hs. Endlich ist ein Umstand, der sehr für die Identität spricht, dass Fischer sein Schriftchen „zur Eröffnung der Universitätsbibliothek in Mainz" herausgiebt, also wohl in der genannten Hs. ein Werk eben dieser Bibliothek beschreibt, und dass die von ihm erörterte Hs. „aus der Bibliothek der Capuciner (No. 1)" stammt. Aus Beständen der Klosterbibliotheken wurde aber eben die Mainzer Universitätsbibliothek gebildet. Und aus ihr wurde die heutige Stadtbibliothek geschaffen, aus ihr ging insbesondere (wie wir aus dem Stempel ersehen) unsere Hs. hervor. Beim Übergang in diese letztere mag sie neu gebunden worden sein. Fischer sah noch den alten Einband.

IV. (4)

Kgl. Hof- und Staatsbibliothek, München (c. g. m. 1101):
Historienbibel (Fassung II).

Der Beschreibung Merzdorfs a. O. S. 49 unter Z ist nur nachzutragen: Einband: alt (wohl des 16. Jahrhunderts). Die Zahl der Bilder beträgt in der alten E 80, in der neuen 28. Über ihre Art ist nichts zu bemerken.

Zu den beiden Jahreszahlen 1271 und 1272, die sich fol. 233 und 319' am Schluss des Alten und des Neuen Testaments finden, bemerkt Merzdorf, sie müssen aus der Vorlage herübergenommen sein. Dass sie die Vollendung unserer Hs. nicht bezeichnen können, ist selbstverständlich. Sie dürfen aber auch nicht mit der Urvorlage in irgend eine Beziehung gebracht werden. Denn abgesehen davon, dass die Erhaltung eines Datums der Urschrift einzig in unserer Hs. höchst auffallend wäre, dürfen wir die Entstehung der Historienbibel in der vorliegenden Fassung nicht ins 13. Jahrhundert hinaufrücken. Selbst wenn wir nämlich die Prosabearbeitung der Weltchronik Rudolfs von Ems, die das Alte Testament bildet, so früh ansetzen wollten, ist dies doch keineswegs für Bruder Philipps Marienleben[1]) statthaft, das erst im 14. Jahrhundert gedichtet, also auch erst soviel später zu einem Neuen Testament in Prosa umgearbeitet worden sein kann.

V. (5)

Historisches Archiv der Stadt Köln (Ms. theol. 250):
Historienbibel (Fassung II).

Fol. pap. XV. Jahrh. 1ᵃ — 2ᵃ + 325 Bll. Zweispaltig, verschiedene Hände. Rothe Überschriften, rothe und blaue Anfangsbuchstaben, rothe Kapitelzahlen über den Spalten. 83 Bilder im Alten, 29 im Neuen Testament von drei verschiedenen Zeichnern. Die beiden üblichen Initialen.

fol. 1—7 Register mit 465 Kapiteln zur alten E, das letzte: Als es einen monat und dri jore one regen was.

fol. 7'—8 leer. fol. 8' Bild.

fol. 9 Anfang des Textes: (R)icher got von himelrich und ertrich. (Es ist nur diese eine Vorrede vorhanden.)

fol. 197' Kap. 365: Keyser Konrat des keysers kint myn here und des here die hant mir geboten.

fol. 242 Schlussschrift: finito libro sit laus et gloria cristo (roth:) Hie hat disse bibel der alten ein ende Got uns ein helffe sende amen.

fol. 242'—246' leer, nur fol. 244' mit Bleistift flüchtig gezeichnetes Wappen derer von Blankenhelm, vielleicht noch in der Werkstatt vorgezeichnet, aber nicht ausgeführt.

fol. 247 ff. Register zur neuen E mit 175 Kapiteln, das letzte: das der heilige geist geist unser liebe frowe empfing.

---

1) Vgl. Schröder, Allg. D. Biographie 26, 71.

fol. 249'—254 leer. fol. 254' Bild.
fol. 255 Anfang des Textes: (Maria muter edel kûsche maget.
fol. 324 Schluss: das uns die alle sament widerfaren müsse das verlihe uns der vatter und der sun und der heilige geist amen. amen.
Wasserzeichen: Schlüssel, Wage, Hand, Wildkatze (? s. o. Nr. 1).
Einband: wohl des 16. Jahrhunderts. Zum Heften der Lagen sind Pergamentstreifen verwendet. Auf einem solchen (fol. 314') ist zu lesen: Sigillum Curie argent. ad peticionem venditoris et fratris Conradi prae scriptoribus praesentibus est appensum. Actum III Idus martis Anno domini millesimo trecentesimo sexagesimo octavo. Über die Bedeutung dieses und ähnlicher Streifen s. o. S. 3.
Herkunft: laut Eintragung auf fol. 1 stammt die Hs. aus der „Bibliotheca Blanquenhelmensis", s. o. Nr. 1.
Nach dieser Beschreibung gehört die Historienbibel zu den Hss. der zweiten Klasse (Merzdorf S. 13. 46). In der That deckt sie sich inhaltlich völlig mit der eben unter III beschriebenen Historienbibel der Münchener Bibliothek (Z). Die Hs. wäre also bei Merzdorf S. 49 zwischen Y und Z einzureihen.
Für unsere Untersuchung ist dieser Codex einer der wichtigsten: von unserm Zeichner A ist nur das erste Drittel der Bilder ausgeführt, fol. 149 ff. sind von zwei andern Zeichnern illustriert. Da auch hier die Bilder des ersten Theils die bei A durchaus übliche Bemalung zeigen, während mit dem neuen Zeichner sofort ganz andere Farben und eine andere Art ihrer Verwendung beginnen, so ist uns diese Hs. ein Beweis dafür, dass A seine Bilder selbst coloriert hat, s. die Vorbemerkung. Auch die Schreibarbeit ist von verschiedenen Händen besorgt. Bemerkenswertherweise beginnt aber die zweite Hand erst auf fol. 164 (mitten im Kapitel 281). Darnach scheinen Zeichner und Schreiber nicht eine und dieselbe Person zu sein, mindestens ist nicht Schreib- und Zeichenarbeit von Anfang an zusammen an zwei Arbeiter vertheilt worden. Um so weniger, als von fol. 149 an nicht ein, sondern zwei neue Zeichner deutlich erkennbar sind. S. B 1 und C 1.

VI. (6)

Nationalmuseum, München (No. 2000):

Historienbibel (Fassung II)[1])

Fol. pap. XV. Jahrhundert (1436). Noch 379 Bll., aber vorn und hinten unvollständig. Zweispaltig, von einer Hand. Rothe Überschriften, rothe und blaue Anfangsbuchstaben, rothe Kapitelzahlen über den Spalten. 54 Bilder im Alten und 20 im Neuen Testament. Drei grosse Initialen: It und M zu Beginn des Alten und des Neuen Testaments nicht in der üblichen Form verziert, sondern mit feiner Feder

1) Im Katalog der Büchersammlung (Kataloge des bayer. Nat.-Mus. in München I) S. 120 findet sich keine Beschreibung, vielmehr nur die Bemerkung, dass diese Weltchronik aus der Illuminatenschule von Konstanz stamme. Diese Annahme gründet sich zweifellos auf Repert. VII S. 410, ist aber unhaltbar, s. o. die Anmerkung zur Charakteristik unseres Zeichners.

in rother und schwarzer Tinte ornamental übersponnen.[1]) Der dritte Initial dagegen zum Anfang der Einrückung (s. u.) ist wie sonst bei A ausgeführt.

fol. 1—8 Register (vorn unvollständig).
fol. 9 leer, 10' Bild.
fol. 11 Initial R. Anfang des Textes zerstört. Es ist noch zu lesen: (R)iche .... und ... kre ... kra ... So ... (= Richer got von himelriche und ertriche über allen kreften swebet din kraft u. s. w.).
fol. 11' Fortsetzung des Textes: ist ein Urhab alles honlos und der erden dram und din hoher wiser rat u. s. f.

Von Kapitel 335 ab hat sich der Schreiber in der Zählung geirrt. Er lässt auf Kapitel 334: 235 folgen.

Kapitel 440 (340): Wie david drü geteilent wurdent von gotte hunger vigentschaft oder tot. Darnach fol. 211 (roth:) Hie hebt sich an der sittach salter, den der edele künige david selber got zu lob und zu eren geliebt und gemacht hat. Disen psalmen sprich dem heiligen geist: (B)eatus vir qui non abijt in consilio impiorum. Selig ist der man u. s. f. Der Initial B ist durchaus in der gewöhnlichen Weise A's gehalten. Es folgen 150 Psalmen.

fol. 273 ff. Cantica prophetarum. Tedeum. Quicunque volt salvus esse (Symbolum Athanasii). Kirieleyson (Litanei an alle Heiligen). Collecte für die Stunde. Zum Schluss dieser Einrückung (fol. 280' unten:) Anno domini etc. XXXVI.

fol. 280' Kapitel 441: Hie erkos david den gotteslag uff gottes erbermde.

fol. 299 letztes (471.) Kapitel: Also es einen ganzen monot und drü ganze jor on regen was. Schluss: Du wart das selbe volk von ysrahel zornig und wolten den künig niemer für ein herren han. Also het dise bibel der alten e ein ende (tut uns sin helf sende Amen.

Ohne Zwischenraum schliesst sich das Neue Testament an: Das erst capitel. Hie vohet sich an daz leben her Joachims unser frowen vater und sant annen ir müter. Folgt Register bis fol. 301'.

fol. 302: (M)aria müter edele küsche magct.
fol. 356—363 sind verbunden. Die Blätter gehören zwischen fol. 371 und 372.

Letztes (154.) Kapitel: Das maria sant iren brief yngnaein. Schluss: So sihe ich dich und din gesellen gern ob es minem nefen wol gevalle.

---

[1]) Die beiden Initialen sind leider nicht gut erhalten. Doch habe ich auch nach einer zweiten Prüfung die Überzeugung bewahrt, dass sie nicht von A stammen können. Vielmehr gleichen sie in der Technik völlig den ähnlichen Arbeiten K's, s. unter K VII. Sie sind mit blasser Tinte in feinen, gleichmässig starken Linien ausgeführt und in hellen Farben gemalt. Die wenigen Blättchen, die sich an den Ecken der Buchstaben ansetzen, sind mit feinen Strichen von der Mitte aus modelliert. Das alles stimmt gar nicht zu A, wohl aber durchaus zu den grossen Initialbeiten in der Kolmarer Chronik Hans Schillings und anderen Arbeiten von seiner Hand. s. unter K IX.

Wasserzeichen: Ochsenkopf theils mit, theils ohne Stange und Kreuz. Krone.

Einband: wohl des 16. Jahrhunderts.

Die mitgetheilte Beschreibung genügt, um die Zugehörigkeit unserer Hs. zur Klasse II der Historienbibeln zu sichern, und zwar steht die Hs. der von Meradorf S. 52 unter Φ beschriebenen am nächsten. Sie theilt mit ihr den vollen Text der Fassung hierher got, sowie die ganze Einrückung (Psalmen, Cantica, Gebete) und schliesst den Text des Alten Testaments mit denselben Worten wie sie. Beide Hss. lassen darauf Bruder Philipps Marienleben als Neues Testament folgen.

Über den Bilderschmuck ist nichts Besonderes zu bemerken. Die Jahreszahl 1436 nehmen wir unbedenklich als Entstehungsdatum der Hs., da kaum ein Schreiber eine Jahresangabe seiner Vorlage so versteckt abgeschrieben hätte.

VII. (7)
Universitätsbibliothek, Bonn (Nr. 712):
Historienbibel (Fassung II mit der nuwen E).[1]

Fol. pap. XV. Jahrh. 423 Bll. Die Hs. ist durch Herausreissen vieler Blätter und durch Feuchtigkeit stark beschädigt. Zweispaltig, von einer Hand. Rothe Überschriften und Kapitelzahlen über den Spalten, rothe und blaue Initialen. Noch 70 Bilder im Alten, 18 im Neuen Testament und drei grosse Initialen.

fol. 1—10' Register mit 470 Kapiteln.

fol. 11—16 leer. Dann ist wieder ein Blatt mit Bild herausgerissen.

fol. 18 Bild, darunter Textbeginn: (R)icher got von himelrich und erterich.

Der Text enthält nach Kapitel 435 (Schluss: under disen drigen eins.) die ganze Einrückung: Alle 150 Psalmen, 8 Cantica, Tedeum, Symbolum Athanasii, Kirieleison, ein collecte für die sunde. Dann geht es mit Kapitel 436 weiter: Ille erkos david.

fol. 325' Schluss des Alten Testaments: und wolten den kunig nit me für einen herren han. amen. Hie hat diz bůch ein ende amen.

Folgen 4 leere Blätter. fol. 330—333: Register mit 172 Kapiteln. fol. 334—337 leer.

fol. 337' Illd. fol. 338 Bild und Textbeginn des Neuen Testaments: (M)aria můter edele.

fol. 423 Schluss: das verlyhe uns der vatter und der sůne und der heylige geist. amen. fol. 423' und 424ᵃ—425ᵃ leer.

Wie aus dieser Beschreibung zu ersehen ist, deckt sich die Hs. inhaltlich vollständig mit der Historienbibel des Nationalmuseums in München. Über die Bilder ist nichts Besonderes zu bemerken.

---

[1] Stäuder-Klette, Catalogi chirographorum Fasciculi VI pars II zu Hitschls 70jährigem Geburtstag, April 1876. Nicht mehr im Buchhandel. Vgl. auch Walther, Deutsche Bibelübersetzung des M. A. Spalte 629.

VIII. (8)
Kgl. Bibliothek, Berlin (ms. germ. fol. 495):
Der Heiligen Leben. (Wintertheil).[1])
41 Bilder.
Zum Heften sind Pergamentstreifen verwendet, auf denen unter anderem zu lesen ist: Schopfheim. Kenzingen.

IX. (9)
Kgl. Bibliothek, Dresden (M. 60):
Geistliches Gedicht.[2])
S. Schnorr von Carolsfeld, Katalog der Hss. der Kgl. öffentlichen Bibliothek zu Dresden. 1882. II S. 461.

63 Bilder von einer Hand mit Ausnahme der Darstellung auf fol. 15. Diese ist von anderer Hand mit blässerer Tinte ganz unbeholfen gezeichnet. A hat dann mit einigen sehr charakteristischen Strichen nachzuhelfen gesucht, doch ohne den kläglichen Eindruck des Bildes heben zu können.

X. (10)
Universitätsbibliothek, Heidelberg (palat. germ. 362):
Konrad Flecke, Flore und Blanscheflur.[3])
Bartsch, altdeutsche Hss. in Heidelberg No. 189.

Auch diese (späten) Abschriften der Werke mittelhochdeutscher Klassiker zeigen dieselbe Anlage, wie die Historienbibeln. Vorn ein Kapitelverzeichniss mit der Aufschrift: Hie vohent sich an des buoches cappitel das do genant ist u. s. f.

Dann zu Anfang des Textes ein grosser w. o. verzierter Initial. Rothe Kapitelüberschriften und Anfangsbuchstaben, rothe Kapitelzahlen über den Spalten, bezw. Seiten. Die Bilder je unter der Kapitelaufschrift, welche so zugleich die Erklärung des Bildes bietet. Die Blätter, auf denen ein neues Kapitel beginnt, sind mit Misericordien versehen. Unsere Handschrift enthält 26 Bilder.

1) S. Wackernagel, Gesch. d. deutschen Litteratur[2] I, 451.
2) Der Inhalt dieser Hs. deckt sich fast völlig mit dem des ms. germ. fol. 742 der Königl. Bibl. zu Berlin. Insbesondere deckt sich der umfangreiche mittlere Theil beider Hss., welcher die 10 Gebote, die 7 Sakramente, die 6 Werke der Barmherzigkeit, die 7 heiligen Zeiten, die 5 Farben Christi, „des jomers clage", Fran Welt, des Teufels Belehte, Pilatus' Ende u. a. behandelt. In den landläufigen Litteraturgeschichten kann ich das Gedicht nicht nachweisen. Ebenso fehlt es bei Geffcken (Bilderkatechismus), obwohl hier mancherlei eng verwandtes abgehandelt wird. Die Stücke, welche Scherz in Schilters Thesaurus I, 2 S. 77 mittheilt, müssen aber einer ganz ähnlichen Hs. entnommen sein.
3) Sommer, Flore und Blanscheflur. Quedlinburg und Leipzig 1846. S. 36 ist die Hs. besprochen: „ist, wie die Sprachformen zeigen, im 15. Jahrhundert im Elsass geschrieben."
Es ist hier anzumerken, dass die beiden einzigen erhaltenen Hss. des Gedichts (vgl. o. S. 11) aus einer Schreibstube stammen.

XI. (11)
Kgl. Bibliothek, Dresden (M. 66):
Wolfram v. Eschenbach, Parzival.[1])

H. Schnorr v. Carolsfeld, Katalog II S. 466.
46 Bilder und eine Initialseite.

Das Register ist (später) hinter den Text eingeheftet worden. In der Gesammtanlage stimmt diese Hs. durchaus mit dem soeben (unter Nro. 10) besprochenen Werke überein. Die Verzierung der Initialseite ist in den weltlichen Dichterhandschriften häufig reicher als in den Historienbibeln. Insbesondere begegnen mehrfach zur Füllung des grossen Initials oder auch im Geranke gut gezeichnete Drôlerietiere, ganz von den alten Formen, aber grösser ausgeführt.

XII. (12)
Universitätsbibliothek, Bonn (Nr. 500):
Stricker, Karl der Grosse.[2])

Vgl. Catalogi Chirographorum Fasciculi VI Pars I im Bonner Universitätsprogramm zum Geburtstag König Wilhelms I. 1865.

Die Beschreibung im Katalog bedarf in einigen Punkten der Ergänzung. Die Hs. ist vorn und hinten unvollständig; sie enthält nur noch die Verse 86—12130 (Bartsch). Und auch dieser laufende Text zeigt mehrere Lücken. Insbesondere sind einige Blätter mit Bildern herausgerissen. Erhalten sind 38 Bilder. Die Anlage ist durchaus die übliche. Zeichnung und Malweise gehören der späteren Arbeitszeit A's an, da seine Art völlig ausgebildet war.

XIII. (13)
Kgl. Bibliothek, Hannover (IV, 488):
Ulrich v. Eschenbach, Wilhelm v. Wenden.[3])

Vgl. Bodemann, Hss. der Kgl. Öffentl. Bibliothek zu Hannover S. 83.

Die Hs. scheint vorn unvollständig, da sie ohne Kapitelverzeichniss und grossem Initial sofort anhebt: Also sant wilhelms vatter ein boiden in wendenlande in der heydenschafft starp und er sante wilhelm ein wip gelopte e er geb.. iget waz.

Die Anlage ist durchaus die übliche. Unter den rothen Kapitelaufschriften je ein Bild. Rothe und blaue Initialen. 62 Bilder. Die

---

1) Die Hs. fehlt noch in der vierten Ausgabe von Lachmanns Wolfram. Sie ist verzeichnet z. B. bei Pfeiffer, Wolfram von Eschenbach (Nat.-Ltt. 5) 1890 S. 32, 5. 8. Übrigens Gödeke I, 96 nach Pfeiffers Aufzählung der Parzival-Handschriften in den Denkschriften der Wiener Akademie. 1868. Bd. 17 S. 34 No. 12.
2) Vgl. Karl der Grosse von dem Stricker herausgegeben von K. Bartsch. Quedlinb.-Leipz. 1857. Nat.-Ltt. Bd. 35. Unsere Hs. ist hier nicht verzeichnet.
3) Einzige Hs. des Gedichts. S. Ulrich v. E., Wilhelm v. Wenden herausgegeben von W. Toischer, Prag 1876. = Bibliothek der mhd. Litt. in Böhmen I.

Zeichnung ist mit spitzerer Feder als sonst ausgeführt. Doch unterscheidet sich die Weise in nichts von der durchweg angewandten. Die Farbenwahl ist reich.

Einband modern.

XIV. (14)
Bibliothèque Royale, Brüssel (Ms. Nr. 18232):

Rudolf v. Ems, Alexander.[1])

Fol. pap. XV. Jahrh. Noch 179 Bll., aber gegen das Ende unvollständig. Zweispaltig, von einer Hand. Rothe Überschriften und Kapitelzahlen über den Spalten. Rothe Initialen, die Anfangsbuchstaben jeder Zeile roth durchstrichen. 45 Bilder und ein grosser Initial. fol. 1 Bild, fol. 1' leer.

fol. 2 Textbeginn (Einleitung) roth:

    (R)Iche selde und hohen sin
    Das ist von gotte ein gross gewin
    Den got also besynnet
    Das er selde gewinnet
    Is sy sunder selden pflicht
    Hoher kunst Ich ahte nicht u. s. f.

Nach der Einleitung folgt das 1. Kapitel mit der Aufschrift: Also der künig von persia in Egipten kam und das lant an sich het genomen.

fol. 179 (in Kapitel 45):

    Des selben landes houbtstat
    Und ein gebirge ist genant
    Das ist paraplos genant
    Obpotrds flüsset durch daz lant
    Do do die alexander lag
    Mit grosser werde er in pflag
    Do wurdent ime zwey mere.

Alles Weitere fehlt.

Einband: modern.

Herkunft: Die Hs. wurde 1839 mit Nr. 18231 zusammen gekauft. Die Hs. 18231 gehörte, wie aus einer Eintragung auf dem letzten Blatt hervorgeht, 1474 dem „Jong graue zu manderscheit, graue zu Blanckenheym etc.". Dass auch unsere Hs. (18232) sich einst in der

---

[1]) Vgl. Goedeke, Grundriss I², 126. Das Werk ist noch ungedruckt. Bisher scheint nur eine einzige Hs. bekannt gewesen zu sein: der cod. germ. 203 in München. Da nun auch diese Hs. aus Diebolt Laubers Werkstatt stammt (s. D [1]), so dürfte der Werth der Brüsseler Abschrift für die Herstellung des Textes nicht allzu hoch anzuschlagen sein. Leider fehlte mir Zeit und Gelegenheit, Genaueres über das Verhältnis der beiden Hss., die in der äusseren Anlage stark von einander abweichen, zu ermitteln.

Wir wollen nicht versäumen, anzumerken, dass der Alexander Rudolfs von Ems ebenso wie Floro und Blanschedur und Ulrichs von Eschenbach Wilhelm von Wenden handschriftlich allein in Erzeugnissen der Werkstatt Diebolt Laubers erhalten sind.

Blankenheimer Bibliothek befand, ergiebt ein Brief, der zwischen fol. 106 und 107 eingeklebt ist und zweifellos an einen Herrn von Blankenheim gerichtet war. Es heisst darin: ... was ich geusselich in der meinongen aud gestalt zo uch gen blanckenheim zo komen u. s. f. Also hat auch diese Hs., wie sicher Nr. 1 und 5 und höchst wahrscheinlich auch 7 und 12, einst der grossen Blankenheimer Büchersammlung angehört, die heute überallhin zerstreut ist.

Die Bilder zeigen eine noch etwas befangene Zeichenweise und eine sehr beschränkte Farbenwahl. Die Hs. dürfte darnach wohl in den Anfang der Thätigkeit A's gehören. Auch die Schriftzüge stimmen recht gut zu einer frühen Datierung des Werks.

XV. (15)

Kgl. Bibliothek, Berlin (ms. germ. fol. 1):

Konrad v. Würzburg, Trojanischer Krieg.[1])

87 Bilder, ein grosser, reich ausgeführter Initial.

Zum Heften sind die üblichen Pergament- und Papierstreifen verwendet. Zu lesen ist unter anderm: Sletzental, de dachenstein. Johannes de Molliahelm.

Neben den üblichen Blättern zur Randverzierung der Initialseite treten hier auch jene mehrfach besprochenen, ornamental stilisierten Blumenkelche, Zapfen u. s. f. auf, welche wahrscheinlich auf französische Decorationsmotive zurückgehen. Auch hier sind Drôleriegeschöpfe verwendet.

XVI. (16)

Universitätsbibliothek, Heidelberg (palat. germ. 20. 23):

Deutsche Übersetzung der Vulgata.[2])

Bartsch No. 14 und 17. Wilken, Verz. 19 ff. S. 314 ff. Es ist der zweite und letzte Band des fünfbändigen Werkes. Der bildliche Schmuck besteht in je einer ganzseitigen Darstellung (fehlt nur ganz selten) und einer reich verzierten Initialseite zu jedem Buch.

Band II des Werkes (palat. 20): Inhalt: Königsbücher I—IV und Paralipomena.

Fünf Bilder, sechs Initialseiten.

Schlusschrift: Nû muss es got walten
                O got durch dine güte
                Beschere uns kütteln und hüte
                Menteln und röcke
                Geissen und böcke
                Schoffe und rinder
                Vil frawen und wenig kinder

---

[1]) Herausgegeben von Keller: Lit. Ver. 44. Unsere Hs. ist aufgeführt von Bartsch in den Anmerkungen zu jener Ausgabe Lit. Ver. 133 S. V, c. Ebenda weitere Nachweise.

[2]) Vgl. Walther, deutsche Bibelübersetzung Sp. 301 ff.

Explicit durch den bangk
Smale dienst machent eime das jor langk.[1]
Band V (palat. 23): Inhalt: das Neue Testament.
10 Bilder, 12 Initialseiten.

Die Ausführung der Initialen zeigt einiges Neue. Neben den seit jeher üblichen saftigen Blättern und den später auftauchenden Ornamentmotiven findet sich jetzt auch ganz naturalistisch gezeichnetes Blattwerk: Eichenlaub, Farrnkraut, Stechpalmblätter.

XVII—XVIII. (17—18)
Bibliothèque Royale, Brüssel (Ms. 14689—91):
Buch der Könige[2] und Schwabenspiegel.[3]
Fol. pap. XV. Jahrh. 300 + 1* — 2* Bll. Zweispaltig. Rothe Initialen, Überschriften und Kapitelzahlen über den Spalten. 40 Bilder im Buch der Könige, 50 Bilder im Landrecht, 15 im Lehenrecht. Drei grosse, reich verzierte Initialen.

I. fol. 1 Titelbild, 2—3 Register mit 50 Kapiteln.

fol. 4 Textbeginn: (W)Ir sollent dis büchers begynnen myt gott und es sol sich enden myt gotte und wir sollent dis büch bewaren mit der alten E und mit der nuwen E.
Inhalt: alttestamentl. Geschichte von Joseph bis zur Juditherzählung.
fol. 86' Das verliehe uns der vatter ond der sün und der heilige geyst in gottes nammen. Amen. amen. amen.

II. fol. 87 (roth:) Hie vohet sich an des büches cappittel das da saget von dem keiserlichen recht u. s. f. Register bis fol. 91' mit 379 Kapiteln, fol. 92—95 leer, fol. 95' Bild.
fol. 96 Textbeginn: (H)Erre got himelischer vatter.
fol. 244' So behaben so ir recht vor weltlichem gericht mit recht Amen. fol. 245—246 leer.

fol. 247 (roth:) Hie vohet sich an des büches cappittel das da saget gar eigentlich von dem lehenrecht. Register bis fol. 248' mit 145 Kapiteln, fol. 249—250 leer, fol. 250' Bild.
fol. 251 Textbeginn: (W)Er lehen recht wol wissen.
fol. 300' Schluss verstümmelt, es hat dagestanden: Das verlihe uns der vatter etc. 301*—302* leer.

Einband: Leder mit Metallbuckeln und Schliessen.

[1] An diesen Spruch hat sich eine kleine Litteratur geknüpft, vgl. Wattenbach, Schriftwesen[2] S. 472 und bes. Anzeiger f. Kunde d. d. Vorzt. N. F. 1878 Bd. XXV Sp. 16, Sp. 65, Sp. 214, s. auch Bartsch, No. 17.
Die Annahme Wilkens, „bangk" könnte den Schreiber bezeichnen, hat schon Walther a. O. S. 402 mit Recht abgewiesen. Ebensowenig ist natürlich der Propst Konrad von Nürnberg der Schreiber, s. Walther S. 396.
[2] S. Massmann, Kaiserchronik III, 53 ff. Rockinger in den Abhandlungen der Münchener Akademie, histor. Klasse XVII, Abtheilung 1.
[3] Rockinger, Berichte etc. Nr. 51 in den 8. B. der Kaiserl. Akademie der Wissenschaften, philos.-hist. Klasse 107. Wien 1884. Vgl. Lamprecht, Bildercyclen etc. Repert. f. Kunstwissenschaft VII S. 414.

B.

In der Historienbibel des Kölner Stadtarchivs (s. o. A V) ist zwischen den Bildern der ersten und der zweiten Hälfte der alten E ein durchgreifender Unterschied bemerkbar. Zunächst fällt die gänzlich verschiedene Bemalung auf: statt der hellen durchsichtigen Farbtöne in den ersten Bildern sehen wir von fol. 149 an trübe und schwere verwendet, häufig wird zur Modellierung über eine lichte Farbe eine ganz andere dunkle gestrichen: der Wechsel springt in die Augen.

Sehen wir uns darnach die Zeichnung an, die unter diesem trüben Schleier steckt, so bemerken wir, dass auch diese eine ganz andere ist, als die ein- für allemal feststehende Weise A's. Aber auch der neue Zeichner bleibt nicht allein. Vielmehr hat er alsbald einen Genossen neben sich, der wieder in abweichender Formengebung die Feder führt. Niemand wird zwei Bilder, wie die auf fol. 183 und fol. 186', einer Hand zuweisen, wenn deren jedes von einer ganzen Anzahl gleichartiger begleitet ist, also zwei Gruppen erkennbar sind, die durchaus auseinanderfallen, durch keinerlei Mittelstufe verbunden werden.

Hier haben wir es zunächst mit dem ersten der beiden Mitarbeiter A's zu thun. Nennen wir ihn B. Dieser Zeichner übt den streng gezogenen Stil. Und zwar sind die Umrisse seiner Bilder auffallend kräftig. Diese ganz gleichmässig starken Linien, die auch in den Enden selten abschwellen, finden sich so regelmässig in dieser Stärke bei keinem anderen Zeichner. Zu diesem Erkennungsmerkmal treten Eigenheiten der Formenbildung: seine Gesichter sind verhältnismässig breiter und kürzer, als die A's, nähern sich oft dem Rund. Sowohl im Dreiviertel- als im Vollprofil begegnet mitunter eine sehr stark gebrochene Wangenlinie. Aber bei aller Neigung zur Charakteristik verlässt den Zeichner nie ein gutes Stück Wirklichkeitssinn. Zu solchen Missschöpfungen in der Zeichnung der Gesichter und der ganzen Körper wie C lässt sich B nie verleiten. Seinen Sinn für Ebenmässigkeit der Gebilde bekundet auch, dass er regelmässiger als alle andern die Architectur, grösseres Geräth u. s. f. mit dem Lineal ausführt.

Wird B durch die Neigung zu individualisieren von A, durch das dabei gewahrte Mass von C unterschieden, so hebt er sich über beide durch die Ausführung des Schauplatzes. Man kann ihm ein gewisses Raumgefühl nicht absprechen. So begegnen uns in seinen Bildern Anläufe zu eigentlicher Landschaft, die freilich über einen felsigen Vordergrund nicht hinauskommen.[1]) Auch seine Architectur bleibt an Grösse wenigstens nicht hinter den besten Leistungen um 1400 zurück. Der Zeichner gehört zu den regsameren Geistern der Werkstatt,

---

[1]) Von C unterscheidet er sich dabei durch die Behandlung des Bodens als Felsplatte (s. o. S. 22) und dadurch, dass er den obern Abschluss des Bodenstreifens nicht wie C durch eine Lage schräger kreuzweis geführter Striche vollzieht.

das zieht zwischen ihm und seinen beiden Genossen (A und C) die
tiefste Linie.

Ich möchte B auch den dritten Hand der grossen Heidelberger
Vulgataübersetzung (palat. 21) zuweisen. Die Eigenheiten der Technik
und Formensprache kehren hier alle (verstärkt) wieder. Vergl. z. B.
den Kopf Gott Vaters bei Erscheinungen hier und dort, oder die
kleineren, breiten Gesichter mit den stark hervortretenden Backenknochen in beiden Hss. Aber die Bemalung ist eine andere. Die
Sache liegt also so: in der Handschrift des Kölner Stadtarchivs tritt
unser Zeichner neben C auf. Doch sind die Bilder beider, wie es
scheint, von einer Hand gemalt. Da ist natürlich fraglich, ob B oder
C oder gar ein Dritter hier den Pinsel geführt. Wahrscheinlicher-
weise kommt B unserer Frage, da dessen erwähntes drittes Werk eine
ganz andere Malweise und Farbenleiter aufweist (s. u.). Aber auch
gegen C als Maler erheben sich Bedenken, da nun keineswegs überall,
wo C als Zeichner auftritt, auch eine schlechthin gleiche Farbengebung
seine Bilder begleitet. Vielmehr ändert sich diese von Buch zu Buch
(C II—V). Und dabei ist sie in den unter IV und V besprochenen
Hss. die durchgehende, betrifft also auch Bilder von mehreren anderen
Händen.

Endlich ist aber auch die Bemalung der Bilder anderer Zeichner
(F, G) der in Frage stehenden sehr nahe verwandt.

Völlige Klarheit ist uns alledem nicht zu gewinnen. Wir müssen
uns damit begnügen auszusprechen, dass Farbenwahl und Malweise in
den Bildern der Zeichner B (mit der erwähnten Ausnahme des palat. 21),
C, E, F, G, J sehr verwandt, aber keineswegs identisch ist. Ob einer
oder mehrere der betreffenden Zeichner selbst, oder ob ein besonderer,
für alle thätiger Maler die farbige Ausstattung besorgte, steht dahin.
Über die kleineren Unterschiede in der Bemalung s. die einzelnen Hss.

1.
Hst. Archiv der Stadt Köln:
Historienbibel, s. o. A V.

Von unserm Zeichner B sind in dieser Hs. die Bilder auf fol.
149. 152' | 165'—183 | 256', 257' | 263 bis zu Ende.

Auffallend ist, dass die Zeichner B und C nicht lagenweise ab-
wechseln, sondern ziemlich unregelmässig bald grössere, bald kleinere
Theile des Textes nach einander illustrierten. Vgl. C I.

Bezüglich der Farben dieser Bilder mag hervorgehoben werden,
dass das glänzend-lackartige Rothbraun nie auftritt. Es findet sich
ein brandiges Roth (aber nicht so häufig wie in C II Hs. 20) und ein
Rothbraun. das ins Violett überspielt. Weiter Gelb, Grün, Blau, Kaffeebraun, Schwarz: alle bald satt, bald verdünnt aufgetragen.

Modellierung vermittelst zweier Töne einer Farbe, aber auch zweier
verschiedener Farben kommt vor.

II. (19)

Bibliothèque Royale, Brüssel (Ms. 14697):
Gottfried von Strassburg, Tristan.

E. v. Groote beschreibt in seiner Ausgabe des Tristan (Berlin 1821) eine Bilder-Handschrift des genannten Gedichts aus dem 15. Jahrhundert ausführlich mit Beigabe eines Facsimiles und führt dann folgendermassen fort: „Herr Dr. Mone bemerkt, dass die Hs. die genaueste Ähnlichkeit mit der Heidelberger Hs. des Parcival (Nr. 339 des Katalogs [s. n. O. Hs. 36]) habe, welche auf eben solches Papier mit gleicher Schrift geschrieben und mit Bildern geschmückt sei, was denn dessen frühere Meinung (Teutsche Denkmäler. Lieferung I S. VI) bestätigt, dass wahrscheinlich in jener Zeit viele Hss. in eigenen Schreibund Zeichen-Schulen auf den Kauf gemacht wurden. Wirklich lässt sich an der vorliegenden das Schüler- und Fabrikartige nicht verkennen."

Schon nach der Beschreibung Grootes, noch mehr nach dieser Bemerkung liess sich vermuthen, dass die fragliche Hs. aus Diebolt Laubers Werkstatt stammen möchte. Das Facsimile eines Bildes und der elsässische Dialekt der von Groote mitgetheilten Textproben unterstützten die Vermuthung. Und sie hat sich denn auch voll bestätigt, als ich die Hs., die einst im Besitz des Grafen von Hennes war, in der Kgl. Bibliothek in Brüssel wiederfand. Beschreibung und Facsimile bei Groote lassen an der Identität beider Hss. gar keinen Zweifel aufkommen.

Fol. pap. XV. Jahrh. Am Anfang und Ende unvollständig. Noch 597 Bll. Einspaltig, von einer Hand. Rothe Überschriften und Kapitelzahlen über den Seiten, rothe Initialen. Ausgeführter Initial (G) und 92 Bilder.

fol. 1 (obere Hälfte leer) Register: (D)as ander Cappittel also der herre ruwelin drü jor ritter was gewesen. 162 Kapitel.

fol. 9 leer, fol. 9' Bild.

fol. 10 Anfang: (G)Edechte man ir zů güte ouch do nÿcht
Von den der welte do gůt geschicht

Die zwei letzten Blätter fehlen. Die Anlage ist durchaus die übliche: in der Regel steht je am Kopf eines Kapitels ein Bild und zwar dann immer unter der rothen Kapitelüberschrift. fol. 412 ist mit dem Bilde zu Kapitel 134 herausgerissen.

Einband modern.

Die Bilder sind sämmtlich von B. der sich hier eher noch etwas weniger geübt zeigt als in der Hs. 1. Doch ist seine Zeichenweise und die Art, wie er Personen und Beiwerk schildert, durchaus dieselbe hier wie dort. Auch die Bemalung rückt unsere Hs. näher an die oben besprochene Hs. 1 als an das nunmehr zu erwähnende dritte Werk.

III.

Universitätsbibliothek, Heidelberg (palat. germ. 21):
Deutsche Bibel (dritter Band).
Vgl. Bartsch 15; Wilken S. 316; s. auch o. A XVI.
Inhalt: s. Bartsch; Esdras-Ecclesiasticus.
14 Bilder, 14 Initialseiten.

Auch die Zeichnung des Rankenwerks weicht von der aller übrigen Zeichner ab; sie ist bestimmter, einfacher, aber auch einförmiger. Alle Farben sehr rein und tief, leuchtend, besonders ein schönes Rothbraun und dunkeles, saftiges Grün.

C.

Dass die Zeichner B und C, welche vereint die grössere zweite Hälfte der Kölner Bibel illustrierten, leicht aus einander zu halten sind, sollte durch Aufzählung der Haupteigenheiten beider bewiesen werden. Für B ist dies geschehen, es erübrigt noch, C nach Technik und Kunst zu beschreiben.

Wenn B (wie A) auf ein sauberes Aussehen seiner Bilder hielt und Missgestalten überall glücklich vermied, so ist das bei C keineswegs der Fall. Auch er zwar hat weniger Sinn für die längst verblasste Idealität der älteren Illustration, als für die realistischen Köpfe der neuen Zeit. Aber ganz ohne Zielbewusstsein folgt er dieser Strömung. Gestalten wie der gekreuzigte Christus auf fol. 254' sind verschwindende Ausnahmen. Wenn er sonst charakteristische Gesichter (mit gebrochener Wangenlinie) zeichnet, entstehen allermeist ganz unmögliche Karikaturen. Übrigens sind selbst diese selten genug. In der Regel treten nur ganz schematische Typen auf. Und dass er nicht ernstlich mit den Neuerern ging, beweist die ungeheuerliche Verhöhnung alles Raumgefühls. Nirgends stehen so oft selbst neben einander gezeichnete Figuren in solchem Grössenmissverhältniss wie hier. Dass dem entsprechend von einer Gruppenbildung, gar von einer auch psychologisch klaren Handlung kaum die Rede sein kann, leuchtet ein. Es ist durchschnittlich die gedankenlose, rohe Wiederholung der Vorlage, was er bietet.

Diesem Zweck dient eine entsprechende Technik. C zeichnet in vollkommenem Strichstil, aber seine Federführung ist weit entfernt, so sicher und gleichmässig zu sein, wie die A's. Die Striche werden eben hingesetzt, wo sie hinkommen. Ob sie über ihr Ziel hinausfahren, ob sie es erreichen, ist gleichgiltig. Und wenn scharfe Ecken entstehen, wo Rundung sein sollte, wenn Lücken bleiben, wo der Umriss geschlossen sein sollte, so kümmert das den Zeichner nicht, wenn er nur die bequemste Art gefunden hat, eine Gestalt auf Papier zu bringen. Er ist das stärkste Beispiel handwerksmässiger Schluderei in der Werkstatt.

Von Einzelheiten der Formengebung möge hervorgehoben werden die Zeichnung der Nase: zwei sehr dünne Striche bilden den Nasen-

rücken, ein kurzer dicker Strich den unteren Abschluss. Weiter sind
bezeichnend die ganz formlosen Arme und Beine, besonders die spitzen
Kniee und Fersen.

I.
Hist. Archiv der Stadt Köln:
Historienbibel, s. o. A V und H I.

C hat hier die Bilder auf fol. 157—163 | 180'—255 | 260' aus-
geführt.

Es scheint, als ob der Zeichner in diesen Bildern noch nicht
ganz den Gipfel der Roheit erklommen hat, den die nächste Hs. zeigt.
Zur Bemalung vergleiche das in der Einl. zu D Gesagte.

II. (20)
Kgl. Bibliothek, Dresden (A 50):
Historienbibel (Fassung II).

Vgl. Schnorr v. Carolsfeld, Katalog I S. 11 und Merzdorf a. O.
S. 47 unter II.

121 Bilder (fol. 98—103' sind vom Zeichner D illustriert, anderes
von E). Fallen die vier Darstellungen D's schon durch ihre völlig
anderen Farben ganz aus der Art der übrigen heraus, so ist die dritte
Hand, die an diesem Buch mitgearbeitet hat, weniger leicht zu erkennen. Sie theilt mit C die gleiche Bemalung. Erschwert wird die
Scheidung auch noch dadurch, dass diesem dritten Arbeiter nicht eine
Anzahl scharf von den übrigen sich abhebender Bilder zufällt, sondern
seine Mitwirkung sich über verschiedene Bilder erstreckt, die er nicht
sämmtlich allein gezeichnet zu haben scheint. S. unter E.

Über die Farben und die Art ihrer Anwendung in dieser Hs.
(mit Ausnahme der 4 Bilder D's) muss gesagt werden, dass ein Purpurroth mit starker Annäherung an Violett und ein brandiges Ziegelroth
merklich vorherrschen. Das bei A nie fehlende lackartige Rothbraun
ist auch hier nicht vertreten. Von der Modellierung in zwei Farben
ist ausgiebig Gebrauch gemacht. Besonders ist ein schwärzlicher Grund
gern mit Violettpurpur, Gelb gern mit Roth überstrichen.

Alle Farben sind satt und fleckig aufgetragen, die klaren, durchsichtigen Töne A's finden sich ganz selten.

III. (21)
Kgl. Bibliothek, Berlin (ms. germ. fol. 81):
Otto v. Passau, Die XXIV Alten.[1])

Ein grösseres Bild vor dem Text und die 24 üblichen, zu jedem
„Alten" eines.

---

[1] S. Allg. d. Biogr. 24, 741. Gödeke I, 213. Ein ausführliches Verzeichnis der Hss. habe ich nirgends gefunden.

IV. (22)
Universitätsbibliothek, Heidelberg (palat. germ. 324):
Dietrich und seine Gesellen (Virginal).
Bartsch 156.

Von den 46 Bildern der Hs. hat C nur das erste gezeichnet. Ausserdem ist auch der Initial zu Eingang des Textes fol. 1 von seiner Hand.

Unter den Farben herrschen vor: stumpfes Purpurroth, häufig mit einem dunkleren Tone in den Schatten überarbeitet, und ein verwaschenes Blau.

Bemerkt sei schliesslich noch, dass der Schreiber sich zum Schluss nennt (fol. 352"): Horent wie es do erging
Do dise arbeit ein ende nam
Ein ander schiere ane ving.

Hoc librum schripsit Johannes port unus schriptor et magister in ardibus de[1]) argentyna. Amen.

Dass ein „de argentyna" über den Entstehungsort der Hs. nichts beweist, wurde schon S. 3 hervorgehoben.

V. (23)
Universitätsbibliothek, Heidelberg (palat. germ. 149):
 1. Die sieben weisen Meister (fol. 1—108")
 2. Gesta Romanorum (fol. 110—339).

Bartsch 91.

Auf Falzen ist zu lesen: Johannes Karreher. wihersehelm Anno LX octavo.

C hat illustriert fol. 1—59 und fol. 68. Die Lagen sind beim Einbinden vertauscht worden, vgl. Bartsch. Ursprünglich schloss sich fol. 68 unmittelbar an fol. 59 an. So zerfällt der Codex glatt in zwei (ungleiche) Hälften, deren erste C illustriert hat. Von C ist ausserdem nur noch der Initial zu Beginn des Theiles von den Päpsten fol. 251.

Die Bemalung ist der des cod. palat. germ. 324 sehr nahe verwandt. Noch mehr tritt hier die Neigung in zwei Farben zu modellieren hervor: helles Kaffeebraun mit tiefem Stahlblau, Strohgelb mit Roth, Gelb mit Blau.

D.
Auch dieser vierte Zeichner steht eher noch etwas unter dem Durchschnitt der Gruppe, als darüber. Aber nicht, weil er ein so liederlicher Gesell wäre, wie C, sondern weil er am stärksten von allen mit der Vergangenheit zusammenhängt. Die Gesichter seiner Personen offenbaren durchaus den kindlichen Typus, wie ihn elsässische

---

1) Es steht deutlich de, nicht in argentyna, wie Bartsch liest. Auch Wilken S. 409 las richtig: de.

Hss. vom Anfang des Jahrhunderts zeigen: ein breites Gesicht mit starker Einziehung in Augenhöhe, ganz spitzem Kinn und grossen Augen. Die Realismusstufe ist noch eine sehr niedere. Der Boden ist ohne jede Vegetation. Dagegen werden grosse grüne Standen und rothbraune Rosetten zur Füllung des Hintergrundes reichlich verwendet. Die Technik ist Strichstil, nicht so sicher wie bei A, aber auch entfernt nicht so unbekümmert wie bei C. D scheint seine Bilder auch selbst gemalt zu haben, da die Bemalung in den drei hier aufgeführten Stücken dieselbe ist, obwohl eins davon als Einschiebsel mitten unter ganz anders bemalten Bildern der Hs. C II steht.

Hervorgehoben mag werden, dass der Maler in keinem der drei Werke Blau[1], Karmin- oder Purpurroth verwendet.

I.
Kgl. Bibliothek, Dresden (A 50):
Historienbibel, s. o. C. II.
Vier Bilder, fol. 98—103'.

II. (24)
Kgl. Hof- und Staatsbibliothek, München (cgm. 203):
Rudolf v. Ems, Alexander.[2]
2 Bilder und ein Initial.

III. (25)
Fürstl. Fürstenbergische Hofbibliothek, Donaueschingen (Nr. 71):
Wirnt von Grafenberg, Wigalois.[3]
Vgl. Barack[4] S. 44.
Zahlreiche Bilder, grosses W als Eingangsinitial.
Einband: Holzdeckel mit Pergamentrücken. Das eingepresste Ornament zeigt eine Ranke mit Eicheln, darüber und darunter je einen auf die Spitze gestellten Rhombus mit einköpfigem Adler. Auf dem Schnitt des Buches steht mit grossen Buchstaben: Vigelis vom Rad. Ganz denselben Einband, auch dieselben Buchstaben in der Titelangabe auf dem Schnitt zeigt eine cls. Papier-Hs, mit Bildern in Stuttgart (Kgl. Handbibl. cod. poet. germ. 2: Wilhelm v. Orlens), welche sich laut Eintragung auf fol. 4 im Jahr 1631 im Kloster Weingarten befand. Da der Einband wohl noch dem 15. Jahrhundert angehört, ist mindestens zweifelhaft, ob er den Büchern im genannten Kloster gegeben wurde. Viel eher dürften wir in den beiden Werken Bestandtheile einer süddeutschen (fürstlichen?) Privatbibliothek vor uns haben. Es lohnte

---
[1] Nur in dem Initial der Hs. II ist ein deckendes, fettes Dunkelblau verwandt.
[2] Gödeke I, 126. Vgl. oben Hs. A XIV.
[3] Goedeke I, 101. Die Ausgabe von Schönbach Heilbronn 1879 angezeigt, lässt noch immer auf sich warten. Bisher habe ich unsere Hs. nirgends angeführt gefunden.
[4] Barack, Hss. der Fürstl. Fürstenbergischen Bibliothek, Tübingen 1865.

von Dr. R. Kautzsch. 79

sich wohl, mit Hilfe der Einbände solche alte Bibliotheken wieder zusammenzusuchen.

Barack schliesst seine Beschreibung mit der Bemerkung: „Der Text ist mit groben, roh bemalten Federzeichnungen illustriert und mag in der damals zu Hagenau bestehenden Bücherschreiberei gefertigt sein".

E.

Keine der bisher bekannten Hss. aus Hagenau kann ganz oder auch nur zum grössern Theile einem Zeichner zugewiesen werden, den wir in zwei Werken, jedesmal im Gefolge C's, treffen. In der oben unter C II besprochenen Bibel tauchen plötzlich mitten unter den überaus rohen Gestalten C's eingebend ausgeführte, mit spitziger Feder sorgsam gezeichnete Figuren auf, von jenen ganz verschieden, lediglich auf einige zusammenhängende Stücke der Hs. beschränkt, während sonst nirgends auch nur eine Annäherung an diesen peinlichen Stil bemerkbar ist. Zweifellos haben wir als den Urheber dieser Darstellungen einen neuen, besonderen Zeichner anzusehen, da weder C noch D, neben denen er zunächst auftritt, jene Bilder gefertigt haben kann. Diese Aufstellung wird zur Gewissheit, wenn wir beachten, dass in keiner von 3 andern Hss. C's (I, III u. V), in sehr zahlreichen Bildern sich je etwas ähnliches findet, während wieder in C IV dieselben fein ausgeführten Köpfe, dieselbe Zeichnung mit spitzer Feder, aber wieder nur auf 3 Bilder beschränkt, wahrnehmbar ist.

In der That lassen sich auch diesem fünften Zeichner, E, eine Reihe Einzelheiten nachweisen, die ihn von allen andern Arbeitern der Werkstatt scheiden.

Er zeichnet in gestrichenem Stil, aber in ganz dünnen Strichen. Die Schatten (selbst im Gesicht) werden durch reichliches Schraffieren hervorgehoben.

Für seine Formensprache ist bezeichnend, dass sich feste Gesichtstypen nicht umschreiben lassen; er zeichnet sehr individuelle Köpfe. Aber sie machen nicht den Eindruck peinlicher Ängstlichkeit. Von der handwerksmässigen Sicherheit, die mit wenig Strichen alles erreicht, ist er ebenso weit entfernt. An den Köpfen ist ihm offenbar am meisten gelegen. Er zeichnet sie denn auch fast stets zu gross. Dafür werden sie aber höchst sorgsam ausgeführt. Die Nase ist regelmässig gebildet, die Stirn hoch gewölbt, das Haar frei und natürlich gezeichnet.

Wenn der Zeichner auch in seinem zweiten Werk sich nicht ganz wie im ersten zeigt, sondern etwas kräftiger, freier und gleichmässiger, so sehe ich doch keinen Grund, der die Zuweisung der beiden Stücke an einen Zeichner verböte. Des Verbindenden ist doch mehr, als des Trennenden. Wenn wir Köpfe vergleichen, wie die der Mohrenprinzessin in der Mosesgeschichte (C II = E I) und des Berners beim Drachenkampf (C IV = E II), so werden wir schwerlich an verschiedene Urheber denken wollen. Nichts hindert, in der zweiten Hs. das spätere, darum entwickeltere Werk E's zu sehen.

Neben der Neigung zu charakteristischen Bildungen offenbart der
Zeichner aber noch einen modernen Zug: er giebt ausführlichere
Schilderung des Schauplatzes. Wenn auch von einer eigentlichen
Landschaft nicht gesprochen werden kann, erhebt ihn doch sein Vermögen, einen tieferen Raum von Felsen begrenzt zu zeichnen, hoch
über C. Auch diese Fähigkeit bekundet er in beiden Hss.

So haben wir es also in E mit einem Arbeiter zu thun, der zwar
die meisten seiner Genossen in der Routine nicht erreichte, dafür aber
viele unter ihnen an Sinn für die Wirklichkeit übertraf, in charakteristischen Einzelbildungen hinter keinem zurückstand.

Die Bemalung theilt er in beiden Hss. mit seinen Mitarbeitern.

I.

Kgl. Bibliothek, Dresden (A 50):
Historienbibel, s. o. C II, D 1.

12 Bilder: fol. 84'¹) — 113' (mit Ausschluss von fol. 98 — 103',
die ja von D illustriert sind), fol. 179', 181', 193, 196.

II.

Universitätsbibliothek, Heidelberg (palat. germ. 324):
Virginal, s. o. C. IV.

3 Bilder: fol. 14', 21, 51.

F.

Ebenso wie E zeigt F in den (drei) Hss., die ihm zugewiesen
werden müssen, nicht immer dasselbe Gesicht. Doch ist, glaube ich,
die Vereinigung der drei Stücke unter einem Zeichner möglich aus
folgender Erwägung. Die 3 Hss. sind unter sich enger verwandt als
jede von ihnen mit irgend einer anderen in der Werkstatt. Neben
der gleichen Technik des halb gezogenen, halb gestrichenen Stils
haben sie namentlich in der Formengebung gewisse gemeinsame Eigenheiten, die sie mit keiner der anderen Hss. theilen. Dies ist einmal,
dass sie trotz der gänzlichen Verschiedenheit von den Bildern Schillings (K)
in einigen Äusserlichkeiten diesen näher stehen, als irgend ein anderes
Werk der Gruppe. Wir finden die geschlitzten Augen, die Falten um
den Mund, die merkwürdigen Schwänze am Auge (aus einer Verlängerung der Lider über den äusseren Schnittpunkt hinaus hervorgegangen?), die knapp anliegenden Ärmel der Frauengewänder mit
den kurzen Falten im Armgelenk, die Verwendung von Knospen und
Zapfen im Gerank der Initialseiten. Wenn auch dieser oder jener
andere Zeichner der Werkstatt eine oder die andere dieser Eigenheiten
ebenfalls aufweist: alle neben einander finden sie sich nur in unsern
drei Hss.

---

1) Hier zunächst neben einigen Gesichtern ganz in der Art C's, die
wohl auch von C selbst gezeichnet sind. Dann z. B. fol. 88' ganze Bilder
von E's Hand.

Weiter aber sind gewisse neue Motive allein in diesen drei Hss. zu finden. Vgl. besonders die Angabe der Einsenkung in der Oberlippe unter der Nase, die in Form eines Ringes gezeichnet wird.

Alle diese Einzelheiten würden noch nicht genügen, einen Zeichner in den drei Werken wiederzuerkennen, wenn wir nicht im Stande wären, in ihnen zugleich eine einheitliche Grundrichtung festzustellen. Nicht nur muss das Verhältniss zur Natur das nämliche sein, es müssen sich auch die vorhandenen Unterschiede aus einem womöglich glatt verlaufenden Entwicklungsgang heraus erklären lassen. Ich meine, das ist ohne Schwierigkeit möglich.

Der Zeichner bildet sich in der fortgesetzten Ausübung seiner Kunst nach einer Seite hin aus, ganz parallel H. Schilling, dessen Entwickelungsstufen wir an der Hand datierter Werke verfolgen können. Nach allem, was wir von unsern Werkstattzeichnern gehört haben, kann das Ziel der Ausbildung nur die grösstmögliche Charakteristik der Einzelgestalt sein, die Betonung der Standes- und Altersunterschiede schon in den Köpfen. Unser Zeichner F beginnt wie K (Schilling) mit Umrissen aus gleichmässig starken, nicht allzustarken Linien. Die Figuren sind noch wohl proportioniert, die Gesichter voll. Zu den oben angegebenen Berührungen mit K's Besonderheiten kommt hier noch das in engen parallelen Wellenlinien fallende Haar. So begegnen namentlich weibliche Köpfe (fol. 161', 181'), die ganz so aussehen, wie K's Köpfe in der Kolmarer Bibel (s. unter K I). Von frischer Erfindungskraft, von tiefer Belebung der Gestalten und der Scene ist auf dieser Stufe nicht viel zu rühmen. Doch kommen schon jetzt einzelne ganz charakteristische Gesichter mit gebrochener Wangenlinie, individueller Nase und abgesetztem Kinn vor. Diese erste Stufe stellt die erste Hs. (palat. germ. 300) dar.

In der zweiten (palat. germ. 324)[1]) werden jene Anfänge eingehender Charakteristik Regel. Hier drängt F nach Leben. So ist verständlich, dass seine Gestalten mitunter schlechter proportioniert sind, als vordem; sie sind es stets zu Gunsten der Köpfe, die ausführlich behandelt werden und dabei zu gross gerathen. Besonders ein mehrfach wiederkehrender Kopf eines alten Mannes mit grosser Nase, grossem Bart ist für diese Wandelung bezeichnend. Die Eigenheiten, die F mit K theilt, werden übrigens beibehalten.

Die dritte Hs. (palat. germ. 149) zeigt nur den weiteren Ausbau der einmal eingeschlagenen Richtung: die Köpfe sind noch individueller, die Bewegung noch lebhafter, die Zeichnung noch kecker geworden, alles freilich auf Kosten einer gleichmässig glatten Ausführung. Dabei ist überraschend, dass auch jetzt noch Gesichter begegnen, die ebensogut in K's Schachzabel (s. K V) stehen könnten: so genau parallel vollzieht sich die Entwickelung beider Zeichner.

Darnach liegen die drei Hss. in einer geraden Linie und bieten der Einreihung in den Entwickelungsgang eines Zeichners keinerlei

1) Eine Abbildung bei Künnecke, Bilderatlas S. 29.

Schwierigkeit. Dieser darf jetzt als ein frischer Gesell bezeichnet werden, der vielleicht unter K's Einfluss stand, vielleicht von ihm zeichnen lernte, bald aber auf eigene Füsse trat und nur soviel von jenem annahm, als zur Befriedigung seines eigenen Strebens diente: die Mittel zu charakteristischer Wiedergabe der Personen, vor allem der Köpfe. Durch Gleichmässigkeit zeichnete er sich nicht eben aus. Menschen und Dinge stehen zu einander nicht in irgend besseren Verhältnissen, als bei andern Werkstattgenossen. Um so mehr übertrifft er sie in der Zeichnung ausführlicher Einzelheiten. Seine Felsen sind natürlicher. Unter den Blumen, die der IV. Theil von Megenbergs Naturgeschichte (s. d. Hs. 1) forderte, sind viele mit recht frisch beobachtetem Laub. Erwähnt mag auch werden, dass der kahle, vielverästelte Baum, den der gleichzeitige Holzschnitt und Stich so sehr liebt, wiederholt in seinen Bildern vorkommt. Endlich finden sich auch im Rankenwerk der Initialseiten zahlreiche naturalistische Elemente.

Ganz prächtig ist die Zeichnung der Thiere, besonders der Vögel. Nicht nur sind die einzelnen Arten in ihren Formen richtig gefasst, allermeist werden sie uns auch in einer für ihre Eigenart höchst charakteristischen Haltung vorgeführt. Um nur besonders Gutes zu erwähnen, will ich auf den gelungenen von allerlei Gevögel umschwärmten Uhu (fol. 126') hinweisen und auf das Titelblatt zum Vogelkapitel, wo in hübschen Ranken Eisvogel, Uhu, Falke, Sittich, Sperber, Gans u. s. w. paradieren.

Es mag auffallen, dass ein Zeichner, der auf das deutlichste seine Fähigkeit bekundet, scharf zu sehen und das Gesehene charakteristisch wiederzugeben, dennoch in seinen Bildern nirgends auf einen grundsätzlichen Realismus losgeht. Das, was S. 30 über das Wesen der Illustration nach den Ansichten und Absichten unserer Werkstatt gesagt wurde, gilt eben auch vollständig für den Zeichner F. Und es kann vielleicht kein stärkerer Beweis für die Richtigkeit der dort gegebenen Gesammtcharakteristik beigebracht werden, als die Thatsache, dass Bilder, die zum Unterricht in Botanik und Zoologie verwendet werden könnten, dicht neben solchen stehen, auf denen zur Andeutung eines Innenraums der alte Bogen zwischen zwei Thürmen genügt. Auch der fortgeschrittenste Zeichner der Werkstatt rüttelt nicht an den Grundlagen der einmal geübten Kunst.

1. (26)
Universitätsbibliothek, Heidelberg (palat. germ. 300):
Megenberg, Buch der Natur.[1])
Bartsch Nr. 145.
Sämmtliche Bilder vielleicht mit Ausnahme des Aderlassmanns fol. 3' sind von F's Hand.
Jene ganzseitige Darstellung auf fol. 3' ist zum mindesten ganz anders gemalt, als die übrigen Bilder. Ob sie auch von einem andern

1) Herausgeg. von Pfeiffer, Stuttgart 1861. Unsere Hs. ist nicht benutzt.

Zeichner stammt, wage ich nicht zu entscheiden. Es scheint mir so. Da ich aber für dieses eine zweifelhafte Blatt nicht einen besonderen Arbeiter ansetzen möchte, so gestatte man, dass ich mit diesem Hinweis die Frage offen lasse, bis vielleicht neue Hss. weitere Zeichnungen von dieser Hand bringen.

Alle übrigen, oft ganzseitigen Bilder sind wie gesagt von F gezeichnet, ebenso die zahlreichen Initialblätter zu den Kapitelanfängen. Die Bemalung unterscheidet sich nur wenig von der des palat. germ. 324, s. o. d. Einl. zu H und Hs. C IV.

Erwähnt mag werden, dass die Darstellung des Regenbogens zum Anlass genommen wird, in der völlig scenographischen Stadt unten auf der Erde das Strassburger Münster anzubringen. Das ganze Bild ist für F so bezeichnend, dass eine kurze Beschreibung hier wohl statthaft ist. Eine grosse gelbgrüne Scheibe vertritt die Erde. Über diese spannt sich der Himmelsbogen. Umströmt wird die Erdscheibe von einem grünen Fluss, ein ebensolcher durchquert von der Mitte links nach rechts unten die Fläche. Wenn Erde und Wasser gewissermassen landkartenartig aus der Vogelschau gesehen sind, so werden nun die üblichen Städte und Dörfer in abgekürzter Gestalt von vorn gesehen eingezeichnet. Über eine solche Gruppe von Häuschen erhebt sich deutlich die hohe Façade des Strassburger Münsters mit dem einen (Nord-) Thurm, wie das Ganze unlängst (1439) fertig geworden war. Es braucht nicht einmal die rothe Farbe, um uns den charakteristischen Bau sofort ins Gedächtniss zu rufen. Wir sehen, das stolze Werk hat seinen Eindruck auf die Zeitgenossen nicht verfehlt. Wir lernen aber auch aus diesem Bilde deutlich, wie weit F entfernt war, einzelne Beobachtungen zu einem realistischen Gesammtbild auszuarbeiten. Wie ganz anders würde ein Regensburger Buchmaler um 1460 diese Scene mit dem Friedensbogen gemalt haben!

II.

Universitätsbibliothek, Heidelberg (palat. germ. 324):

Virginal, s. o. C IV. E II.

Von F sind die Bilder auf fol. 32 und 43. Dann fol. 58ff.

Die Vertheilung der Bilder in der Hs. auf die drei Zeichner stellt sich demnach so dar:

Lage I fol. 1—12: C
 „ II „ 13—24: E
 „ III „ 25—48: F
 „ IV u. ff.: ein Bild noch von E (fol. 51), alle folgenden von F.

Siehe Abbildung bei Könnecke, Bilderatlas S. 29.

III.

Universitätsbibliothek, Heidelberg (palat. germ. 149):

Gesta Romanorum, s. o. C V.

F hat den zweiten Theil der Hs. illustriert, also bei der jetzt vorliegenden Verwirrung: fol. 60ff. mit Ausnahme von fol. 68 und 251.

G.

Die Stadtbibliothek von St. Gallen bewahrt eine zweibändige Historienbibel, deren Bilder mit denen B's und F's eine gewisse Verwandtschaft zeigen. Diese beruht zunächst auf der Bemalung, welche dort und hier fast dieselbe ist. S. d. Einl. zu B. Aber auch die Technik ist nicht gänzlich verschieden. Der Zeichner der genannten Bibel steht in der Mitte zwischen B und F. Wenn B stets den gleichmässig gezogenen Stil in starken Linien übte, und F ebenfalls vom gezogenen Stil aber in dünnen Linien ausging, allmählig kräftiger wurde und schliesslich wenigstens kürzere Strecken mehr strich als zog, so wendet unser Zeichner zwar ebenfalls gezogene Linien an, aber sie sind nicht so gleichmässig wie die B's und werden doch nie so keck wie die F's.

Damit sind wir schon von der Verwandtschaft zu den Verschiedenheiten der drei Zeichner gelangt. Thatsächlich überwiegen diese auch bei näherer Betrachtung.

Es zeigt sich, dass schon der — ich möchte sagen geistige — Gesammtcharakter unseres Zeichners G ein anderer ist. Es findet sich kaum eine Spur von dem energischen Losgehen auf charakteristische Wahrheit, das F eigen ist. Zwar gebrochene Profillinien und gewaltsam verstellte Augen bemerken wir auch hier. Aber nie führen diese Anläufe zu so gelungenen Köpfen, wie sie F erreicht. Viel eher erinnern sie an ähnliche Versuche in der Dresdener Bibel (A 50). Aber auch B überragt den Zeichner der St. Galler Bibel, ebensowohl in der gleichmässigen Lebenswahrheit seiner Personen, als in dem Gefühl für einen der Scene angemessenen Schauplatz. G findet nichts darin, das wiederholt erforderliche Bett auf grünen Plan unter einen blühenden Baum zu stellen.

Im Einzelnen erweist er sich keineswegs als zurückgeblieben hinter seinen Mitarbeitern. Sinn für zureichende Architectur kann man ihm nicht absprechen und auch eine ganz erträgliche Felslandschaft vermag er zu zeichnen. Endlich steht er, was die dramatische Belebung der Gruppe anlangt, hinter keinem zurück. Scenen von so anschaulicher Kraft, wie der Judaskuss in der genannten Bibel, sind in der ganzen Werkstatt selten. Aber bei alledem fehlt die Gleichmässigkeit, das einheitliche realistische Streben, welches B eignet.

Kommt G dem eben erwähnten Genossen in der Kunststufe ziemlich nahe, so fallen beide ganz aus einander, wenn wir auf Einzelheiten der Formensprache, auf Neigungen und Abneigungen in der Gestaltenbildung achten.

G's Gesichter haben etwas weichliches. Das Oval ist breit, oft ganz das alte, kindliche mit starker Einziehung in der Höhe der Augen und hervortretenden Backenknochen. Die Nase ist breit mit runder Kuppe. Das Untergesicht ohne deutliche Absetzung des Kinns. Häufig ist der Kopf vorgestreckt dargestellt: dann wird vom Kinn ab zwar die äussere Linie, welche der Umriss fordert, zur Bezeichnung von Kehle und Hals gezogen, aber nicht die horizontal verlaufende Linie

der Kinnlade, welche Gesicht und Hals scheidet. Am Auge kommen
mitunter die Schwänze vor wie bei K und F. Sonst lässt sich eine
Verwandtschaft mit K in der Formengebung kaum nachweisen, jedenfalls keine so enge, wie bei F.

Im Gewand ist für G bezeichnend die Anordnung der Längs-
falten: es werden immer zwei vertikal verlaufende Linien zusammen-
geordnet und durch Schraffierung verbunden. Die Personen tragen
breite derbe Schuhe mit stumpfer Spitze.

Eine besondere Vorliebe hat G für eine Art Nelken, die zumal
in Baumkronen regelmässig und ganz unorganisch angebracht werden.

Wenn wir nun eine zweite Hs. finden, in der alle diese Züge
wiederkehren, so erhält die Zuweisung der St. Galler Bibel an einen
besonderen Zeichner eine neue Stütze: der erste Band der Heidelberger
Vulgataübersetzung (palat. germ. 19) ist von der Historienbibel in St.
Gallen nicht zu trennen. Man vergleiche die breite Gesichtsform mit
den etwas vorstehenden Backenknochen, dem weichlichen Untergesicht;
die Nase gebildet aus zwei ziemlich weit auseinander stehenden dünnen
Rückenlinien, runder Kuppe, starkem Unterstrich; die grossen Augen
mit grossem Stern; den Mund, der aus einem gewellten rothen Oval
und einem durch dieses gezogenen Querstrich besteht.

Man vergleiche ferner die Tracht (Kopfbedeckung und Schuhe),
die Faltenbehandlung, die Vorliebe für schwere Holzstühle mit Lehne
(die sonst in keiner anderen Hs. auftreten), endlich die erwähnten
nelkenähnlichen Blumen in der Dekoration: ich meine, die Annahme,
dass der palat. 19 von dem Zeichner der St. Galler Bibel illustriert
worde, ist nicht abzuweisen.

1. (27)
Stadtbibliothek, St. Gallen (Nr. 343 c und d):
Historienbibel.

Vgl. Scherer, Verzeichniss der Manuscripte und Incunabeln der
Vadianischen Bibliothek.

1. 343 c: Fol. pap. XV. Jahrh. 269 Bll.

Zweispaltig, von einer Hand. Rothe Überschriften und Kapitelzahlen, rothe und blaue Anfangsbuchstaben. Ein Wappenblatt von
anderer Hand und 117 Bilder von unserem Zeichner.
10 Seiten Register.

fol. 7 Anfang des Textes (roth): Hie hebet sich an die Bybel
die funff bücher her moyses das erste bůch genesis das erste capittel
wie gott himel ond erden beschůff (fol 7') An dem anefang beschůff
gott himel und erden, aber die erde was itel ler .. Vgl. Merzdorf,
Historienbibel I Kapitel V S. 110. Da der sonst in der Werkstatt
übliche Anfangsinitial zu Eingang dieses Kapitels fehlt, so ist anzunehmen, dass die bei Merzdorf in der Historienbibel I vorangehenden
vier Kapitel auch in unserer Hs. ursprünglich gestanden haben. Demnach ist auch die Kapitelzählung, welche sich zunächst ganz mit der
der Historienbibel I deckt, nicht als blosse Kopie der Vorlage zu be-

trachten — wie dergleichen vorkommt —, sondern entspruch dem vorhandenen Text. Über dessen weiteren Inhalt vgl. unten die Anmerkung zu Hs. 34.

388 Kapitel. Das letzte: vom jüngsten tage. Schluss (fol. 268'): ir ongen sehent gott ir oren hörent gottes stymme und an dem selben tag würt des mones liecht als gross als es ietzunt ist. Amen.

Wasserzeichen: kl. Ochsenkopf mit Stange und Kreuz.

Einband: die Falze liefern in diesem Bande eine besonders reiche Ausbeute an elsässischen Orts- und Personennamen. Wir lesen: ... von uns und unsern nochkomen d' Stifft zu Strasburg entpfohen vermannen und do von ihn söllent alz lehen reht und gewonheit ist. Ob aber were daz der vorgenant grave ...

und den strengen fürsichtigen und wisen rittern und den urteilsprechen die uff die hoffe zu rottewiler urteilent und rebt sprechent unseren fruntlichen grus ...

Wir wilhelm etc. enbieten dem edeln grave herman ... stathalter an dem lantgerichte zu ...

ein durchluhtigen hochgebornen fürsten hern Karlen hertzug zu luthringen und marggrave mynem gnedigen lieben hern entbot Ich Johanns von wasselnheim ritter

Es kommen vor: Rudhart von Lützelnstein. Hans von Uenheim. grave Rudolf von Sultz.* Friderich von Thun. Endlich hof und gut zü retersw ilr by sultz gelegen.

11. 343d: nuwe E. Wie oben, 117 Bll. In der äusseren Ausstattung entspricht dieser zweite Band durchaus dem ersten. Der Schreiber ist derselbe. 46 Bilder von der Hand G's. Da hier auch der Aufang erhalten ist, so können wir festsstellen, dass der Eingangsinitial durchaus die Art des unter A VI beschriebenen zeigt, also nicht grossblättriges Rankenwerk und Figurenfüllung, sondern ornamentale Federzeichnung in verschiedener Tinte.[1])

9 Seiten Register.

fol. 6: Hie vohet sich an die nuwe E und saget von dem leben unserer lieben frowen und irs lieben kindes und ist mit figuren gemolet. (M)aria muter edele kusche magt ein erlöserin aller der welt u. s. f.

180 Kapitel.

Es fehlen aber Kapitel 116, 141, 163—167, 174—176 ganz und 115, 161, 173, 177 theilweise. Das letzte Kapitel: Hie enpfong gott der vatter und der sun und der heilige geist unser lieben frowen und satzent sü by sich uff den throne und die engel all umb und umb mit irem seytenspil. Schluss (fol. 116'): wenne du bist die keynen sünder verloren lot werden. Das uns das alles widervaren müsse das verlihe uns der vatter sün und der heilige geist. Amen.

Nach dem mitgetheilten Inhalt haben wir in dem zweibändigen Werk unstreitig eine Historienbibel der ersten Klasse (nach Merzdorf)

---

[1]) Auch dieser Initial dürfte darnach von Hans Schilling gefertigt sein. S. u. K IX.

zu sehen. Beweis (vergl. Merzdorf a. O. S. 9 ff.) ist das gereimte hohe Lied, in unserer Hs. (343c) Kapitel 350 mit der Aufschrift: Dis sint Salomons gedihte von der Heldin wegen. Die Kapitel vom Entchrist und jüngsten Gericht stehen (als Kapitel 387 und 388) am Ende der alten E.

Die Geographie nach der Sündfluth fehlt nicht, aber es sind aus der Historienbibel II nur 9 Kapitel, statt der sonst üblichen 27, übernommen. Ebenso ist nicht der ganze Psalter eingeschoben, sondern nur eine Aufzählung sämmtlicher Psalmanfänge. Das Marienleben ist als neue E in besonderem Bande beigegeben. Genauer werden wir darnach unsere Historienbibel als in der Mitte stehend zwischen Ia und Ib bezeichnen dürfen; sie theilt mit Ib die Erweiterungen gegenüber Ia, aber nicht im vollen Umfang. Wir werden also die St. Galler Historienbibel etwa vor C (Merzdorf S. 40) einreihen.

Hier ist nur noch ein Wort über die Bemalung des Werkes zu sagen. Diese ist keineswegs durch alle Bilder hindurch eine gleichmässige. Doch berechtigen die Unterschiede kaum zur Annahme verschiedener Maler. Es kommen vor die Farben Schwarz, Kaffeebraun (ziemlich hell), Rothbraun mit einem Strich ins Violett, brandiges Roth, Karminroth, stumpfes Rosa, Gelb, helles Gelbgrün, Blau (sowohl hell, als verwaschen). In einzelnen Theilen des Buches waltet ein lichter Farbenauftrag vor, in andern die Modellierung in zwei Tönen einer Farbe (Rosa-Dunkelroth, Hellgrün-Dunkelgrün, Kaffeebraun-Schwarzgrau), oder in zwei verschiedenen Farben (Gelb und Grün, Violettroth und Rothbraun, Gelb und Rosa, Blau und schwärzliches Kaffeebraun.)

II.

Universitätsbibliothek, Heidelberg (palat. germ. 19):

Deutsche Bibel¹) (erster Band).

Vgl. Bartsch No. 13. Wilken S. 314. Zur Ausstattung vgl. A XVI.

Hier haben wir es mit dem 1. Band des Werkes zu thun, der nächst einer Vorrede die fünf Bücher Mose und das Buch Josua enthält.

Darnach zählen wir sieben Bilder und sieben Initialseiten, deren erste (fol. 2) jedoch von anderer Hand ist, s. unter K VII. Über die Bemalung ist nur zu sagen, dass sie von der der vorher beschriebenen Hs. ziemlich stark abweicht. So tritt hier wieder jenes glänzende, lackartige Rothbraun auf, das wir bei A stets zu verzeichnen hatten. Über die Person des Malers ist indessen nichts sicheres anzugeben.

H.

Es wurde oben schon angedeutet, dass vor der Historienbibel in St. Gallen eine Wappentafel von anderer Hand steht. Wenden wir dieser Darstellung noch einen Augenblick unsere Aufmerksamkeit zu. Sie nimmt die ganze Seite ein. Auf einer Wiese, welche überreich

---

1) Walther, deutsche Bibelübersetzung Sp. 394 ff. und Sp. 405.

mit allerlei Blattwerk, Gras und Kraut bedeckt ist, steht eine geflügelte Gestalt. Sie ist ganz von vorn gesehen, der Kopf leicht nach links gedreht. Dieser Kopf zeigt ein Gesicht in vollem, stumpfem Oval. Das rundliche Kinn ist abgesetzt. Die Augen mit schön geschwungenen, halb geschlossenen Lidern ruhen tief zu Seiten der langen fast ganz geraden Nase mit starken Flügeln. Der Mund ist klein, aber die Lippen fleischig. Das Haar, nur von einem perlengeschmückten Band zusammengehalten, fällt reich in ganz parallelen Wellenlinien herab und rollt sich unten in Voluten, ganz gleich denen, die H. Schilling wiederholt aufweist. Ebenso erinnert die auffallende Bemalung der Locken in roth und gelb an diesen Meister. Das Gesicht ist sehr zart und hell in Deckfarben modellirt.

An den Schultern sitzt ein Paar gewaltiger Flügel, deren Oberseite deutlich sorgsam ausgeführte Pfauenfedern zeigt.

Die Hände sind nicht sehr individuell gebildet. Doch hat der Maler, dessen Farben auch hier wie überall decken, Gelenke und Fingernägel angegeben. Ein langes, unten anfliegendes Gewand, weit mit weiten Ärmeln, ungegürtet, umschliesst die schlanken Glieder. Am Hals und an den Ärmelöffnungen ist der breite Saum mit Edelsteinen geschmückt. Die Falten sind weich in dunklerer Farbe gegeben; dunkelroth in Rosa.

Diese Gestalt umfasst mit jedem Arm ein Wappen. Die beiden Wappen je mit Helm und gewaltigem Kleinod nehmen zwei Drittel des ganzen Raumes ein und zeigen schon dadurch, dass sie die Hauptsache sind.

Das Wappen rechts (heraldisch genommen) besteht aus einem damascierten Schild mit linkem Schrägbalken, Gold (Gelb) in Schwarz. Der Balken ist mit drei rothen Rosen belegt. Über den Schild ist ein Stechhelm gesetzt mit Helmdecke, fünfzinkiger goldener Krone und geschlossenem Flug. Helmdecke und Flug wiederholen Farbe und Figur des Schildes. Das Wappen links besteht aus einem ebenfalls damascierten Schild mit gerader schwarzer Spitze in Gold. Beide Oberwinkel sowie die Spitze sind je mit einer Jakobsmuschel (in verwechselten Farben) belegt. Der Schild trägt einen Stechhelm mit Helmdecke und zwei offenen mit Muscheln besetzten Hörnern. Die Farben sind die des Schildes.

Hinter und über dem Ganzen ist der mit kleinen blauen Pinselstrichen angegebene Himmel zu bemerken, der nach unten eben solche Flocken aufweist, wie die ersten Bilder der Kolmarer Reimbibel. Dieses Bild ist eingefasst von einem plastischen Rahmen aus vier Stäben, die wieder von einer breiten Rankenrandleiste gehalten werden. In den Ranken, deren kräftige Blätter noch von feinen nur mit der Feder gezogenen Linien umspielt werden, sind hübsche Früchte (Erdbeeren), Blumen (so eine Rosenknospe von unten gesehen), Thiere (Bär, Hirsch, Einhorn), ja Menschenkinder untergebracht. Alles ist wieder höchst sorgsam und glänzend ausgeführt, in hellen Farben (gelb, rosa, grün) gemalt.

Hier erhebt sich nun die Frage, wer hat dies Bild gearbeitet, ist es überhaupt in der Werkstatt entstanden? Die letzte Frage mindestens dürfen wir mit einem entschiedenen ja beantworten. Das Bild ist nicht eingeheftet, es ist auf ein Blatt gezeichnet, das zur Lage gehört, die auch das Register enthält. Um ihm mehr Dauer zu sichern, ist das vorhergehende Blatt mit dem Bildblatt zusammengeklebt. Dies ist vielleicht vor der Aufzeichnung des Bildes geschehen, jedenfalls dürfte der Raum auf jenen Blättern bei der Herstellung des Registers von Anfang an zu dem nachher erfüllten Zweck ausgespart worden sein. Dass die Anbringung von Wappen auf Bestellung in der Werkstatt vorkam, beweist die Kolmarer Reimbibel. Dass die Ausführung eines ersten Bildes in Deckfarben nicht ungewöhnlich war, lehrt eine Hamburger Historienbibel, die wie die eben genannte Ils. von H. Schilling illustriert ist. S. K H. Leider konnte ich nicht ausfindig machen, welchem Geschlechte das Alliancewappen angehört. Wenn es etwa eine unterelsässische Familie sein sollte, was mir aber sehr zweifelhaft ist[1]), so hätten wir einen Grund mehr, das Wappen für Hagenauer Werkstattarbeit anzusehen.

Ausschlaggebender jedoch als diese Umstände scheint die Betrachtung der hier niedergelegten Kunst. Zug um Zug können wir in der Werkstattübung aus der zweiten Hälfte des Jahrhunderts nachweisen. Für die Gesichtsformen vergleichen wir die Eva auf fol. 20' einer Historienbibel (mit Titel von Schillings Hand) in Wolfenbüttel (s. L—N): dasselbe Oval, dieselbe Form der Nase, des Mundes, des Kinns dort und hier. Die Augen sind anders behandelt. Das ist aber nicht auffallend, sobald wir uns erinnern, dass unser Bild eine überaus sorgsame Sonderarbeit ist, während die zum Vergleich angezogene Darstellung ein Dutzendstück gewöhnlicher Art. Zudem lässt die Bemalung in Deckfarben die ursprüngliche Vorzeichnung nicht genau erkennen. Ich komme unten noch einmal auf diesen Punkt zurück.

Das Haar ist, wie schon erwähnt, ganz das Schillings. Ebenso erinnert die Vegetation und die Randverzierung lebhaft an diesen Meister. Noch weit mehr die Bemalung: Gewand und Haar, Erdboden und Himmel, die gestrichelten Wappenflächen, die Art des Goldauftrags: alles findet sich ganz so in der Kolmarer Reimbibel und im Stuttgarter Schachzabel. Ich glaube daher, man darf behaupten, die Wappentafel ist in der Werkstatt selbst dem Buch vorgesetzt worden und zwar von einem Maler der zweiten Hälfte des Jahrhunderts, dem wir allerdings sonst nicht wieder begegnen — H. Schilling müsste denn hier, die Zeichnung eines andern malend, sein Meisterstück geliefert haben. Denn, um damit diese Erörterung abzuschliessen, in der besprochenen Darstellung haben wir eines der gelungensten Werke der ganzen Gruppe vor uns.

---

[1]) Weder Herzog (Chronicon Alsatiae) noch der Nachtrag zu Siebmachers Wappenbuch, welcher den elsässischen Adel enthält, führt eins der Wappen an. Auch Herr Archivrath Dr. Hanmann konnte keine Auskunft geben.

L.

Weniger sicher ist die Zuweisung der gleich zu nennenden Hs. an einen besonderen Zeichner. Und doch möchte ich diese Aufstellung wagen. Glücklicherweise ist die fragliche Hs. ein Band jener grossen Vulgataübersetzung in Heidelberg. Da hier B und G schon vertreten sind (im 3. und I. Band), ein und derselbe Zeichner aber nicht gleichzeitig so und anders gearbeitet haben kann, fallen diese beiden als mögliche Urheber des Bilderschmucks im 4. Bande weg. Denn von ihnen, wie sie hier sich zeigen, ist der Zeichner des 4. Bandes merklich verschieden.

Er kann aber noch weniger mit einem der anderen Werkstattgenossen zusammengebracht werden. Diese stark gebogene Nase, dieses Auge (bald ganz ohne Lider, bald mit solchen und zwei am Ende gebogenen Ansätzen), diese stehenden Kopfbedeckungen, diese kleinliche (gezogene) Linienführung: das alles findet sich so nirgends wieder. Auch die Farbenzusammenstellung ist wieder eine neue, anders insbesondere, als in den 4 anderen Bänden der Bibel.

Universitätsbibliothek, Heidelberg (palat. germ. 22):
Deutsche Bibel (vierter Band).
S. Bartsch 16. Wilken S. 317. Vgl. A XVI, B III, G II.
Inhalt: Die Propheten. 14 Bilder, 17 Initialschen.
fol. 327 Hie endet sich michens der prophet und die propheten sint alle vorbracht von lathi zu tütsche von probst Cůnrot von nierenberg etc.

Dass dieser Propst Konrad von Nürnberg nicht der Schreiber dieses Bandes ist, leuchtet darnach ein. Über seine Übersetzerthätigkeit und Person vgl. Walther a. O. Sp. 396.

K.

„Dis buch hat hans schilling geschriben und usgemolt in dem jor do man zalte von der geburt Cristi vierzehen hundert fünffzig und nün jore. bittent got vür in

Hans schilling von Hagenowe"

so lautet die Schlussschrift der öfter erwähnten Kolmarer Reimbibel. Sehen wir zu, was sie uns lehrt. Zum ersten, dass ein Hans Schilling aus Hagenau einen ausserordentlich starken Grossfolioband eigenhändig geschrieben und „gemolt" hat. Die sorgfältige Prüfung von Text und Bildern führt zu demselben Ergebnis: eine Hand hat die Feder, eine Hand den Pinsel geführt von Anfang bis zu Ende. Und um diese Hauptfrage gleich hier zu erledigen: auch die Zeichnung ist durchweg von einer Hand und zwar von der Hand, die Schreibfeder und Pinsel arbeiten liess, von Hans Schilling. Niemand wird das „gemolt" der Schlussschrift im engsten Sinne verstehen wollen: wir brauchen uns nur an die Ankündigungen und Aufschriften aus der Werkstatt zu erinnern: hübsch gemolt, mit fyguren gemolt u. s. w., um sofort „gemollt" — illustriert d. h. gezeichnet und mit Wasserfarben bemalt anzuerkennen.

Aber jene Eintragung hat nicht nur den Werth, dass sie uns den Namen eines Zeichners (den einzigen!) überliefert. Ich glaube, wir dürfen noch Weiteres aus ihr folgern. Es ist überhaupt beachtenswerth, dass sich hier, entgegen der Werkstattpraxis, der Schreiber und Zeichner nennt. Noch viel auffallender aber ist, dass ein solches Werk (911 Seiten Text, zweispaltig mit 516 Bildern!) nicht an verschiedene Arbeiter vertheilt wurde. Und endlich ist die Kolmbibel nicht nur gleichmässiger, sondern sichtlich auch mit grösserem Aufwand von Sorgfalt hergestellt, als die Durchschnittswaare der Werkstatt.

Für alle drei Punkte bietet eine Thatsache die beste Erklärung: die Bibel ist nicht für den Markt, sondern auf Bestellung gearbeitet. Auf fol. 13 findet sich zu Füssen einer Madonna in der Glorie, die einen Initial (O) füllt, das Wappen derer von Ansoltzheim, s. unten IIs. I, damit ist jeder Zweifel beseitigt. Ein Herr von Ansultzheim liess die IIs. eigens für sich anfertigen. Gleichviel nun, ob er sich die einheitliche Herstellung des Prachtwerks durch eine Hand gleich selbst ausbedungen hat, oder ob diese durch den Leiter der Werkstatt H. Schilling aus freien Stücken übertragen wurde, soviel steht fest: im Jahre 1159 nahm H. Schilling in der Werkstatt eine hervorragende Stellung ein. Die uns vorliegenden Erzeugnisse der ganzen Gruppe bestätigen diesen Schluss. Nicht nur steht Schilling, zumal in seinen sorgfältigen Arbeiten, unter den Zeichnern obenan in der sauberen gefälligen Ausführung der Bilder, er tritt auch wiederholt nur als Zeichner des ersten Initials in grösseren Werken auf, gleich als ob er solchen den Werkstattstempel aufdrücken wollte. Ganz vermuthungsweise sei in diesem Zusammenhang die Möglichkeit angedeutet, dass H. Schilling die Aufsicht über die Illuministen der Werkstatt geführt haben könnte. D. Lauber nämlich verstand sich möglicherweise gar nicht aufs Zeichnen: der Bilderschmuck einer IIs., die er selbst schrieb, kostete ihn eine nennenswerthe Somme (s. S. 5), in einer zweiten IIs. von seiner Hand fehlen die Bilder ganz (S. 12). In einer dritten hat eben H. Schilling die Bilder ausgeführt (s. S. 17).

Damit ist aber auch alles erschöpft, was aus jener Unterzeichnung gefolgert werden kann. Und zugleich ist damit alles gesagt, was über die Person Schillings feststeht. Kein Bürgerbuch, keine Steuerliste ist vorhanden, die uns etwa in Schilling den Erben und Nachfolger Laubers kennen lehrte. Wir wissen nichts weiter von ihm.

Es wurde angeführt, dass H. Schilling sich als Zeichner unter seinen Genossen hervorthat. Dieses Lob ist jetzt dahin einzuschränken, dass auch er über die in der Gesammtbetrachtung S. 21 ff. geschilderte Kunststufe nicht hinausging: von einem grundsätzlichen Realismus findet sich keine Spur. Wenn auch in den ersten Bildern der Kolmarer Reimbibel ein blauer Himmel sich ausspannt, der Boden darunter ist doch der alte Streifen mit seiner grossen Vegetation und seinen archaistischen Baumformen. Und die ganze Summe der abkürzenden

Symbole für Berg, Fluss und Meer, Stadt, Haus und Innenraum kehrt bei ihm wieder, wie seit Alters. Wenn er aber ja einmal eine Ausdehnung des Schauplatzes nach der Tiefe schildern muss, oder wenn er sich an eine kühne Bewegung wagt, die eine Verkürzung erfordert, ist er gleich rathlos wie die andern. Auch er also zeichnet sich nur da aus, wo es ohne ein Verlassen des alten Bodens möglich ist: in charakteristischen Einzelheiten. Wir verbinden mit der Erwähnung solcher Züge zugleich eine Aufzählung der Besonderheiten, die ihn von seinen Mitarbeitern scheiden. Vgl. die Tafel. Wenn der Bodenstreifen nicht der Einfachheit halber mit Strichlagen bedeckt ist, so schmücken ihn grosse Pflanzen, als Erdbeeren, Schneeglöckchen, Disteln, rothe und blaue Blumen. Die Felsen sind stets stalaktitenartig gebrochen, häufig oben abgeflacht und mit Bäumen gekrönt. Diese Bäume zeigen neben der gewöhnlichen Krone mit grossen Einzelblättern mannigfache Formen für zusammengeballtes Laub. Auch ganz laublose Bäume vielverästelt kommen vor. Wo der Himmel angegeben ist, besteht er aus kleinen parallelen blauen Strichelchen, unter welche flockenartige Wölkchen sich mischen. Für die Architectur wird stets eine rechteckige Umfassungsmauer, eine Art weiter Thurm verwendet. Innerhalb dieses stehen die übrigen Gebäude. Sehr häufig finden sich neben einander ein schlanker Thurm mit überlanger Spitze und ein etwas stärkerer, niedrigerer mit Kuppel und Knauf abgeschlossen. Was die Menschen angeht, so ist hervorzuheben, dass auch bei Schilling die einmal angewöhnte Manier nur vereinzelt charakteristische Gestalten aufkommen lässt, wenigstens in den früheren Werken. Die Gesichter sind anfänglich stehend dieselben: ein stumpfes Oval, die Nase aus zwei dünnen Rückenlinien und einem stärkeren gebrochenen Unterstrich gebildet; die Kuppe ist nie gerundet. Die Augen sind gedrückt, dann geschlitzt, die Augenbrauen — namentlich später — hoch gewölbt.

Das Haar fällt entweder in engen parallelen Wellenlinien lang herab, oder es ist gelockt, wobei dann bald eine Menge Gruppen concentrischer Dreiviertels-Kreise kurze Locken, bald gewellte, unten in Schneckenform aufgerollte Linien lange Locken bezeichnen. Die stets ganz schematische Ausführung des Haars ist ein gutes Merkmal für den Meister.

Nackte Glieder sind fleischig gegeben. Kennzeichnend sind die kurzen starken Hautfalten in Arm- und Kniegelenk. Die Kniescheibe tritt rund hervor. Bei Frauen deutet er die Brüste stehenderweise zweimal an: einmal als Halbkreise über dem Halsausschnitt des Kleides, dann noch einmal weiter unten auffallend dünn, aber weit hervortretend.

Die Gewandfalten bezeichnen einzelne Linien, die gerade verlaufen und stets in scharfen Kanten und Ecken brechen. Bei eng anliegender Arm- und Beinbekleidung kehren jene Gelenkfalten ebenso wieder. Langes aufstossendes Gewand breitet sich auf dem Boden in kleinen Dächlein um die Person her aus. Im weitern Verlauf der Entwickelung tritt bei Schilling eine Neigung zu charakteristischen

Gesichtern deutlich zu Tage. Schon in der zweiten Hälfte der Kolmarer Bibel begegnen höchst lebendige, individuelle Köpfe. Die Nase wird aus viel gebrochenen Linien, bald stärker, bald schwächer ausladend gezeichnet. Die Augenlider werden über ihren äusseren Schnittpunkt hinaus zu einer wunderlichen Art Schwänzen verlängert. Um den Mund ziehen sich auf jeder Seite zwei halbrunde Falten, an der Nase ansetzend. Das Kinn, die Backenknochen treten hager hervor. Die Stirn ist gefurcht. Zumal die älteren Gesichter erhalten durch all das ein mürrisches Aussehen, das durch die beliebte Angabe der Bartstoppeln nicht freundlicher wird. Diese Gesichter sind ebenso leicht wie die schematischen der Frühzeit überall wiederzuerkennen.

Schilling hat seine Bilder auch selbst gemalt; wo seine Zeichnung zu erkennen ist, tritt auch die gleiche Malweise auf. An dieser ist die Neigung zum Modellieren zu bemerken. Sowohl in verschiedenen Tönen derselben Farbe wird schattiert, als in zwei verschiedenen Farben: Rosa wird mit Dunkelroth, Hellblau mit Dunkelblau, Grau mit Schwarz übergangen, besonders zur Faltengebung, daneben Gelb mit Roth und Gelb mit Blau. Die Farben sind meist satt und lebhaft aufgetragen. Sinn für heiteren Glanz kann man Schilling nicht absprechen. So zeichnet sich besonders das letzte Werk, der Schachzabel in Stuttgart durch festliche Pracht der Farbe aus: Brokatgewänder in verschiedenen Farben spielen dabei eine Hauptrolle.

Hier muss noch besonders auf eine Eigenheit Schillings in der Bemalung hingewiesen werden: die Gewohnheit, mit dem Pinsel in kleinen parallelen Strichen den Schatten anzugeben. So sind die Baumstämme, aber auch sonst allerlei Geräth aus Holz, Metall und Stein, so ist der Himmel, so sind auch Gewänder behandelt.

Dieser Brauch kann aus der Entwickelung der Illustrationstechnik in leicht bemalter Federzeichnung schlechterdings nicht erklärt werden. Hier war man wohl von der ursprünglichen Übung, die in farbiger Behandlung der Schatten bei ausgesparten Lichtern bestand, allmählich zur gleichmässigen Bemalung des ganzen Umrisses fortgeschritten, hatte dann wohl auch die Schatten in einem dunkleren Farbton hervorgehoben. Wie aber sollte man auf diesem Weg zur Schattenschraffierung mit dem Pinsel gelangen, die doch nur Sinn hat bei einfarbiger Zeichnung? Wir werden von selbst darauf geführt, den Ursprung der auffallenden Gewohnheit eben in der einfarbigen Zeichnung der Zeit zu suchen, d. h. in der Zeichnung für den Bilddruck. In der That: im Holzschnitt und Kupferstich, da sind diese Schattierungen vermittelst kurzer paralleler Strichelchen recht eigentlich zu Hause.

Jetzt dürfte auch der Hinweis am Platze sein, dass für keinen Zeichner der Werkstatt so vollständig alle Elemente, aus denen er seine Bilder zusammensetzt, im gleichzeitigen Holzschnitt und Kupferstich wieder nachweisbar sind, wie für H. Schilling. Man vergleiche nur etwa „die frühesten und seltensten Denkmale des Holz- und Metallschnitts in München" oder „die Holzschnitte des 14. und 15. Jahrhunderts im Germ. Museum" mit unserer Beschreibung oder besser mit einer Bilderhs. K'n. Und auch die frühen Kupferstiche bieten Berührungspunkte genug. Man wird häufig ganz den knorrigen Gesichtern¹) des Stuttgarter Schachzabels mit den eckigen Nasen und den besonderen Falten und Runzeln Schillings, der Lockenzeichnung in Voluten, der gestrichelten Architectur, der grossblättrigen Vegetation, den plattenartig gebrochenen Felsen, der Modellierung grösserer Blätter durch feine neben einander gesetzte Querstriche von der Mittelrippe aus u. s. f. wieder begegnen. Selbst die Zeichnung Schillings in ganz geraden, dünnen, langsam gezogenen Linien mahnt dem Ansehen nach an die Grabstichelarbeiten.

Ich möchte mit diesen flüchtigen Hinweisen keineswegs behauptet haben, dass Schilling gerade Blätter des E. S. vor Augen hatte, obwohl das gewiss möglich ist. Aber dies scheint unbezweifelbar, dass er zeichnen lernte bei einem Brief- oder Heiligenmaler, welcher auch den Bilddruck betrieb. Vielleicht hat H. Schilling selbst dergleichen geübt.

Was aber wichtiger ist, als diese Beleuchtung der Art und Kunst eines Werkstattgliedes, das ist der sichere Schluss, den wir auch hier zu ziehen berechtigt sind: um die Mitte des 15. Jahrhunderts hat der Bilddruck für den Stil gerade der fortgeschrittenen Zeichner grosse Bedeutung. Eine Reihe von Formeigenthümlichkeiten in unserer Werkstattkunst wird am besten auf diesen Einfluss zurückgeführt.

I. (28)
Stadtbibliothek, Kolmar (Unterlinden, Nr. 305):
Gereimte Weltchronik.²)

Es ist, wie schon Vilmar (die zwei Recensionen S. 45 ff.) erkannt hat, die ältere (Rudolfische) Chronik mit allen Fortsetzungen, der gereimten Geographie und mit der Einleitung der jüngeren (Christherre-) Recension.

Pap. gr. folio. XV. Jahrh. (1459). 456 gezählte und 6 ungezählte Bll. Zweispaltig, von einer Hand, ungefähr 32—36 Zeilen auf der vollen Seite. Rothe, blaue und goldene Initialen, häufig mit der Feder kalligraphisch verziert. Rothe Überschriften, bezw. Spruchbänderverse. Über den Seiten sind die Anfangsbuchstaben der biblischen Bücher in abwechselnd rothen und blauen Uncialen angegeben, als NUME. RE. IU. u. s. w. Zwei reich verzierte Initialseiten und 616 Bilder.

---

1) S. z. B. die Stiche des E. S.; man vgl. den Kopf Josephs auf unserer Tafel mit Köpfen im Alphabet des E. S. (herausgegeben: München 1881) z. B. in den Buchstaben D und X. Ja einzelne Bilder Schillings stehen auch in der Komposition Stichen des jungen E. S. ganz nahe.

2) Vgl. F. X. Kraus, Kunst und Alterthum im Oberelsass. Strassburg 1884. S. 598.

Janitschek S. 214 erwähnt die Hs. flüchtig, irrt sich aber in der Angabe des Schreibers.

Zum Text vergl. Vilmar, die zwei Recensionen etc. der Weltchronik des Rudolf von Ems. Marburg 1839. S. 45 ff.

Anfang fol. 1 Crist bere keiser ober alle kraft
Vogt himelscher berschaft
Got künig ober alle engel her
fol. 13 Richter got here über alle kraft
Vogt himelscher berschaft
fol. 30 Von der tonowe als sü gat
Und ir flus do den namen hat
Untz an die höheste albe hin
Ist als ich bewiset bin
Die obere germania gelegen.

Letzte Erzählung: Der tote Nebukadnezar wird auf Befehl seines Sohnes in Stücke gehauen. Schlussschrift: fol. 456' Dis buch hat hans schilling geschrieben und ussgemolt in dem jor do man zalte von der gebart Cristi viertzehen hundert fünfftzig und nün jore, bittent got vür in Hans schilling von Hagenowe.

Wasserzeichen: Ochsenkopf mit Stange und Blume. Zwei concentrische Kreise, von denen der kleinere nach innen zwei Stege bildet.

Einband modern.

Die Hs. ist nach dem Wappen auf fol. 13 für einen Herrn von Ansoltzheim geschrieben. Man vergl. die Beschreibung und Holzschnittabbildung des Wappens bei Herzog, Chronicon Alsatiae VI S. 153. Die Ansoltzheim waren ein ritterliches Geschlecht im Oberelsass, heute ausgestorben.

Über den Schmuck der Initialseiten ist zu bemerken: die erste Seite ist besonders reich verziert. Der Text ist völlig umrankt. Die Ranken sind theils aus kräftigen Blättern (abwechselnd blau — roth — grün — weiss bemalt), theils aus Stabwerk mit Dornblattlaub gebildet, dicke Knospen und Zapfen kommen darin vor. Affen, Vögel (Papageien), Putti klettern fröhlich überall umher. Mehrere Spruchbänder schlingen sich durch die Ranken, darauf stehen die Buchstaben (je zwei): h. w. | . m. w. | . l. f. | Leider ist die Seite sehr stark mitgenommen durch regen Gebrauch. Die zweite noch reichere Initialseite (auf fol. 13) zeigt ein lockeres Blumen- und Blättergeranke, das von dem Buchstabenkörper links oben ausgeht, sich rechts oben herum schlingt und in einem phantastischen grossen Blumenkelch abschliesst. Links herab und unten her zieht sich wieder eine Kette kräftiger Blätter gleich den oben genannten auf fol. 1. Beide Initialseiten zeichnen sich durch eine sehr zarte, helle Farbengebung aus, in der wir besonders ein bestimmtes Schilfgrün anmerken, das uns in ähnlichen Leistungen Schillings wieder begegnen wird.

Zeichnung und besonders Bemalung der Bilder wird etwa von fol. 87 an flüchtiger. Überhaupt sind in der Bemalung deutlich einzelne Abschnitte von einander zu trennen, die sich durch besondere Gewohnheiten und Vorliebe für bestimmte Farben gegenseitig abgrenzen. So ist ein Unterschied zwischen den Bildern vor und nach fol. 87. 174. 311. 335. 347. Bemerkenswertherweise fällt stets zwischen zwei

Bilderreihen verschiedenen Charakters der Anfang einer neuen Lage. Daraus geht hervor, dass Schilling immer erst, nachdem er mehrere Lagen mit Bildern versehen hatte, an die Bemalung ging. Denn daran ist meines Erachtens nicht zu zweifeln, dass er auch den ganzen Codex selbst malte. Des Gemeinsamen ist immerhin mehr als des Abweichenden im Einzelnen. Und alle diese gemeinsamen Hauptzüge, auch dieselben Farben begleiten sämmtliche Zeichnungen Schillings, die ich kenne.

Besonders eigenthümlich (aber ebenfalls auch den anderen Hss. Schillings nicht fremd) ist der Kolmarer Chronik eine gewisse Pracht der Farbe. So sind aufgelegte Metallfarben (auch Silber!) nicht selten u. a. f.

II. (29)
Stadtbibliothek, Hamburg (Serie 7, Ms. theol. I, 29):
Historienbibel (Fassung I b).

Merzdorf a. O. S. 44 unter $\mathcal{U}$. Die Beschreibung ist nicht ganz genau. So ist hervorzuheben, dass auch diese Hs. nach den Worten Davids: ‚Ich bin der wider dich gesündet hat, dise scheffelin sint unschuldig. und viel uff sin antlit und mahte den psalmen' (Merzdorf S. 392, in unserer Hs. Schluss des 323. Kapitels) die Anfänge von 20 Psalmen einschiebt, wie die verwandte St. Galler Bibel an derselben Stelle.

66 Bilder im Alten, 29 im Neuen Testament und zwei Initialen, alles von Schillings Hand.

Zum Beweis, dass die Bilder von ihm gezeichnet und gemalt sind, bedarf es nur des Hinweises darauf, dass alle Eigenheiten der mittleren, flüchtigen Theile der Kolmarer Chronik hier wieder auftreten. Ich möchte demnach die Hs. als gleichzeitig oder ganz unmittelbar nach jener Arbeit entstanden ansetzen. Die in der zweiten Hälfte der Kolmarer Reimbibel bemerkbaren charakteristischen Züge kommen vereinzelt auch hier vor.

Hervorzuheben ist, dass das Titelbild zur neuen E (die Wurzel Yesse darstellend) sauber in Deckfarben ausgeführt ist, doch, wie sich aus Einzelheiten der Farbengebung schliessen lässt, wohl von Schilling selbst. Er hat endlich auch die zwei Initialen ausgeführt. Diese welchen von den sonst üblichen etwas ab. Es schliesst sich kein reiches Blattgewinde an die Ecken des Buchstabenkörpers an. Aber dieser ist mit Blättern gefüllt, deren Zeichnung in ganz gleichmässig dünnen Linien den Urheber Schilling verräth. Wir brauchen nur die Ecken und Spitzen der Blätter zu beachten, wo die Linien unvermindert stark zusammenstossen, um sofort dieselbe Hand wiederzuerkennen, welche auch die Blätter der Initialseiten in der Kolmarer Reimbibel gezeichnet hat. Und wieder weist auch die Bemalung auf Schilling. Zwar sind es wieder Deckfarben, welche die Blätter schmücken, aber die Grundsätze in der Verwendung sind dieselben: wir treffen auch hier die Modellierung von innen heraus in feinen parallelen Pinselstrichen.

Geschrieben ist der Codex in auffallend starken und verhältnismässig kurzen Schriftzügen.

III. (30)

Stadtbibliothek, Leipzig (Schrankasten Nr. 42, Hss.-Katalog Nr. 113):
Legende von St. Margarethen aus Antiochia[1])
und deutsche Gebete.

Vgl. Naumann, die Malereien in den Hss. der Stadtbibliothek zu Leipzig S. 12.

Pap. 8°. XV. Jahrh. 68 Bll. Zweispaltig, von verschiedenen Händen. Verschiedene Zeilenzahl. 1 Bild (fol. 29).

Anfang: Nach dem lieben thesu crist
Nach sinre uffersteainisse
Nach siner göttlichen hymelfart
Manig mensche gemartelt wart.

Beginn des Schlussabsatzes (Prosa) fol. 27': Ich theotymus han genomen den korper und trüg in gon Anthiochen in die stat...
Schluss fol. 28: und von diser welte sie gescheiden ist An dem dritzehenden tage des monots Jullj. Amen.

Dieser erste Abschnitt (die Margarethenlegende) ist von H. Schilling wohl auch geschrieben. Zu ihm gehört jedenfalls das Bild (Geburt Christi) auf fol. 29, da dieses Blatt mit dem Blatt 24 ein gebrochenes Quartblatt bildet.

Wasserzeichen: goth. p mit Wurzeln unten und Blume oben.
fol. 30—63 deutsche Gebete, anderes Papier und andere Hand.
fol. 64—68 desgleichen, wieder anderes Papier, eine dritte Hand.

Ob die drei Stücke schon in der Werkstatt zusammengebunden wurden, kann ich nicht entscheiden, da ich mich auf die Untersuchung der Schrift nur ausnahmsweise eingelassen habe. Der Einband ist alt.

Die Darstellung der Geburt Christi, auf die es uns hier allein ankommt, ist leider arg zugerichtet. Trotzdem zeigt sie noch alle Stileigenheiten H. Schillings. Zunächst ist die ganze Zeichnung in durchaus gezogenen dünnen Linien mit blasser Tinte angeführt. Dann weist besonders Maria auf die Frauengestalten des Meisters hin, vergl. das Haar, die Brüstchen, die Armgelenkfalten, die vielgebrochenen Falten des anfliegenden Gewandes. Bei Joseph kehren die belichten Stirnrunzeln wieder.

Ebenso ist die Form des ganz verzeichneten Hüttendachs genau so in der Hamburger Bibel nachweisbar. Auch die Bemalung weist deutlich auf H. Schilling: aufgelegte Mettallfarben für die Nimben, das bestimmte Blau und Oelbbraun zeigen, dass er auch hier seine Zeichnung selbst coloriert hat. Das Bild scheint ebenfalls in die frühere Zeit Schillings zu gehören.

1) Acta S. S. V, 24.

IV. (31)
British Museum (addit. 28, 752):
Legende der heil. drei Könige.[1]

Ich habe dem oben (S. 17) Gesagten nichts mehr hinzuzufügen. Nach dem hier mitgetheilten Bild scheint die Hs. zwar noch vor der nächsten entstanden. Zweifellos aber steht sie dieser näher, als den drei eben aufgeführten Werken. Wir haben also wohl das Recht, sie hier einzureihen.

Es wäre ermüdend, wollte ich hier wieder alle Besonderheiten Schillings aufweisen. Eine Vergleichung unserer Tafel mit den Bildern der Kolmarer Reimbibel, von denen stets auszugehen ist, zeigt, dass wir auch hier nichts finden, als die Züge, welche oben aus dem unterschriftlich für Schilling gesicherten Werke zusammengestellt worden.

V. (32)
Königliche Bibliothek, Stuttgart (cod. poët. fol. 2):
Cessolis-Ammenhusen, Schachzabel.[2]

141 Bilder und ein reich ausgeführter Bilderinitial zu Eingang: Der Dichter (Schreiber?) kniet vor einer Dame, die einen Kranz in der Hand trägt. Auf dem Spruchband, das der Knieende hält, steht: Anno domini m cccc LXVII. Das Blatt vor dem Text zeigt den Dichter bei der Arbeit in prächtiger spätgotischer Kapelle. Auf den Spruchbändern, welche sich um die Pfeilerfigürchen schlingen, ist zu lesen: „Der dis büch hat zü dütsche gedicht" (und) „Des sin was uff gerechtikeit gericht".

Der Bilderschmuck ist hier wieder mit bemerkenswerther Pracht angeführt. Aber nicht nur zeigt die Zeichnung besonderen Fleiss, die Farbe besonderen Reichthum und Glanz: Hans Schilling erweist sich hier auch reifer, was die realistische Ausgestaltung anlangt. So missglückte Verkürzungen wie in der Kolmarer Bibel finden wir hier nicht. Auch das Raumgefühl ist noch besser geworden: Innenräume, wie die Kapelle des Vorblattes und mannigfache Zimmer und Gelasse auf andern Bildern, gehören zu den besten Leistungen der Werkstatt. Dass die Neigung zu charakteristischen Gesichtern ebenfalls eher zu- als abgenommen hat, entspricht diesen Fortschritten. Und auch die Lebendigkeit und — soweit dies auf der Grundlage der Werkstattkunst überhaupt möglich — die psychologische Wahrheit der Schilde-

---

[1] In der oben citierten Notiz des Bibliographe Alsacien I 1863 (s. S. 17 Anm. 1) heisst es S. 14: Le texte . . est d'une écriture assez lisible et paraît être d'après le prologue du volume compilé de divers auteurs „nach dem als disz ding geschehen und in anderen bucheren geschriben funden sint." Ob das Werkchen nicht eine obd. Übersetzung des Johannes von Hildesheim ist?

[2] Herausgegeben von Vetter (Das Schachzabelbuch Kunrats von Ammenhusen. Frauenfeld 1892). Unsere Hs. 64 benutzt und eine Abbildung daraus mitgetheilt. Vgl. die Tabelle nach S. LII Nro. 19.

rung ist hoch entwickelt. Schon diese Thatsache, dass wir H. Schilling
gegenüber von einem Fortschritt, einer Vervollkommnung sprechen
dürfen, sichert dem Meister eine hervorragende Stellung unter den
Genossen. Trotzdem bewahrt er auch hier, ganz abgesehen von der
Technik, so viele Eigenheiten seiner Formensprache, dass seine frühere
Kunst überall wieder durchblickt.

Bemerkenswerth scheint mir noch, dass diese Hs. sich von den
übrigen Schachzabelhandschriften, soweit ich solche kenne, erheblich
unterscheidet. Während sonst nur die einzelnen Stände je ein Bild
erhalten, ja der einzelne „Bauer" des Schachspiels auch im Bild in
einer Person die Abzeichen aller der Stände vereinigt trägt, auf die
er gedeutet wird, hat hier die ganze Fülle der eingestreuten Novellen,
Schwänke u. s. f. eine umfängliche Verkörperung im Bild erhalten. Und
wenn diese mitunter äusserst gelungenen Illustrationen im ersten Theil
überwiegen, so fesselt im zweiten die eingehende Vorführung aller
Handwerke und menschlichen Thätigkeiten unsere Aufmerksamkeit.
Da treffen wir in Ausübung ihres Berufes Goldschmied, Wechsler,
Tuchverkäufer, Grosskaufmann, Maurer, Zimmermann, Schiffer, Weber,
Färber, Tuchscheerer, Metzger, Gerber, Schuster, Kürsner, Sattler, Hut-
macher, Müller, Schneider, Bartscheerer, Zahnarzt, Schreiber, Schulmeister, Doctor, Apotheker, Wirth, Dirne, Spieler, Zolleinnehmer, Richter
und Folterknechte, Kapuziner und Rathsherren: wahrhaftig eine bunte
Welt. Ich kenne keine Schachzabelhandschrift, welche eine solche
Erweiterung des urspr. Bilderkreises mit der unseren theilt, ausgenommen die Reste der nächsten Hs.

VI. (33)
Kunstgewerbemuseum, Köln.

Vier Blätter (Papier) in kl. Folio, Bruchstücke einer zweiten
Schachzabelhandschrift, die der eben besprochenen ganz ähnlich
gewesen sein muss.

Die Zeichnung weist auf Schillings spätere Zeit. Die Ausstattung
der Hs. ist ebenso prächtig gewesen, wie die der vorerwähnten. Gold
und Silber waren reichlich zum Schmuck verwerthet.

Die Blätter stammen aus Wallrafs Nachlass und gehörten vielleicht einst in eine Hs. der Blankenheimer Bibliothek, s. o. unter A XIV.

VII.
Universitätsbibliothek, Heidelberg (palat. germ. 19):
Deutsche Bibel (erster Band, s. o. A XVI, B III, G IV, J.).

Alle fünf Bände dieses Werks, die nach unserer Annahme von
vier verschiedenen Zeichnern Bilder erhalten haben, zeigen Initialseiten
mit breiten Blättern ziemlich roh ausgeführt in Zeichnung und Bemalung. Nur eine Initialseite macht eine Ausnahme: es ist fol. 2 im
ersten Band.

In einem Rechteck, das durch ein Muster aus verschiedenen mit der Feder gezeichneten Ornamentfeldern gebildet ist, steht der Buchstabe, ein B. Die doppelte Öffnung innerhalb des Buchstabenkörpers ist mit ebensolchen kalligraphischen Ornamenten gefüllt. Von den Ecken des Rechtecks gehen Ranken aus, welche das ganze Blatt einsäumen: oben und unten ein schlanker Stil mit Blättern mehr länglich als schmal, vorn eine Stange, die aus einem phantastischen Blumenkelch aufsteigt, von Blättern leicht umwunden. Doch noch mehr, als durch diese Form, fällt die Initialseite durch die Ausführung der Zeichnung aus allem heraus, was die anderen Zeichner an entsprechender Stelle bieten. Die ganze Zeichnung ist in gleichmässig feinen Linien gezogen. Die Tinte ist blass und kommt in diesem Ton in keinem der andern Bände, oder auch sonst in unserm Hand wieder vor. Die Farben sind hell und zart: Schilfgrün mit einem Strich ins Gelb, Rosa, Blau (theilweise verwaschen), Zinnoberroth. Diese Farben füllen keineswegs den Umriss; in feinen parallelen Pinselstrichen werden Ranken und Stile auf einer Seite, die Blätter von der Mittelrippe aus nach beiden Seiten modellirt.

Es bleibt kein Zweifel: keinem der vier an der Bibel thätigen Arbeiter (A, B, G, J) ist diese in ihrer Gesammtwirkung höchst erfreuliche Arbeit zuzutrauen. Aber auch C, D, F oder E können sie nicht ausgeführt haben, denn theils kennen wir ganz anders geartete Initialseiten von ihnen, theils schliesst die Art ihrer Federführung dergleichen aus. So werden wir auf K. Hans Schilling, hingeführt. Glücklicherweise bietet die erste und zweite grosse Initialseite der Kolmarer Chronik hinreichendes Beweismaterial und vier andere Hss. ergänzen es noch. Da findet sich einmal, dass Schilling im kalligraphischen Umspinnen und Ausspinnen grosser Buchstaben in verschiedener Tinte seines Gleichen sucht. Sodann, dass er genau so das Blatt- und Stabwerk zeichnet und modelliert, dass auch die Farben (besonders das Schilfgrün) ganz so wiederkehren. Endlich, dass eben diese gelbliche Tinte z. B. zur Zeichnung der Hamburger Bibel von ihm verwandt wurde, während sonst nur noch ein einziger der Zeichner in der Werkstatt dergleichen brauchte, der aber seines Stils wegen nicht in Betracht kommt (M). Dass die gezogene Linienführung sehr wohl zu Schilling passt, braucht nicht mehr erwähnt zu werden. Noch anführen will ich, dass in sämmtlichen elsässischen Hss., soweit ich solche kenne, nichts vorkommt, was entfernt mit dieser Initialseite und den Initialseiten Schillings verglichen werden könnte, ich meine natürlich nicht der Schönheit, sondern dem Stil nach. Darnach trage ich kein Bedenken, diese beschriebene Suite H. Schilling zuzuweisen.

Ich habe den Nachweis so umständlich geführt, weil hauptsächlich diese und nächst ihr zwei ganz entsprechende Initialseiten in zwei anderen Hss. die ganze Masse der Werke, die unter A bis J aufgeführt wurden, mit den Werken Schillings verknüpfen und damit zu Arbeiten der Lauberschen Werkstätte machen. Denn wenn auch sonst eine ganze Reihe Fäden hinüber und herüber laufen (man denke an H, an F, vor allem an die gleichen Gewohnheiten in der äussern Anlage der Hss. bei D. Lauber, H. Schilling und den genannten Zeichnern): nur als Zeichner solcher Initialseiten ist H. Schilling selbst neben seinen Werkstattgenossen in einer Hs. nachweisbar.

VIII.

Wenn die eben angeführte Initialseite nach rückwärts eine verbindende Kraft ausübte, so thun uns zwei Blätter, die wir schon an dieser Stelle besprechen wollen, auch vorwärts denselben Dienst. In einer sofort näher zu beschreibenden Historienbibel in Wolfenbüttel begegnet uns nicht nur durchaus derselbe Schreiber wie in der Hamburger Bibel (s. o. K II), dessen besonders kurze und starke Schriftzüge wir oben schon als auffallend angemerkt haben, sondern auch die Textanfänge mit den Buchstaben R und M sehen geradezu aus, wie nach den gleichen Darstellungen der Hamburger Bibel copirt. Wir könnten uns dabei beruhigen und die Frage nach dem Urheber in der Schwebe lassen: dass ein und derselbe Arbeiter hier und dort gezeichnet und gemalt hat, scheint zweifellos. Aber die Art der Ausführung erinnert so stark an Schilling, dass wir ihm ohne Bedenken auch diese zwei Seiten zuschreiben. Die Buchstaben sind mit kräftigen, von innen heraus in Deckfarben modellierten Blättern gefüllt. Die Vorzeichnung zeigt alle Schilling eigenen Züge. Der Umstand, dass in der Wolfenbütteler Bibel weder vor dem Alten noch vor dem Neuen Testament ein Titelbild steht, veranlasst mit Bezug auf die Hamburger Bibel, wo diese Bilder in Deckfarben ausgeführt nicht fehlen, die Vermuthung, es könnte urspr. auch hier der Antheil Schillings an dem Schmuck der Bibel grösser gewesen sein, die von ihm in Deckfarben gemalten Vorsetzbilder wären aber, wie so häufig, herausgeschnitten worden.

In Form und Farben berühren sich diese Initialen eng mit denen der Kolmarer Heimbibel und der Heidelberger Bibel, nur dass diese nicht in Deckfarben modelliert sind.

IX.

Endlich schliessen wir hier noch den Hinweis auf die bereits erwähnten Initialseiten in den Historienbibeln zu München (A V) und St. Gallen (H I) an. Auch diese drei Blätter sind, wie schon oben a. a. O. ausgeführt wurde, von der Hand Schillings.

L—N.

Die oben erwähnte Bibel in Wolfenbüttel weist Zeichnungen von dreierlei Hand auf. Sie wurde (oben S. 21 Anm.) bei der Gesammtbesprechung der Art und Kunst unserer Werkstatt ausdrücklich ausgenommen, denn sie zeigt, dass sich selbst eine so gefestete Überlieferung, wie die dort besprochene, auf die Dauer den Fortschritten freierer Zeitgenossen nicht verschliessen konnte. Hier haben wir also eine Charakteristik dieser Zeichner nachzuholen.

L.

Von dem ersten Zeichner, der den weitaus grössten Theil der Wolfenbütteler Bibel gezeichnet hat, besitzt auch die Heidelberger Bibliothek eine Hs. Es fehlt also nicht an Stoff, den interessanten Meister kennen zu lernen.

Seine Technik ist der gezogene Stil. Die Linien sind ziemlich dick, gerade, holzschnittartig. Alle Modellierung ist der Farbe überlassen. Da — um dies schon hier zu bemerken — die Bemalung seiner Bilder sich von der der übrigen in der Wolfenb. Handschrift ebenso völlig unterscheidet, wie sie sich mit der der zweiten Hs. unsers Zeichners in Heidelberg deckt, so muss man w. E. annehmen, dass er seine Bilder auch selbst bemalt hat. Ich ziehe daher die Art der Farbengebung sofort zur Kennzeichnung des Meisters mit heran.

Seine Landschaft ist erheblich besser, als die irgend eines anderen Zeichners. Er, der erste, hat ein unbestreitbares Gefühl für Raumtiefe. Betrachten wir z. B. das Schöpfungsbild (fol. 15). Da ist an die Stelle des üblichen Nebeneinander der erforderlichen Bestandstücke eine wirklich mögliche Scene getreten. Perspectivisch richtig ist das Wasser zwischen dem Ufer, auf dem der Schöpfer steht, und den Hügeln, die den Hintergrund einsäumen, untergebracht. Weiter gelingt es, vermittelst der Farbe (Grün, Gelb, Rothbraun) den Erdboden realistisch zu gestalten. Und auch in die Laubmasse der Bäume bringt die Bemalung Leben. Deutlich heben sich die getupften helleren Lichter vom dunkeln Grund[1]) der gut beobachteten Baumkrone ab. Und noch weit mehr: diese Bäume spiegeln sich im Wasser! Wenn nun auch gar nicht gesagt werden soll, dass unser Zeichner in allen Stücken einem grundsätzlichen Realismus nachgeht, soviel erhellt doch aus dem beschriebenen Bild: ihm beginnt die Natur Selbstzweck der Schilderung zu werden.

Freilich, es ist nur Vordergrund, was er giebt, aber fast realistisch wahrer. Dahin gehört auch, dass eine Stadt nur noch abschnittweise, vom Bildrand grösserntheils überschnitten, gezeichnet wird, dass die Innenräume sich dehnen, wenn sie auch den Bogen an der Vorderseite noch nicht sofort verlieren, dass alle Verhältnisse im Einzelnen besser werden, obgleich noch nicht vollkommen. Lebensfähigkeit verrathen auch seine Gestalten. Herb und eher untersetzt als schlank sind die Körper, der Kopf rundlich, die Gesichtslinie meist ganz charakteristisch. Die Nase mit dicker Kuppe, die grossen runden Augen, die rothen Lippen sind nicht gerade sorgfältig gezeichnet, wiederholen sich auch innerhalb bestimmter Grenzen vielfach. Besonders bezeichnend sind die niedergeschlagenen oder geschlossenen Augen, welche häufig vorkommen, kugelrund, unten durch eine doppelte Falte abgeschlossen. Modelliert ist das Gesicht mit rothen Pinselstrichen. Das

---

1) Dieser Zug, der auch der oberschwäbischen Buchmalerei eignet, ist ganz so in der Tafelmalerei verbreitet. Er darf also kaum als stilist. Merkmal Albrecht Altdorfers verwerthet werden.

Haar ist frei gewellt. Der Bart meist zweigetheilt. Die Hände sind, wenn geöffnet, ganz gut gezeichnet. Sobald aber die Faust geschlossen ist, zeigt sich eine merkwürdig ungestalte Pfote. Die Füsse sind kräftig, die Schuhe in der Zehenlage breit, vorn in eine kurze stumpfe Spitze auslaufend. Am Gewand heben wir den weiten, geschlossenen, bis auf die Knöchel gehenden Rock hervor. Er kehrt ebenso bei Schilling im Schachzabel, bei G und sonst wieder und giebt Gelegenheit zu einer langen, geraden, unterm Knie einmal gebrochenen Falte. Bei unserm Arbeiter (L) sind überhaupt alle Gewandfalten durch dicke, gerade, stets eckig gebrochene Linien gegeben. Besonders von ihnen gilt es, wenn oben L's Stil als holzschnittartig bezeichnet wurde. Die farbige Modellierung der Gewänder ist theils die übliche: in einer helleren Farbe wird bald mit dunklerer Lokalfarbe, bald mit einer anderen dunklen Farbe der Schatten, besonders der der Falten gemalt, theils ist sie aber auch eine neue: der Maler setzt auf den hellen Ton den dunklen in feinen parallelen Pinselstrichen auf, ganz wie bisweilen Schilling Baumstämme modellirt. So kommt vor helleres Roth mit Dunkelroth, Gelb mit Rosa, Grau mit Schwarz oder mit Purpurroth.

Auch in der Wiedergabe von Bewegung und Handlung der Gestalten sind Fortschritte zu verzeichnen. Knieen, zusammensinken wird wenigstens verständlich dargestellt.

Endlich werden wir es nicht auffallend finden, wenn uns die altgewohnten Geschichten um manchen ächt genrehaften Zug bereichert entgegentreten. Um nur einen solchen zu nennen, sei darauf hingewiesen, dass Joseph bei der Anbetung der Hirten im Hintergrund ein Süppleln kocht. Und die zertrümmerte Hütte bei der Geburt Jesu ist mit soviel Sorgfalt ausgeführt, dass hier unverkennbar die Angabe eines erforderlichen Bestandtheils der Scene Anlass wird, sich der fast romantischen Vorliebe des 15. Jahrhunderts für solches Ruinenwerk hinzugeben.

I. (34)

Herzogl. Bibliothek. Wolfenbüttel (Aug. I. 15):

Historienbibel (Fassung I b).

Vgl. O. v. Heinemann, die Hss. der Herzogl. Bibliothek zu Wolfenbüttel II. Abtheilung: die Augusteischen Hss. I. 1890. S. 49 Nr. 1625. Merzdorf S. 40 unter C.[1])

Geschrieben vom Schreiber der Hamburger Historienbibel, s. o. K VIII. Initialen R und M von Schilling, s. o. a. a. O. Bilder von der Hand L's auf fol. 1—60. 71—110. 121—150. 161—170. 181—190. 201—210. 221—Ende (also auch das ganze Neue Testament fol. 274 ff. hindurch). Wie wir uns nach der Wiederholung der Anfangsworte je des elften

---

[1]) Die Klasse Ib der Historienbibel ist, wie aus Merzdorfs Besprechung S. 11 m. E. nicht deutlich genug hervorgeht, in ihrem ersten Theile eine ganz äusserliche Compilation aus den beiden Fassungen I u. II. Zu Grunde liegt die erste Fassung. In dem Mass des aus der zweiten Fassung Entlehnten schwanken die einzelnen Hss. Um dieses Verhältniss klar zu machen, zugleich

Blattes unten auf der b-Seite jedes 10. leicht überzeugen können, ist die Hs. in Lagen zu 10 Blättern geschrieben. Dazu stimmt die Vertheilung der Bilder vortrefflich: L. hat erst fünf, dann vier, dann drei, dann dreimal je eine Lage, schliesslich den ganzen Rest des Werkes illustrirt. Sein Genosse hat zwischenein stets je eine Lage mit Bildern versehen. In dieser gemeinschaftlichen Arbeit tritt der Betrieb der Werkstatt so deutlich wie irgend möglich zu Tage.

Ein Bild, fol. 20', ist von einer dritten Hand.

II. (35)

Universitätsbibliothek, Heidelberg (palat. germ. 137):

Gesta Romanorum.

Bartsch Nr. 79.

Die 60 Bilder sind sämmtlich von unserm Zeichner gefertigt.

M.

Es wichtigster Mitarbeiter an der Wolfenbüttler Bibel steht jenem, soweit sich aus dem beschränkteren Bilderkreis urtheilen lässt, an Kunstsinne gleich.

Darnach gilt es hier, ihn nach Technik und Formensprache von L. zu scheiden. Zunächst zeichnet er schon in hellerer Tinte. Seine Linienführung ist zwar ebenfalls gezogen, aber entwickelter: sie ist mannigfach gebrochen, der Umriss nicht überall ängstlich geschlossen, vielmehr die Feder an kürzeren Strecken immer wieder neu angesetzt: der Zeichner steht den eigentlichen Zeichenkünstlern näher als seinen Werkstattgenossen.

Aber auch ohne die Merkmale der Technik ist es leicht, seinen Antheil an dem gemeinschaftlichen Werke auszusondern: er bleibt sich auch in den Formen völlig gleich. Seine Bäume mit den einzelnen

um der Hs. Sg. den ihr zukommenden Platz in der Gruppe anzuweisen, setze ich eine vergleichende Inhaltsangabe über die oben besprochenen Hss. Sg. (G I), Q (K II), C (s. o.) hierher:

		Merzdorf		Q	C	Sg
Text I	Kapitel	1—29	Seite 107—131	1—29	1—29	. . 5—29
„	II	„ 8—16	„ 605—610	30—38	30—38	30—85
„	II	„ 30	„ 132			
„	II	„ 17 letzter Theil, von: dazu kommen die bösen Geister bis zum Schluss. S. 611. Anm. I.		38	39	89
Text II Kapitel 17' S. 612				40	40	—
„	II Kapitel 18—25 erster Absatz (bis: von den Israelen) und letzter Absatz: Nu will ich fürbas sagen. S. 612—625 und S. 625			41—48	41—48	—
Text II	Kapitel 26—27 Seite 625—630			49—50	49—50	—
„	II Kptl. 28, 2. Abs. Kptl. 35 S. 631 637			51—57	51—57	—
„	I „ 31 ff. Seite 133 ff.			58 ff.	58 ff.	40 ff.

Alles Folgende findet sich im Text I.

grossen Blättern stehen den Bäumen L's mit geschlossener Krone ebenso gegenüber, wie der Innenraum mit den zierlichen Fenstern dem anders gearteten Innenraum dort. Weiter sind die Menschen verschieden. M's Gestalten sind schlanker, die Gesichter durchaus andere. Jene grossen runden Augen kommen bei ihm nie vor. Die Nase zeichnet er lang, gerade, an der Kuppe spitz. Endlich überlässt er dem Pinsel nicht so viel zu thun wie L; er schattiert wiederholt schon in der Zeichnung durch kurze Strichlagen. Er malt dem entsprechend in helleren Farben, modelliert nicht in dem Masse wie L. Da die besondere Art der Bemalung, welche seine Bilder zeigen, sonst nicht vorkommt, nehmen wir einstweilen an, dass M auch den Farbenschmuck seinen Zeichnungen selbst gegeben.

Herzogl. Bibliothek, Wolfenbüttel (Aug. 1. 15):
Historienbibel. S. o. L l.
Bilder von M's Hand auf fol. 61—70. 111—120. 151—160. 171—180. 191—200. 211—220. M hat also sechsmal je eine Lage illustriert.

N.

Endlich findet sich in derselben Hs. auf fol. 20', also mitten in einem Stück, das ganz von L illustriert wurde, ein Bild von einem dritten Zeichner.

Wenn ich auch ausser diesem Blatt dem Zeichner kein weiteres Werk zuweisen kann, bin ich doch sicher, dass er mit keinem der andern Arbeiter identisch ist: Technik, Formensprache und Farbe scheiden ihn von allen. Am meisten Verwandtschaft bekundet er mit Schilling und dem Zeichner des Wappenbildes in der St. Galler Bibel. Aber wir brauchen nur eine Zeichnung Schillings neben jene Darstellung zu legen, um sofort die Unterschiede herauszufinden: von all den für Schilling eigentlich charakteristischen Zügen findet sich nichts. Wie es mit dem Verhältniss unsers Zeichners (N) zu H steht, ist nicht ebenso sicher zu sagen, da die Deckfarbenbemalung des einzigen Bildes dieses H die Vorzeichnung nicht mehr sicher erkennen lässt.

Wir beschränken uns darnach auf den Hinweis, dass das Bild fol. 20' durch Zeichnung und Bemalung für einen weiteren Arbeiter der Werkstatt gesichert wird.

Anhang.

Noch drei Werke schliesse ich hier an, die zwar nicht auf die oben beschriebene Weise mit den vorigen verbunden sind, doch aber auf äussere Merkmale hin der Hagenauer Schreibstube zugewiesen werden können. Es sind die zwei Hss. der Universitätsbibliothek zu Heidelberg cod. palat. germ. 339 und 311 und eine Hs. des Hist. Archivs der Stadt Köln, die wir drei verschiedenen Zeichnern zuschreiben müssen.

O. (36)

Dem Zeichner[1]) des palat. germ. 339 ist vor allem eine überaus
saubere Zeichenweise nachzurühmen. Fest und sicher umreisst er seine
Gestalten. Ebenso sauber coloriert er sie. Er übt den „gestrichenen"
Stil, ist aber sehr sorgsam und gewissenhaft in der Federführung. Die
Striche sind ohne sonderliche Anschwellung in der Mitte und nicht
sehr stark. Der Bodenstreifen ist ohne jede Vegetation. Hie und da
begegnen Felsen einer nicht sehr weit entwickelten, aber um so weiter
verbreiteten Form[2]), rosa gefärbt. Die Bäume, welche vorkommen,
haben den üblichen oben verästelten Stamm und eine aus grossen
Blättern oder unregelmässiger grüner Masse gebildete Krone. Die
Architectur steht etwa auf der Stufe, welche B erreicht hatte. Auch
Innenräume begegnen noch nicht. Allermeist ist die Scene ohne Weiteres
auf den grünen Bodenfleck verlegt. Oder es tritt vereinzelt ein kapellenartiger, gewölbter, vorn offener Raum auf. Die Aufgabe, Personen
in dieser Welt unterzubringen, führt zu den stärksten Missverhältnissen,
Unmöglichkeiten und Gewaltsamkeiten. Die üblichen „Hügel", hinter
denen Reiter halb überschnitten aufsuchen, die niedrigen Tische
mit steiler Platte sind noch nicht das Gröblichste. Da finden sich
Sigune und ihr toter Gemahl auf dem Baum einfach als Brustbilder
gezeichnet: das Übrige fehlt. Der Kirchhof, in dem die Bahre mit
dem toten Gahmuret steht, ist so klein, dass er nicht einmal die um
den Erschlagenen trauernde Gattin aufnehmen konnte: sie ist hinter
dem Ganzen wieder als Brustbild gezeichnet u. s. f.

Wo es irgend geht, begnügt sich der Zeichner damit, seine grossen
sauberen Gestalten einander gegenüber zu stellen. Es sind meist ge-
drungene, kräftige Körper von vollen Formen. Hände und Füsse sind
im Allgemeinen gut gezeichnet, etwa wie die A's, nicht roh umfahren
wie bei C. Die Köpfe sind gross. Das Gesicht bildet ein volles stumpfes
Oval. Wird es mehr seitlich gesehen, so ist das weit vorgeschobene
Kinn abgesetzt. Daneben kommen auch Gesichter von der Form D's
vor (mit starker Einziehung in Augenhöhe und spitzem Kinn). Im
Vollprofil die üblichen charakteristischen Nasen. Das Haar besteht
aus reichlich durch einander gewirrten feinen Wellenlinien: eine Form,
die nur noch F mitunter eigen ist. Die Lippen sind durch zwei rothe
Striche hervorgehoben.

Die Tracht ist die übliche der fünfziger Jahre: das üppige Zaddel-
werk ist beschränkt und hat knapperen Formen Platz gemacht. Schon
taucht der modische Rock mit Halskragen, vorerst noch vorn geschlossen, auf. Lange Gewänder fallen recht gut und brechen sich
durchaus scharf. Dabei hat unser Zeichner eine bestimmte Vorliebe
für ein geradlinig in stets wiederkehrender Weise gebrochenes, nach-
schleppendes Stück Gewand, eine Art Schleppe. Und ähnlich lässt
er gern die Enden des um den Kopf geschlungenen Tuches in langen,

---

1) Vgl. die Abbildungen in Könnecke's Bilderatlas S. 38.
2) Vgl. beispielsweise den Holzschnitt des Germ. Mus. Tafel 3.

scharf gebrochenen Streifen nachflattern. Eigen sind ihm ferner grosse flache Hüte mit ungeheueren Federn für Männer und Frauen.

Auch die Farbenzusammenstellung ist eine besondere bei aller Verwandtschaft mit anderen Werken der Schreibstube: Rothbraun, glänzend und brüchig wie dort. Stumpfes Rosa. Leuchtend tiefes Blau. Gelbgrün. Blasses Strohgelb. Kaffeebraun mit Neigung zu Schwarz. Helles Ziegelroth. Alle Farben sind lebhaft doch durchsichtig aufgetragen. Sie füllen entweder den Umriss ganz oder sparen die Lichter aus. Modellierung fehlt gänzlich.

64 Bilder. Der Beschreibung der Hs. bei Bartsch Nr. 167 ist nichts hinzuzusetzen.

Die äussere Anlage und Ausstattung ist ganz dieselbe wie die der Hss. A X und A XI.[1])

P. (37)

Wenn O im Ganzen A nahe steht, so schliesst sich P dem Hans Schilling an. Wie dieser zeichnet er im streng gezogenen Stil in ganz gleichmässig starken Linien. Aber seine Umrisse sind dicker als die Schillings.

Auch im Inhalt der prächtigen Thierbilder ist allerlei, was ihn in die Nähe des genannten Zeichners weist. Die Bodenplatte mit Baum und Fels, oben gelbgrün, an der abgeschrofften Seite stumpfrosa bemalt, kommt ebenso im Schachzabel (Stuttgart) vor. Die einzelnen Menschengesichter haben wenigstens das Haar mit denen K's gemein. Übrigens kommt dieses kurze Lockenhaar aus concentrischen Halbkreisen gebildet auch bei den andern Arbeitern, die unter K's Einfluss stehen, vor. Bei ihnen finden wir auch das seltsam grosse Auge der Thiere ganz so wieder, wie wir es bei P treffen.

Der Beschreibung bei Bartsch Nr. 146 ist nichts hinzuzufügen.

Q. (38)

Endlich dürfen wir wohl auch die Hs. Nr. 232 des Hist. Archivs der Stadt Köln nach Hagenau verweisen. Es ist ein Hellifortis, beschrieben in Höhlbaums Mittheilungen aus dem Kölner Stadtarchive VIII 1894. Die Mundart der deutschen Theile der Hs. ist die elsässische. Die kräftige Federzeichnung steht etwa in der Mitte zwischen der Weise des Zeichners B und der des Zeichners N. Wenn auch die matte Bemalung von der sonst in unserer Werkstatt üblichen Buntfarbigkeit stark abweicht, trage ich doch kein Bedenken, die Hs. unter die Arbeiten aus Hagenau einzureihen: so nahe steht der zeichnerische Stil der Bilder den gesicherten Erzeugnissen der Werkstatt Diebolt Laubers.

---

1) Wenn Muse und Lachmann (Wolfram v. Eschenbach' Einleit. S. XVI) richtig gesehen haben, so ist unsere Hs. (palat. 339) von demselben Schreiber, der jenen Tristan mit Bildern B's (s. o. B II) gefertigt hat, geschrieben. Damit hätten wir ein unmittelbares Zeugniss für die Entstehung des palat. 339 in Hagenau.

Cod. Mus. Brit. addit. 28, 752
= Lempertz, Bilderhefte, 1862, 1.

Item welicher hande bücher man gerne hat grosz oder kein geistlich oder weltlich hübsch gemolt die findet man alle bý diebolt lauber schriber In der burge zü hagenow.

Item das grosz buch genant Jesta Romanorum und saget was zü Rome gescheen ist und saget von den steiten do gut gewandelt het, und saget ouch von den keisern zü Rome und von den Hebestien, was wandern sie getriben hant und von vilen gesetzeden die die Römer gemaht hant und ist mit den vigúren gemolt.
Item vit(?) cristy.
Item die XXIV alten gemolt.
Item ein gerýmete Bibel.
Item der Ritter her Wigoleis gemolt.
Item wolff dietherich gemolt.
Item das gantze passinal der heiligen leben winttertell und sammerteil zwey grosse bücher.

Item Episteln und Ewangilien durch das Jar allen tag mit glosen und von den heiligen und Jungfrowen.
Item wilbelm von orlieus gemolt.

Item her ywon und her gaw .. und künig artus gemolt.
Item der heiligen drie künige buch gemolt.

Item parcifal gemolt.

Item subenmeisterbücher gemolt.

Item Bellial gemolt.

Item der witfaren Ritter.
Item die grosse Tröye gemolt.
Item der hertzoge von österich gemolt.

An-
Die Bücheranzeigen
Angebl. Berliner Hs.
= z. f. d. a. III 191.

Item, welcher Hande bücher man gerne hat, gros oder klein, geistlich oder weltlich hübsch gemolt, die findet man alle bei Diebolt Lauber schriber in der burge zu Hagenow.
Item das grosse buch genannt Gesta Romau, u. saget was zu Rom geschehen ist etc.

Item Vita christi.
Item die XXIV alten gemolt.
Item e. gereymte bibel.
Item d. Ritter H. Wigalois.
Item Wolf Dietrich gemolt.
Item d. ganze Passional leben, winterteil u. sommerteil 2 bücher.

Item Episteln u. Evangelien durch das jar.

Item Wilhelm v. Oriiens gemolt.

Item Her Jvan u. Her Gobbin u. konig Artus gemolt.
Item der H. dry Konige buch gemolt.
Item Parcifal gemolt.

Item suben meyster Bücher gemolt.
Item Bellial gemolt.

Item d. witfarn ritter.
Item d. grosse Troye gemolt.

lage.
Diebolt Lanbers.
 Cod. palat. germ. 311.
 (eigene Abschrift).¹)
 Item zů hagenow py dypold
 laber schreyber lert die kinder
 sind die bücher tůtsch.

Lanbers Brief
a. o. S. S.

Erhaltene Hss.
aus Hagenau.

Item gesta romanorum gemält.

s. die Hss. 23 u. 35.

Item die XXIV alten.
Item rSguloys gemält.

s. die Hs. 21.
Hs. 29.
Hs. 25.

  die zwey bucher der heiligen leben wintertell und summertell.

Hs. 8.

Hs. 1.

Item wilhalm von orlyentz und die schön amely.

Item Wilhelm von Orliens gemolt.
künig Artuss und herYbin.

?

  der helligondrige kunig buch.

Hs. 31.

Item parcifal gemält.

  und der Parcifal gar hübsch gemolt.

die Hss. 11 u. 36.

Item die syben maister gemält.
Item der akermann und belyal gemält.

  das Sübenmeisterbůch gemolt.
  Bellial ouch gar hübsch gemolt.

Hs. 23.

Item Troyen gemält.
Item der hertzog von österreych.

?
Hs. 15.

---

¹) Die Anordnung ist verändert.

Cod. Mus. Brit. addit. 28,752
= Lempertz, Bilderhefte, 1862, I.
Item die hymmelstrasse genant der welsche gast.
Item die zehen gebot mit glosen.
Item von eime getruwen Ritter der sin eigen hertze gap umb einer schönen frowen willen.
Item ysopus gemolt.
Item güte bewerte artzenie bücher.

Item frigedang.
Item lucidarius.
Item pfaffe Emysz und sust cleine bette bücher.
Item der Rosenkrantz.
Item der Ritter under dem zuber.
Item gemolte loszbücher.
Item der selen trost.
Item von dem Ritter sant Allexius.

Item sant Anshelms frow.
Item der künig von franckenrich.
Item ein keiserlich Rehtbüch.
Item Tristram.
Item Schochzabel gemolt.
Item von sante gregorius dem sünder.

Item morolff gemolt.
Item ein salter latin und tütsch und sust andere etc.

Angebl. Berliner Hs.
= a. f. d. a. III 192.
Item d. hymmelstrasse genannt d. welsche gast.
Item d. zehen gebot mit glossen.
Item Von einem getruwen ritter der sin eigen hertze gab umb einer schönen frowen willen.
Item ysopus gemolt.
Item gute bewehrte artznien bücher.
Item Frigedang.

Item pfaffe amyss und sust cleine bette bücher.
Item d. Rosencrantz.
Item d. Ritter unter dem zuber.
Item gemolte loszbücher.
Item d. selen trost.
Item Von dem ritter Sant Alexius.
Item Sant Anschelms Frow.
Item d. konig von Frankrich.
Item e. Keiserlich rehtbuch.
Item Tristram.

Item v. Sant Gregorius dem sünder.
Item morolf gemolt.
Item ein salter latin n. tütsch u. sust andere.

| Cod. palat. germ. 314. (eigene Abschrift.) | Laubers Brief a. o. S. 5. | Erhaltene Hss. aus Hagenau. |

vgl. Hs. 30.

		Hs. 17/18.
Item Tristram.		Hs. 19.
		die Hss. 32 u. 33.

Item morolf gemält.	Morolff gemolt.	
		s. S. 11.
Item floyr vnd blantscheflor gemält.		s. S. 11 u. Hs. 10.
Item das bispyl büch genant der welt löff gemält.		
Item die gulden bull.		
Item das guldin spil und von allen spilen gemält.		
Item ain hübsch büch genant der graw rok und kunk alexander.		
Item sant wilhelm in birmint.		

Diebolt Lauber und seine Werkstatt in Hagenau.

Register.

Berlin, Kgl. Bibl.
Ms. germ. fol. 1 siehe A XV, Hs. 15.
 „ „ „ 18 „ S. 11.
 „ „ „ 81 „ C III, Hs. 21.
 „ „ „ 495 „ A VIII, Hs. 8.
Bonn, Univ.-Bibl.
Ms. 500 siehe A XII, Hs. 12.
 „ 712 „ A VII, Hs. 7.
Brüssel, Bibl. Royale.
Ms. 14689—91 siehe A XVII—XVIII, Hs. 17 18.
 „ 14697 „ B II, Hs. 19.
 „ 16232 „ A XIV, Hs. 14.
Darmstadt, Großherzogl. Hofbibl.
Ms. 1 siehe A II, Hs. 2.
Donaueschingen, Fürstl. Fürstenberg. Bibl.
Ms. 71 siehe D III, Hs. 25.
Dresden, Kgl. Bibl.
Ms. A 50 siehe S. 2 Anm. Nr. II, Hs. 20.
 „ M 60 „ A IX, Hs. 9.
 „ „ 66 „ A XI, Hs. 11.
Hamburg, Stadtbibl.
Serie 7 Ms. theol. 1, 29 siehe K II, Hs. 29.
Hannover, Kgl. Bibl.
Ms. IV, 488 siehe A XIII, Hs. 13.
Heidelberg, Univ.-Bibl.
cod. palat. germ. 19—23 siehe S. 2 Anm. Nr. V, Hs. 16.
 „ „ „ 137 „ L II, Hs. 35.
 „ „ „ 149 „ S. 2 Anm. Nr. IV, Hs. 23.
 „ „ „ 300 „ F I, Hs. 26.
 „ „ „ 311 „ P, Hs. 37.
 „ „ „ 314 „ S. 14.
 „ „ „ 324 „ S. 2 Anm. Nr. III, Hs. 22.
 „ „ „ 339 „ O, Hs. 36.
 „ „ „ 362 „ A X, Hs. 10.
Kolmar, Stadtbibl.
Ms. 303 siehe K I, Hs. 28.
Köln, Hist. Archiv.
Ms. 232 siehe Q, Hs. 38.
 „ theol. 250 siehe S. 2 Anm. Nr. I, Hs. 5.
 „ „ 251 „ A I, Hs. 1.
Kunstgewerbemuseum.
Bruchstücke siehe K VI, Hs. 33.
Leipzig, Stadtbibl.
Ms. 113, Schaukasten Nr. 42 siehe K III, Hs. 30.
Loudon, Brit. Mus.
Ms. addit. 28,752 siehe S. 17 u. K IV, Hs. 31.
Mainz, Stadtbibl.
Ms. 64 siehe A III, Hs. 3.
München, Kgl. Hof- u. Staatsbibl.
cgm. 203 siehe D II, Hs. 24.
 „ 1101 „ A IV, Hs. 4.
Nationalmuseum.
Ms. Nr. 2060 siehe A VI, Hs. 6.

St. Gallen, Stadtbibl.
Ms. 343 c u. d siehe S. 3 Anm. Nr. VI, IIa. 27.
Strassburg, Kaiserl. Univ.- u. Landesbibl.
Ms. l. 513 siehe S. 11.
Stuttgart, Kgl. Bibl.
cod. poët. fol. 2 siehe K V, IIa. 32.
Wolfenbüttel, Herzogl. Bibl.
Ms. Aug. l. 15 siehe S. 3 Anm. Nr. VII, IIa. 34.

Dr. R. Kautzsch.

Ein Sammelband deutscher Lieder aus dem Jahre 1529 in der Grossherzoglichen Hofbibliothek zu Darmstadt.

Am Schlusse des Abschnittes über die Liederdichtung weist Goedeke im zweiten Bande seines Grundrisses S. 86² auf die Wichtigkeit alter Sammlungen von fliegenden Blättern, welche die vorzüglichsten Quellen unserer Kenntnis der Lieder bilden, hin. Den von ihm aufgezählten Sammelbänden wäre ein in der Grossherzoglichen Hofbibliothek zu Darmstadt befindlicher beizufügen, der allerdings nicht von grossem Umfange ist, aber einige noch ganz unbekannte Stücke enthält. Benutzt wurde er, soviel ich ersehen kann, bis jetzt nur von Wackernagel für sein Deutsches Kirchenlied. Auf Wackernagel gehen die Erwähnungen in Böhmes Altdeutschem Liederbuch zurück. Der Band besteht aus 19 Blättern in Folio, 7 Einzelblättern (Bl. 1, 2, 7, 8, 12, 15, 18) und 6 Doppelblättern (Bl. 3 6, 4/5, 14/19, 16 17, 10/11, 9, 13). Wenn er auch den heutigen Einband erst im Anfange unseres Jahrhunderts in der Hofbibliothek erhalten hat, so darf man doch wohl aus dem Umstande, dass einige Lieder die Jahreszahl 1529 tragen, andere sich auf Ereignisse dieses Jahres beziehen, schliessen, dass die Blätter bald nach Erscheinen zu einer Sammlung verbunden wurden. Wie sie in die Hofbibliothek gelangten, vermag ich nicht anzugeben.

In der folgenden Beschreibung vereinige ich, abweichend von der willkürlichen Anordnung des Sammelbandes, die dem Drucke nach zusammengehörigen Stücke. Bei den von Wackernagel veröffentlichten Liedern führe ich nur die Überschriften an und verweise im Übrigen auf Wackernagels Kirchenlied; von den noch nicht oder nur in abweichenden Fassungen bekannten Gedichten gebe ich einen getreuen Abdruck. Voraus wäre zu schicken, dass bei keinem Liede die Verszeilen abgesetzt gedruckt sind, und dass bei den Doppelblättern die Gedichte immer auf den beiden inneren Seiten stehen.

1.

Die Doppelblätter 3/6, 4 5, 14/19, 16/17 zeigen die gleichen verzierten Initialen, sowie zum Teil gleichen Druck und gleiche Randleisten und stammen daher wohl aus derselben Druckerei, die ich leider nicht mit Sicherheit nachweisen kann. Die obere Randleiste von Bl. 19 rührt von Hans Burgkmair her und kommt in verschiedenen bei Jakob Stainer in Augsburg gedruckten Werken vor. (Sie ist nachgebildet in Hirths Formenschatz, 1884, Tafel 140 links oben.) Es lässt sich aber daraus noch nicht mit Sicherheit schliessen, dass unsere Blätter auch aus Stainers Presse stammen, da die Stöcke der Randleisten und Holzschnitte vielfach von einem Drucker zu dem andern wanderten.

Blatt 3: Ain ſchön Chriſtlich Lied in dem Thon. |
Ich ſtůnd an einem morgen ꝛc. Oder in der tag- |
weyß von einem Grauen bey |
dem Prunnen ꝛc. |

Abgedruckt nach unserem Exemplare bei Wackernagel, Kirchenlied III, 690 Nr. 799. (Wackernagel hat weder hier noch bei den andern von ihm aus unserer Sammlung mitgeteilten Liedern bemerkt, dass nicht Einzel-, sondern Doppelblätter vorliegen.) Druck von Zierleisten eingefasst, unten die Jahreszahl 1529 |. Die Melodien zu „Ich stund an einem Morgen" und zu dem „Grauen bei dem Prunnen" giebt Böhme S. 346 Nr. 269 und S. 77 ff. Nr. 20.

Blatt 6: Ain ſchön lied von den ʒehen gepotten |
auch was ir rechter brauch vnd ampt iſt. |

Abgedruckt nach diesem Blatte bei Wackernagel II, 758 — 759 Nr. 1012. Text von Zierleisten eingerahmt, links neben den vier ersten Strophen ein Holzschnitt: Moses die beiden Gesetzestafeln mit hebräischem Text haltend. Unten: 1529. |

Blatt 4: Ain Chriſtlich Lied im thon, In Gottes namen faren |
wir, ʒů ermanung des gjortlichen leben diſer welt, vnnd |
Chriſtlichen růffen ʒů Gott durch Chriſtum Jheſum |

Abgedruckt bei Wackernagel III, 691 — 693 Nr. 800. Unten die Jahreszahl M. D. XXIX., links am Rande die in den Versen vorkommenden Schriftstellen. Das Lied „In Gottes namen faren wir" steht bei Wackernagel II, 515 — 517 Nr. 678 — 683 und III, 1229 – 1233 Nr. 1436—1440. Melodien bei Böhme S. 677—680 Nr. 568.

Blatt 5: Ein Chriſtlich lied im Thon, Es fur |
ein meyblin ober See ꝛc. |

Abgedruckt bei Wackernagel III, 693 — 695 Nr. 801. Unten: 1. 5. 29. | Schriftstellen am Rande wie bei Blatt 4. Über die Melodie „Es für ein Meydlin vber See" vgl. Böhme S. 140—143 Nr. 56.

Blatt 14: Auf dem von Zierleisten eingerahmten Blatte, ohne Jahreszahl, stehen die beiden folgenden Gedichte:

**In dem Thon. Ich ſtund an einem morgen |
haymlich an eynem ort. |**

Ach auff ein Frewlein ſchon,
laß dich mein geſang erwecken,
Gebend wol an der lyebe prunſt,
als dir mein hertz,
wol gegen dir prunnen thůt,
inn der lieb, recht wie ein glut.

Soll mir mein hertz nit prinnen,
gegen einem sōllichen Freẅlein seyn,
so ich byn jung vnnd stoltz,
so thůt mir mein hertz billich prinnen,
wol gegen dir Freẅlein seyn.
Wie soll ich mich erwōren,
gegenn dir sōllicher brunst,
so du mich hast vmbfanngen,
Gegenn die mit sōllicher grosser lieb,
nach dir stāt aller mein verlanngen.
Weytter synd ich geschriben ston,
in vil manigem alltem bůch,
von maningen werden man,
der auch mit sōllicher lieb vmbfanngen was,
geleych dem künig Dauidt,
was auch mit sōllicher lieb geschmidt.
Nun wie kan ich mich denn enthalten,
vor dir so sich doch sind die alten,
seynd gelangen gewesen inn der lieb,
die vil beschēyder seind gewesenn wenn ich byn,
vnnd ahnimet mer wird yr geleych.
Erst kan nitt wol darnon lassen,
du edler wolgemůtt,
so du dich freůndtlich hets erhangen,
so werst mir für trawren gůt,
Nun grẅeß dich Got zů tausendt malen,
du edler wolgemůtt.
Du bist mir ein Rosen,
ein rosen auff eim zwey,
der geleych walst ich keine inn tausent meil,
die mir mein hertz besessen hat,
ich kan dein nit vergessen,
du schōne mein rosen zwey.
Darmit will ichs beschliessen,
du Freẅlein zart,
laß mich der trew geniessen,
mach mich nit gar schab ab,
sunst wurd mir hertz erstodelt,
vnd vergēheng mir mein plůt,
zů we wer dir das gůt.

Eyn ander schōns Lyed.

Wůnderlich leůff   vnnd seltzsam leůff
verhanden synd,   wer sucht der fyndt,
wer kaufft der hat,   kom nit zů spat,
wer keglen will,   der setz ins spyl
es synd der gůtten gesellen vil.

Frey setz ich dreyn, mir schmeckt der weyn
außpindig wol, ob ich schon wirdt vol
wol bey der zeit, nit vil daran leyt,
ir seynd wol mer, die bürstet seer,
    schenck eyn gut gesell, den wein gab her.

Schlachs in den rausch, ein guten tausch,
habs gethon, bring dirs gutt man
gefelst mir dartzü ich hab lainn ruw,
der wein muß auß inn dem hauß,
    es würdt sunst ein grosser jamer darauß.

Blatt 19:

Ein News lied. Van den verträuchten brüdern ‖

Eyn Kloster wöll wir pauwen,
bundt mich auß der massen gut,
ein Apt darein zu werden,
so gar mitt grosser armut,
darinnen wandl maniger bruder on par gelt,
unser orden regiert in aller biser welt.

Der Orden ist das buben leben,
das ist unnser Obseruanz,
darann vnns keyner kain steur will geben,
das der Orden werd gantz,
unser orden der ist lauter also herrt,
das Bubenleben hat vnns lauter lange zeit ernert.

Merckt ybr lieben brüder mein,
wie der orden hab ein gestalt,
vnnd wer dareyn thretten will,
das er den orden recht behalt,
der selbig soll allzeit han ein hemat an,
nun merck was soll er für ein kuten han.

Ein kutten die ist löcker voll,
das vm seyn klarer leib dadurch scheynnen,
eyn narren kappen hiuben dran,
da soll sein angel sein,
zerissen hosen vnd dartzu zwe podenloß schuch,
da lag vnd nacht so mag er tragen ein bärene pauch.

Das wirtzhauß ist onser liberey,
darinnen studieren wir also vil,
seche, synd quoiter drey,
das ist vnnser bruder spil,
darob so betten wir vnd thond doch kain fluch,
das kartlenspil das ist vnser aller metten buch.

Darynn leyben wir also vil,
das vnns gar seer verschmacht,
wir wünschenn vns fallend übel,

der vnsern orden hat erdacht,
inn dem so haben wyr weder tag vnnd nacht kain rüw,
vnser Regel gehört den frommen Reytlern vnnd Landsknechten zů.

Inn dem orden leyden wir schwere peyn,
vnd vnnser gut,
wir hauffen vnns den Württ herttragen wegnn,
vnnd newen vns ein frewen müt,
mit schlemmenn vnnd thämmen,
biß vnns der Württ all treybt hynnauß,
vnnser schlaffhauß ist yn dem chylosen frawen hauß.

O Marga gots muter hochgeporn,
hilff vns armen brůdern ein,
das vnnser leyner werd verloren,
wir leyden schwere pein,
vnd ist gleich wie dem wolff,
der nye kann prüt gewan,
vnnd wo er lauffl so schreyen yn die bösen pawren an.

Der Text des Liedes ist von Randleisten umgeben, unter denen sich die oben erwähnte Burgkmairsche befindet. Die vorliegende Fassung des Gedichtes von der Kloster- oder Abtweihe ist durchaus abweichend von der seither bekannten, die nach verschiedenen Quellen des 16. Jahrhunderts bei Uhland, Alte hoch- und niederdeutsche Volkslieder 1, 2 S. 574 Nr. 209 und danach bei Böhme S. 434 Nr. 360 gedruckt ist. Gänzlich verschieden bis auf die erste Zeile ist das Lied „Der neue Orden" bei Hoffmann von Fallersleben, Die deutschen Gesellschaftslieder S. 292 Nr. 197.

Blatt 16:

Ain schöns lyed Jnn Rohlus melodey |

GErbnd vnd schaw, Zart, schöne Fraw, laß dich mein gesang ermanen, da wir bey eynander sassen, an einem abendt spate, ya spate, vnd wol mehr, du waysst wol wer, da ich dir auff deine füsse thratte, yha thratte.

Vnnd da du mit deiner hand, zwen Nüssen holtz theyls machen, vnnd mitt deynem messerlein, durch beg ein löchlein stachst, vnd ein seyden faden, dar durch stackst, vnnd mir das in mein haub gabst, vnd sprachst dabey soll ich dein gedenken, ya gedenken.

Darumb vergiß nit mein, alle ich drin, so mag ich dir wol hold sein, vnd thu mich nit von dir schanden, yha schanden, Fraw Kranß edle fraw so zart, hulff mir wol zu dem frewlein so zart, gar haymlichen vnnd gar stylle, wol nach meinem willen, yha willenn.

Wann so ist schön yr verb hab ich gesehen, Cht die schön müß ich yr verichen, dar zů ich wil der andern vil, die dich auch haben gesehen thůnd dir den preyß verichen, dar mitt du mich lyeb habenbilerich hast besessen, yha besessen.

Ich kan auch dein nicht vergessen, darumb bitt ich dich, gib radt
vnnd that frü vnd spat, das wir zu samen kommen, daun kain stund im
tag, vor land vnnd slag ich dein nit vergessen mag, nha vergessenn mag.

Wann ich gedenck stäts an deinen Rotten munb, der mich lechzlliche
möcht machen vonn mechner kranckhait gesund, vil er wendt der best manster,
nha den man in aller welt sinden sündt, das thät dein Rossensarber munb,
nha dein rosensaber munb.

Sybila Europa Rösslatter munb, den doch nymandt verloben kund,
noch preyß ich den vil mer, da rumb bitt ich dich thu den zu mir kern,
vnnb laß mich bey dir belenben, vnnb thu nicht vonn mir weychen, nha
weychen.

Sybilla Gamia Jung gestallter leyb, hett die schönsten prüste, die
man yhe gesach an einem weyb, dardurch vil Künig wurden gegen yr
vertonndt, als ich gegenn dir zu diser stund, das macht dein wol gestalter
leyb, des geleichen ich auch kain hab gesehen, nha gesehen.

Wann dein lieb mich täglich geb, vnd stäts an dich gedencke, vnnb
darzu ich wyll von den anndern allen wenden, vnd yr kainer mer gedencken, vnd thustus den willen mein, so will ich deyn nymmer vergessen,
nha vergessen.

Vnnb ehe ich dein dann thu vergessen, so müß das grosse wasser
ober all berg auff stiessen, darumb ich dhu laß nicht ab, thu mir dein
hertz auff schliessen, als ich hab dann junger knab, laß dich des nicht
verdriessen, nha verdriessen.

Wann mich doch nit verdrießen thätt, das ich yn beinem dyenst
thät, was deyn hertz vonn mir begert, vnnb mir müglich wer, vnnd vns
zwayen wol anstünd, wann ich nur wissen soll, das du mir von hertzen
werst holbt, nha holb.

Nach wollen dem Bost du mirs allain, der ich mich erhayg in
treunen, gelaub mir fürwar, inn der frewlein schar liebst mir ob den
andern allen, Bey deyner gstalt, wünsch ich offt bald, haymlichen bey
dir zu erwarmmen, nha erwarmmen.

Geleich wie der Künig Parnß thät auff sein frawen genawe schauwen,
als ich will yhr, O höchste yber erfrew mich schwer, vnnd sich selbert an
das ich nit gnawer bitten kan, wann ich dann von dir ynnen wirb, das
dich des nicht verdrauß das wer meines jungen hertzen ein lust, nha lust.

Damitt will iche beschliessen, Bytt dich darumb du wölst mich hayn-
lichen zu dir lassenn kommen, laß dich me her bei nit verdriessen, thu nit
dein hertz vast vor mir beschlyessen, du Frewlein seyn vor mir jungen
knaben, nha knaben.

Der Text dieses Liedes ist so verderbt, dass es bei den meisten
Strophen nicht möglich ist, die Verszeilen abzusetzen, ich gebe sie
daher fortlaufend wie im Original. Ist mit „Roßina melodey" der
Ton des Gedichtes „Rosina, wo was dein Gestalt" gemeint, das in

vielen Liederbüchern (z. B. 1519 bei Arnt von Aich. Goedeke II², 28) vorkommt und schon 1525 von Hans Sachs christlich verändert wurde? (Original und Umdichtung bei Wackernagel, Kirchenlied, 1841, S. 842 und 172.) Der Bau dieses Liedes ist aber ein ganz anderer. Verschieden ist auch bis auf die ähnlich klingenden beiden ersten Zeilen das Lied „Zart schöne Frau, gedenk und schau", das schon in Peter Schöffers Liederbuch von 1513 enthalten ist (abgedruckt u. a. in „Das Ambraser Liederbuch 1582, hrgb. von Bergmann. Stuttgart 1845. S. 2).

Blatt 17 bietet zwei, wie mir scheint, noch nicht bekannte Lieder:

Ein schöns lied Mit freuden will ich singē.

Mit freuden will ich singen,
vnd wils auch heben an,
von einer schönen jundfrauwen,
ghern manlung behalten sy kan,
so kan jhn wol behalten,
in trewen vnd in eren,
das sollen die frewlin alle
volgen nach des frewline ler.

Jhn ehren ist sy schon gezieri,
mit tugent schon belaubi,
donn ghr so will ich lyngen,
von der Elßpeten der schönen maydt,
als ich von ghr wil sagen,
vom frewlin perlobesan,
frisch auff mit heller stimen
mit trewen so sach ichs an.

Jhn eheren vnd in trewen,
sing ich jr noch vil mer,
nach ihr stet mein verlangen,
nach der schönen jundfrauwen ehr,
wer ich ein schöner reych man,
nach ghr stünd mehn beger,
gegen worm gelehcht ghr mundt,
gegen den Rosen vnd feyhelegn.

Ihr klarer mund hr weyßer leyb,
so band mor wol von Himel,
der vns vil freuden geyt,
von yr so hab ich singen erdacht,
wie hell ich freüd auff erden,
wens ghr nit schaden bräcki,
wann ich dann von nhr wirdt jnen
das es ghr schaden bräcki.

So rew es mich mein lebenlang,
wann ich von jr hab syngen erdacht

wan ich von ihr würd onen
das syngen wer ghr luft,
so het ich freüd auf erden,
meynes jungen hertzen ein trost,
nach ftünd mein verlangen,
nach der schönen junckfrauwen seyn.

Wer ich eyns edlen Rytters sun,
yr aigen wolt ich seyn,
mit wee wolt ich beschliessen,
beschliessen gesanck in eer
wer ich eins edlen Fürsten sun,
nach yr ftünd mein beger,
nach yr ftünd mein verlangen
nach der schönk junckfrauwen seyn.

Wann ich yhr wer geleiche,
yhr diener der wolt ich sein,
wann fy mir kund thel geben,
mit wem yr gedient wer
als ich yhr wolt vergünnen,
vil tausent guter jar.
darein ein frischen mut,
den ich yhr wol vergünst,
fürwar das beücht mich git.

Das lyed woll ich verschenden,
dem liebsten gesellen mein,
darbey soll ers gedenken
der liebsten schwester sein,
der vnns das lyedlein neüwes syngt,
vnnd neüwes hat gesandt,
der pittet Got von Homel,
der behüt vnns alle sant.

Ein schönes Lied Vil arg böß plid In dem thon Vil wunderlich läuff das seltzam läuf.

Vil arg böß plid verhanden synd,
wer fyndt der hat,
krumm vnd lam,
kain scham kain ehr,
wer gelt hat der hat eer,

Wer gern zall wein,
wer des nit hat gelt,
spricht ein gesell
lieber, lieber, schaw dir vmb gelt,
nun sch wir ietz das die zeit

wer sucht der fyndt,
krum vnnd krab,
hait kayn scham
niemants fragt anders,
kainer, kainer fragtt ander mer.

der findt gut gesellen seyn,
fert nit in die welt,
zu dem andern,
also stets detzund in der welt,
diser gegenwerttigkait.

von Adolf Schmidt.

Sych gantz von gut,
hat befert,
des bundts sich ein ueber werbt,
welicher hat gelt,
also send ytz die lest gebärd
Alls mit geferb,

ꜩů vngut
tain gesell den andern ertt,
vnd einer des andern gesellschaft, im
regiet die welt, (brotel begert,
der reich den armen närtt.
wůrtt ꜩů gericht,
als mir vnd meinem hauffen geschncht,
warlychen das gar offt geschicht
wirt als durch falsche mengller zu gericht,
vnd wirt als mit lugen auff ertiht,
jha jha junger man das offt geschicht.

11.

Die Doppelblätter 10 und 11 enthalten zwei historische Gedichte auf die Belagerung von Wien im Jahre 1529. Auf beiden Blättern sind in der linken Ecke oben Holzschnitte, auf dem ersten sind die in V. 16 und 17 geschilderten Grenel der Türken, auf dem zweiten zwei Landsknechte dargestellt. Letzterer Holzschnitt hat sich merkwürdig lange im Gebrauche erhalten, er begegnete mir noch in einer 1580 in Franckfort am Mayn bei Chr. Egenolffs Erben gedruckten Ausgabe des M. Elucidarius.

Das erste Lied teilt Lilieneron, Hist. Volkslieder III, 604 — 606 Nr. 417 nach einer Abschrift in Leysers Nachlass auf der Leipziger Universitätsbibliothek mit. Da auch Kábdebo in seinem Buche „Bibliographie zur Geschichte der beiden Türkenbelagerungen Wiens 1529 und 1683. Wien 1876." S. 35 Nr. 121 keinen Originaldruck kennt und Leysers Abschrift von unserem Drucke vielfach nicht nur in der Schreibung abweicht, gebe ich hier den Text vollständig.

Ein Lied gemacht, wie es im Osterland ergangen ist, Als man schreybt 1529. Jar, Bund ist hin dem Thon. Es gehet ein frischer Summer da her, wöll ir hören newe mer.

Es ist nitt lanng das es geschach,
das man dy Reych anzyehen sach,
so ferm ins Osterlande,
sy zohen dem Ungerischen künig zu,
on laster vnd on schande, yha schande.

Zu retten bald das Christen plut,
so zugt all mit helldes mut,
gehn Wyen thetten sie rucken,
da der Türck ir ynnen wurd,
abrent er yn zwir pruden, yha pruden.

Die Vorstatt hat er yn abgerennbt,
wiewol sy waren mit ferr verprennbt,
hinders gmeür thetten sy graben,
hefftig thetten sy schiessen blanck,
thetten vns den grösten schaben, yha schaben.

Als man zelt tausent fünffhundert Jar,
im neün vnd zwcintzigsten sing ich fürwar,
für Wyen so ist er komen,
mit dreymal hundert tausent man,
also hab ich vernommē, yha vernommen.

Daruor schlug er dreü grosse heer,
die yn der Stat stellten sich zu der wör,
thetten yn gar schon entpfahen,
mitt schlangen vnnd falckenetlein gut,
ist im nit wol ergangen, yha ergangen.

Der Türck der schickt zwen man hineyn,
vnnd das man im die Stat geb ein,
wolbt ihm fryftcrm leyb vnnd leben,
Sy sprachen das wöll Gott nymmermer,
nach ehren wöl wir streben, ya streben.

Dem Reych haben wir geschworn ein aib,
gewunne er die statt wer vnns gar layd,
yetzlicher sprang zur hellenparten,
yr frummen Lantzknecht seyt vnuerzagt,
des Türcken wöl wir wartten, ya wartten.

An sant Michels tag da es geschach,
das man den Türcken stürmmen sach,
gar hefftig thet er wüten,
er schoß da manchen pfeyl hinein,
noch thet vns Got behütten, ya behütten.

Tag vnd nacht het wir kein ruw,
der Türck setzet vns hefftig zu,
gutte Polwerck thet wir mach,
all die in der statt gelegen sein,
des schympffs mochten sy nit lachen, ya lachen.

Nun sach man kain verzagten man,
yetzlicher wer gern der soberst dran,
des Türcken thetten sie wartten,
yetzlicher stond mit seiner wör,
mit spyeß vnd hellenparten, ya parten.

Graff von Salm was auch im spyl,
Pfaltzgraff Phülp ich euch nennen wyll,
gar ritterlich thetens fechten,
alltzeyt waren am foderssten dran,
mit den frummen Lantzknechten, ya knechten.

Die Büchßenmayster ich doch preyß,
wer das nit thut der ist nit weyß,
yr geschütz thet alltzeyt treffen,
ob yn hielt die Götlich hand,
thetten sich an dem Türcken rechen, ya rechen.

Noch wolt der Türck nit abe lan,
verloren hat er manchen man,
der sum kan ich nit nennen,
die er allda verloren hat,
sein hauff thet sich zertrennen, ya zertrennen.

Fünff stürm hat er do angerennbt,
die maurn er an fünff orten zersprengt,
fünfftzig klaffter hab ich vernommen,
schendtlich ist er zogen ab,
der kunst ist im zerrunnen, ya zerrunnen.

Hynder hm ließ er manchen gaul,
die Lantzknecht waren nit zu faul,
thet den Türcken verdrießen
er maynt das eytel teuffel wern drin,
die Thonaw thett er abstrickeln, ya fliessen.

Die sach dunckt mich nit gar fein,
den Chisten thüt er grosse peyn,
thüt man vnd weyb erstechen,
darzu das kindlein in muter leyb,
Got wirts noch an im rechen, ya rechen.

Das Osterland hat er verwüst,
den weyblein schneydt er ab die prüst,
schlug die kinmder vnd die wendt,
ach Gott wenn hat die straff ein end,
fürt ir vil in das elende, ya elende.

Im land zugen sy auff vn ab,
vil armer leüt haben sy gemacht,
theilen Merckt vnd Dörffer verprennen,
yha ist das nit ein wunder gos,
wenn wöll wir vns erkennen, yha erkennen.

Der vns dy liedlin hat erdicht,
von newem ist es zugericht,
Jörg Tazbach thüt sich nennen,
hayliges Reych sey vnuertzagt,
vnd laß dich nit zertrennen, ya zertrennen.

Das zweite historische Gedicht **Eyn lob der frummen Landtsknecht zü Wyen | im thon, Es kam ein alter Schwetzer gegangen.** | dessen Verfasser nach den unten stehenden Buchstaben H. S. S. Hans Sachs ist, kennen weder Liliencron noch Kabdebo. Die poetische Literatur der Stadt Wien. 1. Abth. Die Dichtungen des Hans Sachs zur Geschichte der Stadt Wien. Wien 1878. Da Herr Professor Dr. Edmund Goetze es im 22. Bande seiner Hans Sachs-Ausgabe demnächst zum Abdruck bringen wird, gebe ich hier nur die Überschrift.

III.

Die Doppelblätter 9 und 13 bilden den oberen Teil eines Wandkalenders in gr. fol. mit der Überschrift: Als man zelt nach der geburt vnnsere Herren Jesu Christi. M. T. vnnd XXIX. Jar. So ist die | Gulbin zol. X. etc. Der erhaltene Teil (Januar, April, Juli, October vollständig, Februar, Mai, August, November zur Hälfte) ist 38 cm breit und 26 cm hoch, der ganze Kalender war also etwa 50—60 cm hoch. Mit dem unteren Teil ist auch die Schlussschrift, die vielleicht Druckort und Drucker angab, verschwunden, so dass wir bezüglich beider auf Vermutungen angewiesen sind. Es ist mir nun nicht wahrscheinlich, dass der Kalender für eine einzelne Diöcese bestimmt war, da er für mehrere süddeutsche Bistümer charakteristische Heiligentage enthält. So bringt er nebeneinander und zwar durch Rotdruck hervorgehoben am 23. April Jörg Costcb, am 24. Jörg Augsp. Gaugolf fällt wie in Basel auf den 11. Mai, dagegen Margaretha auf den 13. Juli, während in Basel der Tag am 15. Juli gefeiert wird. Heinrich Kaiser wird am 18. Juli wie in Augsburg aufgeführt. Christina aber am 24. Juli, nicht wie in Augsburg am 19. Juli. Auf ein weit im Süden liegendes Bistum weist die Angabe für den 31. Juli: Weiger Kirch, an Weiger kirchwenhe, lassen, baden, schöpffen gut. Merkwürdig ist der Kalender durch den Umstand, dass die Rückseite mit Gedichten bedruckt ist. Es wäre von Interesse zu erfahren, ob sich noch weitere Kalender erhalten haben, die diese Eigentümlichkeit zeigen. Die reiche Sammlung von Kalendern und Kalenderbruchstücken der Hof- und Staatsbibliothek in München habe ich daraufhin vergeblich untersucht.

Auf der Rückseite des die Monate Januar, Februar, April und Mai umfassenden Blattes stehen zwei Gedichte:

Ain schön new lied: für sorg gnyllichc |
narung, Vnd ist in dem thon, Durch Adams fal x. | ,
abgedruckt bei Wackernagel, Kirchenlied III, 50—51 Nr. 73.

Ain schön new lied von der Seele |
Vnd ist in dem thon, Wol auff gut gsell von hynnen x. | ,
abgedruckt bei Wackernagel III, 689 Nr. 798. In Wackernagels Anmerkung scheint ein Versehen vorgefallen zu sein. er beschreibt nur obigen Druck und sagt dann: „Es käme darauf an zu ermitteln, welcher Druck der ältere und nachher gemissbrauchte ist". In Vers 3, 6 steht auch richtig worl, nicht woll. Wahrscheinlich lag Wackernagel noch ein zweiter Druck vor, den er zu beschreiben vergessen hat.

Auf der Rückseite des die Monate Juli, August, October und November umfassenden Blattes finden wir das interessante bei Wackernagel II, 1055—1056 Nr. 1292 abgedruckte Gedicht:

Ain hüpsch lied vnnd Erinnerung des |
Todts, Vnd wie man sich zu Gott keren soll, Vnd ist in dem thon, |
Es taget vor dem walde, wach auff Rötterlein. x. |

Die erste Strophe des weltlichen Liedes steht mit der Melodie bei Kretzschmer, Deutsche Volkslieder I, 381—382 Nr. 214 und bei Böhme S. 646 Nr. 440.

IV.

Die Einzelblätter 1, 2, 7, 8, sämtlich ohne Randleisten und Jahreszahlen, sind mit den gleichen Typen gedruckt.

Blatt 1 bietet zwei Gedichte, die durch einen 12 cm breiten Zwischenraum getrennt sind, in dem zwei Holzschnitte, links einen jungen Mann, rechts eine Frau darstellend, sich befinden. Oben steht die erste Strophe des bei Wackernagel, Kirchenlied 1841 S. 844—845 Nr. 10 vollständig abgedruckten Liedes „Ach, hilf mich Leid etc." Aus dem von Goedeke in dem „Archiv für die Geschichte deutscher Sprache und Dichtung hsgb. von J. M. Wagner" I, 70, 1874, und im Grundriss II², 413 abgedruckten Verzeichnis Hans Sachsischer Lieder ergiebt sich, dass Hans Sachs ein Lied mit gleichem Anfang gedichtet hat. Ist dies das vorliegende weltliche, immer ohne Verfassernamen erscheinende?

Das schon 1513 gedruckte geistliche Gedicht (Wackernagel, Kirchenlied II, 1081—1082 Nr. 1314 und 1315. Vgl. auch A. F. W. Fischer, Kirchenlieder-Lexicon I, 17) wird dem Adam von Fulda zugeschrieben. Unser Text stimmt nicht ganz mit der bei Wackernagel abgedruckten Fassung überein.

Ach hülff mich laub vnd senblich klag.

Ach hülff mich leyb vnnd senblich klag,
mein tag hab ich kein rast,
so fast mein hertz mit schmertz,
thut bringen ringen,
nach verlorner freüd,
Wie wol ich bsorg es sey vnnd sunst,
mein gunst den ich im trag,
vnnd ich nicht mag,
in hassen lassen,
in lieb noch layd,
Ich arme metz,
sicz mein synn,
in groß geser,
woar gar entspringt rinngt disse trew
new auß edler art,
hart wardt mir nye so wee,
ich gee stee schlaff oder wach,
gmach hab ich nit,
sicht dicht wie ich mich halbt
balbt zu erwerben fein genandt,
mein schad vnnd schmertz,
wer noch ein schertz,
hertz liebster gsell,
ich beger nit mer, dann dich freündtlich
zu trucken schmucken, her an mein prust,
dann solches wer mein vn deines hertzen lust.

Unten steht: Ein new lied. Mag ich vnglück nit widerstan.|,
abgedruckt mit den Varianten unseres Blattes bei Wackernagel III,
120--121 Nr. 159.

Blatt 2:

**Ain hüpschen tagweiß weltlichen zů singen der wachter an der|
zinnen lag der das den tag verkündt|**

¶ Ich trewer wachter trib dört herr,
vnd warnen zwaÿ bey meiner ferr,
die mir so ferr,
befolchen find beÿm anbe,
der helle liechte tag het fein gesellt
hoch auff gericht ÿber alle weltl,
nun hietendt eüch,
ir liebe zwey vor laybe,
die allo ÿtz entschlaffen fendt,
fraintlichen wurden ÿu schimpffen,
ich gewarn eüch auff die trewe mein
vor groffem vngelimpffen,
ich wed auff wed auff wan es ist jetzt,
der helle liecht tag so nacket lent,
die bogel spanget wider stretzt,
dört naben in dem hage,
darumb ich rüch thu warnung kunndt,
vnnd blaß ain horn auß meinem munde,
gen differ stundt,
wed auff es nacket gem tage.

¶ Die red das Frewlin weden thet,
auß süffern schlauff dz sy nun hat,
in haiser lieb
an liebe wehs arm vnnd schrenckt
die fraw auß rotem munde sprach,
o wechter du schaffts vngemach,
Ja dein gesang,
macht das ich mich zu trucken,
der wechter sprach du zarte frucht
er kumpt vo orientte,
der helle tag mit seiner zucht,
er leücht als ob er brente,
wed auff wed auff den werden gast,
vnd hilff in auß den forgen last,
das in nit begreÿff des tages glast,
er wirt erkendt von den wolden,
ain laÿbt wol lauffent layb gebirt,
die feder findt oeÿ luminiert,
gantz schon floriert,
der tag bringt trefflig durch die wolden.

¶ Die fraw den knaben vmbschloß,
mit heyssen trechern sy in vber goß,
sy schmuckt in schon,
an iren zarten leybe
sy kust in mer dan tausent mall,
der knab fueng an zu wachen,
ir bayder hertz was serr vermundt,
das kunt die liebe als machen,
trostlicher hort manlicher heldt,
mein hertz das hat dich auß erwelt,
für all die welt zu dir gesellt
ain schatz ob allen manen,
laß du mich hie in diser not,
fül weger wer mir ye der todt
ir mindlin rot,
erlaubet den knabe vō danen.

¶ Es war kain lieb so groß,
der trewe schlissel sy beschloß,
des klafters mundt,
o fraw grosse lieb in laube,
darumb so muß ich meyden dich,
zart schönnsten so miniglich
zu der ich sprich,
durch eer mint ich dich wendt,
all nacht ich sy ernere,
da sy erhort des knaben wort,
das er sy wolt meyden,
erst schry die frawe wort yber wort,
mein hertz das kumpt in leyden,
trostlicher heldt manlicher hort,
nun sprich mir zu ain freintlich wort,
vnd erfrew vns bayde, hie vnd dort,
wan wir vns miessen schayden,
erst schry das miniglliche weib,
O hilff Jo erst ist es zeyt,
mein kreft wirt weyt,
mir geschach erst nye so layde.

¶ Da do die fraw allain lag,
wan es was noch nit heller tag,
groß was ir clag,
auß irs hertzen grunnde,
hilff got das ich nit winschen mag,
So wer es noch nit heller tag,
so leg ich noch
an liebes arm verbunden,
fraw venus seür hat mich entzint,

wan ich an dich gedencke,
mein hertz ist dir in trew verpflicht
von dir wil ich nit wenden,
ich wil auch nit emperen dein,
ich schleüß dich in dz hertze mein,
du dunckst mich wol ain kayfferin sein,
Ja wa du bist bey dë weyben,
ich wil auch wol vertrawen dir,
du kumest auch bald schier zu mir,
kumbst du nit schier,
So will ich stet beseyben.

Neben der ersten Strophe ein Holzschnitt: drei Personen an einem Tische sitzend, während ein Diener Speisen aufträgt. Die bei Görres, Altdeutsche Volks- und Meisterlieder S. 117—120 und bei Goedeke-Tittmann, Liederbuch aus dem sechzehnten Jahrhundert S. 359—362 abgedruckten Fassungen dieses Gedichtes welchen von der unsrigen vielfach ab.

Blatt 7: Ein new lied in dem thon es taget in dem often das liecht |
nach vorliegendem Blatte abgedruckt bei Wackernagel, Kirchenlied III, 381 Nr. 457.

Blatt 8: Ein new lied zu ainer sterckung vnd besestigung des Glaubens | den schwach glaubigen zesingen in der neüwen weis |
gleichfalls nach unserem Drucke veröffentlicht bei Wackernagel III, 480—481 Nr. 536, der nach späteren Abdrücken das Lied dem Ludwig Hetzer zuschreibt.

V.

Einzelblatt 12:

Ettliche Teutsch, in Reymen gestellt, kurtzweylig | vnd leicht zu mercken, ein yede schlöß | bedeüt ihnen tag.

<small>Sonntagbuchstab.</small>

Jenner 31.

A ☽ Beschnittens sind dreh künig fiert,
Sant Pauls der erst Einsiedel wiert.
Antoni, Bastion seind fro,
Pauls ward bekört zdamasco.

Hornung 28.

D ☽ Die Liechtmeß kompt das sicht man gern,
Apion treybt auß dem loch den beern.
Das glaub ich drumb,
Sant Peter Matheis bricht das eyß.

Mertz 31.

D ☽ Her fert der Mertz mit kielem wind,
Der groß Sant Gregor fert die lind.
Gertrut die fert die garten bol,
Maria ward gegrüsset wol.

von Adolf Schmidt.

Aprill 30.

M ¶ Aprill vnd Ambroſi gilt,
Haben vetz ain freyen mût.
Inn plumen vnd im grünen cler,
Wóyg vnd Marx kommem auch da her.

May 31.

¶ S. Philipps Creütz findt in grüner aw,
Tarinn ſpacieren man vnd fraw.
Zh ſuchen luſt in Mayen ſchein,
Urban ſchön macht gûten wein.

Brachmon 30.

E ¶ Brachmond bawt die felder weit,
Wann vns dann kompt der hayiy Sant Veit.
So iſt die Sonnen wend nit frei,
Johannes tanſſt Sant Peter.

Hewmon 31.

M ¶ So Marci übers bürg hingeet,
So bringt die handhtag Margret.
Die fûß des Herren walcht Mablen,
Sant Jacob ſucht Hoſpanien.

Augſtmon 31.

E ¶ Im Auguſt die Sonn hauß zindet,
Der bitz L'Aurentz empfindet.
Maria ſpilt der hymelfart,
Sant Bartlome hat ſein bart nit gſpart.

Herbſtmon 30.

F ¶ Gily ſach das gwilb ſich da leüts
Marei geburdt höcht das Creütz.
Birn öpffel rot vnd arel,
Mattheus bricht darzu hilfft jm Michel.

Weinmon 31.

M ¶ Rüb vnd traut Franciſcus gent,
Den wein man ſißt zur ſelben zeyt.
Gall vnd Lucas die ſagen das,
Seh growalich kalt vmb Simon Judas.

Wintermon 30.

T ¶ All Heyligen frönen ſich gar ſeer,
Das vns Martin iſt kommen her.
Guten moſt trinckt yederman,
Sant Catarein ſacht es An.

Chriſtmon 31.

F ¶ Milter Biſchoff Sant Niclas,
Maria vor empfangen was.
Rain zweyfel iſt Sant Thoman bey,
Das Chriſtus menſch geboren ſey.

Die erste Zeile der Überschrift, die Namen der Monate und die Anzahl der Tage, die beiden Worte 𝔖𝔬𝔫𝔱ä𝔤𝔩𝔦𝔠𝔥 𝔟𝔲𝔠𝔥𝔰𝔱𝔞𝔟. und die Buchstaben selbst, endlich innerhalb der Verse die gesperrt gedruckten Wörter sind rot gedruckt. Immer zwei Verse bilden eine Zeile, an deren Schlusse ein Punkt steht, der gleichfalls rot ist, wenn das letzte Wort rot gedruckt ist. Zu den von Karl Pickel „Das heilige Namenbuch des Konrad Dangkrotzheim." Strassburg 1878. (Elsässische Litteraturdenkmäler I.) S. 45 ff. und Zeitschrift für deutsches Altertum 24, 132—144 besprochenen zehn hochdeutschen Cisio-Jani kommt der vorliegende als der elfte hinzu, von Silben-Cisio-Jani sind demnach bis jetzt 3 hochdeutsche Bearbeitungen bekannt. Die Überlieferung ist eine gute, nur im Hewmon scheint etwas nicht in Ordnung zu sein; vermutlich ist das e in 𝔥𝔢𝔯𝔯𝔢𝔫 zu synkopieren und statt 𝔥𝔲𝔫𝔡ß𝔩𝔞𝔤 zu lesen 𝔥𝔲𝔫𝔡ß𝔩𝔞𝔤𝔢 oder statt 𝔐𝔞𝔯𝔠𝔦 wie im Augstmon und Christmon 𝔐𝔞𝔯𝔦𝔞. Margret fällt dann wie in Basel, Strassburg und Konstanz auf den 15., statt auf den 13. Juli. In den beiden letzten Versen des Welsmons ist hinter 𝔓𝔦𝔯𝔞𝔰 eine Silbe zu viel, man kann die streichen. Der Buchstabe des Augstmons ist 𝔊, nicht 𝔉. Der Cisio bietet nur die gebräuchlichsten Heiligennamen und giebt also über seine Heimat keine Auskunft. Dass er jedenfalls dem südwestlichen Deutschland angehört, zeigt neben der Feier des Margarethentages am 15. Juli die alemannisch gefärbte Sprache.

VI.
Blatt 16: 𝔇𝔢𝔯 𝔇𝔲𝔯𝔠𝔥𝔩𝔢𝔲𝔠𝔥𝔱𝔦𝔤𝔰𝔱𝔢𝔫 𝔊𝔯𝔬ß𝔪𝔢𝔠𝔥𝔱𝔦𝔤𝔢𝔫 𝔉ü𝔯𝔰𝔱𝔦𝔫, 𝔉𝔯𝔞𝔴𝔢𝔫 𝔉𝔯𝔞𝔴𝔢𝔫 | 𝔐𝔞𝔯𝔦𝔞, 𝔷𝔲 𝔓. 𝔳𝔫𝔡 𝔓. 𝔯. 𝔎ü. 𝔤𝔢𝔟𝔬𝔯𝔫𝔢 𝔈𝔯𝔱𝔷𝔥𝔢𝔯𝔷𝔬𝔤𝔦𝔫 | 𝔷𝔲 𝔒𝔰𝔱𝔢𝔯𝔯𝔢𝔦𝔠𝔥 𝔵. 𝔑𝔢𝔴 𝔤𝔞𝔫𝔱𝔷𝔩𝔦𝔠𝔥 𝔏𝔦𝔢𝔡. |
Über dem Text drei Reihen Noten. Es ist das bekannte Lied „Mag ich Unglück nit widerstan", nach unserem Blatte abgedruckt bei Wackernagel III, 119 Nr. 157. (Vgl. Johannes Bolte, „Königin Maria von Ungarn und die ihr zugeeigneten Lieder" in der „Zeitschrift für deutsches Altertum" 35, 435—439. 1891.)

VII.
Blatt 18: 𝔈𝔦𝔫 𝔫𝔢𝔴 𝔏𝔦𝔢𝔟 𝔳𝔬𝔫 𝔡𝔢𝔯 𝔥𝔞𝔶𝔩𝔦𝔤𝔢𝔫 | 𝔗𝔯𝔦𝔣𝔞𝔩𝔱𝔦𝔤𝔩𝔞𝔶𝔱, 𝔳𝔫𝔡 𝔞𝔦𝔫𝔦𝔤𝔩𝔞𝔶𝔱 𝔡𝔢𝔰 | 𝔊𝔩𝔞𝔲𝔟𝔢𝔫𝔰 𝔷𝔲 𝔰𝔦𝔫𝔤𝔢𝔫. |
Zwischen Überschrift und Text zwei Reihen Noten. Nach vorliegendem Blatte abgedruckt bei Wackernagel III, 698—699 Nr. 805.

Darmstadt. Adolf Schmidt.

Recensionen und Anzeigen.

Sudhoff, Karl, Versuch einer Kritik der Echtheit der Paracelsischen Schriften. I. Theil. Die unter Hohenheims Namen erschienenen Druckschriften. Berlin, 1894. Georg Reimer. XIV u. 722 S. in 8°.

Es wäre allerdings auffällig gewesen, wenn dem Angriffe, der von Seiten der Humanisten und Reformatoren auf den Aristoteles der Scholastik gemacht wurde, nicht ein ähnlicher von Seiten der Mediziner und Naturforscher gegen die pseudoaristotelische Behandlung der naturwissenschaftlichen Disciplinen unternommener sich zugewellt hätte. Dieser ist auch erfolgt. Aber der Mann, der ihn unternahm, war in seiner Methode wenig sicher und ein mystisch-phantastischer Denker. Da er nirgends in seinem Leben eine bleibende Stelle gefunden hat und schon darum sich auf allerlei Weise durchschlagen musste, war sein Erfolg von Anfang an ein sehr fragwürdiger und schliesslich ein gänzlich missrathener. Der Name des Philipp Theophrast von Hohenheim (1493—1541), der jenen Angriff unternahm, hat daher den Beigeschmack von etwas Schwindelhaftem bekommen. Hat man doch die Worte: „Bombast, bombastisch" von dem Namen dieses Mannes, der dem alten schwäbischen Adelsgeschlechte der Bombaste angehörte, ernstlich abzuleiten versucht! Und noch schlimmer ist es ihm mit seinen Schriften gegangen. Wohl auf den Namen keines Schriftstellers der Neuzeit ist so viel gefälscht worden als auf den von Hohenheim, der endlich so sehr hinter dem ihm beigelegten: „Paracelsus" zurücktrat, dass jetzt die ganze um ihn abgelagerte Literatur die paracelsische genannt wird. Der Herr Verfasser des uns vorliegenden Buches hat ihm deshalb auch den Nebentitel gegeben: „Bibliographia Paracelsica. Besprechung der unter Theophrast von Hohenheims Namen 1527—1893 erschienenen Druckschriften". Den Lesern des C. f. B. ist Herr Dr. K. Sudhoff durch mehrere bibliographische Arbeiten (Jahrgang VI S. 537 u. f., X S. 318 u. f. u. 354 u. f.) wohl bekannt. Ein seltener Vogel unter den praktischen Aerzten beschäftigt er sich mit der medizinischen Litteratur des 16. Jahrhunderts wie kaum ein zweiter, nachdem sein Freund Dr. Eduard Schubert gestorben ist. Nicht rasch fertig, sondern gewissenhaft das von ihm zu bearbeitende Stoff von allen Seiten zusammentragend, will er jetzt die Aufgabe lösen, die Gestalt des Theophrastus von Hohenheim aus dem Halbdunkel klar herauszuarbeiten, in das er von seinem ersten Auftreten an bis auf unsere Tage durch ein unglückliches Geschick, eigene Schuld und die Bosheit und den Leichtsinn seiner Gegner und Freunde und Verherrlicher gestossen worden ist. Um das zu können, musste man zunächst alle die Schriften untersuchen, welche auf den Namen von Hohenheims lauten, und die ächten von den unächten scheiden. Herr Dr. Sudhoff hat zwar auch in der Neuzeit in diesem ernsten Bemühen Vorgänger gehabt. Namentlich sind hier Dr. Fr. Mook und John Ferguson zu nennen. Aber wie unvollkommen waren auch die besten dieser Arbeiten, und wie oft fiel der arme von Hohenheim immer von Neuem wieder in die Hände von Dilettanten oder Schwindlern! Herr Sudhoff hat schon auf einen solchen im C. f. B. X, 316 hingewiesen. Jetzt will er selbst in drei Theilen, von denen unser Band den ersten bildet, sich an das grosse Werk machen. Wenn der zweite Theil, der eine Untersuchung der noch vorhandenen Handschriften von Hohenheims bringen soll, und der dritte, welcher die Ächtheit der auf dessen Namen lautenden Druckschriften und Manuscripte untersuchen und eine authentische Darstellung von dessen Lehren geben soll, ebenso gründlich gearbeitet sein werden, wie der vorliegende, so wird uns jetzt nach Jahrhunderten zum ersten Male wieder der ächte Philippus Theophrastus von Hohenheim vor die Augen treten. Unter 518 Nummern hat Herr Sudhoff alle ihm bekannt gewordenen Schriften, die unter Hohenheims Namen erschienen sind, verzeichnet. Die Anordnung derselben ist eine chronologische, in fünf Perioden werden diese Ausgaben untergebracht, welche von 1527—1893 reichen. Ein zweites Verzeichniss umfasst die ohne Jahresangaben erschienenen Drucke. Weitere Zusammenstellungen: Uebersicht der Sammelausgaben, Uebersicht der nicht in den Husser'schen Ausgaben enthaltenen im Drucke erschienenen Schriften, die Herausgeber der Paracelsischen und die Verleger und Drucker Hohenheimscher Schriften bilden Ergänzungen der bibliographischen Aufzählung der Schriften, von der ein sehr gut gearbeitetes Namensregister den Schluss bildet.

Da Herr Sudhoff Jahre lang an seiner Bibliographie gesammelt und die meisten der aufgeführten und beschriebenen Schriften eingesehen hat, sei es, dass er sie selbst besitzt oder von den verschiedensten Bibliotheken verschiedener Länder hat kommen oder sie dort einsehen lassen, so bin ich nicht im Stande irgend einen Nachtrag zu dem Buche zu leisten. Besitzt doch die Hallesche Universitätsbibliothek nur sehr wenig schon von Herrn Sudhoff benutzte Litteratur zur Vergleichung. Nach längerer Durchsicht des Werkes glaube ich aber doch versichern zu können, dass diesen „Werk seines Meister lobt" und dass dadurch eine Schuld an dem merkwürdigen Manne abgetragen wird, dessen Bild so lange in der Geschichte der Medizin und der Naturwissenschaft haltlos hin und her geschwankt hat. O. H.

Zakład naukowy imienia Ossolińskich skreślił Dr. Wojciech Kętrzyński dyrektor tegoż zakładu, Lwów, fundnaszem zakładu Ossolińskich w komisie księgarni Pawła Starzyka. 1894. IV, 87 S. 7 Tafeln.

Die in Lemberg in diesem Sommer (1894) veranstaltete allgemeine gallische Ausstellung hat den Director des Ossolińskischen Institutes veranlasst, den Besuchern der Sammlungen einen Führer und eine Geschichte derselben darzubieten. Die erste Hälfte des geschmackvoll ausgestatteten Buches (S. 1—41) erzählt die Schicksale der von dem auch als Schriftsteller bekannten Grafen Josef Maximilian Ossolinski (1748—1826) im Jahre 1817 gestifteten Bibliothek, für die er das aufgehobene Kloster der Karmeliterinnen erwarb; 1823 wurden die Sammlungen des Grafen Heinrich Lubomirski als Museum Lubomirski mit ihr vereinigt. Da aber das Gebäude in Trümmern lag, musste ein Neubau aufgeführt und erst 1833 konnte der Lesesaal eröffnet werden. Anfangs hatte das Unternehmen mit grossen Schwierigkeiten zu kämpfen. Die Publikationen, welche dasselbe statutenmässig herausgeben sollte, mussten bald wieder eingestellt werden, die Regierung war in Folge der polnischen Erhebung von 1830—31 dem „Nationalinstitut" durchaus abgeneigt; es wurden sogar 1834 die Druckerei und lithographische Anstalt geschlossen und der Director Słotwiński auf die Festung Kufstein abgeführt. Alle seit 1830 erworbenen Bücher wurden von einer Regierungscommission auf Staatsgefährlichkeit untersucht, 415 Werke mit Beschlag belegt und auf der Universitätsbibliothek unter Verschluss gebracht, wo sie zum Theil 1848 mit dieser verbrannten. Nach 1840 wurden wenigstens der Verwaltung die Kataloge zurückgegeben, der Bau der Bücherräume konnte fortgesetzt werden, die Zeitschrift erschien wieder. 1847 wurde auch die Druckerei freigegeben. Als 1856 der erste Kurator, Graf Heinrich Lubomirski, in Dresden gestorben war, wurden seinem Sohne, Grafen Georg Lubomirski, von der Regierung solche Beschränkungen auferlegt, dass er sich weigerte, die Leitung des Instituts zu übernehmen, und die Regierung an seiner Stelle des Grafen Mauritius Dziedzuszycki zum Kurator bestellte: unter ihm war der bekannte polnische Historiker August Bielowski Bibliothekar, die Sammlungen und das Gebäude erfuhren unter dieser „vormundschaftlichen Aufsicht" stetige Vermehrung und Erweiterung. 1869 hob das Ministerium Hohenwart diese staatliche Bevormundung auf und Graf Lubomirski trat nach 18 Jahren sein rechtmässiges Amt an (1869—1872), ihm folgte 1872—82 Graf Kasimir Krasicki, dann Graf Andreas Lubomirski, der noch jetzt an der Spitze des Institutes steht.

Im 2. Theile (S. 45—60) giebt Kętrzyński eine Uebersicht über die Sammlungen: die Bibliothek (deren jährlichen Zuwachs wir aus den Jahresberichten in diesen Blättern regelmässig verfolgen) mit jetzt 112000 Werken, das Museum Lubomirski (Bilder, Skulpturen, Münzen, Gypsabgüsse und 30 Urkunden), das Vermögen der Stiftung. Ein dritter Abschnitt zählt (S. 61—76) die Beamten auf, die Kuratoren, ihre wissenschaftlichen Stellvertreter, die Verwalter des Vermögens, die Directoren (1851—76 A. Bielowski), die Kustoden (1872—74: Wł. Wisłocki), Konservatoren des Museums, Scriptoren, Secretäre (1871—75: Stanislaw Smolka), Amanuensen u. Stipendiaten. Von S. 77—84 sind die zahlreichen Publikationen des Instituts mitgetheilt, den Schluss bilden S. 85, 86 die Statuten des beim Jubiläum des jetzigen Vicekurators Malecki gestifteten Stipendiums. M. P.

Oscar Grulich, Geschichte der Bibliothek und Naturaliensammlung der Kaiserlichen Leopoldinisch-Carolinischen deutschen Akademie der Naturforscher. Mit einem Titelbilde. Halle 1894. Druck von E. Blochmann & Sohn in Dresden. Für die Akademie in Kommission bei W. Engelmann in Leipzig. IX u. 300 S. gr. 8°. 6 M.

Den Lesern des C. f. B. dürfte der Inhalt dieser Festgabe der Leopoldinischen Akademie zur zweihundertjährigen Gründungsfeier der Universität Halle im allgemeinen nicht ganz unbekannt sein. Von den „Leiden und Freuden einer wandernden Bibliothek" gab im zweiten Jahrgange dieser Blattes (S. 117—135) der Leiter derselben, Dr. Grulich, einen kurzen Bericht, der, an sich schon manches Interessante bietend, nunmehr durch diese ausführlichere Publication eine willkommene Ergänzung findet. Die Lückenhaftigkeit oder Unzuverlässigkeit der die Bibliothek betreffenden Angaben bei den Geschichtsschreibern der Akademie, Büchner und Neigebaur, musste früher oder später doch einmal den Anlass zu einer genaueren Behandlung der Bibliotheksgeschichte geben, und so ist denn bei passender Gelegenheit, zum Jubiläum des derzeitigen Sitzes der Akademie, die vorliegende Schrift ans Licht getreten. Dieselbe macht formell und inhaltlich ihrer Bestimmung alle Ehre. Sie zerfällt in zwei Hauptabschnitte: I. Von der Gründung bis zum Verfall der Sammlungen 1731 — 1819 (Vorgeschichte; Nürnberg, Erfurt, Erlangen; Präsidium Baier I, Büchner, Baier II, Delius, Schreber, Wendt, Nees von Esenbeck); II. Von der Neubegründung der Bibliothek bis zur Gegenwart 1819—1894 (Bonn, Dresden, Halle, seit 1879; Präsidium Kieser, Carus, Behn, Knoblauch). Die den einzelnen Namen beigegebenen, kurzen biographischen Anmerkungen leisten dem Leser bei der Orientirung gute Dienste; ebenso dankenswerth sind die angehängten Personen- und Sachregister. — Die Bibliothek der am Neujahrstage 1652 gestifteten Akademie wurde am 17. September 1731 von dem damaligen verdienstvollen Präsidenten derselben, Johann Jacob Baier (1730—1735), dessen Bildnis in Lichtdruck das Titelblatt ziert, bei einem Bestande von kaum 100 Bänden für eröffnet erklärt, während sie zur Zeit mehr als 45300 Bände und 80 Handschriften zählt. Den Mittelpunkt der ganzen Sammlung bilden die durch den Tauschverkehr eingehenden Gesellschaftsschriften, über deren Zahl und Umfang schon die Thatsache genügende Auskunft zu geben vermag, dass die Akademie am 1. Oktober 1893 mit 533 gelehrten Gesellschaften und Instituten ihre Schriften austauschte. Dazu kommen die bei der Aufnahme neuer Mitglieder in der Regel eingelieferten Schriften derselben, freilich zum grossen Theile Separatabzüge aus Zeitschriften, die von der Bibliothek bereits gehalten werden, und daher für den Bestand derselben von etwas problematischem Werthe. Will man letztere nicht als Doubletenballast betrachten, so wird man sie weniger zu den Bücherbeständen, als zu den biographischen Archivalien über die einzelnen Mitglieder zu rechnen haben. Weiter auf die vom Verf. anschaulich und gründlich geschilderten, überaus wechselvollen Schicksale und den Inhalt der grade in ihrer Specialität, den Gesellschaftsschriften, höchst werthvollen und reichhaltigen Bibliothek einzugehen, müssen wir uns hier versagen; als besonders interessant sei nur die durch geschickte Combination von Gr. S. 35 ff. wiederhergestellte ursprüngliche Form der Katalogisirung und Aufstellung der Bibliothek hervorgehoben, die einzig wegen ihrer Originalität bemerkenswerth ist, an Zweckmässigkeit allerdings alles zu wünschen übrig liess. Danach bestand die Signatur der einzelnen Bücher aus einem Buchstaben (grosses und kleines Alphabet, Uncialform und Cursive) mit darauffolgenden Punkten und einer Ordnungszahl. Mit jedem Buchstaben war ein Schrank gemeint; Punkte bezeichneten die (sechs) Fächer innerhalb desselben, und die Ziffern gaben die Reihenfolge der in einem Schranke stehenden Bände an. Da mit dem Zunehmen der Punkte auch die Ordnungszahlen steigen, die Formate dagegen sich verkleinern, so enthielt die durch Einen Punkt gekennzeichnete Abtheilung stets Folio, und es war jede systematische Gruppe nicht weiter sachlich gegliedert, sondern nach den vier Hauptformaten von unten nach oben aufgestellt. Dass beim Fortschreiten der Katalogisirung und durch Accessionen dieses ganze System in die Brüche ging, ist sehr erklärlich. — Ein „Blick in die Zukunft" schliesst Grulichs Darstellung. Scharf und klar hat te Verf. sich schon vor zehn Jahren am Ende des oben genannten Aufsatzes über die unsichere Zukunft der Bibliothek ausgesprochen. Dass die stetig wachsende Bibliothek wegen des drohenden Raummangels noch einmal auf die Wanderschaft gehen könnte, ist unter allen Umständen schon wegen der Kostspieligkeit ausgeschlossen; Verf. empfiehlt, zeitig den Plan eines Neubaus am gegenwärtigen Sitze der Akademie möglichst in der Nähe der Hallischen Universitätsbibliothek ins Auge zu fassen. Die Mittel dazu müssten aus dem Verkaufe des der Akademie gehörenden Grundstücks in Dresden, aus dem übrigen verfügbaren Vermögen sowie durch staatliche Beihülfe aufgebracht werden. Auf letztere würde man nur dann rechnen können, wenn die Akademie als Aequivalent ihre Bibliothek, deren Benutzung noch immer höchst ungenügend ist, in den Dienst der Oeffentlichkeit stellen wollte. Unseres Erachtens würde es unniehst zweckmässiger sein, zu gunsten der Bibliothek die Publication der von der Akademie herausgegebenen, sehr kostspieligen Nova Acta auf eine Reihe von Jahren etwas einzuschränken. Gegen die Vereinigung der Akademiebibliothek mit einer Universitätsbibliothek verhält sich Verf. ziemlich skeptisch (vgl. S. 259—260); seine Bedenken vermögen wir allerdings nicht in ihrem vollen Umfange zu theilen. Jedenfalls hat er das Seine gethan, um das Interesse der ihm unterstellten Bibliothek zu wahren, und es wird nicht an ihm liegen, wenn seine Mahnung, der drohenden Gefahr zeitig vorzubeugen, ungehört verhallen sollte. C. Haeberlin.

Fletcher, William J. Public Libraries in America. Boston, Roberts Brothers, 1894. kl. 8°. 169 S. $ 1. (Columbian Knowledge Series, Nr. 2.)

Der Verf. ist Librarian von Amherst College, Mitherausgeber, bezw. Herausgeber von Poole's Index, sowie des First und Second Supplement dazu, des Annual literary Index, des A[merican]- L[ibrary]- A[ssociation]-Index, endlich einer der fleissigsten und ausgezeichnetsten Mitarbeiter am Library Journal.

Sein Buch kommt in Amerika einem zweifellosen Bedürfnis entgegen. Grässels treffliche „Grundzüge der Bibliothekslehre" haben hier zwar bei vielen die verdiente Anerkennung gefunden; allein die grosse Mehrzahl der amerikanischen Bibliotheksbeamten beherrscht das Deutsche doch nicht in dem Masse, dass sie das Werk mühelos lesen könnten. Verschiedene Versuche, es ins Englische zu übertragen, sind leider gescheitert. Englische Arbeiten derselben Tendenz aber — man findet sie aufgeführt bei Grässel S. 20 und 350; füge hinzu Greenwood, Public Libraries, a History of the Movement and a Manual for the Organization and Management of rate-supported Libraries, 4th Ed., London 1891 — sind entweder veraltet oder entsprechen aus anderen Gründen nicht den Bedingungen, die man hier an ein Handbuch stellt.

Der Stoff ist in die folgenden 14 Kapitel vertheilt: I. The Public-Library Movement; Its History and Significance. II. Library Laws; how Libraries have been established. III. The Public Library and the Community. IV. Library Buildings. V. Classification and Catalogues. VI. Minor Details of Library Management. VII. Selection and Purchase of Books. VIII. Reference-Work. The Public Library in relation to the Schools, to University Extension etc. IX. The Librarian; his Work and his Training for it. X. The American Library Association. XI. A few representative Libraries. XII. Special Libraries. XIII. Public Libraries in Canada. XIV. The Future of the Public Library. Man sieht, das Buch ist teils Bibliothekskunde, teils Bibliothekslehre. Man sieht auch leicht, dass die Disposition nicht nach einem strengen Princip entworfen ist. Innerhalb dieses Rahmens jedoch ist alles Wesentliche behandelt, und wenn man den Gedanken hier und da bestimmter formuliert wünschte, so steht die Bescheidenheit des Verf. — das darf nicht unerwähnt bleiben — überaus wohlthuend ab von der Arroganz, der man nicht selten in amerikanischen Werken begegnet, und die nur ebenso häufig mit unglaublicher Ignoranz gepaart ist.

Angehängt sind 7 Appendices: I. Scheme of Classification. II. Special Collections. III. Sunday Opening of Libraries. IV. Gifts to Libraries — ein Rabenesblatt im Buche von amerikanischer Bürgertugend und nicht das einzige. V. Statistics. VI. Library Rules. VII. Biographic Sketches.

Das Buch ist ferner ausgestattet mit Bildern von Bibliotheken, Bibliothekaren etc. Man vermisst sehr ungern ein Bild des liebenswürdigen und tüchtigen Cutter, der für den guten Ruf amerikanischer Bibliotheken im Auslande nicht weniger gethan hat, als Poole, Winsor oder Spofford.

Papier und Druck, wie die übrige Ausstattung sind musterhaft. Ein hässlicher Druckfehler begegnet S 14; l. beto noire.

Das Buch ist, wie es auch gar nicht anders von Fletcher zu erwarten war, ein gutes und wird, wenn das noch nötig ist, dem Verf. sicherlich auch in Europa viele Freunde erwerben. Dass man Alles billige, wird er nicht fordern. Ich hebe aus der Fülle des Gebotenen ein paar Einzelheiten heraus, weniger um zu berichtigen oder eine abweichende Meinung zu begründen, als um dies und jenes zur Sprache zu bringen, das zum Besten unseres Standes und unserer Anstalten nicht oft genug wiederholt werden kann.

Die einleitenden Bemerkungen zur Geschichte der öffentlichen Bibliotheken (S. 9 — 10) sollten mehr geben. Von Rom und Constantinopel ist nicht die Rede. Ebensowenig von Petrarca, Richard de Bury, Niccoli und Cosimo de' Medici. Der Einfluss der Reformation ist unterschätzt. Das Richtige hätte der Verf. z. B. aus Dziatzko, Entwickelung und gegenwärtiger Stand der wissenschaftl. Bibliotheken Deutschlands, Leipzig 1893, S. 6 — 7 entnehmen können. S. 61 sähe ich gern von vom Verf. sicherlich gebilligten Satz an die Spitze gestellt, dass der Katalog einer öffentlichen Bibliothek durchaus nicht in der Weise einer Bibliographie ausgearbeitet werden muss. Wie es nur zu häufig geschieht, macht der Katalogsbeamte einen grossen Teil der mühseligen und langwierigen Arbeit des Accessionisten noch einmal. Dann fügt er dann noch dies und jenes, wie möglichst alle Vornamen, Geburts- und Todesjahr des Autors etc., das — und ganz besonders in einer Bibliothek mehr gelehrten Charakters — wiederum viel Zeit und Geld kostet. Am Ende enthalten die Zettel eine Menge Dinge, an denen 99 unter 100 Benuchern gar nichts liegt. In der Litteratur zu dieser Frage, S. 61, hat der Verf. vergessen, auf seine Address of the President, Libr. Journ. Bd. 17 No. 6, zu verweisen, die es verdiente, durch Sonderabdruck weitere Verbreitung zu finden. Wo der Verf. die Frage berührt, wer für die Vermehrung der Bibliothek zu sorgen habe (S. 71, vgl. auch S. 22), hätte ich gewünscht, dass er energischer für die Selbständigkeit des Bibliothekars eingetreten wäre. Wenn, wie das thatsächlich häufig vorkommen soll, der Bibliothekar nicht ein einziges Buch kaufen darf — obwohl er von dessen Wert überzeugt ist, und obwohl dessen schleunige Anschaffung von einem Benutzer gewünscht wird —, ohne die Erlaubnis der Direktoren eingeholt zu haben, wozu sich gewöhnlich nur einmal im Monat Gelegenheit bietet, — so ist das weder eines Mannes von seiner gesellschaftlichen Stellung würdig, noch dient es zum Wohl der Bibliothek. Ueberhaupt könnte das Standesbewusstsein stärker ausgebildet sein. Es verletzt jedesmal mein Gefühl, wenn mir ein Katalog in die Hände fällt, auf dessen Titelblatt es heisst: Printed by Order of the Trustees, während der Name des Bearbeiters, wofern er sich findet, irgendwo sonst im Katalog versteckt ist. Heisst es etwa auch: Painted by Order of Mrs. Smith? Wenn sich der Verf. S. 50 beklagt, dass der Beruf des Bibliothekars in Amerika nicht als gelehrter Beruf anerkannt werde, so muss ich dem entgegenhalten, dass ja auch die Zahl der gelehrten Bibliothekare hier verhältnismässig sehr, sehr klein ist. Sicherlich wird das anders werden. Das Heil aber erwarte ich nicht von den Library Schools, deren Berechtigung ich übrigens für den Augenblick, wo die Bibliotheken wie die Pilze aus der Erde schiessen, nicht bestreite. Ein Umschwung zum Bessern wird erst dann eintreten, wenn die Zulassung zum Bibliotheksdienst von der Absolvierung eines mindestens

3jährigen Kursus auf einer anerkannt tüchtigen Universität — ihre Zahl ist nicht gross — abhängig gemacht wird. Für Universitätsbibliotheken und Reference Libraries wären die Bedingungen noch höher zu schrauben. S. 82 lase ich gern etwas mehr über den Bibliothekar in seinem Verkehr mit dem Publikum. Es sei hier eins erwähnt. Meinen Beobachtungen zufolge geht der amerikanische Bibliothekar in seiner Zuvorkommenheit gegen den Besucher hier und da weiter, als er sollte. Der Beamte hat seiner Pflicht genügt, wenn er zum Besucher sagen kann: Messo l'ho innanzi: ormai per te ti cita. Wird ihm dann noch — um beim Bilde zu bleiben — das Kauen zugemutet, so weigere er sich dessen. Man spricht hier soviel von der erzieherischen Aufgabe des Bibliothekars. Nun gut, so erziehe man gegebenen Falls den Besucher zu ernster Arbeit und gönne ihm die reine Freude des Selberfindens.

Chicago (The Newberry Library). Dr. K. Pietsch.

Katalog der Ornamentstich-Sammlung des Kunstgewerbe-Museums. Mit 200 Abbildungen. Leipzig, E. A. Seemann 1894. VIII u. 480 S. 6 M., geb. 7 M. 50 Pf.

Ein ganz eigenartiges Werk, das in der Anordnung lediglich praktischen Gesichtspunkten folgt, dabei aber doch dem Bibliographen und Kunstfreunde reiches Material bietet, ist der vorliegende Katalog, welcher unter Leitung des Direktors der Bibliothek des Berliner Kunstgewerbe-Museums, Dr. P. Jessen, entstanden ist. Die Ornamentstichsammlung dieses Museums besitzt nur wenige Werke aus der Frühperiode, aber sie ist von ungemeiner Reichhaltigkeit für die Zeit von etwa 1550 bis zum Ausgang des vorigen Jahrhunderts. Das Material, Einzelblätter und Druckwerke zusammen, ist in Gruppen (Sammelwerke, Ornamente, Klein-Ornament, Gefässe und Geräthe, Schlosserarbeiten, Instrumente, Möbel, Wagen und Schiffe, Stickmuster, Baukunst, Gartenkunst, Perspective, Decoration, Figürliches, Feierlichkeiten, Schrift und Druck) getrennt und die Anordnung in diesen ist die chronologische. Jede Nummer erfährt zunächst eine ausführliche bibliographische Beschreibung mit Angabe der Seitenzahl, der Anzahl der Tafeln, der Plattengrösse derselben, des Erfinders, Zeichners, Stechers bezw. Holzschneiders, daran schliesst sich in Cursivschrift für den Praktiker die Angabe, welche Arten von Gegenständen vornehmlich in dem Werke abgebildet sind. Am Schlusse des Ganzen findet sich ein Namenregister, bei dem jedoch aus stilistischen Rücksichten zumeist die Blüthezeit des Künstlers und nur in selteneren Fällen dessen Lebensdauer angegeben ist, und an dieses schliesst sich ein chronologisches Nachregister, welches ein geradezu ausgezeichnetes Hilfsmittel zur Orientirung bildet. Das Werk, dessen Preis ein ungemein billiger ist, bietet nicht nur für Kunst- und Gewerbeschulen sowie Museen ein unentbehrliches Hilfsmittel, sondern beansprucht wegen einiger seiner Abtheilungen auch einen Platz in allen grösseren Bibliotheken. W. L. Schreiber.

Mittheilungen aus und über Bibliotheken.

Die Selbständigkeit der Königlichen Bibliothek zu Bamberg, beziehungsweise die Unabhängigkeit von dem K. Lyceum daselbst, (s. C. f. B. 1894 S. 588) ist jetzt von dem K. Bayerischen Staatsministerium ausdrücklich anerkannt worden. O. H.

Diebstahl im Vatikan. Aus Rom wird den Zeitungen geschrieben: In der vatikanischen Bibliothek wurde vor wenigen Tagen ein frecher Diebstahl verübt, das Gestohlene aber glücklicherweise wieder entdeckt, so dass es zurückerstattet wird. Damit verhält es sich also:

Beim italienischen Ministerium des öffentlichen Unterrichts präsentirte sich ein elegant gekleideter Mann, nannte sich „Professor Kaplan" und trug

einige werthvolle Miniaturen aus dem elften Jahrhundert zum Kauf an. Der
Sekretär des Ministeriums lehnte den Ankauf ab, erinnerte sich aber, diese
Miniaturen in der vatikanischen Bibliothek gesehen zu haben, und gab deswegen
sogleich zwei Geheimpolizisten den Auftrag, den „Herrn Professor" zu
verfolgen und ihn nicht mehr aus den Augen zu lassen.
Inzwischen wurde der Präfekt der vatikanischen Bibliothek von dem
Handel benachrichtigt und dieser entdeckte mit Entsetzen, dass eine mit Miniaturen
gezierte Heilige Schrift — ein Manuscript von ausserordentlichem
Werthe — fehlte. Alsbald wurde der Dieb gefasst, was auch in seiner
Wohnung unverkauft vorgefunden wurde und was er bereits bei einzelnen
Antiquaren um einen Spottpreis verkauft hatte, mit Beschlag belegt. Der
Dieb heisst Raphardi, stammt aus Biancavilla in Sicilien, ist Privatgelehrter
und hatte Zutritt zur vatikanischen Bibliothek, um „zu studieren".
Einundvierzig Miniaturen waren aus einer Handschrift von 1100 herausgeschnitten.
Von ihnen sind 80 wiedergefunden. In einer Handschrift der
Trionfi di Petrarca waren 17 Miniaturen herausgeschnitten. Ein sehr schönes
Miniaturbildniss der Laura Petrarcas war in Florenz verkauft.
In Folge dieses schändlichen Diebstahles fanden am 2. Januar die Besucher
der Vaticana die Thüren bis auf Weiteres geschlossen. Nach neueren
Nachrichten sind sie aber wieder geöffnet und nur eine strengere Bibliotheksordnung
ist erlassen worden: die Benutzer erhalten je nur eine Handschrift, nicht
mehrere gleichzeitig; die Mappen der Besucher der Bibliothek werden bei
ihrem Austritte aus der Bibliothek einer Durchsicht unterworfen u. s. w.

Wiederholt ist in den letzten Jahren, auch in dieser Zeitschrift, auf
die Zwickauer Rathsschulbibliothek und deren Schätze besonders
aus der Reformationszeit die Aufmerksamkeit gelenkt worden. Jetzt weist
nun ein Aufsatz von M. Schilling im 4. Hefte der Mittheilungen des Alterthumsvereins
für Zwickau und Umgegend S. 78—90 auf die Bedeutung dieser
Bibliothek auch für die politische Geschichte hin. Dieselbe besitzt nämlich
eine umfangreiche Flugschriftenliteratur, hauptsächlich aus dem 16. und 17.,
aber auch aus dem 18. Jahrhundert, die für die Geschichte der öffentlichen
Meinung werthvoll ist und namentlich für die Zeit des 30 jährigen Krieges
mannigfache Ausbeute verspricht.

Auf handschriftlichen Quellen derselben Bibliothek beruht ein in dem
gleichen Hefte (S. 24—77) abgedruckter Aufsatz von Richard Beck: Aus
dem Leben Joachim Fellers. Feller, Professor in Leipzig, wurde 1675
zum Bibliothekar der Universitäts-Bibliothek, „Bibliothecarius Paulinus", gewählt
und hat sich als solcher um die bei Uebernahme seines Amtes etwa
50 000 „libri" zählende Büchersammlung grosse Verdienste erworben. Bemerkenswerth
und für ihn charakteristisch ist, was er in bezug auf die Amtsführung
seines Vorgängers äusserte: „Was nützen die aufgehäuften Schätze,
wenn sie so schwer zugänglich sind". Hr.

Die Statistik der Universitäts-Bibliothek zu Amsterdam für das Jahr
1894 weist eine Besucherzahl von 24876 Personen auf, gegen das Jahr 1890
eine Zunahme um 11806; die höchste Ziffer an einem Tage betrug 138
(1890: 93). Auf der Bibliothek wurden im Laufe des Jahres eingesehen
35760 Bücher (1890: 13225) und ausgeliehen 10302 (1890: 4828). Handschriften
wurden in 304 Fällen benutzt und zwar auf der Bibliothek 221,
ausserhalb derselben 142 (1890: 35 bez. 78). Die Benutzung von Karten
belief sich auf 412, davon in der Bibliothek 180, die übrigen, 226, wurden
entliehen. Seit dem Jahre 1890 hat also die Amsterdamer Bibliothek eine
Steigerung in der Benutzung um mehr als das Doppelte erfahren. Hr.

In der wissenschaftl. Beilage zum Jahresbericht des Dorotheenstädtischen
Realgymnasiums in Berlin (Ost. 1894) behandelt John Koch die ehemalige
Gesellschaft für deutsche Sprache, in Berlin 1815 gestiftet, deren

Büchersammlung, aus 830 Werken in 1230 Bänden und Heften bestehend, 1891 dem genannten Realgymnasium geschenkt worden ist. Die Sammlung enthält ausser einer Anzahl von Drucken des 16. Jahrh. eine Sammlung von Verdeutschungswörterbüchern und Sprachlehren aus dem Ende des vorigen und Anfang des jetzigen Jahrh., eine Reihe von Ausgaben altdeutscher Texte und Zeitschriften, überdies einige Handschriften, die Koch a. a. O. S. 28—32 beschreibt. W.

Der Jahresbericht der Stadtbibliothek Zürich über das Jahr 1893 widmet zunächst dem langjährigen Aktuar und Präsidenten dieser Bibliothek Prof. Georg v. Wyss warme Worte ehrenden Nachrufs. Sein Nachfolger im Amte eines Präsidenten der Stadtbibliotheks-Gesellschaft wurde Dr. C. Escher; als neues Mitglied trat dem Konvent bei Dr. Th. Ziesing. Die Mitgliederzahl hat sich von Ende 1892 bis Ende 1893 leider nur wenig gehoben, nämlich von 131 auf 134. Der Bericht erwähnt dann auch die Stellung der Stadtbibliothek zur Landesbibliothek; bei Anlass dieser Frage ergab sich auch die für das Bibliothekariat selbst überraschende Entdeckung, dass die Stadtbibliothek Zürich mit der Bürgerbibliothek Luzern, die als die grösste Helvetica-Bibliothek gilt, wenigstens was die Einträge bis 1835 betrifft, siegreich concurriren kann und erst von 1835 in zweite Linie zurücktritt. — Vermehrt wurde die Sammlung im Berichtsjahre um 2181 Bände, 861 Broschüren etc. Von diesen wurden 827 Bücher und 215 Broschüren angekauft; alles übrige waren Schenkungen. Die Anschaffungen beanspruchten 7080 Fr. resp. als Reinausgabe 6532 Fr. Von den Arbeiten des Bibliothekariats heben wir die Anlage des Ergänzungsbandes zum gedruckten Katalog hervor. Vom 1. Oktober 1892 bis 30. September 1893 wurden 7314 Bücher nach Hause bezogen. Die Currentrechnung zeigt bei 24.931 Fr. Ausgaben einen Rückschlag von 859 Fr. Der Vermögensbestand ergiebt bei einem Rechnungsvorschlag von 3732 Fr. auf 31. Dezember 1893: 103,791 Fr.

Einbeck. Auf Veranlassung des Herrn Bürgermeister Troje besorgte bei gelegentlicher Anwesenheit in seiner Vaterstadt Einbeck Buchhändler Hans Ellissen aus Leipzig die Ordnung und Katalogisirung der dortigen etwa 2500 Bände umfassenden Stadtbibliothek. Die alte Hansa- und Hauptstadt des ehemaligen Fürstenthums Grubenhagen ist ausser mit den vollständig und grossentheils doppelt vorhandenen umfangreichen hannoverschen, preussischen und Reichsgesetzsammlungen, sowie zahlreichen, besonders das provinziale, landdrostliche und städtische Verwaltungswesen umfassenden Werken und Gesetzesausgaben namentlich reichhaltig mit der bezüglichen historischen Litteratur, auch mit langen Reihenfolgen alter hannoverscher, altonaer und hamburger Zeitungen („Reichspostreuter" etc.) versehen. Daneben haben aus früheren Jahrhunderten eine stattliche Reihe hauptsächlich römisches und deutsches Recht umfassender Folianten, sowie (aus dem Zusammenhang mit den städtischen Kirchen und Schulen, auch mit gelehrten Einbeckern, die u. a. ihre Dissertationen den Einbecker Magistratspersonen zu widmen liebten) etliche Werke verschiedener Gebiete, insbesondere der Philologie und Theologie, sich erhalten. Einstweilen wurde nur ein systematischer Zettelkatalog angefertigt.

Die grosse Briefhandschrift der Königlichen Bibliothek zu Hannover, den Codex epistolaris Imperatorum, Regum, Pontificum, Episcoporum, dessen Inhalt bereits H. Sudendorf bekannt gegeben, beschreibt Willibald Hanthaler im Neuen Archiv der Gesellschaft für ält. deutsche Geschichtskunde Bd. 20 (1894) S. 209 ff., indem er „die reiche Briefsammlung ihrem Inhalt nach mit ganz besonderer Rücksicht auf die Vorlagen und den Werth der erhaltenen Abschriften möglichst kurz charakterisirt, damit jeder Forscher auf einschlägigen Gebieten erfahre, ob eine Collation der Abschriften des Codex nothwendig sei oder nicht!" W.

Mittheilungen aus und über Bibliotheken. 139

Der Vorstand der **Stadtbibliothek zu Lübeck**, Herr Dr. C. Curtius, hat seinen Jahresbericht über die ihm anvertraute Bibliothek für 1893 erstattet und gleichzeitig ein Verzeichniss der Erwerbungen der genannten Bibliothek erscheinen lassen. Die Bibliothek ist im J. 1893 um 2079 Werke in 2351 Buchbinderbänden gewachsen. Ausgeliehen wurden 4227 Bände.

Zu dem Handschriften-Kataloge der **Grossherzogl. Badischen Hof- und Landesbibliothek in Karlsruhe** ist Beilage II erschienen, die eine Beschreibung der romanischen Handschriften von Herrn Ferdinand Lamey und der deutschen Handschriften von Herrn Theodor Längin bringt. Die Beschreibung dieser Handschriften durch die beiden Gelehrten war als Gelegenheitsschrift zur Begrüssung des Neuphilologentages in Karlsruhe im Mai 1894 erschienen und wird hier, durch ein alphabetisches Register vermehrt, allgemein zugänglich gemacht.

Die Bibliothek des Criminalistischen Seminares zu Halle.
Vom 1. April 1888 datirt die Entstehung derselben durch Ueberweisung des eigenen Bücherbestandes seitens des damaligen Professors Fr. v. Liszt zu Marburg, welcher 1890 mit der Neugründung nach Halle a. S. übersiedelte. Aus Staatsmitteln erhielt dieselbe vom 1. April 1888 an bis Juni 1890 etwa 2800 Mk., worin sich aber die Summen für sächliche Anschaffungen einbegriffen finden. In Halle stehen dem Leiter jetzt jährlich 2400 M. zu Anschaffungen einschl. Buchbinderarbeiten zur Verfügung, wobei stillschweigend die Summe von 600 M., welche als Remuneration für die Leitung des Seminares dienen soll, zu den sachlichen Kosten geschlagen ist.

Der Bücherbestand betrug im S.-S. 1888 2443 No., wobei Zeitschriften, Sammelwerke wie die Gintenlag'sche Gesetzsammlung, mehrbändige Werke, verschiedene Auflagen wie gewöhnlich für eine No. gezählt werden; der Schluss des Wintersemesters 1888/89 sah die Zahl auf 2720 No. angewachsen; am Schluss des Sommers 1889 wird als Ziffer 2932 angegeben; am 1. Juni 1890 zählte man 3415 No.

Am 15. Oktober 1893, als Unterzeichneter die bibliothekstechnische Arbeit übernahm, gab der Realkatalog 4459 No. an; am 1. November 1894 war diese Zahl auf 5141 gestiegen.

Der Realkatalog zerfällt in 9 grosse Abschnitte, die erste Zahl giebt den Bestand am 15. Oktober 1893, die zweite am 1. November 1894 an.

Strafrecht, allgem. Theil	15	Unterabschnitte	396	445
„ besond.	„	17	492	542
Criminalpolitik		11	1091	1393
Ausserdeutsches R.		15	629	638
Pressrecht		8	114	119
Gesetze, Zeitschriften, Entscheidungen, Sammelwerke		4	123	117
Geschichte des [Straf]rechts		11	371	390
Strafprocessrecht		6	210	240
Privatrecht		8	199	267
Oeffentl. R.		4	177	228
Civilprocess		7	134	145
Recht der deutsch. Einzelst.		15	222	240
Oesterr. Recht		11	180	199
Bibliographie, Biogr., Unterricht, Wörterb. etc.			110	130
			4459	5140

d. h. Zuwachs rund 700 No. binnen Jahresfrist.

Dabei ist der Zuwachs an Zeitschriften nicht gerechnet. Von diesen hält die Bibliothek eine grosse Reihe, während eine noch bedeutendere durch Austausch der v. Liszt'schen Zeitschrift für die ges. Strafr. eingeht, bezüglich von Ministerien überwiesen wird.

Hervorzuheben ist ferner, dass sich der Zuwachs voraussichtlich stetig steigern wird, da namentlich der Brauch von Ausländern Zuwendungen zur Folge hat. So gehen z. B. die strafrechtlichen Dissertationen aus den Niederlanden regelmässig ein, während in Preussen, geschweige denn in Deutschland, eine derartige Verfügung nicht besteht.

Zeitraubend für den Bibliothekar ist ferner, dass sehr viel Broschüren eingestellt werden, was ausser der Titelschreibung in Real- und Zettelkatalog noch ein drittes, wenn auch abgekürztes Titelschreiben bedingt.

Ausserdem liegt dem jeweiligen Bibliothekar das Einstellen der benützten Bände ob. Die Bibliothek ist selbstverständlich Praesensbibliothek.

Dr. E. Roth.

In den Acta societatis scientiarum Fennicae T. 19 (Helsingfors 1893) beschreibt unter Nr. 2 J. J. Tikkanen eine illustrirte Klimax-Handschrift der vatikanischen Bibliothek Cod. gr. Nr. 1754, aus dem 11.—12. Jhdt. Der Verfasser des Werkes Joannes Sculasticus oder Climacus lebte bis um 581 und ist durch seine Erbauungsschrift: Klimax oder Paradiesleiter bekannt.

W.

Über die 1643 begründete Bibliothek des Knelphöfischen Stadtgymnasiums zu Königsberg i. Pr. handelt in der zum 350jährigen Jubiläeum der Universität 1894 herausgegebenen Festschrift der höheren Lehranstalten Königsbergs Dr. Ernst Mollmann. Die anfangs ganz auf freiwillige Gaben angewiesene Bibliothek zählt jetzt 2407 Werke in 5103 Bden und etwa 21000 Schulprogramme. (Die Arbeit Mollmanns ist auch besonders als Beilage zum Osterprogr. des Knelphöf. Gymn. 1894 erschienen.) Ht.

Vermischte Notizen.

In dem Etatsentwurf für das Königreich Preussen für 1895/96 sind die Bibliotheken in folgender Weise berücksichtigt:

1. Es liegt in der Absicht, den Direktoren der Universitäts-Bibliotheken von Königsberg, Berlin, Greifswald, Breslau, Halle, Kiel, Marburg und Münster, welche bisher (ausser Münster) ein Gehalt bis zu 6000 M., im Durchschnitt 5400 M. (in Berlin mit Ortszulage von 600 M.) bezogen, Dienstalterszulagen von 4500 M. ab mit 300 M. nach je 3 Dienstjahren bis auf 6600 M. zu gewähren. Der Etat erhöht sich dadurch um 2700 M.

2. Die Hülfsbibliothekare haben schon jetzt Remunerationen von 1500, 1650 und 1800 M. wie die wissenschaftlichen Hülfslehrer, aber sie steigen zu den höheren Gehaltssätzen nur auf, wenn Vakanzen eingetreten sind, nicht wie die Hülfslehrer nach 2 resp. 3 Jahren. Diese grössere Sicherung soll den Hülfsbibliothekaren zugestanden werden. Der Etat steigt dadurch um 1800 M.

3. Bei der Königlichen Bibliothek in Berlin ist die Errichtung zweier neuer Bibliothekarstellen beabsichtigt.

4. Zur Annahme ausserordentlicher Hülfskräfte sollen bei der Königlichen Bibliothek 4000 M., bei den Universitäts-Bibliotheken Königsberg und Berlin je 1200 M. bereitgestellt werden. Es ist dabei nur an Leute gedacht, die sich nicht der Bibliothekar-Laufbahn zu widmen gedenken, sondern die z. B. als Pensionäre mit Katalogisirungsarbeiten beschäftigt werden.

5. Zur Verstärkung der Bücher-Vermehrungsfonds sind bei der Universitäts-Bibliothek in Greifswald 2000 M., bei derjenigen in Marburg 1000 M. vorgesehen.

6. Behufs Herstellung eines Gesammtkatalogs der in den Preussischen Bibliotheken vorhandenen Bücherschätze sollen 15000 M. als erste Rate (von 300000 M. insgesammt) flüssig gemacht werden.

Nebenbei sei bemerkt, dass als Beitrag zu den Kosten der Bearbeitung des grossen lateinischen Wörterbuches (Thesaurus latinitatis) eine erste Rate von 5000 M. (von insgesammt 100000 M.) in den Etat eingestellt worden ist.

Vermischte Notizen.

Vor einigen Wochen lief durch die Zeitungen (s. oben S. 49) eine Nachricht von der Entdeckung einer Karolinger Handschrift in der Münsterkirche zu Essen. Die betreffende Handschrift ist aber schon seit ca. 10 Jahren bekannt. Herr Professor Dr. Jostes (Freiburg in d. Sch.) hat wohl zuerst wieder auf sie aufmerksam gemacht. Die Handschrift scheint aber auch nicht dem 9., sondern dem 11. Jahrhundert anzugehören, obwohl sie allerdings ursprünglich für einen König Ludwig geschrieben ist. So theilt man mir nachträglich auf eine Anfrage aus Essen mit und verweist auf eine demnächst erscheinende Publication über die Münsterkirche von Humann.
O. H.

Eine bisher nicht bekannte Arbeit Lessings: Anmerkungen zu den Fabeln des Aesop veröffentlicht Prof. Dr. Richard Förster in Breslau in dem soeben erschienenen Hefte der Zeitschrift für vergleichende Litteraturgeschichte (N. F. VIII S. 87—116). Förster hat dieselbe gelegentlich von Vorarbeiten zu einer Rehdke-Biographie auf der Breslauer Universitäts-Bibliothek aufgefunden.
H.

Der Schluss des von Herrn H. Omont redigirten Katalogs der Nouvelles acquisitions du Departement des Manuscrits de la Bibliothèque Nationale pendant les années 1882—83 findet sich in der Bibliothèque de l'Ecole des Chartes T. LV 1894 p. 211—258. — Von dem von Herrn Omont in der Revue des Bibliothèques 1894 im Mai- und Junihefte publicirten Inventaire des Manuscrits grecs et latins donnés à Saint-Marc de Venise par le Cardinal Bessarion en 1468 ist jetzt auch ein Separatabdruck bei Emile Bouillon in Paris erschienen. — Zu den Fragmenten der berühmten Genesishandschrift, welche einst R. Cotton gehörte, und die jetzt im British Museum aufbewahrt werden, hat jetzt derselbe Gelehrte neue Bruchstücke in der Bibliothèque de la Société des Antiquaires de France T. LXX p. 163—172 veröffentlicht, nach einem Facsimile, das für Peiresc angefertigt war und sich jetzt in einem Sammelband der Bibliothèque Nationale in Paris befindet. — Ein Verzeichniss griechischer Abkürzungen, das einst Angelo Politiano angefertigt hat und das zuerst von Du Cange in dessen griechischem Glossarium mitgetheilt war, hat Herr H. Omont photographiren lassen und mit einem erläuternden Texte in der Revue des Etudes grecques T. VII versehen. — In der Revue de l'Orient latin T. II hat schliesslich Herr Omont den Verlagscontrakt zwischen dem P. F. Michel le Quien und dem Pariser Buchhändler Nicolaus Simart über die Veröffentlichung des berühmten Werkes: Oriens christianus nach dem in der Bibliothèque Nationale erhaltenen Originale abdrucken lassen.
O. H.

In den Urkunden zur Geschichte der Stettiner Ratsschule in 3 Jahrhunderten, die Hugo Lemcke im Programm des Stett. Stadtgymnasiums veröffentlicht, sind als Abt. 2 (1894) die in Betracht kommenden Artikel der Pommerschen Kirchenordnung von 1535 und von 1563 abgedruckt. In unserem lautet im Kapitel „van der Kerken" ein Abschnitt „van Librien" folgendermassen: „Vnd syndt van den Steden van Parben vnde Klöstern etliche Librien, dar denne etlike gude böker vnne syndt, welcke vtzunder yemmerlick vnde schmellick verkamen vnde vörbracht werdden, dat men dar över ock beneken vnde vörordenen wylle, dat sulcke wol tho hope vorsammelt werden, vnde van eyner yewelcken Stad eyne gemeyne Liberie geholden werde, vör de Parners, Predikers, Scholmesters vnde Schulgesellen".
W.

Einige Notizen über die Herberger'sche Bibliothek finden sich in Moritz Friebe's Geschichte der ehemal. Lateinschulen Fraustadts, Beilage zum Jahresbericht des Gymn. in Fraustadt 1894.
W.

In einer Arbeit über die Schulen im heutigen Westfalen vor dem 14. Jahrhundert (Jahresbericht des Paullnischen Gymnasiums zu Münster i. W. 1894) berücksichtigt der Verfasser, Josef Frey, in anerkennenswerther Weise

auch die Bücherschätze der Klöster, Stifte u. s. w., deren Schulen er behandelt.
W.

Aus der Handschrift Nr. 572 der neuen lateinischen Erwerbungen in der National-Bibliothek zu Paris, Fol. 1v°, wird in der Bibliothèque de l'Ecole des Chartes 55 (1894) S. 232 eine Anweisung für einen Copisten des 15. Jahrh. abgedruckt.
W.

Die von Copinger in seinem Incunabula biblica unter No. 123 in das Jahr 1500 gesetzte Lyoner Bibel (in off. Jacobi Sacoali) gehört dem Jahre 1515 an, wie in der Bibliothèque de l'Ecole des Chartes 55 (1894) S. 233 nachgewiesen wird.
W.

Die grösste Bibel der Welt befindet sich in Rom im Besitze des Papstes. Sie ist in hebräischer Sprache geschrieben und wiegt 320 Pfund. Drei Männer können sie kaum tragen. Im Jahre 1512 soll ein Syndikat venetianischer Juden dem Papst Julius II. die Abgabe der heiligen Schrift gegen das Gewicht derselben in Gold angeboten haben, doch der Papst vermochte sich nicht, trotz der grossen Summe, welche ihm geboten wurde, von seinem Schatz zu trennen. Bei dem jetzigen Goldwerth würde das heilige Buch nach seinem Gewicht in Gold 1½ Millionen Mark werth sein. (Allgem. Evang.-Luth. Kirchenzeitung 1894. S. 648.)
W.

In den Sitzungsberichten der Königl. böhmischen Gesellschaft der Wissenschaften, Classe für Philos., Gesch. u. Philol., 1893 ist als Nr. XI veröffentlicht ein dem böhmischen Museum in Prag gehöriges Bruchstück einer Pergamenthandschrift des Barlaam und Josaphat von Rudolf von Ems und als Nr. XV ein in demselben Museum befindliches Bruchstück einer Papierhandschrift des Renners von Hugo von Trimberg, beide eingeleitet und beschrieben von V. E. Mourek.
W.

In den Sitzungsberichten der Königl. böhm. Gesellschaft der Wiss., Classe für Philos. etc., 1893 bildet No. VII Ferd. Tadra's: Lhůří veřejného notáře va 14. století z rukopisu c. k. vel. a univers. Knihovny Prazské, deren No. 67 folgendermassen lautet:

Instrumentum vendicionis unius vel plurimorum librorum.

In nomine Domini etc. Nobilis vel discretus vir dominus A. ibere et absolute vendidit tradidit et concessit venerab. viro domino N. quoddam volumen librorum legalium, quod informatum vulgariter concupator, scriptum in quaternis cartarum, quod incipit in textu principalis folii sic: in principio erat verbum etc. et finit in eadem cartha in textu sic: plenum gracia et veritate, et dictum volumen in manibus sibi tradidit pro precio X florenorum boni et puri auri de Florencia, quos quidem florenos venditor confessus fuit et recognovit se habuisse et recepisse a N. predicto etc....
W.

Eine Zusammenstellung und bibliographische Beschreibung sämmtlicher 13 bekannten Ausgaben von Johannes Clajus' Grammatica Germanicae linguae findet sich in der von Friedrich Weidling veranstalteten neuen Ausgabe derselben (Aeltere deutsche Grammatiken in Neudrucken herausgegeben von John Meier. II. Strassburg, Trübner 1894. 8°). Weidling hat mit Ausnahme des 157s von Wyriot in Strassburg hergestellten Druckes von jeder Ausgabe mindestens ein Exemplar persönlich eingesehen, giebt auch bei jeder an, in welcher Bibliothek Exemplare derselben vorhanden sind.

Eine mit grosser Sorgfalt ausgearbeitete bibliographische Uebersicht der litterarischen Thätigkeit des ehemaligen Capodistriauer Bischofs und späteren protestantischen Publizisten Pietro Paolo Vergerio giebt Friedrich Hubert in seiner Schrift: Vergerios publizistische Thätigkeit nebst einer bibliographischen Uebersicht. Göttingen, Vandenhoeck und Ruprecht

1893. 8°. S. 255—310. Die Bibliographie schliesst sich natürlich an ihre letzte Vorgängerin, die Arbeit von E. Weller im 19. Jahrgange des Serapeums (1858) an, verzeichnet jedoch 45 Schriften mehr als diese.

Dass auch heut zu Tage bisweilen noch sehr hohe Preise für jene Bücher gefordert werden, beweist eine von der Kelmscott Press hergestellte Folio-Ausgabe des Chaucer, deren auf Pergament gedruckte Exemplare nicht weniger als 120 £ = 2400 M. kosten sollen.   Ht.

Die Bibliothek des bekannten Naturforschers Prof. Karl Vogt in Genf ist von der rumänischen Regierung erworben worden. Nicht für einen festen Kaufpreis; sondern Vogt soll dafür auf Lebenszeit eine jährliche Rente von 12000 Fr. erhalten und seine Frau für den Fall, dass sie ihn überlebt, eine solche von 4000 Fr.   Ht.

Eine Feuersbrunst vernichtete in der Nacht zum 8. Januar die über 5000 Bde. starke Büchersammlung des Ober- und Landesrabbiners Dr. J. Hamburger in Strelitz. Auch die gesammte neueste Auflage seines Buches: Real-Encyklopädie für Bibel und Talmud, die er auf eigene Kosten hatte herstellen lassen, fiel den Flammen zum Opfer. Eine Feuersbrunst hat auch am 13. Dezbr. vor. Jhrs. in der im Schlosse des Grafen Pallavicini in Jamnitz in Mähren befindlichen Bibliothek zahlreiche Bücherschätze, besonders deutsche und französische Werke, zerstört.

Nach der Allgem. Evang.-Luther. Kirchenzeitung 1894 Sp. 859 ist 1894 in Triest die werthvolle Bibliothek des Orientalisten Prof. Jones aus England durch eine brennende von einer Katze umgestürzte Petroleumlampe in Flammen aufgegangen. Die vernichtete Bibliothek enthielt u. A. eine reiche Bibelsammlung.   W.

Die Strassburger Dissertation Karl Schorbachs (1894) über „Entstehung, Ueberlieferung und Quellen des deutschen Volksbuches Lucidarius" verzeichnet nicht nur über dreissig, zum grossen Theil bislang unbekannte Handschriften des genannten Volksbuches, sondern beschreibt auch dessen alte Drucke mit bibliographischer Treue. — In erweiterter Gestalt ist die Arbeit Schorbachs unter dem Titel „Studien über das deutsche Volksbuch Lucidarius und seine Bearbeitungen in fremden Sprachen" als 74. Heft der Quellen und Forschungen zur Sprach- und Culturgeschichte der germanischen Völker herausgegeben.   W.

Die Allgemeine Evangelisch-Lutherische Kirchenzeitung 1894 Sp. 834 schreibt: Im Jahre 1893 wurden 202560 ganze Bibeln, 276731 Neue Testamente und 45071 Bibeltheile verbreitet, davon 214287 bez. 111449 und 13509 durch deutsche Bibelgesellschaften. Die britische Bibelgesellschaft hat im Jahre 1893 in der Schweiz und in Deutschland 202271 Bibeln bez. Bibeltheile abgesetzt. Im Ganzen hat dieselbe in dem Vereinsjahre 1892/93 versandt 4049756 Heilige Schriften. Seit dem Gründungsjahre 1804 hat sie bis jetzt verbreitet 135804552 Exemplare, ausgegeben im Ganzen 233624057 M. Die Zahl der Sprachen, in der sie die Heilige Schrift verbreiten lässt, beträgt 320.   W.

Die schleswig-holsteinische Landes-Bibelgesellschaft hat im Jahre 1893: 3147 Bibeln und Neue Testamente abgegeben, davon 660 bezw. 168 in dänischer, die übrigen in deutscher Sprache. Seit ihrer Stiftung im Jahre 1815 hat die Gesellschaft 120975 Heilige Schriften verbreitet.   W.

Zur Geschichte des Trier-Metzer Unschdrucks. Im Jahrgang 1887 dieser Zeitschrift S. 241 ff. hat Hennen in einem Aufsatze — auch be-

144   Vermischte Notizen.

sondern abgedruckt unter dem Titel: Triers Wiegendrucke nebst Beiträgen
zur Kölnischen Buchdruckergeschichte im 15. Jahrhundert von Dr. Hennen.
Zweite veränderte Ausgabe. Im Selbstverlag des Verfassers. Trier, 1887.
Druck von O. Troschel — über den ersten Buchdruck in Trier gehandelt
und die beiden einzigen bisher bekannten Drucke, nämlich des Hermann von
Schildis Speculum sacerdotum, Trier 1481, (Hain* 14523) und desselben Expositio symboli Athanasii (Hain 6811) eingehend beschrieben. Eine Erklärung
der auffallenden Thatsache, dass Trier nach diesen beiden unbedeutenden
Leistungen für fast 100 Jahre wieder aus der Reihe der Druckerstädte aus-
scheidet, ist er uns dagegen schuldig geblieben; ebensowenig hat er versucht,
die nabeliegende Frage nach dem Verbleibe der ersten Trierer zur Herstellung
der genannten Drucke benutzten Typen zu lösen.

Ich bin in der Lage, die Geschichte dieser Typen einen Schritt weiter
zu verfolgen.

Als ich im Juni vorigen Jahres durch das dankenswerthe Entgegenkommen des Trierer Stadtbibliothekars Herrn Dr. Keuffer die dortigen In-
cunabelschätze nach Kölnischen Druckerzeugnissen durchsuchen durfte, fielen
mir zwei Bände in die Hand, in denen ich sofort die Trierer Typen zu erkennen glaubte. Es waren dies:

1) Des Dionysius de Leeuwis Speculum animae peccatricis. Ohne Ortsangabe. 10. Aug. 1482. 4° (Hain 14906; genauer beschrieben von Victor Jacob
in seinem Catalogue des Incunables de la bibliothèque de Metz. Metz 1876,
p. 257 und von Telasier in seinem anonym erschienenen Essai philologique
sur les commencemens de la typographie à Metz et sur les imprimeurs de
cette ville . . . Metz-Paris 1828. p. 9 - 10).

2) Ordnung des Gerichts, ein kleiner Tractat, von dem meines Wissens
eine Beschreibung noch nicht vorliegt.

Ich lasse eine solche hier folgen.

Bl. 1ª m. Sign. aj: Hie beginnet Eyn Ordenung
deß gerichtes kurtz begriffen dar|
durch sich eyn ydlich vor be ge |
richt behelffe vn Ordenige mag ||
ℜ dem namen der heylger vnd vnbeilbertiger |
dryueltikeit Ame/Van ordenug zu reden bezu. |
der zu angedingten fruntlichen Rechten. So | etc. Schluss.

Bl. 16ᵇ Z. 25: habe zu horen der horre |||
Got habe lost vnd band vn|
synner vorspreit Amen :|
16 Bll. m. Sign. aj — bii. 30 Zeilen. Die Ueberschriften, Anfangszeilen
und die 2 Schlusszeilen in grösseren Typen.

Nach genauerer Vergleichung mit dem in der Kölner Stadtbibliothek
befindlichen Exemplare des datirten Trierer Drucks unterliegt es mir keinem
Zweifel, dass auch diese beiden Drucke mit den Trierer Typen hergestellt
sind. Neu findet sich hier nur die Auszeichnungsschrift, die aber ebensowenig wie die Texttypen den Köln-Trierer Ductus verleugnet.

Wir würden hiernach zu der Annahme berechtigt sein, dass auch noch
im Jahre 1482 in Trier gedruckt worden ist, wenn wir nicht aus diesem Jahre
einen datirten mit denselben Typen hergestellten Metzer Druck besässen,
nämlich die Amonitiones ad vitam spiritualem (= Buch I der Imitatio Christi):
⟨J⟩mpresse in ciuitate Metensi, per fratrem Johannem Collini. O| dinis fratrum
Carmelitarum. | Et gerhardum de nous citate. | Anno domini Mille°. CCCC° |
lxxxii° ·|· ·|· ·|· |, beschrieben von Jacob l. c. p. 257, der, nebenbei be-
merkt, auch die Expositio symboli Athanasii als Metzer Druck in Anspruch
nimmt, und von Tekeler l. c. p. 8—9; ein Facsimile der letzten Seite dieses
in einer freien deutschen Reichsstadt hergestellten Druckes giebt Thierry-
Poux in seinen Premiers monuments de l'imprimerie en France au XV. siècle,
pl. XXVIII No. 9.

Damit ist einerseits das Ende des Trierer Buchdrucks im XV. Jahrh.
erklärt, andererseits die Einführung desselben in Metz von Trier aus erwiesen.

Vermischte Notizen.

Ob nun die beiden Metzer Drucker mit ihrem Werkzeug schon in Trier gearbeitet haben und ein Jahr später nach der nahe gelegenen Reichsstadt übergesiedelt sind, oder ob sie nur die Typen von der dortigen Druckerei - Hennen nimmt das Trierer Augustinerkloster als Druckstätte an — erhalten haben, steht noch dahin und muss weiteren Untersuchungen an Ort und Stelle überlassen werden.

Bonn. Ernst Voullième.

Wer die Kapitel- und Verszählung in die Bibeldrucke eingeführt hat, ist durch neuere Untersuchungen sicher gestellt worden; aber keine Untersuchung ist mir über die Frage bekannt, welchem Drucker oder Herausgeber das Verdienst gebührt, zuerst am Rande eines Druckes die Zeilen gezählt zu haben. In unserem zu Ende gehenden 19. Jahrhundert hat, so weit ich weiss, P. de Lagarde's Vorgang wesentlich zu weiterer Verbreitung dieser guten Sitte beigetragen. In seiner „Urgeschichte der Armenier" von 1854 hat sogar je die dritte Zeile ihre Zahl bekommen, und zwar fortlaufend, nicht mit jeder Seite neu beginnend (von 3 — 1122; s. darüber de Lagarde, Aus dem deutschen Gelehrtenleben, Göttingen 1880, 67 f. 72, 95; auch noch an einer anderen Stelle, die ich augenblicklich nicht auffinden kann). Mit Ueberraschung bemerke ich heute, dass schon vor mehr als 300 Jahren kein geringerer als Plantin in der Zellenzählung vorangegangen ist. In „τὸ τῶν βιβλίων μέρος ὃ λέγεται γραφὴ ἤτις εἰρίσκεται Biblorum pars graeca, Quae Hebraice non Invenitur. Antverpiae 1584" (klein 4º) sind auf den ersten 3 Bogen für die Bücher Judit, Tobit und Baruch auf jeder Seite die Zellen am inneren Rand von 5 zu 5 (bis 30) verzeichnet. Mit Bogen D hört das plötzlich auf und beginnt Verszählung, mitten im 4. Kapitel des Baruch, bei V. 24. Womit das zusammenhängt, kann ich nicht sagen. Wie es scheint, giebt es noch eine frühere Ausgabe dieses Werks von 1573, vielleicht noch eine zweite zwischen 1575 und 1584. Ist in diesen diese Zellenzählung auch schon angewandt? und ist es auch vor Plantin schon geschehen? Vielleicht hat ein Bücherkenner die Freundlichkeit, diese Fragen einer Beantwortung werth zu finden.

Ulm. E. Nestle.

Zur Cochlaeus-Bibliographie. Im Mainzer Katholik 1884, I S. 314—322 wies Dr. Falk auf die ausserordentlich seltene Gegenschrift des Cochlaeus vom Jahre 1525 gegen Luthers Schrift gegen die Bauern hin, die auch Janssen entgangen war. Da Falk andere Ausgaben dieser Schrift nicht zu kennen scheint, als die erste deutsche Ausgabe, gedruckt zu Köln bei Peter Quentel 1525, von der nur zwei Exemplare, in München und Dresden, bekannt sind, und da mir auch nicht bekannt ist, dass seitdem anderswo Nachträge zu seiner Mittheilung gegeben worden wären (im Histor. Jahrbuch 1890 S. 594 nur ein kurzes Referat über den Artikel), so dürfte es doch von allgemeinerem Interesse sein, wenn ich hier auf zwei weitere mir zur Zeit bekannte Ausgaben hinweise, von denen die Strassburger Bibliothek Exemplare besitzt.

Noch im gleichen Jahre 1525 veröffentlichte Cochlaeus eine lateinische Uebersetzung: Adversus | latrocinantes et raptorias | as Cohortes Rusticorum. Mar. Lutherus. | Responsio Johannis Cochlaei Vuendelstini. | Catalogus tumultuum & praeliorum in superiori | Germania nuper gestorum. | CXXXII. arti- | culi, excerpti ex seditioso et bapio | libro Mar. Lutheri contra Ecclesiasticos. | Responsio brevis Johannis Cochlaei ad singulos. Anno M. D. XXV. Mense Augusto. | Haec omnia ex Teutonico in latinum translata. Am Schluss: Coloniæ Anno M. D. XXV Mense Septembri. (Ohne Angabe des Druckers.) 79 Blätter 4º. Diese Ausgabe verbindet, wie schon der Titel besagt, mit der Uebersetzung der Antwort gegen Luther und des angehängten „kurtzen Begriffs von aufruhr vnd rotten der Bawren in hohem Teutschland" von Cochläus noch die einer weiteren Gegenschrift desselben gegen Luther. Vorgedruckt ist eine Widmung an den Bischof John Fisher von Rochester: Reverendo in Christo patri ac domino, D. Johanni dei gratia Epo Roffensi in Anglia, doctiss. ac plentiss. ac plane baroleo [sic] Catholicae ueritatis assertori. Johanes Cochlaeus Vuendelstinus ex Germania. S. P. D.

Eine weitere deutsche Ausgabe des Dialogs erschien 1526: W)der die Räubischen vnd | Mordischen rotten der Bawren die vnter dem [schein des] heyligen Euangelions felschlichen wider alle Ober- | keit sich legern vnd emporen. Antwort | Johannis Cocleī von Wendel | stein. Martinus Luther. | Antwort denen so vbel | reden, dem harten Buchlin an die | Aſfeurlichen Bawren | geschrieben. | Martinus Luther. | Anno domini M. D. rrvi. Am | vi. dach des Brachmonets (ohne Angabe des Druckorts). 25 Blätter 4°. Enthält die Antwort gegen Luther, ohne den „kurtzen Begriff." Vorausgeschickt ist statt der Widmungsaschrift an den Rath der Stadt Köln eine neue „Vorred Joannis Coclei von Wendelstein", über die „drey buchlein", die Luther „von inwen hat lassen auß geen". Das dritte dieser Büchlein, die „Antwort denen so vbel reden, dem harten Büchleyn an die Vǒturischen Bawren geschrybten", ist hinter der ersten Antwort vollständig abgedruckt, mit Randnoten von Cochläus. Am Schluss eine „Schluß red Jo. Co." — Das Strassburger Exemplar stammt aus Böckings Bibliothek.

Vielleicht giebt diese Notiz Veranlassung, dass noch andere halb verschollene Schriften des Cochläus gelegentlich wieder ans Licht gezogen werden, und dass wir vielleicht auch endlich einmal eine vollständige Bibliographie des Cochläus bekommen.

Strassburg. F. **Lauchert**.

In dem von Chr. E. Luthardt herausgegebenen Theologischen Literaturblatt 1894 Nr. 33 beginnen Aufsätze über die Vulgata unter Merovingern und Karolingern, die vornehmlich auf der Probearbeit des lutherischen Pfarrers Samuel Berger in Paris: „Histoire de la Vulgate pendant les premiers siècles du moyen âge, Paris 1893" zu beruhen scheinen. W.

In der Zeitschrift „Der deutsche Herold" Jahrgang 1893 S. 2 uff., 52 ff., 71 ff. kritisirt F. Mone die Wappen der deutschen Minnesinger und zwar zunächst diejenigen der Manesse'schen Handschrift. W.

In einem Aufsatze zur Geschichte des Kreuzstiftes in Nordhausen (Zeitschrift des Harzvereins 27. Jg. 1894 S. 122 ff.) veröffentlicht Dechant Hellwig aus der Handschrift: Liber feodalis et censuum perpetuorum ecclesiae sanctae Crucis in Nordhusen, die auf wunderbare Weise von einem Fleischermeister 1876 vor der Vernichtung bewahrt und im Jahre 1322 geschrieben ist, unter anderen Eiden auch das Juramentum scholastici, aus dem folgender Satz hierher gehört: Item quod ad scholas libros canticales sufficienter bonos . . ., sicut ab antiquo est observatum, in scholis procurabo. W.

In dem Archiv des Vereins für die Geschichte des Herzogthums Lauenburg Bd. 4 Heft 2 (1894) ist S. 113 f. das „Privilegium des ersten Druckers in Ratzeburg Nicolaus Nissen" vom Jahre 1609 abgedruckt.

Ebendort werden S. 120 ff. unter der Marke „Zeitungsjubiläum" einige Mittheilungen zur Geschichte der 1818 gegründeten „Lauenburgischen Zeitung" gemacht. Nach diesen haben von den 3400 politischen und Anzeigeblättern Deutschlands nur 61 ein Alter von 100 Jahren und darüber erreicht. In der Provinz Schleswig-Holstein ist nur die „Glückstädter Fortuna" über 100 Jahre alt, nämlich 154 Jahre, von den übrigen 117 Zeitungen der Provinz haben nur 5 ein Alter von über 75 Jahren. Ihnen schliesst sich als nächstältester die Lauenburgische Zeitung an. W.

Ueber den sehr jungen Buchdruck im böhmischen Hinterlande schreibt Robert Lahmer in den Mittheilungen des Nordböhmischen Excursions-Clubs 17. Jg. 1894 S. 140—42. W.

Ueber die italienische Bibel des Mittelalters, d. h. die alten italienischen Uebersetzungen der Bibel handelt Samuel Berger in der Romania Tome 23 (1894) S. 358—432. W.

Ein Verzeichniss der „italienischen Volksbücher auf der Kgl. Hof- und Staatsbibliothek in München und der Kgl. Bibliothek in Berlin" giebt Hermann Varnhagen als Anhang der Storia dela Biancha e la Bruna, Festschrift der Univ. Erlangen zum Hallischen Univ.-Jubiläum, Erlangen 1894. W.

In den „Mittheilungen der Comenius-Gesellschaft" Jg. 1 (1893) S 133 ff. wird nach dem „Volkswohl" ein Artikel über die öffentlichen Bibliotheken Deutschlands wiedergegeben, in dem der Verfasser nachweist, dass die grossen deutschen Bücher-Sammlungen, besonders die Stadt- und Kirchenbibliotheken, einer Neubelebung oder Umwandlung bedürfen, da „sie nicht wie die Königlichen und die Universitäts-Bibliotheken der Förderung der Gelehrsamkeit, sondern der Förderung der Volksbildung, der Versorgung aller Gemeindemitglieder mit gutem Lesestoff zu dienen haben." W.

Eine Uebersicht über die Schwank-Litteratur des 17. Jahrhunderts giebt Ferdinand Gerhard in seiner Heidelberger philos. Dissertation über Joh. Peter de Memels Lustige Gesellschaft, Halle a. S. 1893. W.

Aus dem 1. Heft des neuen Jahrg. 5 (1894 95) der Rivista delle Biblioteche sei hervorgehoben die Bibliografia storica del Giornalismo Italiano von Giuseppe Fumagalli, ein Aufsatz von L. Frati über die Bibliologia des U L Aldrovandi und die Fortsetzung der Bibliogr. delle stampe musicali delle R. Bibl. Estense von V. Finzi. W.

Zum Verbot des cyrillischen Buchdruckes in Krakau im Jahre 1492 entnimmt A. Brückner im Archiv für slavische Philologie Bd. 16 (1894) S. 608 aus dem 13. Bde. der Monumenta medii aevi histor. res gestas Poloniae illustrantia folgenden Satz:
A. 1492. Jan. 13, in capitulo:
Ibidem ex parte bonorabili . . . Turzi civis Cracoviensis rogatum est, qualinus libros per eum impressos Ruthenicos et alios imprimendos sua lima Ptas eum suis dnis admitteret ad publicandum. Qui dnus Rmus Archiepus examinatis vollis dnorum inhibuit et persuasit, ne publicarentur nec imprimerentur de cetero (S. 532. Nr. 2320). W.

In der Einleitung zu seiner Neu-Ausgabe von Thomas Murners Narrenbeschwörung (Neudrucke deutscher Litteraturwerke des 16. und 17. Jahrh. Nr. 119—124) beschreibt M. Spanier alle alten Drucke dieses Literaturdenkmals. W.

Eine altisländische Uebersetzung der biblischen Bücher Tobias, Judith, Esther veröffentlicht J. Beinholm nach einer Handschrift des 9. Jahrh. der Königlichen Bibliothek zu München in Det Kong. Norske Videnskabers Selskabs Skrifter 1892 p. 03—158. W.

Das älteste protestantische Kirchenbuch der Stadt Posen, Ende des 16. Jahrh., beschreibt Heinrich Kleinwächter in der Zeitschrift der Histor. Gesellschaft für die Prov. Posen Jg. 9 (1894) S. 105 ff. W.

In einem Anhange seiner Dissertation über das angelsächsische Haus handelt George Taylor Files „on english miniature drawing of the 10th and 11th centuries. (Leipzig, Phil. Fak. 1893.) W.

Spanische Bibliographieen. 1. Bibliografía española de lenguas indígenas de América por El Conde de la Viñaza. Obra premiada por la Biblioteca Nacional en el Concurso público de 1891 é impresa á expensas del Estado. Madrid. Est. tipográfico „Sucesores de Rivadeneyra" Impresores de la Real Casa, Paseo de San Vicente, núm. 20. 1892. In 8°. XXVII, 427 + 148. Ein grossartiges Werk, das in 1188 Nummern alle bekannten Schriften bibliographisch behandelt, welche von Spaniern über oder in Sprachen der amerikanischen Indianer geschrieben worden sind. Diese Sprachen sind allein sub A. folgende: Abenaki, Abipona, Acamaori. Acaxee oder Topia, Acoma oder Acuco, Acma, Aernamlaim, Acuana, Acubadao, Acuera, Achagua, Acheriguta, Achi, Agule, Agua, Abualulco, Ahomala, Aicore, Almore, Alrica, Aiauari, Akansa, Akeroroto, Alabona, Alagua, Algonquin o Irokes, Allentiac, Amana, Amanipnque, Amaono, Amarizana, Amasifuloc, Amjemahuaro, Amoipira, Amosgo, Anace, Andaqui, Andoa, Apache, Apalache, Apanto, Aplaca, Apollate, Arabuyare, Araco, Arame, Aranhi, Arare, Araaca, Araucano, Aravaco, Aravani, Araya, Arazo, Archidona, Arda, Arenquepono, Arevereano, Aricari, Arinacoto, Aripe, Aroa, Arvaco, Atahuate, Atayo, Ateanaca, Atoara, Atorari, Atore, Atikamek, Anea, Avakiari, Avane, Avaravaño, Avaricoto, Avavare, Aymara. 2. Escritos de los portugueses y castellanos referentes á las lenguas de China y el Japón. Estudio bibliográfico por El Conde de la Viñaza. Lisboa, M. Gomes. Madrid, M. Murillo. Londres, B. Quaritch. Oben am Kopfe: Congreso Internacional de Orientalistas. Lisboa 1892. 139 S. in 4°, auf Büttenpapier. Der gelehrte aragonesische Graf giebt hier die bibliographische Beschreibung der von Spaniern und Portugiesen über die chinesische und japanische Sprache geschriebenen Druckwerke und Manuscripte. Die meisten Werke werden auch von einem biographischen Commentar begleitet. Die typographische Ausstattung dieses nur in 150 numerirten Exemplaren gedruckten und nicht im Buchhandel erschlossenen Werkes ist vorzüglich.
3. Catálogo de la Biblioteca filipina de W. E. Retana. Edición de treinta ejemplares. Madrid, Imprenta de la Viuda de M. Minuesa de los Rios Miguel Servet, 13. — Teléfono 651. 1893. 68 Folios, einseitig gedruckt, auf feinem Büttenpapier. Ein Meisterwerk spanischer Buchdruckerkunst. Es enthält den Katalog der philippinischen Bibliothek des Don Wenceslao E. Retana, welcher zuerst als Journalist in Manila thätig nach seiner Rückkehr nach Spanien sich einem ernsteren Studium des Philippinen-Archipels widmete. 741 Werke beschreibt uns da Retana mit aussenordentlicher Gewissenhaftigkeit. Weniger gewissenhaft ist er in seiner Vorrede, denn hier urtheilt er über meine Bibliotheca Philippina ab, ohne den ersten Theil derselben zu kennen. Retanas Werk ist nur in dreissig Exemplaren zur Vertheilung gekommen.
4. D. Wenceslao E. Retana gab 1893 zu Madrid den Estadismo de las Islas Filipinas des Fray Joaquin Martinez de Zuñiga heraus, welchem Werke er eine Reihe von Appendices beifügte, von denen einer von grossem bibliographischen Werthe ist: Der Appendix B (p. 9.1—852) giebt eine Geschichte der Buchdruckerkunst auf den Philippinen und ein ausführliches, 381 Nummern umfassendes kritisches Verzeichniss von im Texte citirten Büchern, welche mit den Philippinen sich beschäftigen. Die einseitigen Anschauungen des Bibliographen beeinträchtigen nicht das Verdienstvolle seiner Arbeit. F. Blumentritt.

Anfrage.

Unterschriebener bittet höflichst die Herren Bibliothekare und Büchersammler, ihm freundlichst anzeigen zu wollen, welche Amsterdamer Drucke des 16. Jahrhunderts in ihren Sammlungen befindlich sind.

E. W. Moes,

Zweiter Bibliothekar der Universität von Amsterdam.

(Amsterdam, Vossiusstraat 4.)

Neue Erscheinungen auf dem Gebiete des Bibliothekswesens.*)

Mitgetheilt von O. Koller in Leipzig.

Revue des bibliothèques. Année 5, No. 1, Janv. 1895: Quatre catalogues de livres (1519—1570). E. Coyecque. — L'exemplaire de Pline l'ancien d'Agosto Valdo de Padoue et le cardinal Marcello Cervini, L. Dorez. — Catalogue des manuscrits allemands de la Bibliothèque nationale, G. Huet, p. 129—141.

Aarsberetninger og meddelelser fra det store Kongelige Bibliothek. Udgivne af C. Bruun. IV. Bindts 4. Hefte. Kjöbenhavn, Gyldendal. 106 S. 8°. Kr. 1.50

Allen, C. D. American book plates: a guide to their study. With a bibliography by E. N. Nevius. London, Bell & Sons. 430 p. 8°. Sh. 12.6

Blasi, G. de. Dell' ordinamento degli archivi comunali del regno. Potenza, C. Spera. 55 p. 8°.

Bibliographie de la France. Journal général de l'imprimerie et de la librairie publié sur les documents fournis par le Ministère de l'Intérieur. Année 84: 1895. Paris, au Cercle de la librairie, gr. 8°. Par an Fr. 20.—
Paraissant tous les samedis.

Bibliographie, Orientalische, begründet von Aug. Müller, bearbeitet von L. Scherman, herausgegeben von E. Kuhn. Jahrgang VIII: 1894. 1. Halbjahresheft. Berlin, Reuther & Reichard. 133 S. 4°. Subscriptionspreis M. 10.—

Boghandlertidende. Nordisk. Aargang 29: 1895. Kjöbenhavn. 4°. Kr. 3.—
Erscheint wöchentlich und verzeichnet alle in Dänemark, Norwegen und Schweden erscheinenden Bücher.

Börsenblatt für den Deutschen Buchhandel und die verwandten Geschäftszweige. Nebst Beiblatt: Nachrichten aus dem Buchhandel und den verwandten Geschäftszweigen für Buchhändler und Bücherfreunde. Jahrgang 1895. Leipzig, Geschäftsstelle des Börsenvereins. 4°.
Das Börsenblatt ist Eigenthum des Börsenvereins und wird als solches als Manuscript gedruckt und nur an Mitglieder abgegeben, dagegen sind die „Nachrichten" für 6 M. — jährlich für Jedermann erhältlich. Erscheint täglich mit Ausnahme der Sonn- und Festtage.

Brassington, W. S. A history of the art of bookbinding: with some account of the books of the ancients. Illustrated with numerous engravings and photographic reproductions of ancient bindings in colour and monotints. London, Elliot Stock. 280 p. roy. 8°. Sh. 42.—

Buchhändler-Zeitung, Allgemeine. Wochenschrift mit der Beilage: Internationale Litteraturberichte. Red.: E. Thomas. Jahrgang 2: 1895. [52 Nrn.] Leipzig, C. F. Müller. gr. 4°. Vierteljährlich M. 1.20

Das Buchgewerbe. Allgemeiner Anzeiger für den Buchhandel, Druckereien, Buchbindereien, Papier- und Schreibwarenhandlungen, sowie andere verwandte Geschäftszweige. Jahrgang 3: 1895. (24 Nrn.) Leipzig, A. Förstern Verlag. gr. 4°. Postfrei M. 2.—

Catalogue de livres et estampes relatifs à l'histoire de la ville de Paris et de ses environs, provenant de la bibliothèque de feu M. Hippolyte Destailleur. Paris, libr. Morgand. 182 p. 8°.

Claudin, A. Le premier livre imprimé à Agen. Recherches sur la vie et les travaux du premier imprimeur agenais. Paris, Claudin. 21 p. 8°.
Extrait de la Revue d'Agenais.

---

*) Von den mit † bezeichneten Zeitschriften sind nur die Artikel bibliographischen oder bibliothekarischen Inhalts angezeigt. — Die mit * bezeichneten Bücher haben der Redaktion vorgelegen.

150 Neue Erscheinungen auf dem Gebiete des Bibliothekswesens.

Claudin, A. Les origines de l'imprimerie à Sisteron en Provence (1513). Les pérégrinations d'un imprimeur (1507—1513). Imprimerie établie à Servulet, commune de Sisteron, pendant la révolution. Paris, Claudin. 23 p. 8°.
  Extrait du Bulletin du bibliophile.
Delehaye, Hipp. Bibliotheca hagiographica graeca, seu elenchus vitarum sanctorum graece typis impressarum. Paris, A. Picard. 143 p. 8°. Fr. 6.—
Flammazzo, A. Il codice Pantesco della biblioteca di Bergamo illustrato. Udine, G. B. Doretti. 67 p. 8°. L. 3.—
Gillow, J. Literary and biographical history, or bibliographical dictionary of the English Catholics. Vol. 4. New York, Benziger Bros. 12°. cloth. D. 5.—
(Hornale della libreria, della tipografia e delle arti e industrie affini. Supplemento alla Bibliografia Italiana pubblicato dall' Associazione Tipografico-Libraria Italiana. Anno VIII; 1895. Milano, Uffici dell' Associazione Tipografico-Libraria Italiana. gr. 8°. L. 7.— l'anno.
  Esce ogni domenica e compreso il Catalogo annuale delle nuove pubblicazioni della Libreria Italiana che esce in 2 puntate semestrali.
Grothlein, K. Allgemeiner deutscher Theaterkatalog. Ein Verzeichnis der Im Druck und Handel befindlichen Bühnenstücke und dramatischen Erzeugnisse nach Stichworten geordnet. Münster, Ad. Russell's Verlag. IV S. u. 808 Sp. gr. 8°. M. 15.60
Heyd, W. Bibliographie der Württembergischen Geschichte. Band 1. Stuttgart, W. Kohlhammer. XIX, 346 S. 8°. M. 3.—
Jadart, H. Essai d'une bibliographie rethéloise. Catalogue raisonné d'ouvrages manuscrits et imprimés concernant l'histoire et la bibliographie de la ville de Rethel. Rethel, impr. Beauvarlet. 88 p. 8°.
*Jahres-Verzeichnisse der an den deutschen Universitäten erschienenen Schriften. IX: 15. Aug. 1893 bis 14. Aug. 1894. Berlin, A. Asher & Co. III. 304 S. gr. 8°. M. 6.—
Inventaire sommaire des archives départementales antérieures à 1790, rédigé par Arm. Bénet. Calvados. Archives civiles. Série D. tome 2: Université de Caen. Articles 67—644. Caen, Delesques. 333 p, 4°.
 — Rédigé par J. Garnier. Côte d'Or. Archives civiles. Série B. Parlement de Bourgogne. No. 12688—12269. Tome 6. Dijon, imp. Darantière. 383 p. à 2 col. 4°.
Just's Botanischer Jahresbericht. Systematisch geordnetes Repertorium der botanischen Literatur aller Länder. Herausgegeben von E. Koehne. Jahrgang 20 (1892), 1. Abtheilung 2. Heft und 2. Abtheilung 1. Heft. Berlin, Gebr. Borntraeger. I. 2: VII u. S. 433—614 gr. 8°. M. 6.—; II. 1: 272 S. M. 9.—
Legrand, E. Bibliographie hellénique ou description raisonnée des ouvrages publiés par les Grecs au XVII° siècle. Volume 3. Paris, A. Picard & fils. XVI. 561 p. gr. 8°.
 Prix de souscription pour les 4 volumes Fr. 75.—
Lhote, A. Histoire de l'imprimerie à Châlons-sur-Marne. Notices biographiques et bibliographiques sur les imprimeurs, libraires, relieurs et lithographes (1488—1894), avec marques typographiques et illustrations. Paris, lib. Claudin. XII, 234 p. avec gravures, vignettes et planches gr. 4°.
 Tiré à 210 exemplaires numérotés.
Literaturberichte, internationale Wochenschrift für die Interessen der Bücherkäufer und Bücherliebhaber. Jahrgang 2: 1895. [52 Nrn.] Leipzig, C. F. Müller. gr. 4°. Vierteljährlich M. 1.—
Maca, Cost Saggio dell' intero catalogo di centomel codici greci della biblioteca Angelica in Roma totalmente descritti ed illustrati. Fasc. 1. Roma, tip. della Pace di Filippo Cuggiani. P. 1—41. 4°.
de Marsy, Cte. Catalogue des manuscrits de la bibliothèque de la ville de Compiègne. Paris, Plon, Nourrit & Cie. 47 p. 8°.
 Extrait du Catalogue général des manuscrits des bibliothèques.

Neue Erscheinungen auf dem Gebiete des Bibliothekswesens.   151

Marzi, D. Notizie su alcuni archivi della Valdinievole e del Valdarno inferiore. Firenze, M. Cellini. 31 p. 8°.
Meyer, K. Bibliographie: „Corrigenda in the Agallamb na senorah and other texts in Silva Gadelica". Charites, Imp. Durand. 12 p. 8°.
   Extrait de la Revue celtique.
Mourier, A., et F. Deltour. Catalogue et analyse des thèses latines et françaises admises par les facultés des lettres, avec index et table alphabétique des docteurs. Année scolaire 1893—1894. Paris, Delalain frères. 48 p. 8°. Fr. 1.50
Muller, Arn. Annuaire de l'Imprimerie pour 1895. Année 5. Paris, impr. May et Motteroz. 772 p. et planches 8°.
Nieuwsblad voor den boekhandel, uitgegeven door de Vereeniging ter bevordering van de belangen des boekhandels. Redacteur-administrateur: A. S. de Rochemont. Jaargang 62; 1895. Amsterdam, Bestelhuis van den Nederlandschen Boekhandel. 1°. Fl. 10.—
   Verschijnt Dinsdag- en Vrijdagavond.
Novitäten, Medizinische. Internationale Revue über alle Erscheinungen der medizinischen Wissenschaften, nebst Referaten über wichtige und interessante Abhandlungen der Fach-Presse. Redacteur: Th. Lismer. Jahrgang 4; 1895. [12 Nrn.] Leipzig, J. Ambr. Barth. 8°. Vierteljährlich M. —60
Paulhan, Fr. Catalogue de la bibliothèque de Nimes. Vol. 4: Catalogue des legs Gilde et Telssier Rolland. Nimes, imp. Giory. 503 p. 8°.
Pinton, P. Alcuni cenni intorno all' ordinamento dei pubblici archivi, biblioteche, musei ecc. Roma, tip. delle Terme Diocleziane di G. Balbi. 14 p. 8°.
Prager, R. L. Bibliotheca juridico-oeconomico-politica. Verzeichnis einer Sammlung von Werken aus dem Gesammtgebiete der Rechts- und Staatswissenschaften. (Antiquariats-Katalog Nr. 127 — 129 und 130 in 1 Bde.) Berlin, R. L. Prager. VI, 615 S. gr. 8°. Geh. In Leinwand M. 4 —; Ausgabe auf feinem Papier M. 6.—
Preisliste der durch das Kaiserliche Post-Zeitungsamt in Berlin und die Kaiserlichen Postanstalten des Reichs-Postgebiets im Jahre 1895 zu beziehenden Zeitungen, Zeitschriften u. s. w. Mit Nachträgen. Leipzig-It., Expedition des Zeitschriften-Adressbuchs. VII. 366 S. fol. cart. M. 4.70
Preis-Verzeichnis der in der österreichisch-ungarischen Monarchie und im Auslande erscheinenden Zeitungen und periodischen Druckschriften für das Jahr 1895. Nebst Anhang, enthaltend jene inländischen Druckschriften und Sammelwerke, welche von den Buchhandlungen mit Zeitungs-Francomarken versendet werden können und im Preis-Verzeichnisse selbst nicht aufgeführt erscheinen. Bearbeitet von dem K. K. Post-Zeitungs-Amte I in Wien. Wien, H. v. Waldheim. VII. 289 S. gr. 4°. M. 2.—
The Publishers' Circular and booksellers' record of british and foreign literature. Vol. 62; 1895. London, Sampson Low, Marston & Co. limit. 4°. Per annum Sh. 5.6
   Published every Saturday.
Le Répertoire des ventes publiques cataloguées de livres, autographes, vignettes, estampes, aquarelles et tableaux et son index alphabétique descriptif actuellement en cours de publication. Constituent le supplément annuel de tous les manuels de librairie et d'iconologie anciens et nouveaux, publiés sur le modèle du Brunet. Paris, 24 Boulevard Poissonnière. Par an Fr. 30.—
Rimini, G. B. Catalogo generale della biblioteca del club alpino italiano, sezione di Firenze. Firenze, tip. L. Niccolai. 124 p. 8°.
*Rowell, J. C. Classification of books in the library. Berkeley, California. 1894. 49 p. 8°.
   University of California. Library bulletin, No. 12.
*Sammlung bibliothekswissenschaftlicher Arbeiten, herausgegeben von K. Dziatzko. Heft 7: Gregorianisch. Bibliographische Lösung der Streit-

frage über den Ursprung des gregorianischen Gesanges, von W. Brambach. Leipzig, M. Spirgatis. V. 37 S. 6°. M. 1.20

Übersicht, Monatliche, der bedeutenderen Erscheinungen des deutschen Buchhandels. Jahrgang 1895. [13 Nrn.] Leipzig, J. C. Hinrichs'sche Buchh. 8°. M. 1.50

Uzanne, O., et A. Robida. Contes pour les bibliophiles. Paris, May et Motteroz. IV. 235 p. et nombreuses illustrations 4°.

Verzeichnis, Wöchentliches, der erschienenen und der vorbereiteten Neuigkeiten des Deutschen Buchhandels. Jahrgang 54; 1895. [52 Nrn.] Leipzig, J. C. Hinrichs'sche Buchh. gr. 8°. Halbjährlich M. 3.75

Antiquarische Kataloge.

Auer Donauwörth. No. 143: Predigt-Litteratur. 1443 N^{os}.

Baer & Co. Frankfurt. No. 389: Die Balkan-Halbinsel u. Ungarn. 1149 N^{os}.

Bibliograph. Bureau Berlin. No. 5; Geschichte Oesterreichs, Russlands u. d. Balkanstaaten. 1356 N^{os}.

Eisenstein & Co. Wien. No. 14: Werke aus allen Wissenschaften. 234 S.

Elwert Marburg. No. 26: Deutsche Sprache u. Litteratur. 1591 N^{os}.

Harrassowitz Leipzig. No. 203: Europäische Linguistik, die kleineren Sprachgebiete. 847 N^{os}. — No. 204: Romanische Sprachen u. Literaturen. 7840 N^{os}.

Koch Königsberg. No. 73; Deutsche Sprache u. Litteratur. 3556 N^{os}.

Liesching & Co. Stuttgart. No. 60: Theologie. 40 S.

Muller & Co. Amsterdam. Géographie, cartographie, voyages. Afrique, Amérique, Asie, Australie. 2402 N^{os}.

Rohracher Lienz. No. 35: Kathol. Theologie. 3353 N^{os}.

Scholz Braunschweig. No. 1: Städteansichten, Karten, Porträts. 1231 N^{os}.

Stelskopf Stuttgart. No. 432: Luther. Verfasser d. 16.—18. Jahrh. 31 S.

Stern Heilbronn. No. 13: Württemberg. 1980 N^{os}.

Weigel, A., Leipzig. No. 19: Neueste deutsche Literatur u. Übersetz. 2499 N^{os}.

v. Zahn & Jaensch Dresden. No. 46: Geschichte, Kunstgesch. etc. 86 S. — No. 47: Protest. Theologie. 1220 N^{os}.

Personalnachrichten.

Dem General-Direktor der Königlichen Bibliothek zu Berlin Dr. August Wilmanns ist der Charakter als Geheimer Ober-Regierungsrath mit dem Range der Räthe zweiter Klasse verliehen worden.

Dem Direktor der Universitäts-Bibliothek zu Kiel Dr. Emil Steffenhagen ist der Charakter als Geheimer Regierungsrath verliehen worden.

Dem Direktor der Universitäts-Bibliothek zu Greifswald Professor Dr. Otto Gilbert ist der Rothe Adler-Orden 4. Klasse verliehen worden.

Den Bibliothekaren Professor Dr. Ferdinand Ascherson an der Universitäts-Bibliothek zu Berlin, Dr. Albert Kopfermann an der Königlichen Bibliothek zu Berlin, Dr. Theodor Klette an der Universitäts-Bibliothek zu Bonn, Dr. Oskar Grulich an der Universitäts-Bibliothek zu Halle a. S., Dr. Otto Rautenberg an der Universitäts-Bibliothek zu Königsberg i. Pr. und Dr. Robert Münzel an der Universitäts-Bibliothek zu Marburg ist der Titel Oberbibliothekar verliehen worden.

Am 14. Januar starb der Bibliothekar der Königlichen Bibliothek zu 's-Gravenhage Dr. T. C. L. Wijnmalen.

Dem Direktor der Universitäts-Bibliothek zu Marburg Dr. Rödiger ist der Rothe Adler-Orden 4. Klasse verliehen worden.

Centralblatt
für
Bibliothekswesen.

XII. Jahrgang.   4. Heft.   April 1895.

Die Bibliotheken der evangelischen Kirche in ihrer rechtsgeschichtlichen Entwicklung.
Denkschrift erstattet vom Pfarrer O. Radlach in Zeiblingen.

Unter sämtlichen Provinzen des preussischen Staates hat die evangelische Kirche der Provinz Sachsen die meisten kirchlichen Bibliotheken aufzuweisen. Ihre Zahl übertrifft die kirchlichen Bibliotheken in jeder der anderen preussischen Provinzen und in jedem der einzelnen deutschen Länder um ein bedeutendes. An zweiter Stelle steht das Königreich Sachsen; aber auch die Zahl der kirchlichen Bibliotheken des Königreichs Sachsen erreicht, wie der jetzige Direktor der Königsberger Universitäts-Bibliothek Dr. Paul Schwenke in seinem äusserst wertvollen und von vielen Seiten mit Freuden willkommen geheissenen Werk: „Adressbuch der deutschen Bibliotheken, Leipzig, Otto Harrassowitz 1893" berechnet hat, nur die Hälfte von der Zahl der Bibliotheken in der Provinz Sachsen, während ihr Bestand von denen der Provinz Sachsen viermal übertroffen wird. Schwenke giebt die Zahl der im Besitz der evangelischen Kirche der Provinz Sachsen befindlichen Bibliotheken auf 24, den Bestand derselben an Druckbänden auf 89935, den der Handschriften auf 465 an. Diese Angabe ist nicht zutreffend und bleibt hinter dem wirklichen Bestand weit zurück, da Schwenke von einer nicht geringen Anzahl von kirchlichen Bibliotheken der Provinz Sachsen keine Kenntnis erhalten hat. Schwenke erwähnt z. B. nicht die wertvollen und verhältnismässig umfangreichen Bibliotheken der Bonifaciikirche zu Sömmerda und der Katharinenkirche zu Salzwedel, die beachtenswerten Bibliotheken der Marienkirche zu Salzwedel, der Marienkirche zu Aken a. d. Elbe, der Nicolaikirche zu Nordhausen, der Kirchen zu Gross-Möringen bei Stendal, zu Schneidlingen bei Cochstädt, zu Lindenhayn bei Crensitz, zu Siersleben, zu Collenbey bei Ammendorf und eine nicht geringe Anzahl anderer, welche zum grössten Teil Bücherbestände aus älterer Zeit aufweisen. Eine Anzahl von Ephorieen der Provinz Sachsen besitzen eine grosse Gruppe von Bibliotheken aus älterer Zeit, die zum grossen Teil nicht minder wertvoll sind als die von Schwenke erwähnte und in seine statistische

Berechnung mit aufgenommene Bibliothek der Petrikirche zu Seehausen in der Altmark, z. B. die Ephorie Osterburg in der Altmark (wo durch das altmärkische Konsistorium schon im 16. Jahrhundert, besonders aber während der Amtszeit des Generalsuperintendenten Daniel Bernhardi (1681—1707) und des Generalsuperintendenten D. Joh. Christoph Meurer (1708—1740) das kirchliche Bibliothekswesen sehr gepflegt wurde) mit den Kirchenbibliotheken zu Crevese, Schmersau, Spälingen, Meßdorf, Düsedau, Uchtenhagen, Walsleben, Meseberg; und die Ephorie Querfurt (wo die meisten Kirchenbibliotheken besonders in der Blütezeit des Herzogtums Sachsen-Weissenfels-Querfurt durch den bekannten Administrator des Primat- und Erzstifts Magdeburg, den Herzog August zu Sachsen, und durch seinen Oberhofprediger D. Joh. Olearius nicht wenig begünstigt und erweitert worden) mit den Kirchenbibliotheken zu Querfurt, Liederstädt, Lodersleben, Ober-Eichstädt, Nieder-Eichstädt, Petrikirche in Obhausen. Über die vielfach aus eigener Initiative im Anfang der dreissiger Jahre unseres Jahrhunderts und dann infolge der durch den evangelischen Oberkirchenrat in Berlin im Jahre 1858 gegebenen Anregung und besonders infolge der Circularverfügung des Königl. Konsistoriums der Provinz Sachsen vom 18. Jan. 1860 innerhalb der verflossenen 30 Jahre in einer Anzahl von Ephorieen gegründeten und an einzelnen Orten in beständigem Wachstum begriffenen Ephoralbibliotheken, welche z. B. bei den Namen Quedlinburg, Aschersleben, Stendal hätten erwähnt werden müssen, hat Schwenke, die Ephoralbibliothek zu Weissenfels ausgenommen, keine Mitteilung gemacht. Auf die nicht geringe Anzahl von kirchlichen Volksbibliotheken, welche doch auch unter den Begriff „deutsche Bibliotheken" fallen, deren Gründung in der Provinz Sachsen schon der Generalsuperintendent D. Johann Friedrich Möller in seinem Pastoral-Sendschreiben vom Sylvesterabend des Jahres 1847 anregte und auf deren Pflege der evangelische Oberkirchenrat in Berlin in seinen unter dem 11. Juli 1860 bekannt gegebenen „Andeutungen für die Aufgaben der Gemeindekirchenräte" hingewiesen hat, ist Schwenke gar nicht eingegangen. Die Bibliotheken der Brüdergemeinde hat er gänzlich übersehen. Dass auch die Zahlenangaben über den Bücherbestand bei Schwenke nicht überall richtig sind, geht z. B. daraus hervor, dass, während er den Bestand der in den Franckeschen Stiftungen zu Halle befindlichen Bibliothek der Ostindischen Missionsanstalt auf ca. 800 Bände angiebt, das Hülfsbüchlein für die Mitglieder der Missionskonferenz der Provinz Sachsen (2. Ausg. 1894) von dieser Bibliothek sagt, dass ihr Bestand 3000 Bände umfasst.

Wird aber Schwenkes Zahlenangabe und Berechnung festgehalten, da er auch für andere Provinzen einzelne kirchliche Bibliotheken nicht in Berechnung gezogen hat[1]), z. B. zwei sehr wertvolle Bibliotheken zu Lissa, dann ist der Reichtum der Provinz Sachsen an kirchlichen

---

1) Herr Dr. Schwenke hat nur die Mitteilungen verwerten können, die ihm von den Vorständen der Bibliotheken zugegangen waren. Diesen zu seiner Rechtfertigung. O. H.

Bibliotheken schon daraus zu erkennen, dass sämtliche übrige ältere Provinzen Preussens mit Einschluss von Berlin nur 85 Bibliotheken mit einem Gesamtbestande von 63617 Druckbänden und 612 Handschriften aufweisen. Und was könnte erst von dem Reichtum der Kirchenbibliotheken in der Provinz Sachsen gesagt werden, wenn nicht eine beachtenswerte Anzahl derselben teils als kirchlicher Besitz verloren, teils überhaupt als öffentliches Eigentum untergegangen wäre? Auch die kirchlichen Bibliotheken anderer Provinzen und anderer deutscher Länder haben ähnliche Verluste erlitten.

Es unterliegt nun keinem Zweifel, dass die Tage gekommen sind, an welchen die an vielen Orten im Staube lagernden alten Kirchenbibliotheken zu neuem Leben erweckt werden müssen. Und nicht darin liegt der grössere Nachteil, dass viele Bibliotheken der evangelischen Kirche verloren und untergegangen sind, sondern vielmehr darin, dass der Rest, der erhalten ist, an manchen Orten vor Verlusten und vor gänzlichem Untergang nicht genügend geschützt und vielfach für das Leben der Gegenwart zu einer toten Masse geworden ist. Dass aber den Verlusten, welchen die kirchlichen Bibliotheken leicht ausgesetzt sind, mehr vorgebeugt wird und die Bibliotheken wohl verwahrt werden, dass die Schätze derselben vermehrt und in den Dienst der Kirche, ihrer Geistlichen und Gemeinden gestellt werden und die Bibliotheken sich bequemer und ohne Zeitverlust benutzen lassen, werden die Hauptgesichtspunkte sein, welchen das Kirchenregiment durch eine zu erlassende Verwaltungsordnung nachstreben muss. Es ist leicht, solche Forderungen zu stellen, indessen bei der grossen Verschiedenheit der kirchlichen Bibliotheken schwer zu sagen, wie diese Forderungen verwirklicht werden sollen. Da jedoch jedes Institut in Staat, Kirche und Gesellschaft sich selbst, indem es sein Dasein entwickelt, seine eigene Art und Natur verschafft, so muss man, will man es in seinem Wesen ernsthaft würdigen und fortbilden, sich an dieses sein historisches Gesetz halten. Dieses historische Gesetz bei dem Institut der kirchlichen Bibliotheken aufzufinden, soll unsere nachfolgende Aufgabe sein, indem wir den Versuch machen, die Bibliotheken der evangelischen Kirche in ihrer rechtsgeschichtlichen Entwicklung darzustellen.

1.
Die Bibliotheken der evangelischen Kirche im Vergleich zu den Bibliotheken der katholischen Kirche.

Während die Zahl der Bibliotheken der evangelischen Kirche Preussens nach Schwenkes Berechnung 78 beträgt mit 281979 Druckbänden und 1264 Handschriften und die der evangelischen Kirchen des Deutschen Reichs 120 mit 436647 Bänden und 1551 Handschriften, wird die Zahl der Bibliotheken der katholischen Kirche Preussens auf 46 mit 377879 Bänden und 3969 Handschriften und die ganz Deutschlands auf 81 mit 1019118 Bänden und 5559 Handschriften angegeben. Werden von dieser Zahlenangabe über die Bibliotheken der katholischen

Kirche die reichen Bibliotheken der katholischen Bischöfe und Priesterseminare in Abzug gebracht, dann bleibt doch noch der Thatbestand übrig, dass auch die katholische Kirche Deutschlands und insbesondere Preussens nicht als arm an kirchlichen Bibliotheken zu bezeichnen ist. Welche rechtsgeschichtliche Entwicklung haben aber die Bibliotheken der katholischen Kirche aufzuweisen und welche Verwaltungsmassnahmen haben die katholischen Bischöfe behufs Begründung und Pflege der ihnen unterstellten Bibliotheken ergriffen? Eine beachtenswerte Antwort erhalten wir durch Pohle in dem Artikel „Bibliotheken" in Wetzers und Weltes Kirchenlexikon oder Encyklopädie der katholischen Theologie und Hülfswissenschaften, 2. Aufl., Freiburg, 2. Band S. 782—88. Theodor Gottlieb dagegen bietet in seinem mit Unterstützung der Kaiserl. Akademie der Wissenschaften zu Wien im Jahre 1890 zu Leipzig erschienenen Werk: „Über mittelalterliche Bibliotheken", worin er Nachrichten über die mittelalterlichen Bibliotheken ganz Europas bringt, aber u. a. von der Andreasbibliothek zu Braunschweig, die Bugenhagen in der Braunschweiger Kirchenordnung nennt, nichts erwähnt, für unsere Frage keine Ausbeute. Pohle giebt in seinem Artikel eine Geschichte des kirchlichen Bibliothekswesens von den Entstehungszeiten der christlichen Kirche an. Mit Recht hebt er die Bedeutung verschiedener Mönchsorden, darunter besonders die des Benediktinerordens hervor, „vor dessen Leistungen in Anlegung und Vermehrung der Bibliotheken selbst die bittersten Kloster- und Kirchenfeinde verstummen". Bei allem Verdienst aber um das Bibliothekswesen, welches Pohle der mittelalterlichen Kirche zuschreibt, muss er doch bei Erwähnung der „grössten und reichhaltigsten Bibliothek auf deutschem Boden", die in St. Gallen sich befand, angestehen, dass „bei der allgemeinen Vernachlässigung der litterarischen Studien im 14. und im 15. Jahrhundert auch unter den St. Gallener Mönchen Unwissenheit und Trägheit einriss". So viel aber Pohle von den mittelalterlichen Bibliotheken zu erzählen weiss, so wenig berichtet er über die Bibliotheken der katholischen Kirche aus der Zeit nach dem Beginn der Reformation, denn mit folgenden 3 Sätzen schliesst Pohle seinen Aufsatz: „Mit der allerorts betriebenen „Säcularisation" der Klöster und ihrer Bibliotheken ging die Einziehung des kirchlichen Vermögens durch die Staatsgewalt Hand in Hand. Der Kirche ist in der Gegenwart sogar die Möglichkeit genommen, in gleich erspriesslicher und grossartiger Wirksamkeit für Bibliotheken thätig zu sein, wie dies im Mittelalter der Fall war. Über den jetzigen Stand der Benediktiner-Bibliotheken in Österreich siehe: Histor. Pol. Bl. LXXXIX, 498 ff." Dass die katholische Kirche in Deutschland ihr kirchliches Bibliothekswesen im Laufe des 19. Jahrhunderts mit zielbewusster Arbeit ausgebaut hat und weiter ausbaut, deutet Pohle nicht an. Welchen Grund hatte er, über die im 16. und im 17. Jahrhundert zu grosser Entwickelung gekommenen Bibliotheken der Jesuiten nichts zu sagen, die freilich mit dem Zerfall des Jesuitenordens meistenteils am Ende des vorigen Jahrhunderts der katholischen Kirche verloren gingen und zwar in derselben Zeit, in welcher auch zahlreiche Bibliotheken der evangelischen Kirche teils in die Rumpelkammer wanderten, teils als Makulatur verkauft wurden? Schon der Umstand, dass Wetzers und Weltes Kirchenlexikon in einem längeren Artikel auf die Bibliotheken hinweist, während das Parallelwerk auf protestantischem Gebiet, Herzogs Real-Encyklopädie für protestantische Theologie und Kirche, über kirchliche Bibliotheken nichts zu sagen weiss, giebt uns zu erkennen, dass der Katholicismus in Deutschland schon seit längerer Zeit auf die Bibliotheken seiner Kirche sein Auge gerichtet hat. So ist, um nur einige Beispiele anzuführen, die Bibliothek des Kölner Doms, welche durch die nachgelassenen 30000 Bände des Erzbischofs Ferdinand August Gr. v. Spiegel zum Diesenberg im Jahre 1835 neu angelegt wurde, im Jahre 1867 durch die alte, im 8. Jahrhundert begründete Manuskriptbibliothek des Doms bereichert worden. Diese war bei der französischen Invasion 1794 geflüchtet und bis 1867 in der Hofbibliothek in Darmstadt aufbewahrt worden. Die Pfarrbibliothek von Gross-Martin in Köln wurde von dem im Jahre 1834 verstorbenen Kaplan Forst, Benediktiner von St. Martin, begründet. Die Bibliothek des Doms zu Aachen, welche im Jahre 1826 an das Gymnasium abgegeben worden war, ist 1876 durch eine dem Stiftskapitel von dem Kanonikus Dr. Kloth vermachte Büchersammlung neu begründet. Die Bibliothek des bischöfl. Priesterseminars zu Limburg a. d. Lahn, welche 30000 Bände umfasst und zugleich die Bibliothek für die Geistlichen der Diöcese Limburg ist, wurde 1827 nach der Errichtung des Bistums begründet. Die 90—100000 Bände umfassende Bibliothek des bischöflichen Seminars zu Mainz, welche 1673 begründet wurde, ist besonders in den letzten Jahrzehnten durch bedeutende Vermächtnisse auf die jetzige Höhe gekommen. Aus Schwenkes „Adressbuch der deutschen Bibliotheken", dem wir mit unseren Angaben gefolgt sind, kann diese Liste leicht erweitert werden.

Was die Organisation der im Besitz der katholischen Kirche befindlichen Bibliotheken betrifft, so sind allgemeine Verfügungen und Anordnungen der bischöflichen Behörden bisher in Preussen nicht öffentlich bekannt geworden. Auch Bayern kennt solche nicht. Der Grund liegt vielleicht darin, dass durch die Pflege und Erweiterung der einzelnen bischöflichen Bibliotheken und derjenigen der Priesterseminare mehr eine nicht zu unterschätzende Centralisation des kirchlichen Bibliothekswesens für die einzelnen Diöcesen angestrebt wird und jede dieser Bibliotheken ihre Organisation den Verhältnissen anpasst.

Wie steht es im Vergleich hierzu auf evangelischem Gebiet? Mit Ausnahme von Cassel, Dessau, Erfurt, Friedberg im Grossh. Hessen, Kolmar in Elsass, Loccum, Ratzeburg in Lauenburg, Stade, München, Wittenberg, Wiesbaden und den von Schwenke nicht erwähnten Konsistorial- und Ephoralbibliotheken sind im evangelischen Deutschland gewiss nur noch an wenigen Orten kirchliche Bibliotheken zu finden, die für grössere Bezirke bestimmt sind oder zunächst nur den kirchlichen Behörden und den Geistlichen allein dienen sollen. Und doch überragen die evangelischen Kirchenbibliotheken, wenn von den katholischen Bibliotheken die der Bischöfe, der bischöflichen Priesterseminare und der Klöster in Abzug gebracht werden, die Bibliotheken der katholischen Kirche um ein bedeutendes. Im grossen und ganzen betrachtet sind eben die Bibliotheken der evangelischen Kirche mehr ein Institut der Gemeinde, während die katholischen Kirchenbibliotheken mehr ein Institut des Klerus sind, der nach dem alten Benediktinersprüchwort sich richtet: Claustrum sine armario est castrum sine armis. Dass die Erneuerer der Kirche im 16. Jahrhundert die Wahrheit dieses Wortes zu beherzigen wussten, wollen wir im folgenden zeigen.

II.
Die evangelischen Kirchenordnungen des 16. Jahrhunderts und die kirchlichen Bibliotheken.

Wenn Franz von Löher, bis vor kurzem Archivdirektor in München, in seiner im Jahre 1890 zu Paderborn erschienenen „Archivlehre", worin er die Erfahrungen eines langen im Dienste der Archive zugebrachten Lebens und besonders die verschiedenen Vorschläge und Ideen, welche in den 13 Bänden der von ihm herausgegebenen „archivalischen Zeitschrift" enthalten sind, systematisch zusammenfasst, Seite 111 sagt: „Eine gewisse Ähnlichkeit zwischen dem Reformations- und unserem Zeitalter lässt sich auch in archivalischer Beziehung nicht verkennen", dann finden wir diese Ähnlichkeit[1]) auch in bibliothekarischer Beziehung. Denn dieselben Ursachen, die im Reformationszeitalter und in unserem Jahrhundert zum Wiedererwachen der Archive führten und auf kirchlichem Gebiet führen werden, haben im 16. Jahrhundert teils zur Erneuerung, teils zur Begründung der Bibliotheken und besonders der Kirchenbibliotheken geführt und haben in unserm Jahrhundert den Bibliotheken eine grosse Bedeutung verschafft. „Damals herrschte", um Löhers Worte anzuführen, „eine innere Erregung, ein Aufstreben der Seele, eine Steigerung der Willenskraft, wie sie nur in wenigen anderen Epochen sich in solchem Grade zu bemerken giebt. Die Wiederbelebung der Studien der Litteratur und Wissenschaft des Altertums rief einen Wirbelwind von neuen Ideen hervor. Das Auftauchen von unbekannten Ländern hinter den Oceanen und die Entdeckung grosser Gebiete der Naturwissenschaft, aus welchen neue Quellen der Erkenntnis der Dinge hervorbrachen, erweiterten unmessbar den geistigen Horizont... Niemals hat die Gesetzgebung so viel und so rasch arbeiten müssen als im Zeitalter der Reformation und in unserer Zeit u. s. w." Wenn daher die öffentlichen Staatsbibliotheken in unserem Jahrhundert zu neuem Leben erwacht sind und jetzt am Ende des Jahrhunderts die

---

1) Dass die jetzige Zeit als eine Zeit der religiösen und kirchlichen Krisis ersten Ranges nur mit der Zeit des Kommens Christi und mit der Zeit der Reformation verglichen werden kann, hat in beachtenswerter Weise besonders Ernst Aug. Freiherr von Göler in seiner Schrift: „An einem geschichtlichen Wendepunkt", Heilbronn 1893, dargelegt.

Klagen Eberts, des Begründers der neueren Bibliothekswissenschaft, kann zu verstehen sind, mit denen er am Anfang dieses Jahrhunderts klagt und sagt: „Die Bibliotheken sind jetzt staubige, öde und unbesuchte Säle, in denen sich der Bibliothekar wöchentlich einige Stunden von Amts wegen aufhalten muss, um diese Zeit über — allein zu sein", und wenn an die Wiederbelebung der kirchlichen Bibliotheken in unserer Zeit Hand angelegt wird, so ist dieses Bestreben nicht das Werk besonderer Liebhaberei, sondern das Resultat einer inneren geschichtlichen Notwendigkeit. Eine ganze Reihe von kirchlichen Bibliotheken der evangelischen Kirche könnte aufgeführt werden, in welchen neues Leben sich zu regen anfängt, ohne dass eine besondere Anregung von kirchenregimentlicher Seite ausgegangen ist.

Die Bewegung, welche in Deutschland für die Umgestaltung, Erneuerung und Erweiterung des Bibliothekswesens sich in unserer Zeit Bahn zu brechen beginnt, hat, von einzelnen früheren Unternehmungen in Deutschland abgesehen, in den Jahren 1848 und 1849 ziemlich gleichzeitig in England und Amerika, wie Prof. Dr. Ed. Reyer in seinem Werk: „Entwicklung und Organisation der Volksbibliotheken. Leipzig 1893" näher nachweist, ihren Anfang gehabt.

Um aber deutlich zu erkennen, dass unsere Zeit der Reformationszeit auch in bibliothekarischer Beziehung sehr ähnlich ist, vergleiche man nur den Aufsatz: „Die öffentlichen Bibliotheken Deutschlands" in den „Mitteilungen der Comeniusgesellschaft", Dezemberheft 1893, welcher auf Grund eines Artikels des von Dr. Victor Böhmert in Dresden herausgegebenen „Volkswohl" für die Verbesserung unseres Bibliothekswesens eintritt, mit dem, was die Pommersche Kirchenordnung vom Jahre 1535 über die Libereien sagt. Dort heisst es: „Es fehlt vielen öffentlichen Büchereien bei uns das Leben mit der Gegenwart, das Leben mit dem Volk. Sie sind eine Art Museen geworden, in denen alte Scharteken sorgfältig gesammelt und aufbewahrt werden, in denen Gelehrte hausen und sich in die Kultur vergangener Jahrhunderte vertiefen; der Bildung der Gegenwart dienen sie in sehr geringem Masse. Sie sind dem Gesetze der Verknöcherung verfallen, dem leider jedes gemeinnützige Unternehmen unterworfen ist, wenn ihm nicht immer wieder in Form von neuer Mitarbeit frisches Blut angeführt wird. Wo ist beispielsweise ein Leben der kirchlichen Bibliotheken zu spüren? Unseren Vorfahren in früheren Jahrhunderten galten ihre Kirchen als die höchsten Bildungsanstalten des Volks, als solche mussten sie Bibliotheken besitzen, aus denen die erwachsenen Gemeindeglieder die Belehrung schöpfen konnten, die die Predigt naturgemäss nicht bot u. s. w." In der Pommerschen Kirchenordnung vom Jahre 1535[1]) dagegen wird gesagt: „Van Librien. Vnde syndt yn den Steden yn Parken vnde Klöstern etlicke Librien, dar denne etlicke gude böker ynne synd, welcke ytzunder yemmerlick vnde schmelick

---

1) Aem. Ludw. Richter, Evangel. Kirchenordnungen des 16. Jahrh. I S. 254.

vörkamen vnde vörbracht werdden, dat men dar öner ock heuelen vnde vörordenen wylle, dat solcke wol tho hope vorsammlet werden, vnde yun eyner yewelleken Stad eyne gemeyne¹) Liberie geholden werde, vör de Parners, Predikers, Scholmesters vnde Scholgesellen u. s. w." Kein anderer als Doctor Pomeranus, Johannes Bugenhagen, der Vater der evangelischen Kirchen- und Stadtbibliotheken, welche bis zu dem in der zweiten Hälfte des vorigen Jahrhunderts eingetretenen Verfall der kirchlichen Bibliotheken vielfach ein Rechtssubjekt²) bildeten, erhebt diese Klage über den Verfall der pommerschen Kirchenbibliotheken, die heute noch unter den Kirchenbibliotheken der älteren preussischen Provinzen, was ihre Anzahl betrifft, die zweite Stelle einnehmen, so dass in Sachsen und in Pommern Bugenhagens Wirksamkeit bis heute sichtbar geblieben ist, während die auf Bugenhagens Veranlassung im Jahre 1529 in Hamburg begründete Bibliothek mit ihren 500 000 Druckbänden und 40 000 Handschriften die viertgrösste Bibliothek des Deutschen Reichs geworden ist. „Die Regungen und Bestrebungen evangelischen Geisteslebens mit dem Gefüge fester Ordnungen zu umhegen, den im Werden begriffenen Gemeinden ihre kirchlichen Arbeitsaufgaben klar zu machen und aufs Gewissen zu legen, für die Lösung derselben die Mittel und Wege zu zeigen und bereiten

---

1) „Gemeyne" bedeutet nach unserm Sprachgebrauch öffentlich.
2) Kirchen- und Stadtbibliotheken waren deshalb an manchen Orten ein und dasselbe Institut, weil die Magistrate besonders vor dem Erlass der Konsistorialverfassung und auch nach dem Erlass derselben als kirchliche Mittelbehörden gebraucht worden, welche dann besonders infolge des im 30 jährigen Kriege eingetretenen Verfalls des Kirchenregiments die kirchliche Verwaltung an sich zogen, so dass das unter dem grossen Kurfürsten wieder erstarkende landesherrliche Kirchenregiment mancherlei Kämpfe mit den Magistraten zu bestehen hatte. In Gardelegen wurde die im Jahre 1581 durch den Bürgermeister Arnold Bierstedt begründete Bibliothek der Nicolaikirche nach dem 30 jährigen Kriege einfach „Bibliotheca Gardelegiensis" genannt. In Altstadt Salzwedel hiess nach dem 30 jährigen Kriege die Bibliothek der Marienkirche Bibliothek der Altstadt Salzwedel. In Neustadt Salzwedel wurde die von dem Bürgermeister Adam Holzkamp im Jahre 1676 begründete Katharinenbibliothek nach dem 30 jährigen Kriege Bibliothek der Neustadt Salzwedel genannt. In Halberstadt hiess die im Jahre 1610 begründete Bibliothek der Martinikirche nach 1648 Bibliothek des Rats. Der Bürgermeister und die Ratsverwandten vermehrten in dieser Zeit die Bibliothek der Martinikirche durch zahlreiche Geschenke. In Halle a S. hat der Magistrat die Gelder für das im Jahre 1610 erbaute erste Bibliotheksgebäude der Marienkirche vorgeschossen und im Jahre 1610 für 4200 Gulden die Bibliothek des Kanzlers Diestelmeier zur Vermehrung der Marienbibliothek angekauft. In Hamburg wurde die Bibliothek des mit der Kirche aufs engste verbundenen Gymnasiums besonders seit 1610 auf Betreiben des Bürgermeisters Seb. von Bergen vermehrt und 1648 zur Stadtbibliothek erhoben. Diese Liste kann leicht vergrössert werden. Sie beweist zugleich, dass die Bewegung, welche in unserer Zeit die ganze Kulturwelt ergriffen hat, in dem Zeitalter der Reformation und besonders vor dem 30 jährigen Kriege in dem evangelischen Deutschland und wohl auch in den katholischen Gebieten und in den ausserdeutschen Ländern, wenn wir z. B. an die im Jahre 1602 von dem Kardinal Friedrich Borromäus in Mailand angelegte „Ambrosianische Bibliothek" denken, eine Vorläuferin gehabt hat.

zu helfen, das ist Bugenhagens besondere Aufgabe; so ist er ein Kirchenbaumeister von Gottes Gnaden und in diesem Sinne mochte ihn wohl Luther einen rechten Bischof nennen". Mit diesen Worten charakterisiert Professor D. Hering in seiner Schrift „Doctor Pomeranus, Johannes Bugenhagen, ein Lebensbild, Halle 1888" 8.1 die Bedeutung Bugenhagens. Im übrigen weist Hering auf die Bestrebungen Bugenhagens zur Begründung und Erneuerung der kirchlichen Bibliotheken nicht besonders hin. Nur S. 70 u. S. 87 erwähnt er kurz, dass Bugenhagen bei der Begründung, beziehungsweise Reorganisation des Hamburger Gymnasiums und demjenigen zu Lübeck die Ausstattung dieser Anstalten mit einer „Librye" gefordert habe. Dass Bugenhagen gerade in der Pommerschen Kirchenordnung den Verfall der Kirchenbibliotheken beklagt, darf uns nicht wundern. Hatte er doch in den Tagen, als Luthers Thesen durch Deutschland flogen, seine „Pomerania" geschrieben und dazu im Auftrage des Herzogs Bogislav X. sämtliche Bibliotheken und Archive Pommerns besucht und durchforscht. Ist es mehr sein gesunder Takt oder das Resultat seiner Erfahrung, wenn Bugenhagen in der Braunschweiger Kirchenordnung vom Jahre 1528 sagt: „De librye by sante Andrees schal me nicht vernalen laten sonder lever mit der tidt, wat guder boeke mehr vpschaffen, besondergen sulke de alle man nicht mach to betalen, alse alle boeke Augustini, alle Ambrosij, alle Hieronymi. . . . Disse librye sal oerem tobehoere schal allen Schat Casten heren in allen paren benalen syn"? Wie viel Schaden ist dadurch angerichtet worden, dass vielfach bis in unsere Zeit für kleinere Bibliotheken dieser Grundsatz nicht beachtet wurde und dass man anstatt solche Werke zu erwerben, die jedermann nicht leicht anschaffen kann, kleine mehr für den Handgebrauch bestimmte Büchlein gekauft hat.

Dass übrigens nach Bugenhagen die evangelischen Kirchenbibliotheken in der Hauptsache als Institut der Gemeinde angesehen werden sollen, geht daraus hervor, dass er den Kastenherren die Bibliotheken anvertraut wissen will. Und dass Bugenhagen, der da klagte, es sei leichter Ordnungen zu machen als durchzuführen, die Bestimmungen der Braunschweiger Kirchenordnung über die Andreasbibliothek nicht vergeblich getroffen, zeigt die Geschichte dieser Bibliothek, wie sie Dr. H. Nentwig in der Braunschweigischen Landeszeitung 1892 Nr. 191 u. 193 veröffentlicht hat.

Es ist bekannt, dass der Braunschweigschen Kirchenordnung viele andere, wie die Hamburger, die Lübecker, die Bremer, die Soester u. s. w., nachgebildet sind. Letztere fordert, dass die Bücher nach Rat des Superintendenten angeschafft werden sollen, dass für die Bibliothek ein passender Raum hergerichtet werde, dass den Schlüssel die Kastenherren haben sollen.

Die Hessische Kirchenordnung vom Jahre 1537 fordert: „Man soll in allen Stetten vnd Dörffern nach dem gemeinen kastens vermügen, alle vnd ein yeden jar ein zeitlang für ein gulden, zwen, drey oder vier auffs höchst rechte gute nutzliche Biblische vnd andere der gleichen bücher, sampt der selben Christlicher auslegung, wie solichs der Superintendent befilht, kauffen, reinlich einbinden, vnd in die Liberey¹), wo sie sindt, oder aber in der Pfarherrn gewarsam, welche man auch hierzu machen soll, mit kondtschafft lieffern lassen, die selbigen bücher der gemein zu nutz vnd heil gebrauchen, reinlich vnd verwarlich behalten, vnd einem yeden Pfarherrn befelhen, das er, wann er auffzeucht, sein hautgeschrifft darüber gebe, was er für bücher in die Liberey oder in seyn hande entpfehet, auch in sonderheit den Pfarherrn befelhen, das sie in die bücher nit schreiben noch die selbigen maculiren u. s. w."

Andere Kirchenordnungen des 16. Jahrhunderts heben hervor, dass die Bibliotheken nicht bloss der Gemeinde, sondern besonders den Pfarrern dienen sollen, weil diese öfter zu arm sind, um die für ihre Studien nötigen Bücher zu kaufen, und schreiben auch vor, welche Bücher zunächst von den Kirchen anzuschaffen sind. So wird in den „Artickeln vnnd ordenung von den visitatoren aus bevel des Churfursten zu Sachssenn 1533" (Richter I S. 226) verordnet: „Vonn Buchern. Ferrer zu gedencken, das der Amptmann oder seins abwesens der Schosser, oder sein beuelhaber in der Jarrechnung aller pfarrkirchen guten vleis haben soll, das von einer Jeden kirchen einkommen den eingepfarten selbs zum besten vnnd zu Ihrer seelen Heil vnnd selickeit folgende Bucher erkaufft eingebunden vnd in Jede pfarr verordnet sollen werden. Auch neben andern Inuentarien bey den pfarrn allwegen zupleyben, in ansehung das offtmals die pfarrer der besten bucher aus armut nicht vermogen zukauffenn, vnd daruber die leut vbel versenmet werden, Welchs mit Gottes hülff zum teil domit zuuerhuten, vnnd sollen nemlich dise nachfolgende bucher sein u. s. w."

Ähnliche Bestimmungen haben die Kursächsischen Generalartikel vom Jahre 1557 (Richter II, 179) und die Hoyasche Kirchenordnung vom Jahre 1573 (Richter II, 354). Die Kursächsische Kirchenordnung vom Jahre 1580 handelt im Kap. XLIII „von den Büchern, so in die Kirchen verordnet, bey denselben verwaret, vnd nicht dauon entwendet werden sollen". Sie betont, dass „die verordneten Visitatores jederzeit fleissig Nachfrag halten, damit die Bücher nicht dauon kommen, sondern vermöge des Inventarii den nachfolgenden Pfarrern zu gute auch bleiben mögen". Sie fordert, dass beim Ankauf von Büchern für die Bibliothek Luthers Werke besonders berücksichtigt werden

---

1) Das Wort „liberey" bezeichnet hier zunächst den Ort, wo die Bücher aufbewahrt werden. Es war dies und ist dies ein besonderer in den grösseren Kirchen befindlicher und besonders verschliessbarer Raum, der gewöhnlich über oder neben der Sakristei sich befand und befindet. Die Geschichte vieler Kirchenbibliotheken zeigt, bloss dieser in den Kirchen schon im Mittelalter, besonders aber im Zeitalter der Reformation den Bibliotheken angewiesene Raum viel zu ihrer Erhaltung beigetragen hat. In neuerer Zeit ist für die in der Reformationszeit begründete, sehr wertvolle Bibliothek der vereinigten Dom- und Dorfkirche zu Abdehen a. S., welche früher hinter dem Altar aufgestellt war, eine „Liberei" über der Sakristei gebaut worden.

sollen. Diese seien besonders wichtig, damit in unsern Kirchen die reine Lehre und die reine deutsche Sprache erhalten werde. D. Luthers Schriften seien den Leuten aus den Händen gebracht, dafür seien neuere Schriften gekauft, die neben einer neuen Theologie eine neue Sprache, „nicht mehr gut teutsch wie D. Luthers, sondern Lateinisch Teutsch" enthalten. Die von dem Lübecker Superintendenten Ponchenius im Jahre 1585 verfasste Niedersächsische Kirchenordnung, welche im Lauenburgischen jetzt noch gültig ist, giebt p. 2 tit. XIII eine kurze Anweisung über Kirchenbibliotheken, als deren Grundstock die Bibel deutsch, die Kirchen- und Hauspostill Lutheri, Luthers sämtliche Werke und Johannis Brentzii Schriften über die Evangelisten und Episteln Pauli wie auch sonderlich die Concordienformel gewünscht werden. Es ist ein Zeugnis für den weiten Blick des alten Ponchenius, dass er auf Brentz einen solchen Nachdruck gelegt hat, dessen Exegese die tiefste und gründlichste ist, welche die lutherische Kirche des 16. Jahrhunderts gesehen hat.

Auch die Brandenburgische Visitations- und Konsistorial-Ordnung vom Jahre 1573 fordert, „dass mit der Kirche vnd des Kastens einkommen nicht eigener Nutz gesucht, sondern zu beforderung vnd vnterhaltung der Kirchendiener vnd Gebewde gewand, vnd wo so viel vorhanden oder von jare zu jare erobert, die Tomi Lutheri in die Kirchen gezeugt werden". Es ist deshalb durchaus nichts Zufälliges, dass im Bereich der Brandenburgischen Visitations- und Kons.-Ordnung vom Jahre 1573 bald nach Erlass derselben eine Reihe beachtenswerter Kirchenbibliotheken aus den Mitteln des Kirchenärars teils neu angelegt, teils erweitert werden: z. B. Berlin, Nicolaikirchenbibliothek, begründet am 1580 durch Propst Coler und die amtierenden Diakonen; Gardelegen, Nicolaikirchenbibliothek, begründet 1581; Salzwedel, Marienkirchenbibliothek, begründet im 15. Jahrhundert, in der Zeit von Luthers Auftreten bis zur Einführung der Reformation im Jahre 1540, wie dies bei den meisten älteren Kirchenbibliotheken im kurbrandenburgischen und herzoglich sächsischen Gebiet der Fall ist, nicht vermehrt, zahlreicher vermehrt seit 1575. Zu nennen sind auch die aus der Reformationszeit stammenden Bibliotheken der Kirche zu Wittstock, der Nicolaikirche zu Spandau, der Gotthardkirche zu Brandenburg a/H., der Marienkirche zu Frankfurt a O. Sagt doch auch der Rezess für Frankfurt a/O. vom Jahre 1573¹): „Die Diener am Wort können ohne Bücher nicht sein. Da sie aber zu arm sind solche anzuschaffen, so ist dafür zu sorgen, dass die Kirchenbibliothek mit guten Büchern versorgt werde. Diese muss ausser Bibelerklärung und Postillen die Kirchenordnung, Luthers Werke und die symbolischen Bücher besitzen. Auch sind fromme Leute zu ermahnen, in ihren Testamenten, bei Hochzeiten und anderen Gelegenheiten stattliche Bücher in die Bibliothek zu schenken, wie Bathlomäus Wilfran Augustini Opera geschenkt hat". Dieser Frankfurter Rezess ist unter direkter Mitwirkung des brandenburgischen

---

1) D. Spicker, Lebensgeschichte des Andreas Musculus, 1858, S. 194.

Kurfürsten Johann Georg zu Stande gekommen, der wie sein Vater Joachim II. und wie manche seiner Zeitgenossen aus dem Adel auf kirchlichem und theologischem Gebiet sehr bewandert war und die von seinem Vater Joachim II. der märkischen Kirche gegebene Verfassung sogleich nach seinem Regierungsantritt bedeutsam verbesserte und ausgestaltete, nachdem er vorher in stiller Zurückgezogenheit in Wittstock gelebt hatte, dessen Kirchenbibliothek, wie wir eben angedeutet, in ihren Anfängen auf die Mitte des 16. Jahrhunderts zurückweist.

Was besonders in der Bestimmung des Frankfurter Rezesses beachtet werden muss, ist der Umstand, dass das Princip der Freiwilligkeit in die Ordnung mit aufgenommen wird, das von jeher allen kirchlichen Unternehmungen und nicht am wenigsten den kirchlichen Bibliotheken Kraft und Gedeihen gebracht hat. Die freiwillige Arbeit und die freie Liebesthätigkeit muss deshalb auch in unserer Zeit angerufen werden, wenn die kirchlichen Bibliotheken zu neuer Kraft kommen sollen. Was nämlich Spieker als weitere Erläuterung zu der Bestimmung des Frankfurter Rezesses über die Kirchenbibliotheken sagt, das kann von vielen Orten berichtet werden. Spieker schreibt S. 345: „Die löbliche Sitte, Legate zur Anschaffung gelehrter Werke für die Ministerial-Kirchenbibliothek auszusetzen, hat sich in Frankfurt lange erhalten. Die meisten wertvollen Bücher hat die stattliche Bibliothek auf diese Weise bekommen. Im Jahre 1598 schenkte der Magistrat die Jenaer Ausgabe von Luthers Werken in einem prachtvollen Einbande „dem lieben Gott zu Ehren und pro memoria, Dominanden anleitung zu geben, dass sie in derselben Fusstapfen treten, und sich gleichergestalt zur Vermehrung der Liberei und denkwürdigen Exempels bezeugen wollten u. s. w." Einige weitere Belüge sollen hier hinzugefügt werden. Wir blicken zunächst auf eine der bedeutendsten evangelischen Kirchenbibliotheken Deutschlands, auf die Marienbibliothek zu Halle a/S. Dr. Knauth hat über dieselbe im „Serapeum, Zeitschrift für Bibliothekswissenschaft" im Jahre 1847 Mitteilungen veröffentlicht. Die Marienbibliothek in Halle a/S., sagt Knauth, ist mit Recht ein Kind der Reformation zu nennen. Im August 1547 wurde M. Sebastian Boëtius aus Guben Archidiakonus und 1549 Pastor und Superintendent an der Marienkirche. Es lag ihm sehr am Herzen, eine Bibliothek zu gründen. Er sprach sich in dieser Beziehung gegen Gemeindeglieder aus und gerne brachte man Gaben dar. Charakteristisch ist, dass das erste Buch, welches angeschafft wurde, die Wittenberger Ausgabe von Luthers Werken war. „Im Jahre 1552, nämlich am Dienstage nach Michaelis, schenkte Matthias Scheller 18 Gulden mit dem Bemerken, dass man „davor kaufen sal die thomos Dr. Marthini Lutheri und hiermit den Anfangk der liberey zu U. L. Fr. machen.' Das Kirchencollegium nahm das Geschenk bestens an und bald folgten einzelne Geber und Geberinnen nach. Die Bibliothek wuchs und 1558 wurde der erste Katalog angefertigt u. s. w." Die Bibliothek der Andreaskirche zu Eisleben ist durch die Bibliothek des Pastors an der Andreaskirche Kasp. Güttel, eines Freundes Luthers, im Jahre 1542 begründet worden und im 16. und im 17. Jahrhundert mehr durch Geschenke als durch Ankauf aus Kirchenmitteln vermehrt worden. Die Kirchenbibliothek von St. Martin in Stolberg am Harz wurde durch die Bibliothek des ersten evangelischen Pfarrers und Reformators der Stadt und Umgegend Tilemann Platner im Jahre 1551 errichtet und durch die Bibliotheken mehrerer seiner Nachfolger vermehrt. Die Kirchenbibliothek zu Calbe a. Milde, welche durch den Superintendent Müller zu Calbe vor einigen Jahren neu katalogisiert worden ist, besteht fast nur aus dem Nachlass des ersten evangelischen Geistlichen Elias Hoffmann, der in Wittenberg Bugenhagens Sinn überkommen hatte und bei Luther Korrektor gewesen war. Die Kirchenbibliothek zu Barth in Pommern, deren Katalog im Jahre 1882 durch den Druck veröffentlicht ist, wurde durch die Bücher des ersten evangelischen Geistlichen Job. Block, die zu Pirna in Sachsen durch die Bücher des ersten lutherischen Superintendenten Ant. Lauterbach, die der Michaeliskirche zu Zeitz durch den ersten lutherischen Superintendenten Erh. Lauterbach begründet. Die Stiftsbibliothek zu Zeitz verdankt ihre Entstehung dem letzten im Jahre 1548 verstorbenen Zeitzer Bischof Jul. Pflug, einem Manne, der in die deutsche Reformationsgeschichte vielfach verflochten ist. Joh. Rivius hat sofort nach dem Tode Pflugs im Jahre 1565 einen Katalog in deutscher und lateinischer Sprache über diese Bibliothek angefertigt. Denn als Friedrich Wilhelm, Herzog zu Sachsen, von Torgau aus im Jahre 1593 dem Domkapitel zu Naumburg den Befehl gab, die Aufnahme eines Inventariums der Zeitzer Stiftsliberey betreffend, wurde infolge dieses Befehls der von Rivius angefertigte Katalog eingesandt, der noch heute im Staatsarchiv zu Dresden aufbewahrt wird. Die berühmte Kirchen- und Ministerialbibliothek zu Celle in Hannover, für deren Katalogisierung seit 1891 Dr. Kampfmeyer engagiert ist, ist durch die hinterlassene Büchersammlung des im Jahre 1569 verstorbenen Generalsuperintendenten M. Undermark begründet worden. Die Kirchenbibliothek zu Döbeln im Königr. Sachsen, welche bereits 1501 bestand, wurde im Jahre 1525 durch die Bibliothek des Hofpredigers Martin Corbener, die im Jahre 1413 begründete Bibliothek der Marienkirche zu Danzig wurde 1546 durch die Bibliothek des Danziger Reformators Paskr. Klemme vermehrt.

Wir könnten diese Liste fortführen oder zu den Vertretern des Adels übergehen, von denen in der Provinz Sachsen die Schulenburgs, die Alvenslebens, die Bismarcks, die Krosigks, die Münchhausens sich teils durch grössere Stiftungen, teils durch beachtenswerte Vermehrung der Kirchenbibliotheken hervorthaten, oder auf diejenigen Bibliotheken hinweisen, welche durch Gemeindeglieder aller Stände begründet worden, wie die im Jahre 1580 angelegte Bibliothek der Thomaskirche zu Leipzig und die in der Reformationszeit durch Geschenke der Innungen begründete Kirchenbibliothek zu Lüben in Schlesien, allein wir schliessen dieses Kapitel ab, das uns zuletzt gezeigt hat, wie im 16. Jahrhundert die von dem Kirchenregiment geschaffene kirchliche Ordnung im Bunde

mit der freien Liebesthätigkeit die kirchlichen Bibliotheken teils neu
begründet, teils erneuert und bedeutend vermehrt hat.

III.

Das weitere Aufblühen der kirchlichen Bibliotheken im 17. Jahrhundert und in der ersten Hälfte des 18. Jahrhunderts.

Seitdem A. Tholuck im Jahre 1859 seine Schrift: „Die Lebenszeugen der lutherischen Kirche aus allen Ständen vor und während des dreissigjährigen Krieges" zu dem Ende geschrieben und veröffentlicht hat, um zu beweisen, „dass es unhistorisch wäre, die sogenannte Periode der Orthodoxie so von geistlichem Leben entblösst zu denken, als man nach den gewöhnlichen Darstellungen glauben muss", ist die evangelische Kirche der ersten Hälfte des 17. Jahrhunderts richtiger als früher beurteilt worden. Auch die Entwicklung, welche die evangelischen Kirchenbibliotheken im 17. Jahrhundert genommen haben, bestätigen die Resultate von Tholucks Forschungen. Professoren der Theologie, Geistliche und Kantoren, Bürgermeister, Ratsherrn, Ärzte, Männer und Frauen aus allen Ständen, auch die Innungen wetteifern im 17. Jahrhundert mit einander, um die kirchlichen Bibliotheken teils zu erweitern, teils neu zu begründen. So ist, was das Gebiet der Provinz Sachsen betrifft, die Bibliothek der Wenzelskirche in Naumburg im Jahre 1611 von Bürgern und einzelnen Innungen, die der Martinikirche in Halberstadt im Jahre 1610 durch den Oberprediger Herold begründet und durch Geschenk des Magistrats zu Halberstadt und einzelner Magistratspersonen, des grossen Dogmatikers Joh. Gerhard in Jena, der die Halberstädter Martinibibliothek als „bibliotheca illustris" bezeichnete, durch Gaben Georg Calixts in Helmstedt und vieler anderer bekannter und unbekannter Männer und Frauen erweitert worden. Nicht einmal der dreissigjährige Krieg, welcher besonders in den kleineren Städten und in den Dörfern auch in Bezug auf die kirchlichen Bibliotheken und Archive unberechenbaren Schaden angerichtet hat, so dass der Magdeburgische Visitationsabschied vom Jahre 1656[1]), wo er auf die Kirchenbibliotheken zu sprechen kommt, anhebt: „Weil in vielen Kirchen unseres Erzstiftes weder Bibel noch ein ander geistlich Buch sich befunden", konnte die kirchlichen Bibliotheken in ihrem Wachstum nachhaltend beeinträchtigen. Ein Zeuge hierfür ist Salzwedel, wo der Bürgermeister Holzkamp im Jahre 1626 die Katharinenbibliothek begründete und der Superintendent M. David Blumenthal in den Jahren 1635—39, d. h. in einer Zeit, in der die Altmark, welche schon fünfmal während des Krieges die Hauptarmee zu ernähren gehabt hatte, an vielen Orten zu einer Wüste geworden war, aus kirchlichen Mitteln die Marienbibliothek vermehrte. Ein anderer Zeuge ist Fraustadt in Posen, wo Valerius Herberger die sehr wertvolle Kirchenbibliothek des Krippleins Christi begründete. Ein weiterer Zeuge ist

---
1) Moser, Corp. Jur. Evang. I, 704.

Brandenburg a/H., wo um das Jahr 1634 für die Bibliothek der Gotthardskirche die Bibliothek des Superintendenten Weinke erworben wurde. Und als endlich Martin Rinkhart in Eilenburg sein „Nun danket alle Gott" singen konnte, das nur auf solchen Thränensaaten erwachsen konnte, wie sie der lange Krieg gesät hatte, da wurde in Erfurt im Jahre 1648 der Grund zu der wertvollen Ministerialbibliothek gelegt, die meist durch Geschenke der Erfurter Geistlichen und anderer Männer vermehrt worden ist.

Dass bei dieser Sachlage die Kirchenordnungen des 17. Jahrhunderts und die mit den Kirchenvisitationen beauftragten Männer die Kirchenbibliotheken nicht übersehen konnten, liegt auf der Hand. So berücksichtigt der Visitationsabschied[1]) über die Kirchenvisitation der Stadt Halle a. S. vom Jahre 1642 auch die Marienbibliothek und hebt besonders hervor, dass die Marienkirche durch Gottes Segen von aller Schuld, darin sie wegen des kostbaren Bibliothekengebäudes gekommen, gänzlich befreit sei. Der Magdeburgische Visitations-Abschied[2]) des Administrators des Primat- und Erzstifts Magdeburg, Halle 1656, bestimmt u. a., dass „D. Friderici Balduini Commentar über die Episteln Pauli ... von jedes Orts Kirchen Vermögen in Städten und Dörfern soviel als sich füglich leiden will und die Mittel genugsam vorhanden.... geschafft und von den Pfarrern fleissig gelesen, gebraucht und ins künftige bei den Pfarrinventariis gelassen werden soll". Die Magdeburger Kirchenordnung vom Jahre 1652 fordert Kap. 19 N. 22: „dass Haupt Inventaria von den Kirchen Vätern gemacht werden ... worin auch die Bücher, so bei den Kirchen vorhanden, sollen gesetzt und keine davon weggenommen werden", und sagt in Übereinstimmung mit den Kirchenordnungen des 16. Jahrhunderts unter N. 23: „so man deren kauffen will, vornemlich Dr. Mart. Lutheri Schriften". Kap. 23 N. 8 bestimmt sie: „es sollen solche Inventaria jedesmal bei den jährlichen Rechnungen revidiert werden".

Die Erfahrung des 16. Jahrhunderts hatte gelehrt, dass die meisten Kirchenbibliotheken teils ihre Begründung teils ihre Erweiterung in der Hauptsache der Freiwilligkeit verdanken. Auch viele kirchliche Bibliotheken der vorreformatorischen Zeit, z. B. die in die Ulrichs- und Ephoralbibliothek zu Sangerhausen übergegangene äusserst wertvolle Bibliothek des Sangerhäuser Augustinerklosters, hatten diese Erfahrung gemacht. Dies ist ohne Zweifel die Ursache, dass die Pommersche Kirchenordnung vom Jahre 1690[3]) sich von derjenigen vom Jahre 1535 dadurch unterscheidet, dass sie in dem Kapitel: „Von Libereyen" die Forderung stellt, welche, wie wir oben gezeigt, zuerst bei dem Frankfurter Rezess vom Jahre 1573 uns begegnet: „Die Pfarrherrn sollen die Leute bitten und ermahnen, dass sie durch Testamente die Libereyen verbessern". Auch die letzte Hälfte des 17. Jahrhunderts bis

---

1) Moser, Corp. Jur. Evangel. I S. 600.
2) Moser I S. 704.
3) Moser, Corpus Jur. Evang. I, 43 ff.

weit in das 18. Jahrhundert hinein zeigt fast überall im evangelischen Deutschland nicht bloss eine stete Vermehrung der vorhandenen kirchlichen Bibliotheken, sondern auch an manchen Orten werden solche Bibliotheken neu begründet, z. B. in Sorau 1709 durch Schenkung des in demselben Jahre verstorbenen Reichsgrafen Balthasar Erdmann von Promnitz; in Künnern 1720 durch eine Schenkung des Peter Hohmann; in Zellerfeld (Pr. Hannover) 1725 durch die der Kirche vermachte Bibliothek des Generalsuperintendenten Kaspar Calvör; Landeshut in Schlesien, dessen Kirchenbibliothek zu den am besten gepflegten und organisierten Kirchenbibliotheken des evangelischen Deutschlands gehört, begründet im Jahre 1729 durch eine Kapitalstiftung von Melchior Ducius von Wallenberg; Poritz, Diöcese Stendal, 1761 durch Schenkung der Generalin von Jeetze; Zeitz, wo im Jahre 1769 der Superintendent Ch. Mitternacht die Bibliothek der Michaeliskirche durch ein Vermächtnis von 2000 Bänden vermehrte. In der Kreuzkirche in Lissa in Posen weist die Inschrift über der Eingangsthür zu den Räumen der sehr wertvollen Kirchenbibliothek den Besucher auf den ersten Blick darauf hin, dass in der ersten Hälfte des vorigen Jahrhunderts nach dem Wiederaufblühen der im 17. Jahrhundert gänzlich zerstörten Stadt mit grossen Mühen und Opfern eine Kirchenbibliothek für Amt und Gemeinde errichtet wurde, die wie manche andere erhalten gebliebene kirchliche Bibliothek ihre Erhaltung in der Hauptsache dem Umstande verdankt, dass sie nicht im Pfarrhause, sondern in der Kirche und dort in einem nicht jedermann zugänglichen Raum aufgestellt wurde.

Dass in jenem Zeitalter des Pietismus (1680—1750), in welchem die evangelische Kirche Deutschlands zu einer Blüte kam, wie sie seit Luthers Tagen bis jetzt nicht wieder erreicht ist, auch die kirchlichen Bibliotheken keine toten Schätze blieben, beweisen die Instruktionen, welche für dieselben erlassen wurden. So erhielt die Marienbibliothek zu Halle im Jahre 1717 ihre erste Bibliotheksordnung, welche erst 1813 etwas umgestaltet wurde. Für die Stiftsbibliothek zu Zeitz wurde am 24. Febr. 1724 eine Instruktion erlassen, welche noch im geheimen Staatsarchiv zu Dresden vorhanden ist. Diese ist in 12 Paragraphen abgefasst und bestimmt § 10, dass vom 1. Mai bis 1. September die Bibliothek Montags und Donnerstags von 3—5 Uhr nachmittags und vom 1. September bis 1. Mai an denselben Tagen von 3—4 Uhr zu ehrlichem und geschicktem Gebrauch geöffnet werde. Von einer ähnlichen Einrichtung wie in Zeitz berichtet Hertram in seiner „Kirchengeschichte Lüneburgs", Braunschweig 1719" S. 35 ff., wo er auf die jetzt nicht mehr vorhandene Bibliothek der Marienkirche zu sprechen kommt.

Diejenigen Bibliotheken, welche in der Zeit des allgemeinen Verfalls vor dem Untergang sich retteten, zeigen durch ihre alten Kataloge, dass im Zeitalter des Pietismus die Kirchenbibliotheken mit grossem Fleiss neu geordnet wurden. Noch jetzt ist für die in der Mitte des 16. Jahrhunderts begründete Kirchenbibliothek zu Erxleben kein anderer Katalog vorhanden als der, welcher von dem Pastor Ludwig Walther im Jahre 1725 vollendet wurde. Ein einziges übrig gebliebenes Exemplar von dem im Jahre 1745 in Halberstadt durch den Druck veröffentlichten Katalog giebt Kunde von den Verlusten, welche die Illustris bibliotheca ad Templum St. Martini Halberstad. erlitten hat. Dass die kirchlichen Bibliotheken in jener Zeit mit vielem Fleiss ordnungsgemäss katalogisiert wurden, dazu hat ohne Zweifel die kirchliche Aufsichtsbehörde auch viel beigetragen. Die Bibliothek der Nicolaikirche in Gardelegen z. B. wurde in jenem Zeitabschnitt häufig revidiert. Solche Revisionen sind aus den Jahren 1684, 1686, 1697, 1707, 1715, 1718 und 1721 nachweisbar.

Eine der letzten Kirchenordnungen, welche die kirchlichen Bibliotheken besonders berücksichtigt, ist die Thüringische Kirchenordnung Johann Kasimirs, Coburg 1713.[1]) Vergleichen wir ihre Bestimmungen über die Bibliotheken mit denjenigen der Kursächsischen Kirchenordnung vom Jahre 1580, so erkennen wir, dass die Thüringische Kirchenordnung fast dem Wortlaut nach sich an die Kursächsische anschliesst und von dieser abhängig ist, wie in unserer Zeit das Regulativ für die Verwaltung der Schulbibliotheken an den staatlichen höheren Lehranstalten der Provinz Hannover (Centralblatt für die gesamte Unterrichtsverwaltung in Preussen 1875 S. 346 ff.) der Bibliotheksordnung für die Königl. Gymnasien und die mit denselben verbundenen Realschulen und höheren Bürgerschulen in der Provinz Schleswig-Holstein (Wiese, Sammlung der Verordnungen und Gesetze für die höheren Schulen in Preussen, 3. Ausg. 1887, S. 374 ff.) nachgebildet ist.

IV.
Der Verfall der kirchlichen Bibliotheken.

Fragen wir uns nun, wie es möglich war, dass die kirchlichen Bibliotheken der evangelischen Kirche, an deren Gründung und Erweiterung die kirchlichen Behörden, die Geistlichen und die Gemeinden mehr als zwei Jahrhunderte mit Lust und Liebe gearbeitet hatten, bis auf verhältnismässig wenige Ausnahmen in der zweiten Hälfte des vorigen und in den ersten drei Deccennien unseres Jahrhunderts zum Teil sich gänzlich auflösten, zum Teil unbeachtet stehen blieben, so müssen wir den Hauptgrund in dem äusseren und inneren Verfall der evangelischen Kirche suchen, wie er in dem Zeitalter der sogenannten Aufklärung sich anbahnte und dann durch den Rationalismus bewirkt wurde. Denn das Bestreben der preussischen Staatsbehörde, die litterarischen Erzeugnisse der Wissenschaft in grossen öffentlichen Staatsbibliotheken zu centralisieren, wozu der grosse Kurfürst im Jahre 1661 mit der Gründung der Königl. Bibliothek zu Berlin den Anfang gemacht hatte, hat im Zeitalter des Pietismus die weitere Aufblühen der kirchlichen Bibliotheken nicht gehindert. Auch die öffentlichen Staatsbibliotheken, wie wir aus den oben angeführten Worten Eberts ersehen, erfreuten sich in jenem Zeitalter, welches für die Schätze und für die

---
1) Muser I S. 365.

Denkmäler der Vergangenheit jedes bessere Verständnis verloren zu haben schien, vielfach nur geringer Wertschätzung. Was von Löher in seiner Archivlehre S. 181 über den in jener Zeit eingetretenen Verfall der Archive sagt, findet auch auf den Verfall der kirchlichen Bibliotheken Anwendung: „So schön und gehaltvoll, sagt Löher, sich eine goldene Litteraturepoche entfaltete, so selten spiegelte sich doch darin ein liebliches warmes Leben und so häufig lag noch etwas wie ein Reif über den glänzendsten Geistesblüten. Unsere Forscher und Dichter schrieben und formten gerade, als wenn ihr Volk und Vaterland für sie gewesene Dinge wären, als verdiente bloss die allgemeine Menschheit ihr Empfinden..... Es war diese so tiefe langdauernde Verdunklung jeden echten Nationalgefühls eine seltsame, ja rätselhafte Fügung für ein Volk von solcher Grösse und Vergangenheit". Wenn aber das echte Nationalgefühl nur selten noch zu finden war, wo war das echte kirchliche Bewusstsein in jener Zeit zu suchen? So grossen Fleiss auch das allgemeine Landrecht darauf verwendet, die rechtlichen Grundlagen einer kirchlichen Gemeindeverfassung zu entwickeln, der reale Begriff der Kirche als einer Gemeinschaft des Glaubens und des Bekenntnisses ist ihm fremd. „Der Begriff der Kirche war eben dem Bewusstsein vieler fast verloren gegangen. An die Stelle eines entschiedenen Bekenntnisses zu dem positiven Inhalte des Evangeliums waren, wie von Möhler in seiner Geschichte der evangelischen Kirchenverfassung in der Mark Brandenburg, 1846, S. 294 sagt, Ideen sittlichen und religiösen Inhalts getreten, in welchen die meisten gerade einen geistigen Fortschritt und ein höheres Band zu finden glaubten, das alle Menschen, wes Glaubens sie auch sonst sein mochten, zu umschlingen und in eine über den Scheidewänden der Konfessionen stehende grosse Gemeinde zu vereinigen im stande sei". Welchen Wert hatten bei solcher Anschauung dann noch die Schriften der Reformatoren und der Theologen der vergangenen Jahrhunderte? Wie weit der Mangel an einem festen kirchlichen Grunde selbst in den obersten Kirchenbehörden ging, beweist der Fall, dass im Jahre 1791 im Oberkonsistorium über die Frage abgestimmt werden musste, ob ein Jude bei einem christlichen Kinde Pate sein dürfe[1]), und mehrere geistliche und weltliche Räte dies bejahten. War da noch die Niederlage von Jena nötig, um im Jahre 1808 auch die bestehende Kirchenverfassung zu völliger Auflösung zu bringen und die kirchlichen Centralbehörden zu beseitigen? Und was war von der in dem Ministerium des Innern für den Kultus und den öffentlichen Unterricht gebildeten Sektion, welche auch die Königlichen Theater zu ihrem Ressort angewiesen erhielt, für die Pflege der kirchlichen Bibliotheken zu erwarten? War doch mit dem Verfall der kirchlichen Verfassung in grossen Gebieten des evangelischen Deutschlands der Verfall des geistlichen Standes Hand in Hand gegangen, so dass z. B. in Ostpreussen bei einer Pastorenversammlung kaum Einer Text und Melodie des Lutherliedes: „Ein' feste

---

1) Gedicke: Annalen des Preuss. Schul- und Kirchenwesens Bd. 1 S. 463—91, citiert bei von Mühler.

Burg ist unser Gott" kannte. Auch die bereits gegen Ende des sechszehnten Jahrhunderts eingeführten amtlichen Pastoralkonferenzen, welche an manchen Orten zum Aufblühen der kirchlichen Bibliotheken nicht wenig beigetragen hatten, waren meistenteils eingeschlafen. Als aber nach Beendigung der Freiheitskriege eigens Kirchenbehörden in den Provinzen unter dem Namen der Konsistorien errichtet wurden, welchen die Kirchen- und Schulsachen übertragen wurden, und die Geistlichen und Gemeinden zu erwachen anfingen, da war schon mehr als ein Menschenalter verflossen, seitdem die kirchlichen Bibliotheken in den Winkel geworfen waren. Ihre Verbindung mit dem Leben der Gegenwart, welche besonders durch eine regelmässige Vermehrung hergestellt wird, war abgebrochen.

Zwar richtete der die gesamte Verwaltung des preussischen Staats mit kräftiger Hand nach den Freiheitskriegen leitende Staatskanzler Fürst von Hardenberg auch auf die Neuordnung und Verbesserung des Archiv- und Bibliothekswesens sein Augenmerk, aber wo sollten für die Pflege der kirchlichen Bibliotheken in jener Zeit Kräfte und Mittel hergenommen werden, da dieselben für die Gründung und Neugestaltung der Provinzialarchive und für die Erhaltung und Erweiterung der grösseren öffentlichen Staatsbibliotheken nur knapp ausreichten? Was war von den damaligen nur mit schwachen Kräften und Mitteln ausgestatteten Konsistorien zu erwarten, die ausserdem in ihrem Lebenskeime schon bei ihrer Entstehung gebrochen waren, da ihre Aufgabe nach der Instruktion vom Jahre 1817 darauf beschränkt war, in rein geistlicher und wissenschaftlicher Hinsicht die allgemeine Leitung des evangelischen Kirchenwesens und der Schulangelegenheiten in der Provinz zu besorgen? Allerdings haben sie sich der kirchlichen Bibliotheken angenommen, aber sie dachten nicht daran, die kirchlichen Bibliotheken selbst zu neuem Leben zu erwecken. Da nach den Freiheitskriegen in den Kassen des Staats, der Kirchen und der Gemeinden wenig Geld vorhanden war und das höhere und niedere Schulwesen in Preussen besonders gepflegt wurde, um ein besseres Geschlecht heranzubilden, so wurden in den Jahren 1820—1830 an manchen Orten Preussens die Kirchenbibliotheken an die Gymnasien abgegeben[1]), welche damals noch mit der Kirche in engster Verbindung standen. Wie viel diese Gymnasialbibliotheken der Pflege zu verdanken haben, die ihnen von Seiten der Konsistorien widerfuhr, beweisen die Gymnasialprogramme[2]) jener Zeit, worin fast jährlich von den Bücherge-

---

1) Einen ähnlichen Gang, den eine Reihe von Kirchen- und Dombibliotheken in Deutschland nahm, hatten in Schweden die Bibliotheken der Domkirchen schon in der zweiten Hälfte des 15. Jahrhunderts angetreten. Im Laufe des 17. Jahrh. waren die schwedischen Dombibliotheken hauptsächlich durch Schenkungen vermehrt worden. In dem 18. Jahrh. kamen sie allmählich unter die Obhut der Gymnasien und wurden darum „Stifts- und Gymnasialbibliotheken" genannt. Siehe Geschichte der schwedischen Bibliotheken von E. Ernström im „Centralblatt für Bibliothekswesen" 4. Jahrg. 1887 S. 331 ff.
2) Wir weisen besonders auf die Programme des Gymnasiums zu Salzwedel hin, welche die dortige Gymnasialbibliothek aufbewahrt.

schenken berichtet wird, welche die Konsistorien den Gymnasialbibliotheken überwiesen haben.

Mehr war von den durch das Ministerialreskript vom 2. Januar 1817 eingerichteten Kreissynoden zu erwarten. Und in der That nahmen dieselben an manchen Orten sogleich die Wiederbelebung des kirchlichen Bibliothekswesens in die Hand. Die Stendaler Domsbibliothek, welche im Jahre 1818 durch eine neu gegründete Synodalbibliothek erweitert wurde, giebt hierzu einen Beleg. Bestimmte doch der in Verfolg des Reskripts vom 2. Januar 1817 ausgearbeitete und durch das Ministerium veröffentlichte Entwurf zu der Synodalordnung für den Kirchenverein beider evangelischen Konfessionen im preuss. Staate § 45, II. 3: „Jeder nennt mit Angabe des Inhalts die vorzüglichsten theologischen Schriften, besonders diejenigen, welche auf die Führung des geistlichen Amts Bezug haben, die ihm seit der letzten Synode bekannt geworden sind. Zu wünschen wäre, dass sich die Synodalen zu einem theologischen Lesekreise vereinigen möchten". Entsprechend dieser Bestimmung, wonach besonders diejenigen Schriften zu studieren sind, welche auf die Führung des geistlichen Amts Bezug haben, ist für die Stendaler Synodalbibliothek im Jahre 1818 erworben worden: „Tschirner, Memorabilien für das Studium und für die Amtsführung der Prediger, Leipzig 1818", u. a. In Erfurt wurde 1820 eine Synodalbibliothek gegründet, welche jetzt der Ministerialbibliothek einverleibt ist. Allein auch die Kreissynoden gerieten bald wieder in Verfall und zu einer Weiterbildung der kirchlichen Verfassung kam es nicht. Dies konnte aber nicht hinderlich sein, dass überall da, wo die Kirche innerlich erstarkte und wo in den Geistlichen und in den Gemeinden der Glauben lebendig wurde, auch die Pflege des kirchlichen Bibliothekswesens in Angriff genommen wurde. Schmidt in seinem Werk: „Der Wirkungskreis und die Wirkungsart des Superintendenten in der evangelischen Kirche, Quedlinburg 1837" redet deshalb im § 242 über die Diöcesanbibliotheken, nachdem er im § 239, welcher über Predigerkonvente handelt, unter den Gegenständen, welche sich zur Verhandlung auf diesen Konventen eignen, an erster Stelle „Beratungen über die Einrichtung und Erhaltung eines Diöcesan-Leseczirkels und einer Diöcesan-Bibliothek" namhaft gemacht. Die Diöcesanbibliotheken zu Quedlinburg und zu Aschersleben wurden in jener Zeit gegründet.

Inzwischen ist die evangelische Kirchenverfassung unter grossen Kämpfen und Opfern zum Abschluss gebracht. Der evangelischen Kirche ist durch dieselbe die Möglichkeit gegeben, den Reichtum ihres inneren Gehalts besser entwickeln zu können als in den verflossenen 3 Jahrhunderten. Bei der in früheren Zeiten unerhört gewesenen kaum zu bewältigenden Menge wichtiger und schwieriger Geschäfte, welche der Ausbau der kirchlichen Verfassung und die neue auf Grund und infolge dieser Verfassung eingetretene kirchliche Gesetzgebung mit sich führten, ist es nicht zu verwundern, dass Bedürfnisse und zum Teil Bedrängnisse des Augenblicks die Teilnahme und die Thatkraft der Männer des Kirchenregiments fast ausschliessend in Anspruch nahmen, dagegen ihre Aufmerksamkeit und ihre Fürsorge auf die entweder ganz der Geschichte verfallenen oder auf die vom praktischen Gesichtspunkt aus möglicherweise nicht mehr empfehlenswerten kirchlichen Bibliotheken wenig oder gar nicht gerichtet haben. Sollten aber wirklich die kirchlichen Bibliotheken für unsere Zeit überflüssig sein, sollten die Mitglieder des Kirchenregiments, der synodalen Körperschaften und der kirchlichen Gemeindeorgane, sollten Geistliche und Gemeinden es nicht mit Freuden begrüssen, wenn in unserer Zeit, wie es in der Zeit der Reformation geschah, die kirchlichen Bibliotheken reorganisiert und, wo die Gelegenheit und die Mittel sich darbieten, neu begründet werden? Die vielen Aufgaben, welche die evangelische Kirche in unserer Zeit zu lösen hat, machen die Neubegründung und Neugestaltung des kirchlichen Bibliothekswesens zu einer geschichtlichen Notwendigkeit. Es unterliegt keinem Zweifel, dass die von den kirchlichen Behörden zu schaffende kirchliche Ordnung im Bunde mit der dieser Ordnung sich anschliessenden freien Liebesthätigkeit die kirchlichen Bibliotheken zu grösserer Blüte entfalten werden, als sie das 16., 17. u. 18. Jahrhundert gesehen hat.

Der Dictionnaire der französischen Akademie.

Ein bibliographischer Versuch zum 200jährigen Jubiläum.[1])

Zweihundert Jahre sind verflossen, seitdem das Wörterbuch der französischen Akademie zum ersten Mal erschienen ist. Sieben Mal ist es im Laufe dieser Zeit umgearbeitet worden und heute noch ist es ein Buch, von dem man zwar kaum sagen kann, es werde gelesen, aber doch gekauft und somit wohl auch gebraucht. Mit den folgenden Zeilen möchte ich die Leser auf dieses nun zweimal säkulare Werk aufmerksam machen und es dürfte dann auch der eine oder andere Fachgenosse sich näher für die zwei grossen Folianten interessieren, die in der Originalausgabe ziemlich selten und teuer geworden sind.

Die französische Akademie der sogenannten „40 Unsterblichen" ist bekanntlich eine Schöpfung des Cardinals Richelieu. Das Gründungsdekret wurde am 2. Januar 1635 ausgestellt, ward aber erst im Juli 1637 in die Register des Parlaments eingetragen und dadurch erst eigentlich vollgültig. Die Beschäftigung mit der Sprache lag im Geiste der Zeit und ihre Pflege sollte die Hauptaufgabe der Akademie sein. Es waltete die Absicht, nicht nur ein Wörterbuch, sondern auch eine Grammatik, eine Rhetorik und eine Poëtik herauszugeben, um auch diesen Teilen der schönen Wissenschaften feste Regeln vorzuschreiben; später aber liess man diese Projekte fallen. Bereits 1637 begann man die Arbeiten für das Wörterbuch; es wurde ein Verzeichnis von Schriftstellern angelegt, die als mustergiltig anzusehen seien; doch fand man dieses bald ungenügend und sah in der Folge davon ab.

---

[1]) Die Redaktion des C. f. B bedauert lebhaft, verhindert gewesen zu sein, den folgenden Aufsatz rechtzeitig im J. 1894 zum Abdruck zu bringen.

Die wichtigsten Mitarbeiter waren Claude Favre de Vaugelas, der den Ruf hatte, einer der tüchtigsten Kenner der französischen Sprache zu sein, obgleich er noch nichts herausgegeben hatte, und der Dichter Johann Chapelain[1]), der im Auftrage Richeliens den Plan des Wörterbuches entwarf. Dieser wurde in der Versammlung der Gesellschaft, die jeden Mittwoch zusammentrat, angenommen, aber Vaugelas war unermüdlich. Schwierigkeiten zu machen und, da seine Aeusserungen sehr grosses Ansehen hatten, schritt die Arbeit wenig vorwärts. Er starb 1649 in Sebulden und seine Gläubiger bemächtigten sich seiner Papiere, welche das Material für den Dictionnaire enthielten. Die Akademie musste den Beistand der Gerichte anrufen, um wieder in ihren Besitz zu gelangen. Er hatte die beiden ersten Buchstaben des Alphabets vollständig beendigt, aber seine Arbeit befriedigte nicht und musste von Neuem begonnen werden. Im Jahre 1651 war man erst bis zur Mitte des Buchstabens C gekommen. Nun versammelte man sich, um rascher vorwärts zu kommen, wöchentlich zwei Mal. 1673 kam man endlich vorläufig bis zu Ende. Aber im Jahre vorher war der Kanzler Seguier gestorben, welcher seit der Gründung der Akademie eines der thätigsten Mitglieder und nach Richeliens Tode deren Protektor gewesen. In seinem Hause in der Rue de Grenelle Saint-Honoré hatten sich auch die Mitglieder versammelt, da sie bis jetzt kein eigenes Lokal besassen. Der König räumte ihnen nun einen Saal im Louvre ein und hier wurden wöchentlich drei Sitzungen zu je zwei Stunden gehalten, um die erste Arbeit zu revidieren, wozu nicht weniger Zeit und Mühe verwendet wurde, als auf den ersten Entwurf. Der vorzüglichste unter den Mitarbeitern war jetzt Eudes de Mézeray, der als Geschichtschreiber einen grossen Ruf besass. Dreissig Jahre war er am Wörterbuch beschäftigt, seit 1675 als beständiger Sekretär bis zu seinem Tode 1683. Von ihm sind mehrere originelle Züge verzeichnet. So soll er beim Wort Comptable die vieldeutige Phrase beigefügt haben: Tout comptable est pendable. Gezwungen sie auszustreichen, schrieb er an den Rand: Rayé, quoique véritable. Im Jahre 1685 kam die gewesene Königin Christina von Schweden nach Paris. Sie hatte schon früher der Akademie ihr Portrait geschenkt und, weil ihr Interesse für die Wissenschaften bekannt war, wurde sie zu einer Sitzung der Akademie eingeladen. Nach verschiedenen Begrüssungen in Prosa und Versen, schlug man vor, um ihr einen Begriff von den ernsten Arbeiten der Akademie zu geben, einen Teil des Dictionnaire zu lesen. Gern ging sie darauf ein und Mézeray las hierauf den Artikel Jeu und dabei fand sich auch als Beispiel: Jeux de princes, qui ne plaisent qu'à ceux qui les font. Das sollte wohl ein jeu d'esprit sein. Die Königin erröthete und schien befangen zu sein; als sie aber bemerkte, dass man auf sie aufmerksam

---

[1] Ueber diesen grossen Gelehrten aber mittelmässigen Dichter sind in den letzten Jahren 2 Werke erschienen. Chapelain et nos deux premières académies, par l'Abbé Fabre, Paris, Perrin 1890, und Dr. A. Mühlan, Jean Chapelain. Eine biographisch-kritische Studie. Leipzig 1893. Fock.

geworden sei, zwang sie sich zu einem Lächeln, welches mehr Verachtung als Beifall ausdrückte. Die Phrase hatte ihr ins Gedächtnis zurückgerufen, welches blutige Spiel sie einige Monate vorher in Fontainebleau getrieben. Die obigen Worte stehen auch noch in den neuen Ausgaben des Dictionnaire.

Ein ander Mal erschien Colbert, welcher Mitglied der Akademie war und sich für das Wörterbuch interessierte, unerwartet in der Sitzung. Es handelte sich um das Wort Ami oder, wie man damals schrieb, Amy und es entstand eine langwierige Erörterung über die Definition dieses Wortes, ob man es auch brauchen dürfe, wenn die Freundschaft nicht gegenseitig sei. Jeder sagte seine Meinung und zuletzt wurde der Artikel so gefasst, wie er jetzt zu lesen ist: Derjenige, der Zuneigung zu einer Person hat und geneigt ist, ihr alle Arten guter Dienste zu erweisen. In einem besondern Alinea wird noch beigefügt: Man sagt es hauptsächlich, wenn die Zuneigung gegenseitig ist. Colbert wohnte der ganzen Sitzung bei und zollte der Aufmerksamkeit und Sorgfalt der Mitarbeiter seinen Beifall. Er ermunterte die Akademie auch durch materielle Mittel und trieb zur Vollendung des Wörterbuches durch Einführung eines silbernen Zahlpfennigs (Jeton), welchen jedes anwesende Mitglied erhielt, wodurch das jährliche Einkommen etwa auf 900 Franken stieg. Colbert schreibt die Legende auch die Einführung der Fauteuils zu, die in der Geschichte der Akademie so oft genannt werden. Als nämlich ein Mitglied aus der Aristokratie sich ein solches hinsetzen liess, sandte Colbert 39 andere vollkommen gleiche, damit auch äusserlich volle Gleichheit unter den Mitgliedern bestehe. Er sollte aber das Erscheinen des Wörterbuches nicht mehr erleben († 1683). Bevor dieses das Licht der Welt erblickte, erhob sich ein lebhafter Streit darüber. Anton Furetière, seit 1662 Mitglied der Akademie, hatte wegen seines satirischen Geistes auch unter seinen Collegen mehrere Gegner. Er wollte auf eigene Rechnung ein Wörterbuch herausgeben, welches vollständiger wäre, als das der Akademie, und auch die technischen Ausdrücke der Handwerker und Künstler umfasste. Im Jahre 1685 liess er zu Amsterdam eine Art Prospektus davon in 12° erscheinen:

> Essais d'un dictionnaire universel contenant généralement tous les mots français tant vieux que modernes, et les termes des sciences et des arts.

Es entstand eine heftige litterarische Fehde. Die Akademie beschuldigte ihn, ihre eigenen Arbeiten benutzt zu haben, er antwortete mit 2 Duodez-Bändchen Factums, welche bis zum Jahre 1694 vier Auflagen erlebten, worin er einzelne Mitglieder sehr scharf angreift. Die Akademie schloss ihn aus ihrer Mitte aus, eine Massregel, die überhaupt nur 3 Mal ergriffen wurde, und das Privilegium zum Drucke seines Werkes wurde zurückgezogen. Furetière starb 1688 und sein Wörterbuch erschien erst 1690 zu Rotterdam in 2 Foliobänden. Es wurde wegen seiner Vollständigkeit sehr gelobt und wiederholt aufgelegt.

Im Jahre 1694 erschien dann endlich
Le | Dictionnaire | de | l'Académie | Françoise. | Dedié av Roy. | Tome premier | A.—L. | (Vignette.) A Paris | Chez Jean Baptiste Coignard, Imprimeur et Libraire ordinaire | du Roy, et de l'Académie Françoise, rue S. Jacques, près Saint Severin, | au Livre d'Or. | M.DC.LXXXXIV. | Avec Privilege de sa Majesté. | Der zweite Band hat den gleichen Titel, nur steht Tome second, M.—Z. Es scheint eine Ausgabe zu geben mit der Variante: A Paris | Chez la veuve de Jean Bapt. etc. So steht Bibl. de l'École des Chartes 49 (1888), 577. Das Format ist gross Folio; der erste Band hat 676, der zweite 671 Seiten ohne die Table. Der Druck, abgesehen von einer ziemlichen Anzahl Druckfehler, die in den Additions et corrections teilweise verbessert sind, und die Ausstattung sind des monumentalen Werkes würdig. Voran steht ein grosser Kupferstich, die Büste Ludwigs XIV. darstellend, die von den Grazien mit Lorbeern gekrönt wird. Die Zeichnung ist von J. B. Corneille, der Stich von Mariette, das Bild des Königs von Edelinck gestochen. Eine verkleinerte Nachbildung giebt Louisy, Le Livre p. 242. Eine hübsche Vignette vor der Widmung an den König stellt diesen auf seinem Throne sitzend vor, die Huldigung der Akademie empfangend. Die Widmung selbst „Epistre" ist in höchst schmeichelnden Ausdrücken für den König abgefasst. Wie dieser den ersten Rang unter den Herrschern hat, so das Französische unter den lebenden Sprachen, das an den meisten Höfen Europas herrscht, während die Landessprache nur dem gemeinen Volke geblieben ist. Während der König mit den Waffen die Herrschaft der französischen Sprache ausbreitet, sind wir bestrebt, den Völkern das Verständnis derselben zu erleichtern. So reich sie auch ist, so scheint sie uns doch zu arm, um den Ruhm des Königs gehörig auszusprechen u. s. w.

Es folgt die von Charpentier verfasste Vorrede auf 9 Seiten, eine Auseinandersetzung der befolgten Grundsätze. Veraltete Wörter und solche, welche nur in den Künsten oder Wissenschaften, aber selten im Verkehr gehört werden, sind ausgeschlossen; massgebend war die Umgangssprache, welche im Verkehr zwischen ehrlichen Leuten gebräuchlich ist.[1]) Aus Schriftstellern sind keine Citate genommen, weil mehrere von den berühmtesten Rednern und grössten Dichtern sich bei der Abfassung beteiligten und man sich an ihren Ausspruch gehalten hat. Sprichwörter und sprichwörtliche Redensarten sind als ein wichtiger Teil der Sprache ebenfalls aufgenommen. Die Aussprache

---

1) Übrigens findet sich in der ersten Auflage noch eine ziemliche Anzahl trivialer, burlesker und gemeiner Wörter und Wendungen, die in spätern Auflagen weggelassen wurden. Sie sind gesammelt in dem Dictionnaire des Halles, ou extrait du dictionnaire de l'Académie françoise — A Bruxelles, chez François Foppens. (A la Sphère) M.DC.XCVI. 1 vol. in 12°. 22° pp. Der Verfasser heisst, wie Barbier angiebt, Artaud. Das Büchlein wird heute mit 40—50 Franken und noch höher bezahlt. Vgl. Beauchamps et Rouveyre, Guide du Libraire-Antiquaire p. 141.

wurde nur in Ausnahmefällen angegeben. Eine Geschichte des Wörterbuches soll die lange Verzögerung von dessen Erscheinen entschuldigen. Es folgt endlich das Verzeichnis der Mitglieder der Akademie seit ihrem Bestehen, indem bei jedem Mitgliede auch seine Vorgänger genannt werden. Neben längst vergessenen Namen findet man folgende bekanntere: Bossuet, Fléchier, Racine, Huet, La Fontaine, Boileau, Thomas Corneille, Fénelon, De La Bruyère, Regnier und zuletzt Coignard, den Buchdrucker, der auch das Wörterbuch druckte und verlegte. Ihm gilt auch das unmittelbar folgende „Privilège du Roy" vom 28. Juni 1684. Darin ist nicht nur der Nachdruck des Dictionnaire de l'Académie in den nächsten 20 Jahren nach Vollendung des Druckes verboten, sondern innerhalb des gleichen Zeitraums „Mesmo faisons défenses à tous Imprimeurs et Libraires dans tous les lieux de nostre obeïssance, d'imprimer cy-aprés aucun Dictionnaire nouveau de la Langue Françoise, soit sous le titre de Dictionnaire, soit sous un autre titre tel qu'il puisse estre". Zuletzt besagt eine Notiz, der Druck sei vollendet am 21. August 1694.

Es folgt nun das eigentliche Wörterbuch, in 2 Columnen gedruckt und nach Wurzeln geordnet, nach den Vorbildern, dem italienischen Wörterbuch der Crusca und dem griechischen des Heinrich Stephanus. Das macht, meint die Vorrede, die Lectüre angenehmer, als die eines andern Wörterbuches, welches nicht die Anordnung nach Wurzeln befolge. Aber es leuchtet ein, wie das Nachschlagen dadurch erschwert wird, wenn man z. B. nicht nur ami sondern auch ennemi bei aimer suchen muss, irregularité bei regir, bataillon bei battre u. dgl. m. Die zahlreichen Verweisungen und die Table am Ende jedes Bandes erleichtern übrigens die Arbeit. Die beiden Bände sind ziemlich selten geworden und gelten antiquarisch 50—60 Franken. Ich benutze das Exemplar der Stadtbibliothek in Zürich, das in rotem Maroquinband mit Goldschnitt trefflich erhalten ist.

Eine Art Supplement des Akademischen Wörterbuches, die Ausdrücke der Handwerke und Gewerbe enthaltend, ist der Dictionnaire des arts et des sciences, par M. de l'Académie françoise, ebenfalls in 2 Foliobänden, Paris 1694. Der Verfasser ist Thomas Corneille. Hiervon erschien eine zweite Auflage 1696, eine dritte 1720, die vierte, von Fontenelle bedeutend vermehrt, 1731—1732.

Im Ganzen darf man das Werk der Akademie wohlgelungen nennen. Man könnte es ein Archiv nennen, in welchem der Sprachschatz für alle künftigen Zeiten niedergelegt ist, aus welchem daher auch alle kommenden Generationen noch schöpfen werden. Welche andere Sprache könnte sich rühmen, ein solches authentisches Inventar über ihren Besitzstand vor 200 Jahren aufweisen zu können?[1]) Anders lauten die Urteile freilich, wenn das Wörterbuch zugleich das Gesetz-

---

1) Heute ruft Hermann Grimm nach einem Thesaurus linguae Germanicae und bedauert, dass wir keine Akademie haben. S. Deutsche Litteraturzeitung vom 11. Nov. 1893 Sp. 1450—52.

nach sein will über den Sprachgebrauch, die Autorität, nach welcher Schrift und Umgangssprache sich richten sollten. Das ist der Punkt, gegen welchen die Kritik ihre Angriffe immer wieder gerichtet hat. Der Dictionnaire ist aber auch ein Spiegelbild seiner Zeit; die zahlreichen Worte aus den schönen Wissenschaften, Philosophie, Religion, Kriegswissenschaft lassen uns erkennen, an welchen Fächern man damals ein besonderes Interesse hatte; verhältnismäßig am zahlreichsten sind die Ausdrücke, die von der Jagd und der Heraldik hergenommen sind, die dann in den folgenden Auflagen sich immer verminderten. Dagegen ist die erste Auflage arm an Ausdrücken aus dem Gebiete der Kunst und geradezu dürftig betreffs der Naturwissenschaften. Ein weiterer Mangel, den auch das Wörterbuch der Crusca hat, ist das Fehlen der Etymologie; dieser Teil der philologischen Wissenschaft steckte damals noch in den Kinderschuhen.

Die Kritik ließ nicht lange auf sich warten. Es erschien L'Apothéose du Dictionnaire de l'Académie françoise et son expulsion de la région céleste. La Haye 1696. In-12°.

Man schreibt diese scharfe Satire dem gewandten Lexikographen P. Richelet zu. Mallemant de Messange erwiderte dagegen in seiner

Réponse à une critique satyrique, intitulée: L'Apothéose du Dictionnaire de l'Académie françoise. In-12°. Paris 1696. Avec frontispice, worauf abermals eine Antwort erfolgte:

L'Enterrement du dictionnaire de l'Académie, ouvrage contenant la réfutation de la réponse de M. de M*** (Cl. Mallement de Messange). 1697. In-12. Diese 3 seltenen Schriften sind mir nicht zu Gesicht gekommen, ebensowenig die folgende:

Le grand | Dictionnaire | de | l'Académie | françoise | dédié au Roy | Seconde édition. | Revue et corrigée de plusieurs | fautes, et où l'on a mis dans l'ordre alphabétique les additions | qui étoient à la fin de l'edition precedente. | Tome premier. | A—L. | A Paris, | chez la veuve de Jean Baptiste Coignard, imprimeur ordinaire du Roy, | et de l'Académie françoise. | Et | chez Jean Baptiste Coignard, imprimeur ordinaire du Roy, et de l'Académie françoise. | M.DC.XCVI. | Avec privilege du Roy. 2 Bände in-fol. 406 u. 396 SS. Dies ist ein Nachdruck, in Amsterdam veranstaltet, vermutlich auf Veranlassung des französischen Verlegers, der dadurch der Concurrenz zuvorkommen wollte. Exemplare davon sind sehr selten, auch in den Niederlanden. Kein Bibliograph hat diese Ausgabe erwähnt, von welcher überhaupt nur drei Exemplare bekannt sind. Erst 1888 gelang es der Pariser Nationalbibliothek ein Exemplar zu erwerben. Man ist übereingekommen, diese Auflage seconde zu nennen, während die folgende deuxième heisst. Vgl. den Bericht [von L. Delisle] in der Bibliothèque de l'École des Chartes 49 (1888), 577--580. In O. Harrassowitz' Antiq. Cat. 191 Nr. 368 wird (1893) diese Ausgabe zum Preise von 150 Mark angeboten. Von derselben Firma waren auch die beiden andern Exemplare nach Paris geliefert worden.

Die zweite Auflage des Dictionnaire de l'Académie erschien 1718, 2 Bde. folio, Paris 1718. Sie unterscheidet sich von der ersten dadurch, dass die Wörter nicht mehr nach Wurzeln, sondern durchgehends nach dem Alphabet geordnet sind. Den hauptsächlichsten Anteil an der Redaktion hatte der Abbé Regnier Desmarais; die Zueignung verfasste Abbé Massieu. Die dritte Auflage, Paris 1740, zeigt nur geringe Veränderungen, einiges grammatische Detail und einige Gallicismen. Um die vierte, Paris. Bernard Brunet 1762, machte sich Duclos verdient, indem er die Definitionen schärfer fasste, die Beispiele passender auswählte, manche Fehler verbesserte. Es wurden verschiedene Abzüge davon gemacht, Paris 1765, Lyon 1774, Nismes 1778 und 1786, die alle nicht mehr in Folio sondern bereits im bequemeren Quartformat erschienen.

Voltaire, nachdem er 1778 nach Paris zurückgekehrt war, hatte einen neuen Plan für den Dictionnaire entworfen, der eine bedeutende Erweiterung und Verbesserung in Aussicht nahm. Er selbst übernahm die Bearbeitung eines Buchstabens, starb aber noch im gleichen Jahre und mit ihm sein Projekt. Andere Ideen begannen jetzt die Geister zu beleben; es handelte sich um ganz andere Reformen, als die der Grammatik. Die Revolution war auch eine Umwälzung in der Sprache. 1793 wurde die Akademie aufgehoben und 1795 durch das Institut national ersetzt. Dieses gab dann 1798 eine neue Auflage heraus à Paris chez Smits en Ian VII. Die Widmung an den König ist weggefallen, die Vorrede ist von Joh. Garat, „un cannque politique", wie ihn Madame Roland nannte. Die hauptsächlichsten Mitarbeiter waren Selis, Bourlet de Vauxcelles und Gence. Neben der Ausgabe in Folio hatte man eine in Quart abgezogen und letztere ward erneuert 1811 und 1822. Eine andere in 4 Bänden erschien in Berlin 1800—1801 von S. H. Catel, welcher jedem Stichworte eine deutsche Uebersetzung beifügte. Die 6. Auflage erschien 1835 Paris, Didot Frères, mit einer Vorrede von Villemain. Sie ist mit grosser Sorgfalt revidiert und mit neuen Beispielen aus allen Abstufungen der geschriebenen Sprache vermehrt. Sie ist sechsmal abgezogen worden, ungerechnet die Brüsseler Nachdrucke. Sie erschien selbst in deutscher Uebersetzung, Grimma 1840, 2 Bde. Neue Ausgabe ebdas. 1851. Ausserdem wurden zahlreiche Nachträge, Studien, Auszüge und dgl. veröffentlicht. „Wenn die Könige bau'n, haben die Kärrner zu thun".

Die siebente und letzte Ausgabe bearbeitete Silvestre de Sacy, ein Sohn des berühmten Orientalisten, geboren 1801, Akademiker seit 1855, † 1879. Er gab 1874 den ersten, 1878 den zweiten Band heraus. Ein Neudruck erschien 1884. In dieser Auflage sind die Vorreden der früheren wieder abgedruckt. Der Preis beträgt 36 Franken für ein broschirtes, 45 Franken für ein gebundenes Exemplar.

Seit dem Jahre 1858 erscheint nun daneben auch Dictionnaire historique de la langue française, comprenant l'origine, les formes diverses, les acceptions successives des mots; avec un choix d'exemples tirés des écrivains les plus autorisés, publié par l'Académie Française.

Der erste Band A—Act erschien 1858—1865, seither sind noch einige weitere Lieferungen erschienen, aber so langsam, dass Grässe noch jetzt davon sagen dürfte: Ne sera peut-être pas terminé. Andere haben ausgerechnet, dass das Werk bis zu seiner Vollendung drei bis vier tausend Jahre brauchen werde. Vapereau, Dictionnaire des Littératures 629.

Einsiedeln. P. Gabriel Meier.

Recensionen und Anzeigen.

Sylva Clapin, Dictionnaire canadien-français ou Lexique-Glossaire des mots, expressions et locutions ne se trouvant pas dans les dictionnaires courants et dont l'usage appartient surtout aux Canadiens-Français. Boston [1894], Sylva Clapin. XLVI, 389 S. 8°.[1]

Während das Französisch der Réfugiés jetzt überall erloschen ist (nur durch künstliche Pflege giebt man ihm hier und da eine Scheinexistenz), ist das in der ersten Hälfte des XVII. Jahrhunderts von Kolonisten nach Kanada getragene Französisch noch heute lebendig. Beide Idiome haben manche Eigentümlichkeit der Sprache des XVII. Jahrhunderts festgehalten, die in Frankreich selbst verlassen wurde, und dadurch in Aussprache und Ausdrucksweise einen etwas archaischen Anstrich erhalten. Die Kolonisten Kanadas entstammten vorwiegend Frankreichs Küstenstrichen; die meisten scheinen von der Normandie ausgegangen zu sein. Dabei finden wir nicht nur einzelne Normannische Volkstrachten, wie die Cotentinhäubchen, und Volkslieder, wie das A la claire fontaine, sondern auch Erscheinungen aus den Mundarten der Normandie in Kanada wieder. Das alte Spracherbe ist dann durch drei Faktoren erweitert worden: durch Aufnahme von Worten des Algonkin (der Sprache der Ureinwohner); durch Aufnahme von Worten und Wendungen aus dem Englischen; durch selbstständige Umprägung der französischen Sprachelemente. Der Verfasser führt diese drei Wortgruppen in der Einleitung auf, hat aber manches unter die dritte Rubrik gebracht, was richtiger unter die zweite zu setzen wäre. So ist offenbar mitaine (protestantischer Gottesdienst) nicht von dem französischen mitaine (Fausthandschuh) herzuleiten, sondern vom englischen meeting. Ähnlich ist bei einer Reihe anderer Worte der englische Ursprung verkannt (change klein Geld, criquet Helmchen, dame Damm, dragne Träber, poare Grog, ripe Holzhand). Die Weiterbildung der französischen Sprachelemente zeigt sich besonders in der reichen Terminologie des Zuckerahornbaus, des wichtigsten Industriezweigs der Kanadier.

Die Bedeutung des Kanadafranzösisch ist vielleicht weniger darin zu suchen, dass manches Alte weiterlebt, was in Frankreich selbst geschwunden ist (wie sauvagine Wildbret, tondre Zunder), als darin, dass sich Tendenzen geltend machen, die allmählich verstärkt zur Loslösung von der Sprache des Mutterlandes führen können, ein Werdeprozess, der für die allgemeinen Fragen der Sprachforschung nicht ohne Interesse ist.

Der Verfasser hat in der Einleitung auch die lautlichen Abweichungen von dem gewöhnlichen Französisch zusammengestellt und in einem Anhang den Wortschatz nach Kategorieen geordnet. Das Wörterbuch selbst ist mit liebevoller Vertiefung in den Gegenstand ausgearbeitet und lässt an Reichhaltigkeit das verdienstliche Glossaire franco-canadien von Oscar Dunn (Québec 1880) weit hinter sich.

[1] Wir bringen diese uns von Herrn Professor H. Suchier zugehende Besprechung hier nur ausnahmsweise, weil das uns zugeschickte Werk sonst wohl manchem Kollegen entgehen würde.

Pubblicazioni della R. Biblioteca Estense di Modena I. Lettere di Girolamo Tiraboschi al Padre Ireneo Affò tratte da' codd. della Biblioteca Estense di Modena e della Palatina di Parma a cura di Carlo Frati bibliotecario dell' Estense. Parte I. In Modena presso la ditta G. T. Vincenzi e Nipoti tipografi-librai-editori sotto il Portico del Collegio 1894.

In pietätvoller Weise eröffnet die Estensische Bibliothek in Modena eine Reihe von Ausgaben mit dem Abdrucke der Briefe ihres berühmten, vor hundert Jahren (3. Juni 1894) verstorbenen Vorstehers Girolamo Tiraboschi an den Pater Ireneo Affò und widmet diesen ersten Band seinem Andenken. Leider wurde er ganz nicht rechtzeitig zum 3. Juni fertig. Es liegt uns zunächst die erste Hälfte mit dem Abdruck eines Teiles der Briefe vor; der Rest mit Einleitung, vier Anhängen und einem allgemeinen Inhaltsverzeichnisse soll baldmöglichst folgen. Die Arbeit konnte keinen sachkundigeren Händen anvertraut werden, als dem gelehrten Bibliothekar der Estense, Carlo Frati. Die Briefe Tiraboschis führen uns in die Werkstatt des gelehrten Mannes ein und lassen uns einen tiefen Blick in seinen wissenschaftlichen und freundschaftlichen Verkehr mit dem eben so unermüdlichen Pater Ireneo Affò thun. Jeder einzelne enthält eine Fülle der mannigfaltigsten wissenschaftlichen Notizen, die zum Teil in seinem grossen Werke verwertet sind. In bequemen Anmerkungen giebt der Herausgeber fortlaufend Abschnitte aus Affòs Briefen, welche zur Erläuterung der Briefe Tiraboschis dienen und gleichfalls einen Schatz von Gelehrsamkeit bergen. Auch lässt er wertvolle eigene Bemerkungen einfliessen, nie aber, und das gereicht ihm zu besonderem Lobe, drängt er sich dem Leser an dieser Stelle als Kritiker auf. Mit grosser Spannung sehen wir dem Abschlusse des schönen Werkes entgegen, das auch in typographischer Beziehung mustergiltig ist.

Halle a. S. Berthold Wiese.

Papyrus Erzherzog Rainer. Führer durch die Ausstellung. Mit 20 Tafeln und 90 Textbildern. Wien, 1894. Selbstverlag der Sammlung. Alfred Hölder. 4°. (1 Bl., XXIII S., 1 S., 293 S., 1 S., 1 Bl. 20 Taf.).
Mittheilungen aus der Sammlung der Papyrus Erzherzog Rainer. 1. Jhg. 1887. (2 Bl., 130 S.) 2. und 3. Bd. Mit 3 Lichtdrucktafeln und 19 Textbildern. 1887. (IV, 272 S., 3 Taf.) 4. Bd. Mit 6 Tafeln und 7 Textbildern. 1888. (IV, 148 S., 6 Taf.) Wien, Verlag der k. k. Hof- und Staatsdruckerei. 4°.

Der Titel des zuerst genannten Werkes darf den Leser nicht irre machen. Wir haben es nicht mit einem Führer gewöhnlichen Schlages zu thun, sondern in diesem ziemlich umfangreichen Buche ist die Summe aus einer Reihe von schwierigen und langwierigen Einzelforschungen zusammengefasst, die auf verschiedenen Gebieten des antiken, namentlich aber des mittelalterlichen Buchwesens eine völlige Wandlung der Anschauungen hervorgebracht haben. Das Kernstück der Sammlung 'Papyrus Erzherzog Rainer' bildet der Urkundenfund von el-Faijûm (Arsinoë, Krokodilopolis, Schet), doch enthält sie nicht bloss Urkunden auf Papyrus, sondern auch auf anderen Beschreibstoffen, von denen namentlich die auf Papier, die zum grössten Teile aus el-Uschmuneïn (Hermopolis) stammen, nach eingehenden chemischen und histologischen Untersuchungen sich als besonders wichtig für die Geschichte der Papierbereitung erwiesen haben. Der Fund von el-Faijûm wurde nach seiner Entdeckung im Winter 1877/78 in alle Herren Länder zerstreut, die Hauptmasse gelangte mittelst der Bemühungen Theodor Grafs nach Wien, die Munificenz des Erzherzogs Rainer sicherte ihr dauernden Verbleib daselbst. Die Ausstellung, durch die uns der vorliegende Führer geleitet, ist in den Räumen des K. K. österreichischen Museums für Kunst und Industrie untergebracht. Es ist selbstverständlich, dass die wissenschaftliche Forschung den grossartigen Fund nach verschiedenen Seiten hin auszuwerten suchte, und es liegt auch bereits eine ansehnliche Litteratur darüber vor. Zur allgemeinen Orientierung sei auf den zusammenfassenden Bericht von J. Karabacek (Österreichische Monatsschrift für den Orient 11 (1885), 159—165, 179—186) und auf den fein charakterisierenden Vortrag W. von Hartels (Über die griechischen Papyri Erzherzog Rainer, Wien, 1886) verwiesen. Es gilt als ziemlich sicher, dass wir es bei dem Funde von el-Faijûm mit den Überresten des Archives der Stadt oder der Provinz zu thun haben. Seinem Inhalte nach ist das aufgefundene Material von hervorragend kulturgeschichtlicher Bedeutung. Es umspannt in zehn Sprachen den Zeitraum vom 14. Jhdt. vor bis zum Ende des 14. Jhdts. nach Christi Geburt. Die Entzifferung ist oft mit bedeutenden Schwierigkeiten verbunden, so z. B. bei den demotischen und bei gewissen arabischen Urkunden. Ein interessantes Problem bietet das Entziffern der tachygraphischen Stücke. Philologie und Naturwissenschaft haben zusammengewirkt, um den Wert der Fundstücke zu erschliessen, und es gewährt den Eindruck besonderer Befriedigung, die von beiden Seiten erzielten Resultate in den Arbeiten von Karabacek und Wiesner einander ergänzen und bestätigen zu sehen. (Vgl. Mitteilungen 2 3 S. 87—200.) Nach den verschiedensten Seiten fällt daraus reichlicher Gewinn ab. Geschichte, insbesondere Chronologie, Paläographie, Sprachwissenschaft und Technologie finden ihre Rechnung. Profanes und Heiliges, Einzelleben und Volksleben wird uns entrollt. Von einem koptischen Abedarium hinweg ist es verstattet, in den Geist eines urkanonischen Evangeliums zu tauchen, nach den Seufzern eines liebeskranken Arabers vernehmen wir die revolutionären Äusserungen bedrängter Volksgenossen. Ein grosser Teil der Urkunden beschäftigt sich allerdings mit recht nüchternen Dingen, Pachtverträge, Quittungen, Heiratskontrakte u. a. liegen in reicher Zahl vor, aber sie gewähren in ihrer Gesammtheit einen tiefen Einblick in das sociale Leben Ägyptens unter wechselnder Herrschaft. Was in den 'Mitteilungen' in ausführlichen Abhandlungen mit gelehrtem Apparat dargeboten wird, bringt der 'Führer' in knapper Zusammenfassung. Er unterrichtet im allgemeinen durch kurze Einleitungen und erläutert die ausgestellten Fundstücke teils nur ganz kurz, teils mit ausführlicheren Bemerkungen und Übersetzungsproben. Als wichtigste Ergebnisse für die Geschichte des Buchwesens lassen sich etwa folgende hervorheben. Die von der Wissenschaft längst verworfene, aber noch immer nicht ausgestorbene Auffassung, dass der Papyrus aus dem Baste der Papyrusstaude hergestellt worden sei, wird neuerdings dahin richtig gestellt, dass das Mark dazu verwendet wurde. Verschiedene Anschauungen über die Papyrusbereitung in Sicilien, deren Regina Karabacek mit dem Verfalle dieser Industrie in Ägypten in Zusammenhang bringt, werden berichtigt. (Mitteilungen 2 3 S. 103—105.) Von ganz besonderer Tragweite sind die Untersuchungen über die Papierfabrikation. Nachdem die arabisch-ägyptische Papyrusfabrikation ihren Höhepunkt zu Anfang des 9. Jhdts. überschritten hat und 'um die Mitte (zweite Hälfte) des X. Jhdts im grossen und ganzen als erloschen angenommen werden kann, beginnt der Siegeszug des Papieres. Die beiden bisherigen Annahmen, dass das älteste Papier aus roher Baumwolle hergestellt und das Hadernpapier von den Deutschen oder Italienern im 14. Jhdt. erfunden worden wäre, werden als irrig erwiesen. Auch die Annahme, dass die Araber um das Jahr 704 von den Chinesen gelernt hätten, aus Baumwolle Papier zu erzeugen, wird hinfällig. Es 'kann historisch sicher das Jahr 751 n. Chr. als die Epoche und Samarkand als der Ausgangspunkt der Papierfabrikation des Morgen- und Abendlandes angenommen werden'. (Führer S. XX.) Die Araber lernten von den chinesischen Papierarbeitern in Samarkand die Papierbereitung aus der Rinde des Papier-Maulbeerbaumes kennen, da aber dieser in Samarkand fehlte, so verwendete man Hadern. Es ist also die Erfindung des Hadernpapieres gegenüber der bisherigen Annahme um etwa fünf Jahrhunderte zurückzudatieren und in den Orient zu verweisen. Ein aus roher Baumwolle hergestelltes Papier hat es nach den eingehenden Untersuchungen Wiesners überhaupt niemals gegeben. Von Wichtigkeit für die Verbreitung des Papieres nach dem Occident ist die Begründung der zweiten 'Reichspapierfabrik' in Bagdad (794—795). Wir sehen nun über Syrien, Arabien und Nordafrika hin bis nach Spanien Papierfabriken emporblühen. Eine dieser Fabrikstätten ist nach Karabaceks Untersuchungen der Ausgangspunkt für die Fabel von der

Existenz eines Baumwollenpapieres geworden. Es macht es wahrscheinlich, dass die Bezeichnung charta bombycina von der nordsyrischen Stadt *Bambâṣ aj*, lat. Bambyce, arab. Mambidsch (Hierapolis), herzuleiten sei. In dieser strategisch wichtigen Stadt blühte die Textilindustrie. Zur Zeit, als die Stadt unter Romanus IV. Diogenes im Besitze der Griechen war (1068—1073), stimmen wir auf Bezeichnungen wie *βιβλία βαμβύκινα*. Mit Verwertung einer Angabe des Theophilus Presbyter (lebte bis Anfang des 12. Jhdts.) schliesst Karabacek, dass man in Bambyce aus dem Baste des Maulbeerbaumes, der dort fleissig gepflanzt wurde, Papier bereitet habe. (Mitteilungen 2 3 S. 131—136.) Daher stammen also die Bezeichnung charta bambacina, bombycina, und wie nun die Varianten alle heissen. Der spätere Gebrauch des Wortes bombyx für Baumwolle habe veranlasst, das dem Äusseren nach ähnliche Erzeugnis als Baumwollenpapier aufzufassen. Als die ältesten Hadernpapiere der Welt (um 800 n. Chr.) sind zwei Briefe ausgestellt (Führer S. 245—246), ferner als die ältesten Drucke der Welt mehrere arabische aus dem 10. Jhdt. (Führer S. 247—250.) Als ältestes Leimmittel wurde in der Papierindustrie Stärkekleister verwendet, höchst wahrscheinlich Weizenstärke. Die sogenannte Füllung der Papiere wurde von den Arabern erfunden. Auch über das Färben des Papieres werden wir belehrt. Zum Schreiben verwendete man zweierlei Tinte, die eine ist Kohlen- oder Russtinte, die andere eine Art Galläpfeltinte. Die Reichhaltigkeit der Sammlung 'Papyrus Erzherzog Rainer' lässt sich nicht leicht erschöpfen. Ist es verdienstlich, dass diese Schätze in reicher Auswahl zur Besichtigung ausgestellt wurden, so verdient es umsomehr Anerkennung, dass durch den von Karabacek, Krall und Wessely bearbeiteten Führer weiteren Kreisen ein Eindringen in das Verständnis dieser Sammlung ermöglicht wurde. Die K. K. Hof- und Staatsdruckerei hat an die Ausstattung des Führers ihr bestes Können gesetzt. Voraussichtlich wird in nicht zu ferner Zeit ein Bericht über den ersten Band des Corpus papyrorum Raineri, für dessen Herausgabe die Mitteilungen die vorbereitenden Studien enthalten, folgen können.

Graz.   Ferdinand Eichler.

Verzeichniss der Handschriften im preussischen Staate. I. Hannover. 3. Göttingen. 3. Universitäts-Bibliothek: Nachlässe von Gelehrten; Orientalische Handschriften. Handschriften im Besitz von Instituten und Behörden. Register zu Band 1—3. Berlin 1894. Verlag von A. Bath. 8°. VIII, 531 u. 244. M. 26.

Mit dem vorliegenden dritten Bande erreicht die Beschreibung der Göttinger Handschriften durch Professor Wilhelm Meyer ihren Abschluss. Sein Inhalt besteht vorwegend aus dem handschriftlichen Nachlass zahlreicher Göttinger Universitätslehrer, nämlich des Statistikers Achenwall (1719—1772) Nr. 1—220 (mit mehrfachen Einschaltungen), des Anatomen Blumenbach († 1840) Nr. 1—42, 45 Handschriften, die meist der Kurator v. Münchhausen verfasst oder gesammelt hat, dann dem Professor Georg Ludwig Böhmer († 1797) schenkte und die nach dessen Tode an die Universitäts-Bibliothek übergegangen sind; 22 Bände von Karl Friedrich Eichhorn (1781—1854), 115 Nummern von dem Mathematiker Karl Friedrich Gauss († 1855), 9 Nummern von dem Historiker A. H. L. Heeren († 1842), Manuskripte seiner Vorlesungen, 217 Nummern von dem Philologen Karl Friedrich Hermann († 1855), eigene Arbeiten in Handschrift und Druckexemplaren mit Nachträgen, 135 Nummern von dem Philologen Christian Gottlob Heyne († 1812), 138 Nummern von dem Orientalisten Paul Anton de Lagarde (Bötticher, † 1891), die nur in den Räumen der Universitäts-Bibliothek benutzt werden dürfen, 71 Nummern von dem Astronomen Tobias Mayer († 1762), die in der Sternwarte aufbewahrt werden, 175 Nummern medizinischen Inhalts von dem Helmstedter Professor der Medizin, Geschichte und Diebskunst Heinrich Melbom dem Jüngeren († 1700, seine übrigen Sammlungen befinden sich in der Königlichen Bibliothek zu Hannover), 42 Nummern von dem Philosophen Christoph Meiners († 1810), 341 Nummern von dem Orientalisten Johann David Michaelis († 1791),

16 Nummern der Collectanea Juris Publici des Kurators Gerlach Adolf von Münchhausen († 1770), 75 Nummern von dem Juristen Johann Stephan Pütter († 1807), 91 Nummern von dem Philologen Hermann Sauppe († 1893), 52 Nummern aus dem Nachlass des Frankfurters Johann Friedrich von Uffenbach († 1769, meist Tagebücher und Briefe), 11 Bände Briefe an den Mediziner Rudolph Wagner, † 1864, 20 Nummern (in einem Bande) von dem Physiker Wilhelm Weber († 1891) und endlich 103 Nummern aus dem Nachlass des Historikers Theodor Wüstenfeld († 1893), meist Sammlungen zur mittelalterlichen Geschichte Italiens. Es folgt die Beschreibung der orientalischen Handschriften und zwar von 10 äthiopischen, 135 arabischen in systematischer Reihenfolge (Koran, Kommentare, Gebet, Varia theologica, Recht, Philologie, Litteratur, Geschichte, Geographie, Exakte Wissenschaften nebst Philosophie, Medizin, Christliche Theologie), 8 hebräischen, 10 koptischen, 38 persischen, 150 Sanskrit-Handschriften, die Professor Kielhorn in Göttingen beschrieben hat, 9 syrischen, 44 türkischen und 18 aus verschiedenen anderen orientalischen Sprachen; daran schliessen sich 17 Faszikel aus der 1889 in Leipzig versteigerten Sammlung Morbio, 20 von Buchdeckeln abgelöste Fragmente von Handschriften, 30 Nummern des auf der Bibliothek aufbewahrten diplomatischen Apparates, 38 aus Professor Wilhelm Müllers († 1880) Besitz stammende Handschriften und Handschriftenreste, die Akten der Gesellschaft der Wissenschaften zu Göttingen, 12 Handschriften aus dem Besitze der Stadt Göttingen, von denen 6 in der Universitäts-Bibliothek aufbewahrt werden, die anderen sich im Stadtarchiv oder städtischen Museum befinden; den Beschluss bilden 3 Codices der St. Johanniskirche, die ebenfalls der Universitäts-Bibliothek anvertraut sind. Nach 25 Seiten Nachträgen und Berichtigungen zu allen drei Bänden (S. 527—551) folgt mit eigener Seitenzählung ein doppelter Index, S. 3—208, in einem Alphabet zu allen abendländischen Handschriften, bei dem als Nachweis nicht die Seitenzahlen der Bände sondern die Ordnungsnummern der einzelnen Abteilungen dienen, deren abgekürzte Bezeichnungen (es sind im ganzen 509) dem Index vorangehen, und endlich dreifache Register der muhammedanischen, hebräischen und christlich-orientalischen und der Sanskrit-Handschriften nach Titel, Verfasser und Inhalt, S. 209—214. So liegt nun das grosse Werk, die Beschreibung von über 5200 Handschriften, vollendet vor und es ist nur zu wünschen, dass diesem viel verheissenden Anfang der preussischen Handschriften-Kataloge die Weiterführung durch dieselbe bewährte Hand nicht fehlen möge. M. P.

Mitteilungen aus und über Bibliotheken.

Von dem K. Italienischen Ministerium für Ackerbau, Industrie und Handel, Abteilung für Statistik, sind zwei Bände ausgegeben, welche eine Statistik der italienischen Bibliotheken bringen. Behandelt werden in diesen auf ganz offiziellen Angaben beruhenden Zusammenstellungen, die sehr wichtig und nützlich sind, die Staats-, Provinzial- und Kommunal-Bibliotheken, die Sammlungen von anderen mit Korporationsrechten ausgestatteten Instituten (enti morali) und die grösseren für Studienzwecke zugänglichen Privatbibliotheken. Im Jahre 1889 wurden Fragebogen an die betreffenden Bibliotheken versendet und im Jahre 1893 der Band, der die Bibliotheken Oberitaliens enthält, fertig gestellt. 1894 ist dann die Zusammenstellung für die Bibliotheken Mittel- und Unter-Italiens ausgegeben worden. Da hier die Gymnasial- und Staatsschul-Bibliotheken (scuole secondarie), die Bibliotheken der Gerichte, der Militärkommandos u. s. w. nicht publiziert sind, so soll das in einer Parte seconda nachgeholt werden. Hoffentlich bringt dieser zweite Teil auch übersichtliche Zusammenstellungen über das gesamte Bücher- und Handschriftenmaterial aller italienischen, bisher nur einzeln verzeichneten Büchersammlungen. O. H.

Die Verwaltung der **Stadtbibliothek zu Dresden** hat in einem fünften Nachtrage zu ihrem Kataloge die Erwerbungen der Jahre 1892 bis 94 der Abteilung für Rechts- u. Staatswissenschaft bekannt gemacht. Beigegeben ist ein Katalog der Büchersammlung der deutschen Kolonialgesellschaft, Abteilung Dresden.

Ein neuer italienischer Bibliotheks-Erlass. Unter dem 19. November 1894 hat der italienische Unterrichts-Minister einen Erlass an die Vorstände der Staatsbibliotheken gerichtet, welcher die möglichste Sicherung dieser Bibliotheken gegen Feuersgefahr bezweckt, denen dieselben infolge der Notwendigkeit der Beleuchtung und Beheizung ihrer Bibliotheksräume und namentlich durch die hier und da vorhandene unmittelbare Berührung mit Wohnräumen ausgesetzt sind. Vor allem dachte das Ministerium, wie der Erlass betont, an die allgemeine Feuerversicherung der Bibliotheksgebäude, welche jedoch eine neue Ausgabe auf die ohnehin in den letzten Jahren arg beschnittenen Bibliotheksdotationen gewälzt hätte, ohne dass damit die eigentlichen Schätze der Bibliotheken, die Bücher, Handschriften und Palimpseste, den so notwendigen Schutz erlangt hätten. Auch die Ersetzung der Gasbeleuchtung durch das elektrische Licht, welche hier und da durchgeführt wurde, gehört in die Reihe der bezüglichen Schutzmassregeln.

"Alle diese und andere Massregeln", so schliesst der gewiss auch in Hinsicht auf die Bibliotheken der übrigen Staaten zeitgemässe Erlass, "werden jedoch ohne die fortdauernde Wachsamkeit der Bibliotheksvorstände wenig oder nichts nützen. Das Ministerium findet es daher notwendig, die Herren Vorstände auf diese wichtige Sache aufmerksam zu machen, indem es dieselben zugleich auffordert, diesbezüglich neue Vorschläge zu erstatten, falls solche notwendig sein sollten und falls ihre Durchführung nicht von vornherein ein Hindernis in den besonderen Verhältnissen des betreffenden Bibliotheksgebäudes oder in dem Bibliotheksbudget finden sollte". Ka.

Das neueste Heft der Mitteilungen aus der **Stadtbibliothek zu Hamburg**, XI, 1894, enthält an erster Stelle einen Abriss der Geschichte derselben, hauptsächlich auf den verdienstvollen Christian Petersens Geschichte vom Jahre 1838 beruhend. Ihm folgt ein Verzeichnis der während des Journalisten- und Schriftstellertages ausgestellten Handschriften und gedruckten Bücher (C. f. B. XI S. 514). Nach dem am Schluss des Heftes bildenden Bericht wurde der Bücherbestand im Jahre 1893 um 5073 Nummern vermehrt. Im Lesezimmer wurden 11905 Bände, darunter 115 Handschriften, von 7903 Personen benutzt. Ausgeliehen wurden 7520 Bände, darunter 54 Handschriften, an 596 Personen. Mit diesem Hefte hören die Mitteilungen zu erscheinen auf, nach Beschluss der Hamburger Oberschulbehörde werden sie künftig in das Jahrbuch der Hamburgischen wissenschaftlichen Anstalten aufgenommen werden. W.

Der zweite Teil des höchst zweckmässigen Katalogs der **Stadtbibliothek zu Elbing**, den Herr Dr. L. Neubaur verfasst hat und über dessen ersten Teil das C. f. B. Jahrgang X S. 551 eine ausführliche Notiz gebracht hat, ist jetzt erschienen. Derselbe verzeichnet auf 619 Oktavseiten die Abteilungen VI bis XIX der Bücherschätze und unter Abteilung XX die Handschriften der Bibliothek. In zwei Anhängen werden Nachträge und Berichtigungen zu Bd. I u. f. des Katalogs geboten, d. h. die seit 1891 während des Druckes des zweiten Bandes neu hinzugekommenen oder früher übersehenen Werke nachgeholt. X. X.

Nach dem Jahrbuch der K. K. Universität Wien für das Studienjahr 1893/94, Wien 1894, bestand das Personal der K. K. Universitäts-Bibliothek in Wien aus 24 Beamten (mit Einschluss von 6 Volontären) und 22 Dienern. Der Bücherzuwachs belief sich im Jahre 1892/93 auf 14111 Bände, der Gesamtbestand am 30. September 1893 auf 434690 Bände. Benutzt wurden im Jahre 1892/93 im Lesesaale von 188078 Lesern 278078 Bände, dazu im Professoren-Lesezimmer von ca. 9000 Benutzern ungefähr 40000 Bände, entliehen wurden im ganzen 28349 Bände. F. E.

Eine Statistik der 3804 öffentlichen Bibliotheken in den Vereinigten Staaten von Nordamerika und Canada, die jede mehr als 1000 Bände umfassen, veröffentlicht der Statistiker des Bureau of Education in Washington, Weston Flint, im Circular of Information No. 7 1893. Der Bestand des Jahres 1891 ist der überaus fleissigen Arbeit zu Grunde gelegt; folgende 20 Rubriken sind ausgefüllt: State and Postoffice; Name of library; Founded, Own or rent building; How supported: Taxation, rent, corporation, fees; Circularing, reference, or both; Free or subscription; Class: General, theological, school, college, society, medical, law, etc.; Number of bound volumes; Number of unbound pamphlets; Number of bound volumes added during 1891; Number of unbound pamphlets added during 1891; Number of volumes issued for home use; Number of volumes issued for use within the library; Amount received from taxation 1891; Amount received from other sources; Amount of permanent endowment; Amount expended for books in 1891; Value of building; Librarian or reporting officer. Die Bibliotheken enthielten zusammen am Schluss des Jahres 1891; 26886537 gebundene Bücher und 4348817 Broschüren, im ganzen also 31187354; 3 der Bibliotheken enthielten je über 500000, 1 zwischen 3—500000, 26 zwischen 100—300000 Bänden. W.

Der Jahresbericht des Ossolińskischen Institutes in Lemberg für 1894 (Sprawozdanie z czynnosci zakładu narodowego imienia Ossolińskich za rok 1894 we Lwowie nakładem zakładu narodowego im. Ossolińskich 1894 8° 66 S.) ergiebt einen Bestand von 93550 Druckwerken (1893: 92076), 1892 Karten (1881), 3601 Handschriften (3538), 2881 Autographen (2839) und 1174 Urkunden (1169). Der Lesesaal wurde von Oktober 1893 bis September 1894 von 9921 (9306) Personen an 183 (170, auch in diesem Jahre musste er wegen Veränderung der Bureauräume im April geschlossen bleiben) Tagen benutzt, zu wissenschaftlichen Zwecken wurden an 3876 Leser (1893: 4310, 1892: 3402) 891 Handschriften (1164) und 15025 Druckwerke (13421) in 28226 Bänden verabfolgt, ausgeliehen an 196 (144) Personen 2884 Werke (2460) und 45 (54) Handschriften. Geschenke erhielt die Bibliothek von 933 (286) Körperschaften und Personen. Beigegeben ist als wissenschaftliche Abhandlung des ersten litterarischen Scriptors Wilhelm Bruchnalski: Nachahmungen der ersten Werke des Mickiewicz in Galizien von 1822—1830, S. 43—62. Die Verwaltung der Bibliothek besteht neben dem Direktor des gesamten Instituts Dr. W. v. Kętrzyński aus zwei Kustoden und zwei Scriptoren, die Zahl der Stipendiaten beträgt 15. P.

Im Rathause des Marktes Sommerhausen am Main findet sich in einem alten Wandschranke eine Sammlung von Schriften aus der Reformationszeit, welche als „Klosterbibliothek" bezeichnet wird. In dem linke Nr. 131 derselben findet sich folgende handschriftliche Bemerkung über die Entstehung der kleinen Bibliothek: „1534 Jar ist Jorg Koberer zu Surmburck gestorben, der hat die bücher in das dorf geschfift und sein gewest in der zal zweihundert und vir und siebenzig, sein aüch dreihundert und acht und zwenzig gulden erkanft worden". Viele dieser Bücher sind Sammelbände. Auf der innenseite der Schrankthüren fand ich alte Schriftzüge mit Kreide ausgeführt. Bei näherer Untersuchung ergab sich, dass dieselben das Ausleiheregister bilden, welches der Verwalter der Bibliothek zur Zeit der Stiftung derselben hier angelegt hat. Die Aufschreibungen beginnen: „Hans Koberer hat entlehnt den Sachßen Spigel in die Sixt Anno etc. 1º." Die nachfolgenden Niederschriften ähnlichen Inhalts sind etwas verwischt

Mitteilungen aus und über Bibliotheken. 187

und nicht so leicht zu lesen, wie die mitgeteilte, weshalb wir, da meine Zeit sehr gemessen war, die Entzifferung des übrigen Teiles nicht mehr möglich war.
Nürnberg. Hans Bösch.

Die Universitäts-Bibliothek in Christiania befindet sich augenblicklich in einer eigenartigen Lage. Der politische Konflikt zwischen Regierung und Nationalversammlung hat es im vorigen Jahre mit sich geführt, dass das Universitätsbudget nur unter gewissen Bedingungen votiert wurde. Da die Regierung auf dieselben nicht eingehen zu können glaubte, hielt sie sich auch nicht für berechtigt, die votierten Gelder für die Universität zu benutzen. Deshalb wurden nur die Gehälter der Beamten und die Gelder, deren Verausgabung auf gerichtlichem Wege hätte errungen werden können, ausgezahlt. Für die Bibliothek war die Folge die, dass sie über keine Mittel für Neuanschaffungen verfügte, und dass die Gelder, die jährlich für extraordinäre Hülfsarbeiter bewilligt wurden, eingezogen werden mussten. Die Bibliothek wird deshalb im Jahre 1894—1895 keinen Zuwachs erhalten. Auch der systematische Katalog, dessen Bearbeitung von den extraordinären Mitteln abhängig war, ist ins Stocken geraten.
S. K.

Die Bibliothek der Gesellschaft der Freunde der Wissenschaften zu Posen hat im Jahre 1893 einen Zuwachs von 1750 Druckwerken, 50 Handschriften und 24 Urkunden erhalten und ausserdem die reiche Büchersammlung (einige tausend Nummern) des verstorbenen Herrn Serafin Zychliński mit zahlreichen polnischen Drucken des 16. und 17. Jahrhunderts. (Przew. Bibl. 1894 S. 75.)
P.

Die Ottendorfersche freie Volksbibliothek in Zwittau (Mähren), über die wir Jahrgang XI S. 329 berichteten, hat ihren zweiten Jahresbericht erscheinen lassen. Nach ihm ist der Bücherschatz um 950 Bände gewachsen und beträgt jetzt 4290 Bände. Die Ausgaben für die Anstalt, in der auch 22 öffentliche Vorträge, z. B. einer über Felix Dahn, gehalten wurden, betrugen 6220 Gulden und 90 Kr., die Herr Ottendorfer getragen hat. An 361 Tagen wurden täglich im Durchschnitte 148 Bände ausgeliehen. Den grössten Leserkreis fanden die Romane Hackländers und A. Winterfelds.

Als zum Jahre 1893 erhielten nur die im Auslande befindlichen Schiffe der Kaiserlichen Marine regelmässig eine Schiffsbibliothek; es hat sich indessen das dringende Bedürfnis herausgestellt, jedes Schiff, welches mindestens 6 Monate im Dienst bleibt, mit einer Bibliothek auszustatten. Die vermehrte Anzahl der Empfangstellen und die gesteigerten Ansprüche an die Schiffsbibliotheken bedingen daher eine Erhöhung der für die Unterhaltung dieser Bibliotheken mit 3000 M. vorgesehenen Mittel um 1000 M.
W.

Wie wir erfahren, hat der deutsche Kaiser der Bibliothek in Alexandrien eine grössere Sammlung von wertvollen Büchern, Ägypten betreffend, zugewiesen, darunter eine französische Übertragung des berühmten Werkes von Abdel Latif über Ägypten, mit einem Kommentar von Sylvestre de Sacy. Die Ablieferung erfolgte durch den Kaiserlichen Konsul persönlich beim Municipium in Alexandrien, das dem hohen Spender seinen Dank direkt durch eine Adresse auszusprechen gedenkt.
W.

Die Journal- und Lesesäle der Hamburger Stadtbibliothek, welche zu Anfang des vorigen Monats eröffnet wurden, sind nach dem Muster der Säle des Britischen Museums in London eingerichtet. Sie bieten vermöge ihrer räumlichen und namentlich auch ihrer günstigen Lichtverhältnisse wegen vortreffliche Gelegenheit zum ruhigen Lesen. Der Journalsaal enthält vier Tische, welche für 34 Personen Platz bieten. Es befindet sich dort eine reiche Auswohl grösserer politischer sowie wissenschaftlicher Zeitschriften. Für jeden einzelnen Platz ist eine besondere elektrische Lampe vorhanden. Diese Einrichtung, dass jedem Leser ein Tisch zur Verfügung steht, wird besonders wohlthätig empfunden, indem die Einrichtung im früheren Lesezimmer der Stadtbibliothek, bei welcher die Besucher alle an einem allgemeinen Tische Platz nehmen mussten, viele Störungen und Unbequemlichkeiten zur Folge hatte. Die Wände des Lesesaales sind mit den Bildnissen früherer Hamburger Bibliothekare sowie mit Marmorbüsten der verstorbenen Hamburger Bürgermeister Merck, Bartels, Sieveking geschmückt. Eine Handbibliothek befindet sich gleichfalls zur freien Verfügung der Benutzer des Lesesaales in demselben. Beide Säle, die werktäglich von morgens 10 bis nachmittags 4 Uhr und abends von 7 bis 9 Uhr geöffnet sind, zeichnen sich auch am Tage durch besonders günstige Lichtverhältnisse aus. W.

In dem Baseler Jahrbuche von 1895 handelt Herr Kollege C. Chr. Bernoulli für einen grösseren Leserkreis über die alten Klosterbibliotheken Basels. In der Dominikanerbibliothek befanden sich vor allem die wichtigen griechischen Handschriften des N. T.'s, welche von Johannes (Stojkowitsch) von Ragusa hierher gekommen waren und die auf die Gestaltung des gedruckten Textes des N. T.'s von so grosser Wichtigkeit geworden sind. Unbedeutender war die Franziskanerbibliothek, die meist juristische Werke enthielt. Die grösste Sammlung besassen die Kartäuser. Von dieser Bibliothek sind uns bekanntlich noch die Kataloge, die Instruktionen für den Bibliothekar, das Ausleihebuch u. s. w. erhalten. Herr Bernoulli teilt uns Einzelheiten daraus mit, berichtet über die Signierungsmethoden des Mittelalters, die auf den Büchern durch Farben angebrachten Abzeichen, welchen Wissenschaften dieselben angehörten u. s. w.

Dass der Glaube an die sociale Bedeutung der Volksbibliotheken in immer weitere Kreise dringt, dafür ist folgendes Ereignis ein Zeichen: In Schweidnitz fand jüngst eine von zahlreichen Personen aller Berufsklassen besuchte Versammlung statt, die den Zweck hatte, den Plan einer Freibibliothek einer Besprechung zu unterziehen. Verschiedene Vertreter der Gewerkvereine, sowie des evangelischen und des katholischen Gesellen- und Arbeitervereins erklärten ihre volle Sympathie für das Unternehmen. Nachdem der erste Bürgermeister die ungefähren Kosten für die Errichtung auf eine einmalige Ausgabe von etwa 1000 Mark und auf einen laufenden jährlichen Zuschuss von etwa 1800 Mark veranschlagt hatte, einigten sich die Anwesenden dahin, zunächst einen Aufruf an die Bürgerschaft zur Unterstützung der geplanten Freibibliothek zu unterzeichnen. Die allgemeine Ansicht ging dahin, nicht eine kleine Bibliothek zu begründen, sondern eine grosse, die allen Ansprüchen gerecht wird, mit einem Bibliothek- und einem Lesezimmer. W.

Vermischte Notizen.

In No. 5 des „Börsenblattes für den deutschen Buchhandel" stellt „ein alter Sortimenter" etwas wehmütige „Betrachtungen über das (vorjährige) Weihnachtsgeschäft" an. Er klagt über das Überhandnehmen des s. g. modernen Antiquariats, das Verkaufen der Bücher zu Schleuderpreisen u. s. w. Wenn nun auch die wissenschaftlichen Bibliotheken nichts mit dem Weihnachtsgeschäft zu thun haben, so sind doch die Klagen des „alten Sortimenters" zum Teil dieselben, die in diesen Blättern schon wiederholt laut geworden sind. Streng wissenschaftliche Werke, welche die Bibliotheken neu zu hohen Preisen gekauft haben, werden vielfach eben so rasch „verramscht" von den Verlegern als Kinderschriften, die keinen Absatz gefunden haben, oder illustrierte Werke, die einer Mode des Tages dienen. Giebt das

Herabsetzen der Preise von Bibliothekswerken so weiter, so muss sich jeder gewissenhafte Bibliothekar bei der Neuanschaffung eines etwas kostspieligen Werkes die Frage vorlegen, ob das Buch nicht am Ende bald herabgesetzt sein werde und man daher von der Anschaffung desselben einstweilen absehen könne. Im Falle dass es nicht sofort gebraucht wird. Dass unter diesen Verhältnissen die bei uns bestehende Form des Buchhandels auf die Dauer nicht wird aufrecht erhalten werden können, versteht sich von selbst. Da die Fortexistenz desselben unseres Erachtens aber im Interesse der deutschen Bibliotheken liegt, möchten wir hier nochmals auf die Bedingungen hinweisen, unter denen derselbe von Seiten der Bibliothekare allein gewünscht werden kann. Einmal dürfen von Seiten der Herren Verleger wissenschaftliche Werke nicht sobald nach dem Erscheinen zu stark herabgesetzten Preisen verschleudert werden, und dann dürfen die ausserdeutschen Bibliotheken die Novitäten nicht billiger erhalten als die deutschen. Manche neuere Maassnahmen des deutschen Buchhandels, z. B. die Sekretierung des „Börsenblattes" selbst, nützen ausserdem dem deutschen Buchhandel nicht nur nichts, sondern schaden ihm nur, wie jede Geheimniskrämerei in Dingen, die das Licht der Publicität nicht zu scheuen haben sollten. Argwohn belebt das Geschäft bekanntlich nicht.   O. H.

Eine der ältesten Verlagsbuchhandlungen der Welt ist jedenfalls die Schweighauser'sche in Basel. Dieselbe hat im Dezember 1891 das Fest ihres vierhundertjährigen Bestehens gefeiert.   O. H.

In No. 2 d. J. „der Monatshefte für Musikgeschichte" weist Herr Dr. Fr. Waldner nach, dass das älteste deutsche katholische Gesangbuch nicht, wie man bisher annahm, von Michael Vehe (Leipzig, Wolrab 1537) herrührt, sondern von Peter Treibenreif (Petrus Tritonius) verfasst ist und im Jahre 1524 bei Schwaz in Tirol unter dem Titel gedruckt ist: Hymnarius: durch das ganz Jar verteutscht nach gewondlicher weyss und Art zu syngen, so yedlicher Hymnus gemacht ist. Gott zu lob, eer vnd preuss, Vnd was Christen zu troste. Auf S. 267 dieses mit gothischen Lettern in klein 4° gedruckten Buches heisst es: Gedruckht zu Sygmundslust (ein Schloss bei Schwaz) durch Josephn Piernsyeder: In verlegung des Edln und Vesten Görgen Stöckhls. An Sand Andreas Abent nach d'geburt Christi unsers Säligmachers ym 1524. Jaro säliglichen volendt. Omnis spiritus laudet dominum. (Im Jahre 1524 erschien bekanntlich auch das erste protestantische Gesangbuch, das Luther mit Johann Walther und Konrad Rupf ausarbeitete.) Bei dieser Gelegenheit sei bemerkt, dass der Buchdrucker Erhard Öglin (Oeglin) zu Augsburg den Notendruck mit beweglichen Lettern, den 1502 (?) Petrucci in Venedig erfunden hatte, zuerst in Deutschland eingeführt hat. Oeglin druckte die Melopoiae des Conrad Celtes und des Petrus Tritonius 1507 noch mit beweglichen Holztypen. Erst 1512 wendete er in seinem Liederbuche Metalltypen an wie Petrucci.   O. H.

Herr Professor Dr. Joates in Freiburg in der Schweiz ist so freundlich uns im Anschluss an die Notiz im Febr.-März-Heft S. 141 folgende Zeilen über das Psalterium quadruplex in Essen a. R. zu senden, die wir um so lieber veröffentlichen, als es das erste ist, was über die fragliche Handschrift authentisch veröffentlicht ist.

In der Bibliothek der Münsterpfarrei in Essen befindet sich ein schön geschriebenes Psalterium quadruplex, das im 15. Jahrhundert einen neuen Einband erhalten hat und vielleicht damals schon am Anfange defekt war. Es umfasst jetzt noch 140 unbedruckte Pergamentblätter durchschnittlich von 41 × 35 cm Grösse. Eine Anzahl Blätter sind indes kürzer und unten unkantig. Es fehlen jetzt die ersten 18 Psalmen; der Text setzt ein in der Mitte von Vers 9 des XIX. Psalms: non autem circumimus et erecti sumus. Das folgende ist unversehrt. Den Schluss bildet der unechte Psalm: Pusillus eram inter fratres meos et adulescentior in domo patris mei. Dann folgen die Cantica, Oratio Dominica, Symbolum Apostolicum, Ymnus matutinalis und Symbolum Athanasianum. Den noch übrig gebliebenen Raum hat eine andere Hand mit der Litanei von Allen Heiligen ausgefüllt. Diese ist lateinisch und griechisch, und zwar steht das Griechische hier auch in griechischen Buchstaben, während der griechische Text des Psalteriums mit lateinischen geschrieben ist. Die Bitte für den Landesherrn lautet: „Ut dominum Hludogvicum regem et exercitum xp̄ianorum conservare digneris". Mit diesem Ludwig kann doch wohl nur Ludwig der Fromme gemeint sein, denn unter keinem andern des Namens war Einheit des Reiches vorhanden, und diese setzt doch die Bitte für das „exercitus Christianorum" voraus. In den späteren Litaneien heisst es, soweit ich sehe, denn auch entsprechend „exercitum Francorum etc." Aber in die Zeit Ludwigs des Frommen lässt sich die Hs. doch nicht hinaufrücken, die Züge sind die des 11. Jahrhunderts. Der Schreiber der Litanei hat wohl eine ältere Vorlage ohne Rücksicht auf die veränderten Verhältnisse buchstäblich kopiert.

Was die Texte anlangt, deren Zusammenstellung man dem Bischof Salomo III. von Constanz zuschreibt, so ist zu bemerken, dass von dem durch die Publikationen von Paul de Lagarde bekannt gewordenen Texten der Bamberger Handschrift der griechische Text der Essener Handschrift so gut wie gar nicht, der hieronymianische aber ziemlich erheblich abweicht. Anderthalb Psalmen habe ich verglichen, und diese Stichprobe dürfte das allgemeine Urteil wohl gestatten.

Im Rheinischen Museum für Philologie N. F. Bd. 49 (1894) S. 559—76 behandelt K. Dziatzko das Autor- und Verlagsrecht im Altertum und kommt zu dem Ergebnis, „dass es im Altertum weder ein besonderes Autor- noch ein Verlagsrecht gegeben hat, d. h. weder ein klagbares Recht des Schriftstellers oder seiner Rechtsnachfolger, über die Verbreitung seiner litterarischen Erzeugnisse, nachdem er sie erstmals aus der Hand gegeben, allein zu verfügen, noch auch ein entsprechendes Recht des Buchhändlers, die Schrift eines Autors längere oder kürzere Zeit hindurch allein in Abschriften zu verbreiten".　　　　　　　　　　　　　　　　　　W.

Mit der Geschichte und Kritik der deutschen Schullesebücher beschäftigt sich Karl Julius Krumbach in seiner Inaugural-Dissertation. (Leipzig, Philos. Fak. 1893.)　　　　　　　　　　　　　　　　　　W.

Ein lateinisch-deutsches Glossar aus dem 13. Jahrh., das er im Einbande eines Rechnungsbandes des 16. Jahrh. im Archiv des Burzenländer Kapitels (in der Bibliothek des Kronstädter evangel. Gymnasiums deponiert) entdeckt hat, veröffentlicht Friedr. Wilhelm Seraphin im Archiv des Vereins für siebenbürg. Landeskunde, N. F. Bd. 26 Heft 1 (1894) S. 60—132.
　　　　　　　　　　　　　　　　　　W.

Am 22. April u. f. versteigert Herr L. Rosenthal zu München die Gräflich Nostitzsche Bibliothek von Schloss Lobris bei Jauer. Muss man es im allgemeinen bedauern, dass so viele ältere und wertvolle Privatbibliotheken in unseren Tagen verkauft werden, weil darans ersichtlich ist, wie in den Kreisen der Aristokratie der früher vorhandene Sinn für Litteratur und Wissenschaft zusammenschmilzt, so wird man doch angesichts der Schilderung des Zustandes, in dem sich die Schlossbibliothek zu Lobris seit Jahren befand, die Professor Dr. Grünhagen in der Zeitschr. des Vereins für Schlesische Geschichte XI, 354 entworfen hat, damit zufrieden sein, dass die Handschriften und seltenen Drucke derselben der Forschung jetzt zugänglich gemacht werden. Der Rosenthal'sche Verkaufskatalog enthält zahlreiche Abbildungen und Facsimiles der wertvollsten Sachen, die hier zum Verkaufe kommen.

Vermischte Notizen.

Die K. K. Akademie der Wissenschaften zu Wien, welche schon bisher ihre Denkschriften u. s. w. nicht in den Tauschverkehr gegeben hat und ihre Sitzungsberichte nur alle Jahre einmal auf dem Buchhändlerwege versendete, hat den Tauschverkehr mit der Universität Halle offiziell gekündigt. Sicher wird dieses auch anderen deutschen Universitäten gegenüber geschehen sein. Da die Sitzungsberichte der gesammten Akademie fast das einzige Aquivalent für die nach Österreich-Ungarn gesendeten Universitätsschriften bildeten — von hier gingen je sieben Exemplare bisher dorthin —, weil ja die österreichisch-ungarischen Universitäten nur ganz unbedeutende kleine Gegengaben senden, so wäre wohl die Frage aufzuwerfen, ob der Tauschverkehr mit Österreich-Ungarn überhaupt nicht abzubrechen sein möchte.

K. J.

Wer sich über die Entwicklung der Stenographie bei den verschiedensten Völkern von den ältesten Zeiten bis zur Gegenwart in Kürze unterrichten will, wird in Karl Faulmanns Geschichte und Litteratur der Stenographie. Wien, 1895. Verlag von Bermann & Altmann. 8° (VIII, 178 S.) knapp gefasste Belehrung und sehr reiche Litteraturangaben finden. Der im Sommer 1894 verstorbene Verfasser, der sich als self made man auf dem Gebiete des Schriftwesens mehrfach bethätigte, hat sich von dem furor stenographicus, der zu Zeiten die verschiedenen Systeme gegen einander aufbrachte, frei gehalten und so eine objektive Darstellung ermöglicht.

F. B.

Das Jahrbuch der Schule der Vereinfachten Stenographie, Jg. 1, 1894 [Einband: Jahrbuch 1895], bearb. v. Ferd. Schrey, Berlin, Schrey, welches kürzlich erschienen ist, enthält aus der Feder des einen der drei Begründer, Dr. jur. Christian Johnen in Viersen, einige bibliothekarisch-bibliographische Beiträge.

Der erste: Die stenographischen Vereinsbibliotheken und ihre Verwaltung (S. 57—70), folgt im wesentlichen einem Aufsatz, den Rechtsanwalt A. Jouge in Weissenfels im 45. Jg. des Archivs für Stenographie 1898 No. 573—576 S. 119, 129, 153, 170 veröffentlicht hat. Er enthält das Notwendige über Anlage, Kauf, Katalogisierung, System der Aufstellung u. s. w. Grämel ist mehrfach citiert. Daran schliesst sich (S. 71—90) ein Katalog für stenographische Musterbüchereien im Werte von ca. 300, 120, 40 u. 20 M. Derselbe enthält in systematischer Ordnung 185 Werke, für die Preise sind vier Spalten am Rande offen gehalten und jedesmal ausgefüllt, wenn das betreffende Werk für die Stufe empfohlen wird, der die Spalte entspricht. Für diese sehr übersichtliche äussere Anordnung diente eine ähnliche Arbeit von Dr. Neupert im Dresdener Korrespondenz-Blatt 1891 (S. 14) als Vorbild. — S. 91—114 folgt ein kritischer Ueberblick über die stenographische Litteratur zur Erläuterung einzelner Teile des Masterkatalogs; eine Fortsetzung ist für den nächsten Kalender in Aussicht gestellt. Die diesjährige Probe erweckt den Eindruck, dass der Verfasser den Gegenstand beherrscht.

C. N.

Der Schriftwart, Zeitschrift für Stenographie und Schriftkunde. Redigiert unter Mitwirkung des Herrn Dr. Chr. Johnen von Ferdinand Schrey, Berlin. Versandstelle: Ferdinand Schrey, Berlin S. W. 19. 1. Jahrgang 1894. 1 Bd. (s. 120 (vielm. 90) S., paginiert: S. 1—64, S. 88—103, S. 105—120) 8°. Diese von Erfindern und Anhängern der Vereinfachten Stenographie herausgegebene Monatsschrift „erstattet ihren Lesern fortlaufend Bericht über die stenographische Litteratur und zwar in systematisch geordneter Übersicht, wobei auch die in Zeitschriften erschienenen Aufsätze, die sich über den Wert von Tagesleistungen erheben, berücksichtigt werden". (S. 72.) In dem vorliegenden Jahrgang sind ausser den Erscheinungen des Jahres 1893 auch noch solche des Jahres 1892 mit besprochen. Die Gruppierung des Stoffes ist folgende: A. Geschichte der Stenographie (5 Unterabteilungen und ein Anhang). B. Theorie der Stenographie. I. Allgemeine Theorie. II.

Theorie der deutschen Systeme (7 Unterabteilungen und 1 Anhang), II. [vielmehr III!] Die Musik-Stenographie. C. Praxis der Stenographie (3 Unterabteilungen und 1 Anhang). Die Zahl der besprochenen Bücher und Aufsätze ist 225, es sind darunter auch Werke aus Grenzgebieten wie Berger, Histoire de l'écriture, Blass, Lat. u. gr. Palaeographie (in Iwan Müller's Handbuch), Wimmer, Die Runenschrift. Die Besprechungen, welche teils referierend, teils kritisch sind, rühren von Dr. Christian Johnen her. Dieser Literaturbericht wird nicht nur für Stenographen von Interesse sondern auch jedem Bibliographen willkommen sein.   C. N.

Der Annual Report of the American Historical Association für 1892 und 1893 enthält wieder umfangreiche bibliographische Arbeiten über die amerikanische historische Litteratur in den genannten Jahren, ausserdem bringt der für 1892 einen Aufsatz: Some Account of George Washington's library and manuscript records and their dispersion from Mount Vernon von J. M. Toner.   W.

Der unermüdliche James Constantine Pilling hat im Jahre 1894 eine weitere bibliographische Arbeit über die Indianersprachen geliefert. Ein Heft der Miscellaneous Publications of the Bureau of ethnology in Washington enthält seine Bibliographie der Wakashan Languages, mit denen sich in den dreissiger Jahren dieses Jahrhunderts Jewitt, ein Jahrzehnt später Gallatin und neuerdings Franz Boas beschäftigten.   W.

Unter dem Titel: Simonis Starovolscii cantoris Tarnoviensis et canonici Cracoviensis († 1656) elenchus operum (S. 9–31) hat Professor Theodor Wierzbowski in Warschau, der Verfasser der Bibliographia Polonica, ein Verzeichnis der Schriften des polnischen Gelehrten Starovolscius, der in weiteren Kreisen als Verfasser der ältesten Biographie des Copernicus (in seiner oft aufgelegten Hecatontas scriptorum Polonorum) bekannt ist, zusammengestellt. Aus 21 polnischen und 13 auswärtigen Bibliotheken verzeichnet W. 88 datierte und 13 undatierte Schriften Starowolskis, zu denen noch 55 von früheren Bibliographen (besonders Estreicher) erwähnte Ausgaben kommen, die W. nicht ermitteln konnte. 11 Schriften wurden S. fälschlich zugeschrieben. Zu den unter N. IV S. 27 u. 28 verzeichneten 6 Handschriften St.'s ist noch aus der Ossolinskischen Bibliothek in Lemberg N. 235 Bl. 296—313 Dwór rozna tureckiego (1646 und öfter gedruckt, W. 48, 61, 56, 75) hinzuzufügen. Am Schlusse giebt W. das von St. selbst aufgestellte Verzeichnis seiner Werke von 1653, welches 55 Nummern zählt, und ersucht in der Vorrede (praefationem lege!) steht über dem Titel) den Leser um Nachträge.   P.

Neue Erscheinungen auf dem Gebiete des Bibliothekswesens.*)

Mitgeteilt von O. Koller in Leipzig.

The Library. No. 71, Nov. 1894: The Vatican Library part 1, by Ch. Sayle. — The Clerkenwell Open Lending Library, by J. Brown and H. W. Fincham. — Free lectures in connection with free public libraries, by H. K. Dent. — New method of arranging a lending library, by Th. Mason.

---

*) Von den mit † bezeichneten Zeitschriften sind nur die Artikel bibliographischen oder bibliothekarischen Inhalts angezeigt. — Die mit * bezeichneten Bücher haben der Redaktion vorgelegen.

Neue Erscheinungen auf dem Gebiete des Bibliothekswesens. 193

Revue des bibliothèques. Année 5, No. 2, Févr. 1895: Notice sur un inénarrable Romain inconnu aux bibliographes, p. Giov. Bresciano. — Mémoire juridique relatif à l'impression des livres liturgiques du diocèse de Troyes, publié p. L. Dorez. — L'imprimerie à Lierre. p. P. Bergmans. — Documents relatifs à l'impression des oeuvres de Daniel Sennert (1650) et de François Tallemant (1666), communiqués p. vic. de Grouchy. — Les héritiers de Jac. Giunta et Filippo Tinghi, p. L. Dorez. — Catalogue des manuscrits allemands de la Bibliothèque nationale, p. (I. Hnet, p. 145—160.

Agnelli, G. Biblioteca comunale di Ferrara: relazione alla commissione di vigilanza nell' adunanza 11 gennaio 1895. Ferrara s. tip. 11 p. 8°.

Anzeiger, Monatlicher, über Novitäten und Antiquaria aus dem Gebiete der Medicin und Naturwissenschaft. Jahrgang 1895. [12 Nrn.] Berlin, Hirschwaldsche Buchh. gr. 8°. M. —.80

Arndt, A. De libris prohibitis commentarii. Regensburg, Fr. Pustet. VI. 316 S. 8°. M. 3.—

l'Arte della stampa nel rinascimento italiano. Vol. 2. Venezia, Ongania. 4°. L. 20.—

Baschin, O., und E. Wagner. Bibliotheca geographica. Herausgegeben von der Gesellschaft für Erdkunde zu Berlin. Band 1: Jahrgang 1891 u. 1892. Berlin, W. H. Kühl. XVI. 506 S. gr. 8°. M. 10.—

Batten, J. Historical and topographical collections relating to the early history of parts of Somerset, viz. Harwick Chilton Cantelo, Sutton Bingham, East Coker, Brympton, Houndston, Preston, Limington, with notices of West Coker and Hardington Mandeville. Yeovil, Whitby. 191 p. 8°.

Beer, R. Die Handschriftenschätze Spaniens. Bericht über eine im Auftrage der Kaiserlichen Akademie der Wissenschaften in den Jahren 1886—1888 durchgeführten Forschungsreise. [Aus: Sitzungsberichte der K. Akademie der Wissenschaften.] Leipzig, G. Freytag. 755 S. Lex. 8°. M. 12.—

Bibliographie, Allgemeine, der Staats- u. Rechtswissenschaften. Übersicht der auf diesen Gebieten im deutschen u. ausländischen Buchhandel neu erschienenen Litteratur. Herausgeber: O. Mühlbrecht. Jahrg. 25: 1895. [6 Doppel-Nrn.] Berlin, Puttkammer & Mühlbrecht. gr. 8°. M. 5.—

Bibliographie, Altpreussische, für 1893, nebst Ergänzungen zu früheren Jahren. [Beilageheft zur Altpreuss. Monatsschrift.] Königsberg, Ferd. Beyers Buchh. 66 S. gr. 8°. M. 3.—

Bibliographie anatomique. Revue des travaux en langue française. Anatomie, histologie, embryologie, anthropologie. Année 1895. Paris, Berger-Levrault & Cie. Fr. 10.—

Bibliographie de la Belgique. Journal officiel de la librairie. Année 1895. Bruxelles. Par an Fr. 6.50
Paraissant le 15 et le 30 de chaque mois.

Bibliographie, Nederlandsche. Lijst van nieuw verschenen boeken, kaarten, enz. 1895. Amsterdam, C. L. Brinkman. 8°. Per jaar (12 Nrs.) Fl. —.45.

*Biblioteche dello stato, delle provincie, dei comuni ed altri enti morali, aggiuntevi alcune biblioteche private accessibili agli studiosi, fra le più importanti per numero di volumi o per rarità di collezioni. Vol. 2: Toscana, Marche, Umbria, Roma, Abruzzi e Molise, Campania, Puglie, Basilicata, Calabrie, Sicilia e Sardegna. Roma, tip. nazionale. 205 p. 8°. L. 2.50

Bogvennen. Maanedsskrift for bogvenner. Udgivet af H. Jensen. Aarg. 3: 1895. Kjøbenhavn, Udgivereus Forlag. 8°. p. aar Kr. —.50

Book Prices Current. Vol. 8. London, Elliot Stock. 8°. Sh. 27.6

Hoose, J. R. Catalogue of the Library of the Royal Colonial Institute. London, Northumberland Avenue. CLV. 543 p. 8°. Sh. 42.—

Brivois, J. Essai de bibliographie des oeuvres de M. Alphonse Daudet avec fragments inédits. Paris, L. Conquet. VIII. 143 p. 8°. Fr. 10.—

194   Neue Erscheinungen auf dem Gebiete des Bibliothekwesens.

Bulletin mensuel de la librairie française publié par C. Reinwald & Cie. Année XXXVII; 1895. Paris. 6°. Par an Fr. 3.—
Paraît à la fin de chaque mois.
Catalogue de la salle publique de lecture de la Bibliothèque nationale. Supplément. (1887—1894.) Paris. Imprim. nation. 128 p. à 2 col. 8°.
Choffard. Album de 26 Ex-libris les plus beaux, curieux et singuliers des 17e 18e et 19e siècles, reproduits exactement par la gravure, avec avant-propos. Paris, L. Joly. Fr. 10.—
*Claudin, A. Les débuts de l'Imprimerie à Poitiers; les bulles d'Indulgences de Saintes; Jean Bouyer. Saintongeais, prototypographe poitevin. La Rochelle. Paris, A. Claudin. 20 p. 8°.
Extrait de la Revue de Saintonge.
Courrier du livre. Revue bimensuelle de la librairie française publiée par un groupe de bibliographes et d'amateurs bibliophiles. Paris, A. Fontaine. 8°. Par an Fr. 5.—
Davian, E. Catalogue des bibliothèques (bibliothèque communale et bibliothèque populaire) de la ville de Luçon (Vendée). Luçon, Gandrian. XIV. 666 p. 8°.
Desprès, A. Les éditions illustrées des Lettres à Emilie sur la mythologie, par C. A. Demoustier. Bibliographie. Paris, Techener. 18 p. 8°.
Extrait du Bulletin du bibliophile.
Eger. Wegweiser durch die volkstümliche Missions-Litteratur, unter Mitwirkung Anderer. Herausgegeben vom Vorstande der Missionskonferenz der Provinz Sachsen. Berlin, M. Warneck. 56 S. gr. 8°. M. —.50
Ernault, E. Etudes vannetaises. Série 2; Bibliographie. Vannes, Imp. Lafolye. 62 p. 8°.
Extrait de la Revue morbihannaise.
Funck-Brentano, Fr. Catalogue des manuscrits de la bibliothèque de l'Arsenal. Tome 9 fascicule 3: Table générale des archives de la Bastille. (L.-Z.) Paris, Plon, Nourrit & Cie. P. 641-983. 8°.
Galli, R. I manoscritti e gli incunaboli della Biblioteca comunale d'Imola. Imola, tip. d'Ign. Galeati e figl. CXXII. 04 p. c. 10 tav. 8°.
Grouchy, Vte. de. A propos d'un nivre de Jean Groller. Paris, Techener. 46 p. 8°.
Extrait du Bulletin du bibliophile.
Guerlin, R. Deux bréviaires manuscrits conservés au monastère des Religieuses clarisses à Amiens. Paris, Plon et Nourrit. 63 p. et grav. 8°.
Heinemann, O. v. Die Ex-Libris-Sammlung der herzoglichen Bibliothek zu Wolfenbüttel. 160 (z. Tl. farbige) ausgewählte Bücherzeichen des XV.—XIX. Jahrhunderts. Mit einer Einleitung. Berlin, J. A. Stargardt. 33 S. mit 8 Abbildungen 4°. M. 40.—
*Heinemann, O. v. The Ex-libris collection of the Ducal Library at Wolfenbüttel. London, Grevel & Co. 4°. Sh. 42.—
Hewett, J. v. Inventaris van het archief der hervormde kerk van Housden. Heusden, L. J. Veerman. 36 p. 8°.
Jahresberichte der Geschichtswissenschaft. Im Auftrage der Historischen Gesellschaft zu Berlin herausgegeben von J. Jastrow. Jahrgang XVI; 1893. Berlin, R. Gaertners Verl. XVIII. 111. 455. 508. 301 S. Lex. 8°. M. 30.—, geb. M. 32.—
Jardère, H. Ex-Libris Ana. Notices historiques et critiques sur les Ex-libris français depuis leur apparition jusqu'à l'année 1895. Paris, L. Joly. 110 p. à 2 col. gr. 8°. avec 32 Ex-libris reproduits. Fr. 15.—
Tirage à 400 exemplaires numérotés.
Katalog einer Mercator-Ausstellung im Lesesaale der Kölner Stadtbibliothek, Portalsgasse 1. Köln, Du Mont-Schaubergsche Buchh. 10 S. gr. 8°. M. —.40
Korth, L. Das gräflich v. Mirbachsche Archiv zu Harff. Urkunden und Akten zur Geschichte rheinischer und niederländischer Gebiete. I. (1144—1430.) Köln, Boisserée. XII. 349 S. 8°. M. 5.10
Annalen des Histor. Vereins für den Niederrhein.

Neue Erscheinungen auf dem Gebiete des Bibliothekswesens. 195

Kürschner, J. Deutscher Litteratur-Kalender auf das Jahr 1895. Jahrgang 17. Stuttgart, G. J. Göschens Verlag. 1558 Sp. mit 2 Abbildungen. 12°. Geb. M. 8.50
Lambros, S. P. Catalogue of the greek manuscripts on Mount Athos. Vol. I. London, Clay & Sons. 4°. Sh. 21.—
Lecesne, H. Pourquoi une Imprimerie fut établie à Châteaudun en 1610. Châteaudun, impr. de la Société typogr. 18 p. 8°.
 Extrait des Bulletins de la Société dunoise.
Litteraturbericht, Juristischer, 1884 bis 1894. (Ergänzungsband zum Centralblatt für Rechtswissenschaft.) Unter Mitwirkung von H. Erman, A. Frantz. C. Gareis etc. herausgegeben von A. v. Kirchenheim. Heft 1: Rechtsphilosophie, vergleichende Rechtswissenschaft, deutsche Rechtsgeschichte u. Geschichte der Rechtswissenschaften, von J. R. v. Salis u. H. Sommer. Leipzig, J. C. Hinrichs Verl. 40 S. gr. 8°. M. 1.20
*Los Angeles Public Library. Sixth annual report of the board of directors and report of the librarian. December, 1894. 38 p. 8°.
*Madan, Falconer. The early Oxford press, a bibliography of printing and publishing at Oxford, 1468—1640. With notes, appendixes and Illustrations. Oxford, Clarendon Press. XI. 365 p. and 7 plates facsim. 8°. cloth. Sh. 18.—
*Madan, Falconer. A summary catalogue of western manuscripts in the Bodleian Library at Oxford which have not hitherto been catalogued in the quarto series, with references to the oriental and other manuscripts. Vol. III. (Collections received during the 18th Century.) Oxford, Clarendon Press, 1895. XII. 651 p. 8°. cloth. Sh. 21.—
Mittler-Bibliographie, Allgemeine. Monatliche Rundschau über literarische Erscheinungen des In- u. Auslandes u. kurze Mittheilungen über Zeitfragen. Jahrgang 4: 1895. [12 Nrn.] Leipzig, Zuckschwerdt & Möschke. gr. 8°. M. 1.35
Miola, Alf. Notizie di manoscritti neolatini. Parte I: Mss. francesi, provenzali, spagnuoli, catalani e portoghesi della Biblioteca Nazionale di Napoli. Napoli, F. Furchheim. 8°. L. 6.—
 Nur 120 Exemplare auf geschöpftem Papier.
Monatsbericht, Musikalisch-literarischer, über neue Musikalien, musikalische Schriften und Abbildungen für das Jahr 1895. Als Fortsetzung des Handbuchs der musikalischen Literatur 67. Jahrgang. [12 Nrn.] Leipzig, Fr. Hofmeister. gr. 8°. M. 15.—; auf Schreibpapier M. 15.—; Ausgabe für d. Publikum M. 1.—
Naturae novitates. Bibliographie neuer Erscheinungen aller Länder auf dem Gebiete der Naturgeschichte und der exacten Wissenschaften. Jahrgang 17: 1895. [26 Nrn.] Berlin, R. Friedländer & Sohn. gr. 8°. M. 4.—
Negri, Aug. Elenco dei giornali e numeri unici pubblicati in Imola dal 1812 ad oggi. Imola, tip. d'J. Galeati. 10 p. 8°.
*(Neubaur, L.) Katalog der Stadtbibliothek zu Elbing. Band 2. Elbing, R. Kühn. IX. 619 S. 8°.
Neujahrsblatt herausgegeben von der Stadtbibliothek in Zürich auf das Jahr 1895: Die Wick'sche Sammlung von Flugblättern und Zeitungsnachrichten in der Stadtbibliothek Zürich, von R. Huch. Zürich, Facsi & Beer. 20 S. mit 3 Tafeln gr. 4°. M. 2.20
Notes and queries. 8th series, vol. 6. London, Office. 4°. Sh. 10.6
*Ottino, G., e G. Fumagalli. Bibliotheca bibliographica Italica. Catalogo degli scritti di bibliologia, bibliografia e bibliotecoonomia pubblicati in Italia e di quelli riguardanti l'Italia pubblicati all' estero. Vol. II. Torino, Carlo Clausen. 8°. Fr. 15.—
Pfaff, Fr. Festschrift zum 400jährigen Gedächtnis des ersten Freiburger Buchdrucks (1493—1893). Freiburg, Herder. 35 S. 4°. M. 2.—
Pichon, Jér., et G. Vicaire. Documents pour servir à l'histoire des libraires de Paris, 1486—1600. Paris, Techener. 8°. Avec facsimilés et planches en couleur. Fr. 10.—

Ratgeber, Uentbehrlicher, für praktische Juristen und Verwaltungsbeamte im Geltungsgebiete des preuss. allgemeinen Landrechts. Ein bibliographisches Hülfsbuch. Abgeschlossen am 20. December 1894. Königsberg, W. Koch. 104 S. gr. 8°. M. —.60

Revue bibliographique des ouvrages de droit, de jurisprudence, d'économie politique, de science financière et de sociologie. Année 1895. Paris. 8°. Par an Fr. 1.50
Paraît tous les mois.

Rundschau für Bücherfreunde. Uebersicht der neuen Erscheinungen des Buchhandels. Jahrgang 9: 1895. [12 Nrn.] Leipzig, A. Foersters Verl. gr. 4°. M. 1.50

Rupertsberger, M. Die biologische Literatur über die Käfer Europas von 1850 an. Mit Nachträgen aus früherer Zeit und einem Larven-Cataloge. Berlin, R. Friedländer & Sohn. VIII. 308 S. gr. 8°. M. 10.—

St. Louis. Mercantile Library Association. 49th Annual report. St. Louis. 76 p. 8°.

Salvioli, G. e C. Bibliografia universale del teatro drammatico italiano. Vol. I, disp. 1. Venezia, C. Ferrari. 8°. L. 2.50

Schenkl, H. Bibliotheca patrum latinorum britannica. Band 3 Abtheilung 1: Die Bibliotheken der englischen Kathedralen. Leipzig, G. Freytag. 70 S. Lex. 8°. M. 1.60

Societatum litterae. Verzeichniss der in den Publikationen der Academieen und Vereine aller Länder erscheinenden Einzelarbeiten auf dem Gebiete der Naturwissenschaften. Herausgegeben von M. Kiliske. Jahrgang 9: 1895. [12 Nrn.] Berlin, R. Friedländer & Sohn. gr. 4°. M. 8.—

*Sprawozdanie z czynności nak/adu narodowego imienia Ossolińskich za rok 1891. we Lwowie, nak/adem nak/adu narodowego im. Ossol. 66 p. 8°.

Statistica della stampa periodica nell' anno 1893. Roma, tip. nazionale. XIV. 52 p. 8°. L. 2.—

Stern, A. Allemagne. Publications relatives à l'histoire de la Réforme. Nogent-le-Rotrou, impr. Daupeley-Gouverneur. 14 p. 8°.
Extrait de la Revue historique.

Straven, Fr. Inventaire analytique et chronologique des archives de la ville de Saint-Trond. Tome V, livr. 1 et 2. Saint Trond, imp. Maneret. P. 1—320. 8°.

Testa Valdimiro, N. Del museo e per la biblioteca comunale di Avellino. Avellino, tip. Maggi. 17 p. 8°.

Vallée, L. La Bibliothèque Nationale. Choix de documents pour servir à l'histoire de l'établissement et de ses collections. Paris, E. Torquem. 525 p. 8°. Fr. 18.—

Vandini, Raim. Appendice seconda al catalogo dei codici e manoscritti già posseduti dal marchese Giuseppe Campori e corredata di un indice generale degli autori e delle materie comprese nella collezione: dal secolo XIII al secolo XIX inclusive. Modena, tip. D. Tonietto. P. 356—873. 8°. L. 10.—

Veröffentlichungen der Stadtbibliothek in Köln. Herausgegeben von A. Keysser. Heft 5 und 6: Katalog der Stadtbibliothek in Köln. Abtheilung III: Geschichte und Landeskunde der Rheinprovinz. Band 1, bearbeitet von F. Ritter. Köln, Du Mont-Schaubergsche Buchh. XVI. 237 S. gr. 8°. M. 5.—

Wenckstern, Fr. v. A bibliography of the Japanese Empire from 1859—93. Leiden, E. J. Brill. 335 p. Lex. 8°. cloth. Sh. 25.—

*Winsor, J. Seventeenth report (1894) (of the Harvard College Library). (Boston). 17 p. 8°.

Wright, J. Early Bibles of America: being a descriptive account of Bibles published in the United States, Mexico and Canada. 3. ed. revis. and enlarged. New York, T. Whittaker. 15. 483 p. 8°. half leather. D. 3.—

Year book, Book-plate annual and armorial, 1895. New York, Macmillan & Co. 52 p. 4°. cloth. D. 1.75

Zeitschrift, Archivalische. Herausgegeben durch das bayerische allgemeine Reichsaarchiv in München. Neue Folge, Band 5. München, Th. Ackermann. IV. 313 S. Lex. 8°. M. 12.—

Antiquarische Kataloge.

Ackermann, Th., München. No. 385: Philosophie. 1127 N°°. — No. 387°: Geschichte, Geographie. 23 S. — No. 387b: Kunstgeschichte, Architektur, 39 S. — No. 387c: Literaturgesch., Belletristik. 29 S.
Baer & Co. Frankfurt. No. 340: Bibliotheca Indica. Britisch Indien u. d. Ostind. Archipel. 1312 N°°. — No. 341: Lepidopterologie. (Bibl. v. Dr. Freyer Augsburg.) 262 N°°. — No. 343: Letzte neulichst Erwerbgn. 271 N°°. — Anz. No. 440: Auswahl werthvoller und interessanter Werke. No. 4380—4042.
Bibliograph. Bureau Berlin. No. 7: Genealogie u. Heraldik. Numismatik. 951 N°°. — No. 8: Theologie. 1423 N°°.
Bielefeld's Hofbh. Karlsruhe. No. 176: Kunst-, Literär- u. Kulturgesch. 1403 N°°.
Bose Jena. No. 27: Staatswissenschaften. 1070 N°°.
Calvary & Co. Berlin. No. 175: Orientalia und Americana. 2424 N°°. — No. 176: Botanik. 463 N°°.
Cohen Bonn. No. 86: Theologie u. Philosophie. 1284 N°°. — No. 87: Klass. Philologie u. Alterthumskunde. 2020 N°°.
Cohn Berlin. No. 200: Flugschriften aus d. XV. u. XVI. Jahrh. 203 N°°.
Elwert Marburg. No. 27: Philosophie. 703 N°°.
Geering Basel. No. 240: Bibliotheca helvetica. 9801 N°°.
Gerth, Laeiss & Co. Hamburg. No. 5: Bücher aus allen Fächern. 1443 N°°
Gilhofer & Ranschburg Wien. No. 45: Biblioth. austriaca et ungar. VI. 960 N°°. — Anz. No. 79: Vermischtes. No. 1017—1250.
Glogau Sohn Hamburg. No. 81: Vermischtes. 71 S.
Harrach Kreuznach. No. 17: Ritter-, Räuber- u. Geistergeschichten. 737 N°°.
Harrassowitz Leipzig. No. 203: Allgem. Geschichte u. histor. Hilfswissenschaften. (Bibl. v. Prof. A. v. Kluckhohn Gött.) 2875 N°°.
Hess & Cie. München. No. 10: Autographen, Dichter, Schriftsteller etc. 338 N°°.
Illersemann Leipzig. No. 146: Museologie u. Sammelwesen. 1511 N°°.
Hoepli Mailand. No. 100: Bibliotheca histor. italica. 2. No. 1619—4646.
Jacobsohn & Co. Breslau. No. 129: Vermischtes. 62 S.
Jordan München. No. 9: Palaeontologie. (Bibl. v. Prof. Scholz Greifsw. u. Prof. Knop Karlsruhe.) 355 N°°.
Kaufmann Stuttgart. No. 69: Varia. No. 3595—4476.
Kauffmann Frankfurt a. M. No. 22: Israelit. Geschichts-, Volks- u. Jugendbibl. 799 N°°.
Kell Plauen. No. 5: Vermischtes. 1013 N°°.
Kerler Ulm. No. 210: Bavarica. 3116 N°°.
Kirchhoff & Wigand Leipzig. No. 948: Class. Philologie u. Alterthumsk. 4076 N°°. — No. 949: Oriental. u. neuere Linguistik. 1894 N°°. — No. 950: Land- u. Forstwirthschaft, Gartenbau. 1196 N°°. — No. 951: Deutsche Literatur und Übersetzungen. 5135 N°°. — No. 952: Musikwissenschaft. 1531 N°°.
Krause Halle. No. 19: Alte Theologie bis 1500. 1335 N°°.
Lau & Cie. München. No. 26: Deutsche Sprache u. Alterthumskunde. 1960 N°°.
Lehmann, Paul, Berlin. No. 61: Militaria. Numismatik. Genealogie etc. 1559 N°°.
Liepmannssohn Ant. Berlin. No. 112: Autographen v. Fürsten, Staatsmännern etc. 491 N°°. — No. 113: Dramat. u. dramaturg. Literatur. 726 N°°.
List & Francke Leipzig. No. 263: Scriptores gr. et lat. (Bibl. v. Prof. H. Keil Halle. I.) 3500 N°°. — No. 264: Alterthumskunde. (Bibl. Keil. II.) No. 3501—6241. — No. 265: Biblioth. zoologica. 3273 N°°.
Lorentz Leipzig. No. 78: Bibl. Philologie, Exegese, system. Theologie. (Bibl. v. Prof. Lünemann Gött., Schulrath Schmidt Pirna etc.) 4933 N°°.

Lorenz & Waetzel Freiburg. No. 4: Tagesfragen. 547 N°°.
Loescher & Co. Rom. No. 88: Filosofia. Pedagogia. 1088 N°°.
Lüneburg München. No. 5: Staats- u. Volkswirthschaft. 1465 N°°.
Mueller Halle. No. 45: Theologie. Semitica. (Bibl. v. Prof. Hollenberg in Bielefeld.) 1744 N°°.
Nijhoff Haag. No. 237: Useful and valuable sets and books. 412 N°°. — No. 238: Langues et litter. romanes. 1417 N°°.
Prager Berlin. No. 132: Bibliotheca histor.-polit. Nachträge. No. 4064—4565.
Raunecker Klagenfurt. No. 74: Vermischtes. 1275 N°°. — No. 75: Vermischtes. 893 N°°.
Rawsche Buchh. Nürnberg. No. 1: Theologie. 1467 N°°.
Schaek Leipzig. No. 80: Staats- u. Gesellschaftswissenschaften. 1668 N°°.
Scheible Stuttgart. Anz. No. 83: Literar. Seltenheiten. 507 N°°.
Schmidt Halle. No. 605: Theologie. 16 S. — No. 606: Bibliographie. Biographien. 1526 N°°.
Schnurpfeil Leobschütz. No. 76: Kathol. Theologie. 367 N°°.
Scholz Braunschweig. No. 2: Vermischtes. 810 N°°.
Seligsberg Bayreuth. No. 227: Protest. Theologie u. Philos. 1557 N°°.
Strobel Jena. No. 3: Exacte Wissenschaften. 614 N°°.
Tausig Prag. No. 77: Auswahl. 328 N°°.
Thoma München. No. 915/916: Vermischtes, 530, 538 N°°.
Weg Leipzig. No. 42: Deutsche Geschichte. 1894 N°°.
Weigel, Osw., Leipzig. No. 68: Botanica oeconom. (Bibl. v. Dr. Heyer Halle.) 1036 N°°.
Windprecht Augsburg. No. 459: Varia. 213 N°°.
Würzner Leipzig. No. 136: Vermischtes. 16 S.
v. Zahn & Jaensch Dresden. No. 45: Occultismus. Freimaurerei etc. 1417 N°°.

Auktion.

Es werden nur solche Auktionen angezeigt, deren Kataloge noch rechtzeitig behufs Erteilung von Aufträgen erlangt werden können.

München. 22. April u. folg. Tage. I. Rosenthals Antiqu. Bibliothek Lobris. Katalog d. reichhalt. Biblioth. d. gräfl. Schlosses Lobris bei Jauer und anderer Sammlungen. 1915 N°°.

† Monsignor Isidoro Carini.

Da in Rom das Gerücht, der Präfekt der Vatikanischen Bibliothek Monsignor I. Carini sei einer Vergiftung erlegen, so verbreitet war, dass der Osservatore Romano, das Hauptblatt der Kurie, glaubte von demselben Notiz nehmen zu müssen, wendete ich mich dorthin, um über die letzten Tage des gelehrten, frommen und menschenfreundlichen Gelehrten, der auch das C. f. B. (Bd. IX S. 542) einmal mit einer längeren Zusendung beehrt hat und mir persönlich bekannt war, sichere Auskunft zu erhalten. Einer der ersten Gelehrten Roms schickte mir die nachfolgende im Original abgedruckte Biographie des so früh Verstorbenen, der, wie man meinte, schon zum Kardinal und Erzbischof von Catania bestimmt war. Carini war ein Vertrauensmann des Papstes, da sein Vater, obwohl Garibaldiner von 1860, doch als General in Perugia dem heutigen Papste nahe gestanden hatte, und zugleich auch dem Ministerpräsidenten Crispi, dem er als sicilianischer Landsmann und italienischer Patriot befreundet war.

Wie ich sofort vermutet hatte, hängt der Tod Carinis mit den Aufregungen zusammen, die der arme Präfekt der Vatikanischen Bibliothek wegen des Diebstahls gehabt hat, die sein Landsmann Raphaeli an einigen Handschriften der Vaticana verübt hatte (s. oben S. 136). Carini hatte den Spitzbuben Raphaeli über die Zeit hinaus in der Vaticana arbeiten lassen. Um so grösser musste sein Schmerz über den Missbrauch des Vertrauens sein.

† Monsignor Isidoro Carini. 199

Der Papst war natürlich über den Diebstahl gleichfalls sehr aufgebracht und machte seinem Präfekten Vorwürfe über die allzugrosse Vertrauensseligkeit. Doch beruhigte er sich bald wieder und beeilte sich nicht, die ihm angebotene Entlassung seines Schützlings anzunehmen. Dagegen soll der dem Jesuitenorden angehörige Kardinal Aloisi Masella den armen Bibliothekar an dem Tage, an welchem ihn der Schlag rührte, in einem Zimmer, das nahe an der Bibliothek liegt, sehr hart (villanamente) angefahren haben. Von anderer Seite wird das bestritten. Wer kann hier die Wahrheit erfahren? Thatsache ist aber weiter, dass der unglückliche Bibliothekar sich an diesem Tage über Gebühr lange in der Abteilung der neuen Nachschlagebibliothek aufhielt und von den Kustoden, die da glaubten, er sei längst weggegangen, eingeschlossen wurde. Carini begann laut zu rufen, da er fürchtete über Nacht hier aushalten zu müssen. Ein Diener des vatikanischen Archivs hörte die Hülferufe. Dieser holte nun einen Kustoden herbei und man entnahm bei dem Padre Cozza den Schlüsselbund. Als die Thür geöffnet war, zeigte sich Carini beruhigt, klagte jedoch über Übles Befinden. Er begab sich auf einen Augenblick in seine nahe gelegene Wohnung und ging dann mit dem Padre Cozza in die Sixtinische (?) Kapelle, wo er als Canonicus von St. Peter der Vesper am Feste der Bekehrung des Apostels Paulus beizuwohnen hatte. Dort fühlte er sich sehr schwach und liess sich in einem Wagen in die vatikanische Apotheke bringen. Obwohl zufällig ein Arzt anwesend war und ihm beistand, brach er doch bier zusammen. Ein Schlaganfall hatte seinem Leben ein Ende gemacht. — Über die Leichenfeier zu Ehren des Verstorbenen, die auf Anregung der sicilianischen Erzbruderschaft in der Kapelle der Madonna dell' Itria in der Via del Tritone am 30. Januar stattfand, findet sich in der Berliner Nationalzeitung vom 5. Februar ein ausführlicher Bericht. Derselbe geht auch auf die kirchenpolitische Bedeutung des Verstorbenen ein. Carini war nach seinem Landsmanne Panizzi wohl der Kollege, der am tiefsten in politische Händel verwickelt war. — Man schreibt mir also:

„Il 25 gennaio 1895 mancava improvvisamente alla vita Monsignor Isidoro Carini, Prefetto della Biblioteca Vaticana, paleografo riputato, persona gentile e altamente stimata nel mondo scientifico e nella società ecclesiastica.

Nato a Palermo nel 7 gennaio 1843, figlio di uno dei più simpatici generali garibaldini, congiunse delicatamente alla pietà materna l'amore della patria, ereditato dal padre. Ben cognito al Pontefice Leone XIII quando egli era in minoribus, questi lo volle presso di sé, quando intese a circondarsi dei migliori clementi del Clero. La sua vita di studioso e d'ecclesiastico intemerata ed operosa lo fece primieramente accetto alle persone più distinte di Sicilia. Il Cusa, lo Starabba, Il La Lumia, il Salinas, Il Pitré, Il Di Giovanni, il Di Maggio l'ebbero amico e collega nella fondazione della Società Siciliana di storia patria. Stimato da Michele Amari, lo storico del Vespro e dei Musulmani di Sicilia, dopo avere insegnato Paleografia e Diplomatica nel R. Archivio di Stato di Palermo, dalla Società storica siciliana e dal Governo italiano ebbe incarico di far ricerche negli Archivi di Spagna, i cui frutti furono i „Documenti inediti estratti dall' Archivio della Corona d'Aragona" Palermo 1882. La natura del suo ingegno lo volgeva più facilmente a lavori di indagini, che ad opere di sintesi. L'animo suo eletto lo manteneva saldamente affezionato alle persone cui concedeva ammirazione e stima; di cui amava diffondere per gli scritti, un con critica indipendente, le idee ragionevoli. Superiore alle grettezze d'ogni spirito fazioso, poté tessere l'elogio di Michele Amari e di Giovan Battista De Rossi, e mostrare riverenza a Francesco Perez, Gregorio Ugdulena, Isidoro La Lumia, Francesco Crispi. L'alta sua posizione del suo ufficio in Vaticano rese possibile negli ultimi tempi relazioni meglio dirette e più lucii fra la S. Sede e il Governo d'Italia. Colpito al core per l'infedeltà d'un suo indegno compatriota, che danneggiò e sottrasse cimeli della Biblioteca Vaticana, ebbe pel dispiacere troncata improvvisamente la vita. Il Pontefice ne fu addolorato. La sua bara fu seguita dall' Autorità Vaticana, non meno che dagli studiosi d'ogni nazione, che nella libreria apostolica avevano sperimentato la cortesia di lui, non meno che dai rappresentanti del Governo d'Italia. Questo consenso, fra parti non avvezze ad avvicinarsi, parve nuovo; pure nessuno ne fu sorpreso. Era come il riepilogo degli intendimenti, degli sforzi di tutta la vita di monsig. Carini, il quale penetrato degli alti fini morali e intellettuali che la società umana à il debito di ragglungere, avrebbe desiderato che altri, ad impaccio della carità evangelica, non ne esistessero." O. H.

Personalnachrichten.

An Stelle des am 13. Dezember 1894 verstorbenen Direktors Dr. Wilhelm Maurer wurde am 12. Januar 1895 der Hofbibliothekar Dr. Gustav Nick zum Direktor der Grossherz. Hofbibliothek in Darmstadt ernannt, am 2. Februar 1895 der erste Sekretär Dr. Adolf Schmidt zum Hofbibliothekar, der zweite Sekretär Dr. Ludwig Volts zum ersten Sekretär befördert.

Dem Bibliothekar der Kgl. Hausbibliothek in Berlin Walter Roberttornow ist die Kgl. Krone zum Roten Adler-Orden 4. Klasse verliehen worden.

An Stelle des am 25. Januar d. Jhrs. verstorbenen I. Präfekten der Vatikanischen Bibliothek in Rom Monsignor Isidoro Carini ist der bisherige Segretario derselben Bibliothek P. Francesco Ehrle S. J. provisorisch zum Präfekten ernannt worden. S. über ihn Beilage zur Allgemeinen Zeitung 1895 No. 34 v. 11. Februar.

Am 9. März starb auch der 2. Präfekt der Vatikanischen Bibliothek P. Johann Bollig S. J.

Professor August Heller ist zum Oberbibliothekar der Ungarischen Akademie der Wissenschaften in Budapest gewählt worden.

In Basel habilitierte sich der Universitäts-Bibliothekar Dr. G. Binz für englische Philologie.

Dem Bibliothekar an der K. Öffentlichen Bibliothek in Stuttgart Professor Dr. August Wintterlin ist der Titel und Rang eines Oberstudienrats verliehen worden.

Der Bibliothekar Professor Dr. theol. et phil. Theodor Schott ebenda ist zum ordentlichen Mitglied der Württembergischen Kommission für Landesgeschichte ernannt worden.

Der Oberbibliothekar Dr. R. Reicke in Königsberg i. Pr. ist — aus Anlass seines 70. Geburtstages am 5. Febr. d. J. — von dem Verein für die Geschichte Ost- und Westpreussens zum Ehrenmitgliede ernannt worden.

Soeben ist erschienen:
Generalregister zum 1.—10. Jahrgange des Centralblattes für Bibliothekswesen (1884—1893), bearbeitet von Carl Haeberlin.
15 Bogen. Preis 10 M.
I. Register der grösseren Aufsätze. II. Autorenregister. III. Verzeichnis der besprochenen Schriften. IV. Personenregister. V. Geographisches Register. VI. Sachregister.

Wiederholt und von verschiedenen Seiten ist die Anfertigung eines Generalregisters als eine dringende Notwendigkeit bezeichnet worden, um das im Centralblatt gesammelte Material dauernd nutzbar zu machen. Vorliegendes, mit grösster Sorgfalt bearbeitetes Register wird daher nicht nur allen Besitzern der Zeitschrift sehr willkommen sein, sondern auch als Nachschlagebuch im Kreise von Bibliothekaren, Litterarhistorikern u. s. w. Beachtung finden. Grössere Bibliotheken werden den Band gern einzeln in ihre Lesezimmer stellen.

Ich habe dies Register allen Buchhandlungen, mit denen ich in ständigem Verkehr stehe, zugesandt, damit sie es den regelmässigen Abnehmern des Centralblattes vorlegen, und bitte, wo dies nicht geschehen sein sollte, verlangen zu wollen.

Leipzig.   Otto Harrassowitz.

Verlag von Otto Harrassowitz, Leipzig. — Druck von Ehrhardt Karras, Halle.

Centralblatt
für
Bibliothekswesen.

XII. Jahrgang.   5. u. 6. Heft.   Mai-Juni 1895.

Darf der Holzschnitt als Vorläufer der Buchdruckerkunst betrachtet werden?

Die Worte, mit welchen die Kölner Chronik über die Erfindung der Buchdruckerkunst berichtet: „Ite dese hoichwyrdige kůſt vorſt is vonden aller eyrſt in Duytſchlant tzo Mentz am Rijne..... Ind dat is geſchiet by den iairen vns heren, anno dñi. M CCCCxl. ind vā der zijt an bis men ſchreue. l. wart vnderſoicht die kunſt ind wat dair zo gehoirt. Ind in den iairé vns heren do men ſchreyff. M CCCCl. do was eyn gulden iair, do begān men tzo drucken ind was dat eyrſte boich dat men druckde die Bybel zo latijn..... Item wie wail die kunſt is vonden tzo Mentz, als vurſs vp die wijſe, als dan nu gemeynlich gebrûcht wirt, ſo is doch die eyrſte vurbyldung vonden in Hollant vyſſ den Donaten, die daeſelffſt vor der tzijt gedruckt ſyn. Ind vā ind vyſſ den is genōmen dat begynne der vurſs kunſt. Ind is vill meyſterlicher ind ſubtilicher vonden dan die ſelue manier was, vnd ye lenger ye mere kunſtlicher wurden...... Item idt ſyn ouch eynzeill vurwitziger men. vnd die ſagen, men haue ouch vurmails boicher gedruckt, mer dat is niet wair. want men vynt in geynen landen der boicher die tzo den ſeluen tzijden gedruckt ſyn" ſcheinen mehrfache Widersprüche zu enthalten. Trotzdem haben wir es hier mit einem altehrwürdigen Zeugnis zu thun: ein Teil der Angaben ist unbestreitbar richtig, der Chronist (es soll ein Magister Johann Stumpf von Rheinbach gewesen sein) straft diejenigen, die den Nicolaus Jenson als den Erfinder der Kunst bezeichnen, mit so scharfen Worten Lügen, er nennt den bekannten Drucker Ulrich Zell als seinen Gewährsmann — kurz, es sprechen andererseits so viele Punkte zu gunsten der Chronik, dass von einem einfachen Dementieren des Inhalts nur wenige befriedigt sein können.

Die Frage, ob holländische Donate existiert haben und wie ſie beschaffen gewesen sein können, wird immer wieder auftauchen. Dass ſie mit Typen gedruckt gewesen, lässt sich aus den Worten der Chronik nicht herauslesen, auch geben die frühesten holländischen Ansprüche, welche Theodor Coornhert um 1561 geltend machte, nur dahin, „dat de nutte conſte van Boeckprinten alder eerſt allhier binnen Haerlem ghenonden is, hoe wel nochtans in een ſeer ruyde maniere".

Nun neigen sich diejenigen, welche die erweiterten Ansprüche der Holländer (die ich weiterhin noch streifen muss) nicht gelten lassen, der Ansicht zu, dass unter der „rohen Manier" oder „ersten Vorbildung" die Holzschneidekunst zu verstehen sei. Auch jene, welche Laurenz Janszoon zubenannt Coster für den Erfinder der Buchdruckerkunst betrachten, gehen an, dass er sich ursprünglich mit der Xylographie beschäftigt habe, und selbst die schroffsten Gegner, welche jeden Zusammenhang zwischen Holzschneidekunst und Buchdruckerkunst leugnen, bestreiten nicht, dass die Xylographie früher im stande gewesen sei, Texte zu vervielfältigen, als die Typographie.

Zweifellos ist die Holzschneidekunst älteren Datums als die Buchdruckerkunst, aber wenn wir einen Blick auf die heutigen Verhältnisse werfen, so finden wir, dass, trotzdem selbst in dem kleinsten Städtchen eine Druckerei anzutreffen ist, doch andere mechanische Vervielfältigungsmittel wie der Hektograph und die autographische Presse sich ein weites Feld erobern. Es giebt eben Schriftstücke, deren Vervielfältigung durch Handschrift zu zeitraubend wäre, deren Herstellung durch Typendruck aber wegen der geringen Anzahl der verwendbaren Abzüge zu kostspielig würde und für welche die angeführten mechanischen Hülfsmittel ein zweckentsprechendes Mittelglied bilden. So gut wir heute für derartige Druckverfahren neben den Erzeugnissen der Druckerpresse Raum haben, so gut konnte auch im XV. Jahrhdt. die Holzschneidekunst durch die Herstellung kleinerer Druckwerke lediglich eine Lücke auszufüllen beabsichtigen.

Die Frage, ob der Holzschnitt schon in der ersten Hälfte des XV. Jahrhdts. ausser dem Bilddruck auch Textdruck auszuführen vermochte und somit als „rohe Manier" oder „Vorbild" bezeichnet werden konnte, kann daher nur in der Weise gelöst werden, dass man untersucht, ob unter den Blockbüchern (wozu ja weniger die paar uns erhaltenen Reste von Donaten und anderen Schulbüchern als hauptsächlich jene Werke gerechnet werden, deren Bilder nebst Text von Holztafeln gedruckt sind) sich solche befinden, die zweifellos vor 1450 angefertigt wurden, oder ob aus irgend welchen anderen Gründen eine derartige Leistungsfähigkeit der Xylographie nachgewiesen werden kann.

Allerdings kann die Untersuchung über das Alter der Blockbücher nur eine relative sein, da eine ziemliche Anzahl dieser Werke verschwunden ist. Sind doch unter den von mir aufgezählten 100 Ausgaben bloss 59 in mehr als einem Exemplar vorhanden, während 21 überhaupt nur bruchstückweise uns erhalten sind. Zudem würde das Verhältnis ein noch ungünstigeres sein, wenn man alle kleinen Verschiedenheiten zwischen den einzelnen Exemplaren in betracht ziehen würde. An eine Feststellung der verschiedenen Auflagen ist überhaupt nicht zu denken. Denn wollten wir aus der mehr oder minder grossen Abnützung der Platten oder daraus, dass dieselben opisthographisch oder anopisthographisch, oder schliesslich, ob sie in schwarzer, grauer oder brauner Druckfarbe abgedruckt sind, noch besondere Merkmale feststellen, dann würden wir vielleicht mehr Auflagen als vorhandene Exemplare zählen können, da so manches der letzteren aus verschiedenen Bruchstücken zusammengesetzt ist. Bedenkt man, dass die Quartausgaben, welche zumeist dem Klerus dienten und daher in Klosterbibliotheken aufbewahrt wurden, schon in so ungenügender Weise auf uns gekommen sind, so muss der Verlust an Werken kleinen Formats, welche wie Kalender, Legenden, Passionen hauptsächlich für das Volk bestimmt waren, geradezu enorm sein.

Wird auch vielleicht im späteren Verfolg meiner Forschungen die eine oder die andere Zahl eine Abänderung erfahren müssen, so giebt doch die folgende Aufstellung ein annähernd richtiges Bild der noch vorhandenen Ausgaben:

	Text	xylo-graphisch	xylochi-rograph.	xylotypo-graphisch[1])	Ursprungsland
Liber regum	lat.	1	—	—	Niederlande
Ars memorandi	„	3	—	—	Deutschland
Biblia pauperum	„	8	—	—	Niederlande
„ „	„	—	1	—	Alemannien
„ „	deutsch	2	—	—	Franken
Opera nova contempl.	lat.	4	—	—	Venedig
Speculum hum. salv.	„	—	—	2	Niederlande
„ „ „	fläm.	—	—	2	„
Passio Christi	lat.	1	1	—	Deutschland
„ „	deutsch	4	—	—	„
Zeitglöcklein	„	1	—	—	Augsburg?
Gebetbuch	„	1	—	—	Schweiz
Sibyllen	lat.	1	—	—	Niederlande
Apokalypse	„	3	—	—	„
„	„	3	—	—	Deutschland
Antichrist	deutsch	2	1	—	Süddeutschland
Salve Regina	„	1	—	—	Regensburg
Defens. virg. Mariae	lat.	2	—	—	Süddeutschland
Cant. Canticorum	„	3	—	—	Niederlande
Zehn Gebote	deutsch	1	—	—	Alemannien
Pater noster	lat.	1	—	—	Niederlande
„ „	fläm.	1	1	—	„
„ „	lat. dtsch.	1	—	—	Bayern, Öster.
Symbol. apostolicum	lat.	—	2	—	Deutschland
„ „	deutsch	1	—	—	Süddeutschland
Beichtspiegel	„	1	—	—	Nürnberg?
Wochentägl. Gebete	„	1	—	—	Alemannien
Spirituale pomerium	lat.	—	1	—	Niederlande

---

1) Xylo-chirographische Ausgaben nenne ich solche, deren Bilder in Holz geschnitten sind, während der Text handschriftlich hinzugefügt wurde. — Von den typographischen Ausgaben konnten natürlich nur solche Aufnahme finden, die wegen ihrer engen Verwandtschaft mit den xylographischen hier unbedingt erwähnt werden mussten.

204 Darf der Holzschnitt als Vorläufer der Buchdruckerkunst etc.

	Text	xylo-graphisch	xylochi-rograph.	xylotypo-graphisch	Ursprungsland
Sieben Todsünden	fläm.	1	—	—	Niederlande
Ars moriendi	lat.	11	1	1	Niederl. Dtschl.
„ „	deutsch	3	—	—	Süddeutschland
„ „	franz.	1	—	—	Niederlande
Sterben u. himml. Leben	deutsch	1	—	—	Süddeutschland
Totentanz	„	2	—	—	Deutschland
Historia stae. crucis	lat.	1	—	—	Niederlande
Mirabilia Romae	deutsch	2	—	—	Nürnberg?
St. Servatius Legende	franz.	—	1	—	Maestricht?
St. Meinrat Legende	deutsch	2	—	—	Schweiz
Planetenbuch	„	—.	1	—	Niederlande
„	„	2	—	—	Deutschland
„	lat.	1	—	—	Niederlande
Kalender	„	1	—	—	„
„	deutsch	4	—	—	Deutschland
„	franz.	3	—	—	Bretagne
Chiromantie	deutsch	2	—	—	Augsburg?
Krauker Löwe	„	—	1	—	Alemannien
Ringerbuch	„	1	—	—	Landshut

Diese Liste enthält nur solche Werke, deren Existenz ich verbürgen kann. Ich musste daher jene niederländische Ausgabe der „Historia sanctae crucis", deren Existenz W. Conway[1]) wahrscheinlich zu machen versucht, übergehen, weil sich bisher auch nicht das kleinste Bruchstück einer solchen hat auffinden lassen; ebenso wenig habe ich das von Goethals erwähnte „Ave Maria"[2]) aufnehmen können, da es zwar möglicher Weise in irgend einer Privatsammlung sich befindet, aber zur Zeit wenigstens als verschwunden betrachtet werden muss. Dann fand ich auch noch eine „Legende des hl. Benedikt" und „die Jungfrauen von Maestricht"[3]) erwähnt, doch bezweifle ich deren Existenz ebenso wie die der „Acta apostolorum", von denen es mir bisher weder gelang, den Besitzer des angeblichen Originals zu ermitteln noch eines der wenigen Facsimiles[4]) zu Gesicht zu bekommen. Endlich wurde i. J. 1870 bei Sotheby & Wilkinson ein angeblich auf Perga-

---

1) In The Bibliographer, London 1883, Vol. IV S. 52.
2) Goethals, Lectures relatives à l'histoire des sciences, des arts, des lettres, des mœurs et de la politique en Belgique, Bruxelles 1838. — Das Ave Maria bildete einen Teil des Abecedariums und konnte daher sehr wohl als Xylograph erscheinen. Dagegen ist das Horologium Beatae Mariae, von dem J. Scaliger in seiner Confutatio fabulae Burdonum, Lugd. Bat. 1617, S. 293 berichtet, dass es seiner Grossmutter gehörte, aber von einem Hunde zerrissen wäre, schon fragwürdiger.
3) In Les Preus et la gravure à Liége en 1441, Liége 1873. Ich vermute, dass der verstorbene Baron Wittert zu Brüssel der Verfasser dieser Broschüre ist.
4) Acta Apostolorum. Blockbook, circa 1400. Facsimile reproduction. 42 plates 1°. London 1840.

ment gedrucktes Blockbuch „Wochenlich andacht zu seligkayt der
weltlichen menschen" von 33 Seiten mit 69 Illustrationen versteigert.
Im „Bookworm"[1]) wurde jedoch behauptet, dass es sich lediglich um
eine Bilderhandschrift handele, während es von Quaritch[2]) wieder als
Blockbuch angezeigt wurde. Der fernere Verbleib des Buches ist mir
unbekannt. — Hingegen wäre nicht ausgeschlossen, dass zwei in meinem
Manuel[3]) Bd. II No. 1454 und 1631 beschriebene Holzschnitte, welche
der Antiquar Heinrich Lesser in Breslau besitzt, Bruchstücke eines
verschwundenen Blockbuches sein könnten. Das gleiche könnte mit
den beiden von mir Bd. I, 554 und 750 beschriebenen Blättern, welche
jetzt in den Besitz des Antiquars Ludwig Rosenthal in München[4]) übergegangen sind, der Fall sein, und jüngst übersandte mir Prof. C. le
Paige zu Lüttich Photographieen von zwei in seinem Besitz befindlichen Holzschnitten, welche den nämlichen Eindruck machen. — Was
endlich das Alphabet mit der Jahrzahl 1464, die sieben Schalkheiten,
die sieben Todsünden[5]) und einige ähnliche xylographische Erzeugnisse
betrifft, welche als Blockbücher aufgezählt zu werden pflegen, so handelt
es sich nicht um Bücher, sondern um Einzelblätter; ebenso konnte ich
die „Sieben Frenden Maria"[6]) nicht aufnehmen, da die Bilder metallo-
graphisch, die Texte aber typographisch sind.

Nur bei wenigen Blockbüchern lässt sich das Herstellungsjahr
auf den ersten Blick feststellen. Von den beiden deutschen xylographischen Ausgaben der Armenbibel enthält die ältere die Angabe:

„Friederich waltherü maüler | zü Nördlingen
vnd Hans | Hurning habent dis büch | mitt
ein ander gemacht" nebst den beiden neben-
stehenden Wappen und der Jahrzahl 1470,
während die jüngere, welche ziemlich getreu
nach ihr kopiert ist, die Wappen des Nürn-
berger Briefmalers Hans Sporer nebst der Jahrzahl 1471 als Adresse
trägt. Die Italienische Ausgabe desselben Werkes,
welche unter dem Titel „Opera nova contem-
plativa" zur Ausgabe gelangte, ist zu Venedig
von Giovanni Andrea Vavassore, einem Holzschneider aus dem Anfange des XVI. Jahrhdts.,
angefertigt worden und, da sich in dem Werke
bereits einige Holzschnitte aus Dürer's „Kleiner Passion" kopiert finden,

---

1) Bookworm, March 1870.
2) Quaritch, Katal. Oktober 1873 S. 1873.
3) W. L. Schreiber, Manuel de l'amateur de la gravure sur bois et sur
métal au XV° siecle. Berlin 1891—93.
4) Ludwig Rosenthal's Antiquariat. Kat. 90. Incunabula xylographica
et chalcographica No. 38 u. 41.
5) C. K. Falkenstein, Geschichte der Buchdruckerkunst. Leipzig 1840
oder 1856. No. XIII, XXIX, XXX.
6) H. F. Massmann, Die Xylographa der K. Hof- und Staatsbibliothek
sowie der Universitätsbibliothek in München. Leipzig 1841. No. XI (Separatabdruck aus dem „Serapeum" 1841 S. 273), und Falkenstein a. a. O. S. 136.

so kann die erste Auflage keinesfalls vor 1509 erschienen sein.[1]) — Die spätere der beiden xylographischen Ausgaben des „Antichrist" trägt die Adresse „Der Jung hanns prieff maler hat das puch | zu nurenberg H †℟° ⋏° 2ff°." Von dem „Defenforium inviolatae perpetuaeque virginitatis beatae Virginis Mariae" trägt die frühere Ausgabe das Monogramm f ⋅ ⅏ ⋅ 1 ⋅ ℟ ⋅ ⋏° ⋅ , während die zweite mit der Adresse: Johannes eyfenhōt impreffor | Anno ab incarnacōis dñīcu Mº | quadringentefimo feptuagefimo 1º versehen ist. Die „Ars et modus contemplativae vitae" ist wohl nie als selbständiges Blockbuch erschienen, sondern bildete stets den ersten Teil eines grösseren typographischen Werkes, das anscheinend gegen 1473 von Friedrich Cremsner in Nürnberg gedruckt ist.[2]) Von den vielen Ausgaben der „Ars moriendi" ist nur eine einzige genau datierbar; sie trägt die etwas sonderbar angeordnete Adresse:

Hans fporer hat diß . puoh
. 1 . ℟ . ⋏ º . ꜟ . pruff - moler

Die „Mirabilia Romae" sind zwar nicht mit einer Jahrzahl, aber mit dem Wappen des Papstes Sixtus IV. versehen und müssen also zwischen 1471 und 1484 entstanden sein. Der Kalender des Johannes de Gamundia trägt das Monogramm und die Jahrzahl McccclxvIII; der des Regiomontan ist für die Jahre 1475—1530 berechnet. Zahlreiche Kalender tragen die Adresse des Jorg Glogkendon, der von etwa 1484—1515 in Nürnberg thätig war[3]); die Münchener Hofbibliothek bewahrt verschiedene xylographische Kalender aus den Jahren 1530—1548, welche von Hanns Hofer Brieffmaler gedruckt sind, der zuerst in Regensburg, später in Augsburg arbeitete, und auch anderwärts findet man dergleichen.[4]) Endlich kommt noch das Libro di M. Giovanbattista Palatino, Roma 1548, in betracht, das wenigstens zum Teil von Holztafeln gedruckt ist.

Diese Daten ergeben zur Genüge die Unzulässigkeit der in der jüngsten Monographie über die Blockbücher[5]) ausgesprochenen Behauptung: „Die Zeitbestimmung der Blockbücher schwankt innerhalb eines Zeitraums von ungefähr 50 Jahren (1420—70)". — Zweifellos erwiesen sind vielmehr nur Blockbücher aus der Zeit von 1468 bis

---

1) Im „Jahrbuch der preuss. Kunstsammlungen" Band V, Berlin 1884, S. 188 giebt F. Lippmann das Jahr 1510 als Publikationsjahr an, doch weiss ich leider nicht, worauf sich diese Angabe stützt.

2) G. W. Panzer, Annales typographici. Nürnberg 1793 - 1803. Bd. II S. 170 No. 16.

3) Vgl. J. Baader, Beiträge zur Kunstgeschichte Nürnbergs. Nördlingen 1862, Bd. II S. 50 und Schreiber a. a. O. Bd. II No. 1014 und 1911 a.

4) Über einen in Stift Admont befindlichen Bauernkalender des XVI. Jahrhdts. berichtete J. v. Zahn in den Steiermärkischen Geschichtsblättern, (Graz 1882, Bd. III S. 276 nebst Abbildung.

5) R. Hocheyger, Über die Entstehung und Bedeutung der Blockbücher mit besonderer Rücksicht auf den Liber regum. Leipzig 1891. S. 2.

weit in das XVI. Jahrhdt. hinein und die Datierung aller übrigen muss mit Hülfe sonstiger Beweisgründe erfolgen.

Beginnen wir unsere Aufgabe mit dem Speculum humanae salvationis, jenem Werke, auf das die Holländer seit den Tagen des Adrian de Jonghe[1]) ihre Hauptansprüche auf Erfindung der Buchdruckerkunst gestützt haben. Von den vier, ohne Angabe des Druckorts erschienenen Auflagen bietet die letzte die Merkwürdigkeit, dass sie in typographischer Hinsicht besonders mangelhaft gedruckt ist, während die vorletzte die einzig dastehende Sonderbarkeit zeigt, dass ein Teil des die Bilder begleitenden Textes xylographisch, der andere Teil typographisch ist.[2]) Bevor Ottley[3]) durch eine genaue Vergleichung der Aussprünge in den Bildplatten die richtige Reihenfolge der Auflagen festgestellt hatte, war man natürlich geneigt, die dritte Auflage für die erste zu halten. Man vermutete entweder, dass eine ganz xylographische Ausgabe allen vorangegangen wäre und dass die verlorenen oder zu stark abgenutzten Texttafeln dann durch Typographie ersetzt wären, oder man nahm an, dass der Holzschneider (natürlich sollte es Laurenz Coster sein) während seiner Arbeit die beweglichen Typen erfunden hätte und auf diese Weise die sonderbare Zusammenstellung von xylographischem und typographischem Text sich erklären liesse. Diese Annahme ist also, obschon sie auch heute noch ihre Verfechter findet, unhaltbar und die lateinische Ausgabe, deren Text ausschliesslich durch Typendruck hergestellt ist, ist zweifellos die früheste von allen.

Nun hat sich eine Anzahl von meist kurzen Druckwerken erhalten, die entweder mit denselben Typen wie das Speculum oder mit ihnen eng verwandten gesetzt worden sind, und Bradshaw war der erste, der auf grund eines handschriftlichen Vermerks in einem dieser Bücher es wahrscheinlich machte, dass das Speculum zwischen 1471 und 1474 gedruckt worden sei.[4]) Inzwischen ist ein zweites zu dieser

---

1) Hadriani Junii, medici, Batavia. Leiden 1588. S. 253; in der Duodezausgabe Dordracl 1652 S. 429.

2) Ein Facsimile dieser Ausgabe hat J. Ph. Berjeau 1861 zu London unter dem Titel „Speculum hum. salv.: Le plus ancien monument de la Xylographie et de la Typographie réunies" in Folio herausgegeben.

3) W. Y. Ottley, An inquiry into the origin and early history of engraving upon copper and in wood, 2 vols. London 1816; und desselben Verfassers An inquiry concerning the invention of printing, with an introduction by J. Ph. Berjeau. London 1863. S. 272; ferner zur Ergänzung S. L. Sotheby, Principia typographica. The Block-books, or xylographic delineations of scripture history, issued in Holland, Flanders and Germany, during the fifteenth Century, London 1858, Bd. I Tf 39.

4) H. Bradshaw, List of the founts of type and woodcut devices used by Printers in Holland in the fifteenth Century. London 1871. Wiederabgedruckt in desselben Verf. „Collected papers" Cambridge 1889. Da Bradshaw die betreffende Eintragung nicht mitteilt und die Angaben bei A. v. d. Linde, Geschichte der Erfindung der Buchdruckkunst. Berlin 1886. Bd. I S. 306 sehr undeutlich sind, so lasse ich dieselbe hier folgen: Hunc librum emit dominus Conrardus abbas hujus loci XXXIIII, qui obiit anno MCCCCLXXIIII, in professo exaltationis sanctae crucis, postquam profuisset annis fere tribus.

Gruppe gehöriges Druckwerk durch Wyss¹) bekannt geworden, das von dem Rubrikator mit der Jahrzahl 1472 versehen ist, und endlich besitzt die Universitäts-Bibliothek zu München ein Exemplar der ersten Auflage des Speculum, welches am Schlusse der Vorrede die Jahrzahl 18∧| in roter Farbe geschrieben oder mit Hülfe eines Handstempels eingedruckt trägt. Da das Exemplar nicht rubriziert ist, so ist allerdings das Vorhandensein der Jahrzahl nicht ohne weiteres zu erklären, doch lässt weder die Form der Ziffern, noch die Jahrzahl selbst eine Fälschung vermuten. Denn da das Speculum seit drei Jahrhunderten wesentlich früher datiert worden ist, so würde, wenn Betrug beabsichtigt wäre, selbstverständlich eine weit ältere Jahrzahl gewählt worden sein. Mithin bleibt nur die Annahme übrig, dass entweder der Zwischenhändler oder die Mönche von Niederaltaich damit das Jahr, in welchem das Buch von ihnen erworben wurde, bezeichnen wollten. Der Text muss also spätestens im Jahre 1471, wenn nicht schon ein oder zwei Jahr früher, gedruckt worden sein und diese Zeit stimmt auch vorzüglich zu dem Stil der Holzschnitte.²)

Jetzt entsteht die Frage: wo ist das Werk gedruckt worden? — Man hat bisher angenommen, dass Xylograph und Typograph in derselben Stadt gewohnt hätten, und aus diesem Grunde in neuerer Zeit Utrecht als den Ort betrachtet, in dem ein Prototypograph thätig gewesen sei. Bei dieser Voraussetzung bleibt es unerklärlich, warum man sich die Mühe gemacht hat, erst die Holzschnitte vermittelst des Reibedruckverfahrens in brauner Leimfarbe auf die einzelnen Bogen abzuziehen (wodurch ausserdem noch die Benutzung der Rückseiten des Papiers zur Unmöglichkeit wurde) und dann die Blätter nochmals zur Aufnahme des Textes durch die Druckerpresse gehen zu lassen.

1) Gelegentlich einer Besprechung von J. H. Hessels, Haarlem the birth-place of printing, not Mentz, London 1887, im Centralblatt für Bibliothekswesen Bd. V S. 255.

2) Von anderen mit der Speculum-Type gedruckten Werken ist in bezug auf Daten bisher folgendes ermittelt worden: 1) Ein Blatt eines 28zeiligen Donats fand sich in einem früher dem Shonkloster zu Köln gehörenden Sammelbande, welcher mehrere Drucke des Ulrich Zell, darunter den Augustinus de singularitate clericorum von 1467 enthielt. 2) Ein Blatt eines anderen 28zeiligen Donats wurde in einem Rechnungsbuche der Haarlemer Hauptkirche vom Jahre 1474 gefunden, zwei weitere Blätter desselben in dem Rechnungsbuche von 1476 und ein Bruchstück in einem Register von 1514. 3) Zwei Blätter eines 30zeiligen Donats in der 1477 beendeten Handschrift „Handvesten en Privilegien von Kennemerland". 4) Drei Blätter eines 30zeiligen Donats in dem Einbande eines Exemplars der 1491 bei R. Paffroed in Deventer (stammte aus Köln) gedruckten „Exhortationes Novielorum". 5) Drei Blätter eines 32zeiligen Doctrinale in dem Einbande der 1495 von demselben Drucker publizierten „Gemma Vocabulorum". 6) Zwei Blätter eines 27zeiligen Donats in dem Einbande eines 1405 zu Reutlingen erschienenen Druckwerks.

Dass Bruchstücke einer der Donate schon 1471 als Makulatur verwendet wurden, gestattet keineswegs den Schluss, dass das Buch wesentlich früher gedruckt sein müsse, denn auch ein Exemplar des Mainzer Kalenders von 1457 wurde bereits in demselben Jahre von dem Vikar Kess zum Umschlage einer Frühmessenrechnung des Gangolfsstiftes in Mainz benutzt.

Man würde vielmehr, wie dies auch später geschah, als Holzstöcke und Typen in der Hand Veldener's vereint waren, Bild und Text gleichzeitig auf der Presse gedruckt haben. Es ist m. E. daher zweifellos, dass Formschneider und Buchdrucker räumlich von einander getrennt waren und zwar ziemlich weit, da man sonst einfach die 29 Holztafeln (es waren nämlich immer 4 Bilder auf einer Tafel neben einander graviert) eingepackt und an die Druckerei geschickt haben würde. Mithin ist es auch keineswegs selbstverständlich, dass der Typendruck in den Niederlanden hinzugefügt worden sei; vielmehr könnte dies ebenso gut in Deutschland, etwa in Köln, geschehen sein und die folgende Thatsache spricht sehr zu gunsten dieser letzteren Annahme.[1])

Der Engländer William Caxton lebte am Hofe der Herzogin Margarete von Burgund und verbrachte nach seiner eigenen Angabe xxx yere for the moft parte in the contres of Brabant, flandres, holand and zeland. Er hatte L J. 1468 eine Übersetzung des Recueil des histoires des Troyes in seine Muttersprache begonnen, die Arbeit dann zwei Jahre liegen lassen, schliesslich aber auf Wunsch der Herzogin die Übersetzung wieder aufgenommen und nun solche Freude an seiner Arbeit gefunden, dass er noch vor ihrer Beendigung den Entschluss fasste, dieselbe zum Nutzen seiner Landsleute drucken zu lassen. Um diese Kunst zu erlernen, ging er nach Köln und arbeitete dort zunächst an einer Ausgabe des „Bartholomaeus de proprietatibus rerum", wie uns Wynkyn de Worde in der Vorrede einer bei ihm erschienenen Ausgabe desselben Werkes versichert:

And also of your charyte call to remembraunce
The foule of William Caxton, the firft pryter of this boke
In laten tongue, at Coleyn, hyfelf to anauce
That every well difpofed man thereon loke:

Anscheinend gleichzeitig setzte er die Übersetzung seines Recueil fort und beendete dieselbe, nach eigener Angabe, zu Köln am 19. September

[1] Hessels a. a. O. S. 40 möchte es als besondere Eigenthümlichkeit der Conter-Type hinstellen, dass sich am „t" ein Abstrich (u) befindet; eine Erscheinung, von der er behauptet, dass sie bei anderen niederländischen Typen äusserst selten, dagegen in deutschen Blockbüchern nicht ungewöhnlich sei. Wäre dies richtig, so müsste man unbedingt zu dem Schluss gelangen, dass die Speculum-Type deutschen Ursprungs sei. Thatsächlich trifft aber die Beobachtung Hessels nicht zu, denn in fast allen von mir als niederländisch bezeichneten Blockbuch-Ausgaben kommt das t mit Abstrich vor, allerdings öfter mit dem t ohne Abstrich abwechselnd. — Der holländische oder, wie andere wollen, flämische Text der zweiten und vierten Auflage des Speculum ist ebenso wenig ausschlaggebend, denn man hat vor einigen Jahren einen mit derselben Type gedruckten Donat in französischer Sprache aufgefunden, der auf der Universitäts-Bibliothek in Utrecht aufbewahrt wird. Mit demselben Recht könnte man also Frankreich als Ursprungsland bezeichnen. Dass aber Bücher mit niederländischem Text auch noch viel später in Deutschland gedruckt wurden, beweist die bekannte holländische Übersetzung der Palästina-Reise des Bernard von Breidenbach, welche 1488 bei Reuwich in Mainz erschien (Hain 3963).

210 Darf der Holzschnitt als Vorläufer der Buchdruckerkunst etc.

1471. Nun ist doch nicht zu vermuten, dass ein Mann, der Land und Leute genau kannte, am Hofe einer kunstsinnigen Fürstin lebte und sich speziell für die Buchdruckerkunst interessirte, zur Erlernung derselben ausser Landes gegangen wäre, wenn sich dazu in der Nähe Gelegenheit geboten hätte. Die Schlussschrift seines Recueil: „Therefore I have practyfed & learned at my grete charge and dispenfe to ordeyne this faid book in prynte after the manner & forme as ye may here fee and is not wreton with penne and ynke as other bokes ben" deutet überdies darauf hin, dass damals typographische Bücher in den Niederlanden fast unbekannt waren; auch wäre es andererseits nicht recht erklärlich, warum er die Drucklegung nach Möglichkeit beschleunigte und sofort ein Exemplar der Herzogin überreichte. Leider hat er uns nicht gesagt, ob der Druck des Buches in den Niederlanden erfolgte oder in Köln. Wäre ersteres der Fall, so hätte, da sich Caxton noch in der zweiten Hälfte des September (1471) in Köln befand und die Einrichtung einer neuen Druckerei damals einen ziemlichen Zeitraum erforderte[1]), das Buch keinesfalls vor dem Jahre 1472 erscheinen können. Wurde es aber, wie ich aus der Form der Typen vermute, zu Köln gedruckt, so ist seine Fertigstellung i. J. 1471 allerdings wahrscheinlich, jedoch war dann in diesem Jahre erst recht keine Druckerei in den Niederlanden vorhanden und es wäre auch keinerlei Veranlassung, die Einrichtung einer solchen vor dem Jahre 1473, aus welchem die frühesten datierten niederländischen Drucke stammen, anzunehmen.[2])

Ich vermute daher, dass die in den Niederlanden mit Bildern bedruckten Speculum-Bogen ihren Weg nach Köln nahmen, dort mit Text versehen wurden und darauf ihre Rückreise nach dem Wohnort des Herausgebers antraten; auch bietet diese Annahme zugleich eine Erklärung für das sonderbare Aussehen der dritten Auflage. Zweimal, d. h. bei der ersten lateinischen und der ersten holländischen Ausgabe, glückte das Experiment vollkommen, bei der dritten Rückfahrt aber ging ein Teil der Sendung, nämlich die Auflage von zehn Bogen, verloren. Da das ganze Werk 32 Bogen umfasst, dürfte das Material in drei Ballen verpackt gewesen sein, von denen zwei je 11 und einer

---

[1] Wie P. Braun in seiner Notitia hist. lit. de libris usque ad 1500 impressis, Augsburg 1788—89, berichtet, brauchte Abt Melchior von Staubaxn ein volles Jahr, um die Druckerei im Kloster St Ulrich zu Augsburg einzurichten, trotzdem er hierzu die von Johann Schüssler bereits benutzten Pressen erwarb. Vgl. das Interessante in G. W. Zapf, Augsburgs Buchdruckergeschichte Augsburg 1807. Tf. IV facsimillierte Schriftstücke.

[2] In diesem Jahre traten sowohl Alost wie Utrecht als Druckorte auf. Die jetzigen Versuche, der letztgenannten Stadt das Vorrecht einzuräumen und ihr eine Prototypographie anzunehmen, stehen aber in direktem Widerspruche mit einem bereits von G. Meermann in seinen Origines typographicae, Hagae Comitum 1765, Bd. I S. 97 beigebrachten Zeugnis. Im Wilhelmitenkloster zu Alost befand sich ein Grabstein mit folgender Inschrift: Hier let begraven Dierk Martens, die de letterkonst er Duitsfchland en Vrankrik in defe Nederlanden heeft (sc. gebracht). Hy ftorft An. xvcxxxiii den xxviii. dach van Male.

10 Bogen enthielt; der letztere war verschwunden. So schnell liess sich der Verlust nicht ersetzen, da ja zunächst der Xylograph erst wieder seine Bildplatten auf Papier hätte abziehen müssen; darauf konnte der Ballen dem Drucker zugesendet werden, dieser musste den Text der einzelnen Bogen setzen und wieder absetzen, bis die ganze Auflage ausgedruckt war, und dann erst konnte die Sendung den Rückweg antreten. Wahrscheinlich hegte der Herausgeber die Hoffnung, bei irgend einem herannahenden Kirchfest (etwa zur Ausstellung der Aachener Heiligtümer i. J. 1475?) eine beträchtliche Anzahl von Exemplaren abzusetzen, und so wurde kurzer Hand der Xylograph beauftragt, den Text in Holz nachzuschneiden, wodurch um so mehr Zeit erspart wurde, als diese Arbeit sofort, vielleicht sogar von mehreren Arbeitern begonnen werden konnte. Nun bietet sich die Gelegenheit, die Verschiedenheit des Bildungsgrades von Buchdrucker und Formschneider festzustellen. Ersterer ist des Lateinischen völlig mächtig, denn die Abbreviaturen beider Auflagen weichen ungemein von einander ab; der Holzschneider hingegen hält sich so sklavisch an sein Vorbild, d. h. den typographischen Text der ersten Ausgabe, dass Chatto's Vermutung, er habe die betreffenden Seiten durch irgend ein Umdruckverfahren auf seine Platten übertragen, nicht ausgeschlossen erscheint.[1])

Hieraus ergiebt sich aber wieder, dass der Holzschneider nicht zugleich als Herausgeber des Speculum betrachtet werden kann, sondern dass ein Geistlicher oder eine geistliche Kongregation die Veröffentlichung veranlasst haben muss. Unter diesen Umständen hat die zuerst von Fournier[1]) ausgesprochene Vermutung, dass man ursprünglich keinen auf mechanischem Wege vervielfältigten Text in Aussicht genommen habe, sondern denselben handschriftlich hinzuzufügen beabsichtigte, viel Bestechendes, um so mehr als nicht nur zahlreiche mit Miniaturen gezierte Manuskripte dieses Werkes bekannt sind, sondern sogar Handschriften mit eingeklebten Holzschnitten.[3]) Die Thatsache

1) A treatise on wood-engraving. Historical and practical by W. A. Chatto, with illustrations engraved on wood by J. Jackson. London 1839. 2nd Ed. London o. J. S. 104. — Ein Vergleich der Taf. 48 u. 49 in meinem Manuel Bd. VII wird das Verhältnis am besten erläutern.
2) Fournier le Jeune, De l'origine et des productions de l'imprimerie primitive en taille de bois. Paris 1759. S. 178.
3) Die Münchener Hofbibliothek besitzt eine solche aus Weihenstephan stammende Handschrift (clm. 21543); eine andere mit deutsch-lat. Text, deren 34 Folioblätter mit je 4 Holzschnitten geziert sind, erwähnt J. M. Guichard, Notice sur le Spec. hum. salv., Paris 1840, S. 73, doch ist mir deren Aufbewahrungsort unbekannt. Letztere scheint sich, nach der Beschreibung, am meisten der Veldener'schen Ausgabe zu nähern, die 128 Bilder enthält, während die vier früheren Ausgaben nur 116 Darstellungen umfassen. Dieser Gruppe am nächsten steht die niederländische typographische Ausgabe mit 138 Bildern. Die älteren lateinischen Manuskripte mit Miniaturen (deren früheste die Jahrzahl 1324 tragen), eine bisher unbekannte Pergament-Handschrift mit gereimtem französischen Text im Besitze des Frhr. v. Lipperheide und der eben genannte Münchener Codex haben 192 Darstellungen und dies ist auch die Zahl der Holzschnitte in der bei Günther Zainer erschienenen typographischen Aus-

Jedoch, dass die Bilder gleich für den Abdruck in Lagen (ich komme darauf weiterhin zu sprechen), nicht aber, wie dies bei den älteren niederländischen Blockbüchern der Fall ist, für die einzelne Seite oder das Doppelblatt auf die Holzplatten geschnitten worden sind, deutet darauf hin, dass der Urheber des Werkes von vorneherein eine Wiedergabe des Textes vermittelst Typendruck ins Auge fasste.

Ob Utrecht nun vielleicht als Wohnsitz des Holzschneiders in betracht kommen kann, ist eine andere Frage; aber auch hier kann ich mich einiger Zweifel nicht erwehren. Sicher ist nur, dass sich die Holzstöcke seit 1481 in dem Besitz von Johann Veldener zu Utrecht befanden, denn er benutzte zwei derselben für eine damals von ihm gedruckte Ausgabe der Episteln ende Ewangelien und veranstaltete, nachdem er nach Kuilenburg verzogen war, dort 1483 eine neue d. h. die fünfte Ausgabe des Speculum. Ebenso wenig zweifle ich daran, dass bereits die vierte Auflage in Utrecht gedruckt wurde, da das Papier dieselben Wasserzeichen aufweist, die in den Veldener'schen Drucken vorkommen. Da aber diese Ausgabe nicht nur in typographischer Beziehung so wesentlich niedriger als ihr Vorgänger steht, dass sie unmöglich aus derselben Offizin hervorgegangen sein kann, sondern auch das Papier derselben sich von dem für die drei ersten Ausgaben benutzten, das doch jedenfalls der Holzschneider an seinem Wohnorte gekauft haben wird, unterscheidet, so spricht die Wahrscheinlichkeit dafür, dass zwischen dem Erscheinen der dritten und vierten Ausgabe sowohl die Typen als auch die Bildplatten ihren Heimatsort verlassen haben und erst damals nach Utrecht gelangten. Die Frage, an welchem Orte der Niederlande der ursprüngliche Herausgeber wohnte und von wo aus die Ballen ihre Reise nach der Kölner Druckerei antraten, bleibt demnach eine offene. Für unsere Zwecke dürfte sich, da ja seit der Mitte der siebziger Jahre des XV. Jahrhdts. die Zahl der Druckereien in den Niederlanden in stetem Wachsen begriffen war und also kein Grund mehr vorlag, die Ballen eine so weite Reise antreten zu lassen, ergeben, dass die drei ersten Auflagen in der Zeit von etwa 1470 bis 1475 und die vierte noch vor 1480 gedruckt wurde, mithin keine derselben einen Anspruch darauf erheben kann, als vorgutenbergisches Erzeugnis zu gelten.

gabe. Erweitert und auf 274—278 Darstellungen vermehrt sind dann die späteren in Augsburg, Basel und Speier gedruckten Ausgaben, während die Lyoner wieder auf 256 herabgemindert wurden. — Ich darf hier die bei S. W. Singer, Researches into the history of playing cards, London 1816, S. 41 erwähnte Ausgabe des Speculum nicht übergehen, in welcher 757 Holzstöcke auf 43 Blättern opisthographisch abgedruckt und von kurzen handschriftlichen Erläuterungen teils in lateinischer, teils in deutscher Sprache begleitet sind. Wie sich aus dem von ihm beigefügten Facsimile eines der Bilder ergiebt, handelt es sich um die Stöcke des 1476 bei Bernhard Richel in Basel gedruckten „Spiegel menschlicher Behältnisses" und zwar dürften dieselben nach dem Erscheinen dieser typographischen Ausgabe, aber vor dem Übergange der Holzstöcke in die Hände des Lyoner Buchdruckers Mathias Husz, also zwischen 1476—78 abgedruckt sein. Um eine Blockbuchausgabe in unserem Sinne handelt es sich mithin nicht.

Wenden wir uns nunmehr zu der Biblia pauperum[1]), so möchte ich zunächst die Ansichten einiger Vorkämpfer der holländischen Ansprüche anführen. Otley[2]) versichert: „Several of the cuts of the Speculum bear so striking a resemblance to some of those in the Biblia Pauperum, as to leave little or no doubt that they were engraved by the same hand; others, in their mode of execution, exactly correspond with some of those in the Book of Canticles". Sotheby[3]) stimmt ihm mit folgenden Worten bei: „Our constantly comparing the style of the designs of the Biblia Pauperum with those composing the illustrations of the Speculum, more and more confirms an opinion we have always entertained; namely, that the original series of designs of the Biblia Pauperum, the Speculum, and the Cantica Canticorum, were executed by the same artist". Bodemann[4]) äussert sich in folgender Weise: „Aus der Ähnlichkeit des Styls und des Schnittes des Bildes und aus der Ähnlichkeit der Type in der Biblia pauperum und dem Speculum hum. salv. ist zu schliessen, dass beide nicht weit aus einander liegen" und Woodberry[5]) kommt der Wahrheit am nächsten mit den Worten: „The Biblia pauperum has so much in common with the Speculum in the style of its art, its costumes, and its general character, that, although of earlier date, it may be unhesitatingly ascribed to the same country".

Diese Äusserungen, welche sich natürlich nur auf die niederländischen Ausgaben unseres Blockbuches beziehen, treffen durchaus

---

1) Diese Bezeichnung scheint dem Werke, welches den Scenen aus der Lebens- und Leidensgeschichte Christi gleichsam als Vorläufer alttestamentliche Begebenheiten gegenüberstellt, nicht von vornherein beigelegt zu sein, sondern sie dürfte sich erst nach dem Erscheinen der xylographischen Ausgaben eingebürgert haben. In einer zu St. Ulrich in Augsburg aufbewahrten Handschrift kommt sie, meines Wissens, zuerst vor; dort heisst es „Biblia pauperum per quendam fratrem religiosum nomine Maurum ord. S. Benedicti professum monasterii Welchensiveou ex diversis collecta et in hunc modum redacta si laudem dei et legendum utilitatem finit feliciter anno dni M. CCCC. LXXIX." Der Ausdruck „libri pauperum" findet sich allerdings bereits in „Diversarum artium schedula" des Theophil Presbyter (abgedruckt in Lessing „Zur Geschichte und Litteratur" Göttingen 1773—81 Bd. VI S. 411) Lib. III Cap. 71, hat aber mit unserer Bezeichnung nichts zu thun. — Die Bedeutung des Wortes „pauperes", welches mehrfache Auslegungen erfahren hat, ergiebt sich aus dem Schluss der Vorrede des eben genannten und ähnlichen Zwecken dienenden Speculum hum. salv.: „Predictum prohemium holus libri de contentis compilavi et propter pauperes predicatures hoc apparere curavi qui si forte nequierint totum librum sibi comparare possunt ex ipso prohemio si sciant historias predicare". In den älteren Handschriften (vgl. C. B. Wiedeburg, Ausführliche Nachricht von einigen alten teutschen poetischen Manuscripten in der Jenaischen akad. Bibliothek, Jena 1754, S. 119) ist dieser Satz noch nicht vorhanden.
2) History of engraving S. 155, Invention of printing S. 303.
3) a. a. O. Bd. I S. 170.
4) E. Bodemann, Xylographische und typographische Incunabeln der k. öffentl. Bibliothek zu Hannover. Hannover 1866. S. 17.
5) G. E. Woodberry, A history of wood-engraving. London and New-York 1883. S. 37.

das Richtige, denn die Ähnlichkeit zwischen demselben und dem Heilsspiegel ist eine ungemein grosse. Daraus ergiebt sich aber, dass, nach dem wir die Entstehung des letzteren gegen 1470 festsetzen konnten, das Erscheinen der Biblia paup. nicht wesentlich früher vermutet werden darf. Diese Annahme wird zur Gewissheit, wenn wir einen Vergleich zwischen den deutschen Ausgaben der Armenbibel und den niederländischen ziehen.

Die älteste für uns in betracht kommende deutsche Ausgabe der Armenbibel, die allerdings bisher nie richtig erkannt, sondern immer als „biblische Darstellungen" bezeichnet wurde, muss, wie die Zeichnung ergiebt, zwischen 1455—60 von einem Schreibmeister herausgegeben worden sein, der die begleitenden Textstellen handschriftlich hinzufügte, die Bildplatten aber in Holzschnitt hatte herstellen lassen.[1]) Wohl nähert sich die Anordnung der einzelnen Seiten schon etwas mehr dem Arrangement der niederländischen Blockbücher, als es bei den einer noch früheren Periode angehörenden Bilderhandschriften der Fall ist[2]), doch ist die vollständige Unabhängigkeit von denselben evident. Um das Jahr 1460 — es ist mir zweifelhaft, ob man die Worte des Paulirinus[3]) darauf beziehen kann, wie es vielfach geschehen ist — erschien bei Pfister in Bamberg die erste typographische Ausgabe unseres Werkes mit lateinischem Text, welcher bald eine zweite mit deutscher Übersetzung folgte[4]), und in neuerer Zeit hat Thierry-Poux unter den Schätzen der Bibliothèque Nationale noch eine weitere deutsche Ausgabe entdeckt, deren Tafeln um fünf vermehrt sind. Auch hier bedarf es nur eines Blickes[5]), um sich klar zu sein, dass Pfister die niederländischen Ausgaben nicht kannte, sondern irgend eine Bilderhandschrift als Vorlage benutzte.[6])

Wie ganz anders ist aber das Verhältnis bei der von Friedrich Walther und Hans Hürning 1470 zu Nördlingen herausgegebenen xylographischen Armenbibel und der nach ihr kopierten Sporer'schen

1) Eine Abbildung nach dem Unicum im Cod. palat. germ. 438 der Heidelberger Universitäts-Bibliothek bei mir Bd. VII Tf. 45. — Diese Ausgabe bietet zugleich eines der frühesten Beispiele der Anwendung von Passepartouts. Der Holzschneider hat vier solche mit den Bildnissen der Propheten angefertigt und verwendete sie in der Weise, dass er die auf kleinere Platten geschnittenen Bibelbilder nachträglich eindruckte.

2) Die Darstellungen der Biblia pauperum in einer Handschrift des XIV. Jahrhdts., aufbewahrt im Stifte St. Florian, herausgegeben von A. Camesina und G. Heider, Wien 1863, und: Die Biblis pauperum nach dem Original der Lyceumsbibliothek zu Constanz herausgegeben von Laib und Schwarz, Zürich 1867.

3) Vgl. C. Dziatzko, Sammlung bibliothekswissenschaftlicher Arbeiten, Heft IV S. 10.

4) Hain 3176, 3177.

5) Vgl Sotheby a. a. O. Bd. II Tf. XCII.

6) Ein Blatt aus einer der Pfister'schen Vorlagen nicht unähnlichen Handschrift ist abgebildet bei T. O. Weigel und A. Zestermann, die Anfänge der Druckerkunst in Bild und Schrift. Leipzig 1866. Bd. II S. 179.

von 1471.¹) Zwar hat Zestermann²) auch hier die Unabhängigkeit der deutschen von der niederländischen Gruppe beweisen wollen, aber man kann seinen Ausführungen, wenigstens in bezug auf die Darstellungen, unmöglich beipflichten, da das Vorbild nicht nur in der Einteilung, sondern selbst in der Zeichnung vieler Figuren erkennbar ist. Ebenso wenig lässt sich bei der typographischen Biblia pauperum, welche Mezger dem Augsburger Drucker Anton Sorg zuzuschreiben geneigt ist³), trotz mancher Abweichungen das niederländische Vorbild verkennen.

Zu allen diesen Erwägungen, welche darauf hinweisen, dass die Biblia paup. in den Niederlanden erst zwischen 1460—70 als Blockbuch zur Ausgabe gelangte, gesellt sich noch ein innerer Grund. Diejenige niederländische Ausgabe, welche von den mir bisher zu Gesicht gekommenen den grössten Anspruch darauf erheben kann, als die älteste bezeichnet zu werden⁴), hat nämlich in ihrer ersten Auflage keine Signaturen, während solche (a—v und . a . — . v .) im späteren Zustande hinzugefügt worden sind.⁵) Nun ist ja die Anmerkung Panzers zum Praeceptorium divinae legis von 1472 „Ergo Signaturae iam anno 1472 Coloniae in usu fuerunt"⁶) nicht gerade Ausschlag gebend, da Alphabet-Signaturen auch schon vor diesem Zeitpunkt vereinzelt in typographischen Werken vorkommen und in Handschriften sogar wesentlich früher im Gebrauch waren, doch haben wir andererseits keine Veranlassung, die Einführung derselben bei den Blockbüchern allzu früh zu setzen, da, um nur ein einziges Beispiel anzuführen, die Walthern'sche

---

1) Vgl. bei mir die Tf. 46 und 47 in Band VII.
2) A. C. A. Zestermann, Die Unabhängigkeit der deutschen xylogr. Bibl. paup. von der lateinischen. Leipzig 1866. — Als Beweis dafür, dass der Walthern'schen Ausgabe eine ganz andere Übersetzung zu Grund liegt als derjenigen Pfister's, stelle ich die ersten Verse derselben neben einander. In der älteren heisst es: yfalas. Sieh ein iugfrau wirt enpfahe vñ wird geperu ein sun; in der jüngeren lautet der Satz: Nym war ain juckfraw wirt enpfachun vñ wirt geberen ain kind.
3) G. C. Mezger, Augsburgs älteste Druckdenkmale und Formschneiderarbeiten in der k. Kreis- und Stadtbibliothek. Augsburg 1840. S. 23 u. Tf. 1. — Ein Blatt daraus, welches sich auf der K. Hofbibliothek in Aschaffenburg befindet, trägt den Vermerk, dass es aus de vita Christi, Ant. Sorg 1476, stamme.
4) Bereits v. Heinecken hat in seinem anerkennungswerten Werke „Idée générale d'une collection complette d'estampes. Leipsic et Vienne 1771. S. 305, welches eine vermehrte und verbesserte Übersetzung seiner 1768—69 erschienenen „Nachrichten von Künstlern und Kunstsachen" bildet, die Vermutung ausgesprochen: „Peut-être est ce la plus ancienne". Die späteren Bibliographen haben diese Ausgabe, von der ein schönes Expl. die K. K. Hofbibliothek in Wien besitzt, fast sämtlich mit Stillschweigen übergangen. Übrigens glaube ich nicht, dass es sich um die Originalausgabe handelt; von dieser, welche jedenfalls auch ohne Signaturen war, scheint sich kein Exemplar erhalten zu haben.
5) Vgl. meine Tafeln 39 u. 40. — Das der späteren Ausgabe angehörende Exemplar der Albertina ist von A. Einsle mit einer Einleitung von J. Schlossbrunner bei Hartleben in Wien o. J. vollständig facsimiliert worden.
6) a. a. O. Bd. II S. 275 No. 11.

Armenbibel von 1470 mit solchen versehen ist, der Kopist von 1471 dieselben aber als überflüssig fortliess.
Schliesslich kann auch noch ein stilistischer Grund zur Unterstützung herangezogen werden. Es existiert nämlich ein Figuren-Alphabet, das nach der übereinstimmenden Ansicht von Delaborde, Sotzmann und Lehrs[1]) von dem Meister der Biblia pauperum entworfen ist. Leider ist in dem einzigen uns erhaltenen Exemplar der Buchstabe A, welcher jedenfalls mit der Jahrzahl versehen gewesen sein wird, zerrissen; aber es hat sich zum Glück eine Kopie erhalten und diese ist mit der Jahrzahl MCCCCLXIIII versehen.
Wir werden also berechtigt sein, dass Erscheinen der niederländischen Originalausgabe, noch genauer, in die Zeit zwischen 1460—65 zu setzen, und diesem steht auch keineswegs entgegen, dass sich ein Exemplar einer Nachschnitt-Ausgabe in einem Einbande befindet, welcher die eingepresste Inschrift trägt: ISTE . LIBER . EST . FRIS VLRICI GYSLINGER . LECTORIS . [VLMA . MINOR= . ILLIGATVS . EST ANO . DNI . M . CCCC . LXVII . P ME IOHANES RICHENBACH . DE GYLLENGEN.[2]) Die bisher übliche Ansicht, dass die verschiedenen Ausgaben der Blockbücher einander chronologisch abgelöst hätten, und die ihren Gipfel in Conway's[3]) Hypothese erreicht hat, sämtliche niederländische Ausgaben der Biblia pauperum seien in derselben Werkstatt entstanden, der Xylograph habe aber nicht etwa die Papierexemplare, sondern die Holzplatten an Privatpersonen verkauft und letztere ihren Bedarf an Exemplaren sich selbst angefertigt, ist nämlich völlig unhaltbar. Die Begriffe „Ausgabe" und „Auflage" müssen streng von einander getrennt werden. Gerade wie die Werke gelesener Autoren von verschiedenen Typographen ziemlich gleichzeitig auf den Markt gebracht wurden, so wurden auch die beliebten Bildercyklen von mehreren Xylographen vervielfältigt und neben einander verkauft. Ich habe schon oben bemerkt, dass die Holzstöcke der anscheinend ältesten uns erhaltenen niederländischen Ausgabe der Biblia pauperum im späteren Zustande mit Signaturen versehen wurden, und diese selben

---

1) Léon Delaborde, Débuts de l'Imprimerie à Mayence et à Bamberg. Paris 1840. S. 19; Sotzmann in Raumer's hist. Taschenbuch N. Folge II. Leipzig 1841. S. 567; M. Lehrs, Der Meister mit den Bandrollen. Dresden 1886. S. 8; Schreiber. Manuel Bd. II No. 1908 u. 1909.
2) Die berühmte Bibliothek des Lord Spencer war wegen der Verkaufs-Verhandlungen bei meiner letzten Anwesenheit in England nicht zugänglich. Leider können die inzwischen verkauften Schätze nicht eher eingesehen werden, bis das jetzt zu Manchester im Bau begriffene Gebäude der Rylands-Bibliothek vollendet und bezogen sein wird, und ich bin somit gezwungen, nach Sotheby Bd. I S. 22 an citiren. Diese Angabe bietet aber doch eine ganz andere Grundlage, als die von den meisten Autoren leider immer wieder erwähnte Notiz bei T. F. Dibdin, Reminiscences of a literary life, London 1831, Bd. I S. 503 Anm. 2, wo das Jahr 1467, wahrscheinlich nur infolge eines Druckfehlers, angegeben ist. — Auf den angeblichen Einband mit der Jahrzahl 1429 komme ich weiterhin noch zurück.
3) W. M. Conway, The woodcutters of the Netherlands in the fifteenth century. Cambridge 1884. S. 3.

Platten wurden noch von Peter van Os in Zwolle während der Jahre 1487—1502 in zersägtem Zustande zur Illustration vieler bei ihm erschienener Druckwerke benutzt. — Bei einer anderen Ausgabe konnte ich noch interessantere Beobachtungen anstellen. Dieselbe war ursprünglich von einem sehr geschickten Künstler (eher noch vor als nach 1465) geschnitten. Eine Anzahl Tafeln waren allmählich so abgenutzt, dass sie nicht mehr abdrucksfähig waren, und wurden nun von einem wesentlich unbedeutenderen Künstler durch Nachschnitte ergänzt. Bei einer noch späteren Auflage war aber keine der ursprünglichen Holztafeln mehr brauchbar und so wurden auch diese von demselben Xylographen durch Nachschnitte ersetzt, so dass also diese Ausgabe von der ersten völlig verschieden ist.[1]) — Auch bei einer dritten Ausgabe[2]) konnte ich feststellen, dass im späteren Zustande vier Holztafeln (r—v) durch Nachschnitte ersetzt worden sind.

Die verschiedenen Ausgaben müssen also zahlreiche Auflagen erlebt haben und alles deutet darauf hin, dass dieselben bis zum Ausgange des XV. Jahrhdts. Absatz gefunden haben. Eine Anzahl der Bilder wurde nämlich von dem damals thätigen Kupferstecher Israhel van Meckenem kopiert; die ganze Serie findet man in der i. J. 1503 zu Paris bei A. Verard erschienenen kommentierten Ausgabe der „Figures du viel Testament et du nouvel" reproduziert und diese Stücke in einer gegen 1520 von Gillet Couteau veranstalteten Neuauflage wieder abgedruckt; endlich erschien, wie schon bemerkt, die italienische Ausgabe unseres Werkes frühestens gegen 1510 und sie erlebte nicht weniger als vier Auflagen. Warum sollte wohl ein Buch, das sich solcher Beachtung im Ausland erfreute, in den Niederlanden und Deutschland vollständig verschollen gewesen sein?

Die sogenannte Historia seu providentia Virginis Mariae ex Cantico Canticorum bildet das dritte Werk in diesem Bilderkreise. Behandeln die beiden ersten das Leben Christi von der Verkündigung bis zur Auferstehung, so treten uns hier Christus und die christliche Kirche als Braut und Bräutigam entgegen, wobei das Hohe Lied als Textunterlage dient. Die Zeichnung der Bäume, des Graswuchses, der Bettstellen und anderer Dinge erinnert ungemein an das Speculum hum. salv. und doch liegt etwas Fremdartiges darin. Dies veranlasste den Nestor unserer Wissenschaft[3]) zu dem Ausspruche: „C'est l'ouvrage le plus gothique de tous les autres. Les figures ressemblent beaucoup aux anciennes sculptures de nos églises, et ces

[1]) Vgl. bei mir Bd. VII die Tafeln 41 und 42. Ein sehr schönes Ex. des I. Zustandes besitzt die K. Bibl. in Dresden, ein Ex. des II. Znst. besitzt die K. Bibl. in Berlin, vom III. Zustande kenne ich die Ex. der Hofbibl. in München (Xyl. 79), der K. Öffentl. Bibl. in Stuttgart, der Univers.-Bibl. in Innsbruck und der K. Univ.- und Landesbibl. in Strassburg, aber alle vier sind defekt.
[2]) Vgl. Tf. 43. Vom ersten Zustande kenne ich zahlreiche Exemplare (Darmstadt, Gotha, Köln, Wolfenbüttel etc.); vom zweiten bisher nur das Ex. der Öffentl. Kunstsammlung in Basel — Conways Angaben (a. a. O. S. 3) sind unbrauchbar.
[3]) Heinecken a. a. O. S. 374.

218   Darf der Holzschnitt als Vorläufer der Buchdruckerkunst etc.

planches sont vraisemblablement la production d'un de nos anciens
sculpteurs, ou tailleurs en bois, qui se mêloit en même tems de des-
siner", während der jüngste Kunstkritiker[1]) genau zu dem entgegengesetzten Schlusse kommt: „This book, like the Biblia pauperum and
the Speculum, came from the engravers and printers of the Netherlands; but it shows progress in art beyond those works, more ele-
gance and vivacity of line, more ability to render feeling expressively,
and especially more delight in nature and carefulness in delineating
natural objects". — Es ist der Mangel an Energie in der Zeichnung,
der diese sich widersprechenden Urteile herbeiführte. Die Figuren
atmen jene himmlische Ruhe und Zufriedenheit, die den mittelalterlichen Bildwerken eigentümlich ist; jeder Strich lässt das Reine und
Keusche erkennen und man sieht die Liebe, mit welcher auch der
kleinste Gegenstand bis in das geringste Detail durchgearbeitet ist.
Das kann kein professioneller Zeichner gefertigt haben, sondern nur
jemand, der in der Arbeit selbst seine Belohnung fand, und jeder,
der sich die Mühe nimmt, das Handwerksmässige, das uns in der De-
arbeitung des Graswuchses und der Schraffierung in den beiden Kopieen
entgegentritt, mit der sauberen Ausführung des Originals zu vergleichen,
wird meiner Ansicht beipflichten müssen, dass das Werk nur in einem
Kloster entstanden sein kann.[2])

[1] Woodberry a. a. O. S. 42.
[2] Harzen hat im Archiv für die zeichnenden Künste, Leipzig 1855–70,
Bd. I S. 3 und Bd. II S. 1 eine ähnliche Ansicht ausgesprochen und zwar
namentlich aus dem Grunde, weil auf dem ersten Bilde eine Gruppe von
Mönchen dargestellt ist, die zu dem Gegenstande selbst nicht gehört, und er
glaubte, dass es sich um die Brüder vom gemeinsamen Leben handele. Diese
Ansicht müsste zur Gewissheit werden, wenn die Echtheit der einer späteren
Auflage der Originalausgabe hinzugefügten Überschrift „Dit is die voerfinlickheit
vā marië der moed' godes En is gehecte in larp catle" über jedem Zweifel erhaben wäre; wenigstens wurde mir von sachverständiger Seite die Versicherung gegeben, dass das Wort voerfinlickheit gerade durch die Brüder vom
gemeinsamen Leben in Aufnahme gebracht wäre. Ottley, History of engraving
Bd. I S. 140 und Chatto a. a. O. S. 70 haben die Echtheit bezweifelt, doch ist
es, da es sich um eine nachträgliche Hinzufügung handelt, sehr schwer zu
unterscheiden, ob dieselbe etwa um das Jahr 1475 oder erst 150 Jahre später
gemacht ist; jedenfalls wird sie bereits i. J. 1628 von Scriverius erwähnt.
Was mich stutzig macht, ist der Thiel an und für sich. Macht schon ein
derartig überschwängliches Liebesgedicht einen eigenartigen Eindruck, wenn
wir uns Christus als Bräutigam und die Kirche als Braut vorstellen, so scheint
es mir geradezu undenkbar, Maria als letztere supponieren zu wollen, und ich
möchte der Brüderschaft vom gemeinsamen Leben keine derartige Geschmacks-
verirrung zutrauen. — Abgesehen hiervon könnte letztere wohl an der Herausgabe beteiligt sein, da ihr Henri Bogaert, der Verfasser der beiden noch zu
erwähnenden Blockbücher Spirituale pomerium und Exercitium super pater
noster, angehörte. Aber auch die Dominikaner könnten in betracht kommen,
da nicht nur die „Weissagungen der Sibyllen" auf sie zurückzuführen sind,
sondern ich auch kürzlich auf der K. Bibliothek in Hannover ein Bruchstück
eines Dominikaner-Stammbaumes sah — beides Werke, die mit der uns jetzt
beschäftigenden Gruppe von Blockbüchern im engsten Zusammenhange stehen.
Andererseits darf ich nicht verhehlen, dass ich die Zeichnung einem weiblichen Wesen, also einer Nonne, zuschreiben möchte, da das Gesicht Christi
einen so weibischen Ausdruck hat, dass man zunächst stark versucht ist, den
Bräutigam für eine Frau zu halten, wie es Dibdin (Bibl. Spenceriana S. XXXVII)
auch thatsächlich gethan hat.

Was die Zeit der Entstehung anbetrifft, so muss ich dieselbe gegen 1465 setzen und zwar nicht nur aus stilistischen Gründen, sondern auch weil immer vier sich folgende Bilder auf dieselbe Holztafel geschnitten sind, mithin das Werk für den Abdruck in Doppelblättern, nicht aber in Lagen bestimmt war. Ist es daher einerseits früher als das Speculum zu datieren, so scheint andererseits die Biblia paup. doch ein höheres Alter beanspruchen zu können.

Dass das Werk in den siebenziger Jahren sehr beliebt war, dafür mag als Beweis dienen, dass einer der bedeutendsten deutschen Illuministen, Perchtold Furtmeyr, in einer 1472 von ihm illustrierten Bibelhandschrift die Bilder für das Hohe Lied nach unserem Blockbuch kopiert hat.[1]) Wir dürfen aber aus folgenden Gründen schliessen, dass das Werk noch wesentlich länger das Feld behauptete. Eines der hauptsächlichsten Merkmale ist nämlich, dass in der Originalausgabe ein Spruchband des ersten Bildes den richtigen Wortlaut „Osculet" me osculo oris sul qa meliora sunt vbera tua vino:" hat, während in der Kopie das letzte Wort in viro korrumpiert ist. Aus dem XyL 33 der Münchener Hofbibliothek ersah ich, dass dieser Irrtum infolge einer Plattenbeschädigung der Originalausgabe, welche den zweiten Grundstrich des u traf, entstanden ist.[2]) Da nun die Mehrzahl der uns erhaltenen Exemplare der Originalausgabe diese Beschädigung nicht aufweist (bei den frühesten Abdrücken, z. B. München XyL 32, ist auch die Krone des kleinen Baumes links auf dem dritten Bilde noch nicht ausgeführt, sondern erscheint als schwarzes Dreieck), so muss ein ziemlicher Zeitraum zwischen der Anfertigung des Originals und der Kopie liegen. Wir werden die Entstehung der letzteren daher kaum vor 1475 setzen können und zwar um so weniger, als Peter van Os die Originalplatte des ersten Bildes i. J. 1494 als Titelbild für das von ihm gedruckte Rosetum exercitiorum spiritualium[3]) benutzt hat, ohne dass die Beschädigung derselben wesentlich stärker hervortritt. Endlich existiert eine noch spätere Kopie, die nicht nach dem Original, sondern erst wieder nach der ersten Kopie angefertigt ist, und die äusserst rohe Schraffierung derselben lässt ihre Entstehung kaum vor 1480 vermuten. Wir müssen also zu dem Schlusse gelangen, dass auch dieses Blockbuch sich bis zum Ende des XV. Jahrhdts. als marktfähig erwiesen hat. Bemerkt sei, dass noch i. J. 1620 in Strassburg bei Jakob v. d. Heyden ein ähnliches Werk „XXV Schöne auserlesene Figuren vnd hohe Lehren von der Begnadeten Liebhabenden Seele. Nemlich der christlichen Kirche vnd Ihrem Gemahl Jesu Christi" erschienen ist.[4])

Eng verwandt mit den vorgenannten Blockbüchern, aber den bis-

---

1) K. Hasedcke, Berthold Furtmeyr. München 1885. S. 16.
2) Siehe meine Reproduktion auf Tf. 58. — Eine Abbildung der Kopie auf Tf. 59.
3) Abg. bei F. W. Holtrop, Monuments typographiques des Pays-Bas au quinzième siècle. La Haye 1868. Tf. 110.
4) A. F. H. Schneider, Zur Litteratur der Schwenckfeldischen Liederdichter bis Daniel Sudermann. Schulprogramm. Berlin 1857. No. 26.

herigen Forschungen entgangen ist ein viertes Werk: Die Weissagungen der Sibyllen. Seine grosse Seltenheit ist dadurch erklärlich, dass diese Materie fast ausschliesslich die Dominikaner beschäftigte und so auch wohl die Verbreitung des Werkes nahezu auf deren Klöster beschränkt blieb. Ein einziges Exemplar, zum Glück ein vollständiges, hat sich in der Stiftsbibliothek zu St. Gallen erhalten.[1]) Von den 24 Blättern dieses mit grauschwarzer Leimfarbe anopisthographisch gedruckten Buches stellen die links befindlichen die zwölf Sibyllen dar, während die gegenüberstehenden durch eine horizontale Linie in zwei Hälften geteilt sind, deren obere uns die Scenen von Christi Geburt bis zur Auferstehung vor Augen führen, die unteren hingegen stets einen Propheten und einen Apostel mit ihren bezüglichen Aussprüchen neben einander darstellen. Erinnert schon die letztere Anordnung an die Prophetenbilder der Biblia pauperum, so wird die Verwandtschaft noch dadurch erhöht, dass die Figuren entweder wie dort unter einem von drei Säulen getragenen Bogenwerk, sogar mit den nämlichen Architrav- bezw. Zwickel-Verzierungen, sich befinden, oder wir bemerken in den oberen Ecken architektonische Ornamente, die denen im Canticum genau entsprechen. Die Pflanzen, die hier und da am Boden spriessen, sowie die Bäume, bald in den naiv stilistischen Formen, bald, man möchte sagen, impressionistisch gezeichnet, sie sind dieselben, die wir aus der Armenbibel kennen; nur die Grasbüschel sind nicht mehr die konventionell eckigen der frühen Ausgaben jener Blockbücher, sondern zeigen die fortgeschrittene Entwickelung der späteren. Leider macht sich in der Ausführung der Tafeln eine grosse Verschiedenheit bemerkbar und aus einzelnen hat die ungeschickte Hand des Holzschneiders jeden Reiz entfernt. Aber bei den besseren ist eine Ähnlichkeit mit der Manier der Biblia paup. unverkennbar, obschon sich eine Vorliebe für kräftigere Linien kundgiebt, die mit der zarten Schraffierung jenes Werkes im Widerspruch steht. Auch die Form der Lettern des Textes ist in beiden Werken dieselbe, nur sind als Signaturen an Stelle der Minuskeln die Majuskeln (A—M) getreten, deren Gestalt aber jener der Versalien im Canticum gleicht. Das wichtigste für uns ist jedoch, dass wir am Knauf der mittleren Säule auf der 14. Bildtafel das Monogramm finden und damit zugleich den Schlüssel zur Datierung dieses Blockbuches in den Händen haben. Es ist nämlich dasselbe Zeichen, das uns im Kalender des Johannes de Gamundia entgegentritt, welcher zweifellos im Jahre 1468 angefertigt wurde. Nun bedarf es keines besonders geübten Auges, um erkennen zu können, dass die Sibyllen später als der Kalender geschnitten sind, und wir werden dieselben daher in die Zeit zwischen 1470—75 setzen müssen. Unterliegt es mithin keinem Zweifel, dass die Sibyllen in der Reihe der bisher besprochenen Blockbücher das jüngste Erzeugnis sind, so erhalten wir dadurch trotzdem einen neuen Beweis für die richtige Datierung der genannten Werke.

---
1) Verzeichnis der Inkunabeln der Stiftsbibliothek von St. Gallen. St. Gallen 1880. Append. S. XVI No. 2. — Eine Abbildung bei mir Bd. VII Tf. 62.

Ich muss aber noch einige Worte über die Heimat unseres Monogrammisten sagen, denn Sotzmann's Behauptung[1], dass der Gamundia-Kalender deutschen Ursprungs sei, ist bisher unangefochten geblieben. Für diese Ansicht scheint ja zu sprechen, dass der Verfasser desselben, Johann Nyder aus Gmünd, Professor in Wien war und das Werk mithin handschriftlich zunächst in Deutschland verbreitet gewesen sein wird; dazu kommt, dass das einzige uns erhaltene xylographische Exemplar des Kalenders mit einem Planetenbuch vereint ist, dem ein handschriftlicher Text in deutscher Sprache beigefügt wurde. Aber auch das letztere kann ich, trotzdem es einer anderen Werkstatt entstammt als die vorhergehenden Blockbücher, nicht für deutsch halten, sondern rechne es einer zweiten niederländischen Gruppe zu, die uns noch mehrfach beschäftigen wird. Von dem Kalender bin ich hingegen völlig überzeugt, dass er der Biblia paup.-Gruppe angehört, denn nicht nur die Ähnlichkeit der Gesichter und der Figuren, sondern auch die der Kopftrachten ist unverkennbar und ebenso finden wir die gleiche Form der Lettern. Allerdings fasse ich den Ausdruck „niederländisch" als Kollektivbegriff auf und verwende ihn im Gegensatz zu „deutsch", worunter ich namentlich „süddeutsch" verstehe, für alle im Gebiete des Niederrheins entstandenen Werke, ohne dass ich anzugeben vermag, wie weit die Niederlande, Belgien oder das deutsche Rheinland dabei in betracht kommen könnten. Ich muss mich darauf beschränken, diese niederländischen Erzeugnisse in zwei Gruppen zu zerlegen. Die erste, zu der die bisher genannten Blockbücher gehören, repräsentiert die burgundisch-französische (sogenannte van Eycke-sche) Stilrichtung[2], zu der zweiten rechne ich alle jene Werke, die in der Technik der deutschen Schule nahe stehen, deren kostümliche Eigenheiten aber auf die unter burgundischem Einfluss stehenden Lande hinweisen.

Renouvier[3], Passavant[4], Holtrop[5] und Conway[6] sind zu dem Schlusse gelangt, dass keine einzige Ausgabe der Historia St. Johannis Evangelistae ejusque visiones apocalypticae in den Niederlanden entstanden sei. Trotz dieser Einmütigkeit bin ich der

---

1) Sotzmann, Die xylographischen Bücher in dem K. Kupferstich-Kabinet in Berlin. Leipzig 1842. S. 33 (Sep.-Abdr. aus dem „Serapeum" Jahrg. III, Leipzig 1842, S. 177).
2) Conway a. a. O. hat den Nachweis geliefert, dass auch ein Teil der frühesten niederländischen Blücherillustrationen dieser Stilrichtung angehört und dass das letzte Werk mit derartigen Bildern 1482 in Gouda erschien.
3) J. Renouvier, Histoire de l'origine et des progrès de la gravure dans les Pays-Bas. Bruxelles 1860. 8. 69.
4) J. D. Passavant, Le peintre-graveur. Leipzig 1860—64. Bd. I S. 47.
5) Derselbe hatte in seinem Catalogus librorum saeculo XV° impressorum, quotquot in Bibliotheca Regia Hagana asservantur, Haag 1856, S. 3 und 221 noch die beiden auf der Kgl. Bibliothek und im Museum Meermanno-Westreenianum befindlichen Ausgaben als „Libri in Belgio impressi" bezeichnet, in seinen später erschienenen Monuments aber sämtliche Ausgaben unberücksichtigt gelassen.
6) In „The Bibliographer" London, July 1883 S. 29.

entgegengesetzten Ansicht und muss drei der uns erhaltenen sechs Ausgaben als „niederländische" bezeichnen. Allerdings weicht die Zeichnung in vieler Beziehung von derjenigen der vorher behandelten Blockbücher ab, namentlich fehlt die in jenen Werken so stark ausgebildete Schraffierung vollständig. Dagegen entspricht die Behandlung des Erdbodens mit seinen schieferartigen Felsformen und die eigenartige Stellung der Engelflügel vollkommen derjenigen in den uns bereits bekannten Werken und niemand wird mir solche auf irgend einem deutschen Holzschnitte nachweisen können. Da nun die Wasserzeichen des Papiers ebenfalls auf niederländischen Ursprung deuten, so scheinen mir Zweifel völlig ausgeschlossen und das Fehlen der Schraffierung lässt sich sehr leicht dadurch erklären, dass der xylographischen Apokalypse eine etwas ältere Bilderhandschrift als den übrigen Blockbüchern zu Grunde lag. Auch ist es aus folgenden Gründen fast wahrscheinlich, dass die Apokalypse früher als irgend eines der vorgenannten Blockbücher mechanisch vervielfältigt wurde.

Wir sehen mehrfach, beispielsweise bei der Biblia paup., dass die Kopieen sowohl in bezug auf die Bilder als auf den Text dem Original wie ein Ei dem andern ähneln. Bei anderen Werken, z. B. der deutschen Armenbibel und dem Antichrist, bemerken wir, dass der Kopist sich bei Wiedergabe der Zeichnung manche Freiheiten erlaubt und Nebenfiguren fortlässt, hingegen den Text auf das gewissenhafteste reproduziert und dies war bei der geringen Bildung der Formschneider, namentlich in bezug auf fremdsprachliche Werke, auch selbstverständlich. Zwischen der zweiten und dritten niederländischen Ausgabe[1]) ist aber in bezug auf die Bilder kaum die kleinste Verschiedenheit auszufinden, dagegen unterscheiden sich die Texte nicht nur durchgängig in betreff der Abbreviaturen und Zeilenabteilungen, sondern auch oft genug kommen Änderungen im Wortlaut vor. Wohl wissen wir, dass Bilderhandschriften, die den in Rede stehenden Blockbüchern ungemein ähneln, vorhanden sind[2]), aber die absolute Gleichheit der Bilder jener beiden xylographischen Ausgaben vermag ich mir nur dadurch zu erklären, dass ich als Vorbild für beide eine Ausgabe annehme, deren Bilder mechanisch vervielfältigt waren, während der Text handschriftlich hinzugefügt wurde. Zwei verschiedene Exemplare dieser xylo-chirographischen Ausgabe lagen den Holzschneidern vor und wurden von ihnen getreu kopiert. Eine genaue Datierung der letzteren ist unter diesen Umständen ungemein schwierig, doch lässt

---

1) Vgl. meine Tafeln No. 50 und 51. Leider muss ich, da das einzige Exemplar der ersten Ausgabe sich in der Spencer-Bibliothek befindet, aus den oben angeführten Gründen diese Ausgabe ausser Betracht lassen. Dies ist um so bedauerlicher, da Dibdin und Sotheby behaupten, dieselbe wäre ohne Signaturen, während J. Ph. Berjeau in seinem Catalogue illustré des livres xylographiques, London 1865, S. 7 das Vorhandensein derselben auf das bestimmteste versichert.
2) Th. Frimmel im Jahrbuch der k. preuss. Kunstsammlungen von 1883 Bd. IV S. 33 und dessen Broschüre: Die Apokalypse in den Bilderhandschriften des Mittelalters, Wien 1885.

die Thatsache, dass dieselben mit Signaturen versehen sind und ausserdem zwei Tafeln mehr als die erste niederländische Ausgabe enthalten, den Schluss zu, dass sie frühestens zwischen 1465—70 entstanden sein können.[1]

Was die deutschen Ausgaben anbetrifft, so scheint die eine am rechten Rheinufer etwa zwischen Neckar und Wupper entstanden zu sein, während die beiden anderen den süddeutschen Typus auf das deutlichste verraten und in demselben Verhältnis wie die zweite und dritte Ausgabe zu einander stehen, d. h. völlig gleiche Bilder, aber verschiedenartige Texte aufweisen.[2]) Wenn ich diese dem Beispiele meiner Vorgänger folgend als vierte, fünfte und sechste Ausgabe bezeichne, so leiten mich lediglich praktische Gesichtspunkte, denn diese Bezifferung bezeichnet zwar möglicher Weise die chronologische Reihenfolge dieser Ausgaben unter einander, nicht aber ihr Verhältnis zu den niederländischen. Nach meinem Dafürhalten müssen die erste, vierte und fünfte ziemlich gleichzeitig und zwar gegen 1465 entstanden sein[3]), während die übrigen etwas späteren Datums sein dürften. Didot[4]) hat aus dem Umstande, dass auf dem vorletzten Blatte der vierten Ausgabe die Worte „ac ueiam postulantes | iussus | apll ad locū | vnde | tolerat repor | tan | tes e-" auf zwei Kolumnen verteilt sind und dieser Satz in der fünften Ausgabe in der irrtümlichen Fassung „ac ueiam postulantes apll ad locū tole- | rat reporiussus vnde tantes eas" wiedergegeben ist, beweisen wollen, dass die letztere nach der vierten kopiert sein müsse. Auf mehreren Darstellungen der fünften Auflage, z. B. auf dem mit der Signatur I versehenen Blatte, sind jedoch Nebenfiguren gezeichnet, die sich wohl in den niederländischen Ausgaben, nicht aber in der vierten finden, und somit ist es unmöglich, dass die fünfte nach der letzteren kopiert sein kann. Hingegen scheint mir, dass die vierte ziemlich getreu einer Bilderhandschrift nachgebildet ist, dass sich der Holzschneider aber die Freiheit nahm, einige ihm überflüssig erscheinende Nebenfiguren fortzulassen. Bei der fast absoluten Textgleichheit der vierten und fünften Ausgabe könnte man vermuten, dass dieselbe Handschrift beiden als Vorlage diente und dass die sechste etwa als eine unter Beihülfe eines Geistlichen entstandene verbesserte Ausgabe anzusehen sei, aber dieser Schluss ist unzulässig. Der Gelehrte würde sich nicht die Mühe gemacht haben, ganz überflüssiger Weise Worte verschieden zu abbrevieren und die Zeilen anders abzuteilen oder gar im Bilde selbst kleine Änderungen wie iohañs in iohēs vorzunehmen; dass aber der Holzschneider ebenso wenig als seine Kollegen lateinisch

---

1) Die Biblioteca Casanatense zu Rom bewahrt ein Exemplar der dritten Ausgabe in einer 1478 angefertigten Handschrift der Apokalypse.
2) Vgl. meine Tafeln 52—54.
3) Ein Exemplar der vierten Ausgabe befindet sich in dem bereits erwähnten Einbande der Spencer-Bibliothek mit der Jahrzahl 1467. — Das in Heidelberg (Cod. pal. germ. 228) befindliche Exemplar ist hinter eine Handschrift gebunden, welche mit den Worten Finit 1469 schliesst.
4) F. Didot, Des apocalypses figurées, manuscrites et xylographiques. Paris 1870.

verstand, ergiebt das Blatt OO. Diese Seite war in der Vorlage etwas zu stark beschnitten, so dass der Xylograph die erste Zeile „Et post hec sidi alterum angelum defcendentem de celo etc." nicht deutlich lesen konnte und nun „Et post ha sidi unecum ungenno defeennte ideeio" daraus machte. Es ist somit nur denkbar, dass der fünften und sechsten Ausgabe gemeinsam eine chiro-xylographische Edition zu Grunde lag, während die Text-Gleichheit der vierten und fünften sich nur dadurch erklären zu lassen scheint, dass bereits unter den Abschreibern solche waren, die aus Mangel an fremdsprachlichen Kenntnissen ihre Vorlagen möglichst getreu kopierten und deswegen gelegentlich auch recht tüchtige Fehler machten.

Sind es lediglich stilistische Gründe und das Vorhandensein von Signaturen, die den Schluss gestatten, dass keine der von mir besprochenen Ausgaben der Apokalypse vor 1465 entstanden ist, so reden die zahlreichen uns erhaltenen Exemplare der vierten und fünften Ausgabe eine deutlichere Sprache, nämlich dass das Werk lange Zeit hindurch immer wieder von neuem aufgelegt worden ist. Ich bin überzeugt, dass dieses Blockbuch eines der bestverkäuflichen Bücher bis zum Ende des XV. Jahrhdts. war, bis zu jener Zeit, wo das Werk eines Künstlers auf dem Markte erschien, gegen welches ihre kindlichen Arbeiten verschwinden mussten — ich meine die Apokalypse Dürer's. Will jemand zweifeln? Dann erkläre er mir, warum dieser Meister seine Offenbarung, gleich den Blockbuch-Ausgaben, mit der durch den Bibeltext absolut nicht zu motivierenden Darstellung des Martyriums Johannis durch Domitian begann? Wie wäre Dürer, der gerade damals in beschränkten Verhältnissen lebte, da er auch noch für die Eltern und jüngeren Geschwister zu sorgen hatte, und seine Frau mit seinen Kunsterzeugnissen die Märkte beziehen liess, wohl auf den Gedanken gekommen, i. J. 1498 gleichzeitig eine Ausgabe mit deutschem und eine mit lateinischem Text erscheinen zu lassen, wenn er nicht die grosse Nachfrage nach den Blockbuchausgaben vor Augen gehabt hätte? Fand sich nicht auch i. J. 1502 zu Strassburg ein anderer Formschneider, der dieses Werk getreu kopierte, und konnte nicht der Meister selbst noch i. J. 1511 eine Neuauflage veranstalten? Somit kann es keinem Zweifel unterliegen, dass das Interesse für die Einzelausgaben der Apokalypse erst schwand, als die Bilderbibeln immer mehr Eingang in das Volk fanden, und dass die Absatzfähigkeit unserer xylographischen Ausgaben reichlich bis zum Ausgange des XV. Jahrhdts. währte.

Die Ars moriendi musste zu jener Zeit, in welcher Seuchen der verschiedensten Art unaufhörlich wüteten und ungezählte Opfer forderten, so dass Jedermann mit Todesgedanken erfüllt war, allenthalben Anklang finden. Man schreibt die ursprüngliche Abfassung derselben dem Wormser Bischof Kardinal Matthäus von Krakau zu; sie hatte bereits zahlreiche Überarbeitungen erfahren, als ein ungenannter Verfasser, angeregt durch Gerson's Opusculum tripartitum, dieselbe einer vollständigen Umarbeitung unterzog. Er liess alle ihm überflüssig erscheinenden Betrachtungen und Ermahnungen fort, stellte statt deren die Einflüsterungen des Bösen und die Tröstungen der Religion in der Sterbestunde einander in so knapper Form gegenüber, dass das Werk in dieser Gestalt nicht nur bei den Theologen, sondern auch bei dem Volke Absatz finden musste. Dieser seiner Absicht gab er in der Vorrede in folgender Weise Ausdruck: „Sed ut omnibus ista materia sit fructuosa et nullus ab ipsius speculatione excludatur sed inde mori salubriter discat tam litteris tantum litterato deservientibus quam ymaginibus laico et litterato simul deservientibus cunctorum oculis obicitur". Es kann also keinem Zweifel unterliegen, dass das Werk in dieser Form bereits als Bilderhandschrift Vervielfältigung fand.

Bis vor einigen Jahren war man geneigt, eine sehr schöne xylographische Ausgabe[1]) als die früheste auf mechanischem Wege hergestellte zu betrachten, doch hat Lehrs den Nachweis geführt, dass einer Kupferstichfolge des Meisters E. S. der Vorrang gebühre.[2]) Ich glaube nun nicht, dass letztere als Bilder-Folge verkauft wurde, sondern bin überzeugt, dass die Kupferstiche lediglich als Bilderschmuck für ein Blockbuch bestimmt waren, dessen Text handschriftlich hinzugefügt wurde, und zwar um so mehr, als ein Exemplar der von dem sogenannten Erasmus-Meister in Kupfer gestochenen Kopie dieser Folge sich in der ursprünglichen Buchform erhalten hat.[3]) Wir machen also auch hier wieder die Beobachtung, dass die Bilderhandschriften von Ausgaben abgelöst wurden, deren Texte handschriftlich, die Bilder aber mechanisch vervielfältigt sind, nur dass im vorliegenden Falle Kupferstiche die sonst gebräuchlichen Holzschnitte vertraten.[4])

Auf die Vorlage des Meisters E. S. stützte sich also die xylographische Praecepta-Ausgabe, deren Entstehung schon Lehrs mit Recht in die sechziger Jahre des XV. Jahrhdts. gesetzt hat und von der ich auf Grund ihrer technischen Ausführung trotz aller entgegengesetzten Ansichten behaupte, dass sie in den Niederlanden entstanden ist. Gleich anderen frühen Blockbuchausgaben hat sie ursprünglich wohl keine Signaturen gehabt, denn die einzige vorkommende (i) scheint erst nachträglich in die Holzplatte eingesetzt zu sein. — Getreu nach dieser Ausgabe kopiert, obgleich von roherem Schnitt, sind drei ver-

---

1) Es giebt zwei gute Reproduktionen derselben. Die erste veröffentlichte ihr damaliger Besitzer T. O. Weigel 1869 in Leipzig, die andere publizierten W. H. Rylands und G. Bullen 1881 im Auftrage der Holbein Society zu London.
2) M. Lehrs, „Der Künstler der Ars moriendi und die wahre erste Ausgabe derselben" im Jahrb. d. k. preuss. Kunstsammlungen, Berlin 1890, Bd. XI S. 161. — Vgl. auch Falk, „Die älteste Ars moriendi" im Centralbl. f. Bibl. Jahrg. VII S. 308.
3) F. v. Bartsch, Die Kupferstichsammlung der K. K. Hofbibliothek in Wien. Wien 1854. S. 124 No. 1503.
4) Auch bei den vorher schon kurz erwähnten „Sieben Freuden Mariä", deren Bilder in Metallschnitt ausgeführt sind, muss der von Pfister gedruckten Ausgabe eine solche mit handschriftlichem Text vorangegangen sein, da einzelne Blätter mit derartig beschriebenen Rückseiten sich erhalten haben.

schiedene Ausgaben¹), deren eine wieder einen Beweis für die lange Brauchbarkeit der Holztafeln liefert. Sie kommt nämlich in Exemplaren mit handschriftlichem, mit xylographischem und mit typographischem Text vor und zwar ist letzterer in der zweiten Hälfte der siebziger Jahre bei Nikolaus Götz in Köln gedruckt worden²); bemerkenswert ist, dass die Signaturen in allen diesen Auflagen verschieden sind.

Hinsichtlich einer anderen niederländischen Ausgabe³) muss ich mich insofern mit den Lehrs'schen Ausführungen in Widerspruch setzen, als ich sie nicht für eine Kopie nach der vorhergehenden Gruppe halten kann, in denen man „die Formensprache des Meisters E. S. kaum noch zu erkennen vermag", sondern im Gegenteil glaube, dass sie uns den Typus einer älteren Bilderhandschrift ziemlich getreu wiedergiebt. Es liegt doch zu viel Selbständigkeit in der Zeichnung, als dass man dem Urheber derselben geradezu Abänderungen von auffälligster Geschmacklosigkeit zutrauen könnte; aber möchte ich annehmen, dass eine ähnliche Bilderhandschrift dem Meister E. S. als Grundlage für seine Kupferstichfolge diente. Andererseits kann ich mich aber auch nicht der Ansicht Dutuit's, der diese xylographische Ausgabe als die früheste betrachtet, anschliessen, sondern kann sie, obschon sie ohne Signaturen ist, aus technischen Gründen nicht vor 1470 setzen. Sie gehört der zweiten Gruppe niederländischer Blockbücher an⁴) und zeigt namentlich eine enge Verwandtschaft mit dem Liber regum und der ersten Ausgabe des Exercitium super pater noster.
— Einen ähnlichen Typus finden wir in einer kleinen Quartausgabe unseres Werkes⁵), die ebenfalls ohne Signaturen gedruckt und deren Text ziemlich fehlerhaft ist; sie dürfte um die nämliche Zeit oder vielleicht noch etwas früher entstanden sein, muss aber mehr der ersten, als der zweiten niederländischen Blockbücher-Gruppe zugeteilt werden.

Getreu nach der princeps kopiert ist eine dritte Gruppe, deren kräftiger Schnitt, mehr aber noch die Lettern-Form des Textes erkennen lässt, dass sie im südlichen Deutschland entstanden ist. Das

---

1) In meinem Manuel Bd. VIII werde ich Abbildungen der 5. Bildtafel sämtlicher Ausgaben dieses Werkes bringen.
2) Exemplare z. B. mit handschr. Text in Heidelberg (Cod. pal. germ. 30), mit xylogr. Text im K. Kupferstichkab. zu Berlin, mit typogr. Text in 2 Kolumnen zu Dresden und Köln; auch soll Liphart noch eine andere typogr. Ausgabe mit durchlaufenden Zeilen besessen haben. — Ob die Ausgabe mit xylogr. Text in franz. Sprache von denselben Bild-Platten stammt oder von denen der Princeps-Ausgabe konnte ich bisher leider noch nicht feststellen.
3) Mehrere Tafeln sind reproduziert bei E. Dutuit, Manuel de l'amateur d'estampes. Paris 1881—88. Planches No. I—IV, ferner in der Idée générale S. 309 und bei Sotheby a. a. O. Bd. II S. 26. — Die vollständigsten Exemplare sind das Didot-Ex. der Bibl. Nationale und das Xyl XIII der Hofbibl. in München.
4) Ähnliche Wasserzeichen wie die des Münchener Exemplars findet man in Druckwerken von Deventer und Zwolle aus den siebenziger Jahren.
5) Einige Abbildungen bei Sotheby a. a. O. Bd. II Tf. LV und bei Dutuit a. a. O. Tf. V.

erste Erzeugnis dieser Art muss gegen 1470 erschienen sein[1]) und nach dieser Edition wurden zwei Ausgaben mit lateinischem Text kopiert, deren eine mit Signaturen versehen ist, während sie bei der anderen fehlen.[2]) Ausserdem diente sie dem Hans Sporer zur Grundlage für dessen deutsche Ausgabe von 1473 und dem „Ludwig ze vlm" für eine Ausgabe mit deutschem und eine solche mit lateinischem Text.[3])

Endlich kommen noch die Sedezausgaben in betracht, welchen wohl auch die Folge des Meisters E. S. zu Grunde liegt, die aber doch mancherlei Abweichungen in der Zeichnung erkennen lassen. Die früheste Ausgabe dieser ebenfalls deutschen Gruppe hat xylographische Bilder, aber handschriftlichen Text und ist gegen 1470 entstanden.[4]) Nach ihr kopiert, aber wesentlich roher geschnitten ist eine zweite Ausgabe, deren Bilder sowohl als Text xylographisch vervielfältigt sind.[5])

Es lässt sich schwer sagen, wie lange die Blockbuchausgaben der Ars moriendi das Feld behauptet haben mögen, doch dürften die niederländischen wenigstens bis gegen 1488 den Markt beherrscht haben. In diesem Jahre nämlich gab, nachdem bereits bei Colard Mansion eine Ausgabe mit gleichem Text aber ohne Bilder erschienen war, Peter van Os ein typographisches „Sterfboeck" mit Holzschnitten heraus, die getreu nach denen der Blockbücher kopiert waren, und veranstaltete davon i. J. 1491 eine Neuauflage. Ebenfalls i. J. 1488 veranstaltete Snellaert in Delft eine solche Ausgabe, doch sind deren Bilder wesentlich roher geschnitten. In Deutschland erschienen die frühesten typographischen Ausgaben bereits zwischen 1475—80[6]), doch dürften sich die Blockbücher sehr wohl daneben haben halten können, da die Nachfrage eine ausserordentlich grosse war und noch 1686 zu Sulz-

---

1) Ein sehr gutes Facsimile desselben mit Einleitung von B. Pifteau erschien bei Delarue in Paris o. J., weniger gutes ist die Nachbildung in den Monuments de la xylographie, reproduits par A. Pilinski, Paris 1883. — Auch diese Ausgabe bietet einen vorzüglichen Beweis für die lange Haltbarkeit der Holzplatten. Die erste Auflage wurde im Reiberdruckverfahren hergestellt, die zweite gleicht ihr völlig, nur ist das Werk auf der Druckerpresse gedruckt. Bei der dritten, welche man meist irrig als eine verschiedene Ausgabe ansah, wurden die stark abgenutzten äussersten Einfassungslinien abgesägt, so dass die Umrandung nicht mehr aus drei, sondern nur noch aus zwei Linien besteht; die vierte wurde um zwei neue Bilder vermehrt und die fünfte zählt ebenfalls zwei Darstellungen mehr, doch sind es nicht dieselben wie in der vorigen Auflage. Weigel und Zestermann setzten die letzteren gegen 1480.

2) Vier Blatt der ersteren sind bei Bodemann a. a. O. facsimiliert.

3) Eine Bildtafel ist bei C. D. Hassler, Buchdruckergeschichte Ulms, Ulm 1840, S. 53 abgebildet. Die öfter ausgesprochene Vermutung, dass die lat. Ausgabe aus zwei verschiedenen Ausgaben zusammengestellt sei, ist unzutreffend. Sie hat dieselben Bildtafeln wie die deutsche Ausgabe, die Texttafeln sind aber speziell für dieselbe geschnitten.

4) Das einzige Exemplar, früher No. 239 der Weigeliana, befindet sich jetzt in meiner Sammlung.

5) Facsimiliert nach dem Exemplar der Fürstl. Fürstenberg'schen Hofbibliothek zu Donaueschingen von A. Butsch. Augsburg 1874.

6) Hain 4350—4406, 14911—13.

228   Darf der Holzschnitt als Vorläufer der Buchdruckerkunst etc.

bach das Werk mit ähnlichen Bildern veröffentlicht wurde. Die französische Ausgabe hat sicherlich ebenso lange Abnahme gefunden, da die erste dortige typographische Ausgabe mit verkleinerten Holzschnitten vom Meister I. D. 1491 zu Dijon erschien.

Ich möchte hier gleich zwei Werke anschliessen, die demselben Ideenkreise entsprossen sind, nämlich „Der Tod und das himmlische Leben" und der „Totentanz". Das erstere ist lediglich eine Erweiterung des der Ars moriendi zu Grunde liegenden Gedankens, für das Volk bestimmt und mit deutschem Text versehen. Es ist kein Grund vorhanden, dieser zwischen 1470—80 entstandenen Bearbeitung eine allzu grosse Verbreitung zuzuschreiben, und wir dürften es daher nur einem Glücksfall verdanken, dass sich ausser einem vollständigen Exemplar (in der Bibl. Nationale) noch die Hälfte eines anderen konserviert hat.[1]) Um so bedauerlicher ist es, dass sich nur zwei xylographische Ausgaben des Totentanzes, und die eine davon bloss in verstümmeltem Zustande, erhalten haben; allerdings sind es vielleicht die ältesten, welche erschienen sind. Da ihnen verschiedene Bilderhandschriften zu Grunde liegen, so ist es schwer zu sagen, welche der beiden Ausgaben die frühere sein mag, und ich beschränke mich daher auf die Angabe, dass beide zwischen 1460—70 entstanden sein müssen. Das Heidelberger Exemplar[2]) ist in der zweiten Hälfte zur Bezeichnung der Blätter mit arabischen Zahlen versehen[3]), die infolge der Ungeschicklichkeit des Holzschneiders aber sämtlich als Spiegelschrift erscheinen. Es lag also in der Absicht, das ganze Werk in einer einzigen Lage erscheinen zu lassen, und die Bilder 1 u. 26, 2 u. 25 u. s. w. müssen daher je auf einen Stock geschnitten worden sein. Die Anrede des Todes ist stets oberhalb des Bildes, die Antwort unterhalb desselben graviert. Das Münchener Exemplar hat hingegen das Bild oben gehabt, darunter befand sich die in einer arabischen Ziffer bestehende Signatur, hierauf folgte, wie sich aus einem zufällig erhaltenen Stückchen ergiebt, links die Rede des Todes, während rechts davon die betreffende Antwort angebracht war. Leider ist der xylographische Text abgeschnitten, dagegen ist das Exemplar mit einem gleichzeitigen handschriftlichen Texte durchschossen, der dieselben Verse wie das Heidelberger, nur in einer anderen Mundart enthält. — Wenn wir uns vergegenwärtigen, eine wie gewaltige Anzahl von typographischen Ausgaben dieses Werkes erschienen ist[4]) und dass dasselbe vorher bereits

---

1) Abg. bei Weigel u. Zestermann a. a. O. Bd. II Tf. 21.
2) Vollständig abgebildet im Anhang zum Atlas des Werkes: Die Baseler Todteutänze... von H. F. Massmann. Leipzig 1847. — Proben beider Ausgaben bei mir Bd. VII Tf. 71 und 72.
3) Das älteste Beispiel eines Druckes mit Zahlen-Signaturen ist meines Wissens die am 1469 von Johann von Speyer zu Venedig gedruckte Tacitus-Ausgabe.
4) Ausser auf die „Litteratur der Todtentänze" von H. F. Massmann, Leipzig 1840, möchte ich noch auf W. Seelmann, Die Todtentänze des Mittelalters, Norden 1893, (Sep.-A. aus dem Niederdeutschen Jahrbuch Bd. XVII) verweisen.

handschriftlich verbreitet war, so dürfen wir keine Zweifel hegen, dass die Holzschneider sich ein so beliebtes Bilderwerk nicht entgehen liessen, sondern dasselbe in grosser Menge auf den Markt brachten. Aber es war eben ein Volksbuch im vollsten Sinne des Wortes und so ist dessen fast vollständiger Untergang auch erklärbar. Von ein paar Bruchstücken anderer Ausgaben berichtete ich in meinem Manuel Bd. II No. 1900 u. 1901.

Einem ähnlichen Schicksal ist die Leidensgeschichte Christi verfallen. Das Leben und Leiden unseres Heilandes und seiner Mutter standen dem Mittelalter unendlich viel näher als uns; die rein menschlichen Scenen aus seiner irdischen Wallfahrt waren dem Verständnis der Menge sehr nahe gelegt und trotz aller Schreknisse seines Leidens, welche namentlich durch die Entzückungen der hl. Brigitta ins Ungemessene übertrieben wurden, ging durch seine Geschichte ein ungemein gemütlicher Grundzug. Die Scenen wurden ausserdem, zumeist unter Zugrundelegung des Johannes-Evangeliums, aber auch unter Benutzung der neutestamentlichen Apokryphen, in Schauspielen zur Darstellung gebracht und im XIV. Jahrhdt. war bereits der ganze Festkreis des Jahres von Advent bis zur Himmelfahrt mit geistlichen Spielen ausgefüllt. Die Mitwirkenden standen gewöhnlich unter Führung eines Geistlichen, der die Darstellung der Person Christi selbst zu übernehmen pflegte, aber es gab auch, namentlich in Frankreich, sogenannte confréries de la Passion, welche sich die Aufführung geistlicher Spiele zur Hauptaufgabe stellten. Die Holzschnitt-Passionen sind nun vermutlich Abbildungen der vornehmsten Auftritte dieser Schaustücke; sie erschienen zuerst in der Form von Bilderbogen, dann wurden diese zerschnitten und die Bilder in Handschriften eingeklebt und sehr bald darauf erschienen auch schon die Blockbuchausgaben. Die älteste der letzteren besitzt die Wiener Hofbibliothek[1]); die Bilder, in der einfachen Contourmanier der Mitte des XV. Jahrhdts. ausgeführt, sind auf die Rückseiten der einzelnen Blätter abgedrckt, während die ihnen gegenüberstehenden Vorderseiten leer gelassen und durch handschriftliche auf die jeweilige Darstellung Bezug habende Gebete in lateinischer Sprache ausgefüllt sind. Bei der zweitältesten, etwa gegen 1465 entstandenen und ebenfalls ohne Signaturen gedruckten Ausgabe, die das Berliner Kupferstichkabinet aufbewahrt, ist unterhalb jeder Darstellung ein dreizeiliger, den Evangelien entlehnter xylographischer Text angebracht. Sind diese Ausgaben, wie ihre lateinischen Erklärungen beweisen, für die Geistlichkeit bestimmt gewesen und uns deswegen, wenn auch nur in je einem einzigen Exemplar, erhalten, so sind von den mit deutschem xylographischen Text versehenen Volksausgaben überhaupt nur Bruchstücke auf uns gekommen und zwar von vier verschiedenen Werken, deren Entstehung sich auf die Zeit von etwa 1465 bis 1480 verteilt.[2]) In dieselbe Kategorie gehört auch das Zeit-

---

1) F. v. Bartsch a. a. O. S. 258 No. 2494.
2) Zwei unvollständige Exemplare einer um 1465 erschienenen Ausgabe in der Bibl. Nationale, vgl. Bulletin du Bibliophile 1840 S. 128 und Sotheby

glöcklein des Monogrammisten, welches einen Schatz der Kgl. Bibliothek in Bamberg bildet und nach meiner Ansicht auf Veranlassung des Franziskanerordens zwischen 1470 und 1480 zu Augsburg gedruckt ist.[1]) Noch mehr erweitert ist das Thema in einem Gebetbuch, von dem die St. Galler Stiftsbibliothek ein unvollständiges Exemplar besitzt.[2]) Der erste Teil enthält die Passion unter Bezugnahme auf die Horae canonicae, daran schliessen sich Gebete an Maria, Barbara, Katharina, Dorothea, Apollonia und Magdalena, also an jene weiblichen Heiligen, welche die damaligen ober- und niederrheinischen Künstler mit Vorliebe um die mit dem Kinde auf dem Arm thronende Mutter Gottes zu gruppieren pflegten. Dieses bisher unbekannt gebliebene Blockbuch muss ursprünglich einen im Verhältnis zu den Darstellungen äusserst umfangreichen xylographischen Text enthalten haben. Es ist ohne Signaturen gedruckt, der Dialekt weist auf schweizerischen Ursprung und seine Entstehung ist gegen 1470 zu setzen. — Dass diese wenigen Überbleibsel nur einen kleinen Bruchteil der xylographischen Passions-Ausgaben repräsentieren können, welche auf den Märkten des XV. Jahrhdts. feilgehalten worden sind, muss jedem klar werden, der bedenkt, dass allein Dürer zwei Passionen in Holzschnitt und eine in Kupferstich herausgab und dass Darstellungen der Leiden des Gottessohnes noch heute das hauptsächlichste Erbauungsmittel der Christen bilden.

Auch den Bildern des Endchrist und die fünfzehn Zeichen liegt wohl der Ludus de adventu et interitu Antichristi zu Grunde. Die älteste uns erhaltene Ausgabe, von der ich ein Bruchstück in der Albertina zu Wien, ein anderes in der Bibliothek Ste. Geneviève zu Paris sah und deren Entstehung gegen 1460 zu setzen ist, zeigt deut-

---

a. a. O. Bd. II S. 143 m. Abbild.; ein Fragment von 11 Bl., um 1470 entstanden, kaufte Dr. Apel in Ermlitz auf der Versteigerung von G. Gutekunst am 26. Oktbr. 1885; ein einzelnes Blatt von etwa 1475, früher No. 262 der Weigelians, jetzt im Brit. Museum; ein einzelnes zwischen 1475—80 entstandenes Blatt im Wallraf-Richartz Museum in Köln, vgl. Bd. I, 937 u. Bd. III S. 216 No. 937 meines Manuel.

1) Das Buch enthält nämlich am Schlusse eine Darstellung des hl. Franciscus und das Exemplar selbst stammt aus dem Bamberger Franziskanerkloster. Es enthält ferner zwei Bilder, die sehr ähnlich, wenn nicht identisch mit jenen sind, die ich im Manuel I, 531 beschrieb und welche zu Augsburg bei Sant Ursulen closter am Lech gedruckt wurden. Zwei Bl. dieses Werkes sind bei mir auf Tf. 61 abgebildet, ein drittes dagegen bei J. Heller, Geschichte der Holzschneidekunst. Bamberg 1823. S. 879 und F. Leitschuh, Führer durch die Kgl. Bibliothek zu Bamberg. 2. Aufl. Bamberg 1889. S. 127. — Über typograph. Ausgaben dieses Werkes vgl. Hain 8023—8035 und 1627a—50, Panzer, Annalen S. 200 No. 350 und Zusätze S. 73, sowie R. Muther, Die deutsche Bücherillustration der Gothik und Frührenaissance, München 1884, Bd. I No. 164, 361, 433 u. 434.

2) Verz. d. Inkunabeln der Stiftsbibl. von St. Gallen S. XVIII No. 3. Zwei Abbildungen bei mir auf Tf. 60. — Ein einzelnes Blatt dieses Buches befand sich früher in der Weigelians (abg. bei Weigel u. Zestermann a. a. O. Bd. II S. 110 No. 261) und ist jetzt im Kupferstichkabinet zu Weimar.

lich, dass sie nach einer Bilderhandschrift kopiert ist.[1]) Auch sind nur die Bilder in Holz geschnitten, der Text ist stets oberhalb derselben handschriftlich hinzugefügt. Die erste ganz xylographische Ausgabe muss gegen 1470 erschienen sein, die Bilder sind dem veränderten Geschmack gemäss umgezeichnet, dagegen gleicht der Text vollständig dem der xylochirographischen Ausgabe und ist nur mundartlich verschieden. Eine getreue Kopie, nur roher und mit Fortlassung von Nebenpersonen geschnitten[2]), veröffentlichte 1472 der Briefmaler Jung hanns zu Nürnberg und von dieser existiert noch eine zweite Auflage, in der das Wort Jung, die Ortsangabe und die letzte Ziffer der Jahrzahl aus der Verlags-Adresse entfernt sind. Beide Ausgaben dürften manche Auflage erlebt haben, denn obgleich die Typographie schon ziemlich früh in Deutschland, Frankreich und Italien als Konkurrentin auftrat[3]), hat sich andererseits der Geschmack an diesem Werk bis in das XVI. Jahrhdt. hinein erhalten, wie die um 1500 und 1503 bei Mathes Hupfoff in Strassburg und die 1518 bei Matthes Maler in Erfurt erschienenen Ausgaben beweisen.[4])

Dass von den biblischen Büchern allein der Liber regum xylographisch bearbeitet wurde[5]), lässt sich zunächst aus dem Interesse erklären, welches man damals für David als den Stammvater Christi, den Dichter des Psalters und namentlich als einen der „Neun Besten" bekundete. Wurde doch Alexander dem Grossen, welcher ebenfalls der Zahl dieser angehörte, nicht nur eine unübersehbare poetische Litteratur gewidmet, sondern seine Geschichte (allerdings nicht die historische, sondern die mystisch-fabulöse) bildete in den populär-historischen Bibelausgaben jener Zeit ein eigenes Buch, das zwischen die apokryphischen Bücher eingereiht war. Ausserdem fehlt es der Geschichte Davids auch nicht an Kämpfen, Hinrichtungen und Entfaltung von königlichem Prunk — Dinge, für welche damals nicht nur ein aussergewöhnliches Interesse vorhanden war, sondern die auch dem Maler Gelegenheit boten, seine Phantasie umherschweifen zu lassen.

---

1) Bei mir Tf. 55 abgebildet. — Sollte sich, wie ich fast vermute, die Notiz bei A. Bernard, De l'origine et des débuts de l'imprimerie en Europe, Paris 1853, Bd. I S. 103 hierauf beziehen, dann müsste sich das Fragment ehemals im Besitze Panzers befunden haben und ist dann wohl 1804 bei dem Verkauf von dessen Büchersammlung durch Daunou nach Paris gelangt.

2) Vgl. bei mir die Tf. 56 u. 57. — Die Type der Originalausgabe soll nach Heinecke a. a. O. ungemein jener der Mainzer Ablassbriefe von 1454 ähneln. Ich kann diese Ähnlichkeit nicht herausfinden, sondern möchte aus dem Dialekt und der Form des ů annehmen, dass das xylographische Produkt in Augsburg entstanden sei. — Die aus Heinecken übernommene Behauptung Kelchners, dass dieses eine Tafel mehr als die zweite Ausgabe habe, ist ebenso irrig als seine Liste der xylographischen Exemplare.

3) Hain 1147—53, E. Kelchner, Der Endkrist der Stadt-Bibliothek zu Frankfurt a. M., Frankfurt a. M. 1891, und Dutuit, Introduction générale. Paris 1884, S. 278.

4) E. Weller, Repertorium typographicum, Nördlingen 1864, No. 238 und v. Murr, Journal zur Kunstgesch. u. Litteratur, Nürnberg 1775—89, V S. 6.

5) Eine sehr gute Reproduktion nach dem Exemplar der Univ.-Bibl. zu Innsbruck mit Einleitung von R. Hochegger erschien 1892 zu Leipzig.

232 Darf der Holzschnitt als Vorläufer der Buchdruckerkunst etc.

Ich kann hier nur meine schon früher ausgesprochene Ansicht[1]) wiederholen, dass die xylographische Ausgabe nicht lange vor 1470 entstanden sein kann und dass sie der zweiten Gruppe niederländischer Blockbücher angehört.

Die Ars memorandi bildet ein mnemotechnisches Hülfsmittel zur Erlernung des Inhalts der einzelnen Kapitel der vier Evangelien[2]) und fand als solches eine sehr starke Verbreitung. Die Zeichnung sowohl als die Form der Lettern weisen entschieden auf deutschen Ursprung und zwar kann das Werk nicht vor 1470 ediert worden sein, wie schon der alte Heinecken richtig angegeben hat.[3]) Dass Dibdin[4]) dieselbe als vor 1430 angefertigt festsetzt, Chatto[5]) ihm beistimmt und auch Sotheby[6]) für die Zeit von 1420—30 eintritt, beweist nur, dass das Verständnis für die Frühperiode des Holzschnittes sich den Haarlemer Ansprüchen zu Liebe verschlechtert hatte und dass man sich über einen so wichtigen Faktor, wie ihn das Vorhandensein von Alphabet-Signaturen bildet, vollständig im Unklaren war. Die als Vorlage dienende Bilder-Handschrift muss allerdings ohne solche gewesen sein, denn in allen xylographischen Ausgaben sind durch Verwechselung der Signaturen b und c die zweite und die dritte Textseite mit einander vertauscht. Ebenso war durch ein Versehen auf der Seite c eine falsche Initiale gesetzt worden, so dass das erste Wort derselben Dseptimum lautet, und dieser Fehler ist, da die Holzschneider die lateinische Sprache nicht verstanden, in allen Ausgaben zu finden. Diese gemeinsamen Irrtümer haben bisher zu dem Glauben geführt, dass nur zwei xylographische Ausgaben des Werkes existierten; in der Wirklichkeit giebt es aber deren drei.[7]) — Die erste derselben liefert

---

1) Im Centralbl. für Bibliothekswesen Jahrg. IX (1892) S. 93. — II. Janitschek hat sich dann im Repertorium für Kunstwissenschaft, Berlin 1893, Bd. XI S. 367 ebenfalls für den niederländischen Ursprung ausgesprochen, während in einer fast gleichzeitigen Besprechung im Anzeiger des germanischen Nationalmuseums meine Datierung Unterstützung gefunden hat.
2) Woodberry a. a. O. muss sich weder die Mühe genommen haben, das ihm so nahe Original der Lenox-Library noch das in den Monuments de la xylographie reproduits par Pilinski 1893 zu Paris erschienene Facsimile anzusehen, da er angiebt, das Werk wäre bestimmt, die Kapitel der Apokalypse einzuprägen. Sebastian Brant erläutert in den noch zu erwähnenden typographischen Ausgaben den Zweck des Buches mit folgenden Worten:
Quisquis perauples facile evangelica dicta
Servare et memori mente tuere cito
Picturam hanc cernas, lego carmina, mystica signa
Imprime, ut ex illis dogmata sacra scias
Ipse figurarum numerus te docet, ab intro
Ostendens capitum materiam atque locum.
3) Idée gén. S. 395.
4) Bibl. Spenceriana Bd. I S. V.
5) a. a. O. S. 113.
6) a. a. O. Bd. III S. 170.
7) Vgl. bei mir die Tafeln 36—39. — Exemplare der zweiten Ausgabe sind in München Hofbibl. Xyl. 10, München Univ.-Bibl. Xyl. 5, Bamberg, Innsbruck u. s. w.; Exemplare der dritten in München Hofbibl. Xyl. 12, München Univ.-Bibl. Xyl. 4, Dresden, Göttweig, Bibliothèque Nationale u. s. w.

uns wieder einen Beweis für die lange Brauchbarkeit der Holzplatten. Bei der Textseite mit der Signatur b muss in der Manuskript-Vorlage der Raum für die Initiale nicht ausgefüllt gewesen sein, denn der Holzschneider liess diesen Platz unbearbeitet. Damit derselbe nun im Abdruck nicht als schwarzes Viereck erschiene, wurde bei den frühesten Abzügen dort ein Stück Papier auf die Platte gelegt, so dass der Raum weiss erscheint.[1]) Später wurde diese Vorsicht nicht angewendet und der Platz für die Initiale bildet daher ein schwarzes Viereck.[2]) Im letzten Zustande endlich hat der Holzschneider die Initiale U in die Platte geschnitten und ihr sein Monogramm beigefügt, wobei es allerdings fraglich bleibt, ob wir in ihm den ursprünglichen Herausgeber oder nur den späteren Besitzer der Platten zu sehen haben.[3]) Wir haben also keine Veranlassung, diesem Blockbuch eine nur kurze Lebensdauer zuzuschreiben, sondern können dieselbe bis in den Anfang des XVI. Jahrhdts. annehmen, da i. J. 1502 bei Thomas Anselm in Pforzheim eine typographische Ausgabe mit denselben, nur verkleinerten Bildern erschien, welche von 1503—10 nicht weniger als fünf Auflagen erlebte und bis zum Jahre 1522 neu aufgelegt wurde.[4])

Das Defensorium inviolatae perpetuaeque virginitatis b. virginis Mariae will unter Bezugnahme auf eine Reihe wunderbarer Ereignisse, über welche Kirchenväter, Klassiker und mittelalterliche Schriftsteller berichtet hatten, den Nachweis führen, dass Maria den Heiland sehr wohl ohne Verletzung ihrer Jungfräulichkeit habe empfangen können. Das Werk war jedenfalls schon in mehrfacher Bearbeitung als Bilderhandschrift verbreitet, denn in der zweiten unserer Ausgaben wird der Dominikaner Franciscus de Retza, welcher 1425 als Professor der Theologie in Wien starb, als Verfasser genannt. Die erste Ausgabe, welche aus acht mit den Signaturen A—K versehenen Doppelblättern besteht[5]), trägt das Monogramm welches sich jedenfalls auf den Zeichner der deutschen Armenbibel Friedrich Walthern bezieht. Die zweite Ausgabe mit völlig anderen Bildern und vierzehn mit den Signaturen A—Z versehenen Doppelblättern wurde 1471 von Johannes eyfenhut gedruckt.[6]) Dieser leistete in dem nämlichen Jahre

---

1) Dieses ist beispielsweise im Gothaer Expl. der Fall, während in dem der Wiener Hofbibliothek (Inc. 2. D. 31) der Rubrikator in den weissen Platz die richtige Initiale U hineingeschrieben hat.
2) Z. B. in Münchner Hofbibl. XyI. 8.
3) Derartige Exemplare sind in Münchner Hofbibl. XyI. 11 und Wien Hofbibl. (Inc. 2. D. 15). Der Holzschneider hat auch einige andere Kleinigkeiten abgeändert, beispielsweise die unschönen Schraffierstriche auf der linken Backe des Engels im 5. Bilde entfernt.
4) Die ersten Ausgaben erschienen unter dem Titel „Memorabile Evangelistarum figurae", die späteren als „Rationarium evangelistarum".
5) Abbildungen einzelner Tafeln bei Sotheby II S. 63, Weigel u. Zestermann II S. 147 und im Neuen Anzeiger für Bibliographie 16. Jahrg. Berlin 1855. S. 33.
6) Ausführlich beschrieben von Jacobs und Ukert in den „Beyträgen zur älteren Literatur". Leipzig 1835, Bd. 1 S. 68. — Drei Abbildungen bei Sotheby Bd. II Tf. 74—76.

den Bürgereid zu Regensburg und brachte auch das Wappen dieser Stadt auf dem Blatte C an. — Die von Heinecken[1]) beschriebene Ausgabe ist überhaupt nicht xylographisch, sondern mit den Georg Reyserschen Typen zwischen 1475—80 gedruckt; Text und Bilder gleichen denen der Walthernschen Ausgabe, nur sind letztere von der Gegenseite kopiert.

Nicht minder interessant ist das Salve Regina, von welchem sich nur ein einziges Exemplar erhalten hat, dem noch dazu die beiden ersten Darstellungen fehlen.[2]) Es bestand aus 16 mit den Signaturen a—f versehenen Bildern, welche Wunder darstellen, die die bl. Jungfrau bewirkt hatte, nachdem das gedachte Lied an sie gerichtet war. Auf dem dreizehnten Blatte dieses in einzelnen Bogen anoplathographisch gedruckten Werkes giebt sich als Verfertiger . lienhart .: czv . reginspurck .:. zu erkennen. Da es sich wohl um Linhart Wolff handelt, der erst i. J. 1463 als Bürger in Regensburg Aufnahme fand, so spricht schon die Wahrscheinlichkeit dafür, dass das Werk nicht vor diesem Jahre entstanden ist; aus stilistischen Gründen muss man aber entschieden der Weigelschen Ansicht beipflichten, dass das Buch erst gegen 1470 veröffentlicht wurde.

Von den Werken, welche die einzelnen Hauptstücke des Katechismus zur Anschauung bringen, kommen naturgemäss die Zehn Gebote zuerst in betracht. Gewöhnlich wurden sie in der Form von Wandtafeln[3]) oder auch als Lied mit Erklärungen vervielfältigt und es ist bisher nur eine einzige xylographische Ausgabe in Buchform zum Vorschein gekommen.[4]) Ähnlich der Anordnung der Ars moriendi sind in dieser den Ermahnungen des Engels zum Halten der Gebote die Versuchungen des Teufels zum Übertreten derselben gegenübergestellt. Die Ausgabe ist augenscheinlich nach der Zeichnung eines Schreibmeisters und zwar gegen 1460 geschnitten worden; ob die in der Mitte der einzelnen Darstellungen angebrachten Zahlen i, n, m, nn, v, vj, vij, vjj, vij (statt 9) und x sich auf die Gebote beziehen oder vielleicht auch zugleich als Signaturen dienen sollen, erscheint mir zweifelhaft. — Über den Absatz der katechetischen Hauptstücke sich in Vermutungen zu ergehen, ist nutzlos. Sie waren vordem handschriftlich verbreitet, denn der um 1447 in Hagenau thätige Schreibmeister Diebold Lauber empfahl seine zehn gebot mit

---

1) Idée gén. S. 378. — Über diese und andere typographische Ausgaben vgl. Hain 6084—86, 5603 und 10326, Panzer, Annales Bd. I S. 391 und dessen „Deutsche Annalen" S. 21, Muther a. a. O. No. 148.
2) Jetzt im British Museum; beschrieben bei Weigel u. Zestermann Bd. II S. 103 mit 2 Abbildg.
3) Solche in Holzschnitt verzeichnete ich Manuel Bd. II, 1844—50, in Metallschnitt Bd. III, 2756, 2757. Ein typographischer Wandkatechismus wurde noch i. J. 1525 von Froschauer in Zürich gedruckt.
4) Ein Blatt desselben ist bei mir auf Tf. 65 abgebildet; ein vollständiges Facsimile des einzigen erhaltenen Exemplars im Cod. pal. germ. 438 der Heidelberger Bibliothek befindet sich bei J. Geffcken, Der Bilderkatechismus des 15. Jahrhunderts. Leipzig 1855.

glofen¹), sie wurden aber auch schon frühzeitig von den Typographen vervielfältigt, da wir aus dem Ankündigungszettel des Anton Sorg wissen, dass er eine Auflegung des heiligen Pater noster van des glauben feilbielt, aber erhalten ist auch von letzteren nichts Nennenswertes.²)

Dass auch das Pater noster in der Form eines Blockbuches veröffentlicht worden war, wurde erst unserem Jahrhundert bekannt. Santander³) gab die erste Nachricht davon, aber Koning⁴) bezweifelte sie noch, trotzdem die Bibliothèque Nationale schon 1805 bei der Versteigerung der Sammlung Ermens in Brüssel zwei Ausgaben für den allerdings beispiellos billigen Preis von 1 Gld. 8 Sous bezw. 4 Gld. 5 Sous erworben hatte. In der ersten Ausgabe, welche in der Zeit zwischen 1400—65 entstanden sein wird, sind nur die Bilder, deren Zeichnung von einem Geistlichen herzurühren scheint, in Holz geschnitten, der Text aber ist handschriftlich in flämischer Sprache hinzugefügt.⁵) Die zweite Ausgabe, welche auf Grund der sehr ausgeführten Schraffierung zwischen 1470 und 1475 zu setzen ist, enthält die gleichen Darstellungen, jedoch von Künstlerhand umgezeichnet⁶), und über denselben ist der xylographische Text in lateinischer Sprache angebracht. Eine dritte Ausgabe kam seitdem in der Stadtbibliothek zu Mons ans Tageslicht, sie ist von denselben Platten wie die vorhergehende abgezogen, doch befindet sich unterhalb der Bilder noch eine Erklärung in flämischer Sprache. Endlich gelang es mir, ein Bruchstück einer deutschen Ausgabe — allerdings nur das erste Blatt — in Kremsmünster zu finden⁷), deren Zeichnung vollkommen derjenigen der beiden letztgenannten Ausgaben gleicht; ein lateinischer Text befindet sich über den Bildern, ein deutscher darunter. Aus Einzelheiten möchte man beinahe schliessen, dass diese die Originalausgabe sei; doch lässt sich der bayerisch-österreichische Dialekt nicht mit dem burgundischen Kostüm in Einklang bringen und sie kann daher nur nach der niederländischen kopiert sein. Also auch bei diesem Werke darf, nachdem sich jetzt herausgestellt hat, dass es nicht nur am Niederrhein, sondern auch im südlichen Deutschland aufgelegt wurde, eine weite Verbreitung vermutet werden.

---

1) Vgl. Sotzmann in Raumers Historischem Taschenbuch. Neue Folge II. Leipzig 1841. S. 558 und A. Kirchhoff, Die Handschriftenhändler des Mittelalters. Leipzig 1853. S. 125.
2) Vgl. F. Falk in den Historisch-politischen Blättern Bd. 108 S. 533 und Bd. 109 S. 51 u. 721.
3) C. A. de la Serna Santander, Dictionnaire bibliographique choisi du quinzième siècle. Bruxelles An XIII (1805). Bd. II S. 492 No. 585.
4) J. Koning, Dissertation sur l'origine, l'invention et le perfectionnement de l'imprimerie. Amsterdam 1819. S. 59.
5) Drei Blätter sind reproduziert bei Dutuit a. a. O. Planches XXXII—XXXIV.
6) Ein sehr gutes Facsimile erschien unter dem Titel: Exercitium super Pater noster mit Einleitung von B. Pifteau bei Delarue in Paris o. J.
7) Abgebildet bei mir Bd. VII Tf. 67.

236 Darf der Holzschnitt als Vorläufer der Buchdruckerkunst etc.

Vom Symbolum apostolicum sind uns drei Ausgaben und zwar alle aus sehr früher Zeit erhalten geblieben. Als älteste betrachte ich die auf der Wiener Hofbibliothek befindliche, welche auf Pergament gedruckt und zwischen 1450—60 entstanden ist. Der zweite Rang gebührt dem in der Zeichnung sehr ähnlichen Heidelberger Fragment, das etwa gegen 1460 veröffentlicht sein muss.[1]) Der hauptsächlichste Unterschied zwischen beiden ist der, dass in der ersteren jedes Blatt unten nur das Bild eines der zwölf Apostel enthält, durch deren Zusammenwirken das Glaubensbekenntnis nach alter Tradition entstanden ist; in der zweiten ist hingegen stets noch das Bild eines Propheten hinzugefügt, in dessen Schriften ein ähnlicher Ausspruch vorkommt. In beiden Ausgaben sind nur die Bilder xylographisch reproduziert; im Wiener Exemplar ist der unter diesen leer gelassene Raum handschriftlich mit dem Credo in lateinischer Sprache ausgefüllt, im Heidelberger Exemplar, das der Vermehrung entsprechend auf jeder Seite zwei Bandrollen enthält, sind die letzteren hingegen unausgefüllt geblieben. Den dritten Platz nimmt das Münchener Exemplar ein, dessen Bilder den vorhergehenden Ausgaben gegenüber mancherlei kleine Veränderungen aufweisen, auch sind die Aussprüche der Apostel sowohl als der Propheten xylographisch hinzugefügt.[2]) Dass nun diese anscheinend gegen 1465 entstandene Ausgabe (auf dem leeren Vorblatte befindet sich am Schluss einer lateinischen Notiz die Angabe Da . gloriam . Deo V . W . 18Λ1) die letzte gewesen sein solle, lässt sich kaum annehmen, denn erst aus dem Jahre 1483 haben wir Kenntnis von einer typographischen Ausgabe, welche Conrad Dinckmut zu Ulm unter dem Titel „Erklärung der XII artikuln des christlichen glaubens" erscheinen liess. Diese fand so guten Absatz, dass bereits nach zwei Jahren eine Neuauflage nötig wurde[3]); ausserdem sind nur noch zwei Quartausgaben bekannt, eine in oberdeutscher, die andere in niederdeutscher Sprache gedruckt, so dass also auch von diesem Werke nur sehr bescheidene Reste auf uns gekommen sind.

Der Beichtspiegel giebt eine Anleitung, seine Beichte nach Massgabe der zehn Gebote vorzubereiten. Nur ein einziges Exemplar, gegenwärtig zu Haag im Museum Meermanno-Westreenianum befindlich, ist uns erhalten und zweifellos ist Passavants Ansicht richtig[4]), dass das Werk erst im letzten Viertel des XV. Jahrhdts. entstanden ist. Der Text, dessen Dialekt auf Nürnberg zu denten scheint, ist sehr sorgfältig in Holz geschnitten, die beiden darin enthaltenen Bilder lassen aber viel zu wünschen übrig.[5]) Nicht unwichtig für unsere

1) Im Cod. pal. germ. 438. Ein Bl. daraus bei mir Tf. 66 abgeb.
2) Ein vollständiges Facsimile erschien unter dem Titel: Symbolum apostolicum oder das apost. Glaubensbekenntnis. Stuttgart o. J. (1866 in den Handel gebracht, aber wesentlich älter.)
3) Hain 6647 u. 6603.
4) Passavant a. a. O. p. 57.
5) Ein vollständiges Facsimile erschien unter dem Titel: Confessionale ou Beichtspiegel reproduit par E. Spanier avec introduction par J. W. Holtrop. La Haye 1861. — Typogr. Ausgaben bei Hain 5616—20 u. 9801.

Zwecke ist, dass in der Anleitung zum neunten Gebot von unzüchtigen Schriften, Liedern, Gesang die Rede ist. Ich glaube, dass hier weniger handschriftliche oder typographische, als vielmehr xylographische Erzeugnisse gemeint sind. Derartige Sachen aus der ersten Hälfte des XVI. Jahrhdts., namentlich in der Form von Vexierbildern, sind uns ja erhalten, doch sind mir Blätter oder Bücher aus früherer Zeit nicht zu Gesicht gekommen; hingegen hat sich unter den Erzeugnissen des Kupferstichs, selbst aus recht früher Zeit, eine beträchtliche Anzahl „freier" Darstellungen erhalten.¹) Mithin dürfte ein aller Wahrscheinlichkeit nach gar nicht unbedeutender Zweig der xylographischen Markt-Produkte für uns völlig verschwunden sein.

Gebete für die einzelnen Tage der Woche sind uns nur durch ein in dem bereits mehrfach erwähnten Heidelberger Codex enthaltenes Bruchstück bekannt.²) Die Darstellungen erinnern an die in den handwerksmässigen Bilderhandschriften üblichen Zeichnungen; das Werk ist daher wahrscheinlich bald nach 1460 entstanden und dürfte alemannischen Ursprungs sein. Zu oberst jeder Seite befindet sich die Signatur (in dem Fragment: I, Blatt 2 ist unbezeichnet, III, IIII, IIIII), dann folgt in deutscher Sprache eine recht deutlich xylographierte Anweisung, welche Gebete täglich zu sprechen sind, in welcher Weise die Hände gefaltet werden müssen und an welche der Leiden Christi dabei zu denken ist, und zu unterst befindet sich das Bild, auf welchem ein Jüngling die gegebenen Vorschriften veranschaulicht.³)

Obschon das Spirituale Pomerium kaum so hohes Interesse beanspruchen darf als manches andere der bereits besprochenen Werke, das kaum dem Namen nach bekannt geworden ist, ja obschon es sich eigentlich nicht einmal um ein richtiges Blockbuch handelt, ist schon viel über dasselbe geschrieben worden. Namentlich Alvin hat demselben hervorragende Bedeutung beigemessen und aus den Schlussworten „Explicit est (sup) fpirituale pomeriu editum et cõpletü. Anno dñi m° cccc° xl° deo gtias" den Nachweis führen wollen, dass es i. J. 1440 erschienen sei.⁴) Das ist natürlich keineswegs für die xylographische Ausgabe zutreffend, sondern beweist nur, dass die ursprüngliche Handschrift von dem Verfasser Henri Bogaert, dem wir auch das früher behandelte „Exercitium super pater noster" verdanken, in jenem

---

1) Manches davon abgebildet in Alwin Schultz, Deutsches Leben im XIV. und XV. Jahrhundert. Wien 1892 (Grosse Ausgabe).
2) Ein Blatt bei mir Tf. 65 abgebildet.
3) Ob der Inhalt etwa mit dem des oben erwähnten angeblichen Blockbuchs der „Wochentlich Andacht" irgend welche Ähnlichkeit hat, vermag ich nicht anzugeben, doch spricht die so sehr verschiedene Anzahl der Bilder nicht dafür. Ebenso wenig konnte ich feststellen, ob in Deutschland typographische Ausgaben unseres Werkes erschienen sind; von einem i. J. 1496 in Schoonhoven erschienenen, allerdings wesentlich umfangreicheren Werke ähnlicher Art berichtet Conway a. a. O. S. 167.
4) In den Documents Iconographiques et typographiques de la Bibliothèque Royale de Belgique. Bruxelles 1864. Livr. I, wo das Buch beinahe vollständig facsimiliert ist. — Ein Bild daraus ist bei mir auf Tf. 64 reproduziert.

Jahre beendet wurde. Das Speculum hum. salv. und die Biblia paup. waren schon Jahrhunderte handschriftlich verbreitet, ehe sie von Holzschneidern vervielfältigt wurden; der 1425 gestorbene Franz von Retza hat sich nicht träumen lassen, dass sein Defensorium Mariae ein halbes Jahrhundert nach seinem Tode als Blockbuch erscheinen würde, und ebenso wenig konnte es der 1442 gestorbene Joh. Nyder aus Gmünd von seinem Kalender oder der Dr. Hartlieb von seiner Chiromantie ahnen. Bogaert gehörte den Brüdern vom gemeinsamen Leben an, deren vornehmlichste Beschäftigung das Vervielfältigen von Handschriften war, und dieses werden das Pomerium zunächst mit gezeichneten Bildern, deren Stil aber zweifellos gewaltig von dem der xylographischen abwich, verbreitet haben. Da das Kopieren der Bilder äusserst zeitraubend war, so liess die Brüderschaft dieselben wahrscheinlich von irgend einem berufsmässigen Xylographen in Holz schneiden und zwar vermute ich in ihm denselben Meister, der die zweite Ausgabe des Pater noster fertigte und der wahrscheinlich auch das häufig mit Unrecht unter die Blockbücher gezählte Einzelblatt mit den „sieben Todsünden"[1]) schnitt. Demgemäss kann ich die Entstehung der xylographischen Bilderfolge, von der ich noch bemerken will, dass auf jedem Blatt eine Seele in Gestalt einer knieenden Jungfrau mit drei Äpfeln im Schoss dargestellt ist, die einen neben ihr stehenden Baum mit entsprechender Inschrift bewacht, frühestens gegen 1470 setzen.[1]) — Dumortier[2]) behauptet nun zwar, dass diese Bilder-Serie zuweilen auch ohne Text vorkäme, aber bekannt ist mir nur das Exemplar der Königl. Bibliothek in Brüssel, dessen Text sehr sauber geschrieben ist, während die Holzschnitte nicht eingedruckt, sondern in die zu diesem Zwecke gelassenen Lücken eingeklebt sind. Derartige Handschriften mit eingeklebten Bildern giebt es in ziemlicher Anzahl, doch gehören sie m. E. nicht unter die Blockbücher, da an der eigentlichen Herstellung des Buches der Holzschneider nicht direkt beteiligt ist, und man wird sich daher, falls nicht noch andere Exemplare auftauchen, entschliessen müssen, dieses Werk aus der Liste der Blockbücher zu streichen.

Über ein anderes, im Geschmack und in der Anordnung ganz ähnliches Werk, die sieben Todsünden, hat der frühere Besitzer des einzigen uns erhaltenen Exemplars, Koning, kurz berichtet.[4]) Es befindet sich seit langer Zeit in der Öffentlichen Bibliothek zu Haarlem, aber keiner der späteren Bibliographen scheint es gesehen zu haben und Conway schweigt es sogar ganz tot. Es enthält sieben aus der Leidensgeschichte Christi entlehnte allegorische Darstellungen, unter

[1] Abgebildet bei Ottley, Invention of printing S. 203.
[2] W. Schmidt, der Direktor des Münchener Kupferstichkabinets, sagt in seiner beachtenswerten Schrift „Interessante Formschnitte des 15. Jahrhunderts", München 1886, S. 15: „Das Spir. pom. ist als von 1440 an sicher mindestens 20 Jahre zu früh datiert".
[3] In den Bulletins de l'Académie Royale de Belgique Bd. VIII, 1841.
[4] J. Koning, Verhandeling over den oorsprong, de uitvinding, verbreiding en volmaking der boekdrukkunst. Haarlem 1816. S. 116.

jeder derselben eine im Gebet befindliche Seele in Gestalt einer Jungfrau und neben letzterer einige Verse in niederländischer Mundart. Die diesen Bildern gegenüberstehenden Seiten haben einen xylographischen Text mit Gebeten an die Himmelskönigin.[1]) Auf dem Titelblatte befindet sich ein Geistlicher dargestellt, der einen Sünder ermahnt, und auf dem Schlussblatte ein Papst, welcher Ablass erteilt; also ähnlich, wie dies bei den Totentänzen der Fall ist. Die Ausführung des Werkes ist nicht vor 1475 zu setzen. Da ich im vorigen Absatz schon von einem Einblattdruck sprach, der den gleichen Gegenstand behandelt, und auch typographische Ausgaben des Werkes bekannt sind[2]), so dürften die Todstünden als Blockbuch ebenfalls eine ganz andere Verbreitung gefunden haben, als man auf Grund des einen uns erhaltenen Exemplars mutmassen sollte.

In der Legendenlitteratur beansprucht das Leben St. Meinrats eine hervorragende Stelle. Seine Ausführung ist aus stilistischen Gründen zwischen 1460—65 zu vermuten und diese Annahme gewinnt durch den Umstand eine wesentliche Stütze, dass i. J. 1466 zu Einsiedeln diesem Heiligen zu Ehren das Fest der Engelweihe gefeiert wurde und das Werk daher wohl für die damals von weit und breit herzuströmenden Pilger bestimmt war. Die beiden uns erhaltenen Exemplare unterscheiden sich dadurch von einander, dass die letzte Seite des Münchener leer ist, während sie auf dem Stiftsarchive zu Einsiedeln mit einer „Gregormesse" bedruckt ist.[3]) Da letzteres Bild von einer anderen Hand als die übrigen herrührt, so muss diese Ausgabe als eine spätere betrachtet werden. Es ist auch ziemlich wahrscheinlich, dass das xylographische Werk grosse Verbreitung fand und bis zum Ende des XV. Jahrhdts. marktfähig blieb, weil der Gegenstand selbst noch ein Jahrhundert später als geistliches Spiel zur Aufführung gelangte[4]), die früheste typographische Ausgabe aber erst 1496 mit lateinischem Text bei Michel Furter in Basel erschien, der dann noch im gleichen Jahre eine wesentlich schönere deutsche Ausgabe folgte, an die sich eine gegen 1510 bei Hans Mayr in Nürnberg erschienene ebenfalls deutsche Ausgabe schloss.[5])

Etwa um dieselbe Zeit entstand in den Niederlanden und zwar

1) Ein Bild und eine Textseite sind bei mir auf Tf. 63 abgebildet.
2) Hain 15535—37.
3) Ein lithogr. Facsimile dieses Exemplars gab P. Gall Morel 1861 zu Einsiedeln unter dem Titel „Die Legende von St. Meinrat" heraus. — Zwei Seiten nach dem Münchener Expl. sind bei mir Tf. 70 abgebildet.
4) Bd. LXIX des Stuttg. Litter. Vereins: G. Morel, Ein geistliches Spiel von S. Meinrads Leben u. Sterben. Stuttgart 1883.
5) Vier Holzschnitte der ersten Ausgabe sind bei A. Essenwein, Die Holzschnitte des XIV. und XV. Jahrhunderts im Germanischen Museum zu Nürnberg. Nürnberg o. J. Tf. 148 abgebildet. — Ein Facsimile der Furterschen Ausgabe erschien unter dem Titel: Vom sant Menrat ein hüpsch Beplich lesen was ellend vñ armut er erlitten hat, i. J. 1890 zu Berlin, auch existiert ein Facsimile der Mayrschen Ausgabe, welche den Titel führt: Das ist die wallfart zu den Einsidlen und die legēd Sant Meinrat. Nürnwerg bei Hans Mayr.

wahrscheinlich in der Stadt Maestricht die Legende des hl. Servatius. Huelens hat den Nachweis zu führen versucht, dass kein Geringerer als Jean van Eyck die Zeichnungen zu den Holzschnitten geliefert habe.¹) Muss ich nun auch diesen Versuch als missglückt bezeichnen, so bietet mir andererseits der in historischer Beziehung hochinteressante Aufsatz Gelegenheit, zu einem anderen Resultat zu gelangen. In den Einnahmelisten des Kapitels vom hl. Servatius befindet sich nämlich bei dem Jahre 1458 eine Eintragung des Kanonikus Bartholomäus van Eyck, in welcher Reihenfolge die Ausstellung der Reliquien zu erfolgen habe. Das lässt doch vermuten, dass in jenem Jahre eine Änderung beschlossen wurde, und da unser Blockbuch der dort vorgeschriebenen Reihenfolge genau entspricht, so kann es auch erst nach 1458 entstanden sein. Ob es nun aber bereits zu der nächsten Ausstellung im Jahre 1461 fertiggestellt war oder erst zu der darauf folgenden i. J. 1468, ist mir zweifelhaft; jedenfalls wird es aber auch noch auf späteren Ausstellungen Absatz gefunden haben, bis ihm irgend eine typographische Ausgabe den Todesstoss versetzte. Die vierundzwanzig Holzschnitte sind nicht von gleicher Güte, die letzten vier sogar roh und steif; trotzdem muss man das Werk als der ersten niederländischen Gruppe nahestehend bezeichnen. Zu bemerken ist noch, dass der erklärende Text handschriftlich hinzugefügt wurde und zwar in dem einzigen uns erhaltenen Exemplare in französischer Sprache.

Von den Mirabilia Romae hatte ich oben schon kurz bemerkt, dass sie auf Grund des ihnen vorgesetzten Wappens unter der Regierung des Papstes Sixtus IV. entstanden sein müssen. Es ist das umfangreichste aller xylographischen Produkte und enthält auf 184 Seiten zunächst die Geschichte Roms bis auf Kaiser Konstantin und Papst Sylvester, dann die Beschreibung der dortigen Kirchen, der in ihnen enthaltenen Reliquien und des dort zu erwerbenden Ablasses. Signaturen fehlen völlig, doch ist der Druck auf einer Buchdruckerpresse hergestellt.²) Zweifellos ist das Werk also für Pilger bestimmt und, wenn wir uns nach einem Ereignis umsehen, das den Anlass dazu geboten haben dürfte, so kann es nur das Jubeljahr 1475 gewesen sein, welches unendliche Pilgerscharen nach der ewigen Stadt führte. Da die wenigen eingefügten Bilder sich nicht in allen sechs erhaltenen Exemplaren an den nämlichen Plätzen befinden, so müssen wenigstens zwei Auflagen erschienen sein. Auch die Typographen bemächtigten sich sehr bald dieses Werkes³) und, wenn noch irgend ein Zweifel über die Bedeutung des Wappens für die Entstehungszeit vorhanden

---

1) In den Documents iconographiques Livr. VI, wo sich auch ein gutes Facsimile des ganzen Werkes befindet.
2) Eine vollständige Reproduktion des Werkes, jedoch nur in einer Auflage von 12 Exemplaren, hat J. Ph. Berjeau 1864 zu London herausgegeben. — Zwei Seiten des Buches sind bei mir auf Tf. 60 abgebildet.
3) Hain zählt nicht weniger als 31 Ausgaben (11189–11220) auf, deren Text bald in lateinischer, bald in deutscher Sprache abgefasst ist; eine ist sogar italienisch. — Handschriftliche Führer für Geistliche sollen bis in das XIII. Jahrhdt. zurückreichen.

sein könnte, so wird er durch die Thatsache beseitigt, dass in einer Ausgabe, welche man dem Stephan Planck in Rom zuschreibt, das Wappen des Papstes Innocenz VIII. (1481—92) angebracht ist, während eine spätere, aus derselben Offizin stammende Ausgabe das Wappen Alexanders VI. (1492—1503) zeigt.

Ich sagte vorher, dass ich die von Conway vermutete niederländische Blockbuch-Ausgabe des Boec van den Houte nicht anerkennen könne, da, obschon das Werk ja thatsächlich nur ein Bilderbuch war, kein Exemplar mit xylographischem oder handschriftlichem Text auf uns gekommen ist, sondern nur die i. J. 1483 bei Jan Veldener zu Kullenburg erschienene typographische Ausgabe.[1]) Dagegen ist uns das Bruchstück einer xylographischen Ausgabe mit lateinischem Text erhalten[2]), die man bisher als deutschen Ursprungs bezeichnete. Ich finde aber keine Stil-Analogieen mit anderen deutschen Holzschnittwerken, und da die Mehrzahl der vorhandenen Handschriften dieser Legende in niederländischer oder französischer Sprache abgefasst ist, auch die Verehrung des hl. Kreuzes, namentlich seit im Jahre 1378 sich ein Zweig des ordre des frères de la sainte croix in den Niederlanden ansiedelte, dort ganz besonders lebhaft war, so vermute ich, dass die Entstehung des Blockbuches auch dort zu suchen ist. Nach meiner Berechnung (auf Grund der vorhandenen Signatur G) muss dasselbe 128 Bilder, von denen je vier auf eine Seite kamen, enthalten haben; es wurde anscheinend in losen Blättern und nicht in Lagen gedruckt und die Herstellung dürfte zwischen 1465—70 erfolgt sein.

Unter den Werken weltlichen Inhalts mögen die Planetenbücher wohl die weiteste Verbreitung gefunden haben, aber nur von vier Ausgaben derselben vermag ich Nachricht zu geben. Die schönste derselben und zwar die einzige, welche uns vollständig erhalten ist, besitzt das Kupferstichkabinet in Berlin.[3]) Die grossen, eine volle Quartseite einnehmenden Bilder sind in Holz geschnitten, der betreffende Text ist auf den gegenüberstehenden Seiten handschriftlich hinzugefügt und zwar in dem vorliegenden Exemplar im alemannischen Dialekt. Trotzdem kann ich, wie ich schon oben bei der Erwähnung des Gamundia-Kalenders bemerkte, aus Rücksicht auf die burgundischen Trachten dieses Werk nicht als deutschen Ursprungs betrachten, sondern muss es einem irgendwo am Niederrhein thätigen Künstler zuschreiben. Grosse Ähnlichkeit in der Gruppierung, bei der jedoch zahlreiche Nebenfiguren fortgelassen sind, zeigt eine andere Ausgabe, von welcher sich Bruchstücke auf der Wiener Hofbibliothek[4]) und im British

---

1) Hain 8717. Ein vollständiges Facsimile unter dem Titel „Geschiedenis van het bevlijghe Cruys" gab Berjean 1863 zu London heraus.
2) Einer der sechs darauf befindlichen Holzschnitte ist bei Weigel u. Zestermann Bd. II S. 62 abgebildet.
3) Sotzmann, Die xylographischen Bücher u. s. w. S. 9.
4) F. v. Bartsch a. a. O. No. 2495.

Museum[1]) befinden, sowie eine dritte, die fragmentarisch in dem schon oft genannten Heidelberger Codex enthalten ist. Beide Ausgaben sind sicher deutsch, sie unterscheiden sich nur wenig in der Zeichnung von einander, auch ist der Text bei beiden in Holz geschnitten. Letzterer ist in allen drei Ausgaben bis auf mundartliche Abweichungen völlig gleich. Ich glaube nicht, dass die beiden zuletzt genannten Ausgaben nach der ersten kopiert sind, sondern dass ihnen eine Bilderhandschrift als Vorlage diente; die erste hingegen macht einen durchaus originalen Eindruck.[2]) Allem Anschein nach dürften sämtliche drei Ausgaben in der Zeit zwischen 1465—70 entstanden sein. — Von einer vierten Ausgabe besitzt das Berliner Kupferstichkabinet ein Bruchstück. Es haben sich von demselben nur vier lateinische Prosa-Texte erhalten, welche aber mit den vorhergehenden fast gar keine Ähnlichkeit haben; die Bilder sind sämtlich verloren. So weit sich aus diesen geringen Überbleibseln Schlüsse ziehen lassen, scheint das Werk der ersten niederländischen Gruppe anzugehören. — Wenn ja auch seit etwa 1480, wo zu Augsburg ein typographischer Kalender erschien, der zugleich die Himmelszeichen, die Planeten, die Temperamente, das Aderlassen und die Winde behandelte und für alle späteren Kalender das Vorbild abgab, der Absatz der Planetenbücher sich etwas verringert haben wird, so beweist andererseits der Umstand, dass typographische Prognostika von etwa 1482[3]) bis in das XVII. Jahrhdt. hinein mit nur wenig veränderten Bildern unaufhörlich erschienen, dass auch von diesem Zweige der Volkslitteratur nur ein verschwindend kleiner Teil der xylographischen Ausgaben auf uns gelangt ist.

Eine nicht wesentlich geringere Verbreitung werden die Kalender gefunden haben. Allerdings bedienten sich die des Lesens Unkundigen der sogenannten Bauern- oder Runen-Kalender, welche in hölzerne Tafeln oder auf Stäbe eingeschnitten waren und bis in das XVII. Jahrhdt. ebenso in den alpinischen Ländern, wie bei den Skandinaviern und Kelten in Gebrauch waren[4]), doch waren die kirchlichen Kalender sicher schon im XII. Jahrhdt. handschriftlich verbreitet. Zumeist waren die Kalender für die Dauer eines neunzehnjährigen Mondcyclus oder für eine noch längere Reihe von Jahren berechnet und unsere xylographischen erlebten daher sicherlich mehrere Auflagen, die man teilweise an der mehr oder minder starken Abnützung der Tafeln zu

---

1) Früher im Besitz von Meyer in Hildburghausen. Beschrieben in L. Bechstein's Deutsches Museum für Geschichte, Litteratur, Kunst u. Altertumsforschung. Jena 1842. Bd. I S. 218 mit einer nicht sehr getreuen Abbildung.
2) Auch die Planetenbilder in dem berühmten „Mittelalterlichen Hausbuch" der Fürstl. Wolfegg'schen Sammlung (im Facsimile 1866 vom Germanischen Museum herausgegeben) sind bezüglich der Gruppierung mit diesen Ausgaben verwandt, nur sind sie in der Komposition noch reicher. Auch der sie begleitende Text ist völlig mit dem unserer Blockbücher identisch.
3) Hain 6862—75.
4) Vgl. A. Riegl, Die Holzkalender des Mittelalters und der Renaissance, in den „Mittheilungen des Instituts für Österreichische Geschichtsforschung" Bd. IX. Innsbruck 1888. S. 82.

unterscheiden vermag. Der älteste von ihnen dürfte ein Einblattdruck auf der K. Bibliothek in St. Petersburg sein, der für die Zeit von 1455—1750 berechnet ist und i. J. 1465 oder 1466 geschnitten zu sein scheint.[1]) Ihm folgt der schon mehrfach erwähnte Gamundia-Kalender mit lateinischem Text, der i. J. 1439 berechnet, aber erst 1468 in Holz geschnitten ist; das einzige Exemplar davon besitzt das Berliner Kupferstichkabinet. An ihn schliesst sich der in deutscher Sprache verfasste Regiomontan-Kalender an, der für die Zeit von 1475—1530 berechnet ist; von diesem sind verhältnismässig viele Exemplare vorhanden, deren spätere daran erkennbar sind, dass der Name des Verfassers Magister Johann von kunsperck aus dem Text (Schluss der 66. Seite) entfernt ist.[2]) Das British Museum besitzt ferner einen Kalender von 8 Bll. „getruckt zu Mentz" und einen solchen von 10 Bll. mit der Adresse des Cunradt Kachelouen, welcher jedenfalls mit dem späteren Leipziger Buchdrucker identisch ist; im Germanischen Museum befindet sich endlich einer von 16 Bll., den „ludwig zů bassel" angefertigt hat. Über ein paar andere Kalender, meist aus späterer Zeit, habe ich schon oben gesprochen und den angeblichen Kalender von 1411, dessen Original sich in der Bibliotheca civium villae Lagarinae prope Roboretum befinden soll, kenne ich nur aus dem Facsimile[3]), kann aber versichern, dass, wenn wirklich eine derartige Zahl vorhanden ist, dieselbe 1511 zu lesen wäre. — Unter den niederbretonischen, für die Seeleute bestimmten Kalendern giebt es zwei Ausgaben, die einen gewissen G. Bronscon aus Conquet bei Brest zum Herausgeber haben.[4]) Aus Mangel an Material, das man zum Vergleich heranziehen könnte, wird es sehr schwer sein, ein genaueres Datum anzugeben; zum Glück bin ich aber dieser Frage dadurch enthoben, dass von keiner Seite ein besonders hohes Alter für dieselben in Anspruch genommen worden ist. Anders verhält es sich mit einem ähnlichen Seemannskalender in der ehemaligen Sammlung des Lord Spencer, von dem Berjeau[5]) behauptet, dass er 1458 entstanden wäre, da diese die früheste der in demselben vorkommenden Jahreszahlen sei. Wir wissen aber von den deutschen Kalendern, dass die darin vorkommenden Zahlen durchaus nicht immer für die Entstehung massgebend sind, und da ausserdem das Werk bereits in Lagen gedruckt

---

1) C. R. Minzloff, Souvenir de la bibliothèque Impériale publique de St. Pétersbourg. Leipzig 1863, S. 11 mit Abbild.
2) Die erste Auflage ist sehr ausführlich in A. F. Pfeiffer, Beyträge zur Kenntniss alter Bücher und Handschriften, Hof 1783- 89, 3. Stück S. 524 beschrieben; vgl. auch Panzer, Annalen der älteren deutschen Litteratur, Nürnberg 1788, S. 76 No. 38.
3) 1800 von L. B. de Moll in Lithographie herausgegeben.
4) Eine besitzt das British Museum, die andere der Herzog von Aumale. Letztere hat das Monogramm ⚓. Die nach diesem Exemplar aufgenommenen Photographieen habe ich für ⚓ den VIII. Band meines Manuel reserviert, der zugleich Abbildungen aller ⚓ übrigen Blockbuchausgaben, die im VII. Bande nicht berücksichtigt sind, enthalten wird.
5) Im Bibliophile illustré, London 1863, S. 79 und im Catalogue Illustré des livres xylographiques, London 1865, S. 55.

244 Darf der Holzschnitt als Vorläufer der Buchdruckerkunst etc.

ist, ferner Rotdruck neben dem Schwarzdruck und endlich das Monogramm vorkommt, dessen Form auf eine spätere Zeit deutet, so brauche ich wohl nicht erst die Eröffnung der John Rylands-Bibliothek abzuwarten, um die Entstehung des Kalenders frühestens in das letzte Viertel des XV. Jahrhdts. zu setzen. Ich möchte aber erwähnen, dass L. Delisle die Vermutung ausspricht[1]), ein von einem Einwohner der Stadt Toulouse anschelnend i. J. 1463 oder 1464 zu Paris gekaufter Kalender sei xylographisch gewesen. An und für sich wäre gegen diese Vermutung kaum etwas einzuwenden, doch lässt sich ein sicherer Schluss aus dem Wortlaut des Dokuments leider nicht ziehen.

Die Chiromantie des Dr. Hartlieb trägt zwar das Datum „Fritag nach vecptionis mariä virginis gloriosä 1448", aber es ist (wahrscheinlich, weil wir Deutsche so bescheiden sind) noch keinem eingefallen, diese Jahrzahl auf etwas anderes als den Abschluss des Manuskripts zu beziehen. Thatsächlich ist auch die Entstehung des Blockbuches nicht vor 1475, eher später zu setzen. Bisher konnte ich mit Sicherheit zwei Auflagen[2]) festetellen, deren erste weder Signaturen noch Verlagsadresse trägt, während bei der zweiten Signaturen (au, am, amj—bi, bii, biii, binj—ci, cii, ciii, cuij—di, du, diii, duij) und die Adresse iorg schapff zu angfpurg hinzugefügt sind. Da die Platten in letzterer bereits sehr stark abgenutzt sind, so lässt dies auf zahlreiche frühere Auflagen schliessen[3]) und es ist mithin fraglich, ob Schapff der ursprüngliche Verfertiger der Tafeln ist oder sie nur von einem anderen kaufte. Da bisher über diesen Namen keine Nachrichten beigebracht sind, so will ich wenigstens bemerken, dass ein Jörg Schapff 1479 in Nürnberg lebte, der als „Messingschlaher" bezeichnet ist.[4]) Es könnte sich sehr wohl um unseren Mann handeln, da auch Hans pawr nach der gleichen Quelle i. J. 1447 ebenso benannt wird, während ich drei Holzschnitte desselben verzeichnet habe[5]) und ihn Bauder[6]) bei dem Jahre 1445 als „Kartenmaler" aufzählt. — Um so grössere Bedenken hege ich gegen die Echtheit der Adresse „Irog fcapff zu augfpurg" in dem Spencerschen Exemplare. Richardson erzählte[7]), dass

---

1) In der Vorrede zu Epitre adressée à Robert Gaguin le 1er janvier 1472. Paris 1889. — Die Stelle lautet: Item rapporte le dit frère l'ierre ung almanach de Paris pour Jehan Auberin.
2) Allerdings waren in einem der mir zu Gesicht gekommenen Exemplare einige Tafeln falsch gestellt, aber ich bin mir noch nicht sicher, ob es sich um einen Irrtum in der ganzen Auflage oder nur um ein Versehen in einem einzelnen Exemplar handelt.
3) Hain verzeichnet nicht weniger als zehn typographische Ausgaben (4960—4976).
4) v. Murr a. a. O. II S. 64.
5) Manuel II, 1851, 1852 u. 1091.
6) Bassler a. a. O. Bd. I S. 5.
7) Rev. Dr. J. Richardson, Recollections Political, Literary etc. of the last half Century. London 1855. Bd. II S. 104. — Am ausführlichsten ist das Spencersche Exemplar in T. F. Dibdin, The Bibliographical Decameron, London 1817, Bd. I S. 143 beschrieben.

das letztere von dem berühmten und berüchtigten W. H. Ireland gefälscht worden sei, und ich möchte trotz des Protestes Sothebys diese Angabe für richtig halten. Heinecken hatte nämlich in seinen „Nachrichten von Künstlern" Bd. II S. 239 den Namen Irog feupff angegeben, aber jedenfalls infolge irgend eines Versehens, denn in seiner „Idée générale" übergebt er diese Lesart vollkommen und giebt nur die Adresse Iorg fchupff, sogar im getreuen Facsimile. Ireland hat nun wahrscheinlich einige fehlende Seiten einem echten Exemplar hinzugefügt und sicherlich auch die richtige Adresse gekannt, aber es erschien ihm lohnender, die angeblich seltenere durch Umstellung der zwei Buchstaben und Fortlassung des h anzubringen.

Die Fabel vom kranken Löwen ist eines jener Werke, das wie so manches der vorher besprochenen bereits von den deutschen Schreibmeistern handschriftlich verbreitet war und dessen Bilder man zum Zwecke der Zeitersparnis xylographisch vervielfältigen liess, den Text aber in der alten Weise handschriftlich beifügte. Der letztere zeigt in den beiden vorhandenen Exemplaren, von denen sich eins in Heidelberg, das andere in Berlin befindet, eine Menge kleiner Abweichungen, doch ist der Dialekt im allgemeinen der gleiche und nur die Rechtschreibung scheint eine verschiedene zu sein, so dass also beide Exemplare in derselben Gegend geschrieben zu sein scheinen. Die Anfertigung der Holzschnitte dürfte um 1460 erfolgt sein.[1])

Das letzte Bilderwerk, mit dem wir zu thun haben, und zugleich das jüngste deutsche Blockbuch grösseren Umfangs ist das Ringerbuch, das in 24 Bildern, die je von einem kurzen xylographischen Text begleitet sind, die verschiedenen Kunstgriffe der Ringerkunst darstellt. Am Schlusse befindet sich die Adresse „Gedruckt zu landshut Hans Wurm". Das Werk ist erst im XVI. Jahrhdt. entstanden und auf zwei Blättern desselben scheint sich die Jahrzahl 1507 zu befinden.[2]) Es sind auch zwei typographische Ausgaben dieses Buches bekannt, welche etwa um dieselbe Zeit entstanden sind; die eine trägt die Adresse „Augsburg. Von Hanffen Sittlich", die andere ist wahrscheinlich in Strassburg gedruckt.[3])

Was nun die Donate und andere lediglich Text enthaltende Werke anbetrifft, so kann hier allein die Form der Buchstaben als Anhalt für die Datierung gelten. Von den vier uns erhaltenen Holztafeln, welche einst zur Herstellung solcher Bücher gedient haben, lässt gerade die angeblich älteste, welche der Haarlemer Buchdrucker Adrian Roomas (1611—33) direkt von den Erben Kosters erhalten haben wollte, deutlich erkennen, dass sie nicht vor 1480—90 entstanden

---

1) Einer derselben ist bei mir auf Tf. 73 abgebildet.
2) Eine sehr ausführliche Beschreibung dieses Werkes mit zwei Abbildungen lieferte Sotzmann im „Serapeum" Bd. V S. 33. Nachrichten über den Holzschneider findet man auch in G. K. Nagler, Neues allgemeines Künstler-Lexikon. München 1835—52. Bd. XXII S. 131 und in desselben Verfassers „Die Monogrammisten". München 1858—79. Bd. III No. 1639.
3) Weller a. a. O. Supplement I, Nördlingen 1874, No. 10 u. 83.

sein kann, denn im Texte sind Kommata vorhanden und diese treten in niederländischen Druckwerken erst gegen 1485 auf. Die übrigen drei Tafeln sind deutschen Ursprungs und anscheinend älter, doch wollen wir unsere bei dem Speculum hum. salv. gemachte Erfahrung nicht ausser Acht lassen, dass Holzschneider auch typographische Vorlagen kopierten. — Unter den auf Pergament oder Papier gedruckten Bruchstücken solcher Werke, welche sich in Bibliotheken und Museen zerstreut finden, ist eins vorhanden, welches eine ziemlich genaue Datierung ermöglicht. Es trägt nämlich die Schlussschrift: Octo parcium oracionis. | donatus. Per Cónradum. | dinckmut Vlméñs Oppidi. | Cinem impreſſus finit felicit'. Nun ist dieser Dinckmut für den Zeitraum von 1482—96 als Buchdrucker in Ulm erwiesen und, wenn daher seine xylographische Thätigkeit noch vor dieser Periode zu suchen ist, so werden wir die Entstehung des Donats nicht vor 1475—80 setzen können.[1])

Bevor wir nun versuchen, die Einzelergebnisse zusammenzufassen und uns daraus ein Bild der Entwickelung und der Leistungsfähigkeit der Holzschneidekunst zu verschaffen, müssen wir uns mit dem einzigen Schein-Beweis beschäftigen, den man bisher zu gunsten der Ansicht, dass bereits in der ersten Hälfte des XV. Jahrhdts. Blockbücher existierten, ins Gefecht geführt hat. Der zu Anfang unseres Jahrhunderts in Frankfurt a. M. lebende Antiquar Alexander Horn will nämlich, nach der Versicherung Dibdins[2]), einen Sammelband besessen haben, welcher die Inschrift 142? trug. Er konnte sich angeblich der letzten Ziffer nicht genau erinnern, glaubte aber sich bestimmt zu entsinnen, dass die Jahrzahl eine frühere als 1430 gewesen sei. Nun ist es doch gewiss sehr sonderbar, dass ein Fachmann einen so wichtigen Einband einfach vernichtet haben will und dann erst der Welt erzählt, er habe ihn besessen. Trotzdem Schaab[3]) bereits nachgewiesen hatte, dass dieser Zeuge nicht einwandsfrei sei, und v. d. Lindo[4]) die ganze Geschichte ziemlich deutlich als Schwindel bezeichnet hatte, sah sich doch Hochegger[5]) zu der Bemerkung veranlasst: „Stände dies

1) Die Schlussschrift ist bei Sotheby a. a. O. II S. 173 facsimiliert. — Demselben Holzschneider wird auch ein von dem päpstlichen Subkommissar Petrus Gardianus angeblich 1482 in München ausgestellter Ablassbrief zugeschrieben, doch hat Delzako im Centr. f. Bibl. IX S. 338 dessen Echtheit anscheinend mit Recht bezweifelt. Ich fand dieses Xylograph zuerst in F. Hebers Dissertation: De primordiis artis imprimendi, Berlin 1856, S. 18 erwähnt und heute scheinen sich Exemplare davon in ziemlich vielen Sammlungen zu befinden. Die Alzüge täuschen uns so leichter, weil gewöhnlich nur Bruchstücke davon angeboten werden, deren Rückseite den Anschein erweckt, als wären sie aus einem Buchdeckel abgelöst; sie sind auf altes Papier abgezogen und man glaubt am unteren Rande noch die Spuren eines ovalen roten Siegels bemerken zu können.
2) T. F. Dibdin, Bibliotheca Spenceriana, London 1814, Bd. I S. 4.
3) K. A. Schaab, Geschichte der Erfindung der Buchdruckerkunst, Mainz 1831, Bd. III S. 100.
4) a. a. O. Bd. I S. 366.
5) a. a. O. S 2.

(Datum) fest, so wären manche mit Aufwand grosser Gelehrsamkeit
durchgeführte Untersuchungen überflüssig geworden". Vielleicht gelingt
es mir, die Gegner dadurch zu überzeugen, dass ich eine Tabelle sämtlicher mir bekannt gewordener Blockbücher-Sammelbände folgen lasse:

	1	2	3	4	5	6	7	8	9	10	11	12	13	14	15
	Hom	Hannover	Innsbruck	Spencer	Gaignat	Wolfenbüttel	Vatican C. p. v. L. 143	Haarlem	Heidelberg C. p. K. 31	Vatican	Wien	Perimetti	Berlin	Heidelberg C. p. g. 435	Göttweig
Bibl. paup.	46¹)	40	42	?	43	43	43		44		44	?	44	45	40
Apokalypse	?			52	51	51		52	52	52.53		?	55		54
Ars moriendi	?						C	Ca		Lud. C					D
Spec. hum. s.			48												
Liber regum				*			*			*			*		
Ars memor.			37						36	36 34 Frg.					35
Cant. Cant.							58	58		Frg. 50 59					
Antichrist										56 56					
Kalender										Gm				*	
Planeten lat.															
„ deutsch														*	*
Krank. Löwe													73	73	
Totentanz														72	
Symb. apost.														66	
Wöch. Gebete														68	
Zehn Gebote														63	

Datiert ist von allen diesen Einbänden nur ein einziger, nämlich der Spencersche, und trägt, wie schon früher gemeldet, die Jahrzahl 1467. Von den beiden in ihm enthaltenen Büchern soll aber
nach Sothebys Ansicht²) die Bibl. paup. 1435, die Apokalypse 1445
entstanden sein. Eine noch frühere Ausgabe der Bibl. paup. würde
im Göttweiger Bande mit 3 Blockbüchern vereint sein, deren Entstehung er gegen 1460 setzt. In dem Heidelberger Bande (Cod. pal.

---

1) Da die Auflagen fast überall verschieden benannt oder auch gar
nicht bekannt sind, so glaubte ich dieselben am besten bezeichnen zu können,
wenn ich, so weit dies möglich war, diejenige Tafel meines VII. Bandes
citierte, die der betreffenden Ausgabe entnommen ist. Ein * bedeutet, dass
nur eine Ausgabe vorhanden oder dass die Ausgabe im vorhergehenden Text
genau bezeichnet ist; Frg. heisst Fragment; Gm. ist der Gamundia-Kalender;
ein ? bedeutet, dass ich die Ausgabe nicht mit Sicherheit festzustellen vermag. Bei der Ars moriendi handelt es sich um die von Heinecken und Dumit
als C bezeichnete Ausgabe. Ca ist dieselbe Ausgabe mit handschriftlichem
Text, D ist gleich Dutuit D und Heinecken IV, Lud. die Ausgabe des Ludwig
zu Ulm.
Der zwölfte Band (Portusati) ist seit einem Jahrhundert verschwunden,
man kennt ihn nur aus der Beschreibung in „Das merkwürdige Wien". Wien
1727, S. 101; der zehnte wurde i. J. 1870 von Alois Zappelli katalogisiert, ist
aber gegenwärtig nicht aufzufinden. Der erste, fünfte, elfte und dreizehnte
Band sind vor langer Zeit auseinander genommen und der Inhalt der beiden
ersten zerstreut. Der achte Band ist jener berühmte Band, welchen die Stadt
Haarlem am 5. Oktbr. 1634 von dem Kupferstecher und Kunsthändler Adrian
Matham erwarb.
2) a. a. O. Bd. III. — Index to Volume III.

germ. 34) befinden sich eine Biblia paup., die er auf 1470 datiert, mit einer Apokalypse von 1445 und einer Ars moriendi von 1430 zusammen. Der Berliner Band, welcher den Kalender von 1468 enthält, würde auch eine Ars moriendi von 1430, einen Antichrist von 1440—50, ein Liber regum von 1445—50, eine Apokalypse von 1450—60 und eine Biblia pauperum von 1470 umfassen. Im Pertusati-Bande hätten wir neben drei Büchern, welche zwischen 1440—50 entstanden sein sollen, eine deutsche Ars moriendi, die er selbst zwischen 1470—80 datiert, und in dem Bande zu Hannover eine Biblia pauperum von 1430 neben dem Speculum, dessen Erscheinen gegen 1470 nunmehr wohl als erwiesen gelten kann. — Hat da v. d. Linde nicht völlig recht, wenn er die Datierungen Sothebys kurzer Hand als „Blockbuch-Roman" bezeichnet?[1]) Es fehlt zwar nicht an Beispielen, dass Bücher damals Jahrzehnte gelegen haben, bevor sie eingebunden wurden, aber dann darf man eben überhaupt keine Schlüsse aus Einbänden ziehen, geschweige denn einem imaginären Einbande zu Liebe eine rein willkürliche Datierung der Blockbücher vornehmen. Suchen wir ausser den zu Anfang gegebenen, unantastbaren Blockbücherdaten nach weiteren Anhaltspunkten, dann haben wir abgesehen von dem Einbande von 1467 nur die drei erwähnten Exemplare der Apokalypse, welche mit Handschriften von 1467, 1469 und 1470 zusammengebunden sind, das Symbolum mit der Jahrzahl 1471 auf dem Vorsatzblatte, das Speculum mit der Jahrzahl 1471 und die Fragmente der mit der Speculum-Type gedruckten Schulbücher, deren ältestes frühestens i. J. 1467 eingebunden sein könnte.

Wir dürfen nunmehr wohl, unbeirrt von dem angeblichen Einbande, das Ergebnis unserer Untersuchungen dahin zusammenfassen, dass die uns erhaltenen Blockbuchausgaben zu nachstehenden Folgerungen berechtigen:

Es ist zwar möglich, dass in den Schreiberwerkstätten bereits vor 1450 Holzschnitte an Stelle von Federzeichnungen in die Texte

---

1) An anderer Stelle nennt er das Werk direkt „ein Bilderbuch". Dieser Ausdruck ist entschieden zu hart, denn das von Sotheby beigebrachte Material ist in bezug auf die englischen Sammlungen, welche den Fremden zum Teil kaum zugänglich sind, ein überaus wertvolles und brauchbares. Die eigenen Ansichten des Verfassers sind aber voll von Widersprüchen und entbehren nur zu häufig jeder Logik. Um der Koster-Legende gerecht zu werden, sollten die drei ersten Ausgaben des Speculum innerhalb vier Jahren (1439, 1441 u 1442) erschienen sein; da sich aber die Veldener-Ausgabe von 1483 nicht aus der Welt schaffen liess, setzte er die vierte zwischen 1460—70. Die ältesten Ausgaben liessen sich also auf das Jahr datieren, bei der jüngsten liess er ein Jahrzehnt Spielraum. Trotzdem ihm ferner die typographische Ausgabe der Ars moriendi von 1502 bekannt war und diese doch erst die xylographischen verdrängte, datierte er die letzteren 1440 bezw. 1450—1460. Die Biblia paup., die Apokalypse, die Ars moriendi, das Cantic. Cant. wären in den Niederlanden längst verschwunden, als man sich in Deutschland mit deren xylographischer Vervielfältigung befasste — kurz nach seinen Darlegungen müsste die Holzschneidekunst in den Niederlanden etwa i. J. 1445 vollständig ausgestorben sein, um dann gegen 1475 plötzlich von neuem zu erwachen.

von Handschriften eingeklebt wurden, doch begann die Herstellung von Büchern durch die Holzschneider selbst erst zwischen 1450—60.

In den frühesten deutschen Ausgaben sind nur die Bilder mechanisch vervielfältigt, die Texte aber handschriftlich hinzugefügt; dieses Verfahren findet vereinzelt bis gegen 1470 Anwendung. Da die älteste Ausgabe des Pater noster, die Servatius-Legende und das Pomerium ebenfalls handschriftlichen Text haben, auch die Existenz einer derartigen Ausgabe der Apokalypse wahrscheinlich ist, so werden die frühesten niederländischen Blockbücher ebenfalls xylo-chirographische gewesen sein. Bücher, in denen auch der Text xylographisch vervielfältigt ist, scheinen vor 1460 nicht bestanden zu haben.[1])

Die ältesten Ausgaben, wenigstens in Deutschland, wurden mit einem einfachen Druckverfahren hergestellt, das wahrscheinlich in einem blossen Aufdrücken der mit Schwärze bestrichenen Holzplatten auf das Papier bestand. Der Eindruck der Tafeln in das Papier war mithin nur ein geringer und gestattete, dass die Rückseite zur Aufnahme des handschriftlichen Textes, ja selbst zu einem zweiten Druck (Contra- oder Kehr-Druck) benutzt werden konnte. Das Reiberdruck-Verfahren, welches die Platten ungemein tief in das Papier drückt und daher die Verwendung der Rückseiten unmöglich macht, scheint in den Niederlanden aufgekommen zu sein. In Deutschland fand es nur kurze Zeit Anwendung und wurde bald durch den Pressendruck abgelöst.

Während in den Niederlanden, vielleicht wegen Anwendung des Reibers, der anopisthographische Druck in Einzelbogen (d. h. auf dem ersten Doppelblatt wurden die Tafeln 1 u. 2, auf dem zweiten 3 u. 4 neben einander abgedruckt, dann die leeren Rückseiten zusammengeklebt, um dem Buche Halt zu geben) bevorzugt wurde, gelangte in Deutschland bereits früh der Druck in Lagen (d. h. mehrere einzeln gedruckte Doppelblätter wurden in einander gefalzt, wodurch das Einbinden wesentlich erleichtert war) zur Anwendung und zwar in verschiedener Weise. Die älteste Form ist die, dass immer nur die Verso-Seite jedes Blattes bedruckt wurde, wodurch der Vorteil entstand, dass die gegenüberstehende Recto-Seite mit dem entsprechenden handschriftlichen Text ausgefüllt werden konnte. Als Übergangsform könnte man die Art bezeichnen, dass die Tafeln neben einander auf die Innenseite des Papiers abgedruckt wurden (also 1—6, 2—5, 3—4), so dass also die erste Hälfte des Buches scheinbar verso, die zweite Hälfte recto gedruckt erscheint; auch hier liess sich mit Ausnahme der beiden Mittelblätter der Text stets auf der gegenüberstehenden leeren Seite hinzufügen. Bei der dritten Art endlich wurden zwei Tafeln ebenfalls neben einander abgedruckt, aber bei jedem zweiten Bogen wurden die

---

1) Der italienische Gelehrte P. Zani, welcher, da keine nationalen Eifersüchteleien für ihn in betracht kamen, am unparteiischsten urteilen konnte, aber allerdings auch nur die bekannteren Blockbücher gesehen hatte, setzte bereits die frühesten Ausgaben derselben zwischen 1450—70. Vgl. dessen Enciclopedia metodica critico-ragionata delle belle arti. Parma 1817—25. Bd. I S. 11.

Platten umgestellt (also 1—6, 5—2, 3—4). Das Zusammenlegen wurde dann in der Weise besorgt, dass je zwei Bogen mit ihren bedruckten Seiten einander zugekehrt und darauf die leeren Rückseiten an einander geklebt wurden. Die letztgenannte Anordnung blieb auch, als die Buchdruckpresse zur Herstellung der Blockbücher benutzt wurde, die zumeist übliche, wodurch sich zugleich erklärt, dass die Vorderseite des ersten und die Rückseite des letzten Blattes auch dann noch meist unbedruckt blieben.

Was die Signaturen anbetrifft, so finden sich dieselben weder in den frühesten deutschen, noch niederländischen Ausgaben; in den xylochirographischen Ausgaben kommen sie mit Ausnahme des einer wesentlich späteren Zeit angehörigen Pomerium überhaupt nicht vor. Später (d. h. seit etwa 1465) bediente man sich in den Niederlanden ausschliesslich der Alphabet-Signaturen und zwar gelangten die Minuskeln früher als die Majuskeln zur Anwendung. Bei den deutschen Blockbüchern treten hingegen zunächst Zahlen zur Bezeichnung auf und zwar erscheinen römische und arabische Ziffern fast gleichzeitig; dann bürgert sich das Alphabet ein und es hat fast den Anschein, als ob die Majuskeln den Minuskeln vorangingen; zuletzt erfolgt eine Zusammenschmelzung beider Arten insofern, als die Lagen mit den Buchstaben, die einzelnen Blätter derselben aber mit Ziffern, die dem betreffenden Buchstaben hinzugefügt sind, bezeichnet werden. —

Nun handelt es sich darum, die Ursachen festzustellen, welche verhinderten, dass die Holzschneider nicht auch schon vor 1460 Texte gleich den Bildern mechanisch vervielfältigten. War es ihre geringe Bildung, die sie zwang, den Schreibern die Hinzufügung des Textes zu überlassen, oder bot das Schneiden der Buchstaben grössere Schwierigkeiten als das der Bilder oder endlich war nur ihre Organisation noch zu jung, um sie die Initiative zur Vervielfältigung ganzer Werke ergreifen zu lassen?

Es ist ja gerade kein allzu erfreuliches Bild, das wir uns auf Grund der Blockbücher von der Bildung der Holzschneider verschaffen. Selten nur begegnen wir einer hervorragenden Leistung; die grosse Masse der Xylographen beschränkte sich darauf, irgend eine Bilderhandschrift oder die Arbeit eines geschickteren Kollegen, ja unter Umständen selbst ein typographisches Werk sklavisch zu kopieren[1]),

[1]) Zu den bereits mitgetheilten Beispielen, wie sich Fehler durch alle Ausgaben fortschleppen, möchte ich noch auf zwei besonders charakteristische Fälle aufmerksam machen. Bei dem vierten Blatte (Sign. d) der Biblia pauperum war in der ursprünglichen Vorlage aus Irrtum unterhalb des rechten Mittelbildes ein falscher Vers niedergeschrieben, dann durchgestrichen und der richtige darunter gesetzt worden. Während nun auf sämmtlichen anderen Blättern die Verse einander in gleicher Höhe gegenüberstehen, liessen alle Holzschneider den richtigen Raum leer und setzten diesen einen Vers gedankenlos tiefer. Ebenso war auf dem dreissigsten Blatte (.k.) durch einen Flüchtigkeitsfehler das „a" in „David" ausgelassen worden; obschon nun das Wort in dem Buche unzählige Male vorkommt und die richtige Schreibart doch schliesslich jedem bekannt sein musste, haben sämmtliche niederländische Ausgaben übereinstimmend „Dvid".

und die einzige Freiheit, die sie sich gestatteten, bestand darin, Nebendinge fortzulassen oder zu vereinfachen. Aber dieser Grund bietet uns keine Erklärung, denn wenn sie seit etwa 1465 Texte nachschnitten, ohne sie zu verstehen, so müssen doch vordem besondere Umstände obgewaltet haben, dass sie es nicht thaten.

Was die zweite Möglichkeit betrifft, so bot zweifelsohne die Reproduktion von Buchstaben grössere Schwierigkeiten als die von Bildern, wie sich aus dem Studium der xylographischen Einzelblätter ergiebt. Man darf eben nicht vergessen, dass man damals nicht wie heute auf Stirnholz, sondern auf Langholz schnitt, der Künstler mithin auch die Schwierigkeiten zu überwinden hatte, welche ihm die Fasern des Holzes boten, und dass ferner das dem Zeugdruck entlehnte Druckverfahren einen klaren Abdruck kaum gestattete. Deswegen vermied es die Mehrzahl der Holzschneider im ersten Viertel des XV. Jahrhdts. sogar, das einfache INRI der Kreuzesinschrift zu schneiden[1]), und die Bandrollen blieben ruhig leer und wurden handschriftlich ergänzt.[2]) Auf Blättern kleineren Formats macht sich das Fehlen der Inschriften noch bis über die Mitte des Jahrhunderts bemerkbar, während auf den grösseren die Buchstaben entweder unförmlich gross[3]) oder sehr undeutlich[4]), mitunter sogar verkehrt (in Spiegelschrift) sich befinden. Erst nach dem Jahre 1440 begegnen wir auch mehrzeiligen Inschriften, von denen einige sogar recht gut lesbar sind[5]), doch beweisen uns

---

[1]) Eine grosse Anzahl sehr alter Holzschnitte ist in W. Schmidt, Die frühesten und ältesten Druckdenkmale des Holzschnittes, Nürnberg o. J., abgebildet. Leider entstammt nur ein Teil der Datierungen der Feder dieses hervorragenden Kenners. Für unseren Zweck beachte man die Tafeln 99, 103 und 108.

[2]) Ebend. Tf. 21.

[3]) Ebend. Tf. 30 und 44.

[4]) Ebend. Tf. 5 u. 18, sowie bei mir Bd. VI Tf. 8.

[5]) Ebend. Tf. 55 und bei Rosenthal Kat. 90 No. 62. — Man wird meinen Ausführungen wahrscheinlich den berühmten „Christoph" mit der Jahrzahl 1423 und der zweizeiligen Unterschrift gegenüberstellen. Es ist hier nicht der Platz, alle stilistischen Gründe anzugeben, welche dafür sprechen, dass das Blatt erst nach 1440 geschnitten ist; ich beschränke mich in dieser Beziehung auf die Bitte, man möge eine andere ziemlich bekannte Darstellung desselben Heiligen (abg. bei Weigel u. Zestermann No. 12, A. Essenwein, Die Holzschnitte des XIV. u. XV. Jahrhdts. Im Germ. Museum, Nürnberg o. J., Tf. 3 und Anzeiger für Kunde der deutschen Vorzeit, Nürnberg 1872, Bd. XIX S. 273), die gegen 1425 entstanden ist, zum Vergleich heranziehen, und man wird sich sofort überzeugen, dass beide unmöglich zur gleichen Zeit geschnitten sein können. — Haben wir bei der Chiromantie und dem Pomerium die Erfahrung gemacht, dass ihre Jahrzahlen sich nicht auf die Anfertigung der Holztafeln, sondern auf die Zeit des Abschlusses des Manuskripts bezogen, so finden wir bei den Einzelblatt-Holzschnitten, dass die ältesten Jahrzahlen derselben eine historische Bedeutung haben. Gerade wie wir heute bei einer 25- oder 50 jährigen Jubelfeier das alte Datum aufzufrischen suchen, so soll uns auch die Jahrzahl auf Holzschnitten häufig nur ein vergangenes Ereignis ins Gedächtnis rufen. Dem entsprechend bezieht sich die älteste auf einem Holzschnitt vorkommende Jahrzahl (1384) auf ein in jenem Jahre im Kloster Heefeld stattgehabtes Wunder, während das Blatt selbst wahrscheinlich zum hundertjährigen Gedenktage geschnitten ist (bei mir, Manuel II, 1943). Dass

252   Darf der Holzschnitt als Vorläufer der Buchdruckerkunst etc.

andererseits die Blockbücher deutlich genug, welche Schwierigkeit den
Holzschneidern in noch viel späterer Zeit die Reproduktion von Schrift-
charakteren machte. Vergleichen wir nur einmal die herrliche Schrift
der anonym erschienenen Antichrist-Ausgabe mit der rohen Kopie, mit
welcher Junghannss 1472 seine Zeitgenossen beglückte, oder die Ausführung des Textes der deutschen Armenbibel von 1470 mit der ihres
Nachschnittes von 1471.¹)

Trotzdem sind wir nicht im stande, uns mit der Schwierigkeit
die Jahrzahl M.CCCC.A, welche sich auf dem Bücherzeichen des Augsburger
Leutpriesters Johannes befindet (Manuel II, 2030), nicht 1407 zu lesen ist, ist
zweifellos; ob dieselbe 147. (mit der Absicht, die Einerzahl handschriftlich zu
ergänzen) bedeuten soll oder ob ein C ausgelassen ist und eigentlich 1507
gemeint war, kann hier unerörtert bleiben. Über die Jahrzahl 1418 auf der
Brüsseler Madonna (Man. II, 1160) brauche ich heute kein Wort mehr zu verlieren; ihre Echtheit ist von vornherein bezweifelt worden und findet jetzt
kaum noch einen Verteidiger. — Von dem hl. Sebastian mit der Jahrzahl
1437 (Man. II, 1684) und dem hl. Nikolaus mit 1416 (Man. II, 1637), welche
sich beide in der Wiener Hofbibliothek befinden, hat bereits der frühere
Kustos des dortigen Kupferstichkabinets v. Bartsch ganz richtig bemerkt:
„Die angegebenen Jahre müssen nicht auf die Anfertigung der Schnitte selbst,
sondern auf die Ablasserteilung und die Kanonisation bezogen werden". Bezüglich des ersteren dieser beiden Blätter darf um so weniger ein Zweifel
obwalten, da ein demselben sehr ähnlicher Holzschnitt existiert, welcher die
Jahrzahl 1472 trägt (Man. II, 1679).

Mit den Daten aus der zweiten Hälfte des XV. Jahrhdts. ist die Sache
allerdings anders, denn seit der Mitte der sechziger Jahre trat eine Wandlung
in den allgemeinen Anschauungen ein: das Interesse für alles Moderne nahm
zu und eine frische Jahrzahl bildete eine gute Empfehlung für den Verkauf.
Wir haben bereits gesehen, dass Junghannss sich veranlasst sah, aus den
später gedruckten Exemplaren seines „Antichrist" die letzte Ziffer der Jahrzahl 1472 zu entfernen — ein deutliches Zeichen, wie schnell Bücher veralteten; am auffälligsten zeigt sich aber dieser Umschwung bei den Kupferstichen des schon genannten Meisters E. S., dessen frühere Blätter sämtlich
ohne Jahrzahl sind, während nicht nur die Erzeugnisse seiner letzten
Schaffensperiode, sondern sogar bereits veraltete Blätter nachträglich von
ihm mit den Jahrzahlen 1465, 1466 und 1467 versehen wurden. Trotzdem ist
selbstverständlich die historische Jahrzahl keineswegs verschwunden und ich
erinnere als Beleg hierfür nur an den häufig dem Dürer zugeschriebenen „von
der Franzosenkrankheit befallenen Jüngling", dessen typographischer Text
mit der Jahrzahl 1496 das Entstehungsjahr erkennen lässt, während die Jahrzahl 1451 des Holzschnitts sich auf das erste Erscheinen der Krankheit in
Nürnberg bezieht (Man. II, 1926). Ebenso sind mehrere Holzschnitte, welche
die Ermordung des hl. Simon durch die Juden darstellen, mit der Jahrzahl
1475 versehen (Man. II, 1967, 1969), während der Nimbus um den Kopf des
Kindes beweist, dass die Platten nicht schon im Jahre des Mordes, sondern
erst nach der erfolgten Seligsprechung geschnitten sein können.

Es würde also die einzige Ausnahme von der Regel sein, wenn man
die Jahrzahl des hl. Christoph auf die Anfertigung des Blattes beziehen wollte.
Zu dieser Annahme bietet sich aber um so weniger ein Grund, da sowohl
das Mosaikbild des Heiligen über dem Thor von S. Marco zu Venedig als
auch ein Kupferstich des im letzten Viertel des XV. Jahrhdts. thätigen Israhel
van Meckenem (A. Bartsch, Le peintre-graveur. Wien und Leipzig 1803—21.
Bd. VI S. 231 No. 91) fast mit den gleichen Unterschriften versehen sind. Es
liegt also jedenfalls irgend ein historisches Ereignis dem Bilde zu Grunde.
¹) Bei mir Tf. 56, 57 und 46, 47.

der Textreproduktion alle Sonderbarkeiten zu erklären. Warum sollte denn beispielsweise der Xylograph des Symbolum apost. sich auf die Vervielfältigung der Namen der Apostel und Propheten beschränkt[1]) und nicht auch noch die kurzen Credo-Texte in Holz geschnitten haben? Wir sind also zu dem Schlusse gezwungen, dass die Holzschneider bis zum Jahre 1460 und noch später nicht als selbständige Herausgeber von Büchern anzusehen sind, sondern, soweit es sich um letztere handelte, nur im Dienste handwerksmässiger Schreiber standen. So sehr diese Annahme unserer Beobachtung bei dem Speculum hum. salv. und überhaupt dem Bildungsgrade der Holzschneider, wie wir ihn kennen lernten, entspricht, so setzt sie sich andererseits mit den üblichen Anschauungen über die Ausbreitung dieses Gewerbes derartig in Widerspruch, dass wir in eine Prüfung des urkundlichen Materials eintreten müssen.

Seitdem Beyschlag[2]) den ersten Briefdrucker urkundlich erwähnt fand und Heller[3]) den kühnen Ausspruch gethan hatte, dass der Wilhelm Briefdrucker von 1428 nicht aus der Welt zu schaffen sei, „wenn auch 300 Meermann noch kommen sollten", namentlich aber, seitdem Sotzmann seinen Aufsatz „Gutenberg und seine Mitbewerber, oder die Briefdrucker und die Buchdrucker"[4]) veröffentlicht hat, gilt es als selbstverständlich, dass Briefdrucker die Verfertiger kleiner Druckwerke waren und dass ihre Zahl eine Legion ausmachte. Würde man jedoch Sotzmann gefragt haben, wie viele „Briefdrucker" er nachweisen könne, so hätte er eingestehen müssen, dass ihm nur zwei bekannt waren. Aber wie sich einst die Haarlemer über den Verlust der Donate in der Weise trösteten, dass sie Blockbücher an deren Stelle vorzeigten, so half Sotzmann dem Mangel an Briefdruckern dadurch ab, dass er Briefmaler, Formschneider, Kartenmacher, Drucker und ähnliche Gewerbetreibende als gleichbedeutend betrachtete, und leider hat man ihm noch in neuester Zeit dabei Vorspann geleistet.[5]) Aber auch die

---

1) Ebend. Tf. 66.
2) D. E. Beyschlag, Beyträge zur Kunstgeschichte der Reichsstadt Nördlingen. Nördlingen 1789. 1801. Stück I S. 12.
3) a. a. O. S. 28.
4) In Raumer's Historischem Taschenbuch. N. Folge II. Leipzig 1841. S. 513.
5) Es ist mir räthselhaft, wie K. Schorbach seine in der „Zeitschrift für die Geschichte des Oberrheins" Neue Folge Bd. VII S. 641 ausgesprochene Behauptung, dass die Briefdrucker in Strassburg der Zunft der Maler und Goldschmiede angehörten, begründen will, denn er selbst berichtet auf S. 592, dass jene Zunft sich zur fraglichen Zeit aus den Goldschmieden, Malern, Sattlern, Glasern und Harnischmachern zusammensetzte. A. Woltmann vermochte in seiner „Geschichte der deutschen Kunst im Elsass", Leipzig 1876. Überhaupt dort keinen Xylographen mit Sicherheit nachzuweisen und in dem von A. Seyboth im Repertorium f. Kunstwissenschaft Bd. XV S. 37 veröffentlichten „Verzeichnis Strassburger Künstler", das für unsere Zwecke leider nicht ausführlich genug ist, ist ebenfalls kein Briefdrucker, sondern aus der ersten Hälfte des Jahrhunderts nur ein um 1440—41 thätiger Formschneider und Briefmaler und ein um 1448—51 thätiger Künstler Lebensart zu finden, von dem leider nicht gesagt ist, ob er Karten- oder Briefmaler war. Ebenso wenig kann ich die von R. Kautzsch in seinen „Erörterungen zu einer Ge-

Holländer waren nicht müssig geblieben, sondern stöberten in alten Akten herum und entdeckten dabei nicht nur einen bereits i. J. 1417 in Antwerpen thätigen Jan de prentere, sondern auch so viele andere prentern, druckers, prenten vercoopers, printsnyders, verliebters u. s. w. und ausserdem in jeder halbwegs bedeutenden Stadt eine St. Lucas- oder Ibrariers-Gilde, dass man glauben müsste, es habe damals mehr Holzschneider gegeben, als später in Delft Töpfer. Prüfen wir aber die mehrfach erwähnte Arbeit Conways, welche die gesamte nieder- ländische Bücherillustration des XV. Jahrhdts. umfasst, dann ergiebt sich, dass während der letzten 25 Jahre desselben in Holland und Belgien zusammen höchstens 25 Holzschneider thätig gewesen sind.[1] Das macht also gerade einen einzigen aufs Jahr und dabei handelt es sich in mehreren Fällen um so rohe Arbeiten, dass man die Anfertigung derselben kaum einem Holzschneider in unserem Sinne zuschreiben kann, sondern nur einem Manne, der Kuchen- und ähnliche Formen zu schnitzen gewohnt war.

Bevor wir daran denken können, diese Widersprüche zu entwirren, müssen wir versuchen, uns über die Entwickelung des Holzschnittes in seiner Frühperiode klar zu werden. Die Holzschneidekunst begann anscheinend bereits im VI. Jahrhdt. Im Orient mit der Anfertigung von Holztafeln für den Zeugdruck.[2] Seit dem XI. oder XII. Jahrhdt. fand letzterer auch in Europa Eingang und der Verbrauch an bunt be- druckten Leinen- und Seidenstoffen führte zu einem solchen Kleider- luxus, dass sich Jakob I. von Spanien bereits 1234 zu einem Verbot der „Estampados" veranlasst sah. Daneben wurden aber auch bedruckte Tapeten hergestellt; die Holztafeln wurden immer grösser und massen schliesslich etwa 30 cm in Länge und Breite, ja es kommen selbst solche in einer Höhe von 50—60 cm vor. Hatte man bis zum XV. Jahrhdt. mit Vorliebe einen dunkeln Grund gewählt und darauf mit Gold oder Silber gedruckt, so bevorzugte man nun den hellen Grund (meist hellrosa) und druckte darauf mit schwarzer oder doch dunkeler Farbe. Die Handhabung des Druckens war noch in der ersten Hälfte des XV. Jahrhdts. eine sehr einfache. Denn Cennini's Trattato della

---

schichte der deutschen Handschriftenillustration", Strassburg 1894, S. 79 A. 2 gemachte Angabe gelten lassen, in K. Stehlins Regesten zur Geschichte d. Buchdruckes bis z. J. 1500 aus d. Basler Archiven (Archiv für die Geschichte des deutschen Buchhandels. Leipzig 1888—89. Bd. XI S. 5 ff. und XII N. 6 ff.) wären „Adam von Spir, Jacob Reideler und Lienhart Ysinhut alle drei als Maler, Brief-, Heiligenmaler, Kartenmacher, Brief-, Heiligendrucker bezeichnet". Nur Ysinhut ist ein Mal (1482) als Briefdrucker bezeichnet, sonst kommt dieser Ausdruck in den gesamten Regesten bloss noch ein einziges Mal vor und zwar in bezug auf einen Meister Cristoffel, der aber nicht einmal in Strassburg ansässig war.

1) Die Zahl der uns aus jener Zeit erhaltenen niederländischen xylo- graphischen Einzelblätter ist eine so geringe, dass sie nicht in betracht kommen kann.

2) Die wichtigste Arbeit über dieses Thema hat R. Forrer in „Die Zeugdrucke der byzantinischen, romanischen, gothischen und späteren Kunst- epochen, Strassburg 1894" geliefert.

Pittura, dessen Niederschrift nicht allzu lange vor 1137 erfolgt sein kann, giebt folgende Anweisung: „Lege die Form auf das in den Rahmen gespannte Tuch, nimm dann eine hölzerne Scheibe in die Rechte und reibe deren Rücken kräftig auf den von der Platte bedeckten Raum."

Um vom Zeugdruck zum Papierdruck überzugehen, dazu musste zunächst ein Anlass vorliegen, dann aber auch eine Vorbedingung erfüllt sein. Letztere bestand darin, dass geeignetes Papier leicht erhältlich war und, wenn ja auch die Papierfabrikation im mittägigen Europa schon zu Anfang des XII. Jahrhdts. in grösserem Massstabe betrieben worden ist [1]), so wissen wir andererseits, dass die deutschen Städte noch bis in das XV. Jahrhdt. hinein ihr besseres Papier aus Italien bezogen. Hieraus lässt sich also über die Einführungszeit kein sicherer Schluss ziehen, dagegen lassen sich die beiden Umstände, welche als Anlass zum Papierdruck in betracht kommen können, etwas genauer datieren.

Seit der Mitte des XIII. Jahrhdts. war eine religiöse Aufregung zum Durchbruch gekommen, welche jedermann ergriff und in einer Schwärmerei für mönchisches Leben und Bussübungen, Reliquien und Wallfahrten zum Ausdruck gelangte. Obschon letztere bereits bei den Juden, die an den hohen Festen nach der Stiftshütte und später nach dem Tempel in Jerusalem eilten, sowie bei den übrigen Religionsgemeinschaften Asiens üblich waren und auch bei den Christen in Form von Reisen nach den Gräbern der Märtyrer seit früher Zeit zur Ausführung gelangten, so erhielten sie eine wesentlich erhöhte Bedeutung, seitdem den Wallfahrern Ablass erteilt zu werden pflegte. War aber solcher im XIV. Jahrhdt. meist nur von kurzer Dauer und auch auf den Besuch weniger Kirchen der Stadt Rom an einzelnen hohen Festtagen beschränkt, so erteilte Papst Bonifacius IX. (1389—1404) auch anderen Orten und zwar in Deutschland zunächst an München und Köln das Recht, den nach dort Wallfahrenden Ablass zu gewähren. Diese mit besonderer päpstlicher Gnade ausgestattete Indulgenz musste natürlich andere Anziehungskraft ausüben als die bis dahin gewährte bischöfliche, welche laut den Beschlüssen des vierten lateranischen Konzils in keinem Falle die Dauer eines Jahres überschreiten durfte, aber gewöhnlich sich nur auf vierzig Tage erstreckte. Seit dieser Zeit mögen also Holzschnitte mit Heiligenbildern als Erinnerungsblätter in Aufnahme gekommen und an die Stelle jener bleiernen Medaillen mit den Bildnissen von Heiligen getreten sein, die in früheren Perioden gelegentlich bei Wallfahrten zur Verteilung gelangten.

Als zweite Möglichkeit zur Veranlassung des Papierdruckes kommen die Spielkarten in betracht. Es bleibt sich gleich, ob wirklich Ludwig der Heilige schon i. J. 1254 das Kartenspiel verbot [2]) oder ob dieselben

---

[1] Hierüber haben besonders J. Wiesner und S. Karabacek in den „Mittheilungen aus der Sammlung der Papyrus des Erzherzog Rainer", Wien 1886 ss. Aufklärungen gegeben.

[2] J. M. Papillon, Traité historique et pratique de la gravure en bois. Paris 1766. Bd. I S. 80 versichert, dass Branchart dieses Edikt gefunden habe.

256   Darf der Holzschnitt als Vorläufer der Buchdruckerkunst etc.

erst seit dem Jahre 1300 bekannt worden [1]); jedenfalls hat das Spielen mit denselben zu Ende des XIV. Jahrhdts. eine solche Verbreitung gefunden, dass es allenthalben verboten wurde, so zu Nürnberg 1380—81, in Castilien 1387, in Ulm und Paris 1397 und zu Augsburg in den Jahren 1400, 1403 und 1406. Obschon ja zweifellos die ersten Karten nicht gedruckt, sondern gemalt worden und der Ausdruck „Kartenmaler" deswegen so allgemein üblich blieb, dass er nie durch „Kartendrucker" ersetzt wurde [2]), so lässt sich doch fast annehmen, dass einer so starken Nachfrage, wie sie zur Zeit der gedachten Verbote stattgefunden haben muss, kaum noch mit Handzeichnung Genüge geleistet werden konnte und dass man daher zur mechanischen Vervielfältigung durch den Holzschnitt schritt. Dass ausser in einer Legende vom Jahre 1423, auf welche ich noch weiterhin zurückkommen werde, gedruckte Spielkarten erst um die Mitte des XV. Jahrhdts. urkundlich erwähnt werden [3]) und dass sich auch keine Reste von Originalkarten aus früherer Zeit erhalten haben [4]), darf uns nicht befremden, denn auch der Bildholzschnitte wird in Dokumenten nicht früher Erwähnung gethan. Und welches Interesse hätte wohl jemand daran gehabt, ein abgenütztes Kartenspiel aufzuheben? Sind uns doch ältere Heiligenholzschnitte nur dadurch erhalten, dass sie von Mönchen in die Deckel von Büchern eingeklebt wurden und mit diesen auf uns gelangten.

Dürfte mithin die xylographische Vervielfältigung der Spielkarten während der letzten beiden Jahrzehnte des XIV. Jahrhdts. bereits gebräuchlich gewesen sein, während man Heiligenbilder wohl erst gegen das Jahr 1400 in Holz schnitt [5]), so kommt ausserdem in betracht, dass die Anfertigung der letzteren bis zum Jahre 1430 oder auch noch später handwerksmässige Künstler nur in geringem Masse beschäftigt haben wird. Während Spielkarten naturgemäss einen Handelsartikel

---

1) Es heisst in Ingold, das güldin spil, Augsburg, G. Zainer 1472. Tit. V: „Nun ist das spil vol vutrew. vnd als ich gelesen han, so ist es komen in teutschland des ersten in dem iar, da man zalt von crilt gebürt tausend dreihundert iar". — Hiermit stimmt auch das von Tiraboschi, Istoria della litteratura, Modena 1788, Bd. VI S. 119 citierte Manuskript überein, wonach die Karten in Italien seit 1299 bekannt wären.

2) Auch in den Niederlanden kommt nie der Ausdruck caerte printer oder caerte drucker vor, sondern allein die Bezeichnung quarte spelmakers. Vgl. Bulletin du bibliophile belge. Brüssel 1844. Bd. I S. 78.

3) Das erste Dokument, das von gedruckten Karten spricht, ist die bekannte Verordnung der Signoria zu Venedig vom 11. Oktober 1441, welche die Einfuhr fremder Bilder und Karten (carte e figure stampide) verbietet. Dann befanden sich unter den Spenden, welche um die Mitte des XV. Jahrhdts. zum Zweck der Vollendung des Ulmer Münsters gesammelt wurden (vgl. „Kunstblatt" vom Jahre 1833 S. 399), auch „Kartenmödel" verzeichnet.

4) Als die ältesten uns erhaltenen Spielkarten betrachte ich drei Blätter in der Sammlung des Fürstl. Hauses Oettingen-Wallerstein zu Mailingen, welche gegen 1440 angefertigt zu sein scheinen; etwas jünger ist eine Karte, welche das Germanische Museum besitzt (abgebildet im „Katalog der Kartenspiele und Spielkarten des Germanischen Nationalmuseums", Nürnberg 1886, IV. 1).

5) Aus rein stilistischen Gründen hat W. Schmidt a. a. O. die Entstehungszeit der ältesten Bildholzschnitte um die nämliche Zeit festgesetzt.

bildeten, scheint es mir sehr fraglich, ob Heiligen-Holzschnitte von vornherein gekauft worden oder ob dieselben nicht zunächst lediglich als Erinnerungsblätter unter die Wallfahrer verteilt wurden. In letzterem Falle dürfte aber auch die Herstellung der Holzplatten fast ausschließlich in den Händen der Geistlichkeit gelegen haben und nur, wo es an geschickten Kräften fehlte, wird man einen Kartenmacher oder Holzbildhauer mit der Ausführung betraut haben.[1] Hierfür spricht weniger das gelegentliche Vorkommen von Klosterwappen auf einzelnen Holzschnitten, als vielmehr die geringe Anzahl der letzteren, sowie der kleine Kreis von Darstellungen, auf den man sich beschränkte. Ein paar Heilige wie Christoph, Dorothea, Georg, Hieronymus, Magdalena, Sebastian und Veronika, die Kreuzigung und einige Scenen aus dem Leiden Christi, die Verkündigung, die Geburt Christi und das jüngste Gericht bilden bis etwa zum Jahre 1440 die ausschließlichen Darstellungsobjekte, während von Marienbildern, von Bildern mit Ablässen[2] und von Profandarstellungen, also gerade denjenigen Blättern, die in der zweiten Hälfte des XV. Jahrhdts. mit besonderer Vorliebe reproduziert wurden, sich keine Spur findet. Eine Bestätigung meiner Ansicht, dass Spielkarten früher als Bilder handwerksmässig vervielfältigt wurden, bietet auch die Legende des hl. Bernhardin. Dieser Heilige predigte eines Tages (angeblich am 5. Mai 1423[3]) so eindringlich gegen das Kartenspielen, dass die Zuhörer ihre Spielkarten verbrannten und dem Spiele abschworen. Da trat ein Kartenmacher an den Prediger mit der Frage heran: „Und wovon soll ich denn von

---

[1] Die Kartäuser dürften namentlich hierzu geschickt gewesen sein, da sie sich nicht nur mit der Anfertigung von Papparbeiten, künstlichen Blumen, Drechslerarbeiten, Gips- und Wachsfiguren, sondern auch mit dem Abschreiben von Büchern beschäftigten. Aber auch die Scholastiker unter den Bettelmönchen haben sich um bildliche Darstellungen gekümmert, denn die so häufig behandelten Fragen „Welche Art Federn hat der Engel Gabriel in seinen Flügeln gehabt?", „Ob Adam einen Nabel hatte?" u. s. w. lassen sich doch aus der Betrachtung von Bildwerken erklären und es ist wohl nicht gerade Zufall, dass Gabriel auf einigen Holzschnitten mit gewöhnlichen, auf anderen mit Pfauenfeder-Flügeln erscheint (vgl. z. B. die Abbildungen bei Ottley, Invention of printing, London 1863. S. 189). — In späterer Zeit bildete der Verkauf von Heiligenbildern eine so bedeutende Einnahme für den Klerus, dass sich Luther in seiner Schrift „an den christlichen Adel" darüber beschwerte, dass der Papst die Klöster zubesetzt lasse und nur einen Mönch hinsetze, um Messen zu lesen und Bilder zu verkaufen.

[2] Nach den Vorschriften der katholischen Kirche darf Ablass nur an Gegenstände von dauerhaftem Material geknüpft werden. Die zahlreichen auf Papier gedruckten Ablassbilder sind also lediglich aus Privatspekulation entstanden, wobei ja allerdings möglich ist, dass den ältesten derselben eben auch nur der Charakter eines Erinnerungsblattes anhaften sollte.

[3] Nach freundl. Auskunft der Bollandisten giebt Sigonius, De episcopis Bononiensibus lib. IV (Opera omnia, Mediolani. III). 1733) S. 468 die Jahrzahl 1423 an; die Quelle, aus der er schöpfte, ist unbekannt. In den Acta Sanctorum Mali, tom. V S. 307 ist keine Zeitangabe vorhanden; diesem Berichte diente jedenfalls die dort S. 259 citierte Handschrift von Hubavallis als Grundlage. — Selbst wenn aber die Jahrzahl anzuzweifeln wäre, verlört die Erzählung für unseren Zweck nur wenig an ihrer Bedeutung.

jetzt ab leben?" Darauf zog der Heilige ein Blättchen Papier hervor, zeichnete den Namenszug Christi darauf und sagte: „Fertige von jetzt ab solche Bildchen an."

In Übereinstimmung mit diesen Ausführungen lassen sich in Nürnberg während der ersten Hälfte des XV. Jahrhdts. vier Kartenmacher[1]) nachweisen, nämlich 1433 Eli. Kartenmacherin (die jedenfalls mit der 1435 vorkommenden Eliz. Kartenmacherin identisch ist), 1438 Margret Kartenmacherin, 1441 Michel Winterperk und 1445 Hans Parr, dagegen als Formschneider nur 1423 Hans Pömer und 1444 Hans der Formschneider (wohl identisch mit Johannes, der 1440 in Nürnberg aufgenommen wurde), wobei noch sehr fraglich ist, ob letztere sich nicht fast ausschliesslich mit der Anfertigung von Zeugmustern beschäftigten.[2]) In Ulm, wo die Zahl der Kartenmacher eine so gewaltige war, dass der Predigermönch Felix Fabri in seiner Descriptio Saeviae sagte: „Sic et factores et pictores chartarum tot sunt in Ulma, ut in vasis chartas militant in Italiam, Siciliam et in extremas insulas maris", gab es für die Holzschneider gar keinen besonderen Ausdruck, sondern man bezeichnete sie kurzweg als „Schnitzer".[3]) Von diesen lässt sich aber ausser einem 1398 auftretenden Ulrich (der also jedenfalls ein Bildhauer war) erst 1441 ein Peter von Erolzheim und ein Jörg nachweisen, denen 1442 Lienhart und 1447 Claus, Stoffel und Jos folgten.

Der oft erwähnte Ausdruck „Heiligenmaler" gehört einer wesentlich späteren Zeit an, blieb zunächst auf das Elsass und die Schweiz beschränkt: in Basel wurden 1468 Lienhart Ysenhutt von Heydeck und 1480 Hannus Fröllich so bezeichnet. Nur wenig später lässt sich auch das Wort „Heiligendrucker" nachweisen. Im Jahre 1471 wird es auf den oben genannten Ysenhutt angewendet und 1475 auf Adam von Spir. Noch später erscheinen die heylige printer in den Niederlanden.

Was das Wort „Briefmaler" anbetrifft, so hat man häufig den

[1] Die Frage, ob unter „Karten" nicht noch andere Dinge als Spielkarten zu verstehen wären, scheint mit Rücksicht auf die Erklärungen in Grimms Wörterbuch (in einem Erlass von 1378 werden verboten „alle spil mit würfeln, mit ehogein, mit charten, mit pimperlen") für die uns beschäftigende Zeit nicht in Betracht zu kommen.

[2] Ursprünglich bedeutete dieser Ausdruck in Nürnberg sicher einen Zeugdrucker, denn es lobte dort 1397 ein Hans Formschneider, welcher seines Gewerbes ein Schneider war. Er hatte also zur leichteren Unterscheidung das Gewerbe seines Vaters als Beiname angenommen, wie Benvenuti den Beinamen l'Ortolano (Gärtner) führte und wie wir dies noch mehrfach bestätigt finden werden.

[3] Auf einer Windkarte der daselbst 1482 erschienenen Cosmographia des Claudius Ptolomaeus nennt sich ein Johannes Scholtzer de Arlusheim als Verfertiger. — Auch in Hamburg war dieser Ausdruck gebräuchlich, denn es heisst in den Kammerrechnungen von 1506—7: 1 gulden geben Fritz Hamer von Nürnberg, plldschnitzer... dem sind etliche figuren zu der rentgerichtsordnung zu schneiden angedingt. Allerdings nennt sich der Drucker eines dort 1487 gedruckten „Fiester-Büchlein" Hans Beyeff-Maler, doch lässt sich dies leicht erklären, wenn wir ihn als identisch mit Hans Sporer betrachten, der sich immer als Briefmaler bezeichnete.

Ausdruck „Brief" generalisieren und darunter auch Heiligenbilder, Spielkarten u. a. w. verstehen wollen. Heinecken hat darauf hingewiesen, dass die ländliche Bevölkerung Sachsens niemals „ein Spiel Karten", sondern „ein Spiel Briefe" sage; bekannt ist ja auch, dass eine Kapelle der Lübecker Marienkirche und mehrere in Hamburg, in welchen Heiligenbilder verkauft wurden, den Namen „Briefkapellen" führten, und es giebt wohl kaum einen Ort in Deutschland, in welchem nicht der Ausdruck „ein Brief Nadeln" üblich wäre. Aber es fehlt uns doch der Beweis, dass diese übertragene Bedeutung schon im XV. Jahrhdt. in Gebrauch war[1]), und wir werden uns daher unter dem von „breve" abstammenden Worte zunächst immer nur einen kürzeren Text vorstellen können, wie er uns etwa in den Worten Ablassbrief, Frachtbrief, Lehrbrief, Schuldbrief, Wappenbrief entgegentritt. Waren es vordem nur Leute höheren Standes, die eines Clericus bedurften, während zumeist Weltgeistliche die Schriftstücke für Privatpersonen besorgten, so wuchs die Arbeit allmählich derartig an, dass auch Laien als Lohnschreiber auftraten. Die Hauptbeschäftigung der Gerichts-, Stadt-, Markt-Schreiber und Notare bildete aber ausser den mit dem Kanzleidienst der weltlichen Behörden verbundenen Schreibereien wohl das Kopieren von Rechts- und Gesetzbüchern, und auch die Schullehrer verlegten sich anscheinend zumeist auf das Abschreiben, so dass für die Bedürfnisse der kleinen Leute sehr wohl die Briefmaler gesorgt haben könnten. Der Ausdruck „Maler" wäre dann vielleicht auf die gemalten Anfangsbuchstaben der Briefe oder auch auf die Illustrationen in den von ihnen feilgehaltenen Kalendern und anderen Volksbüchern zurückzuführen. An und für sich hatte das Gewerbe des Briefmalers also wohl grosse Ähnlichkeit mit dem des Illuministen[2]), aber ein

[1] Allerdings sagt die Krakauer Maler-Ordnung von 1490: Brechte yemands her toffeln tacher ader papir das dem hanttwergk schedlich were das mögen dy czechmeister mit vnsern dinern nemen awewundig dem yormargkt sunder doch klein dingk off papiren briffe das dem hanttwergk nicht schedlich were mag man yu den margkten vorkouffen.

[2] In Deutschland passten sich die Illuministen ganz den jeweiligen Verhältnissen an. Zuerst zeichneten und malten sie Initialen (namentlich verstanden sie das Vergolden und Polieren des Goldes der Ornamente, was den gewöhnlichen Schreibern unbekannt war) und übernahmen die Kolorierung von Bilderhandschriften, später machten sie die Holzschnitte in xylographischen und typographischen Werken und existierten als solche bis in das XVII. Jahrhdt. Auch in den Niederlanden scheinen sich die verlichters, als deren ältester mir der 1423 in Brügge thätige Jehan Vandetar bekannt wurde, in die Lage der Dinge geschickt zu haben; nur dass sie in Brügge und Gent mit den schylders (Malern) über das Recht, mit dem Pinsel zu malen, in Streit gerieten und sich deswegen 1454 bez. 1463 mit den Schreibern zu „librariers-Gilden" zusammenschlossen. Nicht so in Paris, dem Hauptsitz der Miniaturmalerei, denn dort setzte die Schreiberzunft der Einführung typographischer Erzeugnisse den grössten Widerstand entgegen. Auch in Italien, wo noch zu Raphael's Zeiten sich Julio Clovio eines besonderen Rufes als Miniaturmaler erfreute, scheint es nicht ohne Kampf abgegangen zu sein, wenigstens beschwert sich Bernardino di Michel Angelo Clagnoul l. J. 1491 zu Siena: „l'ell' arte mia non si fa piu niente, l'arte mia e finita per l'amore de libri che si fanno in forma che non si miniano piu." (Gaye, Carteglo inedito d'artisti. Firenze 1539. Tom. I S. 267.)

260　Darf der Holzschnitt als Vorläufer der Buchdruckerkunst etc.

grosser Teil derselben verstand auch, mit dem Schneidemesser umzugehen. Dennoch dürfen wir nicht ohne weiteres jeden Briefmaler als Formschneider ansehen, da sonst der so häufig gebrauchte Zusatz „Formschneider und Briefmaler" unverständlich wäre.

Der älteste nachweisbare Briefmaler ist Hans Wachter, der 1431 zu Ulm lebte, als zweiter erscheint in Strassburg 1440 und 1444 der „Formschneider und Briefmaler" Johann Meydenbach[1]), als dritter Niclas Dürnrot i. J. 1459 zu Nürnberg und als vierter Lorenz Schorner, der 1463 in Ulm thätig war und später nach Nördlingen verzog. Hieran schliessen sich die schon oben genannten Blockbuch-Herausgeber Junghannss und Spörer, beide in Nürnberg wohnhaft; der erste nannte sich in seinem Antichrist von 1472 „prieff maler", der zweite in seiner Ars moriendi von 1473 „Proff-moler". In Augsburg führt zuerst i. J. 1474 ein gewisser Kropfenstein diese Bezeichnung, während sein Vorgänger Hanns Bämler „Schreiber" genannt wurde und erst seit 1477 in den Steuerbüchern als „Drucker" angeführt ist. In Basel lässt sich der Ausdruck erst seit 1489 nachweisen: Jakob Reideler von Dillingen, der vordem „Heiligendrucker" oder „Heiligenmaler" genannt wurde, wird jetzt als Briefmaler bezeichnet und derselbe Ausdruck findet im gleichen Jahre noch auf Meister Jakob Anwendung.

Gegen die bisherige Annahme, dass „Briefmaler" und „Briefdrucker" identisch und letztere Form gewissermassen die modernisierte sei, spricht aber schon die einfache Thatsache, dass der Ausdruck „Briefmaler" bis in das XVII. Jahrhdt. vorkommt. Er bezeichnete damals den Besitzer einer kleinen Winkeldruckerei, der von der Herausgabe von Flugschriften lebte; das Wort „Brief" hat also seine ursprüngliche Bedeutung behalten, nur dass den kurzen Texte typographisch hinzugefügt sind. In Nürnberg bezeichnete sich i. J. 1557 Johann Weygel auf einer Zeitung als „Burger, Formschneyder und Briefmahler", desgleichen 1581 Matthes Rauch und 1588 Georg Lang; in Augsburg nannte sich Hans Schultes auf seinen zahlreichen aus dem letzten Viertel des XVI. Jahrhdts. stammenden Zeitungen stets „Formschneyder und Briefmahler".[2]) Der Ausdruck „Briefdrucker" kommt im XVI. Jahrhdt. aber überhaupt nicht mehr vor und alles, was ich über den Gebrauch desselben im XV. Jahrhdt. ausfindig machen konnte, lasse ich nachstehend folgen.

Wie Beyschlag in seinen „Beyträgen zur Kunstgeschichte der Reichsstadt Nördlingen" mittheilt, findet sich in den Steuerbüchern von 1405—6 und in dem Zinsregister der St. Georgenkirche je ein „Drucker" verzeichnet. Der erstere war aber ein Bäcker, der zweite ein Bauer.

---

1) v. d. Linde a. a. O., I. S. 113 bestreitet zwar die Existenz desselben, aber A Seyboth a. a. O. hat den Namen zweimal im Strassburger Stadtarchiv gefunden. — Auf den Bechthold Lebensanft kann ich leider nicht eingehen, da nur angegeben ist, dass er 1448 und 1451 in den Akten vorkommt, aber nicht, ob er Brief- oder Kartenmaler war.
2) Vgl. E. Weller, Die ersten deutschen Zeitungen (Stuttgart, Lit. Verein Bd. CXI). Tübingen 1872.

Wir haben also hier wieder zwei Fälle, in denen das Gewerbe des Vaters als Familienname angenommen wurde, und damit zugleich den sicheren Beweis, dass der Ausdruck „Drucker" bereits im XIV. Jahrhdt. üblich war. Dann findet sich im Nekrolog der dortigen Franziskanermönche die spätestens aus dem Jahre 1416 stammende Eintragung: VII. Id. Augusti. O (obiit). fr. h. Inger Iayes optime incifor lignorn und in den Steuerbüchern jener Zeit ein Schreiber verzeichnet, der eigentlich Heinrice Kegler hiess, nach dem Namen seiner Frau aber Heinrice Keller, zuweilen auch Heinrice 'Gucker genannt wird. Beyschlag möchte nun beide als Formschneider betrachten und, da „Iugen" und „gucken" ziemlich gleichbedeutend ist, die Namen Luger und Gucker als Spottnamen für Holzschneider ansehen. Auf diese Hypothese brauchen wir aber wohl nicht einzugehen, da Du Cange den Ausdruck incisor lignorum schon 1333 gebraucht fand und wir es also sicherlich mit einem Bildschnitzer zu thun haben, Kegler hingegen ausdrücklich als Schreiber bezeichnet wird. Von Wichtigkeit ist aber, dass 1428, 1439 und 1452 in den Steuerbüchern ein Wilhelm Brieftrucker vorkommt, der mit dem seit 1417 verzeichneten Sohn des ebengenannten Kegler identisch sein soll. Er muss 1453 gestorben sein, da in diesem Jahre seine Frau als „Alt Brieftruckerin" erwähnt wird, und dann erscheint ihr Sohn bis zum Jahre 1484 in den Akten. Letzterer war ein Tuchscherer, führte aber nach der Beschäftigung seines Vaters den Namen Jeronimus Brieftrucker. Über die Thätigkeit des Wilhelm Brieftrucker erfahren wir einmal, dass er vom Jahre 1417 bis zu seinem Tode „Orwarter" war, d. h. die grosse Stadtuhr zu stellen hatte, dann aber ist eine Urkunde vorhanden, die für unsere Frage von wesentlich grösserer Bedeutung ist. Während des Städtekrieges wurde nämlich für die mit Nördlingen verbündete Stadt Dinkelsbühl i. J. 1449 ein Verzeichnis der Feinde in Holz geschnitten, worunter wir uns eine zum öffentlichen Aushang bestimmte Tafel in Art der Schmähbriefe[1]) vorzustellen haben. Nun erhielt für die Anfertigung der zwei „Veindtafeln" der Schreiner Jörg VI schil. ij blr., dann heisst es weiter „Item dem Brieftrucker von den Veinden auf die Tafel zu leimen. V Gr." Also der Schreiner besorgte den Holzschnitt und nicht der Brieftrucker; dass dem letzteren für das blosse Aufleimen fünf Groschen bezahlt sein sollten, ist unwahrscheinlich und wir werden daher wohl annehmen dürfen, dass er auch den begleitenden Text handschriftlich hinzufügen musste. Eine Bestätigung finden wir in der Schlussschrift der oben erwähnten deutschen Armenbibel von 1470, als deren Verfertiger sich „Friedrich walthern maaler vnd Hans Hürning" nennen. Beyschlag berichtet, dass der letztere 1460 als „Hornung schreiner von Nutenau" das Bürgerrecht erhielt; also auch hier ist der Holzschneider ein Schreiner. Erwähnt sei noch, dass ausser dem oben genannten „Lorenz schurner kartenmaler von Ulm", der 1463 auftritt, von 1509—13 Six

---

[1]) Vgl. hierzu Weigel a. Zestermann a. a. O., Bd. I No. 69 und bei mir Bd. II No. 1975.

262   Darf der Holzschnitt als Vorläufer der Buchdruckerkunst etc.

Sauer als „Briefmahler" (also nicht Briefdrucker) thätig war und 1540 wieder ein „Bildschnitzer" Martin Koch mit der Anfertigung eines Bibliothekszeichens (einem Model als man Adler dann trugken khend) von der Stadt beauftragt wurde.

Noch sonderbarer ist, was wir von Hans von Pedersheim briefdrucker erfahren, der am 16. Dez. 1459 das Bürgereid in Frankfurt a. M. leistete. Grotefend[1]) teilt die folgenden zwei Eintragungen im Ratsprotokoll von 1475 mit: Item mit Hannßen von Petersheim reden von des Snyderknecht wegen in welcher masse der im arbeide — die zweite lautet: Berecht der briefdrucker Hanns von Pedersheim, das er den Snyderknecht gedingt habe in mussen er gesagt hat loe den lassen dienen. Was in aller Welt hatte ein Briefdrucker mit einem Schneidergesellen zu thun? Allerdings muss die Sache auch schon dem Rat sonderbar vorgekommen sein, denn sonst hätte man ihn nicht citiert und es bleibt daher wohl die Möglichkeit, dass er damals irgend einem anderen Gewerke vielleicht durch Anfertigung von Fähnchen oder dergl. in den Kram pfuschte. — Nicht viel bessere Aufklärung erhalten wir aus dem, was Grotefend auf der folgenden Seite berichtet: „1462 kommt in Sachsenhausen ein Killan, der Briefdruckerin Sohn, und ein Siebenbürger oder Briefdrucker vor. Letzterer muss aber bald gestorben sein, da bereits im folgenden Jahre an seiner Stelle eine zweite Briefdruckerin aufgeführt wird." Den einzigen Fingerzeig erhalten wir dadurch, dass der zweite der genannten Briefdrucker in den Akten des Jahres 1459 als Kilian Degen, Maler aus Siebenbürgen, verzeichnet ist.

Auch die erste Erwähnung eines Briefdruckers in den Baseler Urkunden, welche vom 22. Dezbr. 1478 datiert, giebt wenig Licht, denn es wird nur gesagt, dass ein Bote von Oppenheim als Bevollmächtigter Christoffel des Briefdruckers von Oppenheim gegen Jakob Meyger auf Zahlung von 9 Gulden klagt. Wichtiger ist die zweite Eintragung, welche Lienhart Ysinhut, als er i. J. 1482 zum ersten Male mit seiner Frau ein wechselseitiges Testament macht, als Briefdrucker bezeichnet. Wir haben hier mit einer bekannten Persönlichkeit zu thun, die sonst Heiligenmaler, Heiligendrucker, Kartenmaler, Maler, Briefmaler genannt wird, und die Thatsache, dass er nur einmal als „Briefdrucker" bezeichnet wurde, scheint darauf hinzudeuten, dass es sich um einen damals bereits veralteten Ausdruck handelte, der vielleicht dem Ehevertrag entnommen wurde.

Die reichste Ausbeute liefern uns die Regensburger Bürgerbücher.[2]) Dort werden verzeichnet: 1460 Margko Rotnfeld der aufdrucker, 1461 Wenczl maler aufdrucker, 1463 Görg priefdrucker und Linhart Wolff desselben werckes, 1471 Johannes Eysenhut aufdruckler, 1481 Ulrich Ketner briefmaler. Von diesen ist uns Eysenhut als „impressor" des

---

1) H. Grotefend, Christian Egenolff, Frankfurt a. M. 1881, S. 22.
2) J. Neuwirth, Regensburger Künstler des XV. Jahrhdts., im Rep. f. Kunstwissenschaft Bd. XIV S. 293.

Defensorium Mariae bereits bekannt und Linhart ist anscheinend mit dem Herausgeber des Salve Regina identisch, so dass wir also hier mit einem Aufdrucker und einem Briefdrucker zu thun haben, die thatsächlich das Gewerbe eines Formschneiders betrieben zu haben scheinen. Dennoch muss es uns stutzig machen, dass 1481 die Benennung „Briefmaler" eingeführt wird, und schliesslich müssen die beiden Leute doch noch etwas mehr in ihrem Leben gethan haben, als dass jeder von ihnen ein Blockbuch herausgab.

Ich komme nun zu dem „Drucker" Henne Cruse von Mainz, der 1440 in Frankfurt a. M. thätig war. Schaab[1]), welcher die erste Nachricht von ihm gab, nahm ihn ohne weiteres als Briefdrucker (im bisherigen Sinne) in Anspruch, aber auf S. 182 desselben Bandes erzählt er: „In einem alten Bannbrief vom J. 1356 fand ich unter den Zeugen einen Hartwich, Drucker, in einem anderen vom J. 1409 Arnold den Jungen, Drucker", es fiel ihm aber nicht im geringsten ein, auch diese als Briefdrucker zu betrachten. Ebenso widerspricht sich v. d. Linde, indem er den Cruse als Briefdrucker ansieht[2]), dann aber wenige Seiten später (S. 751) schreibt: „Wenn also ein Goldschmied aus dem Zeitraum 1438—39, wie von einer altbekannten Verrichtung, vom Drucken redet, so sprach er von seinem Beruf heraus, z. B. vom Stanzendruck mit heissem Eisen."

Als Ergebnis des urkundlichen Materials können wir also feststellen, dass die Bezeichnung „Drucker" von allen die älteste ist und daher wahrscheinlich einen Zeugdrucker bedeutete. Das Bearbeiten der Holzplatten wurde von Formschneidern (Nürnberg seit 1423), Schreinern (Nördlingen 1428) und Schnitzern (Ulm 1441) besorgt. Die Zahl dieser Handwerker ist vor 1440 eine sehr geringe, wächst dann aber plötzlich in starkem Masse. Der Ausdruck „Briefmaler" taucht zum ersten Male 1434 in Ulm auf; das Wort „Briefdrucker" kommt bereits 1428 vor, verschwindet aber um 1480 völlig. Da der letztere Ausdruck in Regensburg mit „Aufdrucker" identisch ist, so scheint mir das Wort folgende ursprüngliche Bedeutung zu haben.

Seit dem XIII. Jahrhdt. liess der Gebrauch der Goldschrift in grösserem Umfange nach und wurde nur noch für Initialen angewendet. Gleichzeitig änderte sich aber auch die Technik, indem nicht mehr fein geriebenes Gold mit der Feder oder dem Pinsel aufgetragen, sondern auf einer Unterlage von meist roter Farbe Blattgold aufgedrückt wurde. Dieses Vergolden und Polieren des Goldes verstanden die gewöhnlichen Schreiber nicht, sondern es blieb eine Kunst, die noch dadurch vergrössert wurde, dass man zuweilen Ornamente in die Pollment-Vergoldung einpresste. Das Auflegen des Goldes wurde „Drucken" genannt, denn der Kaplan Johann Burger von Trient sagt am Schlusse eines Rezeptes zur Bereitung von Goldgrund: „vnd leg das gult mit einem subtilen schneyczerlj von ror gemacht darauff vnd druck es

---

[1] a. a. O. Bd. III S. 335.
[2] a. a. O. Bd. III S. 079.

264 Darf der Holzschnitt als Vorläufer der Buchdruckerkunst etc.

gemächlj in grunt blaw es vach"¹), und ebenso hält er l'auliriuu- für
die Pflicht des Illuminators, „aurum et argentum scire libris stabiliter
inprimere", während er das Drucken der Kartenmacher mit „infigere"
bezeichnet. ²) Meines Erachtens war also der Briefdrucker zunächst
nur eine Art Illuminist³) und, wenn einzelne Mitglieder dieses Standes
sich später der Formschneidekunst zuwendeten, so kann dies um so
weniger überraschen, als das schon erwähnte Einpressen von Verzierungen in den Blattgold-Grund anscheinend ebenso mit Holzmodeln
geschah, als das Einprägen der verzierten Goldgründe in die Kreide-
masse-Unterlage deutscher und italienischer Gemälde.

Natürlich sind auch weder der 1417 in Antwerpen lebende Jan
de prentere, noch die 1440 in Löwen, 1442 in Antwerpen oder 1454
in Brügge nachgewiesenen prenters als Holzschneider in unserem Sinne
anzusehen, sondern es handelt sich wie bei unseren „Druckern" um
Zeugdrucker. ⁴) Das beweisen schon die drei Schuldurkunden, welche
von Jan de prentere bekannt sind: die eine ging er in Gemeinschaft
mit einem Färber ein, was für Zeugdruck spricht; die zweite, welche
er bei einem Kaufmann machte, war so hoch (130 ℔. 7 schll.), dass
sie ebenfalls nur auf den Ankauf von Zeugstoffen bezogen werden
kann, und die dritte Schuld (2 ℔. 12 seh. 4 den. gr.) bei einem Perga-
mentmacher lässt sich leicht genug als Ankauf von Tapetenmaterial⁵)
erklären. Ebenso spricht doch auch der Umstand, dass die prenters
von Löwen sich auf ihre „Vorgänger" beriefen, für den Zeugdruck.
Am wichtigsten ist aber, dass i. J. 1452 in dieser Stadt der printnydere
(also nicht prenter!) Jan van den Berghe nicht der Rädermacher-,
Schreiner-, Drechsler- und Böttcherzunft beitreten will, da printen van
letteren ende bolden een sonderlinghe const wäre, die sich mehr jener
der klerckgien (Schreiber) nähere.⁶) Die einfache Thatsache, dass

---

1) Boeklager, Zum bayerischen Schriftwesen des Mittelalters (Abh. d.
Kgl. bayer. Akad. d. Wiss. Histor. Kl. 17, 1. 2). München 1872. 74. II S. 203.
2) J. Kemke im Centralbl. f. Bibl. Jahrg. VII. 1890. S. 144.
3) Johann Mentelin, der bekannte Strassburger Buchdrucker, wird in
den dortigen Steuerbüchern von 1447 „Goldschriber" genannt.
4) Der frühere Brüsseler Oberbibliothekar Baron de Reiffenberg hatte
bereits in den Nouveaux Mémoires de l'Académie royale des sciences et belles-
lettres de Bruxelles, 1845, Bd. XIX S. 13 ziemlich richtig gesagt: Nos premiers
„printers", quoi qu'on ait soupçonné, étaient des dominotiers qui procédaient
des cartiers, comme les graveurs sur cuivre procédèrent plus tard des orfèvres.
5) Derartige Tapetenbruchstücke in schwarzer bez. grünlicher Oelfarbe
auf gefärbtes Pergament gedruckt und zum Einbinden von Handschriften
des XV. Jahrhdts. benutzt befinden sich im Kloster Melk (beschrieben von
Camesina in den Mittheilungen der K. K. Central-Commission Bd. IX S. 95).
Die berühmte Tapete von Sitten ist auf Hanfleinwand gedruckt. Diese billigen
Tapetenarten traten an die Stelle der wesentlich teureren, gestickten Tapeten.
6) Der Wortlaut des Dokuments ist bei E. van Even, L'ancienne école
de peinture de Louvain. Bruxelles 1870. S. 101 abgedruckt. — Die Urkunden
über Jan de prentere teilte zuerst Léon de Burbure im Bulletin de l'Académie
de Belgique 2me série tom. VIII S. 294 gelegentlich eines Aufsatzes „Sur
l'ancienneté de l'art typographique en Belgique" mit. — Einige Nachrichten
über Antwerpen finden sich bereits in Le Bibliophile Belge, Bruxelles 1845,
tom. I S. 74 u. 290.

überhaupt ein Streit entstehen konnte, beweist zur Genüge, dass das Schneiden von Bildern und namentlich von Text damals etwas Seltenes war. Dadurch, dass Jan abgewiesen wurde und die Mitglieder der Zunft ebenfalls geschnittene Bilder und Texte vorlegten, dürfen wir uns nicht beirren lassen, denn auf Tapeten und Teppichen kommen Inschriften vor, doch haben die einzelnen Buchstaben eine Höhe von 25 mm (Tapete von Sitten) bis zu 70 mm (Weigel und Zestermann Nr. 9). Wenn also seine Arbeit sich der Schreibkunst näherte, so dürften wir in ihm und dem 1466 zu Utrecht thätigen beeldedrucker Peter Direszon die ersten urkundlich nachweisbaren Holzschneider in unserem Sinne sehen.[1]) Dass ersterer bereits längere Texte in Holz geschnitten habe, ist keineswegs gesagt und auch um so weniger anzunehmen, als ja das früheste uns erhaltene niederländische Blockbuch, die Servatius-Legende, welches nachweislich erst nach 1458 geschnitten sein kann, ebenso wie die erste Pater-noster-Ausgabe, welche wir als ältestes Erzeugnis der zweiten niederländischen Gruppe betrachten können, den eigentlichen Text handschriftlich hinzugefügt erhielten. Wie schon die Zusammensetzung „letteren ende belden" ergiebt, wird es sich jedenfalls um Darstellungen gehandelt haben, bei denen der Text nur eine bescheidene Rolle spielte.

Nachdem wir uns nun überzeugt haben, dass wir in den Urkunden nur eine Bestätigung für unsere aus den Original-Holzschnitten gezogenen Schlüsse[2]) finden, dürfen wir als Endergebnis unserer Untersuchung betrachten, dass die Ausbreitung der berufsmässigen Holzschneidekunst etwa mit dem Jahre 1440 beginnt, dass sie bis nach 1460 sich fast ausschliesslich auf die Anfertigung von Bildern beschränkt und ihr bis zu diesem Zeitpunkte die Reproduktion umfangreicherer Texte völlig fern liegt. Erst nachdem die Buchdruckereien und ihre Erzeugnisse

---

1) Die Angabe bei v. d. Linde a. a. O. Bd. III S. 679, dass ein gewisser Ghisbert de Ketelbuetere schon 1405 in Löwen als Händler mit pryaten ende beelderien gelebt habe, beruht wohl auf einem Druckfehler. Dieser Händler war um 1465 thätig und seiner wird in einer Urkunde von 1472 Erwähnung gethan.

2) Soeben kommt mir ein Fragment der frühesten niederländischen Ausgabe der Biblia pauperum zu Gesicht, welches den seltenen Vorzug besitzt, dass die Papierränder unbeschnitten sind. Aus ihm ergiebt sich, dass der übliche Ausdruck „Quartausgaben" für die Blockbücher unzutreffend ist; die Höhe jedes Blattes ist etwa 300, die Breite 280 mm, mithin handelt es sich um ein grosses Folioformat. Ferner waren bei dieser Ausgabe die sich gegenüberstehenden Bilder nur 5 mm von einander entfernt auf die Holztafeln graviert. Der Drucker konnte deswegen auch nicht die beiden Seiten gleichzeitig auf das Papier abdrucken, sondern bestrich erst die eine Tafel mit Farbe und druckte sie ab, dann that er das gleiche mit der zweiten. Er konnte aber nicht verhindern, dass sich jedesmal die äussere Einfassungslinie der anderen Seite deutlich im Papier markierte, wodurch der Vorgang des Druckens vollständig ersichtlich ist. Endlich hatte er mit den oben geschilderten Schwierigkeiten zu kämpfen, welche aus der Benutzung von Langholz entstehen mussten, und half sich dadurch, dass er die allzu undeutlichen Textstellen, welche infolge des Hervortretens der Holzfasern kaum lesbar waren, mit kleinen Papierstückchen überklebte, auf welche der Text nochmals von der Platte abgedruckt war.

sich zu verbreiten begonnen hatten, entschlossen sich auch die Holzschneider zur selbständigen Herausgabe von Druckwerken, während sie vordem an der Herstellung solcher nur als Beauftragte der Schreibwerkstätten beteiligt waren.

Die Holländischen Donate, von denen die Kölner Chronik spricht, können also, falls sie wirklich existierten, nicht in Holz geschnitten gewesen sein. Aber, wenn wir uns nun noch einmal die zu Anfang citierten Worte derselben durchlesen, dann wird uns auch klar, dass der Chronist unmöglich xylographische Erzeugnisse gemeint haben kann. Er spricht von einer Kunst, die „viel meisterlicher und subtilicher" geworden ist, aber eine Verbesserung des xylographischen Schneide-Verfahrens hat nicht stattgefunden, sondern der Tafeldruck blieb, was und wie er war, und von einem Entwickelungsverhältniss zwischen Xylographie und Typographie kann keine Rede mehr sein, nachdem die Ungereimtheit des Märchens von den beweglichen Holztypen längst erwiesen ist. Liegt nun ferner keine Wahrscheinlichkeit vor, dass der Verfasser der Chronik zu einer Zeit, wo, wie wir sahen, Blockbücher am Niederrhein noch keineswegs ausgestorben waren, sich gerade auf verschollene Donate berufen haben würde, wenn er xylographisch vervielfältigte Texte im Sinne gehabt hätte, so wird dies zur Gewissheit, wenn wir die Seite 127v der Kölner Chronik betrachten. Da haben wir eine volle Blockseite vor uns, den grossen, ganz in Holz geschnittenen Stammbaum der „Hertzogen von Sassen". Ist es denkbar, dass der Chronist sich so weitschweifig ausgedrückt haben würde, wenn er seine Leser auf dies Blatt seiner eigenen Chronik verweisen konnte und ausserdem noch zahlreiche andere Holzschnitte in derselben (z. B. den auf S. 149) als Beispiele heranziehen konnte?

Je öfter wir uns die Worte der Chronik durchlesen, um so mehr müssen wir uns überzeugen, dass es sich nicht um xylographische Donate handeln kann. Ob die Angabe überhaupt eine irrige ist, oder wie die Donate wohl beschaffen gewesen sein können, werde ich in einem späteren Aufsatze zu erörtern versuchen.

W. L. Schreiber.

Hugo Blotius in seinen Beziehungen zu Strassburg.

Hugo Blotius aus Delft, der erste „Bibliothekar" der k. k. Hofbibliothek, ist nicht nur einer der gelehrtesten Männer seiner Zeit gewesen, er hat sich auch nach dem einstimmigen Urtheile der Geschichtschreiber um die Organisation der Wiener Hofbibliothek und die Vermehrung ihres Bücherbestandes ausgezeichnete Verdienste erworben. Um so auffallender ist es, dass wir über das Vorleben dieses tüchtigen Gelehrten, vor seiner dauernden Niederlassung in Wien, bislang so gut wie gar nichts wissen. Man vermuthet, dass er in Löwen humanistische und juristische Studien getrieben und nach grösseren Reisen sich längere Zeit in den oberrheinischen Gegenden aufgehalten habe. Ein ausgezeichneter Redner und Jurist habe er in Strassburg als „Öffentlicher Lehrer der Rechte" mit gutem Erfolg gewirkt und sei dann von Strassburg aus im Jahre 1575 als Bibliothekar an die kaiserliche Hofbibliothek nach Wien berufen worden.[1] — Diese Darstellung ist ebenso unhistorisch wie dasjenige, was Blotius' neuester Biograph Aschbach über den Strassburger Aufenthalt unseres Gelehrten zu berichten weiss. Hiernach hat Blotius in Strassburg mit Johannes Sturm, dem bekannten ersten Strassburger Schulrektor, in eifrigem Verkehr gestanden, „durch dessen Bemühungen die neue, 1556 vom K. Maximilian II. gestiftete (!) Universität (!) emporkam und auch eine ansehnliche Bibliothek erhielt. Blotius hatte diesen bei der Sammlung von Bücherschätzen besonders unterstützt (!), da er durch seine ausgebreiteten litterarischen Kenntnisse und lebhaften Verkehr mit Bibliophilen, Bibliothekaren und Buchdruckern bezüglich des Bücherwesens besser als irgend jemand seiner Zeit unterrichtet war".[2] — Was Aschbach hier behauptet, ist vollständig aus der Luft gegriffen, da über besondere Bemühungen des sonst hochverdienten ersten Rektors der hohen Schule zu Strassburg um Vermehrung der Strassburger Schulbibliothek und über die Mitwirkung seines Freundes Blotius bei diesem Werke weder aus dem Briefwechsel der beiden Männer, soweit er bisher bekannt geworden, noch auch aus den Strassburger Akten irgend eine Andeutung dieser Art zu entnehmen ist.[3] Aschbach hat auch hier wieder einmal, wo ihn die Quellen im Stich gelassen, ein Phantasiestück in bekannter Manier geliefert.[4]

Bei dieser Unsicherheit der vorliegenden Berichte über Zeit und Art des Wirkens des berühmten Niederländers an der Strassburger Hochschule dürften die nachfolgenden zwar mageren, doch zuverlässigen Notizen, die ich dem Protokollbuche der Strassburger Schulherren entnehme, nicht unwillkommen sein; es wird dann weiter der Versuch

[1] Vgl., abgesehen von den Notizen bei Lamberius, Richardus und Jöcher, die Darstellung v. Mosels (G. d. k. k. Hofbibl. z. Wien S. 35 ff. u. Wesse i. d. A. D. B. — Aus dem Artikel Bloté bei v. d. As, wo die holl. Litteratur verzeichnet ist, ist gar nichts zu entnehmen.
[2] Aschbach, Gesch. d. Wien. Universität Bd. 3, 361. — Es sei nur nebenbei bemerkt, dass K. Maximilian überhaupt die Strassburger „Universität" nicht im Jahre 1566 „gestiftet" hat; er hat vielmehr die seit Jahrzehnten blühende hohe Schule zu Strassburg durch Verleihung des Privilegs, in der artistischen Fakultät die akademischen Grade verleihen zu dürfen, zum Range einer „Akademie" erhoben. Auch was Aschbach l. c. A. 2 über die Verwandtschaft des Joh. Sturm mit Beatus Rhenanus und Jacob Spiegel sagt, ist durchaus unrichtig.
[3] Vielmehr erfahren wir aus dem Protokoll der Schulherren, dass gerade kurz vor der Uebersiedelung des Blotius von Basel nach Strassburg der Strassburger Schulbibliothek in der Person des Juristen Michael Beutler, der als Historiens an der Hochschule wirkte, ein durchaus geeigneter Verwalter gegeben worden war. Er war angewiesen worden, „das er die bücher inn Eine ordnung pringe, aufzeichen hab, ob etwas hinweg khomen wolt, auch bedenck, was von meß zu meß zu kauffen sein mochte und den scholarchis solliches anzeigen"; Vgl. auch C. Schmidt. Z. G. d. Bibl. i. Stssb. S. 105.
[4] So sind beispielsweise seine Artikel über Jacob Spiegel und Caspar Ursinus Velius durchaus unbrauchbar.

gemacht, mit Hilfe einiger bisher unbenutzten Briefe unseres Gelehrten[1]), seinen Lebensgang bis zu seiner bleibenden Niederlassung in Wien zu verfolgen; zum Schluss wird ein bisher unbekannt gebliebener Brief des Hugo Blotius beigefügt, der, ein Zeugniss für seine andauernden innigen Beziehungen zu den leitenden Männern an der hohen Schule zu Strassburg, zugleich für die Geschichte der k. k. Hofbibliothek ein gewisses Interesse besitzt.

Es war im August des Jahres 1569, als sich die Strassburger Schulherren mit Hugo Blotius, der sich damals an der Universität zu Basel aufhielt[1]), in Verbindung setzten, um ihn für den durch den Tod des Andreas Joelsens erledigten Lehrstuhl für Ethik und „was zu derselben gehörig, nämlich politica und oeconomica" zu gewinnen.[3]) Am 26. August erschien Blotius auf Einladung der Schulherren zu persönlicher Verhandlung in Strassburg; am 16. October siedelte er definitiv in seine neue Heimath über; am 24. October begann er seine Vorlesungen als Ethiker. Durch Fleiss und Geschick verstand er es, sich das Wohlwollen des Rektors wie der Schulherren zu erwerben[4]); doch kann er schon nach wenigen Monaten wieder auf Veränderung, da das gewährte geringe Gehalt seinen Ansprüchen nicht genügte. Er gedachte mit einem seiner Schüler, einem jungen fränkischen Edelmann, Ludwig v. Hutten, auf Reisen zu gehen. Am 17. Februar 1570 reichte er bei den Scholarchen sein Abschiedsgesuch ein; am 5. März erhielt er seine ehrenvolle Entlassung. Er erbot sich hierbei, nach dem Aufgeben seines Präceptoramts bei dem jungen v. Hutten der Stadt Strassburg auf ihr Ansuchen vor anderen Fürsten, Herren oder Städten wieder zu dienen. — So hat Blotius im Ganzen nur 21 Wochen im Strassburger Schuldienst zugebracht. Für jede Woche wurde ihm von den Schulherren ein Honorar von 2 Thalern bewilligt; auch wurden ihm noch 6 Thaler für seine im August auf Ersuchen der Schulherren unternommene erste Reise von Basel nach Strassburg und wieder hinauf verehrt. Desgleichen sollte ihm ein Zeugniss im Namen des Schulconvents und der Akademie unter derselben Siegel in bester

---

1) Coll. Camerar. t. XI. XIX. l. Münch. Hf.- u. St.-Bibliothek. — Für den letzten Theil der Arbeit vgl. die von Chmel, Hdschr. d. Hofbibl. I, 185 ff. citirten Briefe des Blotius.
2) Er war kaum ein Jahr früher in Basel heimisch geworden. Der Eintrag i. d. Grossen Basler Matrikel lautet: „Hugo Blotius Hollandus 7. 3 sext". (Mittheil. d. Hrn. Oberbibliothekars C. Ch. Bernoulli in Basel.)
3) „Denn 26. August A.° 69 ist D. Hugo Blotius vonn Basel alhar khomen, mitt dem der Rector nach der Schulherrn beuelch gehandelt, aan Joelsel selligen statt alhier zu lesen, Ein präfation zu thun, die 3 buecher zu Joelseum gelesen zu repetiren unnd dann furth zu faren, auch zu disputiren vnnd es also mitt disser schulen zu versuchen, wille auch wir sehen was Er thun möge vnd soll kein theil den andern kurz oder lang biß auff weiter vergleichung verpflichtet sein...". (Protok. Sitzung v. 29. Sept. 69.)
4) Joh. Sturm a Blotius (1569): Sturm lobt seinen Eifer, wirst aber nach, dass er ihm keine gelegnere Collegienzeit als horam quartam pomeridianam geben könne. Blotius hat mit „lib. V Aristotelis" begonnen (Sturmii opuscula scholastica ed. Hallbauer 1730. p. 250).

Form von dem Rektor ausgefertigt und nach Genehmigung durch die Scholarchen ausgehändigt werden. So ist Blotius in Frieden und Freundschaft von den Strassburger Schulherren geschieden.[1]

Im folgenden Jahre (1571) finden wir Blotius mit seinem Zögling in Italien wieder. Am 25. März dieses Jahres schreibt er von Padua, am 20. Juni von Venedig aus an seinen Freund, den jüngern Joachim Camerarius in Nürnberg, in wenig zuversichtlichem Tone. Schwere Sorgen umlagern sein Haupt und lassen nicht die Stimmung zu ausführlicherem Berichte über das Verhalten und die Fortschritte seines Zöglings („Huttenl nostri") in ihm aufkommen. Er beabsichtigt gegen den 1. August hin nach Wien zu reisen, um dort sein Glück zu versuchen. Er ist mit Empfehlungsbriefen von Sturm, Conr. Dasypodius, Obertus Giphanius versehen; auch Petr. Victorius in Florenz hat ihm Empfehlungen an Crato, Sambucus und Strelnlus und andere hochmögende Männer am kaiserlichen Hofe gegeben. Camerarius möge ihm doch das von der Strassburger Akademie ausgestellte Zeugniss nach Venedig senden, da er desselben bald benöthigt sein dürfte. Ob Blotius diese Reise nach Wien ausgeführt hat, ist nicht bekannt. Jedenfalls hat er damals seine Präceptorstelle nicht aufgegeben; noch im Spätherbst 1572 weilt er mit seinem Zögling in Padua. Am 21. October schreibt er seinem Freunde Camerarius wieder von Padua aus; dies Mal in freudigster Stimmung. Ueber Hutten kann er, dies Mal schweigen, da Camerarius von dessen Diener das Nöthige mündlich erfahren werde. Sein Glück blüht; er hat einen reichen Zögling in Aussicht, den Sohn des kaiserlichen Feldhauptmanns Lazarus v. Schwendi, Johannes Wilhelm, der ihm jährlich 100 Kronen bringen wird; auch der Kanzler von Ungarn Johannes Listhius will ihm seinen jungen Sohn anvertrauen. Wenn er diese einige Jahre behielte, meinte er, non essei quod professiones Basileensium aut Argentoratensium triunas et contentiosas consectarer. Er hat zwar das vagirende Pädagogenthum herzlich satt, übernimmt auch den neuen Präceptorposten nur, um sich die Unterstützung hoher Gönner zur Erlangung einer dauernden Stellung in kaiserlichen Diensten zu sichern. Seine neue Verpflichtung lautete auf 2 Jahre; Ende 1574 brachte er seine Zöglinge den Eltern aus Italien zurück.

Die nächsten Monate wurde nun elfrige Umschau nach einem sichern Unterkommen gehalten; bald war er in Ungarn, bald in Wien, bald in Prag, um die Gelegenheit zu erkundschaften. Im Frühjahr 1575 schien sich endlich eine bestimmte Aussicht zu bieten. Schwendi hoffte ein Pöstchen am Kammergericht in Speier für ihn zu finden. Blotius schwamm in Wonne, da er sich im Geiste bereits als kaiserlichen Rath erblickte. Er war indess klug genug, nur den vertrautesten Freunden seine geheimen Wünsche zu offenbaren; namentlich fürchtete er die Intriguen des kaiserl. Vicekanzlers Doctor Weber, der ihn mit geflissentlicher Geringschätzung tanquam paedagogum pauperem behan-

[1] Sitzung v. 5. März 1570.

delte. Jeder Posten, der ihm Aussicht auf weiteres Fortkommen zu verbürgen schien, war ihm willkommen; er erbot sich zunächst ohne Gehalt auf Probe zu dienen, erachete nur eine Gelegenheit, zeigen zu können, was man von seiner Leistungsfähigkeit erwarten dürfe. — Sehr wichtig war es für ihn, dass er in Ruprecht von Stotzingen, dem Oberhofmeister der Erzherzoge Matthias und Maximilian, einen warmen Fürsprecher fand, der den kaiserlichen Oberhofmeister, Freiherrn Trautson v. Sprechenstein, für ihn zu interessiren wusste. Auf Trautson setzt nun Blotius alle Hoffnung. Durch Trautsons Fürsprache hoffte er an der kaiserlichen Bibliothek eine Anstellung zu finden; auch zur Erlangung der zur Erledigung gekommenen Professur der Rhetorik an dem erzhzgl. Archigymnasium konnte ihm vielleicht der einflussreiche Oberhofmeister verhelfen.

Wider Erwarten schnell wurde seine Angelegenheit einem glücklichen Ende zugeführt und zwar durch Vermittlung eines Mannes, an den er am wenigsten gedacht hatte. Crato v. Crafftheim, der kaiserl. Leibarzt, war es, der die Aufmerksamkeit des Kaisers auf den gelehrten Niederländer lenkte und die Ernennung desselben zum Bibliotheksvorstand in Vorschlag brachte. Blotius war, so freudig er diese Meldung Cratos von seiner bevorstehenden Ernennung begrüsste, von der unbefugten Einmischung des Leibarztes in seine Privatangelegenheiten doch keineswegs angenehm berührt, da er fürchtete, Trautson werde ihm jetzt seine Gunst entziehen.[1]) Er bittet daher dringend seinen Freund v. Stotzingen, sich ferner seiner bei dem Oberhofmeister anzunehmen und ihm doch bis zum 10. April mitzutheilen, ob er wirklich seine Ernennung erwarten dürfe, da er sich bis zu genanntem Tage über die Annahme einer ihm inzwischen von einem Herrn v. Bernstein angetragenen Praeceptorstelle entscheiden müsse.

Crato hatte die Wahrheit berichtet, wenn sich auch die definitive Ernennung zum Bibliothekar noch einige Wochen hinausschob. Erst im Juni 1575 wurde er durch den Hofkammerrath Helfr. Gnett auf

---

1) Blotius hat auch später den Oberhofmeister Trautson als denjenigen betrachtet, dem er vornehmlich die Bibliothekarstelle zu verdanken habe: Meum semper esse existimavi Maecenas, de omnibus Bibliothecae Caesareae rebus ad Amplitudinem Tuam quam celerrime perscribere. A te enim mihi profectum est hoc munus, et tibi illud soli acceptum fero... (s. Trautson: 1575 Oct. 16. b. Chmel I. 205). — Nach v. Mosel (S. 35) soll der kaiserl. Botschafter in Paris Angerius Gislerius Busbeckius zu dieser Ernennung wesentlich beigetragen haben; auch Aschbach (S. 369) ist dieser Ansicht. Nach Bergmann (Medaill. II. 208) hat Lazarus v. Schwendi den Blotius zum Bibliothekar empfohlen. Aus dem von ihm citirten Briefe an Schwendi (Chmel I. 197) ist dafür absolut nichts zu entnehmen. Jener undatirte Brief scheint übrigens überhaupt nicht i. d. J. 1575, sondern i. d. J. 1571 zu gehören. Der Herausgeber hat das Datum „15. Aug. 1575" beigesetzt. Bergmann schreibt übrigens später (I, 228) von Trautson: „Der nachherige kaiserl. Bibliothekar Hugo Blotius dankt ihm laut eines Schreibens vom 28. März 1575 seine Anstellung". Auch dieses Citat ist unrichtig, da Blotius am 28. März jenen Brief Cratos noch nicht erhalten hatte. In diesem Schreiben dankt Blotius seinem Mäcen für die glückliche Einleitung seiner Angelegenheit und beschwört ihn, in seiner Thätigkeit nicht zu ermüden.

Grund einer kaiserl. Verordnung (dd. Prag Juni 15. 1575) in sein Amt eingewiesen.[1])

Auch bei seinem Strassburger Freund, dem Altammeister und Scholarchen Carl Lorcher, hatte Blotius in seiner Noth angefragt, ob an der Strassburger Schule vielleicht ein Unterschlupf für ihn zu finden sei. Sein Brief war zu guter Stunde angelangt, da man in Strassburg eben nach einer geeigneten Persönlichkeit für den erledigten Lehrstuhl für Rhetorik Umschau hielt.[2]) Am 29. März 1575 legte Lorcher des Blotius Schreiben dem Schulconvente vor; noch am nämlichen Tage[3]) richtete er auf Geheiss der Scholarchen an Blotius die Anfrage, ob er geneigt sei, unter den vorigen Bedingungen wieder in den Strassburger Schuldienst einzutreten. Erst am 25. April gelangte dieser Brief in Blotius' Hände, der damals zwar immer noch nicht die amtliche Bestätigung seiner Ernennung erhalten hatte, aber auf Grund eingegangener Privatnachrichten jeden Augenblick erwarten durfte. In seinem sofort abgesandten Antwortschreiben bedauert er mit lebhaften Worten, dass sich inzwischen sein Schicksal bereits entschieden habe. Nichts hätte ihm erwünschter sein können, als nach seinem geliebten Strassburg zurückzukehren. Im Stillen hoffte er, der ganze Wiener Handel möge wieder rückgängig gemacht werden; er ist wenigstens entschlossen, falls ihm die erhoffte Professur der Rhetorik am erzherzoglichen Archigymnasium entgehen sollte, auch seine Bibliothekarstelle wieder dranzugeben. Er bittet die Scholarchen, ihm nur 2 Monate Aufstand zu gewähren; er werde sich losmachen und nach Strassburg eilen, wenn dies irgend noch mit Ehren geschehen könne.

Blotius' Schreiben gelangte in der Sitzung des Schulconvents vom 21. Mai zur Verlesung und Besprechung. Man beschloss, ihm den gewünschten Urlaub zu gewähren und ihn unter den früheren Bedingungen wieder anzunehmen. Blotius scheint nachträglich dies Anerbieten abgelehnt zu haben; im Schulprotokoll ist von seiner Angelegenheit weiter nicht mehr die Rede.[4])

Anhang.
Hugo Blotius an Carl Lorcher.
Wien. 1576. Januar 26.

Amplissimo viro domino Joanni Carolo Lorchero viro consulari et academiae Argentoratensis scholarchae domino et patrono vere observantia colendo   Argentoratum.

Tuae mihi litterae sub medium mensem Januarium sunt redditae. Non dicam quam me exhilararunt; sed post spero re ostendam. Omnia

---

1) Abgedr. b. v. Mosel S. 34.
2) 1575. Febr. 15 hatte der bisherige Rhetoricus Valentin Erythraeus seinen Abschied eingereicht, um den Nürnberger Herren „patriciam scholam in Altorf aufzurichten". (Protokoll.)
3) Blotius a. Lorcher 1575. Apr. 26 (Chmel I, 194): „cum enim datae sint 29 Martii, 25° Aprilis hic mihi sunt redditae".
4) Auch sein sehnlicher Wunsch, am Archigymnasium als Rhetoricus anzukommen, ging im folgenden Jahre in Erfüllung. Am 24 Apr. 1576 (Aschbach III. 365: das Datum fehlt bei Chmel I, 189) hielt er seine Antrittsvorlesung mit einer Oratio in laudem eloquentiae.

enim quaecunque ab industria, labore et ingenio meo proficisci queunt, tibi V(ir) C(larissime) et reliquis scholarchis academiaeque civitati vestrae debere me agnosco. Hoc ut a me exspectetis cupio: non fallam exspectationem vestram. *Manere in aula diu non statui*, multa enim iam nunc ab initio experior adversa. Res mihi est cum monachis, Jesuitis, Nuntio Apostolico, et quod nolim, cum omnipotente apud Caesarem D. Webero Imperii Procancellario. Res sic se habet. Prosperi mei initii fortuna invidos aemulos et calumniatores mihi illico suscitavit. Petieram antea[1]) in Academia Viennensi professionem artis oratoriae a Collegio *Gymnasii primarii quod Archiducale*[2]) vocant conferendam. Potior autem professorum pars aut sacrifici sunt aut sacrificiis additi, pauci, Evangelio dediti, extra collegium cum uxoribus vivunt. Hi me ultro appulierunt caeteri respuerunt. Itaque dum ego *Pragae*[3]) res meas agerem, nec iam amplius de illa professione cogitarem, sed vel scholam vestram, vel Caesaris Bibliothecam meditarer, boni illi viri Archiducem Carolum accedunt, hominem quendam ex trivio, quod dicitur, illi sistunt, a se in professorem Rhetorices delectum affirmant, rogant ut ipse iam vices Caesaris Viennae gerens electionem confirmet; alioquin enim fore, ut Doctor Blotius, homo externus vagabundus et erro, ab Imperatore Pragae illam professionem contra ius et collegii Archiducalis privilegia impetret. Qui in collegio habitarent esse catholicos, Blotium magnum esse Calvinistam vel ad minimum Lutheranum.[4]) Indignum fore, si is inter ipsos viveret, vel more aliorum professorum haereticorum extra collegium ageret. Privilegia enim collegii nemini permittere alibi domicilium quam in collegio habere. Et multa talia in absentem et nec merentem deblateraverunt, idque apud Archiducem Carolum et eius cancellarium *Colonfelium* Loth(eranorum) hostem infensissimum). Quid multa? Impetrant quod petunt. At professor[5]) octo tantum dies vixit. Inde crescunt aliorum quoque (qui antea adversi fuerant mihique non semel reclamarunt) in me studia.

---

1) In einem im Frühjahr 1576 eingerichteten erneuten Gesuche (Ad superintendentem, Priorem et collegium Archigymnasii Viennensis) wird auf dieses erste Eingabe Bezug genommen (Chmel I, 222).
2) Aschbach (S. 364) redet immer von einer Professur an der „Hochschule" (Universität).
3) Vgl. den ersten Brief an Lorcher dd. 1575. Apr. 26 (b. Chmel I, 194 f.).
4) Aschbach (S. 369) meint, Mosets (S. 40) Bemerkung, Blotius sei Protestant gewesen, könne „bestritten werden", hält es aber doch für „wahrscheinlich, dass Blotius schon in Strassburg, vor seiner Berufung nach Wien, im näheren Umgang mit dem berühmten Philologen Johann Sturm für Luthers Lehre gewonnen worden". – Blotius war in der That Protestant, wie obige Bemerkung dem streng protestantischen Strassburger Scholarchen gegenüber unzweifelhaft beweist. Als Katholik hätte er an der Strassburger Hochschule überhaupt keine Anstellung gefunden. Noch wenige Wochen vor Blotius' Ankunft in Strassburg hatte Laurentius Sifanus papistischer Neigungen wegen sein Strassburger Lehramt aufgeben müssen.
5) Ist wohl der von Blotius in dem Briefe a. Rupertus a Stotzingen (dd. 1575. Mz. 21 : Chmel I, 185f.) und an Joh. a Trautson (1575. Mz. 28 : Chmel I, 187f.) erwähnte Doctor der Theologie Radellus (artis oratoriae professionem obtinet in collegio Archiducali Doctor Theologiae Radellus in eccl. Divi Stephani canonicus, l. c. S. 159).

Nec defunt qui in confiftorio fententiam dicentes affirmarent me vel non petentem ultro ad illam profeffionem effe invitandum. Id cum quidam mihi indicaffet dixiffetque se certo fcire, modo nunc eandem profeffionem peterem, me abfque ulla tergiverfatione impetraturum: refpondi, me femel repulfum cum ignominia et contumelia magnaque iniuria indigne mihi facta effe paffum, me iam illorum profeffionem non petere meque illam iniuriam vindicare velle, fed vindicta non vulgari. Me non conviciis certaturum, fed tam probe, tam innocenter, tamque tranquille et pacifice Viennae victurum tantaque cum fide diligentiam meam Caefari in adminiftranda illius Bibliotheca probaturum, ut omnes intelligant, me illa tanta ipforum calumnia, qua me apud principes Auftriacos deprimere nafcentem laudemque et gloriam vaenantem ftuduerant, indigniffimum effe. — Sed hanc iniuriam facilius devoraffem, fi maior a monachis Francifcanis et a nuntio Apoftolico[1]) atque adeo ab ipfo Webero non effet confecuta. Inaudieram, monachos iftos, Imperatore abfente, effractis Viennae Bibliothecae Caesareae feneftris (est enim Bibliotheca in ipforum monafterio) libros inde furreptos civibus vendidiffe.[1]) Rogavi itaque Imperatorem, ut cancellis ferreis feneftras muniri curaret. Negotium datum eft fabro aulico, fed poftea nefcio quomodo res extracta hactenusque dilata eft. Petioram quoque ut pars quaedam monafterii Bibliothecae annexa mihi in domicilium accomodaretur.[3]) Etiam hoc mihi conceffit Imperator, mandavitque fabricarum praefecto *Sibenbergero*, ut omnia monasterii loca luftraret et quantum mihi familiaeque meae neceffarium effet, tantum loci ad hypocauftum et cubicula deligeret, fornacibus, caminis aliisque rebus neceffariis inftrueret. Sed hic monachi tamquam rabidi canes negarunt, ac praefecto ullum oftium referaturos, sibi enim poena capitis ftatuta a principe sui ordinis feu Provinciali effe prohibitum, ulli homini loca monasterii aperire. So ecclefiafticos effe, profanis hominibus nullum patere locum; fe fcire hanc non effe Imperatoris mentem: haec a Blotio proficifci Lutherano, facerdotum hofte; vindictam divinam illi fupra caput imminere, qui ecclefiafticam libertatem oppreffam velit, fo curaturos ut nomen Blotii vel ad ipfum Papam deferatur, et multa talia.[4]) Et mox ad Senatum Ecclefiafticum confugiunt, et hic porro ad Nuntium Apoftolicum. Is rurfus ad Weberum, Papae (ut equidem inaudio) ftipendio annuo obligatum, rogans, ne pateretur res ecclefiafticas profanari a Lutheranis. Et quidem haec

---

1) Vgl. Ad nuntium Apostolicum Jo. Delfinum Turricellorum Episcopum dd. 1576, Mai 7 (Chmel I, 218 ff.)
2) Fast mit denselben Worten wird dieser Vorgang von Blotius in dem 2 Tage früher abgefassten Schreiben an Roggendorf berichtet (Chmel I, 211).
3) Dieses Gesuch (ohne Datum) a. d. Kaiser ist abgedruckt b. Chmel I, 222 ff. Ein gleiches Gesuch richtete er 1575, Oct. 16 an v. Trautson (l. c. S. 205 f.); vgl. auch den eben citirten Brief a. Roggendorf (l. c. S. 210).
4) Ueber diese Unbotmässigkeit der Mönche wird von Blotius auch in seiner an den Kaiser gerichteten Oratio pro bibliotheca geklagt: o rem indignam intolerandamque audere monachum mendicum summo monarchae ita obstrepere... (l. 321).

omnia clam me aguntur. Quin ipse nuntius me subdole per medicum quendam Italum ad prandium suum adduci curat. Ibi homo me complectitur, medico gratias agit, quod Bibliothecarium Caesaris in sui notitiam adduxisset, me promissis onerat, se apud Imperatorem effecturum, ut 1000 aurei quotannis in augmentum Bibliothecae conftituantur ut item novum Bibliothecae aedificium excitetur, hoc enim quod in monasterio esset Maiestate Imperatoria esse indignum. Rogat ut saepe ad se redeam et conviva adsim, velle mecum saepe de ornandis instituendisque Bibliothecis colloqui. Posthaec ex vultu Weberi torvo facum subodoratus sum, nec cessavi inquirere omnia. Putavit Weberus me hominem pauperem[1]), novitium, lechnas aulicas ignorantem, illico unico aspectu averso deterritum iri et desistiturum (!) ab incepto. At ego Deo et Imperatore fretus ex fide Deo et Principi meo debita id persequi quod aequum iustum et reipub(licae) utile videtur statui. Fremant monachi, irascatur nuntius, indignetur Weberus, conspiret Senatus ecclesiasticus, quantum velint. Sed hoc faciam fine fimultatis studio et absque omni verborum aut scriptorum acerbitate. Si res succefferit, habebo quod opto. Sin minus, de *mutandis sedibus* cogitabo. —

Laufmanno et Hoxnese bene esse gaudeo et litteras meas apud te pondus habuisse gratiam habeo. Marisscbalcum Provincialem[2]) nondum convenire licuit. Cras tamen conveniam fi potero et res novas legendas exhibeo. Quas nunc scribo novas rogo ut cum Sturmio communicare digneris. Est mihi namque cum Polonis amicitia satis magna. Quae vidi et audivi scribo. Si quae minus recte intellexi, inquiram diligentius et certiora scribam[3]) De tuo in me animo et de meo in te atque in academiam et civitatem vestram alias scribam certiora copiosioraque. *Istuc enim specto, istuc spero; hic mihi renennus aut ficus peffimorum hominum timor,* quodque quisque studet esse melior eo minus est tutus, et ego instituto meo pacis et quietis colendae uti per malos nequeo. Vale v(ir). C(lariffime). Viennae 26. Januarii 1576. Amplitudinis tuae studiosissimus
Hugo Blotius.

CC. VV. DD. Scholarchas et collegas tuos litteris meis quoque salutassem si ea quae narravi incommoda mihi non omne scribendi tempus adimerent. Maximopere autem me illis commendari cupio, quod per te fieri opto.

1) Dass die vom kaiserl. Prokanzler ihm gegenüber geflissentlich gezeigte Geringschätzung ihn tief verletzte, lässt er schon in dem Briefe an Rupert. a Stotzingen dd. 1575. Mz 24 (I, 186) durchblicken.
2) Roggendorffius Provinciae Austriae Marescalcus, vgl. den o. citirten Brief 1576. Jan. 23. (Chmel I, 219.)
3) Unter dem Datum des vorliegenden Briefes schickte Blotius dem Breslauer Canonicus Nicolaus Hablcht einen selbstverfassten Bericht de Legatione Polonica (Mitto itaque ad te Historicam de Legatione Polonica narrationem, eas continens (!) res quas vel ipse refi vel audivi vel ex Polonorum relatu habui .." (Chmel I, 213). — Am 22. Mz 1576 bittet er die Polnischen Gesandten (Lasky etc.) um ihre Bildnisse, um sie seinem „Museum Blotianum" einzuverleiben.

Cum has mittere ftatuiffem, oportune praeter opinionem in Roggendorffium incidi, res novas legendas dedi, de variis rebus communicavi. Repente magna instituta est amicitia, me hodie ad prandium invitavit. Sed quia litteras simul multas scribendi me impedit necessitas, eras accedam amicitiamque initam officiis confirmare conabor. Inde quae consequentur ad te V(ir) C(lariffime) perscribam.
(Mit Siegel. — In dorso von der Hand des Empfängers: drittehalb patzen pofflügelt. Accepi per postam 13. Februarii A°. 76. Doctor plotius scribit. — Strasburg, Tho. Arch. tit. XI.)

Strassburg i. E.   Dr. G. Knod.

Recensionen und Anzeigen.

Pellechet, M. Catalogue des Incunables des Bibliothèques publiques de Lyon. Avec fac-similés. Lyon, Imprimerie Léon Delaroche et Co. 1893. II. 172 pp. 8 Francs.

Die Bibliotheken, um die es sich bei vorliegender Publikation handelt, sind die grosse Stadtbibliothek, diejenige der Akademie und des Palais des Arts. Der Katalog beschreibt 631 Nummern, wobei einige Nummern mehrere Bände umfassen, einzelne Nummern auch in 2, 3, selbst bis zu 7 Exemplaren vorhanden sind, die alle einzeln aufgeführt werden, so dass die Zahl der hier beschriebenen Bände sich auf nahezu 1000 belaufen wird. Die Anordnung ist alphabetisch, was das Aufsuchen und Nachschlagen erleichtert, aber den Nachteil hat, dass nicht nur die Bücher derselben Sammlung, sondern oft auch die Bestandteile desselben Bandes von einander getrennt werden. Die Benennung Inkunabeln ist übrigens nicht im engsten Sinne genommen, indem vereinzelt auch Drucke aus dem 16. Jahrhundert aufgenommen sind, die sich durch Seltenheit auszeichnen, so Nr. 317 Herodoti editio princeps, eine Aldine von 1502. Nr. 404 La manière denter et plaster en jardins in 4 Blättern scheint um die Mitte des 16. Jahrhunderts gedruckt. Andere Merkwürdigkeiten sind Nr. 612 das erste in Lyon gedruckte Buch, die Goldene Legende von 1476 in französischer Übersetzung. In anderer Weise merkwürdig ist Nr. 138 Biblia cum gloosa ans Kobergers Offizin, Prachtbände mit Wappen, ein Geschenk Ludwigs XIV. an seinen Beichtvater, den Père de la Chaize (sic), die ein Bibliothekar seinem Enkel zur Zielscheibe überliess, wovon die Spuren noch sichtbar sind. Dabei steht die Bemerkung: „l'enregistre ce fait pour l'édification des bibliophiles et des inspecteurs généraux des bibliothèques". Auch diese Arbeit von Frl. Pelichet ist ein Muster von Fleiss und Genauigkeit. Nur bei deutschen Citaten, wie bei Nr. 80, 122, 138, hätte dem Setzer besser auf die Finger geschaut werden sollen. Auch die Einbände sind genau beschrieben, die Wappen daran heraldisch regelrecht blasoniert; fehlende Partieen nach kompletten Exemplaren oder bibliographischen Hilfsmitteln ergänzt. Die Zahl der Hals unbekannt gebliebenen Nummern beläuft sich auf etwa 200.   P. Gabriel Meier.

The Ex-Libris Collection of the Ducal Library at Wolfenbüttel. One hundred and sixty selected book-plates from the XVth to the XIXth century. With a preface by Dr. O. von Heinemann. London, H. Grevel & Co. 1895.[*]

Der stattliche Band bringt 160 Ex-Libris der Herzoglichen Bibliothek in Wolfenbüttel; 160 Blätter sind, wie das Vorwort berichtet, den reichen

---

[*] Auch in deutscher Ausgabe bei J. A. Stargardt in Berlin erschienen. Die Redaktion des C. f. B. kann das vorliegende Werk allen Freunden von Ex-Libris-Zeichen auch nur bestens empfehlen.

Sammlungen des verstorbenen Barons von Berlepsch entnommen, die Herr von Heinemann für die Wolfenbüttler Bibliothek zu erwerben das Glück hatte. Die 20 weiteren sind zur Ergänzung des Bildes aus den Schätzen der Guelferbytana beigefügt, so dass wir wohl eine nahezu vollständige Übersicht über die verschiedenen Arten des Buchbesitzerzeichens erhalten. Einleitungsweise setzt der Herausgeber die Mannigfaltigkeit und Geschichte der Ex-Libris kurz auseinander. Nach einer chronologisch geordneten Aufzählung der veröffentlichten Stücke — je mit Angabe des Besitzers, des Künstlers, des vermutlichen Datums der Entstehung und der Masse des Originals — folgen die Tafeln. Das (aus freier Hand mit dem Pinsel) gezeichnete und gemalte Wappen Georg Podiebrads eröffnet die Reihe. Es folgen 64 Bibliothekszeichen des 16. Jahrhunderts, die neben dem einfachen Wappenschild figurenreiche Allegorieen, lebensvolle Bildnisse u. viele andere Arten des Ex-Libris aufweisen. Zugleich geben sie aber auch von der Technik der graphischen Künste glänzende Proben, illustrieren die Entwickelung des Holzschnitts vom kolorierten Umrissbild bis zur feinschraffierten Figuren- und Ornamentdarstellung, die Grabstichel- und Radierkunst in ihren Anfängen und auf ihren Höhen (unter den Händen eines H. S. Beham oder des Monogrammisten J. B.). In den 52 Blättern des 17. Jahrhunderts erlangt nunmehr der Kupferstich die Alleinherrschaft, weist aber die allerverschiedensten Unterarten der Technik (Stich, Radierung, kombiniertes Verfahren u. s. f.) auf. Noch immer überwiegt inhaltlich weit das Wappen. Im 18. Jahrhundert treten dann die Arbeiten der Radiernadel in den Vordergrund: die 35 Blätter stellen uns neben anspruchsvollen Kartuschen und niedlichen Amoretten bald den halben Olymp, bald Landschaft und Architektur, bald die ganze Bibliothek des glücklichen Besitzers selbst vor Augen. Endlich führt unser Jahrhundert, das mit 8 Blättern vertreten ist, auch die Lithographie ein. Eine farbige Zeichnung J. Sattlers, in der sogar der Symbolismus der jüngsten Tage ein Wörtchen mitspricht, beschliesst die reichhaltige Sammlung.

Die Tafeln sind in Lichtdruck und Farbendruck durchweg recht gut ausgeführt. Dass dabei die Klarheit und der Glanz z. B. der Kleinmeisterarbeiten des 16. Jahrh. nicht ganz herauskommt, das liegt nun einmal an der gewählten Reproduktionsweise, ebenso wie die leidige Thatsache, dass der Farbendruck die Weichheit und Durchsichtigkeit gemalter Farben nur unvollkommen wiederzugeben vermag. R. Kautzsch.

Schönbach, Anton E., Über Lesen und Bildung. Umschau und Ratschläge. Vierte, stark erweiterte Auflage. (Fünftes und sechstes Tausend.) Graz. Verlag von Leuschner & Lubensky. 1894. 8°.

Dieses Buch, dessen Grundstock im Herbst 1887 gehaltene Vorträge bilden und das nun innerhalb eines kurzen Zeitraumes bereits in vierter Auflage vorliegt, beleuchtet in stilistisch vornehmer und gedankentiefer Weise gebildeten Kreisen gegenüber die Zustände der Gegenwart (I), steckt die Ziele aus (II) und giebt Mittel und Wege an sie zu erreichen (III). Das Rüstzeug für seine Wanderung wird dem Leser in den angehängten reichhaltigen Bücherlisten geboten. Die ursprünglichen grundlegenden Abschnitte, drei an der Zahl, wurden später durch litterarhistorische Essays ergänzt, so dass die vierte Auflage im vierten Abschnitt die neue deutsche Dichtung, im fünften den modernen Realismus, im sechsten Henrik Ibsen behandelt. Das Bedürfnis, führende Regeln durch irgend ein grösseres oder kleineres Litteraturgebiet zu besitzen, hat man oft und an verschiedenen Orten gefühlt. Wie der allgemeine Bildung Suchende nach Halt- und Richtpunkten auf dem Wege durch die Litteratur zu streben sich veranlasst fühlt, so kommt gerade auch der Bibliothekar auf gelehrtem Gebiete in anbetracht der Mittel unserer Bibliotheken, deren Unzulänglichkeit uns jüngst A. Roquette eindringlich dargethan hat, beständig in die Lage, nebst Berücksichtigung örtlicher Bedürfnisse von grossen Gesichtspunkten geleitet, das Beste aus der Litteratur auszuwählen. Es dürfte wohl kein verfehltes, wenn auch schwieriges Unternehmen sein, einmal vom rein gelehrten Standpunkte aus ein bündiges Vademecum — Grundlinien der Entwickelung und Litteratur — durch sämtliche Wissenschaftsgebiete insbesondere für bibliothekarische Zwecke abzufassen. Ich möchte bei dieser Gelegenheit nicht verabsäumen, auf das Werk von H. B. Wheatley, How to form a library (3. ed., London 1887) zu verweisen.

Graz. Ferdinand Eichler.

R o w e l l, Joseph C., Classification of books in the library. University of California. Library Bulletin, No. 12. Berkeley, California, 1894. 8°. 49 S.

Die Verschiedenheit des Volkscharakters der möglichst systematisch verfahrenden Deutschen und der durchaus auf die Praxis gerichteten Amerikaner macht sich bekanntlich auch auf dem Gebiete des Bibliothekswesens geltend und ist auch bei diesem Realkataloge der 60000 Bände umfassenden Bibliothek der Universität Berkeley nicht zu verkennen. Wie der Verfasser in dem Vorworte sagt, hat er sich bei der Aufstellung seines Schemas überhaupt nicht von rein bibliothekarischen Gesichtspunkten leiten lassen, sondern ist bemüht gewesen, dasselbe möglichst in Übereinstimmung zu bringen mit den Unterrichtskursen, wie sie zur Zeit an der dortigen Universität eingeführt sind.

Der Katalog zerfällt zunächst in zwei grosse Gruppen: Allgemeines Schriften und Einzelwissenschaften. Erstere wird eingetheilt in: A. Bibliography in General, Anonyms, Pseudonyms, B. Encyclopedias; Dictionaries of general knowledge, C. Periodicals; General, Literary, Unclassified. Letztere zerfällt in 47 Hauptabtheilungen mit mehr oder weniger Unterabtheilungen. Haupt- und Unterabtheilungen werden durchlaufend gezählt und der Anfang der ersteren nur durch grösseren und letzterer Druck hervorgehoben. Die Zahlenreihe geht von 1 bis 999, doch sind einerseits bisweilen Zahlen übersprungen, andererseits häufig Unterabtheilungen wieder in kleinere, durch Buchstaben-Exponenten bezeichnete Gruppen zerlegt, so dass sich die Gesamtzahl der Abtheilungen auf erheblich mehr als 1000 beläuft. Durch Verwertung der übersprungenen Zahlen und Einführung neuer Exponenten ist die Möglichkeit des weiteren Ausbaues gegeben. Die zusammengesetztesten Bezeichnungen einer Gruppe haben also im ersten Haupttheil die Form A 5°, im zweiten 395 Z. Ob nun jedes einzelne Buch innerhalb derselben Gruppe noch seine besondere Bezeichnung hat und wie dieselbe etwa beschaffen ist, ist leider nicht ersichtlich. Dass der Verfasser bemüht war, die einzelnen Hauptabtheilungen auf einen logischen Faden aufzureihen, ist zwar nicht zu verkennen, aber ebensowenig lässt sich leugnen, dass dieser Faden bisweilen zerrissen ist. Als Beispiele dafür mögen die Fortschreitungen: Religion, Biography, Geography oder Art of War, Aesthetics dienen. Einen etwas befremdenden Eindruck macht die Gleichstellung von Gruppen, die logisch in ganz verschiedenen Verhältnissen zu einander stehen, so z. B. Language, Indo-European L., Greek L., Latin L., Romance L., Italian L., Spanish L., French L., Celtic L., Slavic L., Teutonic Philology, German L., English L., Literature; Comparative, History of English Literature, California Authors. Offenbar ist dafür die Rücksicht auf den Lehrplan der Universität massgebend gewesen. Der Gebrauch des Katalogs wird wesentlich erleichtert einerseits durch ein ausführliches alphabetisches Register der sachlichen Schlagworte, andererseits durch zahlreiche Verweisungen innerhalb des Textes. O. Grulich.

Dr. R u d o l f B e e r, Handschriftenschätze Spaniens. Bericht über eine im Auftrage der kaiserlichen Akademie der Wissenschaften in den Jahren 1886—1888 durchgeführte Forschungsreise. Wien 1894, Tempsky. 755 S. 8.*)

Nachdem Herr von Hartel im ersten Bande der Bibliotheca patrum Latinorum Hispaniensis eine Anzahl wichtiger Handschriften besonders aus

---

*) Obiges Buch ist ein durch treffliche Indices vermehrter Sonder-Abdruck der zuerst in den Sitzungsberichten der philos.-histor. Klasse der Kais.

dem Escorial und aus Madrid auf Grund von Löwes Aufzeichnungen genau
beschrieben hat, ist von Herrn Rudolf Beer eine mehrjährige Reise nach
Spanien unternommen worden, welche den zweiten Band der Bibliotheca
vorbereiten soll. Die gelehrte Welt darf dem Erscheinen dieses Bandes mit
Spannung entgegensehen, da er über manche noch unbekannte Handschrift,
ja über manche noch unerforschte Bibliothek die erste Kunde bringen wird.

Einstweilen giebt Beer in dem vorliegenden Werke eine Übersicht
über die Bibliotheken Spaniens, insofern sie Handschriften besitzen. Diese schon
von Löwe begonnene Arbeit wird von Beer mit einer wahrhaft erschöpfenden
Gründlichkeit und Gelehrsamkeit zu Ende geführt. In dieser Übersicht sind
auch die untergegangenen und die Privatbibliotheken aufgenommen. Bei einer
jeden Bibliothek werden die vorhandenen Kataloge beschrieben, die Druckwerke genannt, welche der Beschreibung oder der Geschichte der betreffenden
Bibliothek gewidmet sind, und die veröffentlichten Facsimile verzeichnet.

Die Zahl der besprochenen Bibliotheken beträgt 617 (Beers letzte Zahl
ist 616, allein die Nummer 78 ist zweimal gesetzt). Von diesen sind 255
untergegangen; also bestehen noch 362, von denen Beer 75 besucht hat. Diese
bestehenden vertheilen sich auf 127 Orte. Am reichsten scheint Madrid (mit
gegenwärtig 40 Bibliotheken) an Bücherschätzen zu sein.

Wo der Verfasser mittelalterlicher Kataloge habhaft werden konnte,
hat er solche, zumal wenn sie noch nicht bekannt waren, zum Abdruck gebracht. Auch in dieser Richtung ist sein Werk eine reiche Fundgrube
interessanter Notizen.

Die Einleitung weist auf die kulturhistorische Bedeutung dieser Biblio-
theksgeschichte hin und giebt einen Überblick über die Geschichte des
Bücherwesens in Spanien vom Jahre 402 bis zum XVI. Jahrhundert, auch eine
kurze Übersicht über die wichtigsten allgemeinen Werke, welche bis jetzt der
Erforschung der spanischen Bibliotheken gewidmet waren. Eine merkwürdige
Notiz findet sich auf S. 25: aus einem Kaufinstrument geht hervor, dass Bischof
und Kapitel der Kathedrale von Barcelona im Jahre 1043 von einem Juden
Remundus zwei Priscianhandschriften erwarben und als Preis ein Bauerngut
dafür hingaben. Man sieht, wie hoch die Kenntnis des Lateinischen damals
geschätzt wurde! Die Einleitung schliesst Exkurse über die von Isidor benutzten Quellen und über die spanischen Juvenalhandschriften ein.

Angehängt ist dem Werke ein ausführlicher alphabetischer Index (in
welchem hier nur der Name Arneugol in Maître Ermengau berichtigt und
der Vorname Robert bei Waco gefügt werde!). Den Schluss machen drei
Verzeichnisse: eins der datierten Handschriften; eins der Handschriften mit
Namensangabe des Schreibers oder Illuminators; eins der Miniatorenliste.
In diesen Verzeichnissen wären vielleicht besser den lateinischen Texten auch
lateinische Titel gegeben worden. Denn es kann irre leiten, wenn die eine
Handschrift Forum Judicum, die andere (gleichfalls lateinische!) Fuero juzgo
genannt wird.

Das ganze Werk zeugt von hingebender, opferfreudiger Arbeit, welche
in ihm ein für jeden Forscher auf dem Gebiet der antiken oder mittelalterlichen Litteratur des Abendlandes unentbehrliches Handbuch geschaffen hat.
Wird in der Einleitung das Entgegenkommen der spanischen Gelehrten und
Bibliothekare mit grossem Lobe bedacht, so ist doch auf der anderen Seite
nicht zu vergessen, dass auch Spanien allen Grund hat, dem ausländischen
Gelehrten dankbar zu sein, der es mit einem Bibliothekswerke beschenkt hat,
auf das alle anderen Länder mit Neid blicken dürfen. Denn eine so vollständige Aufzählung und Beschreibung seiner alten Bibliotheken hat bis jetzt
kein Land aufzuweisen, und man darf mit einigem Stolz hervorheben, dass diese
Arbeit einem Gelehrten Deutsch-Österreichischer Nationalität verdankt wird.

Akademie der Wissensch. in Wien Jahrg. 1891—94 veröffentlichten Berichte
Beers, auf welche in diesem Blatte schon wiederholt hingewiesen ist (vgl.
C. f. B. X S. 117, 421, XI S. 428).

Über den Erforschern der spanischen Bibliotheken hat bis jetzt ein düsteres Verhängnis geschwebt. Die jungen Gelehrten, die sich auf dieses Gebiet gewagt haben, Heine, Ewald, Löwe, Knust, Tallban, Graux, haben sämtlich ein vorzeitiges, mehrere sogar ein jäh unglückliches Ende gefunden. Wir wünschen dem verdienten Verfasser von Herzen, dass ihm ein dauerndes glückliches Los beschieden sei! Hermann Suchier.

Mitteilungen aus und über Bibliotheken.

Im C. f. B. Jahrg. VIII S. 520 haben wir unsere Ansicht über einen unseres Erachtens unmotivierten, innerlich widerspruchsvollen Angriff, den der Herr Professor Dr. Schröer in Freiburg i. B. gegen das deutsche Bibliothekswesen im Feuilleton der „Frankfurter Zeitung" vom 26. Mai 1891 gerichtet hatte, ausgesprochen. Der genannte Herr hat diesen Aufsatz nun mit anderen ähnlichen Essays unter dem Titel: „Über Erziehung, Bildung und Volksinteresse in Deutschland und England" in demselben Jahre zusammendrucken lassen. Das Erscheinen dieser Aufsätze in einer neuen Titelausgabe im vorigen Jahre hat nun dem Herrn Oberlehrer Dr. Max Friedrich Mann in Leipzig die Veranlassung geboten, in einer Besprechung derselben in der Anglia Bd. V No. 9 S. 271 (1894) folgendes drucken zu lassen:

„Was Schröer über unsere Bibliotheken sagt, können wir durchaus unterschreiben. Das Entgegenkommen der Beamten ist gering, weil sie jede Bitte als Störung ihrer wissenschaftlichen Privatarbeiten empfinden, die Bestimmungen über die Benutzung der Bücher sind so engherzig als möglich gefasst. Auf einer Bibliothek z. B. bekommt man in der Regel die Bücher nur schwer mit nach Hause, und zwar die alten nicht, weil sie zu alt, die neuen nicht, weil sie zu neu sind. Auf derselben Bibliothek wurde einem Universitätsdocenten, der die umfangreiche Plato-Übersetzung von Müller-Steinhart verlangte, freundschaftlich geraten, sich doch den billigen Reclam zu kaufen statt die Bücher zu entlehnen. Eine andere Bibliothek verlieh Cahiers Mélanges d'Archéologie, d'Histoire et de Littérature trotz besonderer Empfehlung eines Geheimrats nicht mit nach Hause, weil sie zu wertvoll wären. Und dazu hatte man sich auch obendrein erboten, den Marktwert der Bücher zur Sicherstellung zu hinterlegen! Es ist uns ferner z. B. bekannt, dass einer der Beamten häufig, um sich Arbeit zu ersparen, auf die Zettel „verliehen" oder „fehlt" schrieb, obwohl die Bücher da waren, und dass schliesslich die Mitglieder eines Seminars ganze Bündel solcher Zettel gesammelt hatten und Beschwerde beim Seminardirektor führten; der aber schlug die Sache gleich! Solche und ähnliche Vorkommnisse lassen einen wünschen, man hätte das Britische Museum within easy reach, oder unsere Einrichtungen wären so, wie drüben oder so, wie der Schröer vorschlägt.

Ich glaube diese Auslassung des Herrn Dr. Mann hier wiedergeben zu sollen, um unseren Herren Kollegen in England und Amerika, denen die „Anglia" vorzugsweise in die Hand kommen wird, zu zeigen, dass die deutschen Bibliotheken solchen schnöden Angriffen gegenüber ein gutes Gewissen haben. In Deutschland weiss man, dass diese Anklagen unbegründet sind. Sollte sich auf dieser oder jener Bibliothek etwas zugetragen haben, was den von Herrn Dr. Mann berichteten Vorgängen ähnlich sähe, so wäre es dessen Pflicht gewesen, diese Bibliotheken zu nennen. Solange er das nicht gethan hat, müssen wir selbst seine sehr bestimmt auftretenden Angaben als nicht substantiiert ansehen und als auch uns nicht ganz unbekannte Anekdoten und schlechte Witze betrachten. O. H.

Die Grossherzogl. Hofbibliothek zu Darmstadt versendet seit dem 1. März d. J. auf Staatskosten die bei ihr bestellten Bücher, ohne Verpackungskosten zu berechnen und franko, nach allen Orten des Grossherzogtums Hessen. Diese Liberalität hat natürlich ihr Echo in der Presse gefunden. Von den verschiedensten Seiten, z. B. im Schwäbischen Merkur vom 9. März, wird eine Ausdehnung dieser Anordnung für andere Bibliotheken verlangt. Gewiss sollen Landesbibliotheken ihre Bücherschätze den Bürgern des ganzen Landes möglichst gleichmässig zugänglich machen, und es wäre sehr schön, wenn der Staat die Versendungskosten wenigstens teilweise tragen und die kürglich bezahlten Diener für Verpackung und Beförderung der Packete auf die Post durch eine Pauschsumme entschädigen würde. Aber für die Landesbibliothek eines grösseren Staates hätte die Sache schon sehr ihre zwei Seiten. Die zahlreichen Gelehrten Berlins z. B., die sehr stark, ja fast einzig auf die Benutzung der grossen Königlichen Bibliothek angewiesen sind, würden es als eine unerträgliche Beeinträchtigung ihrer Studien empfinden, wenn die Benutzung der Königlichen Bibliothek, die jetzt schon gegen ein Billiges ihre Bücher an die Universitäts-Bibliotheken versendet, noch mehr in Anspruch genommen werden sollte. Ich will die Einrichtung der grossen Bibliotheken anderer Länder, z. B. die des British Museums und der Bibliothèque Nationale, die Präsenzbibliotheken sind, also gar nichts ausserhalb ihrer Räume zur Benutzung verleihen, nicht für deutsche Verhältnisse als nachahmenswert empfehlen. Ein mittleres Verfahren wird wohl auch hier das Richtige treffen, selbst für die Landesbibliotheken. Die Vorstände von Bibliotheken, die ganz kostenlos versenden, werden sich u. E. bald überzeugen, dass ihre Liberalität, wenn auch nicht durchgehend, so doch sehr häufig missbraucht werden wird. Und Universitäts-Bibliotheken, die in erster Linie den litterarischen Bedürfnissen der betreffenden Hochschule dienen sollen, werden erst recht nicht Anordnungen treffen können, die auswärtige Benutzer auf Kosten der Lehrer und Studierenden der Universität in gewissem Grade noch begünstigen würden. Man darf darauf gespannt sein zu erfahren, welche Resultate die grosse Liberalität der Darmstädter Bibliothek in ihrem Gefolge haben wird. O. H.

Dem höchst verdienstlichen Report of the Commissioner of Education for the year 1890—91 (2 Vol. 8°. 1549 S. Washington 1894) entnehmen wir eine Anzahl für das Jahr 1890/91 gültiger statistischer Angaben über die Bibliotheken der Unterrichtsanstalten in den Vereinigten Staaten, die, wenn sich die Zahlen infolge des stetigen Zuwachses inzwischen auch bereits vielfach geändert haben, dennoch verdienen hier erwähnt zu werden. Nach diesem Bericht besassen die Mittelschulen der Vereinigten Staaten, die sog. „secondary schools", im Jahre 1890/91 im ganzen 2094768 Bibliotheksbände, von denen 1068542 Bände auf die öffentlichen Anstalten, 1026166 auf die durch Stiftungen oder private Korporationen unterhaltenen Akademieen, Seminarien u. s. w. entfielen. Den grössten Bücherreichtum zeigte dabei unter allen Staaten der Union der Staat New York, der über 262725 Bde. in den öffentlichen und 110078 Bde. in den privaten Anstalten verfügte. Auf der niedrigsten Stufe stand Arizona, das nur 574 Bde. aufzuweisen hatte. Um mehr als das Doppelte würden die Bibliotheken der „secondary schools" von denen der Universitäten and Colleges überroffen. Dieselben besassen nämlich im Jahre 1890/91 insgesamt 4542902 Bde. und 706332 Broschüren, doch waren die letzteren nicht überall gezählt. Sie hatten in dem letzten Jahre einen Zuwachs von 359849 Buchbinderbänden gehabt. New York stand auch hier wieder an erster Stelle. Seinen 630552 Bdn. und 82100 Broschüren folgte Massachusetts mit 571159 Bdn. und 172500 Broschüren. Dann kamen Pennsylvanien (317080 + 135140) und Ohio (303272 + 48000). Am ärmsten an Büchern war Montana, dessen einziges College nur 1200 Bde. hatte. Arizona besass überhaupt keine derartige Anstalt. Über Erwarten gross waren die Büchersammlungen, welche einzelnen der höheren Fachschulen, besonders den Colleges of agriculture and the mechanic arts, zu Gebote standen. So besass die Bibliothek des Agricultural College der Cornell University zu Ithaca nicht weniger als 112315 Bde. und 25240 Broschüren und das Agricultural and Mechanical Department der Brown University in Providence 72000 Bde. und 10000 Broschüren. Der Bücherbestand sämtlicher Taub-

Mitteilungen aus und über Bibliotheken.

stummenanstalten der Vereinigten Staaten bezifferte sich auf 61 202 Bde., die bedeutendste darunter, die von Illinois, mit 12310 Bden.; der Bücherbestand sämtlicher Blindeninstitute auf 75435 Bde. Unter diesen war die Ohio Institution for the Education of the Blind mit 22500 Bden. am besten ausgestattet. Nur geringe Bücherschätze hatten die Institute für Geistesschwache. Keines derselben ging über 1300 Bde. hinaus.　　　　　　　　　　　Ht.

Die Astor Library in New York hatte, wie ihr 46. Jahresbericht meldet, am Schlusse des Jahres 1894 einen Bücherbestand von 208 611 Bänden, gegen das Vorjahr ein Mehr von 8294 Bänden. Die Zahl der Leser bezifferte sich auf 78 901, die 215 051 Bücher benutzten. Nach der Jahresrechnung wurden für Gehälter 17 368 $, für Bücheranschaffungen 24 074 $ verausgabt. Zeitungsnachrichten zufolge trägt man sich übrigens zur Zeit in New York mit dem Gedanken, diese Bibliothek mit der Lenox Library und der Büchersammlung des verstorbenen ehemaligen Gouverneurs Samuel J. Tilden zu einer grossen Bibliothek zu verschmelzen. Es würde dadurch eine ungefähr 450 000 Bde. umfassende wertvolle Sammlung geschaffen werden, der, da ihr auch das reiche Vermächtnis Tildens im Betrage von 1 800 000 $ zufliessen würde, bedeutende Mittel zur Verfügung stehen würden.　　　Ht.

Die Akademische Revue bringt in ihren Hochschulnachrichten auch regelmässig Mitteilungen über Zuwachs, Benutzung etc. der Bibliotheken an den Hochschulen. In dem 3. Hefte ihres 1. Jahrganges finden wir u. a. folgende bemerkenswerte Notizen: In Upsala hat Bibliothekar Annerstedt Erhöhung des Budgets für die Bibliothek von 15000 Kr. auf 27000 Kr. beim Konsistorium beantragt. In der Motivierung des Antrags heisst es: „Die Bibliothek ist die Rüstkammer, in der die meisten Waffen bereit stehen, mit denen die geistigen Kämpfe auszufechten sind. Wenn man eine Bibliothek nicht mit den wissenschaftlichen Schätzen versorgt, deren die Universität für ihre Arbeit unbedingt bedarf, so verführt man ebenso ungereimt, wie der, welcher ein gutes und teures Heer unterhält, demselben jedoch die zum Kampfe nötigen Waffen vorenthält". — Nach „The Library Journal" wurden in den ersten zehn Monaten des Jahres 1894 4 000 000 M. zur Errichtung und Förderung öffentlicher Bibliotheken in den Vereinigten Staaten von Nordamerika geschenkt, Schenkungen an Häusern, Bauplätzen, Büchersammlungen u. s. w. sind darin nicht mitberechnet. — Die Bibliothek des Columbia College in New York erhielt im letzten Jahre einen Zuwachs von reichl. 15000 Bänden, ihr gegenwärtiger Bestand ist ca. 175000 Bände, die Zahl der ausgeliehenen Bücher betrug reichlich 42000. — In Argentinien giebt es in der Provinz Buenos Aires 49 öffentliche Bibliotheken mit zusammen etwa 50 000 Bänden, in der Provinz Santa Fé deren 8 mit etwa 12000, in der Provinz Entre Rios 18 mit gegen 22000 Bänden. Die Bibliothek der Universität Córdoba beginnt sich wieder zu heben, „trotzdem sie in früheren Zeiten schändlich beraubt und zersplittert wurde"; sie enthält viele klassische alte und neue Werke und Manuskripte. — Die Nationalbibliothek zu Montevideo (Uruguay) umfasst 20000 Bände und 2500 Manuskripte. — Die Bibliothek der jurist. Fakultät in Recife (Brasilien) zählt 5510 Bände und wurde monatlich von 583 Lesern, meistens Studenten, benutzt.　　　W.

Nach der Akademischen Revue Jg. 1 Hft. 5 (1895) ist für das Owens College (Victoria University) in Manchester ein neues Bibliothekgebäude in Angriff genommen. Die Bibliothek der Mediziner ist nämlich mit 31000 Bänden und 118 Zeitschriften in der „Medical School" untergebracht, für die Bibliothek der anderen Fakultäten (64000 Bände, 415 Zeitschriften) liess ein früherer Professor, R. C. Christie, auf seine Kosten ein besonderes Gebäude errichten. Das Columbia College in New York trägt sich mit dem Plane einer Erweiterung seiner Bibliothek, die nach der Schätzung des Universitäts-Präsidenten 750 000 Doll. kosten würde. — Die Bibliothek des verstorbenen

Prof. v. Helmholtz wird von Reichs wegen für die physikalisch-technische Reichsanstalt angekauft. Die Arbeiten zum Neubau der Universitäts-Bibliothek zu Freiburg i. B. sollen im Sommer 1895 beginnen. W.

Eine lange, fleissige Arbeit über die Bauthätigkeit und Kunstpflege im Kloster Wessobrunn von Gg. Hager, Bibliothekar des bayer. Nationalmuseums, enthält Bd. 48 des Oberbayerischen Archivs für vaterländische Geschichte (München 1891) S. 195—521. Natürlich gedenkt Hager in seiner Arbeit auch öfter der Klosterbibliothek, deren Schätze sich jetzt in der Königlichen Hof- und Staatsbibliothek zu München befinden. Die Bibliothek erbaute Abt Paulus II. (1460—80), vielleicht wurde sie in einem neu errichteten oberen Geschoss der Marienkapelle untergebracht, wie das in jener Zeit mehrfach vorkommt. Abt Kaspar (1508—25) erwarb für die Bibliothek „ungefährlich umb 300 gulden" Bücher. Abt Gregor II. gab in den Jahren 1607—41 für Bücher 941 fl. 54 kr. aus, z. B. „1613. Item so haben wir auch erkhaufft von unsern gewessten conuent-schuelmaistern M. Georgen Reltenmann seel. hindterlassnen klaindern 46 lateinische und khriechische piecher, dann auch underschidlich von Augspurg bringen lassen, khirchengesetzen vnd antere nambare plechl, die gestehen 70 fl. 53 kr." Nur ein kleiner Teil des Geldes wurde auf das Einbinden von Büchern verwendet, das 1614 „M(eister) Georg Eckhert puechpinder in München", 1615 ausser ihm noch Willibald Perlinger in München besorgte. Abt Thassilo (1706—43) führte einen Neubau der Konventgebäude und auch der Bibliothek aus, 1710 legte er den München den Plan zum Neubau der Bibliothek vor, 1711 erteilte der Konvent die Erlaubnis in instandes mille florenos zur Vollendung der Bibliothek und der Konventgebäude. Unter Abt Ulrich Mittermayer (1760—70) wurde die Bibliothek in ein neues prächtiges Lokal übertragen. Wahrscheinlich wurde damals ein neues Bücherzeichen der Bibliothek angefertigt, das den Klosterpatron St. Peter als Papst thronend, die Linke auf den Schild mit dem Klosterwappen legend darstellte, s. Warnecke, Bücherzeichen. Im Inventar von 1553 heisst es unter der Rubrik „von der Liberei": „In Bibliotheca et ante cellam Prioris continentur volumina numero octuagenta triginta tria sub sola tectis, titulis, exceptis his, quae adhuc non habentur, quorum sunt numero XVI. Et quae adhuc carent titulis, et qui (?) clausi tenentur ante bibliothecam, quorum sunt ultra quatuor et viginti. Et duo Missalia et X antiqi officiorum libri etc." 955 war das Kloster von den Ungarn verwüstet worden, etwa 100 Jahre später wurde die Benediktiner-Regel wieder in Wessobrunn eingeführt, Hager glaubt unter Mitwirkung des Klosters St. Emmeran in Regensburg. Bei dieser Gelegenheit könnte die Handschrift mit dem Wessobrunner Gebete nach Wessobrunn gekommen sein, vielleicht auch ein im 10. Jahrh. geschriebenes und mit einem Prachteinband versehenes Evangeliar, jedenfalls dürften beide Handschriften, so wenig wie der Einband, in Wessobrunn entstanden sein. Der vordere Deckel des Evangeliars (jetzt Cod. lat. 22021 der Münchener Staatsbibliothek) ist mit Elfenbeinreliefs, verschiedenen Steinen, Filigran und Gravierungen verziert. Die nähere Beschreibung siehe a. a. O. Seite 215—16. W.

Dem Jahrgang 1894 des von Dr. Wl. Wisłocki herausgegebenen Przewodnik bibliograficzny entnehmen wir die folgenden Nachrichten über grössere polnische Bibliotheken. Die Jagellonische (Universitäts-) Bibliothek in Krakau soll durch das Gebäude des St. Annengymnasiums eine Erweiterung erhalten; der Lesesaal wird in den Abendstunden für Docenten und Beamte der Universität geöffnet (S 16); der Handschriftenbestand hat sich um 40 (auf 5303) vermehrt (S. 99). Eine Geschichte der Lemberger Universitäts-Bibliothek ist in der Festschrift zur Eröffnung der medizinischen Fakultät in Lemberg von Finkel und Starzyński (Geschichte der Universität Lemberg, 2 Bde.) erschienen. Der Bestand betrug Ende 1893 68600 Werke in 124700 Bänden und 465 Handschriften (S. 219. 220). Von grösseren polnischen Privatbibliotheken werden die der Grafen Tyszkiewicz in Birz bei Wilna (S. 34), der Grafen Branicki in Sucha in Galizien (S. 139) und die von Hutten-Czapski'sche (jetzt in Krakau) erwähnt (S. 220). P.

Die Stadtbibliothek zu Mainz, deren Verwaltung sich in richtiger Erkenntnis der Aufgaben einer derartigen Anstalt das Ziel gesteckt hat, zugleich „wissenschaftlicher Arbeit und ernster Belehrung zu dienen, daneben aber auch ähnlich wie die Public Libraries in Amerika und England möglichst den Bedürfnissen des grösseren Publikums Rechnung zu tragen", hat im Verwaltungsjahre 1893/94 einen Zuwachs von gegen 3500 Buchbinderbänden erfahren und im ganzen 10 600 Bände ausgeliehen. Benutzt wurde sie durchschnittlich täglich von 40 Personen. H.

Vermischte Notizen.

Im Jahre 1889 liessen die Herren G. Ottino und G. Fumagalli, damals Bibliothekare in Rom und Mailand, in Rom bei P. Loreto Pasqualucci eine gemeinschaftlich abgefasste „Bibliotheca bibliographica Italica. Catalogo degli scritti di bibliologia, bibliografia e bibliotreconomia pubblicati in Italia o di quelli riguardanti l'Italia pubblicati all' estero" erscheinen. Das Werk war eine Preisschrift, die in dem ersten vom italienischen Unterrichtsministerium ausgeschriebenen bibliographischen Wettbewerbe gekrönt war. Natürlich war das Werk nicht in allen Teilen vollständig, was bei der früheren Zerstückelung Italiens und den dort bestehenden buchhändlerischen Zuständen doppelt begreiflich ist. Ein Mitbewerber um den Preis Herr Dr. Curzio Mazzi konnte daher 1893 in Florenz bei G. C. Sansoni einen sehr umfangreichen Appendice zu dem genannten Werke unter dem Titel erscheinen lassen: Indicazioni di bibliografia Italiana. Jetzt haben nun die Herren Ottino und Fumagalli, mittlerweile nach Turin und Neapel versetzt, in Turin bei Carlo Clausen einen zweiten Band als Supplemento herausgegeben, in dem sie die Arbeit des Herrn Mazzi und anderer, soweit sie das für nötig erachteten, sowie die von ihnen selbst neu aufgefundenen Schriften zur italienischen Bibliographie bis zum 15. August 1894 aufgenommen haben. Da das ursprüngliche Werk bekannt genug sein dürfte und der Nachtrag sich in seiner Disposition ganz an das anschliesst, ist es wohl nicht nötig näher auf dasselbe einzugehen. Es sei nur bemerkt, dass die Anzahl der neu aufgenommenen Titel sich bis auf 2110 beläuft, so dass die beiden Bände jetzt 6450 Titel von selbständigen Werken und Aufsätzen in verschiedenen Zeitschriften u. s. w. enthalten. Damit dürfte eine Vollständigkeit annähernd gewonnen sein und für die italienische Bibliographie ein Ziel erreicht sein, um das sie manche andere Litteratur beneiden kann. Die „qualche utilità", die sich die Herren Autoren von ihrer mühseligen, fleissigen Arbeit versprechen, kann man in Wahrheit nur eine recht grosse nennen. O. H.

Eine umfassende Bibliographie der neugriechischen Mundartenforschung, mit geographischem Register und Autorenverzeichnis, enthält die erste der neugriechischen Studien Gustav Meyers in den Sitzungsberichten der Wiener Akademie der Wissenschaften, Philos.-Hist. Klasse Bd. 130 (1894) Abh. 4. W.

Herr Paul Bergmans, Beamter an der Universitäts-Bibliothek zu Gent, hat eine kleine, hübsch ausgestattete Bibliographie „des thèses de doctorat spécial soutenues devant l'Université de Gand" erscheinen lassen. Seit 1855, d. h. seitdem die Institution des doctorat spécial eingeführt ist, durch das dem Doktoranden un diplôme scientifique spécial en faveur des personnes qui, après avoir obtenu le grad légal de docteur, se seront appliquées à certaines spécialités de la science, anerkannt wird, also eine Art Oberdoktorat eingerichtet ist, sind im ganzen 23 solcher Thesen erschienen, deren Titel Herr Bergmann chronologisch geordnet anführt und deren wesentlichen Inhalt er ganz kurz angiebt.

Eine „Bibliographie historique du Dauphiné au moyen âge" veröffentlicht der bekannte französische Bibliograph Ulysse Chevalier im Bulletin d'histoire ecclés. et d'archéol. relig. des diocèses de Valence, Gap etc. Ann. 14 (1894) p. 81 ff. W.

Im 7. Heft der Wissenschaftl. Beihefte zur Zeitschrift des allgemeinen deutschen Sprachvereins giebt Ferdinand Khull Grimmelshausens Schrift „Prälerei und Gepräng mit dem Teutschen Michel" mit Anmerkungen bibliographisch getreu nach der Ausgabe von 1673 heraus. W.

Eine fleissige Arbeit zur Geschichte des Volksbuches vom Eulenspiegel veröffentlicht Ch. Walther im Jahrbuch des Vereins für niederdeutsche Sprachforschung XIX. Jahrg. 1893 S. 1—79. Am Schluss (S. 67 ff.) werden die ältesten Drucke beschrieben, bibliographisch kritisiert und unter einander verglichen. Walther hält den Braunschweiger Hermas Bote für den wahrscheinlichen Urheber des Volksbuches. W.

Eine bisher unbekannte Ausgabe von William Tyndale's englischer Übersetzung des Neuen Testamentes, das bekanntlich die Grundlage für alle späteren englischen Übersetzungen desselben geworden ist, bespricht J. R. Dore in No. 3512 (v. 16. Febr. 1895) des Athenaeum S. 216—18. Infolge der überaus hartnäckigen Verfolgung, der dieser Vorkämpfer der Reformation in England besonders seitens des Bischofs von London ausgesetzt war, sind Exemplare dieses seines zuerst in Deutschland erschienenen Werkes sehr selten. Von der ersten Quart-Ausgabe kennt man nur ein Fragment, von der ersten Oktav-Ausgabe nur 2 unvollständige Exemplare. Dem Eifer des Londoner Bischofs wird dadurch ein um so glänzenderes Zeugnis ausgestellt, als neuere Funde wie auch der Dore's erkennen lassen, dass die Zahl der Drucke von Tyndale's Übersetzung eine sehr grosse gewesen ist, grösser, als man bis vor kurzem angenommen hat. Die von ihm aufgefundene Ausgabe weist Dore dem Antwerpener Drucker Martin Emperour zu und versetzt sie in das Jahr 1535. H.

Herr Stadtbibliothekar Dr. Gärtner in Zittau teilt uns unter Bezugnahme auf den Artikel von P. Gabriel Meier über den Dictionnaire der französischen Akademie im April-Heft des C. f. B. mit, dass die Stadtbibliothek zu Zittau vom Amsterdamer Nachdruck des Dictionnaire von 1696, von dem bisher nur 3 Exemplare bekannt waren (s. S. 178), ein viertes Exemplar verwahrt.

Auf der vorjährigen Jahresversammlung der Library Association of the United Kingdom, die, wie wir bereits (s. S. 50) mitteilten, in Belfast abgehalten wurde, ist eine Abänderung des für die Examina der Association bisher gültigen Planes vorgeschlagen und angenommen worden. Da die Abweichungen des neuen Planes von dem alten, über den C. f. B. II S. 335. ausführlicher berichtet ist, wenigstens was den zur Prüfung zu stellenden Wissensstoff betrifft, keine sehr grossen sind, so glauben wir denselben hier nicht abdrucken zu sollen, sondern verweisen über ihn auf The Library Vol. VI No. 70 S. 314 ff. Erwähnt mag aber werden, dass die bisherige Vorprüfung, die sich über den allgemeinen Bildungsstand des Kandidaten zu vergewissern hatte, fortan in Wegfall kommt und dass dafür von jedem Kandidaten, der nicht während 5 Jahre vor seiner Prüfung an einer Bibliothek thätig war, ein Zeugnis über das Bestehen einer öffentlichen Prüfung verlangt wird, wie sie auch das General Medical Council vorschreibt. Das Bibliotheksexamen voll sich in Zukunft nur auf bibliothekarische Fachgegenstände erstrecken und dabei im Auge behalten werden, dass es einen Beweis von der praktischen Zulänglichkeit des Kandidaten geben soll. Den Gegenstand des Examens, für das nur noch eine Art von Zeugnissen ausgestellt wird — die Honours Certificates worden abgeschafft —, bilden 1. Bibliographie und Litteraturgeschichte zweier Sprachen, deren eine das Englische sein muss, 2. Katalogisieren und Klassificieren der Bücher, 3. Bibliotheksverwaltung. Ht.

Über die Anfänge der Buchdruckerei in Poitiers handelt der Herr A. Claudin in der Revue de Saintonge et d'Aunis von 1894 und daraus in einem bei ihm (Paris, 16 rue Dauphine) erschienenen Separatabzuge: Les débuts de l'Imprimerie à Poitiers. Les Bulles d'indulgences de Saintes. Jean Bouyer, Saintongeais, prototypographe Poitevin. 20 S. in 8°. Es fehlt uns der Raum, um auf die hier scharfsinnig erörterten Streitfragen einzugehen.
O. H.

Herr Henri Jadart hat ein Essai d'une bibliographie rethéloise in Rethel bei Beauvarlet 1894 erscheinen lassen, die gerühmt wird.

Das norwegische Bücherverzeichnis für 1892 (Norsk Bogfortegnelse for 1892. Udgiven af Universitets-Bibliotheket. Christiania 1894. 2 Bl., 120 S., 1 Bl. 8°.), das erst jetzt erschienen ist, ist wie die früheren von der Universitäts-Bibliothek in Christiania herausgegeben. Die Ausgabe ist diesmal durch Krankheit innerhalb des schon so wie so nicht allzu starken Personals noch mehr als gewöhnlich verspätet worden. Das Verzeichnis, das früher als Separatabzug aus dem Jahrbuche der Bibliothek erschien, sollte für die Zukunft eine selbständige Publikation bilden, was für deutsche Bibliotheken nicht ohne Bedeutung ist, da die Separatausgabe wohl selten angeschafft wurde. Dem Verzeichnis ist ein systematisches Register beigegeben.
S. K.

In Heft 7 u. 8 des 3. Jahrgangs (1895) des „Buchgewerbeblattes", das Herr Konrad Burger in Leipzig herausgiebt, findet sich ein trefflicher Aufsatz des Herrn Grafen K. E. zu Leiningen-Westerburg in München, in dem dieser sich mit der gesamten Litteratur, die sich mit den Ex-libris-Darstellungen beschäftigt, giebt und für die grössere Verwendung der Ex-libris-Zeichen in unseren Bibliotheken lebhaft eintritt. Da der Träger der Bewegung für die Ex-libris-Litteratur in Deutschland, der Geh. Rechnungsrat Warnecke in Berlin, leider so früh gestorben ist, ist es erfreulich zu sehen, dass sich auch noch andere Herren, und zwar aus höheren Kreisen, für diese Sache interessieren. Vielleicht wäre eine Verschmelzung des Buchgewerbeblattes und der Ex-libris-Zeitschrift Warneckes kein Ding der Unmöglichkeit.

Eine Bibliographie der Werke des niederländischen Dichters Theodor Rodenburgh (erste Hälfte des 17. Jahrh., vgl. Jonckbloet, Geschied. der Nederl. Letterk.) liefert als Dissertation der philos. Fakultät von Utrecht Jan Alblas, Utrecht 1894. W.

Von dem Bilderatlas zur Geschichte der deutschen Nationallitteratur von Gustav Könnecke (Marburg, Elwert), über den in diesen Blättern (Jahrgang III S. 189 u. f.) ausführlicher berichtet wurde, ist jetzt eine zweite vermehrte und neu verbesserte Auflage erschienen. Die Thatsache, dass von diesem Werke 6000 Exemplare verkauft wurden sind, hat die Behauptung unseres Recensenten, dass der Bilderatlas einem Bedürfnisse entgegenkomme, vollauf bestätigt. Die neue Auflage, die mehr als 500 neue Bilder und 14 Kunstbeilagen bringt, hat dazu manche ältere Reproduktionen, die nicht ganz gut ausgefallen waren, durch bessere ersetzt, so dass sie als eine wirklich sehr verbesserte zu bezeichnen ist. Nur die Hoffnung, dass auch diese Ausgabe zahlreiche Käufer finden werde, hat es der Verlagsbuchhandlung möglich gemacht, einen so niedrigen Preis (22 M.) für das Prachtwerk anzusetzen. Jede Abbildung kostet in der That nur Einen Pfennig, da ihrer jetzt schon 2200 vorhanden sind. Allen Freunden der deutschen Litteratur sei das Buch daher auch jetzt in seiner neuen Form aufs beste empfohlen.

Die Bücherpreise auf antiquarischen Auktionen sinken nicht nur in Frankreich sondern auch in England. In London z. B. wurde bei Sotheby kürzlich die Sammlung E. Waterton's verkauft, die 6 Handschriften und 1109 Ausgaben der Imitatio Christi enthielt. Sie erzielte nur 141 £.

In der Rassegna Bibliografica della Letteratura Italiana Anno II No. 4 u. 5 beschreibt Herr Emil Picot einen Sammelband der an Seltenheiten so reichen Bibliothek des Herzogs von Aumale zu Chantilly sehr sorgfältig. Derselbe enthält fünfzig italienische Gedichte, welche für die Geschichte der Volkspoesie in Venedig um das Jahr 1520 von Bedeutung sind. Der Band, der 1749 mit 30 Fr. in einer Auktion erstanden worden war, wurde 1820 für 1200 Fr. verkauft und später vom Herzog von Aumale für 1050 Fr. erworben.
O. H.

Etwas zu den Büchertiteln! Gab unlängst ein angehender Schriftsteller seine Doktordissertation in Druck mit dem Titel: „Textkritische Bemerkungen zur" — folgen 5 syrische Worte in unvokalisierter Estrangelo-Schrift, welche die wenigsten Bibliothekare werden lesen können — „der hohen philosophischen Fakultät.. vorgelegt von... Leipzig, Druck von W. Drugulin 1894". Das war ungeschickt, ist aber begreiflich und wird dem Manne gewiss nicht wieder begegnen. Was sagen aber die Bibliographen zu folgendem?

Seit 5 Jahren las man in französischen und anderen Zeitungen, es werde eine längst als Bedürfnis empfundene Sammlung der syrischen Kirchenschriftsteller, eine Patrologia Syriaca, ein Gegenstück zum bekannten Migne unternommen werden (vgl. Litterar. Handweiser 1890. 2; The Athenaeum Aug. 19. 1891; Revue critique 1891 Nr. 22 p. 439). Nach langem Warten erscheint der erste Band bei der berühmten Firma Firmin-Didot und ahmt den alten Migne mit seinem schlimmsten Titel nach, ja überbietet denselben durch folgendes der Revue critique 1895 Nr. 7 entnommenes Ungeheuer:

Patrologia syriaca complectens opera omnia SS. Patrum, Doctorum scriptorumque catholicorum, quibus accedunt aliorum acatholicorum auctorum scripta, quae ad res ecclesiasticas pertinent, quotquot syriace supersunt, secundum codices praesertim Londinenses, Parisienses, Vaticanos, accurante R. Graffin, ph. ac th. doctore, linguae syriacae in facultate theologica Instituti catholici Parisiensis lectore. — Pars prima ab initiis usque ad annum 350; tomus primus, cujus textum syriacum vocalium signis instruxit, latine vertit, notis illustravit D. Johannes Parisot, presbyter et monachus congregationis Benedictinae Galliarum. Paris, Firmin-Didot. 4°.

In der Bibliographie der Theol. Lit. Zeit. vom heutigen Tage (N. 5 Sp. 142) steht dieselbe Titel abgekürzt, mit der Abweichung: usque ad annum 350 (statt 360). Was das Richtige ist, weiss ich nicht, da ich das Werk noch nicht gesehen habe, doch wird wohl die Rev. crit. recht haben. Aber nun das Tolle: dass trotz des langen Titels kein Mensch durch denselben erfährt, was der betreffende Band eigentlich enthält, welchen katholischen oder akatholischen Schriftsteller, ob seine sämtlichen Werke oder nur einen Teil derselben! Ich eile darauf aufmerksam zu machen, damit für die folgenden Bände das vermissten werde, womöglich dem zweiten ein neues Titelblatt für den ersten beigegeben werde. Man sollte nicht meinen, am Schluss des 19. Jahrhunderts zu leben, in welchem ein P. de Lagarde gerade hinsichtlich der Büchertitel ein so nachahmenswertes Beispiel gegeben hat, das Verdienst J. A. Bengel's erneuernd, der in einer Zeit, wo die längsten Büchertitel Mode waren, seinen Werken die kürzesten gegeben hat und in seiner Bescheidenheit einen Teil des Erfolgs seiner Werke der Kürze ihrer Titel zuschrieb (Nestle, Bengel als Gelehrter S. 29f.).

Ulm, 2. März 1893.   E. Nestle.

Zu Wilhelm Brambachs „Psalterium".*) Bei der Neubearbeitung des Kataloges der Handschriften der K. Bibliothek zu Bamberg fand ich häufig genug Veranlassung, mir aus Brambachs „Psalterium" Rat und Belehrung zu erholen. Für die schätzenswerten Dienste dankbar, welche dies kleine Buch einem Bibliothekar, der Laie in liturgischen Dingen ist, erweisen kann, möchte ich mir nun erlauben, einige Berichtigungen und Ergänzungen dazu zu geben, unter Hinweis auf die Bemerkungen, die bereits P. Gabriel Meier im 5. Jahrgang dieser Zeitschrift S. 98 veröffentlicht hat.

W. Brambach sagt S. 7 seines Psalteriums: „Jeder Wochentag hat sein eigenes Officium divinum, welches gebetet oder gesungen wird, wenn nicht Feste Christi oder der Heiligen oder eine Totenfeier einfallen". Das letztere ist nun insofern nicht ganz richtig, als eine Totenfeier am Tagesofficium nichts ändert, da das Officium Defunctorum neben dem Tagesofficium verrichtet wird.

Zu S. 5 möchte ich bemerken, dass mir ein (von Herrn W. Brambach näher beschriebenes) Dominicale unter den hiesigen Handschriften nicht zu Gesicht gekommen ist. Auf derselben Seite heisst es: „Diese Stundenordnung geht nicht in urchristliche Zeit zurück". Richtiger würde es heissen: die genaue heutige Stundenordnung geht zwar nicht in die apostolische Zeit zurück, wohl aber ist dies bei dem Stundengebet nachzuweisen.

Zu S. 11 ist zu bemerken, dass deshalb das Te deum an den Schluss der dritten Nocturno gebracht werden musste, weil oben seine rechte Stelle an den Schluss der dritten Nocturne, wenn drei solche sind, fällt.

Seite 20 sagt Brambach: „Im Cistercienser-Brevier Jehan Petias von 1510 ist eine Sammlung von Cantica dominicalia, de festis und communia dem Psalter beigegeben". Hier wäre hinzuzufügen, dass dieses Brevier deshalb so eingerichtet ist, weil Benediktiner und Cistercienser für die dritte Nocturne keine Psalmen, sondern nur Cantica haben.

Auf S. 25 spricht sich der Herr Verfasser über das Invitatorium aus und sagt schliesslich: „Zur Aufnahme in den Psalter waren die Invitatorien wegen ihrer Verbindung mit Psalmen … besonders geeignet". Genauer ausgedrückt hätte dieser Satz etwa zu lauten: Das Invitatorium steht nicht in Verbindung mit Psalmen, sondern gehört einzig zum Ps. 94 „Venite exultemus".

Zur Bezeichnung der Lektionen — Seite 35 — möchte ich nachtragen: Die Lektionen, die ja zum grössten Teile den Geschichtsbüchern der hl. Schrift entnommen sind, heissen auch „historiae". Jeder Lektion folgt aber ein Responsorium, welches dem Feste (oder der heiligen Zeit) angepasst ist, und auch diese Responsorien wurden im Mittelalter und werden in einzelnen Gegenden heute noch „historiae" genannt.

Seite 36 sagt Herr Brambach: „Diejenigen Gebete, in welchen die Bedeutung des Tagesfestes, der Name des gefeierten Heiligen 'erwähnt' wird, sowie das fürbittende Gedächtnis Lebender und Verstorbener, heissen Commemorationes". Diese Erklärung scheint nicht richtig zu sein. An geringeren Festen (semiduplex und sluplex jetzt im römischen Brevier genannt), dann im Officium de tempore (ausser Advent und Osterzeit) genauer: a Dominica Passionis — Dominica Ss. Trinitatis) folgt in Laudes und Vesper noch Commemoratio de S. Cruce, de S. Maria, de S. Josepho, de SS. Apost. Petro et Paulo, de pace, dann die Commemoratio des Diöcesan- und Pfarrpatrons, bestehend aus Antiphon, Versus, Responsorium, Oratio. Wird ein Fest während einer Oktave gefeiert (z. B. St. Aloysius in der Fronleichnamsoktav), so wird die Oktave in Laudes und Vesper commemoriert, wie oben angegeben, ebenso

*) Berlin, A. Asher & Co. 1887.

ein festum simplex, das mit einem höheren Feste zusammen oder in eine
Oktave, Advent- oder Fastenzeit fällt. Das sind die Commemorationes.
   Es sind nur kleine Berichtigungen und Nachträge, die ich verzeichne,
aber bei der bibliographischen Behandlung liturgischer Bücher werden sie
vielleicht den trefflichen Berater, den Brambach geboten hat, in einzelnen
Punkten unterstützen.
Bamberg. F. Leitschuh.

Zur Cochleus-Bibliographie. In dem laufenden Jahrgang des
„Centralbl. f. Bibliothekswesen" wird S. 145 f. eine Schrift des Cochleus besprochen, von deren erster Ausgabe nur zwei Exemplare, in München und
Dresden, bekannt sein sollen. Ein drittes Exemplar ist in meinem Besitz gewesen und von mir vor einigen Jahren an das Königl. Preussische Ministerium
der geistl. Angelegenheiten verkauft worden; es wird sich jetzt entweder in
Berlin oder in Wittenberg befinden. Es hat aber ausserdem Weller in seinem
Repertorium typogr. Nr. 3364 noch Zürich und Frauenfeld als Fundstätten
angegeben. Der Verfasser jener Notiz im Centralblatt, F. Lauchert, hat dann
noch auf eine andere deutsche Ausgabe der Schrift des Cochleus hingewiesen,
von welcher ein Exemplar aus Bicklings Bibliothek nach Strassburg gekommen
ist; ein anderes Exemplar derselben besitzt das Britische Museum, und ebenda
ist noch eine dritte deutsche Ausgabe vorhanden, aus derselben Offizin wie
die von Lauchert näher beschriebene, nämlich (Panzer II Nr. 2753): „Wider
die Reubischen vnd Mordischen rotten der Bawren die vnter dem schoyn
des heyligen Euangelions felschlichen wider alle Ober- kelt sich setzen vnd
empören. Antwort Martinus Luther. Johannus Cocleï von Wendelstein.
Antwort denen so vbel reden, dem Harten Buchlin an die Vörnämschen
Bawren geschriben. Martinus Luther. 25 Blätter in Quart, letzte Seite leer.
Weller erwähnt a. a. O. unter Nr. 3364 noch eine „Neue Ausg. durch M. Pet.
Sylvius. Dresden 1527. 4°."
Drakenstedt. D. K. Knaake.

Das neunte Jahresverzeichnis der an den deutschen Universitäten erschienenen Schriften, das die Titel derselben vom
15. August 1893 bis zum 14. August 1894 bringt, ist Anfang Januar ausgegeben
worden und zeichnet sich wie immer durch die Exaktheit seiner Angaben aus.

Das Verordnungsblatt des österr. Ministeriums für Kultus und Unterricht enthält als Beilage zu Stück XXIV des Jahrgangs 1894 das Verzeichnis
der in den Programmen der österreichischen Gymnasien, Realgymnasien und
Realschulen über das Schuljahr 1893/4 veröffentlichten Abhandlungen. Hiernach enthält das Programm der Landes-Unterrealschule in Waidhofen a. d. Ybbs
eine 38 S. umfassende Arbeit von Ferdinand Ruff über „die Bibliothek der
n. ö. Landes-Unterrealschule in Waidhofen a. d. Ybbs".

Fritz, G., Die k. k. Hof- und Staatsdruckerei und deren technische
Einrichtungen. Mit 6 Textillustr., 13 Ansichten und 10 Plänen. Wien. Aus
der kaiserl.-königl. Hof- und Staatsdruckerei. 1894. 8°. (1 Titelbild, 62 S., 12
Abbildg., 6 Pläne). — Das neue Gebäude der früher an verschiedenen Orten
in unzulänglichen Räumen untergebrachten Hof- und Staatsdruckerei in Wien,
deren Gründung in das Jahr 1804 fällt, wurde in den Jahren 1889 bis 1891
aufgeführt. Der Kostenvoranschlag belief sich auf 1725000 fl. In der vorliegenden Schrift giebt der Vicedirektor der Anstalt einen kurzen Bericht
über die Entwickelung der Bauangelegenheit, er beschreibt das Gebäude und
namentlich die maschinellen Einrichtungen, für die die neuesten Errungenschaften auf dem Gebiete der Technik verwertet worden sind. Moderner
Geist offenbart sich in der Anlage auch darin, dass für die Gesundheitspflege
der Arbeiter durch zwei Baderäume gesorgt ist. F. E.

Im Jahre 1894 sind in der preussischen Provinz Sachsen (nach den im Börsenblatt für den deutschen Buchhandel und den Nachrichten aus dem Buchhandel gemachten Angaben) 513 neue Bücher, einschliesslich neuer Auflagen älterer Werke, erschienen, und zwar in 80 Buchhandlungen an 27 Orten (21 Buchhandlungen haben ihren Sitz in Halle a. S.). Nach der Zahl der veröffentlichten Werke steht an der Spitze der Verleger in der Provinz Sachsen nach wie vor Dr. Max Niemeyer (Lippertsche Buchhandlung) in Halle a S. mit 86 Büchern, die nächstfolgenden sind die Buchhandlung des Waisenhauses in Halle mit 33, die Schulbuchhandlung in Langensalza mit 31 und Herrosé in Wittenberg mit 27 Werken. Die Bücherproduktion der letzten 7 Jahre (1888—1894) ergiebt folgende Übersicht:

Jahr	Orte	Verlags-Buchhandlungen	Werke
1888	25	70	421
1889	25	70	462
1890	26	71	424
1891	28	87	467
1892	28	76	462
1893	34	81	500
1894	27	80	513

P.

In Jahrgang 27 S. 1—96 der „Zeitschrift des Harz-Vereins" handelt Ed. Jacobs sehr eingehend von seinem Amtsvorfahren Johann Lorenz Benzler (1747—1817), der mit vielen literarischen Berühmtheiten und Dichtern des 18. Jahrhunderts befreundet war. Es werden im Anschluss an die Biographie verschiedene Schriftstücke aus dem Briefwechsel B.'s mitgetheilt.

Von dem Inventari dei manoscritti delle biblioteche d'Italia, die von G. Mazzatinti herausgegeben werden, ist jetzt Vol. IV erschienen. Er umfasst die Bibliotheken von Ivrea, Assisi, Foggia u. Ravenna, wie man sieht, mehr oder weniger wichtige Bibliotheken aus ganz verschiedenen Teilen des Landes.

Japanische Bibliographie. Kein Volk hat sich die Bewunderung aller civilisierten Nationen in so hohem Grade zu erringen verstanden wie die Japaner. Seit Jahren verfolgt man den Umwandlungsprocess dieses ostasiatischen Volkes zu einem modernen Kulturvolke mit gespannter Aufmerksamkeit, und die Sympathieen Europas und der gebildeten Welt stehen im Kampfe Japans gegen das verrottete chinesische Reich durchaus auf Seiten des ersteren. Deswegen darf wohl jedes Werk, das unsere Kenntnis des anstrebenden Staates, der ja auch zu Deutschland seit längerer Zeit so freundschaftliche Beziehungen unterhält, nach der einen oder anderen Seite erweitert oder vertieft, mit Freuden begrüsst werden. Ein jüngerer, wissenschaftlich gebildeter Buchhändler, Deutscher von Geburt, der aber schon seit Jahren in London lebt, Friedrich v. Wenckstern, hat dort eben bei Kegan Paul, Trench, Trübner & Co. ein ziemlich umfangreiches Werk erscheinen lassen, in dem alle auf Japan bezüglichen, seit 1859 in europäischen Sprachen (nur das Russische ist ausgenommen) erschienenen Bücher, Abhandlungen und Karten zusammengestellt sind. Der vollständige englische Titel des Buches lautet: A bibliography of the Japanese empire. Being a classified list of all books, essays and maps in European languages relating to Dai Nipon (Great Japan) published in Europe, America and in the East from 1859—1893. In mehr als zwanzig Abteilungen hat der Herausgeber den mit unermüdlichem Fleisse zusammengetragenen Stoff zerlegt. Alle Seiten der Thätigkeit eines Volkes finden hier Berücksichtigung. Religion und Philosophie (katholische und protestantische Missionen sind darin einbegriffen), Sprache, Schöne Litteratur und Geschichte, Rechtswissenschaft, Volkswirtschaft einschliesslich des Post- und Telegraphenwesens, Münze, Heer und Flotte, Medizinal- und Unterrichtswesen, Schöne Künste, Handel und Ackerbau, Ethnographie, Naturgeerhichte, Topographie u. s. w. sind berücksichtigt; überall findet man unter diesen Abschnitten die entsprechende Litteratur angegeben. Jeder, der sich über den einen oder anderen Zweig genauer unterrichten will, findet hier eine grosse Fülle von Litteratur angegeben, die ihm ein eingehendes Studium wesentlich erleichtern wird. Da Japan ohne Zweifel durch seinen glücklichen Krieg gegen China in nächster Zukunft noch eine höhere Bedeutung beansprochen wird, so darf das Wenckstern'sche Buch wohl auch für praktische Zwecke empfohlen werden. Die überwiegende Mehrzahl der aufgeführten Schriften ist in englischer Sprache abgefasst, aber es fehlt, freilich erst aus neuester Zeit, auch an deutschen Arbeiten nicht. Verhältnismässig stark sind die in deutscher Sprache veröffentlichten Bücher und Abhandlungen über japanisches Recht vertreten; wir finden darunter einige von jungen japanischen Gelehrten abgefasste Doktordissertationen der Universitäten Göttingen, Halle und Strassburg. — Als Anhang ist dem Wenckstern'schen Buche ein Abdruck der Bibliographie Japonaise von Léon Pagès beigefügt, welche die Litteratur bis zum Jahre 1859 enthält. Dadurch wird der Benutzer auch über die ältere Litteratur über Japan unterrichtet. (Magdeburger Zeitung vom 29. Januar 1895.)

Aus einer Arbeit in den Mittheilungen des Vereins für Geschichte der Stadt Meissen Bd. 3 (1894) S. 300 ff., betitelt: „Ein Meissner Hausstand vor dem dreissigjährigen Kriege von Wilhelm Loose" darf im Centralblatt folgender Theil des „Inventarium oder gerichtlich Verzeichnus Herrn Martin Habeners seligen Vorlassenschafft" Platz finden:

„In dem Gewölbe an der Schreibestuben, Buchere in Folio: Biblia teutsch in einem Theil, berichtet die Frau Witwe, Herr Lucas Cranach habe ihr solche vorehret. — Biblia teutsch in zwei Theil. — Hauss-Postilla Johan Habermanns. — Chronica Crantzii, darbei Nucleus historiarum M. Samuelis Meigerl. — Chronica Chytraei. 2. Theil. — Syrach Mattheeli. — Isagogo historica D. Diemerl. — Promptuarium exemplorum. 2. Theil. — Calendarium sanctorum et historiarum Sturmii. — Sleidanns. — Chronica Carionis. — Auslegung des Propheten Jonae Herrn M. Gregorii Strigenitii. — Zeit- und Geschichtbuch Georgii Nicolai. — Respublica Johannis Bodini. — Mancherlei geschriebene Urtel und Contractus in 2 Theil. — Fasciculus historiarum Johannis Schrammii. — Allerlei Reisen zum heiligen Grabe. — Alle teutsch.

In quarto: Leich-Predigten D. Hunnii et alia. — Mehr Leich-Predigten D. Hunnii. — Allerlei Leich-Predigten, Land- Tags- und Hochzeit-Predigten zusammen gebunden. — Vita Lutheri durch M. Mathesium beschrieben. — Occulta Levini Lemnii, zwei Theil. — Catechismus Lutheri in Predigten vorfasset. — Hauss-Apothek Johan Kaythers. — Kellermeisterei-Kunst. — Pfingst-Predigten Herrn M. Gregorii Strigenitii. — Tractatus Johannis Coleri 3. Theil. — Historia vom Reich Christi Philippi Nicolai. — Catechismus Aegidii Hunnii. — Predigten über die Clagelieder Jeremiae durch D. Hunnium gethan. — Ein Rechenbuch Pangras Jacobis von Coburg. — Pabst-Predigten D. Georgii Mylii. Tractatus de vita aeterna D. Philippi Nicolai. — Warnung für der Herbornschen Bibel et alia. — Vita Hennonis et alia. — Bildnus etlicher gelerter Männer und aus dem Hause Sachsen. — Chronicon Christophori Columbi. — Theologia Calvinistarum D. Schlusselburgers. — Augspurdische Confession und Darzugehörungen. — Zwölf Abndachten Rogelii. — Trostbuchlein D. Simons Gedicell. — Türkün-Predigten D. Georgii Mylii et alia. — Gebet und Gesänge uff alle Tage in der Wochen. — De peste D. Andreae Starckens. — Warnung an die löblichen Stände in Schlesien D. Geaneri. — Schiffart der Holländer. — Alle auch teutsch.

In octavo: Christianismus D. Polyc. Leiseri. — Calvinismus eiusdem. — Catechismi Erklerung D. Polycarpi Leiseri. — Passionalbuchlein D. Polyc. Leiseri. — Das guldene Kleinod D. Andreae Musculi et alia. — Visitation-Articul dieses Churf. Landes. — Predigten D. Lutheri wieder die Sacramentirer, zusammengezogen durch M. Petrum Glasern. — Arzneibuchlein M. Fabiani Scheunen. — Kunstbuch Alexii Podemontani. — Widerlegung des Calvinischen Buchleins, gestellet durch D. Hannibm. — Wiederlegung des Streits vom h. Abendmahl einsdem. — Vorgleichung des Lebens und Todes Castillionei. — Christliche Betrachtung des Psalters D. Gessneri. — Alle gleichfalls teutsch".

Hieran ist zu bemerken, dass der Besitzer dieser Bücher wie sämtlicher Gegenstände des reichhaltigen Inventars von 1619 zu den reicheren Bürgern Meissens gehörte. Das Inventar gewährt, wie Loose richtig bemerkt, in seiner Gesamtheit und Ausführlichkeit gegenüber anderen bloss summarischen Verzeichnissen einen erwünschten Einblick in die Behäbigkeit und den Wohlstand, wie solche auch über das 16. Jahrhundert hinaus in unserm Bürgertum herrschten, bis dann — das Elend des grossen Krieges kam. Ihm fiel auch das Erbe Martin Rabeners zum Opfer, 1637 wurde es mit über hundert anderen Häusern Meissens von den Schweden in Brand gesteckt.

W.

Als ein Anhang zur zweiten, sehr verbesserten Ausgabe seines wertvollen Buches: L'Egitto dei Greci e dei Romani hat Herr Giacomo Lumbroso unter dem Titel: Progressi della Egittologia greco-romana dal 1883 al 1895 eine sehr vollständige Bibliographie der in den genannten Jahren erschienenen und sich auf die griechisch-römische Epoche des alten Wunderlandes beziehenden selbständigen Arbeiten, Zeitschriftenaufsätze u. s. w. erscheinen lassen. Nichts scheint dem Spürsinn des sehr belesenen Gelehrten hierbei entgangen zu sein. Beiläufig bemerkt, bestreitet Herr G. Lumbroso mit guten Gründen die Nachricht, dass Antonius die Bibliothek der Attalischen Könige von Pergamum nach Alexandrien verschenkt und verpflanzt habe. Gleichzeitig macht er auf eine wenig bemerkte Stelle des Galenus aufmerksam, die uns über die Weise belehrt, wie man in Alexandrien gute Handschriften für die Museumsbibliothek erwarb. (S. 174.)

O. H.

In der Revue des bibliothèques Ann. 5 (1895) No. 2 S. 33—34 beschreibt Giovanni Bresciano, Unterbibliothekar der Bibliot. Casanatense in Rom eine neu erworbene Inkunabel, des Giovanni d'Andrea Schrift de sponsalibus et matrimoniis, die, acht Blätter stark, ohne Namen des Druckers, des Druckortes, ohne Jahresangabe, bisher unbekannt gewesen ist. Ein zweites Exemplar besitzt die Markus-Bibliothek in Venedig.

W.

Neue Erscheinungen auf dem Gebiete des Bibliothekswesens.*)

Mitgeteilt von O. Koller in Leipzig.

*The Library. No. 72, Dec. 94: The Vatican Library, II., by Ch. Sayle. — Matriculation books, by A. L. Meissner. — The constitution of Colonial Public Libraries, by J. R. Boosé.
No. 73, Jan. 1895: The constitution of Public Library Committees, with a schedule, by J. Ballinger. — A revolving extension press, by H. M. Maybew. — The provision of additional space in libraries, by R. Garnett. — Half-hour talks about books with library readers, by J. P. Briscoe. — Acceptable Free Library catalogues, by H. E. Curran.
No. 74, Febr. 95: The bibliography of the future, by Fr. Campbell.
No. 75, March 95: The American Library School, by Petherbridge. — Classification of books for libraries in which readers are allowed access to the shelves, by J. H. Quinn and J. D. Brown.

---

*) Die mit * bezeichneten Bücher haben der Redaktion vorgelegen.

Library Journal. Vol. 20, No. 1: Technical collections in Public Libraries, C. W. Andrews. — Open Libraries from a british standpoint, J. D. Brown. — The public documents bill. No. 3: Some libraries of the Northwest R. R. Bowker. — A card catalog of scientific literature.
*Revue des bibliothèques. Année V No. 3, Mars 1895: Les examens professionnels de bibliothécaire en France et à l'étranger et le récent arrêté relatif aux bibliothèques universitaires de Prusse, p. V. Mortet. — Catalogue des manuscrits allemands de la Bibliothèque nationale, p. G. Huet. Fin. No. 4, Avril: Jacques de Voragine: liste des éditions de ses ouvrages publiées au XV° siècle, p. M. Pellechet. — Une publication imaginaire, p. G. Huet. — Le catalogue imprimé de la Bibliothèque du Roi au XVIII. siècle, p. H. Omont. — Inventaire sommaire de la collection Clément de Boissy sur la juridiction et la jurisprudence de la Chambre des Comptes, p. A. Couderc, P. 1—16.

Adressbuch des Deutschen Buchhandels und der verwandten Geschäftszweige. (Begründet von O. A. Schulz.) Jahrgang 57: 1895. Im Auftrage des Vorstandes des Börsenvereins der Deutschen Buchhändler zu Leipzig. Mit einem Bildnis Nicolaus Trübners. Leipzig, Geschäftsstelle des Börsenvereins der Deutschen Buchhändler. XXVI, 748, 490 S. gr. 8°. Geb. M. 12.—; Kleine Ausgabe M. 7.50

American Catalogue, Annual, 1894: being the full titles with descriptive notes of all books recorded in the Publishers' Weekly, 1894, with author, title, and subject index, publishers' annual lists and directory of publishers. New York, Office of the Publishers' Weekly. 17, 211, 112 p. 8°. D. 3.50

Arena, E. L'archivio comunale di Messina, il suo riordinamento e la sua tenuta. Messina, tip. Filomena. 112 p. 8°.

Årskatalog för svenska bokhandeln 1894. Stockholm, Svenska bokförläggare Föreningen. 87 S. 8°. Kr. —.75

Baltimore: Enoch Pratt Free Library. Finding list of books and periodicals in the central library: supplement to fifth edition. Baltimore. 118 p. 8°. —.15 c.

*Bergmans, P. Bibliographie des thèses de doctorat spécial soutenues devant l'Université de Gand. Gand. 17 p. 8°.

Bergmann, P. Un manuscrit illustré du roman d'Olivier de Castille, avec onze dessins reproduits par Armand Heins. [Pour le mariage d'Henri Stein et Lucie Vieu.] Gand. 8 p. 8°. et 6 planches.
Tiré à 33 exemplaires.

Bibliothèque de la Compagnie de Jésus. Bibliographie et histoire, par de Backer, Carayon, S. J. Nouvelle édition par Carlos Sommervogel, S. J. Volume VI: Oxazo-Rodriguez. Paris, A. Picard & Fils. 1895 col. 4°. Fr. 40.—

Bisbee, M. D., and Gerould, Ja. Thayer. Bibliography of Dartmouth College and Hanover. N. H. Concord 1894. 72 p. 8°.

*Dogfortegnelse, Norsk, for 1895. Udgiven af Universitets-Bibliotheket i henhold til lov af 20. Juni 1882. Med et systematisk register (udarbeidet af A. Kiær). Kristiania, Aschehoug & Co. 2, 115 p. gr. 8°. Kr. 1.20

*Bookbinding and rubbings of bindings in the National Art Library, South Kensington. Catalogue. London, printed for Her Majesty's Stationery Office. 1891. III. 329 p. 8°. Sh. 1.6

The Bookworm. 7th series: an illustrated treasury of old-time literature. New York, Armstrong & Son. 8°. cloth. D. 3.—

Boston, Mass.: Public Library. Catalogue of the books relating to architecture, construction and decoration in the Public Library. Nov. 1, 1894, with an appendix. Subject catalogue, No. 10. Boston. 130 p. 8°.

Cagnat, R. L'année épigraphique 1894. Revue des publications épigraphiques relatives à l'antiquité romaine. Paris, E. Leroux. 8°. Fr. 3.50
Catalogue, The english, of books for 1894. London, S. Low, Marston & Co. 148 p. 8°. Sh. 5.—
Catalogue général des manuscrits des bibliothèques publiques de France. Départements. Tome 24: Rennes, Lorient, Lannion, Vitré, Montreuil-sur-Mer, Étampes, Clermont-de-l'Oise, Senlis, Gien, Fontainebleau, Château-Thierry, Epernay, Blois, Loches, Neufchâteau, Bourbonne, Condom, Bar-le-Duc, Nevers, Compiègne, Mont-de-Marsan. Paris, Plon, Nourrit & Cie. 760 p. 8°.
Catalogue of the Library of the Royal Colonial Institute. London. CLV. 543 p. Imp. 8°.
*Contributions, Bibliographical. Edited by Justin Winsor. No. 48: A bibliography of the historical literature of North Carolina, by St. B. Weeks. Cambridge, Mass, Library of Harvard College. (Leipzig, Otto Harrassowitz) 70 p. 4°. M. 9.—
No. 50: An analysis of the early records of Harvard College, 1636—1750, by Andr. McFarland Davis. Ibidem. 21 p. 4°. M. 4.—
Courant, M. Bibliographie coréenne. Vol. I. Paris, E. Leroux. Av. 11 planches. 8°. Fr. 25.—
Elenco alfabetico dei donatori e dei doni fatti alla biblioteca ed al museo della città di Trento dal 1° gennaio al 31 dicembre 1894. Trento, tip. Scotoni e Vitti. 6 p. 4°.
Fletcher, W. J., and R. R. Bowker. The annual literary index, 1894; including periodicals, American and English; essays, book-chapters etc.; with author-index, bibliographies and necrology. Edited with the co-operation of members of the American Library Association and of the Library Journal staff. New York, Office of the Publishers' Weekly. 10. 152. 77 p. 8°. cloth. D. 3.50
Grisebach, E. Katalog der Bücher eines deutschen Bibliophilen; Supplement u. Namenregister. Leipzig, W. Drugulin. 59 S. 8°. —.75 Pf.
Hamilton, W. Dated book-plates (Ex-Libris). Part 2: Dated book-plates from 1700—1789. London, Black. 116 p. 4°. Sh. 7.6
Hoyle, W. E. The Manchester Museum Owens College. Museum hand-books. A catalogue of the books and pamphlets in the library arranged according to subjects and authors. Manchester, J. E. Cornish. XVI. 302 p. 8°. 2°/, Sh.
*Huet, Géd. Catalogue des manuscrits allemands de la Bibliothèque Nationale. Paris, E. Bouillon. gr. 8°. Fr. 5.—
Extrait de la Revue des Bibliothèques.
Jacob, A. Notes sur les manuscrits grecs palimpsestes de la Bibliothèque nationale. Paris, E. Leroux. 14 p. 8°.
Extrait des Mélanges Julien Havet.
Jacobsen, L. Chemisch-technisches Repertorium. Übersichtlich geordnete Mittheilungen der neuesten Erfindungen, Fortschritte und Verbesserungen auf dem Gebiete der technischen und industriellen Chemie, mit Hinweis auf Maschinen, Apparate und Literatur. 1894. I. Halbjahr, I. Hälfte. Berlin, R. Gaertners Verl. 165 S. m. Abbildgn. gr. 8°. M. 4.20
Jadart, H. Les débuts de l'imprimerie à Reims et les marques des premiers imprimeurs (1550—1560). Paris, A. Claudin. 8°. Avec 4 fac-similés phototypiques. Fr. 10.—
James, M. R. A descriptive catalogue of the manuscripts in the Library of Sidney Sussex College, Cambridge. Cambridge, University Press. 132 p. roy. 8°. Sh. 5.—
*Jersey City, N. J.: Fourth annual report of the trustees of the Free Public Library. Dec. 1, 1894. Jersey City, N. J., J. H. Pillsou. 28 p. 8°.
Inventario cronologico-sistematico dei registri angioini conservati nell' archivio di Stato di Napoli (con prefazione di Bart. Capasso). Napoli, Rinaldi e Sellitto. 623 p. 8°. L. 25.—

294   Neue Erscheinungen auf dem Gebiete des Bibliothekswesens.

Kodlicek, J. Literatur-Nachweis der wichtigsten Zeitschriften des Hoch-
   bauwesens für die Jahre 1884—1894. Handbuch für Architekten, Bau-
   Ingenieure, Baumeister, Stadträte de Baukunst, überhaupt für alle
   Benutzer der bautechnischen Zeitschriften in öffentlichen Bibliotheken.
   Wien. Halm & Goldmann. VI, 184 S. gr. 8°. M. 4.—
König, A. Titelverzeichniss sämmtlicher Veröffentlichungen von Hermann
   von Helmholtz. (Aus: „Wissenschaftliche Abhandlungen von H. v. Helm-
   holtz.") Leipzig, J. A. Barth. 34 S. gr. 8°. —.50 Pf.
Köhl, W. H. Aëronautische Bibliographie 1670—1895. Berlin, W. H. Kühl.
   51 S. gr. 16°. —.25 Pf.
Kvartalskatalog over norsk litteratur. 1894. 2den Aargang med Register,
   udgiven af den norske Boghandlerforening. Kristiania, Dybwad. 52 S. 8°.
   Per Aarg. 1 Kr.
Labande, L. H. Inventaire sommaire des archives hospitalières de la ville de
   Verdun antérieures à 1790. Verdun, Laurent. XCVIII. 302 p. 4°. Fr. 10.—
Lefèvre, Raoul. The Recuyell of the Historyes of Troye, written in
   French, translated and printed by Will. Caxton about A. D. 1473. The
   first English printed book, now faithfully reproduced, with a critical
   introduction, index and glossary, and 8 pages in photographic facsimile,
   by H. O. Sommer. 2 vol. London, D. Nutt. 1894. 4°. 30 Sh.
   250 Copies printed.
Leitschuh, F. Katalog der Handschriften der Königlichen Bibliothek zu
   Bamberg. Band I, 1. Abtheilung, Lief. 1 (Bibelhandschriften). Bamberg,
   C. C. Buchner. IX, 138 S. gr. 8°. M. 4.—
*Lundstedt, Bernh. Sveriges periodiska litteratur. Bibliografi enligt Publicist-
   klubbens uppdrag utarbetad. Band I: 1645—1812. Stockholm. (Leipzig,
   Otto Harrassowitz.) IV, 178 p. gr. 8°. M. 6.—
Manchester, Mass.: City Library. Catalogue of english prose fiction.
   Manchester, N. H. 1894. 111 p. 8°.
Mühlbrecht, O. Übersicht der gesammten staats- u. rechtswissenschaft-
   lichen Literatur des Jahres 1894. Jahrgang 27. (Buch-Ausgabe der All-
   gemeinen Bibliographie für Staats- und Rechtswissenschaften.) Berlin,
   Puttkammer & Mühlbrecht. XXXII. 270 S. gr. 8°. M. 6.—
Oesterlein, R. Beschreibendes Verzeichniss des Richard Wagner-Museums
   in Wien. Bd. 4: Katalog einer Richard Wagner-Bibliothek, 4. Band. Eine
   Ergänzung zu Band I—III. Leipzig, Breitkopf & Härtel. XVI, 172 S. mit
   einer Innenansicht des Museums. gr. 8°. M. 5.—; geb. M. 7.50
*Oxford University Gazette, published by authority. Supplement (2)
   to No. 827: Annual report of the curators of the Bodleian Library. Oxford. P. 407—414. fol. 3 d.
Pohler, J. Bibliotheca historico-militaris. Systematische Übersicht der Erscheinungen auf dem Gebiete der Geschichte der Kriege und Kriegswissenschaft seit Erfindung der Buchdruckerkunst bis zum Schluss des
   Jahres 1880. Band 3, Heft 5. Kassel, Ferd. Kessler. VI u. S. 565—173
   gr. 8°. M. 8.—
Proctor, R. Jan van Doesborgh, printer at Antwerp. An essay in bibliography. London, printed for the Bibliographical Society at the Chiswick
   Press. 1894. 101 p. and 12 plates. 4°.
   Illustrated monographs, No. 2.
Répertoire bibliographique des sciences mathématiques. 1. série, fiches
   1 à 100. Paris, Gauthier-Villars & fils. 8°.
Rundschau, Bibliographische, auf dem Gebiete der Theologie für Geist-
   liche und das christliche Haus zusammengestellt von R. Hoffmann. Jahr-
   gang 10: 1895. [12 Nrn.] Leipzig, Th. Rother. gr. 8°. M. 1.50
*Sammlung bibliothekswissenschaftlicher Arbeiten, herausgegeben von K.
   Dziatzko. Heft 8: Beiträge zur Theorie u. Praxis des Buch- und Biblio-
   thekswesens, herausgegeben von K. Dziatzko. II. Leipzig, M. Spirgatis.
   V. 121 S. mit 6 Typentafeln. u. 1 Tafel. gr. 8°. M. 6.—

Antiquarische Kataloge. 295

Seymour, P. H. Bibliography of aceto acetic ester. Washington, D. C., Smithsonian Institution, 1894. 10, 148 p. 8°.
Smithsonian miscellaneous collections, vol. 38, No. 970.

de Slane, Baron. Catalogue des manuscrits arabes du département des manuscrits de la Bibliothèque nationale. Fascicule 3. Paris, Impr. nationale. P. 657 à 820. IV p. 4°.

Thouret, G. Katalog der Musiksammlung auf der Königlichen Hausbibliothek im Schlosse zu Berlin. Leipzig, Breitkopf & Härtel. VIII, 356 S. gr. 8°. M. 8.—; geb. M. 9.50; auf Velinpapier M. 10.—; geb. M. 20.—

Verzeichnis der aus der neu erschienenen Litteratur von der Königlichen Bibliothek zu Berlin erworbenen Druckschriften. 1894. Berlin, A. Asher & Co. 726 S. Lex 8°. M. 35.—; einseitig bedruckt M. 24.—

Verzeichnis der im Deutschen Buchhandel neu erschienenen und neu aufgelegten Bücher, Landkarten, Zeitschriften etc. 1894. Band 2. Mit Buchwort-Register, wissenschaftlicher Übersicht, sowie einem Anhang, enthaltend solche Neuigkeiten, die angezeigt gewesen, aber noch nicht erschienen sind, oder deren Einsichtnahme bisher nicht möglich gewesen ist. (Hinrichs' Halbjahrskatalog 193. Fortsetzung.) Leipzig, J. C. Hinrichs'sche Buchh. 547, 294 S. 8°. M. 7.—; geb. M. 8.—; in 2 Bde. geb. M. 6.50

Warner, G. F. Miniatures and borders from the Book of Hours of Bona Sforza, Duchess of Milan, in the British Museum, with introduction. Published by the trustees. London 1894. XI,IV, 65 autotypes 4°.

Wood, Butler. A bibliography of the works of the Brontë family, including a list of books and magazine articles on the Brontës, together with a notice of works relating to Haworth. 31 p. 8°.
Brontë Society publications, part I.

Antiquarische Kataloge.

Baer & Co. Frankfurt. No. 312: Mineralogie, Geologie. Alpina. (Bibl. v. Prof. Feistmantel.) 993 Nos. — No. 345: Shakespeare u. s. Zeit. (Bibl. v. Fr. v. Bodenstedt. I.) 485 Nos. — Anz. No. 441: Miscell. No. 5043—6217.
Deuticke Wien. No. 21: Kulturelles, Litterarisches, Historisches. 717 Nos.
Dörling Hamburg. No. 55: Griech. u. lat. Autoren. 964 Nos.
Furchheim Neapel. No. 16: Bibliographie et bibliophilie. 108 Nos.
Glogau Jun., M., Hamburg. No. 52: Gute Antiquaria. 1231 Nos.
Gnad Würzburg. No. 27: Deutsche Geschichte. 1502 Nos.
Goldschmidt Hamburg. No. 76: Geschichte etc. 585 Nos.
Harrassowitz Leipzig. No. 206: Deutsche Geschichte. (Bibl. Klackhohn. II.) No. 2901—5490. — No. 207: Gesch. d. europ. Staaten ausser Deutschland (Bibl. Klackhohn. III.) No. 5530—7518.
Julowicz Posen. No. 121: Judaica u. Hebraica. 2239 Nos.
Kerler Ulm. No. 212: Austriaco-Hungar. (Bibl. v. Prof. Busson Graz und Holler v. Hollwald.) 7279 Nos.
Kirchhoff & Wigand Leipzig. No. 953: Rechtswissenschaften. 3510 Nos.
Kübner Breslau. No. 227: Orientalia. 1109 Nos.
Kubasta & Voigt Wien. Anz. No. 100—112: Vermischtes je 4—5 S.
Liebisch Leipzig. No. 93: Philosophie u. Pädagogik. 3412 Nos.
Lissa Berlin. No. 17: Deutsche u. Deutschland betr. Bücher. 997 Nos.
List & Francke Leipzig. No. 266: Philosophie. 1870 Nos. — No. 267: Orientalia. 2109 Nos.
Lorentz Leipzig. No. 79: Prakt. Theologie. 3559 Nos. — Anz. No. 10: Neueste Erwerbungen. 553 Nos.
Lübcke & Hartmann Lübeck. No. 15: Schöne Wissenschaften. II. 1234 Nos.
Mayer & Müller Berlin. No. 145: German. Philologie u. Litteratur. I. 41 S.
Meder Nachf. Heidelberg. No. 6: Philosophie. Sprach- u. Litteraturwiss. etc. 922 Nos.

Meier-Merbart Zürich. No. 216: Vermischtes. 8964 Nos.
Müller & Co. Amsterdam. Géologie, paléontologie, minéralogie. 469 Nos.
Nielsen Hamburg. No. 5: Schiffswissenschaft etc. 50 S. — No. 6: Neue Erwerbungen. 37 S. — No. 7: Hamburgensien. 15 S.
Nijhoff Haag. No. 259: Dem. acquisitions. 187 Nos. — No. 260: Économie polit. 669 Nos.
Nutt London. No. 45: New purchases. 783 Nos.
Olschki Venedig. Bullet. No. 21—22: Miscellan. 324 Nos.
Réval, L., Budapest. No. 24: Miscellanea. 2534 Nos.
Schöningh Münster. No. 30: Geschichte u. Litteratur v. Westfalen. 1732 Nos.
v. Stockum & Zn. Haag. Théâtre et Musique. 992 Nos.
Thoma München. No. 917, 918: Vermischtes. 492. 507 Nos.
Völcker Frankfurt. No. 202: Naturwissenschaften. 2859 Nos.
Weg Leipzig. No. 44: Geologie. Palaeontologie. (Bibl. v. Hofrath Prof. Liebe Gera.) 1669 Nos.
Winckelmann Berlin. No. 7: Kunstlitteratur. 841 Nos.
v. Zahn & Jaensch Dresden. No. 49: Geschichte. Geographie. 29 S. — No. 40: Kunst. Prachtwerke. 86 S. — No. 50: Litteraturgesch. Belletristik. 34 S. — No. 51: Theologie. 1733 Nos.

Personalnachrichten.

An der Stadtbibliothek zu Aachen trat am 1. März d. J. Dr. phil. Arthur Richel als Volontär ein. Derselbe ist geboren am 27. September 1868 in Herforst, Kreis Bitburg, Reg.-Bez. Trier, evang. Konfession, und studierte in Halle, Bonn und Strassburg Theologie, Geschichte und orientalische Sprachen; er promovierte am 21. Januar 1892 in Halle auf Grund der Dissertation: "Uebergang des arelatischen Erzkanzleramtes auf das Erzbistum Trier" und bestand am 26. April 1892 das 1. theologische Examen in Coblenz.

Der Lehramtsassessor Karl Dader ist am 1. April als Accessist bei der Grossherz. Hofbibliothek in Darmstadt eingetreten.

S. Majestät der Kaiser hat dem Hofbibliothekar a. D. Dr. Valentin Lonnert in Darmstadt den Roten Adler-Orden 4. Klasse verliehen.

Der Bibliothekar an der Königlichen und Universitäts-Bibliothek zu Königsberg i. Pr. Dr. Theodor Wichert ist unter Verleihung des Titels Oberbibliothekar am 1. April in den Ruhestand versetzt worden. An seiner Stelle wurde der bisherige Hülfsbibliothekar in Marburg Dr. Kobnert zum Bibliothekar in Königsberg ernannt.

Gleichfalls am 1. April trat der Oberbibliothekar an der Universitäts-Bibliothek in Berlin Professor Dr. Ascherson in den Ruhestand. Demselben ist der Rote Adler-Orden 4. Klasse verliehen worden.

Der Bibliothekar an der Königlichen Universitäts-Bibliothek zu Göttingen Dr. Richard Schröder ist an die Königliche Universitäts-Bibliothek in Berlin versetzt worden.

Der bisherige Hülfsbibliothekar an der Königlichen und Universitäts-Bibliothek zu Königsberg i. Pr. Dr. Johannes Heicke ist zum Bibliothekar an der Königlichen Universitäts-Bibliothek zu Göttingen ernannt worden.

Der bisherige Hülfsbibliothekar an der Königlichen Bibliothek zu Berlin Professor Dr. Otto Hamann ist zum Bibliothekar an derselben Bibliothek ernannt worden.

Am 7. Februar starb der Stadtbibliothekar von Nantes Morin.

Ausserem Vernehmen nach ist der Bibliothekar an der Universitäts-Bibliothek zu Göttingen Dr. med. J. Franke zum Direktor der Landesbibliothek in Wiesbaden ernannt worden, desgleichen der Assistent an der Universitäts-Bibliothek in Göttingen Dr. Diestel zum Hülfsbibliothekar in Königsberg befördert worden.

Verlag von Otto Harrassowitz, Leipzig. — Druck von Ehrhardt Karras, Halle.

Centralblatt
für
Bibliothekswesen.

XII. Jahrgang. 7. Heft. Juli 1895.

Bibliothekstechnische Mitteilungen.

Die Bibliothekstechnik ist derjenige Zweig der Bibliothekswissenschaft, welcher bisher wenig beachtet worden ist, ja, welchem von manchen Seiten nicht nur geringe Bedeutung beigemessen, sondern sogar Abneigung entgegen gebracht wird.

Die Gründe für diese Erscheinung sind mannigfacher Art. In den meisten Fällen stellen die Ordnungsarbeiten in den Bibliotheken an die Arbeitskraft der Beamten hohe Anforderungen, so dass jenen zu anderen Arbeiten weder Zeit noch Musse bleibt, weshalb sie denn zufrieden sind, wenn die bestehenden technischen Einrichtungen auch nur einigermassen zweckentsprechend sind. Dann aber veranlasst persönliche Neigung einen grossen Teil der Bibliotheksbeamten, die wissenschaftliche, bezw. theoretische Seite der Bibliothekswissenschaft der praktischen allzusehr vorzuziehen. Dass man es bisher noch nicht unternommen hat, die auf die Bibliothekstechnik bezüglichen Erfindungen zu Nutz und Frommen aller beteiligten Kreise an geeigneter Stelle zu veröffentlichen, mag deshalb einerseits daran liegen, dass eine derartige Zusammenstellung, abgesehen von der Mühe, sehr viel Zeit erfordert, andererseits aber daran, dass die Zweckmässigkeit einer solchen Arbeit von vielen Seiten bestritten wird. Eine Zweckmässigkeit liegt indessen ohne Zweifel thatsächlich vor. Wir können nicht leugnen, dass es in der Bibliothekstechnik vieles giebt, was einer Reform dringend bedürftig wäre, dass in den Bibliotheken zahlreiche primitive und deshalb unpraktische Einrichtungen noch bestehen, welche billig durch neue, zweckmässigere, dem Stande der modernen Technik entsprechende ersetzt werden sollten.

Dies kann aber erst dann mit Erfolg geschehen, wenn für eine möglichst umfangreiche Veröffentlichung der neuesten Erfindungen Sorge getragen worden ist. Es sind besonders die neu erbauten kleineren Bibliotheken, welche ein rühmliches Streben nach Vervollkommnung in technischer Beziehung gezeigt haben, indem sie neue Einrichtungen acceptierten, deren Vorteile an grösseren Bibliotheken in noch weit ausgedehnterem Masse hervortreten würden.

Eine Übersicht über solche technischen Neuerungen, welche sowohl beim Bau neuer Bibliotheken zu berücksichtigen, als auch in bereits bestehenden Bibliotheken verwendbar sind, sollen uns die nachfolgenden bibliothekstechnischen Mitteilungen bilden. Dieselben sind eine Auswahl deutscher Patente aus der Sammlung deutscher Patentschriften des Kaiserlichen Patentamtes zu Berlin. Allerdings muss zugestanden werden, dass nicht alles, was die Mitteilungen bringen, sich lediglich auf die Bibliothekstechnik bezieht. Allein wir dürfen nicht vergessen, dass beispielsweise Centralheizungen, elektrisches Licht, Glühlicht und viele andere Errungenschaften der neueren Zeit, welche sich an Bibliotheken vorzüglich bewährt haben, gleichfalls nicht ausschliesslich für die Zwecke derselben erfunden worden sind, sondern bestimmt waren, ein Gemeingut aller derer zu sein, welche eine Verbesserung auf den entsprechenden Gebieten in ihren Instituten anstrebten. Es liegt deshalb kein Grund vor, weshalb die Vorteile vieler anderer Erfindungen nicht ebenfalls der Bibliothekstechnik zu gute kommen sollten.

Wenn sich in den Mitteilungen hier und da etwas findet, was auf den ersten Blick vielleicht nicht für die Bibliothekstechnik verwendbar erscheinen möchte, so ist dabei zu berücksichtigen, dass das, was für den einen wertlos ist, für den anderen von grossem Nutzen sein kann, dass dieser als überflüssig verwirft, was jener mit Eifer sucht.

Indem wir zum Schluss noch bemerken, dass die Anordnung des Stoffes im allgemeinen derjenigen in Gräsel's Katechismus entspricht, geben wir dem Wunsche Ausdruck, dass die Mitteilungen ihren Zweck erreichen, d. h. zur Hebung und Vervollkommnung der Bibliothekstechnik beitragen mögen.

1. Schutz des Bibliotheksgebäudes gegen Feuchtigkeit.

Der Schutz des Bibliotheksgebäudes gegen Feuchtigkeit wird im Winter am besten durch Heizen, im Sommer durch sorgfältige Ventilation sämtlicher Räume erzielt. Da das Öffnen der Fensterflügel selbst während der heissesten Jahreszeit besonders für die in dem Zimmer beschäftigten Beamten mannigfache Nachteile hat, so bedient man sich zweckmässig konstruierter Lüftungsfenster, um eine beständige Luftzufuhr zu bewirken und gleichzeitig die in allen Fällen schädliche Zugluft zu vermeiden.

Das drehbare Glas- und Lüftungsfenster von F. Eckert (59087)[1]) besteht aus zwei in der Drehachse sich kreuzenden Rahmen, von denen der eine mit Glas versehen, der andere mit Gaze bespannt ist, so dass durch fortgesetztes Drehen der Rahmen bald ein Lüftungsfenster, bald ein festes Glasfenster hergestellt werden kann.

Die zur Zeit sehr gebräuchlichen Kippflügelverschlüsse leiden an dem Übelstande, dass sie sich sehr leicht verziehen und ausserdem, selbst wenn sie herabgelassen sind, gegen das Eindringen von Regen und Zugluft keinen hinreichenden Schutz gewähren. L. Reinhardt (60571) beseitigt diese Nachteile durch eine Vorrichtung, bestehend aus einem horizontal drehbaren Glasfenster und zwei in geöffneter Stellung desselben gegen das Eindringen von Regen und Zugluft schützenden Seitenwänden, welche aus mittelst Zahngetriebe fächer-

---

[1]) Die eingeklammerten Zahlen bedeuten die Nummern der Patente.

artig verschiebbaren und mittelst Zapfens und Schlitzes in einander greifenden Lamellen zusammengesetzt sind und infolge der festen Verbindung zweier Lamellen mit der Drehungsachse des Glasfensters einen dasselbe führenden und gegen Verziehen schützenden Rahmen bilden.

Um das Lüftungsfenster aus seinem Rahmen leicht herausnehmen zu können, stellt Depenheuer (65955) eine Lagerung ohne Bänder und Zapfen dadurch her, dass die seitlichen Falzleisten des Fensters die Falzleisten des Rahmens durchdringen und auf den unteren abgerundeten Teil der Falzleisten mit entsprechend abgerundeter Aussparung aufgesetzt sind.

Behufs Vermeidung von Übelständen, welche besonders das Öffnen der unteren Fensterflügel im Gefolge hat, verlässt F. Lehmgrübner (57285) die gewöhnliche Befestigung der Fensterflügel in Fensterrahmen und bedient sich als Lüftungsfenster eines Kastenschiebefensters. Dasselbe ist zusammengesetzt aus dem Glasfenster und zwei Seitenwänden, welche an den beiden seitlichen Leisten des Glasfensterrahmens rechtwinklich zu denselben befestigt sind, bei geschlossenem Fenster nach aussen weisen und, in Längsnuten auf der Fensterbrüstung und dem Fensterbrett dicht an den Mauerflächen der Fensternische entlang geführt, in den Wohnraum hineingezogen werden können, wobei das Glasfenster gleichfalls über das Fensterbrett fortgeschoben wird und sich eine Öffnung des Fensters nur zwischen der oberen horizontalen Fensterrahmenleiste und dem mittleren horizontalen Fensternischen-Querholz bildet. Ein Ausgleich der Aussen- und Innenluft kann nur durch die obere Öffnung des Fensterkastens erfolgen, so dass für die im Zimmer befindlichen Personen jeder fühlbare Luftzug vermieden wird. Bei Doppelfenstern werden die Rahmen der beiden Fenster mit einander verbunden.

Ein Lüftungsfenster, welches gleichzeitig das Hineinfliegen von Insekten verhindert, hat J. Schang (70430) konstruiert. Dasselbe besteht aus einer Anzahl abwechselnd nach innen und nach aussen schräg gegen einander gestellter Glasscheiben, welche in den dadurch gebildeten äusseren Winkeln eine schlitzartige Öffnung zwischen sich lassen, die den von innen gegen das Fenster fliegenden Tieren den Durchgang nach aussen ermöglicht, während die von den Scheiben gebildeten inneren Winkel geschlossen sind, so dass den von aussen auf die Scheiben kommenden Tieren der Eintritt verwehrt ist.

2. Schutz des Bibliotheksgebäudes gegen Feuergefahr.

Um das Gebäude möglichst vor den zerstörenden Wirkungen eines Brandes zu schützen, wird man darauf Bedacht nehmen müssen, dasselbe aus möglichst feuersicherem Material zu errichten. Zink-, bezw. Kupferdächer, massive Umfassungsmauern, steinerne Decken und ein steinerner Unterbau werden im allgemeinen eine hinlängliche Sicherheit vor einer Feuersgefahr bieten.

Besonders haben sich Eisenbalkendecken als feuersichere Baukonstruktion sehr gut bewährt. Da die bisher ausgeführten Decken der vorerwähnten Art in der Herstellung vielfach zu umständlich sind und auch zu hohe Kosten verursachen, so hat J. F. Kleine (71102) ein Verfahren zur Herstellung von feuersicheren Eisenbalkendecken erfunden, bestehend in der Ausfüllung der Balkenfache mit aus natürlichen oder künstlichen Steinen gebildeten Platten, welche in der Weise hergestellt sind, dass in die Fugen zwischen den einzelnen Steinschichten bezw. in das dieselben ausfüllende Bindemittel (Cement, Asphalt, Kitt u. s. w.) hochkantig gestellte Eisenstäbe eingebettet werden.

Die eisernen Träger können bei sehr hoher Temperatur glühend werden und dem auf sie ausgeübten Drucke nachgeben. Dies verhindern Astley und Willis (71205) durch eine besondere Konstruktion der Balkendecke, welche sich dadurch auszeichnet, dass zwischen den eisernen Trägern aus unverbrennbarem Material hergestellte Füllungsträger von ⊥ förmigem Querschnitt gelagert sind, welche oben eine Füllungsschicht und unten Deckenputz tragen. Ein besonderer Vorteil dieser Decken liegt darin, dass die eisernen Träger von etwa darunter befindlichem Feuer nicht erreicht werden können. Auch eine von Steinbrenner (62230) konstruierte Decke mit Anwendung von Wellblech, bei welcher das zwischen I-Trägern gelagerte Blech quer zu seinen Wellen mit Draht zum Aufhängen von Ziegelsteinen für die untere Putzfläche durchzogen ist, verdient als feuersichere Konstruktion hervorgehoben zu werden.

Eine beim Ausbruche des Feuers in Thätigkeit zu setzende Vorrichtung zum Schutze hohler eiserner Säulen, Stützen und dergl. von C. Müller (88631) besteht darin, dass eine unter Druck stehende Kühlflüssigkeit am Fusse der zu schützenden Säule durch ein Rohr eingeführt wird, den Hohlraum derselben, sowie den der etwa angeschlossenen Konstruktionsteile durchströmt, um dann durch ein im Innern der Säule hochgeführtes und im oberen Teile derselben mündendes Rohr wieder abzufliessen. Bei ausbrechender Feuersbrunst werden die mit Hydranten oder Spritzen in Verbindung stehenden Zuleitungsrohre geöffnet, die Kühlflüssigkeit steigt in der Säule in die Höhe und fliesst durch die Rohre wieder ab.

An dieser Stelle mag schliesslich noch eine Neuerung an Blitzableitern von W. Michalk (69350) Erwähnung finden, welche darin besteht, dass mit der vergoldeten Spitze ein Hufeisenmagnet in leitende Verbindung gebracht und eine gemeinschaftliche Ableitung zum Erdboden oder zum Grundwasser angeordnet ist. Es soll hierdurch eine erhöhte anziehende Wirkung des Blitzableiters auf Blitzschläge eintreten.

3. Besondere Schutzvorrichtungen.

Dieselben sind vor allem da von grosser Wichtigkeit, wo besonders wertvolles bezw. unersetzbares Material untergebracht ist, d. h. in Archiv- und Handschriftenräumen, und zwar hat man zunächst wiederum sein Augenmerk auf die Feuergefahr zu richten. Bei den diesbezüglichen Vorrichtungen spielt die Elektricität eine wichtige Rolle, denn ohne dieselbe wäre es kaum möglich, eine entstehende Feuersbrunst, bezw. das durch letztere hervorgerufene Steigen der Temperatur einem entfernter liegenden Orte mitzuteilen. Elektrische Feuermelder giebt es in grosser Menge und in sehr verschiedenen Konstruktionen, wir müssen deshalb auf eine eingehende Darstellung derselben verzichten und erwähnen nur zwei Apparate, welche infolge ihrer hohen Empfindlichkeit gegenüber Temperaturveränderungen besondere Beachtung verdienen. W. Jungners elektrischer Feuermelder (75516) besteht aus einer thermoelektrischen Kette, welche in dem zu schützenden Raume angebracht ist, einer an geeigneter Stelle innerhalb oder ausserhalb dieses Gebietes angeordneten Signalvorrichtung, sowie einer in die letztere eingeschalteten Stromschlussvorrichtung, die mit der thermoelektrischen Kette in leitender Verbindung steht. Die Gesamtvorrichtung ist derart angeordnet, dass die thermoelektrischen Ströme, die in der Thermokette durch den bei Feuergefahr entstehenden Temperaturwechsel erregt werden, die Stromschlussvorrichtung in Thätigkeit setzen, wodurch die Glocke angeschlagen und das Signal gegeben wird. Eine andere Art von Feuermeldern bilden die Alarmthermometer. Ein häufig eintretender Übelstand der bisher konstruierten Apparate dieser Art ist das Zerreissen der Quecksilbersäule, sobald dieselbe bei steigender Temperatur sich ausdehnt. Um den Stromschluss selbst im Falle einer Unterbrechung der Quecksilbersäule zu sichern, nähert E. Berg (65545) den einen durch das Quecksilber hindurch geführten Leitungsdraht dem anderen bis auf die zulässige Grenze, so dass stets eine leitende Verbindung zwischen den etwa sich trennenden Teilen des Quecksilbers vorhanden ist.

Schliesslich kommt es darauf an, Räumlichkeiten der vorerwähnten Art vor dem Eindringen Unbefugter, besonders ausserhalb der Dienststunden, zu sichern. Dies wird im wesentlichen dadurch erreicht, dass beim Betreten des zu schützenden Raumes oder beim Öffnen eines Schrankes ein elektrisches Läutewerk in Thätigkeit gesetzt wird, welches dem die Aufsicht führenden Beamten das Geschehene mitteilt. Der Stromschluss wird herbeigeführt nach E. Richter (69634) durch das Herabfallen einer isolierenden Kugel infolge der beim Öffnen von Thüren, Fenstern und Schränken bewirkten Berührung einer Schnur, nach St. Dworatzek (60241) durch die Auslösung eines Hebels, sobald die denselben in gehobener Stellung haltende, an einer an den Zugangsöffnungen vorbeigeführten Schnur befestigte Spreize von dem Hebel abgezogen wird. Holtschneider (69522) stellt den Stromschluss mit Hülfe des magnetischen Ankers eines Elektromagneten, F. Pohl (64791) durch ein besonderes Stromschlussstück her.

4. Die Luft in den Bibliothekerräumen.

Vorrichtungen zur Herstellung einer gesunden Zimmerluft sollten in sämtlichen Räumen einer Bibliothek vorhanden sein. Abgesehen davon, dass eine reine Atmosphäre an sich auf das Wohlbefinden und die Arbeitskraft eines jeden Menschen den wohlthätigsten Einfluss ausübt, sind es gerade die Bücher, an denen die in der Luft befindlichen Staubteilchen sehr leicht haften bleiben, so dass in allen Räumen, in denen Bücher aufgestellt sind, die Ventilation eine doppelt sorgfältige sein muss. Die einfachsten Mittel zur Reinhaltung der Luft sind häufiges Abwischen der Regale mit mässig feuchten Tüchern, trockenes Abwischen der Bücher und möglichst ununterbrochene Zuführung frischer Luft durch Öffnen der Lüftungsfenster, vorausgesetzt, dass die äussere Atmosphäre selbst rein ist. Was das Öffnen der Fenster anbetrifft, so kommt es in allen Fällen, in denen dasselbe aus gewissen Gründen nicht zweckmässig erscheint, wie z. B. im Winter, zunächst darauf an, die schlechte Luft aus dem Raume abzuleiten und die neu zuzuführende so wie die bereits im Innern befindliche von schädlichen Substanzen zu reinigen. Die Ableitung der schlechten Luft wird da, wo Centralheizungen zur Anwendung gelangen, in einfacher Weise durch Klappen bewirgt, welche nahe der Zimmerdecke angebracht sind, während die Zufuhr frischer Luft durch verstellbare Öffnungen nahe dem Fussboden geschieht. Von den in neuerer Zeit konstruierten Öfen haben sich die Zimmeröfen mit langsamer Verbrennung gut bewährt. Da jedoch bei diesen Öfen nur ein sehr geringer Luftzug zur Verbrennung stattfindet und die Erneuerung der verdorbenen Luft des erwärmten Ofens nur langsam und unvollständig bewirkt wird, so hat H. J. Piron (70729) eine erhöhte Wirkung des Ofens nach dieser Richtung durch eine Neuerung zu erzielen versucht, welche in einer Umhüllung mit doppelten Wänden besteht, deren Zwischenraum mit dem zu erwärmenden Zimmer durch im Sockel des Ofens vorgesehene Öffnungen in Verbindung steht und nahe beim Abzuge der Gase von dem Feuerraum ausmündet, so dass ausser der geringen, durch die Thür des Ofens ziehenden Luftmenge grosse Mengen verbrauchter Luft durch diese Leitung aus dem Zimmer entnommen und überhitzt werden, um schliesslich zur Vervollständigung der Verbrennung zu dienen.

Ist die neu zuzuführende Luft nicht von Staub frei, so kann dieselbe durch den Staubfänger von Arens und Lamb (60023) gereinigt werden. Die Ausscheidung der Staubteilchen geschieht in der Weise, dass der in ein Gehäuse eingelassenen Luft durch geraubte oder mit Stoff bekleidete befeuchtete Wände ein Zickzackweg angewiesen wird, worauf die fremden Substanzen durch den Anprall der Luft gegen diese Wände sich auf letztere absetzen.

Nicht minder wichtig als die Reinheit der Zimmerluft ist die Temperatur derselben, welche nicht zu hoch sein darf und möglichst gleichmässig erhalten werden muss, wenn sie nicht störend wirken oder gar den Gesundheitszustand der anwesenden Personen gefährden soll. Es ist daher notwendig, dass, sobald die Zimmerwärme die gewünschte Höhe übersteigt, für langsame Zuführung kühler Luft gesorgt wird, welche die erhöhte Temperatur auf den normalen Wärmegrad reduziert. Eine diesbezügliche Vorrichtung ist die bei Temperaturveränderungen sich selbstthätig verstellende Lüftungsklappe von Frederic Carpenter Chadborn (74990), welche überall da zu empfehlen ist, wo infolge mangelhafter oder unpraktischer Heizvorrichtungen eine gleichmässige Temperatur nur schwer erzielt werden kann. Der komplizierte Apparat beruht auf der gemeinsamen Anordnung eines Druckwassercylinders, dessen Druckkolben mit der Lüftungsklappe in Verbindung steht, und eines bei Veränderung der Temperatur sich ausdehnenden oder zusammenziehenden Thermostaten. Ein sehr brauchbarer Temperaturregler, welcher weder das Anheizen des Zimmers verlangsamt noch sogenanntes Nachheizen hervorruft, ist auch von A. Porges (65452) hergestellt worden. Der Apparat besteht aus mehreren Kapseln, die mit Membranen überspannt sind und in welche eine Siedeflüssigkeit beständig eingedichtet ist. Auf die Membranen drückt eine verstellbare Feder oder ein vorstellbarer Hebel, so dass ein mit der Membran verbundenes Ventil bei steigender Temperatur unter stetig wachsendem Widerstand der Feder von der sich ausdehnenden Membran ganz allmählich geschlossen und das Einströmen des Heizmittels verhindert wird, während bei niedriger Temperatur dasselbe ungehindert eintreten kann.

Eine häufig eintretende üble Folge von allzugrosser Erwärmung der Zimmerluft ist die Trockenheit derselben, besonders muss bei Dampfheizöfen ihr Feuchtigkeitsgehalt stets erhöht werden. Man stellt zu diesem Zwecke mit Wasser gefüllte Verdunstungsschalen auf, deren Effekt jedoch nur gering ist. Auch wird die Flüssigkeit in Staub- oder Nebelform der zu befeuchtenden Luft zugeführt. Ein Apparat dieser Art ist der Luftbefeuchter oder Wasserzerstäuber von G. Josephy (72481), welcher, im Gegensatz zu anderen ähnlichen Vorrichtungen, zwecks Ausschliessung jeder Tropfenbildung und jedes Nässens mittelst eines mit Filz oder einem ähnlichen Stoff ausgelegten Schleuderkessels, der mit Windflügeln versehen ist, das Wasser reinigt so wie weiterhin dadurch als ganz feinen nebelförmigen Staub nach dem betreffenden Saal oder Zimmer führt, dass der zuerst gegen ein äusseres Gehäuse getriebene Wasserstaub hier etwaige gröbere Staubteile verliert, während in dem vom Luftstrom mitgerissenen Wassernebel zurückbleibende Tropfen mit der gleichen verfeinernden Wirkung schliesslich gegen ein inneres Gehäuse getrieben werden. Ähnliche Zerstäubungsapparate, welche gleichzeitig zur Einführung einer desinfizierenden Flüssigkeit benutzt werden können, wurden von Wilkinson (72763), Haars (75208) und Gillet (69032) erfunden.

Eine andere Art der Luftbefeuchtung besteht darin, dass die Luft mit feuchten Tüchern oder sonstigen Stoffen in Berührung gebracht wird. Bei dem von Meyer und Junge (74011) konstruierten Luft-Befeuchtungs- und Reinigungsapparat für Heizöfen mit über dem Heizofen liegender Befeuchtungskammer ist ein drehbares, mit einer auswechselbaren, veränderlichen Befeuchtungsfläche versehenes Gleitblech an der Wasserverdunstungsschale angebracht, so dass bei hochstehendem Gleitblech die Luft gezwungen ist, die Befeuchtungsfläche zu durchstreichen, bei niedergelegtem Gleitblech dagegen ihren Austritt aus dem Heizofen unterhalb der Verdunstungsschale zu nehmen. Hierdurch wird die Luft nicht nur befeuchtet und von Staub und Russ gereinigt, sondern die Feuchtigkeit kann infolge der Verstellbarkeit der Befeuchtungsfläche je nach Bedürfnis in grösserer oder geringerer Menge zugeführt werden. Der Wasserzufluss für Luftbefeuchter mit Verdunstungstüchern kann nach H. Büssing (70162) dadurch geregelt werden, dass das in der Ablaufrinne sich ansammelnde und nach Bedarf von den Tüchern wieder aufgesogene Wasser vermittelst eines Schwimmers oder durch sein Gewicht das Absperrorgan einstellt. Um schliesslich den Feuchtigkeitsgehalt der Luft konstant zu erhalten, hat P. Hünerwadel (75202) eine Vorrichtung zum selbstthätigen Regulieren des Verhältnisses der Lufttemperatur zum Feuchtigkeitsgehalt erfunden, welche auf der Einwirkung eines Thermometers mit einem hygroskopischen Faden auf einen Hebel beruht, derart, dass die von letzterem ausgeführte Bewegung eine Vorrichtung in Trieb setzt, welche entweder die Zufuhr von Wärme oder von Feuchtigkeit veranlasst, wodurch das Verhältnis beider zu einander stets auf einer Konstanten erhalten wird.

5. Schutz der Eisen- und Holzkonstruktionen gegen den Einfluss der Feuchtigkeit.

Die Schutzmittel des Eisens und des Holzes sind für Bibliotheken insofern von Bedeutung, als das Reinigen der Regale wesentlich leichter ist, wenn die Bretter sowohl als auch die eisernen Seitengerüste vor den schädlichen Einflüssen etwa nicht entfernter Wassermengen geschützt sind. Es sind deshalb verschiedene Rostschutzanstrichmassen hergestellt worden, von denen wir einige hier anführen. Dr. A. Boecher (72320) mischt ein Gemenge von fein verteiltem metallischem Zink, Calciumcarbonat und polierenden Stoffen, wie Tripel, Kolkothar, vegetabilische Kohle, mit einer alkoholischen Saponatlösung oder einer alkalischen Glutinlösung kurz vor dem Gebrauche zusammen. Die Substanz trocknet sofort und wird in wenigen Tagen unter dem Einfluss der atmosphärischen Luft so fest, dass keine Feuchtigkeit die Anstrichmasse von der Metalloberfläche abwaschen kann. Der Anstrich, welcher sich auch sehr gut als Grundanstrich für Ölfarbe eignet, blättert nicht ab und gewährt, selbst nur einmal aufgetragen, dem Eisen hinreichenden Schutz gegen den Rost, man kann daher durch seine Anwendung Kosten und Zeit sparen. Statt die vorbezeichneten Stoffe mit einer alkalischen Glutinlösung zu mischen, kann man dieselben auch (77344) in trockenem Zustande mit alkalischem Glutinmehl vermischen und kurz vor dem Gebrauche mit heissem Wasser anrühren. Nach F. Evers u. Co. (76648) wird Leinöl oder ein trocknendes Öl oder Harz unter Zusatz von ca. 10% freier trocknender Ölsäure (z. B. Leinölsäure) mit Kupferoxyd, Kupferhonzoat oder einer Verbindung von Kupfer mit der Fettsäure eines trocknenden Öles bis zur gänzlichen oder teilweisen Lösung erhitzt, die Lösung filtriert und mit dem bezüglichen trocknenden Öle auf einen hellligen Kupfergehalt, etwa 2% Cu, so eingestellt, dass dieselbe noch reichlich freie trocknende Ölsäure enthält. Eine in Wasser nicht lösliche Masse zum Anstreichen von Holz stellt Dr. Cosinero (70422) durch Einwirkenlassen von Chromsulfat oder Chromalaun und Blut an einander her. Statt die betreffenden Objekte direkt mit der Mischung zu behandeln, kann man auch so verfahren, dass man dieselben erst mit Blut bestreicht bezw. tränkt und dann die Lösungen der betreffenden Chromverbindungen darauf wirken lässt, oder auch diese Operationen in umgekehrter Reihenfolge vornehmen. Eine wetterfeste oder säurebeständige Anstrichfarbe, welche auf Metallen festhaftet und Holz gegen

Feuchtigkeit und Fäulnis schützt, hat C. F. Rasmussen (72586) hergestellt. Als Grundfarbe besteht dieselbe aus ca. 50 Teilen diesem Terpentin, 5 Teilen venetianischem Terpentin, 5 Teilen Ölsäure und entweder 30 Teilen Benzin oder 50 Teilen Terpentinöl, zu welcher Mischung bis zur passenden Konsistenz Kieselguhr, Kaolin oder analoge Stoffe und ev. Magnesia zugesetzt wird. Für Deckfarbe ist das Mischungsverhältnis der festen Stoffe Kieselguhr, Kaolin, Magnesia, Kreide, Zinkweiss und Farbe je nach der beabsichtigten Anwendung der Farbe veränderlich; es kann auch der eine oder der andere der angegebenen Stoffe weggelassen werden.

6. Beleuchtung der Lesezimmer.

Für die Beleuchtung der Lesezimmer kommen gegenwärtig Gas, elektrisches Licht und Glühlicht in Betracht. Es ist hier nicht der Ort, an welchem über die Vorteile der einzelnen Beleuchtungsarten gesprochen werden soll, nur so viel muss bemerkt werden, dass mit der Anwendung eines an zweckmässigsten erscheinenden künstlichen Lichtes durchaus noch keine für Arbeitsräume geeignete Beleuchtung geschaffen ist, dass vielmehr die letztere von der Anordnung der Brenner und Reflektoren abhängt. Zunächst ist darauf zu achten, dass möglichst viel Strahlen des Lichtes aufgefangen werden; dann aber müssen Vorkehrungen getroffen werden, durch welche das Licht gleichmässig verteilt und die so oft störend auftretende Schattenwirkung vermieden wird. Bei elektrischen Lampen hat man sich bisher, um das Licht diffus zu machen, dadurch zu helfen gesucht, dass man die positive Kohle unten anbrachte, so dass die Lichtstrahlen gegen die Decke geworfen und von dort reflektiert worden. Da indessen das Licht bei dieser Umstellung der Pole stets unruhig brennt, so ist von der Firma Schuckert u. Co. ein Reflektor für indirekte Beleuchtung konstruiert worden, welcher auch bei der normalen Anordnung der Kohle ein ruhiges diffuses Licht giebt. Dieser Reflektor (75587) besteht aus zwei Kegelreflektoren, welche derartig angeordnet sind, dass der eine Reflektor mit schwacher Neigung gegen die Horizontalrichtung die Strahlen unmittelbar nach aussen zurückwirft, der zweite, innen gelegene, dagegen über die senkrechte Mittellinie des Leuchtkörpers hinweg reflektiert, wobei eine über den Reflektoren angebrachte Verglasung das Licht diffus macht.

Nicht minder wertvoll für die Beleuchtung grosser Räume ist der Reflektor, welcher von dem Rektor der Bangewerkschule in Nürnberg, W. Mayer, erfunden worden ist. Die Oberfläche dieses Reflektors (72866) stellt den Inbegriff geschlossener ebener, linearer Gebilde dar, welche in parallelen Ebenen einander ähnliche Figuren bilden, derart, dass eine durch den Brennpunkt einer Parabel schräg zu ihrer Hauptachse gelegte Sccante dieser Parabel und die letztere selbst geometrische Örter für Ähnlichkeitspunkte der Figuren bilden. Die Lichtquelle wird mittelst mehr oder weniger lichtundurchlässiger Gegenreflektoren verdeckt, deren vom Licht getroffene Flächen zum Zwecke der Lichtreflektierung als Spiegelflächen hergestellt sind. Da die Tisch-

Flächen infolge dieser Reflektierung nur von diffus reflektierten Lichtstrahlen getroffen werden, so erhält man auf denselben fast gar keine Schattenwirkung. Hierin liegt der Hauptvorzug des Reflektors, welcher besonders bei schriftlichen Arbeiten bemerkbar wird.

7. Repositorien, Schränke, Klapp-Pult.

Was die Bücherrepositorien betrifft, so kommt bei denselben zumeist die Frage nach der Befestigung der Tragbretter in Betracht, und wir müssen gestehen, dass wir in dieser Beziehung noch keine Einrichtung besitzen, welche nach jeder Richtung hin befriedigen könnte. Selbst die Lagerung der Bretter auf eisernen mit kleinen Platten versehenen Zapfen, welche in die Löcher der Seitengerüste hineingesteckt werden, hat mannigfache Nachteile. Bald ist der Zapfen zu dick, so dass er entweder abgefeilt oder doch mit grossem Kraftaufwand hineingeschlagen werden muss, bald ist er zu lang, so dass er durch den Zapfen des Nebenregals hinausgeschoben wird, bald sitzt er zu fest, wodurch eine Umlagerung der Bretter mit Anstrengung und Zeitversäumnis verbunden ist u. s. w.[1]) Im folgenden wollen wir auf einige neue Befestigungen der Tragbretter hinweisen, welche für die Bibliothekstechnik jedenfalls nicht ohne Bedeutung sind. Die verstellbare Lagerung der Tragbretter an Bücherregalen u. s. w. vom Stadtbibliothekar Dr. F. Ehrard und C. Wolff in Frankfurt a. M. (64104) besteht darin, dass an den Enden der Querflächer vier oder mehr Zapfen angebracht sind, welche in gleichgerichteten, an den Seitenwänden des Regals befestigten Zahnstangen ruhen, deren Zähne alle nach vorn und etwas nach aufwärts gerichtet sind. Überall, wo eine häufige Veränderung der Bretterlage notwendig ist, wird diese Neuerung besonders willkommen sein, da das Herausnehmen und Wiedereinlegen der Bretter sehr schnell und mit grosser Leichtigkeit bewirkt werden kann. In der neu erbauten Kreis- und Stadtbibliothek zu Augsburg ist dieses System mit günstigem Erfolge zur Anwendung gebracht worden.[2]) Eine andere Vorrichtung hat W. Koebner (63664) erfunden. Hiernach geschieht die Befestigung der Platten durch unter letzteren angebrachte drehbare Stangen mit winkelrecht daran befindlichen Daumen, welche in Aussparungen der Seitenwände eingeführt und durch das Gewicht der Platten wagrecht gestellt werden. Die eingestellte Einlage kann behufs Versetzung oder Herausnahme stets ohne weiteres hochgehoben werden, wodurch alle vier Daumen gleichzeitig von selbst aus den Nuten gleiten und nach unten schlagen. Da die Aussparungen in den Seitenwänden beliebig gross sein können, so können die Bretter der neben liegenden Regale ebenfalls in gleicher Höhe befestigt werden, ohne dass die beiderseitigen Daumen einander hinderlich sind.

Ein weiterer Gesichtspunkt, welcher bei der Aufstellung von Bücherregalen nicht unberücksichtigt bleiben darf, ist die möglichst

---

1) Deutsche Bauzeitung 1891 S. 215 f.
2) Deutsche Bauzeitung 1894 S. 216.

vollständige Ausnutzung des vorhandenen Raumes. Wo es gilt diesem Princip Rechnung zu tragen, können die nachfolgenden Systeme von Repositorien Anwendung finden. Der zerlegbare Bücherträger von H. Leidig (14337) besteht aus einzelnen durchweg gleichen, rechtwinklig gebogenen Blechen, von denen immer ein Schenkel keilförmig gebildet ist. Dieselben werden an der Wand nach und nach aneinander gefügt und tragen sich, wenn die Endflächen befestigt sind, gegenseitig ohne weitere Unterstützung. Um ein seitliches Ausweichen der einzelnen Teile zu verhindern, sind zwischen je zwei derselben runde, zusammengenietete Bleche geschoben, welche beide umfassen. Das Hinunterfallen der Bücher an den Enden wird verhindert durch einfache, rechtwinklig gebogene Bleche, die unabhängig von dem Träger an der Wand befestigt werden. Dadurch, dass alle Teile einander gleich sind, ist die Möglichkeit gegeben, den Träger nach Bedarf zu vergrössern oder zu verkleinern. Die Vorzüge dieses zerlegbaren Regals bestehen darin, dass es in jeder beliebigen Grösse hergerichtet und mit geringer Mühe auseinander genommen und transportiert werden kann. Die Möglichkeit, dem Regal verschiedene Breite zu geben, wird von G. Müller (75515) dadurch erreicht, dass er Tragbretter in Anwendung bringt, welche aus mehreren durch Scharniere mit einander verbundenen Einzelbrettern bestehen.

Klapp-Pulte an den Fensterbrettern oder den Seiten der Regale dienen dem Arbeitenden in jeder Beziehung als willkommene Bequemlichkeit. Das Pult von V. Franke (72243) kann in beliebiger Höhenlage und Schrägstellung angebracht und beim Nichtgebrauch zusammengeklappt werden. Die Höhenlage und Schrägstellung können durch ausziehbare kleine und zwei gegeneinander verstellbare Winkelstützen in weiten Grenzen reguliert werden.

Verschliessbare, geräumige Schränke, welche zur Aufnahme von Journalen, Briefen, Dokumenten und Akten dienen, sind dem Bibliothekar unentbehrlich. Trotzdem wird man in den seltensten Fällen einen zweckentsprechenden Schrank antreffen, man wird vielmehr fast immer Schränken mit horizontal liegenden, verstellbaren Brettern oder mit einer Anzahl von Schubfächern begegnen. Bei der ersteren Art ist es schwierig, Dokumente von ungleichem Format regelrecht und übersichtlich unterzubringen, bei der letzteren Art ist die Entnahme von Schriftstücken immer mit einiger Unbequemlichkeit verbunden. Ein Sammelschrank, welcher besonders für den Gebrauch in Bibliotheken empfehlenswert erscheint, ist von A. Wells (76398) konstruiert worden. Zur Aufnahme verstellbarer Teilstäbe sind zwei Reihen von Schlitzen oder Öffnungen und Vorsprüngen für die Enden der erwähnten Teilstäbe parallel zu einander und über einander angebracht, wobei zur Erleichterung des Ordnens der in den Sammelmappen enthaltenen Papiere ein zusammenklappbares Pult an der inneren Seite der beweglichen Thür angebracht ist und geeignete Anschläge vorgesehen sind, um die um eine horizontale Achse drehbare Thür in ihrer geöffneten Stellung fest zu halten. Die Konstruktion des Schrankes ist dabei eine derartige, dass das aufzubewahrende Material in senkrechter

Stellung untergebracht und der Raum in den einzelnen Abteilungen nach Möglichkeit ausgenutzt werden kann.

8. Katalog.

Die von dem Bibliothekar A. J. Rudolph in San Francisco hergestellte Verzeichnismappe (75004) lässt sich ihrer mannigfachen Vorzüge wegen sehr gut zur Einrichtung eines Katalogs verwenden. Die Mappe besteht aus einer Anzahl Blatt- oder Streifenhalter, welche, ähnlich den Blättern eines Buches, durch lösbare Gelenke mit einander verbunden sind. Eine besondere Ausführungsform der Mappe besteht darin, dass die einzelnen Blätter unter sich durch Doppelscharniere zusammenhängen, welche durch Scharnierstifte mit einander in Verbindung stehen, die in geradem Zustande sowohl durch die oberen als auch durch die unteren Scharniere durchragen und behufs Lösens der Scharniere in der Mitte ausgebogen werden. Zum Festhalten der eingesetzten Verzeichnisstreifen dienen Klemmplättchen, welche zwischen zwei gegenüberstehende Rillen oder Nuten verschiebbar und abnehmbar eingeklemmt werden können. Ein Etikett, welches an Knöpfen innen an den Mappendeckeln abnehmbar derartig befestigt werden kann, dass es am Rücken der Mappe sichtbar wird, dient zur Bezeichnung der letzteren. Die Eintragungen sind infolge der eigenartigen Konstruktion der Verzeichnismappe auswechselbar, so dass man eine beliebige Anzahl nachträglicher Zwischenschaltungen vornehmen kann, ohne die richtige oder gewünschte Reihenfolge zu stören, und jede Eintragung, gleichgültig ob dieselbe eine alte oder neue ist, die ihr zukommende Stelle einnimmt. Ganze Seiten oder mehrere Seiten können an beliebiger Stelle des Buches neu eingefügt werden, so dass das letztere beliebig an Stärke zunehmen kann. Wird es infolge seines zu grossen Volumens unhandlich, so kann man es an beliebiger Stelle teilen und mehrere Bände aus einem Bande machen. Die Streifen- oder Blatthalter sind so eingerichtet, dass sie die Verzeichnisstreifen oder andere Blätter aufnehmen können, und sind an einem Rande mit einander derart gelenkig verbunden, dass die Gelenke leicht auseinander genommen und die Blatthalter in beliebiger Weise ausgewechselt werden können. Die Etiketts werden so lang gemacht, dass sie bei geschlossener Mappe sich dicht an die Kanten der Blatthalter oder Mappenblätter legen. Das Verzeichnis kann in geöffnetem Zustande vollkommen flach hingelegt werden, gleichgültig wie viel Blätter sich in demselben befinden. Der Bibliothekar, welcher sich dieses Verzeichnisses bedient, kann seine Arbeit stets auf dem Laufenden halten, indem er die an jedem Tage zu machenden Eintragungen an geeigneter Stelle zwischenschiebt, bis die Streifenhalter angefüllt sind, worauf er einen neuen Halter einzufügen hat, um neue leere Stellen zu schaffen.

9. Sammelmappen. Heften einzelner Blätter.

Sammelmappen zur Aufbewahrung der einzelnen Nummern von Zeitschriften oder anderen Lieferungswerken werden alljährlich in grosser Menge produziert, so dass eine eingehende Besprechung dieser

Vorrichtungen zu viel Raum erfordern würde. Es mögen deshalb hier nur einige Beispiele erwähnt werden, deren Vorzüge sich aus einer kurzen Angabe der Grundidee eines jeden von selbst ergeben. Sikkidy (77416) lässt das Festhalten der Schriftstücke durch Einklammern derselben zwischen zwei Klemmbacken mittelst einer Schraube erfolgen. Zum Herausnehmen eines beliebigen Blattes dienen auf Stäben verschiebbare Klammern, durch welche die zu beiden Seiten des herauszunehmenden Blattes befindlichen Blätter provisorisch festgehalten werden. Nach E. Magnusson (Bibliothekar an der Universitätsbibliothek zu Cambridge) werden (71795) die Bogen an einer Kante oder beiden Kanten durch Befestigungsstäbe gehalten, die auf einer am Ende des Mappenrückens angebrachten Stange drehbar gelagert sind, mit ihren freien, hakenförmig gebogenen Enden von innen nach aussen durch die zu befestigenden Papiere hindurchgreifen und an dem Mappenrücken mittelst eines durch eine Feder bethätigten Riegels festgehalten werden. Th. Lang (56319) konstruierte eine Sammelmappe zur Aufnahme von Blättern, deren Perforierungen mit einem bis an den Rand reichenden Schlitz versehen sind, mittelst dessen sie auf Schnüre gebracht werden, die auf dem einen Deckel befestigt sind und auf dem anderen zwischen drehbaren Hebeln und festen Stiften in der Weise hindurch laufen, dass sie für gewöhnlich zwischen den Hebeln und den Stiften festgeklemmt, so bald aber den Hebeln mittelst eines mit Anschlägen versehenen Schiebers eine Drehung erteilt wird, freigegeben werden.

Für Schriftstücke, bei denen ein Durchstechen oder irgend welche andere Beschädigung des Papiers behufs Einheftens desselben vermieden werden soll, ist ein Verfahren von M. Pauly (57689) berechnet, welches darin besteht, dass die Schriftstücke zum Zwecke des Aufreihens, abweichend von dem bekannten Verfahren, nicht durchlocht sondern mit vorher durchlochten, durchsichtigen Klammerösen versehen werden, welche zwischen mit Gummispitzen versehene Haken geschoben werden. Sehr gut haben sich Sammelmappen mit federndem Rückenteil, deren sich der Verfasser selbst bedient, in der Praxis bewährt. Eine derartige Mappe ist von A. E. A. Hay (74109) konstruiert worden, deren wesentlichste Merkmale folgende sind. Der eine Deckel ist mittelst Feder und Arme mit einem federnden, an dem zweiten Deckel befestigten Rückenteil verbunden. Die Federn werden aus einem Stück hergestellt, indem das Metallband zuerst um das Verbindungsstück der Arme gewunden, dann zurückgelegt und das Ganze gehärtet und angelassen wird. Der federnde Rückenteil kann auch (77514) durch einen längs geteilten, durch federnde Scharniere verbundenen Rückenteil ersetzt werden, welcher mit einem Deckel oder mit beiden Deckeln scharnierartig vereinigt wird. Schliesslich können statt der Federn auch aus Federstahl hergestellte Scharnierstifte zur Anwendung gelangen, deren Enden einerseits mit dem Deckel, andererseits mit dem entsprechenden Teil des Rückenstückes in fester Verbindung stehen.

Zum Zusammenheften loser Blätter dient der elastische Heftknopf von Dr. C. Grünzweig (56194), welcher aus einer mit elastischem, hohlem, beliebig geformtem Knopf versehenen massiven oder hohlen elastischen Spindel besteht, an deren unterem Ende eine Platte, ein Ring oder dgl. angebracht ist. Beim Aufreihen eines Blattes wird der Knopf flach gezogen und lässt sich so leicht durch das gelochte Papier hindurch bringen.

Sollen Papierblätter fest mit einander verbunden werden, so bedient man sich in der Regel irgend eines flüssigen Klebstoffes. Da der Gebrauch des letzteren ziemlich unbequem ist, so empfiehlt Lee Darneal Craig (64064) zweiseitig mit Klebstoff versehene Streifen aus Papier, Gewebe, Gaze oder dgl., welche nach Anfeuchtung beider Seiten zur Verbindung von Papierblättern, Befestigung von Siegeln u. s. w. auf Papier dienen. Solche Streifen bieten gegenüber dem freien Gummi wesentliche Vorteile, insofern als das allmälige Eintrocknen der Klebmasse, das verhältnismässig langsame Trocknen derselben beim Gebrauche, ihr Hervorquellen beim Zusammendrücken geklebter Blätter (wodurch das Papier sehr häufig beschmutzt wird) und schliesslich die ungleiche Verteilung des Klebstoffes beim Bestreichen grösserer Flächen vermieden werden. Ein weiterer Vorteil ist das festere Zusammenhaften geklebter Blätter, da die Gummifläche der Streifen in der Regel stärker ist als diejenige bei der üblichen Art des Klebens, bei welcher selbst durch das leichteste Aufeinanderpressen des Papiers der flüssige Gummi bis auf eine dünne Schicht an den Kanten hinaus gepresst wird.

10. Messen des Buchformates.

Zum Messen des Buchformates, welches vor allem da von Wichtigkeit ist, wo der Preis des Einbandes, im Gegensatz zu dem System der Durchschnittspreise, genau nach seinen Dimensionen berechnet wird, eignet sich eine Erfindung von G. Müller (58302). Der Apparat besteht aus zwei festen, quadratischen, mit Massstäben versehenen Rahmen, welche sich gegen einander so verschieben lassen, dass durch einfaches Einstellen der die gewünschte Grösse angebenden Teilstriche zwei feste Stahlstifte in zwei gegenüber liegenden Ecken der Rahmen und zwei Stahlstifte, welche sich in den Kreuzungspunkten von je zwei langen Schlitzen in den gegenseitig verschiebbaren Rahmenseiten befinden, mit ihren Schlitzen stets die Eckpunkte einer rechtwinkligen Figur von gewünschter Grösse angeben.

Bei grösseren Längen ist der Gebrauch der Rahmen unbequem, da die letzteren ebenfalls von entsprechender Grösse sein müssen. Für grössere Formate ist vielmehr der Handmessapparat von A. F. C. Schröder (74614) gut zu verwenden, welcher an Einfachheit in der Handhabung die bisherigen Messinstrumente bei weitem übertrifft. Dieser Handmessapparat besteht aus einem Messcylinder, der an einem zum Aufstecken auf einen Finger geeigneten Hohlcylinder drehbar ist und durch Fortbewegung auf dem zu messenden Gegenstande in Drehung versetzt wird, in Verbindung mit Übertragungsrädchen, welche die dem Cylinder mitgeteilte Drehung auf zwei über einander liegende Scheiben übertragen, so dass nach jeder Umdrehung der mit der niederen Teilung versehenen Scheibe die mit der höheren Teilung versehene um eine Zahl weiter rückt. Auf diese Weise lassen sich selbst grössere Längen durch einmaliges Entlangführen des Messcylinders bestimmen.

II. Ausgabe der Benutzungskarten.

Zur Aufbewahrung von Benutzungskarten kann der Kartenausgeber von G. A. Pollaczek (77342) dienen, welcher eine schnelle und einfache Herausnahme einzelner Karten gestattet. Der Behälter ist mit einer federnden Vorderwand versehen, welche zwecks Schaffung einer Durchtrittsspalte bei der Vorbewegung des mit aufgebogenem Rande versehenen Bodenschiebers erst durch die von letzterem mitgenommene unterste Karte selbst aufgestossen wird und beim Rückgange des Schiebers die vorgestossene Karte zwischen ihrem eigenen umgebogenen unteren Rande und dem vorstehenden Teile des festen Bodens festklemmt.

Berlin. Dr. Düring.

Statistik der bedeutenderen ausserdeutschen Bibliotheken der Erde.

Das von dem Unterzeichneten im Vereine mit dem Strassburger Verlagsbuchhändler Karl J. Trübner herausgegebene Jahrbuch der gelehrten Welt „Minerva" ist Mitte November 1894 im 4. Jahrgange erschienen. Alljährlich bemühen sich die genannten Herausgeber, die bei einer derartigen weitausgreifenden Arbeit wohl unvermeidlichen Lücken und Ungleichmässigkeiten möglichst auszufüllen und zu beseitigen. Dies ist im neuen Jahrgange glücklicherweise wieder zu einem nicht unbedeutenden Teile gelungen, und so schliessen sich auch diesmal die Glieder in den einzelnen Ketten von Kategorieen der Hochschulen und wissenschaftlichen Institute verschiedenster Art wieder etwas enger und genauer an einander als im dritten Jahrgange. Der Unterzeichnete ist deshalb in der Lage, auf diesem neuen „Minerva"-Jahrgange fussend, den Fachgenossen jetzt ein etwas geschlosseneres statistisches Bild hinsichtlich der ausserdeutschen Bibliotheken der Erde zu entwerfen, als dies im Jahrgange 1894 des „Centr. f. B." (S. 111—124) gelingen konnte. Natürlich ist im folgenden überall dort, wo heuer keine Ergänzungen oder keine neuen statistischen Angaben beigebracht werden konnten, einfach auf die vorjährige Statistik verwiesen worden, um alle unnötigen Wiederholungen zu vermeiden. Lediglich in den beiden auf vielseitigen Wunsch der Statistik beigegebenen Namensregistern erscheinen alle, auch die bloss in der vorjährigen Statistik aufgeführten Namen, natürlich mit dem bezüglichen Jahres-Vermerke, aufgenommen, um so den Gesamt-Überblick zu ermöglichen. Die Namen der heuer zum ersten Male in die Statistik aufgenommenen Anstalten oder Anstaltsorte sind durch fetten Druck kenntlich gemacht.

312 Statistik der bedeutenderen ausserdeutschen Bibliotheken der Erde

Afrika.

Ort	Name	Bestand		Benutzung 1893 Bde.	Dotation	Vorstand
		Druckschr.	Hdschr.			
Algier	Bibl. de l'Univ.	46400	—	—	Fr. 12070	Paoli.
"	Bibl. Musée	33000	1987	—	" 2040	Mac-Carthy.
Kairo	Bibl. Khédiviale	82000	14000	5406	ägy./ 2500	K. Vollers.

Amerika.
United States.

Ort	Name	Bestand		Benutzung 1893		Dotation $	Vorstand
		Druckschr.	Hdschr.	In der Bibl. Bde.	Verlieh. Bde.		
Albany	State Library	182000	—	—	—	17337	M. Dewey.
Amherst	College "	61000	—	—	—	4000	W. J. Fletcher.
Ann Arbor	General "	81000	—	—	—	—	
		(800 Karten)					
	Medical "	62000	—	—	—	—	R. C. Davis.
	Law "	11200	—	—	—	—	
Austin-Galveston	Univers. "	18700	—	—	—	5000	J. B. Clark.
Baltimore	" "	70000	—	—	—	—	N. Murray.
	Libr. of the Peabody Inst.	134000	—	—	—	8532	P. R. Uhler.
	Enoch Pratt Free Lbr.	142000	—	—	—	22551	S. C. Donaldson.
	Libr. of the Maryland hist. society	32000	—	—	—	124	J. G. Gatchell.
Berkeley	Univ. Libr.	57000	—	—	—	6500 (Gesamtbudg.)	J. C. Rowell.
Boston	Athenaeum	183000	—	51833	—	8384.18	W. C. Lane.
	Libr. of the Inst. of technol.	30500	—	—	—	—	C. W. Andrews.
	Public Libr. of the city	687200	—	1134339	783833	39673.61	vacat
	Medical Libr.	47000	—	—	—	—	J. R. Chadwick.
Boulder	Univ. Libr.	10500	—	—	—	—	C. E. Lowrey.
Brooklyn	Brookl. Libr.	120000	—	215130	—	40000.50	W. A. Bardwell.
	Free "	45000	—	130000	—	—	M. W. Plummer.
Bryn Mawr	Coll. "	20000	—	—	—	—	F. E Pelree.
Buffalo	Libr.	75000	—	237112	104214	2281	J. N. Larned.
Burlington	Univ. Libr.	40000	—	—	—	—	T. R. Barnum.
Cambridge	" "	765000	—	23671	80380	—	J. Winsor.
Charlottesville	" "	52000	—	—	—	—	F. W. Page.
Chicago	" "	35000	—	—	—	—	Z. A. Dixson.
	Publ. Libr.	190000	—	2094084	—	26206.21	F. H. Hild.
		(Leser: 588216.)					
	Newberry Libr.	115000	—	16802	—	32433.31	vacat
Cincinnati	Publ. Libr.	202580	—	209198	311492	12000	A. W. Whelpley.
Cleveland	Coll.	35000	—	—	—	—	S. H. Platner.
	Publ. "	68805	—	27706	280815	5203	W. H. Brett.
Clinton	Coll.	35000	—	—	—	—	M. G. Dodge.
Columbia	Univ.	15000	—	—	—	—	J. W. Monser.
Des Moines	Iowa State Libr.	40000	—	—	—	3000	M. H. Miller.
Detroit	Publ. Libr.	120000	—	205256	274060	14432	H. M. Utley.
Easton	Coll.	25000	—	—	—	1500 (Gesamtbudg.)	F. A. March.
Georgetown	RiggsMemorial Libr.	90000	—	—	—	12600	J.F. X. Mulvany.

von Dr. R. Kukula. 313

Ort	Name	Bestand Drucksde., Hdschr.	Zuwachs 1882 In der Vorliesbibl.Bde. Hds.		Dotation $	Vorstand
Hamilton	Univ. Libr.	53000	—	—	75000	R. W. Thomas.
Hanover	Coll. Libr.	73500	—	—	—	M. D. Bisbee.
Haverford	„ „	34000	—	—	600	A. C. Thomas.
Houghton	Libr. of the min. school	10150	—	—	—	F. Hanna.
Jersey City	Free Publ. Libr.	45000	—	336857 (55747 Lesse)	11116	G. W. Cole.
Indianapolis	Publ. Libr.	65000	—	131130 160092	6000	C. Evans.
Ithaca	Univ. „	190000	—	—	35114.44	G. W. Harris.
				(Gesamtbudg.)		
Lawrence	„ „	20105	—	—	—	C. M. Watson.
Lincoln		25000	—	—	—	M. L. Jones.
Los Angeles	Publ. Libr.	34400	—	13495 267054 Lesser.	8000	T. L. Kelso.
Madison	Univ. „	38000	—	—	—	W. M. Smith.
	State hist. societies Libr.	157010	6000	—	4000	
Milwaukee	Publ. Libr.	80000	—	155844 5748		T. H. West.
Minneapolis		60000	—	—	279173 12896	J. K. Hosmer.
	Univ. „	27000	—	—	—	W. F. Folwell.
Nashville	„ „	15000	—	—	—	
New Bedford	Free Publ. Libr.	72000	—	—	55200 4536	R. G. Ingraham.
New Brunswick	Sage Libr.	50000	—	—	150	J. C. van Dyke.
New Haven	Univ. „	200000	—	—	10000	A. Van Name.
New Orleans	HowardMemor.Libr.	25000	—	—	—	W. Beer.
Newport	Redwood Libr.	35000	—	—	1310	R. Illesa.
New York	Columbia Coll. Libr.	175000	—	—	25184 45000	G. H. Baker.
	Libr. of the Acad. of science	10000	—	—	—	A. Hollick.
	Libr. of the Union Theolog. Sem.	116000	158	—	—	C. R. Gillott.
	Libr. of the Acad. of medic.	50000	—	—	—	E. S. Peck.
	Lenox Libr.	113000	700	—	87067.22	W. Eames.
	Astor Libr.	252400	40	210376	—	269.47	R. Little.
	Mercantile Libr.	250000	—	24582 138646	10063	W. T. Peoples.
	Libr. of the hist. soc.	64000	—	—	—	W. Kelby.
	New Y. Soc. Libr.	92000	—	—	3059	W. S. Butler.
Palo Alto	Univ. Libr.	19000	—	—	—	E. H. Woodruff.
Peoria	Publ. „	51000	—	4957 60294	2900	E. S. Wilcox.
Philadelphia	Univ. „	115000	—	—	—	G. B. Keen.
	Libr. of the Franklin Inst.	65000 20000 Karten.	—	—	—	A. Rigling.
	Libr. Company	175400	250	55416	—	10957.41	J. G. Barnwell.
	Libr. of the Coll. of Physicians	49500	—	6968	2252	1545.04	C. P. Fisher.
	Mercantile Libr.	171000	—	57800	—	6540	J. Edwards.
Princeton	Chancellor Green Libr.	135000	—	—	—	E. C. Richardson.
Providence	Univ. Libr.	100000	—	—	—	H. L. Koopman.
	Publ. „	80000	—	—	4125	W. E. Foster.
	Athenaeum	55000	—	—	7400	D. Beckwith.
	Libr. of the Rhode Island hist. soc.	34000	—	—	—	A. Perry.
	State Law Libr.	16008	—	—	—	

XII. 7.

314 Statistik der bedeutenderen ausserdeutschen Bibliotheken der Erde

Ort	Name	Bestand	Benutzung 1892		Dotation	Vorstand
		Druckbde. Hdschr.	In der Bibl. Bds.	Verleih. Bde.	$	
Rochester	Univ. Libr.	27500 —	—	—	875	H. K. Phinney.
	Libr. of the theol. sem.	27000 —	—	—	1969	
Saint Louis	Publ. Libr.	93000 —	77918	121970	4159	F. M. Crunden.
	Mercant. Libr.	55000 —	99274	—	20431.74	H. Kephart.
					(Gesammtbedg.)	
Salem	Essex Inst. Libr.	240000 —	—	—	—	C. S. Ongood.
San Francisco	Free Publ. „	50000 —	64512	134622	6595	J. V. Cheney.
	Mechanic's Inst. Libr.	57000 —	—	139090	4506	H. Wilson.
	Law Libr.	39000 —	—	—	4000	J. H. Deering.
	Sutro „	20000 —	—	—	—	G. Moss.
	Bancroft Libr.	64000 —	—	—	4500	H. H. Bancroft.
South Bethlehem	Univ. Libr.	89000 —	—	—	6035	W. H. Chandler.
Springfield	City „	85000 —	25789	136997	6057	W. Rice.
Syracuse	Univ. „	50000 —	—	—	502	H. O. Sibley.
Washington	Libr. of the Smithson. Inst.	160000 —	—	—	—	C. Adler.
	Libr. of Congress	910000 —	—	—	10000	A. R. Spofford.
	Libr. of the Naval Observ.	16500 —	—	—	1000	W. D. Horigan.
	Libr. Surgeon Gen. Off.	295500 —	—	—	8000	J. S. Billings.
Waterbury	Silas Bronson Libr.	56000 —	3143	64779	4362	H. F. Bassett.
Wellesley	Coll. Libr.	42350 —	—	—	—	H. Hawes.
Williamstown	„ „	34000 —	—	—	4000	C. H. Burr.
Woodstock	„ „	64000 —	—	—	1100	A. J. Maas.
Worcester	Libr. of the antiq. soc.	100000 —	—	—	—	E. M. Barton.
	Free Publ. Libr.	93000 —	58720	129760	5455	S. S. Green.

Andere Staaten.

Buenos Ayres	Bibl. Nacional	62707 —	15559 Leser	16695	—	P. Groussac.
Havana	Univ. Bibl.	10000 —	—	—	—	
Montreal	Bibl. d. med. Fak.	13000 —	—	—	—	
St. Jago (Chile)	Nat.-Bibl.	70000 1000	—	—	—	
Toronto	Bibl. d. Un. of Toronto	55000 —	—	—	—	H. H. Langton.
	Bibl. der Victoria Univ.	10000 —	—	—	—	R. H. Johnston.

Asien.

Ort	Name	Bestand	Benutzung 1892		Dotation	Vorstand
		Druckbde. Hdschr.	Leser Vorl. Bde.			
Jerusalem	Patriarch.-Bibl.	— 2672	—	—	—	A. Papadopulus-Kerameus.
Irkutsk	Mus.-Bibl.	12700 — 900 Münzen.	—	—	Rub.	
Taschkent	Öff. Bibl.	10000 91	—	—	2000	Medžvoj.
Tokyo	Univ. Libr.	255000 —	64056	427194	—	J. Tanaka.

Australien.

					K	
Melbourne	Univ. Libr.	20000 —	—	—	415	E. H. Bromby.
	Publ. „	160000 —	—	—	2750	T. F. Bride.

Europa.
Belgien.

Ort	Name	Bestand (Druckbde., Hdschr.)	Benutzung 1893 (Leser, Verl. Bde.)	Dotation Fr.	Vorstand
Brügge	Bibl. de la ville	100000 600 — —	—	—	G. Claeys.
Gent	Bibl. de l'univ.	300000 — 12148 3145 22400 (150000 — (17091 Bde.) (Gesamtbedg.) Brosch.)			F. Van Der Haeghen.

(Sonst vgl. C. C. B. Jahrg. 1894 S. 114).

Bulgarien.

| Sophia | Bibl. d. Hochsch. | 15000 — | — | — | — |

Dänemark. Kr.

| Kopenhagen | Univ.-Bibl. | 300000 5000 13164 21200 17300 (25034 Bd.) | | | S. Birket-Smith. |
| | Store Kong. Bibl. | 180000 20000 9379 11368 35769 (26481 Bde.) | | | C. W. Bruun. |

Frankreich.

Ort	Name	Bestand (Druckbde., Jahrez., Hdschr.)	Benutzung 1893 (Leser, Verl. Bde.)	Dotation Fr.	Vorstand
Aix	Bibl. de l'univ.	22200 — — —	—	12590	Capdevat.
	„ Méjanes	150000 200 1229 —	—	3356	Post.
Besançon	„ de l'univ.	14300 — — —	—	8000	Prieur.
Bordeaux	Publ.	160000 300 1184 —	—	11100	Célente.
Bourges	„ de la ville	80000 320 407 —	—	1009	Bléry.
Dijon	„ de l'univ.	31300 — — —	—	14615	Dubbissom.
Epernay	„ d' Epernay	27300 15 160 —	—	1000	Brion.
Grenoble	„ de la ville	169100 517 1800 —	—	9600	Maignien.
Montauban	„ de la facult.	21000 — — —	—	1735	Ducos.
Nizza	„ de la ville	90000 300 130 —	—	3400	Sauvaigo.
Paris	„ de l'univ.	143300 — — —	—	69090	De Chantepie du Dézert.
	„ Nation.	2600000 — 101972 —	—	161200	L. Delisle.
	„ de l'Inst. de Fr.	— — — —	—	8000	Tardieu.
	Bibl. de la ville	90000 — 2000 —	—	60000	Faucou.
Toulouse	„ de l'univ.	55500 — — —	—	26570	A. Cronzel.

(Im übrigen vgl. C. C. B. Jahrg. 1894 S. 114—116).

Griechenland.

Ort	Name	Bestand (Druckbde., Hdschr.)	Benutzung 1893 Bde.	Dotation Dr.	Vorstand
Athen	Ἐθνικὴ βιβλ.	185000 1836	—	8000	E. Rhoidis.

Grossbritannien.
I. England.

				£	
Birmingham	Free Libr.	157443 —	1125630	2652.15.10	J. D. Mullins.
Bradford	„	74000 —	—	1008	B. Wood.
Cambridge	Univ. „	500000 6500	—	6040 (Gesamtbedg.) son.	F. J. H. Jenkin-
Dulwich	Coll. „	11000 —	—	50	P. Hope.
Leeds	Free Publ. Libr.	183000 —	979900	1142	J. Yates.

318 Statistik der bedeutenderen ausserdeutschen Bibliotheken der Erde

Ort	Name	Bestand Druckbde.	Bestand Hdschr.	Benutzung 1893. Bde.	Dotation £	Vorstand
Liverpool	Free Publ. Libr.	160000	—	508614	1670	P. Cowell.
London	Bibl. d. Brit. Mus.	1600000	50000	—	10950	E. M. Thompson.
	(200000 Kart., 100000 Mus., 45000 Urk.)					
	Bibl. d. South Kens. Mus.	145000	—	—	—	W. H. J. Weale u. A. C. King.
	Bibl. d. R. Coll. of Surg.	45000	—	—	—	J. B. Bailey.
	Bibl. d. Corp. of the City	100000	500	—	1000	C. Welch.
	Bibl. d. Patent Office	100000	—	108712 Leser	1000	H. J. Allison.
	„ d. India Office	50000	10000	—	—	C. H. Tawney.
	Archiepiscop. Libr.	30000	1300	—	—	S. W. Kershaw.
Manchester	Univ. Libr.	60000	—	—	—	
	Publ. Free Libr.	240000	—	640059 (572655 Bde. entlehnt.)	3245.32.10	C. W. Sutton.
Newcastle	Libr. of the lit. a. phil. soc.	50000	—	—	—	
	Publ. Libr.	60000	—	—	1100	W. J. Haggerston.
Nottingham	Free Publ. Libr.	76000	—	411011 (2162637 Leser)	600	J. P. Briscoe.
Oxford	Bodleian Libr.	500000 20000 Kupfer	30000	—	6525 (Gesamtbudg.)	E. W. B. Nicholson.

2. Irland.
(Vgl. C. f. B. Jahrg. 1894 S. 117.)

3. Schottland.

Ort	Name	Bestand Druckbde. u. Hdschr.			Dotation	Vorstand
Aberdeen	Univ. Libr.	120000		—	540 (Gesamtbudg.)	P. J. Anderson.
St. Andrews	„ „	100000		—	830 (Gesamtbudg.)	J. M. Anderson.
Dundee	Free „	62620	—	—	650 (Gesamtbudg.)	J. Maclaughlan.
Edinburgh	Univ. „	177000	5000	—	1040.19.5	H. A. Webster.
	Advocates Libr.	350000	3000	—	—	J. J. Clark.
	Libr. of the writers to her Majesty signet	90000	—	—	600	T. G. Law.
	Publ. Libr.	50000	—	—	1500	H. Morrison.
Glasgow	Univ. „	150000	—	—	1538 (Gesamtbudg.)	J. Lymburn.
	Mitchell Libr.	89000	—	—	—	

Italien.

Ort	Name	Bestand Druckbde.	Bestand Hdschr.	Benutzung 1893 In der Bibl.lids.	Benutzung 1893 Verlieh. Bde.	Dotation L.	Vorstand
Bologna	Bibl. Universit.	295000 (500 Inkun.)	5000	—	—	8900	O. Guerrini.
	„ Municipale	233000	2745	25749	747	9500	L. Frati.
Brescia	„ Civica	52000	6100	26359 Leser.	202	3600	F. Garbelli.
Cagliari	„ Universit.	50600	367	12854	745	3492.65	A. Avetta.
Camerino	„ Valentiniana	40000	122	2242	390	1150	M. Santoni.
Catania	„ Universit.	50000	290	36563	3491	4050	R. Bresciano.

von Dr. R. Kukula. 317

Ort	Name	Bestand Druckbde.	Bestand Hdschr.	Benutzung 1893 In der Bibl.Bde.	Benutzung 1893 Verlieh. Bde.	Dotation L.	Vorstand
Cesena	Bibl. Malatestiana	50000	1075	7054	645	1500	A. Piccolomini.
Cremona	„ Governativa	59013	1014	11556	646	2600	F. Salveraglio.
Ferrara	„ Comunale	91000	1859	—	—	2500	G. Agnelli.
Florenz	„ Naz. Centrale	528955	17500	67221	4630	30000	D. Chilovi.
	(11764 Musik., 6210 Stiche, 200571 Briefe, 954 Urk.)						
	„ Mediceo-Laurenz.	6100	9610	4925	111	2500	R. Podestà.
	Bibl. Riccardiana	33500	3467	4533	141	700	S. Morpurgo.
	„ Marucelliana	127060	1500	65740	1954	6130.50	A. Bruschi.
Genua	„ Universitaria	157000	1556	16545	962	6350	A. Paglialsi.
	„ Civica Berio	81500	658	—	—	5040	L. T. Belgrano.
	„ de la congregaz. della missione urb. di S. Carlo	25000	300	—	—	—	Grasso.
Livorno	Bibl. Labronica	71800	645	—	—	2500	E. Janer.
Lucca	„ Governativa	152000	3306	—	—	3794	E. Boselli.
Mailand	„ Naz. di Brera	260000	1666	—	—	16000	E. Martini.
	(2510 Antwgr.)						
	„ Ambrosiana	170000	8100	—	—	—	A. Ceriani.
Messina	„ Universit.	32600	778	—	—	3793	G. Caracciolo.
Modena	„ „	117s0	1	—	—	1100	C. Frati.
	„ Estense	127074	5000	27106	1856	7725.93	
Neapel	„ Universit.	208500	109	174748	3856	17000	G. Fumagalli.
	„ Nazion.	504000	7693	—	—	25500	V. Fornari.
Padua	„ Universit.	201000	2326	—	—	5495.90	M. Girardi.
	„ Civica	115000	3961	17595	—	1500	P. Daita.
Palermo	„ Comunale	225000	3000	—	—	10000	G. di Marzo.
	„ Nazion.	140000	1507	—	—	11645	E. Alvisi.
Parma	„ Palatina	272000	4769	25051	789	9000	vacat.
Pavia	„ Universit.	216000	1100	—	—	5000	L. De Marchi.
Perugia	„ „	20000	—	—	—	3320	F. Fiorei.
Pisa	„ „	135000	274	—	—	5700	F. Triflolati.
Ravenna	„ Classense	74200	1050	—	—	2000	A. Zoli.
Rom	„ Alessandrina	163000	254	—	—	11400	A. Moroni.
	„ VallicelIana	51000	2324	505	—	5990	V. Rovero.
	„ Angelica	113000	2910	—	—	4150	E. Novelli.
	„ Casanatense	370000	5000	14820	1155	13200	J. Giorgi.
	„ Naz. Centr. Vitt. Emman.	534000	4700	150846	7959	62297.25	D. Gnoli.
	Bibl. Chigiana	25000	2477	—	—	—	G. Cugnoni.
	„ Vaticana	250000	25700	—	—	—	A. Capecelatro.
	(3000 Inkun.)						
	„ Barberiniana	60000	10000	—	—	—	A. Pieralisi.
	„ Corsini	45000	2511	442	535	—	
	(2155 Inkun., 121000 Stiche).						
Sassari	„ Universit.	40400	207	7101	501	3600	G. Bonazzi.
Siena	„ Comunale	95000	4890	10591	430	6036	F. Donati.
Turin	„ Nazion.	200900	4126	141679	1906	72215	F. Carta.
	„ Civica	56000	—	52155	—	4000	Q. Carrera.
Urbino	„ Univers.	25000	120	—	—	500	P. Natalucci.
Venedig	„ Nazion. Marciana	484000	12016	37294	1114	14000	C. Castellani.
Verona	Bibl. Comunale	134000	3202	33728	1155	4000	G. Biadego.
	„ Capitolare	20000	1081	—	—	—	P. Vignola.
Vicenza	„ Bertoliana	200000	—	—	—	—	D. Bortolan.

318 Statistik der bedeutenderen ausserdeutschen Bibliotheken der Erde

Niederlande.

Ort	Name	Bestand		Benutzung 1893		Dotation	Vorstand
		Druckbde.	Hdschr.	In der Bibl./Lde.	Verlieh. Nde.	fl.	
Deventer	Städt. Bibl.	12000	450	—	—	800	J. C. Van Slee.
Groningen	Univ. "	80000	—	7250	7334	10000	J. W. G. van Haarst.
Haag	KOn. "	—	—	82628 (15090 Leser).	9242	15000	T. C. L. Wysmalen.

(Sonst vgl. C. f. B. Jahrg. 1894 S. 118, 119.)

Österreich-Ungarn.
1. Österreich.

Ort	Name	Bestand		Benutzung 1892/93.			Dotat.	Vorstand
		Druckbde.	Inkun.	Hdschr.	Leser In d. Bibl.	Bde. Verlieh.		fl.	
Admont	StiftsbIbl.	76800	650	1103 (8050 Portr., 2500 Bildn., 5521 Münz.)	2170	—	251	—	J. Wichner.
Brünn	Bibl. d. Franzens-Mus.	78000	—	1074	3507	—	—	1000 vacat.
	Bibl. der techn. Hochsch.	22000	—	—	—	—	2000	3000	K. Zelbr. (Matrikeltax.(1892/93: fl. 243,90).
	Kirchenbibl. bei St. Jakob	212	125	—	—	—	—	—	Kment.
Czernowitz	Univ.-Bibl.	102000	—	43	2730	0186	4860	7000	K. Reifenkugel (fl. Matrikeltax.: fl. 384).
St. Florian	Stifts-Bibl.	72000	1000	900	—	—	—	—	A. Czerny.
Görz	Studien-Bibl.	27000	—	65	—	—	—	1200	E. Dass.
Göttweig	Stifts-Bibl.	70000	1425	1111	—	—	—	—	C. v. Schilling.
Graz	Univ.-Bibl.	135207	—	1700	15414	46286	6527	7500	A. Müller (w. Matrikeltax.: fl. 1444)
Heiligenkreuz	Landes-Bibl.	160006	—	—	17743	—	—	3000	H.v.Zwiedineck-Südenhorst.
	Stifts-Bibl.	30000	370	550	—	—	444	940	G. Pöck.
Innsbruck	Univ.-Bibl.	134250	1653	1075	—	—	5577	7500	L. v. Hörmann. (Matrikeltax.: fl. 1173,70)
Klagenfurt	Bibl. d. Ferdinandeums	29000	—	—	—	—	—	—	J. Egger.
	Studien-Bibl.	45000	—	202	—	—	1800	9077	1200	S. Laschitzer.
Klosterneuburg	Stifts-Bibl.	70000	1460	1250	—	—	—	—	A. Peterlin.
Krakau	Univ.-Bibl.	205478	—	5287	3423	—	15000	9000	A. Estreicher-Rozbierski. (Matrikeltax.: fl. 1484)
	Bibl. d. Mus. Czartoryski	100000	—	5070 (1202 Urk.)	—	—	—	—	—
Kremsmünster	Stifts-Bibl.	80000	681	950	—	—	—	—	H. Schmid.
Laibach	Studien-Bibl.	60600	—	—	—	—	6000	1200	G. Mays.
	Bibl. d. Rudolfinums	16000	—	—	—	—	—	—	A. Müllner.
St.Lambrecht	Stifts-Bibl.	10000	187	—	—	—	—	150	G. Sparl.
Lemberg	Univ.-Bibl.	124700	—	465 (241 Urk., 11000 Münz.)	—	—	54800	15566	8100	A. Semkowicz (Matrikeltax.: fl. 1384)

Ort	Name	Bestand Druckbde. Inkun. Hdschr.	Benutzung 1892/93 Leser Bde. in d. Bibl. Verlieh.	Dotation fl.	Vorstand
Lemberg	Bibl. d. Ossolifiskischen Inst.	92076 — 3535 (1169 Urk., 2539 Autogr.)	— 14561 2464	—	A. Kętrzyński.
Linz	Studien-Bibl.	36200 — 168	— —	1200	O. Mayerhofer.
	Bibl. d. Mus. Francisco-Carolinum	30000 — —	— —	—	—
Melk	Stifts-Bibl.	52500 575 1536	— —	2000	R. Schachinger.
Olmütz	Studien-Bibl.	90000 860 934	— —	1200	W. Müller.
Ossegg	Stifts-Bibl.	36000 120 105	1500 —	2000	B. Wohlmann.
St. Paul	„ „	40000 400 1300 (15000 Urk., 20000 Stiche, 12000 Münz.)	— 463	500	A. Duda.
St. Peter	„ „	88000 1700 1100	— —	—	W. Hauthaler.
Prag	Univ.-Bibl.	213000 — 3548	79091 247487	17634 12000	vacat. (Matrikeltax., fl. 2836.70)
	Bibl. d. Mus. des Kgr. Böhmen	176500 — 3214 (36549 Briefe, 14139 Stiche).	— —	—	A. Patera.
Reun	Stifts-Bibl.	35000 430 210	— —	105	A. Weis.
Salzburg	Studien-Bibl.	85600 — 1154	— —	1200	R. v. Strele.
Strahov	Stifts-Bibl.	72000 400 1000	— —	—	J. A. Wagner.
Wien	Univ.-Bibl.	434690 373 511	177078 316078	25349 20000	F. Grassauer. (Matrikeltax., fl. 3236)
	Bibl. d. techn. Hochsch.	75322 — —	27272 6255	7000	F. Leithe. (Matrikeltax., fl. 1810)
	Bibl. d. Mil.-Tierärztl. Inst.	11911 — —	— —	—	—
	Bibl. d. Geolog. Reichsanstalt	43000 — —	— —	1000	A. Matosch.
	Bibl. d. Albertina	52000 — —	— —	—	F. Malcher.
	Hof-Bibl.	500000 6525 23600 (3000 Kart., 300000 Stiche).	12370 80549	3393 31225	W. v. Hartel.
	Familien-Fideik.-Bibl.	130000 800 215 (16000 Kart., 80000 Portr., 15000 Bild., 22000 Blätter der Lavater'schen Samml.)	— —	—	vacat.
	Landes-Bibl.	14800 — — (1520 Kart., 8300 Zeichn.)	— —	3000	A. Kőnig.
	Stadt-Bibl.	45000 — —	733 2603	2274 5000	K. Glossy.
	Bibl. d. Kriegsarchivs	50200 — — (140000 Kart.)	— —	6000	J. Boltek.
	Bibl. d. Minist. d. Innern	50000 — —	— —	1514	J. C. Poestion.
	Bibl. d. Finanzminist.	50000 — —	— —	—	A. Dudinsky.
Zwettl	Stifts-Bibl.	60000 512 420	3325 —	800	B. Hammerl.

2. Ungarn.

Ort	Name	Bestand Druckbde. Hdschr.	Benutz. 1892/93 Leser Bde.	Dotation fl.	Vorstand
Agram	Univ.-Bibl.	90059 800	12274 3315	5200	J. Kostrenčić.
Budapest	„ „	241000 1800	41033 45671	12000	S. Szilágyi.
	Bibl. d. Polytechnik.	51072 —	— 11131	4450	V. Wartha.
	Bibl. d. Nat.-Mus.	450000 14000 (300000 Urk.)	14659 —	—	L. Fejérpataky.

320 Statistik der bedeutenderen ausserdeutschen Bibliotheken der Erde

Ort	Name	Bestand Druckbde.	Bestand Hdschr.	Besucher Leser	Zuwachs 1901/02 Bde.	Dotation fl.	Vorstand
Budapest	Bibl. d. Akad. d. Wissensch.	50000	2417	—	—	5000	A. Heller.
	(20000 Urk., 23063 Briefe.)						
	Bibl. d. Landesanstalt, Amies	45112	—	—	3234	—	J. Findura.
Eperies	Bibl. d. Rechtsakad.	15292	—	167	—	—	J. Flórián.
Erlau	„ „	50000	372	—	—	—	K. de Kozma.
Graz	Erzbischöfl. Bibl.	73476	1102	—	203	131.03	L. Némethy.
	(5580 Ink., 12000 Münz., 8000 Stiche.)						
Grosswardein	Bibl. d. Rechtsak.	9445	—	—	—	572.50	A. Rozsky.
Kaschau	„ „	19819	—	—	—	420	A. Klekner.
Klausenburg	Univ.-Bibl. „	—	—	—	—	8000	Z. Ferenczi.
Sárospatak	Bibl. d. Hechtsak.	42000	—	—	—	—	G. Szinnyei.

Portugal. Milr.
Coimbra	Univ.-Bibl.	96000	—	23045	45124	467.650	B. de Serpa Pimentel.
Lissabon	Bibl. Nackm.	200000	9415				
	(40000 Münz.)						

Rumänien.
(Vgl. C. f. B. Jahrg. 1894 S. 121.)

Russland.

Ort	Name	Bestand Druckbde.	Bestand Hdschr.		Dotation	Vorstand
Charkow	Univ.-Bibl.	137051	233	Rub.	6000	J. O. Raljesnyj.
Dorpat	„ „	288700	772	„	6000	vacat.
	(1304 Leser).					
	Bibl. d. Veterin.-Inslit.	14869	—		—	A. Rosenberg.
Helsingfors	Univ.-Bibl.	170000	2000	Fmk.	23000	A. W. Bolin.
	(16000 Bde. benutzt.)					
Jaroslawl	Bibl. d. Studentenkorps	42000	—	„	1000	W. Meurman.
	Bibl. d. Lyceums	41000	—		—	D. A. Nevskij.
Kasan	Univ.-Bibl.	146000	811	Rub.	6000	J. F. Gottwald.
Kijew	„ „	115900	—		6000	V. A. Kordt.
	(21464 Bde. benutzt.)					
Moskau	„ „	220000	—		6000	A.A.Tolstopjatov.
	Bibl. d. Rumjancov'schen Museums	310000	50850		—	N. J. Morokenko.
	„ d. Kais. Russ. Histor. Museums	180000	—		—	A. J. Stankevič.
	„ d. Archivs d. Min. d. Ausw. Ang.	32000	1800		—	Bar. F. A. Bühler.
Néžin	„ d. Histor.-Philol. Instituts	44000	—		—	—
Odessa	Univ.-Bibl.	108000	213		6000	L. F. Bruun.
	(760 Karten.)					
Pawlowsk	Hof-Bibl.	20000	451		—	—
	(2000 Stiche.)					
St. Petersburg	Univ.-Bibl.	220407	9349		6000	A. R. Kreisberg.
	Bibl. d. Kais. Akad. d. Wissensch.	170000	130000		—	A. A. Kunik, K. G. Salemann.
	„ d. Geistl. Akad.	59100	3500		2500	A. S. Rodosskij.
	Kais. Öffentl. Bibl.	1098000	28000		28494	A. F. Byčkov.
	(19500 Kart., 77000 Stiche, 41340 Autogr., 4700 Urk.)					
	Bibl. d. Kais. Botan. Gart.	16000	—		—	S. J. Rostovcev.

Ort	Name	Bestand Druckwke.	Bestand Hdschr.	Dotation	Vorstand
St. Petersburg	Bibl. d. Forstinst.	22000	—	Rub. —	N. A. Lej.
Riga	Bibl. d. Polytechnik.	32685	—	—	
Simbirsk	Karamzin'sche Bibl.	30000	—	—	
Twer	Museum	—	3500	—	
Warschau	Univ.-Bibl.	400000	1310	6000	S. J. Vrcbov.

Schweden u. Norwegen.

Ort	Name	Bestand Druckwke.	Bestand Hdschr.	Benutzg 1892/93 in der Bibl.Abt.	Benutzg Verölfh. Hde.	Dotation Kr.	Vorstand
Christiania	Univ.-Bibl.	320000	—	42583	26582	24500	A. C. Drolsum.
Lund	" "	150000	—	19437	6583	12752	E. Tegnér.
Stockholm	Kongl. Bibl.	300000	11000	29336	10347	25000	Graf N. J. G. Snoilsky.
Upsala	Univ.-Bibl.	275000	12000	84054	1013?	9078	C. Annerstedt.

(Sonst vergl. C. f. B. Jahrg. 1894 S. 121. 122.)

Schweiz.

Ort	Name	Bestand Druckwke. Inkun. Hdschr.			Benutzung 1892/93	Dotation Fr.	Vorstand
Basel	Öffentl. Bibl.	188000	—	1400	—	14300	K. C. Bernoulli.
Bern	Stadt-Bibl.	90000	—	3300	—	9000	E. Blösch.
Einsiedeln	Kloster-Bibl.	—	1000	1200	—	2000	G. Meier.
Lausanne	Kanton.-Bibl.	80000	—	—	—	—	L. Dupraz.
Zürich	Stadt-Bibl.	130000	—	4300	7200 Hde. entlehnt.	6500	H. Escher.

(Sonst vergl. C. f. B. Jahrg. 1894 S. 122.)

Serbien.

Ort	Name	Bestand Druckwke.				Dotation	Vorstand
Belgrad	Bibl. d. Hochsch.	30000	—	—	—	20000 (Gesammtbudg.)	D. Posnikovič.
"	Nation.-Bibl.	100000	75	459	—	—	M. Milićević.

Spanien.

Ort	Name	Bestand Druckwke.	Bestand Inkun.	Bestand Hdschr.	Dotation Pesetas	Vorstand
Barcelona	Prov.- u. Univ.-Bibl.	15000	800	2000	5000	M. Morano y Serrano.
Cadiz	Bibl. d. med. Fak.	7500	—	800	—	
	Bibl. Provincial	34000	22	184	500	
Córdova	Bischöfl. Bibl.	11000	—	—	—	
Escorial	Kön. Bibl.	30000	—	4584	—	
		(7000 Stiche.)				
Granada	Bibl. Provinc.	21000	..	135	1000	
Leon	" "	5600	—	49	500	R. Alvarez de la Braban.
Madrid	Univ.-Bibl.	205000	—	3013	25000	G. de Alarcón y Casanova.
		(47615 Leser.)				
	Bibl. d. histor. Akad.	20000	—	1500	—	M. Menéndez y Pelayo.
		(7000 Urk.)				
	Bibl. Nacional	500000	170	30000	—	M. Tamayo y Baus.
		(30000 Urk., 36400 Stiche.)				
		(47499 Leser, 40493 Bde. entlehnt.)				
Oviedo	Bibl. Provincial	40000	—	200	1000	L. López de Ayala.
		(7000 Leser, 10000 Bde. entlehnt.)				

322 Statistik der bedeutenderen ausserdeutschen Bibliotheken der Erde

Ort	Name	Bestand			Dotation	Vorstand
		Druckbde.	Inkun.	Hdschr.	Pesetas	
Palma	Bibl. Provincial	20000	—	—	—	
Salamanca	Univ.-Bibl.	80000	332	1038	2000	
Santiago	„ „	40000	—	271	1000	
Sevilla	„ „	82000	—	796	3000	
	Bibl. Colombina	34000	—	1600	—	S. de la Rosa.
	Bischöfl. Bibl.	11000	—	30	—	
Tarragona	Bibl. Provincial	4000	—	200	—	J. Massó Torrents.
Toledo	„ „	70000	—	675	—	J. González Hernandez.
		(155 Bde. Urk.)		(1000 Leser.)		
Valencia	Univ.-Bibl.	45000	376	710	1500	
Valladolid	„ „	52000	—	305	1000	
Zaragoza	„ „	30000	22	31	1000	G. Martinez Gómez.

Register.

(Bei den in der vorjährigen Statistik allein angeführten und diesmal nicht wiederholten Namen ist die Ziffer 1894 der bezüglichen Seitenzahl vorgesetzt.)

Ortschaften.

	S.		S.		S.
Aarau	1894 122	Bologna	316	Charlottesville	312
Abbeville	1894 114	Bordeaux	315	Chartres	1894 115
Aberdeen	316	Boston	312	Chaumont	1894 115
Admont	315	Boulder	312	Chicago	312
Agen	1894 114	Boulogne	1894 114	Christiania	321
Agram	319	Bourg	1894 114	Cincinnati	312
Aix	315	Bourges	315	Clermont-Ferrand	
Ajaccio	1894 114	Bradford	315		1894 115
Albany	312	Brescia	316	Cleveland	312
Albi	1894 114	Brest	1894 114	Clinton	312
Alençon	1894 114	Brooklyn	312	Coimbra	320
Alger	312	Brügge	315	Columbia	312
Amberst	312	Brünn	318	Córdova	321
Amiens	1894 114	Brüssel	1894 114	Cremona	317
Amsterdam	1894 118	Bryn Mawr	312	Czernowitz	318
St. Andrews	316	Budapest	310. 320	Des Moines	312
Angers	1894 114	Buenos Ayres	314	Detroit	312
Angoulême	1894 114	Buffalo	312	Deventer	318
Ann Arbor	312	Bukarest	1894 123	Dijon	315
Antwerpen	1894 114	Burlington	312	Dorpat	320
Arles	1894 114	Cadix	321	Douai	1894 115
Arras	1894 114	Caen	1894 114	Dublin	1894 117
Athen	315	Cagliari	316	Dulwich	315
Austin	312	Cambrai	1894 114	Dundee	316
Auxerre	1894 114	Cambridge (Amer.)	312	Easton	312
Avignon	1894 114	Cambridge (Engl.)	315	Edinburgh	316
Avranches	1894 114	Camerino	316	Einsiedeln	321
Baltimore	312	Carcassone	1894 114	Eperies	320
Barcelona	321	Carpentras	1894 114	Epernay	315
Basel	321	Catania	316	Epinal	1894 116
Belgrad	321	Cesena	317	Erlau	320
Berkeley	312	Chalons-sur-Marne		Escorial	321
Bern	321		1894 114	Ferrara	317
Besançon	315	Chambéry	1894 114	Florenz	317
Birmingham	315	Charkow	320	St. Florian	318
Blois	1894 114	Charleville	1894 115	St. Gallen	1894 122

	S.		S.		S.
Galveston	312	Linz	319	Pau 1894	116
Genf 1894	122	Lissabon	320	St. Paul	319
Gent	315	Liverpool	316	Pavia	317
Genua	317	Livorno	317	Pawlowsk	320
Georgetown	312	London	316	Peoria	315
Glasgow	316	Los Angeles	313	Perpignan 1894	116
Görz	318	Luca	317	Perugia	317
Göttweig	318	Lüttich 1894	114	St. Peter	319
Gothenburg 1894	121	Lund	321	St. Petersburg 320.	321
Gouda 1894	119	Luzern 1894	122	Philadelphia	313
Gran	320	Lyon 1894	115	Pisa	317
Granada	321	Madison	313	Poitiers 1894	116
Graz	318	Madrid	321	Prag	319
Grenoble	315	Mailand	317	Princeton	313
Groningen	315	Manchester	316	Providence	313
Grosswardein	320	Marseille 1894	115	Quimper 1894	116
Haag	318	Melbourne	314	Ravenna	317
Haarlem 1894	119	Melk	319	Reims 1894	116
Hamilton	313	Messina	317	Rennes 1894	116
Hannover	313	Milwaukee	313	Reus	319
Havana	314	Minneapolis	313	Riga	321
Haverford	313	Minnsinsk	314	Rochester	314
Heiligenkreuz	318	Modena	317	Rom	317
Helsingfors	320	Mons 1894	114	Rouen 1891	116
Houghton	313	Montauban	315	St.-Brieuc 1894	116
Indianopolis	313	Montpellier 1894	115	St.-Etienne 1894	116
Innsbruck	318	Montreal	314	Saint Louis	314
Ithaca	313	Moskau	320	St.-Omer 1894	116
St. Jago (Chile)	314	Moulins 1894	115	Salamanca	322
Jaroslawl	320	Nancy 1894	115	Salem	314
Jersey City	313	Nantes 1894	115	Salzburg	319
Jerusalem	314	Nashville	313	San Francisco	314
Kairo	312	Neapel	317	Santiago	322
Kasan	320	Nevers 1894	115	Sárospatak	320
Kaschau	320	New Bedford	313	Sassari	317
Kijew	320	New Brunswick	313	Sevilla	322
Klagenfurt	318	Newcastle	316	Siena	317
Klausenburg	320	New Haven	313	Simbirsk	321
Klosterneuburg	318	New Orleans	313	Soissons 1894	116
Kopenhagen	315	Newport	313	Sophia	315
Krakau	318	New-York	313	South Bethlehem	314
Kremsmünster	318	Nékin	320	Springfield	314
Laibach	318	Nimes 1894	115	Stockholm	321
St. Lambrecht	318	Niort 1894	115	Strahov	319
Laon 1894	115	Nizza	315	Syracuse	314
La Rochelle 1894	115	Nottingham	316	Tarragona	322
Lausanne	321	Odessa	320	Taschkent	314
Laval 1894	115	Olmütz	319	Tokyo	314
Lawrence	313	Orléans 1894	115	Toledo	322
Leeds	315	Osnegg	319	Toronto	314
Le Havre 1894	115	Oviedo	321	Toulouse	315
Leiden 1894	119	Oxford	316	Tournai 1894	114
Le Mans 1894	115	Padua	317	Tours 1894	116
Lemberg 318.	319	Palermo	317	Troyes 1894	116
Leon	321	Palma	322	Turin	317
Lille 1894	115	Palo Alto	313	Twer	321
Limoges 1894	115	Paris	315	Upsala	321
Lincoln	313	Parma	317	Urbino	317

324 Statistik der bedeutenderen ausserdeutschen Bibliotheken der Erde

	S.		S.		S.
Utrecht	1894 *119	Versailles	1894 118	Williamstown	314
Valencia	322	Vicenza	317	Woodstock	314
Valenciennes	1604 116	Warschau	321	Worcester	314
Valladolid	322	Washington	314	Zaragoza	322
Venedig	317	Waterbury	314	Zürich	321
Verdun	1804 118	Wellesley	313	Zweibr	319
Verona	317	Wien	319		

Bibliothekavorstände.

Abbott	1894 117	Boitek	319	Courmeaux	1604 116
Adler	314	Bonazzi	317	Cowell	318
Agnelli	317	Bonnet	1894 114	Cronzel	315
Alarcón y Casanova, de	321	Bornier, de	1894 118	Crunden	314
		Bortolan	317	Cugnoni	317
Allison	316	Boselli	317	Czerny	319
Almqvist	1894 122	Bourla	1894 114	Dahlgren	1894 122
Alvarez de la Braña	321	Bouvy	1894 114	Davis	312
Alvisi	317	Bozóky	320	Deblèvre	1694 116
Anderson, J. M.	318	Braña, Alvarez de la	321	De Chantepie du	
Anderson, P. J.	316	Bresciano	318	Désert	315
Andrews	312	Brett	312	Deering	314
Annemiedt	321	Bride	314	Delisle	315
Asia-Gaillassans, d'		Brion	315	Delmer	1894 114
	1804 115	Brisasse	318	De Marchi	317
Anlard	1894 114	Bromby	314	Denlker	1894 116
Avetta	316	Brossard	1694 114	Dei	1804 116
Baar	315	Brun	1894 115	Dewey	312
Bailey	316	Bruschi	317	Dézert, De Chantepie du	315
Bailliard	1894 115	Bruun, C. W.	315		
Balta	317	Brunn, L. F.	320	Dixson	312
Baker	313	Budinszky	319	Dodge	312
Baljanyj	320	Bühler	320	Donaldson	312
Balland	1804 115	Bull	1894 115	Donati	317
Bancroft	314	Burger	1894 115	Dorveaux	1604 115
Barbadaux	1894 115	Burr	314	Doudot	1894 115
Bardwell	312	Butler	313	Dreyfus	1894 115
Barnum	312	Byčkov	320	Drolsum	321
Barnwell	313	Callamand	1894 115	Duboz	1894 116
Barton	314	Cancl	1894 116	Dubuisson	315
Bassett	314	Capdenat	315	Ducos	315
Béramler	1694 115	Capecelatro	317	Duda	319
Beckwith	313	Carraciolo	317	Dufay	1894 114
Beer	313	Carrera	317	Dufour	1894 122
Belgrano	317	Carta	317	Dulles	1694 115
Bernou	1894 114	Castellani	317	Dumont	1694 115
Bernoulli	321	Céleste	315	Dupraz	321
Berwin	1894 118	Cerisal	317	Dyke, van	313
Bladego	317	Chadwick	312	Eames	313
Blanu	1404 121	Chandler	314	Edwards	313
Billings	314	Chantepie du Désert, De	315	Egger	319
Birket-Smith	315			Emebedő	1894 119
Bisbee	313	Cheney	314	Escher	321
Bléry	315	Chilovi	317	Estrelcher-Roz-	
Bliss	313	Chotard	1804 115	bierakl	315
Bloench	321	Claeys	315	Evans	313
Boistoger, Vallou de	1894 115	Clark, J. B.	312	Fäh	1891 122
		Clark, J. J.	318	Faucou	315
Bolin	320	Cole	313	Fauvel	1604 114

	S.		S.		S.
Favier	1894 113	Hildebrand	1894 122	Lymburn	316
Fea	1894 115	Hirmann	315	Maas	314
Fécamp	1894 115	Hollck	313	Mac-Carthy	312
Fejérpataky	318	Hope	315	Maciaugblan	318
Ferencal	320	Horigan	314	Mahon	1694 115
Féts	1894 114	Hosmer	313	Maigaien	313
Findura	320	Huggerston	316	Malcher	318
Faber	313	Icard	1694 115	Mallet	1891 114
Finmi	317	Ingraham	318	March	312
Fletcher	312	Iterson, van	1504 119	Marehl, De	317
Flórián	320	Izard	1894 114	Marion	1894 114
Fugelmarck	1694 122	Jaser	317	Martel	1894 114
Folwell	313	Jenklason	315	Martin	1894 115
Fornari	317	Juhnston	314	Martinez Gómez	322
Foster	313	Joly	1504 114	Martini, A.	1804 115
Franklin	1504 116	Jones	313	Martial, E.	317
Frati, C.	317	Joablo	1494 114	Marzo, di	317
Frati, L.	316	Judas	1694 116	Masseblau	1494 114
Fritzsche	1894 122	Keen	313	Massip	1504 116
Frizon	1694 116	Kelby	313	Massó Torrents	323
Fumagalli	317	Kelso	313	Matoseh	319
Garbelli	316	Kephart	314	Mayerhofer	319
Gatchell	312	Kershaw	316	Meler	321
Gaudin	1894 115	Kętrzyński	318	Menéndez y Pelayo	321
Gauguet	1894 116	King	316	Messacker, de	1894 114
Gauder	1503 114	Klekner	320	Meurman	320
Gilbert	1894 117	Kment	315	Meživoj	314
Gillett	313	Kűnlg	319	Michel	1894 114
Giorgi	317	Kolonov	1894 121	Millicevič	321
Girardi	317	Kuopman	313	Miller	312
Girardin	1894 116	Kordt	320	Moberg	1691 121
Gloosy	319	Kustrenčič	319	Molard	1891 114
Gnoll	317	Kozma	320	Mosser	312
Gonsáles Hernan-		Kreisberg	320	Morano y Serrano	321
dez	322	Kmolk	320	Morin	1604 115
Gottwald	320	Labande	1894 114	Moroni	317
Granzaner	319	Lane	312	Morpurgo	317
Grasso	317	Langton	314	Morrison	316
Green	814	Lapouge, Vacher de		Moss	314
Groussac	314		1894 118	Müller, A.	316
Guéria	1894 113	Larned	312	Müller, W.	319
Guerrini	816	Laschitzer	315	Müllner	315
Guignard	1894 115	Lauwereyns de Rosen-		Mullins	315
Haaret, van	315	daele, de	1894 116	Mulvany	312
Haegben, Van Der	315	Lavalley	1894 114	Murray	312
Hahn	1894 115	Lavoix	1694 116	Nasset	1804 115
Hammeri	319	Law	316	Nays	314
Hanna	313	Lecat	1894 116	Name, Van	313
Hansen	1894 114	Ledieu	1504 114	Natalucci	317
Harris	313	Leithe	319	Némethy	320
Hartel	319	Lej	321	Nevskij	320
Haathaler	319	Leymarie	1893 115	Nicholson	318
Hawes	314	Liabastre	1894 114	Noel	1891 116
Heller	320	Lèvre	1894 116	Novrill	317
Hermann	1894 122	Little	313	Oshlert	1894 115
Herr	1894 115	Lolacleur	1894 115	Osgood	314
Herzog	1894 122	López de Ayala	321	Page	312
Hild	312	Lowrey	312	Pagliaini	317

326 Statistik der bedeutenderen ausserdeutschen Bibliotheken der Erde.

	S.		S.		S.
Paoli	312	Rowell	312	Vallon de Boisroger	
Papadopulos-Keramous	314	Saint-Lager	1894 115		1894 115
		Salemann	320	Van Der Haeghen	315
Patera	319	Salveraglio	317	Van Name	313
Paulhan	1894 115	Santoni	316	Van Nice	315
Peck	313	Sauvaigo	315	Van Someren	1894 119
Peirce	312	Schachinger	319	Vèchov	321
Peoples	313	Schiffmann	1894 122	Vétault	1894 118
Perpéchon	1894 114	Schilling	318	Viancin	1894 114
Perry	313	Schmid	318	Vidal	1894 116
Péry	1894 114	Semkowicz	318	Vignaly	1894 114
Peterlin	316	Sibley	314	Vignola	317
Petit	1894 116	Siter, Van	316	Vimont	1894 115
Phinney	314	Smith	313	Vingtrinier	1894 115
Piccolomini	317	Snellsky	321	Viollet	1894 115
Pierallsi	317	Solon	1894 115	Vladimir	1894 121
Pimentel	320	Someren, Van	1894 119	Vollers	312
Platner	312	Soulice	1894 116	Wagner	319
Plummer	312	Spari	318	Wahlin	1894 121
Podestà	317	Spofford	314	Wartha	319
Plük	318	Stankević	320	Watson	313
Poestion	319	Storoženko	320	Weale	316
Popescu	1894 121	Strele	319	Webster	318
Pownlkovič	321	Sutton	316	Weis	319
Prieur	315	Szilágyi	319	Welch	316
Pust	316	Szinnyei	320	West	313
Reboul	1894 114	Tamayo y Baus	321	Whelpley	312
Reifenkugel	318	Tanaka	314	Wichner	318
Rholdis	315	Taphanel	1894 116	Wiesquot	1894 114
Rice	314	Tarillon	315	Willeox	313
Richardson	313	Tawney	316	Wilson	314
Rieu, du	1894 119	Tegnér	321	Winsor	312
Rigillog	313	Thomas, A. C.	313	Wohlmann	310
Rivière	1894 115	Thomas, R. W.	313	Wood	315
Rodosskij	320	Thompson	316	Woodruff	313
Roma, de la	322	Tolstopjatov	320	Wycmalea	315
Rosenberg	320	Tribolati	317	Yates	315
Rosendacle de Lauweteyns, de	1894 116	Uhler	312	Zelbr	318
Rostuvcev	320	Udey	312	Zoll	317
Rovero	317	Vacher de Lapouge	1894 116	Zwiedineck-Südenhorst	318

Klagenfurt, Januar 1895.

Dr. R. Kukula.

Zur Bibliographie der liturgischen Drucke des Erzstiftes Mainz.

Dr. F. Falk lieferte im Centralblatt f. B. III.—VI. Band die Beschreibung der Missale's, Breviere, Diurnale's, Agenden und Messdirectorien der alten Erzdiözese Mainz auf Grund langjähriger eingehender Untersuchungen, ihm folgte J. Weale 1886 mit der Beschreibung der Mainzer Missale's in seinem catalogus missalium. Beide Arbeiten ergänzen sich. Es war höchst dankenswerth, dass dieser Zweig der Bibliographie einheitlich bearbeitet ward, nur lässt die Arbeit Dr. Falks an Methode und an Vollständigkeit Manches zu wünschen übrig. Der Methode nach ist es entschieden verfehlt, dass die Abkürzungen der Titel und Schlussschriften nicht genau, sondern aufgelöst wiedergegeben wurden und somit die Beschreibungen zur Feststellung gleicher Ausgaben nicht gebraucht werden können. Was ich im Laufe längerer Zeit gesammelt, theile ich hier als Ergänzung und Berichtigung der Arbeit Dr. Falks mit.

I. Missale's.

Bei Dr. Falk fehlt das Missale Mogunt. 1480. Vgl. Weale, bibliographia liturgica s. v.

Das Mainzer Missale 1482, erwähnt von Würdtwein, bibl. Mogunt. S. 122 und Weale S. 100, hat folgende Collation: 12 n. gez. Blätter + Blatt 1—110 Hauptwerk + 20 n. gez. Blätter Praefationen nebst Canon + Blatt 111—302 Hauptwerk, Blatt 162 ist doppelt gezählt, Blatt 163, 164 und 168 ist ohne Blattzahlen. Die Zeilenzahl beträgt 32 (31) zweispaltige Linien. Blatt 1 Rückseite das Vorwort Erzbischofs Diether von Mainz. Schaab 1, 526 n. 51 vermuthet ohne allen Grund eine Verwechselung mit der Ausgabe 1483, vgl. Centralblatt f. B. I, 58—60; III, 305. — Ueber das Canonbild dieses Missale's vgl. Janitschek, Repertorium IX 8. 5. — Dr. Falk kennt die Ausgabe des Mainzer Missale's 1483 nicht. Dieselbe, beendet 24. Juli 1483, ist erwähnt von Denis, Supplement 174, Zapf, Mainzer Buchdruckergeschichte S. 91, Panzer, Annales II, 130, ferner Schaab 1, 526 n. 51. Am Ende: Moguntie artis impressorie inventrice climatriceque prima per Petrum Schoiffer de Gernsheim M CCCCLXXX III.

Am 17. Mai 1483 bestimmte Adolf von Breithard in seinem Testament, dass ein Pergamentexemplar dieses Missale's, das Peter Schoeffer soeben drucke, aus seinem Vermögen für das Mainzer Liebfrauenstift angeschafft und gebunden werde. Schaab I S. 527. Nach Schaab befinden sich Exemplare zu Frankfurt a. M. und Aschaffenburg; vgl. auch Klemm, Catalog S. 31 n. 39. — Das Missale 1486 o. Firma hat nach dem Mainzer Exemplar folgende Collation: Titel fehlt, 3 n. gez. Blätter Register der Feste + 6 n. gez. Blätter Calender + 4 n. gez. Blätter Regeln + 1 n. gez. Blatt. Mit dem follirten Blatt 1 beginnt der ordo missalis. Das letzte Blatt 287 fehlt in dem Mainzer Exemplar.

Exemplare zu Mainz, Michelstadt, Frankfurt a. M. und Vaticana zu Rom.

Centralblatt f. B. III, 304 n. 2; VI, 561—562.

Bei Dr. Falk fehlt das Missale 1488: Basel, Michael Wenszler. Weale S. 100. Im Centralblatt f. B. III übersehen und VI, 562 mit der Ausgabe 1486 verwechselt oder identificirt.

Das Mainzer Exemplar des Missale 1493 (Incunabel a 182^b) hat folgende Collation: Titel (fehlt), Blatt 2—7 Calendarium = 6 Blätter, Blatt 8 Vorderseite Regeln = 5 Blätter + 6 Blätter Vorwerk in kleiner Missaltype. Blatt 1 des ordo mit Follirung fehlt, Rückseite von 82 leer, dann der Canon und die Praefationen ohne Folilrung zusammen 9 Blätter, die Praefationen haben zwar Musiklinien in Rothdruck, aber keinerlei gedruckte Musiknoten; in dem Exemplar fehlt der Canon, die Blätter 44, 45, 70 und 255 entbehren der gedruckten Blattzahlen. Eigenthümlicherweise finden sich im Vorwerk schwarz gedruckte Musiknoten an mehreren Stellen, was für die Geschichte des Musikdruckes von Werth ist. Das Ganze umfasst 7 + 13 n. gez. Blätter + 82 gez. Blätter + Canon + 264 gez. Blätter, 37 Linien für Seiten mit Missaltype, sonst mehr, im Canon weniger, zweispaltig, in dreierlei Type.

Exemplare zu Darmstadt Hofbibl. zwei (eins aus dem Kapuzinerkloster zu Dieburg mit dem Eintrag: fratrum cap'll Dieburgensis), Mainz Stadtbibl. (eins aus St. Gingolf, das andere aus dem Augustinerkloster, welches obiger Beschreibung zu Grunde liegt), München (Domstiftexemplar aus Mainz auf Pergament), Frankfurt a. M., Leipzig Sammlung Klemm (Fragmente auf Pergament und Papier), Wiesbaden Landesbibl., Gotha herz. Bibl., Beutnitzer Kirche bei Dornburg a. D. Zapf, Mainzer Buchdruckergeschichte S. 161 n. 128 und 111 n. 70 führt das Buch zweimal an, o. J. und nochmals o. J. — Klemm, Catalog S. 34 n. 45. — Centralblatt f. B. III, 306 n. 3; IV, 234 (davon ist Bemerkung 1 richtig, Dr. Falk sagt jedoch das Nämliche; Bemerkung 2 entspricht gegen Dr. Falks Angabe dem Mainzer Exemplar vollkommen; Bemerkung 3 ist werthlos, da die einzelnen Kirchen die Vorwerktheile nach Belieben zum Gebrauch binden liessen und darin keine Verschiedenheit besteht).

Das Missale 1497 erwähnt nebstdem Gudenus, cod. dipl. II, 645 nach dem verlorenen Domexemplar zu Mainz.

Dr. Falk kannte das Missale Mainz 1499 (Peter Schoeffer), beschrieben von Weale im Centralbl. f. B. IV, 550—551, nicht.

Das Missale 1501 nach Wördtwein, bibl. S. 136, Panzer, Annales VII, 406 und Helbig im Archiv für hessische Geschichte III, 2, 4 dürfte das Mainzer Gradnale 1500 sein.

Das Missale 1507 ist beschrieben in meinem Buche: Die Buchdruckerfamilie Schoeffer. Leipzig 1892. S. 18—19.

Das Missale Speier 1520 (Peter Drach) hat folgende Collation: Titel, Blatt 2 Vorderseite bis 9 Rückseite das Calendarium, Blatt 8 Vorderseite der Ordo, + 20 n. gez. Blätter (Blatt 20 fehlt im Mainzer Exemplar) + 217 gez. Blätter + 1 n. gez. Blatt, dessen Rückseite leer, + 10 gez. Blätter zwischen Blatt 70 und 71 Praefationen ohne gedruckte Musiknoten + 9 n. gez. Blätter Canon in grosser Canontype. Blatt 194 ist doppelt gezählt, 193 nicht numerirt, 208 falsch als 213 bezeichnet. Schlechte schwarz gedruckte Initialen im Text.

Centralblatt f. B. III, 314 mit der nicht zutreffenden Annahme, dass die Auflage von 1520 eine Titelauflage der von 1517 sei. Von dem Missale Mainz 1698 befinden sich Exemplare (2) zu Mainz Stadtbibl. und Rüdesheim a. Rhein Pfarrbibl. (zwei). Dieses Missale erhielt 1756 einen für die Diöcese Worms bestimmten Anhang:

MISSAE | ET | COLLECTAE PROPRIAE | SANCTORUM | CIVITATIS ET DIOECESIS | WORMATIENSIS, | IUSSU ET AUTORITATE | EMINENTISSIMI CELSISSIMI ET REVERENDISSIMI | PRINCIPIS AC DOMINI, | D. IOANNIS | FRIDERICI | CAROLI, | DEI GRATIA SANCTAE SEDIS | Moguntinae Archi-Episcopi, S. R. I. per Germaniam | Archi-Cancellarii, & Principis Electoris, | QUA EPISCOPI WORMATIENSIS | DENUO RECOGNITAE, | ATQVE AD NORMAM MISSALIS ROMANI PRO MAIORI | CELEBRANTIUM DEVOTIONE ACCOMMODATAE, | ET AD LONGUM POSITAE, | ANNO DOMINI M. DCCLVI. | WORMATIAE, Typis OTTONIS WILHELMI KRANZBUHLERI. |

Folio, 2 n. gez. Blätter Vorwerk + 42 gez. Seiten. Die Ausstattung ist die gleiche wie das Mainzer Missale 1698, jedenfalls nur auf Kosten, nicht in der Officin Kranzbühlers zu Worms, sondern zu Mainz gedruckt.

Mainz Stadtbibl. und Rüdesheim Pfarrbibl.

Dr. Falk lieferte keine Beschreibung des Missale's 1742. Dieselbe ist folgende: MISSALE | ROMANO- | MOGUNTINUM, | EX DECRETO | SACROSANCTI CONCILII TRIDENTINI RESTITUTUM | S. PII V. PONTIFICIS MAXIMI | IUSSU EDITUM, | CLEMENTIS VIII. & URBANI VIII. | ET NUNC DENUO | EMINENTISSIMI AC CELSISSIMI | PRINCIPIS AC DOMINI | D. PHILIPPI | CAROLI | S. SEDIS MOGUNTINAE ARCHI - EPISCOPI, | S. R. I. PER GERMANIAM ARCHI-CANCELLARII | ET PRINCIPIS ELECTORIS MOGUNTINI | AUCTORITATE RECOGNITUM; | IN QUO | MISSAE NOVISSIMAE SANCTORUM | UNA CUM | MISSIS PROPRIIS SANCTORUM ECCLESIAE | ET ARCHI-DIOECESIS MOGUNTINAE | PRO | CELEBRANTIUM COMMODITATE | AD LONGUM POSITAE | REFERUNTUR. | MOGUNTIAE, | SUMPTIBUS CAMERAE ELECTORALIS MOGUNTINAE. | Typis, IOH. HENRICI HAEFFNER, TYPOGR. ET BIBLIOP. ELECTOR. AULICO-ACADEMICI. | ANNO DOMINI MD CC XLII |

Mit Titelkupferstich (Abendmahl), Blatt 2 Kupferstich, den Philipp Karl von Mainz (aus dem Hause der Grafen zu Eltz) in stehender Figur darstellend, überaus wahre, feine Arbeit des Johann Jacob Hald. Alle Kupferstiche, mit Ausnahme dieses, entstammen dem Mainzer Missale 1698.

Folio, 34 n. gez. Blätter Vorwerk + 588 gez. Seiten Hauptwerk + CV gez. Seiten commune sanctorum + 3 n. gez. Blätter Register + missae propriae mit aenem, dem obigen entsprechendem Titel: Umfang 2 n. gez. Blätter + 35 gez. Seiten.

Mainz Stadtbibl. (zwei Exemplare), Rüdesheim Pfarrbibl., Schloss Eltz gräfliche Bibliothek, in meinem Besitz und öfter.

Diese Ausgabe ist das letzte Mainzer Missale und zugleich das vollständigste, da es eine Reihe Einzeldrucke, welche über missae propriae seit 1698 erschienen waren, in sich aufnahm.

II. Breviarien.

Die Ausgabe Venedig B. de Tridino 1495. (Centralblatt f. B. IV, 379 n. 4) hat 36 Zeilen Textspiegel. Ihr Redigent war Pfarrer Johann Godfrid zu Oppenheim, ihr Corrector Andreas Grindelhart (aus Schwäbischhall?), wie die Vorrede durch die Bezeichnung: correctum deutlich angiebt. Pfarrer Severus zu Wallduren schrieb im vorigen Jahrhundert die Litaneien dieses und des Marienthaler Breviers (1474) für liturgische Zwecke ab. Von einem Drucke des Breviers zu Halle oder Hall sagt er nichts. Die Ausgabe Halle 1495 nach dem Centralblatt f. B. IV, 379 n. 3 ist nur diese Venediger Ausgabe und fällt somit der Druckort Halle und Hall in sich zusammen. Jedenfalls befand sich der Jesuit Gamans im Irrthum, wenn er aus den Worten mccccc xcv Hallis curante Joanne Gottofredo eine Ausgabe Halle herauslas und das correctum mit dem exensum verband.

Die Ausgaben No. 8 und 9 im Centralblatt IV, 383 und 384 sind Satzvarianten einer Auflage, vgl. Roth, Buchdruckerfamilie Schoeffer S. 39—41. Ebenso verhält es sich mit dem Enchiridion Dr. Falks 1509 (Centralblatt IV, 361 n. 6), vgl. Roth, Buchdruckerfamilie Schöffer S. 24—26.

Im Centralblatt IV, 386 n. 2 beschreibt Dr. Falk ein Mainzer Brevier o. J. nach Catalog Rosenthal-München und vermengt es dann mit Klemms Brevier o. J.; vgl. Klemm. Catalog S. 42 n. 65. Letzteres ist einerlei mit n. 4 im Centralblatt IV, 387; vgl. Roth, Buchdruckerfamilie Schoeffer S. 87.

III. Diurnalia.

Ueber das Mainzer Diurnale 1513 vgl. Roth, Buchdruckerfamilie Schoeffer S. 127.

Das Diurnale 1612 hat folgenden Titel: HORAE | DIVRNALES | AD NORMAM ET OR- | dinem Breuiarij Moguntini. | Cum Calendario Gregoriano | Metallschnitt den heil. Martin den Armen den Mantel theilend darstellend | MOGVNTIAE, | Ex Typographia Balthasaris Lippij. | Anno Salutis M. DC. XII. | Roth- und Schwarzdruck. Auf der Titelrückseite das Mainz- v. Cronberger Wappen mit der Zahl 1612.

Duodez, Titel + Sonntagstafel + Calender = 8 n. gez. Blätter + 617 gez. Seiten + 1 n. gez. Blatt: Errata.

In meinem Besitz.

IV. Agenden.

Die Agende 1480 ist nicht von Numeister, sondern nach Dr. Falk von Peter Schoeffer in der Donatustype hergestellt, welcher Ansicht als der einzig richtigen ich zustimme. Centralbl. V, 534.

Es giebt ausser den von E. Kelchner erwähnten beiden Exemplaren noch ein drittes. Im Jahre 1883 erwarb ich ein Doppelblatt dieser Agende auf Pergament. Dasselbe gehörte früher dem Kloster Gottesthal im Rheingau und hatte zum Actenumschlag gedient. Davon kam die Hälfte (Blatt 23) zur Ergänzung des defecten Frankfurter

Exemplars an die Frankfurter Stadtbibliothek im Sommer 1884, die andere Hälfte erwarb die Mainzer Stadtbibliothek 1889.[1])

Die Agende um 1493 hat 2 n. gez. Blätter + LVIII gez. Blätter. Die Bemerkung Dr. Falks von der ungenauen Blattzählung trifft zu, Blatt XLIIII und XLV sind doppelt gezählt, 46 und 47 fehlen, nach XLVIII sind 4 n. gez. Blätter vorhanden, dann folgen LI, LIIII, XLVI, LIII, LIIII, LVIII, LVI, LX, LII, LXVIII. Das Ganze schliesst Blatt LVIII Vorderseite: t spiritu sancto vivit t regnat. Per (ohne Punkt). Die Rückseite dieses Blatts ist leer. (Nach dem Exemplar der Mainzer Stadtbibl. Incunabel J. 139.)

Als liturgische Bücher der Erzdiözese Mainz behandelte Dr. Falk nicht die Manuale parrochialium sacerdotum, wovon die älteste Ausgabe o. J. O. u. F. bei Fust-Schoeffer um 1466 zu Mainz erschien. Quarto, 16 n. gez. Blätter, Durandustype und Missaltype. Hain 10724. Catalog Antiquariat Rosenthal-München 68 u. 904. Preis 300 Mark. Es fehlen ferner die Accessus altaris, ein Büchlein für die Vorbereitung des Priesters vor Lesung der Messe. Ueber die Ausgabe Mainz 1520 vgl. Roth, Buchdruckerfamilie Schoeffer S. 130; Centralblatt f. B. IV, 381. Ferner erschien: Accessus ad altare sive dispositio praevia ante et post missam, exercitium matutinum et vespertinum cum tabulis directivis. Moguntiae 1735. Octavo. Die Graduale's, welche Dr. Falk ebenfalls übersah, sind beschrieben die Ausgabe 1500 von Weale, Historical Music Loan Exhibition, Albert Hall, London, 1885. A description catalogue of rare Mss. and printed books, chiefly liturgical. London 1886. S. 76. Das Graduale 1666 Mainz bei Köhler beschrieb H. Klemm, Catalog S. 71 u. 140 und v. d. Linde, Breviarium Moguntinum S. 16 berührte dasselbe kurz. Das Graduale 1671, den Extractus antiphonarii Mainz 1674 und das Manuale ecclesiasticum Mainz 1701 habe ich mit dem Enchiridion psalmorum Mainz 1607 sowie den Vigilie mortuorum o. J. (um 1405) in den Monatsheften für Musikgeschichte XXI (1889) S. 31 und XXIV (1892) S. 145 f. als Mainzer Kirchenmusik beschrieben, worauf ich hier verweise. Die Beschreibung der Proprien steht damit noch aus, zahlreich sind diese Ausgaben jedoch nicht.

Wiesbaden. F. W. E. Roth.

Recensionen und Anzeigen.

Deutsche Meisterlieder-Handschriften in Ungarn. Ein Beitrag zur Geschichte des Meistergesanges von Dr. August Hartmann, Custos an der k. bayer. Hof- und Staatsbibliothek. Festgabe zum Hans Sachs-Jubiläum 5. November 1894. München, Christian Kaiser, 1894. 106 S. 4°. Preis 2 M. 40 Pf.

Die zum Hans Sachs-Jubiläum von A. Hartmann dargereichte Festgabe befasst sich nicht ausschliesslich mit dem Jubilar, sondern liefert, wie schon

---

[1]) Ein viertes Exemplar „a moribus et pluvia partim exesum" auf Pergament besass Pfarrer Severus von Wallddüren. Vgl. dessen Mspt: Ad agendam ecclesiae Moguntinae.

der Titel besagt, einen Beitrag zur Geschichte des Meistergesanges, als dessen
gefeiertstes Mitglied Hans Sachs gilt. Hartmanns Studie zeigt ebenso wie
die dem gleichen Thema gewidmete, vor kurzem in den Münchner Sitzungsberichten (phil.-hist. Kl. 1893, 1, 154) veröffentlichte Arbeit seines Kollegen
Keim, wie viel Material noch zu durchforschen ist, ehe wir die sich über
Jahrhunderte hinziehende Entwicklungsgeschichte dieser Dilettantenpoesie zu
überschauen, ihren Wert oder Unwert zu beurteilen im stande sein werden.
Auf jeden Fall ist es freudig zu begrüssen, dass gerade in jüngster Zeit die
Forschung sich dieser lange vernachlässigten oder doch meist geringschätzig
behandelten Litteratur zugewandt hat. Ich erinnere bei dieser Gelegenheit
auch an Streins' inzwischen erschienene Studie über den Meistergesang in
Mähren (Beiträge zur Geschichte der deutschen Sprache und Litteratur 19,
131), eine Arbeit, die zu Hartmanns Mitteilungen mehrfach Parallelen bietet.
Hartmann lenkt in seiner Schrift die Aufmerksamkeit auf eine Reihe bisher
unbeachtet gebliebener Nürnberger Meisterlieder-Handschriften auf der ungarischen Landesbibliothek im Pester Nationalmuseum. Die Codices stammen
nebst anderen aus der Sammlung des Altertumsforschers Nikolaus Jankovich
von Jeszenicze (1773—1846), der sie vermutlich aus der Bibliothek des Nürnberger Patriziers Hieronymus Wilhelm Ebner von Eschenbach erstand (S. 4 f.).
Der Inhalt der aus vielen kleinen Papierheften und zusammengefalteten losen
Blättern bestehenden Handschriften erstreckt sich über das 16., 17. und 18.
Jahrhundert und giebt uns willkommene Kunde über Dichten und Treiben
der Singschule. 'Manche Lieder sind augenscheinlich Autographe der Verfasser, andere abgeschrieben, was öfter ausdrücklich gesagt ist. Im ganzen
herrscht sehr grosse Abwechslung der Schriftzüge und man hat offenbar teils
ein Stück Archiv der Schule selbst, teils die Privatsammlungen einzelner
Meistersinger vor sich' (S. 7). Hartmann giebt eine Übersicht des Inhalts:
zuerst die Verfasser in alphabetischer Anordnung, dann deren Lieder, so weit
wie möglich, chronologisch und ihre Töne ebenfalls in alphabetischer Folge.
Als Beilage druckt Hartmann zwanzig Lieder ab, sowie einige Aktenstücke
der Nürnberger Singschule. Der in der einschlägigen Litteratur wohlbe-
wanderte Verfasser hat, und man wird das mit Rücksicht auf das innerhalb
des weltschichtigen Gebietes doch nur beschränkte Material nur billigen
können, darauf verzichtet, bei jedem der in den Pester Handschriften be-
gegnenden Meistersinger alles, was sich über ihn in früheren Arbeiten findet,
zusammenzustellen. Es ist das nur geschehen, wo es galt, zweifelhafte oder
unvollständige Angaben der Pester Handschriften zu erklären oder zu ergänzen, aber auch da, wo sonst über einen bestimmten Meistersinger noch
wenig gesammelt war, oder wenn im Einzelfall wie bei Paulus Freudenlecher
(S. 16) und Ambrosius Metzger (S. 25) die litterarischen Erzeugnisse reichlicher vorlagen, so dass ein längeres Verweilen bei dem Autor erwünscht
scheinen mochte. Bei Hans Sachs bespricht Hartmann S. 30 ff. die diesem
bisweilen beigegebene Bezeichnung 'fechter', 'approbirt fechmeister' ('des
meistergesangs schull- und approbirt fechtmeister'); seiner lehrreichen Ausführung darüber steht, wie übrigens Hartmann selbst zugiebt, doch wohl entgegen, dass Hans Sachs sich in der Fechtkunst für 'nit gelert' hält. Könnte
nicht 'fechter' ein aus der Schule hervorgegangener Terminus sein, so gut
wie 'schulmeister', ein Titel, der, was bisher nicht genügend beachtet worden
ist, gleichfalls unter den Kunstausdrücken der Meistersinger begegnet? Vgl.
Plate in den Strassburger Studien 3, 159, 170, 181 f. Das so merkwürdige
Nachwirken Hans Sachsscher Dramen in unsern heutigen Volksschauspielen,
dem Hartmann schon in früheren Arbeiten nachgegangen war, wird S. 43 ff.
auf Grund eines Prof. A. Herrmann in Budapest gehörenden volkstümlichen
Manuskripts aus der Karpathenstadt Kremnitz weiter verfolgt. Das 'Theater-
buch', wie es sich nennt, enthält zwei Dramen, die, wenn auch nicht unmittelbar, auf zwei Stücke des Hans Sachs (ed. Keller 11, 343, 162) zurückgehen;
von dem zweiten, das sich mit dem von Schrör im Weimarischen Jahrbuch 3,
391 herausgegebenen Weihnachtsspiel deckt, war die Beziehung zu Hans Sachs
bereits bekannt. Bei dieser Gelegenheit weist Hartmann auch in dem von

ihm in seinen Volksschauspielen S. 111 ff. mitgeteilten Hallelner Judas- oder Fastenspiel Benutzung der Hans Sachsischen Tragödie 'Der ganz passio' (Keller I, 256) nach. Auf die Verwertung eines Meisterliedes im ersten Teil des Grillenvertreibers Kap. 21 (Hartmann S. 47 ff.) hat schon Jeep, Hans Friedrich von Schönberg, der Verf. des Schildbürgerbuches und des Grillenvertreibers, Wolfenbüttel 1890, S. 12 aufmerksam gemacht. — Zu Georg Hager (S. 19) s. jetzt Alemannia 22, 159; zu Benedikt von Watt (S. 37 ff.) Beiträge zur Geschichte der deutschen Sprache und Litteratur 19, 136. Von Watt war ein 'goltreiser' ('goltreiffer'), wohl ein berg- oder hüttenmännischer Ausdruck, dem weiter nachzuspüren ist. — S. 36 Z. 22 lies 1b statt 53; S. 60 Z. 17 VI statt I.

Halle a S.   Philipp Strauch.

Katalog der Handschriften der Königlichen Bibliothek zu Bamberg. Bearbeitet von Friedrich Leitschuh. Erster Band. Erste Abteilung. 1. Lieferung (Bibelhandschriften). Bamberg, C. C. Buchner Verlag. Inhaber Rudolf Koch 1895. 8°. IX, 139. M. 4.

Acht Jahre nach dem Erscheinen des zweiten Bandes des Bambergischen Handschriftenkataloges, welcher die aus dem Nachlasse des Kunsthistorikers Josef Heller stammenden Manuskripte enthält und im 4. Bande dieser Zeitschrift die gebührende Anerkennung gefunden hat (Jhg. 1887 S. 354—355), tritt der Anfang der weiteren Handschriftenbeschreibung aus der Feder des Mannes, dem seit 1874 die Bamberger Bibliothek untersteht ist, an die Öffentlichkeit. Der Leserkreis des Centralblattes ist inzwischen durch den sehr eingehenden Bericht über desselben Verfassers Führer durch die Königliche Bibliothek zu Bamberg 2. Auflage 1889 (VI, 369—372) über die Bedeutung dieser Büchersammlung unterrichtet worden. Aus Schwenke's Adressbuch ersieht man überdies, dass Bamberg mit über 300000 gedruckten Bänden und über 4000 Handschriften unter den deutschen Bibliotheken einen hervorragenden Platz einnimmt. Es ist bekannt, dass die handschriftlichen Schätze Bambergs bis in die frühesten Zeiten des Mittelalters zurückreichen und besonders durch den Schmuck an Bildern von jeher die Aufmerksamkeit der Kunstforscher erregt haben. Wie schon der Titel des vorliegenden ersten Heftes zeigt, hat sich der Verfasser des Handschriftenkataloges entschlossen, nicht die mehr oder weniger zufällige Reihenfolge, in welcher die Codices aufgestellt, beizubehalten, auch nicht sie nach ihrer Herkunft, den verschiedenen geistlichen Stiftern in und um Bamberg, zu ordnen, sondern sie nach dem Inhalt systematisch zu gruppieren. Diese Anordnung hat den Vorzug inhaltlich Verwandtes zusammen zu bringen, aber sie führt eine neue Zählung ein und wird zu zahlreichen Konkordanztafeln nötigen, da die Handschriften in der Litteratur doch einmal unter den alten Nummern bekannt sind. Die Beschreibung beginnt, nachdem in dem kurzen Vorwort die Grundsätze erörtert sind, für das Geschichte der Sammlung aber auf den Schluss der Arbeit verwiesen wird, mit der laufenden Nr., der bisherigen Bibliothekssignatur, Stoff (in diesem Hefte fast stets Pergament), Masse, Blatt- und Zeilenzahl, Zeitbestimmung, Titel; dann folgt die Angabe des Anfangs und Endes jeder einzelnen Schrift, Beschreibung etwa vorhandener künstlerischer Beigaben, Notizen über Schreiber oder besondere Beschaffenheit, Geschichte und Herkunft, Beschreibung des Einbands. Unter Bibelhandschriften versteht Leitschuh auch Kommentare einzelner biblischer Bücher; da aber in den Handschriften vielfach grössere oder kleinere Stücke vorkommen, die nach dem Plane des Kataloges in andere Abteilungen gehören, so werden die Sammelbände da ausführlich beschrieben, wo sie ihrem wesentlichen Inhalte nach ihren Platz finden, die einzelnen Abschnitte aus Bänden anderer Abteilungen nur kurz mit Angabe der alten Signatur ohne fortlaufende Nr. angeführt. Demnach enthält dieses erste Heft 156 Codices und 95 summarisch erwähnte Stücke anderer Abteilungen, die später ausführlich beschrieben werden sollen. Nach Herkunft und Alter gruppieren sich diese 156 Handschriften folgendermassen. Es stammen aus dem

	Jahrhundert[1]											
	IX.	X.	XI.	XII.	XIII.	XIV.	XV.	XVI.	XVII.	XVIII.	XIX.	
Aus der Dombibliothek:	4	6	14	10	49	13	3	—	—	—	—	= 92
Aus der Bibliothek der Benediktiner auf dem Michaelsberg:	—	—	3	14	13	—	—	—	—	1	—	= 31
Von den Karmeliten zu Bamberg:	—	—	—	—	—	2	9	—	—	—	—	= 11
Von d. Cisterciensern zu Langheim bei B.:	—	—	—	—	—	1	3	1	—	—	—	= 5
Von den Minoriten zu B.:	—	—	—	—	—	2	—	2	—	—	—	= 4
Von den Dominikanern zu B.:	—	—	—	—	1	—	—	3	—	—	—	= 4
Von den Jesuiten zu B.:	—	—	—	—	—	2	—	1	—	—	—	= 3
Von den Dominikanerinnen zu B.:	—	—	—	—	—	—	—	1	—	—	—	= 1
Von St. Stephan in Bamberg:	—	1	—	—	—	—	—	—	—	—	—	= 1
Von Kloster Banz bei B.:	—	—	—	—	—	1	—	—	—	1	—	= 2
Neueren Ursprungs:	—	—	—	—	—	—	—	—	1	—	1	= 2
	4	9	17	25	50	18	19	1	2	1	1	=156

Wie man sieht, hat die Dombibliothek den weitaus grössten Teil der Handschriften, welche in diesem Hefte beschrieben sind, geliefert (92 von 156), darunter befinden sich die ältesten aus dem 9. und 10. Jahrhundert — die also älter sind als das 1007 von Heinrich II. gestiftete Bistum, doch nur bei drei derselben ist die Herkunft, bevor sie in den Besitz der Dombibliothek gelangten, noch ersichtlich, bei Nr. 1, der sogenannten Alcuinbibel, die im Auftrage Alcuins im Kloster St. Martin in Tours geschrieben ist, bei Nr. 44, dem Psalterium quadripartitum des Bischofs von Konstanz und Abtes von St. Gallen Salomons III., und bei Nr. 92, einem Evangeliar aus dem 9. Jahrhundert, auf dessen erstem Blatt später die Namen von 15 Äbten von St. Gallen verzeichnet sind, jedoch lässt sich die Angabe Leitschuh's S. 74: „Reihenfolge von 15 Äbten von St. Gallen, darunter Notker. Reg.: Gerhart. Schl.: Guarino" nicht mit den von Holder-Egger im 13. Bande der Mon. Germ. hist., Script. 327—330 herausgegebenen Abtslisten in Übereinstimmung bringen. In dem prächtig ausgestatteten Psalterium wird eine der St. Gallener Handschriften vermutet, welche Otto II. bei seinem Besuch im Kloster mitnahm und die durch Erbschaft an Heinrich II. gelangten. Dass nur bei so wenigen alten Codices der Dombibliothek der frühere Besitzer sich feststellen lässt, hat seinen Grund in der sonst löblichen Sorgfalt der alten Bibliothekare: 1611 wurde der grösste Teil der Handschriften gleichmässig in weisses Schweinsleder gebunden (S. 2), weshalb es in der Beschreibung fast immer heisst: Einband wie gewöhnlich. Nur neun Handschriften von den hier beschriebenen 92 sind dieser Uniformierung entgangen (2. 4. 9. 35. 45. 95. 97. 140. 143), von welchen sechs auch keine alte Signatur tragen, also bei der mit jenem Umbinden erfolgten Katalogisierung gefehlt zu haben scheinen: bei 2 (2 und 4) weicht das System der Signierung von dem der übrigen ab. Nächst der Dombibliothek hat die der Benediktiner auf dem Michaelsberg die meisten Handschriften, 31, beigesteuert. Von diesem Stifte hat sich eine grössere Anzahl alter Bibliothekskataloge erhalten, die bei Gottlieb, Über mittelalterliche Bibliotheken S. 21 verzeichnet sind. Es wäre von Interesse, wenn sich die noch vorhandenen Handschriften mit den Titeln jener alten Verzeichnisse identifizieren liessen, doch glaubt der Verfasser nur einmal, bei Nr. 116, Beda's Lucaskommentar, einen Hinweis auf Jäck, Beiträge XXVIII (nicht 28) Nr. 49 wagen zu können. Da die alten Kataloge, welche in dem

---

[1] Ob die Altersbestimmungen überall genau zutreffen? Nach S. 62 sind 22 und 76 „wohl von dem gleichen Schreiber und Miniator gefertigt", aber 22 wird ins 11., 76 ins 10. Jahrhundert gesetzt.

Inventar des Abtes Andreas († 1502) erhalten sind, entweder dem 12. Jahrhundert angehören oder aus dem Jahre 1483 stammen, so fallen nur die Codices des 11. und 12. Jahrhunderts in den Rahmen der ersteren. Von den 31 hier aufgeführten Michaelsberger Handschriften finden sich nur die folgenden in jenen alten Verzeichnissen:

51—53. 53. Augustinus in psalmos = Becker, Cat. antiq. 50, 181/183.
79. Hieronymus super Isaiam viell. = Jäck, Beitr. XXII n. 32 Expositio super Isaiam, 1112,23 erworben.
93. Hieronymus in Ezechielem viell. = Jäck, Beitr. XXII n. 28 Hieronymus super Ezechielem ebenso.
99. Haymo in epistolas S. Pauli viell. = Jäck, Beitr. XXII n. 43 Heimonis expositio super Apostolum ebenso.
105. Evang. s. Matthaeum gloss. viell. = Jäck, Beitr. XXVIII n. 55 Matthaeus glossatus, 1123,47 erworben.
116. Hat schon Leitschuh identifiziert.
127. Collectaneum Sedulii Scoti in Pauli epist. viell. = Jäck, Beitr. XXIII n. 51 Sedulii Hybern. collectaneum in Apostolum, 1112,23 erworben.
142. Haymo in apocalypsim viell. = Jäck, Beitr. XXII n. 46 Heimo super Apocalypsim ebenso.

Im Katalog von 1483 (Jäck XXXIX—XXXVI) finden sich unsere Nummern 60, 61, 70, 79, 80, 111, 125, 146 aufgeführt.

Natürlich hat der Bearbeiter des Handschriftenkataloges bei der Beschreibung auf Einzeichnung von Schreibern oder Benutzung der Vorsatzblätter zur Aufbewahrung von Urkunden sorgfältig geachtet. Solche Notizen finden sich auch in diesen Codices mehrfach: die Schreiber sind genannt in 5, 8, 50, 57, 61, 86, 102, 143; 10 ist vom Kardinal Nikolaus von Cusa während seiner Gefangenschaft zu Brixen geschrieben; historische Notizen werden in 27, 70, 147 erwähnt, Verse bei 126 und 152 mitgeteilt. 45 enthält ein Bamberger Schatzverzeichnis, Nr. 43 und 78 Widmungen Bebo's an Kaiser Heinrich II. Urkunden führt Leitschuh zu 22, 50, 71, 72, 87 an. Hier zeigt sich eine gewisse Unsicherheit: das Rundschreiben an die deutschen Bischöfe von 1183 in Nr. 72 mit der Bemerkung „wohl kaum gedruckt" ist bereits 6 mal abgedruckt, wie aus Jaffé-Wattenbach, Reg. pont. n. 14909 zu ersehen ist, die Bulle Paschalis II. von 1111 (Nr. 67) hat in dem besten Drucke Leges Sect. IV, 1, 144 das Datum 12. April, nicht wie hier 10. Cal. Mart. Von kleineren Versehen ist mir aufgefallen S. 25 Nr. 26 B. 183 MCCCVIII statt MCCCCVIII, S. 39 (Nr. 44 IJL) Neugast statt Neugart, Nr. 141 IJL Sp. 55—56 statt 155—156. Mögen die übrigen Hefte des ungemein wertvollen Handschriftenverzeichnisses dem ersten in nicht zu langer Zeit folgen.

M. Perlbach.

Mitteilungen aus und über Bibliotheken.

Von dem „Catalogue général des manuscrits des bibliothèques publiques de France. Départements" ist jetzt der 27. Band erschienen. Er bringt den ersten Teil des Katalogs der Handschriften, die in Avignon aufbewahrt werden, und eine sehr ausführliche und wertvolle Einleitung zur Geschichte der dortigen Bibliotheken von Herrn L. H. Labande.

Über das in Bälde zu erwartende Erscheinen einer Fortsetzung des Katalogs der in der Pariser National-Bibliothek befindlichen französischen Handschriften geht uns von unserem Mitarbeiter Herrn H. Omont in Paris die nachfolgende Mitteilung zu:

Je puis vous annoncer la très prochaine mise sous presse d'un premier volume de notre catalogue des manuscrits français (nouveau fonds n°s 6171 et suiv. jusqu' à 20454), pour lequel nous n'avions encore que des répertoires manuscrits et très imparfaits. Ce sera une publication assez longue et qui comprendra au moins douze à quinze volumes in-8°, contenant la description de plus de 20000 manuscrits. Elle formera la suite du Catalogue in-4°, dont la publication s'achève en ce moment (jusqu'au n° 6170) et qui avait été entreprise sur un plan inexécutable. J'espère, qu'un premier volume paraîtra avant 1895, et deux autres en 1896, pour suivre après régulièrement, et que tout sera fini pour la fin du siècle.

Der als Beilage zur Revue des Bibliothèques bogenweise herausgekommene Catalogue des manuscrits allemands de la Bibliothèque Nationale von Gédéon Huet ist nunmehr mit Titel und Inhaltsverzeichnis vollständig geworden. Die Zahl der Handschriften aus dem 13.–14. Jahrh. übersteigt eben ein Dutzend, auch für die folgenden Jahrhunderte ist ihre Zahl gering, die meisten gehören dem 18. und 19. Jahrhundert an.   W.

Als 1. Heft des 2. Bds. der „Skrifter utgifna af Humanistiska Vetenskapssamfundet i Upsala (Upsala 1892—94)" hat Herr Bibliotheks-Amanuensis Wilhelm Güdel einen Katalog der altisländischen und altnordischen Handschriften der Universitäts-Bibliothek in Upsala (Katalog öfver Upsala Universitets-Bibliotheks fornisländska och fornnorska handskrifter) veröffentlicht. Der Reichtum Upsalas an derartigen Handschriften beläuft sich auf etwa ein halbes Hundert, die von Güdel in sorgsamer Weise beschrieben worden sind.   Ht.

Einen Abriss der Geschichte der Gymnasiumsbibliothek zu Freiburg i. Br. giebt in der Zeitschr. der Gesellsch. für Beförderung der Geschichts-, Altertums- und Volkskunde von Freiburg, dem Breisgau u. s. w. Bd. 12 (1895) S. 85—94 Dr. Hermann Mayer. Obgleich der Grund zum Gymnasium bereits Ende des 16. Jahrhunderts gelegt wurde, wurde doch erst zu Anfang unseres Jahrhunderts an die Einrichtung einer Büchersammlung gegangen. Den Grundstock bilden 110 Bde., hauptsächlich Werke aus der altklassischen Litteratur, die die Freiburger Universitäts-Bibliothek i. J. 1818 an das Gymnasium abgab. In den letzten Jahren ist die Bibliothek namentlich durch wertvolle Geschenke gewachsen.   Ht.

Die grosse Schillerbibliothek, die von Dr. Fritz Jonas in Berlin erworben und als Stiftung des Königs von Württemberg für das Schillerarchiv in Marbach a. N. bestimmt wurde, ist, wie der „Schwäb. Merkur" schreibt, in der That von grosser wissenschaftlicher Bedeutung. Schon die Zahl der 250 Nummern des Verzeichnisses, von denen viele mehrere Bände umfassen, lässt auf die Reichhaltigkeit dieser Schillerbibliothek schliessen; ihr Hauptwert aber liegt darin, dass sie nahezu vollständig die Originaldrucke der Schriften Schillers umfasst, so dass hier fast vollzählig die Drucke gesammelt sind, die Paul Trömel in seiner Schillerbibliothek verzeichnet hat. Man trifft in der Sammlung auch eine ganze Reihe der seltensten Drucke, unter denen hier nur einige hervorgehoben seien: Ein vollständiges Exemplar des „Schwäb. Magazins von gelehrten Sachen", in dem Schillers erste Dichtungen erschienen, ferner mehrere der ersten überaus seltenen Ausgaben der Räuber, darunter das Exemplar mit einem später abgeänderten Bogen, der in seiner ursprünglichen Fassung eben nur in diesem einzigen Exemplare bekannt ist, sodann die Elegie auf den frühzeitigen Tod Johann Christian Weckerlins, die nur in etwa drei oder vier Exemplaren erhalten zu sein scheint, Schillers Dissertation: Versuch über den Zusammenhang der tierischen Natur des Menschen mit seiner geistigen, die beiden ersten Ausgaben der Anthologie von 1782 und 1798, ein Exemplar der akademischen Antrittsrede in Jena mit der eigenhändigen Widmung: „Seinem verehrungswürdigen Freund und Lehrer H. Leibmedikus D. Consbruck der Verfasser", ein Abdruck der Ankündigung der Horen mit handschriftlichen Ergänzungen und der Adresse: an F. H. Jacobi, u. s. w.

Die bischöfliche Alumnatsbibliothek in Linz (Ob.-Öst.). Sie wurde fast zu gleicher Zeit wie das Alumnat selbst, also 1794, gegründet. Den Grundstock dieser heute beinahe 20000 Bände zählenden Sammlung bildeten Druckwerke und Handschriften aus den aufgehobenen ob.-Stiften: Ranshofen, Waldhausen und Suben, sowie aus den verschiedensten inländischen und ausserösterreichischen Konventen, Kollegien etc. Diese Erwerbung brachte der Gründer der Bibliothek, Bischof Gall, über kaiserliche Verordnung zu stande. In der Folge traten auch Legate verstorbener Diöcesanpriester und eigene Ankäufe hinzu. Im Jahre 1854 war der Bestand schon auf 6435 Werke in 11591 Bänden angewachsen.

Die Dotierung und Ausstattung der Bibliotheksräume ist annoch höchst dürftig, eine gänzliche Neuordnung, resp. -aufstellung unerlässlich.

Neu-Anschaffungen werden aus dem sogen. Gregorianischen Fonds bestritten, das Personal rekrutiert sich aus dem jeweiligen Spiritual des Alumnates (Priesterseminars) als Chef und dem Ober-Bibliothekar, der immer ein Kandidat der Theologie ist und dem zwei Auxiliaren zur Seite stehen.

Als Ref. im Jahre 1892 seine Stelle übernahm, befand sich Manuskripten- und Inkunabelnsammlung in ungeordnetem Zustande. Demselben ein Ende zu machen, war seine erste, aber schwierigste Aufgabe.

Ich ordnete zuerst die Handschriften und verwahrte sie hinter Schloss und Riegel. Die in allen Fächern zerstreuten Wiegendrucke stellte ich in einem eigenen Lokale auf. Im Laufe von nicht ganz drei Jahren brachte ich auch eine genaue Beschreibung der in unserer Bibliothek vorhandenen Manuskripte und Inkunabeln fertig, die in den Besitz der österr. Leo-Gesellschaft übergegangen ist, welch letztere sich ja mit dem Plane trägt, die Handschriften-Kataloge aller österr. Kloster- und Kapitelbibliotheken herauszugeben; ein Regulativ zur Erzielung einer gleichförmigen Bearbeitung wird demnächst erscheinen.

Die Handschriften der Linzer Alumnats-Bibl. umfassen alle Jahrhunderte vom 9. bis zum 19., sie ist aber arm an deutschen Stücken. Das einzige bedeutende darunter publizierte Ref. im Jahresberichte (1895) des oberöst. Musealvereines als wissenschaftlichen Beitrag und Jubiläumsgabe anlässlich des hundertjährigen Bestandes der mehrbezeichneten Bibliothek. Es ist ein ziemlich grosses Bruchstück eines mhd. Passionales aus dem XIV. Jahrh. (bayer.-österr. Dialekt), vom Ref. aufgefunden.

Zu erwähnen wäre etwa noch ein mittelfränkisches, in sprachlicher Hinsicht interessantes Testament aus dem 15. Jahrh. (Noch nicht veröff.)

Es wurde schon in früherer Zeit öfter der Versuch unternommen, die Handschriften und Inkunabeln der Al.-Bibl. zu katalogisieren; allein, aus den vorhandenen Katalogen zu schliessen, misslangen die verschiedenen Versuche vollständig aus Mangel an paläographischen Kenntnissen etc. Eine ganze Menge von Mss. war noch gar nicht bekannt, die in Blattform wurden sämtlich erst vom Ref. aufgefunden. Ähnlich verhielt sich die Sache mit den Wiegendrucken.

Die älteste lat. Hs. ist ein karolingisches Homiliarium, die schönste ein Brevier aus dem 15. Jahrh. Über den sonstigen Bestand der Bibl. wird Ref. in einem späteren Artikel Mitteilungen bringen.

Aus den Wiegendrucken sei zum Schlusse ein Burgdorfer-Druck hervorgehoben.

Linz, April 1895.   Conrad Schiffmann, Weltpriester.

In einem Vortrage zur Geschichte der 1607 gegründeten Hohen Landesschule in Hanau (Mitteilungen an die Mitglieder des Vereins für hess. Gesch. Jg. 1892. S. 47 ff.) korrigiert Landgerichtspräsident Kuppen S. 78 die Annahme Dunckers (Progr. des Han. Gymn. 1877), dass die hohe Landesschule schon im 17. Jahrhundert eine Bibliothek besessen habe. „(Diese Annahme) stimmt nicht mit einer Bemerkung im Protokollbuch überein, worin 1751 die Frage aufgeworfen wird, ob keine Mittel und Fonds ausfindig zu machen, dass die hohe Landesschule zu einer öffentlichen Bibliothek komme, und ob man beim Consistorium um die einstweilige Überlassung der wenigen alten im presbyterio stehenden Bücher ansuchen soll. Damals wurde beschlossen, es solle in den Akten nachgeforscht werden, ob die Bücher nicht der hohen Landesschule gehören. Erst 1750 ist dann die in der Presbyterienstube der hochdeutschen reformierten Kirche befindliche Bibliothek in die Senatsstube gebracht worden und es sollte von Professor Iber ein Katalog angefertigt und dem Presbyterium zugestellt werden". Danach wäre auch Schwenke Nr. 679 zu berichtigen. W.

In dem bei Firmin-Didot et Cie. 1895 erschienenen Prachtwerke: Le Vatican, les papes et la civilisation, le gouvernement central de l'église findet sich von S. 643—752 eine von Herrn Paul Fabre abgefasste und mit zahlreichen Abbildungen versehene Übersicht der Geschichte der Vatikanischen Bibliothek bis auf die neueste Zeit.

Jetzt hat auch der Halbkanton Obwalden in Sarnen eine Kantonalbibliothek eröffnet. Sie ist aus der Büchersammlung des Obwaldner Priesterkapitels herausgewachsen und enthält daher vorzugsweise katholisch-theologische Werke und Helvetica. Doch sind schon von einer Anzahl schweizerischer Bibliotheken die Doubletten und von Privaten zahlreiche Geschenke eingegangen. Bibliothekar ist der Benediktiner P. Bernhard Lierheimer, Professor am Lyceum in Sarnen. Für die Benutzung der Bibliothek sind jährlich 3 Fr. zu entrichten.

Wieder ist die hochherzige Schenkung eines Amerikaners für Bibliothekszwecke zu verzeichnen. Präsident Low hat dem Columbia College in New York die Summe von 1000000 $ für ein neues Bibliothekgebäude überwiesen. Seit er den Präsidentenstuhl besitzt, sind diesem College nahezu 6000000 $ an Geschenken zugeflossen. Hk.

Aus St. Louis liegen uns die Jahresberichte zweier Bibliotheken, der Public Free Library und der Mercantile Library, vor. Erstere hat in dem zum Bericht gestellten Zeitraum, 1. Juli 1892 — 30. April 1894, die Umwandlung von einer an erster Stelle den Zwecken der Schule dienenden, von einer privaten Gesellschaft gepflegten Bibliothek zu einer freien, allen Einwohnern der Stadt zugänglichen Büchersammlung vollzogen. Sie hatte am 1. Mai 1894 einen Bestand von 91940 Bänden. Letztere, die von der 3880 Mitglieder zählenden Bibliotheksgesellschaft unterhalten wird, besass am 31. Dezember 1894 90920 Bände und hatte im Jahre 1894 einen Zuwachs von 4191 Bänden gehabt. Der Leserkreis bevorzugte, wie auch in den früheren Jahren, die englische schöne Litteratur, auf die 75,7% aller Entlehnungen aus der Bibliothek entfielen. Erwähnt zu werden verdient die Anlegung einer Sammlung von Werken zur Geschichte des Staates Missouri, die besonders katalogisiert bereits 2000 Bde. und Broschüren zählt. Die in einem Anhange zum Jahresberichte mitgeteilte Liste der laufenden Periodica weist 422 Zeitungen und Zeitschriften auf. Hk.

In einer statistischen Übersicht über die Universitäts-Bibliotheken (Akadem. Revue Jg. 1, 1894 95, S. 334 ff.), die auf den statistischen Angaben des neuesten Jahrganges der „Minerva" beruht und die den Bestand an Druckschriften, Inkunabeln, Handschriften, Karten u. a., die Dotation zu Büchererwerb und sächlichen Ausgaben und die Gesamt-Benutzung für die einzelnen Bibliotheken, aber ausschliesslich für Universitäts-Bibliotheken, verzeichnet, kommt Rich. Kukula zu dem Schluss, dass Deutschland in jeder der Beziehungen den ersten Platz einnimmt. W.

Vermischte Notizen.

Nach einer Mitteilung des Direktors der Leidener Universitäts-Bibliothek Herrn Dr. W. N. du Rieu ist das Projekt einer internationalen Gesellschaft zur phototypographischen Vervielfältigung nicht vermendbarer Handschriften an zu geringer Beteiligung vorläufig gescheitert. Wir stellen darum mehrere Aufsätze, die uns zur Sache zugegangen waren, einstweilen zurück.

Herr Dr. Guido Biagi, jetzt Ispettore Centrale im italienischen Unterrichtsministerium, hat die ihm gehörige Rivista delle Biblioteche, von der 5 Bände erschienen sind, zu einer Rivista delle Biblioteche e degli Archivi erweitert. Den buchhändlerischen Betrieb der Zeitschrift, die in Doppelheften alle zwei Monate erscheinen soll, hat die bekannte Verlagsbuchhandlung von Ermanno Loescher e Comp. in Rom übernommen. — In dem ersten Doppelhefte ist eine Notiz des Herrn Herausgebers über den verstorbenen Bibliothekar der Vaticana Isidoro Carini recht interessant. Wertvoll ist auch u. a. der Hinweis auf ein Manuskript der Bibliothek von Grotta Ferrata, welches die Grundlage der Histoire des intrigues galantes de la Reine Christine de Suède ist. Darbier hat ganz fälschlich den Leipziger Advokaten C. G. Frankenstein als Autor dieses Buches genannt, während er nur Übersetzer desselben ins Deutsche war. Auf Grund hiervon hat man die Glaubwürdigkeit dieser Memoiren natürlich sehr stark in Zweifel gezogen. Hat das Buch, das Gaudenzio Claretta 1892 über den Aufenthalt der Königin Christine in Italien hat erscheinen lassen, den historischen Wert desselben für einzelne Fälle urkundlich nachgewiesen, so ist die Entdeckung der italienischen Urschrift desselben, nach der die französische Übersetzung gemacht ist, für diese Quelle selbstverständlich von Bedeutung. Der Autor war wohl ein Italiener aus der Umgebung der Königin, der nur vorgab ein Franzose zu sein, um den Verdacht der Autorschaft von sich abzuwälzen. Das hat in dem vorliegenden Aufsatze Herr Karl Bildt, der gegenwärtige schwedische Gesandte beim italienischen Königshofe, ganz wahrscheinlich gemacht. O. H.

Auf die von Herrn H. Harrisse im C. f. B. 1894 S. 1—70 (und später selbständig bei H. Welter in Paris) veröffentlichte Kritik der von der Madrider Real Academia de la Historia 1892 herausgegebenen Bibliografia colombina hat Herr Kapitän Cesareo Fernandez Duro in einer 17 Seiten umfassenden Schrift: Pro Academia Hispaniensi. La ciencia del siglo XIX definida por M. Henry Harrisse y admirada por C. F. D. geantwortet. Mit welchem Glücke das geschehen ist, mag man aus einem Anzigo unterzeichneten Artikel der Revue critique vom 25. März 1895 (Nr. 12) ersehen.

Im Archivio storico Lombardo Ser. III Vol. 3 pag. 150 u. f. handelt Herr Emilio Motta über einen Buchdrucker zu Mailand aus dem Jahre 1469 Antonio Cacola aus Corneolo d'Alba im Gebiete von Asti. Bisher kannte man nur Mailänder Drucke von 1470 und 72.

In dem diesjährigen Osterprogramme des Gymnasiums zu Kempen handelt der Direktor dieser Anstalt, Herr Joseph Pohl, recht ausführlich „Über ein in Deutschland verschollenes Werk des Thomas von Kempen". Unter diesem verschollenen, d. h. wenig bekannten Buche meint Herr Dr. Pohl die Meditationes ac Vita Christi, von denen kürzlich eine Handschrift aus der Sammlung Waterton in den Besitz der Londoner Buchhändlerfirma Sotheran u. Comp. gekommen ist. Der Verfasser des nicht ganz abgeschlossenen Programms verheisst eine neue kritische Ausgabe und Übersetzung des fraglichen Werkes.

Das 6. Jahres-Verzeichnis der an den deutschen Schulanstalten erschienenen Abhandlungen ist Anfangs Mai von der

340   Vermischte Notizen.

Königlichen Bibliothek zu Berlin, in bekannter trefflicher Weise hergestellt, ausgegeben worden.

Nach den „Nachrichten aus dem deutschen Buchhandel" 1895 S. 710 ist die in London bei Elliot Stock erschienene bibliographische Zeitschrift „The Bookworm" mit dem 7. Bande eingegangen. In New-York erscheint bei Armstrong and Son unter demselben Titel eine gleiche Zeitschrift. S. oben S. 292.

Von der Sammlung bibliothekswissenschaftlicher Arbeiten herausgegeben von Karl Dziatzko sind die Hefte 7 u. 8 erschienen. Heft 7 umfasst eine Arbeit von Wilhelm Brambach: „Gregorianisch, Bibliographische Lösung der Streitfrage über den Ursprung des Gregorianischen Gesanges". Der gelehrte Verfasser sucht nachzuweisen, dass der sog. Gregorianische Kirchengesang auf den Papst Gregor I. und nicht, wie Gevaert neuerdings zu erweisen gesucht hat, auf Gregor III. zurückzuführen ist. Den Beweis hierfür entnimmt er einigen bibliographischen Eintragungen des Klosters von St. Riquier aus dem 9. Jahrhundert. Die Auslegung, die ihnen Brambach giebt, ist allerdings sehr wahrscheinlich, aber absolut sicher ist die S. 7 gegebene Deutung der Worte „Missale Gregorianus et Gelasianus moderna temporibus ab Albino ordinatus' doch nicht. Bis auf weitere handschriftliche Funde darf man sich also mit den Ausführungen Brambachs einverstanden erklären. Umfasst die Arbeit Brambachs 2 Bogen, so sind die im 8. Hefte mitgetheilten Aufsätze noch weniger umfangreich, denn auf 121 Seiten werden 9 verschiedene Mittheilungen dargeboten. Als die wichtigsten von ihnen sind wohl die Arbeiten von Karl Meyer: Niederländische Volksbücher, von Dziatzko selbst: Was wissen wir von dem Leben und der Person Joh. Gutenbergs? und von Richard Pietschmann: Leder und Holz als Schreibmaterialien bei den Ägyptern anzusehen. Der letzte Aufsatz soll in einem folgenden Hefte fortgesetzt werden. 1. 1.

Die Handschrift der altsächsischen Bibelübersetzung, welche die Herren Zangemeister und Braune aus der Vaticana aus dem Cod. Palatinus 1447 herausgegeben haben, stammt aus Mainz, wo sie in St. Alban geschrieben ist. So wird uns gelegentlich mitgetheilt.

Im Anschluss an einen im 18. Bde. des Bulletin de la société de l'histoire de Paris et de l'Ile de France (1891) S. 133—44 abgedruckten Aufsatz über den Pariser Drucker Gerhard Morrhe bringt H. Omont in der ersten Lieferung des laufenden (22.) Jahrganges derselben Zeitschrift (S. 35 ff.) „Nouveaux documents sur Gérard Morrhe, imprimeur parisien (1527—1532)." Dieser aus Kampen in den Niederlanden stammende Drucker („bassus Germanus") war danach 1527 Procurator der Germanischen Nation an der Universität Paris. O. vervollständigt zugleich die Liste der von ihm hergestellten Werke, von denen jetzt 79 bekannt sind.   Ht.

In England erschienen zu Beginn des Jahres 1895 insgesammt 2034 Zeitungen und 2051 Journale (The Athenaeum No. 3524 S. 612).

Ein für jeden Inkunabelnforscher wichtiges Werk wird in No. 3523 von The Athenaeum angekündigt, ein Supplement nämlich zu Hains Repertorium bibliographicum. Der 1. Bd. dieses Werkes soll Beschreibungen und Kollationen von 6—7000 Werken des 15. Jahrhunderts bringen, die Hain nicht selbst zu Gesicht gekommen waren, der 2. gegen 6000 Drucke aufzählen, die er überhaupt nicht kennen gelernt hatte.   Ht.

In der Revue des Bibliothèques 5. Ann. (1895) S. 65 ff. behandelt Victor Mortet „les examens professionnels de bibliothécaire en France et à l'étranger

Vermischte Notizen. 341

et le récent arrêté relatif aux bibliothèques universitaires de Prusse" und resümiert seine Auseinandersetzungen dahin, dass die preussische Verwaltung weise gehandelt hat, indem sie ernste Garantieen von denen fordert, die sich auf den Beruf eines Universitäts-Bibliothekars vorbereiten, weil das nicht nur im Interesse der Universitäten, sondern auch in dem der Bibliothekare selbst liege. W.

Die ersten Befähigungs-Prüfungen für französische Universitäts-Bibliothekare, die in dem ministeriellen Erlasse vom 20. Dez. 1893 vorgeschrieben wurden sind, finden, wie ein Erlass des französischen Unterrichts-Ministers vom 8. Januar bekannt giebt, am 25. Juni an der Bibliothek des Arsenals in Paris statt.

Der Catalogue annuel de la librairie française pour 1894 rédigé par D. Jordell. Deuxième année. Paris, Per Lamm, Libraire-commissionnaire (Librairie Nilsson), 1895. 256 S. gr. 8° ist uns anfangs März zugegangen. Die Anlage ist dieselbe geblieben, wie bei dem ersten Jahrgang, der Bd. XI, 471 dieser Zeitschrift angezeigt ist. S. 1—184 verzeichnen die französischen Bücher, welche während des Jahres 1894 in Frankreich oder im Ausland erschienen sind, in alphabetischer Folge der Verfassernamen, S. 185—240 in alphabetischer Folge der Titel, und S. 241—255 bringen ein alphabetisches Sachregister. Von letzterem gilt auch diesmal, was schon für den ersten Jahrgang bemerkt wurden ist, die Vollständigkeit lässt zu wünschen. Diese macht aber gerade den Wert eines solchen Sachregisters aus. Denn der Fall, dass man es zu Rate zieht, um nur irgend eine Schrift über einen bestimmten Gegenstand zu ermitteln, dürfte verschwindend selten sein gegenüber denen, wo es sich darum handelt festzustellen, was überhaupt in dem betroffenden Jahr darüber erschienen ist. Wird die Vollständigkeit erreicht, so wird der Catalogue annuel durch das Nachregister einen grossen Vorteil vor dem Journal général de l'imprimerie et de la librairie voraus haben. Ein zweiter besteht darin, dass er für jedes Buch den Preis verzeichnet, während diese Angabe in dem Journal trotz der in jeder Nummer wiederholten Mahnung sehr oft fehlt. Auch dass die im Ausland in französischer Sprache gedruckten Bücher berücksichtigt werden, bildet einen Vorzug vor dem Journal, dagegen kann nicht verschwiegen werden, dass die in Frankreich erschienene Litteratur von dem Catalogue annuel selbst in der von ihm angenommenen Umgrenzung nicht so vollständig verzeichnet ist wie von jenem. — Druck und Ausstattung verdienen auch in dem zweiten Jahrgang volle Anerkennung. G. N.

Johannes Bolte hat in der Einleitung zu seiner Ausgabe von Veit Warbecks „schöner Magelone", welche in trefflicher Weise die Bibliothek älterer deutscher Übersetzungen, herausgegeben von August Sauer eröffnet, eine ausführliche Bibliographie dieses beliebten Volksbuches gegeben. In 309 Nummern stellt er zusammen, was ihm an Handschriften und Drucken in folgenden Sprachen bekannt geworden ist: Französisch (52), Spanisch (16), Catalanisch (2), Portugiesisch (3), Italienisch (6), Suernelvisch (1), Neugriechisch (9), Niederländisch (2), Hochdeutsch (62), Niederdeutsch (1), Dänisch (25), Isländisch (4), Schwedisch (1), Böhmisch (5), Polnisch (14), Russisch (3). — Ein für die Geschichte älterer Bibliotheken wichtiges Dokument bespricht B. a. a. O. S. XXXVIII. Auf dem Sachsen-Ernestinischen Gesamtarchiv zu Weimar befindet sich unter Reg. D pag. 97 Nr. 16¹⁶ ein Inventarium der Bücher Meynes G. H. Hertzog Johannsen Friderichen des Eltteren, geschrieben von Martin Boti. Die 426 Bände starke Bibliothek umfasst in sechs Abteilungen theologische, juristische, medizinische, historische, französische und Schulbücher. Das Verzeichnis der aus 67 Bänden bestehenden französischen Abteilung druckt B. ganz ab und vermutet die oft recht unvollkommenen Titelangaben auf bestimmte Werke zu deuten. Wenn die Identifikation von Nr. 7 richtig ist, hätte Martin Boti, Hinbenheizer des Hertzogs

Johann Friedrich dem Mittleren, diesen Katalog frühestens 1548 verfasst. Die Abteilung der Schulbücher soll in den Mitteilungen der Gesellschaft für deutsche Erziehungs- und Schulgeschichte veröffentlicht werden. Zusammengeheftet sind mit dem Inventarium ausser einer Abschrift desselben noch zwei weitere, nach 1550 geschriebene Kataloge anderer Bibliotheken.   G. N.

Zu Hains Repertorium (No. 4883 und 12059, 11450 und 5482, 12076 und 16191). Hain verzeichnet unter 4883 Ceremonie signorum monachorum und unter 12059 Ordinarius divinorum und schreibt beide Nummern dem Peter Schöffer zu. Als Marienthaler Drucke habe ich sie festgestellt in Falk, Die Marienthaler Presse S. 23, 24. Über jene Benediktiner der Bursfelder Reform, welche die Herausgabe besorgten, kann ich jetzt einen Aufschluss geben und zwar aus Nicolai de Siegen chronicon[3]) ecclesiasticum p. 485, wo die Rede ist von Conradus de Rudenberg, prior ad S. Martinum in Colonia et abbas S. Johannis Rinckawensis (Rheingau). Is unam eorundem patrum fuit, qui ordinarium pro novella plantacione Bursfeldensi comportarunt et ceremonias reformacionis Bursfeldensis iussu patrum comportaverunt, et eundem ordinarium de monasterio ad monasterium in dorso pedanter portavit.

Das Benediktinerkloster St. Johannesberg im Rheingau liegt nahe bei Marienthal, beider Klöster Insassen waren die nächsten geistlichen Nachbarn. Conrad starb auf Weihnachten 1456, womit die Zeitgrenze der beiden undatierten Drucke gegeben ist.

Die Drucke finden sich in der Klemmschen Sammlung zu Leipzig[4]), im Britischen Museum zu London[5]), auf der Universitätsbibliothek zu Giessen (zusammengebunden) und auf der Nationalbibliothek zu Paris.[4])

Unter 11450 giebt Hain die Schrift De modo bene cantandi choralem und nennt, jedoch mit beigesetztem Fragezeichen, als Verfasser den Conradus a Zabern.

Dieser Conrad v. Z. ist sicher der Verf., demnach das Fragezeichen zu streichen. Tritheuius in seinem schätzbaren Catalogus scriptor. eccles. giebt eine kurze Bio-Bibliographie dieses geistlichen Musikschriftstellers, unter seinen Werken eines De modo bene cantandi mit dem Textanfang: In sonorem totius cleri, was zu dem Wiegendrucke genau stimmt.

Von dieser Arbeit Conrads erschien ein Neudruck 1509 zu Mainz bei Friedr. Heumann unter dem Titel: Ars bene cantandi choralem per magistrum Jacobum Zabern.[4]) Der Verf. hiess eigentlich Conrad Jakob, mit welchem Namen er in der Geschichte der Heidelberger Hochschule vorkommt. Vgl. Muecker, Die theologische Fakultät zu Heidelb. 1886. S. 20: Jakob Conrad v. Z. 1474 Universitätsprediger.

Von demselben Verfasser giebt Hain unter 5482 eine Schrift an: Collectura de veru (reprehensibili et Artificiali modo concludendi omnem collectam tam in offsito Misse quam in quibuscunque horis Canonicis, ohne zu wissen, dass derselbe Conr. v. Z. der Verfasser ist. Trithemius a. a. O. giebt als Textanfang die Worte (q) L'amqnam plerique de — hac re scripserunt, was genau zu dem Drucke stimmt.

Eine dritte Schrift Conrads ist die: De Monochordo, mit dem von Trith. überlieferten Textanfang: Cum ut quidam sapiens. Flacher in den typographischen Seltenheiten III, 124 giebt Nachricht über einen alten Druck De Monochordo. Leider konnte ich ein Exemplar hiervon nicht finden weder in

---

1) Thüringische Geschichtsquellen 2. Bd.
2) Katalog S. 252.
3) Hessels Gutenberg S. 139.
4) Beschrieben samt dem ersten datierten Drucke der Marienthaler Presse (Copia indulgentiarum 1468) in der Zeitschr. des Vereins für Erforschung der rheinischen Gesch. III, 320.
5) Centralblatt 1889 S. 478; Monatshefte für Musikgesch. XXI, 133; Gerber, Tonkünstlerlexikon s. v.; Hessels Gutenberg 126 no. 4.

Darmstadt, wohin die Fischer'schen Sachen kamen, noch in Mainz, noch in Heidelberg, München, Paris oder London. Hoffentlich findet sich ein Exemplar, dessen Identität mit dem oben erwähnten sich dann leicht feststellen lassen wird.
Die Stadtbibliothek zu Frankf. a. M. besitzt eine Hs. 99 (s. XV) Bl. 353 mit einem Gedichte Conrads. Pfeiffers Germania XXV, 105.
Hain 12026 und 12027 Oratio quaerulosa gehören zu 16191 seq. Wimphelingus. Cf. Schmidt, Hist. littér. de l'Alsace II, 318.   F. Falk.

Auf einer Forschungsreise durch Altserbien haben die Herren Professoren Kovatschowitsch und Resanowitsch auch zahlreiche Pergamenthandschriften in altserbischer Sprache aus dem 13. u. 14. Jahrhundert aufgefunden. S. Beilage zur M. „Allgemeinen Zeitung" vom 27. März 1895.

Von dem krainischen Historiographen Johann Ludwig Schönleben (1618—81) handelt ausführlich P. v. Radics in den Mitteilungen des Musealvereines für Krain Jg. 7, Abt. 1 (1894) S. 1—72. Ausser verschiedenen bibliographischen Bemerkungen enthält die Arbeit auch in chronologischer Reihenfolge ein Verzeichnis der im Druck erschienenen Schriften Schönlebens und seiner Ausschreiben an Adel und Geistlichkeit in Krain, um Material zum zweiten Bande seiner Carniola antiqua et nova zu erlangen.   W.

„Die deutsche Bibelübersetzung in Württemberg zur Zeit der Reformation" behandelt J. Josenhans in den Württembergischen Vierteljahrsheften für Landesgeschichte N. F. Jg. 3 (1894) S. 353—410. Die württemberg. Kirchenordnung von 1536 beseitigte die lateinische Sprache radikal. Als erste deutsche Bibel mit württemberg. Privilegium ist die Frankfurter Bibel von 1564 anzusehen, erst 1591 erschien eine vollständige deutsche Bibel in Württemberg selbst, und zwar in Tübingen bei Georg Gruppenbach, sie ist ein genauerer Abdruck der Bibel von 1545.   W.

In der Akademischen Revue Jg. 1 (1894,95) S. 332 ff. giebt Christian Ruepprecht in einem Aufsatze „Zur Benutzung der öffentlichen Bibliotheken" den Benutzern Ratschläge, wie sie durch richtige, genaue und deutliche Ausfüllung der Bestellzettel, durch Benutzung der Bücher in den Lesesälen der Bibliotheken, durch Schonung und rechtzeitige Rücklieferung der entliehenen Werke ihre eigenen Interessen vertreten können.
  W.

Entgegen der Ansicht Fr. Waldners, dass der Hymnarius von 1524 das „älteste" katholische Gesangbuch sei, spricht sich, ebenfalls in den Monatsheften für Musikgeschichte (1895) S. 50 ff., Wilhelm Bäumker dafür aus, dass der — längst bekannte — Hymnarius (zu Sigmundslust 1524 gedruckt) ein zur Privaterbauung bestimmtes Buch sei und nicht als „Gesangbuch" bezeichnet werden dürfe. 5 Exemplare desselben sind bekannt. Nach Bäumker ist das erste grössere Gesangbuch mit Noten das lutherische Erfurter Enchiridion 1524, das erste Gesangbuch auf katholischer Seite das Gesangbüchlein von Michael Vehe 1537.

„Über einige Strassburger Katechismen aus der Reformationszeit" handelt H. Holtzmann in der Zeitschrift für praktische Theologie Jg. 17 (1895) S. 112 ff.   W.

Bitte.

Der Unterzeichnete ersucht um Nachweisung eines Exemplars von „In nuptias Philippi Stephani Sprengeri et Barbarae Hugellae, celebratas IX. decemb. anno Christi 1572, Elegia Joan. Posthii', 4°, 5 S.
  Dr. M. H. Jellinek, Privatdocent an der Universität,
  Wien VIII. Skodagasse 12.

Neue Erscheinungen auf dem Gebiete des Bibliothekswesens.*)
Mitgeteilt von O. Koller in Leipzig.

†**The Library.** No. 76, April 1895: The Public Library movement in London; a review of its progress and suggestions for its consolidation and extension, by Ch. Welch. — The educational value of the Public Library movement and a reply to some views advanced by Ch. Welch, by Edw. Foskett.
  No. 77, May 1895: The relationship of the Public Library Committee to other educational bodies, by J. J. Ogle. — An account of some notable books printed in Belfast, by R. M. Young.

†**Library Journal.** Vol. 20, No. 2: Adaptation of libraries to local needs, by A. L. Peck. — Practical library-moving, by C. R. Gillett. — Combination order and shelf-list slip, by W. H. Austin. — The Clerkenwell Open Lending Library, by J. D. Brown.
  No. 4: How teachers should co-operate with librarians, by G. W. Cole. — What can be done to help a boy to like good books after he has fallen into the „dime novel habit", by E. M. Coe. — How may we make the guiding of pupil's reading a part of the teacher's work, by M. E. Merington. — Reference works among school children, by A. L. Sargent. — The proposed New York Public Library.
  No. 5: Paper and Ink, by R. T. Swan. — Cards for the „two-book" system, by G. M. Jones.

†**Revue des bibliothèques.** Année V, No. 5, Mai 1895: Le catalogue imprimé de la Bibliothèque du Roi au XVIII siècle (suite et fin), p. II. Omont. — Un élève de Paul Manuce: Romolo Cervini, p. L. Dorez. — Inventaire sommaire de la collection Clément de Boissy sur la juridiction et la jurisprudence de la Chambre des comptes (fonds fr. 10991—11082 et nouv. acqu. fr. 1565—1660), p. C. Coudere, p. 17—82.

†**Rivista delle biblioteche.** Anno V, No. 53—60: I codici Trombelli della R. Biblioteca Universitaria di Bologna, L. Frati. — Lord Byron e la sua ode „On the Star of the Legion of Honor", A. Lumbroso. — Lettere inedite di Lord Giangiorgio Spencer a un libraio romano, M. Menghini. — Catalogo delle edizioni in duplo esemplare possedute dalla Biblioteca Vittorio Emanuele di Roma, M. Menghini. — Bibliografia delle stampe musicali della R. Biblioteca Estense (fine), V. Finzi. — Indice delle notizie di cose cortonesi contenute nelle „Notti coritane" (fine), G. L. Passerini. — Le stampe di musica profana della Comunale di Fabriano, E. Filippini. — La Biblioteca Cicognara in Vaticana, lettere inedite del Cte. L. Cicognara.
  Anno VI, No. 1, 2: Sopra la necessità e i mezzi di migliorare la qualità della carta e dell' inchiostro ad uso degli uffici pubblici, F. Loevinson. — Cenni critici sul codice II° H. 3 della Biblioteca della Badia di Grottaferrata e sulla Histoire des intrigues galantes de la Reine Christine de Suède, C. Bildt. — Aneddoti danteschi, T. Casini. — Per Isidoro Carini, G. B.

Aberdeen (Scotl.) University. Subject cataloging in the library. Aberdeen, University Press. 16 p. 8°.
Aguilar Free Library, New York. List of biographical works. New York. 44 p. 8°.
Ames, J. G. Comprehensive index of the publications of the United States Government, 1889—1893. Washington, Government Printing Office. 6. 450 p. 4°. cloth. D. —.75
Annuaire de la librairie française 1895. Deuxième année. Paris, H. Le Soudier. 300 p. 8°. Fr. 2.50

---

*) Die mit † bezeichneten Bücher haben der Redaktion vorgelegen.

Avetta, A., e F. Carta. Una curiosità bibliografica della biblioteca universitaria di Cagliari. Cagliari-Sassari, stab. tip. G. Dessi. 15 p. 16°.
Estratto dall' Idea.

Barbèra, Piero e Lu. L'edizione delle opere di A. Poliziano, curata da G. Carducci e J. Del Lungo per l'editore G. Barbèra: saggio bibliografico. Firenze, tip. G. Barbèra. 17 p. 4°.

*Das Bedürfnis nach Reformen an der Hof- und Staats-Bibliothek in München. Beobachtungen eines Besuchers. München, Th. Ackermann. 29 S. 8°.

Beraldi, H. La reliure du XIX° siècle. Deuxième partie. Paris, libr. Conquet. 259 p. avec gravures et autographes hors texte. 4°.

Bericht über neue Erscheinungen und Antiquaria aus dem Gesamtgebiete der Rechts- und Staatswissenschaften. Herausgegeben von R. L. Prager. Jahrgang 1895. (4 Nrn.) Berlin, R. L. Prager. gr. 8°. M. 1.—

Bibliotheca philologica classica. Verzeichnis der auf dem Gebiete der classischen Alterthumswissenschaft erschienenen Bücher, Zeitschriften, Dissertationen, Programm-Abhandlungen, Aufsätze in Zeitschriften und Recensionen. Beiblatt zum Jahresbericht über die Fortschritte der classischen Alterthumswissenschaft. Jahrgang 22: 1895. (4 Hefte.) Berlin, S. Calvary & Co. gr. 8°. M. 6.—

Bijdragen tot de geschiedenis van den Nederlandschen boekhandel. Uitgegeven door de Vereeniging ter bevordering van de belangen des boekhandels. Deel V, afl. 2. Amsterdam, P. N. van Kampen & Zoon. Bl. 149—548. VIII. gr. 8°. Fl. 3.—

Blanadet, M. Bibliographie de l'abbé Cochet. Paris, A. Picard & fils. 8°. Avec portrait. Fr. 15.—

(Bonamici, Diom.) Saggio di bibliografia del Santuario di Montenero. 2. edizione. Livorno, stab. tip. S. Belforte e C. 15 p. 24°.
Edizione di soli 50 esemplari.

Books, 5000: an easy guide to the best books in every department of reading; selected, classified and briefly described by a corps of experienced editors, under the direction of the Literary Bureau of the Ladies' Home Journal. Philadelphia, Curtis Pub. Co. 272 p. 8°.

Breymann, H. Die neusprachliche Reform-Literatur von 1876—1893. Eine bibliographisch-kritische Übersicht. Leipzig, A. Deicherts Nachf. IV. 155 S. gr. 8°. M. 3.—

Brinkman's Alphabetische lijst van boeken, landkaarten en verder in den boekhandel voorkomende artikelen, die in het jaar 1894 in het koninkrijk der Nederlanden uitgegeven of herdrukt zijn, benevens opgave van den uitgever, den prijs en eenige aanteekeningen. Voorts een lijst der overgegane fondsartikelen, alsmede een wetenschappelijk register. Jaargang 49. Amsterdam, C. L. Brinkman. LIV. 275 Bl. 8°. Fl. 1.25

Brinkman's Adresboek voor den Nederlandschen boekhandel en aanverwante vakken, benevens aanwijzing der in Nederland uitkomende dag- en weekbladen. Nieuwe serie, XLI° jaargang. Amsterdam, C. L. Brinkman. 383 S. 8°. Fl. 1.50

*Bücherschatz, Neuer Deutscher. Verzeichnis einer an Seltenheiten ersten Ranges reichen Sammlung von Werken der deutschen Litteratur des XV. bis XIX. Jahrhunderts. Mit bibliographischen Bemerkungen und einem Anhang: Das wieder aufgefundene Wittenberger Gesangbüchlein v. Jahre 1526. Berlin, Imberg & Lefson. VIII. 264 S. 8°. M. 4.—

Call, R. E. The life and writings of Rafinesque. Louisville, J. P. Morton & Co. 227 p. fol. D. 2.50
„A full chronological bibliography of Rafinesque's works covers p. 135—208."

California State library. Catalogue of state publications, 1880 to July 1894. (Report of librarian. 44. and 45. fiscal years, p. 32—72.)

Castellani, C. Early Venetian printing illustrated. Venice, Ferd. Ongania. 37 p. con facsimile. 4°.

Catalogue de la bibliothèque de la Société des ingénieurs civils de France au 1 janvier 1893, Volume 2. Paris. 767 p. 8°.

Catalogue de livres et estampes relatifs à l'histoire de la ville de Paris et de ses environs, provenant de la bibliothèque de feu M. Hippolyte Destailleur. Paris, D. Morgand. 132 p. 8°.

Catalogue des livres composant la bibliothèque de l'École nationale des ponts et chaussées. Nouvelle édition. 2 vol. Paris, Imprim. nationale. XVII. 541 et 612 p. 8°.

Catalogue général des manuscrits des bibliothèques publiques de France. Départements. Tome 27: Avignon, par M. L. H. Labande. Volume 1. Paris, Plon, Nourrit & Cie. CXII. 649 p. 8°.

Chabret y Saurí, J. Apuntes para escribir una bibliografía eucarística valenciana. Valencia, F. Domenech. 1894. 96 p. 4°. No se vende.

Cincinnati, O. Public Library. Bulletin of books added during the year 1894. Cincinnati. 110 p. fol.

Connecticut: Public Library Committee. Connecticut public library document, No. 1, 1895 (whole No. 4); report of the Connecticut Public Library Committee, 1893—94. 116 p. 8°.

"Cornell University. Library bulletin. Vol. III, No. 5. (Whole No. 37.) Ithaca. P. 235—255. gr. 8°.

Denver, Col. Public Library. Public library hand-book. Denver, Carson-Harper Co. 152 p. D. —.35; cloth —.65 a.; mor. D. 1.—

Detroit, Mich. Public Library. Bulletin No. 6: Books added in 1894. Detroit. 239 p. 8°.

Ditchfield, P. H. Books fatal to their authors. New York, A. C. Armstrong & Son. 70. 233 p. 8°. cloth. D. 1.25
„Describes nearly 200 books which caused their authors to be persecuted for heresy, laity of morals, rebellion etc."

Dulles, Jos. H. McCosh bibliography: a list of the published writings of Rev. J. McCosh, ex-president of Princeton College. 19 p. 8°.

Errori, Alcuni degli, che leggonsi intorno Padova nelle bibliografie storiche di Luigi Manzoni. Padova, tip. dei fratelli Gallina. 15 p. 8°.

d'Eylac. La bibliophilie en 1894. Paris, Techener. VI. 205 p. 8°. Fr. 10.—

Foster, L. S. A consideration of some ornithological literature, with extracts from current criticism. Vol. I: 1876—1883. New York. 53 p. 8°.
„A list of the principal books on birds published from 1876 to 1883."

Frankenstein, K. Bibliographie der Arbeiterversicherungswesens im Deutschen Reiche. [Zum grössten Teil aus: Zeitschrift für Litteratur und Geschichte der Staatswissenschaften.] Leipzig, C. L. Hirschfeld. VI. 428. Lex. 8°. M. 1.50

Gaudin, L. Catalogue de la bibliothèque de la ville de Montpellier (dite du musée Fabre). Supplément par ordre alphabétique. Montpellier, impr. Grollier. 441 p. 8°.

Griswold, W. M. A descriptive list of novels and tales dealing with ancient history. Part I: Ancient life. Cambridge, Mass. 61 p. 8°. D. —.50

*****Hachmeister's** Litterarischer Monatsbericht für Bau- und Ingenieurwissenschaften, Elektrotechnik und verwandte Gebiete. Jahrgang 1: Mai—Dezember 1895. [6 Nrn.] Leipzig, Hachmeister & Thal. gr. 8°. M. 1.25

Die Handschriften-Verzeichnisse der Königlichen Bibliothek zu Berlin. Bd. 10: Verzeichnis der arabischen Handschriften von W. Ahlwardt, Bd. 7: XIX. Buch (Fortsetzung). Berlin, A. Asher & Co. VIII. 606 S. gr. 4°. cart. M. 36.—

*****Heitz**, P. Baseler Büchermarken bis zum Anfang des 17. Jahrhunderts. Mit Vorbemerkungen und Nachrichten über die Basler Drucker von C. Ch. Bernoulli. Strassburg, J. H. Ed. Heitz. XXXVIII. 111 S. mit Abbildungen. Imp. 4°. M. 40.—

*****Jahres-Verzeichniss** der an den deutschen Schulanstalten erschienenen Abhandlungen. VI: 1894. Berlin, A. Asher & Co. III. 79 S. gr. 8°. M. 2.20

James, M. R. A descriptive catalogue of the manuscripts in the Fitzwilliam Museum. With introduction and indices. Illustrated. Cambridge, University Press. 619 p. Imp. 8°. Sh. 25.—

Neue Erscheinungen auf dem Gebiete des Bibliothekswesens. 347

Index catalogue of the Library of Surgeon-General's Office, authors and
subjects. Vol. XIV: Natures—Universally. Washington, Government Printing Office. III. 1108 p. 8°.
Jones, M. Katb. Bibliography of college, university and social settlements.
Boston 1894. 19 p. 8°.
*Jordell, D. Catalogue annuel de la librairie française pour 1894: donnant
la nomenclature de tous les livres français parus en France et à l'étranger
pendant l'année 1894. Année 2. Paris, libr. Nilsson. 256 p. 8°.
Katalog der auf Hamburger Bibliotheken vorhandenen Litteratur aus der
reinen und angewandten Mathematik und Physik. 1. Nachtrag. Hamburg,
Verlagsanstalt und Druckerei. 55 S. 8°.
Kvartalskatalog over norsk litteratur udgiven af den Norske Boghandlerforening ved en Komite. 3. Aarg. No. 1: Januar—Marts 1895. Kristiania,
J. Dybwad. 8°. Per aarg. Kr. 1.—
Labande. Les manuscrits de la bibliothèque d'Avignon provenant de la
librairie des papes du XIV°. siècle. Paris, imp. nationale. 16 p. 8°.
Extrait du Bulletin historique et philologique.
Lacroix, A. Inventaire sommaire des archives hospitalières de la ville de
Romans antérieures à 1790. Valence, imp. Céas. VII. 142 p. 4°.
Langmuir, A. C. Index to the literature of didymium, 1842—1893. Washington, Smithsonian Institution. 20 p. 8°.
Smithsonian miscellaneous collections, vol. 38, No. 972.
*Lenox Library. Twenty-fifth annual report of the trustees. New York.
75 p. gr. 8°.
*Library School, New York State, Albany, N. Y. Handbook 7; April 1895.
New York. 75 p. with illustrations. 12°.
Liste des publications périodiques qui se trouvent à la section des cartes et collections géographiques de la Bibliothèque nationale. Paris, C. Klincksieck. 15 p. 8°.
Litteraturbericht, Juristischer, 1891—1894. (Ergänzungsband zum Centralblatt für Rechtswissenschaft.) Unter Mitwirkung von H. Ernan, A. Frantz,
C. Gareis etc. herausgegeben von A. v. Kirchenheim. Heft 2: Das römische
Recht, von H. Erman. Leipzig, J. C. Hinrichs'sche Buchhandl. S. 41—73.
gr. 8°. M. 1.—
Livi, Giov. Il r. archivio di stato in Brescia. Brescia, tip. Bortolotti. 1894.
Lumbroso, A. Saggio di una bibliografia dell' epoca napoleonica. III:
Barnard — Bazzoni. Modena, tip. Namias.
Mager, W. H. Indexes to the literature of cerium and lanthanum. Washington,
Smithsonian Institution. 43 p. 8°.
Smithsonian miscellaneous collections, No. 971.
Masson, L. Notes bibliographiques générales. Rodez, imp. Loup. P. 1—32. 8°.
Mazzoni, A. La biblioteca Vaticana descritta. 4ª edizione corretta e riveduta
dall' autore. Roma, tipografia Vaticana. 71 p. 24°. L. —.50
*Milwaukee Public Library. Quarterly index of additions. Vol. 5, No. 36:
Books in the german language added during 1893 and 1894. Milwaukee.
P. 77—101. 4°.
Miola, A. Notizie di manoscritti neolatini. Parte I: Manoscritti francesi,
provenzali, spagnuoli, catalani e portoghesi della Biblioteca Nazionale di
Napoli. Napoli, Furchheim. 101 p. 8°. L. 6.—
Mitre, B. Lenguas americanas: estudio bibliográfico-lingüístico de las obras
del P. Luis de Valdivia, sobre el Araucano y el Alléntiak, con un vocabulario razonado del Alléntiak. La Plata 1894. 153 p. 4°.
Novitäten, Juristische. Internationale Revue über alle Erscheinungen der
Rechts- und Staatswissenschaften, nebst Referaten über interessante Rechtsfälle und Entscheidungen. Redacteur: Th. Lissner. Jahrgang 1: April 1895
bis März 1896. [12 Nrn.] Leipzig, I. A. Barth, gr. 8°. Vierteljährlich M. —.80
Oberosler, G. La libreria nell' evo antico e nell' evo medio e l'introduzione
della tipografia in Italia: spigolature, con un saggio bibliografico sulla
letteratura italiana e straniera relativa al libro, al commercio librario e
alla tipografia. Milano, tip. Capriolo e Massimino. 1894. 50 p. 8°.
Edizione di soli 50 esemplari fuori commercio.

Pappafava, V. Geschichte und Bibliographie des Notariates. Zara, Internationale Buchhandlung. 192 p. gr. 8°. M. 2.50
Auch in franzôs., holländ. u. spanischer Ausgabe à M. 3.— erschienen.
Pennsylvania Library Club. Occasional papers, No. 2. Philadelphia. 5 p. 8°.
Pratt Institute, Brooklyn, N. Y. Free Library. Bulletin No. 10: Finding list of works in the german language. January, 1895. 30 p. 8°.
Prou. Table alphabétique des publications de l'Académie celtique et de la Société des Antiquaires de France (1807 à 1889), rédigée sous la direction de R. de Lasteyrie. Paris, C. Klincksieck. 8°. Fr. 20.—
Una Questione libraria fra Giunti ed Aldo Manuzio, contributo alla storia dell'arte della stampa (documenti pubblicati a cura di Dom. Marzi). Firenze, tip. G. Carnesecchi e figli. 10 p. 8°.
Per le nozze di Salom. Morpurgo con Laura Franchetti.
Ramps, C. Recherches bibliographiques concernant l'ancien pays de Liége ou additions à la bibliographie liégeoise du chev. de Theux de Montjardin. Partie I: XVI et XVII° siècles. Liége, Lamhotte. VI. 252 p. 8°. Fr. 4.—
Retana, W. E. El periodismo filipino. Noticias para su historia (1811—1894), apuntes bibliográficos, indicaciones bibliográficas, notas críticas, semblanzas, anécdotas. Madrid, Minuesa de los Rios. 648 p. 8°. Pes. 7.—
Rooses, M. Le Musée Plantin-Moretus. Bruxelles, E. Lyon-Claessen. Mit 5 Radi-rurten und über 30 Illustrationen von B. Krieger im Text. fol. In Mappe. M. 16.—
Rott, Ed. Inventaire sommaire des documents relatifs à l'histoire de Suisse conservés dans les archives et bibliothèques de Paris et spécialement de la correspondance échangée entre les ambassadeurs de France aux lignes et leur gouvernement (1443—1700). Partie V: Tables onomastiques, table des matières. Genève, Georg. 495 p. 8°. Fr. 15.—
Schreiber, W. L. Manuel de l'amateur de la gravure sur bois et sur métal au XV° siècle. Tome VII. Contenant la première partie des Fac-similés des livres xylographiques. Berlin, Alb. Cohn. X S. mit 35 Tafeln. fol. M. 12.—
*Schulze, P., u. O. Koller. Bismarck-Litteratur. Bibliographische Zusammenstellung aller bis Ende März 1895 von und über Fürst Bismarck im Deutschen Buchhandel erschienenen Schriften, mit Berücksichtigung der bekannteren ausländischen Litteratur. Leipzig, O. Gracklauer. VII. 70 S. gr. 8°. (Heb. in Leinwand M. 3.—; Ausg. auf Büttenpapier in Leder geb. M. 4.—
Seydel's Führer durch die technische Litteratur. Abtheilung: Physik und Elektrotechnik. Berlin, Polytechnische Buchh. 68 S. 12°. M. —.50
Stein, M. Catalogue of the Sanskrit MSS. in the Raghunata temple library of the Maharaja of Jammu and Kashmir. London, Luzac & Co. 423 p. 4°. Sh. 12.—
Das Urheberrechtsgesetz in den Vereinigten Staaten von Amerika vom 1. Juli 1891. Im Auftrage des Börsenvereins der Deutschen Buchhändler zu Leipzig herausgegeben von der amtlichen Stelle für den Deutschen Buch-, Kunst- und Musikverlag in New-York. Leipzig, Geschäftsstelle des Börsenvereins. 32 S. 8°. M. 1.—
Verzeichniss der im Jahre 1894 erschienenen Musikalien, auch musikalischen Schriften und Abbildungen, mit Anzeige der Verleger und Preise. In alphabetischer Ordnung nebst systematisch geordneter Uebersicht. Jahrgang 43 oder 4. Folge, 3. Jahrgang. Leipzig, Fr. Hofmeister. VII. CXLVIII. 441 S. gr. 8°. M. 16.—; auf Schreibpapier M. 19.—
Vicaire, G. Manuel de l'amateur de livres du XIX° siècle, 1801—1893. Editions originales. Ouvrages et périodiques illustrés. Romantiques. Réimpressions critiques de textes anciens ou classiques. Bibliothèques et collections diverses. Publications des Sociétés de Bibliophiles de Paris et des départements. Curiosités bibliographiques. Tome II, fasc. 1. Paris. A. Rouquette. 192 p. 8°. Fr. 2.50
Vierteljahrs-Katalog der Neuigkeiten des Deutschen Buchhandels. Nach den Wissenschaften geordnet. Mit alphabetischem Register. Jahrgang 30: 1895, 1. Heft, Januar—März. Leipzig, J. C. Hinrichs'sche Buchh. 210 S. gr. 8°. M. 1.50.

Neue Erscheinungen auf dem Gebiete des Bibliothekswesens. 349

— Dasselbe. Bau- und Ingenieurwissenschaft. Jahrgang 1895, Heft 1: Januar—März. Ebenda. 8 S. gr. 8°. 10 Exemplare M. 1.20
— Dasselbe. Erziehung und Unterricht. Jugendschriften. Jahrgang 1895, Heft 1; Januar—März. 24 S. gr. 8°. 10 Exemplare M. 2.50
— Dasselbe. Haus-, Land- und Forstwirthschaft. Jahrgang 1895, Heft 1: Januar—März. Ebenda. 7 S. gr. 8°. 10 Exemplare M. 1.20
— Dasselbe. Kriegswissenschaft, Pferdekunde und Karten. Jahrgang 1895, Heft 1: Januar—März. Ebenda. 5 S. gr. 8°. 10 Exemplare M. 1.20
— Dasselbe. Medizin, Naturwissenschaften und Mathematik. Jahrgang 1895, Heft 1; Januar—März. Ebenda. 31 S. gr. 8°. 10 Exemplare M. 2.50
— Dasselbe. Theologie und Philosophie. Jahrgang 1895, Heft 1: Januar—März. Ebenda. 21 S. gr. 8°. 10 Exemplare M. 2.40
Wegweiser für die elektrotechnische Fachlitteratur. Schlagwortkatalog der Bücher und Lehrschriften für Elektrotechnik und verwandte Gebiete. Leipzig, Hachmeister & Thal. 52 S. 8°. M. —.80
Windisch, E., and J. Eggeling. Catalogue of the sanskrit manuscripts preserved in the library of the India Office. Part IV: Sanskrit literature. A. Scientific and technical literature; VII: Philosophy, and VIII: Tantra. London, Low & Co. 333 p. 4°. Sh. 10,6
Wohlwill, E. Galilei betreffende Handschriften der Hamburger Stadtbibliothek. (Aus: „Jahrbuch der Hamburger wissenschaftlichen Anstalten".] Hamburg, L. Gräfe & Sillem. 77 S. Lex. 8°. M. 2.—
Zeitlin, W. Bibliotheca hebraica post-Mendelssohniana. Bibliographisches Handbuch der neuhebräischen Litteratur seit Beginn der Mendelssohn'schen Epoche bis zum J. 1890. Nach alphabetischer Reihenfolge der Autoren mit biographischen Daten und bibliographischen Notizen, nebst Indices der hebräischen Büchertitel und der citirten Autorennamen. II. Hälfte: N—Schinas. 1. Auflage. Leipzig, K. F. Koehlers Ant. III u. S. 249—549. gr. 8°. M. 8.50

Antiquarische Kataloge.

Bahr's Bh. Berlin. No. 5: Jurisprudenz. 1177 N**.
Baer & Co. Frankfurt. No. 335: Kirchengeschichte. 1812 N**. — No. 344: Autographen her. Fürsten, Feldherren, Dichter. 399 N**. — No. 316: Botanik. (Bibl. v. Prof. Felsmantel Prag.) 384 N**. — No. 347: Geschichte u. Litteratur Russlands. (Bibl. Bodenstedt. II.) 351 N**. — No. 348: Kaukas. Länder. Armenien, Persien, Afghanistan. (Bibl. Bodenstedt. III.) 491 N**. — No. 349: Japan u. China. 336 N**. — No. 350: Bibl. Th. Newton. Kunstarchaeologie. 1560 N**. — Anz. No. 442: Miscellanea. No. 6218 - 6494.
Bibliograph. Bureau Berlin. No. 9: Philosophie, Pädagogik. 1370 N**. — No. 10: Bücher aus allen Gebieten. 1340 N**. — No. 11: Bibliothekswesen. 1000 N**.
Bielefeld's Hofbh. Karlsruhe. No. 177: Maschinenbau u. Maschinenbetrieb. Technologie. 1673 N**.
Buse Jena. No. 28: Rechtswissenschaft. 1272 N**. — No. 20: Mathemat.-astronom. Wissensch. 1004 N**.
Calvary & Co. Berlin. No. 177: Geologie, Mineralogie, Palaeontologie. 466 N**. — No. 178: Zoologie. 553 N**.
Clausen Turin. No. 104: Arte, curiosa, nuovi acquisti. 374 N**.
Fränkel Berlin. No. 10: Kirchenrecht, Strafrecht, Staatsrecht. 1845 N**. — No. 11: Staats- u. Volkswirtschaft. 1420 N**.
Forchheim Neapel. No. 18: Beaux-arts. 121 N**.
Geering Basel. No. 248: Mathematik, Astronomie, Physik. 1053 N**. — Anz. No. 125. 126: Miscellanea. 831. 526 N**.
Geiger & Jedele Stuttgart. No. 225: Deutsche Sprache und Litteratur. 3870 N**.
Gilhofer & Ranschburg Wien. No. 46: Viennensia. 794 N**.
Glogau jun., M., Hamburg. No. 53: Theologie. 1067 N**.
Goldschmidt Hamburg. No. 27: Vermischtes. 930 N**.

Antiquarische Kataloge.

Harrassowitz Leipzig. No. 208: Klass. Philologie und Altertumskunde. 5113 Nos.
Heckenhauer Tübingen. No. 129: Paedagogik. 2109 N⁰⁰.
Hertz & Süssenguth Berlin. No. 17: Deutsche, engl., franz. u. ital. Litteratur. 2876 N⁰⁰.
Hiersemann Leipzig. No. 147: Architecture. 4304 N⁰⁰. — No. 148: Nieder-Sachsen, Westphalen, Thüringen. 1785 N⁰⁰. — No. 149: Nationalökonomie. 1746 N⁰⁰.
Hiller München. No. 80: Vermischtes. 291 N⁰⁰.
Hoepli Mailand. No. 99: Littérature française. 2011 N⁰⁰.
Jacobsohn & Co. Breslau. No. 130: Vermischtes. 62 S.
Jolowicz Posen. No. 119: Bibliotheca polono-slav. 2521 N⁰⁰.
Jordan München. No. 10: Botanik. (Bibl. von Prof. Dr. v. Ledebour.) 620 N⁰⁰.
Kampffmeyer Berlin. No. 354: Alte Sprachen und Orientalia. 72 S. — No. 355: Werke aus allen Wissenschaften. 80 S.
Kerler Ulm. No. 213: Gesch. u. Geographie v. England. 864 N⁰⁰. — No. 213A: Gesch. u. Geographie v. Holland u. Belgien. 594 N⁰⁰.
Kirchhoff & Wigand Leipzig. No. 954: Anthropologie, Ethnologie, Prähistorik etc. (Bibl. v. Dr. J. Undset in Christiania.) 1079 N⁰⁰. — No. 955: Allgem. Geschichte. Hilfswissensch. 1945 N⁰⁰. — No. 956: Gesch. Deutschlands, Deutsch-Österreichs u. d. Schweiz. 2887 N⁰⁰. — No. 957: Ost-Europa, Asien, Afrika, Amerika. 1471 N⁰⁰. No. 958: Mathemat.-physikal. Wissenschaften. 3763 N⁰⁰. — No. 959: Klass. Philologie. 862 N⁰⁰ — No. 960: Beschreib. Naturwissenschaften. 513 N⁰⁰.
Krüger & Co. Leipzig. No. 7: Jurisprudenz. 1745 N⁰⁰. — No. 9: Biblioth. homoeopathica. 288 N⁰⁰.
Lohmann, Paul, Berlin. No. 82: Deutsche Litteratur u. Sprache. 3240 N⁰⁰
Lesser Breslau. No. 259: XVI. u. XVII. Jahrh. 1071 N⁰⁰.
Liepmannssohn Ant. Berlin. No. 111: Musikliteratur. 235 N⁰⁰.
List & Francke Leipzig. No. 268: Kultur- u. Sittengesch. Volkstüml. Litteratur. (Bibl. d. Frh. v. Tettau Erfurt.) 1994 N⁰⁰. — No. 269: Frauen-Litteratur. 687 N⁰⁰.
Lorentz Leipzig. No. 80: Klass. Philologie. 4308 N⁰⁰.
Loescher & Co. Rom. No. 39: Storia, geografia. 1919 N⁰⁰.
Luzac & Co. London. Buddhism, pali, singhalese and books on Ceylon. No. 616—911.
Mayer & Müller Berlin. No. 146: Mathematik, Physik, Astronomie. (Bibl. v. Prof. Hertz in Bonn u. Stern Göttingen.) 4679 N⁰⁰. — No. 148: Klass. Philologie. 70 S.
Meier-Merhart Zürich. No. 217: Vermischtes. 1376 N⁰⁰.
Merkel Erlangen. No. 193: Rechts- u. Staatswissenschaft. 1298 N⁰⁰.
Nutt London. No. 46: India and the far East. China. 1236 N⁰⁰. — No. 47: Bibliograph. works and books of reference.
Raabe's Nachf. Königsberg. No. 90: Das Deutsche Ordensland. 3159 N⁰⁰.
Raunecker Klagenfurt. No. 76, 77: Vermischtes. 685. 640 N⁰⁰.
Rohracher Lienz. No. 34: Bibloth. hungar. et transsylvan. 2000 N⁰⁰.
Schack Leipzig. No. 81: Exakte Wissenschaften. 1435 N⁰⁰.
Schmidt Halle. No. 608: Porträts. 82 S.
Schnurpfeil Leobschütz. No. 78, 79: Vermischtes. 433. 389 N⁰⁰.
Schulz Braunschweig. No. 4: Porträts, Flugblätter, Ansichten. 1444 N⁰⁰. — No. 5: Vermischtes. 757 N⁰⁰.
Schüningh Münster. No. 32: Kirchengesch. Kirchenrecht. 1705 N⁰⁰.
Seeber Florenz. 1695. III: Orientalia. 577 N⁰⁰
Sellgoherg Bayreuth. No. 228: Geschichte und Hilfswiss. 1907 N⁰⁰. — No. 229: Bayer. Landes- u. Ortsgesch. 771 N⁰⁰.
Simmel & Co. Leipzig. No. 161: Studia artium liberal. No. 4796—7706.
Soeding Nachf. Wien. No. 12: Varia. A — Germanistik. Geschichte — Philosophie. je 16 S.
Spitta Berlin. No. 31: Autographen. 490 N⁰⁰.

Steinkopf Stuttgart. No. 433: Luth. Verfasser d. 16.—18. Jahrh. 22 S.
v. Stockum & Zn. Haag. Hagiana. Boeken en pamfletten over 'sGravenhage. 1809 N°s.
Tausig Prag. No. 79: Française. Revolution. 774 N°s.
Thoma München. No. 919. 920: Vermischtes. 544. 500 N°s.
Völcker Frankfurt. No. 203: Hessen. Baden. Elsass-Lothringen. 2733 N°s.
Volckmann & Jerosch Rostock. No. 31: Wertvolle u. seltene Werke. 946 N°s.
Weiss Leipzig. No. 3: Rechts- u. Staatswiss. 1639 N°s.
Windprecht Augsburg. No. 490: Vermischtes. 469 N°s.
Würzner Leipzig. No. 137: Vermischtes. 168 S.
v. Zahn & Jaensch Dresden. No. 52: Deutsche Belletristik. 1361 N°s.

Personalnachrichten.

Der bisherige 2. Custos der Gr. Universitäts-Bibliothek in Giessen Dr. phil. W. Martinsen ist auf sein Nachsuchen seiner Stellung enthoben worden. An seiner Stelle wurde der seitherige Assistent Dr. phil. K. Ebel zum 2. Custos und der seitherige Volontär Dr. phil. R. Fritzsche zum Assistenten ernannt.

Dem Bibliothekar an der K. öffentl. Bibliothek in Dresden Dr. Nißbel ist das Ritterkreuz 1. Klasse des K. Sächs. Albrechtsordens verliehen worden.

Bei der Landesbibliothek zu Posen trat am 1. Mai d. J. Dr. phil. Otto Heisemann aus Göttingen als wissenschaftlicher Hülfsarbeiter ein. Derselbe, lutherischer Konfession, wurde am 5. Juli 1870 zu Berlin geboren, studierte in Göttingen, Berlin und Marburg Geschichte; am 10. Februar d. J. promovierte er in Göttingen mit der Dissertation: „Beiträge zur Diplomatik der älteren Bischöfe von Hildesheim (1130—1246). Th. I" und bestand am 1. März in Marburg die Staats-Prüfung für Archiv-Aspiranten. Er veröffentlichte 1894: „Ein unbekanntes Flugblatt über die Schlacht bei Teroenne (1513)" im 6. Heft der Sammlung bibliothekswissenschaftlicher Arbeiten herausgegeben von K. Dziatzko.

Bei dem Reichstag sind der bisherige Reichstags-Bibliothekar, charakterisierte Oberbibliothekar Dr. Johannes Müller zum Oberbibliothekar des Reichstags, der bisherige charakterisierte Bibliothekar Friedrich Eduard Blömeke und der bisherige Bibliotheksassistent Dr. Karl Ernst Gottfried Rowe zu Bibliothekaren ernannt.

An der Königlichen Bibliothek zu Bamberg trat am 15. Mai d. J. Dr. phil. Otto Milius als Praktikant ein. Derselbe ist geboren am 19. November 1865 in Naugesdorf a. Petersberge (Prov. Sachsen), evang. Konfession, er studierte in Leipzig, Tübingen, Halle, Greifswald Theologie, in Berlin und Strassburg klassische Archäologie und Kunstgeschichte und promovierte in Strassburg auf Grund der Dissertation: „Die Jonasdarstellungen in der Kunst des christlichen Altertums". 1892 bestand er das 1. theologische Examen.

An der v. Rothschild'schen Bibliothek zu Frankfurt a. M. trat am 23. April d. J. Dr. phil. Rudolf Denzel als Volontär ein. Derselbe ist geboren am 21. Mai 1863 in Pfoehlingen (Württemberg), evang. Konfession, und studierte in Tübingen Theologie; er bestand die beiden theologischen Staatsprüfungen in Jahre 1886 und 1691 und promovierte am 25. Juli 1892 in Tübingen auf Grund der Dissertation: „Die Geschichtsphilosophie Herder's und ihre Beurteilung durch Kant".

Dr. R. Hanitsch in Eisenberg wurde zum Direktor des Museums und der Bibliothek in Singapore ernannt.

Der Assistent an der Königlichen Bibliothek in Berlin Dr. jur. Lauter ist zum Geheimen Registrator beim Unterrichts-Ministerium ernannt worden.

Dr. F. Laban wurde zum kommissarischen Bibliothekar bei den Kgl. Museen in Berlin ernannt.

An der K. K. Universitäts-Bibliothek in Graz ist Dr. phil. Spiridion Wukadinović am 1. Mai als Volontär eingetreten.

Der Custos an der Kgl. Hof- und Staatsbibliothek in München Hörhammer ist gestorben.

In Sigmaringen starb am 3. Juni der Direktor des Fürstl. Museums und der Bibliothek Hofrat Dr. von Lehner.

An der Steiermärkischen Landes-Bibliothek in Graz sind ernannt worden: der Amanuensis Karl W. Gawalowski zum Scriptor, die Hülfsbeamten Dr. Franz Goltsch und Dr. Ludwig Nebuch zu Amanuensen und der Volontär Gottlieb Marktanner-Turneretscher zum Hülfsbeamten.

Ernennungen von Bibliotheksvorständen in Nordamerika.

Die leitenden Stellen an drei der grössten öffentlichen Bibliotheken in Amerika sind letzthin neu besetzt worden. Die Newberry Library in Chicago war verwaist seit dem Todestage von W. F. Poole, 1. März 1894, und die Ausfüllung der Lücke machte Schwierigkeiten. Wie aus einem sehr entschieden gehaltenen Leitartikel der Chicago Evening Post vom 21. Juni 1894 hervorgeht, hatten in Poole's letzten Jahren die Kuratoren sich in die innere Verwaltung hinein gemischt und dadurch dem hochverdienten Manne viel Kummer bereitet. So hatten sie den tüchtigsten Assistant Librarian, Charles Alexander Nelson, der u. a. den zweiten Teil des gedruckten Katalogs der Astor Library bearbeitet hat, eines Tages plötzlich und ohne Poole's Vorwissen entlassen. Dies und anderes war in Fachkreisen nicht unbekannt geblieben, und drei der namhaftesten auswärtigen Bibliothekare, denen die Stelle angeboten wurde, lehnten trotz der $ 5000 Gehalt ab, es scheint also, die Bibliothekare wollten die Kuratoren boycotten. Diese haben denn nun im Oktober 1894 einen Nachfolger für Poole gefunden in John V. Cheney, seit 1887 Leiter der San Francisco Public Library. Als Fachmann scheint er sich nicht hervorgetan zu haben, denn das Library Journal teilt seine Ernennung im Novemberheft ganz kühl mit, ohne die üblichen Ausdrücke von Genugthuung oder von Hoffnungen für das Institut.

Die grösste Stadtbibliothek Amerikas, die von Boston, hatte seit dem Übergang Justin Winsors an die Spitze der Bibliothek von Harvard University mehrfach ihren Leiter gewechselt und kein besonderes Glück gehabt. Gleichzeitig mit der Eröffnung des Neubaues, die das l. J. das bibliothekarische Ereignis des Jahres nennt, ist ein neuer Chef ernannt worden: Herbert Putnam, der früher die Bibliothek des Minneapolis Athenaeum geleitet und dann daselbst die Public Library organisiert hatte, als die des Athenaeum darin aufging. 1891 gab er seine Stelle auf und war seitdem in Boston als Rechtsanwalt thätig. Seine Wahl zum Bibliothekar erfolgte einstimmig. Putnam ist einer der jüngsten Chef-Bibliothekare, er ist 1861 geboren als Sohn von G. P. Putnam, dem Gründer des grossen Buchhandlungs-Hauses G. P. Putnam's Sons in New York.

Das Vermächtnis John Crerar's in Chicago, etwa zwei Millionen Dollars für eine öffentliche Bibliothek, kommt jetzt zur Verwendung; die John Crerar Library Association ist inkorporiert und die Kuratoren haben mit den Bibliothekaren Chicagos über das Arbeitsfeld der John Crerar Library beraten, welches das beider anderen grossen Bibliotheken, der Newberry und Stadtbibliothek ergänzen soll, indem es die Naturwissenschaften im weitesten Sinne und die Technik umfasst. Zum leitenden Bibliothekar erwählten sie am 15. März d. J. einstimmig den bisherigen Bibliothekar der ersten technischen Hochschule Amerikas, des Massachusetts Institute of Technology, Clement W. Andrews. Andrews, geboren 1858, ist vom Studium Chemiker und war an dem Institute Instructor seit 1884, Bibliothekar seit 1889. Er ist Herausgeber der Zeitschrift Technology Quarterly. 1893 nahm er an der Konferenz der Bibliothekare in Chicago teil und gehörte zu denjenigen, die auch die deutsche Bibliotheksausstellung eingehender in Augenschein nahmen.

C. N.

Centralblatt
für
Bibliothekswesen.

XII. Jahrgang.　　8. u. 9. Heft.　August-Septbr. 1895.

Wolfgang Schenck und Nicolaus Marschalk.

Die hier folgenden Beiträge zur Buchdruckergeschichte von Erfurt und Wittenberg, hervorgegangen aus Studien, die ursprünglich wesentlich dem Inhalte der besprochenen Bücher zugewendet waren, streifen auch die Geschichte der Typographie von Eisenach, Rostock und Leipzig und berühren neben der Thätigkeit Wolfgang Schencks und Nicolaus Marschalks die von Paul Hachenborg, Wolf Sturmer, Sebald Striblita und Matthäus Maler in Erfurt, die von Hermann Trebellus, Wolfgang Stöckel, Symphorian Reinhard und Johann Gronenberg in Wittenberg und gelegentlich noch die von Jakob Thanner und Melchior Lotther in Leipzig.

Die Beiträge sollen nicht umfassende Vollständigkeit in der Anführung der einschlägigen Druckwerke anstreben, sie wollen nur das zugänglich gewordene Material mit Hervorhebung des Charakteristischen in typographischer Beziehung besprechen unter Berücksichtigung der bildlichen Ausstattung, deren Bedeutung für die Bestimmung von Drucken immermehr hervortritt.[1]) Besondere Aufmerksamkeit ist den Drucken mit griechischen und hebräischen Schriften gewidmet.

In neuerer Zeit hat die Geschichte der Erfurter Buchdrucker J. Brann im Archiv für die Geschichte des deutschen Buchhandels (Band X) darzustellen versucht, aber seinen Ausführungen mangelt leider die wissenschaftliche Grundlage und Zuverlässigkeit. Für Wittenberg ist eine Zusammenstellung, soweit nicht die vorzüglichen Dommerschen Arbeiten eingreifen, abgesehen von Panzer, nicht vorhanden.

Unser Aufsatz hat seinen Zweck erreicht, wenn er in den Schranken, die ihm gesetzt sind, frühere Irrtümer beseitigt und neue Grundlagen für weitere Forschungen schafft. Kleinere Mängel und Ungleichheiten, die sich aus der Entstehung der Arbeit erklären, wie hinundwieder unvollständige Scheidung von ſ und r oder bisweilen nicht ganz genaue Angaben der Signaturen oder der Blattzahl, bitte ich freundlichst nachzusehen; die Angabe der Ortsangehörigkeit der Bücher dürfte vielleicht in etwas diese Schwächen aufwiegen. Nicht immer

---

1) Bei den Beschreibungen ist rechts und links stets herkömlich genommen.

war es auch möglich, die zum grossen Teile sehr seltenen Bücher nochmals zu nachträglicher Vergleichung heranzuziehen oder gleichzeitig neben einander zu benützen, sonst würde wohl manche Mutmassung zur festen Schlussfolgerung geworden sein. Von den für unsere Betrachtung wichtigen Werken habe ich nur eins, die Wittenberger hebräische Grammatik von 1519, nicht aufzufinden vermocht.

I. Wolfgang Schenck.

Seit dem Erscheinen von Panzers typographischen Annalen gilt es als feststehend, dass die Erfurter Drucker sich in Deutschland zuerst griechischer Typen bedient haben und dass Wolfgang Schenck das Verdienst zukommt, hierin den Reigen eröffnet zu haben. Mit dieser Erkenntnis verband aber Panzer zugleich einen Irrtum, der ihm bis heut kritiklos nachgeschrieben wird, indem er den Priscian von 1501 als das erste Buch mit griechischen Lettern bezeichnete.

W. Schenck, der im Sommersemester 1502 als Wolffgangus Schenck de Lipczk in die Matrikel der Erfurter Universität aufgenommen wurde, begann, soweit wir sehen, die Thätigkeit als Buchdrucker in Erfurt im Jahre 1499; in diesem Jahre ging aus seiner Presse als erster datierter Druck hervor:

1. Opusculum ad angenda conferuandnq; | fanitatem et prolongandam Vitam Val | de quam non Vtile modo ; fod etiam | neceffarium ||. 8o l. 8., 2. S. leer. 3. S. (Aii) Georgius Valla Placentinus Sereniffimo Vene | torum Duci augustiuo Barbadico Salutem | Dicit plurimam ||. Aiib folgt erst der Titel als Überschrift: PSELLI AD IMPERATOREM CONSTAN | TINVM DE VICTVS RATIONE GEORGIO | VALLA PLACENTINO INTERPRETE. ||

4o. 12 Bl. Sig. Aii—Biii. L. 8.:
Pfellus de Victus ratione fœliciter explicit. | Impreffæ Erffordiæ p Wolffgan | gum Schencße anno a natali chri | stiano. 1499. ||

Darunter, hier allein unverletzt, ohne die sonst rechts und links innerhalb des Wappens ausgesprungenen Stellen, das kleine quadratische Signet Schencks: Auf schwarzem Grunde, schmal weiss umrandet, ein unten abgerundeter Schild. In diesem, 2 zu 1 gestellt, die drei Malerschildchen und darüber 2 Werkzeugzeichen (?) ⌒ (die ebenso bei Jakob Thanner, dort verschlungen mit einem oben durch ein Kreuz gekrönten Hufeisen, wiederkehren). Die freibleibenden unteren Ecken zeigen die Buchstaben W S.

Leipziger Univ.-Bibl.; München, Hof- & Staats-Bibl.

Das ganze Buch ist, bis auf das ẞ und ď des Kolophons, die seinem Schwabacher-Alphabet angehören, in Schencks nicht unschöner gedrungenen Antiqua gesetzt, für die man als charakteristisches Zeichen das & ansprechen kann.

Der Inhalt des Buches, das die einzelnen Speisen nach ihrer Zubereitung, ihrem Nährwert, ihren guten und schlechten Seiten bespricht, verlangt grosse Kenntnis speciellcr Vokabeln. Daher fühlte sich der strebsame Erfurter Gelehrte Nicolaus Marschalk (immatrikuliert 1491ᵇ als Nicolaus Marschalcus de rosfla) veranlasst, hierzu für die studentischen Leser ein eigenes alphabetisches lateinisches Wörterbuch der erklärungsbedürftigen Ausdrücke mit gelegentlicher griechischer und deutscher Übersetzung, prosodischen Winken und poetischen und prosaischen, lateinischen und griechischen Belegstellen zu verfassen, das er dem jungen Petrus (Petreius) Eberbach, dem Sohne des Erfurter Arztes und Professors Georg Eberbach aus Rothenburg, widmete und das er Schenck, von dem er sagt „sub nouo nec inerti calchographo", zum Drucke übergab:

2. Interpretamentum leue in Pfellum | philosophu: & medicum de natura | elborum communium. ||
Kein Kol., kein Signet.
4°. 12 Bl. Sig. aij, bi, ci.
Schweriner Regierungs-Bibl., M., II.- & S.-B.

Der Druck in Schencks Antiqua. Die vorkommenden griechischen Wörter sind durchgängig mit einer ziemlich grossen, etwas angelenkten Minuskel ohne Accente und Spiritus, und nicht immer fehlerlos, gedruckt. Die deutschen Wörter sind auch in Antiqua, nur, soweit k, w und z gebraucht werden, in Schwabacher.

- Dieses leider undatierte Interpretamentum ist das bisher unbekannte „erste in Deutschland mit griechischen Typen gedruckte Buch".[1]

Stünde dieses Buch nicht in so engem Zusammenhange mit Psellus, De virtus ratione, so würde ich nicht zögern, einem anderen Schenckschen, auch unter Marschalks Auspicien erschienenen Drucke die Stelle vor dem Interpretamentum anzuweisen. Dies ist:

---

[1] Der älteste Leipziger Druck mit Griechisch ist: C. Plinii Secundi Veronensis | ab Titum Vespasianum in libros | naturalis hystorie Epistola. Cu | Johanis Weslicapiani Rhetoris et poete laureati Epistolio || 4°. 4 Bl. Sig. aij—bij. L. Bl. leer. Dritte S.: Impressum Lipzk per Baccalaureum Woliffgangu | monacensem Anno nostre salutis. 1508. || aiiij°, bij, u. drittl. S. M., II.- & S.-B.
Der älteste Frankfurter (a. O.) Druck mit Griechisch ist: Rellus Donatus de figuris | cum Johanis Abgaiji Resti | campliani Epistola. ||
4°. 10 Bl. Sig. AIJ—BIIJ. Kein Kolph. (Nicol. Lamperter und Balthasar Murrher.) 1507 oder Anfang 1508. Jedenfalls sicher vor Plinij Epistola. D., U.-B. Beide Drucke sind also von Joh. Rhagius Aesticampianus veranlasst, beide geben das Griechisch in Holzschnitten.
Der älteste Nürnberger Druck mit Griechisch ist: OPERA HROSVITE ILLVSTRIS VIR | GINIS ET MONIALIS GERMANE GEN | TE SAXONICA ORTE NVPER A CONHA | DO CELTE INVENTA. ||
Fol. Sig. aii—kIII. L. S. leer. Vorl. S.: ... Impressum Norubergae Sub priuilegio So | dalitatis Celtice a senatu rhomani Imperii im | petrate. Anno Quingenteſimoprimo supra | Milleſimum. § II., S.-B. Blockdruck alib.
Der erste Nürnberger Typendruck befindet sich in Celtis Quatuor libri amorum. Nürnb. 1502. Fol. II., S.-B.

3. 1. 8.: N M In Marciani Capelle grammaticen. || Artcis teneras ... Capella docet. | Lucius Maternus l'iftorienfis de Martiani Ca- | pelle in grammaticen opella. | Munera grammatices .... ifta dedit. || Epigramma. M . bloriel aquilonipolenfis || De mareyano ... Argon ama. || 2. S.: MARTIANI. MINEI. FELICIS. CAPELLE. DE . | ARTE GRAMMATICA LIBER INCIPIT. | [C]orfum eamena parno...
4°. 32 Bl. Sig. Aij—Fiij. Aij beginnt der Text, Eiiij[b] der Kommentar. 1. S. leer. Vorl. S.: Impreffum Erffordie per wolfgan|gum Schencf. Anno falotis. Mille | fimoqoingentefimo; || Kl. Signet.
Leipzig, Univ.-Bibl.; Erfurt, Kgl. Bibl.

Mit Ausnahme des Schwabacher w und f im Koloph. und von 3, X, f und dem mehrfarben, unnötigen p alles in Schencks Antiqua. Der Text ist für Sch. mit starkem Einschuss gesetzt, der Kommentar ist wieder enger zusammengeschoben. Der vielfach fehlerhafte Druck ist auch gegen Schs. sonstige Sitte stark mit Abkürzungen gesetzt. Sonderbar und einzig bei diesem Drucke ist der massenhafte Gebrauch von ; und ! für . und , . Für das Fragezeichen hat er ? . Die griechischen Buchstaben und Wörter sind in der Type des Interpretamentum. Sonderbar ist Bil[b] in dem schwach vertretenen griechischen Satze: περι προςοδιον, fehlerhaft im Kommentar ημιρο, τελο. Ebenda εομα και δεμνε, soma , demas. Diese Eigenthümlichkeiten legen den Gedanken nahe, dass der Abdruck nach einer Handschrift erfolgte.

Aus dem Jahre 1500 sind mir noch folgende Schenckische Drucke, sämtlich ohne griechischen Satz, bekannt geworden:

4. Jo. Sulpitij Verulani De Scanfione & syllabarum | quantitate Epitome Tyronibus ad Ornatiffimu | adolefcente Alexandrum Pharnefium | Nomine pharnefi ... placere tibi ||
4°. 6 Bl. Sig. (Aij) Aiij. Die erste Signatur ist beim Druck zerstört worden. 1. S. leer. Vorl. S.: Impreffum erffordie p Wolfgangum schenfenn | Anno falutis millefimoquingentefimo ||. Breslauer Univ.-Bibl.

Das Buch ist bis auf die Signaturen, X, W und f (Schwab.) in Schs. Antiqua.

5. Aurelij Prudentij Clemē | tis nobiliffimi ac facundif- | fimi poete Enchiridiolom metricum in vtriufq; Inftru | menti hiftorias. || Ad lectorem: | etc.
4°. 6 Bl. Sign. Am E.: Impreffum Erphordie per Wolffgangum | schencfen Anno falutis millefimoquingetefimo. || Kl. Signet.
Altenburg, Gymnasial-Bibl.

Die beiden ersten Zeilen des Titels in einer mittleren, felten Missaltype, für die ich auf die Schlussbemerkung zu Sch. verweise; sonst Schencks latein. Satz: W und f Schwab.

6. Æsopus graecus per Laur? | tium Ballffcm trabuctus. | Ad lectorem in pfunn Aesopi | Fabulatoris clarriffimi. |' Linguę qui . . . doceo facile. | Vale & puer | Aesopū dilige |
4⁰. 8 Bl. Sign. aij — biij. L. 8. leer. Vorl. 8.: AESOPVS græcus per Laurentiū vallenſem | traductos finit fœliciter Erphordię impreſſus | per Wolfgangum ſchencken. Anno 1500 ||.
B., U.-B.
Die zwei Titelzeilen und die ersten Zeilen der Fabelüberschriften in der fetten Missale. Alles übrige bis auf das ID und ẞ im Koloph. (Schwab.) in Schs. Antiqua.

7. Libellus canonū moʳa | lium Joannis Gerſo- | nis Cancellarij Pariſienſis litterature eccleſiaſti | ce boctoris chriſtianiſſimi qui theologia practicā | ſimul et morale totā fere cōpendiarie cōplectitur ||
4⁰. 28 Bl. Sign. Aij — Glij. Rückseite des Titels und letzte Seite leer. Vorletzte S.: Finiunt canones morales Joannis Gerſo- | nis cancellarij Pariſienſis litterature eccleſia- | ſtice doctoris Chriſtianiſſimi. Impreſſi i acha | demia Erfordiana per Wolfgāgū Schend | Anno Jubilei . Milleſimoquingenteſimo . In | vigilia Pasce. |
Breslau, Stadt-Bibl.
Die ersten beiden Titelzeilen und Prologus auf Aij in der fetten Missale, alles andere, hier zum ersten Male, in Textschwabacher. (Für die Schwabacher verweise ich auf die Schlussbemerkung.) Schöner scharfer Druck.

Im Jahre 1501 druckte Schenck ein grösseres grammatisches Werk des Nicolaus Marschalk, damals Erfurter Stadtschreibers, das dieser unter dem 14. September 1500 dem gelehrten Ritter Johann Wolf von Hermansgrün (Erfurter Matr.: 1474ᵇ Johannes de Hermanßgrun baccalarius Lipczensis) gewidmet hatte:

8. Orthographia N M T || Maternus pifturienſis ad pubem | Erphordienſem. || Barbaries . . . rudibns || M. Pifto. ad Marſealcum Secretarium | Senatus Erphordien̄ inſignem. || Te duce . . . memor. || Darunter fängt der Index an: De litteris latinis | etc.
4⁰. 56 Bl. Sig. aij — iij l (st. l ilj). L. 8. leer. Vorl. S.: τελο͞σ | Impreſſam Erphordie per wolfgangum Schenck anno | a natali chriſtiano milleſimo quingenteſimo primo ||. So offenbar die ersten Abzüge (a). Während des Druckes sah man den Druckfehler; daher haben andere Exemplare (b) wolfgangum. Sonst alles unverändert vom selben Satze. Kl. Signet.
a) 2 Expl. B., U.-B.; b) Dresden, Kgl. Bibl.

Die Titelzeile bis auf t in fetter, mittlerer Missale, t gehört einem anderen, schlanken Missalalphabet an. Der Druck sonst in Antiqua. W, g, k, ʒ Schwabacher. w gotisch. Die griechischen Wörter in der Minuskel des Interpretamentum, die hier zum letzten Male erscheint.
In der Widmung sagt Marschalk: Non enim nos sed authores legent grauissimos : vnde hęc desumpsimus quod si auspicio tuo succedet non dubitabimus vel horisticen nostram quam te incepimus au-

thore et methodicen ac exegeticam grammaticen pro communi omnium vtilitate literis posthac calchitypis inunigare.

Die erwähnte exegetica grammatica kam auch noch 1501 zum Druck, aber nicht bei Schenck, sondern durch Paul Hachenborg.

Exkurs: Paul Hachenborg.

Im Jahre 1501 taucht der Presbyter Paul von Hachenborg, oder kurzweg Paul Hachenborg, über den sonst gar nichts bekannt ist, in Erfurt als Drucker auf, um sofort wieder zu verschwinden. Nur zwei Drucke, beide aus 1501, kann man bis jetzt von ihm nachweisen:

9. Bartholomei | Coloniensis Epistola Mythologica cū quorun | dam difficilium vocabulo꞉ in ea positoꝝ luculen- | ta interpretatione. ||
4°. 24 Bl. Sig. aij—clitj. L. S.: Impressum erphordie Anno domini Mil | lesimo qūingentesimo . primo p honorabilē | dominū Paulū de Hachenborgk. ||
Dresden, Königl. Bibl.

Die erste Zeile in grosser starker Missale, alles übrige in einer eigenen mittleren gotischen Type, bei der das M besonders charakteristisch geformt ist. Auch die vorkommenden griechischen Wörter sind in der gotischen Texttype gedruckt.

Diesem Drucker übergab Nicolaus Marschalk, der von nun an nicht mehr in Verbindung mit Schenck erscheint, seine ausführliche Rhetorik und Poetik:

10. NICOLAI MARSCALCI THVRII GRAMMATICA EXEGETICA ||
4°. 124 Bl. Sig. aii—ziii. L. S.: Impressum Erphordie per venerabilem viru | Paulum hachenborg presbyterum : anno a | natali christiano millesimo quingentesimo | primo ad quintum idus Augustas. ||
B., U.-B., München, Hof- & Staats-Bibl.

Darunter das sonst unbekannte zierliche Signet Hachenborgs: Queroblong, schmal weiss umrandet, auf schwarzem Grunde fein ausgeschnitten, an einem Zweige an einem Riemen hängend, zwei gotische Schilde, rechts das Erfurter Rad, links eine Lilie, durch deren obere Blätter ein Quorbalken geht. Zu beiden Seiten der Blume p h. Zwischen den Schilden gestreute Blätter. Die oberen Ecken durch Bogenornamente und Punkte verziert.

D., U.-B., M., B. & S.-B.

Die Grammatica ist ganz in der Hachenborg'schen Antiqua gesetzt, der W (VV), z (got. ʒ) und k (got. k) fehlen. Und obgleich gelegentlich v vorkommt, ist es doch fast durchgängig durch das got. v vertreten. Für die griechischen Wörter verwendet Hachenborg eine eigene Minuskel ohne Spiritus und Accente, die neu und kleiner, aber weniger ebenmässig ist als die Schencks in den besprochenen Drucken.

Soviel von Paul Hachenborg. —

Am 7. September 1501 vollendete Schenck für uns jetzt das 5. Doch mit griechischen Typen:

11. Prifciani Caefaricēſis Gramati- | corum facile principis περι συνταξεως hoc eſt de Co | ſtructione libri . grecanicis fcriptura : vbi neceſſum eſt ia- | pridem ab integro adornati : caſtigatiq; : vna cū phyllaris | poſtremis : quas ob nimiu Grçeitatis admixturam hacte- | nus inutiles ac vacuas pleriq; omnes reputātes ; iiuria re | iecerut : hic amabilis puer habent. Illos fi In deliciis te- | nueris : fidelia : mihi crede : Coſtructiōis fundamenta iaci | es : ac demū in ciufde varietate callidiſſimus euades. | Vale & ſalue ||

4°. 78 Bl. Sig. aij —oiij. L. S.: Habes en candide Lector Priſciani duo de Co | ſtructione volumina : Grçcis litteris : Id quod | in Germania nunq́ anica coligit : pro neceſſi | tate expreſſa Erphordię per Lupambulum Ga | nimedem : alias Schouef. 7. Idus Septebres | Anno a natali Chriſtiano M . D . 1 . || τελος || Kl. Signet.

M., II.- & S.-B.

Es sind von Prisciaus Institutiones grammaticae das 17. und 18. Buch. Die erste Titelzeile ist in mittlerer schlanker Missale, von der wir oben bei der Orthographia schon das ı kennen gelernt haben und die wir weiter unten näher besprechen wollen, gesetzt. Das andere zeigt Schencks Antiqua. Der griechische Satz ist neu, kleiner und gleichmässiger als der alte, aber ebenfalls ohne Minuskeln ohne Spiritus und Accente. Die griechischen Wörter und Stellen sind, da der Herausgeber offenbar sehr wenig Griechisch verstand, herzlich schlecht gedruckt. Abgesehen von den üblichen Verwechselungen, wie z. B. von ξ und ζ, o und ω, γ und τ, ται, o und σ, ist bisweilen ganz sinnlos gebrochen, so z. B. alj : αντοτελο-νσ und ανj : ογα-ρηλϑε, und widersinnig auch mitten in der Zeile, z. B. bij : οδεοι λιωσιοσ und δονριαντι λοχοσ. Auch die angepriesene Ausfüllung der sonst leer gebliebenen griechischen Stellen ist bei näherem Hinsehuen oft recht problematisch oder fehlt ganz, so z. B. ſij, ſilj¹, ſv¹ˡ, ſvj. Krebl¹) citiert diesen Druck, der sichtlich auf eine Handschrift zurückgeht, unter den alten Drucken, deren Text schlechter ist als der seiner handschriftlichen Recensionen.

Schenck liess 1501 noch einen andern griechischen Typendruck ausgehen, der, wenn, wie ich bezweifele, das Datum richtig ist, an demselben Tage wie Priscians Syntax vollendet wurde, es ist dies :

12. Εἰσαγωγη προσ των | γραμματων ελληνων : ||
Elementale Introductorium in | Idromn (Graccoukū . || Alphabetam græcum & eius lecturn | De diuiſione litterarum græcarum | De diphthongis græcis proprijs & improprijs | De poteſtate litterarum græcarum | De potestate diphthougoru propriaru & improprism, | Quemadmodum diphthongi græcę &

1) Priscianl Opp. Lips. 1820.

littere grece | in latinis litteris transferuntur | Quonamodo diphthongi grece ad latinos uenere | Abbreniature frequentarie graecanicarum litterarum. ||
4°. 8 Bl. Sig. Xiij, aiiiL L. S. l. d. M.: *AMHN.* ||
Darunter: Expreſſum Erphordie per Lupambulum | οινοχοον alias Schencfen Anno Chriſti |. M. CCCCC. 1. ad xxv. Calendas | Octobres. || Kl. Signet.
M., IL.- & St.-B.; D., K. B.; Wolfenbüttel, Herzogl. Bibl.

2. S.: Ad Lectorem διστιχον | Horatianum. || Viue : Vale. fi ... utere mecum. || Terentianus | (6 Zeilen). || Vale lector: Inclinationes graecarum | nucum breui nifurus. || 3. S.: *Καταλογος των γραμματων ελληνων.* | Die Buchstaben poetisch in allegorische Beziehung zur christlichen Religion gebracht. Der Hexameter für K fehlt. In dem Alphabet (5. S.) stehen Maiuskeln verschiedener Form bei Ξ, Η und Υ, ebenso Minuskeln in verschiedener Gestalt, manche Typen offenbar für diesen Zweck in Holz geschnitten. Für die Maiuskeln waren als Bestand nur die mit dem Latein gemeinsamen Typen zur Verfügung. Γ ist aus einem abgefeilten F oder E gewonnen, Z aus N, Λ aus Λ, Σ aus M. Neu geschnitten sind Δ, Θ, Ξ, Π, Γ, Ψ und Ω. Das grosse υ scheint aus dem älteren Alphabet zu stammen. Irrtümlich steht lat. O für Φ und auch lat. υ für ο. Im Verlauf werden bisweilen die Minuskeln ζ und ξ mit einander verwechselt oder ζ wird durch z oder gut. ς ersetzt. Die Ligatur für ου ist aus einem abgefeilten ρ hergestellt. In dem Abschnitte DE POTESTATE LITTERARVM OMNIVM (7. S.) begegnen wir wiederum neuen Formen für die Mainskeln Θ, Ξ, Υ, Φ und Ψ. Bei diesem Kapitel sind zu den Beispielen Übersetzungen hinzugefügt, die zuweilen Übermenschliches leisten, z. B. αιγις : Scutum Iouis quo Libyes utuntur; γεγραφα: de terra scriptura und χιτων : urbis nomen!! Bei den Abbreviaturen sind auch die Kolligaturen inbegriffen, beides in beschränkter Zahl, mit Holztypen gedruckt. Als Lesestücke sind nur beigegeben Ἐκλογια πρακτικα (!!), ohne Übersetzung. Der Druck wird gegen das Ende hin immer fehlerhafter. 3. und 4. Titelzeile sind in schlanker Minuskel.

Das Introductorium beruht fast vollständig auf Aldus, das direkte Prototyp ist mir jedoch nicht bekannt geworden. Die Aldinische Anleitung erschien zuerst 1495, vereint mit:

13. Conſtantini Lafcaris Erotemata cu interpretatione latina. | etc.
.... Impreſſum eſt Venetiis sūmo ſtudio: | litteris ac impenſis Aldi Manucii Romani Anno ab in | Carnatione Domini noſtri IESV Chriſti . m . cccc . lxxxxiiii | Vltimo Februarii . & Deo Gratias. || Das Introductorium hat das besondere Datum: VALETE . VENETIIS . M . | CCCC . LXXXXV . | OCTAVO | MARTII. || 4°.
Breslau, Stadt-Bibl.
Die Abweichung der Daten geht bekanntlich auf den Calculus Venetianus zurück, nach dem das Jahr mit dem 1. März anfing.

Auf das Introductorium folgte als letzter datierter Druck[1]) Schencks mit griechischen Lettern:

14. Declamatio Lepibiſſima Ebrio | ſi : Scortatoris : Aleatoris : be | victoſitate biſceptantiū | Conbita a Philippo | Beroalbo. ||
14 Bl. Sig. L. III. und drittl. S. leer. Viertl. S.: Impreſſum Erphordię ab Lupabu | lo Pocillatore allas Schencf | diligenter & emen- | date. Anno | Saln | tis Milleſi- | mo qulngenteſimo | primo : dū Baccbi monera | Paſſim Mortales Lecturirent. || Kl. Signet.
A., G.-D.; Halle, Univ.-Bibl.

Der Titel in mittlerer schlanker Missale, alles andere bis auf das ? des Koloph. in Antiqua. Griechisch in der 2. Type in der Widmung des Maternus Piſtorienſis an Andreas Archegus (Propst, Epistales) Delicensis (Delicianus) in Lelpsig d. d. Erphordię Ad Sextu Caleū. Octubres. Anno a natali Chriſtiano MDi. Hiernach ist vielleicht jetzt Maternus Schencks Gehülfe bei griechischen Drucken an stelle von Marschalk.

Einen stärkeren Band, Johann Zensers von Palla Himmelsgrabe, druckte Schenck 1502:

15. Cellſobina | Ab lectorem. | Aetțereas ebes ... ſemitam. || (Dist.) Darunter Holzschn.
4⁰. 124 Bl. Sig. Aij — Pilj. Die 3 l. S. leer. Viertl. S.: Impreſſum Erphoıbie p Wolffganqū | Schenden Anno M. T. ij. Tertia poſt | Jubica. | Kl. Signet.
B., U.-D.

Der Titel „Celifobina", mit fehlendem Punkte über dem ersten i, ist als ein Wort und ungeschickt in Holz geschnitten. Der Titelholzschnitt zeigt zwei Mönche, die mit Hacken die Erde aufhauen. In der Mitte des Bildes Christus am Kreuze. Am Fusse des Kreuzes eine bergmännische Förderung. Rechts im Hintergrunde auf stellem Berge, an dem ein Steinbock aufspringt, eine Stadt. Die Überschriften auf Aij und Aiij wie die Ilschäberschriften haben die mittlere schlanke Missale. Das Distichon auf dem Titel, die Kapitelüberschriften, mindestens die erste Zeile, und das Koloph. sind in Schwabacher. Aijb und der zweispaltige Text sind, hier zuerst in grösserem Umfange, in kleiner gothscher Type gesetzt.

Dieser Celifodina folgte 1504 als Ergänzung:

16. Supplementum Celifodine. || Darunter Holzschn.: Turris Dauid, von Teufeln angegriffen und von Engeln verteidigt.
4⁰. Sig. Aij—Jiij, ant—ii ij (f. lij). L. S. unten: Jnpreſium Erphoıbie p Wolffganqū ſchenden | Anno. 1. 5. 0. 4. tercia ſeria poſt Innocauit. | Kein Sign.
B., U.-D.

Titel in grosser schlanker Missale. Rücks. des Ts. 1. 3. und 4. Z.

---

[1]) Zeitschrift des Vereins für Geschichte und Altertum Schlesiens XVII, 255.

und die Kapitelüberschriften in mittl. schl. Miss. Alles andere Schwab. Dieselbe Kombination von Alphabeten finden wir bei:

17. Laurētij Abſtemij | viri literatiſſimi | Apologo꞉: qui | ab generōſnē virtutes cſſi | cocloꝛes ſunt: libelluſ | perntiſiſ | Joannis antrocinī maceratēſiſ: inheratomithion eſa | riſſiml viri Laurētij Abſtemij maceratēſis tetraſticon. ‖ Doctiloquos ... opus. ‖

4°. 20 Bl. Sig. Aij—Diij. L. 8.: Holzschn. Vorl. 8.: Impreſſum Erffoꝛdie p̄ Wolgangū Schenck | Anno Milleſimoquigentiſimoquarto ‖ Kein Signet.

Zwickau, Ratsschul-Bibl.

Die ersten 3 Titelzeilen gr. schl. Miss., 5. und 6. Z. mittl. schl. Miss. Ebenso von S. 2 ab die erste Z. der Überschriften in mittl. schl. Miss. Alles übrige Schwab. Der Holzschnitt, 110 : 85 mm, fast die Seite einnehmend, stellt dar: Christus mit Strahlennimbus am Kreuz (T-Kreuz). Am Fusse des Kr. ein Schädel. Links drei Männer, gotisch mager. Der vorderste zeigt mit der Rechten nach dem Gekreuzigten, die Linke liegt am Schwertgriff. Der zweite Mann trägt ein Federbarett. Rechts v. Kr. 4 Gestalten mit Nimbus. Vorn knieend Maria, die Hände über die Brust gekreuzt, zu Christus aufschauend. Links neben ihr, sie tröstend, Johannes. Dahinter 2 Frauen.

Aus dem Jahre 1505 führen wir an:

18. Aeglogae Venerā | di patris Joannis | Baptiſtae Mantuani Carmelitae | berem Bergilianam emulae: quas | rum titull sunt iſti. ‖ (Folgen die Titel in Antiqua).

4°. 42 Bl. Sig. Alj—Hiij. L. 8. leer. Vorl. 8.: Impreſſum Erphordie per Wolffgangum | Schencken Anno salutis noſtrę Milleſimo | quingenteſimoquinto. ‖ Kein Signet.

Halle, Waisenhaus-Bibl.

Die ersten 2 Titelz. gr. schl. Miss., 3. 4. und 5. Z. und die erste Z. der Überschriften der Eclogen mittl. schl. Miss. Sonst alles Antiqua. Die Vorrede (Aᵇ) hat das sonderbare Jahr M.CCCC.LXVIII.

19. 1. S.: Epigrama Jacobi | Locher philomuſi: in ic | nibē Dle | ronymi de pabna Ad lectorem | Qui legis ... crucem. ‖ (Holzschn. 1.) 2. S. unten Holzschn. 2. Aiij^b Holzschn. 3 (aus Nr. 17). 7. S. der eigentl. Titel: Jeſulba Hieronymi Pabu- | ani ab renerendum in chriſto patrem Domiuū | Petrum Donatum vobis Pabue Preſulem dig- | niſſimum. ‖

4°. 20 Bl. Sig. Aij—Diij. L. 8. leer. Diiij^b: Explicit opuſculum de paſſione | domini. Inuꝓeſſum Erffoꝛdie | p̄ Wolffgangū Schencken. Anō | domini Milleſimo quingente- | ſimo quinto. ‖ Darunter nochmals Holzschn. 1. Kein Signet.

H., W.-B.

Erste Z. des Titelblattes in gr. schl. Miss., 2. und 3. Z., 1. Z. des eigentlichen Titels, die Hauptüberschriften von S. 7 ab und auch sonst noch an einigen Stellen mittl. schl. Miss. Text der 6 Distichen auf der 1. S. Antiqua. Die Haupttypo aber ist eine grosse gotische Type, die wir hier zuerst erwähnen. Holzschn. 1, 45 : 73 mm: Christus an einem T-Kreuz, unten Totenkopf. Rechts steht Maria, links Johannes, beide halten weinend die Linke vor das linke Auge. Holzschn. 2, 50 : 45 mm, symbolisches Bild (hier leider durch Farben verkleckst): ein T-Kreuz. An dieses geschlagen ein Herz, von links von einem Speer durchbohrt. Über dem Kreuz schwebt ein Zettel mit INRI. Oben in den Ecken je in einem Nimbus eine Hand mit dem Nagelmale. Unten entsprechend je ein Fuss. An den Kreuzesarmen hängen hier unverständliche Symbole.

Aus dem Jahre 1506 erwähnen wir als Wiederholung von Nr. 6:

20. Aesopus graecus | per Laurencium Ballen- | sem traductus. || Ad Lectorem etc. wie oben.

4°. 8 Bl. Sig. A ij — B iij. L. S. leer. Vorl. S.: AESOPVS Graecus per | Laurentiu Vallensem | traductor finit | feliciter. | Erphordie im- | pressus per Wolfgan | gum Schöefe. Anno. M.D.VI. ||. Kein Signet.
B., U.-B.

Das A des Titels Initiale, sonst 1. Z. gr. schl. Miss., 2. und 3. Z. mittl. schl. Miss., das übrige bis auf W und P im Koloph. (Schwab.) Antiqua.

Ein eigenartiger und charakteristischer Druck ist:

21. Epitome seu breuiariū | logice ingeniose bikipline iā ab integro | repcussum planiori quibē sto: exēplis et preptis per T. Joborum | Pfennachen. ||

4°. 72 Bl. Sign. Aij—Ciij. L. S. unten: Impressum Erphordie per wolfgangū Schendē. Anno.1.5.0.7.||. Kein Signet.
B., U.-B.

Erste Titelzeile gr. schl. Miss., 2. Z. mittl. schl. Miss., ebenso Aij die Überschrift und alle Seitenüberschriften. Die Gedichte auf dem Titelblatte in Schwab. wie die 3. und 4. Z. des Titels. Der Text in der gr. got. Type, der Kommentar und der Koloph. in der kl. got. Type.

Dieselben Sätze wie Nr. 21 zeigt von den undatierten Drucken Schencks, zu denen wir jetzt übergehen, mit Ausnahme der Schwabacher, die ganz fehlt:

22. Compendiū Naturaľ | phīe Cpa et studio singulari M. Bar | tholomei de ufingen In Gymnasio Erphurdēsi Colle | ctum ab laudem bei et rei publice litterarie pfectū Cūio | sectione attenta naturalis scīe cābibali facile prima phy | sice capient elementa. ||.

4°. Sig. Aij—Wij. L. Bl. leer. Drittl. S.: Impressum Erphordie per wolfgangum Schencken ||. Kein Signet.
B., U.-B.

Den Drucken aus dem Jahre 1500 schliesst sich nach seiner typographischen Ausstattung an, Wasserzeichen wie bei Nr. 5:

23. Te Cōtēnenba Morte | Venerandi P. Jo. Baptiste Carmen: adiuncto Sapphi | eo diui Alberti Carmelite. | Ad lectorem (Dist.).

4°. 6 Bl. Ohne Sign. Kein Koloph. Kein Signet.
A., G.-B.

Die erste Titelzeile fette mittl. Miss., sonst alles Antiqua.

24. Marci Tullij Cice | ronis Paradoxa. ‖ Ad Lectorem Candidum Libellus. ‖ Si queris lector . . . Sophiç pueris. ‖ 2. S. beginnt mit wiederholtem Titel der Text.
4°. 12 Bl. Das 6. musste als leer ausgeschnitten werden. Sig. Aij—Biij. L. S. leer. Vorl. S. ein Schlussfetrastichon an die Chrifticolç. Dahinter: Vale Lector & salue | torq; quaterq;. Dann: Ciceronians Paradoxa hic finiunt: | Aeterni dei Gloriç. Erphordiç | In Aedibз Wolphgangi | Schencfeñ. ‖ B., S.-B.

Die ersten 2 Titelzeilen in der gr. schl. Miss., alles übrige in Antiqua. Die Paradoxa sind zuerst in den Minuskeln der 2. griechischen Type angeführt.

24a. Comoedia cui no- | men Sergius Joannis | Capniose vulgo Reuch | lin phōñi LL. voc- | tosis latine grece | et hebraice | voctissi- | mi ‖
4°. 12 Bl. Sig. Aij—Biij. 2. und l. S. leer. Kein Koloph., kein Signet.
M., H.- & S.-B.
1. Titelz. gr. schl. Miss. Der Rest des Titels mittl. schl. Miss., ebenso Überschr. Aij. Alles andere Antiqua. X noch Schwabacher.

25. Carmen Baptiste | Mantuani in bivae | Agathes certamen ‖ Ad Lectorem ‖ Hic tormenta: . . clara dedit. ‖
4°. 10 Bl. Sig. Aij—Biij. 2. S. und l. Bl. leer. Kein Kol. Kein Signet.
Halle, Waisenhaus-Bibl.

Mit Ausnahme der 3 ersten Titelzeilen (gr. schl. Miss.) alles in Antiqua.

26. Regulæ congrua- | tionum Regimea constrne | tiones Cibo bonus. ‖ 4°. 8 Bl. Sig. Aij, Biij. l. S. leer. Vorl. S. unten: Tantum de regulis grammaticalibus Constructiõibus | et regiminibus Pucri recipiant, ut cõgruc mentis cõcep- | tum exprimere valeant. ‖ Kein Koloph.

Auf dem Titel das sonst unbekannte grosse Signet Sebs.: Der schwarze Schild mit den 3, 2 zu 1 gestellten Malerschildchen, darüber ⌒ . Zu den Seiten des unteren Schildchens WS. Der Schild gehalten von zwei Bischöfen im Ornat mit den Hirtenstäben. Den Hintergrund umrahmen zwei gotisch stilisierte Bäumchen, deren Zweige sich laubenartig vereinen. Das Ganze ist von einer schmalen Randleiste umgeben.
B., U.-B.

Im Titel ist das R Initiale, die 1. Zeile in gr. schl. Miss., die 2. in mittl. schl. Miss. Die letzte Type haben auch die Überschriften. Alles andere ist in Schwab. gesetzt. —

Schlussbemerkung. Wenn wir uns jetzt über den typographischen Apparat Schencks Rechenschaft geben, so müssen wir zugestehen, dass dieser ziemlich umfangreich war. Schenck besass ausser vereinzelten Initialen 1. eine grosse schlanke Missale, 2. eine mittlere schlanke Missale, 3. eine mittlere fette Missale, 4. eine Schwabacher, 5. eine grosse gotische Texttype, 6. eine kleine gotische Type, 7. eine Antiqua, 8. eine ziemlich grosse griechische Minuskel (die ältere) und 9. eine kleinere griechische Minuskel (die jüngere). Ein Schriftenschneider ist Schenck wohl nicht gewesen, und daher wäre es sehr interessant, die Herkunft seiner Alphabete festzustellen; ich habe aber nur für 1, 2, 3 und 6, vielleicht auch für 4, einigen Anhalt dafür gefunden. Es ist gewiss doch merkwürdig, dass im Signet Schencks Zeichen zum Vorschein kommen, die Jakob Thanner in Leipzig ebenfalls gebraucht. Vielleicht ist das kein Zufall, da Schenck aus Leipzig stammte. Wenn man den folgenden Thannerschen Druck betrachtet:

27. Carmina ornatissi- | ma tripintaser p mo | dū oratiōis Francisci Petrarche ob | laudes t reuerentiā seraphice pcco | tricis Marie Magbalene. || Hymnus in laudē diue t sanctissime | matrōe Ane matris virginis Ma | rie t auie Jhesu Christi. ||

4°. 4 Bl. Sig. Aij, Aiij, L. 8. leer. Vorl. 8. unten: Impressum Lipsi per Jacobū Thanner. An | no Millesimo quīgentesimosextauo. ||

M., II.- & S.-B.,

so findet man darin 1. In den zwei ersten Zeilen des Titels eine grosse schlanke Missale, 2. In dem Reste des Titels und in allen Überschriften eine mittlere schlanke Missale, 3. In den Randlemmata der Vorrede eine kleine gotische Type und 4. im Text und im Kolophon Schwabacher. Vergleicht man damit z. B. unsere Nr. 21 oder 22, so sieht man, dass dort 1, 2, 3 mit 1, 2, 6 von Schenck übereinstimmen. Dasselbe kann man auch von der mittleren fetten Missale behaupten, die Thanner mit Vorliebe anwendet. Schwieriger ist die Frage bei der Schwabacher. Die schöne scharfe Schwabacher Schencks trägt durchaus keinen Inkunabelcharakter mehr, sie gehört zu der Gattung, die Thanner, Martin Landsberg (dieser schon 1492)[1]) und auch wohl Valentin Schumann und Melchior Lotther in Leipzig, Symphorian Reinhard und nach ihm Johann Gronenberg in Wittenberg und Johann Weissenburger in Nürnberg gebrauchen und die kaum auseinander zu halten sind. Ich möchte sie Normal-Schwabacher nennen. Es ist zu bedauern, dass hier alle Hülfsmittel im Stiche lassen; man muss nur die vagen, oberflächlichen und mehrfach geradezu falschen Äusserungen hierüber bei Faulmann[2]) lesen, um sich davon zu überzeugen. Glaubt man eine Handhabe zur Bestimmung gefunden zu haben, z. B. bei Martin Landsberg das runde gotisierende C mit einfachem, geradem, senkrechtem Niederstriche aus einem älteren Schwabacher Alphabet, so sieht man hin und wieder dasselbe Zeichen bei Valentin Schumann und als übliche Letter bei Johann Weissenburger in Nürnberg, dessen undatierte Drucke man von den undatierten Landsbergs plätterdings

---

1) Ciceronis Paradora . cu | nonis commentariis. || A. E.: Lipsi Anno Domi. 1492. 4°. Ed. Friedrich von Kitzscher. Leipzig, Univ.-Bibl., M , II.- & S.-B.
2) Illustrierte Geschichte der Buchdruckerkunst pg. 205 f.

nicht scheiden kann. Die Zeichen, die bei Schenck ins Auge fallen, die Ligatur ij, bei der der zweite Punkt tiefer steht als der erste, die Ligatur ff, bei der die beiden Hochstaben nach unten konvergieren, weil das zweite f schief steht, kehren ebenso in den Alphabeten der anderen wieder. Auch das ÿ für ij steht Schenck nicht allein zu. Wir haben es eben hier mit einer fabrikmässig hergestellten Letter zu thun.

Wenn wir nun Schenck mit Thanner zusammengestellt haben, so bleibt allerdings immer noch die Annahme übrig, dass beide ihre Sätze aus denselben Quellen bezogen haben können.

Leichter ist es, über die weiteren Schicksale des Apparates von Schenck Auskunft zu geben. Nach 1507 ist kein Druck mehr von ihm nachzuweisen, nach 1501 schon keiner mehr mit griechischen Typen. Die älteren griechischen Lettern entschwinden unsern Augen, sie dürften wohl, weil keineswegs wegen Abnutzung beseitigt, anderswo noch einmal sichtbar werden. Der jüngere Satz ging an Marschalk über; bei diesem und bei Johann Gronenberg trifft man zuweilen auch die selteneren Schenckschen Nebenformen, z. B. das wurmähnliche ζ und das ν mit einem Niederstriche, so; einen kleinen Teil dieses Satzes aber hat wohl Schenck zu Dekorationszwecken zurückbehalten. Den Hauptteil der Alphabete finden wir im Besitze von Matthäus Maler in Erfurt. Man vergleiche das folgende Buch:

28. Cuä Judocī Eysennacē͂ | 𝔓𝔥𝔦𝔩𝔬𝔰𝔬𝔭𝔥𝔲𝔰 𝔱 𝔗𝔥𝔢𝔬𝔩𝔬𝔤𝔶 𝔱𝔬𝔠𝔦𝔬 𝔓𝔥𝔦- | loſophie naturalis Sūmam nuper elu- | cubrauit, conbē hoc libello sperīes bx | uiorī filo cōtractam et velut ab eodem | Epitomatā: ita tū vt pinde ac mīnīme | om̄ fit difplicitura plixitas nauſeoſa: | ita nec offenſura breuitas obſcurior: | quin facīlia: aperta τ syn- cera oī ia : re- | ſectis ſemper et obiaχ tricis alaχ cauil- | lis anχiis incōmodifa}. || EOB. HESSVS. ¶ Garrula Stellifera ... Iudice tibi ¶ venūbatur Erfſordie in Officina Matthei Maler in | domo vulgariter. ſcam ſchwartzen horn.nuncu- | pato ppe mer- catorum poſita. ||

4°. 124 Bl. Sig. Aij—Ziij, t—tiij, s—sill. L. 8. leer. Von S. 3 ab: Fo: 1—Fo: exxiij. Vorl. S.: Jnpreſſum Erphordie per Mattheum Maler. | Anno domini. 1.5.17. ||

B., U.-B.

Im Titel l. Z. steht Schencks mittlere schlanke Missale, dann weiter die grosse gotische Type. Das carmen commendat. hat Schencks Antiqua. Die Angabe der Verkaufsstelle und der Kolophon zeigen die kleine gotische Type. Der Text weist alle diese Typen, mit Aus- nahme der Antiqua, auf. Da bei der Antiqua hier das charakteristische & fehlt, nennen wir noch einen Druck von Maler:

29. DE NON CONTEMNENDIS | Studijs humanioribus futuro The- | ologo maximo neceſſarijs ali- | quot clarorum virorum ad | Eobanu Hoffum | Epiſtolæ. || Darunter Titelangabe: D. Martini Lutheri vna || .... Eiuſdem ad magnificum Senatū Er- | phurdienſem παραχλησις Carmine Elegiaco. || Cum quibusdam alijs. ¶

4°. 14 Bl. Sig. Aij—Cv (!!). L. 8. leer. Vorl. S.: Erphurdie
Imprimebat Matthens Pictor | Anno . M.D.XXIII. ad feſtum |
Dioini Ternionis. ||
D., C.-B., Z., II.-S.-B.
Der ganze Druck in Schencks Antiqua, sporadisch tritt Griechisch
auf, in Schencks Type ohne Accente. Übrigens sind die Titel von 28
und 29 von Bordüren umgeben. Die von 28 stellt einen Tiergarten
dar. Oben in der Mitte das Erfurter Rad. Bei 29 sieht man auf
schwarzem Grunde rechts und links zwei doppelt gebauchte, unten mit
Arabesken verzierte Säulen. Von den kümmerlichen Volutenkapitälen
hängen doppelte, knopfreiche, unter dem Kapitäl geringte und be-
franzte Schnüre herab. Die Säulen erheben sich auf quadratischem
Untersatz, von denen der rechte ein Brustrelief mit geflügelter Teufels-
fratze, der linke einen Nix mit erhobenen Armen mit nur sichtbarer
Schwanzspitze zeigt. Der Fuss der Säulen wird von je zwei sich aus
einem muschelförmigen Blatte erhebenden Halbfiguren verdeckt. Nach
oben erheben sich über dem Kapitäl rechts über zwei Hammelköpfen
Blattvoluten, links über zwei Menschenköpfen zwei Delphine und dann
wie rechts blatt- und becherähnliche Verzierungen. Oben in der Mitte
zwei unten in Trauben verlaufende Arabesken, um eine nach Renais-
sanceart behandelte Kreuzblume gestellt. Unten in der Mitte eine
Kinder- oder Engelgruppe: Ein Engel zieht einen vierräderigen Wagen
nach rechts, einer stösst den Wagen. Auf dem Gefährt sitzen drei
Knaben, der vorderste bläst auf einem Dudelsack, die beiden anderen
auf Flöten.

2. **Nicolaus Marschalk und die Wanderungen seiner Druckerei.**

A) Marschalk in Erfurt.

Über die Buchdruckerei Marschalks hat im Zusammenhange in
seiner Geschichte der Buchdruckerkunst in Mecklenburg (pag. 103 f.)
Lisch, der auch die Erfurter Periode berücksichtigt, gehandelt. Leider
sagt nur ein einziger Druck, der letzte Erfurter, dass er in Marschalks
Hause entstanden sei, aber das gänzliche Ausscheiden Marschalks aus
Schencks Drucken von 1501 ab und dass alle die Drucke von einheitlicher Ausstattung, auf die wir jetzt eingehen wollen, in innigem
Zusammenhange mit Marschalks Persönlichkeit stehen, lässt uns, trotzdem einmal ein anderer Drucker mit Namen genannt wird, mit Sicherheit vermuten, dass Marschalk in Erfurt eine eigene Privatdruckerei
wie später in Rostock in seinem Hause hatte.

Für die Betrachtung stehen uns auch nur dieselben Drucke zur
Verfügung wie Lisch, wir haben aber von dessen Angaben schon das
Interpretamentum (oben Nr. 2) und die Orthographia (oben Nr. 8) aus-
geschieden und auch Diogenis cynici philosophi secta sind wir geneigt
Marschalk abzusprechen und Joh. Gronenberg (unten Nr. 66) zuzuweisen.
Nr. 2 und 3 bei Lisch und ebenso 6, 7 und 8 sind nur eine Nummer,
sodass dann bei uns nur 4 Bücher statt 10 bei Lisch zur Besprechung
übrig bleiben. Da Marschalk höchstwahrscheinlich erst 1501, und

wohl erst gegen Ende des Jahres, zu drucken anfing und schon 1502 nach Wittenberg übersiedelte und da ausserdem eine der Bücher sehr umfangreich ist, haben wir damit vielleicht die ganze Summe seiner Drucke.

Am ersten Oktober 1501 erschien in Erfurt:

30. Laus mafarum ex Hefiodi Afcrei Thcogonia | Coelii Lactantii Firmiani Carmē de anaſtaſi Chrijſti : hoc eſt Chriſti reſurrectione | Pobliſ Ouidii Nafonis Carmen ex Metamorpho | feon quartodecimo de phœnicis mortal reparatiōe | Decli Magni Aufonii Paeonii carmē de feſto pafea | tis | Claudii Claudiani Carmen de faluatore Chriſto | Fratris Baptiſte Mantuani Carmelite ad beatā nir | giacm notum | Angeli Politiani hymni dno de dina oirginc | Domici Palladii Sorani carmina ad nirgicnē Mariā | Nicolai Marfcalci Thurii Carmen de dina Anna | Nicolai Marfealci Thurii Carmina de moribus ar | chigrammateorum hoc eſt ſcribarum ‖ 4°. 18 Bl. Sig. Aii—Ciii.

2. S. (zum Titel gehörig) Appendix Georgii Burchardi Speltini pueri ama | nocnſis N. M. T. interpretatio gloſſematuo horū | carminum : hoc eſt nocum difficilium explanatio | ad Petrum Erythrapolitanom ſuum ſymmathetem | hoc eſt condiſcipulum. ‖ Dahinter unmittelbar: Laos etc. Die Gedichte bis Biii[b] Mitte, dann Appendix. Schliesst l. S. mit einem Dist. von Georg Spalatinos an Petrus Erythrapolitanus (Eberbach).

L. S.: Expreſſum Erphordie per Enricum Sertoriu | Illancopolitanum Anno domini milleſimo | quingenteſimo primond calendas octobres ‖ Kein Signet.

Bonn, Univ.-Bibl.: M., B.- & S.-B.; Halle, Univ.-Bibl.

Das ganze Buch in Marschalks grosser schlanken Antiqua. Die Appendix ist durchsetzt mit griechischen Vokabeln In Schencks zweiter Minuskel ohne Accente und Spiritus, einmal steht (C[b]) ein Citat. Dem Münchener Exemplar fehlt die Ducruio Biii, die wegen ihrer musikalischen Noten (Biii[b]) zu dem elegischen Gedichte: „Mores amatorius" merkwürdig ist. Die fünfzeiligen Noten für Diskant, Tenor, Alt und Bass, je für eine Stimme in Blockbolzschnitt hergestellt, sind wohl Erfurts ältester Notendruck. Der Verfasser der Appendix Georg Burchard ist der nachmals so berühmte Georgius Spalatinus (immatrikuliert in Erfurt: 1498° Georgius Borgardi de Spaltz, Baccalar 1499 Georius burgbardi de spalez. In Wittenberg: 1502[b] Georius borkhardus de spalt, Magister 1503 Georgius Spaltinus). In den Glossemata steht Bv[b]: Aegis : idis : ſcutum Jonis : tegmen quo Libyce utuntur : monimentum pecullare numini quod in medio Meduſae caput habet ; idem in imperatoribus lorica dicitur. (Vergl. dazu Nr. 12.)

Marschalks schöne schlanke Antiqua ist charakterisiert durch den einzigen auschönen Buchstaben G, bei dem in ungeschickter Weise der obere Teil den notern überragt. Es fehlen ihr W, w, v, k, que ist durch q: gegeben.

Der Setzer Sertorius hat wohl nicht Schneider, sondern eher Schappeler geholssen. Von ihm ist sonst gar nichts bekannt. Der zweite Druck war ein gewaltiges Unternehmen für eine Privatdruckerei, er entstand offenbar angeregt durch den eben besprochenen, ebenfalls eine Sammlung von Dichtungen, die aber den Kreis der Anthologie sehr weit, von dem ältesten Altertume bis auf die Gegenwart, ansdehnte:

31. ENCHIRIDION POETARVM | CLARISSIMORVM || Darunter Holzschn., der Lib. II Piii als Bild des Lucretius wiederkehrt. 4°. 462 Bl.! Jedes der 4 Bücher hat eigene Signaturen: 1. Aii—Kiii, 2. aii, B—Ziii und aa—lliii, 3. Aii—Xiü, 4. Aii—Qiii. Hierzu kommen 2 unsignierte Vorblätter und ein angehängter Index, Sig. a—bIII. L. 8. Mitte: τιλοσ FINIS || Expreſſum Erphordie anno a natali | chriſtiano milleſimo quingenteſimo | fecundo ad fextum calendas Maias. || Valete cadidi lectores & hæc interim amate : mox | Enchiridia noſtra alia ex græcis & latinis anthori- | hos nobis dabimus ||. 2. S.: NICOLAI MARSCALCI THVRII | CARMEN DE LAVDE PRISCORVM | PHILOSOPHORVM ET POETARVM || 4. S.: Quære in fine libri quarti indicem carminum: & | ad qnid unumquodq; possit allegari ||.

B., S.-B., D., K. B. Das Breslauer Expl. hat Titel und die 4 Bücher, das Dresdener 3. und 4. Buch und Index.

Der Satz ist die schl. Antiqua, die griechischen Stellen in der Schenckschen Type. Im ersten Buche sind die carmina aurea des Pythagoras und ein Abschnitt aus Phocylides griechisch mit lateinischer Interlinearübersetzung, ebenso eine Anzahl von Versen des Orpheus, gegeben. Aus Homer sind griechische Stellen und excerpierte Citate abgedruckt. Bei Callimachus steht der griechische Text neben der lateinischen Übersetzung. Vor dem Anfange des ersten Buches steht ein Vorindex, eine Übersicht über alle 4 Bücher und Præfatio de poetarum officio et ordine eorum. Bei dem Index ist hier hervorzuheben, dass Marschalk, da ihm v fehlte, um die Zahl V zu gewinnen, dem y den Schwanz stutzte, wie man hiii 4. Zeile deutlich erkennen kann. Dieses verstümmelte y wird uns noch mehrmals beschäftigen. Das bewundernswerte Werk ist im ganzen, und jedes Buch einzeln, dem andern Sohne des Dr. Georg Eherbach, Heinrich, gewidmet. Es enthält ganze Gedichte, Abschnitte aus grösseren Dichtungen, auch blosse sententiöse oder stilistische Citate und ist durchaus mit Holzschnitten, meist Brustbildern, verziert, welche die Stelle von Porträts der Autoren vertreten, aber bisweilen bei verschiedenen Männern vorkommen. Wir besprechen nur die, die aus irgend einem Grunde für uns von Wichtigkeit sind. Der interessanteste ist wohl 1. das einzige wirkliche Porträt, das von Marschalk selbst. Im 2. Buche B sehen wir es beglaubigt: Ein noch junger Mann (Brustbild) in eleganter Tracht mit der Geherde eines Sprechenden in Hut und pelzbesetzter Schaube trägt auf dem Bruststück des Wamses die Buchstaben NMT. Links von ihm hat man Aussicht auf die Türme einer Stadt im Hintergrunde. Rechts hängt an einem Baumzweige sein Wappen: auf quergeteiltem Schilde ein gekröntes Meerweibchen, das mit den Händen je einen der beiden die Beine vertretenden Fischschwänze hält, ein Wappen, das Marschalk in Rostock als sein Signet verwendet. Es entspricht übrigens genau dem Wappen von Wilibald Pirckheimers Frau auf dem Schlussblatt von der Nürnberger Ausgabe von Celtis libri amorum 1502. Dieses Bild kehrt auf den Vorblättern 8, 4 und lib. II Kil[b] wieder. Hier aber sind die Namensinitialen, wenn auch nicht ganz spurlos, ausgeschnitten. Auf dem Vorblatte trägt es die den Autor bezeichnende Unterschrift: Vicumq; ferent ea facta minores | Vincet amor patriæ. || Dass wir es hier mit einem wirklichen Porträt zu thun haben, zeigt ein anderes, offenbar selbständiges Bild: 2., das einen etwas älteren Mann im Talar mit Barett darstellt. Die Ähnlichkeit mit dem ersten Bilde und das hier ebenso erscheinende Wappen mit dem Meerweibchen lassen uns hier den „Magister" Marschalk erkennen. Dieser Schnitt findet sich lib. II Niii[b] und lib. IV Ali.

Von den andern Bildern deuten manche auch durch eingeschnittene Buchstaben wohl auf einen ursprünglichen Zweck (oder Holzschneider?). So trägt 3. lib. II all und lib. III Ri[b] ein durch einen Turban als Orientale gekennzeichneter Mann auf der linken Schulter (B?) M., 4. lib. IV Biii[] ein durch eine spitze Mütze mit einem Büschel als Jude charakterisierten bärtiger Mann, zwischen zwei blühenden Baumzweigen, Leib aus einer Blume erwachsend, in geknöpftem Rocke mit weiten Unterärmeln, die rechte Hand docierend gehoben, die linke mit zwei Fingern nach der Seite zeigend, auf der rechten Schulter HM, auf der linken EW. Lib. II Cili und lib. IV GII[b] finden wir 5. einen jungen Mann mit lockigem Haar, das Haupt mit einem Kranze geschmückt, Leib aus einer Blume erwachsend, auf dem Brustlatze AW. Rechts und links Fensteröffnungen mit einem Blick ins Freie. Lib. II ee[b] befindet sich 6. bei Silius Italiens das Brustbild eines langhaarigen, gepanzerten Ritters, dessen Leib aus einer Nelke anwächst, mit Pelzbarett, an dem Federn angebracht sind. Im Hintergrunde ein Fenster mit rhombischquadrierten Scheiben. Rechts Ansicht ins Freie. Dort ein Nadelbaum und auf steilem Berge eine Burg. Gegen das Ende hin, besonders wo moderne Dichter dargestellt werden, mit Vorliebe zu Ross, werden die Bilder, da perspectivisch oft schreiend verzeichnet sind, immer sonderbarer. Zu diesen Reiterbildern gehört 7. lib. IV, l. 8. des Ilog. O., das des Angelus Politianus: Ein Gelehrter in langem Talar mit Barett nach links reitend. Hinter ihm rechts eine hochgelegene Kirche. Neben dieser eine schadhafte Stelle im Rande. Auch eine Dame ist unter den Bildern vertreten: 8. Pallas: Ein züchtiges Jungfräulein mit langwallendem Haare, eine riesige Nelke in der Linken, auf dem Haupte kokett ein Magisterbarett, auf dem Fenster im Hintergrunde ein Blumennapf, z. B. Vorblätter 3. 8. Auf Qvi[b] (lib. IV) bemerken wir endlich noch 9. das vollständige Wappen von Erfurt, gehalten durch zwei knieende Engel.

Von diesen Holzschnitten sehen wir 4, 5, 6 und 7 noch wieder. Diesem grossen Drucke liess Marschalk einen weniger starken, aber noch schöner ausgestalteten und für die Geschichte der Typographie überaus wichtigen folgen:

32. 1. 8. Finis ¶ N. Marfcalcus Thurius de Lande | litterarum hebraicarum ‖ Ne contemne puer: fuul grammata prima: facrata: | Gentis Apellere: nil nifi facra docent. ¶ Eiufdem epigramma graecum | de laude litterarum graecarum ‖ ελληνων αγλη του δωρον Δωφαρα καδμου | ρωμαιοια χηγη δωρα τα κλεια θεων ‖ Converfio epigrammatos einfdem ‖ Graecorum fplendor: Romanae gloria lingua: | Cadmea proles: muuera clara deum. ‖ 2. 8. Holzschn. 1. Der eigentl. Titel erst Rückseite des 6. Bl.: Introductio ad litteras hebraicas | Vtiliffima ‖ Darunter Inhaltsangabe: Alphabetum hebraicum & eius lectura, ‖ etc. 11. 8. Anfang: Aldus ftudiofis 8. ‖ etc. Schluss 3. 8.: Titulus faluatoris noftri graece latine & hebraice. Darunter: τελοσ.
4°. 6 Bl. Keine Sig.

In dem Dresdener Expl. schliesst sich unmittelbar an: Εισαγωγη προσ των γραμματων ελληνων | Elementale introductoria in Idioma Graecnicu ‖ Darunter Inhaltsangabe: Alphabetum graecum & eius lectura ‖ etc. Vorl. 8.: TELOS. ‖ 1. 8. Holzschn. 2.
4°. 4 Bl. Ohne Sig.

D., K. B.; Berlin, Kgl. Bibl. hat die Introductio utilis. allein.

Wir nennen die hebräische Introductio a und das griechische Introductorium b. Dass beide zusammengehören, sagen allein schon die Verse auf 8. 1 bei a. In der uns vorliegenden, leider undatierten Aldine sind gleichfalls beide im Anhange zu Conftantini Lafcaris Byzantini de Octo partibus orationis | (D., S.-B. 4 E 401) vereint, aber das Prototyp dürfte vielleicht die von Stelnschneider, Bibliographisches Handbuch über die theoretische und praktische Litteratur für hebräische Sprachkunde, pag. 19, 13, Nr. 110¹, citierte seltene Aldine sein, die ebenso rot und schwarz gedruckt ist. Beide Anleitungen sind in prachtvollem Doppeldruck rot und schwarz (rot zuerst gedruckt) hergestellt.

a) Aldus druckt in unserem Expl., wenn er auch die Zeilen von rechts nach links liest, die Seiten von vorn nach hinten, Marschalk fängt, wie wir schon gesehen haben, hinten an, um vorn zu enden. Während Aldus Metalltypen hat, hat Marschalk die einzelnen Typen und Wörter, in den Texten ganze Zeilen zugleich, in Holz geschnitten. Eine solche Zeile in Blockholzschnitt ist, wie wir weiter unten sehen werden, nachweislich 5. S. l. Z.: ביום שהוא ישרים: זאת. Die Marschalkschen Buchstaben stehen den Aldischen Metalltypen an Schönheit weit nach, ', ר, – z. B. sind oft gar nicht zu unterscheiden; aber diese rohen Holzdrucke müssen uns ehrwürdig sein: die Introductio ist das erste deutsche Buch mit hebräischem Drucke. Marschalk hat das zweifache Verdienst, den griechischen und den hebräischen Druck in Deutschland eingeführt zu haben. Ganz stimmt Marschalk

mit unserer Aldine nicht überein, um so sicherer in Fehlern, man
vergleiche bei M. אֲלֵי mit A. אֱלֹהַי = elohe! Beide verwechseln auch
manchmal ב und כ u. ä. Marschalk hat also sichtlich selbst so gut
wie gar kein Hebräisch verstanden. Wie A. giebt M. bei den Texten
zwischen den Zeilen (rot) die lateinische Übersetzung und die wörtliche Aussprache der hebräischen Wörter.

b) In seinem griechischen Introductorium hält sich M. nicht so
eng an A., er ist kürzer, er lässt die Vorrede weg, und in seiner Anleitung nehmen Alphabet, Lautlehre, Abbreviaturen, Kolligaturen und
Accente nur eine Seite, die 2., ein, mit der letzten Zeile beginnen mit
dem Paternoster schon die Lesestücke. Während diese kurze Leselehre eher direkt auf Laskaris zurückzugehen scheint, entlehnt M. die
Lesestücke hauptsächlich bei A. Dass hier die Aurea carmina Pythagorae und Phocyllidis poema admonitorium fehlen, die im Enchiridion
erscheinen, hat uns veranlasst, diesen voranzustellen. Für diesen Abgang sind Benedictio Mensae und Dicteria septem sapientum angehängt.
Die griechischen Typen, schwarz gedruckt, während alles übrige rot
gefärbt ist, sind die Minuskeln Schoencks ohne Accente. Bei den
Majuskeln der Leseanleitung sind Metalltypen nur die mit dem Latein
gemeinsamen Formen A, B, E, Z, H, I, K, M, N, O, P, T, Y, X, die
übrigen sind in Holz neugeschnitten, ebenso bei den Minuskeln abweichende Formen und die zwei Zeilen Abbreviationes und Colligaturae
sogar als ein Block. (Vergl. Nr. 65.) Die vereinzelte Holzkolligatur
für καὶ kommt gelegentlich auch in den Texten vor.

Von den Holzschnitten ist 1. S. 2 Wiederholung des Juden aus
dem Enchiridion (dort Holzsch. 4), hier oben und unten von querstehenden Leisten eingefasst: oben zwischen Zweigen Hund, Hase und
2 Vögel, unten zwischen Arabesken ein Eichhorn und ein Pfau. Holzschnitt 2. auf der l. S. von b ist ein für uns sehr wichtiger: Ein Gelehrter (Marschalk selbst?) in pelzbesetztem Talar mit Barett, aus
dessen Händen ein schlangenähnlich gewundenes, leeres Spruchband
ausgeht, das ihn ganz umgiebt. Im Holzstock ist ein Stück unter der
linken Ferse ausgesprungen, ein kleiner Fehler befindet sich im Rande
unter der Fussspitze des rechten Fusses, ein anderer im Spruchbande
links vom Kopfe in Mundhöhe. Dieser Holzschnitt mit seinen Fehlern
wird uns wie ein „Leitfossil" durch die Geschichte der Marschalkschen
Druckerei begleiten, erst in Rostock wird er uns untreu. Hier ist er
noch von einer zierlichen roten Randleiste umgeben.

Der letzte Erfurter Druck Marschalks, ebenfalls in rotem und
schwarzem Doppeldruck ausgeführt, ist:

33. Epitaphia quædam mire cetoſtatis: | que uiri boni ac eruditi
& anii || (Diese 2 Z. rot und abgesetzt) quitatis amatores poſteaqnä | in ſancta & religioſa pro lit | teris peregrinatione ſtatu
as monumeta ac ur | nas adoraueriit I | (bas erant | iſcripta
inde | ß | deliter collegerunt: | & ad amicos | miſerut. || 2. S.
Holzsch. 1. aii: In Arcu Sibylla Romæ ſculpi fecit has litte |
ras Qnæ poſtea per Bedam declarate ſunt. || (Keine Erklärung.)

Titulus (alautoris nostri haebraice graece & latine || (rot. Schwarz: der hebr. Blockdruck aus Nr. 32 und darunter rot, griech. u. latein, in übl. Type). Vorl. S. rot: Figurae ornarum in quibus Romani defunctorum | olim cinerem religiofe adferaabant. || Holzschn. 2. L. S. Holzschn 3. Darunter rot: INPRESSVM ERPHORDIE IN AE|DIBVS MARSCALCI ||.
4°. 4 Bl. Sig. all, allL
Sch., G. R.-B.; Halle, Univ.-Bibl.

Den letzten Platz haben wir diesem Buche wegen der Wiederholung der hebr. Kreuzesinschrift aus Nr. 32 gegeben. Für die Typen ist noch zu bemerken, dass das verstümmelte y als Zahl v vorkommt. Unter den aus Deutschland, Italien und Palästina stammenden Inschriften steht auch das Epitaphiū Lucretie | in epifcopato Viterbienfi ||, das Tarquinius Collatinus seiner Gemahlin setzte: VIXIT an. xxii me. iii . di . vi.!! Der Merkwürdigkeit wegen ist wohl das 12. aus Rom aufgenommen: Dum in Veneris negotio fulgore afflati una com | iugali toro PERIERE ||.

Holzschnitt: 1. Rundbogiger Porticus, in dem eine Frauengestalt steht, die mit der Rechten nach oben weist, über ihr: §A§S§R§. Oben am Bogen: . P . P . P . P . E . S . S . S . E . V . V . V . V . V . V . V . F . F . F . F . 2. In schwarzer Umrahmung ein verzierter bauchiger und langhalsiger Henkelkrug. 3. In schwarzer Umrahmung eine verzierte bauchige, doppelgehenkelte Siechorne.

B) Marschalk und Hermann Trebelius in Wittenberg.

Als Kurfürst Friedrich III., der Weise, von Sachsen im Herbste 1502 die Universität in Wittenberg ins Leben rief, verliess auch Marschalk, der inzwischen noch das Baccalaureat in den Rechten erworben hatte, Erfurt; als Nicolaus Marscalcns Thorius artium magister et vtrinsque iuris baccalaureus erfordiensis finden wir ihn im W. S. 1502/3 in der Wittenberger Matrikel.

Er nahm seine Druckerei mit nach Wittenberg, und wenn auch kein einziger Wittenberger Druck sein Haus oder seinen Namen als den des Druckers nennt, so stehen doch alle datierten Drucke mit ihm in Beziehung, sodass man auch in Wittenberg von einer Marschalkschen Privatdruckerei reden darf. Der erste datierte Druck ist eine offizielle Rede Marschalks, die er bei der ersten Promotion von Baccalaren in den Künsten hielt und an demselben Tage gedruckt erscheinen liess:

34. Oratio habita a Nicolao Marfcalco | Thurio Albiori acadēmīa I Ale, | mania tii nuperrima ad promo | tionē primorū baccalauriorū | numeroqttuor & uigiti An | no a natali Chriftiano . M . | C . C . C . C . III . | XV . KAL . | FEB . ||
4°. 10 Bl. Sig. AII—Iliii. 2. S. und l. Bl. leer. 3. S. beginnt die Rede unmittelbar, sie schliesst drill. S. mit DIXI über dem Koloph.: Impressum Albiori in Saffonia | Anno a natali Chrifti | no M . C . C . C . C . | C . III . XV . | KAL . | FEB . ||
B., U.-B.; II., U.-B.

Wir haben mit diesem ersten datierten Wittenberger Drucke zugleich das erste in Wittenberg gedruckte Griechisch: Il, B^b, Bij stehen längere griechische Citate, Aiii, Aiii^b einzelne griechische Wörter in Schencks Minuskeln im Text.

Demselben typographischen Kategorie wie dieses Buch gehören auch die folgenden drei an:

35. Lectio pulcherrima de poteſtate Pontificis Maxi | mi & Romani imperatoris facta ab excellentiſſi | mo cæſarei pontificiiq; iuris doctore miran | da memoria prædito eqniteq; aurato ſplen | didiſſimo l'etro Rauennate coram illuſ | triſſimis principibus D. Fœderico & | D. Joanne germanis ducibus Saſ | foniæ: ac D. Hérico iuniore dn | ce luneburgen ſocero eorum ac | tota vniverſitate Albinar | giefe Idibus Mai Anno | a natali Chriſti | M D | III. || 2. S. Ad Clariſſimum & excellentiſſimum cæſarei pontl | ficliq; iuris doctore miruda memoria præditu equi- | teq; auratum ſplendidiſſimu l'etri Rauennate ßeep | lore ſuum Nicolaus Marscalens Thurius. | Orphes: ſi . . . ipſe Solon. | (Dodekast.)

4°. 16 Bl. Sig. Aii — Cill. L. S. leer. Vorl. S. unten: Impresſum Albiburgii ad III Nonas Ju | nias Anno a natali Christiano MDIII. |

B., U.-B.

36. Clypeus doctoris Petri Ranennatis Contra | doctorem Cainm impagnante ſuu cõſiliu. || 2. S. Ad clariſſimum & excellentiſſimum cæſarei pontl | ficliq; iuris doctore miruda memoria preditu equi- | temq; auratu ſplendidiſſimu Petrum Rauennatem | preceptorem ſuum Nicolai Marſcalci Thurii De- | caſtichon. | Dulychium clypeo. . . . diferte tuo. |

4°. 16 Bl. Sig. All — Cill. L. S. oben: Impreſſum Albiburgii XII KAL Iulii | Anno a ſaluto Christiana MDIII. ||

B., U.-B.

37. Compendium iuris ciuilis D. | Petri Rauennatis || Additiones in titulos Compendii & additæ que- | dam rubricæ | Dicta pulcherrima Codicis || 2. S. In compendiu iuris ciuilis Petri Rauennatis iuris | ntrimq; doctoris & equitis clariſſimi Nicolai | Marfealei Thurii Præfatio. || Aii^b Schluss mit: Vale fœliciter. || Aiii: Index Compendii iuris ciuilis | Petri Rauennatis. || (8 Seiten.) Neue Sig. A: Compendium iuris ciuilis domini | doctoris Petri Rauennatis || Neuer Titel, allein auf d. 8.

4°. 136 Bl. Sig. Aii, Aiii, All — Vill. Die letzten 3 Seiten leer. Viertl. S.: Impreſſum Albiburgi pridie nonas Septẽ | bres Anno a natali chriſtiano MDIII. |

B., U.-B.

Das letzte Buch ist Marschalks stärkster Druck in Wittenberg. Diesen datierten Drucken reihen wir noch zwei ohne jedes Datum an, da sie, der erste sicher in das Jahr 1503, der zweite vermutlich auch, derselben Zeit angehören, beides Streitschriften des Martin Polich gegen Conrad Wimpina:

38. Martinus Mellerstadt Polichio | in VVimpinianas offen- | fiones & denigra- | tiones Sacre- | Theologie. | 2. S. Martini Mellerstat Polichii decatonat- | icbon in Conradnm Coel VVimpinA | ex fagis. ‖ Quidnam ... meam: | L. S. ... Cocus ille fuo. ‖ FINIS ‖
4°. 42 Bl. 8g. Ali — Gii.
Dresden, Kgl. Bibl., Leipzig, Univ.-Bibl.

In diesem Buche steht das verstümmelte y mit a promiscue für u oder v im Anlaut. Daher macht es als Druck einen jüngeren Eindruck wie das zweifellos dahinter gehörige folgende, bei dem dieses Pseudo-v nur als Zahl und höchstens ganz vereinzelt im Anlaut vorkommt:

39. Marlini Mellerstat polichii Theo | remata anres pro ftudiosis | philofophie & theolo | gie inlciatis | Thomif- | tis ‖ Diftichon eiufdem | Infantes facto ... orbe nonnm. | Ex follci academia Albiorenfi. ‖ 2. S.: Carmen ad lectorem ‖ VVimpiniane etc. Drittl. S.: Errata libelli (nämlich des vorstehenden, Nr. 38) quo absente me incide | runt Reliqua in te lector emenda. | Hinter den Errata: VALE. |
4°. 12 Bl. 8ig. Ali — Bill. L, Bl. leer.
D., K. B.: L., U.-B.

Allen diesen Wittenberger Drucken ist gemeinsam die schlanke grosse Marschalksche Antiqua und das Fehlen jeglicher bildlichen Ausstattung. Eines Signets bediente sich Marschalk in Wittenberg ebensowenig wie in Erfurt.

Marschalk docierte in Wittenberg, aber wohl wegen seiner ausgesprochen humanistischen Richtung nicht ohne Reibungen mit seinen Kollegen. Um 1504 wandte er sich deshalb beschwerdeführend an den Kurfürsten, der unter dem Datum „Donnerstags nach dem Nawen Jarstag" 1504, Torgau, die Beschwerde „anliegende Beswerungen so ime begegnd" an die Universität weitergab[1]) mit der Weisung „als wir auch begeren, ir werdent die Billichkeit zu Abwendung sollicher Gebrechen bedencken, domyt keynerley Nachlassung an Lectionen oder anderm der Universitet zu Abbruch vnd Mynderung vermerekt noch verursacht moge werden". Marschalk gab er unter demselben Datum von diesem Entscheide Nachricht: „Darauf begerend, du wollest die Lection nicht fallen lassen, sundern mit Vleis halden". Marschalk lehrte aber nicht bloss, er studierte zu praktischen Zwecken weiter und promovierte Dienstag sancl Georgii (23. April) 1504 mit dem Wittenberger Pfarrer Lanrentios Slamau zum Doktor beider Rechte. Die Doktoranden luden den Kurfürsten zum Doktorschmaus ein und baten, falls er abichnen sollte, „zcum wenigsten, vns mit eyn wenig Wildpret ... gnediglich versorgen". Wie in Erfurt suchte Marschalk durch seine eigenen Studien auch anderen zu nützen, er schrieb für die Aneignung der Rudimente im Jus eine „Methodus". Da er diese Spalatin für die beiden jungen Erfurter Patrizier

---

1) Weimar Ernestl. Gesamt-Archiv, Reg. O. pg. 124. ZZ. 8¹. Ebenso das folgende Schreiben.

von der Marthen empfahl, hat er sie wohl auch selbst gedruckt; ich habe aber diesen Druck nicht zu Gesicht bekommen. Seines Bleibens war nach der Erlangung des Doktorates nicht mehr lange in Wittenberg. Er übernahm das Amt eines Rates und gemeinsamen Orators bei Kurfürst Friedrich und Herzog Georg von Sachsen. 1505 am Tage des heiligen Marcus finden wir ihn beschäftigungslos in Brandenburg an der Havel. Dort versuchte ihn der Kurfürst Joachim I. von Brandenburg, der Gelehrtenfreund, persönlich in liebenswürdiger Weise für die im nächsten Jahre zu eröffnende Universität in Frankfort an der Oder zu gewinnen, er sollte dort auch organisatorisch wirken. Zu gleicher Zeit wurde ihm von Herzog Heinrich von Mecklenburg eine Stellung als Gesandter (orator) zur Beschickung der Königlichen Majestät und anderer Fürsten angeboten. Nach einigem Schwanken ging Marschalk nach Mecklenburg.

Seine Druckerei verblieb in Wittenberg. Wohl schon während der zeitweiligen Abwesenheit Marschalks zu Gesandtschaftszwecken hatte sie ein anderer vorschon, dem sie nach Marschalks Übertritt in mecklenburgische Dienste ganz blieb, Hermann Trebellus aus Eisenach oder Naaza (zwischen Eisenach und Gotha), den wir schon als Erfurter Schüler Marschalks betrachten dürfen. 1500[b] ist er in Erfurt als Hermannus Surwynt de Isnaco intituliert, 1502[b] in Wittenberg; Hutten, sein Freund, gab ihm noch den Beinamen Notianus. Es ist unmöglich, die undatierten Drucke Marschalks und Trebellus' von einander zu scheiden, da die typographische Ausstattung keine Spur von Anhalt gewährt, wenn nicht innere Gründe zur Bestimmung herangezogen werden können. Wie wir später erkennen werden, hat sich wohl auch Marschalk noch das Besitzrecht an seinem Apparat in irgend welcher Weise vorbehalten. Panzer zählt eine Reihe von Drucken des Trebelius aus dem Jahre 1504 auf. Ich glaube, daß das meist vage Katalogsangaben sind. Mir ist trotz vieler Bemühungen nur ein Druck aus diesem Jahre mit voller Datierung in die Hand gekommen:

40. Iudicium Paridis Troiani de tribus deab. | Venere Iunone & Pallade per Cantalycia | Pyrami & Tyfbes amores ex Ouidii | μιταμορφωσιων libro quarto. || Hermannus Trebellus Isenacheñs | ad pueros in Paridis indicium. | Sperne puer ... qui Veneri. || 2. S. Holzschn.   3. S. JVdicium Paridis Bellona ad deas. ||

4°.   6 Bl.   Sig. Aii, Aiii.   L. S. Mitte: Impressum 𝔚ittenburgii in officina | Trebelliana Anno . M . D . IIII . ¶ .

Bonn, Univ.-Bibl.

Der Titel und dann von S. 3 ab alles in der gr. schl. Antiqua Marschalks bis auf das Schwabacher 𝔚 im Koloph., dessen Herkunft dunkel bleibt. Im Anlaut steht durchgebend n, nicht v, nur Av sieht man vnda und vestigia. Auf derselben Seite steht das verstümmelte y in svinas. Auf dem Titelblatt ist aber Hermannus bis Veneri in einer anderen, uns neuen, kleinen Antiqua gesetzt, die ich ohne Bedenken auch Marschalk zuschreibe. Für diese sind charakteristisch das

G mit auffallend hohem senkrechten Strich; das M mit schiefem Winkel, der dünne Aufstrich des Winkels steht dem zweiten Hauptbalken sehr nahe; das skelettartig magere S; das T mit sehr kurzem Querbalken; das schiefe V, bei dem der Aufstrich sich steil nach oben krümmt; que auch hier q:, S und q; sind der grossen Antiqua verwandt. Griechisch kommt nur in der uns bekannten Type auf dem Titel und in der Überschrift der Thisbeepisode vor.

Der Holzschnitt auf S. 2 kommt später noch so oft vor, dass wir ihn näher betrachten müssen. Er nimmt fast die ganze Seite ein. Im Vordergrunde schläft Paris in Ritterrüstung, auf den linken Arm gestützt. Hinter ihm steht sein federngeschmückter Sturzhelm. In der Mitte des Bildes erhebt sich ein steinernes Brunnenbecken etwa in Kleeblattform, aus der Mitte des Wassers steigt ein eckiges, gezinntes Türmchen auf. Auf dem Vorderrande des Beckens sitzt ein Vogel. Links hinter dem Brunnen steht Merkur, langhaarig, in pelzbesetztem Gewande, eine Krone auf dem Haupt, in der Rechten den Schlangenstab. Links hinter dem Brunnen die drei Göttinnen, etwas matronenhaft, in der Tracht der Zeit. Eine, etwas vortretend, hält den Apfel in der Linken. Im Hintergrunde eine bergige, mit Bäumen bestandene Gegend. Am Himmel streichen 4 Vögel.

Der zweite mir bekannte volldatierte Druck des Trebelius ist:

41. Sermones Extraordinarii & pulcherrimi: cum multa rerum & Hystoriaru copia: Clariffimi & excellétiffimi Vtriufq; iuris Doctoris: miranda memoria præditi: Equltifq; auraū fplendidiff. Pe-|tri Rauennatis Itali: quos diebus feftiuis suis auditoribus inunc | Ilauit: affidentibus quadoq; Sereniffimis Principibus & Illuftriffi | mis Saxoniæ Ducibus Fœderico Electore & Joanne fratribus. || II. T. ad Lectorem. ¶ Noscere vis... opunq; oonu. || 2. S. Clariffimo & famatiffimo Vtriufq; Iuris Doctori: mirabili me-|moria prædito: Equilfq; aurato fplendidiff. Petro Rauennatl Ita-| lo: Mecænati suo: Hermanus Trebelius Isenachius: S. D. || Non moritur... παντοδοροῦ. || χαιρε & Vale. || Vorl. S. Tituli Sermonum huius Voluminis || und Errata.

Fol. Sig. Aii—Ziii und Aa—Aaiii. L. S. leer. Drittl. S. unten: Wittenburgli: in incude litteratoria Trebelii: Maio decrescente | Mese: Anno M . D . V. Sub illuftriff. & Chriftianiffimo Principe | Electore Federicho: Saxonū duce pientiffio: cui falv & uictoria. ||

Jena, Univ.-Bibl.; Göttingen, Univ.-Bibl.

Dieses Buch, der einzige Trebelius-Druck in folio, ist vorherrschend in der gr. Antiqua hergestellt. Nur der Koloph., die Tituli und Errata und sonst sehr wenige Stellen in der kl. Antiqua. Griechisch nur in der poetischen Empfehlung des Trebelius auf S. 2 und vor dem Koloph. τέλος. Das Jenenser Expl. ist das Widmungsexpl. für den Kurfürsten, darum trägt es S. 2, ansprechend in den Raum hineinkomponiert, an einem Baumast an dem Schildriemen hangend, das Kurwappen, rechts und links am Unterteil von Lorbeerzweigen um-

geben, zierlich mit der Hand gemalt. Ebenso sind durchgängig Initialen rot und blau eingemalt.
Von den nichtdatierten Drucken erwähnen wir nur drei bemerkenswerte:

42) Dialogus de Sacri Ro. Imperii rebus | perq̃ utilis cum epithomati | bus hiſtoriarũ ac dnm | Romanarum ſed | & externaru | fere om | niũ. || Aii nennt sich der Verfasser Joannes de Kytſcher Juris utriuſq; Doctor: Præpoſitus Colbergenſis in der Widmung an Kurf. Friedrich: Datæ Torgau An | no ſalutis M . D . IIII XII . KAL . IVLII. ||
4°. 56 Bll. Sig. Aii - Kiii. 2. und l. S. leer. Kein Koloph. Z., H.-Sch.-B.
Der Text der Widmung und der eingeschobene umfangreiche Kommentar in der kl. Antiqua. Alles andere in der gr. Antiqua. Ein vereinzeltes Schwabacher ß in der Widmung. In der gr. Type anfänglich a und v promiscue im Anlaut, später vorherrschend a. Kiiᵇ ist die letzte Z. fehlerhaft gesetzt: germano-[——]||rum eximia corpora exhorreſcere &|. Hierunter ist in unserm Expl., als vom Drucker weggelassen, handschriftlich von Kitscher ergänzt: [&] detrectare pugnam nec inficior qnm a quopiam sint invicti sed eorum diffidia et inteſtinus liuor eo- ne ſubuerſi timeo . Auguſtus omnem culpam non in principes ſed in regem tranſſerre ei connenire dicebat ut alia ingrauescencia odia linidoſque rancores arbiter ipſe diſcutierct" [&]. Dieses Buch ist in dieser Ausgabe ausserordentlich selten. Ebenso ist nicht eben häufig:

43. ΕΙΣΑΓΩΓΗ | προς των γραμματων ελληνων. | ELEmentale introductoriu in Idioma græcu. | HERMANNVS TREBELIVS STVDIOSAE | iuuentuti & ſacerdotibus Chriſto deuo- | tis: ut græcas literas adiſcant. | Eloquio Cadmi:... choro. || Contenta in hoc opello. | Alphabetum græcum & eius lectura. | etc.
4°. 6 Bl. Sig. Aii, Aiii. L. S. leer. Kein Koloph.
B., U.-B.
Der lateinische Satz ist vorwiegend in der kl. Antiqua gegeben. Die gr. Antiqua ist nur in der 1. Z. des Titels und auf S. 2 und 3 zu Überschriften und auch im Text gebraucht. Der griechische Druck hat durchgängig nur Minuskeln, E I H A O Y sind aus der gr. Antiqua geborgt und nur im Titel und bei den Diphthongen gebraucht, Σ ist durch Querstellung eines M gewonnen, Γ im Titel ist aus F verstümmelt, neu, und zwar in Holz geschnitten, ist allein Ω. Bei den Minuskeln ist iota subscriptum durch untergesetzte Punkte vertreten, aber auch das nur in der Lautlehre. Versehentlich kommt mehrmals α für α vor. Spiritus und Accente fehlen, ebenso Abkürzungen und Kolligaturen. Auffallend ist bei dem Kapitel von den Konsonanten der vereinzelte griechische Anfangssatz: συμφωνα εισιν εϊκτα και δικα, der auf Laskaris zu weisen scheint, aber der Text der Introductio, der nur 2 Seiten Aiᵇ und Aii einnimmt, ist von ALPHABE-

TVM bis transeat fast ganz wörtlich von Schenck (s. Nr. 12) übernommen. Die Lesestücke stammen wesentlich von Marschalk (s. Nr. 32).

43. Sophologia M. Henrici Aquilonı- | polensis Poetæ de originibus arcium | & quattuor facultatibus Achademiæ | Albiberofpollitanoo. || Hermannus Trebellius Isenachus : | Lectori. | Sunt quos ... latuere leges. ‖

4°. 12 Bl. Sig. Aii — Diii. L. S. Icer. Vorl. S. unten: FINIS. ‖.

M., II.- & S.-B.

In dem Kapitel De Calcographia et quis primo libros impreſſerit, das den Epilog bildet, steht: Eiſi Trebellius his iunior omnibus ante | (!!) Dictis: Palladia non tamen arte minor. Typen: Die gr. Antiqua bis auf das Titelgedicht mit Überschrift, die in der kl. Antiqua gesetzt sind.

Der Verfasser, der später, 1527, als gekrönter Poet starb, ist als Verseschmied phaenomenal verworren und geschmacklos. Wir sind ihm oben (Nr. 3) schon in Erfurt begegnet. Der sonderbare Heilige, der sich auch Hamifer oder Flexilis nennt, ist vielleicht der 1492ᵃ in Erfurt immatrikulierte Heinricus vom Hagen Northeymensis. In Wittenberg ist er 1504ᵇ als Hainricus aquiloniponen. mgr. erfurdien. intituliert. Von ihm druckte Trebellius ausser anderem noch:

44. EPITaphlale MAGIftri HENrici AQui | Ionipolefis Poetæ una cu Teftameto fuo. ‖ 2. S. Holzschn. 1. Darunter: Fac bene agas ante; ... merere tuam. ‖ (Dist.) 3. S. Epitaphia. ‖ etc. Vorl. S.: FINIS. ‖ L. S. Holzschn. 2.

4°. 4 Bl. Sig. Aii.

M., II.- & S.-B.

Holzschnitt 1 ist die Stechuhne, 2 der Henkelkrug aus Nr. 33. Typen durchgängig die gr. Antiqua.

Im Jahre 1506 brach in Wittenberg die Pest aus, und die Universität wanderte deshalb nach Herzberg aus, am 4. Juli, und blieb dort bis zum Dezember. Die Amtszeit des Rektors Petrus Lupinus währte deshalb aussergewöhnlich vom 1. Mai 1506 bis zum 1. Mai 1507. Trebelius folgte der Universität nicht, sondern ging nach Eisenach, wo er ein Lehramt übernahm. Die Druckerei führte er mit sich, und so haben wir jetzt eine Eisenacher Episode zu besprechen.

C) Trebelius in Eisenach.

In Eisenach druckte Trebelius als einzigen bis jetzt bekannten Druck:

45. HERMANNI TREBELII ISE | nachi Hecatoftichon Elegiacum | de Pefte Ifenachenfi : Anno | Chriftianæ Salutis | Millefimo | DVI. ‖ Dies in Roldruck. Darunter Holzschn. 1. Darunter: Duringo Vati faucas Germane Poeta: | Et fiue nos facri fumere fontis aquam. ‖ 2. S.: Hermannus Trebellius Joanni Tylo ducili | & bonæ indolis puero falutem & diuturnā | precatur uitam. | (Widmg.) 3. S.: HECATOSTICHON. ‖ L. S.: HOMO

HOMINI LVPVS. || Darunter Holzschn. 2. Vorl. S.: ISENACHI
EXCVSVM. ||
4°. 4 Bl. Ohne Sig.
J., U.-B.

Alles bis auf das τελος am Ende in der kl. Antiqua. Der
1. Holzschnitt ist unser „Leitfossil", der Gelehrte mit der Handrolle
aus Nr. 32. Der 2. Holzschnitt, umrahmt, stellt einen im ³/₄ Profil
nach rechts gewandten bärtigen, langhaarigen Mann mit rasierter Oberlippe in langem, bis auf die Füsse fallendem, geknöpftem, am Halse
geschlossenem Rocke dar. Der linke Arm mit engem Ärmel des
Unterkleides streckt sich durch den geschlitzten Ärmel des Ober-
gewandes. Der Daumen ist im Gürtel eingehakt. Die rechte Hand
ist wie beschwörend gehoben. Den Kopf bedeckt eine Mütze, deren
oberer Teil faltig bis auf die Schultern fällt. Die linke Fussspitze
zeigt nach links, sodass der Mann gespreizt auswärts steht. Der
Hintergrund zeigt am Boden Blumen. Rechts und links am Rande
erheben sich 2 gotisch stilisierte Bäumchen, die sich oben vereinigen.
Ausserhalb dieser Bäumchen ist der Hintergrund schwarz gehalten.
Unter dem Bilde steht: Inulda turba : mea dubitas quid carpere famā? |
Ferre queunt morfus hec mea terga truces. || Hiervon werden wir einen
Nachschnitt bei Joh. Gronenberg finden.¹)

Trebellus ist noch im Rektorate des Petrus Lupinus, also Ende
1506 oder Anfang 1507, in Wittenberg in einem feierlichen Akte der
Universität als Dichter gekrönt worden. Vielleicht auf der Hinreise
zu dieser für ihn so ehrenvollen Feierlichkeit hat er seine Druckerei-
einrichtung nach Erfurt mitgenommen und Wolf Sturmer übergeben.

D) Wolf Sturmer in Erfurt.

Wolf Sturmer druckte 1506 in Erfurt:

46. BAPTISTAE MANTVANI VERGILII | NEOTERICI ELEGIA
CONTRA | AMOREM. || Darunter Holzschn. 1.
4°. 9 Bl. ab 10. fehlt im vorliegenden Expl. Sig. aii—biii.
bliiᵇ: Expressum Erphordie Typis | Wolffii Sturmer | M.D.VI. ||
Halle, Waisenhaus-Bibl.

Der ganze Druck zeigt die kl. Marschalksche Antiqua. Holzschnitt 1 ist wiederum der Gelehrte mit der Bandrolle (Nr. 32). Ein
zweiter Holzschnitt auf dem ausgerissenen Blatte war, nach den Spuren
des Naturselbstabdruckes zu schliessen, eine Wiederholung des Bildes
6 aus dem Enchiridion (Nr. 31). Das Buch enthält noch von Baptista
Mantuanus: De natura amoris ad iuuenes carmen hucusque und Ad Fal-
conem de virtute saphicum carmen und endlich noch in eundem
endecasillabi.

In demselben Jahre erschien bei Sturmer:

---

¹) Encomium Rubii Longipolii apud | Lipsim in errores quos pueriliter
commisit | aduersus Wittenbergam || o. J. J. Nachschnitt, entgegengesetzt. Schluss
vor dem Mund. Oben im Schwarzen: NE MO. B., S.-B.

47. DE PVGNA STVDENTVM ERPHORDIENSIVM | cum quibusdam coniuratis nebulonibus | Eobani Heſſi Francobergii | Carmen. || Darunter Holzschn. 1. 2. S. beginnt mit Wiederh. des T. das Gedicht. Schluss aiiib mit: τέλος. Darunter: In bonara Artium deirectatore innectinum. | Schluss aiiii mit LAVS DEO. | Darunter: Expreſſum in alma Vniuerſitate Erphor- | dienſi typis Wolffi Sturmer Anno | M. D. VI. || L. 8. Holzschn. 2.
4°. 4 Bl. Sig. aii und aiii.
Jena, Univ.-Bibl.

Satz bis auf das τέλος die kl. Marschalksche Antiqua. Holzschn. 1 stellt in roher Ausführung den Kampf dar. Im Hintergrunde, erhöht zwischen zwei Männern, „Pallas", nackt, nur mit Schuhen und Federbarett bekleidet. Die Rechte hält eine Lanze, die Linke einen ziemlich hohen, nach unten zugespitzten Schild. Der 2. Holzschn. zeigt in schwarzer Umrahmung einen ganz nach rechts (Profil) gewendeten Mann in langem, bis fast an die Knöchel reichendem, faltigem Gewande mit „Stuart"-Kragen. Aus den sehr kurzen Oberärmeln ragen weite Glockenunterärmel hervor, am linken stehen vielleicht hebräische Schriftzeichen. Am Gürtel hängt links eine Tasche, durch die ein nach vorn zeigendes, langes Messer mit hellem, zweiknolligem Griffe in schwarzer Scheide durchgesteckt ist. Der Kopf ist von einer nach hinten gesetzten Kappe bedeckt. Das Profil hat jüdische Züge, starke, gekrümmte Nase, geknifſenen Mund mit vortretender Unterlippe, die kurze Oberlippe ist rasiert, Kinn und Kiefer tragen einen mittellangen, spitzzugehenden Bart. Die beiden Hände sind schachernd gehoben. Die mit Strümpfen bekleideten Füsse stecken in schwarzen Pantoffeln. Der sonderbar hügellge Boden zeigt rechts und links zwei Blätterbüschel. Im oberen Rande ist eine ausgesprungene Stelle. A. v. Dommer, Lutherdrucke pg. 218, 12 sucht das Vorbild dieses Schnittes hiernach fälschlich in dem Titelbilde von der 1. Ausgabe von Brants Freidank, Strassburg bei Grüninger 1508. Wir können allerdings kein anderes Prototyp nachweisen.

Undatiert, aber aus dem Jahre 1506 und vor den eben genannten Druck gehörig ist der Sturmersche Druck:

48. DE RECESSV STVDENTVM EX ERPHORDIA | tempore peſtilentiae. Eobani Heſſi Francobergii | Carmen Heroicum Extemporaliter | Concinnatum || Holzschn. 1. 2. S. beginnt unmittelbar der Text. Vorl. S. l. d. M.: TELOS. Darunter: Ad. M. Laurentium Vſingen Eob. H. F. | phalentium Endecasyllabum. || (Widmg.) L. 8, Holzschn. 2. Darunter: Ad Candidum Lectorem Hexastichon. || (Geg. den „Zoilus".) Kein Koloph.
4°. 6 Bl. Sig. aii, aiii.
Jena, U.-B.

Satz die kl. Antiqua. Holzschnitt 1: Der Auszug. Bewaffnete, zum teil lebhaft gestikulierende Studenten, die aus einer turmreichen Stadt ausziehen. Im Hintergrunde ein mit Bäumen bestandener Berg.

Rechts oben in Wolken Christus, ein Schwert ziehend, links der mit
Wunden bedeckte und von Pfeilen durchbohrte h. Sebastian in knieen-
der Stellung. Holzschn. 2: Der Gelehrte mit der Handrolle.
Aus dem Jahre 1507 nennen wir zwei Drucke:

49. DE LAVDIB. ET PRAECONIIS INCLITI | ATQVE TOCIVS
GERMANIAE | celebratiſſ. Gymnaſii litteratorij apud | Erphordia.
Eobani Heſſi Franco | bergii eiuſde litterariæ cuma | aipu-
lationis alumnuli | Jmcaix Ephebi Carme. | ſucceſſinis horis |
deductom. ||
4°. 16 Bl. Sig. Aii — Ciii. L. Bl. leer. Drittl. S.: Formatum
Typico Charactere Erphordie | apud Magiſtrum Vuolphii | Stnrmer
diligentia | Anno Chriſti) M. D. VII. ||
Jena, U.-B.; D., K. B.

Die zwei ersten Titelzeilen sind in Marschalks gr. schl. Antiqua
gesetzt, alles übrige in der kl. Antiqua, nur hin und wieder findet
sich aus Versehen eine grosse Maiuskel verwendet. Bildliche Ausstattung fehlt. Dem Gedichte ist u. a. eine Elegie Huttens an Eobanus
Hessus und Eobans Gratiarum Actio an Hutten angehängt.

50. THOMAE VuOLPHII IVNIORIS | IN PSALMVM TERCIVM |
ET TRIGESIMVM EX- | POSITIO ☙ (Dies in Rotdruck) Here-
hordus Margaritæ Leubargiæ | emptorienti proposit incitabu-
lum. | Sancta decent caſtos.... noret ore ſenex. ‖ (Tetraſt.)
4°. 18 Bl. Sig. Aii — Ciii. 2. und l. S. leer. Vorl. S. oben:
Expreſſum Erphordiæ Anno | M. D. VII. || (Drucker nicht ge-
nannt.)
B., S.-B.

Der Text ist sehr gedrängt und mit sehr geringem Einschuss in
der kl. Antiqua, wie das Titelgedicht mit Überschrift, gesetzt. In dem
Titel und in den Überschriften der einzelnen Abschnitte treffen wir
überall, manchmal sonderbar gesetzt, z. B. VuOLPHII, Qui, ANiA,
VuI.T, die gr. schl. Antiqua Marschalks. Die zweite Zeile zeigt dann
bisweilen die Maiuskeln des Textes. Die griechischen Typen, z. B.
C und Cib, wie das in den vorhergehenden Drucken erwähnte τέλος
sind die Schenk-Marschalkschen. Stnrmer verfügte also, wenn wir
auch die Holzschnitte berücksichtigen, wie es scheint, über den vollen
Marschalkschen Druckapparat. Diese typographische Ausstattung blieb
aber nicht dauernd in Erfurt, schon im folgenden Jahre, 1508, ist sie
wieder in Wittenberg, im Besitze von Johann Gronenberg.

E) Wolfgang Stöckel in Wittenberg.

Während die Privatdruckerei von Marschalk und Trebelius in
Wittenberg arbeitete, fasste der Kurfürst Friedrich den Gedanken, im
Interesse seiner Universität eine „gemeine Druckerei" in Wittenberg
ins Leben zu rufen. Der Augustiner Sigismund Epp, der erste Dekan
der Artistenfakultät, hatte ihn gebeten, etliche Bücher in via Scoti auf
Befehl der Universität drucken zu lassen. Der Kurfürst beauftragte,

Torgau 1. November 1503¹), den Propst der Allerheiligen-Kirche Dr. Friedrich von Kitscher und den Vicekanzler Martin Polich, den Praeceptor von Lichtenberg Goswin von Orsoy, den ersten Kanzler der Universität, und den Amtmann zu Neburg deshalb zur Beratschlagung zu sich zu fordern, um mit ihrem und der Universität Rate die Dinge zu handeln und zu bedenken zur Förderung der Universität. Er wäre nicht gegen den Druck, auch die anderen Fakultäten und Künste sollten berücksichtigt, auf jede Fakultät sollten 500 Gulden gewandt und eine gemeine Druckerei angerichtet werden. Die „Anrichtung" der Druckerei kam auch zustande, der Baccalaureus Wolfgang Stöckel aus München siedelte von Leipzig nach Wittenberg über, aber Bruder Sigismunds Wunsch wurde nicht zuerst erfüllt, sondern Stöckel druckte:

51. Compendium pulcherrimū Jurificanonici | clarriffimi Juris virtufq3 Doctoris ι Equitis | Petri Ravennatis, in quo innumerabilia au | rea et eleganitia dicta continentur. ‖ Ab diuum Augustinum ‖ Augustine... meminiffe tui ‖ Holzschn. Darunter: In laudem Vniuerfitalis Wittembergen. ‖ Vt quondam claris Studium flor-bat Athenis | Tempore fic nostro nunc viget Albioit. ‖

Follo. Sig. Alj — Diij. L. S. leer. Keine Foliierung. Vorl. S. unten: Impreffum est hoc opus | Compendij Juris canonici quo ab primoz | eius partes in floreutiffimo Studio Wittem- | burgenfi Arte et Industria honesti viri Vac- | calarij Wolfgangi Monaceñ. Anno dñice | incarnationis fupra Millefimūquingen-tefi | mū quarto. Die vo vicefima menfis Aprilis | felicem exi-tus est finem Anno quo fupra. ‖ Links daneben Stöckels kleines Signet: Auf schwarzem Grunde, auf dreistufigem Untersatze ein nach rechts gewandter Hammer. Zu dessen Seiten WS.

B., U.-B.

Die verwandten Typen sind eine mittlere schlanke Missale und Schwabacher. Der Text ist in 2 Kolumnen gesetzt. Der Druckfehler Albioit auf dem Titel hat den unglücksmenschen Ortinuus Gratius ver-anlasst, zu den klassischen Verballhornungen des Namens Wittenberg in seiner Criticomastix die vox hybrida Albiotum zu fügen. Sehade, dass das den Verfassern der Dunkelmännerbriefe entgangen ist. Den Holzschnitt besprechen wir weiter unten. Das Werk des Ravennaten wurde übrigens erst in Leipzig von Stöckel vollendet:

52. Petri Ravennatis viri bifertiffimi Juris | virtufq3 Doctoris cele-berrimi Equitifq3 | mirabili memoria prebiti. Secunda pars | Compendij Juris cāoici feliciter incipit. ‖ Ab Petram Rauen-natem | Petre pokes ... ponificum ‖ Der 2. Teil schliesst l. S. der Lage A3 unten: Sequitur tertia pars | huiu | vtiliffimi Com-pendij ‖ AA oben: Incipit Tertia ps huiu | vtiliffimi Compen-bij. ‖ TTiiij⁰ Mitte: Repertorium fiue tabula | titulorū compendij iuris | canonici ‖ Über alle 3 Teile.

---

¹) Weimar, G. A. Reg. O. pg. 88, NN. 2

Folio. Sig. 𝔄aij—𝔅viij, 𝔏—𝔏iij, 𝔐𝔂—𝔄ziij, 𝔄𝔄—𝔗𝔗iij.
Foliierung: Folium ij—Fol. 𝔈. xxxiiij und von 𝔄𝔄 ab: Fol.
j—Fol. c. r. Die letzten 2 Bl. nicht foliiert. Vorl. S. oben:
Impreſſum eſt hoc opus | Lipẓd opera et expenſis prouidi et
honeſti vi͂ | ri Baccalarij Wolfgangi molitoris de Mo- | naco
(al'ſ Stödlin) Ciuis lipſenſis, docto- || rumq̇ʒ viroxum fautoris
excellentiſſimi. Anno | a partu birginali ſupra Milleſimuũquingente |
ſimum ſexto currente. Die vero bicefimaſexta | Menſis Apriliſ
feliciter finitum. || Darunter Stöckels gröſſeres Signet; in hellem
Felde auf dreinuſigem Unterſatz der Müllerhammer. Zu ſeinen
Seiten und auf dem Unterſatze: W, 𝔐, 𝔖.
B., U.-B.

Der Satz wie vorstehend. Deutlicher als das Compendium entspricht dem kurfürstlichen Schreiben:

53. Expoſitio magiſtri Petri Tartaretl | ſup ſummulas Petri hiſpani cũ
al- | legationibus poſſinum Scoti docto | ris ſubtiliſſimi. ‖ Holzschn.
Folio. Sig. aij, iij—pij. 2. und l. S. leer. Durchgehend
foliiert: Fo. ij.—Fo. lxxviij. Dann 6 unfoliierte Bl.: Tabula.
Sig. q, aij, qiij, l. Bl. ohne Sig., dann qaj, qaij. l. S. in der
2. Kol., obere Hälfte: ❡ Finis huius tabule. ‖ Kein Koloph.

53a. ℭxpoſitio Magiſtri Petri |
Tartaretl ſup textu logi- |
ces Ariſtotelis cum alle- |
gationibus paſſui Sco- |
ti Doctoris ſubtiliſſiml. |

Holzschn. wie bei 53. Darunter ❡ Ab diuum Auguſtinum ‖
Auguſtine . . . tui. ‖ (Dist.)
Folio. Sig. acjj—ppiiij. 2. und l. S. leer. Foliiert: Fo.
ij—Fo. xci. l. und l. Bl. ohne Fol. Vorl. S. Schluss l. Kol.
mit calle pete. |

53b. Clariſſima ſingulariſq̇ totius phi- | loſophie necnon metaphiſice
Ariſto | telis magiſtri Petri Tartaretl expo- | ſitio. ac paſſuuim
Scoti allegatio. ‖ (Holzschn. wie 53.) 2. S.: Jlluſtriſſimo Prin-
cipi Sereniſſimo domino. domi | no Foederico Duci Saſſonie
Sacri Romani Jmperij Archimarſcalco et Electori Princi | pi bini
Maximiliani prefecto Pretorio Thuringorum ac Marchie Miſene
Comlli inulctif | ſimo ſuo Auguſto Martimus Mellerſtabt Polichius. ‖
(Widmg. o. D.) Diſtichon eiuſdem. ‖ Tartara . . . tenes ‖
Folio. Sig. Aij—Silij. l. S. leer. Foliiert: Fol. ij—Fo. cvij.
Das l. und die letzten 3 Bl. ohne Fol. Vorl. S. 2. Kol.: ❡ Et
ſic eſt finis tabule totius phie | naturalis necnon metaphiſice. ‖
Auf dem drittl. Bl. l. Kol. Mitte Stöckels kleines Signet.
Darunter: Commentationũ Talia | reti viri prelari in doctrina
Scoti ſuper | Ariſtotele et Petro hyſpano finis In- | preſſa::
Albiori in academia noua:man- | dato et expenſis illuſtriſſimi
Principis ʒ | Sereniſſimi dn͂i. domi Federici Ducis | Saſſonie
Sacri Romani Jmperij Ar- | chimarſcalci et Principis electoris

Sont | grenij Thuringie : Marchionis mijne: | per Baccalarium
wolfgangnm Stöd | el Monacenſem Anno ſalutis quarto ſn | pia
Miſleſimōquingentꝛſimnm. Sexto | talēbas Septembris. Reg. biuo
Maxi- | milliano Romanorum Rege. |
B., U.-B.

Satz: Mittl. schlanke Missale, Schwabacher, grössere und kleine
gotische Textltype. Herausgeber ist Sigismund Epp. Hier ist der Platz,
den beiden grossen Drucken gemeinsamen Titelholzschnitt zu besprechen,
der bezeichnender Weise dem Leipziger Schlusse des Compendiums
fehlt, den dann aber in einem Nachschnitt verkleinert Martin Landsberg
1508 einmal gebraucht. Quadratisch umrahmt, stellt er das von vier
Engeln, oben zwei auf Wolken fliegend, unten zwei auf Wolken knieend,
gehaltene, auf einem geschlossenen Buche stehende, spitzovale Siegel
der Universität Wittenberg dar. In diesem sieht man den h. Augustinus
im vollen bischöflichen Ornate mit Mitra, den Hirtenstab in der Rechten.
In der Linken hält er ein von einem Pfeil durchbohrtes Herz. Er
steht vor nischenartigem gotischem Masswerk auf einem Piedestal.
Über ihm ist das sächsische Kurwappen angebracht, unten der sächsische Rautenschild, links von ihm ein Schild mit einem schwarzen, nach
rechts gekehrten Löwen, rechts ein anderer mit einem nach links
schauenden Löwen. Die Umschrift des Siegels lautet: . S . QVI . SE-
QVITVR . ME . NON . | . AMBVLAT . INTENEBRIS . 1503 . | (Das erste
Q ist in verkehrtem Sinne geschnitten.) Auf der Mitte des Holzschnittes schweben am Rande zwischen den oberen und unteren Engeln
r. und l. zwei kleine leere Spruchbänder.

Der Verschleiss der Tartaretausgabe fiel der Universität, und
zwar der Artistenfakultät, zu. Noch 1516 (12. Juli) finden wir den
Verrechnungseintrag: Idem Johannes Hockenhem computauit de libris
seu exemplaribus, videlicet de Tartarelis, quorum nonem exemplaria
vendidit, de quibus percepit septem sexagen. et X gr., und 1517 (23. Mai):
Joh. Hockenheym arclum Mgr. computauit de Tartaretis vendidis, vendidit enim quattuor Tartaretos pro tribus sexagen. antiquis.

Ein nicht officieller Druck Stöckels ist:
54. Celebⁿdi patris Baptiſte Mā- | tuani Carmelite theologi Par- |
thenices prime liber primus. In | quo et bita et mores Inte-
merate virginis Marie bei geni- | trieis castissime continentur.
cuius quoliens per veſtigia | ibimus tociens non errabimus. ||
4°. 76 Bl. Sig. Aij — Riij. L. S. leer. Vorl. S. unten: Im-
preſſum ē hoc opꝰ | in ducali oppido Wit | tenbergenſi per
hone | ſtnm virum Baccala | riū Wolfgangum mo | nacenſem Anno
ab in | carnatione Chriſti ſu- | pra mileſimūqningen | teſimnm
quarto. || Daneben das kl. Signet.
Bonn, Univ.-Bibl.; B., U.-B.
Typen: Mittl. schl. Miss. und Schwabacher.

Stöckel ging, wohl weil er mit den Erfolgen seiner Thätigkeit
in Wittenberg nicht zufrieden war, noch in demselben Jahre wieder
ganz nach Leipsig zurück.

F) **Symphorian Reinhart in Wittenberg.**

Bevor wir zu Johann Gronenberg übergehen, wollen wir noch einen sonst ganz vergessenen Drucker in Wittenberg erwähnen, der sich nur einer mittleren Missaltype und einer schönen Schwabacher bediente, Symphorian Reinhart aus Strassburg. Im Jahre 1512 druckte dieser ein hochinteressantes Buch:

55. Ein ſer anbechtig Criſten⸗ | lich Buchlei aus hailigẽ | ſchrifften vnd Lerern | von Adam von | Fulda iſt lentich | reymenn | ge⸗ ſetzt. ‖ Inhalt: Diß Buchlein hat Funff tailt | Der Erſt tail ſagt von der aller halligſtẽ Dry⸗ | faltikait. ‖ Der anber tail /ſ ſagt von der Vereinigung Gottes | nub der menſchen / nachdem vnſer Erſtẽn eldern | geſundet hetten ‖ Der Tritt teyl ſagt von der menſchwerdũg chriſti | Jeſu vnſers herren vnd von ſeinen zeichen ‖ Der Vierdt tail ſagt von dem halligenn Lanben | Chriſti vnb von derſelben Propheteẽ ‖ Der Funfft tayl ſagt von der Abfart in die Helle | Bon der Erſteung vnd Hymelfahrt Chriſti Auch | von der jenhag des hailigen gaiſts vnb von dem | Jungſten gericht ‖. H. 38 Bl. Sig. aij—bv und c—ciij. L. S. leer. Drittl. S.: Getrudt zu Wittenburgk in der | Churfurſtlich‘ ſtat durch Sim⸗ | phorian Reinhart. Anno dñi | Tauſent fünffhundert vnnd jm | zwelfften jar. ‖

Berlin, Kgl. Bibl., Hamburg, Stadt-Bibl.

Der Titel und die Überschrift des Inhaltsverzeichnisses sind in einer mittleren, gotisierenden Schwabacher-Missale, der Text in Schwabacher gesetzt. Der Schwabacher sind eigen offenes h und älteres geschlossenes h und j mit zwei Punkten, offenbar aus der Ligatur ij verstümmelt. Wir äussern uns unten noch weiter über beide Typen. Der Druck ist schön auf schönem Papier. Das Merkwürdigste bei dem Drucke aber sind die Holzschnitte, womit er verziert ist, die wir bisher nicht erwähnt haben, bis auf einen unbekannte Bilder von Lukas Cranach.

Die Bilder sind im Durchschnitt 111 : 75 mm gross.

Holzschnitt 1. aij^b: Der sogenannte Gnadenstuhl. Gott Vater, halb rechts sehend, mit hoher Krone, hält vor sich den an ein T-förmiges Kreuz geschlagenen Christus. Auf dem linken Kreuzesarm der heilige Geist in Gestalt einer Taube. In den 4 Ecken Engelsköpfchen. Das Ganze flüchtig gezeichnet.

2. bij: Die Erschaffung der Eva. Adam, mit lockigem Haar, an einem Baumstamm, gestützt auf den rechten Arm, das rechte Bein über das linke geschlagen, schlafend. Hinter ihm Gott Vater, nach vorn geneigt, Eva aus der Rippe schaffend. Im Vordergrunde rechts sitzt ein Kaninchen. Bis auf den kümmerlichen Unterleib Adams und die gezwungene Stellung des rechten Unterschenkels ist das Bild gut und echt Cranachisch (Gesicht der Eva) gezeichnet.

3. ci^b: Die Verkündigung Mariae. Links Maria, betend vor einem auf einem Pulte aufgeschlagenen Buche kniend, das Gesicht dem

rechts stehenden Engel zugewandt. In der Mitte des Hintergrundes eine Säule, zu der zwei Gewölberippen aufsteigen.

4. bij: Christi Einzug in Jerusalem. Christus, die rechte Hand segnend erhoben, nach rechts auf der an den Vorderhufen beschlagenen Eselin reitend, neben der (vom Beschauer hinter ihr) das Füllen schreitet. Rechts, vor Christus, Menschen, die vor der Eselin ihre Kleider auf den Weg breiten, und dahinter eine hohle Weide, von der ein auf dem linken Bein knieender Jüngling mit gepafften und geschlitzten Ärmeln und am rechten Knie zerrissener Hose mit der Linken einen Zweig herabwirft. Hinter dem Heiland gehen die Jünger. Hinter ihnen erhebt sich auf steilem Berge eine Burg.

5. Auf der vorletzten Seite des Bogens b: Christus am Kreuze, das von Nehuchardt (II, 290, Nr. 136) und von Dommer (Lutherdr. 215, 5) beschriebene Bild. Unser Abdruck ist der älteste (1518, 1516, 1512), aber auch hier schon hat der Stock am Hinterkopfe der Maria Magdalena eine ausgesprungene Stelle.

6. c: Die Niederfahrt zur Hölle. Christus, mit dem Rücken nach dem Beschauer zu gekehrt, in weitem Gewande, den linken Fuss auf die gesprengte Thür der Unterwelt gestellt, die Linke mit dem Labarum hoch gehoben, streckt, in eine Schar von Verdammten hineingreifend, einem alten, hageren, langhaarigen Manne helfend seine Rechte entgegen. Unter dem Arme steht, die Hände bittend erhoben, eine mädchenhafte Gestalt, deren Züge offenbar Ähnlichkeit mit denen Marias von der Verkündigung und denen Evas, den bekannten Cranach'schen Typus, tragen. Im Hintergrunde schlagen lohende Flammen in die Höhe. Über ihnen schwebt ein Teufel mit Tierfratze und Fledermausflügeln und mit Krebsscheren statt der Hände.

7. ciiij: Beginn des jüngsten Gerichtes. Christus, in einen langen Mantel gehüllt, die Füsse auf die Weltkugel gestützt, auf dem Regenbogen sitzend, die Hände gehoben, mit strengem Gesicht. Aus dem rechten Ohr geht ein Lilienstengel, aus dem linken ein Schwert hervor. Rechts schwebt ein kindlicher Engel, der eine grade Posaune bläst, auf deren Tuch das Kurwappen abgebildet ist, links ein anderer mit wellig gewundener Posaune, auf deren Tuche das sächsische Wappen erscheint. Rechts vor dem Regenbogen kniet betend eine Heilige (Maria), links ein Heiliger (Johannes der Täufer). Unter dem Bogen sieht man 9 offene Gräber. Aus 4 derselben erheben sich Männer; in der Mitte des Vordergrundes streckt eine dem Grabe entsteigende Frau entsetzt die Hände zu Himmel; rechts kauert ein Mann, der die Hände vor das Gesicht drückt, und links liegt ein schreiender Mann, der sich die Ohren zuhält.

8. Auf der vorletzten Seite: Einfach, aber nicht unschön gezeichnet und geschnitten, das herzoglich sächsische Wappen (auf Johann, den Bruder Friedrichs III., bezogen).

Der Herausgeber dieser religiösen, aus lateinischen und deutschen Zeilen bisweilen gemischten Dichtung ist Wolff Cyclop (eigentlich

Wolfgang Kandelgiesser) aus Zwickau, „der freyen kunst magister".[1]) Aber wer war Symphorian Reinhart? Über ihn geben allein Auskunft ein paar Verse, die an Christoph Scheurls bekannte „Oratio attingens litterarum prestantiam, nec non laudem Ecclesie Collegiate Vittenbergensis" (Lips. Martin. Herbipol. 1509. 4°) angehängt sind: Otho Beckman Wartbergius Simphoriano Reynardi Argentino Sculptori nostra tempestate celeberrimo optimoque.

 Simphoriane tibi parui sunt corporis artus,
 E contra exiguo robora magna viro.
 Ingenio supernas nostra hec quos secula claros
  Sculptores fama commemorare valent.
 Phidiacas in vincis opes, tibi cedit Apelles,
  Praxiteles victas dat tibi, crede, manus.
 Hinc nostris charos principibus esse videris,
  Hoc facit ingeniam Simphoriano tuum.
 Argentina tibi letissima plaudit alumno,
  Illustres patrios reddis, amice, lares.

Sculptor werden wir hier wohl eher mit Holzschneider als mit Bildhauer zu übersetzen haben. Darnach hätten wir in Reinhart wohl nicht bloss den Drucker, sondern auch den Schneider der Bilder zu sehen. Der Strassburger Buchdrucker und Holzschneider Johann Grüninger hiess, wie wir wissen, eigentlich auch Reinhard, daher liegt es nahe, an einen Zusammenhang zwischen den beiden Männern zu denken.

Nun noch einmal zum Satze des Buches! Er ist in beiden Typen und mit den Eigentümlichkeiten der Schwabacher identisch mit:

56. Die zaigung des hochlobwirdi-|gen hailigthumbs der Stifft | kirchen aller hailigen zu | wittenberg ||
 4°. 44 Bl. Sig. aij—fiij. Vorl. S.: Gedruckt in der Churfuritlichen Stat Wittenberg| Anno Tausent funffhundert vnd neun. ||
 Dresden, Kgl. Bibl.

Wenn es nun auch feststeht, dass Johann Gronenberg sich später dieses Satzes (wie auch z. B. des Holzschn. 5 aus Nr. 55) bedient[2]), so ist es doch wohl nicht ausgeschlossen, dass Reinhart die Zaigung gedruckt habe, und nicht jener. Als Mittel zwischen den eben besprochenen Drucken und den späteren von Gronenberg ist mir aufgefallen:

57. Johan: Babel | Monomontani dialogus qui | inscribitur Zoilus. ||
 4°. 20 Bl. Sig. Aij — Giiij. Koloph.: Impressum Lipsi per Melchior Lotter | Anno dñi Millesimo quingentesimosexto ||
 Halle, Waisenhaus-Bibl.

---

[1]) Schles. Zeitschrift XXVI, 219.
[2]) Ehn gehstlich edles Buchleynn. | von rechter vnderscheyd | vnd vorstand was der | alt ôn new mensche sey. Was Adams |ôn was geittis sind seb. ân wie Ade | vnn vns sterben vnnd Christus | erstern sol. ||
 4°. 14 Bl. Sig. Aij - Ciij. L. S.: ¶ Gedruckt zu Wittenberg durch Joann Grunenbergk. Anno. nach Christi geburt Tausent funffhundert ôn im sechzehnden | jar am tag Barbare. Bey den Augustinern. || B., S.-B. Mehrfach j.

Typen: Titel 1. Z. grosse starke Missale; 2. und 3. Z. mittlere schlanke Missale, ebenso die Überschriften. Das übrige Schwabacher. Die Schwabacher zeigt ebenfalls offenes b und geschlossenes b. Sie scheint mit den Gronenberg-Reinhart-Typen übereinzustimmen, Schlüsse aber sind noch nicht hieran zu knüpfen. Die mittlere Missale ist ebenso mit Gronenbergs eigentlicher, echter mittlerer Missale verwandt, wenn nicht identisch. Ich bin nur diesem Druck vereinzelt unter den Lottersehen begegnet. Ganz ebenso lassen sich aus dem vereinzelten Schwabacher D bei Trebelius keine Folgerungen ziehen.

G) Johann Gronenberg in Wittenberg.

Nach den letzten Abschweifungen wird es notwendig sein, uns ins Gedächtnis zurückzurufen, dass unser Faden das Geschick der Marschalkschen Druckerei ist.

Nach unserer Kenntnis entbehrte Wittenberg 1506 und 1507 einer Druckerei. Wollten die Wittenberger Gelehrten etwas drucken lassen, so übergaben sie ihre Veröffentlichungen meist Martin Landsberg in Leipzig, der „alhj zu Wittenberg allein ein stetten Kram mit Puchern (hat)" und „ist der erst, so in diese Universitet vnd vns allen noch teglich truckt", wie Christoph Scheurl in einem Bittschreiben für ihn an den Kurfürsten sagt.

Erst 1508 tritt wieder ein ständiger Buchdrucker in Wittenberg auf: Johann Gronenberg. Das Dunkel, das über den persönlichen Verhältnissen dieses Mannes liegt, lässt sich bis jetzt nicht lichten. Ist er wirklich identisch mit dem Johannes Becker(er) Viridimontanus, der 1508ᵃ in Wittenberg immatrikuliert wurde, wie Dommer anzunehmen geneigt ist, so hätte er 1511 [pso die dini Hieronymi das Baccalaureat in den freien Künsten erworben. Wenn wir uns daran erinnern, dass 1491[b] Marschalk in Erfurt als Nicolaus Marschalcus de Gronenberg intitulicrt worden ist, liegt es wohl näher, Johann Gronenberg für einen Landsmann Marschalks, einen Thüringer, als für einen Schlesier zu halten, auch wenn heut kein thüringischer Ort dieses Namens mehr bekannt ist.

Der erste sichere Druck Gronenbergs ist:

59. PRAECEPTA ISOCRATIS | PER ERVDITISSIMVM | VIRVM RVDOL- | PHVM AGRICO | LAM GRAE | CO Sermo- | ne in lati- | nū Tra | duc | to || 2. S. Holzschn.

4°. 10 Bl. Sig. aii — bffi. 1. Bl. leer. Drittl. S.: Expreſſum Wittenburgii per Joannem | Gronenberg. Anno domini Mille- ſimo | qningentesimo octano. ||

Leipzig, Museum Klemm.

Der Titel und die Überschriften haben die grosse schlanke Marschalksche Antiqua, Text und Koloph. die kleine Marschalksche Antiqua und der Holzschnitt S. 2 ist unverändert der Gelehrte mit der unendlichen Bandrolle, den wir, vom selben Stock abgezogen, bei Marschalk, Trebelius und Stürmer gefunden haben, unser „Leitfossil".

59. Ad Illuſtriſ. Saxoniæ Principem : Magnificen- | tiſ. ducis Jonnis Filium : pro primo ſuo aducu | In vrhem Alblorenn Georgil Sibuti Poctæ & | Oratoris laureati : Carme & deprecatoriu pro | proſpera valitudine ſeriom. || Holzschn. Darunter: Cum te Phœbeo ... vimine ferta aigeat || (Tetrast.) 2. S. Nomlols excnſatio Illuſ. Principis || Vorl. 8.: Τέλος.
4°. 6 Bl. Sig. Aii, Aiii, L. 8. leer. Vorl. 8. unten: Impreſſum Alhiborgii per Joannem | Gronenberg . Anno . Millefimo quin | genteſimo octano. ||
Jena, U.-B., Halle, U.-B.
Titelblatt: gr. (Marsch.) Antiqua, von der 2. 8., Text der excusatio, ab die kleine Antiqua bis Aii unten: tempus |[. Von da bis zum Ende wieder die gr. Antiqua. u und v wechseln im Anlaut, bei vimine auf dem Titelblatte sieht man die Spuren des y-Schwänzchens. Der Holzschnitt ist der bekränzte Jüngling aus dem Enchiridion Marschalks (oben 31, 5) mit AW auf der Brust. Das Griechische, (Τέλος, ist in Schenck-Marschalkscher Type.

60. DISTINCTIONES | THOMISTARVM : || πολλακι και ζηκο- ρου ανηρ μαλα καιριον ειπεν | hoc eſt : latino carmine | Sæpe etiam eſt olitor valde opportuna locutus. | Magiſtri Ricardi Sbrulii Tetraſticon | Ad Lectorem. || Vt lepidus ... atrox. || Magiſtri Andreæ Iludenstuln Trochaicu | Sotadicu trimetru aratalectico ad occipicii | punctorea | Irrnunt canes ... prophanos. ||
4°. 29 Bl., ein 30. dürfte fehlen. Mit dem 2. Bl. fangen unten Seitensignaturen an, erst A—Z, dann aa—zz, endlich a—i. Das 29. Bl. und die 8. davor ohne Sig. Si⁰ unten: ¶ Impreſſum Wittenburgii per Joannem | Gronenberg . Anno . M. D. VIII. | III Kalendas Ianua: ¶
L., U.-B.

Auf dem Titelblatt finden wir zuerst die gr. Antiqua, der Text des Tetrastichons von Sbrulius und dann von Sotadicu bis prophanos, alles ist in der kl. Antiqua gesetzt. Die gr. Antiqua erscheint nur noch in Überschriften und bisweilen dann noch in einzelnen Zeilen. Die Haupttype ist die kl. Antiqua, die hier auffallend reich an Abkürzungen und eng gesetzt ist. Das Griechisch in bekannter Minuskel. Dieses bisher verschollene Buch Karlstadts enthält auf der 2. S. des 29. Blattes das älteste in Wittenberg gedruckte Hebräisch, zeilenweise in Holz geschnitten, dazwischen die lat. Übersetzung in der gr. Ant.:

יחדו בן ה
dei filius Jeſus

בני יצ יצי ברם
Mariæ filiusel Dauid filius &

בלאחן . ב.ל.הן —ל—
mundi rex

und unten: ABK חרר חר.

Aus dem Jahre 1509 erwähnen wir nur:

61. Panegyricus Othonis Befman Vuartbergil | Artiu pfefforis in ȷeconinm Ueueredissimi in | chrifto patris ac Illuftriffimi Prineipis & dni: | dṅl Erici dei gṙa Electi Padebornenfis ac ad- | miniftratoris Ofnaburgenfis Ecclefiaŗ, du- | elfq; Brunfulecenfis &c. nuper foȷ̇gerente & | precipiente Calliope per fomnia: In famigera | tiffima Academia Vittenburgen̄. tumultua- | rio currentiq; carmine efsufus. ¶ Varia Epigramata ad eundē Contubernli | Poetarum Vittenburgenfium. ǁ Hexaftychon Hermanni Tulleken | Nenhemeſt . ad lectorem. ǀ L. 8. Holzschn.
4°. 12 Bl. 8kg. Aij—Bilj. Vorl. S. unten: Inpreſſum 𝔚ittenburgij per Ioanue Viridi | montand . Anno . M . D . IX. ǁ
Jena, U.-B.

Auf dem Titelblatt bis effufus die gr. Antiqua, dann die kl. Antiqua, die auch der Koloph. zeigt. Haupttype die gr. Antiqua. Das f im Titel und das ɯ in den Randlemmata in kleiner, gotischer Type. In der Widmung 2 griechische Citate aus Phocylides. Der Holzschnitt ist der Gelehrte zu Ross aus dem Enchiridion (Nr. 31, 7).

62. COMOEDIA PHILYMNI SYAS- | TICANI Cui NOMEN | TERATOLOGIA. ǁ AD PLACIDVM EMPTuRIENTEM | LECTITATOREM. ǁ Inftrue quм tenera... morte carent. ¶ VIGEAT : FLOREAT : CRES | CAT : GLORIA FOEDE | RICI PRINCIPIS . ET | R. P : LEVCO- | RIANAE. ¶ L. 8.: Sæcula quid Pylli geftis quid Neftoris annos | Triftia : qum melior læta breuifq; dies ǁ Holzschn. Darunter: χαιρε φιλογλικια ελπιω εμη ζωη εμη | ε꜀ꝏδ ταυτα νικει. | Salue philogiltia fpes mea vita mea | Amor vincit omnia. ¶ שלוה קדם קדם קדם: יהו Vorl. S. unten: EXaratǎ eſt Leucorie vluis characterib . p Ioan | nem Gronenberg . Anno virginei partus . M . D | & noui fæculi IX . vii . Idus Septemb. Studii | autc orī Inftauratiōis Anno . VII. ǁ
Wolfenbüttel, Herzogl. Bibl.

Auf dem Titelblatte haben die erſten 5 Z. die gr. Antiqua, der Text des Gedichtes die kl. Antiqua. Der Koloph. hat auch die kl. Antiqua, sonst ist mit unbedeutenden Ausnahmen die gr. Antiqua verwendet. Weil Gronenberg wegen der Verstümmelung des y zu v zu wenig y zur Verfügung standen, finden wir manchmal ein kleines y in die Zeile gehüpft: CYL. Viele griechische Citate. Das sonderbar, aus Ostentation, angebrachte Hebräisch ist die von uns (Nr. 32) erwähnte Blockzeile aus Marschalks Introductio. Der Holzschnitt zeigt uns wieder einmal den Gelehrten mit der Handrolle (Nr. 32). Hätte K. Krause bei seiner Ausgabe der Epigramme des Euricius Cordus (Berlin 1892) unsern Druck gekannt, so hätte er sich nicht dazu verleiten lassen, zwei Ausgaben, von 1507 und 1509, anzunehmen. Für Krause wäre auch die angehängte bösartige Satyra Thilonini Chunradi Philymni Syasticani in coniugalem quendam poetellum nominḭs sui obtrectatorem, gegen Euricius Cordus, von Interesse gewesen. In dem

darauf folgenden Elegidion amatorium nicht das von Cordus (Epigr.
I. II Nr. 51, 52) angestochene Distichon:
    Sic tibi primitias referam in tua templa quotannis
    Et faciam vitulam munera magna tibi.
Aus dem Jahre 1511 nennen wir drei datierte Drucke:
63. ANTHONII CODRI VRCEI | Rhytmus die diui Martini | pronunciatus. | HERMANNVS TREBELIVS NO- | tianus Poeta laureatus Studiofo lectori. ¶ Accipe fuauiloqui... Apollo fuis. ||
2. Bl. Noten für D. A. T. B. Darunter: CODRVS ad Alexandrū Menzolū || Si cupis... labore legas. ||
4°. 4 Bl. Sig. nur aii. L. S.: Wittenburgü in officina Ioannis | Gronenbergii. AN : M . D . XI. | Darunter noch: CODRVS AD IVVENES. | Dum datur... talis erit. ¶ (Dist.)
D., K. B.
Nur der Text des Tetrastichons auf dem Titel in der kl. Antiqua, das übrige in der gr. Antiqua. Bei dieser jetzt im Anlaut vorherrschend v. Die rohgeschnittenen fünfzelligen Musiknoten auf der 2. S. sind Wittenbergs ältester Notendruck. Natürlich sind sie in Blockholzschnitt hergestellt.

64. ΤΗΛΙΩΦΡΗΣ ΒΑCCΗ.Ι. | Cupido. | Xenia || ¶ Ad Lectorem. || Io io io conimus Io io celebramus Iacchi | Io io Mycetij carmina facra dei. || οι ναρθηκοφοροι πολλι ναιροι δίγε βάγχοι | Sunt pauci Bacchi: multi fed Therfiferi funt ¶
4°. 6 Bl. Sig. Aij, Aiij. L. S.: Exaratū in Leucorio electorali Academia Anno numeri | minorie vndecimo Nonis liberi patris Rubrinis. || (d. l. Ianuariis.)
W., H. B.
Ibi auf die griechische Zeile des Titels und die darauf folgende lateinische Überfetzung, die in der kl. Antiqua gegeben ist, alles in Gronenbergs eigener mittleren gotischen Type. Das Buch, das an Schamlosigkeit Unmögliches leistet, ist, wie unser Expl. durch seine handschriftlichen Noten, die auf Thilonin zurückgehen, ausweist, wirklich zu Vorlesungszwecken benutzt worden, wie Curdus (bei Krause pg. 101, 32) dem Verfaßer vorwirft.

65. Εἰσαγογη προς των γραμματων ελληνων: | Elementale introductorium in | idioma Grecconicum. ¶ Contenta in hoc Opello. | Alphabetum Grecu & eius lectura. | Abbreuiationes & colligature. | Oratio Dominica. | Salutacio Angelica. | Symbolum fanctoru patrum. | Benedicite. | Gratias. | Salutacio Mortaliu ad Virginē Mariam: | Miffa de Diua Virgine. | Euangelium Diui Ioannis. | Canticum Mariæ. | Canticum Angelorum. | Oratio ad Deum. | Dicteria feptem fapientum. | Aliquot Pfalmi penitenciales. | Hæc omia Græcæ cū interpalatiōe | Latina. | 2. S. HERMANNVS TREBELIVS NOTIANVS | P. Laureatus fludiofæ inuentuti & | facerdolibus Chrifto deuotis. | ut græcas litas adifcant. ¶ (Wie oben N. 43.) Ali: Alphabetum Græcum. ¶ Dritt. S.: Τέλος. | τω θεω δοξα. || L. S.: λογοι ειωι

τον γυναοσ θηλυκον πραγματα δε αρσι | νικον, l. verba
funt güla femini Negotia nero | mafculini. ‖ πασα γυνη χολοσ
εστιν εχει δαγατασ δυο ωρασ | Ois mulier iracūda v habet
aut bōas duas horas | την μιαν εν θαλαμω την μιαν εν θανατω |
vnam in lecto vnam in morte. | fcilicet dormiens & vita fanels. ‖
4°. 12 Bl. Sig. Aii—Biii. L. S. leer. Vorl. S. Mitte: Formatum Typis Wittenburgii in | officina Ioannis Gronenbergii | ANNO MDXI. ‖
M., H.- & S.-B.

Der lateinische Satz auf dem Titelblatte, 1. und 2. S. gr. Antiqua. Von S. 3 ab herrscht mit Ausnahme der Überschriften, die meist die gr. Antiqna haben, die kl. Antiqua vor. Von Aiii ab ist der lat. Satz, abgesehen von 4 Überschriften in mitt.l. Missale. ganz die gr. Antiqua. Die Missale findet man auch im Titel und S. 3. Der griech. Satz hat nur Minuskeln, ohne Spiritus und Accente, nur in dem Kapitel DE DIPHTONGIS sind verständnislos die lat. Typen AI, Ay (für AY) EI, Ey (für EY), OI, Oy (für OY) gesetzt. Die Vokale mit Jota subscriptum sind ohne jegliches Zeichen. Bei den Abbreviationes & colligaturæ folgen die 2 Zeilen Marschalkschen Blockholzschnittes aus Nr. 32. Die Anleitung ist wörtlicher Abdruck von Trebelius (Nr. 43) und schliesst auch hier Aii^b mit transeat. Die Lesestücke sind gegen Trebelius bedeutend vermehrt und keineswegs alle auf dem Titel genannt, alle mit der lateinischen Interlinearübersetzung. Nach den Cynismen auf der letzten Seite darf man wohl den Thiloninus Chonradus Philymans für den Herausgeber halten, der nach dieser Anleitung selbst Griechisch lehrte, wie vor ihm Trebelius und Marschalk.

Dem Jahre 1511, vielleicht auch schon 1510, gehört an:

66. DIOGENIS CYNICI PHILOSOPHI SECTA | Authore Bartholomæo colonienfe latine. Infignia | Diogenis. Cratis phi cynici epiftolæ elegantiffimæ ‖ Holzschnitt. Darunter Verse.
4°. 8 Bl. Sig. Aii—Biii. L. S.: TELOS. Kein Koloph.
S., G. R.-B.

Druck in der gr. Antiqua. v kommt im Anlaut, wenn auch nicht überall, vor. Mehrmals steht Τέλοσ. Der Holzschnitt stellt Diogenes vor der sehr langen Tonne dar. Langbärtig, in langem Gewande. An der rechten Seite hängt eine Tasche (pera). Mit den Füssen steht er je auf einem von einem Kreise umschlossenen Drudenfusse. Mit einem Knüttel in der Linken jagt er einen Hund, der etwas im Maule fortträgt. In der Rechten hält er eine Frucht. Ich halte dieses Bild für einen ungeschickten Nachschnitt aus:

67. DIOGENIS CYNICI PHILOSOPHI | Secta Authore Bartholomæo colonienfe latine. | Infignia Diogenis. | Cratis philosophi Cynici epiftolæ elegantiffimæ. | Holzschn.: Diogenes.
4°. 10 Bl. Sig. Alij—Biij. L. S. leer. Kein Koloph. Vorl. S. Signet des Sebald Striblita: Ein nackter Mann mit einem Stab in der Rechten und eine Frau in der Tracht der Zeit, vor

einem Baume stehend, halten einen Schild, in welchem verschlungene Linienornamente drei 2 zu 1 gestellte Sterne umwinden. Neben dem Baume oben r. und l.: SS.
B., 8.-B.

Hier ist das Bild besser gezeichnet und geschnitten. Der Knüttel ist in der Rechten. Über der Tonne ist rechts noch die Sonne zu sehen und unter dem Hunde ein Stein. Die Tasche an der linken Seite ist sorgfältiger behandelt. Der Philosoph trägt Schnabelschuhe.

Ein besserer, aber freier Nachschnitt hiervon, zur Darstellung eines Juden verwendet, findet sich auf Luthers Sermon von dem Wucher. (Gedruckt zu leyptzig durch Valten Schuman. O. J. 4°. (B., U.-B.). Hier steht über dem Arm des Diogenes: „Vierzal oder gib czinß" und über dem Hunde: „Ich beyß Nablu bub begere alle pept gewin". Vgl. auch Dommer, LDr. 222, 26. Striblita giebt in seiner Ausgabe auch mehr als Nr 66, die Widmung des Übersetzers Athanasius Constantinopolitanus, eine zweite Widmung eines älteren deutschen Herausgebers, des Joannes Stabius an Joannes Graccus Plerius, d. Ingolstadt u. D., und ein Gedicht des Stabins, alles, vielleicht auch das Bild, wohl einem uns unbekannten Urdruck entnommen. Striblitas Druck gehört vermutlich in das Jahr 1510.

Aus dem Jahre 1512 hätten wir eine Grouenbergsche Dares-Ausgabe zu besprechen. Da aber das mir bekannte Expl. der Leipziger Stadtbibliothek im Anfange beschädigt ist, substituiere ich den damit übereinstimmenden Druck von 1513:

68. Hiſtoria Daretis Phrygij | de Excidio Troie. ‖ Holzschn. 1. Aij Holzschn. 2. Aijᵇ Holzschn. 3. Überschrift: Hector ab paride Germanū ‖ Aiij Holzschn. 4. Überschrift: Achilles qui Hector occibit. ‖ Aiijᵇ Holzschn. 5. Überschrift: Priamus rex Troianorū. | Aiiij Holzschn. 6. Überschrift: Agamemnon dux Grecorū. ‖ Aiiijᵇ Holzschn. 7. Überschrift: Anchises Troianus. | Av Holzschnitt 8. Meuelaus helene maritus | Avᵇ Holzschn. 9. Überschrift: Aeneas Troianus. | Avj Holzschn. 10. Überschrift: Ulyſſes Itharus ‖ Avjᵇ Holzschn. 11. Überschrift: Polyborus priami filius | a Polymneſtore propter aurum occiſus. ‖

4°. 24 Bl. Sig. Aij—Giiij. L. 8.: ¶ Impreſſum in officina Joannis | Groenbergij. Anno a Natali | Chriſtiano | 1513. ‖
B., U.-B.

Titel und Überschriften in mittlerer schl. Missale. S, 2 und Aij gr. Antiqua. Bildunterschriften kl. Antiqua. Von B ab bis zum Ende Grouenbergs gotische Type. Holzschn. 1. Kurfürst Friedrich zu Pferde, nach rechts reitend, gepanzert, aber ohne Helm, in den Haaren drei Straussenfedern, der Unterkörper ganz in die Turnierdecke versteckt, die ganz aus dem Kurwappen und dem sächsischen Wappen zusammengesetzt ist. Ein flatterndes Band weht ihm, wie scheint, vom rechten Arme nach.

2. Parisurteil aus Nr. 40.

3. Hektor als gepanzerter Ritter, ohne Helm, nach links reitend. Mit Schnurrbart und ganz kurzem Unterbart. Um den Kopf ist ein Band gebunden, das hinten in zwei Enden nachweht. Der rechte Arm ist in die Seite gestemmt.

4. Achilles, zu Fuss, gepanzert ohne Helm, ohne Bart, langhaarig, geradeaussehend, um die Stirn läuft ein gewundenes Band, an der rechten Seite eine blumenähnliche Agraffe, von der eine breite Feder nach rechts hängt. Die rechte Hand ruht auf dem Griffe des hinter dem Rücken querhängenden Zweihänders. Die linke Hand hält eine an die Schulter gestützte Harte. Das Bild wird mehrfach verwendet.

5. Priamus, mit eckigem Gesicht ohne Schnurrbart mit mittellangem Kinnbart. Auf dem Kopfe eine Mütze. Die rechte Hand stützt sich auf den Oberschenkel, die linke gestikulierend nach oben gehoben. Die Schultern umgiebt ein pelzgefütterter Mantel, den eine Agraffe vor der Brust hält. Der geknöpfte, in der Taille enge Rock ist lang und mit Pelz besetzt. In Kniehöhe läuft um ihn ein geschlossener, gürtelähnlicher Pelzstreifen. Die in schwarzen Schuhen steckenden Füsse auswärts gespreizt.

6. Agamemnon. Unter einer Gewölbedecke, an die er fast anstösst und die rechts und links mit 2 längsgeteilten Schilden geschmückt ist, steht ein langer, bartloser Mann, in geknöpftem, ziemlich kurzem Gewande, dessen Oberärmel und untere Kante blattähnlich zerschlitzt sind. Der linke Arm ist etwas gehoben. Das Schwert hängt an einem dünnen Riemen an der rechten Seite. Die ganze Figur steht windschief nach rechts. Rechts am Boden wächst eine Distel, links ein Blätterbusch.

7. Anchises. Ein alter Rittersmann mit kahlem Kopf und rasierter Oberlippe und langem Kinnbarte in kurzem Rocke, nach links schauend, die Beine gespreizt, die Hände mit den Daumen in den Gürtel eingehakt. Eine Brille auf der Nase! Er hat soeben ein Buch weggelegt, das links neben ihm auf einem verlängerten Tische liegt. Dasselbe Bild, als Jude verwandt, bei Dommer, Lotherdr. 218, 11.

8. Menelaus. Ein Scheusal, krummbeinig, viereckiges Gesicht mit Hängebacken (Eunuch?), mit einem grossen Türkensäbel quer vor dem Bauche. Die Arme über die Brust gekreuzt. Auf dem Kopfe eine turbanähnliche Mütze.

9. Aeneas, in Stutzertracht, nach rechts gehend, um die Haare eine flatternde Binde. In der rechten Hand hält er eine Blume. Die Oberärmel sind blattähnlich geschlitzt. Unter diesen Blatträndern kommen unglaublich weite „griechische" Ärmel hervor.

10. Ulysses. Nach links über ein Spinnengewirr von Linien schreitend. Die linke Hand nach vorn gehoben. Den Kopf bedeckt eine hinten aufgekrempte Mütze, aus dem Hinterrande wallt eine Feder. Um die Schulter ein kurzer „spanischer" Kragen. Die Dickbeine stecken in gestreifter Hose.

11. Polydorus. Ein Knabe mit lockigem Haar, nach links schauend, in weitem Pelzrock. Die Arme kommen durch Schlitze.

Von der linken Hand sind Daumen und Zeigefinger gehoben. Die
Rechte hält einen an die Schulter gelehnten Stab. Die auswärts stehenden Füsse haben schwarze Schuhe.
69. BATRACHOMIOMACHIA HOMERI | PHILYMNO INTER-
PRETE. | ET EVLOGIA FVNEBRIA. || G. 8. Daripinus poeta
laureatus | ad lectorem. | Smyrnei ... viru. || (Dodekaſt.) Darunter: χ. | η ζωη η θανατος. [ϑ. ϙ. || 2. S. Thilonious Philymnus poeta preclariſſ. | Reip. Herfordienſis principi & Archiſo- |
pho Joani Vuerlichio: & Flauio Materno | virinſq; Theoſophiæ
conſecraneo/amicis | ac patronis ſuis Salute & felicitate | optat. ||
Aill⁶: BATRACHOMIOMACHIA HOMERI || a Thilonino
Chonrado-Philymno | poeta; ex Græco in Latinū verſib. | tralata. || Bill⁶ beginnt der griech. Text; βατραχομυομαχια ομηρου |
των ποιητων θεον. || Ende Clii: τελοσ ομηρου βατραχομυο-
μαχιασ: | ετι uτo θεογονιασ α. ϙ. ι. γ. μηνοσ | μονηχι-
ωνοσ: τησ ημεραυ | δ. | EVLOGIA FUNEBRIA THILONINI |
Philymni. || L. 8. ωσ ηλον ηλω εκκρουειν: fic pellere amorem |
Antiquum facile eſt: quom nouus ardet amor. || Holzſchn. Darunter:
Christus amor vitæ noſtræ: ſpes voica Chriſtus | Ille capiti fron-
des: laurea ſerta dabit. || Darunter: χ. | η ζωη η θανατοσ. |
ϑ. ϙ. | Flunt nuc candida nigra. | L. | Der Beer iſt gheſtochen. |
1513. |
4*. 18 Bl. Sig. Aii—Clii. Vorl. 8.; Εχγραπτοσ Διυκο-
ριου : τιο αλδιν χυ· | ρακτηρων κωσιτιριων: αxα τον |
ιοαννον κραιυοριον: εγιι αxo | θεογονιασ. π. ϙ. ι. γ. μηνοσ |
μονηχιωνοσ: τησ | ημεραυ | . δ. ||
Zwickau, Ratsschulbibl.; M., II.- & S.- B.
Der lateinische Satz ist mit Ausnahme des Textes von Sibutus'
carmen commendatichom auf dem Titel und des Textes der Widmung,
die in der kl. Antiqua gesetzt sind, in der gr. Antiqua hergestellt.
Das Griechische hat nur Minuskeln ohne Accente und Spiritus. Es
kommen gelegentlich die selteneren Schoneckschen Formen für ζ und
or vor. A und E am Anfang und Ende sind die einzigen aus dem
Lateinischen geborgten gr. Lettern. Der einzige Holzschnitt ist wieder
der Gelehrte mit der Bandrolle.

Die Batrachomyomachia ist der erste reine Textdruck in
Wittenberg. Unter den Gedichten Thilonius ist merkwürdig: Epitaphium Nobilis parasiti Oulenspiegel.

K. Krause ist auch dieses seltene Buch nicht zugänglich gewesen.
Cordus (Epigr. pg. 94, 11) benützt die sonderbare Abteilung in der
Widmungsüberschrift S. 2: Thilonious Philymnus poeta preclariſſ.
Reip. Herfordienſis principi etc. in absichtlicher Verdrehung zu einem
Epigramm. Berechtigter ist sein Angriff auf Thilonius Metrik (Epigr.
pg. 91, 2), wenn wir das Versungeheuer auf der l. L. (s. oben) ωσ ηλον
ηλω etc. heranziehen, und Aill⁶, 2. Absatz 3. Z., steht der von Cordus
festgenagelte siebenfüssige Hexameter: Epotas accedit aquas quando oblectatus in vadis.

Mit dem folgenden Jahre, 1514, bekommt unsere Betrachtung einen Janoskopf, wir werden Gronenbergs typographischen Apparat, besonders seinen lateinischen Satz, scharf im Auge behalten müssen, mit einem Blick auf Rostock, wo Marschalk in demselben Jahre seine Druckerthätigkeit von neuem aufnimmt.

70. Diogenis Cynici Secta p Bar-|tholomeum Colonienſem. | IN-SIGNIA DIOGENIS CYNICI PHILOSOPHI. | BREVIORES EPISTOLAE DIOGENIS, | Gratis philoſophi cynici epiſtole || Holzschn. aus Nr. 66. R. v. Kopfe: Diogenes | ad ſtudioſu | Dines pran | dei qū vult || Vor dem Knüttel: Pauper qū poteſt | & habet. || Über der Tonne: Hæc domo mag | nificentio: meæ. || Unter d. Bilde das bek. Tetraſt.: Pallia non...poteſt. || 2. S. Crates Cynicus dicebat. Amorem ſedat fames / ſin | minus / tępus & ſenectus / eis vero ſi nō vil liceat laques. || Darunter Holzschn. 9 aus Nr. 68.

4°. 14 Bl. Sig. Aii—Ciii. L. S. leer. Vorl. 8. Mitte: ¶ Impreſſum Wittenbergi in ędib. Joannis | Gronenbergi. Anno M. D. XIIII. | Apud Auguſtinianos. ||

Schleiz, Gymnasial-Bibl.

Das ganze Buch in der kl. Antiqua, nur 1. und 5. Z. des Titels und einige Überschriften in mittl. schl. Missale. Aiii: rɩ Ιοα.

Im Jahre 1515 liess Otto Beekmann von Gronenberg drucken:

71. Baptiſtati Guiulbam Jubei Jo- || annis Pepercorot Hallis oppido Magde- | borgenſis diocesis: ante arcē dioi Mau- | ricii in cœmiterio iudirok, lento igne | aſſati Et du ad carnificinā traheret: | ignitis a carnifice forcipibv₉ in ipſo | Itinere cruciabilit (ſed merito) lā- | cinati atq; coccrpti hiſtoria: cu | pp̄etratok, & coſeſſok, ab eo | ſcelerum breui & vera | narratione. || Darunter Holzschn.: der Jude aus Marschalks Introductio (Nr. 32 und Nr. 31). Darunter AD Lectorem. || Die diras... igne init. || (Tetraſt.) Vorl. S.: FINIS. Kein Kolopb.

4°. 4 Bl. Sig. Aii. L. S. leer.

Berlin, K. B., Nürnberg, Germ. Nat.-Museum.

Die erste Titelz. in mittl. Missale, alles übrige in der grosß. Antiqua. Datum nach der Vorrede.

72. Pacifici Magnifici Poete Aſcu- | lani De Componendis Hexametris & | Penthametris Opusculum | Rariſſimu. ||

4°. 8 Bl. Sig. Aii—Bii. L. S. leer. Vorl. S. unten: Vuittenbergi in officina Joannis Grunenbergi | Anno dñi M. D. XVI. | Apud Auguſtinianos. ||

Schleiz, G.-B.

Das ganze Buch, die erste Zeile des Titels ausgenommen, die in mittl. schl. Missale, und bis auf die 3 Zeilen der Überschrift auf S. 2, die in der kl. Antiqua, in der gr. Antiqua gedruckt. Im Anlaut vorherrschend v (verstümmeltes y) für n und v, daher auch hier Ņlabv̄. p.thinк, T'tere etc. Bᵇ ein paar griech. Wörter. Aiiii, Aiiiiᵇ. B, Bii, Biiᵇ, Biii in Holz geschnittene schematische Figuren (Rotae und Hände).

73. Decem Dini Hieronymi Epiſto | LAE AD VITAM MORTA-
LIUM IN/|STITVENDAM ACCOMODA | TISSIMAE.] QaR, ||
I Niciam Hypodiaconu Aquilegie de vi- | ciſſitudine literarę. ||
II Nepotianum de vita Clericos. || und so (sinnlos) weiter
Titelang., die ganze S. einnehmend.
 4°. 46 Bl. Sig. Aij—Liii. Bei Kiij fehlt das K. L. S. leer.
Vorl. S. Mitte: Impreſſum Vuittenburgij per Joannem | Grunen-
berg. M. D. XVII. | Apud Auguſtinianos. ||
 W., U. B.
 Titelblatt und alle Überschriften in der gr. Antiqua. I. Titelz.
mittl. schl. Miss. Sonst alles in der kl. Antiqua. Wenig Griechisch.
74. PHILIPPI MELANCHTHONIS | SERMO HABITVS APVD IV-|
VENTVTEM ACADEMIAE | VVITTEMBERG. DE COR-|
RIGENDIS ADV- | LESCENTIAE | STVDIIS.] 2. S.: IO : DE
OS : POMERANVS [eqnes Jnuentutl Saxonicę. [(Poet. Em-
pfehlung).
 4°. 8 Bl. Sig. Aij—Biij. Bog. A. 1. S. ein Cust. L. S. leer.
Vorl. S. oben: Vuittenburglj in officina Joannis Granenbergij. |
ANNO . M. D. XVIII.] Signet mit IG und Distel.
 Stuttgart, Kgl. Bibl.; M., U. & S.-B.
 Der Titel, das Widmungsepigramm S. 2 und die Überschrift von
Melanchthons Widmung S. 3 (Aij) zeigen eine neue ziemlich ungleichmässige Antiqua, für die man T, S und C als charakteristische Buchstaben nehmen kann. Bei T ist der Querbalken rechts (herald.) kurz
abgebrochen, ohne Verzierungsstrich, der ganze Buchstabe ist schief
geschnitten. Bei S verläuft das grössere Unterteil schief bis unter die
Zelle. C ist ziemlich flach gewölbt. Der Text zeigt eine ebenfalls
neue kleine, gleichmässige Antiqua, die der Lotterschen und Schumannschen verwandt ist. Griechisch in der alten Type. Die Bij*
vorkommenden hebräischen Stellen sind in sehr undeutlicher Kursent-
schrift in Holzschnitt wiedergegeben. Sie lauten: שבט יהודה (Hohes
Lied 1, 3) und מה תיראו (Psalm 91, 4), wofür der neueste Herausgeber K. Hartfelder (Phil. Melanchthon, Declamationes, Berlin 1891,
pg. 25) ייראו (für תיראו) לבבך und מה יראו יהודה (das letzte Wort
offenbar nach dem Corpus Reformatorum hinzugesetzt) liest.
75. Ulrici Hutteni Nemo. || Holzschn.
 4°. Sig. AII, Aiii. L. S.: EXcuſſum Vuittenbergi in offi-
cina | Joannis viridimontani. Anno | M , D , XVIII . | Apud Col-
legium Nonū.]
 B., U.-B.
 Titelz. mittl. schl. Miss. Der lat. Satz ist in den Überschriften
und im Kolophon die neue ungleichmässige Antiqua, im übrigen, auch
die Zahl im Koloph., die alte kl. Antiqua. Der Holzschnitt, den Nemo
darstellend, ist vermutlich ein ungeschickter Nachschnitt nach Stribliias
Nemo o. J. (Böcking, Ulr. Hutt. Opp. I 0° VII, 1), beschrieben von
Böcking (l. c. 10°. 4).

76. DEFENSIO | PHILIPPI MELAN | CHTHONIS CONTRA | IO-
HANNEM EKIVM | THEOLOGIAE | PROFESSO | REM. ||
   4°. 8 Bl. Sig. Aij — Bij. L. S. leer. Vorl. S. oben: ANNO
M. D. XIX. ||
   B., 8.-B.
   Der ganze Druck in der neuen ungleichen Antiqua. Weniger
griech. Wörter in der alten Letter.
77. VENERABILI SIBI IN DOMI | NO, MAGISTRO GEORGIO |
SPALATINO ILLVSTRIS. | PRIN, FRIDERICI &c. | a sacris
& Epiftolis, Ma | theus Adrianus M. | doctor, Chrifti | miles, |
facrarumq; literarum profesior, | Salutem in | Dno. | So statt
des Titels in Bordüre (Bommer, Lutherdr. 235, 70 A.). Es
ist die Rede Adrians de linguarum laude.
   4°, 4 Bl. Sig. Aij, Aiij. L. S. oben: ⁋ VVITTENBERGAE, |
per Ioh. Grunenberg. | M, D, XX. ||
   Berlin, K. B., Halle, U.-B.
   Die 4 ersten Titelz. in den Maiuskeln der neuen kl. Antiqua.
Der Rest des Titels und die Widmungsüberschrift S. 2 in der neuen
ungleichen Antiqua. Altes übrige wieder in der neuen kl. Antiqua.
78. IN INCENDIVM LVTHERIANVM | EXCLAMATIO VLRICHI |
HVTTENI | EQVI- | TIS. | ANNO DOMINI | M. D. XXI. |
   4°. 2 Bl. Ohne Sig. L. S. Mitte: Iacta eft alea. || Kein Koloph.
   Wolfenbüttel, Herzgl. Bibl.
   Titelblatt in der neuen kl. Antiqua, der Text in der neuen un-
gleichen Antiqua. —
   Wenn wir jetzt einen Rückblick auf den typographischen Apparat
Gronenbergs werfen, so sehen wir, dass er Marschalks vollständige
Erfurter Ausstattung besessen hat, und dass er, was Griechisch und
Hebräisch anbetrifft, keine Fortschritte gemacht hat. Während man
in Köln, Nürnberg, Hagenau und Augsburg längst hebräische Metalltypen verwendete (in Köln und Nürnberg dieselben), half er sich not-
dürftig mit von Fall zu Fall roh neugeschnittenen Holzstöcken. Er
schafft sich seit etwa 1517 neue Antiquasätze an, dafür tritt die
Marschalksche schöne schlanke Antiqua zurück, sie verschwindet, wie
es scheint, gänzlich. Die kleine Marschalksche Antiqua wendet er
aber noch 1518 an.
   Wir hätten, um das in dem Vorwort gegebene Versprechen ein-
zulösen, noch die bei Gronenberg 1518 gedruckte hebräische Grammatik
des Joh. Böschenstein besprechen müssen:
79. Hebraicae Grammaticae Inftitutiones fanctae lingue a D. Ioh.
   Boschenstain C. M. C. collecte,
Ich habe aber bis jetzt kein Exemplar davon erreichen können.
M. Steinschneider, der das Buch auch nicht gesehen hat, verweist in
seinem Bibliograph. Handbuch über die theoret. u. prakt. Litteratur f.
hebr. Sprachkunde (Leipz. 1859), pg. 24, 252. dafür auf die Beschreibung von Hirt in der Orient. u. exeg. Bibl. VI, 316. L. Geiger (Das

Studium der hebr. Sprache in Deutschland pg. 53) hat wohl seine Beschreibung auch von dort entnommen.

II) Joseph King.

Das älteste uns bekannte in Wittenberg gedruckte Buch mit hebräischen Metalltypen ist:

80. COM- | PENDIVM | HEBREAE | GRAMMA- | TICES PER | Matthæum Auri- | gallum. ‖ Vuittemberge. ‖ Dies auf der 1. S. in Bordüre. Vorl. S.: AD DN: GASPAREM GLACIVM | MATTHAEVS AVRIGAL. ‖ (Poet. Widmg.) Dvj[b] ABBRE- VIATIO- | NES quibus Judæi in com- | mentarijs (super Bib- | lia paſſim Vſi ſunt. ‖ bis Dvij[b]. Dviij: Errores. 8°. 32 Bl. Sig. Aij—Dv, von hinten nach vorn gezählt. Sig. Dv fälschlich auf S. Diiij[b]. Erste S. unten: Vuittemberge iiij kalend: | octobr: Anno xxiij. ‖ Darüber (Signet) Holzschnitt: Zweigeschwänzte Sirene, mit Haarnetz, auf dem Wasser schwimmend, in den Händen Blumen. Im Hintergr. bergige Landschaft. Am Himmel Vögel. Darum: l. oben רְאֵה עִיר קֹדֶשׁ צִיּוֹן, rechts: Cernit dens omnia vindex, links: ἔχει θεὸς ἐκδίκον ὄμμα, unten: רֹאֶה עִיר יְהֹוָה.

Breslau, Univ.-Bibl. und Stadt-Bibl.

Die Bordüre: In Weinreben mit Blättern und Trauben reiten unten zwei Faune mit Speeren gegen einander. Rechts und links steigen Putten auf. Oben halten zwei Faune eine Weinguirlande, auf der ein Engelchen sitzt.

Den ältesten Wittenberger Text gab Phil. Melanchthon heraus:

81. HIER | EMI.E PRO | PHETÆ ! THRENI. ‖ קִינוֹת | יִרְמְיָהוּ ‖ In Bord. wie 80 auf d. 1. S. Vorl. S. Philippus Melanchthon Lectori. S. (Vorrede.) Dann der Text der Threni bis Bv[b]. Von Bvj an: Ex nono capite Danielis prophetæ (Oratio Danielis). 8°. 16 Bl. Sig. Aij — Bv, von hinten nach vorn gezählt. Custoden. Erste S. leer. 2. S. in Linienrandfassung: VVITTEM- BERGÆ | ANNO. M. D. XXIIII. | Menſe Januario.

Zwickau, Ratsschulbibl.

Im folgenden Jahre gab Aurigallus seine hebräische Grammatik erweitert heraus:

82. COMPENDI- | VM HEBREAE | CHALDEAE | QVAE GRAM | MATICES | PER | MAT- | THAEVM | AVRIGAL- | LVM: · ‖ In Bordüre auf d. 1. S. Vorl. S. Widmung wie b. Nr. 80. Hebr. Gramm. bis Evij[b]. Evij: De Chaldææ et hebrææ linguæ diferimine. Kurze chald. Gramm. bis Fviij[b]. G: Abbreviationes bis Gij[b]. Gij Widmg. v. M. Aurigallus an Petrus Weller. d. Nonis Marcijs. Giiij[b] folgt der Text des Daniel bis zum Ende von Lvj[b]. 8°. 88 Bl. Sig. aij — Lv, von hinten nach vorn gezählt. Custoden. Erstes Bl. leer. 3. S. oben: VVittembergæ. iii. Idus | Aprilis . Anno . | M. D. XXV. ‖

Z., R-S.-B.

Bordüre: Eine Schrifttafel. In den Wolken, zum teil auf die obere Kante der Tafel gelehnt, 4 Engelchen, die mittleren 2 auf Flöte und Trommel musizierend. Auf der Erde zu beiden Seiten der Tafel und unten davor 9 tanzende nackte Engelchen.
Diese drei Drucke mit hebräischen Typen sind sämtlich von Joseph Klug.

1) Marschalk in Rostock.

Für die Lebensumstände Marschalks in Mecklenburg können wir auf die sorgfältigen Ausführungen von Lisch in seiner Geschichte der Buchdruckerkunst in Mecklenburg verweisen. 1510 siedelte er von Schwerin nach Rostock über und übernahm neben der Thätigkeit als herzoglicher Rat und Gesandter, die er auch in Rostock beibehielt, ein vielseitiges Lehramt an der Universität. Und wie in Erfurt und Wittenberg dachte der unermüdlich thätige Mann bald auch hier daran, eine Druckerei für seine Zwecke einzurichten. Aus dem Jahre 1514 haben wir die ersten Drucke von ihm aus Rostock. Wir nennen zuerst:

63. DECRE | TVM | aureum. || Dies in Titelbordüre. 2. S. Vorrede des Herausgebers und Commentators Johannes Disconus Hispanus, professor Iuris canonici et ciuilis.
4⁰. 26 Bl. Sig. AII — FIII. Vorl. S. unten: Impressum Rhostochii : ad nonas | Decembres : Anno a natali | Christiano | M. D. XIIII. || L. S. das grosse Rostocker Signet Marschalks. (Lisch, Druckproben 3, abgebildet.)
Berlin, Kgl. Bibl.

Die Letter des Satzes giebt Lisch (pag. 109 und 112), der das Buch nicht selbst gesehen hat, sondern nach Friedlaender beschreibt, falsch an. Es ist im ganzen Buche die alte kleine gleichmässige Marschalksche Antiqua! Bei der Beschreibung der Bordüre ist nachzuholen, dass in der Basis ein Engelsköpfchen zu sehen ist und darunter ein Herz, nach dem von r. und l. zwei Schlangen kriechen. Von der Sirene in Marschalks Signet haben wir oben gezeigt, dass sie wirklich Marschalks Wappen ist.

64. MVNDINI, PA | doani, de omnibus cor | poris humani mem | bris interiori | bus, anato | mia, | cum figuris faberrimis, nō | solum medicis, fed | philosophan | tibus etiā | omnibus utiliffim . . . (Rotdruck) Ende fehlt, abgerissen. Unvollst. Expl. Follo. 6 Bl. Sig. III, BIL
Rostock, Univ.-Bibl.

Am Ende soll nach Panzer stehen: Impressum Rostochii MDXIV. Die Type des ganzen Torso ist die alte grosse schlanke Marschalksche Antiqua! Im Anlaut ist stets u gesetzt, verstümmeltes y = v kommt als Zahl oder gelegentlich für y vor. Von Griechisch steht nur ein γ Bl. Einzelne Kapitel haben grosse Initialen. Die Titelbordüre ist epitaphienartig. Im schwarzen Tympanon ein in Blattwerk ausgehendes menschliches Gesicht. Die oberen Portalecken sind mit vasenartigen

Feuerschalen besetzt. In der Basis 4 Delphine (vgl. unten Nr. 67). Textabbildungen sind auf S. 2, 4, 9. Auf S. 2 seciert ein bärtiger Mann (Bader) einen Leichnam unter den Augen des docierenden Lehrers vor zwei Schülern, die unglaublich dumm aussehen. S. 4 und 9 sind anatomische Abbildungen.

65. INSTITVTIONVM REIPVBLICE | MILITARIS AC CIVILIS LI | BRI NOVEM NICOLAI, | MARESCALCI, THV | RII, LL. AC CA | NONVM DOC | TORIS. || (Holdrnck) In Bordüre. Auf einem Schildchen unten in der Bordüre, ebenf. rot: Respublica mi | litaris ac ci | ullis. || 3. Bl. Rücks. 2 Holzschn? 4. Bl. Index. 7. Bl. A: LIBER PRIMVS. || Dritt. S. Holzschn.

Follo. Sig. Ai—Ziii, &i, &ii, M—Rii. Die ersten 6 Bl. ohne Sig. L. Bl. leer. Viertl. S. oben: Impreſſum feliciter in celebri urbe Rhoſtochio, | In ædibus Thuriis, Anno a natali Chri | ſtiano, M, D, XV, ad Calendas | Maias. || Darunter das gr. Signet.

S., G. R.-B.

Der Haupttitel, der Text der Widmung , 2. bis 5. S., und dann alles von Ai ab in der alten gr. Antiqua, doch nicht ganz rein, denn man findet bisweilen fremdes q₁ und q₂ darin. Im Anlaut steht stets u, das verstümmelte y sieht man auf der 1. S. der Widmung in incivil. Der zweite Titel, die ersten 2 Z. der Widmung und die Überschrift des Index haben eine neue mittlere gotische Missale. Der Text des Index steht in der alten kleinen Antiqua. Die griechischen Citate der Widmung zeigen die Schencksche Type ohne Accente und Spiritus.

Da Lisch die reiche Titelbordüre nur kurz berührt, geben wir hier ihre Beschreibung. Auf einem Postament erheben sich rechts und links zwei Säulen, die über dem Fusse anschwellen und von Blättern umgeben sind. Nach oben schlanker werdend, enden sie mit geschnörten Blattkapitälen, die einen halbrunden Bogen tragen, der aus Traubenmotiven aufsteigt und aus gedrehten Bändern und Blattwerk besteht. Oben befindet sich über einem Widderkopf eine Vase als Abschluss. Rechts vom Postament sitzt ein geflügelter Knabe mit einem Fische, diesen beissend, links ein ungeflügelter Knabe mit einer gewundenen Schlange, eine Flöte in der Rechten. Links und rechts von den Säulen Trophäen. Oben links ein geflügelter Teufel, einen Knüttel in der Linken, auf einem Vogeldrachen mit Elefantenkopf und Fischschwanz. Rechts eine nackte geflügelte Frau, mit Stirnlocke, nach Weiberart auf einem Meerpferde reitend, ein Kind auf den Knieen, das in einen Spiegel sieht. Ihre Linke greift in die Mähne ihres Reittieres, ihre Füsse stehen auf einer blattumspannten Kugel. Die Widmung ist von schmalen Arabeskenleisten eingefasst. Auf der Rückseite des 3. Bl. sind 3 Holzschnitte: Oben, Kolestück, ein Krieger in zerschlitzter Landsknechtstracht mit Kappe und Federbarett, eine Barte in der Rechten. Darunter 2 Wappenschilde: rechts das mecklenburgische Wappen, links ein rhombisch geschachteter Schild. Eine grosse Menge von Holzschnitten (ohne Text) enthalten lib. VIII cap. gvii (lies gviii) bis ultimum (xxvii) und lib. ultimus cap. x—xii, Kriegsmaschinen,

Schiffe, Sternbilder, Wasserwerke, Taucherapparate. Auf der dritt L.
Seite, die ganze Seite einnehmend, ein vollständig gerüsteter Ritter zu
Ross. Auf dem Hinterteil der Tournierdecke ein nach links schauender
Adler mit Pfeilzunge, auf dem Vorderteil ein Löwenkopf mit Ring im
Maule. Unten hinter dem rechten Vorderfuss ein Künstlerzeichen,
vielleicht eine Schellenkappe mit Augenglas. Das Ganze ist ein
schöner Druck.

86. RATIONES | fiue argumenta | quibus i iure nti | mor || Bor-
dure von 83. 2. S.: Rationum feu argumêtu | torum quibus in
iure utimur brçuis | quædam & neceſſaria dilucidatī | o, congeſta
nuper ex meſo Ha] | di per Joanne Oldedorp | ll. Licenciatum,
afferens | tot ſtudiofo munera, | quot ex iure no | dos diſſol | nit. ||
4°. 16 Bl. Sig. bi (nicht a), bii, ci, di. L. S.: Impreſſum
Rhoſtochii, in ædibus Thn | rüs, Idibus Martii, Anno | M. D. XVI. ||
R., U.-B.

Die l. Z. des Titels wie, mit Ausnahme der 2. S., die ersten
Zeilen der Überschriften bis bii [b] incl. sind in der Majuskel von Marschalks alter Antiqua gesetzt. Die l. Z. der 2. S. hat die mittlere
Missale, sonst hat diese S. und der Text bis bii [b] Mitte die neue ungleiche Antiqua. Von bii [b] Mitte ab bis Ende die alte kl. Antiqua.

87. Cebetis philo- | ſophi Thebani | be fortunae iſta | bilitate opus
et | cognitiſſimum. || In der Bordüre von 84. 2. S. Holzschn. 3. S.
beginnt der Text: CEBETIS THEBANI TABVLA. || QVASV
EVENERAT, VT IN SATVRNI SA- | cello etc.
Folio. 8 Bl. Sig. Aii — Diii. L. S. leer. Vorl. S.: Impreſſum
Rhoſtochii in ædibus | Thoriis ad Calendas Fe- | bruarias,
M. D. XVI ||
Berlin, K. B.

Das Ganze bis auf den Titel, der in mittl. Missale ist, in Marschalks alter schlanker Antiqua, fremd sind nur wieder q_1 und q_3,
nicht, wie Lisch (pg. 115) will, in der ungleichen, aber verkleckst gedruckt. In den griechischen schlecht gesetzten Randlemmata scheint
mir das kleine o fremd. ℭ 3. S. ist Initiale.

Der Holzschnitt S. 2 ist ein doppelter, er besteht aus einer Randumfassung und einem Bilde, die in einander passen. Die Randumfassung ist ein rundbogiges Portal, davor auf hohem, viereckigem,
arabeskengeschmücktem Untersatze zwei schlanke, in der Mitte von
einer breiten Verzierung umfasste Säulen, die einen arabeskenge-
schmückten Sims tragen. Von den Säulen halbversteckt, in den
Zwickeln des Portals zwei Medaillons mit menschlichen Fratzen. Vor
dem Portale eine teppichähnliche Verzierung mit einem Menschenge-
sichte. Darin ein oben abgerundetes Bild: ein nach rechts gewendeter
Gelehrter (Marschalk?) mit lockigem, ephenbekränztem Haar in langem,
reichverziertem Gewande vor einem Lesepult stehend, in den Händen
ein aufgeschlagenes Buch. Am Rande, r. und l., zwei schlanke Säulchen,
aus deren Knäufen stilisierte Ranken in die Rundung aufsteigen.

88. Vergilioccnto· | nac elegantiſſi- | mae veteris ac | noui teſta | menti
Probae | Falconiae uultu | riſ clariſſimae. || Dies in der Bordüre
von 84. 2. 8. Seitenlemma: TESTAMENTVM || Darunter: Cui
sunt centones. || Cento opus significat etc.
Follo. 14 Bl. Sig. A4—D. L. Bl. leer. Drittl. S. in der Mitte:
Impreſſum, feliciter, Rhoſtochii in ędibus | Thuriis, Calendis
Maiis, Anno | M.D.XVI. || Darunter das kl. Signet Marschalks,
ebenfalls mit dem Meerweibchen wie das grosse. Abgebildet
von Lisch, Druckproben 5.
Berlin, Kgl. B., Schwerin, Grossherzogl. Regierungs-Bibl.
Titel, bis auf das grosse V, in mittl. Missale. Ebenso die erste
Zeile des Vorwortes 8. 2. Der Satz sonst in der neuen ungleichen
Antiqua. Das Griechisch des Vorwortes zeigt, wenn auch nicht durchgängig, Accente, die bei $\bar{v}$, i, i zugesetzt, dagegen bei $ó$ mit der Type neu geschnitten erscheinen.

89. Hiſtoria aquatiſſinm | latine ac grece | cum figuris. || (Rotdr.)
Die Bilder fehlen unserm Expl. 2. und 3. S. Widmung, in
Randleisten. 3. S., auf 2 Seiten von Randleisten eingefasst:
ENCOMION AD DVCEM EVNDEM || 6. S. Holzschn.
Follo. Sig. aII, A1—Miiii. L. S. unten: Impreſſum Rhoſtochii,
in aedibus Thuriis ad Calendas | Martias, anno a natali chriſtiano.
M.D.XX. ||
Sch., G. H.-B.
Wir haben nur die zwei Bücher Text vor uns.
Der Titel in mittl. Missale. Bis auf den Text des Index, 4. bis
6. S., der in der alten kl. Antiqua gesetzt ist, alles in der alten gr.
Antiqua. Schöner Druck. Die griechischen Citate haben, aber nicht
immer, Accente, die dann zugesetzt sind. Auffallend sind die viel
kleineren o, $ó$ und $ó$. Der Druck hat viele luitialen, weisse auf
schwarzem Grunde und auch nur schwarze ohne Hintergruud, so auf
der drittl. S. U und auf der 1. S. X, Z. Die beiden letzten sehr
ungeschickt geschnitten.
Die Titelbordüre ist höchst originell, sie zeigt auf schwarzem
Grunde weisse symmetrisch verschlungene, sich kreuzende Linien- und
Bogenornamente, die man, wenn sie nicht datiert wären, stilistisch
einer viel späteren Zeit zuschreiben würde. Das oblonge Schriftfeld
ist oben seitlich abgerundet.

90. Annalium Herulorum | ac Vandalorum | libri sep | tem. || Rotdr.
In Bordüre von 85. 2. und 3. S. Widmung in Randleisten. 4. S.
in Randleisten: Arma Herulorum, siue Megapolensium. || Darunter
2. Holzschnitt. 5. S. Bi beginnt der Text. L. S. Holzschn.
Folio. Sig. Di—Mi. Die beiden erst. Bl. ohne Sign. VorI. S.
unten: Impreſſum Rhoſtochii, in aedibus Thuriis, a viro solerti,
Gun | tero, cognomento Hyeme, Erphordiano, Anno M, D.XXI. |
ad nonas Julias. || Darunter, von Randleisten eingefasst, das
kleine Signet.
S., G. H.-B.

Titel bis auf das V mittl. Missale, sonst hat der Satz die alte gr. Antiqua, fast vollständig rein. Griechisch wie bei Nr. 89. Grosse und kleine Initialen. Marschalks schönster Druck in Rostock. Der 2. Holzschnitt auf S. 4 stellt das Brustbild eines bärtigen, nach links schauenden Mannes vor. Auf dem Kopfe hat er eine netzartige Kappe, um den Hals eine Kette mit grossen Ringgliedern. Die rechte Hand ist auf die linke gelegt.

Das Bild auf der letzten Seite steht in der Randumfassung des Gelehrten von 87. Hier sieht darin ein bärtiger, halblinksgewandter Mann mit slavisch-tartarischen Zügen, einen Turban auf dem Kopfe, in langem, gefaltetem und gegürtetem Gewande, Stiefeln an den Füssen. Die Linke ruht auf einem an der rechten Seite hängenden grossen Türkensäbel. Die Rechte ist gestikulierend etwas gehoben. Nach Lisch soll das Niklot sein.

Im Kolophon ist hier zuerst, aber auch nie wieder, der oder ein Setzer und Drucker Marschalks, so wie in Erfurt Sertorius, genannt, Günther Winter aus Erfurt.

91. **Commentariolus Annalius he|ruiomni, siue Megapolensium ||** Holzsch. Der Gelehrte aus 87 ohne Randeinfassung. 2. S. Widmung (pridie Kal. Januarias 1521). L. S. et Lod. Kein Koloph. Folio. 8 Bl. Sig. IV, Bil.

S., G. R.-B.; R., U.-D.

Bis auf den Titel, der wieder die mittl. Missale hat, alles in der ungleichen Antiqua Marschalks.

92. **Destorationes anti|quitatum ab origine|mundi. || Rotdr.** In der Bordüre von 89. 3. bis 7. S. Praefatio. 8. S. Index u. kl. Signet. Dann Text.

Folio. 1. 4 unsig. Blätter (2. S. leer), 2. Sig. AII—GIII. L. S. unten: Expressum Rhustochii in aedibus Thuriis, ad Calendas | Martias Anno D XXII. ||

S., G. R.-B.

Der Titel wieder in der mittleren Missale, sonst das übrige in der gr. alten Antiqua. Schöner, aber etwas verkleckster Druck.

Wir müssen noch hervorheben, dass die vier letzten Bücher Marschalk auch zum Verfasser haben.

Wenn die Beobachtung, dass Marschalk schon 1514 in Rostock wieder mit seinen alten Typen druckt, zuerst etwas Verblüffendes hat, zumal wenn man weiss, dass Gronenberg sich zur selben Zeit der gleichen Lettern bedient, so wird sich doch wohl eine Erklärung dafür finden lassen. Man könnte denken, dass er seinen alten Satz wieder bei seinem ersten Lieferanten gekauft hätte. Aber seine Type ist doch zu keiner Dutzendtype geworden, sie hat hierin Inkunabelcharakter; man müsste ihr sonst doch wohl noch irgend an einer andern Stelle wieder begegnet sein. Es würde dann auch ganz rätselhaft bleiben, warum bei Gronenberg diese Type verschwindet. Und so bleibt schliesslich keine andere Erklärung übrig als die, dass Gronenberg die grosse Antiqua zuerst zum teil und dann, als Marschalk umfangreichere Werke in schönem Satze drucken wollte, ganz an Marschalk abtrat, dass er aber einen Teil der kleinen Antiqua und der griechischen Letter und die Holzstöcke zurückbehielt. Ob Marschalk etwa immer noch irgendwelche Anrechte an seinen alten Apparat besass, das bleibt eine offene Frage.

Nachträge.

1. Zu 1. **Wolfgang Schenck**. Eine fast vollständige Musterkarte der von Schenck übernommenen Typensätze — nur die fette mittlere Missale fehlt — findet man bei Matthäus Maler in dem Drucke:

93. Summa in tota phy|ſicrn: hoc eſt philoſophiam naturalem | conformiter ſiquidem vere ſophie: que eſt Theologia | per. D. Judocum Jlennachten in gymnaſio Erphor-| dieñ elucubata et edita. || Joannes piſtorius Myrchburgius lector Exraſtlchon | de entzuſſime cupito philoſophiae compē! bio preceptoris ſui polihy-ſtoris || Von Heraclitae ... ab anno? || Jdem piſtorius Mirch-burgius contra ſo| cratē In perſona philoſophiae || Cui me ... ſacras || Rec opus....

4°. Sig. aij—jiij, A—Bij, Aa—Pvij. L. S. leer. Angehängt sind noch 3 schematische Bildertafeln.

Pviij: ¶ Jmpxſſum Erffordie per Matthaeum Maler | finitum Feria quinta poſt Dioniſij | Anno Milleſimo Cuingātēſi | mo decimoquarto.

Leipzig, Mus. Klemm.

Die Schenck-Marschalk'sche griechische Type ist keine Inkunabeltype, sondern offenbar fabrikmässig hergestellt, denn sie tritt auch in den allerdings bis jetzt unbekannt gebliebenen ältesten Leipziger griechischen Typendrucken auf.

Den ältesten Leipziger Druck (1508) mit griechischen Blockholzschnitten haben wir oben bei Nr. 2 (Note 1) erwähnt. Leich[1]) schrieb den ersten Leipziger griechischen Typendruck, weil er von den älteren Repräsentanten desselben aus Lotters Offizin nur einen aus einer Katalognotiz allein kannte, Valentin Schumann zu und bezeichnete dann auch noch fälschlich die erste Ausgabe der Tabulae des Richardus Crocus (1516) als ersten Schumannschen griechischen Druck. Dem Irrtume Leichs folgte noch F. Ritschl, obgleich er selbst in seinen Opuscula philologica eine von Melchior Lotter 1513 gedruckte Vorrede mit ihren griechischen Stellen seinen Ausführungen einverleibte.[2]) Melchior Lotter ging schon 1510 zum griechischen Typendruck über, und zwar benutzte er dieselbe Letter wie Schenck und Marschalk, ebenfalls nur Minuskeln ohne Spiritus und Accente. Der erste damit ausgestattete Druck ist:

94. Albl Manulij Ro|mani rudimenta Gramma-|ticeſ latine linguae || Cratio dominica et duplex ſalutatio ab virginem | gloſio-

---
1) De origine et incrementis typographiae Lipsiensis 27.
2) Opuscula philologica V, 61.

lissimam. || Symbolum apostolorum. || Diui Joannis Euange-
liste Euangelium. ||
4°. 76 Bl. Sig. Aij—Ciij. L. 8.: Impressa Lypsi per Melchi-
orem | Lotter. Anno dñi. M. cccc. z. ||
B., U.-B.

Diese Rudimente sind ein genauer Nachdruck der venetianischen
Ausgabe von 1501[1]), so genau, dass bei der Übersetzung der lateinischen Formen auch in Leipzig die italienische Bedeutung und nicht
die deutsche gegeben ist! Griechisch steht schon in den lateinischen
religiösen Stücken (z. B. Aiiij), das *Κριε ελεησον* kommt darin mehrmals mit der gotischen Maluskel Ω vor. Weggelassen sind bei Lotter
das griechische Vaterunser und das Ave Maria.

Eine durch die Umsetzung der italienischen Wörter in die deutsche Übersetzung verbesserte zweite, von Veit Werler besorgte Ausgabe folgte 1511:

95. Albi Manutij Ro|mani sūmo viri ingenio et singu-|lari doc-
trina lucubrationes Grā·|matice. iam secūdo formis nitidi-|oribus
expresse. || Oratio dominica et duplex salutatio ad birginem |
gloriosissimam. || Symbolum apostolorum. || Diui Joannis Euan-
geliste Euangelium. || VITVS VVERLERVS, || Grammatices . . .
tenet || (Ilexast.) Lipsi Impressit Melchior Lotter. An-|no .
Millesimoquingentesimo undecimo. ||
4°. 76 Bl. Sig. Aij—Ciij. L. Bl. und drittl. 8. leer. Ciij:
Impressa Lypsi per Melchiorem | Lotter. Anno dñi. M. cccc. gi. ||
B., U.-B.

Valentin Schumann, der 1515 bei dem Drucke der von Richardus
Crocus herausgegebenen Opera des Ausonius und bei Crocus' Acha-
demie Lipsensis encomium congratulatorium eine eigene zeichenlose
Minuskel, deren *v* einem *μ* ähnlich sieht, verwendete, besass schon
1518 wieder einen anderen, schöneren Satz, allerdings auch wieder
nur Minuskeln, die Schenck-Marschalkschen Minuskeln, aber
er verfügte dazu über Spiritus und Accente auf eigenen Kegeln. Ein
Specimen dieser Art ist:

96. ORATIO | DE VARIARVM LINGVARVM COG-| NITIONE
PARANDA PETRO MO | SELLANO PROTEGENSE AV-|
THORE LIPSIAE IN MAGNA | ERVDITORVM CORONA |
PRONVNCIATA. : || (Holzschn.)
4°. 24 Bl. Sig. Aij—Eiij. L. 8. leer. Vorl. 8.: LIPSIAE AN.
M. D. XVIII. | MENSE AVGVSTO IN | OFFICINA VALEN-
TINI | SCHVMANN. ||
B., U.-B.

Bei der von Philippus Novenianus bearbeiteten Neuausgabe der
Tabulae des Crocus benutzte Schumann 1521 Frobensche, vollständige
griechische Typen.

---

1) Renouard, Annales de l'Imprimerie des Alde 31 Nr. 9.

2. Zu 2. F. Symphorian Reinhard. Reinhard wird in einem Briefe von Christoph Scheurl an Nicolaus von Amsdorf, Nürnberg 8. Februar 1513¹), zusammen mit Cranach erwähnt: „et quibuscumque nominis mei studiosis, eciam Simphoriano, Luce, in commune omnibus pictoribus, me commendabis diligenter"...

Als Drucker war Reinhard noch einmal 1527 thätig, er bediente sich hierbei, wie es scheint, Klugscher Schriften:

97. Etliche spruch | darynn das ga- | ntz Chriftlich leben | gefaffet ift/ nutzlich | allweg fur augen | zu haben vnd | zu betrach- | ten, || Philip. Melanch. || Wittemberg | 1527 ||.

8°. 16 Bl. Sig. Aii—Bv. 2. S. leer. L. S.: Gedruckt zu Wittemberg | durch Simphorian Reinhart ||.

Leipzig, Mus. Klemm.

Der Titel steht in einer Randbordüre. Schriftfeld 47 mm breit, 75 mm hoch. Die beiden kurzen Randleisten oben und unten (47 mm lang, 24 mm breit) werden von den Aussenleisten eingeschlossen. Oben befindet sich eine symmetrische Arabeske, unten, nach einer leuchterähnlichen Mittelsäule gewendet, zwei menschliche Figuren, schwebend, die Arme in flügelähnliche Blattornamente, die Beine in ein nach aussen gerichtetes Blattornament verwandelt; rechts ein bärtiger Mann, links ein Weib; der linke Flügelarm des Mannes und der rechte des Weibes schlingen sich durch einen wirtelähnlichen Ring des Mittelstabes. Die beiden Seitenleisten (21 mm breit, 123 mm hoch) haben Blatt- und Zweigarabesken mit Weintrauben.

3. Zu 3. G. Johann Gronenberg. Gronenberg hat doch auch einen Foliodruck geschaffen. Dieses Unicum ist:

98. Liber de Anima Ariftotelis nuper per | Joannem Argiropilum de Grrco in | Romanum sermone elegantiffime tra- | ductus cū coumentariolis bini Thome | Aquinatis iterū explosa barbarie castī- | gatis et ruiffis iuxta ordinariū proce- | ffum bucalis Academie | Wittenburgensis. || Epigramma ad lectorem. || Marcus Ariftoteles . . . ifte tuis. ||

Fol. 52 Bl. Sig. Aii—Jii. Vorl. S.: ¶ Expressom Wittenburgii per Joannem | Gronenberg. Anno Virginei partus. | M . D . & noni faeculi | IX. ||

Dresden, Bibl. der Kreuzschule.

Die verwandten Typen sind eine mittlere got. Missale, die kl. got. Type und die Marschalksche gr. schl. und die kl. Antiqua und die griech. Letter. Die letzte Seite der Sexternio G und die letzte Seite des Buches haben einen energisch gezeichneten und gut geschnittenen, die Seite einnehmenden Holzschnitt: ein menschliches Haupt, nach links gewendet, an dem die Teile des Schädels, der Sitz der Sinne, der geistigen Kräfte, der Vorgang des Sehens durch gerade Linien, Teilstriche und peripherische Umgrenzungen angegeben sind. Der Herausgeber und Verleger des Buches war der Magister Kilian Reuter aus Mellerstadt.

1) Nürnberg, Germ. National-Museum, Cod. 362, fol. 151ᵇ.

Die von uns oben (Nr. 74) als ungleichmässige Antiqua bezeichnete neuere Type Cronenbergs scheint identisch mit der grösseren Antiqua des Hieronymus Victor in Wien. Ein charakteristischer Druck Victors ist:
99. ADRIANI VVOLFHARDI TRANSSVL./ | VANI PANEGYRIS. | AD INVICTIS/ | SIMVM CAESAREM MAXI, | MILIANVM SEMPER AVGVSTVM. ||
4°. 12 Bl. Sig. a—c3. Vorl. S.: Vienne Pannoniæ per Hieronymū Victorem Philouallem, | & Joannem Singreniū de Oeting Calcographos | diligentifsimos. Tertio Idus Augusti | Anno dñi . M . D . XII. || B., U.-B.

Victor brauchte dann die Letter auch allein. Sie dürfte italienischer Provenienz sein. Man vergleiche hierzu:
100. ROMANAE HISTORIAE COM/ | PENDIVM AB INTERITV | GORDIANI IVNIORIS | VSQVE AD IVSTI/ | NVM . III . | PER | POMPONIVM LAETVM. ||
4°. Sig. Aii — Pili. l. 8. leer. Vorl. 8.: Impreſſum Venetiis per Bernardinum | Venetum de Vitalibus Anno dñi | . M . ccccc . Die . xii . Deceb. ||
M., U.- & S.-B.

Zu derselben Typenfamilie gehört auch die ältere Antiqua des Aldus Manutius, die dieser z. B. in der von uns unter Nr. 13 citierten Ausgabe der Erotemata des Constantinus Lascaris von 1495 benutzte.

4. Zu 2. II. Joseph Klug. Wir sind oben den Beweis dafür schuldig geblieben, dass die hebräischen Drucke Nr. 79 bis 82 wirklich von Joseph Klug herrühren, da nirgends sein Name genannt ist. Wir können ihn jetzt beibringen. Auf der Wende vom Jahre 1524 zu 1525, also in derselben Zeit, wo die hebräischen Drucke entstanden sind, druckte Klug die mit Zustimmung des Autors von M. Stephan Roth verfasste Verdeutschung der kurzen Epistels St. Paulus' von Johann Bugenhagen:
101. Auslegung der | kurtzen Epi | ſteln | S. Pauls | durch Johann Bugenhagen/ | den Pomern / zu nutz | gemachter Chriſten- | heyt vorbeutſch et. || Wittemberg. 1524. ||
8°. 404 Bl. Sig. Aij—Xv, a—zv, Aa—Ogiiij. l. 8.: Gedruckt vnd vollendet durch Jo- | ſeph Klugen zu Wittemberg | am Newen Jars | abent. || Ym . 1 . . 5 . . 25 . Jar. ||
B., S.-B.

Der Titel steht in der von uns oben bei Nr. 82 besprochenen Bordüre mit den musizierenden und tanzenden Engelchen. Da keine der Lettern von Nr. 79 bis 82 hier in Nr. 101 wiederkehrt, ist die Bordüre der einzige Beweis für die Herstellung der hebräischen Drucke durch Klug.

Zum Schlusse sage ich noch den Bibliotheksverwaltungen, die mir durch alleweg freundliches Entgegenkommen bei Anfragen und bei der Entleihung dieser seltenen Drucke diese Arbeit allein möglich gemacht haben, meinen ergebensten Dank.

Breslau. Dr. Gustav Bauch.

Bibliothekstechnisches.[1])

I. So interessant auch die unter diesem Titel in Jahrg. XI S. 308 ff. gebrachten Ausführungen Eichlers sind, so scheinen mir doch einige derselben einer Widerlegung zu bedürfen.

Wenngleich ich im Principe mich auch der Ansicht zuneige, dass die mechanische Aufstellung der Bücher, welche übrigens in Frankreich fast die allgemein übliche ist, den Vorzug vor der systematischen verdient, so halte ich ihre Durchführung für unsere Universitäts-Bibliotheken doch für unmöglich, weil die Universitätslehrer das Vorrecht, in den Büchermagazinen arbeiten und sich ihren Bedarf selbst heraussuchen zu dürfen, nimmermehr aufgeben werden. Bei einer mechanischen Aufstellung würden diese Herren, die oft nur mit Mühe bei der systematischen Aufstellung sich zurecht finden, hierzu noch weniger imstande sein. Zugegeben, dass durch den Eintritt der Universitätslehrer in die Bücherräume vielfach Verstellungen der Bücher vorkommen, so muss doch betont werden, dass andererseits uns viel Arbeit dadurch erspart wird, dass sie sich selbst die Bücher heraussuchen.

Haben wir aber wirklich eine systematische Aufstellung der Bücher in unseren Universitäts-Bibliotheken? Durchaus nicht, wir haben ein Mittelding, halb systematische halb mechanische Aufstellung. Ganz abgesehen von der Zeitschriftenlitteratur stehen bei uns auch nicht alle anderen zusammengehörigen Bücher zusammen, schon deswegen nicht, weil die durch Rücksicht auf die Raumersparnis unbedingt erforderliche Trennung der Formate die zusammengehörige Litteratur unerbittlich zerreisst. Auch pflegen die Dissertationen, die Schul- und Universitäts-Programme nicht systematisch eingereiht zu sein. Dazu kommt, dass die bei uns aus buchhändlerischen Rücksichten so beliebt gewordenen Sammelwerke (z. B. die Heeren-Ukert'sche, die Binding'sche Sammlung, die Abhandlungen der Seminare) zusammengelassen worden, statt sie einzeln, wie es das System erfordert, einzureihen.

Den Vorteil hat freilich unsere Einrichtung, dass auch ein wenig intelligenter Diener etwa die Hälfte der gewünschten Bücher, die ja grösstenteils immer die selben sind, heraussfindet, ohne dass ihm die Signatur angegeben zu werden braucht. Freilich kommt es auch öfters vor, dass der Diener Bücher als verliehen bezeichnet, die nach seiner Meinung an einem bestimmten Platze stehen müssten.

Gegen die mechanische Aufstellung wird hauptsächlich eingewandt, dass jedes Buch im alphabetischen Katalog erst nachgeschlagen werden muss, ehe man es findet. Das hat auch sein Gutes; der eben

---

[1]) Ich bedaure lebhaft, dass es nicht eher möglich war, diese Bemerkungen des Herrn Kollegen Altmann, die mir bereits Ende Juli vorigen Jahres zugingen, zum Abdruck zu bringen. Ich veröffentliche dieselben, obwohl sie der Natur des Gegenstandes nach nicht zu einem Abschlusse führen können. Es wird eben stets verschiedene Ansichten über die hier berührten Fragen geben, über die ich zum teil wenigstens in dem Vorworte zum „Schema des Realkatalogs der Universitätsbibliothek zu Halle" meine persönliche Ansicht ausgesprochen habe. O. H.

erwähnte Fall kann da gar nicht passieren, vorausgesetzt, dass wirklich die Nr. nachgesehen wird. Ein grosser, m. E. überaus grosser Nachteil der mechanischen Aufstellung ist dann, dass erst abgeschlossene Werke eingereiht werden können, dass die Zeitschriften (man denke an Poggendorffs Annalen) mehr als 100 Jahre unter Umständen auf ihre Einstellung warten können, wenn man sich nicht entschliesst sie in Serien von etwa 10 Bänden einzustellen. Ein Vorteil der mechanischen Aufstellung aber, der, wie ich glaube, noch nicht hervorgehoben ist, ist der, dass die Bücherbretter, wenigstens zum grössten Teil nicht verstellbar gemacht zu werden brauchen, dass es unter normalen Fällen genügt, wenn jedes Repositorium 1 Reihe für Folio, 1 für Quart, 5 für Oktav erhält. Die Kosten solcher Repositorien mit festen Brettern sind ja bedeutend niedriger als der Repositorien mit verstellbaren Brettern. Der Hauptvorteil der mechanischen Aufstellung bleibt aber die intensive Ausnutzung des Raumes. Wie will aber Eichler dann „ohne besondere Mühe Sorge tragen können, dass die am meisten benutzte neuere Litteratur sich in der Nähe des Lesesaals befindet"? Das ist doch rein unmöglich. Reihen wir denn täglich nur neuere Litteratur ein? Kommen nicht mitunter ganze Serien älterer Werke heute in unsere Bibliotheken?

Nicht durchführbar ist dann Eichlers Vorschlag der Aufstellung nach 6 Formaten, ganz abgesehen davon, dass nur 3 Formate und 2 Halbformate durch die Behörde vorgeschrieben sind. Die gewöhnlichen Repositorien dürfen nur 3 Formate aufweisen; was über 45 cm hoch ist, muss in besonderen Schränken aufbewahrt werden. Schon jetzt fällt es schwer, wenn die Bände nicht ein äusseres Zeichen haben, die Formate zu unterscheiden.

Doch gesetzt, wir führen 6 Formate und für diese 6 Repertorien oder Inventare, so werden diese 6 Repertorien nicht genügen. Denn die noch nicht abgeschlossenen Werke, die in den Arbeitszimmern und dem Lesesaale aufgestellten Werke dürfen doch nicht (wie Eichler offenbar will) in diese 6 Inventare, welche den Bestand der im Magazine fortlaufend aufgestellten Bücher verzeichnen sollen, eingetragen werden. Soll die höchste Raumersparnis erreicht werden, so muss sich doch Buch an Buch, Nummer an Nummer reihen, darf in dem Magazin keine Lücke für die im Lesesaale aufgestellten Werke gelassen werden. Erst nachdem ein Buch, z. B. wenn es durch eine neue Auflage ersetzt wird, aus der Lesesaalbibliothek genommen ist, darf es in das Magazininventar eingetragen werden.

Selbstverständlich muss jedes Format sein besonderes Inventar haben, müssen die Nummern für jedes einzelne Format fortlaufend numeriert werden. Wie Eichler der fortlaufenden Zahlenreihe für alle Formate zusammen das Wort reden kann, ist mir völlig unbegreiflich; man müsste ja dann wieder Lücken lassen, da man ja nicht wissen kann, ob z. B. nach Fol. 397 der nächste Band die Zahl 398 oder 900 trägt.

Mit den Standortsinventaren das Accessionsjournal zu verbinden, ist schon der Lieferungswerke wegen unmöglich, wäre auch nicht praktisch. Für den Standort ist es gleichgültig, wann das Buch gekauft ist, von wem und für welchen Preis. Wie die Briefjournale werden die Accessionsjournale am besten für jedes einzelne Etatsjahr geführt.

Will man die mechanische Aufstellung einführen, so hat man also für die abgeschlossenen Werke, die wirklich in das Magazin kommen, 4 Inventare zu führen, deren jedes fortlaufend numeriert ist und zwar nach der Zahl der Werke, nicht der Bände. Die Repositorien werden bis auf einen ganz geringen Zwischenraum vollgefüllt, was auch den Vorteil hat, dass sich die Buchdeckel nur noch selten werfen werden. Für die noch nicht abgeschlossenen Werke, die in besonderem Raume aufzustellen sind, wird man freilich ein besonderes Verzeichnis, das aber nicht in 4 Formate gegliedert zu werden braucht, führen müssen. Die Bücher aber, welche zur Handbibliothek der Beamten und zur Lesesaalbibliothek gehören, müssen durchaus systematisch aufgestellt werden, damit die Benutzung so leicht als möglich gemacht wird.

Sehr gefreut habe ich mich, dass Herr Eichler dem alphabetischen Bandkatalog das Wort redet. Bei uns wird der doch so unendlich schwerfällige Zettelkatalog noch immer m. E. viel zu sehr überschätzt. Seine Herstellung ist eine viel langsamere, mühsamere und kostspieligere als die eines Bandkatalogs, der ihn auch immer an Übersichtlichkeit übertrifft. Bei uns kann man übrigens die Zettel nicht gross genug nehmen, obwohl in den meisten Fällen die Hälfte, wenn nicht der dritte Teil der im Gebrauch befindlichen Zettel ausreichend gross wäre. Während bei uns häufig die Kästen des alphabetischen Katalogs die Wände eines Zimmers sogar bis zur Höhe von 2 m ausfüllen, könnte man bei kleinerem Format der Zettel mit einem Schranke bequem auskommen. Dass die Staderini'schen Katalogkästen sich bei uns nicht einbürgern, ist auch eine merkwürdige Erscheinung; unsere Kästen sind jetzt meist so schwer, dass eine grosse Kraftvergeudung nötig wird, wenn man sie heben will. Herr E. hat auch durchaus recht, dass für den alphabetischen Bandkatalog ein mässiges Quartformat ausreichend und wünschenswert ist. Der Bandkatalog müsste natürlich so eingerichtet sein, dass nach Belieben Blätter eingeschaltet werden können, das alte System der Fälze ist durchaus unpraktisch. Wenn Herr E. die Schwierigkeit einen solchen Bandkatalog herzustellen betont, so möchte ich auf den bekannten Shannon-Registrator[1]) aufmerksam machen. Mit kleiner Veränderung haben wir mit diesem einen trefflichen Bandkatalog, dessen Herstellung freilich der im Besitz des Patents befindlichen Firma überlassen werden müsste. Für jeden Autor würde ich aber ein besonderes Blatt nehmen, an dessen Kopf Notizen über die Personalien des Autors (wie es z. B. in der Berliner Universitäts-Bibliothek geschieht) zu setzen sind.

1) Als ich dies schrieb, kannte ich noch nicht den dazu noch weit geeigneteren Briefordner „Merkur".

Ein stark gekürzter alphabetischer Bandkatalog, in welchem z. B. die Zeitschriften ohne Angabe der einzelnen Bände eingetragen sind, ein Repertorium alphabeticum, das durch den Realkatalog ergänzt wird, soll übrigens in der Bonner Universitäts-Bibliothek die trefflichsten Dienste leisten. Ich möchte übrigens zu dem früher üblichen Verfahren, für jede Wissenschaft einen besonderen alphabetischen Bandkatalog anzulegen, aus praktischen Gründen gern zurückkehren: zweifelhafte Fälle, also z. B. Bücher aus der deutschen Rechtsgeschichte, wird man dann natürlich zweimal, unter Geschichte und Jurisprudenz, eintragen. Man kann nicht genug Repertorien oder Kataloge haben.

Schliesslich möchte ich noch meine Bedenken gegen den von Herrn E. wieder auf das Tapet gebrachten Kongress der deutschen Bibliothekare aussprechen. Was soll dabei herauskommen? Gesetzt auch, es würden Beschlüsse mit einer stattlichen Majorität (was ich bezweifle, denn jeder Bibliothekar pflegt grundsätzlich die Anschauungen des andern nicht zu teilen) gefasst, was nützte dies? Die einzelnen Regierungen würden darüber zur Tagesordnung übergehen. Auch kosten alle Neueinrichtungen viel Geld, z. B. die Herstellung eines alphabetischen Bandkatalogs. Wir wollten froh sein, wenn wir eine Erhöhung des Bücherfonds in den nächsten 10 Jahren erhalten; dies ist das Notwendigere, als allerhand freilich berechtigte und wünschenswerte Verbesserungen an unseren Katalogen mit schwerem Gelde herbeizuführen.

II. Unabhängig von den Ausführungen des Herrn E. möchte ich hier noch einige Fragen streifen.

Allgemein sind die Klagen über das schnelle Anwachsen der Bibliotheken, fast überall beginnt sich der Raummangel bemerkbar zu machen. Wäre es unter diesen Umständen nicht Zeit Abhülfe zu schaffen? Unsere Bibliotheken bergen Tausende von völlig nutzlosen Büchern, z. B. Schulbücher, alte medizinische und juristische Werke oft in vielen Auflagen. M. E. wäre es angezeigt damit aufzuräumen; der Standpunkt, dass die Wissenschaft unsaglich viel verliert, wenn so und so viele alte Schmöker vernichtet werden, ist m. E. nicht einmal ideal. Es würde völlig genügen, wenn z. B. die ganze medizinische Litteratur bis zum Jahre 1850 in Berlin und Breslau vorhanden wäre, aus den übrigen preussischen Universitäts-Bibliotheken aber entfernt würde. Natürlich müsste dann der Versendungs- oder Tauschmodus, wie er jetzt zwischen Berlin und den Universitäts-Bibliotheken besteht, auch auf die Universitäts-Bibliotheken unter einander ausgedehnt werden, damit im Bedarfsfalle die Zusendung erleichtert wäre. Will man die alten Bücher nicht direkt makulieren, so sollte man sie aus den Büchermagazinen entfernen, ihnen ein Ruheplätzchen auf dem Boden anweisen oder gar in eine Filiale bringen, wie sie z. B. die Pariser Nationalbibliothek in Fontainebleau für die Gebetbücher, Predigtsammlungen, Titelauflagen der Romane hat.

Hand in Hand mit diesem „barbarischen" Verfahren gegen die alten Bücher müsste man die eingehenden erst schärfer kontrollieren.

Warum sind wir hier in Greifswald z. B. verpflichtet die Verwaltungsberichte der sächsischen oder rheinischen Städte, die Verhandlungen des Kommunallandtags von Hessen-Cassel, die westpreussischen Kreisblätter aufzubewahren, weil diese uns zugesandt werden? Wir haben zwar einige dieser Absender schon höflichst ersucht uns damit zu verschonen, doch das hat nicht viel geholfen.[1]) Ein Danaergeschenk sind auch vielfach die Pflichtexemplare; wenn ich die Vorteile und Nachteile des Pflichtexemplarzwanges erwäge und dabei wesentlich praktische Gesichtspunkte im Auge habe (die mühselige Einforderung, die Arbeit der Katalogisierung, die Kosten des Einbindens), so scheinen mir die Nachteile zu überwiegen. Was von den Pflichtexemplaren gilt, gilt auch von dem Tauschverkehr; insbesondere scheint mir der Gewinn der französischen Dissertationen ein zweifelhafter; für die Hälfte des Geldes, das man jetzt daran wendet, könnte man die wenigen wertvollen und bei uns notwendigen französischen Dissertationen kaufen, was ja übrigens mitunter auch geschieht, da man beim besten Willen und trotz aller Vorsicht bei französischen Büchern nicht wissen kann, ob sie Dissertationen sind. Auch die Amerikaner fangen jetzt an, uns mit ihren Publikationen, von denen nur wenige für uns Wert[2]) haben, zu überschwemmen. Endlich dürfte auch keine Bibliothek grössere Geschenke annehmen, wenn daran die Bedingung geknüpft wäre, diese als Ganzes aufzustellen, die Dubletten nicht zu verkaufen.

Ja die Dubletten; sie sind auch ein Kreuz für die Bibliotheken, so lange der Austausch oder Verkauf nicht allgemein gestattet ist.

Doch genug; ich habe zwar noch viel auf dem Herzen, doch glaube ich durch die vorstehenden Bemerkungen schon genugsam Anstoss erregt zu haben.

---

[1]) Wahrscheinlich haben die Absender den Wortlaut einer alten Verfügung, wonach alle auf öffentliche Kosten hergestellten Bücher einzuwenden sind (nämlich nur an die Königl. Bibliothek und die Provinzialbibliothek), missverstanden. Auf öffentliche Kosten werden ja auch die wertvollen Veröffentlichungen der Berliner Museen gedruckt. Diese erhalten die Universitätsbibliotheken nicht, sondern müssen sie kaufen; der Staat ist also gleichzeitig Verkäufer und Käufer, was doch ein Unding ist.

[2]) Den Einwand, dass wir jetzt nicht wissen können, was später einmal Wert haben wird, fürchte ich nicht. Übrigens sollen die Bibliothekare ja auch ein Urteil über Bücher aus allen Fächern haben, auch können sie sich ja von den Fachleuten Rat holen. — Fahren wir so fort, unsere Bibliotheken mit allem, was zugesandt wird, zu überfüllen, so dürften binnen kurzem überall Neubauten nötig werden. — Der Prozentsatz der Bücher, welche wirklich benutzt werden, ist übrigens ein sehr geringer; leider erlaubt es mir meine Zeit noch immer nicht dies auf Grund der Ausleihregister während der letzten 10 Jahre nachzuweisen.

Greifswald.   Wilh. Altmann.

Notes sur quelques manuscrits grecs de la Bibliothèque archiépiscopale d'Udine provenant du cardinal D. Grimani.

La bibliothèque archiépiscopale d'Udine possède 12 manuscrits grecs, qui ont été longuement décrits, à la fin du XVIIIe siècle, en un volume manuscrit grand in-folio, de 59 pages, intitulé: „Catalogus mss. graecorum, quae in bibliotheca archiepiscopali Utinensi asservantur, Jacobo Seraphinio Utinensi auctore. — 1786".[1]) Les quelques remarques suivantes sont le résultat d'un rapide examen de ces manuscrits fait au printemps de l'année 1894, grâce à l'obligeance du bibliothécaire de l'archevêché, M. l'abbé Gaetano Gorianl.

1. „Aristotelis historia animalium" etc. — Porte la mention: „Liber D. Grimani cardinalis S. Marci".

2. „Aristotelis ethica et magna moralia". — Les titre et explicit, à l'encre rouge, sont de la main de Jean Rhosos; le volume porte aussi la mention: „Liber Dominici Grimani cardinalis S. Marci".

3. „Aristotelis analytica et rhetorica". — On a coupé, au bas du fol. 1, la mention: „Liber D. Grimani cardinalis S. Marci".

4. „Aristotelis de anima, cum Themistii paraphrasi", etc. — Au verso du premier feuillet de garde, la mention: „Liber D. Grimani cardinalis S. Marci". A la fin, on lit cette souscription:

Θεοῦ τὸ δῶρον, Ματθαίου δὲ πόνος.
Ματθαῖος τοὔνομα Σιβαστὸς
Λαμπούδης ὁ Πελοποννήσιος γί-
γραψα ἐν τῇ Φλορεντία: + +[2])

5. „Aristotelis politica". — Porte la mention: „Liber D. Grimani cardinalis S. Marci". Au verso du premier feuillet de garde, cette autre mention: „Mann D. Theodori Gazae".

7. Les „Regulae grammaticae" ne sont point du Xe siècle, mais du XIIIe.

8. „S. Basilii homiliae", du XIe siècle, plutôt que du Xe. — A la fin, une note de quatre lignes, avec la date: ἐν ἔτει ͵ϛωθ′, Ind. ιε′ (1301).

11. „Vita S^{ae} Mariae Aegyptiacae et S. Joannis Climaci scala paradisi". — Au bas du fol. 1, la mention: „Liber D. Grimani cardinalis S. Marci". — Au verso du premier feuillet de garde, cette cote d'un ancien classement: „Terzo in le inventario, 104". — A la fin, la souscription du copiste:

---

1) Un extrait de ce catalogue a été publié par M. G. Mazzatinti dans ses Inventari dei mss. delle Biblioteche d'Italia (Forlì 1893, gr. in-8°), t. III, p. 232—233.

2) On a plusieurs manuscrits grecs copiés par Matthieu Sébastos Lampoudes: à Modène, n° 11; Munich, n° 330; Paris, n° 2835; Rome, Vatic. Palat. 246; Salamanque, n° 1. 2. 9.

Ἐγραφὴ ὁ παρὸν Κλίμαξ σὺν Θεῷ διὰ χειρὸς κάμου ἁμαρ-
τωλοῦ μοναχοῦ Παγκρατίου τοῦ Μωραΐτι, κελεύσεως δὲ πρός με
τοῦ εὐλαβεστάτου ἰατροῦ ἡμῶν ἱερομονάχου κυροῦ [Ἰ]ακώβου
τοῦ ἐν τῇ μονῇ τοῦ τοῦ κυρίου ἡμῶν Ἰησοῦ Χριστοῦ, εἰς τὸ
Καλαμᾶτα, ἐν ἔτι ˏϛωϟεˊ, ἰνδ. θˊ, μηνὶ μαρτίῳ κεˊ, καὶ οἱ
ἀναγινώσκοντες, κτλ. (1387.)

Six des douze manuscrits grecs conservés à Udine ont appartenu
au cardinal Domenico Grimani († 1523); le plus grand nombre des
volumes provenant de la bibliothèque du célèbre cardinal est aujourd'-
hui conservé en Angleterre, à Holkham (Norfolk), dans les collections
du comte de Leicester[1]), dont M. L. Dorez a écrit l'histoire, qui sera
prochainement publiée. Mais ce ne sont pas les seuls débris de la
bibliothèque du cardinal Grimani qui soient maintenant à Udine; sans
parler de plusieurs volumes latins, décrits dans le grand catalogue
manuscrit de Domenico Coleti[2]), cinq manuscrits hébreux de la bibliothèque archiépiscopale portent encore la mention: „Liber D. Grimani
cardinalis S. Marci"; ce sont les numéros:
1. Pentateuque, grands et petits Prophètes.
2. Grands et petits Prophètes.
3. Commentaire sur la Genèse, l'Exode et les Psaumes.
4. Aphorismes médicaux d'Abokrat, etc.
5. Commentaire de R. Abraham sur le Pentateuque, etc.[3])

Paris. H. Omont.

Recensionen und Anzeigen.

Bibliographie der Württembergischen Geschichte. Im Auftrage
der Württembergischen Kommission für Landesgeschichte bearbeitet
von Wilhelm Heyd. Erster Band. Stuttgart, Verlag von W. Kohlhammer. 1895. 8°. XIX, 346 S.

Es ist das unbestreitbare Verdienst der Centralkommission für wissenschaftliche Landeskunde zuerst mit Nachdruck darauf hingewiesen zu haben,
wie dringend es notwendig sei, die bisherige landeskundliche Litteratur bibliographisch zu verzeichnen, da die ganze weitere Forschung erst durch derartige
Bibliographieen eine wirklich zuverlässige Grundlage erhalte. Hatte man bei
der an sich sehr dankenswerten Initiative der Centralkommission zu beklagen,
dass bei dem, was ihr als „Landeskunde" galt, in etwas einseitiger Weise
die speciellen geographischen Interessen in den Vordergrund gestellt wurden,
so ist es mit Genugthuung zu begrüssen, dass man neuerdings auch in historischen Kreisen beginnt, diesen Dingen Beachtung zu schenken, dass man anfängt einzusehen, wie notwendig es ist, einmal das zu inventarisieren, was
bisher die landesgeschichtliche Forschung — dies Wort im weitesten Sinne

---

1) Voir l'article de M. le Prof. Richard Förster sur les manuscrits de
Holkham, publié dans le Philologus, t. XLII, p. 158—167.
2) Résumé également par M. Mazzatinti au tome III de ses Inventari,
p. 225—232.
3) Signalons, en dernier lieu, l'existence dans la bibliothèque archiépiscopale d'Udine d'un beau manuscrit français, in-folio, à 2 colonnes, avec
peintures, copié à la fin du XIIIe ou au commencement du XIVe siècle: „Le
livre de la grant queste del saint Graal".

verstanden — sei es als unbekanntes Rohmaterial, sei es als bereits bearbeitetes Produkt aus den Schächten der Vergangenheit zu Tage gefördert hat. Wir besitzen bereits für eine Reihe von Landschaften Bibliographieen, die auch den Bedürfnissen des Historikers Rechnung tragen — wenn auch bei mancher dieser Arbeiten zu bedauern ist, dass sie den Umkreis ihrer Aufgabe etwas allzu eng gezogen haben —, zumal wenn wir recht unterrichtet sind. Ist Aussicht vorhanden, dass, was auf diesem Arbeitsfelde bisher vereinzelt und spontan geschehen, in Zukunft planmässig zusammengefasst und nach einheitlichen Gesichtspunkten und Zielen weiter geführt wird. Wie überraschend reich an Umfang sowohl wie an Inhalt die landesgeschichtliche Litteratur ist, das zeigt am besten die vorliegende Bibliographie der Württembergischen Geschichte. Weist doch dieser erste Band, der lediglich die auf das Gesamtland bezügliche Litteratur verzeichnet, nicht weniger als 3609 Nummern auf.

Bei dem Reichtum an Württembergica, dessen sich die von dem Verfasser ausgebeuteten Bibliotheken erfreuen, wäre es ein hoffnungsloses Unterfangen, wenn jemand, dem diese Sammlungen nicht zugänglich sind, versuchen wollte, Nachträge zu liefern. Referent muss sich daher in dieser Hinsicht darauf beschränken, hervorzuheben, dass das Werk Heyds überall den Eindruck einer ausserordentlich sorgfältigen und fleissigen Arbeit macht, und dass in bezug auf Vollständigkeit hier das für einen einzelnen und für einen ersten Wurf überhaupt mögliche jedenfalls erreicht sein dürfte. Wie gründlich der Verfasser bei der Sammlung des Materials zu Werke gegangen, zeigt beispielsweise die Thatsache, dass bloss das Verzeichnis der ausgezogenen Zeitschriften 4¹/₂ Druckseiten umfasst.

Für die praktische Benutzung einer Bibliographie ist die Stoffbegrenzung, die Anlage und Gliederung kaum minder wichtig als die Vollständigkeit. Hier ist dem Verfasser unbedingt zuzustimmen, wenn er den Begriff Geschichte im weitesten Umfange aufgefasst hat und dementsprechend nicht bloss die politische und kirchliche, sondern auch die rechtliche, sociale und geistige Entwickelung Württembergs als in den Kreis seines Thomas fallend angesehen hat. Ausgeschlossen geblieben ist eigentlich nur das geographisch-naturhistorische Element, während mit vollem Recht alles, worin sich der Mensch bethätigt hat, als zur Geschichte gehörig betrachtet ist. Neben der gedruckten Litteratur hat der Verfasser geglaubt, auch das handschriftliche Material mitheranziehen zu sollen. Wenn ihm auch wohl viele Benutzer für derartige Hinweise dankbar sein werden, so glaube ich doch, dass es methodisch richtiger gewesen wäre, von dem Handschriftlichen ganz abzusehen; dies deshalb, weil hier auch eine annähernde Vollständigkeit doch nicht erreichbar ist. Das hat auch der Verfasser selbst eingesehen, wenn er beispielsweise auf S. 24 erklärt, nur eine Auswahl der Landbücher geben zu wollen. Man wird bei der Verzeichnung handschriftlichen Materials notgedrungen mehr oder weniger vom Zufall abhängig sein; da scheint es prinzipiell vorzuziehen, auf dieses lieber überhaupt Verzicht zu leisten, mag auch dann dem einen oder anderen Benutzer ein vielleicht willkommener Hinweis entgehen. Doch bin ich keineswegs, dass auch der Verfasser für sein Verfahren gewiss Anhänger finden wird.

Wichtiger scheint mir ein anderes Bedenken. Der Verfasser hat die Grundeinteilung, die für eine derartige Bibliographie wie die seine massgebend sein muss, richtig erkannt, indem er dem ersten Band die allgemeine Landesgeschichte zuweist, als Stoff des zweiten die Litteratur über die Territorien und Landschaften, Städte und Dörfer, Burgen und Klöster, als solchen des dritten die Litteratur über Personen, Familien und Stände bezeichnet. Leider aber hat er dies Einteilungsprinzip nicht streng und konsequent durchgeführt. In sehr vielen Abschnitten des vorliegenden Bandes sind Schriften angeführt, die nicht das Land im ganzen, sondern einzelne Gebiete, Orte und Personen betreffen. Ich will wenigstens ein paar Beispiele geben: es stehen auf S. 40 ff. die Ausgrabungen aus der Römerzeit aus einzelnen Orten, auf S. 179 ff. findet man die Statutarrechte der einzelnen Gemeinden, auf S. 187 einzelne politische Prozesse u. s. w. Die Anordnung verliert dadurch an Übersichtlichkeit; statt dass alles, was sich auf einen bestimmten Ort u. s. w. bezieht, beisammen stände, muss man es an verschiedenen Stellen suchen. Der Benutzer würde sicher die Litteratur, die er wünscht, weit leichter auffinden, wenn die Dreiteilung von Land, Gebiet, Person rücksichtslos durchgeführt wäre, anstatt dass sie sich jetzt mit der sachlichen Anordnung kreuzt.

Die sachliche Einteilung selbst dagegen kann als zweckentsprechend und wohlüberlegt bezeichnet werden. Der Stoff ist in 13 Hauptabschnitte gegliedert: 1. Fauleitenden. 2. Gesamtdarstellungen. 3. Landesbeschreibungen. 4. Regentenhaus. 5. Politische Geschichte. 6. Staat u. Recht. 7. Kirche. 8. Unterrichtswesen. 9. Gesundheitspflege. 10. Wirtschaftliche Kultur. 11. Geistige Kultur. 12. Militärwesen. 13. Elementarereignisse. Dass in der weiteren Einteilung stellenweise sehr ins Detail gegangen werden musste, brachte die grosse Fülle des Stoffes unumgänglich mit sich. Dass man dabei im einzelnen manchmal verschiedener Ansicht sein kann, ist klar; überall aber wird man der Anordnung des Verfassers die Anerkennung nicht versagen können, dass sie durchaus durchdacht ist, und dass sich für sie gute Gründe geltend machen lassen können.

Ich rekapituliere: Württemberg hat jetzt durch Heyd den Anfang einer landesgeschichtlichen Bibliographie bekommen, auf die es mit Recht stolz sein kann, und die, sobald sie vollendet vorliegt, für jeden Forscher über württembergische Vergangenheit ein ebenso unentbehrliches wie zuverlässiges und willkommenes Hilfsmittel sein wird, die den reichen Quell der landesgeschichtlichen Litteratur dem Benutzer erst wirklich erschliesst. Dem Verfasser gebührt für seine ebenso mühselige wie entsagungsvolle Arbeit der wärmste Dank, und man kann nur wünschen, dass auch für die anderen deutschen Landschaften sich Männer finden, die die Aufgabe, für sie zu verzeichnen, was bereits geleistet ist, ebenso in einer durchaus zufriedenstellenden Weise erfüllen, wie es Heyd gethan. Nur eine Bitte noch zum Schluss: der Verfasser möge es nicht unterlassen, dem letzten Bande ein alphabetisches Autoren-, Namen-, und Sachregister beizufügen; ein solches ist bei der weitgehenden Specialisierung, die, wie schon betont, freilich unvermeidlich war und keineswegs ein Fehler des Autors ist, fast unentbehrlich, um sofortige Orientierung und Auffindung des Gesuchten zu ermöglichen.

Halle a. S.   Walther Schultze.

Claes Annerstedt. Upsala universitetsbiblioteks historia intill år 1702. Med als bilagor. N. f. K. vittetben, historie och antiqvitets akademiens handlingar. 12: 2. Stockholm 1894. Kungl. boktryckeriet. 110 S. 8°.

Seitdem O. Celsius 1745 seine Bibliothecae Upsaliensis historia schrieb, ist dasselbe Thema nicht in seinem Zusammenhange behandelt worden. Annerstedt, der seit 1883 Chef der Upsalaer Bibliothek ist, hat es gelegentlich berührt in seiner Upsala universitets historia, Upsala 1877. Vgl. auch dess. Upsala universitetsbibliothek och förslaget till dess omgestaltning, Upsala 1887. Jetzt giebt er eine Geschichte der Bibliothek im 17. Jahrh. Die folgende Zeit ist teilweise behandelt worden in Fotselis Monographie über Erik Benzelius in Svenska akademiens handlingar Bd. 58, Stockholm 1883.

Annerstedts Arbeit war keine leichte, da die Quellen für die ältere Zeit sehr sparsam fliessen. Die Verwaltung der Bibliothek kümmerte sich nicht viel um die Anstalt. Verf. hat uns doch eine zusammenhängende und höchst fesselnde Darstellung liefern können.

Die Universitäts-Bibliothek in Upsala wurde durch Kgl. Schreiben vom 13. April 1620 begründet. Es wurde ihr ein Jahresbeitrag von 200 Silberthalern in Aussicht gestellt, und einer der Professoren sollte die Leitung übernehmen. Die Büchersammlungen, die Gustav Adolf im dreissigjährigen Kriege erbeutete, wurden ihr zum grössten Teil überwiesen, ebenso eine ältere schwedische Bibliothek. Die Grösse der Bibliothek um die Mitte des 17. Jahrh. wird vom Verf. auf ungefähr 8800 gedruckte Werke und 1105

Handschriften berechnet, für die Zeit eine bedeutende Sammlung. Ein geeigneteres Gebäude fehlte aber ganz, und ein Teil der Werke wurde in feuchten Räumlichkeiten aufbewahrt, wo sie nach und nach zu grunde gingen. Unhaltbar wurde die Sachlage, als die grosse Bibliothek des bekannten M. G. Delagardie der Anstalt vermacht wurde. Dieselbe umfasste mehr als 4700 Werke und mehrere Handschriften, unter ihnen den berühmten Codex argenteus. König Karl XI. trat nun mit seiner Unterstützung zu, und in den Jahren 1691—1693 konnte die Bibliothek nach dem sogenannten Gustavianum, das zu diesem Zwecke umgebaut worden war, übersiedeln. Auch in der Zukunft hatte aber die Bibliothek an Mangel an Platz zu leiden. Im Gustavianum blieb sie bis 1841 stehen, wo sie nach der sogenannten Carolina rediviva übergeführt wurde. Als dieses Gebäude geplant wurde, zählte die Bibliothek ungefähr 74000 Bände, 1886 aber gegen 250000 mit 11500 Handschriften. Es ist somit klar, dass auch die Carolina zu klein wurde; aber trotzdem ist der Bibliothek erst in den letzten Jahren ein neues Lokal eingeräumt worden. Vgl. hierzu Salmonsens store illustrerede Konversations Lexikon, 2. Bd. Kopenhagen 1894. S. 1052.

Ich erwähnte schon, dass die Bibliothek im Anfang viel von der Feuchtigkeit zu leiden hatte. Auch aus einem anderen Grunde erlitt sie aber, wie Verf. S. 20 ff. ausführt, nicht unerhebliche Verluste, namentlich in der Handschriftenabteilung. Die erste Zeit nach der Reformation zeichnet sich bekanntlich nicht durch Pietät den Geistesserzeugnissen früherer Zeiten gegenüber aus. Und so liessen die Behörden in Upsala mehrere Bücher und Handschriften an die Buchbinder und den Orgelbauer verkaufen, weil sie dieselben für wertlos hielten. Schon 1636 hat der Orgelbauer Pergament aus der Bibliothek erhalten, 1838 findet wohl das Konsistorium, dass man hierbei mit Vorsicht vorgehen muss; aber der Verkauf wurde doch auch in der Folgezeit fortgesetzt. Der Kanzler mahnte 1681 wiederum zur Vorsicht, da Bücher, die sonst wertlos waren, doch vereinzelte wichtigere Angaben enthalten konnten. Der Bibliothekar Verelius verstand es aber, über diesen Bedenken hinwegzukommen. Er sah sich nämlich die Bücher und Handschriften an, und wenn ihm irgendwo etwas auffiel, was von Wert schien, riss er das betreffende Blatt aus und verkaufte den Rest.

Die Bibliothek hatte somit mit vielen Schwierigkeiten zu kämpfen. Es dauerte auch lange, bis sie einigermassen in Ordnung kam. Annerstedt hat als Beilage 9 einen Bericht des Vice-Bibliothekars Eenberg über die Jahre 1690—1703 abgedruckt. Wir ersehen daraus, wie Verf. S. 49 ff. näher ausführt, wie die Ordnung durch den häufigen Wechsel der Bibliothekare fast unmöglich gemacht wurde. Jeder neue Bibliothekar hatte ein neues System ausgeklügelt, und Eenberg musste die damals gegen 30000 Bände starke Bibliothek fast ohne Hülfe zehnmal umstellen. Mit dem Jahre 1702 fängt für die Bibliothek eine neue Zeit an, als der hochverdiente Erik Benzelius der Jüngere (1675—1743) ihr Chef wurde. Über diese Zeit vgl. die oben erwähnte Biographie von Forsell.

Die Geldmittel, über welche die Bibliothek verfügte, waren, wie oben bemerkt, klein. Nach und nach flossen sie wohl etwas reichlicher, reichten aber nie aus, um den Forderungen an eine Bibliothek zu genügen. Verf. berechnet, dass die Ausgaben der Anstalt in den 60 Jahren 1641—1702 sich auf 7637 Speciesreichsthaler beliefen. Davon gingen 4503 Thaler zu Neuanschaffungen, wofür 1942 Bücher gekauft wurden.

Die von Annerstedt gelieferte Bibliotheksgeschichte ist ein sorgfältiges und höchst interessantes Werk, wofür wir dem Verf. in hohem Grade zu Danke verpflichtet sind. Seine Arbeit reiht sich den vielen vorzüglichen bibliographischen Werken, die die schwedische Wissenschaft hervorgebracht hat, würdig an.

Berlin.   Sten Konow.

Neuer Deutscher Bücherschatz. Verzeichnis einer an Seltenheiten ersten Ranges reichen Sammlung von Werken der deutschen Litteratur des XV. bis XIX. Jahrhunderts. Mit bibliographischen Bemerkungen und einem Anhange: Das wiederaufgefundene Wittenberger Gesangbüchlein v. Jahre 1526. Berlin, Imberg & Lefson, Alte Jacobstrasse 64a. 1895. Zweiundzwanzig Jahre lang hat ein Ungenannter an dem „Deutschen Bücherschatze" gesammelt, von welchem hier ein Verzeichnis uns vorgelegt ist. Im Vorwort berichtet uns die Verlagsbuchhandlung Imberg & Lefson, dass derselbe jetzt wegen vorgerückten Lebensalters und beabsichtigter Veränderung seines Wohnsitzes geneigt sei, sich von diesen Schätzen zu trennen, jedoch den natürlichen Wunsch hege, sie vereinigt zu erhalten, und dass daher zunächst nur Gebote auf die ganze Sammlung durch die bezeichnete Firma angenommen werden sollen.

Den Sammler nennt das Vorwort einen Kenner der deutschen Litteratur. Er richtete in dieser sein Augenmerk auf die Sprache, ihre Grammatik und Geschichte im allgemeinen, — sodann vornehmlich auf Hauptbestandteile der christlich religiösen und speciell der reformatorischen Schrifttums, nämlich auf die alten Bibelübersetzungen, insbesondere die Luthers, auf die wichtigsten eigenen Schriften Luthers und zugleich einzelner anderer Vertreter und auch Gegner der Reformation, auf die religiösen und christlichen Gesänge schon vom Ende des 15. Jahrhunderts an und besonders im 16. Jahrhundert. — zugleich auf das gesamte Gebiet, welches man gewöhnlich als das der altdeutschen, mittelhochdeutschen und neudeutschen Litteratur zu bezeichnen pflegt, nämlich speciell auf das der deutschen Dichtung und zwar namentlich auch der Volkspoesie, zurückgehend bis auf Altnordisches, herabsteigend bis zu Dichtungen unserer neueren klassischen Poesie, vornehmlich Göthes, und unserer Romantiker; den Schluss des Verzeichnisses bilden eigentümlicher Weise Poesieen des Frhrn. von Zedlitz in fünf Nummern und dann noch Lenau's Faust.

Als Kenner dieser Litteratur hat sich der Sammler besonders auch erwiesen im Trachten nach besonders wertvollen und seltenen alten Publikationen, und er hat darin wirklich bedeutende und merkwürdige Erfolge gehabt. So finden wir hier z. B. unter den Bibelübersetzungen die schon 1465—66 bei Mentel in Strassburg gedruckte von Luthers sogen. Septembertestament von 1522, unter den kirchlichen Gesängen eine „Auslegung der Hymbn" nach der Zeit des Kirchenjahrs schon von 1492, aus der volkstümlichen deutschen Dichtung ein „Heldenbuch" schon vom Jahre 1500, die Geschichte der Melusine schon von 1491.

Der Katalog ist reich an bibliographischen Bemerkungen, durch die er, wie das Vorwort mit Recht bemerkt, auch einen selbständigen Wert für Bücherfreunde und Bibliothekare erhält. Einzelne Anstellungen, welche sich an seiner Anordnung oder an seinen Bemerkungen machen lassen, kommen dem gegenüber wenig in Betracht: so wenn ein „Kleineres Konversationslexikon" vom Jahre 1813 und das Brockhaussche vom Jahre 1875 ff. unter die „Specialwörterbücher" (neben Diez's Lutherwörterbuch) gestellt sind oder wenn jenes Septembertestament als „erste Ausgabe des wichtigsten Buches der Welt" gepriesen wird.

Die grösste Seltenheit und hiermit auch Merkwürdigkeit der ganzen Sammlung ist endlich ein Wittenberger Gesangbüchlein vom Jahre 1526, von welchem so auch im Anhang unseres Katalogs (S. 243—264) noch eigens und eingehend handelt; und zwar stellt sich diese Ausführung als Werk des Sammlers und Besitzers selbst dar.

Wir kannten bisher ein in Wittenberg 1524 erschienenes, durch Luther selbst hergestelltes und mit einer Vorrede versehenes „geistliches Gesangbüchlein", das 32 deutsche Lieder (nebst 5 lateinischen) enthält. Im gleichen Jahre, aber wohl schon vor diesem, war eins mit dem Titel Enchiridion in Erfurt erschienen; ähnlich dann andere in einigen anderen Städten, wie sie unser Verfasser sorgfältig aufführt. Man hat längst gefragt, ob denn nicht in Wittenberg bald auch eine Weiterbildung des Gesangbuchs erfolgt sei. Von einem neuen, bereicherten Gesangbuch, das dort erschienen wäre, hatte man bis jetzt erst aus dem Jahre 1529 etwas erfahren; ein zuverlässiger Rerichterstatter nämlich aus dem Jahre 1788 beschreibt uns ein in seinen Händen befindliches Büchlein geistlicher Lieder, dort gedruckt durch Joseph Klug, — wiedergefunden hat sich seither noch kein Exemplar davon.

Nun ist durch unseren Sammler ein Büchlein entdeckt mit dem (in Facsimile wiedergegebenen) Titel: „Enchyridion geistlicher gesenge und psalmen fur die leyen, mit viel andern, denn zuuor, gebessert. Vuittemberg. M. D. XXVI". Es sind 42 deutsche Lieder. Dazu kommen verschiedene Psalmen, das Magnifikat u. a., mehrere Kollekten, eine „Vermanung vnd kurtze deutung des Vater vnsers".

Der Verfasser des Vorwortes hat gewiss recht damit, dass das Büchlein wirklich ein Wittenberger Produkt ist, bestimmt für den Gebrauch der gesamten Gemeinde, entsprechend den Titelworten „für die Laien", darin verschieden von jenem Gesangbüchlein vom Jahre 1524 mit seiner speciellen Bestimmung für den Schülerchor, der auch noch lateinische Lieder singen sollte. Er macht auch auf wertvolle Folgerungen aufmerksam, welche für den Ursprung mancher Lieder aus diesem seinem interessanten Funde sich ergeben. Wichtiges für seinen Gegenstand hätte er indessen noch zwei anderen Büchern seiner eigenen Sammlung entnehmen können, nämlich meinem im Katalog (N. 424) aufgeführten „Martin Luther, sein Leben. 2. Aufl.", und zwar speciell dem Abschnitt über Luthers „Deutsche Messe" (Bd. 2 S. 15 ff.), und dem im Katalog (N. 384) mit Recht hervorgehobenen Exemplar von „Deudsche Messe vnd ordnung Gottesdiensts zu Wittenberg fürgenommen M. D. XXVI". Daraus hätte er ersehen und seine Leser von dem belehren können, was gerade im Jahre 1526 in Wittenberg an einem besonderen Anlass und Antrieb zu einem solchen Gesangbüchlein für Laien werden musste. Er hätte ferner gefunden, dass die erste in diesem Büchlein stehende Kollekte, die er S. 253 mitteilt, und das ganze grosse Stück jener Vermanung und Deutung des Vaterunsers, das dann auch (S. 254) in ein Erfurter Gesangbuch vom Jahre 1527 übergegangen ist, eben aus jener „Deutschen Messe" Luthers stammt.

J. Köstlin.

Mitteilungen aus und über Bibliotheken.

Der bisher nur den Universitäts-Bibliotheken zustehende regelmässige Leihverkehr mit der Königlichen Bibliothek in Berlin ist neuerdings durch Erlass des Unterrichts-Ministers auf die Landesbibliothek in Wiesbaden ausgedehnt worden. Ebenso ist durch einen ferneren Erlass des Unterrichtsministers analog dem bereits bestehenden Leihverkehr Göttingen-Marburg ein regelmässiger Leihverkehr zwischen Göttingen und der Bibliothek der Paulinischen Akademie in Münster eingerichtet worden. Die Entschädigung für Hin- und Rücksendung je eines Bandes zwischen Münster und Göttingen beträgt nur 10 Pf.

llt.

Zu den fremden Bibliotheken, welche auf direktes Ersuchen Handschriften und Druckwerke nach Preussen verleihen, sind im letzten Jahre die Bibliothèque Royale de Belgique zu Brüssel, die der Société des Hollandistes daselbst (14 Rue des Ursulines) und die Bibliothek der Asiatic Society of Bengal zu Calcutta getreten. Es ist erfreulich zu sehen, wie die Zahl der Bibliotheken, welche die Benutzung ihrer Schätze auch dem Auslande in bequemster Weise ermöglichen, in beständigem Wachsen begriffen ist.

llt.

Bibliotheksordnung der Karmeliten. Im Jahre 1499 erschienen neue Konstitutionen des Karmelitenordens zu Venedig: Incipiunt constitutiones fratrum ordinis Beatissime dei genitricis Marie de monte Carmelo, so beginnt das Büchlein auf der ersten Seite und schliesst: Expliciunt sacre constitutiones none fratrum et sororum bte Marie de monte carmello: cum diligentia emendate per ve. bacc. fratrem Ioannem mariam de polucijs de nouaria. Impresse

Venetijs per nobilem virum Lucantonium de giunta Florentinum...... Anno
dni M. ccccxlx. tertio kl. Maij¹).
    Rubrica X. de libraria et custodia librariarum. c. xxxj. Statuimus quod
nullus prior localis etiam custodibus consencientibus et toto conuentu sed
nec prior prouincialis consenciente capitulo prouinciali: nec etiam prior generalis librum vel libros qualiscunque comunis librarie alicuius conuentus. det
vendat aut quouis quesito colore alienet. aut etiam inpignoret sub pena priuationis officij gradus et honoris. Volumus tamen quod libri conuentus possint
accommodari religiosis et personis honestis: ac viris magnis: et fratribus in
casu necessitatis habita tamen firma cautione quod non possunt amitti. si
tamen aliqui sint libri qui fratrum vsui forent inutiles aut quidam ex bis ca-
sent duplicati tales de expressa licentia prioris generalis vel capituli prouincialis vendi poterunt: ita tamen quod precium venditorum plene et absque
diminutione in alios libros conuertantur. vel cum alijs libris magis vtilibus
aut necessarijs debeant commutari: sub pena predicta ac priuationis officij
gradus honoris ac vocis et loci. Nullus etiam frater vendat librum alii datum
a quocumque vel ab eo scriptum aut qualitercumque acquisitum ordinis
vel aliquouodo alienet sine sui superioris licentia: qui non concedat licentiam
absque causa necessaria et rationabili sub pena granioris culpe infligenda
tam alienanti quam incaute talem licentiam concedenti. Item in magnis con-
uentibus poterit ordinari librarius: siue custos librarie qui sollicitus sit de
clausura librarie et librorum: et frequenter videat ne aliqui deperdantur
nullus aliquam personam extraneam introducat in librariam sine prioris aut
regentis seu custodis librarie assensu sub pena granioris culpe per duos dies
infligenda pro qualibet vice: et ipsi unllum extraneum introducant ibi solum
manere permittant sub eadem pena habeat custos copiam inuentarij librarie:
et procuret quod libri sint inuentensi ordinate secundum varietatem faculta-
tum⁴): et quod sint tabule⁴) vna generalis totius librarie: et alie particula-
res banchorum. Et etiam sciat quibus libri sunt conuenui: nec sine eius scitu
conuedantur. Et poterit de prioris et custodum assensu habere penes suc⁵)
libros aliquos non cathenatos per inuentarium sibi traditos: interdom communi-
candos fratribus: a quibus cedulas recipiat. Et etiam secundam varietatem
temporum aptos ad legendum in refectorio de quibus bis in anno sc. post
octauas pasche: et infra octauas sci michaelis reddat priori et custodibus
rationem.
    Andere Orden hatten ebenfalls Bibliotheksordnungen, so sehr ins ein-
zelne eingehende die Kartäuser: Informatorium Bibliothecarii carthusiensis
domus vallis beatae Margarethae in Basilea minori ex autographo fratris Georgij
carpentarii in bibliotheca basiliensi asservato nunc primum edidit Ludovicus
Sieber universitatis basiliensis Bibliothecarius, Basil. 1888.⁵)
    Der Herausgeber teilt darin noch folgende Worte mit: Sunt nonnulli,
qui librorum comparationi resistant. Attendant hi, quod sequitur, utpote quid
sit monasterium siue libris.

> Monasterium sine libris est quasi
> Civitas sine opibus
> Castrum sine muro
> Coquina siue suppellectili

---

1) Hain 5452
2) Die Bücher sollen angekettet werden, aber nach der Verschiedenheit der Disciplinen, also nicht regellos oder alphabetisch, fachkatalogmässig.
Über Kettenbücher vgl. Historisch-politische Blätter (1893) CXII, 324.
3) Tabula bedeutet, wie in den Inkunabeln häufig zu finden, soviel als
Register. Von den zwei Registern sollte das eine Generalregister sein, das
andere speciell Bank für Bank (Gestelle, jedoch niedrigere) die Bücher verzeichnen, so wie jetzt noch in Florenz eine ganze Bibliothek auf niedrigen
Gestellen liegt, oder wie jene an Zizpken. Von beiden giebt es Photographieen.
4) Es wird peuen se zu lesen sein.
5) Vgl. die Handschriften der Bibl. zu Wolfenb. ed. Heinemann Nr. 1355.

Mensa sine cibis
Hortus sine herbis
Pratum sine floribus
Arbor sine follis.

Jacobus Louber
Prior carthusiae Basiliensis
(1440—1501).

Die Bibliotheksordnung der Dominikanerinnen aus dem 1259 abgefassten, 1454 verdeutschten Liber officiorum Aemterbuch: Amt der Buchmeisterin, siehe im Freiburger Diöcesanarchiv XIII, 202, Centralbl. I, 307.

Zu der Bibliotheksordnung im Kloster Adelhausen bei Freiburg i. B. vgl. Kraus, Archiv f. Gesch. des Buchhandels VII, 250. **Falk.**

Die Korporation der Berliner Buchhändler plant die Begründung einer Bibliothek, die im Korporationshause Aufstellung finden soll. Aufgabe derselben soll es sein, alles zu sammeln, was sich auf die Geschichte des Berliner Buchhandels bezieht. **Ht.**

Die Stadt Hannover besass 1894 12 Volksbibliotheken mit etwa 11 000 Büchern. Im Laufe des Jahres wurden 34500 Bde. verliehen. **Ht.**

Die Freiherrlich Karl von Rothschild'sche öffentliche Bibliothek zu Frankfurt a. M. hat auch für das Jahr 1894 wieder ihr Zugangsverzeichnis drucken lassen. — Von der Benutzung der Bibliothek im genannten Zeitraum giebt nachstehende Tabelle ein übersichtliches Bild:

Öffentliche Tage	Öffentliche Stunden	Amtliche Stunden	Gesammtzahl der Benutzer	Zahl der Bewerbe ziml. Benutzer	Benutzung von Büchern aus dem Büchermagazin d. Lesezimmers		Benutzung nach Hause		Gesammtzahl der aus den Büchervorräthen benutzten	
					Werke	Bande	Werke	Bande	Werke	Bande
332	1531	756	2061	30855	4465	5652	9187	12217	13652	21069

Die Durchschnittszahl der täglichen Benutzer betrug demnach 93 gegen 84 im Jahre 1893. Ihrem Berufe nach stellten zu der Gesammtzahl der Benutzer das grösste Kontingent die Kaufleute, nämlich 541. Nach auswärts verliehen wurden an 14 Personen in 13 Orten 21 Werke in 25 Bdn., von auswärtigen Bibliotheken vermittelt an 13 Personen 57 Werke in 60 Bdn.

Nach der Akadem. Revue Jg. I, 1894/95, S. 353 klagt man in der Heidelberger Presse sehr über die unerträglichen räumlichen Verhältnisse in der dortigen Universitäts-Bibliothek, die in vier (?) durch Strassen getrennten Gebäuden untergebracht ist. Der Grossherzog soll einer um Abhülfe bittenden Abordnung „wohlwollende Erwägung" zugesagt haben. **W.**

Nach derselben Zeitschrift S. 354 ist die Büchersammlung im Lesesaale der Leipziger Universitäts-Bibliothek in neuester Zeit zweckmässig neu gestaltet und der unmittelbaren Benutzung der Leser — ohne vorherige Bestellung — zugänglich. **W.**

Die Universitätsbibliothek in Leipzig feiert in diesem Jahre ihr 350jähriges Gründungsjubiläum. Sie wurde 1543 von Kaspar Börner angelegt. (Akad. Revue Jg. I, 1895, S. 423.) **W.**

Eine vollständige, auf Benutzung des gesammten erhaltenen Materials beruhende Geschichte der Bibliothek des Marienstifts-Gymnasiums

In Stettin (Schwenke, Adressbuch Nr. 1415) giebt uns M. Wehrmann in den Baltischen Studien Jg. 44 (1894) S. 195—226. Schon im vorigen Jahrhundert hatten David Friedrich Ebert und J. C. C. Oelrichs anerkennenswerte Studien über die aus der Kirchenbibliothek der alten Marienkirche hervorgegangene Bibliothek gemacht, und ihre Handschriften und alten Drucke beschrieb H. Lemcke im Programm des Stett. Gymn. von 1879. Die Bibliothek zählt u. Z. über 34000 Bände. W.

Ein Verzeichnis der in den öffentlichen Bibliotheken der Stadt Bremen gehaltenen mathematischen, geographischen und naturwissenschaftlichen Zeitschriften stellt Fr. Buchenau mit kurzen Vorbemerkungen zusammen in den Abhandlungen herausgegeben vom naturwissenschaftl. Vereine zu Bremen Bd. 13 (1895) S. 215 ff. W.

Die Bibliothek der Technischen Hochschule Dresden im Jahre 1894. Einem Berichte, welchen der Hofrat Prof. Dr. Fuhrmann als Vorstand der genannten Sammlung soeben veröffentlicht hat, lässt sich folgendes entnehmen: Im August und September des Jahres 1894 kam die beabsichtigte Raumvergrösserung zur Ausführung. Sie verschaffte der Bibliothek einen neuen Bücherspeicher, der nach dem Magazin-System eingerichtet wurde, ein Professoren-Lesezimmer und zwei kleine Vorräume. Demzufolge gehören der Sammlung seitdem zwei Büchersäle, zwei Lesezimmer, zwei Verwaltungsräume und zwei Vorzimmer. Am Ende des Jahres 1894 umfasste die Sammlung 26 224 Bände und 75 266 Patentschriften. (Wird jede Patentschrift, jede Dissertation, überhaupt jede der Bibliothek als besondere, selbständige Arbeit eingereihte Abhandlung als „Werk" und als „Band" gezählt, so giebt dies für das Jahr 1894 die Gesamtzahl von 109 114 Bänden, die sich auf 89 800 Werke verteilen.) Der Zuwachs betrug 1047 Bände, 253 Abhandlungen, 6146 Patentschriften.

Zur Ausleihung kamen 8347 Bände an 4064 Empfänger. Es fanden 29 761 Lesesaalbenutzungen statt; davon fielen 2579 auf Docenten und Assistenten der Technischen Hochschule, 15 993 auf Studierende derselben, 11 189 auf andere Personen. Bei jenen 29 761 Benutzungen kamen etwa 16 800 Bände und 144 300 Patentschriften zur Verwendung. Am Jahresschlusse lagen 232 Zeitschriften aus.

Soldaten-Bibliotheken für die Garnison in Wien erbietet sich der Verein für Volksbildung aufzustellen. Eine solche besteht bereits seit 5 Jahren im Arsenal; 4 weitere will genannter Verein in der Technischen Militärakademie, in der Marine-Sektion des Reichskriegsministeriums, beim Divisions-Artillerieregiment Nr. 6 und beim Infanterieregiment Nr. 81 aufstellen. Jede Bibliothek soll ca. 2000 Bücher volkswissenschaftlichen und unterhaltenden Charakters erhalten. K.

In der Chronique du Journal génér. de l'Imprimerie et de la librairie (Bibliographie de la France) 1895 Nr. 9 beginnt ein „Catalogue des Incunables de la Bibliothèque de la ville de Colmar". W.

Der Direktor des Fitzwilliam Museums zu Cambridge Montague Rhodes James hat einen splendid ausgestatteten „Descriptive Catalogue of the Manuscripts in the Fitzwilliam Museum" (Cambridge 1895) veröffentlicht, in dem die 235 Handschriften des Museums eingehend beschrieben werden. Die dem Werke beigegebenen 20 Photogravüren bringen Proben aus den hervorragendsten Handschriften, insbesondere Miniaturen. Ht.

Die Universitäts-Bibliothek zu Cambridge hat, wie The Academy No. 1209 S. 11 aus dem Jahresberichte derselben mitteilt, im vorigen Jahre eine sehr wertvolle Erwerbung gemacht, indem ihr durch den letzten Willen des verstorbenen Professors am Trinity College Samuel Sandars dessen sämtliche Handschriften (an Zahl 77) und auf Pergament gedruckte Bücher (72) sowie alle Druckwerke aus der Zeit vor 1500 zufielen. Darunter befinden sich nicht weniger als 117 Inkunabeln und 17 Handschriften und 58 Drucke der Horae. Der Jahresbericht teilt auch mit, dass die Ausgabe des durch Prof. Bradshaw bearbeiteten Katalogs der hebräischen Handschriften demnächst bevorsteht und dass ein Katalog der vor 1640 gedruckten englischen Bücher der Bibliothek vorbereitet wird. Ht.

Der Zuwachs, den die **Bodleianische Bibliothek** in **Oxford** im Jahre 1894 gehabt hat, ist der grösste gewesen, der derselben je zuvor in einem Jahre zu teil geworden ist. Nach dem Berichte der Kuratoren (abgedruckt in der Oxford University Gazette, Supplement to No. 827) betrug derselbe im ganzen 60757 Nummern. Den Löwenanteil daran haben die infolge der Copyright-Act eingegangenen Pflichtexemplare, die nicht weniger als 44583 Nrn. ausmachen. Gekauft wurden 7000 Nrn., weit überwiegend nichtenglische Litteratur, an erster Stelle deutsche und französische. Der Rest (9198 Nrn.) ist durch Geschenk oder im Wege des Austausches erworben worden. Die Erwerbungen auf Grund der Copyright-Act setzen sich in folgender Weise zusammen: 20650 Nrn. sind Periodica, 476 Parlamentsschriften, 5149 Karten, 4415 Musikalien; in dem verbleibenden Rest von 13893 Nrn. sind an erster Stelle die eigentlichen Bücher und zwar 6095 gebundene, 2785 ungebundene Bände inbegriffen. — Der Zuwachs an Handschriften war 1894 geringer als im Vorjahre. Er belifferte sich nur auf 22. Darunter keine von besonderer Wichtigkeit. Bemerkenswert ist eine arabische Zauberrolle wegen ihrer ausserordentlichen Länge, die volle 17 englische Ellen beträgt. Die Katalogisierung der Handschriften für den „Summary Catalogue" durch Mr. Madan hat rüstige Fortschritte gemacht, so dass Anfang dieses Jahres (1895) ein Band, in der Zählung der 3., ausgegeben werden konnte. — Der Etat der Bibliothek ist dem vorjährigen ziemlich gleich geblieben; er belief sich auf 5318 £. Ht.

Der im Mai 1895 erschienene 5. Teil der **Archaeologia Oxoniensis** (London, H. Frowde) beginnt mit einer Arbeit J. Park Harrison's über die **Architektur der Bodleiana** (Academy 1. June p. 464). W.

Die im Januar d. J. zu überaus billigem Preise versteigerte **Sammlung Waterton** (s. B. 286), Handschriften und Ausgaben von De Imitatione Christi enthaltend, soll jetzt in den Besitz des British Museum in London übergegangen sein, das infolge dessen die reichste Sammlung von Ausgaben dieses Werkes besitzen dürfte. Nach The Athenaeum No. 3533 S. 611 wäre die Sammlung indes von Dr. Copinger in Manchester angekauft worden. Ht.

Im 131. Bande der Sitzungsberichte der philos.-histor. Klasse der Kaiserl. Akademie der Wissenschaften (Wien 1894) setzt Heinrich Schenkl (X. Abh., 79 S.) die **Bibliotheca patrum latinorum britannica** fort und bietet in diesem (VI.) Teile die Beschreibung von Handschriften englischer Kathedralbibliotheken. F. E.

Der oft bethätigten Munificenz der Amerikaner für ihre Bibliotheken verdankt die Northwestern University zu **Evanston** in Illinois ein neues Bibliotheksgebäude, das am 26. September vorigen Jahres eröffnet wurde. Ein alter Gönner der Bibliothek, Mr. Orrington Lunt, nach dem die Bibliothek jetzt Orrington Lunt Library heisst, überwies derselben im Jahre 1891 50000 $, für welche unter Hinzunahme eigener Mittel der Universität und anderer Gaben im vorigen Jahre das neue Gebäude aufgeführt wurde. Dasselbe ist räumlich so bemessen, dass es im Bücherraum 100000, im Handschriftenraum

25000 Bände zu fassen vermag. Die bei der Eröffnungsfeier gehaltenen Ansprachen hat die Northwestern University in einem mit den Bildern des Gebäudes und seines Stiftern geschmückten Festbericht: „Exercises at the Opening of the Orrington Lunt Library Building. Evaston, Ill." 33 S. 4° abdrucken lassen.
Ht.

In der Akadem. Revue Jg. 1 S. 382 lesen wir, dass der „Board of Education" von Saint-Paul, Minnesota, Nordamerika, 300000 $ für eine neue Bibliothek ausgesetzt hat.
W.

Nach dem Annual Report of the Board of Regents of the Smithson. Institution in Washington for the year ending June 30, 1892 (Report of the U. S. Nation.-Museum) hat die Bibliothek des National-Museums im abgelaufenen Jahre 11892 Nummern Zuwachs erhalten, von denen 693 aus Bänden von mehr als 100 Seiten, 1642 aus Broschüren — pamphlets — bestanden und 5488 Teile periodischer Publikationen waren. In derselben Zeit wurden 6004 Bände ausgeliehen, dem Autoren-Katalog 2735 Titel-Kartons, dem „subject-catalogue" 1089 Titel-Kartons hinzugefügt. 1500 Bände harren, aus Mangel an Mitteln, des Einbindens. — Nach dem Report to July 1893 hat die Bibliothek der Smithsonian Institution selbst seit 1887 86 einen Zuwachs von 6350 periodischen Schriften erfahren. Die Accessions-Nummern des abgelaufenen Jahres betrugen 29488 Nummern (1889 Bände, 22949 Teile von Bänden, 4451 Broschüren, 219 Karten), von denen aber 8073 an das National-Museum und 963 Dissertationen an die Bibliothek des Surgeon-General U. S. Army abgegeben wurden. Der neue Bibliothekar Cyrus Adler klagt, wie seine Vorgänger, über die Unzulänglichkeit des Lesesaals. In dem an erster Stelle genannten Report befindet sich S. 221 ff. eine mit Abbildungen versehene Abhandlung: Japanese Wood-cutting and Wood-cut Printing von T. Tokuno, herausgegeben und mit Anmerkungen versehen von S. R. Koehler.
W.

Die Bibliothek der Mc. Gill University in Montreal (Kanada) umfasst — abgesehen von 16000 Bänden der Fakultätsbibliotheken — gegenwärtig 39000 Bände und wurde im letzten Jahre um 1500 Bände vermehrt (Akad. Revue Jg. 1. 1893. S. 308); die Bibliothek der Ann Arbor University in Michigan umfasste im Septbr. 1894 92228 Bände, 16337 Broschüren, 1060 Karten, 280 Zeitschriften; während des Jahres wurden ihr 2 bedeutende Geldschenkungen von 20000 und 19000 $ gemacht (ebd. S. 314); die Bibliothek des Columbia College in New York wurde vom 1. Juli 1894 bis 12. Febr. 1895 um 11736 Bände vermehrt und umfasst gegenwärtig ungefähr 190000 Bände (ebd. S. 515).
W.

Von den seitens des italienischen Unterrichts-Ministeriums herausgegebenen Indici e Cataloghi gelangte im Jahre 1894 das 3. und Anfang dieses Jahres das 4. Heft der XV Abteilung, welche den Katalog der Manoscritti della R. Biblioteca Riccardiana di Firenze, bearbeitet von S. Morpurgo, bringt, zur Ausgabe. In den letzten Jahren ist noch eine Reihe anderer Abteilungen dieser wichtigen und wertvollen Sammlung erschienen, auf die wir nicht unterlassen möchten nachträglich hinzuweisen. In der bereits 1889 ausgegebenen X. Abteilung veröffentlicht Aurelio Bianchi eine Beschreibung der Handschriften des bekannten Florentiner Anatomen Filippo Pacini, 1812—1883, (Relazione e Catalogo dei Manoscritti di F. P.) die in der Biblioteca Nazionale Centrale zu Florenz aufbewahrt werden, nebst einer trefflichen biographischen und bibliographischen Einleitung. In Abteilung XIII verzeichnet der Universitäts-Bibliothekar zu Rom Francesco Carta die Codici, corali e libri a stampa miniati della Biblioteca Nazionale di Milano. Abteilung XIV endlich bringt einen Catalogo delle Edizioni Romane di Antonio Blado Asolano ed Eredi (1516–1593) posseduta dalla Biblioteca Nazionale Centrale Vittorio Emanuele di Roma. Das bisher nur erschienene 1. Heft dieser von Giuseppe

Fumagalli und Giacomo Belli bearbeiteten Abteilung zählt 274 Drucke dieser bedeutenden römischen Buchdruckerfirma des 16. Jahrhunderts auf. Angemerkt werden mag auch der Katalog der Disegni antichi e moderni posseduti dalla R. Galleria degli Uffizi di Firenze (Abteil. XII), der im Jahre 1894 bis zum 4. Hefte gedieh. Ht.

Im 3. Bande der Studi italiani di filologia classica (Firenze-Roma 1895) S. 385 ff. veröffentlichen Alessandro Olivieri und Niccola Festa ein Verzeichnis der griechischen Handschriften in den Bibliotheken Bologna's. Es sind 4 Bibliotheken in dieser Stadt, die griechische Handschriften verwahren, die meisten die Universitäts- und die Stadt-Bibliothek, einige wenige befinden sich aber auch in der Bibliothek des Spanischen Kollegs und in der erzbischöflichen Bibliothek. Ht.

Mit einem Katalog älterer Dubletten der Biblioteca Vittorio Emanuele in Rom beginnt M. Menghini in der Rivista delle biblioteche Anno 5 (1895) S. 81 ff. Das vorliegende Verzeichnis umfasst 40 Nummern des 16. Jahrh. aus der Offizin Lor. Torrentini's in Florenz. W.

Das nach streng bibliographischen Grundsätzen ausgearbeitete Verzeichnis der Musikdrucke der Biblioteca Estense in Modena bringt Vitt. Finzi in der Rivista delle bibliot. Jg. 5 S. 89 ff. zu Ende. Appendices und Index schliessen die aus 321 Nummern bestehende fleissige Arbeit ab. W.

In dem Annuario della R. Università degli studi di Padova per l'anno scol. 1894—95 veröffentlicht der Direktor der Universitäts-Bibliothek, Marco Girardi, eine Zusammenstellung über die Bücher-Erwerbungen der Universitäts-Institute in den Jahren 1886—1893. Danach hat die Universitäts-Bibliothek mit den Instituten in den genannten acht Jahren eine Bereicherung von 10101 (nicht: 10107) Bänden und 1916 Broschüren (opuscoli) erfahren im Werte von L. 132690,30. Die durchschnittliche Jahresausgabe für Bücher seitens der Universität betrug mithin L. 16586,35. W.

Vom Accessions-Katalog der öffentlichen Bibliotheken Schwedens ist vor kurzem seitens der Königlichen Bibliothek in Stockholm der 9. Jahrgang, für 1894, ausgegeben worden (Stockholm 1895, VI, 405 S. 8). Die Bearbeitung (durch E. W. Dahlgren) ist die gleiche geblieben wie bisher. In systematischer Anordnung wird der Zuwachs der Bibliotheken in Stockholm, Upsala, Lund und Göteborg — diese 4 Orte besitzen 23 verschiedene Bibliotheken — an ausserhalb Schwedens gedruckter Litteratur aufgezählt. Die eigenen Erzeugnisse Schwedens, die den 3 grössten Bibliotheken des Landes als Pflichtexemplare zugehen, sind ausgeschlossen, da sie an anderer Stelle, im jährlich erscheinenden Årskatalog för svenska bokhandeln, verzeichnet werden. Ht.

Nach Aarsberetninger og Meddelelser fra det Store Kongelige Bibliotek (in Kopenhagen) Bd. 4 (1895) S. XCVIII ff. hat der Gesammtzuwachs an gedruckten Büchern im Finanzjahr 1893 94 7703 Bände, darunter 1800 Broschüren (Smaaskrifter), 922 Kartenblätter u. a., 3812 Lieder, Plakate u. dgl. betragen. Eingerechnet ist der Zuwachs an Pflichtexemplaren, der von 262 Buchdruckern geliefert sich auf 216 Zeitungen, 359 Zeitschriften, 3955 Bücher (darunter 1515 Broschüren), 1651 Lieder u. s. w. belief. Eingebunden wurden im ganzen 5120 Bände, von denen 1332 mit Drahtstiften geheftet wurden. Von den Buchbinderarbeiten verdient eine hervorgehoben zu werden. Das grosse Werk Monumentos arquitectónicos de España ist unvollendet geblieben, die letzte Lieferung Nr. 59 kam 1885 heraus. Die Lieferungen hat man zu geordnet, dass sie 8 Bände bildeten, für die man Titelblätter und Inhaltsverzeichnisse drucken liess. Die Buchbinder-Rechnung belief sich auf 304 Kronen (1 Kr. = 1 M. 13 Pf.) oder 41 Kr. 75 Öre für den Band. Die Umarbeitung älterer Kataloge wurde fortgesetzt. Die Bibliothek war 1893/94 dem Publikum an 273 Tagen geöffnet, 11934 Bände wurden ausgeliehen, der Lesesaal wurde von 8801 Personen besucht, an deren Benutzung 24801 Bände herbeigeschafft wurden. Am 15. Novbr. 1893 konnte die Bibliothek den Tag feiern, an dem sie durch Königliches Reskript vor 100 Jahren für öffentlich erklärt und folglich dem Publikum geöffnet wurde. Dem Bericht angehängt ist die Fortsetzung des Index librorum s. 15. impressorum, quorum exempla possidet Biblioth. R. Hafn. von Holling, von No. 1001 (Epistola) bis 1615 (Jacobus Magnus) reichend. W.

Vermischte Notizen.

In bezug auf das von ihm vorgeschlagene Projekt eines General-Kataloges der öffentlichen Bibliotheken (s. C. f. B. XI, 280 ff.) hat Herr Ferd. Vander Haeghen in der allgemeinen Sitzung der belgischen Akademie der Wissenschaften in Brüssel vom 7. Mai d. J. einen zweiten Bericht erstattet, der im Bulletin der Akademie 65e année, 3e série, tome 20 S. 703—69 abgedruckt ist. Vander Haeghen setzt darin noch einmal kurz die Vorteile auseinander, welche die Ausführung seines Antrages für die Gelehrtenwelt bringen würde, und sucht gegen denselben erhobene Einwände zu entkräften. Ht.

Im George'schen Antiquariat in Basel befindet sich ein Buch, welches infolge seiner grossen Seltenheit eine nähere Betrachtung verdient und in dieser Ausgabe unbekannt sein dürfte. Der Titel lautet: Ewan | gell vō | Epistel. | mit anfang der merz (alc) | Psalm vnd collecth | Teutsch Mit figuren | vnd etlich schön | glofs über die | Ewangelia. | (Augspurg, H. Schönsperger. MCCCCCXIII)? in fol. CXLVIII ff. zu je 30 Zeilen.

Nagler, Monogrammisten giebt ein ähnliches Buch unter III, 1444, 3 an, desgleichen Panzer in seinen Zusätzen 744, b und Weigel in seinem Kunstkatalog 20074. Während Nagler und Weigel sich in betreff der Holzschnitte in ihren Angaben decken, beschränkt sich Panzer auf knappe Titelangabe.

Das vorliegende Exemplar möge hier eine nähere Beschreibung erhalten. Der Titel besteht aus einem prächtigen Holzschnitt. In den vier Ecken sind die Symbole der Evangelisten und inmitten derselben oben und unten je ein, rechts und links je zwei Propheten (Halbfiguren). Die Rückseite des Titels ist leer.

Die 230 Initialen sind schön geschnitten, doch nicht von besonderer Grösse 20×22 mm, ferner finden sich noch 109 kleinere Initialen 13×12 mm. Besonders hervorgehoben zu werden verdient noch ein f. 2 zierendes B, welches 49 mm hoch und 43 mm breit ist.

Den Hauptwert bilden die beigegebenen Holzschnitte 118 — H. Schäufelein. Vier derselben tragen dieses Monogramm, nämlich: a) Die Geburt Christi (f. IX), Maria kniet in der Mitte vor dem Kinde. b) Die Anbetung der Könige (f. XVI). c) Christus am Kreuze (f. LXIIII), links Maria und zwei heilige Frauen, rechts Johannes. d) Die Erscheinung des heiligen Geistes (f. LXXXIIII). Dieselben sind 23,2 cm hoch und 15,8 cm breit (Blattgrösse). Bartsch führt nur b und c unter Nr. 8 und Nr. 31 auf. Der fünfte blattgrosse Holzschnitt, die Auferstehung Christi (f. LXX*), stammt von einem unbekannten Meister. Nagler und Weigel bezeichnen auch diesen Holzschnitt als von H. Schäufelein herrührend. Der uns vorliegende Holzschnitt ist, im Unterschiede von den vier anderen, mit einer liniierten umgehen. In der Mitte ist die Gruft, aus welcher Christus sichen heraussteigt. Zwei Wächter liegen schlafend auf der Erde, während ein dritter vor Erstaunen starr dasteht.

Vermischte Notizen. 429

Ein weiterer Unterschied der vorliegenden und der Nagler etc. bekannten Ausgabe besteht in der bedeutend grösseren Anzahl der beigegebenen kleineren Holzschnitte ohne Zeichen, deren grösste Anzahl jedoch gleichfalls von H. Schläufelein stammt. Dieselben sind 9,5 cm hoch, 6,5 cm breit (= Kolumne). Nagler und Weigel kennen nur 26 dieser Holzschnitte. Die vorliegende Ausgabe weist deren 53 auf. Acht dieser Holzschnitte wiederholen sich und einer tritt sogar sechsmal auf, so dass diese Ausgabe in Wirklichkeit nur 39 kleine Holzschnitte zählt.

Leider fehlen in dieser Ausgabe f. CXLI, sowie ff. CXLVII u. CXLVIII (Schluss), so dass es sehr schwer sein dürfte zu ermitteln, ob diese Ausgabe ein früherer Druck ist, als die von Nagler etc. citierte (Augsburg, H. Schönsperger MCCCCCXIII).

Unseres Erachtens dürfte dies der Fall sein. Dafür sprechen besonders die grössere Anzahl der kleineren Holzschnitte und speciell deren öftere Wiederholung, sowie die häufig auftretenden Druckfehler in der Paginierung. Hauptsächlich sind wir jedoch zu dieser Annahme geneigt infolge des Holzschnittes f. LXX^v. Derselbe weist in seiner Ausführung auf ein weitaus früheres Datum, als die Schläufeleinschen, und dürfte sich der Drucker dieses Holzschnittes als Nothbehelf bedient haben.

Nach Passer befindet sich in der Stiftsbibliothek St. Peter zu Salzburg eine ähnliche Ausgabe. Durch freundliches Entgegenkommen des Bibliothekars Herrn P. Hanthaler ist uns eine genaue Beschreibung der dortigen Ausgabe zugekommen. Dieselbe deckt sich ebensowenig mit Nagler, wie die uns vorliegende. Das Salzburger Exemplar ist aber auch von dem unseren verschieden. Die Schlussschrift des Salzburger Exemplares giebt zwar Augspurg MCCCCCXIII an, nennt jedoch nicht H. Schönsperger als Drucker. Auch ist der Titel rot und schwarz gedruckt, während die uns vorliegende Ausgabe nur Schwarzdruck aufweist. Ausserdem zählt das Salzburger Exemplar CLII numerierte Folia, das unsere, wie angegeben, nur CXLVIII. F. M.-F.

Nachträge und Berichtigungen zum Bonner Inkunabeln-Katalog. Einige Berichtigungen, die mir kürzlich in einer Recension zugingen, veranlassen mich, hier das Material, welches sich mir seit dem Erscheinen meines Kataloges, teils aus eigener teils aus fremder Arbeit ergeben hat, zusammenzustellen.

34 Die Bestimmung des Druckers als ein Erzeugnis der Presse des Nic. Goetz in Köln ist nicht aufrecht zu halten, er ist jedenfalls niederländischen Ursprungs.
36 Der Drucker ist Petrus de Olpe, was sich aus einem in der Kölner Stadtbibliothek befindlichen losen Blatte eines bis jetzt noch unbekannten Breviers ergiebt, welches die gewöhnliche Type dieses Druckers (Ennen 99–100) abwechselnd mit der hier vorliegenden zeigt.
73 Am Schluss hinter der Jahreszahl ist ausgefallen: | Laus Deo.
110 Der Drucker ist Kilian Fischer (Piscator), vgl. Fr. Pfaff, Festschrift S. 27.
142 Der Druck ist vielleicht das Erstlingswerk eines Kölner Druckers.
167 Holtrop II, 385 vermutet — sicher mit Unrecht — den Euch. Argenteus 1483 als Drucker.
180 s. Nr. 34.
257 schreibt Schmidt f. Repert. VI, 57 Martin Flach dem Ä. zu.
313–314 Der Verfasser ist der Kölner Jurist Michael de Dalen.
353 schreibt Holtrop II, 725 dem Joh. Prüss zu. In Schmidts Repert. fehlt das Werk wie fast alle Strassburger Drucke, die nur Druckort u. Jahr, nicht den Namen des Druckers haben, der o. O. u. J. erschienenen nicht zu gedenken.
401 Der wirkliche Verfasser ist Berengarius Fredoli.
406 s. Nr. 34.
409 [Coloniae, Henricus Quentell c. 1485.]
434 [Coloniae, Arn. Therhoernen, c. 1480.] Das in dem Drucke (Bl. 12ᵃ) vorkommende Datum 22. Jan. 1185, das mich zu der unrichtigen Datie-

rung verleitete, hat sich nach der ersten Ausgabe der Schrift, von der
sich 2 Exemplare in Trier befinden, als Druckfehler für 1475 herausgestellt. Damit sind auch meine Bedenken bei Nr. 1024 u. 1027 beseitigt.
442 [Coloniae, Lud. Reneben, c. 1452?] Madden, lettres VI, 25 ff. schreibt
die mit dieser Type gedruckten Werke seinem Kloster Weidenbach zu.
443 l'arnoenula ist Schreibfehler für Pergamenoda.
469 s. 442.
502 Der Verfasser des 3. Traktats de arte bene moriendi ist nach Falk,
Sterbebüchlein S. 24 ff. der Kardinal Capranica.
505 [Strassburg, H. Knoblochtzer 1483] vgl. Schorbach in Dziatzkos Sammlung VIII S. 83.
529 Die Annahme Holtrops, dass Quentell, dessen Druckerei bekanntlich
„iuxta sammuon" d. h. am Domhof lag, auch Inhaber der Druckerfirma
Retro Minores war, ist eine nicht zu beweisende Hypothese. Die Thatsache, dass beide Firmen denselben Holzstock und dieselben Typen
benutzt haben, beweist bei der sonst bekannten kollegialen Geschäfts-
praxis der Kölner Drucker nichts.
530 Die Typen sind in der Kegelgrösse von den in datierten Drucken d.
N. Goetz vorkommenden verschieden.
534 Bl. 150b leer. Bl. 150b enthält Bungarts Druckerzeichen von dem gewöhnlichen darin abweichend, dass die beiden Schilder, rechts und
links oben, Wappen enthalten, und der kleine Schild zu Füssen der
Maria eine [Künstler?] Marke. Darunter die xylographische In-
schrift: Gedruckt in Colln vp deme aldermart | to deme wilden manne x. |
(Nach einem Exemplar d. Stadtbibl. Köln.)
536 Die Tabula schliesst Bl. 309a Z. 25: Explicit tabula cryptorum | in tracta-
tulo de exemplis also | ciose virginis marie Maria: | (Exemplar in Köln.)
547 Der Ursprung des Druckes ist unbestimmt, vgl. Schorbach l. c. p. 96.
559 Der Katalog Klors 1922 nennt als Drucker: Joh. Grüninger.
651 Dieselben Typen wie bei Burger, Mon. T. 97, also Urach (od. Esslingen?),
Conrad Fyner, c. 1480.
655 siehe Nr. 36.
663 Der Titel lautet: Sius feubosum (Ex. in Trier 763).
672 siehe Nr. 520.
673 Knoblochtzer Type II vgl. Schorbach l. c. p. 86. Mit Nr. 746 u. 806
in 1 Bande.
675 wird von Schmidt, Repert. I p. 2 dem Joh. Grüninger abgesprochen.
717 Der Drucker ist Heinr. Quentell.
761 (Köln, H. Quentell, c. 1480.)
770 Holtrop II, 724 schreibt d. Druck dem Joh. Prüss zu.
783 Matth. de Cracovia = aus Krakau, vgl. Sommerlad, Matth. v. Krakau.
Diss. Halle 1891.
784 Der Verfasser ist nach den neuesten Untersuchungen von Jos. Pohl
im Osterprogr. d. Kempener Gymn. 1895: Thomas a Kempis.
789 Der Drucker ist H. Quentell in Köln.
789bis Menigken, Car.: Epistolae. Coloniae, Henr. Quentell, 1498, 4°. =
Hain* 10685.
809 (Köln, H. Quentell c. 1490.)
815 = Hain 2100.
818 — Hain 2140 [?].
855 ist unter Ruffredus einzuordnen.
857 Verfasser ist Jac. Wimpheling, vgl. Wiskowatoff S. 42 Anm. 2. Der
Drucker: H. Quentell in Köln c. 1495. Hain* 16191 cf. 12020, wo das
Wort „clericorum" im Titel wohl nur Schreibfehler ist.
890 schreibt Schmidt Repert. VI Nr. 28 Martin Flach dem Ä. zu.
934 Holtrop II, 781 schreibt den Druck dem P. J. de Puxbach in Mantua zu.
935 Der Drucker ist Cornelius de Zürichsee apud praedicatores in Köln c. 1495.
952 Der Drucker ist Martin Flach in Basel (im Register bereits verbessert).
1016 Der Drucker ist sicher nicht Arn. Therhoernen, vgl. Nr. 34.

1025 [Köln, H. Quentell, c. 1485.]
1028 — Hain 11081.
1050 Schmidt, Repert II Nr. 4 setzt den Druck ein Jahr später auf den
24. Dec. 1500.
1134 |
1210 | Der Drucker ist H. Quentell.
1211 |
1213 Der Druck ist ein Teil von Nr. 607, welcher aus 5 Lagen mit je 8 Bll.
besteht. Die Vita Udonis steht auf Bl. 42—47, d. h. auf Bl. 2—7 der
6. Lage, und kommt deshalb auch allein vor, wie das eine Exemplar
in Bonn.
1217 ff. Der Verfasser des Vocabularius breviloquus ist Joh. Reuchlin, vgl.
Geiger, Reuchlin p. 68.
1219 Der Drucker ist H. Quentell.
Bonn.   Ernst Voulliéme.

Der dreizehnte Jahresbericht der Dante-Society in Cambridge (Mass.) von 1894 ist uns erst kürzlich zugegangen. Ausser Nachrichten über die Gesellschaft bringt er ein Verzeichnis der Accessionen der Dantebibliothek der Gesellschaft, welche mit der Bibliothek des Harvard-College verbunden ist, von William C. Lane und ein Verzeichnis aller Eigennamen, die in den Prosawerken und dem Canzoniere Dantes vorkommen, von Paget Toynbee. Aus dem Berichte des Vorstandes ist u. a. zu ersehen, dass Herr Professor Willard Fiske seine ausgezeichnete Dantebibliothek der Cornell University in Ithaca, N. Y., geschenkt hat.

„Eine schlesische Soldatenbibliothek des 17. Jahrhunderts" bespricht Dr. Paul Knötel im 29. Bde. der Zeitschr. des Vereins für Geschichte und Alterthum Schlesiens S. 245 ff. Gemeint ist die Büchersammlung eines alten Soldaten, des einstigen Kommandanten von Glogau General-Feld-Wachtmeister Joist Hilmer Frh. von Knigge († 1683), die dieser „aus Lust und Eifer zur kolligirung einer teutschen Bibliothek" auf seinen mannigfachen Kriegsfahrten an sich gebracht hatte und die nach seinem Tode in den Besitz des Jesuitenkollegs in Glogau gekommen war, wo sie noch heute zum grösseren Teil in der Lehrerbibliothek des katholischen Gymnasiums erhalten ist. Nach dem auf Knigge's Geheiss angefertigten alten Kataloge bestand sie aus 307 Folianten, 239 Büchern in 4° und 231 in 8° und 12°, in buntem Gemisch aus allen Gebieten der Litteratur. Die meisten hatte er geschenkt erhalten, andere gekauft, doch hatte er sich auch nicht gescheut, sie sich auf irgend eine andere Weise anzueignen. Die Annales Marchiae des Angelus z. B. lieh er, wie seine eigene Eintragung in das Buch lehrt — und diese Eintragungen sind vielfach höchst interessant —, einst auf der Durchreise durch Krossen von einem Quartiermeister, bei dem er logierte, um sie ihm einfach nicht zurückzugeben; „allein ein gelehrter Hundt ist dem alten guett westphälischen Sprichwordt nach ein geschenkter Rühe, also wirdt der gurte Quartiermeister dieses Buch auch schwerlich mehr bekommen." ll.

Die bekannte Centralstelle für Dissertationen und Programme von Gustav Fock in Leipzig hat umfassende Kollektionen von Inauguraldissertationen, Habilitationsschriften, Schul- und Universitätsprogrammen, darunter eine von 80000, andere von 50000 u. s. w. Abhandlungen, zusammengestellt und stellt dieselben zum Verkauf. Für neugegründete Bibliotheken bietet sich damit bequeme Gelegenheit, einen festen Grundstock in dieser Art Litteratur zu erwerben.

Die Preise auf den englischen Bücherauktionen scheinen bereits wieder in die Höhe zu gehen. Wenigstens wurden in letzter Zeit für einzelne Bücher Summen gezahlt wie nie zuvor. So erzielte bei der Versteigerung

432 Vermischte Notizen.

der Bibliothek Lord Oxford's durch Sotheby, Wilkinson & Hodge ein Exemplar der 2. Folio-Ausgabe des Shakespeare (den Preis von 549 £, ein Elzevier: Le Pastissier François, Amsterdam 1655, 100 £ und ein Neues Testament, Paris 1712, in Pracht-Leder-Einband von Le Monnier und mit dessen Namen bedruckt, für das zuletzt 51 £ gezahlt waren, den Preis von 345 £. Und ähnliches wird von anderen Bücherauktionen berichtet. Ht.

Nach Dronke, Beiträge zur Bibliographie und Litteraturgeschichte oder Merkwürdigkeiten der Gymnasial- und der städtischen Bibliothek zu Koblenz, Kobl. 1857, S. 15 besitzt diese Bibliothek eine Bibel, Augsb. bei G. Zainer 1473—4, und darin als Beilage einen Brief von dem Bibliothekar der Kartause zu Buxheim, Br. Hieron. Pfeuffer, vom 3. Apr. 1768 an den Bibliothekar der Koblenzer Kartause, in welchem jener schreibt, dass Zainer selbst im Jahre 1474 ein Exemplar dieser Bibel dem Buxheiner Kloster geschenkt habe, it. Über benefactorum; die 2. Bibel von 1477 sei sein letztes Werk gewesen, denn 1478 l. f. s. Renig. sei er gestorben. Endlich enthält der Brief ein Verzeichnis sämtlicher von Zainer gedruckten und von ihm dem Kloster in Buxheim geschenkten Bücher, wofür ihm an seinem Todestage ein Anniversar gehalten wurde. F.

Der von Woldemar Lippert im Neuen Archiv für Sächsische Geschichte und Altertumskunde 16, 135 ff. zum Abdruck gebrachte kursächsische Bibliothekskatalog aus dem Jahre 1437 ist bereits im Jahre 1860 von E. G. Vogel im Serapeum 21, 209 ff. mitgeteilt worden, doch findet sich dort das Jahr 1474 angegeben. Seine Bedeutung für die deutsche Philologie hat Karl Bartsch in einem besonderen Aufsatz in der Germania 24, 16 ff. gewürdigt.

Eine Klosterdruckerei im Gardasee 1517. Konrad Pellikan von Rufach erzählt in seiner Hauschronik von einer 1517 nach Rom unternommenen Reise und sagt: „am Gardasee machten wir halt; später kamen wir nach der Stadt Salo; in ihr ist ein Kloster unseres Ordens, und der Provinzial der Provinz Brixen, Franz Lecher, ein gelehrter Scotist, führte uns in sein scotisches Studienhaus auf einer schönen Insel im See nahe bei Salo, wo 40 Brüder weilten, Scotus zu studieren. Die Expositiones samt den Kommentaren wurden dort damals unter Lecher's persönlicher Leitung gedruckt."[1])

Diese Insel ist die am Eingange der Bucht (wo Salo liegt) gelegene siebelförmige Isola del Frati, deren auch die Reisehandbücher Erwähnung thun. Falk.

In dem Offiziellen Berichte der K. K. Österr. Central-Kommission für die Weltausstellung in Chicago im Jahre 1893 (I. Bd., Wien 1894, 8°) giebt Karl Vogel auch einen Überblick über ausgestellte Erzeugnisse der Papierindustrie. Der sich anschliessende Bericht über die amerikanische Papierfabrikation ist recht belehrend. Erwähnt sei auch, dass von der Firma J. Steinbrener in Winterberg (Böhmen) sehr dauerhafte Bucheinbände mit Celluloiddeckeln ausgestellt waren. F. E.

Über die Notwendigkeit und die Mittel, die Qualität des Papiers und der Tinte, soweit sie für den amtlichen Gebrauch bestimmt sind, zu verbessern, schreibt Hermann Loevinson in der Rivista delle biblioteche e degli archivi Anno 6 (1895) S. 1—17. W.

Normalpapier. Die „Voss. Ztg." schreibt: Durch die Kgl. mechanisch-technische Versuchsanstalt in Charlottenburg lassen die grossen Papierhandlungen und Fabriken ihre Erzeugnisse auf Güte und Dauerhaftigkeit

1) Hauschronik des Pellikan, herausg. von Volpius 1892 S. 59.

prüfen. Dadurch ist das Publikum in die Lage gesetzt, sich jederzeit gutes Schreibpapier aus leistungsfähigen Fabriken kaufen zu können. Man kann sich in der That ohne grosse Mühe solches Schreibpapier im deutschen Reichsformat (Aktenformat 33×21 cm) verschaffen, wenn man in den Papierhandlungen das sogenannte „Normalpapier" verlangt. Dies Papier enthält nämlich Bogen für Bogen ein sogenanntes natürliches Wasserzeichen, das schon auf dem Sieb der Papiermaschine erzeugt wird, also nicht nachträglich auf das Papier gebracht werden kann. Dies Wasserzeichen muss nach den bestehenden Vorschriften in leserlichen Zeichen die Firma des Papierfabrikanten und dazu neben dem Worte „normal" eine Ziffer und einen kleinen lateinischen Buchstaben enthalten. Durch die Ziffer und die Buchstaben ist die Güte des Papiers in ganz sicherer Weise gewährleistet. Denn sie giebt amtlich dem Beamten an, für welche Zwecke der betreffende Bogen im amtlichen Verkehr benutzt werden darf (1 bedeutet z. B. bestes Urkundenpapier, 3a gutes gewöhnliches Aktenpapier u. s. w.). Die Hauptzeichen geben aber auch, und das ist für das Publikum wohl das Wichtigste, in zuverlässiger Weise die Güte des Papiers, nämlich seine Festigkeit, Dehnbarkeit, seinen Widerstand gegen Zerreissen, die Faserarten, aus denen es besteht, seinen Aschengehalt und seine Leimfestigkeit an. Diese Normalpapiere werden nur von solchen Fabriken erzeugt, deren Wasserzeichen amtlich gemeldet ist. Alle Behörden dürfen nur Normalpapier verwenden und müssen diese Papiere jedes Jahr durch die Versuchsanstalt amtlich untersuchen lassen. W.

In den Mitteilungen der Deutschen Gesellschaft zur Erforschung vaterländischer Sprache und Altertümer in Leipzig Bd. 9 (1894) S. 61—111 findet wir eine Arbeit Georg Buchwalds: „Simon Wilde aus Zwickau. Ein Wittenberger Studentenleben zur Zeit der Reformation", an der uns hier der Anhang interessiert, aus 33 Briefen Wildes (später Arzt in Eisleben) an seinen Gönner und Oheim, den Stadtschreiber seiner Vaterstadt M. Stephan Roth bestehend. In diesen Briefen, von denen einige auszugsweise bereits im Archiv für Geschichte des deutschen Buchhandels Bd. 16 mitgeteilt sind, kommen manche Stellen vor, die den Buchhandel, Buchpreise, Bücherverkehr, Bücherbedarf der Studenten u. s. w. des 16. Jhdts. illustrieren. Wir geben sie nach der Reihenfolge der Briefe hier wieder.

Nr. 2. Wittenberg, 16. Mai 1540: ... Libros necessarios tuo iussu a Christophoro Schramm accepi, non ligatos quidem praeter unum, sed tamen curauj, ut ligarentur. ... Tum sels admodum caro hic ligari, pro unius enim libri mercede pascuntur quatuor grossi, pro Biblia septem Grossi. ... Libri autem hi sunt Loci communes Philippi ligati vj gr., Dialectica Caesarij ij gr., Physica Velcurionis 4 gr., Dialectica Philippi xxij ß, Dialectica Vuillichij ij gr., Commentarius de anima Philippi xxxij ß, Biblia xv gr. Miraris forte multitudinem, sed qui sine libris discere possunt? sunt bercle omnes hi scholastici libri. ... Quid in lectione sine libris agerem? Idem quod milles in pugna sine armis, et oleum nempe et operam perderem. ... oro, ut ..., mihi Plinium mittas, a nemine enim hic mutuo accipere possum, atqui hic liber multum confert studiosis medicinae et physicae.

Nr. 3. Wittenberg, 26. Juni 1540: ... Opera Ouidij ab Adamo Sibero Lugduni impressa emi atque ab hospita xx g. accepi. ... Mittitque ubi Schramm nous, duos libros, alterum scriptum docem Luneburgensium contra ducem Henricum a Braunschweig, alterum explicationem calundam sententiae Pauli per Jacobum Schenck, alias noni nihil habet. ... Georgius Rhau quoque ubi libellum quendam hic mittit. ... Caesaris scriptum ad principem se eius responsum impressum quidem hic est, sed modo tot exemplaria, quot principi opus fuerunt, nec amplius habetur. Responsum autem Lantgrauij contra Henricum a Braunschweig hic non est impressum, sed Marpurgi, itaque non habetur.

Nr. 4. Wittenberg, 19. Juli 1540: ... Sub prelo ... Georgij Rhau nunc est margarita Theologica germanica et liber Arithmeticus saxonicus. Editae hic sunt praeterea duae epistolae, quas D. Martinus imprimendas huc remisit, quarum tria exemplaria tibi Georgius Rhau mittit. . . . Mitto tibi insuper citationem Caesaris ad comitia et responsionem principum meplus iam petitam, item disputationem quandam proximo die sabbati habitam. Libellum Lantgrauij contra Ducem Brunswicensem latine et germanice Christophorus Schramm tibi mittet.

Nr. 5. Wittenberg, 23. Sept. 1540: . . . (Georgius Rau) mittit tibi hic Gigantis nostri . . . epigrammatum librum, eodem die, quo ille promouit, aeditum. . . . De libris, quos apud Schramm sumpsi, quid faciendum sit scribe, utrum iam his nundinis uella soluere debita an posthac.

Nr. 6. Wittenberg, 6. Nov. 1540: . . . De libris apud Christophorum Schramm inquisiui, qui tibi mittit quos habuit, commentarij Crucigeri in epistolas ad Thimotheum non amplius habentur. Retis nondum est distincta coloribus, defectum iam mittere non potest, quia plura exemplaria non habet, ut fortassis ipse suis literis significabit.

Nr. 10. Wittenberg, 23. März 1541: . . . Unum hoc oro, ut . . . opera Galeni mihi mutuo des et ad nundinas Lipseuses mittas, prorsus enim me huic studio addicam, quod sine libris fieri non potest . . . Christophorum Schramm de pretio papyri allocutus sum, qui stare xx g. dixit.

Nr. 11. Wittenberg, 8. April 1541: . . . Mitto libellum D. Martini contra ducem Brunsuicensem — sunt duo exemplaria — (quem praeceptores nostri in suis literis nunc Mezentium nunc Phalaridem appellitant) calumnijs refertissimum nec non et multa bona continentem, mirum si aliquid apud bonos promouerit.[1]) Est praeterea sub prelo Georgij Rau Inuectiua principis nostri Electoris contra eundem ducem Brunsuicensem, qui ad diem solis in lucem prodibit, quem et ipsum quamprimum nunclum habuero mittam.

Nr. 14. Wittenberg, 6. Mai 1541: . . . Denique oro . . , ne operum Galeni obliuiscaris, sine illo enim authore nihil quicquam in medicina profecero. . . . Compendium uero Fuchsij nondum accepi, attulit a Francofordia Schramm, sed quoniam sunt quaedam addita, dare non uult.

Nr. 29. Wittenberg, 2. Nov. 1542: . . . Magistrum Georgium Rorarium . . . salutaui . . . mittique tibi quae tuus sunt, librum funebrem, reliquos tradas ijs quibus nomina sunt inscripta, breui in lucem prodibit etiam in Danielem commentarius, quem ab ipso etiam expectare licet. Reliquos de quibus scribis libros habere non potui, neque etiam defectum, negabat enim Schramm se quidquam horum librorum iam habere. Ego tibi nunc mitto commentarios D. Martinj in Micheam, lamprimum aeditos, si quid praeterea nouj erit cum alio nuncio, quem a nobis manibus et pedibus expecto, accipies.

Nr. 30. Wittenberg, 28. Nov. 1542: . . . Scis autem me etiam super coram apud te conquestum esse me non posse habere Thucididem historicum graecum quam Philippus hic publice profitetur, cum igitur forte fortuna ille Joannes Loeffler qui iam amplius rei agit suas, non heri Christophori Schramuien, cum adipiscerctur senjno alius bibliopolarum haberet, ab eo me numero opus fuit, addidit uero et propter ordinem historiarum etiam Herodotum graecum amboque constant xxxv gr. Practerea Aetium etiam medicum maxime necessarium credidit pro ij fl. Hos itaque libros si pecunia in promptu sit, ut solues quam maxime oro.

Nr. 32. Wittenberg, 1. Jan. 1543: . . . Joannj Loefflero oro ut meo nomine xj fl. pro libris ut ipse significabit des.

Nr. 33. Wittenberg, 5. Febr. 1543: . . . et cogit me Loefflerus ut illi vj fl. pro libris soluam, et uereor ne cum mei uenerint me remorari possit, quod maxime mihi dedecorj esset. Itaque oro ut . . . IIII mittas. . . .

W.

Einen Nekrolog des im März verstorbenen, bekannten Pariser Buchhändlers und Bibliographen Otto Heinrich Lorenz (geb. 1831 in Leipzig)

---

1) Wider Hans Worst. Wittb. 1541.

bringt die Chronique des Journal génér. de l'imprimerie et de la librairie 1895 Nr. 15 (Apr. 13). W.

In den Comptes-rendus des séances de l'Académie des inscript. et b.-lettr. 1895 p. 74-78 macht Antoine Thomas wichtige Mittheilungen über den aus der Kölner Diöcese stammenden deutschen Illuminator Evrard d'Espinques, über den bisher nur von Pierre de Cessac in den Mémoires de la Société des sciences natur. et archéol. de la Creuse T. 6 (1857) eine kurze Notiz veröffentlicht war. Jetzt lässt Louis Gulbert in demselben Mémoires wichtige Dokumente zur Geschichte Evrard's drucken, u. a. sein Testament von 1494 und ein Verzeichnis seiner Arbeiten von 1479—80. Thomas glaubt mit Sicherheit durch weitere Nachforschungen gefunden zu haben, dass Evrard in jener Zeit für Jean du Mas, Seigneur de l'Isle arbeitete, und bezeichnet einen Tristan in drei Bänden (collection de Chantilly Nr. 315—17 bei Duc d'Aumale, Notes sur deux petites biblioth. franç. du 15- s. 1854) und einen Proprietaire, französische Übersetzung von Barthélemy de Glanville's De proprietatibus rerum (Biblioth. Nation. Nr. 9140) als solche, die Evrard unzweifelhaft illuminiert hat. W.

Ein Verzeichnis der im 15. Jahrh. veröffentlichten Ausgaben der Werke des Jacobus de Voragine teilt M. Pellechet in der Revue des bibliothèques 5. Ann. (1895) S. 59 ff. mit. Das Verzeichnis umfasst 173 Nummern. W.

In derselben Revue S. 99 ff. weist G. Huet nach, dass der bei Brunet, 5. Edit., T. 3 Col. 362 verzeichnete Artikel „Huet de Froberville (Barthélemy), Grand dictionnaire malgache. A l'Ile de France. 2 vol. in fol." imaginär ist. W.

Die Memorabilienbücher der Stadt Leitmeritz (Altes Stadtbuch, Liber thesaurus u. s. w. aus dem 14. Jhdt. u. ff.) beschreibt W. Katzerowsky in den Mitteilungen des Nordböhmischen Excursions-Klubs Jg. 17 (1894) S. 314—17.

Ein Vortrag Hugo Suringar's von Leeuwarden über „Uitwendige versiering van boekra" ist im Auszuge mitgeteilt im 66. Verslag der Handelingen van het Friesch Genootschap van Geschied-, Oudheid- en Taalkunde te Leeuwarden S. 9 ff. W.

Nach der Ungarischen Revue Jg. 15 (1895) S. 131 hielt in der Sitzung der Ungar. Akademie der Wissenschaften vom 4. Febr. d. Js. Stefan Szamota einen Vortrag über das älteste gedruckte ungarische Wörterbuch aus dem Jahre 1533. Es ist dies das lateinisch-ungarische Wörterbuch des Murmellus, dessen einziges Exemplar das Eigentum des Franziskanerklosters in Schwaz (Tirol) bildet. W.

Die Gesellschaft zur Förderung deutscher Wissenschaft, Kunst und Litteratur in Böhmen beabsichtigt, alljährlich eine Übersicht über die Leistungen der Deutschen Böhmens auf dem Gebiete der Wissenschaft, Kunst und Litteratur herauszugeben. Bis jetzt sind die Berichte über die Jahre 1891 und 1892 (Prag 1893 und 1894) erschienen, die ein vielseitiges und lehrreiches Bild litterarischer und künstlerischer Bethätigung zeigen. Die Litteratur wird nach grossen Gruppen mit knapper Inhaltsangabe bei den wichtigeren Erscheinungen vorgeführt. F. E.

Der Bericht über die Thätigkeit des Wiener K. K. Schulbücher-Verlags (Wien 1894, 95 S. 8°) gewährt einen Einblick in die Ent-

436   Vermischte Notizen.

strebung und Leistungsfähigkeit dieses Institutes. Es wurde von der Kaiserin Maria Theresia 1772 gegründet und hat den Zweck, Schulbücher in hinreichender Menge vorrätig zu halten und zu billigem Preise abzugeben. Es handelt sich hauptsächlich um Volksschulbücher, weniger um solche für Mittelschulen. Angegliedert wurde dem Wiener Schulbücherverlage der aus einer Stiftung hervorgegangene sogenannte katechetische Verlag, während ihm für bestimmte Gebiete der Prager Schulbücherverlag und der Lemberger, ferner das Ossolinskische National-Institut in Lemberg die Arbeitsleistung abnehmen. Der Wiener Verlag arbeitet mit ganz ansehnlichen Ziffern. So wurden i. J. 1860 528 Artikel in 1812713 Exemplaren verkauft, in 401 107 Exemplaren verschenkt (zusammen also 2213910 Ex.). Die entsprechenden Zahlen i. J. 1890 sind: 300 — 1 906 350 — 304 510 — (2 210 860).   F. E.

Über „Herkunft und Alter der Kirchenbücher in der Provinz Sachsen, dem Herzogtum Anhalt und einigen thüringischen Staaten" handelt R. Krieg in den Neuen Mitteilungen aus dem Gebiet histor.-antiquarischer Forschungen Bd. 19 (Halle a. S. 1895) S. 1 ff. S. 104 ff. Die Ministerien des Fürstentums Reuss j. L. und des Herzogtums Sachsen-Meiningen haben die auf die Arbeit bezüglichen Fragen ihren Geistlichen zur Beantwortung zu stellen abgelehnt, die Ministerien von Sachsen-Altenburg und Schwarzburg-Rudolstadt haben Berichte für später in Aussicht gestellt.   W.

Über den „Deo Gratias-Druck des Decameron" d. h. denjenigen Druck des D., dessen Herkunft, Verfertiger und Entstehungszeit in Dunkel gehüllt sind, da er anstatt diesbezüglicher Angaben am Schluss der letzten Seite nur die zwei Worte „Deo Gratias" aufweist, handelt O. Hecker in den Abhandlungen Adolf Tobler zur Feier 25 jähr. Thätigkeit als ord. Prof. an der Un. Berlin von Schülern dargebracht (1895) S. 210 ff. Hecker vermutet, dass der Druck aus Florenz stammt; eine Beschreibung des Drucks giebt er nicht, da die äussere Gestalt des Drucks von den Bibliographen bereits erschöpfend geschildert ist; desto eingehender beschäftigt er sich aber mit dem Text und kommt bei Vergleichung der Drucke und Handschriften zu dem Resultate, dass der „Secondo" der Deputati (Annotationi et Discorsi sopra alc. luoghi del Dec. fatte dalli Deputati Flor. 1574) kein anderer als der Deo Gratias-Druck gewesen ist und dass sehr wahrscheinlich keine andere Handschrift als B. (d. i. Berlin Hamilton 90) bei dem Druck des Deo Gratias zur Vorlage gedient hat.   W.

Dr. Voullième, der mit einer Arbeit über den Buchdruck Kölns im 15. Jahrhundert beschäftigt ist, berichtet, dass die Gesamtzahl der ihm bis jetzt bekannten und von ihm katalogisierten Inkunabeln Kölnischen Ursprungs 675 beträgt. (Korrespondenzblatt der Westdeutschen Zeitschrift für Geschichte und Kunst Jg. 14. 1895. Sp. 74. 75.)   W.

Anfrage und Bitte.

Gegen die Mitte des XIV. Jahrhunderts schrieb zu Paris ein gewisser Dominicus de Clavasio ein Werk unter dem Titel: „Practica geometriae", das für die Geschichte der Mathematik, speciell der Feldmesskunst von hervorragender Bedeutung ist, und mit dessen Bearbeitung und Herausgabe ich augenblicklich beschäftigt bin. Nach einer Handschrift der Amploniana zu Erfurt, Fol. 37⁸, war Dominicus de Clavasio Hofastronom des Königs von Frankreich. Trotz eifrigsten Suchens in allen mir zugänglichen litterarischen Hilfsmitteln ist es mir nicht gelungen, über den fraglichen Schriftsteller irgend welche weiteren Notizen aufzufinden, nur ist mir von ihm noch aus Cod. Amplon. Qu. 289 eine Abhandlung „Quaestiones de spera" und aus einer Notiz im Bullettino Boncompagni VII, 350 Anm. eine Schrift „Quaestiones super perspectiva" bekannt geworden, welche

letztere sich früher in einer Handschrift der Bibliothek des Klosters San Marco zu Florenz befunden hat.
Sollte jemand im stande sein, über die Lebensumstände des genannten Verfassers Näheres mitteilen oder außer den 4 Amplonianischen, den 2 Münchner und einer Madrider Handschrift der Practica geometriae, die mir bekannt sind, weiteres Material für seine Thätigkeit als Schriftsteller nachweisen zu können, so würde er durch eine gütige Mitteilung mich zu dem grössten Danke verpflichten.

Thorn, 14. Juni 1895.   M. Curtze, Prof. a. D.

Neue Erscheinungen auf dem Gebiete des Bibliothekswesens.*)
Mitgeteilt von O. Koller in Leipzig.

*Revue des bibliothèques, Année 5, No. 6: Un élève de Paul Manure: Romolo Cervini (suite et fin), p. L. Dorez. — Inventaire sommaire de la collection Clément de Betsay sur la juridiction et la Jurisprudence de la Chambre des Comptes (Fonds fr. 10991—11052 et Nouv. acq. fr. 1565—1660), p. C. Coudere (fin), p. 33—52.

Annuaire de la Société des amis des livres. Année 16: 1895. Paris, Conquet. 147 p. 8°.

Archievenblad, Nederlandsch. Organ van de Vereeniging van archivarissen in Nederland. Jaargang 1895/96, Groningen, Erven B. van der Kamp. gr. 8°. Per jaargang Fl. 3.—

Argos. Bibliographie mondiale mensuelle des armées et des flottes, publiée par les soins d'officiers compétents. Année 1, livraison 1. Rome, L. Bruckner. IV. 59 p. 8°. Fr. 3.—

Arnaud, E. Bibliographie huguenote du Dauphiné pendant les 3 derniers siècles. Grenoble, Im. Drevet. 112 p. 8°.
Publication du journal le Dauphiné.

Baudrier, présid. Bibliographie Lyonnaise. Recherches sur les imprimeurs, libraires, relieurs et fondeurs de lettres de Lyon au XVIe siècle. Publiée par J. Baudrier. Lyon, L. Brun. gr. 8°. Avec 50 reproductions en facsimilé. Fr. 20.—

Bengescu, G. Bibliographie franco-roumaine du XIXe siècle. Tome 1. Bruxelles, P. Lacomblez. XLIV. 220 p. 8°. Fr. 10.—
Tirage sur Hollande Van Gelder à 20 fr. —, sur Japon à 30 fr.

Bibliographie der schweizerischen Landeskunde. Herausgegeben von der Centralkommission für schweizerische Landeskunde. Faszikel V 9 a b: Landwirthschaft, zusammengestellt von F. Anderegg und E. Anderegg. (Abgeschlossen den 31. Dezember 1892.) Heft 5: Landwirthschaftliche Thierhaltung. Bern, Wyss. IX u. S. 157—558. gr. 8°. M. 2.—

Faszikel 9 d: Schutzbauten, zusammengestellt durch die Abtheilung Forstwesen, Jagd und Fischerei (Oberforstinspektorat) des schweizerischen Industrie- und Landwirthschaftsdepartements. VIII. 128 S. M. 2.—

Faszikel 9 g y: Post- und Telegraphenwesen. Postwesen, zusammengestellt von der schweizerischen Oberpostdirektion. — Telegraphenwesen, zusammengestellt von E. Abrezol. VIII. 103 S. M. 2.—

Bibliotheca philologica oder vierteljährliche systematische Bibliographie der auf dem Gebiete der classischen Philologie und Alterthumswissenschaft, sowie der Neuphilologie in Deutschland und dem Auslande neu erschienenen Schriften und Zeitschriften-Aufsätze. Unter Mitwirkung von

---

*) Die mit * bezeichneten Bücher haben der Redaktion vorgelegen.

438 Neue Erscheinungen auf dem Gebiete des Bibliothekswesens.

F. Kuhn herausgegeben von A. Blau. Jahrgang 48 (Neue Folge Jahrgang 10), Heft 1: Januar — März 1895. Göttingen, Vandenhoeck & Ruprechts Verlag. S. 1—74. gr. 8°. M. 1.30

Bibliotheca theologica oder vierteljährliche systematische Bibliographie aller auf dem Gebiete der (wissenschaftlichen) evangelischen Theologie in Deutschland und dem Auslande neu erschienenen Schriften und wichtigeren Zeitschriften-Aufsätze. Herausgegeben von G. Ruprecht. Jahrgang 48 (Neue Folge Jahrgang 10), Heft 1: Januar—März 1895. Göttingen, Vandenhoeck & Ruprechts Verlag. S. 1—32. 8°. M. —.80

*Blanadet, M. Bibliographie de l'abbé Cochet. Paris, Picard & Fils. XVI. 208 p. et portrait. 8°. Fr. 15.—

Chevalier, C. Eglise. Bibliographie. Montbéliard, Imp. Hoffmann. 31 p. 16°.
 — Espagne. Topo-bibliographie. Montbéliard, Imp. Hoffmann. 37 p. 8°.
 Extrait du Répertoire des sources histor. du moyen âge.

Gagnon, P. Essai de bibliographie canadienne. Inventaire d'une bibliothèque comprenant imprimés, manuscrits, estampes etc. relatifs à l'histoire du Canada et des pays adjacents avec des notes bibliographiques. Québec. X. 711 p. Lex. 8°.

Hartmann, A. Repertorium op de literatuur betreffende de Nederlandsche koloniën, voor zooveer zij verspreid is in tijdschriften en mengelwerken. I. Oost-Indië, 1866—1893. II. West-Indië, 1840—1893. Met een alphabetisch zaak- en plaatsregister. 'sGravenhage, Mart. Nijhoff. XVIII. 455 p. gr. 8°. Fl. 7.50

Inventar, Summarisches, des Bezirksarchivs von Lothringen vor 1790. Inventaire sommaire des archives départementales de la Lorraine antérieures à 1790. Abth. II. Strassburg, Karl J. Trübner. V. V. 455 S. gr. 4°. M. 9.—

*Könnecke, G. Bilderatlas zur Geschichte der deutschen Nationallitteratur. 2. Auflage. 7.—11. Tausend. Marburg, N. G. Elwerts Buchh. XXVI. 425 S. fol. M. 22.—

Ledien, A. Notice sur la bibliothèque de Roye. Montdidier, Fabart. 24 p. 8°.

Legrand, E. Enquête bibliographique. Paris, A. Picard & fils. 4 p. 8°.

Die Litteratur des Jahres 1892 über Morphologie, Systematik und Verbreitung der Phanerogamen, nebst Register. (Aus: „Just's botanischem Jahresbericht".) Berlin, Gebr. Borntraeger. 621 S. gr. 8°. M. 14.—

Mely, F. de, et E. Bishop. Bibliographie générale des inventaires imprimés. Tome II fasc. 2: Tables. Paris, E. Leroux. 8°. Fr. 10.—

*Oechelhaeuser, A. v. Die Miniaturen der Universitäts-Bibliothek zu Heidelberg, beschrieben. 2. Theil. Heidelberg, G. Koester. VII. 420 S. mit 16 Tafeln. gr. 4°. cart. M. 60.—

Regulativ für die Bearbeitung von Manuscripten-Katalogen (zunächst der Bibliotheken der österreichischen Stifter und geistlichen Corporationen) nach den Vorschlägen von A. Czerny, O. Grillnberger und G. Vielhaber entworfen von der historischen Section der Leo-Gesellschaft. Wien, H. Kirsch. 14 S. gr. 4°. M. —.60

Roque-Ferrier, A. Notes bibliographiques et littéraires sur Émile Hamelin, 1885—1894. Montpellier, Imp. Hamelin frères. 27 p. et portr. 8°.

Sammlung bibliothekswissenschaftlicher Arbeiten, herausgegeben von K. Dziatzko. Heft 9: Die modernen Systeme von Büchergestellen mit verstellbaren Legebôden, von P. Jürges. Leipzig, M. Spirgatis. VI. 31 S. mit 4 Taf. gr. 8°. M. 2.50

Schmidt-Hennigker, F. Elektrotechniker's literarisches Auskunftsbüchlein. Die Litteratur der Elektrotechnik, Elektricität, Elektrochemie, des Magnetismus, der Telegraphie, Telephonie und Blitzschutzvorrichtung der Jahre 1884—1895. Mit Schlagwortregister. 3. Auflage. Leipzig, O. Leiner. 31 S. 8°. M. —.50

Secher, V. A. Fortegnelse over den danske Rets Literatur og danske Forfatteres juridiske Arbejder 1884—95, med Tillæg til Fortegnelserne for 1876—8°. Kjöbenhavn, Gad. 28 S. 8°. Kr. —.40
 Saertryk af Ugeskrift for Retsvaesen 1895.

Stourm, R. Bibliographie historique des finances de la France au 18. siècle. Paris, Guillaumin & Cie. 8°. Fr. 9.—

Wyss, G. v. Geschichte der Historiographie in der Schweiz. Herausgegeben durch die allgemeine geschichtforschende Gesellschaft der Schweiz. Schluss-Abtheilung. Zürich, Fäsi & Beer. XII u. S. 161—335 gr. 8°. M. 4.30; complet M. 7.50, gebdn. M. 9.—

Antiquarische Kataloge.

Ackermann, Th., München. No. 391: Deutsche Geschichte. (Bibl. Druffel.) 658 Nos.

Baer & Co. Frankfurt. No. 351: Rechtswissenschaft. (Bibl. d. Justizrat Dr. Cnyrim Frankf.) 1263 Nos. — No. 352: Malerei, Kupferstichkunde u. Holzschnitt. 603 Nos. — Anz. No. 443: Miscellanea. No. 6495—6777.

Dermann & Altmann Wien. No. 121: Auswahl besserer Werke. R—V. 488 S.

Carlebach Heidelberg. No. 204: Philosophie. 1365 Nos. — No. 205: Naturwiss. Mathem. 692 Nos. No. 206: Medizin. 319 Nos. — No. 207: Geschichte u. Geographie. 613 Nos. — No. 208: Deutsche Gesch. Baden und Pfalz. 653 Nos. — No. 209: Kunst. Kunstgesch. 418 Nos. — No. 210: Gesch. v. Preussen. 389 Nos.

Cohen Bonn. No. 88: Sprachwissenschaft u. Litteraturgeschichte. 1849 Nos.

Denticke Wien. No. 22: Rhinologie, Laryngologie, Otiatrie. 539 Nos. — No. 23: Harn- u. Geschlechtsorgane. 592 Nos.

Fock Leipzig. No. 103: Deutsche Sprache und Litteratur. (Bibl. v. Prof. Bechstein Rostock.) 3593 Nos.

Geiger & Jedele Stuttgart. No. 227: Culturgesch. Curiosa. Seltenheiten. Alte Drucke. 1404 Nos.

Gilhofer & Ranschburg Wien. Anz. No. 30: Vermischtes. No. 1231—1442.

Heinrich Berlin. No. 40: Auswahl grösserer Bibliothekswerke. 526 Nos.

Jacobsohn & Co. Breslau. No. 131: Judaica. 24 S.

Liepmannssohn Ant. Berlin. No. 116: Autographen. 640 Nos.

Lorentz Leipzig. Anz. No. 20: Numismatik, Genealogie, Heraldik. 807 Nos. — No. 21: Schöne u. histor. Wissenschaften. 1206 Nos.

Pech Hannover. No. 7: Deutsche Litterat. Philologie. Linguistik. 1016 Nos.

Peppmüller Göttingen. No. 23: Theologie u. Philosophie. 672 Nos.

Prager Berlin. No. 137: Staats- u. Volkswirthschaft. 560 Nos.

Hannecker Klagenfurt. No. 78: Vermischtes. 35 S.

Richter, Franz, Leipzig. No. 1: Klass. Philologie. (Bibl. v. Prof. Forchhammer Kiel u. Prof. J. Schmidt Königsberg.) 4623 Nos.

Rosenthal, Jacques, München. No. 1: Musik. 768 Nos. — No. 2: Scriptores mathemat. 418 Nos. — No. 3: Japan u. China. 332 Nos.

Scheible Stuttgart. No. 246: Seltene alte Werke. 1807 Nos.

Schulz Leipzig. No. 23: Originaldrucke zur Gesch. d. Reformat. u. d. 30 Jähr. Krieges. 310 Nos.

Stoll Freiburg. No. 77: Religions- u. Kirchengeschichte. 812 Nos.

Taussig Prag. No. 80: Guerre de 30 ans. Wallenstein. 428 Nos.

Welter Paris. No. 80: Italien. 2581 Nos.

v. Zahn & Jaensch Dresden. No. 53: Geschichte. 2953 Nos.

Personalnachrichten.

Der bisherige Hülfsbibliothekar an der Königlichen Universitäts-Bibliothek zu Göttingen Dr. Zedler ist zum Custos an der Königlichen Landes-Bibliothek zu Wiesbaden ernannt worden.

Der bisherige Assistent an der Königlichen Universitäts-Bibliothek zu Göttingen Dr. Diestel ist zum Hülfsbibliothekar an derselben Bibliothek ernannt worden. Die von uns oben S. 206 gebrachte Meldung ist hiernach zu berichtigen.

Der bisherige Scriptor an der K. K. Studien- und Landes-Bibliothek zu Klagenfurt Dr. Richard Kukula ist zum Bibliothekar an der Königlichen Bibliothek zu Berlin ernannt worden.

Der bisherige Assistent an der Stadtbibliothek zu Braunschweig Dr. H. Nentwig ist zum Bibliothekar der Reichsgräfl. Schaffgottsch'schen freistandesherrlichen Bibliothek in Warmbrunn ernannt worden.

Am 22. Juni starb der Oberbibliothekar der Universitäts-Bibliothek in Tübingen Professor Dr. Rudolf von Roth, der bekannte Sanskritforscher.

Zum Bibliothekar der Schweizerischen Landesbibliothek in Bern wurde Dr. Johannes Bernoulli in Basel, Herausgeber der Acta Pontificum Helvetica, zum Adjunkten Dr. Karl Geiser, Docent der Geschichte an der Universität Bern, gewählt. (Akad. Revue Jg. 1. 1895. S. 427.)

Am 24. Juni 1895 starb Dr. Zdzisław Hordyński, Scriptor der Univ.-Bibl. zu Lemberg. 37 Jahre alt.

Der Oberbibliothekar am British Museum in London E. Mansde Thompson ist in die Lectorstelle für Bibliographie an der Universität Cambridge, die durch den im vorigen Jahre verstorbenen Thomas Sandars begründet ist, berufen worden. Derselbe ist von der Preussischen Akademie der Wissenschaften in Berlin zum korrespondierenden Mitgliede ihrer philosophisch-historischen Klasse erwählt worden.

Der nach Carini's Tode provisorisch zum Präfekten der Vatikanischen Bibliothek bestellte P. Fr. Ehrle ist nunmehr definitiv zum Präfekten dieser Bibliothek ernannt worden.

Der Oberbibliothekar der Universität Heidelberg, ordentl. Honorarprofessor Geh. Hofrat Dr. Zangemeister wurde zum Mitglied der Centraldirektion des Kaiserl. Archäologischen Instituts ernannt.

Dr. Franz Schwarz wurde zum Landesbibliothekar und Vorsteher des Provinzialmuseums in Posen ernannt.

An der Stadtbibliothek in Frankfurt am Main ist die durch die Pensionierung des (inzwischen am 13. Jan. d. Js. verstorbenen) Sekretärs Dr. Ernst Kelchner erledigte Sekretärstelle dem Buchhändler Hans Lafrenz übertragen worden. Derselbe ist am 12. Dez. 1866 in Rendsburg geboren, evangelisch, erlangte Ostern 1888 das Reifezeugnis des Gymnasiums daselbst. Von 1888—95 war er in verschiedenen Buchhandlungen thätig, zuletzt als Leiter der Sortimentsabteilung bei K. F. Koehler in Leipzig. Am 1. Apr. 1895 wurde er provisorisch, 1. Juli 1895 definitiv zum Sekretär (auf Lebenszeit) ernannt.

An derselben Anstalt sind als Volontäre am 15. Nov. 1894 Phillipp Thorn und am 17. April 1895 Paul Hohenemser angenommen worden. Ph. Thorn, geb. 15. Juli 1863 in Wiesbaden, evang., studierte 1883—90 in Würzburg, Berlin, München, Bonn und Marburg Philologie und Geschichte. P. Hohenemser geb. 5. Mai 1869 in Frankfurt a. M., reformiert, studierte 1888—94 in Marburg und Berlin Geschichte, Geographie und Philosophie.

Dr. phil. Jean Loubier, bisher Bibliothekar der Frhrl. v. Lipperheideschen Sammlung zu Berlin, ist seit dem 1. Juli d. J. als Hülfsarbeiter bei der Bibliothek des Kgl. Kunstgewerbe-Museums zu Berlin beschäftigt.

Dem Vernehmen nach ist der Bibliothekar Dr. Ad. Langguth unter Beurlaubung seitens der Königlichen Bibliothek in Berlin vorläufig mit der Stelle eines Bibliothekars und Archivars der Kgl. Akademie der Wissenschaften daselbst betraut worden.

John Shaw Billings in Washington, der Oberbibliothekar der Library of the Surgeon-General's Office, United States Army, deren rühmlichst bekannten „Index-Catalogue" er in bis jetzt 15 Bänden veröffentlicht hat, ist von dieser Stelle zurückgetreten, um den Lehrstuhl für Hygiene an der Universität in Philadelphia zu übernehmen.

Dem Oberbibliothekar Dr. A. Wetzel in Kiel ist der Rote Adler-Orden 4. Klasse verliehen worden.

Dem Oberbibliothekar der Hrzgl. braunschweigischen Bibliothek zu Wolfenbüttel Prof. Dr. v. Heinemann ist der Rote Adler-Orden 3. Klasse verliehen worden.

Verlag von Otto Harrassowitz, Leipzig. — Druck von Ehrhardt Karras, Halle.

Centralblatt
für
Bibliothekswesen.

XII. Jahrgang.   10. Heft.   Oktober 1895.

Aus Lucas Holstenius' Nachlass.

Die zahlreichen Notizen, welche Holstenius (1596—1661) in jeder erreichbaren Handschriftensammlung machte, sind wertvoll für die Geschichte jener Bibliotheken wie zur Auffindung neuer oder verschollener Handschriften. In dieser Hinsicht hat mir besonders der Holstenius-Band Barberinianus XXXVIII 90, dessen Inhalt ich hier mitteile, oft gute Dienste geleistet. Mehrfach berührt sich mit diesem der Inhalt des Vatic. lat. 7762. Ich weise ausserdem hin auf die Aufzeichnungen über Oxford (i. J. 1623) im Barb. I 7 und über Grottaferrata im Barb. XXXVIII 4. Zerstreute Mitteilungen über Handschriften finden sich in Holstenius' Papieren überall, nicht zum wenigsten in seinen Briefen.

I. Codex Barb. XXXVIII 90.

1. Bestimmungen des Holstenius über die in seinem Nachlass vorhandenen Handschriften (s. unten II). 3 Blätter.
2. Nota d' alcuni libri del Sig. Holstenio più copiosamente postillati degl' altri [gedruckte Bücher]. 2 Expl. je 1 Blatt.
3. Index bibliothecae [gedruckte Bücher]. 44 Bl.
4. [Andrer Entwurf[1]) als 3] Index librorum bibliothecae L. Holst. 16 Bl.
5. Ein Blatt betr. Bibliotheca Lolliniana.
6. Ex catalogo librorum graecorum bibl. Vatic. a numero 1487 [bis 1698].[2]) 2 Bl.

---

[1]) Dass 3 und 4 nur Entwürfe sind, geht hervor aus Notizen wie „Subiungantur hoc loco 88. Patrum scripta, in 4to et 8vo", „Antiquarii hic ponendi" etc.

[2]) Ausführlichere Angaben über die codd. Vatic. gr. 1487—1628 im Vat. lat. 7762 fol. 30 sq.; hier auf fol. 55^r oben die Notiz „dall' Indice greco non rescritto". — Ich weise hier hin auf de Rossi, Catal. Palat. latin. praef. p. CXX: „Index codicum Graecorum a Leone Allatio in duo volumina redactus est ad n. usque 1489. Graeci codices tunc extabant 1566, praeter nonnullos Cryptoferratenses nondum numeratos." (Auf dem Handschriftenzimmer der Vaticana liegt nur jener von Allatius angefertigte, von Laurentius Portius geschriebene Katalog aus; für die übrigen mehr als 800 codd. gr. der Vetus Vaticana ist man auf das Inventarium angewiesen; für die gütigst des öfteren erteilte Erlaubnis, diesen zu benutzen, bin ich dem verstorbenen Mons. Carini zu vielem Dank verpflichtet.) Ferner cod. Vat. lat. 7139 (Heiistiftsnotiz am Anfang: Index librorum Graecorum Mss., qui ex collegio Graeco Urbis in bibliothecam Vaticanam delati sunt iubente Paulo V. [1605—1621]) Angaben über codd. Graeci Nr. 1490—1566 (die Nummern stimmen nicht mit den heutigen).

7. Ex libris theologicis iuxta ordinem Alphabeti. 1 Bl.
8. Ex Catalogo librorum literarum humaniorum iuxta ordinem Alphabeti.[1]) 4 Bl.
9. Index librorum graecorum quos Aloysius Lollinus episcopus Bellunensis S. D. N. Urbano 8. testamento legavit secundum nomina authorum.[2]) 18 Bl.
10. Notizen über die Palatina; dabei Daten: Die 15 Maii 1642. Die 24 Aprilis 1642 horis matutinis. 11 Bl.
11. Graeci Mss. in Bibliotheca Ambrosiana Mediolani [alphabetisch]. 2 Bl.
12. Über die Bibl. Urbinas. 7 Bl.
13. Nota de alcuni historici del Regno di Napoli etc. 4 Bl.
14. In catalogo Manuscriptorum Vallicell. Biblioth. 1 Bl.
15. Ein Blatt mit Excerpten „Die 24 Januarii 1644."
16. Nota aliquot librorum, qui extant mss. in bibliotheca Altempsiana Romae. 1 Bl.
17. In bibliotheca S. Salvatoris Messanae. 2 Bl.
18. Numerus librorum graecorum secundum dispositionem Bibliothecae Palatinae existentis Heidelbergae, cui correspondet numerus proni existunt in Bibliotheca Vaticana.[3]) 10 Bl.
19. Catalogus bibliothecae Scoriacensis Regis Hispaniarum. Auf dem folgenden Blatte: *Πίναξ συλλέκτων τινῶν μήπω τετυπωμένων· τῶν ἐν τῇ βιβλιοθήκῃ τοῦ ὀνομαζομένου σκουριαλίου.* 31 Bl.
20. a. Codices manuscripti Graeci in Bibliotheca Augustana, qui catalogo excuso inseriti non sunt. 9 Bl.

---

[1]) Ausführlicher im Vat. lat. 7762.
[2]) Anderen Expl. im Val. lat. 7762 fol. 1—17 alphabetisch und fol. 19—31 secundum numeros. Batiffol (Mélanges d'archéologie et d'histoire, École Française de Rome, 1889 p. 25—45) veröffentlichte letzteren Index, ohne L. H.'s Hand zu erkennen. Im Vat. lat. 7138 ist ein offenbar älterer griechischer Katalog, von Holstenius mit Vermerk versehen „Index librorum Aloysii Lollini Episcopi Bellunensis". Batiffol stellte fest, dass die Lolliniana unter den Vaticani graeci die Nummern 1853—1906 umfasst. Dazu kommt Vat. gr. 2279 (Dionysius Areopagita, saec. IX.); Einband mit Barberini-Wappen (Urban VIII., 1623 —1644), Herkunftnotiz (Aloysius Lollinus — MDCXXV) viel später eingetragen.
Zur Orientierung über die Zeit der Anreihung der Vatic. graeci etwa von Nr. 1500 an einige flüchtige Notizen (über die Geschichte der Vatikan. Bibliothek im allgemeinen: Carini, La Biblioteca Vaticana, sec. ed. Roma 1893). Nr. 1504, 1516, 1517, 1528, 1542—1544, 1561, 1601, 1608, 1649 geschenkt von Franciscus Accidas 1. J. 1565 an Sixtus V. Von er. Nr. 1500—1678 stammen viele Idss. aus Grottaferrata (z. B. 1508, 1524, 1526, 1553, 1562, 1574, 1582, 1589, 1591, 1595, 1600) und aus dem Collegium Graecorum (z. B. 1500, 1504, 1520, 1534 B, 1542, 1546, 1548, 1552, 1561, 1565, 1568—1572, 1597). Nr. 1513 geschrieben i. J. 1625. Nr. 1576 i. J. 1619 aus Madrid geschickt. Nr. 1550 emptus — an. 1622. Nr. 1683—1806 Lolliniani (Nr. 1765 u. 1791 mit Bemerkungen von Holstenius). Nr. 1830—1931 Innocentius — D. D. An. 1646. Nr. 1931 *ἔγραψέ μου ὁ Ἀλλάτιος* (von ihm auch 1933 u. 1943. Nach Batiffol, Centr. f. Bibl. 1893 S. 351, kommen von ihm auch Nr. 1903, 1928, 1929, 1957, 1958, 1989). Nr. 1950 und 1953 ex legato Abbatis Stephani Gradii († 1683). Nr. 1963—2123 codd. Basiliani, i. J. 1780 (Pius VI.). Nr. 2162—2254 codd. Columnenses, gekauft 1821 durch A. Mai. Nr. 2279 Lollinianus. Nr. 2280 dono datus — an. 1854. — Die letzte Nummer ist jetzt 2303.
[3]) Vgl. Vat. lat. 7762 fol. 453 sq.

b. Libri manuscripti in Velseriana. 1 Bl.
c. Catalogus librorum manuscriptorum in Pentingerorum Bibliotheca. 3 Bl.
21. 17 Blätter verschiedenen Inhalts, z. T. nicht von Holstenius (eins mit Unterschrift „Lucas Holstenius", 5. Blatt: Libri Arabici, che si trovanno in Aleppo appreso il Monsignor Patriarcha Eufemio Greco. 7 Blätter enthalten Νικηφόρου πατρ. κωνστ. όνειροκριτικά, geschrieben von δαβίδ Κολβίλλου, „1622 in bibliotheca S. Laurentii in escuriali").
22. In Bibliotheca Sacri Coenobii Cassinensis sunt —. 22 Bl. [Nicht von Holstenius! Unter Nr. 507; Fin. 27. Dec. 1601.]
23. Index scripturarum sedis apostolicae quae conservantur in Arce S. Angeli. 2 Bl.
24. Akten (in Abschrift) betr. Manuskripte, die dem Kardinal Mazarin geschenkt waren; dabei Inventarium (Daten: 15. Apr. 1647; 19. Dec. 1648; 16. Jan. 1649). 10 Bl.
25. Codices Latini MM. SS. in membranis ... Canonici Panormitani. 3 Bl.
26. Nota scripturarum quae sunt in Abbatia Sanctae Mariae ad Cappellam sita prope Moros Civitatis Neapol. 9 Bl.
27. Verzeichnis von Urkunden. 1 Bl.
28. Copia d'un Viglietto sopra l'historia, b Cronica faentina.
29. 2 Bl. mit Index: Libri manuscripti graeci et latini. [Offenbar Codices des Holstenius; vgl. unten.]
30. Nota d'alcuni libri manuscritti più singolari nella Libreria di S. Lorenzo di Firenze. Copiata da una, che oppresso il Ser^mo Principe Leopoldo di Toscana. Fatta (?) dal S. Luca Olstenio. 13 Bl.

II. Die Handschriftensammlung des Holstenius.

Wie eifrig Holstenius auf die Vermehrung seiner Bibliothek bedacht war, zeigt u. a. cod. Barb. XXXVIII 91 fol. 216 („Index librorum manuscriptorum / Graecorum / pro Luca Holstenio"; vgl. Boissonade, Holstenii epistolae S. 130). Nach Aufzählung von 23 Handschriften schreibt er: „Ex bis libris septem ... quovis modo mihi comparari velim usque ad decem scutatorum precium si necessum sit pro singulis voluminibus" (nämlich Olympiodorus in Phaedonem, Hermias in Phaedrum, Proclus in Parmenidem, Proclus in Cratylum, Melochitae capita philosophica CXX. 2 vol., Damascius de primis principiis, Georgii Codini patria) etc. Von seinen Handschriften vermachte er etwa den dritten Teil seiner Vaterstadt Hamburg.[1]) Sein Testament (vom 4. Juli 1659) ist veröffentlicht von Ad. Franc. Kollarius, Analecta monumentorum omnis aevi Vindobonensia tom. I. Vindobonae 1761. Col. 1191—1196;

---

1) Cod. Barb. XXXI 67 enthält ausser dem Anfang einer Selbstbiographie (2 Expl.) und vielen auf L. II. bezüglichen Urkunden zwei Schreiben der „Proconsules et Senatores Civitatis Hamburgensis" an den Testamentsvollstrecker Kardinal Barberini betr. Übersendung jener Handschriften (vom 26. Juni 1667 und 20. Nov. 1676); beiden beigefügt „Catalogus librorum a Luca Holstenio p. m. Bibliothecae Hamburgensi legatorum".

da sich hier jene Einzelbestimmungen über die Handschriften nicht
finden, teile ich dieselben mit nach dem Barb. XXXVIII 90. Ich habe
die z. T. sehr auffälligen Versehen nicht berichtigt, auch die Orthographie des Originals beibehalten, bemerke aber, dass Holstenius in
dem oben unter Nr. 29 erwähnten Verzeichnis korrekter schreibt.

Die Handschriften, welche sich auch in dem Verzeichnis Nr. 29
(s. oben) finden, sind besternt.

*1. Stephanus de Urbibus   Bibliothecae Vaticanae
 2. Index omnium vocum Aristotelis ordine
    alphabetico descriptum   Vaticanae
*3. Damascius de principiis   Civitati Hamburgensi
*4. Jamblicus de mystica egyptiorum Theologia   Hamburgo
*5. Idem de vita Pitagorae[1])   Hamburgo
*6. Olimpiodorus in Philebon excerpta sive
    potius Procli   Hamburgo
*7. Jamblicus de vita Pitagorae Latine[2])   Hamburgo
*8. Camotius in Alcibiadem Platonis   Vaticanae
*9. Proclus et Olimpiod. in Alcibiadem
    („Henricus Savilius in Euclidem" durchgestrichen.) Hamburgo
*10. Aptolyci Theodosii Euclidis sferica graece
     ms.   Hamburgo
*11. Varii contra Manicheos vidslicet Serapion
     et alii ("Latine" durchgestr.) graece   Hamburgo
*12. Nicolaus Methonensis in elementa theologica Procli Hamburgo
 13. Aegidii Viterbiensis Platonica in Mm[3])
     sententiarum latine   Hamburgo
 14. Hermias in Phaedrum graece   Hamburgo
*15. Olimpiodorus in Phaedonem, et Gorciam
     graece   Hamburgo
*16. Proclus in Theologiam Platonis graece   Hamburgo
*17. Hermias in Phaedrum Platonis graece   Hamburgo
 18. Item latine interprete Marsilio Ficino   Hamburgo
 19. Dionisius Trax cum commentariis graece   Hamburgo
 20. Procli opuscula tria interprete Morbeca   Hamburgo
*21. Syrianus in Metaphisica Aristotelis graece   Hamburgo
*22. Nicomachi Arithmetica et Joannis Grammatici commentaria graece Hamburgo
*23. Procli elementa Theologica graece   Hamburgo
*24. Erennios in metaphisica graece   Hamburgo

---

1) Verz. 29: „Jamblici de vita Pythagorae liber III et IV hactenus non
editi. graece. ms."
2) Jamblicus latine in Verz. 29 zweimal.
3) Statt „in librum I sententiarum."

* 25. Lycophron cum commentariis Tzetzae
  graece — Vaticanae
* 26. Polieni Stratagemmata ms. graece¹) — Vaticanae
  27. Astrologica Manatonis graece — Hamburgo
* 28. XXXXV Homillae 88PP. graece — Vaticanae
  29. Laurentius Abstemius Lexicon geographicum pars 1ª et 2ª lat. — Reginae²)
  30. Ioumphrius Panvinius Vitae Pontif. lat.³) — Alexandro Pontifici⁴)
* 31. Idem de Basilica S. Petri lat. — Alexandro VII.
* 32. Idem de Basilica Lateranensi lat. — Alexandro VII.
  33. della Germania italice — Si Vaticana habebit, Cardinali Nepoti
  34. Relationi della Corte di Roma italice — Cardinali Nepoti
  35. Dello Stato di Florenza (?) variorum italice — Cardinali Nepoti
  36. Instructioni di Mons. Alegucci (?) in due tomi italice — Reginae
  37. Acta Concilii Calcedonensis Latine — Vaticanae
  38. Eusebius, et S. Hieronymus de locis sacris graece — Vaticanae
* 39. Porphirius in Armonicam Ptolomaei graece — Hamburgo

In prima scanzia ord. 37.

  40. Vitae et acta Pontificum latine tom. V (durchgestrichen: „cum Anastasio bibliothecario")⁵) — Vaticanae. — ricommandati particolarmente a S. Santita et al Bibliotecario.
  41. Franciscus Patritius humana philosophia graece — Hamburgo
* 42. Nicomachi aritmetica cum scholiis marginalibus graece — Hamburgo
  43. liber Rabbi Abraham, et aliorum hebraice ms. ut in Indice praemisso — Vaticanae
  44. Pomponius Mela latine — Vaticanae
  45. Damiani optica graece — Hamburgo
* 46. Procli elementa Theologica interprete Morbecca latine — Hamburgo
  47. Psellii quaestiones et solutiones politicae latine — Hamburgo
  („Jamblicus" durchgestrichen)
  48. Sophronii et aliorum anacreontia graece — Hamburgo

1) Im Verz. 29 zwei Expl. (fol. und 4°).
2) Christine, Königin von Schweden 1632—1654, † 1649.
3) Verz. 29 „Onuphrii Panvinii rituales libri vetusti. Idem de varia creatione Pontificis."
4) 1655—1667.
5) Verz. 29: „Anastasii bibliothecarii historia ecclesiastica tripertita ex ms. Vaticano, et emendata ad codicem ms. Casinensem. latine. Inservit editioni Parisiensi."

49. Vita S. Pachomii ms. graece — Vaticanae
50. Nicetae Encomia erga Sanctos graece — Vaticanae
51. Joannis Lydus de mensibus graece. — Hamburgo
*52. Stephanus de Urbibus Interprete Benedicto Aegio latine.¹) va col Stephano stampato graeco
*53. Marianus Victorius de antiquitatibus Reatis²) latine — Vaticanae
54. Ptolomaei, Albinus, Ermippus et alii graece — Hamburgo
55. Geographi graeci minores, partim exeusi partim edita³) — Reginae
56. Correctiones ad psalterium Romanum — Archivo Basilicae Vaticanae
57. Formula solemnis Cathechismi latine — Vaticanae
58. Observationes ad Concilium Nicaenum — B. Bigosto
59. Collectanea Conciliorum latine — Vaticanae
60—64. Niceta, Arnobius,⁴) Marius, Fulgentius, Ildefonsus — Edendi volente Cardinali Barberino
65. Frontinus de aquaeductibus — Vaticanae
66. Idem de Coloniis — Vaticanae
67. Chronicon Romualdi Salernitani — Vaticanae
68. Chronicon Venetum et Aquileiense apud B. Carolum — Vaticanae
69. Censura in librum Patris de Deliis — Vaticanae
70. Antonii Augustini Archiepiscopi Tarraconensis collectio synodorum — Cardinali Barberino
71. Capitularia diversa — Cui prout in principio domini libri
72. Photii Sermones graece — Cardinali Barberino
*73. Herennii Philosophi expositio in Metaphisica graece
*74. Eustatius in Dionisium Afrum⁵) graece
*75. Orphei Argonautica⁶) graece
76. Jamblicus graelat. excusus cum nova interpretatione scripti et notis
77. S. Methodii Simposium, vita S. Synelliticae . graece.
78. Joannis Diaconi Pedissimi in Cleomedem latine
79. S, Ignatii epistola ms. ex Bibliotheca Medicea cum Interpretatione latina Domini Holstenii
80. Homiliae SS. PP. graece duobus tom.

In Verz. 29 sind ausserdem aufgeführt: Proclus in Parmenidem Platonis graece. — Idem in Cratylum graece (2 Expl). — Procli disser-

---

1) Verz. 29: „— latine, ex versione Bened. Aegii Spoletini."
2) Verz. 29: „Reatinis."
3) Statt „inediti".
4) Vat. lat. 9138 (Arnobius de sancta Trinitate et mysteriis Incarnationis etc.) fol. 1: „edatur volente Cardinale Barberino."
5) Verz. 29: „perlegetem". Dazu: „Dionysius Afer cum paraphrasi incerti auctoris, graece."
6) Verz. 29: „Orphei Hymni et Argonautica. graece. ms."

tationes aliquot in Remp. Platonis hactenus non editae. — Simplicius in Enchiridion Epicteti. graece. — Theodori Metochitae Miscellaneorum capita CXX. 2 vol. graece. — Joannis Tzetzae Antehomerica, Homerica, et Posthomerica cum eiusdem scholiis graece. — Codini origines, et antiquitates constantinopolitanae. graece. — Julii Pollucis Chronicon (sed Pseudepigraphon) et Eustathius Antiochenus in Hexaemeron. graece. — Gregorius Nyssenus de anima contra Tatianum. graece. — Michael Psellus de Generatione animae in Platonis Timaeo. graece.

Ferner sind in Verz. 29 durchgestrichen: „Cyrilli in Evangelium Joannis liber V. graece. ms."; Beischrift: „dato al Sr Card. Barboo," „Florilegium epigrammatum graecorum. graece"; Beischrift: „donato al Sig. Card. Barboo." „Epistolae ad Principes Pii V. P. P. latine."

III. Die Hamburger Holstenius-Handschriften.[1])
Der Kardinal Barberini.

Chr. Petersen (Geschichte der Hamburgischen Stadtbibliothek, Hamburg 1838, S. 32) sagt, Holstenius solle für die Hamburger Bibliothek viel mehr Handschriften bestimmt haben, als hingekommen seien; „nur 29 sind hergekommen"; S. 33 Anm. verzeichnet er ein Gerücht, „dass kaum der dritte Teil hergekommen". S. 34 schreibt er bezüglich der wegen der Übersendung geführten Verhandlungen: „Doch spricht die damals allgemein verbreitete Ansicht gegen den Kardinal". Die erste Erwähnung dieses schweren gegen den Testamentsvollstrecker Kardinal Francesco Barberini gerichteten Verdachts findet sich in einem

[1]) Verzeichnis der griechischen Handschriften Hamburgs bei Omont, Notes sur les manuscrits grecs des villes hanséatiques (Centralbl. f. Bibl. 1890 S. 351 fg.). Der grossen Liebenswürdigkeit meines Freundes Dr. Herrmann Joachim verdanke ich nähere Angaben über die griechischen und Auskunft über die lateinischen Handschriften. Der Hinweis, dass der Nicomachus (oben No. 22) von Holstenius stammt, fehlt durch Zufall in Omonts Katalog S. 365 (vgl. Omont S. 353 Anm; im Katalog der Hamburger Bibl. steht „ex legato Holstenii"). Mit No. 47 Psellus ist der bei Omont No. 38 irrtümlich unter dem graeci aufgeführte identisch; Joachim bestätigt mir das „latine", auf fol. 1v steht „Lucae Holsteinii 1621 5 Decem Lutetiae Parisiorum" (sicher eigenhändig, wie ich aus der von Joachim freundlichst angefertigten Nachzeichnung sehe).

Bei dieser Gelegenheit möchte ich die Richtigkeit der gewöhnlichen Angabe bezweifeln, dass „Holste" der deutsche Name unseres Holstenius war. Petersen (S. 32. 200) schreibt „Holsten"; ebenso Justi, Winckelmann II, 92. 352. Dieselbe Namensform schrieb J. Ch. Wolf (Hamburger Bibliothekar 1716—1770) in die Holstenius-Hdss. des Nicetas, Jamblichus, Aegidius, Patricius u. a. In den Papieren des J. H. fand ich nie die deutsche Form, gewöhnlich die lateinische „Holstenius", selten die italienische „Holstenio" oder „Olstenio". Einigemal fand ich „Holstelnius": im Hamburger Psellus (s. oben), im Vat. lat. 9137 (darin f. 174 das von „Lucas Holstenius praepositus Ecclesiae Hamburgensis" am 3. März 1629 ausgefüllte gedruckte Formular „Forma Juramenti Professionis Fidei et Cathedralibus et Superioribus Eccles. etc. observand.") f. 44v „D. Lucae Holsteinii Saxonis" (eigenhändig) und im Barb. XXXVIII 29 f. 42 „Holstelnium" und „manu D. Lucae Holsteinii". Wenn er sich neben „Holstenius" sogar „Holsteinius" schreibt und nie „Holstius", so meine ich doch, dass „Holsten" oder gar „Holstein" sein deutscher Name war.

Briefe von Marquardt Gude aus dem Jahre 1679 (mir bekannt aus Moller, Cimbria literata, Hanniae 1744, tom. III, 327): "Accipis indiculum librorum Holstenianorum, qui superiori anno post longam expectationem Romam tandem in publicam huius civitatis bibliothecam sunt advecti. Si quatuor aut quinque exceperis, reliqui sunt vulgares. Sed aliquanto plures ille melioresque civibus suis destinaverat, quamvis, ut verum fatear, ob stupendam studiorum talium imperitiam indignissimumque contemptum nimis multos iam acceptisse videri possint." Die oben veröffentlichten Einzelbestimmungen erweisen, obwohl in denselben nicht über alle Handschriften verfügt ist, doch schon die völlige Haltlosigkeit der bei Gude ganz bestimmt ausgesprochenen Behauptung und geben zugleich die Erklärung, wie der Verdacht entstand. Für Hamburg waren 31 Ildss. bestimmt, 29 sind hingekommen, es fehlten also höchstens einige wenige.[1]) 80—90 Ildss. hat Holstenius nach Ausweis seiner Kataloge am Ende seines Lebens besessen: die Hamburger meinten offenbar, sie würden dieselben sämtlich bekommen, während ihnen thatsächlich von vornherein nur etwa ein Drittel zugedacht war.

Es ist bedauerlich, dass dem Kardinal Barberini, dem Mäcenas des Lucas Holstenius, nicht schon längst die Ehrenrettung zu teil geworden ist.

Hannover.   Hugo Rabe.

Gedruckte Katalogzettel.

Auf Anregung des hochverdienten Herausgebers dieser Zeitschrift (Cbl. I, 167. 203) wurde das Verzeichnis französischer Universitätsschriften durch die Ausgabe mit einseitigem Drucke zu Katalogisierungszwecken verwendbar. Als dann die Kgl. Bibliothek in Berlin die Herausgabe von Verzeichnissen der deutschen Universitäts- und Schul-Schriften begonnen hatte, waren zahlreiche deutsche Bibliotheken in den Stand gesetzt, etwa 3500 Titel im Jahre gedruckt in die Kataloge aufzunehmen. Wie gross die Vorteile solcher gedruckter Katalogzettel sind, erhellt allein aus der Thatsache, dass mehrere deutsche Bibliotheken nur für ihren eigenen Bedarf die Drucklegung unternommen haben, obwohl so ein grosser Teil der Zeitersparnis verloren geht, die mit der Verwendung allgemein brauchbarer Zettel erzielt wird. Soweit meine Kenntnis reicht, lassen z. Z. ihre Zettel drucken die Kgl.

---

[1]) Holstenius hat später wohl noch einzelne geringfügige Abänderungen vorgenommen, auch über die in dem Verzeichnis ohne weitere Bestimmung aufgeführten verfügt; denn jetzt ist aus Holstenius' Nachlass auch ein Nicetas (oben 60?) in Hamburg, dagegen fehlen dort No. 5 (falls der ein gracous ist! Denn in Hamburg sind zwei JambL latini von L. II.), 24, 46, 51. Vielleicht findet sich noch einmal die Niederschrift, welche die endgültigen Bestimmungen enthält; aber auch schon aus den oben mitgeteilten geht auf jeden Fall hervor, dass Hamburg im wesentlichen das erhielt, was ihm bestimmt war. Dass übrigens auch die obigen Bestimmungen aus Holstenius' letzten Lebensjahren stammen, zeigt die Erwähnung des Papstes Alexander VII.

3. Rechts- und Staatswissenschaft, Politik, Statistik, Verkehrswesen.

Abhandlungen aus dem staatswissenschaftlichen Seminar zu Strassburg (E. Hrsg. v. G. F. Knapp. 14. Hft. gr. 8°. Strassburg, K. J. Trübner. Veel.
14. Die Arbeits- u. Wirtschaftsverhältnisse der Einzelsenner in der Nordostschweiz u. Vorarlberg. Von Dr Alfr. Swaine. (X, 160 S.) n. 4.50.

Dienstanweisung, allgemeine, f. Post u. Telegraphie. III. Abschn. 1. u. 2. Abth. gr. 4°. B., (R. v. Decker).
Nr. 1. Gebührentarif f. den Postverkehr, Portovergünstigungen, Portofreiheitswesen. 2. Gebührentarif f. den Telegraphenverkehr, Bestimmungen üb. die gebührenfreie Beförderung v. Telegrammen. (50 u. 12 S.) bar — 80.

— dasselbe. Alphabetisches Sachregister. Zusammengestellt v. Ob.-Postsekr.-Asst. E. Bönning. gr. 8°. (150 S.) Cassel, A. Freyschmidt. n. 1.50; geb. n. n. 1.00

Eckardt, Ob. Bürgermstr., Gemeindeordnung f. das Grossherzogth. Sachsen-Weimar-Eisenach vom 17. Apr. 1892. Text-Ausg. m. Erläutergn., Anmerkgn. u. Sachregister. 12°. (XI, 184 S.) Ilmenau, (A. Schröter). Kart. bar n. n. 1.50

Emin Efendi, Dr. Mehemed, die armenischen Greuel u. die englische Humanität. Offenes Schreiben an Hrn. Gladstone. gr. 8°. (14 S.) Würzburg, Stahel. n. — 50

Entscheidungen des Reichsgerichts. Hrsg. v. den Mitgliedern des Gerichtshofes u. der Reichsanwaltschaft. Entscheidungen in Strafsachen. 27. Bd. gr. 8°. (1. Hft. 160 S.) L., Veit & Co. n. 4 —

Friedlaender, Rechtsanw. Dr., die Kommunal-Abgaben in Charlottenburg. Text-Ausg. der Steuer-Ordngn., nebst sonst. einschläg. Bestimmgn., erläutert u. m. Anmerkgn. versehen. 8°. (VI. 188 S.) B., O. Schildberger. n. 1.80

Gerland, Ernst Gel.-Tr. Dr. Otto, die ortspolizeilichen Bestimmungen der Stadt Hildesheim. 2. Aufl. gr. 8°. (VII, 137 S.) Hildesheim, A. Lax. Kart. n. 1.80

Gesetze u. Verordnungen f. das Grossherzogth. Mecklenburg-Schwerin in Einzelausgaben. 1. 12°. Rostock, W. Werther.
1. Verordnung betr. die Prüfung d. Tierärztinnen vom 13. Mai 1895. (15 S.) n. — 25.

Greuelthaten, die, frommer Brüder im Kloster Marienberg zu Aachen (Prozess gegen Aellage v. Genossen), verhandelt vor der Aachener Strafkammer vom 30. Mai bis 8. Juni 1895. 1. u. 2. Aufl. 12°. (61 S.) L., L. Grosslauer. n. — 50

Hergenhahn, † Ob.-Landesger.-R. a. T. Th., das Reichsgesetz, betr. die Gesellschaften m. beschränkter Haftung vom 20. Apr. 1892. Mit e. Einleitg. üb. die Entstehungsgeschichte des Gesetzes u. die Charakteristik der neuen Gesellschaftsform. 3. Aufl. v. Reichsanw. Dr. J. Liebmann. gr. 8°. (XXXII, 164 S.) B., L. Liebmann. Kart. n. 3 —

8. Rechts- und Staatswissenschaft, Politik, Statistik, Verkehrswesen.

Abhandlungen aus dem staatswissenschaftlichen Seminar zu Strassburg i.E. Hrsg. v. G. F. Knapp. 14. Hft. gr. 8°. Strassburg, K. J. Trübner, Verl.
  14. Die Arbeits- u. Wirtschaftsverhältnisse der Einzelsticker in der Nordostschweiz u. Vorarlberg. Von Dr. Alfr. Swaine. (X, 161 S.) n. 4.50.

Dienstanweisung, allgemeine, f. Post u. Telegraphie. III. Abschn. 1. u. 2. Abth. gr. 4°. B., (R. v. Decker).
  III. 1. Gebührentarif f. den Postverkehr, Portovergünstigungen, Portofreiheitswesen. 2. Gebührentarif f. den Telegraphenverkehr, Bestimmungen üb. die gebührenfreie Beförderung v. Telegrammen. (50 u. 12 S.) bar — 60.

  dasselbe. Alphabetisches Sachregister. Zusammengestellt v. Ob.-Postkassen-Rend. W. Bönning. gr. 8°. (150 S.) Cassel, A. Freyschmidt.
  n. 1.50; geb. n.n. 1.90

Eckardt, Abg. Bürgermstr., Gemeindeordnung f. das Grossherzogthum Sachsen-Weimar-Eisenach vom 17. Apr. 1895. Text-Ausg. m. Erläutergn., Anmerkgn. u. Sachregister. 12°. (XI, 184 S.) Ilmenau, (A. Schröter).
  Kart. bar n.n. 1.50

Emin Efendi, Dr. Mehemed, die armenischen Greuel u. die englische Humanität. Offenes Schreiben an Hrn. Gladstone. gr. 8°. (14 S.) Würzburg, Stahel. n. — 50

Entscheidungen des Reichsgerichts. Hrsg. v. d. Mitgliedern des Gerichtshofes u. der Reichsanwaltschaft. Entscheidungen in Strafsachen. 27. Bd. gr. 8°. (1. Hft. 160 S.) L., Veit & Co. n. 4 —

Friedlaender, Rechtsauw. Dr., die Kommunal-Abgaben in Charlottenburg. Text-Ausg. der Steuer-Ordngn., nebst sonst. einschläg. Bestimmgn., erläutert u. m. Anmerkgn. versehen. 8°. (VI, 188 S.) B., H. Schildberger.
  n. 1.50

Gerland, Senat. Pol.-Dir. Dr. Otto, die ortspolizeilichen Bestimmungen der Stadt Hildesheim. 2. Aufl. gr. 8°. (VII, 133 S.) Hildesheim, A. Lax.
  Kart. n. 1.80

Bibliothek Berlin, die Herzogl. Bibliothek Wolfenbüttel (s. Instruktion für die Bearbeitung des alphabetischen Zettelkatalogs, 1893), die Ständische Landesbibliothek und die Stadtbibliothek zu Kassel.

Das Bedürfnis nach allgemein verwendbaren gedruckten Katalogzetteln der gesamten deutschen Litteratur ist bereits zu wiederholten Malen zum Ausdrucke gekommen (Cbl. II, 7 und die dort angeführte Litteratur, ferner IV, 60), ohne zu einem praktischen Resultate zu führen, wie ich glaube, weil die am meisten gewünschte und wünschenswerte Art der Realisierung in Wirklichkeit keine Aussichten bot. Es wäre ja in der That sehr bequem, wenn jedem erscheinenden Werke Titelkopieen beiliegen würden nach Art der vom Smithsonian Institute ausgegebenen Slips (Cbl. IV, 64; Boll. delle pubbl. Ital. 1895, XXII—XXIII; Nachr. aus dem Buchh. 1895, 687. 748—749. 1211—1212. 1396). Indes werden die Verleger — eine Besprechung mit mehreren hat mich in dieser Anschauung bestärkt — zu einem solchen Zugeständnisse niemals zu bringen und auch dann die strenge Einheitlichkeit in der Abfassung kaum zu erreichen sein.

Es darf aber die Frage aufgeworfen werden — die erste Anregung erhielt ich durch eine gelegentliche Äusserung des Oberbibliothekars der Universitäts-Bibliothek Heidelberg, Geh. Hofrats Zangemeister[1]) im Herbste 1891 —, ob nicht durch Benützung der vorhandenen vortrefflichen Bibliographieen der J. C. Hinrichs'schen Verlagsbuchhandlung in Leipzig, die das Zeugnis grosser Zuverlässigkeit für sich beanspruchen dürfen, das gleiche Ziel zu erreichen wäre. Die genannte Firma hatte die grosse Liebenswürdigkeit, meinen Plänen entgegenzukommen, so dass ich im Stande bin, anbei 2 Probezeiten vorzulegen. Diese sind dem Wöchentlichen Verzeichnisse entnommen, welches allein sich als Grundlage eignet, da die anderen zu spät in die Hände der Interessenten kommen würden. Bei dem prompten Erscheinen desselben würden die gedruckten Katalogzettel (namentlich bei direktem Bezuge durch die Post) gleichzeitig oder nur wenige Tage später in die Hände der Bibliothekare kommen als die Novitätenvorlage der Sortimenter; der Katalogzettel wäre demnach bei Rückkunft des Buches vom Binden sicher fertig. Ich bin überzeugt, dass die neue Einrichtung durch die grossen Vorteile der Zeitersparnis, Unabhängigkeit von den verschiedenen Schriften trotz der vielleicht anfangs geltend werdenden Einwände als eine Wohlthat empfunden werden wird namentlich in Bibliotheken, welche mehrere Exemplare ihrer Zettel benötigen. Über das kleine Bedenken, das eigentlich kaum ernstlich aufgestellt werden kann, die Vermischung von geschriebenen und gedruckten Zetteln werden gegenüber den praktischen Vorteilen viele Kollegen durch Verwendung der Berliner Zettel sich wohl bereits hinweggesetzt haben. Als weiterer Einwand wurde (Cbl. IV, 64) geltend gemacht: das Aussuchen der benötigten Titel sei zu zeitraubend. Bei der Verwendung des Wöchent-

---

1) Derselbe hatte auch die Güte, mir auf Anfrage mitzuteilen, dass er Probe II für zweckmässig halte und in 3 Exemplaren verwenden würde.

lichen Verzeichnisses dürfte dieser Grund in Wegfall kommen. An einer grösseren Bibliothek ist die Lektüre eines vollständigen Verzeichnisses deutscher Litteratur nicht zu umgehen, weil die Vorlagen der Sortimenter immer lückenhaft bleiben werden, vor allem aber wegen der Separatabdrücke aus Zeitschriften, die bei Hinrichs mit grosser Vollständigkeit verzeichnet werden (vgl. Nachr. aus dem Buchh. 1895, 1226—1227). Welch' grosse Rolle diese Separatabdrücke jetzt spielen, wie viel Geld durch Verweisungen auf die betr. Zeitschrift erspart werden kann, und wie sehr durch solche die Kataloge bereichert werden können, brauche ich hier nicht erst zu betonen. Nimmt diese demnach unvermeidliche Lektüre mit dem Wöchentlichen Verzeichnisse ein Beamter vor, der den gesamten Einlauf kennt — an ganz grossen Bibliotheken etwa zwei, als zweiter der Vorstand der Zeitschriftenabteilung —, so bedarf es nur eines Striches an dem Titel, mag man das Buch vorhanden, bestellt, zu kaufen, als Separatabdruck zu verzeichnen sein oder im Pflichtverlag einlaufen; die weitere Arbeit ist eine rein mechanische, wenigstens bei Bibliotheken, die für jedes einzelne Werk einen Zettel verwenden. Aber auch die anderen mit Bandkatalogen und Blätterkatalogen, mit Zetteln für die einzelnen Verfasser werden noch immer an Zeit sparen und jedenfalls den Vorteil eines gedruckten statt eines geschriebenen Titels erzielen.

Durch das rasche Erscheinen der Titelaufnahmen bei Hinrichs fällt auch ein wichtiger gegen die anderweitige Verwendung der Berliner Titeldrucke geltend gemachter Grund weg, die Unregelmässigkeit im Erscheinen der einzelnen Titel (Erman, Bericht über die Verw. der Univ.-Bibl. Berlin 1892/93 S. 12—13; Nachr. aus dem Buchh. 1895, 748—749).

Von den beiden Proben bietet die erste die Titel abgesehen von dem Zwischenraume zwischen den einzelnen genau, wie sie im Wöchentlichen Verzeichnisse stehen. Die zweite ersetzt die Schrift jener durch eine sehr klare Antiqua und giebt die Ordnungswörter nur mit Durchschuss. Dass lediglich Antiqua verwendet wird, dürfte Bedenken nicht begegnen, zumal sich die Verlagsbuchhandlung bereit erklärt hat, ein [F] vor die in Fraktur gedruckten Titel zu setzen. Die Ordnungswörter werden nicht fett gedruckt, da sie doch meistens nochmals ausgesetzt werden und dann ein nach dem Systeme der einzelnen Bibliotheken falsch gewählter (Präpositionen) nicht unangenehm hervortritt. Das Fehlen der Jahreszahl, die auch an einer separierten Stelle stehen soll und daher handschriftlich, was kaum einen Zeitverlust bedeutet, hinzusetzen ist, bereitet ebenfalls keine Schwierigkeit. Vielleicht lässt sich die Verlagsbuchhandlung bei Erfolg ihres Unternehmens an kleinen Konzessionen wie Angabe der Jahreszahl, etwa am Schlusse des Titels in Fettdruck, noch bestimmen.

Zur praktischen Ausführung empfiehlt sich Probe II durch die schöne klare Schrift entschieden mehr als Probe I und besteht daher die Absicht, erstere dem Unternehmen zu Grunde zu legen. Die Preise sind für Probe II folgende (Portobeträge oder Provisionen der Sortimentsgeschäfte sind bei allen folgenden Preisangaben nicht mit in Anrechnung gebracht) unter der Voraussetzung, dass der Umfang von 120 Bogen (Format c. 92 × 59 cm) im Jahre nicht überschritten wird: 1 Exemplar 40 Mark, 2 Exemplare 70 Mark, jedes weitere 30 Mark, Preise, die gegenüber der grossen Zeit- und Arbeitsersparnis klein zu nennen sind[1]); werden es jährlich mehr als 120 Bogen, so wird pro Bogen mehr 40 Pf. nachberechnet. Da die Hinrichs'sche Verlagsbuchhandlung nur dann im Stande ist, das Unternehmen ab 1. Januar 1896 zu beginnen, wenn bis 15. Dezember 1895 mindestens 200 Exemplare bestellt sind, so möchte ich an die Herren Kollegen das dringende Ansuchen stellen, direkt bei Hinrichs oder durch einen Sortimenter sobald als möglich die Bestellungen aufzugeben, und auch die Bibliotheken, welche aus irgend einem Grunde die Zettel nicht verwenden können, bitten, probeweise wenigstens ein Exemplar zu bestellen, damit ein Versuch, der unter allen Umständen geboten erscheint, gemacht werden und die Praxis für die weitere Zukunft das ausschlaggebende Wort sprechen kann; 40 Mark dürfte auch für kleine Bibliotheken ein solcher Versuch wert sein.

Auf eine ausserordentlich wichtige Verwendungsweise der neuen Zettel sei noch hingewiesen, die im Interesse ihrer Besucher keine Bibliothek unausgenützt lassen dürfte. Es besteht kein Zweifel, dass das Publikum ein grosses Interesse daran hat, die Einläufe der Bibliothek kennen zu lernen, und dass dies am geeignetsten durch systematisch geordnete Verzeichnisse geschieht. Acceptiert man das — für Accessionskataloge recht passende — System des Wöchentlichen Verzeichnisses, so ist es wiederum eine rein mechanische Aufgabe, alle Wochen bei den betreffenden Fächern in einzelnen diesen entsprechenden Bandkatalogen das neu Hinzugekommene einzukleben. Gerade weil Blätterkataloge so schwer zu handhaben sind und nur wenige Bibliotheken einen eigenen Katalog für das Publikum haben, sollte dieses Mittel, dasselbe über die neuen Zugänge zu unterrichten, nicht ungenützt bleiben. Der Zusatz der Signatur ist nicht einmal unbedingt nötig.

Für Probe I stellen sich die Preise bis zu einem Umfange von 90 Bogen jährlich folgendermassen: 1 Exemplar 18 Mark, 2 Exemplare 30 Mark, jedes weitere Exemplar 14 Mark, weitere Bogen 20 Pf. Sollten von Probe I, deren Ausführung zunächst nicht beabsichtigt ist, 200 Exemplare bestellt werden, so würde ein Hindernis, dieselbe neben II laufen zu lassen, natürlich nicht bestehen; doch müsste ich bitten, etwaige Wünsche für I zunächst an meine Adresse gelangen zu lassen. Ich schliesse mit einem nochmaligen Appell an das Entgegenkommen der Herren Kollegen und der Bitte um recht baldige und zahlreiche Bestellungen auf Probe II, damit nicht auch dieses Projekt, wie jüngst ein anderes bibliothekstechnisch allerdings wesentlich weniger bedeutungsvolles, trotz seiner Wichtigkeit unmöglich wird. Die Aufgaben

---

[1]) Bei grossem Absatze ist die Verlagsbuchhandlung bereit, für das folgende Jahr die Preise noch billiger zu machen.

für unsere Bibliotheken sind ja in beständiger Zunahme und nur an wenigen hält damit das Wachsen an Arbeitskräften gleichen Schritt. Die Technik des Betriebes erfordert daher möglichste Erleichterung und in dieser Beziehung dürfte die Verwirklichung des angedeuteten Planes einen grossen Fortschritt ermöglichen.

München. Hans Schnorr v. Carolsfeld.

Die Marienthaler Drucke der Seminarbibliothek zu Mainz.

Ueber die Marienthaler Drucke fehlt bis jetzt immer noch eine abschliessende Gesamtleistung. Es dürfte daher jeder Beitrag aus Bibliotheken, welche derartige Drucke bewahren, von Werth sein, zudem es sich hier bei der Seminarbibliothek zu Mainz um eine Bibliothek handelt, welche nicht gerade eine öffentliche ist. Dessen Bibliothekar Herrn Professor D. theol. Schieler verdanke ich die Mitteilung dieser Seltenheiten, wofür ich demselben auch hier meinen Dank abstatte.

I. Das Directorium misse Mogunlinum.

Blatt 1 Vorseite Zeile 1: Sequūtur Rubrice pñtis libelli. |
Blatt 1 Rückseite Zeile 1: VI De septuagesima et quadragesima |
Blatt 2 Vorseite Zeile 1: XVij De dñicis et de sanctis a dñlca Vidi |
Blatt 2 Rückseite Zeile 1: n pñti libello ơtinētur aliqua notabilia ex |
Blatt 3 Vorseite Zeile 1: Introitus Rorate cell . absq; Gl'a in ex- |
Blatt 3 Rückseite Zeile 1: De festo oeepcionis btē marie. |
Blatt 4 Vorseite Zeile 1: dicit' ơmunicātes . et nocte sacratissima tč. |
Blatt 4 Rückseite Zeile 1: videlicet Gl'a patri . Gl'a in excelsis. All'a Se- |
Blatt 5 Vorseite Zeile 1: All'a Post partū . Sequēcia Gaude dei ge- |
Blatt 5 Rückseite Zeile 1: de festo natiuitatis xp̄i . videlicet collecta. |
Blatt 6 Vorseite Zeile 1: suffragia supradcā cū profacōe de festo na |
Blatt 6 Rückseite Zeile 1: domini ista verba . hodierna die . in collecta |
Blatt 7 Vorseite Zeile 1: In ơmemoracōe beate Marie que semp |
Blatt 7 Rückseite Zeile 1: dñica septuagesime vsq; in diem cinerū qū |
Blatt 8 Vorseite Zeile 1: taxat in foro celebrantur et cū officio chori |
Blatt 8 Rückseite Zeile 1: Festū Anūciacōis beate marie celebrat' |
Blatt 9 Vorseite Zeile 1: patri et absq; ymno seruatur. Et virūq; ti |
Blatt 9 Rückseite Zeile 1: Deus a quo et iudas. Deinde dicat sed'em |

Blatt 10 Vorselte Zeile 1: verms populü denote cantet. Ecce lignum |
Blatt 10 Rückseite Zeile 1: Sed libera nos a malo. Sacerdos dicat |
Blatt 11 Vorselte Zeile 1: Itespice q̄u dūc absq̄ᴢ allū̄ oclusione dical'. |
Blatt 11 Rückseite Zeile 1: t'cla . vi . et nona paret' ignis de silice noniter |
Blatt 12 Vorselte Zeile 1: de thimermate sine de thure ad modum |
Blatt 12 Rückselte Zeile 1: casula accedat altare dicat Cnfiteor. more |
Blatt 13 Vorselte Zelle 1: De sanctis infra octauā pasche. |
Blatt 13 Rückselte Zeile 1: De sanctis infra pascha ᴣ pēthecosten. |
Blatt 14 Vorseite Zeile 1: pasche ecia ptermittit'. Sed si festa sancto⁻ |
Blatt 14 Rückseite Zeile 1: De Rogacionibus. |
Blatt 15 Vorseite Zeile 1: dni. et lte missa solēniter serunnt'. Et omn- |
Blatt 15 Rückselte Zeile 1: verba hodierna dfe in collecta de festo an- |
Blatt 16 Vorselte Zeile 1: ꝯmunicātes . et nocte ᴣ hanc igitur de virgi- |
Blatt 16 Rückseite Zeile 1: beniur duo all'a . primu de sancto . et sed'm |
Blatt 17 Vorseite Zeile 1: sancti Johānis baptiste eueuerit sodé die |
Blatt 17 Rückseitu Zelle 1: octauas hmōi festinitatu eueuerit. tūe offi- |
Blatt 18 Vorseite Zeile 1: diem euenerit solēniter celebrai'. Et si fuerit |
Blatt 18 Rückseite Zeile 1: de Visitacione beate mario sed'm aliquos. |
Blatt 19 Vorselte Zeile 1: cū prefacione cotidiana absq̄ᴣ suffragijs ᴣ |
Blatt 19 Rückselte Zeile 1: Prefacio cotidiana . et lte missa solemniter |
Blatt 20 Vorselte Zeile 1: Bōdicamꝰ dūo . pterq̄ᴣ in septimana pēthe- |
Blatt 20 Rückselte Zeile 1: pterŋᴣ in die Innecionis sancte crucis vbi |
Blatt 21 Vorselte Zeile 1: dicunt' . Sed tracto Andi filia . ᴣ credo sernā |
Blatt 21 Rückseite Zeile 1: tate de beata virgine sine de apl'is sed'm qᴣ- |
Blatt 22 Vorselte Zeile 1: tūe officiu misse p̄ totū de dedicacione cū |
Blatt 22 Rückseite Zeile 1: Sed sed's oracio Dne ih'u xjū fili del viui ꝗ]

Quarto, 22 u. gez. Blätter, einspaltiger Satz, ohne Pagina, Signaturen und Custoden, in Type 1 und der etwas kleineren Type 2, für Ueberschriften letztere verwendet. 26 Zeilen auf voller Seite. Satz und Abdruck ist gut im Register. Alle Initialen fehlen. Das Mainzer Exemplar ist nicht rubricirt. Blatt 2 Rückseite fehlt am Anfange der Zeile der Platz für den Initial J, das n sieht scharf auf dem Rande der Spalte. Das eigenthümliche kleine d in eckiger Form kommt nur in Type 2, nicht auch in Type 1 vor. Das grosse S, G, R, T, J und M hat einen ähnlichen Ductus wie die verschlungenen Buchstaben gleicher Art bei Therhoernen zu Cöln. Die Entstehungszeit des Drucks setze ich zu 1470 bis 1474.

Mainz Seminarbibliothek Incunabel n. 631. Ein zweites Exemplar besitzt die Universitätsbibl. zu Giessen an Hs. n. 716 geheftet. — Vgl. Centralblatt f. B. V, 207. — Falk, Die Marienthaler Presse S. 24—25.

II. Gerson, Büchlein von den Geboten.

Blatt 1 Vorseite: Die vorredde in das buchelin von den ge- | bodde . von bichtē . vnd bekentnks zu sterbē ge- | dicht von dem hochgelertē meister Johan ger- | son. kanceler zu parijs. | (D)er Cristcheyt . ich etlicher maus ernst- | licher liebhaber . wunsche zu nemē in |

Blatt 1 Rückseite Zeile 1: setz . vnd vngenugsam vnderwiuüg des eyfalti- |

Blatt 33 Rückseite Zeile 1: Want dick dorch eynē soliché ydeln vnd falsen |

Schliesst Blatt 33 Rückseite Zeile 20: zu parijs lobliché wirt gehalten. | Zeile 21 leer. Zeile 22: Hie endet sich diss dingedelit werck . vō don | czehen gebodē . vō der bycht . vnd vō der kunst | zu sterbe . dorch den vsemelige lerer der heilige | schrifft Meister Johan vō gerson Canlzeler der | heilige hoen schule zu parys. | Blatt 34 leer.

Quarto, 34 Blätter zu 27 Zeilen, einspaltiger Satz, Type 1 allein, nur Schwarzdruck, Wasserzeichen des Papiers der Ochsenkopf mit Stange und Kreuz, Collation: Bogen 1 und 2 je 5 Lagen, 3 zu 7 Lagen. Höhe des Textspiegels 15 cm, Breite 9,3 cm. Guter Satz und Abdruck, genau im Register. Als Unterscheidungszeichen nur Punkt und Trennungsstrich.

Der Satz weist den allerersten Marienthaler Schriftschatz der Type 1 auf, es erscheint das runde kleine d, das verschlungene s und eckige grosse M, sowie das eine grosse D allein. Ich stehe daher nicht an, den Druck zwischen 1468 und vor 1474 als Zeit, wo im Marienthaler Brevier auch andere Formen obiger Typen erscheinen, anzusetzen.

Mainz Seminarbibl. Incunabel No. 824. Auf dem Vorsatzblatt steht: Ex legato reverendissimi perillustris et grattosi domini Johannis ab Heppenheim condicti á Saal praepositi Mog. (Hand des XVII. Jahrhunderts), und auf Blatt 1 Vorseite oben: Seminarii s. Bonifacii Mog. (Hand des XVII. Jahrhunderts).

Vgl. Falk, Marienthaler Presse S. 22. — Drück, Religiöser Unterricht etc. seit der II. Hälfte des 15. Jahrh. 8. 33. — Geffcken, Bildercatechismus. Anhang 8. 29. — Falk, Die deutschen Sterbebüchlein 8. 18. —

III. Lupi, Anleitung zur Beicht.

Blatt 1 Vorseite Zeile 1: Vor die anhebenden kynder vnd ander | zu bichte In der ersten bÿcht. |
Ich armer sundiger mensche ich bekēnen mich dem allemechtiǧ | gen gode vnd vnser liehen franwe vnd allen gotes heyligē | vnd vch priester an gotis stat das ich leyder vil gesudiget | han czu dem erstē vidder die heyligē czehen gebot. | etc.

Blatt 25 Vorseite Zeile 1: ac mortuo˙ſ̄ ambone ordes iniugaat' dicende sub missa finito |
Blatt 25 Vorseite unten: Hoc opusculum industria τ arte impressoria fieri ordinault et | vstitult venerablis vir magister Iohānes lupi Cappellanus | cappelle sci petri in suburbio franckfordensi p̄ suos manuōde- | les dirigi sic vt perpetuo maneat sine allenacōe vbicumqʒ di- | rectu fuerit apud parruchias sediū diocesis magūtinens'. Sic | qʒ vt p̄ aima ystitueliǔ sedula hec proqʒ suis bnfactoribʒ ore- | tur. Quod ꝯplotū est Anno dn̄i M cccc lxxviĳ tē. | Die Rückseite von Blatt 25 leer, worauf noch ein leeres Blatt folgt.

Quarto, 26 Blätter, deren letztes leer, 36 Zeilen einspaltiger Satz, Type 3 der Marienthaler Presse, nur Schwarzdruck. Als Unterscheidungszeichen nur Punkt und Trennungsstrich. Collation: Bogen 1 und 2 zu je fünf, Bogen 3 zu drei Lagen. Ohne Pagina, Signaturen und Custoden. Papier mit Wasserzeichen: Oebsenkopf mit Stange und Kreuz In Bogen 1, in Bogen 2 erscheint ein anderes Wasserzeichen.

Mainz Seminarbibl. Incunabel No. 625.

Der Caplan Johannes Lupi (Wolf) an der Peterskirche zu Frankfurt a. Main ist wohl einerlei mit dem Johannes Lupi de Franckfordia der Erfurter Matrikel zum 4. November 1472; vgl. Weissenborn, Erfurter Matrikel I 8. 350 Zeile 35. Er scheint erst nach seiner Anstellung als Priester studirt zu haben. Allgemein giebt man an, Lupi stamme aus Kunzersreut bei Eger. Ich möchte hier einen andern Ort seiner Abstammung einführen, nämlich Geisenheim im Rheingau. Dort gab es Lupi noch im XVI. Jahrhundert und es ist wahrscheinlicher, dass ein Geisenheimer Priester Beziehungen zu dem nur dreiviertel Stunde davon entfernten Marienthal hatte, als ein Sachse. Die Mainzer Domgottesdienstordnung des XVI. Jahrhunderts sagt zum 30. Juli: Nota eodem die seu festo sancte Marthe datur cuilibet deservienti dimidium quartale vini in matutinis et in missa ex parte domini Cunradi Lupi de Geisenheim vicarii Maguntini; nota hodie intitulantur socii et omnius erit albus sociorum. (Hs. der Seminarbibl. zu Mainz.) Dieser Conradus Lupi ist wohl ein Verwandter des Johannes Lupi. Derselbe starb 1478 und ward in der Peterskirche zu Frankfurt beerdigt, wo sein Grabmal noch vorhanden.

Vgl. Moufang, Mainzer Katechismen S. 7 (mit Wiedergabe der Schlussschrift). — Falk, Marienthaler Presse S. 16—18. — Münzenberger, Das Frankfurter und Magdeburger Beichtbüchlein. Mainz 1881. — Falk, Die Druckkunst im Dienste der Kirche. Cöln 1879. S. 99. — Grotefend, Christian Egenolf, der erste ständige Buchdrucker zu Frankfurt etc. Frankfurt 1881. Quarto. S. 3, 24. — Geffcken, Der Bildercatechismus S. 26. — Janssen, Geschichte des deutschen Volks. VII. Auflage. S. 45. — Brück, Der religiöse Unterricht S. 35. —

Weitere Exemplare dieses Druckes sind vorhanden zu Giessen, Univ.-Bibl. (V, 21, 810) und Kassel, Landesbibl. —

Zur Notiz theile ich noch mit, dass die Kön. Bibliothek zu Berlin einen noch nicht eingehend beschriebenen Marienthaler Druck aus der Zeit zwischen 1474—1480 besitzt.

Blatt 1 Vorseite Zeile 1: Incipit breuiariū estiuale sed'm ordinē et rubricā | wormacien̄. |

Am Ende: Zachee festinās descede ǩua hodie ī domo tua opor- | tet me manere at ille festinus descendit ; suscepit illū | gaudens in domu sua all'a hodie huic domui salus a | deo facta est all'a. Oracio vtē. | Quarto, o. O. n. J. u. F. (Marienthaler Type 1 und 2), einspaltiger Satz wie im Mainzer Brevier 1474, 27 Zeilen auf voller Seite, 348 n. gez. Blätter, ohne Custoden, Signaturen und Pagina, Blatt 304 Vorseite nur 19 Zeilen, Blatt 304 Rückseite leer, auf Blatt 305 Vorseite: Incipit comune Scoȝ. | Auf der letzten Seite 24 Zeilen.   Auf Blatt 304 steht vom Rubricator die Zahl 1480, welche für die Entstehung des Duchs von Werth.

Ueber den Druck vgl. Falk, Geschichtsblätter für die mittelrheinischen Bisthümer S. 89. — Catalogus bibliothecae Ingerianae. Berlin 1806. S. 36. — Hain, Repert. 3952. — Denis, Supplement S. 522. — Weislinger, Catalogus bibliothecae ordinis Hierosol. (Strassburg) S. 237. — Panzer, Annales IV, 102 u. 250. —

Wiesbaden. F. W. E. Roth.

Un noël historique allemand de 1478.

La bibliothèque de l'université de Gand possède (Acc. 22206) un fragment de noël historique allemand, datant de 1478, et qui me paraît n'avoir pas été signalé jusqu'à présent. C'est un placard infolio, imprimé, sauf le titre, sur deux colonnes, et dont le verso est blanc; découvert dans un plat de relure, notre fragment constitue la moitié supérieure de la pièce, et mesure 29 cm. de large sur 21 cm. de haut. Sa transcription pourra peut-être offrir quelque intérêt pour les lecteurs du Centralblatt.

Gand. Dr. Paul Bergmans.

[F]rid vnd gnad allen chriften menfchen zuuor † Als man zalt † M † cccc lxxvilj jar † von winnchte bitz efto mihi † Fûnf wochen vnd † ilj † tag do by. || So fchinen aly nulve zu tal Vnd xvj an der gulden

zal Und als etlicher gern me gulden wolt haben Da ist entpfolhen †
d † de sontag buchstaben |

[col. 1] Zů jherusalem; vff der heiligen erdo platz
Ist gewesen der aller höhest schatz
Der vor nye vff ertrich gewesen ist.
Nemlich vnser her ihesu christ
Den sin muter sach zu Bethleem in der krippffen ligen
Vnd in dornach horte an dem Crutze schrigen.
Ruben gnediger demutiger wort.
In sinem gedultigen bittern lyden todes mort.
O vatter sprach der barmhertzig sun.
Das erst versthe in sy wissen nit was tun.
Vff sontag vor der heiligen drei konig tage
Vor mittag so die glock drů vermag.

Nun noch etlichen joren vnd tagen.
Als man wol hat gehört sagen.
wie Iherusalem von Tyten vnd vespianě gestöret wart
So ist es dannocht vff cristenlich art.
Mit vil kurchen gepaw vff gefurt.
Caluarie vnd das heilige grap getzieret.
Mit einem löblichen Cristen tempel.
Der ist do auch zu einem exempel.
Alle cristlan hertzen do hin zu laden.
Das ander nawe im jordan zů baden
Vff vnser frouwen tag purificatio
Noch mittage so dru sint fro

In [die] capellen vnder dem burge Caluarie.
Ist kunig Halder [ ] begraben noch christenlicher er
Hertzog Gutfrid vo Bulle vn Lotringe zů der rechten hant
Der do gewonen hat das heilig grap vnd land.
Das halff im der Almechtig gott
Vnd lebte dannoch xj. monatt
Nun neben dem kůre sint begraben
Ander kunige vnd furstun in grebern zierlich erhaben
Ihe das heilig lant obr. lxxx. vnd. vilj. jar jnne hatten.
Bitz es gott der Cristen sunde halp nit lenger wolt gestatten
Das dort vff mitwoch noch halp vast
Vor mittag so es. vier tast

Jherusalem vnd das lant vff vnd nyder
Wart by kunig Galdo verloren wyder
. . . .
. . . .
. . . .
. . . .
. . . .
. . . .

[col. 2] Das wolt das suven ouwe geren sullen
Vff zinstag noch sant peters vnd paul[?] tag
Des morgens zum sibenden slag

Do man zalt xiij. hundert ixx[x?]xvj. gar
Zoch kunig Sigmund von vngern mit grosser schar
Fursten herren vnd ritterschafft der cristenheit
Die dunowe abe als die geschrifft seit
Vnd hatten vil schaden den beyden
Doch mussen sy mit verlust scheiden

Dan fy hatten vmb den vorſtrit zweitracht
Die hat jnen ſweren verluſt gemacht
Ein Hertzog von Burgunde wart do leibs gefangen
So kampt das nebſt nuwe brangen
Vff mittwoch auch ſant jacub
Noch mittage ſo . vlij . hant vrlob

Als man zalt . xlilj . hundert xl . vnd vier
Vff ſant Martius oben hofier
Nit verre von ſant jürgen arm
An Dridinopel das gut erbarm
Geſchach aber ein ſchedlhch nyderloge
Dornach vber zehen jor ouch ein groſſe plog
Am xxvij . tage jm Abrillen hart
Als die groß ſtat Conſtatinopel verkoren wart
Vnd tod geſchlagen wer vber ſehſſ jor alt was
Zum mÿnden nuwen ſo bedenck diß has
An ſant Adolfs oben vor mittage
Zů dem nůnden glocken ſlage

Höbſt vnd keiſer hant es lange wol bedoht
Als criſtenlich böhter zu löblichen an fiegen bruch
Groſmechtiglich zu ziehen mit heres krafft
Vnd mit gottes hulff zu erobern die heydenſchafft
Des ſolten gehorſam ſin alle criſtenlich glider
So iſt geſcheen manig geſüch do wider
Etlicher ſoll helffen wider die durcken tun
Do krieget einer den keyſer der ander ſinen ſon
So tunt etheb als zu ziten me iſt geſcheen
Die do wöllent dem zehenden nuwe zu ſehen
Vff ſamſtag vor ſant Michels hochzit .
. . . . lit.

Die sogenannte Chylińskl'sche Bibel.

Bibliographische Beiträge.[1])

Die Königliche Bibliothek zu Berlin hat ein Exemplar der äusserst seltenen litauischen Bibel erworben, welche in der Litteratur unter dem Namen der Chylińskl'schen Bibel bekannt ist.[2]) Das Exemplar stammt ursprünglich aus dem Besitze des Andreas Müller aus Greifenhagen (geb. 1630, gest. 1694) und ist ebenso wie die beiden anderen

---

[1]) Der vorliegende Aufsatz war bereits druckfertig, als mir die Notiz von K. v. Różycki „Über die litauische Bibelübersetzung des Chylińskl" C. f. D. XI. 1891. S. 402—403 zu Gesichte kam.

[2]) Łukaszewicz (Dzieje kościołów wyznania helweckiego w Litwie. 1843. II, 253—264; deutsche Ausg.: Geschichte der reformirten Kirchen in Lithauen. 1850. II, 170—171) führt den Nachweis, dass die sogenannte Chylińskl'sche Bibel auf Grund der alten auf der kurfürstlichen Bibliothek in Königsberg aufbewahrten und durch Boguslaw Radziwiłł's Vermittelung entliehenen Übersetzung des Johannes Bretkius von dem polnischen und litauischen Prediger Georg Skrodzki u. a. hergestellt ist. Chylińskl sollte nur die nötigen Fonds in England sammeln, den Druck beaufsichtigen und die Korrektur besorgen. Er gab sich jedoch im Auslande den Anschein, als hätte er selbst und zwar überhaupt als erster eine Übersetzung der Bibel ins Litauische veranstaltet. Vgl. Mittellungen der litauischen litterarischen Gesellschaft. 1880. I, 34.

zur Zeit bekannten, von denen sich das eine im British Museum und das andere in der Bibliothek des katholischen Geistlichen-Seminars in Petersburg befindet, ein Bruchstück. An Umfang hält es die Mitte zwischen dem Petersburger und dem Londoner Exemplar. Es zählt 384 Seiten, mit einer Lücke von S. 337—368¹), und bricht mit dem Argument zu Kap. VI des Buches Hiob ab, während das Petersburger bis S. 416 (Anfang des 40. Psalmes) und das Londoner bis S. 176 (Josua Kap. XV, 63)²) geht.

Bei der grossen Unklarheit, welche in der litterarischen Überlieferung über diese in London gedruckte litauische Bibel herrschte, war es ein besonderes Verdienst von Manrycy Stankiewicz, in seiner Zusammenstellung die wichtigen Ergebnisse der in deutscher und polnischer Sprache vorliegenden Untersuchungen von Lukaszewicz³) in Erinnerung zu bringen. Zugleich ergab sich die Notwendigkeit, gegenüber Folgerungen, die voreilig auf zufällig aufgestossenen Notizen aufgebaut waren, eine umfassendere Sichtung des Nachrichten-Materials vorzunehmen.

Die meisten mir zur Zeit zugänglichen Nachrichten berichten entweder positiv oder stellen es als wahrscheinlich hin, dass die Bibel nicht ganz gedruckt worden ist. Aus neuerer Zeit findet sich allerdings in dem mutmasslich von dem Warschauer reformierten Pastor Leopold Otto verfassten Artikel der Encyklopedya powszechna (Warschau 1860. III, 428) die Angabe, dass „die ganze samogitische Bibel zum ersten Male gedruckt worden ist in London 1660 durch Samuel Boguslaw Chylinski", aber sie wird in keiner Weise erhärtet.

Als erster beglaubigter Besitzer eines Exemplars der sogenannten Chylinski'schen Bibel erscheint Andreas Müller.⁴) Er hat es im Jahre 1684 erworben, wie es seine handschriftliche Bemerkung auf dem Vorsatzblatt des nunmehr auf der Königlichen Bibliothek in Berlin befindlichen Buches nahelegt.⁵) Müller hat auch bald seine Erwerbung

---

1) Bemerkenswerter Weise findet sich auch in dem Petersburger Exemplar (vgl. M. Stankiewicz, Studya bibliograficzne nad literaturą litewską. Kraków 1886—89. II p. 50) eine Lücke von S. 337—352, welche also mit der in dem Berliner Exemplar zusammenfällt.

2) The Athenaeum Nr. 3427, July 1 1893, Mitteilung von John T. Naaké: „Bibliographers will be glad to hear that a fragment of the extremely rare Lithuanian Bible ... commonly called the Chylinski Bible ... has been discovered and secured for the National Library. This Bible was never printed in its entirety. A portion of it, without title-page ..., consisting of 110 pages, is ... in St. Petersburg. The fragment before me is also without title-page, and consists of 176 pages, ending with Joshua XV₆₃."
Übrigens fehlt auch in dem Berliner Exemplar das Titelblatt.

3) Es sind dies seine: Dzieje kościołów wyznania helweckiego w Litwie. 2 Bde. Poznań 1842. 43, die auch in deutscher Ausgabe erschienen sind u. d. T.: Geschichte der reformierten Kirchen in Lithauen. 2 Bde. Leipzig 1848. 50.

4) Ich sehe hierbei ab von dem Exemplar, welches den Beauftragten der Vilnaer Synode 1663 zur Prüfung vorgelegen hat.

5) Die Bemerkung lautet: „Biblia Lithvanica Coepta qvidem edi Londini 16.., sed praeveniente Morte Autoris, Samuelis Boguslai Chylinsky a 1668 non absoluta pono." Darunter steht: „Andreas Mülleri Greiffenhagii 1684."

bekannt gemacht in dem Verzeichnis seiner Bücher, dem Catalogus librorum miscuorum aliorumque praeterea rariorum, welchen er der auf Gcheiss des Grossen Kurfürsten 1685 veröffentlichten Abhandlung „De eclipsi passionali" angehängt hat.[1]) Seine trockene Notiz: „Biblia Lithuanica" lässt aber nicht erkennen, dass nur ein Bruchstück in seinen Besitz gelangt war.

Im Anschluss an die Angaben der „Monatlichen Unterredungen" hat dann Josias Lorck[2]) die zutreffende Vermutung geäussert, dass die Andreas Müller'sche Biblia Lithuanica „die äusserst seltene Londoner Ausgabe des Chylinsky seyn müsste". Dieselbe kam mit dem Hauptteil des Müller'schen Büchernachlasses durch letztwillige Verfügung des Erblassers vom 14. Oktober 1694[3]) an die Marienstifts-Bibliothek in Stettin. Im Jahre 1894 ist sie in den Besitz der Königlichen Bibliothek in Berlin übergegangen.

Ein zweites Exemplar der Londoner Ausgabe der litauischen Bibel kam in den Besitz des Königsberger Oberhofpredigers Johann Jakob Quandt. Er berichtet davon in der Vorrede zu der litauischen Bibel von 1735[4]) mit folgenden Worten: „Nach langem Forschen bin endlich so glücklich worden, diese übernus rare Bibel, jedoch ohne Titel, und nur bis in die Psalmen zu überkommen, daher selbst nicht festzusetzen weiss, ob sie weiter abgedruckt worden."

Sodann hat unter dem 8. September 1805 der litauische General Georg Grusewski ein Exemplar der Bibel der Vilnaer Universitäts-Bibliothek geschenkt. Auf der äusseren Seite des Umschlages findet sich der Vermerk: „Diese seltene Bibel in samogitischer Sprache habe ich erworben und der Bibliothek der Vilnaer Universität geschenkt. Dies schreibe ich im Jahre 1805, im Monat September, am 8. Tage." Dieses Exemplar kam im Jahre 1842 nach Petersburg und befindet sich seitdem in der Bibliothek der dortigen geistlichen Akademie, wo es von dem Petersburger Akademiker Kunik mit Hülfe des Rektors Symon neuerdings entdeckt worden ist.[5])

---

1) Vgl. Monatliche Unterredungen Einiger Guten Freunde von Allerhand Büchern. (Von Tentzel.) Leipzig 1689 S. 327 ff.; 1697 S. 188.
2) Die Bibelgeschichte in einigen Beiträgen erläutert von Josias Lorck. 1779. Theil I, 289. Vgl. auch David Friedrich Ebert, Historia bibliothecae templi B. Mariae dicati, Stettin 1783, p. XI und Oelrichs, Fortgesetzte Historisch-Diplomatische Beyträge zur Geschichte der Gelahrheit... Berlin 1770. S. 68.
3) Allg. deutsche Biographie XXII, 614. Ebenda (S. 513) finden wir die Angabe, dass die Nachricht von einem zehnjährigen Aufenthalt Müllers in England auf Verwechselung beruht. Im J. 1661 war er schon nach Deutschland zurückgekehrt.
4) Beiläufig sei hier bemerkt, dass Quandt, da „er selber der litthauischen Sprache nicht kundig" war, nur „die Aufsicht bey der Bearbeitung des litthauischen Textes" geführt und die Deckung der Druckkosten durch den Staat von Friedrich Wilhelm I. erlangt hat. Rhesa, Geschichte der Litth. Bibel. 1816. S. 32.
5) Stankiewicz, Studya bibliograficzne nad literaturą litewską II, 56. Seine Quelle ist der Bericht E. Woltera.

Nun ist von Adalbert Bezzenberger[1]) die aller Wahrscheinlichkeit nach zutreffende Vermutung geäussert worden, dass das Quandt'sche Exemplar identisch sein dürfte mit dem, welches Adam Jocher[2]) beschrieben hat. Allerdings ist weder von Quandt noch von Jocher die Lücke erwähnt, welche sich in dem Petersburger Exemplar — wie bereits oben bemerkt — von S. 337—352 findet; aber diese Unterlassung ist durch die Kürze beider Notizen leicht zu erklären.

Über die Vorgeschichte des für das British Museum erworbenen Exemplars weiss ich nichts zu sagen, da mir über dasselbe keine weiteren Angaben bekannt geworden sind, als die oben angeführte Mitteilung von John T. Naaké, welche in verschiedenen Wendungen von allerhand Zeitschriften und Tageszeitungen wiederholt wurde.

Aus den Angaben Adam Jocher's und den von Lukaszewicz beigebrachten urkundlichen Nachrichten folgert nun Stankiewicz (Sindya... I, 20), dass „infolge des Mangels an nötigen Fonds der Druck der Bibel nicht zu Ende geführt, sondern mit dem 40. Psalm unterbrochen worden ist". Stankiewicz hat dem Anschein nach damit das Richtige getroffen, aber es ist doch einzuwenden, dass die bekannten und von ihm beigebrachten Belege zu einer so genauen Fassung der Behauptung nicht berechtigen. Es lässt sich vielmehr gegenwärtig nur sagen, dass von den uns bekannten Bruchstücken der Bibel das umfangreichste mit dem 40. Psalm abschliesst. Ausserdem ist es als eine empfindliche Lücke in den Ausführungen von Stankiewicz zu bezeichnen, dass er bei der Erörterung des Umfangs unseres Bibeldruckes nicht auf eine bis in die neueste Zeit herabreichende Legende eingegangen ist, welche uns glauben machen will, dass der Druck auch Teile des Neuen Testaments, darunter wenigstens das Vater-Unser mit umfasst hat. Darum ist es von besonderem Wert, die in Betracht kommenden Nachrichten näher zu prüfen.

Die älteste mir bekannte einschlägige Angabe ist die Randbemerkung: „Auctor Wilk. n. 35. Conf. Bibl. Litnan. Lond. 1660" bei dem litauischen Vater-Unser in der recht seltenen Ausgabe des Andreas Müller'schen Werkes: „Oratio orationum. 88. orationis dominicae versiones praeter Authenticam feré Centum encq, longé emendatiús quàm antehàc et è probatissimis Auctoribus potius quàm prioribus Collectionibus, Jamq, singulae genuinis Linguae suae characteribus adeóque magnam partem ex aere ad editionem à Barnimô Haglô[3]) traditae, editaeq, à Thoma Ludekenio[3]), Solqv. March. Berolini, Ex Officina Rungiana, Anno 1680."

Vier Jahre nun nach der Herausgabe seines polyglotten Vater-Unsers

---

[1]) Mitteilungen der litauischen litterarischen Gesellschaft. Heidelb. 1880, Bd. I, 28. Leider macht uns Quandt keine Angabe, auf welche Weise er sein Exemplar erworben.
[2]) Vgl. sein verdienstliches Werk: Obraz bibliograficzno-historyczny literatury i nauk w Polsce Tom II, 109—111. Wilno 1842.
[3]) Pseud. für Andreas Müller. Vgl. „Preussische Zehenden Allerhand geistlicher Gaben". Königsberg 1742. Bd. II, 135.

hat Andreas Müller die sog. Chyliński'sche Bibel erworben. Aus dem oben erwähnten handschriftlichen Vermerk auf dem Vorsatzblatt seines Exemplars ist zu ersehen, dass ihm damals nähere Angaben über den Umfang des Druckes nicht zugänglich waren. Er mutmasst nur, dass die Bibel nicht abgeschlossen worden ist, indem er sagt: „coepta qvidem edi, sed non absoluta pono."

Was besagt nun unter solchen Umständen die Randbemerkung Müllers vom Jahre 1680? Zunächst doch nur schlicht und einfach, dass Wilkius[1]) seine Quelle ist, und dann mit Verwertung der vagen Angaben bei Crowaeus[2]) oder anderer vielleicht ihm direkt und mündlich zu teil gewordenen Informationen, dass es einen Londoner litauischen Bibeldruck vom Jahre 1660 giebt. Ganz abzuweisen ist die Annahme, dass Müller aus dem erwähnten Druck etwa das Evangelium Matthaei oder Lucae und darin das Vater-Unser selbst vor Augen gehabt, denn er hätte offenbar in diesem Falle nicht Wilkins als seine Quelle angegeben.[3]) Immerhin bleibt es denkbar, dass Wilkins seinerseits das litauische Vater-Unser dem Samuel Bogusław Chyliński persönlich oder seinem von der litauischen Synode bestellten Ersatzmann Miowid oder sonst irgend einem der in England zu Kollektenzwecken weilenden litauischen Glaubensverwandten verdankt, wie er auch in der seinem polyglotten Vater-Unser vorangeschickten Bemerkung auf die „particular Friends"[4]) hinweist, die ihm bei seiner Zusammenstellung behülflich waren.

Andreas Müller hat nun die von Wilkins ohne Quellenangabe veröffentlichte Formel des litauischen Vater-Unsers in seine 1680 herausgegebene Sammlung buchstäblich[5]) mit ihren Druckfehlern herübergenommen und mit jener irreführenden Randbemerkung versehen. Da die Zusammenstellung Müllers fernerhin als Grundlage für die späteren

1) John Wilkins, An essay Towards a real character, And a philosophical language. London 1668, S. 435—439.
2) Elenchus Scriptorum in sacram Scripturam, Londini 1672, p. 22: „Bibl. S. Lingua Lithuanic. à Samuele Chyliński, Lithuanico, tral. nešado an Edita. Obiit hic in Anglia 1668."
3) Durch Adelungs (Mithridates I, 647) Nachricht, dass sich in der Bibliothek des Marienstifts-Gymnasiums ein mit Papier durchschossenes, von A. Müller eigenhändig mit Anmerkungen und Berichtigungen versehenes Exemplar seiner Oratio orationum von 1680 befinde, wurde ich veranlasst, dasselbe daraufhin zu prüfen, ob die handschriftlichen Nachträge irgendwie verwertbare Aufschlüsse enthalten. Das Ergebnis war jedoch ein rein negatives. Bei der litauischen Formel neben der Aufschrift „Lituanica" fand ich nur die handschriftliche Bemerkung von Müllers Hand: „al. Lettka. NB. Münst. Cosmogr. p. 1121."
4) Wilkins a. a. O. 434. Eine direkte Angabe, woher er die litauische Formel genommen, fehlt bei ihm.
5) Bemerkenswerter Weise fehlt der von Andreas Müller in seinen Abdruck nicht mitherübergenommene Strich über dem n in pagindydama (Wilkins l. c. 439) auch in den späteren Sammlungen des polyglotten Vater-Unser, so unter anderem in der Londoner Ausgabe von 1700, die in der Literatur auch als Sylloge Londinensis bezeichnet wird, — wobei ich mich auf die Genauigkeit des Abdruckes von Morfill (The Academy 39, 370) verlasse — und in deren Augsburger Nachdruck.

polyglotten Vater-Unser gedient hat, so ist es auch erklärlich, dass man seine Quellenangaben wörtlich nachdruckte. — Unter diesen Sammlungen ist die wichtigste die Londoner von 1700, die mir nur in einem undatierten Augsburger Nachdruck[1]) zugänglich war. In derselben ist die litauische Formel in wörtlicher Übereinstimmung mit der in Müllers Sammlung abgedruckt und darunter steht wieder die stereotype Quellenangabe: „Avctor Wilk. u. 35. Conf. Bibl. Litvan. Lond. 1660." Sie bekam nun zu Gesichte William Richard Morfill und er liess sich in einem Augenblick freudiger Überraschung dadurch zu etwas voreiligen Folgerungen verleiten. Auf Grund des uns geläufigen Citats „Conf. Bibl. Litvan. Lond. 1660" glaubte er zunächst einen wichtigen Bestandteil der nach seiner irrtümlichen Meinung damals gänzlich verschollenen Bibel entdeckt zu haben und druckte die seit u. 1668 immer und immer wieder abgedruckte Formel nochmals ab. Sodann hielt er die ihm aufgestossene Randbemerkung für beweiskräftig genug, um darzuthun, dass noch um das Jahr 1700 herum mehr oder minder vollständige Exemplare der sog. Chyliński'schen Bibel vorhanden waren.[2])

Der innere litterarische Zusammenhang unter den einzelnen hier in Betracht kommenden polyglotten Vater-Unser-Sammlungen ist der, dass Müllers Sammlung von 1680 in London im Jahre 1690 nachgedruckt wurde und dass „ein Nachdruck und Nachstich" der letzteren[3]) eben jene Londoner Ausgabe von 1700 ist, welche von Morfill eingesehen wurde.

Die Verwirrung, welche in der litterarischen Überlieferung jene Müller'sche Randbemerkung angestiftet hat, wird aber noch vergrössert durch eine in Adelungs Mithridates (T. II, 709) enthaltene Nachricht, die wegen ihrer Bestimmtheit es vollauf verdient, hier wörtlich mitgeteilt zu werden. Sie lautet: „Die folgende [Vater-Unser-]Formel kommt mit der aus der Londoner Bibel von 1660 bis auf einige Kleinigkeiten überein, nur dass sie keine Doxologie hat, welche ich aus der letzteren hinzugesetzt habe." Dass die Wendung „aus der letzteren" nicht auf die in den polyglotten Vater-Unser-Ausgaben seit Wilkins und Müller wiederholte Formel, sondern nur auf die Bibel selbst bezogen werden kann, ist klar ersichtlich, da in der traditionellen Formel eben die Doxologie fehlt. — Daraufhin hat auch Adalbert Bezzenberger in den „Mitteilungen der litauischen litterarischen Gesellschaft" (I, 28 Anm. 2) sich berechtigt gefühlt, zu der Nachricht Quandts, dass er ein bis in die Psalmen hinein reichendes Exemplar der litauischen Bibel über-

---

1) Oratio dominica πολύγλωττος καὶ πολύμορφος nimirum, Plus centum Lingvis, Versionibus aut Characteribus reddita & expressa, Editio novissima, Speciminibus variis quam priores auctior ... Verlegt von Johann Ulrich Krauses ... Kupferstechern in Augspurg.
2) The Academy, 1891, Vol. 39, 370.
3) Adelungs Mithridates, 1806, T. I, 663; Preussische Zehenden Allerhand geistlicher Gaben. Kgsberg. 1742. Bd. II, 137 mit der irreführenden Bezeichnung des Augsburger Nachdrucks von ca. 1710 als „a Norimbergensibus recusa".

kommen, die Bemerkung hinzuzufügen: „Dass sie nicht nur soweit gedruckt ist, wie man beim vergleich dieser stelle mit der weiter unten folgenden mitteilung Jochers vermuten möchte, lehrt das gleichfalls unten mitgeteilte citat Adelungs."

Schon vor Bezzenberger ist von L. J. Rhesa in seiner „Geschichte der littauischen Bibel, ein Beytrag zur Religionsgeschichte der Nordischen Völker, Königsberg 1816" (S. 23—24, 47, 52) jene Adelung'sche Angabe erwähnt worden, aber die Benutzung derselben erscheint bei dem sonst gewissenhaften Verfasser so ungenau, dass man zu der Ansicht neigen möchte, dieselbe wäre ihm durch Vermittelung zugekommen. Um einer weiteren Verwirrung der Nachrichten vorzubeugen, bin ich genötigt, auch auf diese Einzelheiten einzugehen.

Es ist nicht zu verwundern, wenn sich Rhesa (a. a. O. p. 23) folgendermassen äussert: „Adelung führt in dem zweyten Teil seines Mithridates, herausgegeben von D. Vater, Seite 710, das Vater-Unser in dieser Mundart mit dem Bemerken an, dass er die Doxologie aus der Londoner Bibel vom Jahre 1660 genommen habe." Er bemüht sich aber darauf, entgegen der Vermutung des die litauische Sprache nicht genügend beherrschenden Quandt, dass die Londoner Übersetzung nach dem polnischen Text hergestellt sei, des Näheren zu beweisen, dass ihr vielmehr die Vulgata zu Grunde gelegen habe, und „vergleicht genau"[1]) die Textprobe aus der Londoner Bibel mit der polnischen Bibel von Franz Albert Schulz, Königsberg 1738. Hierbei zieht er seltsamer Weise die sechste Bitte im Vater-Unser: „Ir ne weck mus ink pikta"[2]) pagundima" d. h. „Und führe uns nicht in böse Versuchung" aus der Adelung'schen Formel heran, um darzuthun, dass die Londoner Bibel von dem polnischen Bibeltext abweicht, indem in dieser das Beiwort pikta „böse" fehle.[3])

Adelung bemerkt aber ausdrücklich unmittelbar unter der Überschrift seiner Vater-Unser-Formel, er habe sie entnommen „aus dem unten erwähnten geistlichen Altar", und er giebt dann in der Anmerkung auch den Originaltitel seiner Quelle: „Altorius duchawnas. Wilna 1802", welche als eine katholische Veröffentlichung natürlich keine Doxologie hatte.[4]) Ob aber Adelung den „Geistlichen Altar", den Altorius duchawnas, in Händen gehabt, erscheint wiederum fraglich, da er

---

1) A. a. O. S. 24 Anmerkung.
2) Dieses Wort fehlt bei Wilkins, Müller und in den Nachdrucken. Von den mir zugänglichen Büchern habe ich es nur gefunden in Chr. Hartknoch, Petri de Dusburg .... Chronicon . Accesserunt bis .... Dissertationes XIX antiquitates Prussicas complexae. Jenae 1679. S. 87 innerhalb der Abteilung: Selectae dissertationes historicae do variis rebus Prussicis.
3) Es mag ihn vielleicht dazu die Bemerkung Adelung's, dass die von ihm beigebrachte V.-U.-Formel „mit der aus der Londoner Bibel von 1660 bis auf einige Kleinigkeiten" übereinstimme, verleitet haben.
4) Es liegt die Annahme nahe, dass auch Rhesa den Adelung'schen Mithridates nicht direkt, sondern nur durch irgend welche Vermittelung benutzt hat. So kritisiert er anlässlich einer anderen Formel (S. 47 Anm. a) die Schreibung Karalljes'e bei Adelung a. a. O. II, 707, während dort Karalijste steht.

ihn ausdrücklich in dem „Verzeichnisse" der von Wilnaer Jesuiten gedruckten Bücher aufführt, welches er „dem Prediger Heuulg zu danken[1]) habe". Adelung mochte also die Formel nur abschriftlich erhalten haben. Der Verfasser des Mithridates kommt aber noch selbst auf die Londoner Ausgabe der litauischen Bibel zu sprechen und zwar mit den Worten: „Man hat in diesem Dialekt eine zu London 1660 gedruckte höchstseltene Bibel-Übersetzung, von welcher Quandt in der Vorrede zu seiner Bibelübersetzung einige, Lorek aber in seiner Bibel-Geschichte mehrere Nachricht erteilt. In eben dem Dialekte gaben einige Prediger das N. T. zu Königsberg 1701 heraus, in Hoffnung, dass es für die preussischen Lithauer dienen sollte, welchen es aber unbrauchbar war" (Adelung a. a. O. II, 709 Anmerkung).

Ehe ich weiter gehe, muss ich einige interessante Stücke aus der von Johann Severin Vater verfassten Vorrede (Adelung a. a. O. Bd. II S. X—XI) zu dem von ihm nach Adelung's Tode herausgegebenen und in der Litteratur so vielfach citierten 2. Bande des Mithridates mitteilen. Darnach hat Vater den Band bis S. 167 gedruckt vorgefunden und ausserdem ein druckreifes Manuskript für den Abschnitt über germanische Sprachen bis S. 270. „Aber von S. 270 an — führt der Herausgeber fort — war kein Text von Adelung's Hand vorhanden, sondern Materialien, die ich zusammengestellt habe." Und im ähnlichen Zustande hat er auch für die übrigen Sprachen „mehr oder minder beträchtliche, mehr oder minder brauchbare Materialien auf einzelnen Blättern" vorgefunden. Eine besondere Angabe über den Zustand der handschriftlichen Materialien Adelung's für den uns interessierenden Abschnitt: „Polnisch-Lithauisch oder Schamaitisch" (Bd. II S. 708—710) fehlt in der Vorrede Vaters. Positive Aufklärung dürfte nur die Einsicht in den handschriftlichen Nachlass von Adelung bieten und die Angelegenheit hat dank der bisherigen Forschung mit der Zeit eine Bedeutung erlangt, dass es in der That lohnen würde, sich dieser Mühe zu unterziehen.[2])

Vor der Hand wäre es eine ganz müssige Arbeit, sich in weiteren Mutmassungen über die im Text und in den Anmerkungen bei Adelung berichteten Thatsachen zu ergehen. Ich will nur erwähnen, dass nach meiner Vermutung die Adelung'sche Doxologie etwa aus der Königsberger Bibel von 1701 entlehnt ist.[3])

In Anbetracht dessen, dass die zuverlässigsten Nachrichten, welche in der gedruckten Litteratur über die sog. Chyliński'sche Bibel vorhanden sind, sich bei Lukaszewicz finden, erscheint es angezeigt, den-

---

[1]) Adelung a. a. O. II S. 709—710 Anmerkung.
[2]) Nur ganz beiläufig sei bemerkt, dass sich bei Adelung positive Andeutungen finden, dass ihm der Müller'sche Nachlass der Marienstifts-Bibliothek in Stettin nicht unbekannt war.
[3]) Es mag ihm vielleicht der Prediger Heuolg, welcher ihm nach Ilhesa's Behauptung (a. a. O. S. 47 Anm. a) die der litauischen Bibel von 1735 entnommene Formel mitgeteilt hat (Adelung a. a. O. II, 707), auch diese Doxologie zugeschickt haben.

solben in der Richtung nachzugehen, ob sich für den Umfang der
Drucklegung irgend welche Anhaltepunkte ergeben. Lukaszewicz führt
ein polnisch verfasstes, mit Macearonismen stark versetztes Dekret[1])
der Vilnaer Synode vom J. 1663 an, welches ich hier in Übersetzung
wiedergebe: „Und weil es patet ex relatione des Geistlichen Seniors
von Samogitien, dass sowohl die pars impressa Bibliorum Lithuanicorum,
welche der Geistliche Skrockl[2]) recognoscit und die imprimenda, welche
der Geistliche Senior '(Samuel Tomaszewski?)[3]) magna ex parte, nämlich die psalmos, proverbia, ecclesiasten, canticum Salomonis, Esaiam,
Jeremiam schon revidiert und korrigiert hat, scatet mendis, um dessent-
willen derselbe Geistliche Senior von Samogitien collatis consiliis mit
den Brüdern, welche sich zu dieser Klejdaner Session versammelt
haben, partitis operis mit ihnen das Neue Testament in die litauische
Sprache vertiert hat und diese Arbeit ist bereits abgeschlossen, so
decernimus unanimi consensu, dass, sobald der delegatos[4]) unserer
Kirchen in London ankommt, das Neue Testament gedruckt würde,
praesidente typis fratre Monvidio, bis der Ezechiel, Daniel cum minoribus propheths fertig gestellt wird, und interim temporis adhibebit
curam der Geistliche Superintendent, damit die lamentationes Jeremiae,
Prophetia Ezechielis et minores Prophetae möchten quam correctissime
transferiert und frühzeitig am S. Hartholomaei ad Rn. Du. Legatum
nach England geschickt werden. Die Apokrypha können weggelassen
werden, und überhaupt deklariert die Synode, dass sie nicht gedruckt
werden sollen."

Die weitere hier in Betracht kommende urkundliche Nachricht,
das Dekret der Vilnaer Synode vom J. 1667, in welcher Kraiński
über seine Sendung nach England den durch Zeitumstände verspäteten
Bericht erstattete, erwähnt nichts über den Druck der Bibel und ausserdem erklärt die Vilnaer Synode am 4. Juli 1666, Kraiński hätte verschiedenen Bestimmungen der Synoden nicht Genüge gethan.[5])

Aus diesen Nachrichten ergiebt sich zweierlei, zunächst dass im
Jahre 1663 ein Teil der Bibel dem Priester Skrodzki gedruckt vorgelegen hat und dass der noch zu druckende Teil, die pars impri-

---

1) Dzieje kościołów wyznania helweckiego w Litwe II, 263—264; Gesch.
d. reformirten Kirchen in Lithauen II, 171. Ich habe meine Übersetzung an
diejenige von Lukaszewicz (in der deutschen Ausgabe) möglichst angelehnt.
2) Besser Skrodzki. Er war polnischer und litauischer Prediger in
Königsberg. Geb. 1600, gest. 1683; vgl. Stankiewicz a. a. O. I, 18 Anmerkung.
3) Nach Stankiewicz a. a. O. I, 19 vielmehr Jan Borzymowski, gest. 1671.
Tomaszewski war dagegen bereits 1659 gestorben.
4) Kraiński, Hofprediger des Fürsten Bogusław Radziwiłł, kurfürstlichen
Statthalters in Preussen.
5) Vgl. Lukaszewicz, Dzieje II, 222—223; Geschichte d. reform. Kirchen
II, 143. Diese Sendungen nach England hatten den Hauptzweck, (Geldbeiträge
für die verarmten reformierten Gemeinden Litauern zu sammeln. Mit diesem
Auftrage wurde nach den Synodalakten von 1657 (Lukaszewicz, Dzieje II, 242;
Geschichte ... II, 156—157) Chyliński nach England gesandt und ihm folgte
durch Synodalbeschluss von 1663 Kraiński. Die Drucklegung der Bibel kam
für sie nur in zweiter Linie in Betracht.

mends mit den Psalmen, an irgend einer aber nicht bestimmten Stelle einsetzte, sodann zweitens, dass uns nach Massgabe der bekannten Quellen die Berechtigung abgeht, zu behaupten, der Bibeldruck wäre über die Psalmen hinausgegangen oder hätte gar Teile des Neuen Testaments umfasst.

Ohne späteren Entdeckungen, welche etwa unsere Kenntnis erweitern, durch irgend eine Äusserung vorzugreifen, halte ich es für nötig, bei der argen Verwahrlosung der historischen Überlieferung auf dieses bescheidene und zum Teil negative Ergebnis meiner Arbeit den grössten Nachdruck zu legen. An wissenschaftlichem Massstabe gemessen sind darüber hinausgehende Mutmassungen ohne Bedeutung und stiften weitaus mehr Unheil als Nutzen.

Berlin, Ende August 1894.   Joseph Paczkowski.

Welche Bücher gaben die Leidener Professoren heraus?

Diese Frage beabsichtigt der unternehmende und tüchtige Bibliograph Herr Louis D. Petit, Conservator der Druckschriften der Leidener Universitäts-Bibliothek, in dem Werke: Bibliographische Lijst der Werken van de Leidsche Hoogleeraren van de oprichting der Hoogeschool tot op onze dagen.... Leiden 1894 zu lösen. Nachdem er schon in vielen umfangreichen Bänden in Quarto Tausende holländischer Pamphlete beschrieben hat, welche in der Bibliotheca Thysiana aufbewahrt werden, und andere Erzeugnisse der reichen holländischen Presse gründlich als Nachtrag zu dem grossen Fr. Müllerschen von P. A. Tiele bearbeiteten Kataloge verzeichnet hat, nachdem er ferner den musterhaften Katalog der reichen Bibliothek der Leidener Gesellschaft für niederländische Litteratur in seinen freien Stunden vollendet hat, fing er an Sammlungen anzulegen, die die Frage beantworteten, welche Bücher die Leidener Universitäts-Professoren herausgaben. Wahrlich eine schöne Aufgabe, aber eine kaum lösbare! Denn beinahe täglich sollte er erfahren, dass viele Werke der Gründer dieser Alma Mater kaum aufzutreiben sind, und dass auf der Leidener Bibliothek, wo man Exemplare dieser litterarischen Arbeiten zu finden voraussetzen könnte, sich oft kaum eine Notiz über die verschiedenen Ausgaben vorfindet.

Meursius hatte freilich in seinen Athenae Batavae und dann seine Nachfolger im vorigen und in diesem Jahrhundert vielerlei verzeichnet und nachgetragen, aber eine Bibliographie, wie wir sie heutzutage wünschen und unsere Wissenschaft sie fordert, war nicht vorhanden. Wohl haben einige Leidener Gelehrten, als die Säkularfeier von 1875 herannahte, sich darüber beraten, eine ordentliche Bibliographie der Werke der verstorbenen Professoren als Festschrift zu liefern; aber dazu kam es nicht, und es ist bekanntlich damals nur das wichtige Album der Studierenden der Leidener Universität von 1575—1875 nebst einem alphabetischen Register und einer tabellarischen Liste der

Professoren jeder Fakultät erschienen: ein schöner Band, der reichlich verschenkt wurde und jetzt vergriffen ist.

Seitdem sind beinahe 20 Jahre vorübergegangen, in denen für die Bibliographie ungeheuer viel geleistet worden ist. Nicht bloss sind zahlreiche Kataloge grosser Bibliotheken, systematisch geordnete Verzeichnisse einzelner Wissenschaften erschienen, viele Universitäts-Bibliotheken haben auch ihre Kataloge handschriftlich tüchtig ergänzt. Und was ist nicht in Biographieen und biographischen Sammelwerken geleistet? Die Zeit ist jetzt da, meinte Herr Petit, um mit der Verzeichnung der Werke der Mitglieder Einer Fakultät anzufangen und alles zusammenzustellen, was heutzutage noch von den zahlreichen Büchern der Theologen vorhanden ist, welche bei der protestantischen Grundlage der Stiftung des grossen Vaters des Vaterlandes, Wilhelm von Oranien, besondere Bedeutung hatten.

Herr Petit war nicht damit zufrieden, ein in Leiden geschriebenes, dort oder in einem anderen Lande gedrucktes Buch, das er irgendwo erwähnt fand, aufzuzeichnen, er wollte es selbst sehen und gewissenhaft beschreiben. Wie schon gesagt, lieferte hierzu aber die Leidener Bibliothek nur sehr wenig Material. Denn von Anfang an war von James Douze und den nachfolgenden Bibliothekaren nicht dafür gesorgt worden, dass von den Schriften der zeitgenössischen Autoren ein Exemplar aufbewahrt und zur Benutzung gestellt wurde. Ältere Ausgaben konnten weggeworfen werden, wenn eine neuere erschienen und in die Bibliothek eingereiht war; und gar keine Wichtigkeit schien damals eine Übersetzung eines lateinischen Opus eines Professors zu haben. Die Leidener Universität, von den Staaten der Provinz Holland unterhalten, sollte auch statutengemäss ein Exemplar jedes Buches bekommen, dessen Ausgabe in den Niederlanden für 10 oder mehrere Jahre durch ein Privilegium der Staaten geschützt war. Aber diese Bestimmung ist kaum gehandhabt worden; sehr wenige Bücher sind auf diese Weise als Pflichtexemplare in die Leidener Bibliothek gekommen. Der Herr Verfasser musste also bei seinen Vorarbeiten einen ganz anderen Weg einschlagen, um das nötige Material herbeizuschaffen. Er wendete sich an die verschiedenen ausländischen Bibliotheken, namentlich an die deutschen Universitäts-Bibliotheken, und erfuhr nun, wie die liberalen Principien, nach denen die Leidener Universitäts-Bibliothek verwaltet wird, dankbar anerkannt wurden. Auf seine zahlreichen Anfragen erhielt Herr Petit von den Kollegen freundliche Antworten und Zusendungen, so dass manches bisher ganz Unbekannte oder schlecht Verzeichnete zu seiner Kenntnis und Ansicht kam. Denn in den deutschen Bibliotheken fanden sich zahlreiche Werke der Lehrer der Leidener Hochschule in Originalausgaben, ein Beweis, welches Ansehens sich dieselben von Anfang an zu erfreuen gehabt hatten, und infolge dessen auch Nachdrucke und Übersetzungen. Hierüber berichtet Herr Petit dankbar in seinem Vorworte, in dem er auch die Resultate seiner bibliographischen Arbeit zusammenfasst, für die ihm die Nachwelt stets dankbar sein wird.

Die bis jetzt allein vorliegende „eerste aflevering" enthält eine wirkliche Bibliographie der Werke der theologischen Lehrer der Leidener Hochschule von 1575—1619. Herr Petit nennt seine Arbeit jedoch als Ganzes eine „bibliographische Liste der Werke der Lehrer der Leidener Hochschule von deren Anfang bis auf unsere Tage". Wenn nun das Verzeichnis der Arbeiten der Mitglieder einer Fakultät für die Jahre 1575 bis 1620 schon 224 Seiten füllt, so kann man sich denken, welche riesigen Proportionen das Werk des Herrn Petit annehmen muss. Mancher hat schon die Zahl der Bände desselben auszurechnen versucht. Die richtige Zahl wird sich jedoch erst nach Abschluss desselben feststellen lassen. Aber wird bei allem Eifer und Fleiss des Herrn Verfassers jemals dieses Werk für alle fünf Fakultäten abgeschlossen werden und werden die Werke der grossen Philologen, Orientalisten, Juristen und Naturforscher eine Stelle finden können? Hoffen wir es. Und was Herr Petit nicht leisten kann, werden andere vollenden.

Denn, und das soll auch hier hervorgehoben werden, die riesigen Auslagen für die Korrespondenz und die Sendungen werden teilweise wenigstens mit Hülfe des Universitäts-Fonds gedeckt, „eine junge, doch gut begründete Stiftung von alten und jungen Leidener Universitätsfreunden". Wir wünschen der Universität also von Herzen Glück zu solch einem Bibliotheksconservator und einem solchen Verleger, welche diese Bibliographie so tüchtig angefasst und so gut ausgestattet haben. Wäre es möglich gewesen, dass die Regierung die Ausgaben des Unternehmens deckte, so würden die Exemplare natürlich mit Freuden verschenkt werden. Aber dazu fehlen in Holland, das nur von den Nachbarn als ein steinreiches Land angesehen wird, die Mittel. Man kann zufrieden sein, dass auf dem eingeschlagenen Wege das Andenken der lang verstorbenen Leidener Professoren durch die schöne Liste der Titel ihrer Arbeiten geehrt wird und der Einfluss, den die zahlreichen grossen Gelehrten der Hochschule auf die Mit- und Nachwelt ausgeübt haben, auch durch die Wiedergabe der Titel aller ihrer Werke in den Originalausgaben wie in Nachdrucken und Übersetzungen wieder zur Erscheinung gebracht wird. Dies Werk wird aber nicht nur für die Hochschule von Leiden von Wert sein. Die bibliographischen Studien werden durch dasselbe ganz allgemein gefördert, da es alle seine Vorgänger weit übertrifft und selbst bibliographische Monographieen über die Schriften Leidener Professoren durch grössere Vollständigkeit überragt.

Zum Beweise hiervon kann gesagt werden, dass Petit bedeutend mehr Schriften vom Lambertus Danaeus auftrieb, als der fleissige Pastor P. de Félice in der gelehrten Biographie dieses Vielschreibers erwähnte; dass er von Caspar Coolhaes, dessen Bibliographie früher vom Herrn Dr. H. C. Rogge zusammengetragen war, viele unbekannte Schriften und Ausgaben fand; dass er viele Nachträge lieferte für die reichhaltige Bibliographie, die der Licentiatus Theologiae Pastor Cuno von den Schriften des Franciscus Junius entworfen hat. Wenn drei

Welche Bücher gaben die Leidener Professoren heraus?

solche unermüdliche Bibliographen durch wichtige Nachträge überholt sind, darf man wohl die Ausdauer und den Fleiss unseres Autors loben und weiter folgern, dass auch die anderen Bibliographieen alles bisher Gebotene übertreffen. Das ergiebt auch die folgende Tabelle, aus der die einzelnen Schriften der von Herrn Petit verzeichneten Werke und Ausgaben hervorgehen:

Name	Seiten	Schriften	Auflagen
Caspar Coolhaes	füllt 9 Seiten mit	31 Schriften und	6 Aufl.
Lud. Capellus	„ — „	„ 1 „	„ — „
Gulih. Feuguereaus	„ 2 „	„ 6 „	„ 4 „
Hub. Stormius	„ — „	„ 5 „	„ 1 „
Lamb. Danean (Danaeus)	„ 19 „	„ 69 „	„ 85 „
Adr. Saravia	„ 2 „	„ 5 „	„ 8 „
Car. Gallus	„ 1 „	„ 3 „	„ 1 „
Luc. Trelcatius	„ — „	„ 3 „	„ — „
Franc. Junius	„ 29 „	„ 76 „	„ 104 „
Franc. Gomarus	„ 7 „	„ 21 „	„ 12 „
Jac. Arminius	„ 10 „	„ 23 „	„ 12 „
Lue. Trelcatius Jr.	„ 3 „	„ 7 „	„ 9 „
Conr. Vorstius	„ 15 „	„ 41 „	„ 40 „
Joh. Polyander à Kerckhoven	„ 11 „	„ 34 „	„ 13 „
Simon Episcopius	„ 15 „	„ 44 „	„ 29 „

Wo so viel zu verzeichnen ist, lohnt es sich, die Titel genau abzudrucken und mit kurzen, sehr nützlichen Noten zu begleiten. Und ich verzeichnete hierbei noch nicht, wie viele Schriften der Leidener Professoren ins Holländische und Englische, ins Französische und das Deutsche übersetzt sind, und selbst bis in neuere Zeiten herab. Wie viel übrigens unsere Vorfahren Bücher lasen und kauften, kann man daraus sehen, dass 12 Ausgaben des Büchleins des Daneau de Veneficis und 46 Auflagen der Bibelübersetzung des Junius erschienen sind. Die Scholastica S. Theologiae Institutio ist in London, Oxford, Genf, Frankfurt und Hanau erschienen, und in englischer Sprache noch einmal zu London. Bemerkenswert ist ebenso eine in Madrid und eine zu Venedig erschienene Ausgabe von Vossii Rhetorices contractae libri V, und daneben 36 noch andere, wie auch die 22 editiones von dessen Elementa rhetorica, hierunter 2 niederländische und 2 schwedische; dessen Grammatica Latina erschien 84 mal. Mit Recht nennt der Verfasser seine Arbeit einen überraschenden Entdeckungszug.

Nachdem er nun alle Ausgaben von überall her zusammengebracht hatte, wollte er den Gelehrten auch angeben, in welcher Bibliothek diese seltenen Bücher bewahrt werden. Da leider viele und sehr grosse Bibliotheken nicht ausleihen dürfen, nennt der Leidener Conservator deshalb bei der Angabe seiner Fundstätten zuerst die liberale Leidener Bibliothek oder eine andere holländische, dann die von Gent, darauf eine deutsche und dann erst das Britische Museum, die Pariser Bibliotheken u. s. w.

Durch das Verzeichnis des Herrn Petit tritt also zunächst deutlich hervor, was die Leidener Professoren als Autoren leisteten. Als

Lehrer leisteten sie aber noch mehr; sie leiteten jede 2 Wochen eine Disputation, eine Thesium defensio ihrer Schüler. Diese Thesen wurden in Plakatform gedruckt und an der Universitätsthüre befestigt, wie ja das auch aus Luthers Geschichte uns bekannt ist; solche Anschlagsplakate sind noch erhalten, die Mehrzahl derselben ist in 4° zusammengefaltet. Die Dedikationen vieler fleissigen, gläubigen, aber armen Studiosen der Theologie sind öfters interessant. Die Thesensteller dankten durch sie ihren Maecenaten, die einen Teil der Kosten für ihr Studium getragen hatten. Dazu kommt, dass Professoren die Gewohnheit hatten, die dogmatischen und philosophischen Zeit- und Streitfragen in diesen Thesen behandeln zu lassen. So sind diese zahlreich erhaltenen Thesen für die ganze Entwicklung gewisser dogmatischer Fragen, welche die holländische Kirche fürchterlich beunruhigt haben, und die die Pastoren, in sie von früher Jugend eingeführt, mit so grosser Schärfe und traurigem Eifer verhandelt haben, dass sie die Liebe und den Frieden aus der Kirche trieben, sehr wichtig. In den Opera omnia, die kurz nach dem Tode der Autoren erschienen, gaben die Herausgeber öfters diese von den Studenten verteidigten Thesen schon heraus. Der Pastor Cuno führte deshalb auch die erste Ausgabe dieser Thesen in seiner grossartigen Juniusbibliographie an. Der Herr Petit folgt diesem gewissenhaften Führer und zeigt mit wenigen Worten die Wichtigkeit aller dieser Titel an, weil ein Theologus daraus zahlreiche dogmatische und geschichtliche Fragen aufklären kann. Auch diese Thesen sind ganz zweckmässig von unserem Autor verzeichnet und erst jetzt dem kirchenhistorischen Studium zugänglich gemacht.

Da von Anfang der Reformation an ein Mangel an Pastoren sich fühlbar machte, war in Leiden ein Collegium Theologicum von den Staaten der Provinz Holland und Westfriesland und später ein ähnliches für die wallonischen Theologen, d. h. die französisch redenden Belgier mit wallonischen Mitteln errichtet, in dem dürftige, aber tüchtige theologische Alumni unter Führung eines Regens ausgebildet worden. Von diesen Regenten sind einige nicht einfache Lehrer geblieben, sondern sogar verdienstliche Professoren geworden. Herr Petit hat auch daran gedacht, eine Bibliographie der 6 Regenten und Subregenten des Collegium Theologicum Belgicum und des erwähnten Gallo-Belgicum zu bearbeiten, welche in dieser Periode in Leiden thätig waren. Ihre Bibliographie füllt 50 Seiten und bildet einen stattlichen Anhang.

Von Joh. Kuchlinus und Jeremias Bastingius sind nur je 5 Titel zu lesen, von Petrus Bertius dagegen 40, und darunter 12 späte Ausgaben, ferner 25 Auflagen seines Brevarium totius orbis terrarum, wie die erste Arbeit dieses Kosmographen heisst; die Tabularum geographicarum contractarum libri IV sind 12 mal von neuem bearbeitet vom berühmten Kartographen Jan Janszoon, wie er auch für die Herrn Blaeu in Amsterdam viel gearbeitet hat. Noch wichtiger für die Bibliographie ist freilich die Liste der 52 Opera mit 140 Ausgaben des Gerardus Johannis Vossius und der 107 Opera mit 60 Ausgaben des Casparus Barlaeus, welche erst Regenten des Collegii waren und später in Amsterdam sehr berühmte Professoren wurden. Der letztere ist obendrein als lateinischer Dichter weltbekannt, jener als Praeceptor fast der ganzen niederländischen Juventus, denn die Grammatica Latina des Vossius war noch in diesem Jahrhundert herrschend. Im Jahre 1834 ist das Schulbuch zum letzten mal erschienen.

Wenn ich nun zum Schlusse noch erwähne, dass Herr Petit auch die Briefsammlungen dieser Gelehrten genau verzeichnet hat, dass er die Absicht hat, alle Ausgaben der griechischen und lateinischen Schriftsteller von Leidener Professoren mit Varianten der Leidener Codices in seine grossartige Bibliographie einzureihen, so wird man von dem riesenhaften Umfange dieser gerade durch ihre Vollständigkeit verdienstvollen Arbeit des ausgezeichneten Conservators eine Ahnung haben, einer Arbeit, welche auf jeder Universitäts-Bibliothek durch Inhalt und Form einen ehrenvollen Platz einnehmen wird.

Ich kann nicht enden, ohne dass auch ich noch einmal für die freundliche Mitwirkung zahlreicher Bibliothekare an dieser Arbeit ein herzliches Dankwort ausgesprochen habe.

Leiden.   Dr. W. N. du Rieu
                                      Universitäts-Bibliothekar.

Recensionen und Anzeigen.

Bibliotheca historico-militaris. Systematische Uebersicht der Erscheinungen aller Sprachen auf dem Gebiete der Kriege und Kriegswissenschaft seit Erfindung der Buchdruckerkunst bis zum Schluss des Jahres 1880. Von Dr. Joh. Pohler. Band III Heft 4 und 5. Cassel 1894, 1895. Ferd. Kessler's Verlag. S. 441—773. I—VI. 12 Mk.

Die vorliegenden beiden Lieferungen bringen das in dieser Zeitschrift bereits mehrfach (siehe Bd. 4 S. 405, Bd. 5 S. 371, Bd. 6 S. 222, Bd. 11 S. 133) angezeigte grosse Werk Pohlers zum Abschluss. Sie enthalten die drei Hauptabschnitte: Geschichte der Heereseinrichtungen, Geschichte der Kriegskunst, Marine. Auch in diesen Schlussabteilungen ist ein ungemein reicher Stoff verzeichnet worden; so finden wir im vorletzten Kapitel ausser der eigentlichen Kriegstheorie auch die Geschichte der Landesverteidigung, der Waffen, des Festungskrieges, der Ritterorden, des Kriegsrechtes u. s. w. Ist man zunächst geneigt, anzunehmen, dass die hier behandelten Sachen, weil mehr in das theoretische Gebiet schlagend, dem Interesse des Historikers ferner liegen, so überzeugt man sich beim Durchblättern bald eines besseren: insbesondere in den umfangreichen Abschnitten über das Heerwesen (S. 413—527) und die Marine (S. 747—772) der einzelnen Länder findet man eine Fülle auch historisch wichtiger Litteratur, und zwar gerade solche, die sich sonst leicht der Aufmerksamkeit entzieht. Dabei verdient ganz specielle Anerkennung, dass überall auch die ausserdeutsche zum teil ziemlich entlegene Litteratur in ausserordentlich grossem Maassstabe angeführt ist. Auch in diesen Schlusslieferungen treffen wir die beiden Hauptvorzüge des ganzen Werkes wieder: die klare durchsichtige Anordnung und die relativ erschöpfende Vollständigkeit. Dass gerade in diesen Abschnitten manchmal absichtlich davon abgesehen werden musste, die gesamte gedruckte Litteratur anzuführen, lag in der Natur des Stoffes: so verdient es beispielsweise meines Erachtens nur Billigung, dass nicht alle Broschüren, die die preussische Heeresreform der sechziger Jahre betreffen, sondern nur die wichtigsten derselben aufgenommen sind. Je mehr mit Recht bei der eigentlichen Kriegsgeschichte das Streben des Verfassers auf wirklich annähernde absolute Vollständigkeit gerichtet war, um so eher durfte er sich bei solchen Aussenpartieen, die von dem Hauptzweck der Bibliographie weiter ab lagen, mit einer Auswahl begnügen: wirklich wichtiges ist, soviel ich sehe, auch an diesen Stellen nirgends übergangen.

Man kann den Verfasser zum Abschluss seiner mühevollen Arbeit nur aufs wärmste beglückwünschen: sie bedeutet sowohl der Anlage wie der Ausführung nach eine ungemein wertvolle Bereicherung unserer bibliographischen Litteratur. Der Umfang des Ganzen ist ein grösserer geworden, als wohl ursprünglich der Verfasser selbst gedacht hat; sind doch die nun fertigen drei Bände zusammen über 2200 Seiten stark. Bei dieser grossen Ausdehnung des Werkes wird, trotz der guten Disposition, das hier aufgespeicherte ungeheure Material in vollem Masse doch erst zur Benutzung und zum Nachschlagen zugänglich gemacht, wenn ein alphabetisches Sach- und Autorenregister das Auffinden des Gesuchten erleichtert: es sei daher dem Wunsche Ausdruck gegeben, dass der Verfasser seinem mit entsagungsvoller Ausdauer aufgeführten Bau auch noch die krönende Spitze aufsetzt, indem er das in der Vorrede zum ersten Bande gegebene Versprechen einlöst, dem Werk auch „ein genaues Autorenregister" — und, setzt Referent hinzu, Sachregister — beizufügen. Walther Schultze.

Die Wiener Genesis. Herausgegeben von Wilhelm Ritter von Hartel und Franz Wickhoff. Beilage zum XV. und XVI. Bande des Jahrbuches der kunsthistorischen Sammlungen des Allerhöchsten Kaiserhauses. Prag, Wien, Leipzig, 1895. fol. (2 Bl., 171 S., 6 Tafeln, 52 Tafeln, 20 Textillustr.)

Die Bedeutung der Wiener Genesis-Handschrift liegt in erster Linie nach der kunsthistorischen Seite. Sie ist 'die älteste christliche Handschrift, die mit einer fortlaufenden Reihe von Bildern geschmückt ist', und seit Lambecius (1670) wurde mehrmals durch Reproduktionen die Aufmerksamkeit auf sie gelenkt. Die vorliegende neue Ausgabe sucht der Handschrift nach jeder Richtung hin gerecht zu werden. Sie bietet eine vollständige Reproduktion der Handschrift, eine Transskription des Textes, eine kritische Würdigung desselben und der Bilder und sucht namentlich auch die letzteren in die Entwicklungsreihe der Malerkunst durch Betrachtung der antiken Vorstufen gehörig einzugliedern. Die beiden Herausgeber haben sich in der Art in die Aufgabe geteilt, dass Hartel die eigentliche paläographische Bearbeitung des griechischen Textes übernommen hat und Wickhoff die Geschichte des Stiles der Genesisbilder und diese selbst behandelt. Die mit Silberschrift auf Purpurpergament hergestellte Handschrift dürfte nicht lange vor 1670 — vielleicht bei Erwerbung der Fugger'schen Sammlung — aus Italien nach Wien in die Hofbibliothek gelangt sein. Sie besteht aus 24 Blättern, denen noch zwei Blätter, die Teile des Lucas-Evangeliums enthalten, angefügt sind, sie hatte aber, wie Hartel aus der Art der vorhandenen Lücken dargethan hat, ursprünglich gewiss einen Umfang von mindestens 15 Bionen (S. 131). Bereits Lambecius hat die Handschrift dem 4. Jhdt. zugewiesen. Im Texte der vorliegenden Ausgabe sind durch sorgfältiges Untersuchen manche bessere Lesungen hergestellt worden. Den Stil der Textbilder hat Wickhoff eingehend charakterisiert und so die Bedeutung der Handschrift für die Stilgeschichte beim Übergange von der antiken zur mittelalterlichen Kunst insbesondere für die sogenannte kontinuierende Darstellungsart klargelegt.

Graz. F. Eichler.

The Manchester Museum Owens College. Museum Handbooks. A Catalogue of the Books and Pamphlets in the Library arranged according to Subjects and Authors by William E. Hoyle. Manchester 1895. 8°. XVI, 302.

Den Grundstock der in Rede stehenden Bibliothek bildet die Büchersammlung der Manchester Natural History Society, die diese nebst ihren übrigen Sammlungen dem Owens College abtrat. Wesentlich vermehrt wurde sie durch ein Legat von 500 £ des Sir Joseph Whitworth und durch zahlreiche andere Geschenke von Privatleuten und gelehrten Gesellschaften. Der Druck des Katalogs wurde dadurch ermöglicht, dass einige Freunde der Wissenschaften den grössten Teil der Kosten trugen. Es ist das wieder ein neues Beispiel der Freigebigkeit der Engländer und Amerikaner ihren Bibliotheken gegenüber. Bei uns dagegen schenkt man höchstens einige alte Bücher, die einem zur Last sind und für die man keinen nennenswerten antiquarischen Preis mehr zu erzielen hoffen darf.

Das hübsch ausgestattete Buch bringt auf S. IX—XV die Übersicht der systematischen Einteilung, S. 1—230 den eigentlichen, nach diesem Schema gegliederten Katalog, S. 231—292 ein alphabetisches Autorenverzeichnis und S. 293—302 ein ebenfalls alphabetisches Sachregister, so dass man sich mit Leichtigkeit zurecht finden kann und Antwort auf alle Fragen erhält, die man an einen solchen Katalog zu stellen berechtigt ist. Die systematische Gliederung schliesst sich streng an Melvill Dewey's Decimal Classification an. Da nun aber die Bibliothek einen vorwiegend naturwissenschaftlichen Charakter trägt, so mussten einige der 10 Klassen ganz ausfallen (1 Philosophie, 2 Religionswissenschaft, 3 Sociologie, 6 Litteratur), während andere nur spärlich vertreten sind (4 Philologie, 7 Schöne Künste). Innerhalb der systematischen Abteilungen sind die Bücher chronologisch geordnet. Die Titel der Bücher sind mit aller wünschenswerten Ausführlichkeit gegeben, wenn auch auf streng bibliographische Genauigkeit mit Recht verzichtet ist. Besonders hat es sich der Verfasser angelegen sein lassen, dem Leser eine möglichst genaue Vorstellung von dem Umfange eines jeden Werkes zu geben. Zu diesem Zwecke fügt er zu den üblichen Angaben über Format, Bände- und Seitenzahl noch Andeutungen über die Höhe eines jeden Buches, und zwar bedeutet T eine Höhe von 12,5—15 cm, S 15—17,5, D 17,5—20, O 20—25, Q 25—30, F über 30. Ausserordentlich zusammengesetzt und daher wohl nicht sehr praktisch sind die Signaturen, deren jedes Werk zwei hat. Erstens die Klassennummer z. B. 568,13. Hier bedeutet 500,00 Naturwissenschaften

60,00 Palaeontologie
8,00 Reptilien und Vögel
0,10 Reptilien
0,03 Schildkröten.

Dazu kommt die individuelle Signatur jedes Werkes bestehend aus der Chiffre für den Namen des Verfassers nach Cutter's Decimal Author Table, wonach z. B. W 87 den Namen Woodward bedeutet. Davor treten dann noch Angaben über die äussere Beschaffenheit des Buches, p. (Pamphlet) bedeutet eine ungebundene Flugschrift, während gebundene Bücher unbezeichnet bleiben; q ist gleich Quarto, f gleich Folio, Octavo bleibt unbezeichnet. So kommt man zu Signaturen wie: 568, 13 p W 87 oder 507,007 f p W 88 und ähnlichen, die doch wohl alles eher als bequem sind und zu Irrtümern reichlich Veranlassung geben müssen. O. G.

Mitteilungen aus und über Bibliotheken.

Die Universitäts-Bibliothek in Freiburg i. B. soll einen Neubau erhalten. Nachdem derselbe noch vor kurzem (Akadem. Revue Jg. I S. 482) durch Schwierigkeiten in der Platzfrage eine unerwartete Verzögerung erfahren, bessern sich jetzt die Aussichten für baldige Inangriffnahme. Die städtische Verwaltung scheint den dafür in Aussicht genommenen Platz zum Selbstkostenpreis von 176000 M. an das Ministerium abgeben zu wollen (Akad. Revue 1895 S. 545).

Für die Universitäts-Bibliothek in Graz, deren bisherige Amts- und Aufstellungs-Räumlichkeiten nach derselben Revue S. 494 „in einem geradezu unbeschreiblichen Zustande" sein sollen, ist ein eigenes kleines Gebäude, hinter dem neuen Hauptgebäude der Universität, errichtet worden, das mit dem Beginn des Studienjahres 1895/96 bezogen werden wird. W.

Die Festschrift zur Feier der Schlusssteinlegung des neuen Hauptgebäudes der Grazer Universität am 4. Juni des Jahres 1895 (Graz 1895) berührt auch verschiedene Verhältnisse der Grazer Universitäts-Bibliothek (S. 90—91, 125, 163—164, 166—167, 176—177). Die Tafeln enthalten auch den Plan des neuen Bibliotheksgebäudes, das noch in diesem Jahre bezogen werden wird.
F. E.

Die steiermärkische Landesbibliothek in Graz hat ein Verzeichnis von Inkunabeln und Cimelien veröffentlicht (Graz 1895, 24 S. 8°). Der Anlass hierzu war, wie die Vorbemerkung besagt, ein Anderer, das Verzeichnis soll 'als Führer bei der Besichtigung der Schaukasten' dienen.
F. E.

Eine bisher gänzlich unbeachtet gebliebene Handschrift des Valerius Maximus und des L. Annaeus Seneca (de clementia, epistolae, de remediis fortuitorum, de moribus) im Besitze der Kirchenbibliothek zu St. Marien in Uizen beschreibt Rudolf Mücke im Jahresbericht der Klosterschule zu Ilfeld 1894/95. Unter den Schlussworten des Valerius heisst es in der Handschrift: et sic est finis valerii maximi. Qui lectus est in constancia ciuitate. Tempore generalis concilii per dominum benedictum de pileo poetam laureatum. Anno videlicet domini 1418. Die Überlieferung des Textes ist für Valerius, nach der Ansicht Mückes, ohne besonderen Wert, bei der Feststellung des Textes zu Senecas Briefen aber, meint er, verlangt die Uizener Handschrift sorgfältige Berücksichtigung. Der Codex enthält auch ein Gedicht, eine „Ekloga", des Benedictus de pilleo oder pileo.
W.

Die pädagogische Centralbibliothek der Comenius-Stiftung in Leipzig umfasst zur Zeit gegen 72000 Programme, Broschüren und Bände. Etwa 4 bis 5000 Bände befinden sich immer im Umlauf. Seit den achtziger Jahren ist man mit der vollständigen Katalogisierung der Bibliothek beschäftigt. Ende der achtziger Jahre erschien die erste Auflage dieses Kataloges, seit 1892 ist die bedeutend vermehrte 2. Auflage im Erscheinen begriffen. Die ziemlich kostspielige Herausgabe eines Kataloges (in der jetzigen Auflage stecken ungefähr 4000 Mk. Kapitalanlage) hat den Zweck, den Lesern in der pädagogischen Welt ein Mittel in die Hand zu geben, wodurch sie sich rasch darüber orientieren können, was in der Bibliothek zu finden ist. Statt aber von diesem Mittel Gebrauch zu machen, zieht es die weit grössere Hälfte der Leser vor, der Verwaltung einfach das Thema zu nennen, über welches als litterarisches Material wünscht, dieser also ausser der Expedierung auch noch die oft sehr schwer nach Wunsch zu treffende Auswahl geeigneter Werke aufzugeben. Aus naheliegenden Gründen (Mangel an Zeit, ferner wegen des nicht unbedingt nötig machenden Verkaufs des Katalogvorrates — 10 Pfg. pro Bogen, von denen bis jetzt 16 erschienen) sieht sich die Verwaltung zu der Erklärung genötigt: Bücherbestellungen nach blosser Themenangabe künftig nur insoweit berücksichtigen zu können, als letztere in die noch nicht veröffentlichten Abteilungen des Kataloges einschlagen. Es wird die Erwartung ausgesprochen, dass alle anderweiten Bestellungen nur unter genauer Bezeichnung nach der zweiten Auflage des gedruckten Kataloges erfolgen.
K.

Unsere Hs. Nr. 508 ist in dem alten Verzeichnis beschrieben: conciones lectu difficillimae. Sie enthält Predigten und Traktate. Unter letzteren fand ich einen weiteren Vertreter der kleineren lumen animae. Vgl. Mitteilungen aus der Stadtbibliothek Trier, C. f. B. IX S. 249 ff. Mit dem Texte der dort beschriebenen Hs. steht derjenige der vorliegenden in keinem verwandtschaftlichen Verhältnis, obschon das Opus identisch ist. Der ganze Codex stammt aus Eberhardsklausen. Unsere Hs. scheint ein Geschenk an den 1456 gegr.

Konvent zu sein. Sie trägt die Schlussschrift: Scr. a. d. 1447 per dominum Nycolaum, plebanum in Cella pro tempore.
Trier, Stadtbibliothek. Dr. Keuffer.

Zur Geschichte der (neuen) Münsterschen Dombibliothek liefert H. Detmer aus dem Staatsarchiv in Münster wertvolle Beiträge in der Westdeutschen Zeitschrift für Geschichte und Kunst Jg. 14 (1895) S. 203—29. Die alte Dombibliothek wurde zum Teil durch eine Feuersbrunst im Jahre 1527 zerstört, ihr Rest 1534 durch die Wiedertäufer systematisch vernichtet. Detmer weist an der Hand der im Staatsarchiv aufbewahrten Testamente nach, wie allmählich im 16. und 17. Jahrhundert durch Schenkungen eine neue Dombibliothek entstanden ist. Für die Geschichte der Bibliothek im 17. und besonders im 18. Jahrhundert ist eine im Staatsarchiv befindliche Handschrift mit dem Titel: Copiarium litterarum originalium bibliothecae cathedralis ecclesiae Monasteriensis, a reverendissimo etc. Godefrido a Raesfeldt eiusdem ecclesiae decano, aliisque piae memoriae benefactoribus fundatae et instructae, anno 1709 conscriptum von grösster Bedeutung. Die Handschrift enthält aber auch Nomina Bibliothecariorum von Bernardus Büren († 1638) bis J. A. Zumbuschen (1800), Verzeichnis von Zinsenrestanten, von Donatores und von angekauften Büchern. W.

Über die Geschichte der Bibliothek des Klosters Michelsberg bei Bamberg handelt sehr eingehend Prof. Harry Breslau in dem 21. Bde. des Neuen Archivs der Gesellsch. f. ältere deutsche Geschichtskunde S. 141—198.

In den Analecta Bollandiana T. 14 (1895) S. 241 ff. beginnt man mit einem Catalogus codicum hagiographicorum qui Vindobonae asservantur in Bibliotheca privata serenissimi Caesaris Austriaci (Familien-Fideikommiss-Bibliothek). Unter den in Betracht kommenden Handschriften zeichnen sich besonders die neun Bände aus, die Johannes Gielemans († 1487) selbst niederschrieb. Sie sind mit anderen Handschriften belgischen Ursprungs, durch Beydaels de Zittaert, den Vorsteher der „Chambre héraldique", im Kriegsjahre 1794 von Brüssel mitgenommen und nach langem Streit 1809 von ihm dem österreichischen Kaiser zum Geschenk gemacht. Zwei Verzeichnisse der von ihm solchergestalt geschenkten Handschriften sind a. a. O. abgedruckt. W.

Nach dem Monatsblatt des Altertums-Vereines zu Wien Jg. 12 (1895) S. 203 hat die kaiserliche Fideikommiss-Bibliothek in Wien kürzlich eine wertvolle Acquisition mit einem Gebetbuch gemacht, das einstmals dem Erzherzog Ernst, Sohn Kaiser Maximilians II., gehörte, und das er als Statthalter der Niederlande 1594—95 in Gebrauch hatte. Am Sterbeorte des Erzherzogs, in Brüssel, befand es sich bislang im Privatbesitz. Es hat den Titel: Praecationes Christianae Selectiores & devotae in usum quotidianum accomodatae, per Serenissim. Principem ac Dominum Dñm Ernestum Archiducem Austriae etc. Anno Domini M. D. L. XXXIX. Es ist 67 mm hoch, 62 mm breit, auf Pergament schön geschrieben und mit gemalten Umrahmungen im Stile der niederländischen Renaissance auf allen Seiten reich ausgestattet. Künstlerischen Wert besitzen zwölf vollseitige Federzeichnungen in Tusche, die die Technik und den Stil von Goltzius und verwandten Meistern ausgezeichnet nachahmen. Der Inhalt besteht aus den gewöhnlichen Horen mit den Psalmen; der Einband ist modern. W.

Dasselbe Monatsblatt Jg. 12 (1895) berichtet kurz S. 213 f. über Fresko-Gemälde, Stuckarbeiten und Bücherschränke in der ehemaligen Bibliothek des Chorherrenstiftes in St. Pölten. W.

Als Anhang zur Mai-Nummer des Bulletin mensuel der Bibliothèque nationale zu Paris ist eine Probe von deren Catalogue général des livres imprimés, dessen Drucklegung bekanntlich beschlossen ist, veröffentlicht. Dieselbe giebt uns ein Bild von dem bedeutsamen Unternehmen der Pariser Bibliothek, dessen baldige Verwirklichung nur sehr zu wünschen ist. Der mitgeteilte Abschnitt bringt den Artikel „Aristote" und verzeichnet auf 48 S. 741 Ausgaben und Übersetzungen von Werken des griechischen Philosophen. Die Anordnung ist derartig, dass zuerst die gesamten Werke, dann alphabetisch nach den lateinischen Titeln die einzelnen Bücher aufgeführt werden und zwar in der Weise, dass an erster Stelle die Ausgaben im Urtext kommen, darauf die lateinischen, französischen und anderssprachigen Übersetzungen folgen. Innerhalb der Unterabschnitte ist die Anordnung die chronologische. III.

Im Bulletin der Société archéologique et historique du Limousin hat Herr Léopold Delisle den 1730 veröffentlichten Katalog der mittelalterlichen Handschriften-Sammlung der Abtei Saint Martial zu Limoges wieder abdrucken lassen und mit einer trefflichen Einleitung versehen. Im 18. Jahrh. wurde diese wichtige Sammlung für die Pariser Bibliothek erworben. III.

Eine Gutenberg'sche 42zeilige Bibel ist in der Sammlung Dobrée zu Nantes aufgetaucht, einer Sammlung von Handschriften und Drucken, die der Besitzer dem Département der Loire-Inférieure geschenkt hat, das dieselben nach seinem Tode in einem Musée Dobrée in Nantes vereinigen wird (Bibliothèque de l'École des Chartes LVI S. 431).

Dem Jahresbericht der Königlichen Bibliothek zu Stockholm (Kongl. biblioteket handlingar. 17. Årsberättelse för år 1894. Svenska historiska planscher. 8. (1867—) 1689—1718. Stockholm 1895. 224 S. *) entnehmen wir folgende Zahlen. Die Bibliothek wurde im Jahre 1894 von 29 735 Personen benutzt. Ausgelegt wurden 66 610 Bände; ausgeliehen wurden 10 781 Bände und 48 Handschriften. Der Zuwachs der Bibliothek beträgt 25 416 Werke. Von diesen wurden als Pflichtexemplare von 310 Buchdruckereien 20 739 Drucksachen geliefert; darunter waren 15 723 im Jahre 1893 gedruckt, 48 früher, der Rest 1894. Unter den neu erworbenen Handschriften wird eine italienische Vita et miracula St. Birgittae aus dem XV. Jahrhundert hervorgehoben. Dem Jahresbericht beigegeben ist der dritte Teil der vom Oberbibliothekar Grafen Carl Snoilsky ausgearbeiteten Beschreibung von älteren Stichen zur schwedischen Geschichte. Dieselben gehören alle der Königlichen Bibliothek in Stockholm, deren Sammlung namentlich sehr reich ist an deutschen Illustrationen zu Ereignissen des dreissigjährigen Krieges. Ich werde hoffentlich später Gelegenheit haben auf die Beschreibung zurückzukommen. S. K.

Aus Amerika berichtet man wiederum von der immensen Schenkung eines Menschenfreundes zu Gunsten einer Bibliothek. Der Universität der Stadt New York sind von einem Freunde 250 000 D. geschenkt worden zur Errichtung eines Bibliothekgebäudes. Der Name des Geschenkgebers soll nicht genannt werden. Wann wird man aus Deutschland von so hochherzigen Schenkungen berichten können? K.

Die Bibliothek der Universität von Kansas in Lawrence umfasst z. Z. 22 735 Bände. 5000 Dollars kann die Verwaltung jährlich auf Neuanschaffungen verwenden. (Ak. Revue 1895 S. 572.) W.

In der Mai-Nr. des Amerikanischen Library Journal wird mitgeteilt, dass die Verwaltung der Public Library in Boston beabsichtigt, einen gedruckten Katalog der Bibliothek herzustellen, und zwar mit Hülfe der Lino-type-Setzmaschine, welche zu diesem Zweck natürlich etwas reicher mit Typen oder vielmehr Matrizen ausgestattet sein wird als die gewöhnliche Zeitungssatz-Maschine. Die von ihr angefertigten Gussformen sollen zunächst zum Druck der einzelnen Katalogzettel dienen, dann aber sollen sie nicht eingeschmolzen, sondern in alphabetischer Ordnung aufbewahrt werden, um zum Druck von Katalogen in Buchform verwendet zu werden. Die Nachricht ist für uns auch im Hinblick auf den geplanten Gesamtkatalog der preussischen Bibliotheken von grossem Interesse. Bewährt sich der Versuch, so verliert ein sehr gewichtiger Einwand gegen den Katalogdruck überhaupt zum grössten Teil seine Berechtigung. Denn es wird dann möglich sein, mit demselben Satze ohne Stereotypie sowohl die Zettel zu drucken (also das Aufkleben zu vermeiden), als auch Buchkataloge aller Art herzustellen und in angemessenen Zwischenräumen umzudrucken. P. S.

Zur Frage der internationalen Versendung von Handschriften ist die Mitteilung interessant, dass der russische Minister für Volksaufklärung die kaiserliche Erlaubnis erbat, Manuskripte Immanuel Kant's, Eigentum der Universität Dorpat, auf einige Zeit nach Berlin zu senden. Die Übersendung der Manuskripte erfolgt auf Ansuchen des deutschen Botschafters behufs Unterstützung der Berliner Akademie der Wissenschaften bei der Herausgabe der vollständigen Werke Kant's.

Vermischte Notizen.

Zu der diesjährigen Kantatemesse hat der Bibliothekar des Börsenvereins der deutschen Buchhändler, Herr Konrad Burger, eine kleine in hundert Exemplaren abgezogene Abhandlung unter dem Titel „Eine Schriftprobe vom Jahre MDXXV" erscheinen lassen. Nach der von Erhard Ratdolt 1486 in Augsburg veröffentlichten Schriftprobe ist diese von Johannes Petreius in Nürnberg herrührende die älteste uns erhaltene. Herr B. hat die ihm bekannt gewordenen Daten aus dem Leben des gelehrten Buchdruckers P. kurz zusammengestellt und ein Verzeichnis der ihm bekannt gewordenen, von J. P. ausgeführten Drucke gegeben. Das Original, von dem ein gutes Facsimile beigefügt ist, befindet sich in der Bibliothek des deutschen Börsenvereins.

Von H. O. Sperling's Adressbuch der Deutschen Zeitschriften und der hervorragenden politischen Tagesblätter ist der 30. Jahrgang, für 1895, ausgegeben worden. Der Herausgeber ist abermals bemüht gewesen, seine Angaben zu vervollständigen, so dass die Zahl der von ihm aufgeführten periodischen Erscheinungen von 3820 im vorigen Jahrgange auf 4033 in diesem gewachsen ist. Über die praktische Brauchbarkeit des Buches erübrigt es hier noch ein Wort zu sagen, wir verweisen auf die Besprechung früherer Jahrgänge in diesem Blatte. Doch darf nicht verschwiegen werden, dass eine ganze Reihe Zeitschriften von wissenschaftlicher Bedeutung, vielleicht weil ihr Erscheinen nicht an einen bestimmten Termin gebunden ist, keine Aufnahme gefunden hat. Wer z. B. den Abschnitt 9: „Geschichte und Erdbeschreibung" einer Prüfung unterzieht, wird leicht finden, dass selbst wichtigere der von Vereinen und Gesellschaften herausgegebenen periodischen Veröffentlichungen fehlen. Die Aufnahme derselben in späteren Jahrgängen würde allerdings kaum der Geschäftswelt, deren Interesse das Buch in erster Linie dienen soll, wohl aber dem litterarischen Benutzer von Vorteil sein. H.

Über die Anfänge der hamburgischen Zeitungspresse schreibt A. Hagedorn in den Mitteilungen des Vereins für Hamburgische Geschichte Band 6 (Jg. 16, 1893/94) S. 133 ff. Nach ihm ist die Entwickelung der hamburg.

Vermischte Notizen. 479

Zeitungspresse folgende: Von 1618—30 bestand eine „Wochentliche Zeitung", herausgegeben von Johann Meyer, 1630 begann der Taxis'sche Postmeister Hans Jakob Kleinhans eine „Post-Zeitung" herauszugeben, infolge dessen auch Meyer sich zur Herausgabe einer „Post-Zeitung" entschloss, worauf Kleinhans die seinige „Ordentliche Post-Zeitung" nannte. Die Meyersche Post-Zeitung wurde nach 1637 von seiner Wittwe herausgegeben, hat dann aber wohl bald zu erscheinen aufgehört. 1639 erscheint als Fortsetzung der Kleinhans'schen eine „Kayserliche Privilgirte Postzeittung", von deren Nr. 12 (1639. den 14. Martij) eine getreue photolithographische Wiedergabe dem Aufsatze beigefügt ist.
W.

Mit einer Geschichte und Bibliographie der Buchdruckereien zu Speier im 15. und 16. Jahrhundert beginnt F. W. E. Roth in den Mittheilungen des Historischen Vereins der Pfalz XVI (1894) S. 1 ff. Roth hat von Special-Bearbeitern der alten Speierschen Drucke Vorläufer an E. C. Bauer (Primitiae typogr. Spir. 1764) und K. Weiss (Anfang der Buchdr.-Kunst in Speier, Progr. 1869—70). Bauer's Arbeit ist bibliographisch werthlos und auch Weiss' Arbeit kann vor wissenschaftlicher Kritik nicht bestehen. — Roth's Bearbeitungsart ist folgende: er liefert vollständig getreu wiedergegeben die ersten Zeilen der Anfänge und grösseren Abschnitte der Drucke sowie ihre Schlussschriften, die Angaben über Format und Blattzahl, Zahl der Spalten und Zeilen, vielfach auch der Signaturen. Die meisten Drucke sind aus Autopsie bearbeitet, die Typengeschlechter bestimmt und benannt, sowie die meisten Drucke diesen Typen zugewiesen; der erste Druck einer neu erscheinenden Type diente mit seinem Stichwort oder Verfassernamen zur Benennung der Type. Der Aufenthaltsort der beschriebenen Exemplare ist regelmässig angegeben, mit Vorliebe sind die Exemplare der grossen Sammlung des historischen Vereins der Pfalz beschrieben. Die undatirten Drucke sind nach Angaben in der Vorrede oder nach dem Erscheinen der Typenarten soweit möglich chronologisch geordnet. Die vorliegende erste Hälfte der Roth'schen Arbeit beschreibt die Drucke zweier ungenannter Drucker von 1471 und 1472 und diejenigen Peter Drachs des Älteren 1477—90, des Mittleren 1491—1504 und des Jüngeren 1504—30. Der Beschreibung der Drucke dieser genannten drei Drucker geht eine Darstellung ihres Lebenslaufes und ihrer Thätigkeit als Verleger und Buchdrucker voraus. Mit grossem Interesse kann man der zweiten Hälfte der sorgsamen Arbeit entgegensehen.
W.

Nach dem 90. Jahresbericht der Preussischen Haupt-Bibel-Gesellschaft hat diese im Jahre 1894 von heiligen Schriften ausgegeben 100112 Bibeln, 50200 Neue Testamente und 335 Psalter, 8896 Bibeln und 7265 Neue Testamente mehr als im Vorjahr — zusammen 150735 und soll Stiftung der Gesellschaft 2590571 heilige Schriften.
W.

Fernere urkundliche Nachweise betr. den Lübecker Buchbindler Paul Kauffuck bringt Eduard Hach in den Mitteilungen des Vereins für Lübeck. Geschichte 6. Heft (1894) S. 143 f.
W.

Mancherlei Neues bringt die lesenswerte Abhandlung Adolf Stoll's über Friedrich Wilken, deren 2. Abt. dem Jahresbericht des Friedrichs-Gymnasiums zu Kassel 1894/95 vorausgeht. (Abt. 1, 1893 94.) Die Abteilung setzt mit Dintern Tod und den Verhandlungen ein, die zu Wilken's Berufung nach Berlin behufs Leitung der Königlichen Bibliothek führten, und geht bis zu seinem Tode 1840.
W.

Das erste Doppelheft des Jahrg. 1895 der Bibliothèque de l'École des Chartes bringt (S. 458 ff.) eine bibliographische Arbeit Léopold Delisle's über die Heures bretonnes des 16. Jahrhunderts, deren sprachliche Bedeutung 1876 bereits Whitley Stokes beleuchtet hat. Delisle giebt mit bekannter

Sorgfalt die bibliographische Beschreibung der beiden Exemplare der Heures, ermittelt ihre Quellen in den Pariser Horae in laudem b. v. Mariae mit äusserst scharfsinnigen Bemerkungen über die in ihnen enthaltenen Holzschnitte u. a. und stellt mit grosser Wahrscheinlichkeit fest, dass sie in Paris vom Hanse Kerver gedruckt, nach 1550, wahrscheinlich erst um 1570 erschienen sind und zum Gebrauch der Diöcese Saint-Pol de Léon bestimmt waren. Als Verfasser oder Herausgeber sieht Deflals Gilles de Kerampull, curé de Cleigneu, an, über den im genannten Hefte der Bibl. de l'Éc. des Ch. S. 229–30 nach Mitteilungen der Gräfin du Laz geb. de Salay de Kerampull weitere Mitteilungen gemacht werden. Den Schluss der sehr interessanten Arbeit bildet die Beschreibung des Breviarium Leonense von 1516 und des Missale Leonense von 1526, dem als Anhang Bemerkungen über einige bretonische Bücher, die im 15. und 16. Jahrh. gedruckt sind, sich anschliessen (das Catholicon 1499—1521, Mystère breton de la Passion 1530 etc.). Das Facsimile einer Seite aus den Heures br. scheint wohlgelungen zu sein. W.

Der erste hebräische Druck in Deutschland.

S. 371 schreibt Dr. Gustav Bauch, die in Erfurt um 1502 gedruckte Introductio ad litteras hebraicas utilissima sei „das erste deutsche Buch mit hebräischem Drucke", indem er dazu auf Steinschneider verweist, der 1859 S. 13 von dem Büchlein allerdings schrieb: „kann als das bisher unbekannte, erste in Deutschland gedruckte hebräische Buch betrachtet werden. Die hebr. Buchstaben, Sylben und Wörter sind höchst unbehulfene Holzschnitte". Mit Recht hat aber derselbe Steinschneider schon S. 102 auf den von Feyner in Esslingen 1477 gedruckten „Stern Messiä" den Peter Schwarz verwiesen, „wo zu Ende ein hebr. Alphabet mit Anweisung zum hebr. Lesen u. s. w., welches also als das erste Elementarschriftchen der deutschen Christen und als Vorgänger der Aldinischen Introductio ... anzusehen ist". Derselbe Feyner hat schon 2 Jahre vorher in einer lateinischen Schrift desselben Verfassers Petrus Nigri: „tractatus contra perfidos Judeos" einige hebräische Wörter gedruckt und ihr einen Anhang beigegeben, in welchem er ein sehr schönes hebräisches Alphabet bringt. Näheres darüber giebt meine Abhandlung „Nigri, Böhm und Pellican. Ein Beitrag zur Anfangsgeschichte des hebräischen Sprachstudiums in Deutschland" (Marginalien und Materialien, Tübingen 1893; auch in vermehrtem Sonderabdruck).

Ich benütze diese Gelegenheit, um zu fragen, auf welcher Bibliothek die von Steinschneider S. 102 angeführte, von mir auf den verschiedensten Bibliotheken bis jetzt vergeblich gesuchte Arbeit sich findet:

Commentatio de primis linguae h(ebraicae) elementis a P. Nigro primum in lucem editis, qua ... Gr. God. Beyssenium sacr. lit. studios. socium suum ord. ab acad. discedentem gratulabunda comitatur Societas Lat. Altorfiana 4. Altorf 1764.

Nach Panzer (Annales I. 1793. 4°. p. 380) scheint die Abhandlung von dem Altorfer Professor Schwarz zu sein. Bei Dibdin (Bibliotheca Spenceriana 3, 1814, S. 432) findet sich eine Nachbildung dieser hebräischen Wörter — the first, sagt er noch, which are known to have been published by means of the Press — it would be unpardonable not to present them to the reader in the form of a facsimile.

Bei dieser Gelegenheit ist vielleicht noch die Bemerkung gestattet, dass ein zweites Exemplar der sehr seltenen, auch im Britischen Museum fehlenden, von Bauch aus Zwickau aufgeführten ersten Ausgabe von Aurigalli Compendium (Wittenberg 1523) in der Allgemeinen Deutschen Biographie Bd. 27, 703 von Krause aufgeführt ist: „das anscheinend einzige Exemplar der Ausgabe in meinem Besitz". Die von Bauch vergeblich gesuchte erste Ausgabe von Boerheustein's Institutiones habe ich auch noch nicht gesehen, von der zweiten (Colon., Soter 1521), von der Steinschneider S. 24 schreibt: „wo ein Ex. existiert, ist mir unbekannt", befindet sich eines auf der Tübinger Stiftsbibliothek 146 a q.

Ulm. E. Nestle.

Ein Verzeichnis sämtlicher Schriften **Wilhelm Ruschers** findet sich in den Nachrichten aus dem Buchhandel (1895) No. 203 S. 1550 f.

In den von Elisabeth Pauli herausgegebenen „Lebenserinnerungen" **Reinhold Pauli's** (als Manuskript gedruckt) befindet sich ein von Dr. F. Liebermann verfasstes „Verzeichnis der von Reinhold Pauli verfassten Bücher, Aufsätze und Kritiken", das über 400 Nummern aufzählt.

In der Juli-Nummer der Revue des Bibliothèques (1895) veröffentlicht H. Omont aus den Manuskripten der National-Bibliothek Dokumente zur Geschichte der Buchdrucker-Kunst in Konstantinopel. W.

Über den angeblich ersten Drucker Belgiens, **Thierry Martens aus Alost**, hat Herr Dr. Paul Bergmans in dem Juliheft der Revue des Bibliothèques 1895, und seitdem im Separatabzuge, eingehend gehandelt. Ich halte die Vermutung W. J. Knapps, dass dieser Drucker mit dem Theodoricus aleman, dem König Ferdinand und Königin Isabella am Weihnachtstage 1477 in Sevilla einen Schutzbrief ausstellen, identisch sei, für sehr wahrscheinlich. Hübler hat im C. f. B. XI, 537 freilich keinen spanischen Druck von ihm nachweisen können. O. H.

Von A. Niedling's „**Bücher-Ornamentik in Miniaturen, Initialen, Alphabeten u. s. w. in historischer Darstellung des IX. bis XVIII. Jahrhundert** umfassend. 30 Folintafeln, zum Teil in Farbendruck" hat die Verlagshandlung von H. F. Voigt in Weimar eine zweite wohlfeilere Auflage veranstaltet. Wir können nur wiederholen, was bei Besprechung der ersten Auflage in diesem Blatte (V, 345) bemerkt ist, dass das Buch besonders solchen Freunden der Bücher-Ornamentik schätzbar sein wird, welche für sich neue Vorbilder suchen. Überhaupt hat der Verfasser in geschickter Weise aus den Schätzen der von ihm benutzten vorwiegend bayerischen Bibliotheken eine Reihe solcher noch nicht veröffentlichter Bücher-Ornamente ausgewählt, die geeignet erscheinen. In den verschiedensten Zweigen des Kunstgewerbes Verwendung zu finden. Aber auch wer das Buch nicht als Vorbildersammlung sondern in der Absicht durchblättert, sich ein Bild von den Bücher-Ornamenten der verschiedenen Jahrhunderte zu machen, wird manchen Nutzen daraus ziehen. Allerdings bleibt es unter diesem Gesichtspunkte zu bedauern, dass die in den Originalen polychrom gezeichneten Initialen u. s. w. nicht auch sämtlich so wiedergegeben sind. Der gegen die erste Auflage wesentlich verbilligte Preis des Buches (6 M.) wird seiner Verbreitung nur förderlich sein. H.

Auf Veranstaltung des im vorigen Jahr in Brüssel gegründeten „Office International de Bibliographie" ist daselbst in den Tagen vom 2.—4. September eine internationale bibliographische Konferenz abgehalten, deren Programm die folgenden vier Punkte umfasste:

I. Fondation d'un Institut international de bibliographie, ayant pour objet l'étude de toutes les questions relatives à la bibliographie et destiné à donner une représentation permanente aux intérêts bibliographiques.
II. Adoption d'une Classification bibliographique universelle et internationale.
III. Publication d'un Répertoire bibliographique universel sur fiches, conformément à la classification adoptée, et à l'intervention d'un Office International de bibliographie, spécialement chargé d'organiser la coopération entre tous les groupes bibliographiques existants.
IV. Proposition aux gouvernements dans le but de faciliter la publication de ce répertoire, de se constituer en une Union bibliographique internationale.

In einer der Einladung beigefügten, dieses Programm ausführlich erläuternden Broschüre wird die von dem Amerikaner Melvil Dewey erfundene, in Amerika und England schon mehrfach angewandte Decimal Classification (vgl. dieses Centralblatt Bd. III, 441 f.) als das internationale bibliographische System der Zukunft empfohlen. Eine zweite Broschüre enthält die 1000 Haupteinteilungen der Decimal Classification, während in einer dritten die systematische Gliederung der Socialwissenschaft bis in alle Einzelheiten durchgeführt ist. Eine Übersetzung der gesamten Decimal Classification ins Deutsche, Französische und Italienische wird in Aussicht gestellt.

Genaueres über den Verlauf der Verhandlungen ist uns leider noch nicht bekannt geworden, aber obgleich schliesslich die Vorlage in allen wesentlichen Punkten angenommen zu sein scheint, kann man doch das Gesamtergebnis nur als unbefriedigend bezeichnen. Denn wenn sich die Versammlung nur aus 40—50 Teilnehmern zusammensetzte, von denen doch jedenfalls ein unverhältnismässig grosser Teil Belgier waren, so wird man ihr kaum das Recht einräumen können, sich als Vertreterin der Bibliographen, Bibliothekare u. s. w. der ganzen Welt zu betrachten und als solche zu handeln. Die Schuld an diesem bedauerlichen Misserfolg wird man in erster Linie dem Ausschuss zuschreiben müssen, der die Sache viel zu sehr übereilt hat. Das Einladungsschreiben trägt das Datum des 30. Juli, die Anmeldungen sollten bis zum 15. August erfolgen und die Versammlung selbst am 2. September eröffnet werden. Nun ist es bei einer so wichtigen und weittragenden Angelegenheit doch gewiss wünschenswert, dass nicht nur der Einzelne Zeit hat sich alles reiflich zu überlegen, sondern auch namentlich unter den Angehörigen desselben Landes Vorverhandlungen stattfinden können, um die Ansichten möglichst zu klären. Jene Termine sind aber so kurz bemessen, dass es z. B. den Amerikanern kaum möglich gewesen ist dieselben inne zu halten, und doch dürfte gerade ihre Mitwirkung für die Erreichung des erstrebten Zieles besonders wichtig sein. Aus demselben Grunde war es auch dem Centralblatt nicht möglich, früher auf diese Versammlung hinzuweisen, da die letzte Doppelnummer bereits am 1. August ausgegeben wurde.

O. G.

Die in einzelnen Abschnitten bereits früher im Harvard University Bulletin zum Abdruck gebrachte Bibliographie der historischen Litteratur von Nord-Carolina, aus der Feder von Stephen B. Weeks, liegt jetzt durch Zusätze und einen Index vermehrt als Ganzes in der No. 3 der von der Bibliothek der Harvard University durch den Bibliothekar Justin Winsor herausgegebenen „Bibliographical Contributions" (Cambridge, Mass. 1895, 70 S. gr. 8°) vor. Die fleissige und sorgfältige Arbeit des mannigfach auf dem Gebiete nordcarolinischer Geschichte thätig gewesenen Verfassers verzeichnet 1491 Titel von 625 Autoren. — Einen Beitrag zur älteren Geschichte der Harvard-Universität bringt die No. 50 derselben Contributions. Prof. Andrew McFarland Davis giebt darin eine „Analysis of the early records of Harvard College, 1636—1750", insbesondere beschreibt er 3 College Books, die eine Fülle von Material zur Universitätsgeschichte enthalten, auf die wir hier nicht näher eingehen können. Ht.

Das bevorstehende Erscheinen zweier Werke zur Geschichte des Buchdrucks wird angekündigt. Der bekannte Bibliothekar der Universitäts-Bibliothek zu Neapel Herr Giuseppe Fumagalli ist mit der Abfassung eines Dictionnaire historique et géographique de l'imprimerie en Italie beschäftigt, das in französischer Sprache bei Olschki in Venedig erscheinen soll und alle Orte Italiens, die je eine Druckerei besessen, zugleich mit Angaben über die Drucker und Ihre Werke, aufzählen wird. Und die Bibliographische Gesellschaft in Edinburgh bereitet eine Geschichte des schottischen Buchdrucks bis zum Jahre 1610 vor. Letzteres Werk soll mit Abbildungen und Facsimiles ausgestattet werden. Ht.

In England hat sich kürzlich unter dem Namen: The Library Assistants' Association eine Vereinigung von Bibliotheksbeamten gebildet, welche nur die keine leitende Stellung bekleidenden Beamten umfassen soll; die chief librarians sind von der Mitgliedschaft ausgeschlossen. Zweck der Vereinigung ist die Förderung der socialen und intellektuellen Interessen ihrer Mitglieder. llt.

Die Bücherproduktion Italiens i. J. 1894 belief sich nach dem Bollettino delle Pubblicazioni Italiane auf 9416 Bände, 73 Bände weniger als 1893; davon sind 9047 italienisch, 212 lateinisch, 103 französisch, 27 englisch, 19 deutsch und 5 spanisch geschrieben. Den Wissenschaften nach kommen auf Agrikultur, Handel und Wandel 1075, Statistik 997, Medizin 750, Theologie 728, Pädagogik 580, Nationalökonomie 517, Biographie 390 Bücher u. s. w. Die produktivste Provinz war die Lombardei, welche allein 1909 Werke lieferte. K.

Ex-libris. Seit einigen Jahren ist das Sammeln von Ex-libris in Mode gebracht und die Sammlerwut scheint sich auch dieses Sportes in einem Masse bemächtigen zu wollen, dass es an der Zeit sein dürfte, den Kollegen ein Caveant consules! zuzurufen. Dies thut eine Korrespondenz der Allgemeinen Schweizerzeitung in Nr. 143 vom 21. Juni 1895. Sie wendet sich hauptsächlich gegen ein „Illustriertes Handbuch der Ex-libris-Kunde", das kürzlich vom Bibliothekar und Lektor im preussischen Ministerium für Handel und Gewerbe G. A. Seyler in Berlin herausgegeben wurde, und speciell gegen die auf Seite 76 des Büchleins beginnenden „Bemerkungen für Sammler". Gleich anfangs bestreitet der Verfasser die Auffassung, dass das Bücherzeichen im Buche zu verbleiben habe; diese sei in ihrer Allgemeinheit nicht richtig. „Diese Auffassung", schreibt der betreffende Korrespondent, „überrascht uns allerdings nicht bei einem unregulierten Sammler, allein überraschend wäre es für uns, wenn sie landläufig oder gar etwa zur Regel werden sollte, was noch nicht so bald geschehen dürfte. Wir glauben in dieser Frage die meisten Bibliotheksverwaltungen auf unserer Seite zu haben, wenn wir sagen: das Bücherzeichen hat grundsätzlich im Buche zu verbleiben und darf nicht entfernt werden, am allerwenigsten dann, wenn es das frühere Eigentum eines Mannes dokumentiert, der für die betreffende Stadt oder für das betreffende Land von hervorragender Bedeutung gewesen ist. Der Umstand, dass ein und dasselbe Zeichen mehrfach, oft in grösserer Zahl in der nämlichen Bücherei vorkommt, berührt den aufgestellten Grundsatz nicht.

Da die Blütezeit der Ex-libris in das 16. Jahrhundert fällt, in die Zeit der wertvollen Pariser, Londoner und Antwerpener Druckwerke, welche hinwiederum nur den damaligen Reichen und Begüterten erschwinglich waren, so ist es auch leicht erklärlich, dass es zumeist nur die Wappen angesehener Geschlechter, Stifte und Klöster sind, welche diese Blücher zieren. Auf diese in der Regel wirklich künstlerisch ausgeführten Ex-libris fahnden die Sammler am meisten, schon weniger eifrig auf die stets geschmackloser werdenden der beiden folgenden und gar nicht oder nur ausnahmsweise auf die „Scheusslichkeiten von 1800—1870", wie Seyler die Ex-libris aus den ersten zwei Dritteln unseres Jahrhunderts selbst nennt.

Wir erkennen die Bestrebungen der Ex-libris-Vereine, einen alten schönen Branch wieder aufleben zu lassen und hinwieder dasjenige, was wirklich gefährdet ist, vor Zerstörung zu bewahren, an. Sobald aber, wie dies bei ähnlichen Erscheinungen unserer Zeit zu Tage getreten ist, das rücksichtslose wilde Sammeln Selbstzweck wird und die Raritätenjagd anfängt, da hört die Anerkennung auf."

Wir wollen nur noch bemerken, dass viele Ex-libris zu Grunde gerichtet werden durch die Sammler selbst, die oft die Liebhaberei wieder aufgeben und die Sammlung liegen oder verderben lassen. Auch wird niemand behaupten, dass die Spuren eines Ex-libris, das von unbekannter Hand abgelöst, wohl gar gewaltsam herausgeschnitten worden ist, einem Buche zur Zierde gereichen. O. M.

Am 14. Oktober verkauft das Antiquariat von Leo Liepmannssohn in Berlin eine erlesene Sammlung von seltenen Drucken Lessingscher, Goethescher und Schillerscher Schriften, welche der Professor Dr. Karl Bernstein in Berlin zusammengebracht hatte. Es finden sich darunter die seltensten Drucke in schönen und luxuriös gebundenen Exemplaren. Wir glauben alle Freunde der deutschen Litteratur daher besonders auf diese Auktion aufmerksam machen zu sollen. O. H.

Neue Erscheinungen auf dem Gebiete des Bibliothekswesens.*)
Mitgeteilt von O. Koller in Leipzig.

*The Library. No. 78, June 1893: Classification in Public Libraries, with special reference to the Dewey decimal system, L. St. Jast. — Note on the imperial russian library.

Library Journal. Vol. 20 No. 6. June 1895: The care of maps, Fr. H. Parsons. — The training of library employes, I, Ad. R. Hasse. — The State Historical Society of Wisconsin.

No. 7, July 1895: The public use of college libraries, S. H. Ranck. — The training of library employes, II, Ad. R. Hasse. — The anonymous assistant.

No. 8, Aug. 1895: The library work of the university of the state of New York, W. H. Eastman. — The selection of books for a public library, J. N. Larned. — The training of library employes, III, Ad. R. Hasse. — A brief sketch of some of the libraries in Chicago, W. B. Wickersham.

*Rivista delle biblioteche. Anno VI, No. 3—5: Il cartolario generale dell' Ordine di Malta, A. Da-Musto. — Lettere inedite di Giuseppe Baretti, M. Menghini. — L'antica biblioteca di Nonantola, J. Giorgi. — Due lettere inedite del p. Alberto Guglielmotti, G. L. Passerini. — Per la bibliografia del dramma in Italia, M. Menghini.

*Revue des bibliothèques. Année V, No. 7, Juillet 1895: Documents sur l'Imprimerie à Constantinople au XVIIIe siècle, par H. Omont. — Thierry Martens, p. P. Bergmans. — L'exemplaire de l'Ilias l'ancien d'Agosto Vallo de Padone et Angelo Colocci, p. L. Dorez.

Ackermann, K. Bibliotheca hassiaca. Repertorium der landeskundlichen Litteratur für den preussischen Reg.-Bez. Kassel, das ehemalige Kurfürstenthum Hessen. 6. Nachtrag. Kassel, Dr. A. Ackermann. 21 S. gr. 8°. M. —.75.
Autorenregister für den Haupttheil und die Nachträge I—VI. 16 S. gr. 8°. M. —.50.

Amélineau, E. Notice des manuscrits coptes de la Bibliothèque nationale renfermant des textes bilingues du Nouveau Testament. Paris, C. Klincksieck. 69 p. et planches. 4°.
Tiré des Notices et Extraits des manuscrits de la Bibliothèque nationale.

American Library Association: Publishing section. List of books for girls and women and their clubs, edit. by Augusta H. Leypoldt and G. Iles. Part I: Fiction, chosen and annotated by a reviewer for the Nation. Boston, Library Bureau. 160 p. D. —.10.

Ausstellung von Autographen, Bildern, Schattenrissen, Druckwerken u. Erinnerungs-Gegenständen zur Veranschaulichung v. Goethes Beziehungen zu seiner Vaterstadt, veranstaltet vom freien deutschen Hochstift. Juli—November 1895. Frankfurt a. M., Gebr. Knauer. XV, 143 S. gr. 8°. M. 1.50; mit 21 Lichtdruck-Tafeln M. 7.50; Liebhaberausgabe M. 12.—

---

*) Die mit * bezeichneten Bücher haben der Redaktion vorgelegen.

*Baltimore City: The Enoch Pratt Free Library. Finding list of books and periodicals in the branch libraries. July, 1895. Baltimore, Press of the Friedenwald Co. X. 155 p. 4°. cart. D. —.15
Bayonne, New Jersey: Free Public Library. Dictionary finding-list: authors, subjects and titles. Bayonne. 148 p. 8°.
Bibliografia wydawnictw ludowych, 1848 do 1894, staraniem lwowskiego Koła artystycznoliterackiego wydana. w Lwow, Gubrynowicz & Schmidt. II. 151 p. 8°.
Bibliographie nationale. Dictionnaire des écrivains belges et catalogue de leurs publications (1830—1880). Tome III, livr. 2: l'aupérisme—prières. Bruxelles, P. Weissenbruch. P. 97—192. 8°. Fr. 2.50
Bierstadt, O. A. The library of Robert Hoe: a contribution to the history of bibliophilism in America; with 110 illustrations taken from mss. and books in the collection. New York, Duprat & Co. 10. 224 p. 8°. D. 15.—
Boletin de la libreria. (Publicacion mensual) Obras antiguas y modernas. Ano XXIII. (1895-96.) Madrid, M. Murillo. Lex. 8°. Un año 8 fr.
Boogaard, F. H. Militaire bibliographie betreffende het iste halfjaar 1895. Amersfoort, J. Valkhoff. 20 p. 8°. Fl. —.30
Bowdoin College Library: Bibliographical contributions, No 4. P. 161—182.
Brookline, Mass.: Public Library. Catalogue of english prose fiction in the library. January 1895, arranged alphabetically by authors and titles, with historical and juvenile works indicated. Brookline. 298 p. 8°.
*Brugmans, H. Verslag van een onderzoek in Engeland naar archivalia, belangrijk voor de geschiedenis van Nederland, in 1892 op last der regeering ingesteld. 's Gravenhage, Mart. Nijhoff. IV. VII. 510. VIII. 63 S. gr. 8°. Fl. 7.25
Candrela, J. Das bündnerische Zeitungswesen im 18. Jahrh. Progr. Chur, Jul. Rich. 97 S. 4°. M. 2.—
Capasso, Bart. Inventario cronologico-sistematico dei registri angioini conservati nell' archivio di Stato di Napoli. Napoli, tip. di R. Rinaldi. LXXXI. 542 p. 8°. Fr. 25.—
Catalogue des dissertations et écrits académiques provenant des échanges avec les universités étrangères et reçus par la Bibliothèque nationale en 1893. Paris, C. Klincksieck. 118 p. 8°.
Catalogue général des manuscrits des bibliothèques publiques de France. Départements. Tome 28: Avignon, par L. H. Labande, vol. 2. Paris, Plon, Nourrit & Cie. 833 p. 8°. Fr. 18.—
Chevalier, U. Répertoire des sources historiques du moyen âge. Topo-bibliographie. Fasc. 2: D—E. Montbéliard, Hoffmann. P. 530—1055. 8°.
Danse, P. Index biblio-iconographique de l'année 1894. Paris, Revue biblio-iconograph. 800 p. 8°. Fr. 36.—
Ducourtieux, P. Les Barbou, imprimeurs (Lyon, Limoges, Paris, 1524—1820). Les Barbou de Lyon (1524—1566). Limoges, Ducourtieux. IV. 40 p. et pl. 8°.
Durville, H. Bibliographie du magnétisme et des sciences occultes. Paris, impr. Malverge. 36 p. 8°. Fr. —.15
Finot, J., et A. Vermaere. Inventaire sommaire des archives communales de la ville de Saint-Amand (département du Nord) antérieures à 1790. Lille, imp. Danel. XLII. 80 p. 4°.
Giacosa, P. Bibliografia medica italiana: riassunto dei lavori originali italiani relativi alle scienze mediche, usciti nel 1893. III. Torino, Roux, Frassati & C. 601 p. 8°. L. 6.—
*Goedeke, K. Grundriss der Geschichte der deutschen Dichtung. Aus den Quellen. 2. Auflage, nach dem Tode des Verfassers in Verbindung mit Fachgelehrten fortgeführt von E. Goetze. Heft 14. Dresden, L. Ehlermann. Bd. 8, S. 1—112 gr. 8°. M. 2.50
Grahl, Ed. Katalog der Stadtbibliothek. 2. Aufl. Grchz. 16 S. 6°. Programm des Greizer Gymnasiums.
Graesel, A. Repertorium zu den Acta u. Nova Acta der Kaiserl. Leopoldino-Carolinischen deutschen Akademie der Naturforscher. Band I:

Neue Erscheinungen auf dem Gebiete des Bibliothekswesens.

Acta Bd. I — X u. Nova Acta Bd. I — VIII. Leipzig, Wilh. Engelmann. VII. 394 S. gr. 4°. M. 10. —

Griswold, W. M. Descriptive list of novels and tales dealing with the history of North America. Cambridge, Mass. P. 101—188 8°. D. 1.—

Grotenfelt, G. Suomalaisen Kirjallisuuden Seuran Kirjaston Luettelo. (Katalog der Bibliothek der Finnischen Litteratur-Gesellschaft.) Helsingfors. XII. 276 p. 8°.

*Grulich, O. Katalog der Bibliothek der Kaiserl. Leopoldinisch-Carolinischen deutschen Akademie der Naturforscher. [Jef. 6. (Bd. II, 3.) Leipz. Wilh. Engelmann. S. XXIX -XXXV u. 422—629 gr. 8°. M. 4.—

Heinemann, O. v. Die Handschriften der herzoglichen Bibliothek zu Wolfenbüttel beschrieben. II. Abth. 2. Theil (des ganzen Werkes V. Bd.): Die Augusteischen Handschriften. II. Wolfenbüttel, Zwissler. V. 364 S. mit 5 farbigen Lichtdruck-Tafeln. Lex. 8°. M. 15.—

Henshaw, S. Bibliography of the more important contributions to American economic entomology. Part 4. Washington, D. C., Gov. Printing Office. 167 p. 8°.

Jahresbericht über die Erscheinungen auf dem Gebiete der germanischen Philologie, herausgegeben von der Gesellschaft für deutsche Philologie in Berlin. Jahrgang 16: 1893. Dresden, C. Reissner. 1. Abtlg. 128 S. 8°. Pro complet M. 9.—

James, M. R. A descriptive catalogue of the manuscripts in the Fitz-William Museum; with introduction and indices. Cambridge, Macmillan & Co. 472 p. 8°. cloth. D. 8.—

Inventaire des archives des châteaux bretons. III: Archives de la seigneurie de la Muriaye, au château de Lou, en Mauron (1514 — 1815), publiés par le marquis de l'Estourbeillon. Vannes, libr. Lafolye. 70 p. 8°.

Kaulek, J. Inventaire analytique des archives du ministère des affaires étrangères. Correspondance politique. Papiers de Barthélemy, ambassadeur de France en Suisse (1792—1797). Vol. 5: 1795 -1796. Paris, Alcan. 563 p. 8°. Fr. 20.—

Keyes, C. R. Bibliography of North American palcontology, 1888 —1892. Washington, D. C., Government Printing Office. 251 p. 8°. Bulletin U. S. Geol. Survey, No. 121.

*Leitschuh, Fr. Katalog der Handschriften der Königlichen Bibliothek zu Bamberg. Band I, 2. Abtheilung, Lieferung 2 (Classikerhandschriften). Bamberg, C. C. Buchner Verlag. VI. 116 S. gr. 8°. M. 4.—

Lodi, L. Catalogo dei codici e degli antografi posseduti dal marchese Giuseppe Campori. Parte I (sec. XIII—XV). 2. edizione autorizzata. Modena, tip. Dom. Toaletto. 72 p. 8°.

*Martini, E. Catalogo dei manoscritti greci esistenti nelle Biblioteche italiane. Vol. 1, parte 2: Brescia, Biblioteca Queriniana; Como, Biblioteca Comunale; Cremona, Biblioteca Governativa; Ferrara, Biblioteca Comunale; Genova, Biblioteca Universitaria; Mantova, Biblioteca ed Archivio Gonzaga; Milano, Biblioteca Trivulziana; Napoli, Biblioteca dei Gerolamini. Appendice: Mss. varj. Milano, U. Hoepli. 8°. L. 8.50

Marzi, D. Una questione libraria fra i Giunti ed Aldo Manuzio; contributo alla storia dell' arte della stampa. Firenze, tip. G. Carnesecchi. 16 p. 8°.

Medina, J. T. El primer periódico publicado en Filipinas y sus orígenes. Madrid, Minuesa de los Rios 31 p. 8°. Fr. 5.—

Mola, Gius. L'archivio comunale: sistema unico. Vercelli, tip. Guidetti & C. 31 p. 8°.

Omont, H. Le catalogue imprimé de la Bibliothèque du roi au XVIII° siècle. Paris, Bouillon. 31 p. 8°.
Extrait de la Revue des bibliothèques.

Partsch, J. Litteratur der Landes- und Volkskunde der Provinz Schlesien. Heft 3. Breslau, G. P. Aderholz. S. 161—205. 8°. M. 2.—
Jahresbericht der schlesischen Gesellschaft für vaterländische Cultur. Ergänzungsheft.

*Pennsylvania Library Club. Occasional papers No. 3, July 1895. Philadelphia, Hark & McFetridge Co. 10 p. 4°.
  Contents: American Libraries; their past, present and future, by G. W. Cole.
*Peoria Public Library: The fifteenth annual report and the 30th annual report since its first organization as the Peoria City Library. Peoria, Illn. 17 p. 8°.
Perrault-Dabot, A. Catalogue de la bibliothèque de la commission des monuments historiques. Paris, Imprimerie nationale. 335 p. 8°.
Porcher, R. Notice sur les imprimeurs et libraires blésois du XVI° au XIX° siècle. 2. éd. revue, corrigée et augmentée. Blois, imp. Migault & Cie. 294 p. 8°.
  Tiré à 50 exemplaires numérotés, dont 25 seulement mis dans le commerce.
The Publishers' Trade List annual for 1895. (The latest catalogues of American publishers, contributed by themselves and arranged alphabetically by the firm-names and smaller lists at the end of the volume.) Year 23. New York, Office of the Publishers' Weekly. 5034 p. gr. 8°. D. 2.—
The Publishers' Weekly. The American book trade journal with which is incorporated the American Literary Gazette and Publishers' Circular. Vol. 48. New York, Office of the Publishers' Weekly. gr. 8°. One year D. 3.—, postage prepaid to foreign countries D. 4. -
Rider, S. S. Bibliographical and historical introduction to the digest of Rhode Island colonial laws of 1719, and incidentally to all other follo digests of R. J. laws. Providence, R. J. 18 p. 4°.
Rieth. Repertorium der technischen Journal-Litteratur. Im Auftrage des Kaiserlichen Patentamts herausgegeben. Jahrgang 1894. Berlin, C. Heymanns Verl. XII. 802 Sp. 4°. M. 15.—
Salem, Mass.: Public Library Bulletin. Volume 2: May 1893 to April 1895. Salem. 194 p. 8°.
(Snoilsky, C.) Stockholm. K. Bibliotheket. Årsberättelse för år 1894. Svenska historiska planscher 3 (1667- -) 1669 — 1718. Stockholm. 12. 2. 161. 224 p. 8°.
*Sperling, H. O. Adressbuch der deutschen Zeitschriften und der hervorragenden politischen Tagesblätter. Jahrgang 30: 1895. Stuttgart, H. O. Sperling. VII. 176, 88, 127 S. gr. 8°. Geb. in Leinwand. M. 4.—
Springer, J. Česky katalog bibliograficky za rok 1893. Prag, Rivnač. 227 p. 8°.
Stourm, R. Bibliographie historique des finances de la France au XVIII° siècle. Paris, Guillaumin & Co. III. 346 p. 8°. Fr. 9.—
*Sveriges Offentliga bibliotek: Stockholm, Upsala, Lund, Göteborg. Accessionskatalog 9, 1894, utg. af K. Bibl. genom E. W. Dahlgren. Stockholm. 6. 405 p. 8°.
Verslag over den toestand der Koninklijke Bibliotheek in het jaar 1894. 's-Gravenhage, M. Nijhoff. V, 113 p. 8°. Fl. —.60
Wetenschap, letteren en kunst in Nederland, voornamelijk in de 19. eeuw. Bibliographisch overzicht. I: Taal en letteren. Met een alphabetisch register. 's-Gravenhage, Mart. Nijhoff. VIII. 301 p. 8°. Fl. 2.50; geb. Fl. 3.—
Wilmington, Del.: Institute Free Library. Finding list of the circulating department, July 1895. Part 2: Philosophy; religion and mythology; sociology; science; fine arts; literature; appendix of all classes; reference and miscellaneous; authors; final additions to July 1, 1895. 335 p. 8°.

Antiquarische Kataloge.

Damberg Greifswald. No. 109: Theologie. 1543 N°°. — Nr. 110: Geschichte u. Geographie. 1743 N°°.
Bossong Wiesbaden. No. 5: Chemie u. Hygiene. 715 N°°.
Brockner Rom. No. 3: Arte, archeologia, letteratura ecc. 972 N°°.
Gross Nürnberg. No. 10: Vermischtes. 1060 N°°.

Antiquarische Kataloge. Personalnachrichten.

Jolowicz Posen. No. 120: Klass. Philologie u. Hilfswiss. (Bibl. d. Oberl. Mahn Linz.) 4343 No**s**. — No. 121: Judaica u. Hebraica. 2239 No**s**
Jordan München. No. 11: Landwirtschaft. Gartenbau. Forstwesen. (Bibl. v. Prof. Dr. M. Scholz Greifsw.) 373 No**s**.
Kampffmeyer Berlin. No. 357: Astronomie, Mathemat., Physik etc. 112 No**s**.
v. Lama Regensburg. Anz. No. 29: Vermischtes No. 1195—1540.
Lederer Berlin. No. 61: Curiosa, Jucosa, Varia. 747 No**s**.
Meier-Merhart Zürich. No. 218: Vermischtes. 1592 No**s**.
Pech Hannover. No. 5: Medizin, Technologie, Jagd etc. 912 No**s**.
Raunecker Klagenfurt. No. 79: Vermischtes. 1162 No**s**.
Rosenthal, Jacques, München. Neue Serie. No. 1: Musik. 738 No**s**. — No. 3: Japan u. China v. 16.—19. Jahrh. 373 No**s**.
Schnorpfeil Leubschütz. No. 80—81: Vermischtes. 301. 395 No**s**.
Scholz Braunschweig. No. 6: Deutsche u. fremdsprachl. Litteratur. Sprachwiss. 1323 No**s**.
Seligsberg Bayreuth. No. 230: Naturwiss., Mathematik. 1904 No**s**.
Stoffenhagen Merseburg. No. 25: Geschichte u. Hilfswiss. 630 No**s**.
Thoma München. No. 921. 922: Vermischtes. 485. 527 No**s**.
Weigel, Osw., Leipzig. No. 70: Systemat. Theologie. 2072 No**s**.
Windprecht Augsburg. No. 491: Varia. Curiosa. Hexen. 194 No**s**.
v. Zahn & Jaensch Dresden. No. 54: Nationalökonomie. Staatswiss. 3500 No**s**.

Personalnachrichten.

Dem Direktor der Universitäts-Bibliothek in Göttingen Geb. Reg.-Rat Prof. Dr. Dziatzko ist das Offizierskreuz des Ordens der Kgl. Italienischen Krone verliehen worden.

Der Landesbibliothekar und Vorstand des Provinzialmuseums in Posen Dr. Franz Schwartz ist zum Provinzial-Conservator der Kunstdenkmäler der Provinz Posen bestellt worden.

Der Assistent an der Kgl. Universitäts-Bibliothek in Marburg Dr. C. Haeberlin ist zum Hülfsbibliothekar an derselben Bibliothek befördert worden.

Der Assistent an der Königl. Univ.-Bibliothek zu Greifswald Dr. phil. Hermann Henneberg ist in gleicher Eigenschaft an die Univ.-Bibl. zu Marburg versetzt worden.

Dem Landesbibliothekar Dr. Schalk in Wiesbaden ist der Rote Adler-Orden 4. Klasse verliehen worden.

Der Sekretär der Kgl. Universitäts-Bibliothek in München Martin Dümmling ist vom 16. August ab zum Sekretär der Kgl. Hof- u. Staatsbibliothek daselbst ernannt.

Der bisherige Assistent an der Königlichen Bibliothek in Berlin Dr. Paul Hirsch ist zum Hülfsbibliothekar an der Königlichen und Universitäts-Bibliothek in Königsberg ernannt worden.

Der Direktor der Universitäts-Bibliothek und ausserordentliche Professor in der philosophischen Fakultät der Universität Bonn Geb. Reg.-Rat Dr. C. Schaarschmidt ist zum ordentlichen Honorar-Professor in derselben Fakultät ernannt worden.

Dr. phil. K. Pietsch, der seit März 1890 als Assistant Librarian an der Newberry Library beschäftigt war und ganz besonders dafür Sorge getragen hat, dass Philologie, Geschichte und Philosophie in würdiger Weise an dieser Bibliothek vertreten sind, folgt am 1. Oktober einem Ruf an die University of Chicago als Instructor of the Romance languages and literatures.

Am 17. September starb auf Helgoland der Bibliothekar der Hausbibliothek des Kaisers Dr. Walther Robert-Tornow aus Berlin.

Der Bibliothekar der Universitäts-Bibliothek in Tübingen Dr. Karl Geiger ist zum Oberbibliothekar daselbst ernannt worden.

Centralblatt
für
Bibliothekswesen.

XII. Jahrgang. **11. Heft.** **November 1895.**

Die Katalogzettel für Sonderabdrücke und Ausschnitte.

Die an den preussischen Staatsbibliotheken gültige Instruktion für die Herstellung der Zettel des alphabetischen Katalogs enthält keine besonderen Bestimmungen für die Behandlung von Sonderabdrücken und Ausschnitten. Auf den ersten Blick scheint ein Bedürfnis für solche Regeln auch nicht vorhanden zu sein. Denn in den grossen öffentlichen Bibliotheken pflegen Vertreter der genannten Gattungen von Druckschriften das Bürgerrecht i. allg. nur dann zu erhalten, wenn sie mit einem ordentlichen Titelblatt, mindestens mit einem Umschlagtitel, versehen sind. Dann aber haben sie durchaus den Charakter selbständiger Schriften und unterliegen der Behandlung nach den gewöhnlichen Bestimmungen.

Man wird indessen gut thun, die Kriterien für das Vorhandensein eines Titelblattes bei Sonderabdrücken recht streng zu wählen. Kommen auch bei eigentlichen Büchern unzweifelhafte Titelblätter vor, die weder Ort noch Jahr, weder Verleger noch Drucker enthalten, so sollte man bei Sonderabdrücken ein Titelblatt nur dann als vollwertig anerkennen, wenn es ausser dem Titel der betr. Abhandlung mindestens Ort und Jahr oder Ort und Verleger (Drucker) in der gewöhnlichen Form aufweist. Die zahllosen titelartigen Vorsatzblätter und Umschläge aber, die diesen Anforderungen nicht entsprechen, werden zwar als schätzbares Material für die Katalogisierung anzusehen sein, dürfen jedoch nicht dazu veranlassen, die Schrift als ein Buch im gewöhnlichen Sinne zu behandeln.

In der That ist es notwendig, für die Verzeichnung der Sonderabdrücke und Ausschnitte ohne Titelblatt, die sich in den Privatbibliotheken von Gelehrten und in den Büchersammlungen gelehrter Gesellschaften und Institute ausserordentlich zahlreich finden, besondere Vorschriften zu geben.

Recht deutlich sieht man das an den häufig vorkommenden Abdrücken aus den Comptes rendus der Pariser Académie des sciences. Man nehme etwa folgendes Beispiel:

Institut de France. Académie royale des sciences. Extrait des Comptes rendus des séances de l'Académie des Sciences, tome XX, séance du 9 juin 1845.

Sur l'organisation des Lucines et des Corbeilles, par M. A. Valenciennes.
Am Ende steht: Imprimerie de Bachelier.

Hiesse es nicht mit Kanonen nach Spatzen schiessen, wenn man die Titelaufnahme folgendermassen machen wollte?

[Kopft.:] Institut de France. Acad. roy. d. sciences. Extr. d. Comptes rend. d. séances..., t. 20 ... 1845.
Sur l'organisation des Lucines et des Corbeilles, par M. A. Valenciennes.
[Paris:] (Impr. de Bachelier 1845.) (4 S.) 1 Bd. 4.

Zweifellos ein viel zu umständlicher Apparat! Geradezu abenteuerlich aber würde die Anwendung der allgemeinen Bestimmungen auf den Fall sein, wo der Verfasser sich nicht am Kopf, sondern erst am Ende seines Aufsatzes nennt. Dann müsste konsequenter Weise der Titel als anonym behandelt und ein Rückweis von seinem alphabetischen Ordnungswort auf den Verfasser geschrieben werden. Natürlich wird das niemand thun, aber damit ist nur aufs neue bewiesen, dass die fraglichen Schriften eine Sonderstellung einnehmen und besonderer Behandlung bedürfen.

Sicherlich haben sich auch hier und da feste Regeln dafür herausgebildet, und es wäre sehr wünschenswert, darüber Mitteilungen zu erhalten. Inzwischen erlaube ich mir, ein Verfahren anzugeben, das sich bei der seit einigen Jahren im Gange befindlichen Verzeichnung der an den Berliner Universitäts-Instituten vorhandenen Bibliotheken recht gut bewährt.

Wir fingieren nämlich ein Titelblatt und denken uns darauf nur diejenigen Angaben gesetzt, die für eine deutliche und bestimmte Katalogisierung unumgänglich nötig sind. So weit diese Angaben aus der Vorlage selbst (einschliesslich ihres etwaigen Umschlages) entnommen werden, stehen sie nach der allgemeinen Regel in runden, anderweitige Zusätze in eckigen Klammern. Da wir ferner für die Reihenfolge der Angaben freie Hand haben, wird stets der Name des Verfassers voran, die Quelle des Abdrucks ans Ende gesetzt. Der Drucker fällt fort, die Unterscheidung zwischen Fraktur und Antiqua gleichfalls, Weglassungen werden nur dann durch drei Punkte bezeichnet, wenn sie den sachlichen Teil des Titels betreffen.[1])

Nach diesen Regeln gestaltet sich die Aufnahme des obigen Beispiels wie folgt:[2])

(Valenciennes, A.: Sur l'organisation des Lucines et des Corbeilles.) (4 S.) 1 Bd. 4.
(Aus: Comptes rend. de l'Acad. d. sciences [Paris], t. 20. 1845.)

---

[1]) Die letzte Bestimmung wäre auch für die allgemeine Instruktion sehr zweckmässig. Bei den Verlagsangaben ist sie längst stillschweigend in Kraft getreten.

[2]) Die hier hinzugefügte Seitenzählung bleibt infolge besonderer Bestimmung bei der Katalogisierung der Institutsbibliotheken weg.

Es braucht nicht im einzelnen hervorgehoben zu werden, wie sehr bei diesem vereinfachten Verfahren der Zettel an Übersichtlichkeit gewinnt, ohne dass irgend etwas Wesentliches fehlte, und wie erheblich dabei an Zeit gespart wird. Nur einige Bemerkungen seien gestattet.

Da der ganze Titel gleichsam aus dem Text der Vorlage ergänzt ist, steht er in runden Klammern. Das hat den Vorteil, dass die Zettel für Sonderabdrücke ohne Titelblatt sich dem Auge sofort anders darstellen, als die Aufnahmen regelrechter Bücher.

Die Quellenangabe bildet stets den Schluss des ganzen Zettels, eine Vorschrift, die wir auch bei Sonderabdrücken mit Titelblatt anwenden. Durch diese Loslösung von der eigentlichen Titelaufnahme wird einmal bewirkt, dass auch Sonderdrucke mit Titelblatt leichter als solche erkannt werden und ihre Quelle sogleich ins Auge fällt, dann aber auch eine freiere Form der Quellenangabe gerechtfertigt.

Zunächst scheint es nicht nötig, ja nicht einmal durchführbar, Sonderabdrücke und Ausschnitte (ohne Titelblatt) von einander zu unterscheiden. Nicht nötig — denn der geringfügige Vorzug an typographischer Schönheit, den der Sonderdruck vor dem Ausschnitt zu haben pflegt, braucht auf dem Zettel nicht zum Ausdruck zu kommen; aber auch nicht durchführbar. Der Begriff des Ausschnitts ist nämlich im Grunde negativer Natur: Er besteht darin, dass aus einer Druckschrift eine Anzahl von Blättern unverändert, ohne jede Zutat oder Weglassung, herausgenommen ist, während jede Veränderung bereits den Begriff des Sonderabdrucks verwirklicht. Ein sicheres positives, stets anwendbares Kennzeichen giebt es nicht, denn das einzige durchschlagende Verfahren, die Vorlage mit ihrer Quelle genau zu vergleichen, kann nicht ernstlich in Frage kommen. Ist freilich auf der Anfangsseite noch der Schluss einer vorhergehenden Abhandlung, oder auf der Schlussseite noch der Anfang einer folgenden erhalten, so ist der Ausschnitt leicht als solcher zu erkennen; wie andererseits z. B. der Beginn der Schrift auf der Rückseite eines Blattes die Entfernung des Schriftsatzes, also einen Sonderabdruck bezeugt. Aber eine ausgeschnittene Abhandlung kann ebensowohl am Anfang eines Blattes beginnen und am Ende eines Blattes schliessen, sie kann z. B. die ersten zwei Bogen eines Zeitschriftenbandes gerade gefüllt haben, so dass selbst die Seitenzählung mit 1 beginnt, während andererseits eine mitten herausgegriffene Seitenzählung durchaus nicht mit dem Vorliegen eines Separatabzuges unvereinbar ist, bei dem man sich nur die Änderung der Seitenzahlen gespart hat.

Dazu kommt noch der Gebrauch mancher Zeitschriften, ihren Mitarbeitern als Belege zwar Ausschnitte zu liefern, aber in einem Umschlage, der die Bezeichnung Separatabdruck trägt.

Angesichts dieser Schwierigkeiten ist es wohl besser, auf eine Unterscheidung ganz zu verzichten, die man nicht überall mit Sicherheit machen kann, und deren Nutzen verschwindend ist.

Was nun die Form der Quellenangabe betrifft, so ist es zweck-

mässig — und das gilt auch für Sonderdrucke mit Titelblatt — die verschiedenartigen vorkommenden Wendungen wie:
Aus ... besonders abgedruckt; Extrait de ...; Ex ... seorsim expressum u. s. w.
kurzweg durch das Wort Aus mit nachfolgendem Kolon zu ersetzen und den Titel der Quellenschrift im Nominativ anzuschliessen. Dieser Titel selbst ist ferner möglichst kurz und übersichtlich anzugeben. So wird man, wenn die Quelle eine Einzelschrift ist, den Namen des Verfassers voranstellen, bei Zeitschriften gangbare und verständliche Abkürzungen anwenden, die Ausführlichkeit des Citats unter Umständen einschränken (z. B. die Angabe des Heftes oder gar der Seitenzahlen fortlassen und sich mit der des Bandes begnügen) u. dgl. m.
Eine besonders starke Kürzung ist z. B. bei den Abdrücken aus den Wiener Sitzungsberichten am Platze. Die Formel:
(Aus dem XL. Bande, Seite 428, des Jahrgangs 1860 der Sitzungsberichte der mathem.-naturw. Classe der kaiserlichen Akademie der Wissenschaften besonders abgedruckt.)
schrumpft zusammen auf:
Aus: Sitzb. d. kais. Ak. d. Wiss., math.-natw. Cl., Bd. 40. 1860.

Wie man sieht, sind dabei die Weglassungen nicht durch Punkte gekennzeichnet und auch die Klammern nicht mit Anführungszeichen übernommen. Wir unterwerfen eben die Quellenangaben grundsätzlich derselben freien Behandlung, wie sie schon längst auf die Verlags- und Druckangaben angewendet wird. Insbesondere werden dabei Klammern nur bei Ergänzungen und dann nach der sonst gültigen allgemeinen Regel gesetzt, so dass also eine Quellenangabe, die auf dem Titelblatte steht, niemals in Klammern erscheint.

Noch einige Beispiele mögen das Verfahren veranschaulichen.
Angabe des Titelblatts:
Aus den naturwissenschaftlichen Abhandlungen, gesammelt und durch Subscription hrsg. v. W. Haidinger. 1. Band. S. 159.
Fassung des Zettels:
Aus: Naturw. Abhandl. hrsg. v. Haidinger, Bd. 1.

S.-A. ohne Titelbl., am Kopf:
Académie royale de Belgique. (Extrait du tome XVIII, no 8, des Bulletins.)
Fassung des Zettels:
(Aus: Bulletins de l'Acad. roy. de Belgique, t. 18.)

Den behandelten Schriftenklassen nahe verwandt sind in sich abgeschlossene, aber vereinzelte Teile (Bände, Hefte, Nummern) von Zeitschriften oder Sammelwerken, die sich wegen ihres besonderen Inhalts oder wegen einer darin enthaltenen Abhandlung in einer Fachbibliothek vorfinden. Je nachdem dann ein Titelblatt[1]) vorhanden ist,

---

1) Im engeren Sinne, nicht bloss ein Schmutz- oder Vorsatztitel.

auf dem die in Frage kommende Fachschrift verzeichnet ist, oder nicht, steht sie in Parallele zu den Sonderabdrücken mit oder ohne Titelblatt.

a. Im letzteren Falle wäre es natürlich verfehlt, die Vorlage unter den Titel des Quellenwerkes zu setzen, also etwa ein Heft einer Zeitschrift unter deren Titel. Vielmehr ist die fragliche Abhandlung das Wesentliche, es ist gleichsam ein Ausschnitt mit vielen überflüssig stehen gebliebenen Blättern und demnach auch als Ausschnitt (aus dem betr. Bande der Zeitschrift) aufzunehmen. Liegt aber ein ganzer Band vor, so ist bei der Quellenangabe am Schluss das „Aus:" fortzulassen und dafür die Seite hinzuzufügen, mit der die fragliche Abhandlung beginnt, also z. B.:

(Ztschr. f. Math. u. Physik, Jg. 25. 1880, S. 329.)

Füllt die Abhandlung den ganzen Band, so unterbleibt auch die Angabe der Seite.

Es läge vielleicht nahe, die Quellenangabe dem Falle dadurch anzupassen, dass „In:" statt „Aus:" gesetzt würde. Indessen mir scheint, diese Formel müsste (wie das Gleichheitszeichen) nur da angewendet werden, wo wirklich auf einen anderen Titel verwiesen wird, was hier ja gerade nicht geschieht.

Eher könnte es sich empfehlen, die vollständige Titelaufnahme des vorliegenden abgeschlossenen Teiles mit Ort und Jahr, Seiten- und Tafelzählung, in kleiner Schrift an die Spitze des Zettels zu setzen, sodann den Vermerk [Enthält:] oder [Enthält u. a.:] und schliesslich als Hauptteil des Zettels den Titel der Abhandlung in runden Klammern folgen zu lassen, wobei der Name des Verfassers voranzustellen wäre. Doch ist das zuerst vorgeschlagene Verfahren kürzer.

b. Ist ein Titelblatt da, auf dem unsere Schrift verzeichnet ist, so muss eine vollständige Aufnahme stattfinden. Dabei ist es aber leitender Grundsatz, den speciellen Titel vor dem allgemeinen hervortreten zu lassen. Stehen beide auf demselben Blatte, so wird dies durch zweckmässige graphische Hervorhebung des Specialtitels bewirkt — ähnlich wie in dem unter a. zuletzt besprochenen Verfahren; ist aber für die in Betracht kommende Schrift ein besonderes Titelblatt vorhanden, so ist entgegen der sonst gültigen Regel dies als Haupttitel zu behandeln, der allgemeine Titel nur als [A. T.] am Ende anzuführen.

Als Beispiele mögen dienen:

[Umschlagt.:] Sammlung klinischer Vorträge ... hrsg. v. Richard Volkmann. Nr. 74. ...

Die erste Kindernahrung v. F. A. Kehrer. ... Leipzig: Breitkopf u. Härtel 1894. 1 Bd. 8.

Verhandlungen der Kais. Leopold.-Carolin. Akad. d. Naturforscher. Suppl. d. 14. Bandes enthaltend

Fossile Flora des Übergangsgebirges v. Dr. H. R. Goeppert ... Breslau u. Bonn 1852. 1 Bd. 4.

[J.] Geschichte der Mineralogie. Von 1650—1860. Von **Franz von Kobell**. ... München: J. G. Cotta 1864. 1 Bd. 8.
[A. T.] Geschichte der Wissenschaften in Deutschland. Neuere Zeit. Bd. 2. ...

Es wären demnach bei diesen Beispielen Zettel für die „Sammlung klinischer Vorträge", „Verhandlungen der ... Akad. d. Naturforscher", „Gesch. d. Wiss. in Deutschland", sowie für Richard Volkmann als Hrsg. überhaupt nicht zu schreiben, da jene Werke als solche nicht in der betr. Bibliothek vorhanden, sondern nur durch vereinzelte Teile vertreten sind. Liegt aber die Wahrscheinlichkeit vor, dass jemand den Katalog unter dem bibliographischen Haupttitel aufschlagen werde, so scheint es immer noch angemessener, von dem Haupttitel auf den hier wichtigeren Specialtitel zu verweisen, als umgekehrt.

Zum Schluss noch eine Bemerkung über die Datierung von Sonderdrucken.

Ist aus der Vorlage selbst das Erscheinungsjahr zu entnehmen, so wird man es natürlich stets hinzusetzen, sich aber anderfalls mit der Bandzahl der Zeitschrift begnügen. Fehlt auch diese, ja, ist überhaupt die Quelle nicht zu erkennen, so findet sich doch oft am Ende des Aufsatzes eine Datierung, gewöhnlich auch mit Angabe des Wohnortes des Verfassers. So wenig nun dieser als Erscheinungsort angegeben werden kann, ebensowenig kann aus dem Datum der Abfassung des Aufsatzes ohne weiteres das Erscheinungsjahr entnommen werden. Oft genug liegen Jahre zwischen beiden. Dasselbe gilt von dem Jahre, in dem eine Abhandlung in einer gelehrten Gesellschaft gelesen wurde. Bei den Abhandlungen der Berliner Akademie der Wissenschaften z. B. ist das Erscheinungsjahr oft zwei Jahre später. Da nun die Angabe einer Jahreszahl ohne Zusatz nach unseren allgemeinen Regeln als Erscheinungsjahr aufgefasst werden müsste, so empfiehlt es sich, in den besprochenen Fällen, denen sich überhaupt die [o. J.] erschienenen Bücher anreihen, das vorgefundene Datum mit dem Zusatz „datiert" zu übernehmen, also beispielsweise (dat. 1850) zu schreiben.

Berlin. Heinrich Simon.

Bibliotheks-Adressbuch, wissenschaftliche und Volks-Bibliotheken.

In ihrer Nr. 135 vom 13. Juni d. J. bringen die „Nachrichten aus dem Buchhandel" einen längeren Artikel „Deutschlands öffentliche Bibliotheken. Von einem Bibliothekar", der sich im Eingang auch mit meinem „Adressbuch der deutschen Bibliotheken" (10. Beiheft zum C. Bl. f. Bibl. W.) beschäftigt. Ich bin dem Herausgeber des Centralblattes sehr dankbar, dass er mir die Möglichkeit gewährt aus diesem Anlasse auf einige Missverständnisse einzugehen, welche ich in Besprechungen des Adressbuches mehrfach gefunden habe, und einige weitere Bemerkungen daran zu knüpfen. Den angeführten Artikel nehme ich um so lieber zum Anlass, als er von einer ausserordentlich wohlwollenden und verständnisvollen¹) Beurteilung des Adressbuches ausgeht.

Ich konstatiere zunächst mit Befriedigung das Anerkenntnis, dass in dem Werke in der That ein neues Unternehmen vorliegt, nicht lediglich eine neue Ausgabe des Petzholdt'schen Adressbuches, dass ich also weder die Pflicht noch sogar das Recht hatte, Petzholdts Namen auf den Titel zu setzen. Seine Verdienste um die Sache habe ich in der Vorrede auf das lebhafteste anerkannt, unter Verzicht auf das billige Relief, das ich der Arbeit durch eine Kritik meines Vorgängers hätte geben können. Anscheinend ist dieses Schweigen von oberflächlichen Beobachtern missdeutet worden. Sehr gern würde ich auch das Zusammentreffen im Namen „Adressbuch" vermieden haben, wenn sich eine zutreffendere Bezeichnung hätte finden lassen.

Anstoss hat im Titel ferner, und so auch bei dem ungenannten Kollegen in den „Nachrichten", der Ausdruck „deutsche Bibliotheken" erregt, während es hätte heissen müssen „Bibliotheken Deutschlands" oder richtiger sogar „des deutschen Reichs". Ich gestehe, dass bei der Formulierung Rücksicht auf Kürze und leichte Citierbarkeit ausschlaggebend gewesen ist. Aber mit der Zeit wird man sich doch daran gewöhnen müssen „deutsch" im politisch-geographischen Sinne zu verstehen. An Beispielen auf Büchertiteln ist von Blau's Verzeichnis der Handschriftenkataloge der deutschen Bibliotheken (C.-Bl. f. Bibl.-W. III S. 1 ff.) bis zur „Deutschen Unterrichtsausstellung in Chicago" und dem dafür bestimmten Werke über die „deutschen Universitäten" kein Mangel. Übrigens bezweifle ich, dass die Mehrzahl der Bibliotheken Deutsch-Österreichs (wenn sich dieses überhaupt abgrenzen lässt) und der deutschen Schweiz mit der Subsumierung unter die „deutschen Bibliotheken" einverstanden sein würde.

Unzufriedenheit haben endlich nach mehreren Richtungen hin die Grundsätze erregt, nach denen die Auswahl der behandelten Bibliotheken erfolgt ist. Man scheint dabei mehrfach von der ganz irrtümlichen Voraussetzung ausgegangen zu sein, dass eine Gesamtstatistik der Bibliotheken des deutschen Reiches beabsichtigt gewesen sei, etwa so wie sie über die der Schweiz, Italiens und der Vereinigten Staaten vorliegt. Wäre das der Fall, so hätte allerdings die Aufnahme aller Büchersammlungen und möglichste Vollständigkeit des Zahlenwerkes angestrebt werden müssen. Aber diese Aufgabe hätte nur von einem mit der Autorität einer Behörde ausgestatteten statistischen Bureau

---

¹) Ganz unverständlich ist mir jedoch sein Tadel, dass ich nur die Zahl der „etatmässigen Beamten" angebe. Es würde doch ein völlig falsches Bild von den einer Bibliothek zur Verfügung stehenden Arbeitskräften gegeben haben, wenn auch die zur Zeit der Umfrage zufällig thätigen ausserordentlichen Hilfskräfte verzeichnet worden wären, die beim Erscheinen des Adressbuches vielleicht schon nicht mehr vorhanden waren. Oder sollte der Verfasser „etatmässig" im Sinne von „fester Anstellung" genommen haben? Dieses Missverständnis wird doch durch die häufige Anführung von Assistenten ausgeschlossen.

gelöst werden können, und es wäre überdies sehr fraglich, ob der erzielte Nutzen der aufgewendeten Mühe entsprochen haben würde.

Dagegen war die Absicht, nicht nur meine, sondern auch die des Herausgebers des C.-Bl., welcher die Anregung zu dem Unternehmen gegeben hat, in erster Linie ein praktisches Nachschlagebuch für diejenigen zu liefern, die sich über den Bestand u. s. w. einer bestimmten Bibliothek oder über die Sammlungen eines bestimmten Ortes unterrichten wollten. Hier war eine Auswahl unbedingt nötig, einmal, damit die Übersicht über das Wichtige nicht unter dem Wust des Unwichtigen verloren ginge, und dann, weil die notwendige Zuverlässigkeit der Angaben nur bei einer Beschränkung der Aufgabe zu erreichen war. Die sonach gebotene Begrenzung war am zweckmässigsten und ohne allzugrosse Willkür zu gewinnen, wenn man diejenigen Kategorieen von Bibliotheken ganz ausschied, über die voraussichtlich am wenigsten praktische Auskunft gesucht werden würde, d. h. die mit ganz moderner überall zugänglicher Litteratur und von rein lokaler Bedeutung, wenn man dagegen bezüglich der übrigen, aufzunehmenden Kategorieen möglichste Vollständigkeit zu erreichen suchte. Auf diesem Wege konnte man wenigstens für diese Kategorieen zugleich den Forderungen der Statistik einigermassen gerecht werden und so in mehreren Beziehungen einen Fortschritt gegen Petzholdt erzielen, der alle Notizen, die ihm irgendwie erreichbar waren, ohne ihre Beglaubigung überall zu prüfen oder Präcision der Angaben und Vollständigkeit anzustreben, in unübersichtlicher Weise zusammengestellt und damit, ganz abgesehen von anderen Mängeln[1]), den praktischen Gebrauch seines Werkes erschwert und die Benutzung zu statistischen Zwecken gänzlich ausgeschlossen hatte.

Eine Schwierigkeit blieb freilich auch so bestehen. Während sich der Kreis der Schulen, wissenschaftlichen und Kunstsammlungen, Behörden u. s. w., deren Bibliotheken aufzunehmen waren, leicht fixieren liess, war das bei den Kirchen-, Vereins- und Familienbibliotheken nicht in gleicher Weise möglich. Hier musste vielfach nach Umfang und Wert der einzelnen Sammlung entschieden werden und das ist selbstverständlich nicht ohne Irrtümer und nicht ohne eine gewisse subjektive Willkür abgegangen. Indessen ist diese kaum von so grossem Einfluss gewesen wie die sozusagen von aussen aufgedrängte: dass nämlich von einer ganzen Reihe von Sammlungen, die Aufnahme verdient hätten, nicht einmal die Existenz bekannt und von mindestens eben so vielen keine zuverlässige Auskunft zu erlangen war. In ersterer Beziehung ist zu beklagen, dass ausser Petzholdt, dessen Wert deshalb nicht hoch genug angeschlagen werden kann, nur sehr wenige gedruckte Quellen vorlagen, und dass auch private und amtliche Hülfe nicht ausgereicht hat, vermutlich weil im allgemeinen sehr wenig

---

1) So hat P. in den Litteraturangaben Aufsätze in Zeitschriften und Einzelstellen in Büchern nur dann angeführt, wenn ihm ein Separatabdruck davon bekannt war.

Interesse für die kleinen und verstreuten Sammlungen vorhanden ist. Was den zweiten Punkt betrifft, so habe ich mich im Vorwort sehr höflich ausgedrückt, wenn ich die Zahl derjenigen Bibliotheken, von welchen auch durch drei- und viermalige Anfrage eine Antwort nicht zu erreichen war und die infolgedessen fast sämtlich von der Aufnahme ausgeschlossen worden sind, „verhältnismässig klein" genannt habe, d. h. im Verhältnis zu den mehr als 2000 verandten Fragebogen. Es sind doch Lücken dadurch entstanden, die mir jetzt zum Vorwurf gemacht werden.

Ein klassisches Beispiel für diese Verhältnisse ist die von Herrn Pfarrer Radlach in diesem Jahrgang des C.-Bl. (S. 153 ff.) scharf gerügte Behandlung der Kirchenbibliotheken der Provinz Sachsen. Für diese lag mir durch das freundliche Entgegenkommen des Königlichen Konsistoriums in Magdeburg eine von sehr sachverständiger Seite ausgearbeitete Denkschrift vor; ich konnte also glauben so gut wie möglich unterrichtet zu sein. Trotzdem waren darin eine ganze Anzahl Bibliotheken gar nicht erwähnt, deren Aufführung Herr Radlach vermisst, andere wieder als unbedeutender bezeichnet[1], von einigen endlich habe ich trotz aller Bemühungen keine Antwort erhalten. Diese Vorwürfe treffen also in der That nicht mich.[2]

Dagegen würde sich Herr Radlach ein Verdienst erwerben, wenn er seine besseren Kenntnis dieser Bibliotheken benutzte, um ein Verzeichnis derselben, etwa in der Art des Adressbuches oder wenn möglich noch ausführlicher, zu veröffentlichen. Eine derartige lokale oder provinzielle Zusammenstellung bietet den Vorteil, dass sie auch vieles Unwichtige aufnehmen kann, was in einem Gesamtverzeichnis nur störend sein würde. Und so möchte ich überhaupt diesen Anlass benutzen allen denjenigen, welche Gelegenheit dazu haben, die Förderung der lokalen und landschaftlichen Bibliothekenkunde dringend ans Herz zu legen. Bei der im Gang befindlichen Inventarisierung der Kunstdenkmäler und Altertümer sind leider die Bibliotheken fast ganz vernachlässigt worden und auch die lokalen Geschichtsvereine haben fast gar nichts dafür gethan. Jetzt, da der Landeskunde ein erhöhtes Interesse zugewendet wird, dürfte es Zeit sein ernst auf die Notwendigkeit einer Verzeichnung sämtlicher Büchersammlungen, die einigermassen öffentliches Interesse haben, hinzuweisen. Noch dankenswerter und von unmittelbar praktischem Nutzen würden gedruckte Gesamtkataloge

---

[1] Welche von beiden Angaben richtig ist, entzieht sich natürlich meiner Beurteilung; doch ist es mir öfter begegnet, dass die „wertvollen alten Bestände" einer Kirchenbibliothek sich nur als eine der älteren Lutherausgaben oder dergleichen herausstellten.

[2] Auch die übrigen würde Herr Radlach wohl zum Teil unterdrückt oder anders formuliert haben, wenn er meine Vorbemerkungen aufmerksam gelesen hätte. Ganz unbegreiflich ist mir, wie er die auf direkter Mitteilung der Bibliotheksverwaltungen beruhenden Zahlenangaben „nicht überall richtig" nennen kann, weil ein Missionshandbüchlein von 1894 eine andere Angabe enthält.

der örtlich zusammengehörigen kleinen Sammlungen sein, wie ein solcher z. B. in sehr nachahmenswerter Weise über die sämtlichen Pfarr- und Kirchenbibliotheken der Ephorie Leisnig hergestellt worden ist (Adressb. S. 229 u. ö.).

Die Bibliotheken, welche nach den oben angeführten Grundsätzen für das Adressbuch in Betracht kamen, waren fast ausschliesslich solche, die vorzugsweise wissenschaftlichen Zwecken dienen. Das mag bedauerlich erscheinen, wenn man auf die grossartigen Erfolge blickt, welche die allgemeineren, populären Bibliotheken namentlich in Nordamerika zu verzeichnen haben. Thatsache aber ist es, dass Bibliotheken dieser Art bei uns nur erst in Ansätzen vorhanden sind. Diejenigen, welche sie im Adressbuch vermissen, verwechseln wohl die Bedeutung, welche der Frage der Volksbibliotheken im allgemeinen zukommt und die eine statistische Bearbeitung derselben sehr wünschenswert machen würde, mit der Bedeutung der einzelnen derartigen Sammlungen, die durchweg von rein lokalem Interesse sind und bis jetzt weder nach Umfang noch Inhalt der Bestände eine allgemeinere Beachtung beanspruchen können. Ich möchte mich ausdrücklich dagegen verwahren, dass ich jene principielle Bedeutung unterschätzt habe, wenn ich die Volksbibliotheken ausschloss. Im Gegenteil, ich kann es nur als höchst erwünscht bezeichnen, wenn die Bewegung für dieselben jetzt mehr und mehr in Fluss kommt.

Weniger erfreulich ist, dass die Vorfechter dieser Bewegung ihre Sache dadurch fördern zu müssen glauben, dass sie die Leistungen der wissenschaftlichen Bibliotheken in ganz ungerechter Weise herabsetzen. Auch der „Bibliothekar" in den „Nachrichten aus dem Buchhandel", der doch die Verhältnisse genauer kennen sollte, hat sich davon nicht frei gehalten. Zum soundsovielten Male vergleicht er die Benutzungsziffern der amerikanischen öffentlichen Bibliotheken mit denen unserer wissenschaftlichen Büchersammlungen, gerade als wenn man nur die Zahl der in den Volks- und mittleren Schulen erteilten Unterrichtsstunden und der darin ausgebildeten Schüler mit den zahlenmässig entsprechenden Leistungen der Universitäten zusammenzustellen brauchte, um die Unzulänglichkeit der letzteren darzuthun. Und mindestens unglücklich formuliert ist, was er als Grund für die angebliche gewaltige Überlegenheit der amerikanischen Bibliotheken anführt: weil sie echte Volksbibliotheken seien, zu denen alle Klassen der Bevölkerung, nicht nur die gebildeten oder „besseren" Stände, Zutritt haben. Meines Wissens wird auch in unseren öffentlichen Bibliotheken zur Benutzung im Lesesaal, wenn es sich nicht nur um Unterhaltungszwecke handelt, Jedermann zugelassen, und auch die Beschaffung eines Cavets zur Entleihung dürfte keine ernstlichen Schwierigkeiten machen. Nicht in der Unzugänglichkeit unserer Bibliotheken für weitere Kreise liegt der Grund für die zahlenmässige Beschränktheit ihrer Benutzung, und das scheint auch der Verfasser des Artikels im Grunde nicht zu meinen, sondern eben in ihrem wissenschaftlichen Charakter, in der Art ihrer Bestände, die nicht für Jedermann aus dem Volke geniessbar sind, ja von denen ein Teil sogar kaum noch zur laufenden Benutzung, sondern mehr zur Konservierung mitgeführt wird.

Sollen wir nun unsere grossen öffentlichen Bibliotheken nach amerikanischem Muster umgestalten, d. h. ihr Niveau soweit herabdrücken, dass wir zwar das Zehnfache an Benutzungen erzielen, darunter aber mindestens 80 %, reine Unterhaltungslektüre? Ich denke, nein. Und zwar schon deshalb, weil weder die Bibliotheken nach ihrer ganzen Anlage zu dieser Erweiterung ihrer Aufgabe befähigt sind, noch dem Staate, dem ihre Erhaltung mit der Fürsorge für Wissenschaft und höheren Unterricht bisher oblag, eine erhöhte Leistung zu solchem Zwecke zugemutet werden kann. Was man von ihm erwarten kann, ist eine Dotierung der Universitäts- und Landesbibliotheken, durch welche sie in den Stand gesetzt würden den wissenschaftlichen Bedürfnissen zu genügen. Dass dies bisher nicht der Fall ist, ist eine anerkannte Thatsache: sowohl die Anschaffungsfonds als die Mittel zur zeitgemässen Verbesserung der Einrichtungen[1]) sind zum grossen Teil unzureichend. Was speciell Preussen betrifft, so ist schon in dem angeführten Artikel der „Nachrichten" auf Grund der statistischen Tabellen des Adressbuches berechnet, dass es darin sogar weit hinter den übrigen deutschen Staaten zurücksteht. Ich kann das nur bestätigen, indem ich aus Berechnungen, die ich nach denselben Materialien im Frühjahr 1893 ausgeführt habe und deren Richtigkeit durch die inzwischen eingetretenen Änderungen kaum merklich beeinträchtigt werden dürfte, die folgende kleine Tabelle über Bestand, Vermehrungsetat und Benutzung der staatlichen Landes- und Universitätsbibliotheken der grösseren deutschen Staaten zusammenstelle.

	Auf je 1 Einwohner kommen		Auf 100 Bde Bestand kommen Benutzungen[1])	Auf 1 Benutzung kommt vom Verm.-Etat M.
	Bestand Bde.	Verm.-Et. Pfennig		
Preussen	0,095	1,2	23,2	0,54
Bayern	0,31	2,2	10,8	0,65
Sachsen	0,25	2,0	nicht genügend bekannt	
Württemberg	0,29	2,5	13,6	0,65
Baden	0,48	3,4	8,4	0,83
Grossh. Hessen	0,55	4,4	13,1	0,60
Els.-Lothringen	0,37	3,4	15,0	0,61

Also nicht nur im Verhältnis zur Bevölkerungszahl sind Bestände

---

[1]) Bezüglich dieser sind die vorhandenen Mängel auf das zutreffendste formuliert von Dziatzko, Entwickelung u. gegenwärtiger Stand der wissenschaftl. Bibliotheken Deutschlands (Samml. bibliothekswissensch. Arbeiten V) S. 52. Bezüglich der Anschaffungsfonds ist zu verweisen auf Roquette in ders. Sammlung Heft VI S. 40 ff.

[2]) Bei der Gleichartigkeit der Bibliotheken wird es erlaubt sein, die verschiedenartigen Benutzungen zu addieren, d. h. die Zahlen von Spalte 17 der S. 393—395 des Adressbuches zu Grunde zu legen. Im übrigen erkenne ich natürlich vollkommen an, was Dziatzko a. a. O. S. 52 ff. über die Benutzungsstatistik gesagt hat.

und Vermehrungsetat in Preussen ganz abnorm gering, sondern auch im Verhältnis zur wirklichen Benutzung, das in Spalte 3 und 4 zum Ausdruck kommt. Das eigentliche Benutzungsbedürfnis ist natürlich sehr viel höher. Wollte man den Vermehrungsetat in Preussen nur soweit erhöhen, dass auf jede der rund 678000 Benutzungen so viel entfiele, wie durchschnittlich in den übrigen Staaten, etwa 65 Pf., so würden rund 74000 M. nötig sein, womit vermutlich ein grosser Teil der jetzt vergeblich gesuchten Bücher beschafft, d. h. die Benutzungsziffer erhöht und der auf die einzelne Benutzung entfallende Betrag wieder herabgemindert werden würde. Wollte man aber den Etat nach Massgabe der Einwohnerzahl auch nur auf die Höhe von Sachsen bringen, so würde sich ein Mehr von 240000 M. ergeben, das gerade hinreichen würde, die dringend erwünschte Centralbibliothek für den Westen (Göttingen) angemessen zu dotieren und die übrigen Universitätsbibliotheken einigermassen ihren bescheideneren Bedürfnissen entsprechend auszustatten.

Bei diesen Mehrforderungen der wissenschaftlichen Bibliotheken wird man nicht erwarten können, dass der preussische Staat auch noch die neue Last der Volksbibliotheken auf sich nehme. Ist also ein Bedürfnis dafür vorhanden — und ich zweifle nicht, dass es vorhanden ist —, so muss seine Befriedigung durchaus den Gemeinden, der Vereinsthätigkeit und der Privatinitiative überlassen werden. Eine solche Scheidung wird für beide Teile von Vorteil sein. Die Volksbibliotheken werden sich frei und ganz nach den jeweiligen örtlichen Verhältnissen entwickeln können, in höherem Masse das Interesse der Bürger auf sich lenken und damit hoffentlich reichere Schenkungen und Vermächtnisse erhalten. Den Staatsbibliotheken dagegen wird es möglich sein sich streng auf ihre wissenschaftliche Aufgabe zu beschränken, halbpopuläre Wünsche auf Anschaffung und Benutzung zurückzuweisen, während sie in der Konkurrenz der Volksbibliotheken einen Sporn zu unausgesetzter eigener Thätigkeit und Verbesserung der Einrichtungen, sowie in dem verallgemeinerten Interesse für Bibliothekswesen eine mächtige Förderung auch ihrer Zwecke finden werden.

Nicht in derselben Weise wird sich die Scheidung der Ziele bei den Stadtbibliotheken durchführen lassen. Wir haben hier einige grosse und reichlich benutzte Sammlungen, wie Breslau, Frankfurt, Mainz, Köln[1]), die in ihrer wissenschaftlichen Wirksamkeit zu stören kaum angemessen wäre. Bezüglich der meisten übrigen aber, auf deren schiefe und unbefriedigende Stellung bereits Dziatzko a. a. O. S. 44 f. hingewiesen hat, kann ich mich nur dem Kollegen in den „Nachrichten" anschliessen, welcher Umwandlung ihrer Ziele im Sinne der Volksbibliothek fordert. Freilich werden gerade hier, fürchte ich, sehr viele Trägheitsmomente zu überwinden sein. Gelingt es aber, sei es durch Anlehnung an diese vorhandenen Organisationen, sei es durch Neu-

---

1) Dass die „Stadtbibliotheken" der drei freien Städte als Staatsbibliotheken zu rechnen sind, ergiebt sich aus der Tabelle S. 355 des Adressbuches.

gründungen die „Volksbibliothek" im besten Sinne des Wortes zu einem wirklichen Faktor der Volksbildung und des litterarischen Lebens zu erheben, dann wird ihr auch der Bearbeiter eines künftigen Bibliotheksadressbuches die verdiente Beachtung nicht vorenthalten.

Königsberg i. Pr.   P. Schwenke.

Bibliothekstechnisches.
Erwiderung.

Altmanns Einwürfe (S. 410—413) gegen einzelne meiner Ausführungen (XI, 308—319) veranlassen mich, in Kürze auf die berührten Fragen einzugehen. Zunächst glaube auch ich ebenso wie die Redaktion des Centralblattes, dass die Meinungen über gewisse dieser Fragen stets auseinandergehen werden. Allein durch die schärfere Beleuchtung der einander entgegenstehenden Meinungen ergiebt sich doch der Gewinn, dass die Vor- und Nachteile auf beiden Seiten klarer hervortreten und leicht der Weg zu Angleichungen gebahnt wird.

Altmann bezeichnet es als einen überaus grossen Nachteil der mechanischen Aufstellung, 'dass erst abgeschlossene Werke eingereiht werden können'. Dem ist aber thatsächlich nicht so, denn es wird ein abgeschlossener Teil eines Fortsetzungswerkes sofort eingereiht, nur wird für den Zuwachs der nächsten Zeit Raum gelassen. Als einen Vorteil der mechanischen Aufstellung hebt Altmann hervor, 'dass die Bücherbretter wenigstens zum grössten Teil nicht verstellbar gemacht zu werden brauchen'. Diesem angeblichen Vorteile möchte ich nicht das Wort reden, weil ihm der Nachteil gegenübersteht, dass man in der unbeschränkten Ausnutzung des Raumes behindert wird. Dass bei der mechanischen Aufstellung die am meisten benutzte neuere Litteratur sich in der Nähe des Lesesaales befindet, ist nicht 'rein unmöglich'. Allerdings kaufen wir auch jahraus jahrein ältere Werke, aber ihre Zahl ist doch im Verhältnis zur neuen Litteratur, wenn nicht etwa der Bibliothek einmal eine grössere Schenkung älterer Werke zugeht, recht gering und bei der Beweglichkeit des Bücherschatzes, die gerade die mechanische Aufstellung ermöglicht, ist es recht wohl ausführbar, jene alten Bestände, die fast nur historischen Wert haben und aus denen nur seltener einzelne Werke begehrt werden, in entferntere Räume des Magazins zu rücken.

Was die Aufstellung nach 6 Formaten betrifft, so habe ich diese Frage allerdings nicht vom Standpunkte einer behördlichen Vorschrift aus betrachtet. Übrigens ist die Sache nicht so gefährlich, wie sie auf den ersten Blick aussehen kann. Die Zahl jener Werke, deren Höhe über 35 cm hinausliegt, ist nicht gar so bedeutend. Wir haben es hauptsächlich mit 4 Formatreihen zu thun, von denen wieder jene mit der Höhenabstufung 20—25 cm am meisten in Betracht kommt. Macht man die Formatreihen durch farbige Signaturzettel kenntlich, so ist die Unterscheidung sehr leicht.

In das Repertorium oder die Repertorien werden natürlich sämtliche Werke eingetragen, die überhaupt signiert worden sind, gleichgültig ob sie abgeschlossen sind oder nicht, ob sie in den Bücherräumen oder im Lesesaale stehen. Nur muss bei jenen Werken, die anderswo als in den Bücherräumen aufgestellt sind, dies durch ein Zeichen im Repertorium ersichtlich gemacht werden. Ein Raum wird für sie in den Magazinen nicht frei gelassen. Ob man überhaupt nur ein Repertorium führen soll oder für jede Formatreihe eines, darüber kann man verschiedener Ansicht sein. Ich habe meine Meinung in diesem Punkte früher (a. a. O. S. 317) geäussert.

Dass auch Altmann den Wert des alphabetischen Bandkataloges hoch anschlägt, nehme ich freudig zur Kenntnis.

Altmann hat seine Bedenken gegen die auch von mir wieder angeregte Versammlung von Bibliothekaren geäussert. Ich stehe noch auf meinem früheren Standpunkte, nur suche ich den Wert dieser Versammlungen vorläufig nicht in der von Altmann angedeuteten Beschlussfassung. Ich bin so unbescheiden, noch etwas mehr als die 'Erhöhung des Bücherfonds' zu verlangen, allerdings zunächst nicht auf Kosten der Regierungen. Darüber vielleicht nächstens etwas mehr.

Graz.   F. Eichler.

Noch einmal J. P. A. Madden und die Druckerei im Kloster Weidenbach zu Köln.

Wiewohl die Behauptung Maddens in seinen Lettres d'un Bibliographe Série III Lettre 1—6, das Bestehen einer Druckerei im Kloster Weidenbach zu Köln betreffend, durch den Aufsatz von Arthur Wyss in der Westdeutschen Zeitschrift für Geschichte und Kunst Jahrg. VII (1888) Heft 3 S. 271—277 hinlänglich widerlegt erscheint, halte ich es nicht für unnütz, im folgenden in Kürze nochmals auf die Streitfrage zurückzukommen, lediglich um die Wyss'schen Gründe noch durch einige neue Beweisstücke zu unterstützen. Es erscheint dies auch schon insofern gerechtfertigt, als noch in allerjüngster Zeit, im XIV. Beihefte zum C. f. B. „Beiträge zur Inkunabelnkunde" von P. Gottfried Reichhart I S. 203 ff. unter Köln 1463 „Ulricus Zell de Hanau gastliche Aufnahme und Verpflegung im Konvente der Brüder des gemeinsamen Lebens am Weidenbach findet, welche unter seiner Anleitung die erste Druckerpresse zu Köln errichten." Noch verschiedentlich wird dann der Presse im Kloster gedacht, bei den Jahren 1464, 1465, 1468, 1470; bei letzterem Jahre heisst es: „Ulricus Zell, noch im Konvente am Weidenbach, nicht Besitzer eigener Presse".

Ich hoffe, dass die nachfolgenden Zeilen beweiskräftig genug sind, der Kombination des verdienstvollen französischen Forschers endgültig ihre Überzeugungskraft zu nehmen.

Im Rheinischen Archiv, Wegweiser durch die für die Geschichte des Mittel- und Niederrheins wichtigen Handschriften, 1. Teil: Der Niederrhein bearb. v. Ilgen (Westdeutsche Zeitschrift für Geschichte und Kunst II. Ergänzungsheft) wird S. 168 eine Handschrift der Kgl. Bibliothek in Berlin angeführt (Ila. in 4° No. 249), welche das Priesterhaus Weidenbach betrifft: Verzeichnis der Klosterbrüder von W., beginnt 1417. Da es nicht ausgeschlossen erschien, dass sich in diesem Manuskripte irgend ein Hinweis auf die fragliche Sache auffinden liesse, unterzog ich dasselbe, welches mir genannte Bibliothek zur Benutzung in der Kölner Stadtbibliothek mit gewohntem Entgegenkommen zur Verfügung stellte, einer genauen Durchsicht, was bezüglich des hierher Gehörigen folgendes Resultat ergab.

Die Pergamenthandschrift, die aus dem Nachlasse des eifrigen Sammlers von Materialien zur rheinischen Geschichte Christian Quix 1847 in den Besitz der Kgl. Bibliothek gelangt ist, bietet ein Nekrologium der Presbyter und Kleriker der Kongregation dar; dasselbe beginnt mit dem Jahre 1417, wo die Gründung der Kölner Niederlassung durch den Schutz und die Billigung des Erzbischofs Dietrich von Mörs feste Umrisse gewonnen hatte; fortgeführt ist es bis in das 18. Jahrhundert hinein. Die Handschrift selbst ist höchstwahrscheinlich in der 2. Hälfte des 15. Jahrhunderts, etwa im 7. Decennium desselben, angelegt worden. Ausser den Namen der Brüder der Ordensgesellschaft in Köln finden wir auch diejenigen der Brudergenossenschaften in Münster und Wesel.

Die Namen der Konventualen Johannes Alen sowie Johannes Vrechen, welche Madden als Faktoren und Korrektoren in der Druckerei auftreten lässt, begegnen dem Leser einige Male.

In dem Bl. 4 beginnenden einfachen Namensverzeichnisse fratrum defunctorum in wydenhach erscheinen auf der Rückseite die Einträge: Frater Johannes alen (eine spätere Hand hat „Vicerector" hinzugefügt) Presbiter 1504 und Frater Johannes Vrechen Presbiter 1523. Die Zahlen, ebenfalls von späterer Hand herrührend, sollen die Sterbejahre der Genannten angeben.

III. 12—Bl. 58 giebt einen Memorienkalender: Incipit liber memoriarum in wydenbach. In diesem Abschnitte der Handschrift begegnet uns der Name Vrechens Bl. 23 unter dem 29. März: Eodem die obijt dilectus frater noster Johannes vrechen presbiter receptus 1523, derjenige Alens Blatt 27 unter dem 26. April: Obijt dilectus frater noster Johannes Alen presbyter receptus. 1504.

Ich möchte hier gleich einen kleinen Irrtum Ennens berichtigen, Katalog der Inkunabeln in der Stadt-Bibliothek zu Köln Abt. I, wo nämlich S. VI bei der Besprechung eines handschriftlichen Eintrages in einem dem Kloster Weidenbach gehörigen Buche die Ansicht ausgesprochen wird, dass „receptus" besagen wolle, der betreffende sei erst kurz vor der Zeit des Eintrages in die Genossenschaft aufgenommen. Da sich „receptus" wie in vorstehender Verbindung so überall da findet, wo von wirklichen Ordensbrüdern die Rede ist, so scheint mir der Ausdruck nur das zu besagen, dass die betreffende Person als thatsächliches Mitglied aufgenommen wurde im Gegensatze zu denjenigen Persönlichkeiten, deren Zusammenhang mit der Genossenschaft ein lockerer war, die keine bindende Verpflichtung mit derselben eingegangen.

Auf Bl. 59—72 unseres Codex sind die Namen der Brüder und Wohlthäter des Klosters mit ausführlicheren Notizen über gemachte Schenkungen, bisweilen auch über Lebensschicksale aufgeführt: Ab anno domini 1417. Incipiunt nomina fratrum nostrae congregationis et benefactorum defunctorum. Hier stossen wir zum dritten und letzten Male auf die beiden Namen, Bl. 68ª beim Jahre 1504: Eodem anno obijt dilectus frater noster Johannes alen presbiter receptus, Bl. 69ᵇ: Obijt dilectus frater noster Johannes Vrechen presbiter 1523.

Aus keiner einzigen der ganz vollständig wiedergegebenen Stellen ist auch nur die leiseste Andeutung bezüglich der den beiden Männern von Madden beigelegten Thätigkeit als Faktoren und Korrektoren in einer im Kloster Weidenbach befindlichen Druckerei ersichtlich. Und doch würde jedenfalls ihren Namen die Bezeichnung einer solchen nicht gefehlt haben, wenn sie thatsächlich einen so hervorragenden Zweig in der gedachten Offizin vertreten hätten. Auch von keinem anderen Ordensbruder spricht sich die Berliner Handschrift in besagtem Sinne aus, wie sich denn überhaupt in derselben keine Spur vorfindet, die uns von dem Vorhandensein einer Presse irgend welche Mitteilung machen könnte. Wenn Bl. 41 und 66ᵇ bei einem Bruder Henricus († 1491) die Thätigkeit als pergamentarius hervorgehoben wird, Bl. 41 und 65ᵇ bei einem Bruder Bartholdus († 1478) diejenige als schralbarus, scartharus, Bl. 64ᵇ bei einem Bruder Henricus Husch († 1472) diejenige als portarius u. ä. m., so ist es nicht erklärlich, weshalb bei Alen und Vrechen die Anführung ihrer besonderen Funktion unterblieben ist, einer Funktion, die doch mindestens den in den genannten Ausdrücken angegebenen gleichkommt, und die als eine ganz neue, wenn sie geschaffen worden wäre, jedenfalls Erwähnung gefunden hätte. Rühmt doch der Codex Bl. 67ᵇ vom Frater Johannes Wyllhusen († 1501), dass er „multum laboriosus fuit pro communi bono in scribendo".

Um bei dem letzten Ausdrucke, d. h. beim Bücherschreiben vorläufig zu verweilen, so sei hier als unterstützendes Argument für das Nichtvorhandensein einer Druckerei im Kloster Weidenbach noch erwähnt, dass auch hier die Anfertigung von Handschriften wie anderwärts eifrigst, sogar geschäftsmässig betrieben wurde. Gerhart Groot, der Stifter der Genossenschaft der Brüder vom gemeinsamen Leben, hatte ja den Seinigen die Vervielfältigung geistlicher Bücher durch Abschrift als besonders angemessene Beschäftigung empfohlen, und man kann geradezu eine Schreibergenossenschaft als den Anfang der Grootschen Stiftung betrachten. Dass die Brüder im Kloster Weidenbach die Schreibkunst auf eine bedeutende Höhe gebracht und, worauf es hier besonders ankommt, recht lange gepflegt haben, beweisen die zahlreichen Handschriften dieses Klosters, darunter sogar solche, die aus späteren Jahrzehnten des 16. Jahrhunderts stammen, wie deren noch das historische Archiv der Stadt Köln aufbewahrt. Es sei hier noch ein Weidenbacher Codex a. d. Jahre 1532 im erzbischöflichen

Museum zu Köln erwähnt, ferner andere etwa aus gleicher Zeit im Besitze der Pfarrkirche St. Kunibert in Köln, sowie gleichzeitige, die dem ehemaligen Kloster Schweinheim im Kreise Rheinbach gehörten u. a. m. Damit erledigt sich denn auch schon die Behauptung Maddens a. a. O. S. 32, dass nämlich die Klosterbrüder von Weidenbach sich nur etwa von 1417—1475 mit Eifer dem Abschreiben von Büchern gewidmet hätten. Das eine lässt sich nicht leugnen: wenn sie eine Druckerpresse wirklich errichtet hätten, so hätten sie notwendig den andern Zweig ihrer Beschäftigung, das Schreiben nämlich, fahren lassen müssen; zweierlei konnten sie nicht vertreten, drum behielten sie das Schreiben bei. Jedenfalls aber wäre, wenn ein Bruder die neue Kunst des Druckens ausgeübt, derselben Erwähnung gethan. Wie dem oben schon erwähnten Bruder Johannes Wyllhusen seine Betriebsamkeit in scribendo nachgerühmt wurde, so hätte sicher der Hinweis auf die Eigenschaft der eifrigen Bethätigung in imprimendo nicht bei demjenigen Ordensbruder gefehlt, der das Drucken ausgeübt; einen solchen Hinweis finden wir aber bei keinem einzigen.

Um nun den letzten Beweisgrund für das Nichtvorhandensein einer Presse im Kloster Weidenbach aus der Berliner Handschrift zu schöpfen, so weist dieselbe eine grosse Zahl von Bücherschenkungen auf, um derer willen des Gebers im Gebete gedacht werden soll. In einem einzigen Falle a. d. Jahre 1450 ist von libri impressi die Rede; sonst werden die vermachten Bücher entweder namentlich angegeben, wie Biblia, Quarta pars de vita Jesu, Summa confessorum etc., oder es ist ausdrücklich von Geschriebenem die Rede, wie Moralia S. Gregorii scripta, oder es heisst einfach libri, wo also eine Unterscheidung zwischen gedruckten oder geschriebenen nicht möglich ist. Es bedarf hier kaum der Erwähnung, dass die vorher angeführte Schenkung von gedruckten Büchern a. d. J. 1450 nur aus Holztafelbezw. Teigdrucken bestanden haben kann. Die betreffende Stelle, Bl. 60^b, unter dem Jahre 1450 lautet: Eodem anno obijt Wynandus de Roremundis qui dedit nobis arceum ad communionem fratrum cum libris impressis valore XX florenorum. Hierbei ist zu berücksichtigen, dass dem Schreiber der ältesten Teile des Codex, die, wie bereits erwähnt, in der 2. Hälfte des 15. Jahrhunderts und zwar ziemlich spät nach der Mitte niedergeschrieben sind, der Begriff gedruckter Bücher bereits geläufig sein konnte, was für das Jahr der Schenkung, 1450, nicht zu gelten braucht.

Zu dem vorstehend Gesagten nun argumentiere ich so: Wäre Maddens Behauptung von der gastlichen Aufnahme und Verpflegung Zells im Kloster Weidenbach richtig, dann wäre es doch höchst sonderbar, dass Zell sich nicht durch Geschenke, zumal Büchergaben, erkenntlich erwiesen hätte. Bei dem Vermögen, welches er besass, wäre dies für ihn eine Kleinigkeit gewesen, und er hätte im Verzeichnis der abgeschiedenen Wohlthäter des Klosters nicht gefehlt. Dass er mit diesem in Verbindung gestanden, will ich durchaus nicht leugnen, wie dies ja auch die verschiedenen handschriftlichen Eintragungen in seinen dem Kloster Weidenbach gehörigen Drucken zu besagen scheinen. Einer späteren Untersuchung mag es vorbehalten bleiben, ob nicht gerade die Meisterwerke der Schreibkunst der Brüder vom gemeinsamen Leben im Kloster Weidenbach von Einfluss auf die Gestaltung der ersten Kölner Drucke, sei es im Schriftguss, sei es in der ganzen Anlage, gewesen sind. Die Beziehungen indessen, die Zell mit den Fraterherren unterhielt, sind rein geschäftlicher Natur gewesen; das Kloster bezog von ihm seinen Bedarf an gedruckten Büchern, und diejenigen, welche dies vermittelten, waren eben Alen und Vrechen. Es soll hier auch nicht die Möglichkeit bestritten werden, dass das Kloster vielleicht dann und wann dem Kölner Protomagister artis impressoriae Handschriften zur Vervielfältigung durch den Druck geliehen hat. Weil aber Zell die Erzeugnisse seiner Presse dem Kloster nicht schenkte, so mussten sie eben beschafft werden, daher der Ausdruck „procurare", den Wyss bereits a. a. O. so deutet.

Von den hier in Betracht kommenden Büchern der Kölner Stadtbibliothek, aus deren handschriftlichen Einträgen Madden seine Folgerungen zieht, haben sich unversehrt nur diejenigen erhalten, welche im Ennenschen Inkunabelnkataloge auf den Seiten 48, 28 und 36 unter den Nummern 42, 2 und 12 aufgeführt sind. Bei den übrigen sind die von Madden mitgeteilten Einträge nicht mehr festzustellen, zumeist aus dem auch bereits von Wyss beklagten Grunde, dass einzelne Sammelbände durch den Vorgänger des jetzigen Bibliothekars zerlegt worden sind, ohne dass der frühere Zusammenhang der einzelnen Stücke dauernd auf denselben erkennbar gemacht wurde, oder dass die auf den Deckeln befindlichen Einträge handschriftlicher Art in irgend einer Weise aufbewahrt blieben. Die angeführten Nummern 42, 2 und 12 entsprechen den von Wyss a. a. O. S. 272 und 273 angegebenen Nummern 4, 5 und 8. Ich stimme vollständig mit Wyss überein, wenn derselbe sagt: „Disponere sowohl wie procurare heisst einfach beschaffen; darin kann auch die Arbeit eingeschlossen sein, die an dem gedruckten Buche noch zu verrichten war, das Fertigstellen zum Gebrauch, wozu namentlich das Rubrizieren gehört".

Wenn wir auf diese letztere Äusserung hin die angeführten Bücher ansehen, so müssen wir zugeben, dass dieselbe durchaus zutrifft. Die Bände sind vollständig für den Gebrauch fertig; sie werden roh von der Druckerei bezogen worden sein, und es lag nun den mehrfach genannten Brüdern ob, die letzte Hand an sie zu legen, sie zu rubrizieren, sie vielleicht auch durch Anbringen von Pergamentzipfeln zur Bezeichnung von bedeutsamen Abschnitten handlicher zu gestalten und, was bei den Sammelbänden erwähnenswert zu sein scheint, zu bestimmen, welche Schriften in einem Bande vereinigt werden sollten.

Es dürfte hier unnötig sein, sich noch weiter mit den Ausdrücken „procurare" und „disponere" zu befassen, da Wyss die allein richtige Deutung ihnen gegeben hat. Bemerken möchte ich hier nur noch kurz, dass der von Madden a. a. O. S. 18 mitgeteilte Sammelband — Wyss bespricht ihn unter No. 8 — identisch ist mit dem von Ennen

S. 36 unter No. 12 angeführten. Als Wyss s. Z. die Untersuchungen über die Druckerei im Kloster Weidenbach anstellte, hat der betr. Band in der Kölner Stadtbibliothek nicht aufgefunden werden können, da er unter No. 1059 des alten Kataloges angefordert wurde, diese Nummer aber infolge mehrfacher Umnummerierung der alten Bestände nicht mehr existierte. Daher sei hier ganz kurz erwähnt, dass der Band nur Drucke enthält, die dem Zell zugeschrieben werden, zwischen welchen und an deren Schlusse einige kleinere handschriftliche Abhandlungen stehen.

Zum Schlusse mögen hier noch einige Einträge in Büchern Platz finden, die mir gerade unter die Hände kamen, und die geeignet sind, das vorher Behauptete noch mehr zu bekräftigen. In einem zwei Drucke umfassenden Bande der Gymnasialbibliothek — G. B. II⁰ 286⁰ — findet sich auf dem Vorsetzblatto die handschriftliche Notiz: Liber monasterij diui Martini maioris Ordinis sancti Benedicti in Colonia procuratus studio ac labore F. Balthasar. Tongrensis tempore prioratus sui. Der erste Druck ist ein Solinger a. d. J. 1539, der zweite ein Mainzer a. d. J. 1541. Auch hier kann „procuratus studio ac labore" keine andere Bedeutung haben, als die von Wyss aufgestellte. Auch in diesem Falle sind die beiden Drucke, aus ganz verschiedenen Offizinen hervorgegangen, durch den Bruder Balthasar durch Rubrizieren etc. ganz lesefähig gemacht worden, und man wird bei diesem Ordensmanne ebenso wenig, wie bei den beiden Brüdern des Klosters Weidenbach, an Faktor- oder Korrektor-Dienste zu denken haben. Auf dem Vorsetzblatt eines anderen Druckes derselben Bibliothek — G. B. II⁰ 285⁰ — steht die handschriftliche Notiz: Liber monasterii diui Martini maioris in Colonia ordinis sancti Benedicti Abbatis procuratus studio et impendio patris Balthasar Tungrensis huius sacri coenobij prioris, cui non minimae cum ab omnibus bonis et devotis fidelibus, tum potissimum bonarum litterarum studiosis debentur gratiae ob ingentem librorum copiam ab eo solerti cura procuratorum. Der Druck selbst stammt aus d. J. 1506; es ist das „Cornucopiae" Nicolai Perotti, von Joh. Prüss in Strassburg gedruckt. Auch hier hat der Ausdruck „procurare" nichts anderes zu besagen wie schon von Wyss behauptet. Dasselbe gilt ebenfalls von dem Eintrage, der sich in dem der Kölner Stadtbibliothek gehörigen Exemplare des Wappenbuches von Siebmacher aus dem Jahre 1697 findet: Liber Abbatiae procuratus per Petrum Knor Abbatem Anno 1704.

Köln. Jak. Schnorrenberg.

Über den Krakauer Druck von Turrecremata, Explanatio in Psalterium.

Krakau, im Mittelalter die Metropole des wissenschaftlichen Lebens für das ganze nördliche Europa, war die erste Stadt Polens, in der die Buchdruckerkunst Einlass fand. Schon in der zweiten Hälfte des

15. Jahrhunderts begann man hier zu drucken und Bücher von hier aus zu vertreiben.

Genaue Daten und Nachrichten über die ersten Drucke Krakaus sind uns nicht überliefert, und noch immer ist das Dunkel dieser Epoche der polnischen Buchdruckerkunst nicht ganz gelichtet.

Einer der ersten bekannten Drucke Krakaus ist Johannis de Turrecremata Auslegung der Psalmen. Der Titel lautet: Ad sanctissimum ac beatissimum dūm Pium sed'm | pontificem maximum editio in librum psalmorum quem | alij soliloquium dicunt incipit feliciter a Johanne de turre | cremata Sabinensi epo ac sancte romane eccie Cardinali | sancti Sixti vulgariter nuncupati edita . . . . | *in fine*: Johannis de turre cremata . Cardinalis sancti Sixti vulga | riter nuncupati explanatio in psalterium Finit . Cracis impressa.

Zuerst[1]) beschäftigt hat sich mit dieser Inkunabel Wilhelm Zapf in seiner Abhandlung „Über eine alte Ausgabe von des Joannis de. Turrecremata explanatio in Psalterium"[2]), welcher das Jahr 1465 als Druckjahr zu beweisen sucht und Günther Zainer aus Reutlingen für den Drucker hält. Dasselbe wiederholt Panzer (Annales typogr. tom. XI p. 319), während Denis (Einleitung in die Bücherkunde Tl. 1 p. 126) den Druck in die Zeit von 1470—74 verlegt und behauptet, es wäre das Werk eines unbekannten Druckers. Bandtke (Historya drukarń w królestwie polskiem tom. I p. 1 u. 140—146) hält wie Zapf das Jahr 1465 für das richtige und Günther Zainer für den Drucker. Gegen die Behauptungen Zapfs veröffentlichte J. Chr. Bernhard ein „Gründliches Bedenken über das von Hr. Geheimen Rat Zapf angegebene hohe Alter und den Namen des Buchdruckers von des Joannis de Turrecremata Explanatio in Psalterium", worin er nachweist, dass Johann Schauer das Werk um 1483 gedruckt habe.

In neuerer Zeit schrieb Karl Estreicher eine Monographie[3]) über diese Inkunabel und den Drucker derselben, und Professor Przyborowski, der verdienstvolle Bibliothekar der Zamoyski'schen Bibliothek in Warschau, veröffentlichte einen Aufsatz darüber in der Zeitschrift Przegląd (Revue) bibliograficzno-archeologiczny tom I, 1881, p. 182—188.[4])

Wie über das Druckjahr und den Drucker, so war auch über den Druckort dieses Buches die Meinung bis jetzt eine geteilte.

Bernhard u. a. behaupteten, Cracis heisse gar nicht Krakau, sondern könne ebensogut Crecy in der Picardie, Croy in Holland und Graz in Österreich bedeuten.

Dass Cracis mit Krakau identisch ist, geht wohl am augenscheinlichsten daraus hervor, dass fast alle bekannten Exemplare dieses Druckes sich in Polen befinden oder aus Polen stammen; nur zwei

---

1) S. Jocher, Obraz bibliograficzno-historyczny literatury i nauk w Polsce tom. II p. 156.
2) Nürnberg 1803.
3) Günter Zainer i Świętope/k Fiol. Warszawa 1867.
4) S. auch den Nachtrag dazu von Polkowski im Przegląd bibl. arch. tom. III, 1882, p. 245—52.

befinden sich im Auslande. Ferner steht in den Kalendern, Manuskripten und Drucken des 15. Jahrhunderts meist die Form Cracis neben Cracoviae.

Selbst einen fingierten Druckort kann man hier nicht annehmen, weil für einen solchen im 15. Jahrhundert noch gar kein Grund vorhanden war; denn erst viel später, im 16. Jahrhundert, nötigten religiöse Rücksichten den Drucker zur Geheimhaltung seiner Offizin.

Noch weiter als in dieser Frage gehen die Ansichten auseinander in der Bestimmung des Druckjahres; denn 1465 und 1483 sind die äussersten Termine, welche man sich hierbei gesetzt.

Bevor wir jedoch dieser Frage näher treten, müssen wir folgende Thatsachen ins Auge fassen:

1. Das Werk ist dem Papste Pius II.[1] dediziert, welcher am 15. Aug. 1464 starb.
2. Turrecremata nennt sich in der Widmung Episcopus Sabinensis, wozu er auch erst im Jahre 1464 ernannt wurde.

Wenn nun Turrecremata das Werk als Bischof von Sabina dem noch lebenden Papste Pius II. dediziert, so kann er es nur vor dem Tode Pius' II. und nach seiner Ernennung zum Bischof von Sabina beendet haben, also in der ersten Hälfte des Jahres 1464.

Dass dann das Werk nicht schon 1465 in Polen erschienen sein konnte, ist wohl erklärlich, zumal wenn man bedenkt, dass zur Fertigstellung eines so umfangreichen Buches in jener Zeit meist Jahre vergingen.[2]

Ausser der Originalausgabe, gedruckt zu Rom von Ulrich Han (Vdalricus Gallus) im Jahre 1470, erschienen in kurzer Zeit zahlreiche Nachdrucke schnell hintereinander, so in Rom 1474 und 1476, in Augsburg 1472 und s. a., in Mainz 1474, 1476 und 1478, in Lübeck 1474, in Strassburg 1482, 1485 und 1487 etc.

Von allen diesen zeigt nur die Augsburger Ausgabe von 1472 Ähnlichkeit mit der Cracis-Edition. Selbst den Titel „Explanatio" statt „Expositio" — wie bei allen anderen Drucken — führen diese Ausgaben allein. Und da sich die Augsburger Drucke sowohl von den nachfolgenden Mainzer als auch vorangehenden Römischen Ausgaben durch solche charakteristische Merkmale in den Typen unterscheiden, dass sie mit jenen in gar keinen Zusammenhang gebracht werden können, so kann auch für die Cracis-Ausgabe allein die Augsburger Ausgabe als Vorbild gedient haben, d. h. sie ist nach dieser, also nach dem Jahre 1472 gedruckt.

Das von Lelewel (Bibliograficznych Ksiąg dwoje tom I p. 38) beschriebene und auch von Bandtke (historya drukarń w królest. polsk. tom I p. 4) erwähnte Exemplar[3] trug auf der letzten Seite unter den

---

[1] Aeneas Sylvius Piccolomini (1458—1464).
[2] So dauerte nach Falkenstein, Gesch. d. Buchdruckerkunst der Druck der 42zeiligen Mazarin-Bibel gegen 5 Jahre.
[3] Dasselbe befand sich damals in der Universitäts-Bibliothek zu Warschau, jetzt ist es in der Kaiserlichen Bibliothek zu Petersburg. Vide Wierzbowski, Bibliographia polonica tom. II p. 1.

510 Über den Krakauer Druck von Turrecremata, Explanatio etc.

Worten „Cralcs impressa" folgende mit roter Tinte geschriebene Bemerkung: „et comparata per Fratrem Andream Cruciferum Monasterij Mycchoviensis Ord. sacro-sancti Sepulcri dominici Jerosolimitani degentis tunc temporis in Przeworsko sub regula S. Augustini condam Cantorix chori ej: Monasterij Mycchoviensis anno domini M°CCCC°Lxxvj°".

Dass diese Notiz mit einem Kaufe nichts zu thun bat, sondern nur anzeigt, dass der Rubricator in der und der Zeit seine Arbeit beendet habe, findet in vielen anderen analogen Fällen seine Bestätigung. Jedenfalls ist darnach das Buch vor diesem Zeitraume, welchen die Notiz angiebt, also vor 1476 gedruckt.

Nach Wierzbowski, Bibliographia polonica tom. II p. 2 giebt es 15 Exemplare mit dem Druckorte Cracis, und zwar sind folgende Bibliotheken im Besitze derselben: Die Kaiserl. öffentl. Bibliothek in Petersburg, die gräfl. Zamoyskische Bibliothek in Warschau, die Bibliothek der Akademie der Wissenschaften zu Krakau, die des Fürsten Czartoryski ebendaselbst, die Bibliothek des Grafen Tarnowski zu Dzików in Gallizien, die des Grafen Dzieduszycki in Lemberg, die Bibliothek der Gesellschaft der Freunde der Wissenschaften und die Raczyńskische Bibliothek in Posen, die Universitäts-Bibliothek zu Krakau, die gräfl. Zamoyskische Bibliothek in Kórnik bei Posen, die Bibliothek des Grafen Moszczyński in Krakau, das Ossolińskische Institut zu Lemberg, die Königl. öffentl. Bibliothek in Dresden, die Königliche Bibliothek in München und die Kaiserliche Bibliothek in Wien.

Ferner befindet sich noch ein Exemplar in der Bibliothek des Herrn Kościelski in Karczyn (Posen).

Von diesen zeigt — soweit bis jetzt bekannt — nur das an letzter Stelle genannte eine merkliche Abweichung von den übrigen nach der Beschreibung von Wierzbowski, Bibliographia polonica tom. II p. 1—2 sich gleichenden Exemplaren. Für unseren Zweck beschränke ich mich deshalb nur auf die Beschreibung des zweiten und letzten Exemplares.

Das Exemplar der Zamoyskischen Bibliothek in Warschau enthält 151 Blätter, von denen das letzte leer ist, und ist mit gotischen Lettern gedruckt und in Folio. Es besitzt weder Kustoden noch Signaturen, auch keine Seitenzahlen. Die Höhe jedes Blattes beträgt 312 mm, die Breite 220 mm; jede Seite umfasst 37 Zeilen, nur an einer Stelle (s. weiter unten) finden sich davon Abweichungen. Das Buch besteht aus 15 Lagen von verschiedener Stärke. Lage 1—5, 7, 9, 10—14 haben je zehn Blätter, Lage 6 acht Blätter, Lage 8 elf Blätter, Lage 15 zwölf Blätter. In Lage 8 (Blatt 69—79 der gesammten Zählung) ist das 3., 4. u. 10., resp. 71., 73. u. 78. Blatt besonders eingeheftet, es besteht also aus 4 ganzen Bogen und 3 einzelnen Blättern. In diesem Hefte finden sich auch Abweichungen von der in den übrigen stets gleichmässigen Zahl der Zeilen. So hat die zweite Seite von Blatt 72 36 Zeilen, die erste Seite von Blatt 73 nur 25 Zeilen, die zweite 21 Zeilen, die erste Seite von Blatt 74 34, die zweite 29 Zeilen, die erste Seite von Blatt 75 28 Zeilen.

Höchstwahrscheinlich hat an dieser Stelle der Setzer zuerst etwas ausgelassen und dann, als er es bemerkte, sich durch Einfügen von 3 Blättern zu helfen gewusst; daher die Abweichungen von den übrigen Lagen. Bemerkenswert sind auch die meist mit roter Farbe[1]) ausgemalten Initialen und die ornamentartigen Verzierungen an den vom Drucker freigelassenen Stellen.

Das oben zuletzt genannte Exemplar, im Besitze des Herrn Kościelski zu Karczyn befindlich, zeigt von dem eben beschriebenen (und deshalb wahrscheinlich auch von allen anderen) nicht unerhebliche Abweichungen.

Vor allem enthält es, ohne defekt zu sein, nur 149 Blätter. Lage 8 dieses Exemplares hat nur 10 Blätter und nur 724 Zeilen entgegen 765 bei den anderen. Trotzdem ist der Text nur an einer Stelle[2]) von dem der anderen Exemplare im wesentlichen verschieden. Dies ist jedoch aus den vielen Kürzungen und Abbreviaturen, welche der Setzer an dieser Stelle anwandte, erklärlich.

Aber auch sonst finden wir in diesem Exemplare fast auf jeder Seite erhebliche Abweichungen im Satz. Augenscheinlich wollte der Setzer, welcher sich bei seiner Arbeit nach einem anderen Exemplare richtete, wenigstens den Anfang und den Schluss der Blätter in seiner Form mit denen des Originals übereinstimmend machen und veränderte darum die letzten Zeilen der einzelnen Blätter oft ganz willkürlich.[3]) Manchmal ist ein Wort, eine Silbe zu viel, manchmal zu wenig; sonst angewandte Abbreviaturen lässt er hier aus u. s. w.

Wir sehen also, dass wir es hier mit einem ganz anderen Drucke zu thun haben. Augenscheinlich haben wir zwei verschiedene Ausgaben ein und derselben Offizin vor uns. Welches ist nun aber die spätere und welches die frühere Ausgabe? Das zuletzt besprochene Exemplar dürfte vielleicht der schöneren und deutlicheren Typen wegen, durch die es sich von den anderen Ausgaben sehr unterscheidet, das ältere sein. Auch spricht dafür der Umstand, dass gewöhnlich die Ausgaben mit mehr Druckfehlern (wie hier das Exemplar von Karczyn) den verbesserten Ausgaben vorangehen.

---

1) In der Widmung und am Anfange des ersten Psalmes ist der Buchstabe B mit verschiedenen Farben ausgemalt. Die Höhe des ersten B beträgt 37 mm, des zweiten 31 mm; die übrigen Initialen haben die Höhe von je 13 mm.

2) Es ist dies in der Glosse zu Psalm LXX v. 13: confundantur et deficiant detrahentes animae meae operiantur confusione et pudore, welche im Zamoyskischen und den übrigen Exemplaren also lautet: de mala conscientia eorum at actiones pristinas vita (meliori condemnent qui querunt mala mihi quie)quid alij faciant quicquid mali michi preparent. Die eingeklammerten Worte fehlen im Exemplare zu Karczyn.

3) So ist auf Blatt 59, 62, 64—67, 76—90, 92—95, 97—105, 107—109, 111—118, 120—125, 131 dieses Exemplares der Anfang der letzten Zeile ein anderer als bei den übrigen.

Jedenfalls bleibt die Frage der Priorität vorläufig noch eine offene. Jedoch können zwischen der einen und der anderen Ausgabe nur wenige Jahre dazwischen liegen. Gewiss ist keine der beiden vor dem Jahre 1472 und nach dem Jahre 1476 gedruckt worden.

München. K. Różycki.

Die deutschen Kartographen Nicolaus von Cusa, Kardinal, und Nicolaus Donis, Benediktiner.

I.

Die kirchliche und politische Wirksamkeit des Kardinals Nicolaus von Cusa, gest. 1464 zu Todi, ist hinlänglich bekannt. Einen anderen Ehrentitel hat er sich auf kartographischem Gebiete erworben.

Nordenskiöld fand nämlich im Britischen Museum zu London eine Karte Deutschlands, welche laut aufgedruckter Nachricht in zwölf Hexametern berichtet, diese Karte sei zu „Eystat anno salutis 1491. XII. Kalendis Augusti perfectum" und dem Kardinal Nicolaus von Cusa zu verdanken:

> Gracia sit Cuse Nicolao, murice quondam
> Qui tyrio contectus erat splendorque[1]) senatus
> Isgens Itomani, nulli explorata priorum
> Et loca qui modico celari iussit in ere.

Die Karte ist sicher nach 1464 erschienen, und 1491 darf nicht in 1451 korrigiert werden, denn es heisst, dass sie dem ehemaligen, „quondam" Kardinale zu verdanken sei, und überdies war Cusa 1451 sicher auf lange Zeit in Norddeutschland und nicht in Eichstätt.

Alle Worte der Karte sind in Antiquaschrift gegeben, von den Ziffern finden wir lateinische neben den arabischen. In Eichstätt war seit 1478 Michael Reyser thätig, 1484—1500 Georg Reyser.[2]) Ob die Karte zu denselben in Bezug steht, sei weiterer Forschung vorbehalten.

II.

Der Benediktiner Nicolaus Donis[3]) ist mit Nicolaus von Cusa verwechselt worden. Es wird gut sein, aus den geschichtlichen Quellen die Lebensdaten dieses Kartographen zusammenzustellen.

Abt Trithemius in seinem Werke: De Scriptoribus ecclesiasticis sagt von ihm:

Nicolaus Donis, natione teutonicus, ordinis divi patris Benedicti, vir in saecularibus literis studiosus et eruditus, et divinarum scripturarum non ignarus, philosophus et mathematicus insignis, Cosmographiae

---

1) Im Original splendor. In der 3. Zeile ist zu lesen prospicit, was allein Sinn giebt (und nicht -ito).
2) Falkenstein S 178; Wetzenbach im Archiv für Unterfranken XIV, 144.
3) Wuttke, Zur Gesch. der Erdkunde in der letzten Hälfte des Mittelalters, 1873, S. 55 hat nur zwei Zeilen über Donis. Am ausführlichsten gedenkt seiner die Biographie universelle. Paris 1814. XI, 554—560.

Ptolemaei vigilantifsimus repertor, et sagaclssimus Instaurator, ingenio praestans et clarus eloquio. Scripsit non contemnenda volumina, quibus nomen suum ad posteros transmisit. E quibus exstat opus mirandum cum picturis et novis tabulis elegantifsime ordinatis, et diligentifsime correctis:
1. In Cosmographiam Ptolemaei. Ad Paulum papam secundum libri 7: „Non me fugit, beatifsime", mit welchen Worten die dem Texte vorangestellte Dedikationsepistel des Donis an Paul II. beginnt.
2. De locis quoque mirandis liber unus: „Quum, ut ait Augustinus"; diese Schrift findet sich in der Ptolemäus-Ausgabe des Ulmer Druckers Reger 1486.

Trithemius schliesst seine Angabe mit den Worten: (Donis) claruit autem sub Friderico Imperatore III. et Paulo papa secundo, Anno Domini 1470.

Donis gehörte dem Konvente Reichenbach in Bayern an. Die Hausgeschichte des Klosters[1]) weiss von ihrem Klosterpater Folgendes: Reichenbach erzuge so vortrefflich gelehrte und fromme Männer, dass deren oft wenig auf andere Stift und Klöster zur abteilichen Würde erhoben worden. Von Nicolao de Donis, berühmten Cosmographo und Mathematico, einem Professen zu Reichenbach, meldet Egger[2]) zu sonderem Nachruhm dieses Closters folgendes: Nicolaus de Donis monachus reichenb. Ptolomaei tabulas totamque Cosmographiam reparavit: Nic. de D. ein Religios zu R. hat die Tabellen Ptolomaei und die gantze Welt-Beschreibungs-Kunst erneuert. Zu seinen mathematischen Observationen diente ihm gar wohl ein sehr hoher Thurm, welchen wir den „mathematischen Thurm" heissen, obwohl en selber, damit er das einfallende Licht der daneben stehenden Kirchen nit benehmete, biss über die Mitte abgebrochen.

Unmittelbar unter der Initiale beginnt der Text der Widmungsepistel, welche bis auf die dritte Folioseite sich hinzieht. In derselben entschuldigt sich Donis, dass er von Ptol. abweiche, jedoch nit mit der Degründung, dass er dabei nicht a Ptolemaei intentione, wenngleich a pictura abweiche. . . ., Auch dachte ich darüber nach, welchem Fürsten ich dieses Werk widmen sollte; da schien mir niemand würdiger als Du; wenngleich ich sie zuerst dem Fürsten von Este widmete, so möge niemand daran Anstoss nehmen, als ob ich Dir einen anderen vorzöge. Eingedenk der menschlichen Schwäche wollte ich in einer so wichtigen Sache mir selbst nichts zutrauen, bis dass sie von den bedeutendsten Mathematikern geprüft sei. Deshalb wurde das Manuskript nach Ferrara geschickt, damit es durch die Autorität des Fürsten und die Menge gelehrter Männer, welche ihr ganzes Leben auf derartige Studien verwenden, . . . um so besser korrigiert würde. Nunmehr wurde es wert erachtet, vor dem Angesichte der päpstlichen Majestät zu erscheinen. Möge Euere Milde, Heiliger Vater, sich würdigen, diese

1) Chur-Bayrisch Geistlicher Kalender 1752, S. Teil S. 343.
2) In der 1715 zu Konstanz gedruckten Idea ordinis hierarchico-Benedictini p. 161.

Gabe von dem demütigen Diener anzunehmen; wenn auch nicht höchsten Lobes würdig, möge es als Zeichen unseres Strebens und unserer Ergebenheit gegen Ew. Heiligkeit nicht verachtet werden.

Von diesem Manuskript muss der Ulmer Leonhard Holl Kenntnis erlangt haben; es kam zur Drucklegung in seine Offizin und erschien 1482, also geraume Zeit nach der Abfassung. Holl wurde 1484 aus der Stadt verwiesen, weil, wie vermutet wird, sein Ptolemäus ihn zu Grunde gerichtet hat. Später kam er zurück.[1]) Vier Jahre darnach, 1486, erschien zu Ulm eine neue Ausgabe, welche der Drucker Joh. Reger auf Kosten des Albano zu Venedig herstellte, sie hat 140 bedruckte Blätter und 32 in Holz geschnittene Karten, dieselben wie in der 82er Ausgabe.[2])

Welcher Wert den Donis'schen Kartenbildern im Vergleich zu denen der zeitlich früheren Autoren zukommt, das zu beurteilen, liegt ausserhalb unseres bibliographischen Rahmens. Donis soll der erste sein, welcher die Längen- und Breitengrade auf den Karten angiebt.[3])

Klein-Winternheim. F. Falk.

Recensionen und Anzeigen.

Die modernen Systeme von Büchergestellen mit verstellbaren Legeböden von Paul Jürges. Leipzig, Spitgaris 1895. A. u. d. T.: Sammlung bibliothekswissenschaftlicher Arbeiten hrsg. von Karl Dziatzko Heft 9. Mit 4 Tafeln.

Der Verfasser beschreibt mehr als 15 Regalsysteme, von welchen allerdings nur der kleinste Teil ihm durch Autopsie bekannt war. An die Beschreibung schliesst sich eine Vergleichung der verschiedenen Erfindungen hinsichtlich des Materials, der Verstellvorrichtung und Raumausnutzung.

Bezüglich der einzelnen Systeme sei einiges nachgetragen. Dem Verfasser ist ein Punkt bei Lipman's System (Strassburg) unklar geblieben. Er sagt S. 11: „Wenn der Falz k scharf hinter die Nut einfasst, verstehe ich nicht, wie die Einlage überhaupt von der Zahnleiste freikommt. Ist dagegen der Falz k so gearbeitet, dass er Spielraum hat, so muss nach meiner Ansicht die Einlage nach vorne überhängen. Dies soll jedoch in der Strassburger Landes- und Universitätsbibliothek, wo das Lipman'sche Gestell eingeführt ist, nicht der Fall sein. Über das Funktionieren der Verstellvorrichtung kann ich ohne eigene Anschauung nichts sagen." Hier ist zu bemerken, dass der Falz allerdings Spielraum hat, aber nicht rechtwinklig zu der unteren Kante der Seitenbleche (Wangen) gerichtet ist, wie der Verfasser offenbar voraussetzt, sondern spitzwinklig. Sobald das obere Ende des Falzes den Nut berührt (denn nur mit dem oberen Ende lagert der Falz im Normalstand wider den Nut), so bildet das eingelegte Brett eine wagrechte Fläche. Ich habe ein verkleinertes Modell des Strassburger Regals vor mir, wo trotz der

---

[1]) Hassler, Buchdruckergesch. von Ulm S. 115. Von der 82er Edition stellt Aretin, Beytr. zur Gesch. u. Literatur (1805) V, 552 zwei Ausgaben in demselben Jahre fest.

[2]) Ebert, Bibliogr. Lexikon 18 221 - 18 222. Die Mainzer Stadtbibl. besitzt die ed. 1482 mit dem Inskript: Olim Simonis Grynaei viri incomparabilis. — Nunc Joannis Jacobi Grynaei 1567.

[3]) Globus 60. Bd. S. 5; Gallois, Les Géographes allemands de la renaissance, Paris 1890, p. 24.

Verkleinerung der erwähnte spitze Winkel deutlich erkennbar ist, ja es ist sogar, wenn der oberste Boden so hoch gestellt wird, dass die Fälle über die Zahnreihen hinausragen, die hierdurch hervorgerufene grössere oder geringere Neigung des Tragbodens nach vorn ganz deutlich zu erkennen.

Der hintere Falz unten an der Wange bei Lipman's Regal soll wohl nicht nur das Umkippen des hölzernen Einlagebrettes nach vorn vermeiden, sondern vor allem mit der an der Vorderseite angebrachten Schraube die Bewegung des Brettes samt der Wange nach oben ermöglichen, gleichwie die genannte Schraube auch die Bewegung des Brettes nach unten durch Heben an der vorderen Kante ermöglichen soll.

Das Strassburger Regal kann auf eine Verstellbarkeit der Böden von weniger als 1 cm eingerichtet werden, wenngleich vom Fabrikanten die Weite von 1,5 cm als eine genügende im allgemeinen eingehalten wird.

Was das Funktionieren der Lipman'schen Verstellvorrichtung betrifft, so kann ich aus eigener Erfahrung mitteilen, dass dieselbe nicht nur in der Strassburger Landesbibliothek, wo zur Zeit meines Besuches noch keine Bücher auf den Gestellen standen, sondern auch in Lipman's Werkstätte, wo ein mit Büchern bestelltes Regal gezeigt wurde, trefflich funktionierte.

Lipman's Regal gewinnt mit demjenigen Uhlworm's, wie der Verfasser ausführt, am meisten seitliche Fläche, bietet also, mit hölzernen Böden ausgestattet, in bestehenden Bauten eingeführt eine grössere Raumausnützung als Wenker's System; mit eisernen Böden ausgerüstet, was ebenfalls stattfinden kann, bietet es wohl trotz der Bemerkung auf S. 30 die grösste Raumausnutzung überhaupt.

Das Strassburger Regal ist oder wird eingeführt ausser in der Kais. Universitäts- und Landesbibliothek zu Strassburg in der Gewerbehalle und dem Kunstmuseum zu Strassburg, in der Bibliothek der Gr. technischen Hochschule und bei der Gr. Centralstelle für die Gewerbe in Darmstadt, in der v. Rothschild'schen Bibliothek zu Frankfurt a. M.

Leuthold (Dresden), dessen Erfindung der Strassburger sehr ähnelt, soll die Anregung dazu durch Lipman empfangen haben, dessen Werkstätte er besucht hatte.

In seinem zusammenfassenden Teil empfiehlt der Verfasser Eisen als Material, und man wird ihm hierin im allgemeinen recht geben müssen. Was die neueren Verstellvorrichtungen betrifft, so pflichten wir der Ansicht bei, welche der Herausgeber in seinem Vorwort kund giebt, dass nämlich die Zeitersparnis beim Verstellen sehr geringfügig ist, und glauben, dass es deshalb viel weniger hierauf als auf den Kostenpunkt ankommen dürfte. Der letztere erscheint uns als die wesentlichste, wenn nicht als die wesentliche Frage bei der ganzen Regalangelegenheit. Deshalb hätte der Verfasser ausser seiner eingehenden und im allgemeinen sehr anschaulichen Beschreibung und neben der technischen Vergleichung der verschiedenen Systeme vor allem auch eine vergleichsweise Berechnung der Kosten unter verschiedenartigen Modalitäten oder wenigstens für einen bestimmten Fall, etwa den Neubau eines Magazins von gegebenen Dimensionen, anstellen sollen. Die gemachten Preisangaben sind in dieser Beziehung nicht genügend.

Bezüglich der Raumausnutzung hebt der Verfasser hervor, dass beim Wenker'schen System, d. h. mit anderen Worten bei jedem System mit eisernen Legböden, Trittstangen nicht benötigt werden. Man sollte doch n. E. endgültig mit dem System der Trittstangen brechen (? Die Red.). Ragt die Stange über das Niveau des untersten Bücherbrettes, so ist das Einstellen und Herausnehmen an dieser Stelle schwierig und werden die Bücher leicht beschädigt. Schneidet die Trittstange mit der oberen Fläche des untersten Bodens ab, so ist bei rationeller Raumausnutzung, d. h. bei mässigem Sockel oder mässiger Erhöhung des untersten Bücherbrettes vom Fussboden, der Vorteil, welchen die Trittstange bietet, ein minimaler. Ueberdies wird der Langgang zwischen den Regalen geschmälert, und dazu kommt noch, dass nur, wer gut zu balanzieren vermag, auf der Trittstange beide Hände gebrauchen kann, dass man für gewöhnlich genötigt ist, eine Hand zum Festhalten zu verwenden. Alle diese

Nachteile vermeidet man bei Anwendung von einfachen Trittkästen oder Schemeln, wie sie in der Bibliothek des British Museum, der Heidelberger Universitätsbibliothek und danach auch auf der v. Rothschild'schen Bibliothek dahier eingeführt sind. Sind dieselben in den Dimensionen von etwa 30, 40, 50 cm gehalten und mit eingeschnittenen Griffen an jeder Seite versehen, so kann jeder je nach Massgabe seiner Körperlänge in einer der genannten Höhen auf dieselben auftreten, hat stets festen Halt unter den Füssen, beide Hände frei und kann den unbenutzten Kasten bequem zur Seite schieben. Ja sogar zum Sitzen oder zum Ablegen von Büchern ist der Kasten an beliebiger Stelle verwendbar.

Was die Raumersparnis durch Anwendung möglichst dünner Tragböden (Abteilungsbrettter), durch Verringerung des toten Zwischenraums zwischen den Bücherreihen je zweier Fächer etc. betrifft, so verdient dieselbe gewiss Beachtung. Gleichwohl ist diese Raumersparnis verhältnismässig so minimal, dass man bei dieser Frage u. E. in allererster Linie von der Beweglichkeit nicht der Abteilungsbreiter, sondern der ganzen Regale auszugehen hat, wodurch bei Neubauten ein Raumgewinn erzielt werden kann, der im Verhältnis zu dem System der festen Regale vielleicht ein Drittel und mehr der gesamten Terrain- und Baukosten ausmachen würde. Der Verfasser hat diese Frage nicht berührt, sie gehörte auch streng genommen nicht zu seinem Thema, welches bloss die Verstellbarkeit der Legböden betrifft. Auch liegt der Redaktion des C. f. B. bereits ein Aufsatz über diesen, in Deutschland, wie es scheint, wenig gekannten Gegenstand vor.

In der vorliegenden Arbeit ist ein Gegenstand der Bibliothekstechnik behandelt, in welchem die Deutschen erfreulicher Weise wohl von allen das Beste geleistet haben. Wir freuen uns nicht minder über die umfassendere Behandlung gerade eines technischen Gegenstandes durch einen deutschen Bibliotheksmann — und wünschen unserer deutschen Bibliothekswissenschaft auf diesem Gebiet, wo uns Engländer und Amerikaner im Allgemeinen weit überlegen sind, das wünschenswerte Gedeihen.

S. 29 letzte Zeile ist wohl ein Druckfehler eingeschlichen, indem statt 0,6 qm zu lesen wäre 0,06 qm.

Frankfurt a. M.   Christ. Bergboeffer.

Wolkan, Rudolf, Böhmens Antheil an der deutschen Litteratur des XVI. Jahrhunderts. 1. Th. Bibliographie. Prag. 1890. (VIII, 136 S., 2 Bl.) 2. Th. Ausgewählte Texte. Prag. 1891. (IX, 203 S., 1 Bl.) 3. Th. Geschichte der Litteratur. Prag. 1894. (XVI, 538 S.) 8°.

Wolkan hat die vorliegende Arbeit unternommen, um die Behauptung zu widerlegen, 'dass ein eigenes geistiges Leben der Deutschen in Böhmen in der Zeit nach den Hussitenkriegen und vor der Schlacht am weissen Berge sich nicht nachweisen lasse'. Die Widerlegung ist ihm im vollsten Masse gelungen. Leicht ist die Arbeit nicht gewesen und, wenn Wolkan auch aus den bibliographischen Werken von Weller, Wackernagel und Vilmar reichlich schöpfen konnte, so hat er sich doch durch das Sammeln, Sichten und Verarbeiten des reichen Materiales ein grosses Verdienst erworben. Der Verfasser bietet im 1. Teile seines Buches eine nach Jahren geordnete Bibliographie der deutschböhmischen Litteratur des 16. Jhdts., über deren nicht ganz einwandfreie Begrenzung er sich S. VII des Vorworts ausspricht. Sie umfasst 401 Nummern, wobei natürlich spätere Ausgaben desselben Werkes eigens gezählt sind. Der 2. Teil enthält 17 Textproben, zwei davon in Prosa. Der 3., weitaus umfangreichste Teil bringt die Geschichte der Litteratur, und zwar hat sich der Verfasser, was sehr anzuerkennen ist, nicht auf das 16. Jhdt. allein beschränkt, sondern er geht von den Anfängen deutschen Lebens in Böhmen bis zum Jahre 1618. Was die deutsche Litteraturforschung auf einem enger begrenzten Gebiete zu Tage fördern kann, hat Bächtold in seiner Geschichte der deutschen Litteratur in der Schweiz gezeigt. Ihm sucht Wolkan nachzustreben. Wer die Schwierigkeiten ermisst, die die Darstellung der schicksalsvollen Verhältnisse der Deutschen in Böhmen bietet, wird dem Ver-

ferner dafür Dank wissen, dass er auch den Hintergrund, von dem sich die Litteratur und ihre Träger abheben, ausführlicher gezeichnet hat, so namentlich durch die Beleuchtung des Schulwesens. Ob es für die Anlage des Buches ganz glücklich war, deutsches Leben und deutsche Dichtung getrennt zu behandeln, insbesondere auch die Schilderung des Humanismus vorwegzunehmen, darüber kann man wohl geteilter Meinung sein. Wulkan hat auch im 3. Bande Proben aus den Dichtungen durch Aufnahme in den Text dargeboten, doch hätte hier manches gekürzt werden können, so bei den Minnesängern. Dass Hallwichs Walther-Hypothese im Text nicht mehr berücksichtigt werden konnte, ist gewiss kein Nachteil (vgl. Schönbach im Anzeiger für deutsches Altertum 21 (1895) S. 228—233). Der Wert des Wulkanschen Buches liegt zunächst darin, dass das wichtigste und vielfach zerstreute Material nun wirklich einmal zusammengefasst worden ist und dass man einen Einblick in den Gang der Litteraturentwicklung besitzt. Es wird jetzt ein Leichtes sein, an den geschaffenen Grundstock Nachträge anzugliedern, wie es auch bereits von fachmännischer Seite geschehen ist (vgl. Lambel im Litteraturblatt für german. und roman. Philologie 14 (1893) Sp. 385—393). Der Wert des Erstlingswerkes wird dadurch nicht herabgedrückt. Mit solchen Werken muss einfach einmal ein Anfang gemacht werden, dem Pfadfinder bleibt dauernder Dank gesichert. Wie ein Blick in die Bibliographie lehrt, nimmt die durch die reformatorische Bewegung gezeitigte Litteratur den breitesten Raum ein, wir sehen — was namentlich im Hinblick auf die heutigen Verhältnisse belehrend ist —, wie sich z. B. in Joachimsthal im 16. Jhdt, ein Litteraturcentrum herausgebildet hatte, ein ähnliches bestand in Südböhmen (Budweis). Vielleicht erfreut uns der Verfasser einmal mit einer nach Litteraturgruppen geordneten statistischen Übersicht, wodurch wir erst einen recht klaren Überblick über die Pflege der einzelnen Gebiete erlangen würden. Für die Geschichte des Buchwesens hat der Verfasser Verschiedenes beigebracht, es sei namentlich auf die Mitteilungen (3. T. S. 54—63) über Klosterbibliotheken, die Prager Kapitel-Bibliothek und die Prager Universitäts-Bibliothek verwiesen, wo der Verfasser u. a. auch zu dem angeblich ältesten Katalog der zuletzt genannten Bibliothek Stellung nimmt. Ausserdem vgl. man noch im 3. T. S. 15, S. 45, 79 und 93, S. 49, S. 56, 57, S. 109, S. 132, S. 302, S. 528, S. 388, S. 447 und S. VII und 58 des 1. Teiles. Es wäre vielleicht nicht uninteressant gewesen, den Spuren jenes Prokop Waldvogel nachzugehen, den Requin (L'Imprimerie à Avignon en 1444, Paris 1890, S. 6) auf Grund der urkundlichen Angaben 'de civitate Praguensi' (S. 151, 'diocesis Praguensis' (S. 16) als 'originaire de Prague' bezeichnet und der in der ältesten Druckergeschichte Avignons eine Rolle spielt.

Graz.   F. Eichler.

Mitteilungen aus und über Bibliotheken.

Der Königlichen Bibliothek zu Erfurt ist unter dem 24. September d. J. vom vorgesetzten Ministerium die Ermächtigung erteilt worden, unter den üblichen Bedingungen ihre Bücher und Handschriften an Bibliotheken des In- und Auslandes direkt zu versenden.

Benutzung und Vermehrung der Universitäts-Bibliothek zu Giessen vom 1. April 1894 bis 31. März 1895. I. Benutzung: Auf länger als 4 Tage wurden ausgeliehen 15208, im ganzen rund 16500 Bände (gegen 17500 in 1893,94 und 17600 in 1892,93). Die Anzahl der im Lesezimmer benutzten Werke lässt sich, da ein Teil der Benutzer Zutritt zu den Büchersälen hat, nicht feststellen. Nach auswärts wurden 1725 Bände in 390 Sendungen (gegen 1634 Bände in 1893,94 und 2234 Bände in 1892 93) verschickt. Die eingereichten Verlangscheine betrafen 1030 nicht vorhandene Werke, etwa 69%, der verliehenen Werke. Im Sommerhalbjahr 1894 (und Winterhalbjahr 1894/95) wurde die Bibliothek im ganzen von 513 (173) Personen, worunter 112 (81) Auswärtige, benutzt. Unter den 401 (392) Einheimischen befanden sich 133 (146) der Universität nicht angehörende Personen. Die 222 (198) Benutzer aus der Zahl der Studierenden vertreten 38,5%, (37,5) der Gesamtziffer der Studierenden. Von der Hofbibliothek zu Darmstadt wurden 387 Bände (gegen 470 in 1893/94, 848 in 1892/93) an Hiesige durch Vermittelung der Universitäts-Bibliothek verliehen. Die Zahl der aus anderen Bibliotheken und Archiven entliehenen Werke belief sich auf 162 (216) Bücher und 279 (470) Handschriften und Archivalien.

II. Vermehrung: Es wurden im ganzen 9122 Schriften katalogisiert, von welchen 1265 gekauft worden, 1865 als Tausch-, Geschenk- oder Pflichtexemplare eingingen, 342 von dem Oberhessischen Geschichtsverein, 396 von der Oberhessischen Gesellschaft für Natur- und Heilkunde, 154 vom Philologischen Seminar, deren Bibliotheken mit der Universitäts-Bibliothek vereinigt sind, geliefert wurden. Der Rest von 5100 Schriften bestand aus Universitäts- und Schulschriften. Die Aufstellung der Universitäts- und Schulschriften beansprucht einen Raum von 19,42 m in die Länge, die aller übrigen Schriften einen Raum von 108,33 m.

Einen sehr wertvollen Beitrag zur Geschichte der Dombibliothek von Köln hat Herr D. Anton Decker in der Abhandlung: Die Hildebold'sche Manuskriptensammlung des Kölner Domes geliefert. Sie bildet einen Teil der Festschrift, welche die höheren Lehranstalten Kölns der 43. Versammlung deutscher Philologen und Schulmänner dargeboten haben. Herr Decker teilt hier den Katalog der Büchersammlung des Bischofs (späteren Erzbischofs und Metropoliten) Hildebold von Köln mit, der den bisherigen Forschern über die Kölner Dombibliothek entgangen war, da er sich in einer Handschrift befand, die aus der Bibliothek ausgeliehen sich in die Registratur des erzbischöflichen Generalvikariats verirrt hatte und hier von Herrn Decker aufgefunden ist. Die Hildebold'sche Sammlung enthält die Handschriften, welche Papst Leo III. dem Kaiser Karl d. G. geschenkt hatte und von diesem an das Kölner Stift weiter gegeben wurden. Andere Handschriften hatte Hildebold dazu gekauft. Der neu aufgefundene Katalog ist von 833. Herr Decker hat die erste Seite desselben in photographischer Nachbildung seiner trefflichen Arbeit beigegeben.

[Die neue Reichsgerichtsbibliothek.] Am 26. Oktober ist das neue Gebäude für das Reichsgericht in Leipzig eingeweiht worden; damit hat auch die Bibliothek des höchsten deutschen Gerichtshofes ein neues, würdiges Heim erhalten. Der Umzug aus den engen, finsteren Räumen der Georgenhalle, wo sie zusammen mit dem Gerichte seit 1879 untergebracht war, fand im Anfang der Gerichtsferien statt. Der gesamte Bücherbestand mit Ausnahme der in den Dienst- und Sitzungszimmern aufgestellten Werke, etwa 2650 lf. Meter Bücher, wurde auf 49 Möbelwagen fortgeschafft. Er füllt jetzt nicht ganz ⅔, der neuen Bibliothek, welche, die zugehörigen grossen Bodenräume ungerechnet, gegen 7400 lf. Meter Bücher fassen kann. Die weiten Zugänge zur Bibliothek deuten mit ihrem reichen, künstlerischen Schmuck an Skulptur, Glasmalerei und Schmiedearbeit in mannigfachen, symbolischen Beziehungen auf die Bestimmung und den Inhalt dieser Büchersammlung hin und geben auch diesem Teile des imposanten Bauwerkes das Gepräge ernster, würdiger Vornehmheit. Die Lese- und Beamtenzimmer sind günstig gelegen, dabei geräumig und sehr zweckmässig ausgestattet. Ganz besonders gilt dies vom Hücherraum. Er ist nach dem Magazinsystem gebaut und besteht aus vier mittelst durchbrochener Eisengitterböden von einander getrennten Geschossen. Die mittleren Teile des Eisengerüstes ruhen auf 8 Säulen, die Seitenteile sind in die Wände des Magazins eingemauert. Ein Mittelgang trennt die 9 Repositorienreihen jedes Geschosses in zwei Hälften, von denen die nördliche 5, die südliche 6 Meter lang ist. Die Büchergestelle gestatten auf beiden Seiten getrennt die Einstellung von 2 Reihen Foliauten und 3 Reihen Oktavbänden der Durchschnittshöhe; die obersten von ihnen sind mit Hülfe von Tritsstangen und Handgriffen für jedermann erreichbar. Die Bücherbretter ruhen auf Stellstiften, deren einfache Handhabung sich auch hier wieder sehr bewährt hat. Kleine Täfelchen am Ende jeder Repositorienreihe sowie einige ausgehängte Übersichtspläne ermöglichen eine schnelle Orientierung über die Aufstellung der einzelnen Bücherabteilungen, für deren Reihenfolge das System der gedruckten Kataloge im wesentlichen massgebend war. Grosse Seitenfenster und einzelne Oberlichter verbreiten im Magazin eine ausreichende Helligkeit, welche durch den bläulich-weissen Anstrich des Eisengerüstes und der Büchergestelle gut unterstützt wird. In allen Gängen sind elektrische Glühlampen angebracht; ausserdem kann man an Steckvorrichtungen tragbare Lampen einschalten, welche sich leicht an jedem Bücherbrett anklemmen lassen und jede Stelle der Repositorien mit ausreichendem Licht versehen. Alle Räume sind mit der Centralheizung verbunden und mit Ventilationsvorrichtungen ausgestattet. Vor dem Mittelbalkon nach der südlichen, dem Hofe zugewendeten Seite ist ein Raum zum Ausklopfen und Reinigen der Bücher geschaffen, wie er nur in wenigen Bibliotheken vorhanden sein dürfte. Er besteht aus einem viereckigen Glaskasten von der Höhe eines Büchergeschosses; seine zwei Flügelthüren ermöglichen, den Innenraum vom Magazin aus zu betreten und ihn gegen dasselbe abzuschliessen, während die Balkonthüren ihn mit der Aussenluft in Verbindung setzen und den aus den Büchern entfernten Staub abziehen lassen.

Leipzig. Dr. Maas.

Von dem Katalog der Handschriften der Grossherzoglich Badischen Hof- und Landesbibliothek in Karlsruhe ist jetzt Heft 5 erschienen, das die Durlacher und Rastatter Handschriften, vom Herrn Bibliothekar Alfred Holder auf 216 Quartseiten beschrieben, enthält.

Um den Beweis zu führen, dass eine Reihe von Geldabgaben seitens der Universitätsangehörigen der Kieler Bibliothek auch heute noch zustehe, veröffentlicht E. Steffenhagen in der Zeitschr. der Gesellsch. f. Schleswig-Holst.-Lauenburgische Geschichte Bd. 24 (1894) S. 137 ff. „eine Verordnung des Herzogs Karl für die Kieler Universitäts-Bibliothek" vom Jahre 1725 und deduciert daraus, dass sowohl von jedem Inskribierten wie von jedem berufenen Professor, jedem Promovierten und jedem Studierenden für sein Abgangszeugnis bestimmte Zahlungen an die Bibliothek zu leisten sind: ein Ergebnis, das, wie Steffenhagen ferner in der Chronik der Univers. Kiel für 1894/95 S. 15 ausführt, durch neuerdings aufgefundenes Material weitere Bestätigung gefunden hat. Ht.

In Freiburg i. B. (s. S. 474) hat der Bürger-Ausschuss endlich einen Platz (Paradiesmühle und Vogt'sches Anwesen) als Baugrund für den Neubau der Universitätsbibliothek um den Preis von 150000 M. erstanden. Die Pläne für den Neubau wird Oberbaurat Professor Schäfer in Karlsruhe anfertigen. (Akad. Revue Jg. I. 1895. S. 672.) W.

In den zur Auslieferung durch die Teubnersche Buchhandlung gelangten Programmen der höheren deutschen Schulen werden die Kataloge der Schulbibliotheken veröffentlicht von folgenden Schulen: Meldorf Gymn., Verf. W. Lorenz und Gräfe, Greiz Gymn., Verf. W. Grahl, Zwickau Realgymn., Verf. Jul. Zimmermann, die Kataloge der Lehrerbibliotheken von folgenden: Breslau Gymn. St. Elisabeth (Teil I), Verf. Hugo Linke, Glogau Kathol. Gymn. (Teil I), Verf. Bernh. Nekelde, Oppeln Gymn. (Teil I), Verf. J. Francke, Erfurt Gymn. (Abt. 3), Verf. nicht genannt. Das Realgymn. zu Nordhausen veröffentlicht ein Verzeichnis seiner Schülerbibliothek, Verf. Friedr. Knaake. W.

Die Königliche Bibliothek im Haag kündigt an, dass sie fortan regelmässig lose Blätter mit Verzeichnissen der in der Bibliothek über Gegenstände, die gerade die allgemeine Aufmerksamkeit auf sich ziehen, vorhandenen Bücher erscheinen lassen will. Die erste Nummer ist bereits (im Oktober 1895) ausgegeben und verzeichnet aus Anlass des chinesisch-japanesischen Krieges auf 16 S. die in der Bibliothek über China und Japan befindliche Litteratur. *Ht.*

In der Deutschen Zeitschrift für Kirchenrecht 5. Bd. (1895) S. 219—312 behandelt A. Halban-Blumenstock die kanonistischen Handschriften der Kaiserlichen Öffentlichen Bibliothek in St. Petersburg. Die Grundlage dieser Bibliothek bildet die im Jahre 1795 konfiszierte Bibliothek des Grafen Zaluski, die aus 262640 Bänden, 24574 Holz- und Kupferstichen und 11000 Handschriften bestand — 1803 fehlten davon bereits 60 000 Stück, die „auf unbegreifliche Weise verschwunden" waren. Kaiser Alexander I. kaufte dann die Dubrowski'sche Sammlung; während der polnischen Aufstände von 1830 und 1863 hatte die russische Regierung vortreffliche Gelegenheit, wieder grosse Büchersammlungen zu konfiszieren, so wanderten die Bibliothek der aufgelösten Gesellschaft der Freunde der Wissenschaft in Warschau (mit 7000 Handschriften), die Sammlungen des Fürsten Sapieha, des Grafen Rzewuski u. a. nach Petersburg. Halban-Blumenstock nimmt die Beamten der genannten und anderer russischer Bibliotheken gegen den ihnen gemachten Vorwurf der Unfreundlichkeit und Unwilligkeit in Schutz, die Reglements seien es, die den guten Willen der Beamten lähmten, und unter der Überbürdung derselben mit Pflichten, die sie kaum erfüllen könnten, müsste ihre Leistungsfähigkeit leiden und liesse sich eine etwa vorkommende Unwilligkeit erklären. Die Handschriften-Kataloge sind nach Halban sehr oberflächlich abgefasst und fast auf allen Gebieten unzuverlässig. Näher auf sein Verzeichnis der kanonischen Handschriften einzugehen ist hier nicht der Platz. *W.*

Das russische Ministerium der Volksaufklärung hat für die Kaiserliche Öffentliche Bibliothek in St. Petersburg eine Erhöhung des Etats um jährlich ca. 62000 Rubel beantragt, da sich besonders die Mittel zur Anschaffung ausländischer Litteratur und für den Binden der Bücher als zu gering erwiesen haben. Für letzteres gab die Bibliothek jährlich bis jetzt etwa 8000 R. aus, während das Britische Museum dafür 9000 Pf. St. und die Pariser National-Bibliothek dafür 45000 fr. verwendet. Zur Anschaffung ausländischer Litteratur standen der Bibliothek bislang nur 10—11000 R. zu Gebote, durch Kursverlust erlitt sie jährlich einen Schaden von 6—7000 R. (Akad. Revue Jg. 1. 1895. S. 699f.) *W.*

Über die Bibliothek des russischen Generalstabes bringt Wjentowoi von Berewowsky interessante Notizen. Dieselbe ist die reichste militärische Büchersammlung nicht nur wegen der ca. 100 000 Bände, sondern besonders auch dem inhaltlichen Werte der Bücher nach. Sie besteht seit 1811 und wurde auf Anregung des damaligen Chefs des Generalquartiermeisterstabes, Fürsten Wolkowsky, auf Befehl des Kaisers Alexander I. ins Leben gerufen. Beide Fürsten spendeten grosse Mittel, wie auch von den Offizieren des Generalquartiermeisterstabes bedeutende Beiträge an Büchern aufgebracht wurden. Grössere Ankäufe für die Bibliothek wurden 1814 in Paris und 1815 in Wien gemacht. 1816 erhielt die Bibliothek ein jährliches Budget von 500 Dukaten. Seit jener Zeit wuchs die Bibliothek ständig, so wurde 1832 die Sammlung des Fürsten Labanow-Rostowsky für sie angekauft und nach dem Feldzuge 1831 die mit Polawy konfiszierte Bibliothek des Fürsten Czartoryski grösstenteils der Bibliothek überwiesen; in den 40er Jahren wurde die Bibliothek des Grafen Suchtelen von rund 20000 Bänden angekauft und das Obercensur-Komité angewiesen, alle ihm vorgelegten Bücher von militärischem Interesse der Generalstabsbibliothek zu senden. Zum Ankauf an ausländischen Werken sind jährlich 2500 Rubel im Budget vorgesehen. Die Benutzung der Bibliothek steht in erster Linie den Offizieren des Generalstabes zu, doch kann dieselbe auch mit besonderer Genehmigung des Chefs des Generalstabes anderen Personen zum Zwecke wissenschaftlicher Forschungen zugänglich gemacht werden. K.

Aus dem Rechnungsbuche des 1541 verstorbenen Wernigeröder Dechanten und bischöflich Halberst. und Hildesh. Offizials Johann Kerkener veröffentlicht E. Jacobs in der Zeitschrift des Harzvereins für Geschichte 27. Jahrg. (1894) S. 603 ff. diejenigen Eintragungen, die sich auf die Geschichte des Schrifttums und des Bücherwesens in der Grafschaft Wernigerode beziehen. Kerkener selbst begann, nachdem sein Vorgänger, der Dechant Albrecht Lieseman oder Liesman, durch letztwillige Bestimmungen bereits den Grund zu einer Büchersammlung in Wernigerode gelegt hatte, 1533 den Bau einer Bibliothek daselbst, die einen gemeinnützigen öffentlichen Charakter hatte, denn Kerkener schreibt: Item anno 1533 cepi in Wernigerode ... novam atruere librariam pro re publica et communi bono. Das Holz zur Bibliothek gab der Rat der Stadt, das Kapitel aber nil ... preterquam itlike olde scheversteyn in capitulari domo iacentes, quos ad 1 , floren. taxat capitulum. Das ihm aus dem Testamente des genannten Lieseman zugegangene Geld verwendete Kerkener zum Kauf und Binden von Büchern für die Bibliothek, z. B. kaufte er davon 1537 die (Bothesche) Sachsenchronik für 1 Gulden u. 16 Braunschw. Besare, ihre Ausbesserung kostete 3½, solid. Halberst.; ferner verzeichnet er: dedi 11½, solidos novos Brunsv. et II den. Brunsv. pro quodam psalterio Johanni dem boekbinder, item III solid. Halberst. et II den. Brunsv. pro mammentroctoze, 1111 solid. novos pro quodam missali Hans den boiekbinder, 1 florenum pro quodam libro, quo Alvarius continetur, 1 , flor. pro libro, quo historia Trojana continetur, item XXV solidos Halberst. pro omnibus operibus Virgilii cum omnibus commentariis de pecunia A. L. domino magistro ad Martinum in Brunswick. Nicht von Kerkeners eigener Hand rührt nach Jacobs folgende Eintragung her, bei der die Jahreszahl auffällig ist: Eodem die (d. i. die Lune post Lucie, 1s. Dez. 1523) dedi IIII solidos mester Ulrick ander sunthe Ulrichs dore pro pellibus porcinis, quibus libri(?) in Wernigerode ligari feci in Wernigerode; ob das nicht 1523 geschehen ist? 1539 erhält Illarius de bakeforere in Brunswick IX solidos novos pro eronica, que dicitur Emerica de quarta parte mundi, qua mirabilia continentur. Eigentümlich ist das geschäftliche Verhältnis zwischen Bibliothek und Buchbinder, wie es sich in der folgenden Eintragung ausdrückt: Anno 1536 ... Joannes de bokebyndere in Brunswick IIII partes Lire a me iterum recepit, quia III partes habet in Wernigerode. Et in recompensam dedit et recepi unum breviarium secundum usum in pergameno impressum estivalem et hyemalem partes etc. Quem volo poni ad pulpitum in Wernigerode cum quodam cathena etc. Item defalcavit premium pro graduali in Wernigerode per me missum et dedit vocabularium iuris et quoddam allium; cui ½ flor. addidi etc. W.

Die Newberry Library zu Chicago besass zu Ende des Jahres 1894 einen Bücherbestand von 123516 Bänden und 30536 Broschüren, wozu noch etwa 17000 Broschüren der medizinischen Abteilung kommen. Periodica wurden 880 gehalten. Die Zahl der Leser bezifferte sich auf 58013, wovon 45850 Männer und 12768 Frauen waren. Dieselben benutzten 83882 Bücher und 47224 Zeitschriften. Der jährliche Zuwachs der Bibliothek ist ein bedeutender. 1892 betrug er 2897s Bände und 11694 Broschüren, 1893 8414 Bde. und 4629 Broschüren und auch 1894 ging er über 10000 Bde. und Broschüren hinaus. Ht.

Nach dem Biennial Report des Präsidenten der Universität von Californien 1893 (Sacramento 1894) zählt die Universitätsbibliothek 54000

Bände. Der Bibliothekar J. C. Rowell klagt über die geringen Anschaffungsmittel und befürchtet, dass bei der steigenden Benutzung der Bibliothek Lesesaal u. s. w. sehr bald nicht mehr ausreichen werden. Nach dem Annual Report des Secretary derselben Universität für das Verwaltungs-Jahr, das am 30. Juni 1894 endigt (Sacr. 1894), zählt die Bibliothek ausser tausenden von Broschüren und Karten 53750 gebundene Bücher (Volumes). Seit 1887 sind 100 Bände, jährlich also ungefähr 20 Bände, abhanden gekommen, und zwar ist die Mehrzahl von ihnen durch Studenten — die freien Zutritt zu den Bücherräumen haben — gestohlen. Die Studenten haben infolgedessen am 2. Febr. 1894 einstimmig folgenden Beschluss gefasst: Whereas, we recognize the normal privileges granted to us in the unrestricted and free access to the shelves of the University Library, and desire that there shall be no cause given on the part of the student-body, the beneficiary of these privileges, that may necessitate any limitation of them; and whereas, many volumes have been taken from the University Library — some temporarily abstracted, others stolen — by members of our student-body; and whereas, we must sincerely deplore that there should be any among us so lacking in the qualities of a gentleman as to be capable of acts so much against the interests of their fellow students, and of so disreputable a character in themselves; therefore, we, the Associated Students of the University of California, express herewith our severest condemnation of any student, who removes, unauthorized, a book from the University Library, and further, declare it our intention to expel from our body any student proven guilty of a theft from the library.

W.

Die Bibliothek der Ungarischen Akademie der Wissenschaften hat im Jahre 1894 einen Zuwachs von 2282 Werken in 1468 Bänden und 1730 Broschüren u. s. w. erfahren. Im Lesesaal benutzten 8700 Personen 10129 Werke und 100 Manuskripte (Rapport sur les trav. de l'Acad. 1894 S. 17).

W.

In der philos.-philol. Klasse der Bayer. Akademie der Wissenschaften hielt Keinz am 4. Mai 1895 einen Vortrag: Wasserzeichen des 14. Jahrhunderts in den Handschriften der K. Staatsbibliothek, der in den Abhandlungen der Akademie erscheinen wird. (Sitzungsber. Phil. Kl. 1895 S. 206.)

W.

Die malerische Ausschmückung des Lesesaals der Kaiserlichen Univ.- und Landesbibliothek in Strassburg durch Richard Hesse ist jetzt vollendet. Den Mittelpunkt der Malerei bildet eine allegorische Darstellung der Wissenschaften. (Akad. Revue. Jg. 1. 1895. S. 678.)

W.

Vermischte Notizen.

Ein Erlass des Kultus-Ministers vom 5. August d. J. regelt die Remunerationen der Hülfsbibliothekare an der Königlichen Bibliothek zu Berlin und den Universitäts-Bibliotheken (einschl. der Paulinischen Bibliothek zu Münster i. W.) nach Dienstaltersstufen. Derselbe ist abgedruckt im September-Heft des Centralblattes für die gesamte Unterrichts-Verwaltung in Preussen S. 617 f.

Unter dem Titel: Institut International de Bibliographie. Bulletin. 1895 Nr. 1. Bruxelles, au siège de l'Institut: 11, Rue Ravenstein. 8°. 18 S. wurde in der zweiten Hälfte des September von dem durch die „Conférence bibliographique Internationale" zu Brüssel gegründeten „Institut International de Bibliographie" die erste Nummer seines amtlichen Organs herausgegeben. Über die Erscheinungsweise und den Umfang eines Jahrganges dieses Bulletins scheinen noch keine Bestimmungen getroffen zu sein, nur der Preis für Nicht-Mitglieder ist auf jährlich 10 frcs. festgesetzt, die einzelne Nummer kostet 1 frc. Die berechtigte Hoffnung, hier die so wünschenswerten genaueren Angaben über die Anzahl der Teilnehmer an der Konferenz und deren Verteilung auf die einzelnen Länder, sowie einen ausführlichen Bericht über die daselbst gepflogenen Verhandlungen zu finden, hat sich leider nicht erfüllt. Den Inhalt des Heftes bilden ausser der Rede des Präsidenten Ed. Descamps, mit der die Konferenz geschlossen wurde (S. 4–9), eine Zusammenstellung der gefassten Beschlüsse (S. 10, 11) und die Satzungen des neu gegründeten bibliographischen Instituts (S. 12–14). Letztere beiden Nummern teilen wir hier im Original mit:

1. Décisions et Vœux.

I. — La Conférence considère la classification décimale comme donnant des résultats pleinement satisfaisants au point de vue pratique et international.

II. — La Conférence constate les applications considérables déjà faites de la classification de Dewey et recommande son adoption intégrale en vue de faciliter à bref délai une entente entre tous les pays.

III. — La Conférence émet le vœu de voir les Gouvernements former une Union bibliographique universelle en vue de la création d'un Office International de Bibliographie. Elle charge son bureau de transmettre ce vœu au Gouvernement belge et de le prier respectueusement de prendre à cet effet toutes les initiatives qu'il jugerait utiles.

IV. — La Conférence décide la création d'un Institut international de Bibliographie.

V. — La Conférence, considérant que tout classement systématique suppose l'existence de bibliographies nationales complètes et exactes, signale aux gouvernements l'importance d'une législation uniforme concernant le dépôt légal.

VI. — La Conférence émet le vœu que lorsque les gouvernements interviennent officiellement pour soutenir des bibliographies nationales, ils insistent sur l'adoption de la classification décimale.

VII. — La Conférence émet le vœu que les publications dues à l'initiative privée et plus particulièrement les catalogues collectifs, édités par des cercles de librairie, adoptent également la classification décimale.

VIII. — La Conférence émet le vœu que les propositions adoptées par l'Association française pour l'avancement des sciences, réunie à Bordeaux en août 1895, et relatives aux indications à fournir par les auteurs pour les titres des travaux scientifiques, soient acceptées d'une manière générale.

IX. — La Conférence prend acte de la déclaration faite en leur nom personnel et au nom de leurs collaborateurs par MM. La Fontaine et Otlet, concernant l'apport gratuit qu'ils se proposent de faire à l'Office international de bibliographie à créer par les États, du répertoire de 400,000 fiches qu'ils ont collationné.

Elle vote des remerciements à MM. La Fontaine et Otlet, pour leur initiative et pour leur don généreux.

X. — En attendant la constitution définitive de cet Office, la Conférence invite l'Office, fonctionnant actuellement à Bruxelles, à poursuivre ses travaux sur la base d'une large collaboration scientifique internationale.

Elle émet spécialement le vœu de voir traduire immédiatement en allemand, en français et en italien les tables de la classification décimale Dewey.

2. Statuts.

1. — L'Institut international de Bibliographie est une association exclusivement scientifique.

Il a pour but:

1° De favoriser les progrès de l'inventaire, du classement et de la description des productions de l'esprit humain;

2° De déterminer les unités bibliographiques en vue de faciliter, d'internationaliser et de perfectionner le caractère scientifique de ce classement;

3° De donner son concours à toute tentative sérieuse de classement international ;

4° D'examiner les difficultés qui viendraient à se produire dans l'application de ce classement ;

5° De contribuer, par des publications et par tous autres moyens, à faire adopter par ceux qui publient, collectionnent, consultent ou analysent des livres ou des productions de l'esprit humain, un système de classement uniforme et international.

II. — L'Institut tient, en règle générale, une session par an. Dans chacune de ces sessions l'Institut désigne le lieu et l'époque de la session suivante.

III. — L'Institut se compose de membres effectifs, de membres associés et de membres honoraires.

IV. — L'Institut choisit ses membres effectifs parmi les personnes, institutions et associations qui s'occupent effectivement de bibliographie et de bibliothéconomie. Chaque institution ou association est représentée par son délégué. Les membres effectifs ont voix délibérative.

V. — Sont membres associés, toutes les personnes qui s'intéressent à l'œuvre poursuivie par l'Institut et qui désirent assister à ses délibérations. Ils ont voix consultative.

VI. — Le titre de membre honoraire est conféré aux personnes qui auront rendu à l'Institut des services signalés.

VII. — Nul ne peut devenir membre de l'Institut s'il n'a été admis au scrutin secret, en assemblée générale, sur la présentation de deux membres.

VIII. — Les membres effectifs payent une cotisation annuelle de dix francs, les membres associés payent une cotisation annuelle de cinq francs, les membres honoraires ne payent aucune cotisation. Ils ont tous droit à recevoir les publications de l'Institut.

IX. — Le nombre des membres est illimité. Toutefois, dans les délibérations, les membres appartenant à une nation ne pourront disposer d'un nombre de voix supérieur au quart des voix dont disposent ensemble les membres appartenant à d'autres nations.

X. — L'Institut procède, lors de l'ouverture de chaque session, à l'élection de son président.

XI. — L'Institut choisit, parmi ses membres effectifs, un Bureau permanent composé d'un président, d'un secrétaire général et d'un trésorier. Ces membres sont élus pour le terme de six ans. Le Bureau permanent exerce le pouvoir exécutif, il pourvoit aux mesures urgentes et aux cas imprévus, il prépare et convoque les sessions. Le secrétaire est spécialement chargé de la rédaction des procès-verbaux des séances et de la correspondance. Il a la garde des archives et il rédige, lors de chaque session, un résumé des travaux de l'Institut.

XII. — L'assemblée générale fixe le siège de l'Institut.

XIII. — Les décisions prises par l'assemblée générale, dans sa session annuelle, le seront à la majorité des suffrages.

XIV. — Les présents statuts peuvent être revisés à la demande de vingt membres effectifs et après que les modifications proposées auront été communiquées à tous les membres de l'Institut. La revision sera votée à la majorité des ⅔ des membres présents.

XV. — L'Institut publie un bulletin périodique où sont discutées toutes les questions relatives au but de l'association.

Le bulletin publie les noms de tous les groupes, institutions et personnes qui adhèrent à l'Institut et à ses décisions.

Dispositions transitoires.

I. — Par dérogation spéciale à l'art. 7, jusqu'à la prochaine réunion de l'Institut, les pouvoirs de l'assemblée générale sont délégués au Bureau permanent en ce qui concerne l'admission de membres adhérents et les mesures urgentes pour le développement de l'Institut et la réalisation de son but.

II. — Appartiennent de droit à l'Institut, les personnes qui ont assisté on adhéré à la Conférence de Bruxelles et qui notifieront leur intention au Bureau permanent.

Daran reiht sich ein Wiederabdruck der zur Vorbereitung der Konferenz herausgegebenen „Documents" (S. 15—14), über die schon in unserer ersten Mitteilung in der Oktobernummer dieses Blattes berichtet ist. Den Beschluss bilden kurze vermischte Mitteilungen über die Verbreitung, die die Decimal Classification bereits ausserhalb Amerikas und Englands gefunden hat, und über einige technische Fragen (S. 45—48). Endlich ist noch eine Probe der Zettel beigegeben, aus denen sich das geplante „Répertoire bibliographique Universel" zusammensetzen soll. Dieselben bestehen aus grünem Papier und haben eine Höhe von 5 cm und eine Breite von 3 cm. Die Titel sind ganz oben am Kopf gedruckt, während am Fusse die Signatur, d. h. die Nummer des Decimalsystems und die laufende Nummer des Jahrgangs angegeben ist.   O. G.

Anmerkung. Die Redaktion des C. f. B. glaubt nicht, dass das von Amerika ausgehende und für die dortigen zahlreichen Volksbibliotheken vielleicht ganz brauchbare Princip der Einteilung aller Schriftwerke nach dem Decimalsysteme bei den Vorständen der grösseren deutschen Bibliotheken auf Beifall wird zählen können. Diese ganz mechanische Einteilung der Wissenschaften für den Realkatalog ist eben keine wissenschaftliche und muss zu willkürlichen Trennungen von Zusammengehörigem und zum Zusammenwerfen von disparaten Elementen führen, da die Wissenschaften ihr Einteilungsprincip dem Decimalsystem nicht zu entnehmen pflegen. Dass eine Anzahl belgischer Bibliothekare, denen sich einige andere zugesellt hatten, sich als einen Internationalen Bibliothekarkongress hinstellen und als solcher Beschlüsse fassen, die dann als die Ergebnisse eines internationalen Kongresses urbi et orbi verkündigt werden, wird wohl auch nicht, fürchten wir, zur willigen Annahme derselben für wissenschaftliche Bibliotheken beitragen. Man streift jetzt vielfach auf dem bibliothekarischen Gebiete geradezu ins Blaue hinein. Namentlich geschieht das von Leuten, welche sich an die Verwirklichung der von ihnen in den Gang gebrachten Bestrebungen gar nicht zu bemühen denken. Die Beschlüsse des Dresdener Internationalen Kongresses zum Schutze des geistigen Eigentums an Schrift- und Kunstwerken, welche auf den Antrag des Herrn Lermina mit 48 gegen 17 Stimmen in Dresden am 24. September gefasst worden sind, legen hierfür ein beredtes Zeugnis ab. Herr Lermina sprach das grosse Wort gelassen aus: „Der Dresdener Kongress ist der Ansicht, dass es im internationalen Interesse liegt, ein Universalverzeichnis der Werke der Wissenschaft, Litteratur und Kunst (d. h. doch wohl aller gedruckten Bücher) zu begründen, welche in der ganzen Welt erschienen sind und erscheinen werden u. s. w." Die Herren, die diesem Beschlusse zugestimmt haben, scheinen keine Ahnung von den Schwierigkeiten dieses Unternehmens, das dem babylonischen Turmbau ähnlich werden könnte, zu haben. Ist doch die Herstellung einer Bibliographie selbst eines kleinen Kulturgebietes, wie z. B. des Belgiens, mit Schwierigkeiten verbunden, von denen die Herren, die in dem Kongress nur deshalb für diesen Antrag stimmten, weil sich der Kongress die Anregung zur Ausführung dieser Idee nicht entgehen lassen dürfe, keinen Begriff haben; sie würden wohl auch kaum Neigung verspüren, derartige Kataloge selbst anfertigen zu helfen. Wir wollen uns natürlich ein Urteil über die 300000 Titelaufnahmen, welche die beiden belgischen Bibliothekare für das Brüsseler Unternehmen zur Verfügung gestellt haben, hier in keiner Weise erlauben. Denn wir kennen sie nicht. Aber was können 300000 Titelaufnahmen dem ganzen kolossalen Unternehmen gegenüber bedeuten, selbst wenn sie vollkommen musterhaft wären? Selbstverständlich stellen wir übrigens die Spalten des C. f. B. knapp gefassten Erörterungen pro und contra in dieser Frage zur Verfügung. Unsere Meinung in der Angelegenheit ist: Man sollte erst nationale Bibliographieen schaffen — und das ist wahrlich schon eine schwere Aufgabe — und dann erst an die internationale Bibliographie herantreten.

Wir machen unsere Leser auf Nr. 228 der Nachrichten aus dem Buchhandel vom 25. September aufmerksam, welche eine ganze Anzahl von Aufsätzen enthält, die auch viele Leser des C. f. B. interessieren dürften. Die Redaktion der Nachrichten scheint sich in einem Berichte über die Bibliographische Konferenz in Brüssel S. 1749 Anm. für das „recht einfache System" des Herrn Melvil Dewey ansprechen zu wollen. — Es findet sich daselbst u. a. auch ein Aufsatz über die Bibliothek des Börsenvereins der deutschen Buchhändler zu Leipzig.

Von dem Gymnasiallehrer D. Dietrich Gla zu Dortmund ist im Verlage von F. Schöningh zu Paderborn ein „Systematisch geordnetes Repertorium der katholisch-theologischen Litteratur, welche in Deutschland, Oesterreich und der Schweiz seit 1700 bis zur Gegenwart erschienen ist" herausgegeben worden, das nach dem Urteile kompetenter katholischer Theologen „ungeteilten Beifalles" würdig ist. (Theologische Quartalschrift Jahrg. 77 S. 649.) Bei dem Mangel derartiger Nachschlagewerke für die katholische theologische Litteratur ist das Werk, das aus 4 Abteilungen bestehen soll, von dem die erste erschienen ist, wohl zu empfehlen. Die Predigtlitteratur ist ausgeschlossen.

Am 1. Juni 1894 hat E. Pringsheim in der Physikalischen Gesellschaft zu Berlin über gemeinsam mit Gradenwitz ausgeführte Versuche zur photographischen Rekonstruktion von Palimpsesten berichtet. Es kommt darauf an mittelst der Photographie auf dem Bilde die spätere Schrift verschwinden und die Urkunde in der Gestalt erscheinen zu lassen, welche sie vor der Entstehung der zweiten Schrift hatte. Zu diesem Zweck werden von der Handschrift zwei genau gleich grosse Negative angefertigt, deren eines (A) die ältere Schrift möglichst schwach, die jüngere deutlich, deren anderes (B) die ältere Schrift möglichst ebenso stark wie die jüngere zeigt. Von B wird ein Diapositiv B^1 gefertigt und dieses auf das Negativ A so gelegt, dass die empfindlichen Schichten sich berühren und die entsprechenden Teile beider Bilder sich decken. Wenn man die beiden auf einander gelegten Platten im durchgehenden Lichte betrachtet, so sieht man im günstigen Falle die ältere Schrift allein, dunkel auf hellerem Grunde. Von den auf einander gelegten Platten kann man dann ein kupfertüchtiges Negativ C anfertigen, welches nur die ältere Schrift aufweist. — Wie die Verschiedenheit der Intensität in der Wiedergabe der beiden Schriften erreicht und wie die Schwierigkeit zwei genau gleich grosse Negative herzustellen behoben wurde, darüber ist zu vergleichen: Verhandlungen der physikalischen Gesellschaft zu Berlin Jahrg. 13 S. 60.   G. N.

Von der im Verlage von H. Welter in Paris erscheinenden neuen „Revue internationale des archives, des bibliothèques et des musées" liegen nunmehr die 3 Abteilungen (Archives, Bibliothèques, Musées) der 1. Nummer vor. Dieselben bilden eigentlich ebenso viele gesonderte Zeitschriften, die allerdings nach einem übereinstimmenden Plane redigiert werden. Jede Abteilung wird von einem grösseren Aufsatze eröffnet. Daran schliessen sich als 2. Teil „Chronique et Mélanges" und den Schluss bildet die Bibliographie, die neben einer Übersicht der neu erschienenen Litteratur eine „bibliographie rétrospective des périodiques" und Besprechungen einzelner Bücher bringt. Wir wollen hier nur auf den Inhalt der uns vorzugsweise interessierenden Abteilung „Bibliothèques" hinweisen. Den Anfang macht ein Aufsatz von Henri Stein: L'histoire de l'imprimerie, in dem der „État de la science en 1895" dargelegt wird. In der Rubrik „Chronique et Mélanges" wird nach einer Notiz Lundstedt's über die öffentlichen Bibliotheken Schwedens auf die hauptsächlichsten bibliothekarischen Ereignisse und Projekte der letzten Zeit hingewiesen. Ein hier (S. 31 ff.) abgedruckter Artikel von Paul Bergmans über den Vander Haeghen'schen Vorschlag eines General-Kataloges aller öffentlichen Bibliotheken giebt uns unter Bezugnahme auf unsere Notiz oben S. 425 zu bemerken Anlass, dass Vander Haeghen seinen Plan als zur Zeit undurchführbar erkannt und ihn deshalb auf die belgischen und holländischen Bibliotheken beschränkt hat. Aus den dann folgenden nach den Ländern alphabetisch geordneten Mitteilungen über einzelne Bibliotheken sei noch angemerkt, dass sich die Redaktion der Revue als Gegner des in der Vorbereitung befindlichen gedruckten Kataloges der Bibliothèque nationale in Paris bekennt.   H.

Von A. Graesels Grundzügen der Bibliothekslehre ist jetzt das erste Heft der schon längere Zeit angekündigten Übersetzung ins Französische bei H. Welter in Paris unter dem Titel: Manuel de Bibliothéconomie, von dem Universitätsbibliothekar Jules Laude besorgt, erschienen. Dass es sich bei dieser „Übersetzung" nicht um eine wörtliche Wiedergabe des deutschen Textes handelt, sondern um eine Neubearbeitung, sagt Herr A. Graesel in einer auf dem Hefte abgedruckten Erklärung selbst: comme constituant une édition nouvelle. In dem ersten Hefte sind in der That zahlreiche Zusätze und Berichtigungen des deutschen Textes zu erkennen.

Wenige Landschaften dürften einen gleich eifrigen Erforscher ihrer Altertümer besitzen oder besessen haben, wie ihn die Normandie an dem weiland Inspecteur des monuments historiques de la Seine-Inférieure Abbé Cochet hatte. Man erkennt das erst voll, wenn man die vor kurzem bei Picard & Fils und Dumont in Paris erschienene Zusammenstellung der Schriften dieses Mannes zur Hand nimmt, die Bibliographie de l'abbé Cochet par Marcellin Blanadet avec une Préface de M. l'abbé A. Tougard et un Portrait de l'abbé Cochet, dessiné par Albert Huyot, gravé sur bois par Jules Huyot. XVI, 208 S. gr. 8°. Es ist das ein Werk, welches als den hervorragenden Archäologen, dessen Gedächtnis es gerade 20 Jahre nach seinem Tode erneuert, durchaus würdig bezeichnet werden muss. In der Vorrede liefert A. Tougard zunächst einen wertvollen Beitrag zur Charakteristik des unermüdlichen Forschers. Dann folgt in 7 Teilen die Bibliographie. Im 1. werden die selbständigen Werke, im 2. die Broschüren, die in Zeitschriften veröffentlichten Aufsätze inbegriffen, verzeichnet und der 3. bringt die nach seinem Tode gedruckten Schriften. Im 4. werden alsdann die Werke, welche sich auf Cochet beziehen, aufgezählt, im 5. die hauptsächlichsten Journale mitgeteilt, in denen sich Artikel von ihm finden. Im 6. eine Ikonographie seiner Portraits gegeben. Im 7. endlich werden 4 bisher nicht edierte Aufsätze Cochets: sein erstes archäologisches Mémoire von 1834 und 3 Reden, abgedruckt. Das Ganze umfasst 407 Nummern, dem sich eine Table des matières anschliesst. Es fehlt uns hier allerdings an Mitteln, die Bibliographie auf ihre Vollständigkeit hin zu prüfen. Aber die ganze Arbeit macht so sehr den Eindruck äusserster Sorgfalt, dass kaum irgend welche Aufsätze übergangen sein dürften. Man kann nur dem Wunsche Ausdruck geben, dass alle Bibliographieen mit gleichem Fleisse angefertigt werden möchten wie diese Arbeit Blanadets.   H.

Wladimir Pappafava hat in dem Buche Lijst van boeken over het notariaat (Zara 1895, 102 S., 8°) in alphabetischer Ordnung eine grosse Zahl das Notariat in verschiedenen Ländern betreffender Schriften und in Zeitschriften erschienener Abhandlungen aus älterer und neuerer Zeit verzeichnet.   F. E.

Im Anzeiger der Wiener Akademie der Wissenschaften Jg. 1895 S. 47ff. ergänzt V. Jagić in einem dritten Beitrage zur südslavischen Bibliographie die im zweiten Beitrage gegebene Beschreibung des glagolitischen 1493 in Venedig gedruckten Breviariums auf Grund eines in der Münchener Königlichen Bibliothek gefundenen dritten Exemplars des seltenen Buches.

Jagić glaubt, dass dies Exemplar der Beschreibung des Werkes in Hain's Repertorium zu Grunde lag. Noch ein viertes Exemplar scheint inzwischen bekannt geworden zu sein. Die Akadem. Revue Jg. 1 (1895) S. 61 berichtet wenigstens, dass kürzlich ein vorzüglich erhaltenes Exemplar dieses Breviariums in die Universitäts-Bibliothek zu Agram gelangt ist. Auch den ältesten glagolitischen Druck, das Missale von 1483, besitzt die genannte Bibliothek. Das Missale ist ausserdem vorhanden in der Vaticana, in der Wiener Hofbibliothek und in der Lobkowitz'schen Bibliothek zu Raudnitz. W.

Schon einmal ist in diesem Blatte (S. 483) des „Illustrierten Handbuches der Ex-Libris-Kunde von Gustav A. Seyler" (Berlin, J. A. Stargardt 1895. VIII, 88 S. 8°, Preis 2 M.) gedacht worden und zwar, um aus Anlass der in demselben enthaltenen „Bemerkungen für Sammler" auf die Gefahren hinzuweisen, denen durch rücksichtsloses Sammeln von Ex-libris die mit derartigen Eigentums-Zeichen ihrer früheren Besitzer versehenen Bücher ausgesetzt werden. Wir wollen doch aber auch nicht unterlassen auszusprechen, dass das Buch im übrigen geeignet erscheint, jeden, der sich über Ex-libris unterrichten will, in zweckentsprechender Weise in die Kunde davon einzuführen. In den 10 Kapiteln desselben hat der Verfasser in kurzem Umrisse alles zusammengetragen, was es über diesen Gegenstand wissenswertes giebt. Er beginnt mit einer Auseinandersetzung über die geschichtliche Entwickelung des Bücherzeichens und geht dann auf die verschiedenen Arten desselben, ihre Ausführung, die Beziehungen zu Heimat, Beruf und Liebhabereien des Besitzers, die sich in vielen ausdrücken, auf Zweck, Aufgabe und Nutzen derselben näher ein, um nach den schon erwähnten Bemerkungen für Sammler mit kurzen Mitteilungen über die Ex-libris-Vereine und die wichtigste Ex-libris-Litteratur zu schliessen. Zur Illustration sind mehr denn 60 Abbildungen von Bücherzeichen aller Art dem Texte eingefügt. Die typographische Ausstattung des Buches und insbesondere das Papier verdienen freilich keine Anerkennung. Ht.

In den Jahresberichten für neuere deutsche Litteraturgeschichte (hrsg. v. Jul. Elias und Max Osborn) Bd. IV Abt. I giebt Oskar v. Hase ein sorgfältiges Referat über die Erscheinungen auf dem Gebiete des Schrift- und Buchwesens im Jahre 1893, in dem natürlich auch das Bibliothekswesen berücksichtigt ist. Ht.

Die diesjährige (18.) Jahresversammlung der Library Association of the United Kingdom tagte in der Zeit vom 10.–12. September in Cardiff. Einen Bericht über die dort gepflogenen Verhandlungen bringt The Athenaeum in der No. 3543 (vom 21. Sept.) S. 380 f. und etwas ausführlicher The Library in der Oktober-Nummer S. 331 ff. In letzterer wird auch bereits die Ansprache des Präsidenten und einer der auf der Versammlung gehaltenen Vorträge abgedruckt. — Wir bemerken zugleich, dass der offizielle Bericht über die vorjährige Jahresversammlung, der „Report of the Proceedings of the Seventeenth Annual Meeting of the Library Association of the United Kingdom, held in the Queen's College, Belfast, on September 4th, 5th and 6th, 1894." 61 S. 8° vor kurzem als Beilage zu The Library ausgegeben worden ist. Ht.

Eine dem Katalog der Buchelnbände-Sammlung von Smith Kensington (s. C. f. B. XI S. 560) ähnliche Veröffentlichung steht seitens des Britischen Museums in London bevor, nur dass dieselbe allein englischen Bucheinbänden gelten soll. Die Herren W. Griggs und W. Y. Fletcher wollen auf 68 Folio-Tafeln Abbildungen sowohl von Bänden des 12. Jahrhunderts, in dem die englischen Buchbinder als die geschicktesten in Europa galten, als auch aus neuerer Zeit geben. Nach dem, was The Athenaeum No. 3543 S. 394 über die bevorstehende Publikation mitteilt, verspricht dieselbe ein für die Geschichte des Bucheinbandes wichtiges Werk zu werden. Ht.

Vermischte Notizen.

Über die Gehaltsverhältnisse der italienischen Bibliotheksbeamten unterrichtet das durch Kgl. Dekret vom 4. Aug. d. J. bestätigte neue Gehaltsschema, das wir nachstehend zum Abdruck bringen:

Nuovo Ruolo organico delle Biblioteche pubbliche governative.

Ufficio	Classe	Numero	Stipendio (Lire)	Totale per classe (Lire)
1ª Categoria				
Bibliotecari o conservatori di manoscritti	1ª	3	¹) 6000	15000
	2ª	2	5500	11000
	3ª	4	5000	20000
	4ª	4	4500	18000
	5ª	7	4000	28000
	6ª	16	3500	56000
2ª Categoria				
Sottobibliotecari o sotto-conservatori di manoscritti	1ª	19	3000	57000
	2ª	31	2500	77500
	3ª	32	2000	64000
	4ª	11	1500	16500
3ª Categoria				
Ordinatori	1ª	11	3000	33000
	2ª	8	2500	20000
Distributori	1ª	32	2000	64000
	2ª	32	1500	48000
	3ª	32	1200	62000
4ª Categoria				
Uscieri	1ª	10	1300	13000
	2ª	13	1200	15600
	3ª	10	1100	11000
Serventi	1ª	14	1000	14000
	2ª	45	900	40500
¹) Oltre l'alloggio.			Totale	687500

Dänemarks Bücheraussatz mit Deutschland bezifferte sich im Jahre 1894 nach statistischen Aufzeichnungen auf 77047½ kg aus Deutschland nach Dänemark und auf 39623½ kg aus Dänemark nach Deutschland ausgeführte Bücher. K.

Im Jahrbuch der Gesellschaft für die Geschichte des Protestantismus in Österreich 16. Jhg. (1895) 2. Heft teilt Johann Loserth (S. 50—77) aus dem in der Grazer Universitäts-Bibliothek befindlichen Exemplar der Iesus novi testamenti, Francofurti 1571, das ein steirischer Adeliger Johann Jakob von Stainach während seines Aufenthaltes an deutschen Universitäten als Stammbuch benutzt hatte, die handschriftlichen Eintragungen mit. Sie rühren a. d. J. 1582—1616 her. Die Schreiber sind 'in der Hauptsache' 'Epigonen' der Reformationszeit. F. E.

Der 10. Band des Jahrbuchs der kunsthistorischen Sammlungen des Allerhöchsten Kaiserhauses (Prag, Wien, Leipzig 1895) bringt auch eine Abhandlung von Julius von Schlosser, die in der Beschreibung eines Haus-

bücher der Cerruti (S. 144-158) und in der sich anschliessenden Betrachtung
über die höfische Kunst des 14. Jhdts. (S. 156—230) Beiträge zur Hand-
schrifteniIIustration liefert. Der Abhandlung sind mehrere Tafeln beigegeben. F. E.

Das Regulativ für die Bearbeitung von Manuskripten-
Katalogen (zunächst der Bibliotheken der österr. Stifter und geistlichen
Korporationen), nach den Vorschlägen der hochwürdigen Herren Bibliothekare
Albin Czerny (Stift St. Florian), Dr. P. Otto Grillnberger (Stift Wilhering)
und Gottfried Vielhaber (Stift Schlägl) entworfen von der historischen Sektion
der Leo-Gesellschaft, Wien 1895, 8°, (14 S.) fasst kurz jene Regeln zusammen,
die man bei der Katalogisierung von Handschriften zu beobachten hat, und
deckt sich daher im wesentlichen mit den hierfür bis jetzt gültigen Anschauungen. Da man das Katalogisieren von Handschriften doch für gewöhnlich
nicht Neulingen anzuvertrauen pflegt, so fällt S. 4 die Warnung vor dem allzu
häufigen Gebrauch des Rufzeichens (!) — wie es für 'Ausführungszeichen'
belassen soll — und des sic auf. Zu S. 7 wäre zu bemerken, dass das Format
der Handschriften am besten durch Messen nach Centimetern angegeben
wird. F. E.

Über die Büchererzeugung in Russland 1894 findet sich eine Mitteilung
auf Grund der St. Petersburger Zeitung in den Nachrichten aus dem Buchhandel 1895 No. 203.

In Heft 3/4 des 4. Bandes der Byzantinischen Zeitschrift, herausgegeben
von Karl Krumbacher, handelt S. 588—589 Professor Franz Rühl in Königsberg über die Datierung des Uspenskij'schen Psalters und bestimmt
dieselbe abweichend von Wattenbach und Gardthausen nach der alexandrini-
schen Ära des l'anodoros auf das Jahr vom 25. März 577,578. P.

Die Berufskrankheiten der Buchdrucker behandelt Georg
Heimann in den Jahrbüchern für Nationalökonomie und Statistik Bd. 65, 3. F.
Bd. 10 (1895), S. 1—17. W.

Auch auf die Chemie erstrecken sich die bibliographischen Arbeiten
der Amerikaner; so wird als Nr. 970 der Smithsonian Miscellaneous Collections
eine Bibliographie des essigsauren Äthers (Aceto Acetic Ester) von
Paul H. Seymour veröffentlicht. W.

Einen Beitrag zur Geschichte des (Schul-) Programmes liefert
Kroschel im Programm des Fürstl. Gymnasiums zu Arnstadt 1895. W.

In den Bulletins de l'Académie Royale de Belgique 3. Sér. T. 25 (1893)
S. 302 ff. wird von einer litterarischen Entdeckung Gaëtan Hecq's gehandelt,
nach welchem der vor 1471 geschriebene Traitiée de rethorique Jehan Mollnet's
identisch ist mit der später unter Henry de Croy's Namen gedruckten Schrift:
L'Art et science de réthorique. W.

In denselben Bulletins T. 26 (1893) S. 344 ff. weisen F. Van Veerdeghem und O. Van den Daele aus einer von M. H. van Neuss 1866 im
Bulletin de la section litt. du la société des Mélophiles de Hasselt Vol. 3 beschriebenen Handschrift drei unedierte, vor das Jahr 1596 fallende Werke
J. B. Houwaert's nach: Een Tragedie van der Oriogben, Die Comedie van
den Peys und den Dialog „Virtutem dilige." W.

In den „Mitteilungen des Vereines für Geschichte der Deutschen in
Böhmen" Jg. 33 (1894/95) beschreibt S. 100 ff. W. Katzerowsky (s. s. oben

S. 445) ein Leitmeritzer Stadtbuch aus dem 14. Jahrh. (Pergamentcodex von 21 Bl., 7 Bl. fehlen), das als Liber statutorum zu betrachten ist; es ist vor kurzem aus Privatbesitz in das städtische Archiv zurückgelangt. S. 242 ff. handelt K. Fr. Rietsch über das Stadtbuch von Falkenau (1493—1524), Papiercodex von 70 Bl., von denen die ersten 49 beschrieben sind. Von dem Text wird der erste Teil, das Stadtrecht enthaltend, mit Annahme der Urkunden veröffentlicht. W.

Ein Trierer Sacramentar vom Ende des 10. Jahrhunderts (Universitätsbibl. Freiburg i. B. Ms. 360 a) behandelt Edmund Braun in seiner (Heidelberger) Dissertation, Trier 1895. 8°. W.

In den Mitteilungen des Vereins für Geschichte der Stadt Nürnberg Heft 11 (1895) S. 1 ff. veröffentlicht Paul Joachimsohn Hans Tuchers Buch von den Kaiserangesichten, als dessen wahren Verfasser Joachimsohn den Franziskaner Stephan Fridolin, Lesemeister bei den Minoriten und Prediger am Frauenkloster St. Clara nachweist, von dem auch das Erbauungsbuch „Schatzbehalter" (Nürnberg, A. Koberger 1491) herrührt. Tucher selbst hat höchstens die Arbeit später noch einmal durchgesehen und für eine würdige Aufzeichnung des Fridolinschen Manuskripts gesorgt, wie sie jetzt noch in dem schön geschriebenen Pergamentcodex der Nürnberger Stadtbibliothek (Cent. IV. 00) vorhanden ist, auf dessen innerem Rückendeckel „Hanns Tucher senior" steht, mit der Jahreszahl 1487. Das Buch selbst ist eine „Erklärung" zu einer Sammlung römischer Münzen, die sich „in der librey in einer grossen taffell hängend" befand. W.

Neue Erscheinungen auf dem Gebiete des Bibliothekswesens.*)

Mitgeteilt von O. Koller in Leipzig.

*Library. No. 80, Aug. 1895: The Belfast Public Library, its character and object, by W. Gray. — The libraries of Canada, by J. Bain. — Remarkable Bibles, by W. Wright.
Report of the Proceedings of the seventeenth annual meeting of the Library Association of the United Kingdom, held in the Queen's College, Belfast, on Sept. 4, 5 and 6, 1894.
No. 81. Sept. 1895: Ola Mss. and the Government Oriental Library of Ceylon, by G. A. Joseph. — Our readers and what they read, by G. H. Elliott. — „The Free Library Failure."
No. 82, Oct. 1895: Inaugural address of the president of the Library Association (the hon. Lord Windsor) to the 18th annual meeting, Cardiff, Sept. 10, 1895. — The Cardiff Free Public Libraries, by J. Ballinger. — A new Indicator, W. 2 plates.

Library Journal. Vol. 20 No. 9, Sept 1895: The training of library employes, IV, by Ad. R. Hasse. — The woman's education association, by AL E. Chandler. — One librarian's way of keeping notes, by N. E. Browne. — Co-operative cataloging of scientific literature.

*Revue Internationale des archives, des bibliothèques et des musées. Tome I, No. 1er Bibliothèques: L'histoire de l'imprimerie, état du la science en 1895, p. II. Stein. — Notice sur les bibliothèques publiques de Suède, p. B. Lundstedt. — La reproduction autotypique des manuscrits. — La conférence bibliographique internationale de Bruxelles. —

---

*) Die mit * bezeichneten Bücher haben der Redaktion vorgelegen.

Un catalogue général des bibliothèques belges et hollandaises, p. P. Bergmans.

*Rivista delle biblioteche. Anno VI, Nr. 6—8: Notizie e documenti di tipografi bolognesi del secolo XV, p. L. Frati. — La Bibbia di Francesco Redi, p. E. Rostagno. — Spigolature bibliografiche, p. M. Fava. — Notizie dei libri pontificati da Torquato Tasso che si conservano nella Barberiniana di Roma, p. Ang. Solerti. — Sequestro e censura di stampa in Brescia nel secolo XVI, p. Giov. Livi. — Un altro esemplare della epistola di Colombo, p. F. Salveraglio. — La biblioteca di Messer Niccolò di Messer Bartolomeo Borghesi ed altro in Siena del rinascimento, p. C. Mazzi.

Archiv für Anthropologie. Zeitschrift für Naturgeschichte und Urgeschichte des Menschen. Herausgegeben und redigirt von J. Ranke. Band 23, 4. Vierteljahrsheft. Braunschweig, Fr. Vieweg & Sohn. XV u. S. 531—656. Bibliographie 160 S. n. Correspondenzblatt 1895 S. 9—70 mit Abbildungen u. 4 Tafeln. gr. 4°. M. 30.—

*Baltimore: The Enoch Pratt Free Library. Bulletin. Vol. 1, No. 3. October 1895. P. 63—98. 4°.

Berichte über die 17. Tagung der Association littéraire et artistique internationale, Dresden 1895. Deutsche Ausgabe. Herausgegeben vom Arbeitsausschuss. Berlin, Deutsche Schriftsteller-Genossenschaft. IV, 141 S. gr. 8°. M. 3.—; franzls. Ausgabe M. 3.—

Bodemann, E. Die Leibniz-Handschriften der Königlich. Oeffentlichen Bibliothek zu Hannover. Hannover, Hahnsche Buchh. V. 330 S. gr. 8°. M. 7.—

Der Büchermarkt. Monatliches Verzeichnis ausgewählter Neuigkeiten der in- und ausländischen Litteratur. Jahrgang 1: Oktober - Dezember 1895. [3 Nrn.] Leipzig, J. A. Barth. gr. 8°. M. —.75

Buchhändler-Akademie. Organ für die Gesamtinteressen des Buchhandels und der ihm verwandten Geschäftszweige. Begründet von H. Weissbach, fortgesetzt von K. F. Pfau. Bd. 8 [12 Hefte]. Weimar, Thiem & Jlmpricht. gr. 8°, à Heft —.60 Pfg.

Boscban, G. Bibliographischer Semesterbericht der Erscheinungen auf dem Gebiete der Neurologie und Psychiatrie. Jahrgang I: 1895, 1. Hälfte. Jena, G. Fischer. III. 88 S. gr. 8°. M. 2.50

Catalogo metodico degli scritti contenuti nelle pubblicazioni periodiche italiane e straniere. Parte I: Scritti biografici e critici. Supplemento 3: Biblioteca della Camera dei Deputati. Roma, tip. della Camera dei Deputati. XXVIII. 338 p. 8°.

Catalogue de la bibliothèque de Saint-Stanislas. Trévoux, imp. Jeannin. 100 p. 8°.

Catalogue des principaux ouvrages de la bibliothèque Saint-Vincent, de Mâcon. Mâcon, impr. V° H. Durand. 159 p. 8°. Fr. 1.50

Catalogue of additions to the manuscripts in the British Museum in the years 1888—1893. Printed by Order of the Trustees, 1894. XXIII. 919 p. 8°.

Catalogue of the Stowe manuscripts in the British Museum. Volume I. Text printed by Order of the Trustees. London. VIII. 523 p. 8°.

*Chicago: Newberry Library. Report of the Trustees, from April 25, 1892, to December 31, 1892, and for the years 1893 and 1894. Springfield. Ill. 52 p. 8°.

Clouzot, H. Les premiers imprimeurs et libraires de Saint-Jean-d'Angély (1616-1747). Niort, libr. Clouzot. 10 p. 8°.
Extrait du Bulletin du bibliophile. Tiré à 100 exemplaires.

Courant, M. Bibliographie coréenne. Vol. II. Paris, E. Leroux. 8°. Fr. 25.—

Delaville Le Roulx, J. Inventaire de pièces de terre sainte de l'ordre de l'Hôpital. Paris, E. Leroux. 71 p. 8°.

Delisle, L. Manuscrits légués à la Bibliothèque nationale par Armand Durand. Nogent-le-Rotrou, imp. Daupeley-Gouverneur. 35 p. 8°.
Extrait de la Bibliothèque de l'École des chartes.

Neue Erscheinungen auf dem Gebiete des Bibliothekswesens. 633

Deniker, J. Bibliographie des travaux scientifiques (sciences mathématiques, physiques et naturelles) publiés par les sociétés savantes de la France, dressée sous les auspices du ministère de l'Instruction publique. Tome I. livr. 1. Paris, Leroux. III et p. 1 à 200. 4°. Fr. 5.—
Farault, A. Liste des publications de M. Henri Beauchet-Filleau. Saint-Maixent, Imp. Reversé. 11 p. 8°.
Finkel, L. Bibliografia historyi polskiej. Część II. zeszyt I. w Krakowie, nakładem Akademii Umiejętności. P. 529—645. gr. 8°. Fl 1.80
Franzke, J. Katalog der Lehrerbibliothek des Kgl. Gymnasiums zu Oppeln. Theil I: Enthaltend die altclassische Literatur und den dazu gehörigen Apparat. Oppeln. 52 S. 8°.
Programm des Gymnasiums.
*Friedländer & Sohn. Zoologisches Adressbuch. International Zoologist's directory. Almanach international des zoologistes. Berlin, R. Friedländer & Sohn. VIII. 740 S. gr. 8°. M. 10.—
Gracklauer's, O. Deutscher Journal-Katalog für 1896. Zusammenstellung von über 3000 Titeln deutscher Zeitschriften, systematisch in 41 Rubriken geordnet. Jahrgang 32. Leipzig, O. Gracklauer. 54 S. gr. 8°. M. 1.35; geb. M. 1.60
Graesel, A. Manuel de bibliothéconomie. Édition française revue par l'auteur et considérablement augmentée. Traduction de Jules Laude. Livraison I. Paris, H. Welter. 8°. Fr. 1.—
L'ouvrage formera 10 livraisons au prix de 1 fr. chacune.
Die Handschriften der grossherzoglich badischen Hof- und Landes-Bibliothek in Karlsruhe. Band III: Die Durlacher und Rastatter Handschriften, beschrieben von A. Holder. Karlsruhe, Ch. Th. Groos. III. 206 S. Lex. 8°. M. 4.—
Hinrichs' Halbjahrskatalog 194. Fortsetzung. Verzeichnis der im deutschen Buchhandel neu erschienenen und neu aufgelegten Bücher, Landkarten, Zeitschriften etc. 1895, 1. Halbjahr. Mit Stichwortregister, wissenschaftlicher Übersicht, sowie einem Anhang, enthaltend solche Neuigkeiten, die angezeigt gewesen, aber noch nicht erschienen sind oder deren Einsichtnahme bisher noch nicht möglich gewesen ist. Herausgegeben und verlegt von der J. C. Hinrichs'schen Buchhandlung, Leipzig. 864. 300 S. 8°. M. 7.—; geb. M. 8.—; in 2 Bde. gebdn. M. 8.50
Hoboken, N. J.: Public Library. Alphabetical catalog: authors, titles and subjects. 321 p. 8°.
Huber, J. Ch. Bibliographie der klinischen Helminthologie. Heft 9: Enstrongylus Gigas Dieslng. Trichina spiralis R. Owen. München, J. F. Lehmann's Verl. IV u. S. 307—381. gr. 8°. M. 3.60; complet: III. 3. 1 S. gr. 8°. M. 10.—
Index librorum prohibitorum sanctissimi domini nostri Leonis XIII. pont. max. jussu editus. Cum appendice usque ad 1896. Torino, P. Marietti. 8°. L. 3.—
Inventaire sommaire des archives départementales antérieures à 1790, rédigé par G. Guigue. Rhône, archives ecclésiastiques. Série H. Tome I: II 1 à II 702. Ordre de Malte. Langue d'Auvergne. Lyon, Brun. 395 p. 4°.
— Rédigé par F. Couard. Seine-et-Oise. Archives ecclésiastiques. Série G: Clergé séculier. Versailles, Cerf & Co. VIII. 462 p. 4°.
Katalog der Bibliothek des Königlichen Oberlandesgerichts in Frankfurt a M. Frankf. a M., C. Koenitzer's Buchh. VII. 149 S. gr. 8°. M. 8.—
Katalog der grossherzoglichen Hof- und Landesbibliothek in Karlsruhe. XXII: Zugangsverzeichnis 1894. Karlsruhe, Ch. Th. Groos. S. 2091—2141. gr. 8°. M. —.50
*Katalog der Bibliothek der Handelskammer zu Leipzig. III. Zuwachs vom 1. Juli 1888 bis zum 31. December 1893. Leipzig, J. C. Hinrichs'sche Buchh. XVI. 354 S. gr. 8°. M. 8.—
Kayser's, Ch. G., Vollständiges Bücher-Lexicon, enthaltend die vom J. 1750 bis Ende des J. 1894 im deutschen Buchhandel erschienenen Bücher. Der ganzen Reihe 27. u. 28. Band oder 11. Supplements-Band 1. u. 2. Hälfte.

534   Neue Erscheinungen auf dem Gebiete des Bibliothekswesens.

Enthaltend die vom J. 1891 bis Ende des J. 1894 erschienenen Werke und Landkarten, sowie Nachträge und Berichtigungen zu den früheren Bänden, bearbeitet von O. Wetzel. Hierzu ein Sach- und Schlagwortregister, bearbeitet von A. Dressel und A. Hilbert. Lieferung 1—5. Leipzig, Chr. Herm. Tauchnitz. Bd. 27, 993 S. u. Bd. 28, S. 1—240. 4°. à 9 M.

Knaake, Friedr. Verzeichniss der Schülerbibliothek des Kgl. Realgymnasiums zu Nordhausen. Nach Classenstufen und nach Unterrichtsfächern geordnet. Nordhausen. 40 S. 8°.
    Programm des Realgymnasiums.

Laehr, H. Die Literatur der Psychiatrie, Neurologie und Psychologie im XVIII. Jahrhundert. 2. Auflage. Festschrift zum 50jähr. Jubiläum der Provinzial-Irrenanstalt Nietleben bei Halle a. S. am 1. November 1894. Berlin, G. Reimer. XI. 215 S. gr. 4°. M. 7.50

L'Estourbeillon, Marqu. de. Inventaire des archives des châteaux bretons. III: Archives de la seigneurie de la Morlaye, au château du Lou, en Mauron (1514—1815). Vannes, Lafolye. 70 p. 8°.
    IV: Archives du château de la Maillardière en Vertou (1315—1718). 115 p. 8°.

Liste des ouvrages recommandés aux commissions d'arrondissement chargées du choix des livres pour les bibliothèques municipales de Paris. Année 1895. Paris, Impr. nouv. 29 p. 8°.

Litteraturbericht, Juristischer, 1884—1894. (Ergänzungsband zum Centralblatt für Rechtswissenschaft.) Herausgegeben von A. v. Kirchenheim. Heft 5: Die Litteratur über den Entwurf eines bürgerlichen Gesetzbuches für das Deutsche Reich, von C. F. Reatz. Leipzig, J. C. Hinrichs'sche Verlagsbuchh. S 75—134. gr. 8°. M. 1.60

Monatsbericht, Bibliographischer, über neu erschienene Schul- und Universitätsschriften (Dissertationen — Programmabhandlungen — Habilitationsschriften etc.). Herausgegeben von der Zentralstelle für Dissertationen und Programme von G. Fock. Jahrgang 6; Oktober 1895 — September 1896. [12 Nrn.] Leipzig, G. Fock. gr 8°. M. 2.—

"(Nijhoff, Mart.) Sciences, belles-lettres et arts dans les Pays-Bas surtout au 19e siècle. Bibliographie systématique. Tome I: Linguistique, histoire littéraire, belles-lettres. Avec une table alphabétique. La Haye, Mart. Nijhoff. VIII. 301 p. 8°. Lwdbd. M. 5.50

Paoli, C. Grundriss zu Vorlesungen über lateinische Palaeographie und Urkundenlehre. Bd. II: Schrift- und Bücherwesen. Aus dem Italienischen übersetzt von K. Lohmeyer. Innsbruck, Wagner'sche Univ.-Buchh. V. 207 S. gr. 8°. M. 4.—

Pérez Pastor, C. La imprenta en Medina del Campo. Obra premiada por la Biblioteca Nacional. Madrid, M. Murillo. XII. 529 p. 4°. con grabados de escudos de impresores. Pes. 9.—

Perles, M. Adressbuch für den Buch-, Kunst-, Musikalienhandel und verwandte Geschäftszweige der Oesterreichisch-ungarischen Monarchie, mit einem Anhang: Oesterreichisch-ungarisches Zeitungs-Adressbuch. 1895. 1896. Jahrgang XXX. Wien, M. Perles. VIII. 348 S. mit Porträt von K. Proehaska sen. in Photograv. gr. 8°. Geb. in Leinwand M. 3.60

Potthast, A. Bibliotheca historica medii aevi. Wegweiser durch die Geschichtswerke des europ. Mittelalters bis 1500. Vollständiges Inhaltsverzeichnis zu „Acta Sanctorum" Boll. — Bouquet — Migne — Monumenta Germaniae historica — Muratori — Rerum britannicarum scriptores etc. Anhang: Quellenkunde für die Geschichte der europäischen Staaten während des Mittelalters. 2. Auflage. 1. Halbband. Berlin, W. Weber. VIII u. S. 1—320. gr. 8°. M. 12.—

The Reference-directory of booksellers, stationers and printers of the United States and Canada (including all kindred trades), 1895. Year 16. New York, Industrial Information Co. 3. 656 p. 8°. cloth. D. 13.—

Retana, W. E. Archivo del bibliófilo filipino. Recopilación de documentos históricos, científicos, literarios y políticos y estudios bibliográficos.

Antiquarische Kataloge. 535

Tomo I. Madrid, impr. de la Viuda de M. Minuesa de los Rios. XI.
455 p. 8°. Pes. 4,50
*Schürmann, A. Der deutsche Buchhandel der Neuzeit und seine Krisis.
Halle, Buchhandlung des Waisenhauses. VII, 281 S. 8°, M. 3.—; geb. in
Halbfranz M. 4.—
Sonnenschein, W. Swan. A reader's guide to contemporary literature;
being the first supplement to „the best books etc". London, Sonnenschein.
15. 124. 773 p. 4°.
United States. War Department. Surgeon General's Office. Alphabetical
list of abbreviations of titles of medical periodicals employed in the
Index Catalogue of the library of the Surgeon General's Office. From
vol. I to vol. 16, inclusive. Washington, Government Printing Office. 1.
282 p. 4°, cloth.
Index-catalogue of the library of the Surgeon-General's Office; authors
and subjects, Vol. 16: W—Zythus. 14, 822 p. 4°, cloth. D. 8.—
Veegens, J. D. Het auteursrecht volgens de Nederlandsche wetgeving.
Uitgegeven door de Vereeniging ter bevordering van de belangen des
boekhandels. 's-Gravenhage, Gebr. Belinfante. IV. 212 pag. 8°. Fl. 1.90
Vicaire, G. Manuel de l'amateur de livres du XIX siecle (1801—1893).
Fasc. IV, Paris. Rouquette. P. 193 à 608. 8°. Fr. 10.—
Vi6, L. Les conférences du Salon bibliographique en 1895. Paris. Be-
sançon, impr. Jacquin. 24 p. 8°.
Extrait du Bulletin de la Société bibliographique.

Antiquarische Kataloge.

Baer & Co. Frankfurt. No. 353: Preussen. Geschichte. (Bibl. v. Ad. Meyer.)
1195 N°°. — No. 354: Nationalökonomie. No. 4750—5245. — No. 355:
English literature. 1200 N°°. — No. 356: North and South America.
1014 N°°. — No. 357: Deutsche Litteratur im 19. Jahrh. 1242 N°°. —
No. 358: Numismatik d. M.-A. u. d. Neuzeit. (Bibl. v. Dr. H. Grote.)
1266 N°°. — Anz. No. 444: Old and rare books. No. 6778—7016.
Beijers'sche Bh. Utrecht. Bibliotheca histor. geograph. 4739 N°°. — No. 169:
Klass. Philologie und Altertumsk. 308 N°°. — No. 170: Ingenieurwiss.
Architektur. 237 N°°. — No. 171: Exeget. Theologie. 1329 N°°. — No. 172:
Staats- u. Socialwiss. 1181 N°°.
Bertling Dresden. No. 29: Autographen. 541 N°°. — Anz. No. 10: Archi-
tectur, Skulptur. 292 N°°. — No. 11: Miscellanea. 350 N°°.
Bach- u. Kunstantiquariat Bonn. No. 45: Kathol. Theologie. 2052 N°°.
— No. 46: Manuskripte, Incunabeln. Aldinae etc. 635 N°°.
Elwert Marburg. No. 25: Geographie. Anthropologie. 1626 N°°.
Geering Basel. No. 249: Bibliotheca theolog. III: Praktische Theologie.
No. 7725—12352. — Anz. No. 129: Histor. Werke. 425 N°°. — No. 130:
Vermischtes. 512 N°°.
Goiger & Jedele Stuttgart. No. 226: Klassische Philologie. 2470 N°°. —
No. 228: Musik. Theater. Tanz. 1009 N°°. — No. 229: Kunst. Kunstge-
werbe. 968 N°°.
Gilhofer & Ranschburg Wien. No. 47: Genealogie u. Heraldik. 900 N°°.
— Anz. No. 51: Vermischtes. No. 1143—1741.
Goldstein Dresden. No. 22: Politik. Volkswirtschaft. 528 N°°.
Harrassowitz Leipzig. No. 209: Grammatiken, Lexica u. Chrestomathieen
von fast allen Sprachen der Erde. 3280 N°°. — No. 210: Aegyptologie.
African. Sprachen. (Bibl. v. Prof. Lauth in München.) 1187 N°°. — No. 211:
Deutsche Litteratur von 1500 bis zur Neuzeit. 2322 N°°.
Hiersemann Leipzig. No. 151: Ethnographie. Indogermanen Europas.
1016 N°°. — No. 152: Ethnographie. Praehistorik. 995 N°°. — No. 153:
Russland. 673 N°°. — No. 156: Span. Süd-Amerika. 708 N°°. — No. 157:
Brasilien. 325 N°°. — No. 158: Mexiko. Central-Amerika. 591 N°°.
Milfiker-Juillard Genf. No. 5: Ouvrages des 13.—16. s. Reliures. 1992 N°°.

Hoepli Mailand. No. 102: Storia. 2611 N°°. — No. 103: Anthropologia, ethnographia etc. 1052 N°°.
Jacobsohn & Co. Breslau. No. 132: Kathol. Belletristik u. Theologie. 448 S.
Kaufmann Stuttgart. No. 72: Gesch. Deutschlands, Österreichs und der Schweiz. 2035 N°°.
Kerler Ulm. No. 213ᵇ: Geschichte u. Geogr. v. Skandinavien. 456 N°°. — No. 214: Gesch. u. Geogr. v. Frankreich. 1559 N°°.
Kirchhoff & Wigand Leipzig. No. 961: England. 995 N°°. — No. 962: Niederlande, Belgien, Skandinavien. 729 N°°. — No. 963: Frankreich. 1320 N°°. — No. 964: Italien, Spanien u. Portugal. 1205 N°°. — No. 965: Kunst u. Kunstgesch. 713 N°°. — No. 966: Curiosa. Vermischtes. 1224 N°°.
Köhner Breslau. No. 229: Evangel. Theologie. 3309 N°°.
Koppe Nordhausen. No. 7: Theologie. Vermischtes. 855 N°°.
Lazarus Berlin. No. 3: Revolution u. Reaktion. 374 N°°.
Levi Stuttgart. No. 92: Klass. Philologie. 1083 N°°.
Liebisch Leipzig. No. 95: Scultura. Bibl. Philologie. 2161 N°°. — No. 96: Prakt. Theologie. 2398 N°°. — No. 97: Liturgik, Kybernetik, Katechetik etc. No. 2399—4332.
List & Francke Leipzig. No. 271: Litteratur- u. Gelehrten-Geschichte. Bibliographie. 1317 N°°. — No. 272: Musik, Theater. 2655 N°°.
Lorentz Leipzig. No. 81: Philosophie. (Bibl. v. Oberpfarrer Wenkel in Naumburg.) 2903 N°°.
Meder Nachf. Heidelberg. No. 9: Geschichte. Memoiren. 547 N°°. — No. 11: Ausschnitte. 511 N°°.
Muller & Co. Amsterdam. Droit et Jurisprudence. 2827 N°°.
Mussotter Munderkingen. No. 25: Kathol. Theologie. 3265 N°°.
Nijhoff Haag. No. 262: Brabant Septentr. Gueldre. No. 366—1247.
Nutt London. No. 45: Miscellan. 764 N°°.
Ranschburg Budapest. Miscellanea. 1479 N°°.
Schmidt Naumburg. No. 9: Geschichte. 770 N°°.
Scholz Braunschweig. No. 7: Porträts u. Kunstblätter. 423 N°°.
Schöningh Münster. No. 53: Auswahl aus allen Wissensch. 1974 N°°.
Sellgsberg Bayreuth. No. 231: Kathol. Theologie. 1226 N°°.
Steinkopf Stuttgart. No. 434: Prakt. Theologie. 10 S. — No. 435: Hymnologie. 14 S.
Weigel, Ad. Leipzig. No. 20: Quellen- u. Sammel-Werke. 1235 N°°. — No. 21: Volkstümliche Litteratur. 1600 N°°.
Weigel Nürnberg. No. 1: Vermischtes. 492 N°°.
Weiss Leipzig. No. 4: Rechts- u. Staatswissensch. (Bibl. v. Prof. Lueder Erlangen.) 2149 N°°.
Winter Dresden. No. 63: Kultur- u. Sittengeschichte etc. 2279 N°°.
Würzner Leipzig. No. 138: Philosophie. Pädagogik. 16 S.
Zacher Köln. No. 18: Bibliothekswerke. 1550 N°°.

Personalnachrichten.

Der Präfekt der Vatikanischen Bibliothek in Rom P. Fr. Ehrle ist von der allgemeinen geschichtsforschenden Gesellschaft der Schweiz zum Ehrenmitglied ernannt worden.

Der kommissarische Bibliothekar Dr. F. Laban ist zum Bibliothekar an den Königl. Museen in Berlin ernannt worden.

Am 6. Oktober starb in Innsbruck der Professor der Philosophie und Pädagogik in Czernowitz Dr. Rudolf Hochegger im Alter von 35 Jahren. Von seinen Schriften erwähnen wir: „Die geschichtliche Entwicklung des Farbensinnes", „Über die Sprache", „Zur Entwicklungsgeschichte der Menschheit", „Über die platonische Liebe", „Über Individual- und Socialpädagogik", „Über Entstehung und Bedeutung der Blockbücher" (Beihefte zum C. f. B. II S. 159—226).

Verlag von Otto Harrassowitz, Leipzig. — Druck von Ehrhardt Karras, Halle.

Centralblatt
für
Bibliothekswesen.

XII. Jahrgang.   12. Heft.   Dezember 1895.

Die Maya-Litteratur und der Maya-Apparat zu Dresden.

Je mehr die Erkenntnis durchgedrungen ist, dass die Maya-Handschrift der Kgl. Öffentl. Bibliothek zu Dresden nicht nur das einzige Dokument dieser Art in Deutschland, sondern die best erhaltene und kostbarste unter den wenigen auf uns gekommenen Handschriften dieses alten centralamerikanischen Kulturvolkes ist, um so mehr hat es die Verwaltung der Kgl. Bibliothek zu Dresden als ihre Aufgabe betrachtet, neben der Handschrift einen möglichst vollkommenen Apparat zu sammeln von alle dem, was zur Entzifferung der bisher undeutbaren Hieroglyphen nötig und zur Erforschung aller auf die Kultur des Maya-Volkes bezüglichen Verhältnisse dienlich sein könnte, um wenigstens an einer Stelle in Deutschland den wissenschaftlichen Bestrebungen die schwer erreichbaren, vielfach in bibliographischen Seltenheiten bestehenden Hülfsmittel zugänglich zu machen. Um diesen Zweck zu erreichen genügt aber nicht die stille Sammelthätigkeit der Bibliothek, sondern es muss auch von Zeit zu Zeit der Öffentlichkeit Rechenschaft darüber abgelegt werden, damit auch den Forschern und Gelehrten das Vorhandensein des seit Jahren reich angewachsenen Schatzes bekannt und dieser dadurch nutzbar gemacht werde. Schon einmal hat Geh. Rat Förstemann im Jahre 1885 einen Schritt in dieser Richtung gethan, aber, abgesehen davon, dass seit dieser Zeit die Litteratur über die Mayas einen ausserordentlichen Zuwachs erfahren hat, erschien es auch wünschenswert, die Grenzen für die Bearbeitung weiter zu ziehen, als damals beabsichtigt war, und das ungeheuer angewachsene Material nach wissenschaftlichen Gesichtspunkten zu ordnen, die damals zum teil noch kaum anwendbar gewesen wären. Es war zunächst beabsichtigt, sich auf den Bestand der Bibliothek zu beschränken und höchstens gelegentlich Rechenschaft zu geben von dem, wonach die Bibliothek bis jetzt vergeblich gestrebt hatte. Aber eben durch diese Berücksichtigung des Erstrebten und zu Erstrebenden wuchs die Sammlung mehr und mehr in den Rahmen einer Bibliographie der gesamten Maya-Litteratur hinein, so dass es schliesslich zweckmässiger erschien, überhaupt alles das zu verzeichnen, was mir an Schriften über die Mayas bekannt geworden ist, gleichviel ob dasselbe in der Dresdener Bibliothek vorhanden ist oder nicht, gleichviel ob seine Erwerbung erwünscht schien oder überflüssig. Selbstverständlich war es mir vielfach nicht möglich, die Titel von Büchern und Abhandlungen mit bibliographischer Genauigkeit anzugeben, welche der Sammlung der Kgl. Bibliothek fehlen. Ich habe mich nach besten Kräften um die Richtigstellung derselben bemüht, muss aber im voraus für die unvermeidlichen Irrtümer und Ungenauigkeiten um Entschuldigung bitten. Kenntlich gemacht habe ich diejenigen Schriften, welche der Bibliothek fehlen, dadurch, dass ich die Nummern derselben in Klammern eingeschlossen habe, so dass also alle Werke, deren Nummern nicht eingeklammert sind, in der Kgl. Öffentl. Bibliothek vorhanden und der Forschung zugänglich sind.

Die Maya-Sammlung der Bibliothek befindet sich seit einigen Jahren in einer wesentlich ungünstigeren Lage als zuvor.

Indem Herr Geh. Rat Förstemann die Leitung des Institutes niederlegte, ging die enge Verbindung zwischen den Mayaforschern und der Bibliotheks-Leitung verloren, ein Nachteil, der sich noch fühlbarer machen würde, wenn nicht Geh. Rat Förstemann nicht nur der Maya-Forschung, sondern auch der Maya-Sammlung der Kgl. Bibliothek fortdauernd ein lebhaftes Interesse bewahrt hätte. Diesem Interesse habe auch ich die wesentliche Unterstützung bei der gegenwärtigen Arbeit zu verdanken, und ich möchte nicht unterlassen, meinen Dank dafür auch an dieser Stelle zu wiederholen.

Der Aufsatz von Geh. Rat Förstemann:
1. Der Maya-Apparat in Dresden. Von G. E. Förstemann. In: Centralblatt für Bibliothekswesen. Jahrg. II. (1885) S. 181—192.
ist nicht mehr der einzige Anlauf zu einer Maya-Bibliographie. Geh. Rat Förstemann hat selbst in der Vorrede zur zweiten Auflage seiner Ausgabe der Dresdener Mayahandschrift (1892) wesentliche Ergänzungen dazu veröffentlicht, aber auch von anderer Seite sind ähnliche Versuche gemacht worden, so von

2. Griffin, Appleton Prentiss Clark. The maya civilization of Yucatan. Bibliographical note. In: Bulletin of the Boston Public Library. Bd. IV. (1880.) S. 187—188.
und
(3.) Bandelier, Ad. F. Notes of the bibliography of Yucatan and Central America. In: American Antiquarian Society. Proceedings. New Series. Bd. I. (1882.)

Auch wird man noch immer mit Vorteil zu Rate ziehen können:
4. Brasseur de Bourbourg. Bibliothèque Mexico-Guatémalienne. Paris. 1871. 8°.

Was nun die materia prima der Maya-Forschung, die Manuskripte in Maya-Schrift, anlangt, so ist die Bibliothek recht wohl ausgerüstet. Die Handschrift der Dresdener Bibliothek liegt in drei Reproduktionen vor. Allerdings ist diejenige in
5. Kingsborough, Lord. Antiquities of Mexico comprising facsimiles of ancient Mexican paintings and hieroglyphs. London. 1831—48. fol. Bd. III. (2.)

für die Forschung nicht mehr von Wert, trotz der Sorgfalt, mit der
das Original abgezeichnet wurde, und es ist sehr zu beklagen, dass
noch immer gelegentlich Abbildungen darnach, statt nach den phototypierten Ausgaben als Illustration verwendet werden. Die Forschung
muss sich jedenfalls an diese letzteren halten:

6. Die Maya-Handschrift der Kgl. Öffentl. Bibliothek zu Dresden.
Herausgegeben von Prof. Dr. E. Förstemann. Leipzig. 1880. 4°.
angezeigt: Die Dresdener Maya-Handschrift (von W. Rossmann), in: Beilage zur Allgemeinen Zeitung Nr. 196 vom 14. Juli 1880.

7. Die Maya-Handschrift der Kgl. Öffentl. Bibliothek zu Dresden.
Herausgegeben von Prof. Dr. E. Förstemann. 2. Auflage. Dresden.
1892. 4°.
angezeigt in: Globus. Bd. 61. (1892.) S. 47, und in: Dresdener Anzeiger
vom 17. Dezember 1891.

Auch sonst hat der Dresdener Codex mehrfach in den Kreisen
der Forschung Berücksichtigung gefunden:

8. Förstemann, E. Erläuterungen zur Maya-Handschrift der Kgl.
Öffentl. Bibliothek, Dresden. 1886. 4°.

9. Schellhas, P. Die Maya-Handschrift der Kgl. Bibliothek zu
Dresden. In: Zeitschrift für Ethnologie etc. Bd. XVIII. (1886.)
S. 12—81.

10. Pousse, A. Étude sur le Codex Dresdensis. In: Archives de
la Société Américaine de France. Nouv. Ser. Bd. V. (1887.) S. 3—4;
97—110; 155—170.

Obwohl die Dresdener Handschrift unzweifelhaft nach Schönheit
der Ausführung und Erhaltung den anderen Maya-Handschriften überlegen ist, hat sich doch das wissenschaftliche Interesse weit eher und
auch nachhaltiger einer anderen Handschrift zugewendet, dem Codex
Troanus zu Madrid. Reproduziert wurde derselbe zuerst von:

11. Brasseur de Bourbourg. Manuscrit Troano. Études sur le système
graphique et la langue des Mayas. Bd. I. II. Paris 1869—70. 4°.
angezeigt von Theodor Benfey in: Göttinger Gelehrte Anzeigen. 1870.
S. 1686—1704.

Dagegen ist er noch nicht, wie die drei anderen Handschriften,
einer photographischen Vervielfältigung teilhaftig geworden. Von den
Studien über den Troanus besitzt die Bibliothek:

12. Thomas, Cyrus. The manuscript Troano. S.-A. aus: American
Naturalist. 1881. S. 625—641.

13. Derselbe: A study of the manuscript Troano. In: Contributions to North American ethnology. Bd. V. (1882.) S. 1—XXXVII
u. 1—237.

14. Raynaud, Georges. Étude sur le codex Troano. In: Archives
de la Société Américaine de France. Nouv. Ser. Bd. VII. (1889.)
S. 49—64.

15. Solomayor, D. La conquista de Mexico verificada por Hernan
Cortes segun el codice Troano. In: Congrès international des Américanistes. Compte rendu de la 8° session. (1892.) S. 658.

Dagegen fehlen noch immer:

(16.) Charencey, H. de. Recherches sur le codex Troano. Paris, 1876.

(17.) Rosny, Léon de. Le codex Troano et l'écriture hiératique de l'Amérique Centrale. In: Revue Orientale et Américaine. 2. Ser. Bd. II. (1878.)

Als erwiesen kann es gelten, dass die codices Troanus und Cortesianus nur Teile derselben Handschrift sind.

18. Rada y Delgado. Le codex Troano et le codex Cortesianus. In: Congrès international des Américanistes. Compte rendu de la 8° session. (1892.) S. 652 ff.

Trotzdem ist eine gemeinsame Ausgabe noch immer nicht versucht worden. Den Cortesianus besitzt die Bibliothek in 2 Ausgaben:

19. In Abzügen von den Original-Platten der von L. de Rosny veranstalteten Photographieen, die so überhaupt nicht in den Handel gekommen sind — ein Geschenk des verdienten Gelehrten —, und in der darnach veranstalteten Ausgabe:

20. Codex Cortesianus. Manuscrit hiératique, par Léon de Rosny. Paris. 1883. fol.

Unter diesen Umständen ist die Erwerbung der neuesten Ausgabe:

(21.) Codice Maya denominado Cortesiano que se conserva en el Museo Arqueologico Nacional, Madrid, Reproduccion fotocromolitografica en la forma del original publicada por J. de Dios de la Rada y Delgado y J. L. de Ayala y del Hierro. Madrid. 1893. 4°. einer günstigen Gelegenheit vorbehalten worden. Endlich ist auch die Pariser Handschrift in 2 Ausgaben vertreten:

22. Manuscrit dit Mexicain N° 2 de la Bibliothèque Impériale. Paris. 1864. fol.

und:

23. Codex Peresianus. Manuscrit hiératique des anciens Indiens de l'Amérique Centrale .... par L. de Rosny. Paris. 1887. fol. und an Litteratur über denselben:

24. Perrin, Paul. Les annotations européennes du Codex Peresianus. In: Archives de la Société Américaine de France. Nouv. Sér. Bd. V. (1887.) S. 87—91.

Wiederholt sind in der gelehrten Welt mehr oder minder verbürgte Nachrichten und Gerüchte von weiteren Maya-Handschriften aufgetaucht; so:

25. Neuer Fund einer Handschrift mit yukatekischen Hieroglyphen. In: Ausland. 1866. Nr. 50. S. 1199.

(26.) Melgar, José M. Juicio sobre lo que sirvió de base á las primeras teogonias. Traduccion del manuscrito mayo perteneciente al Señor Miró. Vera Cruz. 1873.

27. Manuscrit Maya. (Pinart.) In: Archives de la Société Américaine de France. 2. Sér. Bd. V. (1887.) S. 144.

Auch Habel in seiner Schrift über Santa Lucia (s. o.) spricht von Maya-Manuskripten in San Pedro de Carcha, die aber so eifersichtig bewacht wurden, dass er sie nicht einmal zu Gesicht bekommen konnte. Ganz kürzlich wurden in einem antiquarischen Kataloge Photographieen eines Maya-Codex, Dorrenbergianus, ausgeboten; aber auch hier stellte es sich heraus, dass es sich um eine Verwechselung handelte, und dass es eine miztekische Handschrift war. Bis jetzt sind noch immer die vier bekannten Handschriften die einzigen Spuren des Maya-Schriftums geblieben, abgesehen von den Inschriften, von denen weiterhin die Rede sein wird.

Vielfach sind die Maya-Handschriften unter sich oder im Vergleich mit den mexikanischen charakterisiert worden. Zuerst wohl von:

28. Madier de Montjan, Éd. Sur quelques manuscrits figuratifs de l'ancien Mexique. (S.-A. aus?) [Paris.] 1860. 8°.

dann besonders von:

29. Rosny, L. de. Les documents écrits de l'antiquité Américaine. In: Mémoires de la société d'ethnographie. Nouv. Sér. Bd. I. (1880, 84.) S. 90—100.

30. Thomas, Cyrus. Notes on certain Maya and Mexican manuscripts. In: 3. Annual report of the bureau of ethnology 1881—82. (Washington. 1884.) S. 7—65. Auch separat: Washington 1885.

31. Derselbe: Aids to the study of the Maya codices. In: 6. Annual report of the bureau of ethnology 1884—85. (Washington. 1888.) S. 259—371.

32. Seler, Ed. Der Charakter der aztekischen und der Maya-Handschriften. In: Zeitschrift für Ethnologie. Bd. 20. (1888.) S. 1—38 u. 41—97.

(32ª.) Derselbe: Caractère des inscriptions aztèques et mayas. In: Revue d'ethnographie. Bd. VIII. (1889.) S. 1—113.

33. Raynaud, Georges. Les codices et les calendriers du Mexique et de l'Amérique Centrale. In: Congrès International des Américanistes. Compte rendu de la 8e session. (1892.) S. 855-6.

34. Derselbe: Les manuscrits précolumbiens. Paris. 1893. 8°. A. u. d. T.: Archives du comité d'archéologie Américaine, Sér. III, Bd. I. Paris. 1894.

Während man anfangs den Maya-Hieroglyphen ziemlich ratlos gegenüberstand, glaubte man plötzlich den Schlüssel gefunden zu haben, als Brasseur de Bourbourg in der Schrift des Diego de Landa ein Alphabet der Mayazeichen auffand und veröffentlichte. Seitdem ist dasselbe fortdauernd Gegenstand der Kontroverse gewesen. Während die einen es für die Lösung des Rätsels gehalten haben und noch halten, sind andere so weit gegangen, es für eine Fälschung zu erklären:

35. Bollaert, William. Maya hieroglyphic alphabet of Yucatan. In: Memoirs of the anthropological society of London. Bd. II. (1865.) S. 46—54.

36. Derselbe: Examination of Central American hieroglyphs of Yucatan . . . by the recently discovered Maya alphabet. Ebenda: Bd. III. (1870.) S. 288—314.

37. Brinton, D. G. The ancient phonetic alphabet of Yucatan. New York. 1870. 8°.

38. Valentini, J. J. The Landa alphabet a Spanish fabrication. In: Proceedings of the American Antiquarian Society. April, 1880. 8°.

(38a.) Cresson, H. T. Brief remarks upon the alphabet of Landa. In: Proceedings of the Am. association for the advance of science. Bd. 41. (1892.) S. 281—283.

[Anm.: Eine Notiz darüber soll sich auch finden in: Archives de la société Américaine de France. Bd. II. S. 241.]

Jedenfalls gründete der Entdecker darauf den ersten, allerdings längst als vollkommen missglückt erkannten Versuch, die Maya-Handschriften zu entziffern; zuerst wohl in:

(39.) Brasseur de Bourbourg. Quatre lettres sur le Mexique; exposition absolue du système hiéroglyphique Mexicain. Paris. 1868. 8°.

dann aber sicher in:

40. Derselbe: Lettre à L. de Rosny sur la découverte de documents relatifs à la haute antiquité Américaine et sur le déchiffrement et l'interprétation de l'écriture phonétique et figurative de la langue maya. In: Mémoires de la société d'ethnographie. Bd. XI. (1869.) S. 78 ff. Auch separat: Paris. 1869. 8°.

und besonders in seiner Ausgabe des Troano. Wie gesagt aber war es ein Missgriff:

41. Brasseurs Entzifferung der yukatekischen Hieroglyphen. In: Ausland. 1870. 8. 285—288.

Heute gilt wohl auch so ziemlich dasselbe Urteil über die Entzifferungsversuche Léon de Rosnys. Im Gegensatz zu Brasseur betrachtete er die Maya-Schrift als ideographisch, nicht phonetisch; aber auch er verstieg sich in seiner Ausgabe des Peresinnus bis dahin, ein Hieroglyphen-Lexikon aufzustellen. Von der reichen hierher gehörigen Litteratur ist vorhanden:

42. Rosny, L. de. Les écritures figuratives et hiéroglyphiques des différents peuples anciens et modernes. 2. éd. Paris. 1870. 4°.

43. Derselbe: Déchiffrements Mayas. In: Congrès international des Américanistes. Compte rendu de la 1ª session. Bd. II. (1875.) S. 80—85.

44. Derselbe: L'interprétation des anciens textes Mayas. In: Archives de la société Américaine de France. 2. Sér. Bd. I. (1875.) S. 53—118.

45. Derselbe: Essai sur le déchiffrement de l'écriture hiératique Maya. Ebenda: Bd. II. (1876.) S. 5—108; 129—208; 225—278.

46. Derselbe: Essai sur le déchiffrement de l'écriture hiératique de l'Amérique Centrale. Paris. 1876. fol.

47. Derselbe: Ensayo sobre la interpretacion de la escritura hieratica de la America Central. Traducido . . . por J. de D. de la Rada y Delgado. Madrid. 1881. fol.

48. Derselbe: Vocabulaire de l'écriture hiératique Yucatèque. In: Codex Peresianus. Paris. 1883.

49. Derselbe: Nouvelles recherches sur l'interprétation des caractères hiératiques de l'Amérique Centrale. Rapport sur un mémoire de M. A. Pousse. In: Archives de la société Américaine de Franco. 2. Sér. Bd. III. (1884.) S. 118—127.
50. Derselbe: Le déchiffrement de l'écriture hiératique de l'Amérique Centrale. Paris (o. J.?). fol.

Von dem Hierbergehörigen fehlt noch:
(51.) Derselbe: Archives paléographiques de l'Orient et de l'Amérique, nebst Atlas.
(52.) Derselbe: Les sources de l'histoire anté-colombienne du Nouveau-Monde. In: Revue Orientale et Américaine, 2. Sér. Tom. I. (1877.)
(53.) Derselbe: De la formation des mots dans l'écriture hiératique du Yucatan. In: Actes de la société Américaine de Franco. (1878.)

Ein weiterer Entzifferungsversuch ging von H. de Charencey aus, hat aber überhaupt nicht die gleiche Beachtung und jedenfalls keine allgemeine Anerkennung gefunden:
54. Charencey, H. de. Essai de déchiffrement d'un fragment du manuscrit Troano. Paris, 1875. 8°.
55. Derselbe: Déchiffrement des écritures calculiformes ou Maya. Le bas-relief de la croix de Palenqué et le manuscrit Troano. Alençon. 1879. 8°.
56. Derselbe: Sur le déchiffrement d'un groupe de caractères gravés sur le bas-relief dit de la croix à Palenqué. In: Muséon. Bd. II. (1883.) S. 76—81.
57. Derselbe: Le déchiffrement de plusieurs caractères Mayas. In: Congrès International des Américanistes. Compte rendu de la 3e session. Bd. II. (1879.) S. 758—760.

Noch einmal ist in allerjüngster Zeit die Behauptung wieder aufgetaucht, die Maya-Hieroglyphen seien durchaus phonetischen Charakters, und es sei möglich, unter dieser Voraussetzung und unter Zuhülfenahme von Landas Alphabet unsere Handschriften zu lesen.

Unter gewissen Einschränkungen hatte schon Brinton die Maya-Schrift als eine Lautschrift anerkannt:
58. Brinton, D. G. The graphic system and ancient records of the Mayas. In: Contributions to American ethnology. V, 3. (1882.) S. XVII—XXXVII.
59. Derselbe: The phonetic elements in the graphic system of the Mayas and Mexicans. Philadelphia. 1886. 8°. Und wieder in seinen Essays of an Americanist. (1890.) S. 195—212.
60. Derselbe: The writing and records of the ancient Mayas, in den eben genannten Essays. S. 230—254.

Er verwahrt sich aber in seiner neuesten Veröffentlichung:
60a. Brinton, D. G. A primer of Mayan hieroglyphics. (Publications of the university of Pennsylvania. Series in philology, literature and archaeology. Bd. III. no. 2.)

entschieden dagegen, seine Erklärungsversuche denen von Prof. Thomas gleichzustellen, und scheint darin wieder eine Schwenkung in der Richtung einer bildlichen Deutung der Mayaschrift zu vollziehen.

Erst Prof. C. Thomas ist mit der Behauptung aufgetreten, die Mayas hätten eine reine Lautschrift angewendet, und sei es ihm gelungen, den Schlüssel dazu zu finden. Er hat damit den Anstoss zu der neuesten lebhaften Kontroverse auf dem Gebiete der Mayaforschung gegeben:

61. Thomas, Cyrus. A key to the mystery of the Maya codices. In: Science. N°. 486. Bd. XIX. (1892.) S. 295.

62. Derselbe: Key to the Maya hieroglyphs. Ebenda: N°. 494. Bd. XX. (1892.) S. 44.

63. Cresson, H. T. The antennal and sting of Yikilkah as components in the Maya signs. Ebenda: vom 5. August 1892. Bd. XX. (1892.)

64. Derselbe: Phonetic value of the eb'i glyph in the Maya graphic system. Ebenda: vom 19. August 1892. Bd. XX. (1892.)

65. Seler, Ed. Does there really exist a phonetic key to the Maya hieroglyphic writing? Ebenda: N°. 499. Bd. XX. (1892.) S. 121—122.

66. Seler, Ed. Ein neuer Versuch zur Entzifferung der Mayaschrift. In: Globus. Bd. 62. (1892.) S. 59—61.

67. Thomas, Cyrus. Is the Maya hieroglyphic writing phonetic? Science. N°. 505. Bd. XX (1892.) S. 197—201.

68. Seler, Ed. Is the Maya hieroglyphic writing phonetic? Ebenda: N°. 518. Bd. XXI. (1893.) S. 6—10.

69. Thomas, Cyrus. Are the Maya hieroglyphs phonetic? Washington. 1893. Auch in: American Anthropologist. Bd. VI. (1893.) S. 241-270.

70. Förstemann, E. Die Maya-Hieroglyphen. In: Globus. Bd. 66. (1894.) S. 78—80.

70*. Cresson, H. T. Interpretation of Maya glyphs by their phonetic elements. P. II. In: Science. Bd. XXIII. (1894.) S. 76—78.

(70b.) Derselbe: Suggestions that may aid in the interpretation of the Maya hieroglyphics. In: American Archaeologist. Bd. II. (1894.) S. 211—240.

Endlich müssen noch eine Reihe weiterer Artikel angeführt werden, welche von den Schriftzeichen der Maya handeln, ohne sich doch direkt einer oder der anderen der vorerwähnten Hypothesen anzuschliessen:

71. Über die Schriftzeichen der Maya in Yucatan. In: Ausland. 1870. S. 707—710.

(72.) Centralamerikanische Hieroglyphen. In: Correspondenzblatt der deutschen Gesellschaft für Anthropologie. 1873. S. 38. (?)

73. Duchateau, Julien. Sur l'écriture caleuliforme des Mayas. In: Archives de la société Américaine de France. 2. Sér. Bd. I. (1875.) S. 31—33.

74. **Madier de Montjau, Éd.** Études critiques sur l'archéologie Américaine et sur l'ethnographie du Nouveau Monde. Fasc. 1. (Darin: Écriture sacrée du Yucatan.) Paris. 1877. 8°.

75. **Holden, Edw. S.** Studies in Central American picture writing. (The Maya hieroglyphs.) In: First annual report of the bureau of ethnology. (1881.) S. 207—245.

76. Zur Entzifferung des Maya. In: Ausland. 1882. S. 779.

77. **Rada y Delgado:** Jeroglíficos Mayas. In: Congreso Internacional de Americanistas. Actas de la 4ª reunion. Bd. II. (1881.) S. 142—148.

78. **Derselbe:** Le déchiffrement des inscriptions Maya. In: Congrès international des Américanistes. Compte-rendu de la 5ᵉ session. (1884.) S. 355—361.

79. **Schellhas, P.** Maya Hieroglyphen. In: Verhandlungen der Berliner Gesellschaft für Anthropologie &c. 1887. S. 17—19.

80. **Seler, Ed.** Entzifferung der Maya-Handschriften. Ebenda: S. 231—237.

(80ᵃ.) **Castaing, A.** La littérature écrite de l'antiquité Américaine et le déchiffrement des textes hiératiques Mayas. In: Bulletin de la société d'ethnographie. 1888. S. 289—292.

81. **Raynaud, Georges.** Notes sur l'écriture Yucatèque. In: Archives de la société Américaine de France. Nouv. Sér. VII. (3.) (1890.) S. 99—117.

Ich habe absichtlich bis zuletzt von einer Gruppe von Entzifferungs-Versuchen der Maya-Handschriften noch nicht gesprochen, obwohl sie zeitlich weit früher fällt, als ein beträchtlicher Teil der eben erwähnten. Sie unterscheidet sich aber von diesen in einem sehr wesentlichen Punkte. Es handelt sich dabei nicht um den hypothetischen Versuch von einem oder dem anderen Standpunkte aus die Maya-Handschriften in ihrem gesamten Umfange zu entziffern. Die Versuche haben sich vielmehr darauf beschränkt, nur das Zahl- und Kalender-System der Mayas, soweit es in den Handschriften zum Ausdruck kommt, verständlich zu machen. Auf diesem Gebiete sind aber, zum Unterschiede von dem zuvor behandelten, unzweifelhafte Resultate gewonnen worden, die auch allgemein von der wissenschaftlichen Forschung anerkannt und angenommen worden sind. Die Entdeckung der Bedeutung der einfachen Zahlzeichen ist wohl von verschiedenen Forschern ziemlich gleichzeitig gemacht worden. Zuerst darüber geschrieben hat wohl:

82. **Rosny, L. de.** Mémoire sur la numération dans la langue et dans l'écriture sacrée des anciens Mayas. In: Congrès international des Américanistes. Compte rendu de la première session. Vol. II. (1875.) S. 439—458.

Ihm folgten unmittelbar Geh. Rat Förstemann in den oben erwähnten Erläuterungen zur Maya-Handschrift und Prof. C. Thomas in den gleichfalls schon genannten Aids to the study of the Maya codices. Seitdem hat besonders Geh. Rat Förstemann diese Seite der Maya-

Handschriften zu meinem Specialstudium gemacht und hat eine Reihe von überraschenden Entdeckungen über den Maya-Kalender zu Tage gefördert, die, wenn sie sich bis in ihre äussersten Konsequenzen als unanfechtbar herausstellen sollten, uns einen hohen Respekt vor der Gestirnkunde der Mayas einflössen müssten. Die wichtigsten Schritte auf dieser Bahn bedeuten:

63. Förstemann, E. Zur Entzifferung der Maya-Handschriften. (I.) Dresden. 1887. 8°.

64. Dasselbe mit Verbesserungen abgedruckt in: Congrès International des Américanistes. Compte rendu de la 7ᵉ session. Berlin. 1890. 8. 739—753.

85. Desgl. II. Dresden. 1891. 8°.

86. Desgl. III. Schildkröte und Schnecke in der Maya-Litteratur. Dresden. 1892. 8°.

87. Desgl. IV. Blatt 24 der Dresdner Maya-Handschrift. Dresden. 1894. 8°.

87ᵃ. Desgl. V. Zu Dresd. 71—73, und 51—58. Dresden. 1895. 8°.

Mit und nach ihm haben natürlich auch andere sich diesen Gegenständen zugewendet. Über das Zahlensystem der Mayas schrieben:

88. Charencey, H. de. Des signes de numération en maya. Alençon. 1881. 8°.

89. Derselbe: Du système de numération chez les peuples de la famille Maya-Quiché. In: Revue des sciences et des lettres. Tom. I. (1882.) S. 256—261.

90. Thomas, Cyrus. Les signes numériques dans le Codex américain de Dresde. In: Archives de la société Américaine de France. 2. Sér. Tom. III. (1884.) S. 207—233.

91. Pousse, A. Sur les notations numériques dans les manuscrits hiératiques du Yucatan. In: Archives de la société Américaine de France, 2. Sér. Tom. IV. (1886.) S. 97—110, und Tom. V. (1887.) S. 7—35.

92. Seler, Ed. Über die Bedeutung des Zahlzeichens 20 in der Mayaschrift. In: Verhandlungen der Berliner Gesellschaft für Anthropologie &c. 1887. S. 237—241.

Die ältesten Notizen über den Maya-Kalender finden sich bekanntlich schon bei Landa; freilich waren sie aber bis zur Veröffentlichung der Relacion (1864) so gut wie nicht vorhanden. Der gelehrten Welt zugänglich wurden Nachrichten über denselben erst durch

93. Perez, Juan Pio. Cronologia antigua de Yucatan y examen del metodo con que los Indios contaban el tiempo.

1842 abgefasst für J. L. Stephens erschien die Abhandlung zuerst als Anhang zu dessen Incidents of travels in Yucatan und in den Übersetzungen des Buches, dann aber auch spanisch im Registro Yucateco, in Carillo y Ancona's Historia antigua de Yucatan. 2. ed. (Merida. 1883.) S. 637—663 und spanisch und französisch in Brasseur's Ausgabe des Diego de Landa. S. 367—419.

Nach den oben erwähnten Förstemann'schen Arbeiten haben dann zunächst an den Untersuchungen sich betheiligt:

94. Valentini, J. J. Mexican copper tools and the Katunes of Maya history. Worcester, Mass. 1880. 8°.

(95.) Brinton, D. G. Notes on the codex Troano and Maya chronology. In: American Naturalist. 1881. S. 719—724.

bis dann in den letzten Jahren von verschiedenen Seiten zahlreiche Untersuchungen folgten:

(96.) Orozco y Berra, Manuel. El Tonalamatl. In den: Anales del museo nacional de Mexico. Tomo IV. Mexico. 1887. 4. S. 30—32. (Mit den Abbildungen des Aubinschen Tonalamatl.)

97. Seler, Ed. Tageszeichen in den aztekischen und Maya-Handschriften. In: Verhandlungen der Berliner Gesellschaft für Anthropologie &c. 1888. S. 16—16.

98. Derselbe: Zur mexikanischen Chronologie mit besonderer Berücksichtigung des zapotekischen Kalenders. In: Zeitschrift für Ethnologie. Bd. 23. (1891.) S. 89—133.

99. Förstemann, E. Zur Maya-Chronologie. Ebenda: S. 141—155.

99*. Thomas, Cyrus. Length of the Maya year. In: American Anthropologist. Bd. IV. (1891.) S. 299.

100. Seler, Ed. On Maya chronology. In: Science vom 5. Aug. 1892. Bd. XX. (1892.)

101. Förstemann, E. Neuestes zur Kulturgeschichte. In: Dresdner Journal vom 25. Okt. 1892.

102. Brinton, D. G. Current notes on anthropology. XXII. Time reckoning of the Mayas. In: Science. Vol. XXI. (1893.) S. 75.

103. Derselbe: The native calendar of Central America and Mexico. Philadelphia. 1893. 8°. Aus: Proceedings of the American Philosophical Society. Bd. XXXI. S. 258—314. Angezeigt in: Science vom 16. Febr. 1894.

104. Thomas, Cyrus. Time periods of the Mayas. In: Science. N° 527. Vol. XXI. (1893.) S. 128—130.

105. Förstemann, E. Die Zeitperioden der Mayas. In: Globus. Bd. 63. (1893.) S. 30—32.

106. Derselbe: Zum mittelamerikanischen Kalender. Ebenda: Bd. 64. (1894.) S. 20.

107. Derselbe: Die Plejaden bei den Mayas. Ebenda: Bd. 65. (1894.) S. 240.

108. Derselbe: Das mittelamerikanische Tonalamatl. Ebenda: Bd. 67. N°. 18. Angezeigt in: Science. N. S. Bd. I. S. 649.

109. Thomas, Cyrus. Native calendar of Central America and Mexico. In: Science vom 2. Febr. 1894.

110. Derselbe: The Maya year. Washington. 1894. 8°.

111. Saville, Marshall H. The ceremonial year of the Maya codex Cortesianus. In: American Anthropologist. VII. (1894.) S. 373—376.

111*. Seler, E. Bedeutung des Mayakalenders für die historische Chronologie. In: Globus. Bd. 68. (1895.) S. 111.

Endlich schliesse ich hier noch an, was über die Mythologie der Mayas geschrieben worden ist, einmal wegen der selbstverständlichen Beziehungen zwischen Kalender und Gottesdienst, dann aber auch weil die Untersuchungen über die in den Handschriften abgebildeten Götter mehrfach in das Gebiet der Entzifferungsversuche hineinspielen.

112. Schott, Arthur. Aus der Mythologie der Mayas in Yucatan. In: Ausland. 1867. 8. 587—591.

113. Scholtz-Sellack, C. Die amerikanischen Götter der vier Weltrichtungen und ihre Tempel in Palenque. In: Zeitschrift für Ethnologie. Bd. XI. (1879.) S. 209—229.

114. Seler, Ed. Maya-Handschriften und Maya-Götter. In: Verhandlungen der Berliner Gesellschaft für Anthropologie &c. 1886. S. 416—420.

115. Derselbe: Namen der in der Dresdner Handschrift abgebildeten Maya-Götter. Ebenda: 1887. S. 224—230.

116. Rosny, L. de. Le mythe de Quetzalcoatl. In: Archives de la société Américaine de France. Nouv. Sér. Bd. VI. (2. 1888.) S. 49—83.

(116a.) Baker, Frank C. Caves of Yucatan. In: Proceedings of the Rochester academy of sciences. Bd. II. Heft 2.

117. Boell, Paul. Sur quelques figures de divinités représentées dans les codices Troano et Cortesianus. In: Archives de la société Américaine de France. Nouv. Sér. Bd. VII. (1889.) S. 21—29.

118. Seler, Ed. Les divinités des quatre points cardinaux (trad. de l'Allemand par C. A. Pret). I. II. Ebenda: S. 36—46 und 65—73.

118a. Brinton, D. G. Das Heidentum im christlichen Yukatan. In: Globus. Bd. 59. (1891.) S. 97—100.

119. Schellhas, P. Die Göttergestalten der Maya-Handschriften. In: Zeitschrift für Ethnologie. Bd. XXIV. (1892.) S. 101—121.

120. Fewkes, J. W. A Central American ceremony which suggests the snake dance of the Tusayan villages. In: American Anthropologist. Bd. VI. (1893.) S. 285—306.

121. Derselbe: A study of certain figures in a Maya codex. In: The American Anthropologist. Bd. VII. (1894.) S. 260—274.

121a. Seler, E. Der Fledermaus-Gott der Maya-Stämme. In: Verhandlungen der Berliner anthropologischen Gesellschaft. 1895. S. 577—585.

121b. Dieseldorff, E. P. Ein Thongefäss mit Darstellung einer vampyrköpfigen Gottheit. Ebenda: S. 575—576.

121c. Fewkes, J. W. The god „D" in the Codex Cortesianus. In: American Anthropologist. Bd. VIII. (1895.) S. 205—222.

Streng genommen gehört hierher nicht:

122. Strebel, Hermann. Studien über Steinjoche aus Mexiko und Mittel-Amerika. In: Internationales Archiv für Ethnologie. Bd. III. (1890.) S. 16—28 und 49—61. Mit Nachträgen. Ebenda: Bd. VI. (1893.) S. 44—48.

Ich führe es nur deshalb an, weil es den Anstoss gegeben hat zu den kühnen Vermutungen, die niedergelegt sind in:

123. Parry, Francis. The sacred Maya stone of Mexico and its symbolism. London. 1893. fol. Besprochen in: Internationales Archiv für Ethnologie. Bd. VII. (1894.) S. 156.

123ᵃ. Derselbe: The adoration of an ancient Mexican stone perpetuated. In: Internationales Archiv für Ethnologie. Bd. VII. (1894.) S. 143—144.

123ᵇ. Derselbe: The sacred symbols and numbers of aboriginal America in ancient and modern times. In: Journal of the American Geographical Society. Bd. XXVI. (1894.) S. 163—207.

Ausser in den Maya-Handschriften besitzen wir noch einen reichen Schatz von hieroglyphischen Aufzeichnungen in den Inschriften, mit welchen die Mayas ihre Denkmäler zu bedecken liebten. Ja, so lange es nicht erwiesen ist, ob wir es nicht etwa doch nur mit Büchern des Chilam Balam in unseren Handschriften zu thun haben, ist es noch keineswegs entschieden, ob nicht schliesslich für die Geschichte des alten Kulturstaates die Inschriften das Wichtigste sein werden.

Die Maya-Monumente haben weit früher das öffentliche Interesse auf sich gelenkt, als die Maya-Handschriften. Besonders sind es die Ruinen von Palenqué gewesen, die lange Zeit fast ausschliesslich Beachtung fanden, so dass eine ganze Reihe von Veröffentlichungen über die Maya-Denkmäler überhaupt von dieser bekanntesten Ruinen-Gruppe ihren Ausgang nahm. Dies rechtfertigt es wohl, wenn ich zuerst die Litteratur über Palenqué zusammenstelle und ihr erst dann, in alphabetischer Reihenfolge, die Monographieen über andere Ruinen und Denkmäler folgen lasse.

Die älteste Notiz über Palenqué brachte:

124. Del Rio, Ant. Description of the ruins of an ancient city discovered near Palenque. London. 1822. 4°.

deutsch unter dem phantasievollen Titel:

125. Berthoud, B. Huehuetlapallan, Amerikas grosse Urstadt in dem Königreich Guatimala. Meiningen. 1823. 8°.

aber auch in einer besseren Übersetzung:

126. Del Rio, Ant. Beschreibung einer alten Stadt in Guatimala ... übers. von J. H. von Minutoli. Berlin. 1832. 8°.

Eine weitere Gruppe von Nachrichten verdankt man:

127. Galindo, Juan. Notions transmises ... sur Palenque et autres lieux circonvoisins. In: Dupaix, Antiquités Mexicaines. Vol. I. App. Nº. 10.

128. Derselbe: A short account of some antiquities discovered in the district of Peten, in Central-America, in a letter ... to Nich. Carlisle (betr. Palenque & Yashaw). In: Archaeologia. 25. S. 570—571.

(129.) Vielleicht ist damit identisch die mir unzugängliche Notiz Galindo's in: Bulletin de la société de géographie. Vol. XVIII. (1832.) S. 213—214.

Eins der Hauptwerke über Palenqué ist:

(130.) Brasseur de Bourbourg. Monuments anciens du Mexique. Paris. 1866. fol.

Die Bibliothek besitzt davon noch immer nur die 13. Lieferung, enthaltend den Text, unter dem Titel:

131. Brasseur de Bourbourg. Recherches sur les ruines de Palenqué et sur les origines de la civilisation du Mexique. Paris. (1866.) fol.

Es würde sich aber auch nicht rechtfertigen, die teueren Abbildungen jetzt noch anzuschaffen. Die Waldeck'schen Zeichnungen, die ihnen zu Grunde liegen, sind von Anfang an wegen ihrer geringen Zuverlässigkeit, vor allem wegen ihrer Sucht künstlerischer Idealisierung, angegriffen worden, und die Berechtigung dieses Vorwurfs muss als erwiesen gelten, seit wir mit Hülfe von Photographieen und Gypsabgüssen seine Zeichnungen zu kontrollieren imstande sind. Solche bietet, besonders von dem inschriftlichen Teile:

132. Rau, Charles. The Palenque-Tablet in the U. S. National Museum, Washington. (A. u. d. T.: Notes on the ruins of Yucatan.) Washington. 1879. fol., als: Smithsonian Contributions to knowledge. N°. 331 in Bd. 22. (Wash. 1880.) S. 43 ff.

Übersetzt:

133. Derselbe: Tablero del Palenque en el museo nacional de los Estados Unidos. In: Anales del museo nacional de Mexico. Bd. II. (1882.) S. 131—203.

Weiter gehört hierher:

134. Die Ruinen von Palenque. In: Ausland. 1880. S. 279—280.
135. La Rochefoucauld, F. A. de. Palenqué et la civilisation Maya. Paris. 1888. 8°.
136. Polakowsky, H. Prähistorische Stadt bei Palenqué. In: Internationales Archiv für Ethnographie. Bd. II. (1889.) S. 229.
137. Grosse, Ernst. Gegenstände aus Palenqué. Ebenda: Bd. IV. (1891.) S. 164—165 und S. 204—205.
138. Thomas, Cyrus. A brief study of the Palenque tablet. In: Science vom 10. Juni 1892. S. 328—329.
139. Seler, Ed. Some remarks on Prof. C. Thomas' brief study of the Palenque tablet. Ebenda: vom 15. Juli 1892.
140. Thomas, C. The Palenque tablet. Ebenda: vom 5. August 1892.

während der Bibliothek fehlen:

(141.) Eine Notiz von Waldeck über Palenqué. In: Archives de la société Américaine de France. Tom. II.
(142.) Charencey, H. de. Essai de déchiffrement d'un fragment d'inscription Palenqéenne. In: Actes de la société philologique. 1870.
(143.) Eine Notiz von Teobert Maler. In: La Nature, vom 11. Oktober 1879.
(144.) Flint, E. Antiquities of Nicaragua. Origin of the Palenque builders. In: American antiquarian and oriental journal. Bd. IV. (1882.) S. 289.

(145.) Gratacap, L. P. Ruins of Palenque and Copan. Ebenda: Bd. VII. (1885.) S. 193.

Eine besondere Bedeutung kommt dem Aufsatze zu:
(145ᵃ.) Valentini, Philipp J. J. Analysis of the pictorial text inscribed on two Palenque tablets. Worcester, 1895. 8⁰. (Aus: Proceedings of the American Antiquarian Society, 1895.)
weil der Verfasser den Beweis erbringt für die vollkommene Übereinstimmung der monumentalen und der handschriftlichen Hieroglyphen, dabei aber im Widerspruche mit Prof. Thomas zu dem Resultate gelangt, die Mayaschrift müsse unbedingt ideographisch sein.

Ich lasse nun die Litteratur über einzelne Monumente folgen in alphabetischer Reihenfolge der Örtlichkeiten:

Amatitlan. (145ᵇ.) West, M. X. An American Herculaneum. Amatitlan, Zotokil. In: La Nature vom 3. Nov. 1894.
145ᶜ. Brinton, D. G. Guatemalian Antiquities. In: Science. N. S. Bd. I. S. 255.

Chajcar. 145ᵈ. Schellhas, P. Ausgrabungen desselben. Dieseldorff in Chajcar, Guatemala. In: Verhandlungen der Berliner Gesellschaft für Anthropologie &c. 1895. S. 320—323.

146. Dieseldorff, E. P. Alte bemalte Thongefässe von Guatemala. Ebenda: 1893. S. 547—551.

Chou-Kat-Tin. S. Kich-Moo.

Chama. 147. Derselbe: Ein bemaltes Thongefäss mit figürlichen Darstellungen aus einem Grabe von Chama. Ebenda: 1891. S. 372—377.
148. Förstemann, E. Das Gefäss von Chama. In: Verhandlungen der Berliner Gesellschaft für Anthropologie &c. 1894. S. 573—576.
148ᵃ. Seler, E. Das Gefäss von Chama. Ebenda: 1895. S. 307—320.

Chichen-Itza. (149.) Melgar, José M. Examen comparativo entre los simbolicos de las teogonias y cosmogonias antignas y los que existen en los manuscritos mexicanos publicados por Kingsborough y los altos relieves de una pared de Chichan-Itza. Vera Cruz. 1872.
150. Entdeckung der Statue eines Inka-Königes in den Ruinen von Chichen-Ika. In: Ausland. 1877. S. 74—75.
(151.) Le Plongeon, Aug. (Über eine Inschrift von Chichen-Itza.) In: Illustration vom 10. Febr. 1882.
(152.) Salisbury, Stephan, jun. Dr. Le Plongeon in Yucatan; the discovery of a statue called Chac Mool and the communications of Dr. Augustus Le Plongeon, concerning explorations in the Yucatan Peninsula. In: American Antiquarian Society. Proceedings at the semi-annual meeting ... april 25, 1877. S. 70—119.
153. Sanchez, Jesus. Chac Mool. Descubrimiento del sabio arqueologo Mr. Le Plongeon en las ruinas de Chichen-Itza. In: Anales del museo nacional de Mexico. Bd. I. (1877.) S. 272—278.

Coban. 154. Seler, Eduard. Altertümer aus Coban in Guatemala. Verhandlungen der Berliner Gesellschaft für Anthropologie &c. 1891. S. 628,9.

155. Derselbe: Gegenstände aus Guatemala. Ebenda: 1893. 8. 275—277.
156. Diesseldorff, E. P. Ausgrabungen in Coban. Ebenda: 1893. 8. 374—380.

Copan. (157.) Galindo, Juan. A description of the ruins of Copan in Central America. In: American Antiquarian Society. Archaeologia Americana. Bd. II. (1836.)
(158.) Salvin. Description of a series of photographic views of the ruins of Copan. London. 1863.
159, Bransford, J. F. Report on explorations in Central America in 1881. Visit to Copan. In: Annual report of the board of regents of the Smithsonian Institution. 1882. 8. 803—813.
160. Meye, H., & Schmidt, Jul. Die Steinbildwerke von Copan und Quirigua. Berlin. 1883. fol.
161. Maudslay, A. P. Explorations of the ruins and site of Copan, Central America. In: Proceedings of the R. Geographical Society. New Monthly Series. Bd. VIII. (1886.) 8. 568—595.
162. Hamy, E. T. Essai d'interprétation d'un des monuments de Copan. Paris. 1886. 8°.
(163.) Derselbe: An interpretation of one of the Copan monuments. In: Journal of the anthropological institute of Great Britain. Bd. XVI. (1887.) 8. 242.
(164.) Derselbe: Réponse à quelques objections présentées à l'occasion d'une note sur un monument de Copan. In: Société de géographie de Paris. Compte-rendu 1887. 8. 274.
(165.) Saville, Marshall H. Explorations on the main structure of Copan, Honduras. In: Proceedings of the American association for the advance of science. 1892. (?) S. 271—275.
(165ᵃ.) Eben, G. The ruins of Copan. In: Great Divide (Denver). Bd. X. (1893/4.) 8. 17—20.
166. Saville, M. H. A comparative study of the graven glyphs of Copan and Quirigua. In: Journal of American Folk-Lore. 1894. 8. 237—247.

Etwa 200 Photographieen der Denkmäler von Copan und Quirigua, die von der 1891—92 durch das Peabody museum in Cambridge ausgesandten Expedition stammen, sind zunächst privatim verteilt worden.

Cozumel. (166ᵃ.) Aaron, F. M. Cozumel. The Pygmies' Island. In: Goldthwaite's Geographical Magazine. Bd. III. 8. 337—342.

Hotzuc. 167. Carrillo y Ancona, Crescencio. Apuntaciones sobre antiguedades Yucatecas. (1869.) Ruinas de Hotzuc. In desselben: Historia antigua de Yucatan. 2. ed. (1883.) 8. 593—602.

Hueyupan. (168.) Melgar, J. M. Estudio sobre la antiguedad y el origen de la cabeza colosal de tipo etiopico que existe en Hueyupan. Veracruz. 1871. 8°.

Iximche. (168ᵃ.) Brühl, Gustav. The ruins of Iximche. In: American Antiquarian. Bd. XII. (1890.) 8. 345—348.

168ᵇ. Derselbe: Die Ruinen von Iximche in Guatemala. In: Globus. Bd. 66. (1894.) S. 213—216.

Izamal. 169. Schott, A. Remarks on the cara gigantesca of Yzamal in Yucatan. In: Annual report of the board of regents of the Smithsonian institution. 1869. (Wash. 1871.) S. 389—393.
Brasseur de Bourbourg. S. Ti-Hoo.

Kabah. 170. Schott, A. Die Statue von Kabah in Yukatan. Ein Beitrag zur Maya-Mythologie. In: Ausland. 1871. S. 898—902.

Kich-Moo. (171.) Ruins at Kich-Moo and Chun-Kat-Tin. In: Proceedings of the American Antiquarian Society. New Series. Bd. V. (1889.)

Labna. (172.) Ruined building at Labna, Yuc. Ebenda: Bd. V. (1889.)

172ᵃ. Saville, M. H. The ruins of Labna, Yucatan. In: American Archaeologist. Bd. 1. (1893.) S. 229—235.

Von der Thompson-Expedition (1888—89) stammen etwa 200, meist auf Labna bezügliche Photographieen, die zunächst privatim verteilt sind.

Mayapan. 173. Brasseur de Bourbourg. Rapport sur les ruines du Mayapan et d'Uxmal au Yucatan. (1865.) In: Archives de la commission scientifique du Mexique. Bd. II. (Paris. 1866.) S. 234—268.

(174.) Le Plongeon, Augustus. Mayapan and Maya inscriptions. In: Proceedings of the American Antiquarian Society. New Series. Bd. I. (1882.)

Motul. 175. Carrillo y Ancona, Cresc. Adoratorio de Motul. (1862.) In dessen: Historia antigua de Yucatan. 2. ed. (Merida. 1883.) S. 618—623.

Isla Mujeres. (176.) Salisbury, Stephen, jun. Terra Cotta figure from Isla Mujeres. In: American Antiquarian Society. Proceedings at the semi-annual meeting ... april 24, 1878. S. 71—89.

Nohpat. (177.) Dos dias en Nohpat. In: Registro Yucateco. Bd. II.

Quirigua. 178. Scherzer, Carl. Ein Besuch bei den Ruinen von Quirigua im Staate Guatemala. Wien. 1855. 8°. Aus: Sitzungsberichte der Wiener Akademie. Phil.-hist. Klasse. Bd. XVI. S. 228—240.

Meye, H., & Schmidt, Jul. S. Copan.
Saville, Marshall H. S. Copan.
Tancah. S. Tulum.

Ti-Hoo (Merida). 179. Brasseur de Bourbourg. Essai historique sur le Yucatan et description des ruines de Ti-Hoo (Merida) et d'Izamal &c. (1865.) In: Archives de la commission scientifique du Mexique. Bd. II. (1866.) S. 18—64.

Tikal. 180. Mendes, Modesto & Hesse. Bericht über eine Untersuchungs-Expedition nach den Ruinen der alten Stadt Tikal. In: Zeitschrift für allgemeine Erdkunde. Bd. I. S. 162—179.

181. Rosny, L. de. Le monument de Bernoulli. In: Mémoires de la société d'ethnographie. Nouv. Sér. Bd. I. (1885.) S. 95—100.

Tulum. 182. Perez, Juan Pio. Carta á D. Vicente Calero Quintana. In: Carrillo y Ancona, Cresc. Historia antigua de Yucatan. 2. ed. (1883.) S. 591/2.

Utlan. (183.) Rivera y Maestre, Mig. (Ruinas de Utlan ó Quiché.) 1834.

Uxmal. 184. Zavala, Lorenzo de. Notice sur les monuments antiques d'Uxhmal dans la province de Yucatan. In: Dupaix, Antiquités Mexicaines. Bd. I. App. N°. 6.

185. Knapp, Fr. Uxmal, eine tolekische Ruinenstadt. Aus: Album des litterarischen Vereins in Nürnberg.

Brasseur de Bourbourg. V. Mayapan.

(186.) Varigny, C. de. Las ruinas de Uxmal. Madrid. 1879. 8°.

(187.) Gratacap, L. P. Prehistoric cities of Central America. The ruins of Uxmal. In: American antiquarian & oriental journal. Bd. VII. (1885.) S. 257.

Ganz besonders eingehend ist Uxmal behandelt in dem später zu erwähnenden Reisewerk von Stephens.

Yzabal. 187a. Sapper, Karl. Am See von Yzabal, Guatemala. In: Petermanns Mitteilungen. Bd. 38. (1892.) S. 241—244.

Zweifelhaft ist noch die Zugehörigkeit zur Mayakultur von einer weiteren Reihe von Altertümern:

188, Habel, S. The sculptures of Santa Lucia Cosomalwhuapa in Guatemala. (Smithsonian Contributions to knowledge. Bd. 22.) Washington. 1878. 4°.

189. Bastian, A. Die Monumente in Santa Lucia Cotzumalguapa. In: Zeitschrift für Ethnologie. Bd. 8. (1876.) S. 322—326 u. 403—404.

190. Derselbe: Steinskulpturen aus Guatemala. Berlin. 1882. fol.

191. Veröffentlichungen aus dem Kgl. Museum für Völkerkunde. Herausgeg. von der Verwaltung. Oktober (1888). Berlin. 1888. fol.

192. Seler, Eduardo. Los relieves de Santa Lucia Cozumahualpa. In: Centenario. Bd. III. (1893.) S. 241—252.

193. Vreeland, Ch., & Bransford, J. F. Antiquities at Pantaleon, Guatemala. In: Annual report of the board of regents of the Smithsonian institution. 1884. (Washington. 1885.) S. 719—730.

194. Bruchl, G. Archaeological remains in Costa Cuca (Guat.). In: Science. N°. 295. Bd. XII. (1888.) S. 156.

(195.) Eisen, Gustav. Some ancient sculptures from the Pacific slope of Guatemala. In: Memoirs of the California academy of sciences. Bd. II. (1888.)

(195a.) Strebel, Herm. Die Steinskulpturen von Santa Lucia Cozumahualpa. In: Jahrbuch der Hamburgischen wissenschaftlichen Anstalten. Bd. XI. (1894.) Angezeigt in: Globus. Bd. 66. (1894.) S. 100.

196. Sapper, K. Entdeckung neuer Bildwerke vom Santa Lucia-Typus in Guatemala. In: Globus. Bd. 68. (1894.) S. 322.

Unbekannter Herkunft, aber unzweifelhaft der Maya-Kultur angehörig sind weiter:

196ᵃ. Schott, Arthur. Über ein Kleinod aus dem Maya-Altertum. In: Ausland. 1870. S. 44—46.

197. Derselbe: Remarks on an ancient relic of Maya sculpture. In: Annual report of the board of regents of the Smithsonian institution .. for 1871. (Washington, 1873.) S. 423—425.

(198.) Rosny, L. de. La pierre de Haud-Leemans. Un monument de l'écriture hiéroglyphique linéaire de l'Amérique Centrale. In: Revue Orientale et Américaine. 2. Sér. Bd. 1. (1877.) S. 255ff.

199. Strebel, Herm. Ein antikes Thongefäss aus Yucatan. In: Verhandlungen des Vereins für naturwissenschaftliche Unterhaltung. Hamburg. 1881. 8⁰.

200. Peuvrier, Achille. Un bas relief Yucatèque du Musée archéologique de Madrid. In: Archives de la société Américaine de France. 2. Sér. Bd. V. (1887.) S. 92.

Wichtiger als diese Monographieen über einzelne Fundstätten sind für die Maya-Forschung die Berichte einer Anzahl von Reisenden und Forschern, die sich an verschiedenen Orten im Kulturbereiche der Mayas mehr oder minder eingehend mit der Untersuchung der Altertümer dieses Kulturvolkes beschäftigt haben. Schon:

201. Gage, Thomas. A survey of the Spanish West-Indies beeing a journey of 3300 miles on the continent of America (die Bibliothek besitzt nur Übersetzungen, und zwar französisch: Paris 1676, Amsterdam 1685—94 und 1721; deutsch: Leipzig 1653 und holländisch: Utrecht 1682).

gedenkt der central-amerikanischen Ruinenstädte, ebenso widmen ihnen:

202. Humboldt, Al. de, & Bonpland, A. de. Voyage aux régions équinoxiales du nouveau continent. Paris. 1816—31.

und:

203. Heller, Carl Barth. Reisen in Mexiko in den Jahren 1845—48. Leipzig. 1853. 8⁰.

einige Worte. Allein das Interesse wurde erst recht lebendig durch die vornehmlich unter archäologischen Gesichtspunkten unternommenen Reisen, die den Anstoss gaben zur Veröffentlichung von:

204. Dupaix. Antiquités Mexicaines, relation des trois expéditions du cap. Dupaix ... pour la récherche des antiquités du pays, notamment celles de Mitla et de Palenque. Bd. I—III. Paris. 1834. fol.

205. Waldeck, Fred. de. Voyage pittoresque et archéologique dans la province d'Yucatan ... pendant les années 1834 et 1836. Paris. 1838. fol.

Hierher gehören auch die ersten Reiseberichte von:

205ᵃ. Brasseur de Bourbourg. Notes d'un voyage dans l'Amérique Centrale, lettres à M. Alfred Maury, bibliothécaire de l'Institut. Paris. 1855. 8⁰. Aus: Nouvelles annales des voyages.

(205ᵇ.) Derselbe: Aperçus d'un voyage dans les états de San Salvador et de Guatemala. In: Bulletin de la société de géographie. Paris. 1857.

(205c.) Derselbe: Quelques traces d'une émigration de l'Europe septentrionale en Amérique dans les traditions et les langues de l'Amérique Centrale. In: Nouvelles annales des voyages. Paris. 1859.
(205d.) Derselbe: De Guatémala à Rabinal, épisode d'un voyage dans l'Amérique Centrale. In: Revue Européenne. 1859. Févr. 1 & 15.
(205e.) Derselbe: Essai historique sur les sources de la philologie mexicaine et sur l'ethnographie de l'Amérique Centrale. In: Revue Orientale et Américaine. Bd. I. II. Paris. 1859.

Das Hauptwerk auf diesem Gebiete ist und bleibt aber noch immer:

206. Stephens, J. L. Incidents of travels in Central America, Chiapas and Yucatan. Bd. I. II. New York. 1841. 8°.

auch deutsch:

207. Derselbe: Reiseerlebnisse in Central Amerika, Chiapas and Yucatan, deutsch von Ed. Höpfner. Leipzig. 1854. 8°.

und:

208. Derselbe: Begebenheiten auf einer Reise in Yucatan, deutsch von N. N. W. Meissner. Leipzig. 1853. 8°.

Noch immer fehlen der Bibliothek die von Stephens' Reisegefährten entworfenen Zeichnungen:

(209.) Catherwood, F. Views of ancient monuments in Central America, Chiapas and Yucatan. London. 1844. fol.

für welche die Holzschnitte zu den eben erwähnten Reisewerken allerdings nur einen schwachen Ersatz bieten. Auf diesem Materiale ruhen die Berichte von:

210. (Jomard.) Rapport sur le concours relatif à la géographie et aux antiquités de l'Amérique Centrale. In: Bulletin de la société géographique de Paris. Bd. 5. (1836.) S. 253—291.

211. Ritter, Carl. Über neue Entdeckungen und Beobachtungen in Guatemala und Yucatan. In: Zeitschrift für allgemeine Erdkunde. Bd. I. (1853.) S. 161—193.

212. Carus, C. G. Über die Bauwerke der Urvölker in Centralamerika, Yucatan u. Chiapas. (Aus Westermanns Monatsheften 1862.)

Wohl auch eine Notiz in:

(213.) Literary Gazette von 1831.

und von:

(214.) Friedrichsthal in: Nouvelles Annales des voyages. Bd. 92. (1841.) S. 297—314.

Diesen Pionieren der Maya-Altertumsforschung sind dann weiter gefolgt:

215. Norman, B. M. Rambles in Yucatan. New York. 1843. 8°.

216. Scherzer, Carl. Die Indianer von Santa Catalina Istlavacan. Wien. 1856. 8°. In: Sitzungsberichte der Wiener Akademie. Phil.-hist. Klasse. Bd. XVIII. (1855.) S. 227—231.

217. Morelet, Arth. Voyage dans l'Amérique Centrale, l'Ile de Cuba et le Yucatan. Bd. I. II. Paris. 1857. 8°.

auch englisch:

(218.) Derselbe: Travels in Central America from the French by Mrs. M. F. Squier. New York. 1871. 8°.
219. Viollet le Duc & Charnay, Des. Cités et ruines Américaines. Mitla, Palenque, Izamal, Chichen-Itza, Uxmal. Paris. 1863. 8°. (Die Bibliothek besitzt nur den Text, ohne die Abbildungen.)
220. Malte Brun, V. A. Un coup d'œil sur le Yucatan. Géographie, histoire et monuments. Paris. (1864.) 8°.
221. Knapp, Friedrich. Reisebilder aus Jucatan, Sisal, Merida und Campeche. Tagebuchblätter. In: Album des Litterarischen Vereins in Nürnberg für 1868. 8. 91—130.
222. Brine, Lindesay. On the „ruined cities" of Central America. In: Journal of the R. Geographical Society. Bd. 42. (1872.) S. 354—368.
223. Bernoulli, G. Reise in der Republik Guatemala. 1870. In: Petermanns Mitteilungen. 1873. 8. 373—378. 1874. 8. 281—290. 1875. 8. 324—340.
(224.) Dr. H. Dorendts neueste Reise in Centralamerika. In: Correspondenzblatt der deutschen Gesellschaft für Anthropologie. 1874. N°. 3.
225. Woeikof, A. Reise durch Yukatan und die südöstlichen Provinzen von Mexiko. 1874. In: Petermanns Mitteilungen. Bd. 25. (1879.) S. 201—212.
(226.) Deglatigny. Extrait de la relation d'un voyage dans le Yucatan et les provinces sudest du Mexique. In: Bulletin de la société Normande de géographie. Bd. 1. (1879.) S. 237 ff.

Eine neue Epoche für die Erforschung der Maya-Altertümer wird eröffnet durch die zweite Reise Charnays. Von der reichen Litteratur, welche dieselbe hervorgerufen, besitzt die Bibliothek:
227. Maunoir & Quatrefages. Rapport sur diverses communications faites par M. D. Charnay relativement à sa mission au Mexique. In: Archives des missions scientifiques. 3° Sér. Bd. VII. (1881.) S. 415—420.
228. Charnay, Des. De la civilisation Nahua, de l'âge probable et de l'origine des monuments du Mexique et de l'Amérique Centrale. In: Bulletin de la société de géographie de Paris. 7° Sér. Bd. II. (1881.) S. 369—387.
229. Derselbe: Les anciennes villes du nouveau monde. Paris. 1885. fol.
230. Des. Charnay's Expedition nach den Ruinenstädten Central-Amerikas. In: Petermanns Mitteilungen. 1880. 8. 381—387.
231. Kofler, T. Des. Charnays Expedition nach den Ruinenstädten Central-Amerikas. Ebenda: 1881. 8. 55—66, 177—182, 289—292. 1882. S. 201—207.
232. Derselbe: Des. Charnays Entdeckung der Phantom City im Gebiete der Lacandones. Ebenda: 1882. 8. 257—259.
233. Derselbe: Des. Charnays Erforschung der Ruinenstätte von Lorillard City. Ebenda: 1882. 8. 304—309.
234. Derselbe: Charnays Ansichten über das Alter und den Ursprung der Baudenkmale, Völkerschaften u. s. w. in Mexiko und

Central-Amerika. In: Zeitschrift für Ethnologie. Bd. XIV. (1882.) S. 10—25.
235. Des. Charnays Ausgrabungen in Mexiko und Central-Amerika. In: Globus. Bd. 41. (1882.) S. 177—183, 193—199 u. s. w.
236. Des. Charnays Reise in Yucatan und dem Lande der Lacandonen. In: Globus. Bd. 45. (1884.) S. 305—310 u. s. w. Bd. 46. (1884.) S. 65—71 u. s. w.
237. Ruinen in Guatemala und Yucatan. In: Ausland. 1884. S. 547—552.

Es fehlen:
(238.) Charnay, Des. Mes découvertes au Mexique et dans l'Amérique du Centre. In: Tour du Monde. Bd. 42. (1880.) N°. 1086 ff.
(239.) Derselbe: Voyage au Yucatan et au pays des Lacandons. In: Compte rendu de la société de géographie de Paris. 1882. S. 259 ff.
(240.) Derselbe in: Tour du Monde. 1884. N°. 1200 ff.
(241.) Derselbe: Mis descubrimientos en Mexico y en la America Central. Barcelona. 1884.
(242.) Derselbe: The ruins of Central America. The probable age and origin of the monuments of Mexico and Central America. In: North American review. 1881.
(243.) Derselbe: Les Toltèques au Tabasco et dans le Yucatan. In: Revue d'ethnographie. Bd. IV.
(244.) Deglatigny, L. L'expedition de Des. Charnay aux ruines de l'Amérique Centrale. In: Bulletin de la société Normande de géographie. 1881. S. 176.

Charnay ist im Jahre 1886 noch einmal in Yucatan gewesen:
245. Charnay, Des. Expedition au Yucatan. In: Bulletins de la société d'anthropologie de Paris. Bd. X. (1887.) S. 65—78.
allein ohne damit ähnliche Resultate erzielt zu haben wie auf seiner zweiten Reise, durch welche er seinen Ruf begründet hat.

Auffallend schlecht ist die Bibliothek bestellt, um über die Entdeckungen eines anderen Forschers Rechenschaft zu geben: über Le Plongeon. Die kühnen Hypothesen, welche dieser aus seinen Funden gezogen hat, haben ihn allerdings etwas in Misskredit gebracht; nichtsdestoweniger hat er so manches Neue ans Tageslicht gefördert, worüber man besser unterrichtet zu sein wünschen müsste, als durch die kurze Notiz unter der Rubrik: Kulturgeschichte im Feuilleton des „Dresdner Journal" N°. 111 vom 13. Mai 1884. S. 616.

Was mir von und über Le Plongeon bekannt geworden, ist das Folgende:
(246.) Salisbury, Stephen. The Mayas, the sources of their history. Dr. Le Plongeon in Yucatan, his account of discoveries. Worcester. 1877. 8°.
(247.) Le Plongeon, Alice D. Notes on Yucatan. In: American antiquarian society. Proceedings at the annual meeting ... oct. 21, 1878. S. 77—106.

(248.) Le Plongeon, Augustus. Archaeological communications on Yucatan. Ebenda: S. 65—75; und: Worcester. 1879. 8°.
(249.) Derselbe: Letter (on the Maya language &c.). Ebenda: Proceedings at the semi-annual meeting, apr. 30, 1879. S. 113—120.
(250.) Derselbe: Vestiges of the Mayas, or facts tending to prove that communications and intimate relations must have existed in very remote times between the inhabitants of Mayab and those of Asia and Africa. New York. 1881. 8°.
(251.) Dr. Le Plongeon's latest and most important discoveries among the ruined cities of Yucatan. In: Scientific American. 1884. April—December.
(252.) Le Plongeon, Aug. Sacred mysteries among the Mayas and the Quichés 11500 years ago. London. 1886. 8°.
(253.) Le Plongeon, Alice D. Yucatan, its ancient places and modern cities. London. 1887. 8°.
(254.) Le Plongeon, Aug. & Alice D. The monuments of the Mayas and their historical teachings. London. 1887. 8°.
(255.) Derselbe: Here and there in Yucatan. Miscellanies. New York. 1889. 12°.
(255*.) Le Plongeon, A. D. Customs and superstitions of the Mayas. In: Popular Science Monthly. Bd. 44. (1893/4.) S. 661—670.
Ob freilich alle diese Werke wirklich existieren, vermag ich nicht zu behaupten, von einem der letztgenannten wenigstens wurde der Bibliothek von Trübner in London auf ihre Bestellung der Bescheid zuteil, das Buch sei nicht veröffentlicht worden, obgleich es im Publishers' Circular zum Preise von 31 sh. 6 d. angezeigt war.

Von neueren Berichten über Reisen und Forschungen auf diesem Gebiete sind ferner zu erwähnen:
256. Oswald, F. L. Summerland sketches or rambles in the backwoods of Mexico and Central America. London. 1880. 8°.
257. Die Lacandones-Indianer. In: Globus. Bd. 43. (1883.) S. 270—271.
258. Stoll, Otto. Guatemala. Reisen und Schilderungen. Leipzig. 1886. 8°.
259. Brigham, W. T. Guatemala, the land of the Quetzales. London. 1887. 8°.
(260.) Thompson, Edward H. Explorations in Yucatan. In: Proceedings of the American antiquarian society. New Series. Bd. IV. (1888.)
(261.) Derselbe: Archaeological research in Yucatan. Ebenda: Bd. IV. (1888.)
262. Sapper, Karl. Eine Reise in die Altos. In: Beilage zur Allgemeinen Zeitung. 1889. N°. 356.
263. Derselbe: Die Quekchi-Indianer. In: Ausland. 1890. S. 841—44, 892—895.
264. Derselbe: Ein Besuch bei den östlichen Lacandonen. Ebenda: 1891. S. 892—895.

265. Derselbe: Die Alta Verapaz und ihre Bewohner. Ebenda: 1891. S. 1011—1017, 1034—1037.

(266.) Derselbe: Tanzspiele bei den Quekchi-Indianern. In: Neue Musikzeitung. Bd. XIII. (1892.) N°. 8, 9.

266ᵃ. Kobelt, W. Heilprins Erforschung von Yukatan. In: Globus. Bd. 61. (1892.) S. 220—221.

(266ᵇ.) Sapper, Karl. Volksmusik bei den Indianerstämmen der Altos, Guatemala. In: Neue Musikzeitung. 1893. S. 269.

267. Derselbe: Beiträge zur Ethnographie der Republik Guatemala. In: Petermanns Mitteilungen. Bd. XXXIX. (1893.) S. 1—14.

267ᵃ. Derselbe: Indianische Ortsnamen im nördlichen Mittelamerika. In: Globus. Bd. 66. (1894.) S. 90—96.

267ᵇ. Brine, Lindesay. Travels amongst American Indians, their ancient earthworks and temples, including a journey in Guatemala, Mexico and Yucatan, and a visit to the ruins of Patinamit, Utatlan, Palenque and Uxmal. London. 1894. 8°.

267ᶜ. Sapper, K. Reisen im südlichen Mexiko. In: Globus. Bd. 66. (1894.) S. 46—47.

267ᵈ. Maler, Teobert. Yukatekische Forschungen. A. u. d. T.: Teobert Maler und seine Erforschung der Ruinen Yukatans. S. A. aus: Globus. Bd. 68. (1895.) S. 245—259, 277—292.

Die neuesten Fortschritte auf dem Gebiete der Maya-Altertümer sind mit dem Namen Maudslays verknüpft. Zuerst war dieser, mehr nur als Tourist reisend, mit Charnay in Lorillard City 1882 zusammengetroffen; seitdem ist er insgesamt 6mal an den Ruinenstätten gewesen und ist gegenwärtig unzweifelhaft deren bester und, was seinen Publikationen einen besonderen Wert verleiht, vorurteilslosester Kenner. Er hat nur wenig über seine Forschungen geschrieben.

268. Maudslay, A. P. Explorations in Guatemala and examination of the newly discovered Indian ruins of Quirigua, Tikal and the Usumacinta. In: Proceedings of the r. geographical society. New monthly series. Bd. V. (1883.) S. 185—204.

Dagegen verdanken wir ihm die unvergleichlichen Abbildungen in:

269. Godman, F. D. & Salvin, O. Biologia Centrali-Americana. — Archaeology by A. P. Maudslay. London. 1889ff. wovon bis jetzt 4 Hefte, hauptsächlich die Altertümer von Copán behandelnd, erschienen sind. Eine weitere Notiz über seine Forschungen bietet:

(270.) Maudslay, A. P. The ancient civilisation of Central America. In: Nature. Bd. 45. (1892.) S. 617—622.

Endlich sind noch eine Anzahl Schriften zu erwähnen über Altertumskunde auf dem Gebiete der Maya-Kultur, die weder an einzelne Funde noch an bestimmte Einzelforschungen sich anschliessen:

(271.) Salisbury, Stephen, jun. In: American antiquarian society. Proceedings of the semi-annual meeting. (1876.) S. 19—61.

272. Altertümer der Maya-Indianer in Yucatan. In: Ausland. 1876. S. 573—576.

(273.) Salisbury. Maya archaeology. Worcester. 1879. 8°.
(273ᵃ.) The peninsula of Yucatan. In: Goldthwaites Geographical Magazine. I. S. 325 - 327.
273ᵇ. Carrillo y Ancona, Cresc. Geografia Maya. In: Anales del Museo Nacional de Mexico. Bd. II. (1882.) S. 435—438; und in desselben: Historia antigua de Yucatan. 2. ed. S. 603—611.
274. Fernandez Duro, Cesáreo. Antiguedades en America Central. In: Boletin de la sociedad geografica de Madrid. Bd. 18. (1885.) S. 7—44. Dasselbe in: Boletin del instituto geografico Argentino. Bd. VI. S. 178 ff.
275. Schellhas, P. Vergleichende Studien auf dem Felde der Maya-Altertümer. In: Internationales Archiv für Ethnographie. Bd. III. (1890.) S. 209—231.
276. Derselbe: Altamerikanische Kulturbilder. 1. 2. In: Gartenlaube. 1892. S. 704—707 und 746—749.
277. Palazuelos. El arte maya y el nahua. In: Centenario. Bd. III. (1892.) S. 271—282.
277ᵃ. Saville, M. H. Vandalism among the antiquities of Yucatan and Central America. In: Science. Bd. XX. (1892.) S. 365.
278. Asensio, José Maria. America Pre-Colombina. Antiguedades de la America Central. In: Centenario. Bd. IV. (1893.) S. 83—91 und 232—240.
278ᵃ. Schellhas, P. Alte Thongefässe aus Guatemala. In: Internationales Archiv für Ethnographie. Bd. VIII. (1895.) S. 123—124.
(278ᵇ.) Seler, E. Altertümer aus Guatemala. In: Ethnologisches Notizblatt. Bd. II. (1895.) S. 20—26.

Wie der Handschriften und Denkmale, so kann man auch der Berichte der spanischen Geschichtschreiber zur Erforschung der Maya-Altertümer nicht entraten. Wenn die Spanier auch Vieles vernichtet haben, was der heidnischen Kultur der Mayas entstammte, so sind es doch wiederum nur ihre Historiker, welchen wir Nachrichten und Erklärungen zu den Überresten der Maya-Kultur verdanken. Die Spanier haben sehr frühzeitig den Kultur-Bereich der Mayas berührt, dann sind allerdings wieder lange Jahre vergangen, ehe sie mit denselben in nähere Beziehungen getreten sind; aber schon die ältesten Notizen wenden den Maya-Monumenten ihre Aufmerksamkeit zu und besitzen deshalb für unsere Kenntnis von denselben einen dauernden Wert. Der Zeitfolge nach geordnet kommen hier die folgenden Quellen in Betracht:

279. Diaz, Juan. Itinerario de la armada del rey catolico á la isla de Yucatan ... en la que fue por comandante ... Juan de Grijalva. In: Coleccion de documentos para la historia de Mexico p. J. Garcia Icazbalceta. Bd. I. S. 281—308.
280. Dasselbe in französischer Übersetzung: Itinéraire du voyage de la flotte du roi catholique à l'ile de Yucatan ... sous ... Juan de Grijalva. In: Ternaux-Compans. Voyages, relations et mémoires ... Bd. 10. S. 1—47.

wohl auch in:
(281.) Trois lettres sur la découverte du Yucatan ... écrites par des compagnons de l'expédition sous Jean de Grijalva 1518. Imprimées d'après le ms. original et deux traductions. Harlem, 1871.
282. Cortes, Hernan. The fifth letter of H. C. to the emperor Charles V. containing an account of his expedition to Honduras; translated ... by P. de Gayangos. London, 1868, 8°.
283. Carrillo y Ancona, Cresc. La apoteosis de un caballo. In dessen: Historia antigua de Yucatan. 2. ed. (Merida. 1883.) S. 612—617.
284. Bienvenida, Lorenzo de. Lettre du chapelain fr. L. d. B. à Philippe II. (d. d. 10 febr. 1548). In: Ternaux-Compans, Voyages, relations et mémoires ... Bd. 10. S. 307—343.

Die Hauptquelle für unsere Kenntnisse ist aber noch immer:
285. Landa, Diego de. Relation des choses de Yucatan ... p. Brasseur de Bourbourg. Paris. 1864. 8°.
besser:
286. Relacion de las cosas de Yucatan sacada de lo que escrivió el padre fray D. de Landa. In: Rosny, L. de. Ensayo sobre la interpretacion de la escritura hieratica de la America Central. S. 69—113.
vergleiche dazu:
287. Brinton, D. G. Critical remarks on the editions of Diego de Landa's writings. Aus: Proceedings of the American philosophical society. 1887.

Den berühmten Bericht des Lic. Palacio besitzt die Bibliothek in zwei Ausgaben:
288. Palacio. Relacion hecha por el lic. Palacio al rey D. Felipe II. en la que describe la provincia de Guatemala, las costumbres de los Indios y otras cosas notables. In: Coleccion de documentos ineditos (de Ultramar). Bd. VI. S. 5—40.
und:
289. Palacio, Lic. Diego Garcia de. San Salvador y Honduras el año 1576. Informe oficial del lic. D. G. d. P. con prefacion y notas del Dr. A. von Frantzius trad. del aleman por D. Manuel Carazo. S. José de Costa Rica. 1881. In: Coleccion de documentos para la historia de Costa Rica publ. por el lic. D. Leon Fernandez. Bd. I. (1881.) S. 1—52.

Dagegen fehlt die Original-Ausgabe:
(290.) Palacio, Diego Garcia de. Carta dirijida al rei de España, Año 1576, publ. by E. G. Squier. Auch unter dem Titel: Collection of rare and original documents and relations. New York. 1860.
(291.) Palacio, Diego Garcia de. San Salvador und Honduras im Jahre 1576. Amtlicher Bericht an den König von Spanien über die central-amerikanischen Provinzen ... A. d. Span. ... von A. v. Frantzius. Berlin. 1873. 8°.
292. Relacion de la villa de Valladolid [de Yucatan] abril de 1579, publ. p. Marimon. In: Congreso internacional de Americanistas. Actas de la 4ª reunion. Bd. II. S. 167—195.

293. Relacion breve y verdadera de algunas cosas de las muchas que sucedieron al P. Fr. Alonso Ponce en las provincias de Nueva España ... In: Coleccion de documentos ineditos para la historia de España. Bd. 57. 8. 1—548 u. Bd. 58. 8. 1—572.
294. Remesal, Antonio de. Historia de la provincia de San Vicente de Chyapa y Guatemala de la orden de oro glorioso padre Santo Domingo. Madrid. 1619. fol.
(295.) Lizana. Historia de la provincia de Yucatan y su conquista espiritual. Valladolid. 1633.
(296.) Dasselbe. Neu gedruckt: Mexico. 1893.
Die Bibliothek besitzt bis jetzt nur:
297. Derselbe: Del principio y fundacion destos cuyos o males deste sitio y pueblo de Ytzamal. In: Landa, D. de. Relation des choses du Yucatan ... p. Brasseur de Bourbourg. S. 348—365.
(298.) Sanchez de Aguilar, Pedro. Informe contra idolorum cultores del obispado de Yucatan. Madrid. 1639.
(299.) Cogolludo, Diego Lopez de. Historia de Yucathan. Madrid. 1680. fol.
(300.) Dasselbe: Los tres siglos de la dominacion española en Yucatan ... Bd. I. Campeche. 1842 u. Bd. II. Merida. 1845.
301. Marimon y Tudó, Seb. Fray Antonio Margil über die Lacandones. 1695. In: Zeitschrift für Ethnologie. Bd. XIV. (1882.) S. 130—132.
302. Fuentes y Guzman, F. A. Historia de Guatemala o recordacion florida ... publ. p. J. Zaragoza. Bd. I. II. Madrid. 1882—83. 8°. (Biblioteca de los Americanistas. Bd. I. II.)
303. Villagutierre y Sotomayor, Juan de. Historia de la conquista de la provincia de el Itza ... Bd. I (einzig). Madrid. 1701. fol.
(304.) Juarros, Domingo. Compendio de la historia de la ciudad de Guatemala. Bd. I. II. 1808 —1818. 8°.
(305.) Dasselbe: 2. ed. Guatemala. 1857. 8°.
306. Ximenez, Francisco. Las historias del origen de los Indios de esta provincia de Guatemala ... (hgg. von) C. Scherzer. Viena. 1857. 8°.
307. Isagoge historico apologetico general de todas las Indias y especial de la provincia de S. Vicente Ferrer de Chiapa y Goathemala. Madrid. 1892. 4°. (Vermutlich von Francisco Ximenez.)
308. Scherzer, Carl. Über die handschriftlichen Werke des P. Francisco Ximenez. In: Sitzungsberichte der Wiener Akademie. Phil.-hist. Klasse. Bd. XIX. S. 166—186.
(309.) Ordoñez y Aguilar, Ramon. Historia del cielo y de la tierra ... (Handschrift?)
(310.) Derselbe: Memoria relativa á las ruinas de Palenque. (Handschrift.)

Daran schliessen sich die neueren Territorial-Geschichtschreiber:
(311.) Pineda, Emeterio. Descripcion geografica de Chiapas y Soconusco. Mexico. 1845.

(312.) Garcia Pelaez, Francisco de Paula. Memorias para la historia del antiguo reyno de Guatemala. Bd. I—III. Guatemala. 1852.
313. Sivers, Jegor von. Yucatan, seine Litteratur und seine Altertümer. In: Zeitschrift für allg. Erdkunde. 1. (1853.) S. 179—193.
314. Faucourt, Ch. St. J. The history of Yucatan. London. 1854. 8°.
315. Hellwald, Friedrich von. Zur Geschichte des alten Yucatan. In: Ausland. 1871. (N°. 11.) S. 241—245.
(315ª.) Carrillo y Ancona, Cresc. Estudio historico sobre la raza indigena de Yucatan. Veracruz. 1865.
(316.) Ancona, Eligio. Historia de Yucatan desde la epoca mas remota hasta nuestros dias. Bd. I—IV. Merida. 1878—80.
(317.) Milla, José. Historia de la America Central. Bd. I. II. Guatemala. 1879—82.
318. Carrillo y Ancona, Crescencio. Historia antigua de Yucatan. 2. ed. Merida. 1883. 8°. (Die erste Ausgabe erschien im Semanario Yucateco.)
319. Fernandez Duro, Cesareo. Primeras noticias de Yucatan. In: Boletin de la sociedad geografica de Madrid. Bd. XIX. (1885.) S. 336—342.

Im Anschluss hieran sei noch eine Anzahl von allgemeineren Werken erwähnt, die, der Geschichte und den Altertümern Amerikas gewidmet, mehr oder minder eingehend der Maya-Völker gedenken. Ich nehme in dieses Verzeichnis auch einige grössere hierhergehörende Sammelwerke auf, obwohl deren speciell den Mayas gewidmete Teile an ihrer Stelle schon Erwähnung gefunden haben:

320. Ternaux-Compans. Recueil de pièces relatives à la conquête du Mexique. (Ist Bd. X v. dessen: Voyages, relations et mémoires ...) Paris. 1838. 8°.
321. Gallatin, A. Notes on the semi-civilised nations of Mexico, Yucatan and Central America. In: Transactions of the American ethnological society. Bd. I. (1845.) S. 1—352.
322. Brasseur de Bourbourg. Histoire des nations civilisées du Mexique et de l'Amérique Centrale. Bd. I—IV. Paris. 1851—58. 8°.
323. Mayer, Brantz. Mexico Aztec Spanish and republican. Bd. I. II. Hartford. 1852. 8°.
324. Archives de la commission scientifique du Mexique. Bd. I—III. Paris. 1864—69. 8°.
325. Berendt, C. H. Report of exploration in Central America. In: Annual report of the board of regents of the Smithsonian Institution ... for 1867. (Washington. 1868.) S. 420—426.
326. Duran, Diego. Historia de las Indias de Nueva España. p. J. F. Ramirez. Bd. I. II. & Atlas. Mexico. 1867—80. 4°.
327. Congrès international des Américanistes. Compte rendu de la 1ʳᵉ — 9ᵉ session.
328. Baldwin. Ancient America in notes on American archaeology. New York. 1872. 8°.

(328*.) Faliès, Louis. Études historiques et philosophiques sur les civilisations européenne, romaine, greeque, des populations primitives de l'Amérique septentrionale, le Chiapas, Palenqué, des Nahuas ancêtres des Toltèques, civilisation Yucatèque, Miztèque, &c. Paris. 1872—74. 8°.

329. Bastian, A. Mexikanische Altertümer. In: Verhandlungen der Berliner Gesellschaft für Anthropologie. 1874. S. 77—82.

330. Bancroft, H. H. The native races of the Pacific states of North America. Bd. I—V. Leipzig. 1875. 8°.

331. Woelkof, A. Bemerkungen zur Völkerkunde Mexikos. In: Ausland. 1875. S. 62.

332. Larrainzar, Manuel. Estudios sobre la historia de America, sus ruinas y antiguedades. Bd. I—V. Mexico. 1875—78. 8°.

333. Bruehl, Gustav. Die Kulturvölker Alt-Amerikas. New York. 1875—87. 8°.

334. Berendt, C. H. Collections of historical documents in Guatemala. In: Annual report of the board of regents of the Smithsonian Institution. 1876. S. 421—423.

335. Derselbe: Remarks on the centres of ancient civilization in Central America. New York. 1876. 8°.

336. Anales del museo nacional de Mexico. Bd. I—III und zwei Supplemente. Mexiko. 1877—86. fol.

337. Malte Brun, V. A. Tableau de la distribution ethnographique des nations et des langues au Mexique. In: Congrès international des Américanistes. Compte rendu de la 2* session. Bd. II. (1878.) S. 10—44. Auch separat: Nancy. 1878. 8°.

338. Bastian, A. Die Kulturländer des alten Amerika. Bd. I—III. Berlin. 1878—89. 8°.

(339.) Lista de los objetos que comprende la exposicion Americanista. Madrid. 1881. 8°.

(340.) Dabry de Tiersan. De l'origine des Indiens du nouveau monde et de leur civilisation. Paris. 1883.

341. Nadaillac. L'Amérique préhistorique. Paris. 1883. 8°.

342. Derselbe: Die ersten Menschen und die prähistorischen Zeiten mit besonderer Berücksichtigung der Urbewohner Amerikas. Übersetzt von W. Schlösser und E. Seler. Stuttgart. 1884. 8°.

343. Stoll, Otto. Zur Ethnographie der Republik Guatemala. Zürich. 1884. 8°.

(344.) Rosny, L. de. La civilisation de l'Amérique Centrale et ses monuments. In: Bulletin de la société géographique de St. Valéry-en-Caux. Bd. I. (1884.) S. 35.

344*. Langkavel, B. Zur Ethnographie der Republik Guatemala. In: Ausland. 1886. S. 287—290.

345. Batres, Leopoldo. Civilizacion de algunas de las diferentes tribus que habitaron el territorio hoy Mexicano en la antiguedad. Mexico. 1889. fol. Auch in: Memoria del secretario de justicia é

Instruccion publica lic. J. Baranda desde 1. de abril 1887 hasta 30. de nov. 1888. Mexico. 1889. fol.
(345*.) Peet, S. D. The architecture of the civilized races of America. In: American Antiquarian. Bd. 1. (1889.) S. 205—235.
346. Stoll, Otto. Die Ethnologie der Indianerstämme von Guatemala. In: Internationales Archiv für Ethnographie. Supplement zu Bd. I. (1889.)
347. Peetor, Des. Essai de localisation des habitants précolombiens de l'Amérique Centrale. Ebenda: Bd. III. (1890.) S. 31—33.
(348.) Peñafiel, A. Monumentos del arte Mexicano antiguo. Berlin. 1890.
(348*.) Newberry, J. S. The ancient civilizations of America. In: Popular Science Monthly. Bd. 41. (1892.) S. 187—200.
(349.) Nuttall, Zelia. General report on the archaeological exhibits of Central America and Mexico. Chicago. 13. oct. 1893.
350. Delorme Salto, R. Los aborígenes de America. Disquisiciones acerca del asiento, origen, historia y adelanto en la esfera cientifíca de las sociedades precolombinas. Madrid. 1894. 8°.
350ª. Sapper, Karl. Die unabhängigen Indianerstaaten von Yukatan. In: Globus. Bd. 67. (1895.) S. 197—201.

Sobald es gelungen sein wird, die Maya-Hieroglyphen zu lesen, wird natürlich die Kenntnis der Maya-Sprache eine notwendige Vorbedingung der weiteren Forschung werden, und in diesem Sinne gehören auch die Arbeiten über die Maya-Sprache zu dem Forschungsapparate. Wenn aber die Sammlung der Kgl. Öffentl. Bibliothek hier reichlichere Lücken aufweist, so findet dies in zwei Erwägungen seine Begründung: einmal nämlich sind die Entzifferungsversuche der Maya-Hieroglyphen erst ganz neuerdings, und nicht ohne Widerspruch, in Bahnen eingelenkt, welche die Kenntnis der Maya-Sprache direkt für die Deutung der Hieroglyphen verwertbar erscheinen lassen; andrerseits ist die Erforschung der Maya-Idiome zu einer eigenen Wissenschaft angewachsen, die in keinerlei Zusammenhang mit den Hieroglyphen und Handschriften der Mayas steht. In den linguistischen Bibliographieen werden eine ganze Anzahl handschriftlicher Grammatiken und Wörterbücher der Maya-Sprache und ihrer Dialekte angeführt, zum grossen Teile wohl auch nur auf Grund von gelegentlichen Anführungen; diese glaube ich im wesentlichen unberücksichtigt lassen zu dürfen[1]) und beschränke meine Anführungen auf diejenigen grammatikalischen Werke und Abhandlungen, welche gedruckt und damit so verbreitet sind, dass sie der Forschung dienstbar gemacht werden können.

Von:

(351.) Gabriel de San Buenaventura, Francisco. Arte de la lengua Maya.

---

[1]) Als Verfasser von solchen werden genannt: Joan de Acevedo, Gasp. Antonio y Baeza, Andres de Avendaño, Ant. de Ciudad Real, Joan Coronel, Dom. Paz, Julian de Quartes, Alonso Solana, Bern. Valladolid, Luis de Villalpando, Luis Vidales.

fehlen der Bibliothek die Ausgaben: Mexico. 1560. 8⁰ und Mexico. 1684. 4⁰. Dagegen ist vorhanden:
  352. Dasselbe: 2. edicion. Mexico. 1888.
Ähnlich steht es mit dem folgenden:
  (353.) Beltran de Santa Rosa Maria, Pedro. Arte del idioma Maya. Mexico. 1746. 4⁰.
fehlt, vorhanden ist:
  354. Dasselbe: 2. edicion. Merida. 1859. 8⁰.
  Mehrfach findet man in der Fachlitteratur eine Maya-Grammatik von D. N. de Herrans y Quirós erwähnt; das ist ein Irrtum. Herrans ist der Verfasser einer seiner Zeit viel verbreiteten Elementar-Grammatik der spanischen Sprache, für die er sich eine besondere Methode von Fragen und Antworten zurecht gemacht hatte. Diese Methode Herrans' hat J. Ruz für seine Elementar-Grammatik der Maya-Sprache adoptiert, und durch die nicht ganz präcise Form, in welcher er dies auf dem Titel seiner Grammatik angiebt, ist die Annahme von der Existenz einer Maya-Grammatik von Herrans entstanden.
  Wir beginnen sonach die Reihe der neueren Arbeiten zur Maya-Sprachforschung mit:
  (355.) Galindo. Nombres numerales del idioma Maya (1—10) y cinco palabras en el dialecto l'uctune. In: Bulletin de la société de géographie de Paris. Bd. XVIII. (1832.) S. 213—214.
  (356.) Ruz, Joaquin. Gramatica Yucateca formada para la instruccion de los indigenas sobre el compendio de D. Narciso de Herrans y Quiros. Merida de Yucatan. 1844. 8⁰.
  357. Derselbe: Cartilla o silabario de la lengua Maya para la enseñanza de los niños indigenas. Merida Yuc. 1845. 8⁰.
  (358.) Derselbe: A Yucatecan grammar translated from the Spanish into Maya ... from the Maya into English by J. Kingdom. Belize. 1847. 8⁰.
Auf Heltrans Grammatik stützt sich:
  (358ª.) Ruz, Joaquin. Analisis del idioma Yucateco al castellano. Merida de Yuc. 1851. 8⁰.
  (359.) Henderson, Alexander. The maya primer. Birmingham. 1863. 8⁰.
  Den ersten Versuch eines Wörterbuches brachte zum Druck:
  (360.) Baeza, Perfecto. Vocabulario de las lenguas Castellana y Maya. In: Bulletin de la société de géographie. Bd. XVIII. (1832.) S. 215—217.
seine Arbeit ist aber nur eine flüchtige Skizze. Der erste Platz gebührt dem allerdings auch bei weitem noch nicht befriedigenden Werke von:
  361. Perez, Juan Pio. Diccionario de la lengua Maya. Merida. 1866—77. 4⁰.
  Alle diese Hülfsmittel waren aber teils noch nicht gedruckt, teils so selten, dass die Hauptforscher auf dem Gebiete des Maya sich selbst grammatische Hülfsmittel schufen. So entstanden:

362. Brasseur de Bourbourg. Esquisse d'une grammaire de la langue maya d'après celles de Beltran et de Ruz.
und:
363. Derselbe: Vocabulaire Maya-Français d'après divers auteurs anciens et modernes. Beides in dessen Ausgabe von: Landa, D. de. Relation des choses de Yucatan. S. 459—512.
364. Derselbe: Dictionnaire, grammaire et chrestomathie de la langue Maya. Paris, 1872. fol.
und:
365. Derselbe: Vocabulaire général Maya-Français et Espagnol. Paris. 1870. fol. (Titelausgaben von dessen Manuscrit Troano. Bd. II.)
366. Rosny, Léon de. Notes sur la grammaire Maya. — Specimens de textes Mayas. — Vocabulaire Maya-Français. In: Archives de la société Américaine de France. 2. Sér. Bd. 1. S. 61—118.
367. Charencey, H. de. Vocabulaire Français Maya. (Alençon. 1884.) 8°.

Daran schliessen sich eine grössere Reihe von Arbeiten, in welchen die philologische Seite fast ausschliesslich Berücksichtigung findet.
(368.) Ruz, Joaquin. Analisis del idioma Yucateco. Merida. 1851.
(369.) Brinton, D. G. Remarks on the nature of the Maya group of languages.
370. Adam, Lucien. Du polysynthétisme et de la formation des mots dans les langues Quiché et Maya. In: Revue de linguistique et de philologie comparée. Bd. X. (1877.) S. 34—74.
(371.) Douay, Léon. Mémoire sur les affinités du Maya avec certaines langues de l'Amérique méridionale. (?)
372. Charencey, H. de. Des explétives numérales dans les dialectes de la famille Maya-Quiché. In: Revue de linguistique &c. Bd. XIII. (1880.) S. 339—386. Auch separat: Paris. 1880. 8°.
373. Derselbe: Récherches sur les noms des nombres cardinaux dans la famille Maya-Quichée. Ebenda: Bd. XVI. (1883.) S. 325—339.
374. Derselbe: De la conjugaison dans les langues de la famille Mayo-Quichée. In: Muséon. Bd. II. (1883.) S. 575—595. Bd. III. (1884.) S. 40—72. S. 280—293. S. 464—488.
375. Derselbe: De la formation des mots en langue Maya. In: Congrès International des Américanistes. Compte rendu de la 5° session. (1884.) S. 379—426. Auch separat: Copenhague. 1884. 8°.
376. Seler, Eduard. Das Konjugationssystem der Maya-Sprachen. Berlin. 1887. 8°.
377. Carrillo y Ancona, Crescencio. Sobre la historia del idioma Yucateco. (1880.) In dessen: Historia antigua de Yucatan. 2. ed. S. 624—631.
378. Derselbe: Maya. Etimologia de este nombre. Ebenda: S. 632—634.
(379.) Derselbe: Estudio filologico sobre el nombre de America y el de Yucatan. Merida. 1890.

Weiter die Litteratur über einzelne Dialekte der Maya-Sprachgruppe:

Cakchiquel. (380.) Flores, Ildefonso Joseph. Arte de la lengua metropolitana del reyno Cakchiquel o Guatemalico, con un parallelo de las lenguas metropolitanas de los reynos Kiché, Cakchiquel y Z'utuhil, que hoy integran en el reyno de Guatemala. Guatemala. 1753. 8°.

(380ª.) Galindo. Nombres numerales (1 à 100) del lenguage Kachiquel. In: Bulletin de la société de géographie. Bd. XVIII. (1832.) S. 213—214.

(381.) Brinton, D. G. Grammar of the Cakchiquel language of Guatemala. Translated from a ms. with introduction and additions. Philadelphia. 1884. 8°.

Chanabal. 382. Brinton, D. G. On the Chane-abal (Four language) tribe and dialect of Chiapas. In: The American Anthropologist. Bd. I. (1888.) S. 77—96. (Enthält die Wortlisten von C. H. Berendt und J. M. Sanchez.)

Chuanteca. s. Tzendal.

Huasteca. (383.) Olmoz, Andreas de. Grammatica et lexicon linguae Mexicanae, Totonaquae et Huastecae. Mexico. 1560. 4°.

(384.) Tapia Zenteno, Carlos de. Arte de la lengua Huasteca. Mexico. 1747. 4°.

(385.) Derselbe: Noticia de la lengua Huasteca, con cathecismo y doctrina christiana. Mexico. 1767. 4°.

(386.) Charencey, H. de. Du pronom personnel dans les idiomes de la famille Tapachulane-Huastèque. In: Mémoires de l'académie de Caen. 1868.

(387.) Alejandre, Marc. Cartilla huasteca con su gramatica diccionario y varias reglas para aprender el idioma. Mexico. 1890. 4°.

Ixil. 388. Stoll, Otto. Die Sprache der Ixil-Indianer. Leipzig. 1887. 8°.

Mame. (389.) Larios, Hieronimo. Arte de la lengua Mame. Mexico. 1607.

(390.) Reynoso, Diego de. Arte y vocabulario en lengua Mame. Mexico. 1644. 4°.

391. Charencey, H. de. Recherches sur les lois phonétiques dans les idiomes de la famille Mame-Huastèque. In: Revue de linguistique. Bd. V. (1872.) S. 120—167.

Pokom. 392. Stoll, Otto. Die Maya-Sprachen der Pokom-Gruppe. 1. Wien. 1888. 8°.

Quiché. (393.) Brasseur de Bourbourg. Gramatica de la lengua Quiché. Grammaire de la langue Quichée Espagnole-Française. Paris. 1862. 8°.

(393ª.) Anleo, Bart. Arte de la lengua quiché o Utlateca. Edited with an essay on the Quichés by E. G. Squier. London. 1865. 8°.

394. Brinton, D. G. The names of the gods in the Kiche myths,

Central America. In: Proceedings of the American philosophical society. 1881.
305. Charencey, H. de. Des suffixes en langue Quiché. In: Le Muséon. Bd. II. (1883.) S. 348—351.
Tzendal. (396.) Cepeda, Fr. de. Arte de las lenguas Chiapa, Zoque, Celdales y Cinacantecn. Mexico. 1560. 4°.
Tzotzil. 307. Charencey, H. de. Abrégé de grammaire de la langue Tzotzile. In: Revue de linguistique &c. Bd. XIX. (1880.) S. 170—188.
308. Derselbe: Vocabulario Tzotzil-Epañol. Ebenda: Bd. XXII. (1889.) S. 247—273. Auch separat: Paris. 1890. 8°.

Dazu kommen an sprachwissenschaftlichen Schriften allgemeineren Charakters in Betracht:
399. Scherzer, Carl. Sprachen der Indianer Central-Amerikas. In: Sitzungsberichte der Wiener Akademie der Wissenschaften, Phil.-hist. Klasse. Bd. XV. (1855.) S. 28—37.
(400.) Squier. Monograph of the authors who have written on the languages of Central America. London. 1861. 4°.
401. Kennedy, James. Supplementary notices of the American Indians, especially the Mayas, the Caribs, the Arrawaks and the Mosquitos. In den cn: Essays ethnological and linguistic. London-Edinburgh. 1861. 8°.
402. Pimentel, Francisco. Cuadro descriptivo y comparativo de las lenguas indigenas de Mexico. Bd. I. II. Mexico. 1862—65. 8°.
(403.) Dasselbe: 2. edicion. Bd. I—III. Mexico. 1874—75. 8°.
(404.) Orozco y Berra, Manuel. Geografia de las lenguas y carta etnografica de Mexico. Mexico. 1864. 4°.
405. Berendt, C. Herm. Analytical alphabet for the Mexican and Central American languages. New York. 1869. 8°.
406. Adam, Lucien. Études sur six langues Américaines. Paris. 1878. 8°.
407. Derselbe: Examen grammatical comparé de selac langues Américaines. In: Congrès international des Américanistes. Compte rendu de la 2° session. Bd. II. (1878.) S. 161—244.
(407°.) Fernandez, Leon. Lenguas Indigenas de Centro-America en el siglo XVIII segun copia del archivo de Indias (en Sevilla) hecha por el lic. D. Leon Fernandez y publ. por R. F. Guardia y J. F. Ferraz. San José de Costa Rica. 1892. 8°.
angezeigt von:
407ᵇ. Gatschet, A. S. Central American vocabularies. In: American Anthropologist. Bd. VII. (1894.) S. 222.

Bei der Litteratur in der Maya-Sprache muss man wohl einen Unterschied machen zwischen dem, was ursprünglich in der Sprache der Mayas abgefasst ist und wohl sicher zahlreiche Reminiscenzen bewahrt aus der Zeit einer selbständigen Maya-Kultur, und dem, was die Missionare in späterer Zeit für ihre Zwecke in das Maya übersetzt haben. Die Texte der ersten Kategorie sind nur wenig zahlreich, haben aber natürlich besonders die Aufmerksamkeit der Gelehrten auf sich gezogen. Schon Stephens hat im Anhang seiner Incidents of travels eine jener alten historisch-chronologischen Aufzeichnungen der Mayas herausgegeben; eine ähnliche gab Brasseur im Anhang seiner Landa-Ausgabe.

408. Lelo lai u tzolan Katunil ti mayab. Série des époques de l'histoire maya. In: Landa, D. de. Relation des choses de Yucatan. S. 421—429.

Gesammelt hat sie dann:
409. Brinton, D. G. The Maya chronicles. (Library of aboriginal American literature. Bd. I.) Philadelphia. 1882. 8°.

Teilweise hat sie dann wieder abgedruckt:
410. Charencey, H. de. Chrestomathie Maya. Paris. 1891. 8°, und übersetzt:

411. Raynaud, Georges. L'histoire Maya d'après les documents en langue Yucatèque. Nouvelle traduction. In: Archives de la société Américaine de France. Nouvelle Sér. Bd. VII. (1891.) S. 145—159 und Bd. VIII. (1892.) S. 35—48.

Eine weitere Gruppe von Maya-Texten sind die Bücher des Chilan Balam, des weisen Mannes.

412. Brinton, D. G. The books of Chilan Balam. Philadelphia. 1881. 8°.

(413.) Dasselbe in: Numismatic and antiquarian society of Philadelphia. January 1882.

und abermals:
414. In dessen: Essays of an Americanist. (Philadelphia. 1890.) S. 255—273.

Ferner übersetzt:
415. Derselbe: Los libros de Chilan Balam (mit Anmerkungen des Übersetzers). In: Anales del museo nacional de Mexico. Bd. III. (1886.) S. 92—109.

Endlich besitzen wir noch einige Prophezeiungen in Maya-Sprache:
416. Charencey, H. de. Étude sur la prophétie en langue Maya d'Ahkuil-Chel. In: Revue de linguistique &c. Bd. VIII. (1876.) S. 320—332. Und separat: Paris. 1876. 8°.

417. Derselbe: Recherches sur une ancienne prophétie en langue maya. (Napuctum.) Ebenda: Bd. VI. (1873.) S. 42—61.

418. Madier de Montjau, Éd. Textes Mayas. In: Archives de la société Américaine de France. 2. Sér. Bd. I. (1875.) S. 373—378.

419. Charencey, H. de. Fragment de chrestomathie de la langue Maya antique. Paris. 1875. 8°.

420. Derselbe: Essai d'analyse grammaticale d'un texte en langue Maya. Caen. 1873. 8°.

421. Derselbe: Desgleichen. Havre. 1875. 8°.

Endlich ist einem Maya-Texte gleich zu achten die alte Karte, über die berichtet:

421ᵃ. Carrillo y Ancona, Cresc. Geografia Maya. In: Anales del Museo nacional de Mexico. Bd. II. (1882.) S. 435—438. Und in seiner: Historia antigua de Yucatan. 2. ed. (1883.) S. 603—611.

Im Vergleich damit würden die Texte der zweiten Gattung sehr zahlreich sein; ich glaube aber ihre Aufzählung, mit gewissen Ausnahmen, unterlassen zu dürfen. In der eigentlichen Maya-Sprache sind Texte genug vorhanden, um den sprachwissenschaftlichen Studien als Unterlage zu dienen, wofür die Übersetzungen der Spanier mit ihrem, dem Geiste der Sprache ganz fremden Inhalte überhaupt weit weniger geeignet sind; ich führe deshalb aus der grossen Zahl der religiösen Texte nur den folgenden deshalb an, weil er zu sprachwissenschaftlichen Zwecken Berücksichtigung gefunden hat.

427. Ripalda, Geronimo. Catecismo y exposicion breve de la doctrina cristiana ... traducido al idioma Yucateco ... por ... J. Ruz; publié par le comte de Charencey. Alençon. 1892. 8°.

Dagegen glaube ich die folgenden in den Dialekten des Maya deshalb nicht ebenso behandeln zu sollen, weil es hier zum Teil gänzlich an alten Texten fehlt:

Cakchiquel. (428.) Marroquin, Francisco. Doctrina Christiana en lengua Guatemalteca. Guatemala. 1724. 4°. (Eine Ausgabe: Mexico. 1556. 4° ist zweifelhaft.)

Chanabal. 429. Charencey, H. de. Confessionaire en langue Chañabal. (Von Marcial Camposeca. 1813.) In: Revue de linguistique &c. Bd. 20. (1887.) S. 232—239.

Huasteca. (430.) Guevara, Joan de. Doctrina cristiana en lengua Huasteca. Mexico. 1548.

(431.) Cruz, Juan de la. Doctrina Cristiana en la lengua Guasteca con la lengua castellana. Mexico. 1571. 4° (eine 2. Ausgabe: Mexico. 1689 wird citiert).

Quiché. (431ᵃ.) Chonay, P. Titulo de los señores de Totonicapan escrito en lengua quiché el año de 1554 y traducido á la castellana el año de 1834 (publ. p. H. de Charencey). Alençon. 1885. 8°.

Trotz dieser dürftigen litterarischen Reste fehlt es nicht ganz an Anläufen zu einer Geschichte der Litteratur des Maya:

(432.) Carrillo y Ancona, Cresc. Disertacion sobre la literatura y civilizacion antigua de Yucatan.

auch in dessen:

433. Historia antigua de Yucatan. 2. ed. S. 555—590.

(434.) Brinton, D. G. A notice of some manuscripts in Central American languages.

(435.) Derselbe: The folk-lore of Yucatan. Aus: Folk-Lore Journal. Bd. 1. S. 8 ff.

Auch in dessen:

436. Essais of an Americanist. (Philadelphia. 1890.) S. 163—180.

Autoren-Verzeichnis.

Aaron, E. M. N°. 166ª.
Adam, L. N°. 370. 406. 107.
Alejandre, M. N°. 387.
Ancona, E. N°. 316.
Anleo, R. N°. 393ª.
Asensio, J. M. N°. 278.
Ayala, J. L. de. N°. 21.

Baezo, P. N°. 360.
Baker, F. C. N°. 116ª.
Baldwin. N°. 328.
Bancroft, H. H. N°. 330.
Bandelier, A. F. N°. 1.
Bastian, A. N°. 189. 190. 329. 336.
Batres, L. N°. 345.
Beltran de Sta Rosa Maria, P. N°. 353. 354.
Bensey, Th. N°. 11.
Berendt, C. H. N°. 224. 325. 334. 335. 382. 405.
Bernouilli, G. N°. 223.
Berthond, H. N°. 125.
Bienvenida, L. de. N°. 284.
Brell, P. N°. 117.
Bollaert, W. N°. 35. 36.
Bouplund, A. N°. 202.
Bransford, J. F. N°. 159. 193.
Brasseur de Bourbourg. N°. 4. 11. 39—41. 130. 131. 173. 179. 205ª—205ª. 322. 362—365. 393. 408. 422. 423.
Brigham, W. T. N°. 259.
Brine, L. N°. 222. 267ª.
Brinton, D. G. N°. 37. 58—60ª. 95. 102. 118ª. 145ª. 287. 369. 381. 382. 394. 409. 412—415. 426. 434. 436.
Bruehl, G. N°. 168ª—168ª. 194. 333.

Camposeco, M. N°. 429.
Carrillo y Ancona, C. N°. 167. 175. 273ª. 283. 315ª. 318. 377—379. 421ª. 432. 433.
Carus, C. G. N°. 212.

Castaing, A. N°. 80ª.
Catherwood, F. N°. 209.
Cepeda, F. de. N°. 396.
Charencey, H. de. N°. 16. 54—57. 88. 89. 142. 367. 372—375. 386. 391. 395. 397. 398. 410. 416. 417. 419—421. 424. 427. 429.
Charnay, D. N°. 219. 227—245.
Chouay, P. N°. 431ª.
Cogolludo. N°. 299. 300.
Cortes, H. N°. 282.
Cresson, H. T. N°. 38ª. 63. 64. 70ª. 70ª.
Cruz, J. de la. N°. 431.

Dabry de Tiersan. N°. 340.
Deglatigny, L. N°. 226. 244.
Delorme Salto, H. N°. 350.
Del Rio, A. N°. 124—126.
Diaz, J. N°. 279. 280.
Diesseldorff, E. P. N°. 121ª. 146. 147. 156.
Donay, L. N°. 371.
Duchateau, J. N°. 73.
Dupaix. N°. 204.
Duran, D. N°. 326.

Eisen, G. N°. 165ª. 195.

Falles, L. N°. 328ª.
Fancourt, C. S. J. N°. 314.
Fernandez, N. N°. 407ª.
Fernandez Duro, C. N°. 271. 319.
Fewkes, J. W. N°. 120. 121. 121ª.
Flint, E. N°. 144.
Flores, J. J. N°. 380.
Förstemann, E. N°. L 6—8. 70. 83—87. 99. 101. 105—108. 118.
Frantzius, A. v. N°. 289. 291.
Friedrichsthal. N°. 214.
Fuentes y Guzman, F. A. N°. 302.

Gabriel de S. Buenaventura, F. N°. 351. 352.

Gage, T. N°. 201.
Galindo, J. N°. 127—129. 157.
 355°. 380°.
Gallatin. A. N°. 321.
Garcia Pelaez, F. de. N°. 312.
Gatschet, A. S. N°. 407°.
Gratapac, L. P. N°. 145. 187.
Griffin, A. P. C. N°. 2.
Grosse, E. N°. 137.
Guevara, J. de. N°. 430.

Habel, S. N°. 188.
Hamy, E. T. N°. 162—164.
Hellprint. N°. 266°.
Heller, C. B. N°. 203.
Hellwald, F. v. N°. 315.
Henderson, A. N°. 359.
Hesse. N°. 180.
Holden, E. S. N°. 75.
Humboldt, A. v. N°. 202.

Jimenez, F. N°. 306—308.
Jomard. N°. 210.
Juarros, D. N°. 304. 305.

Kennedy, J. N°. 101.
Kingsborough. N°. 5.
Knapp, F. N°. 165. 221.
Kobelt, W. N°. 266°.
Kofler, F. N°. 231—234.

Landa, D. de. N°. 285. 286.
Langkavel, B. N°. 344°.
Larios, L. N°. 389.
La Rochefoucauld, F. A. de. N°. 135.
Larrainzar, M. N°. 332.
Le Plongeon, A. N°. 151—153.
 174. 246—255.
Le Plongeon, A. D. N°. 247. 254.
 255. 255°.
Lizana. N°. 295—297.

Madier de Montjau, E. N°. 28.
 74. 418.
Maler, T. N°. 143. 267ᵈ.
Malte Brun, V. A. N°. 220. 337.
Marimon y Tudó, S. N°. 292. 301.

Marroquin, F. N°. 428.
Mandslay, A. P. N°. 161. 268—270.
Maunoir. N°. 227.
Mayer, B. N°. 323.
Melgar, J. M. N°. 26. 149. 168.
Mendes, M. N°. 180.
Meye, H. N°. 160.
Milla, J. N°. 317.
Miró. N°. 26.
Morelet, A. N°. 217. 218.

Nadaillac. N°. 311. 342.
Newberry, J. S. N°. 348°.
Norman, B. M. N°. 215.
Nuttall, Z. N°. 349.

Olmos, A. de. N°. 383.
Ordoñez, R. N°. 309. 310.
Orozco y Berra. M. N°. 404.
Oswald, F. L. N°. 256.

Palacio, D. Garcia de. N°. 288—291.
Palacuelos. N°. 277.
Parry, F. N°. 123—123°.
Pector, D. N°. 347.
Peet, 8. D. N°. 345°.
Peñafiel, A. N°. 348.
Perez, J. P. N°. 93. 182. 301.
Perrin, P. N°. 24.
Peuvrier, A. N°. 200.
Pimentel, F. N°. 402. 403.
Pinart. N°. 27.
Pineda, E. N°. 311.
Polakowsky, H. N°. 136.
Ponce, A. N°. 293.
Pousse, A. N°. 10. 49. 91.

Quatrefages. N°. 227.

Rada y Delgado, J. d. D. N°. 18.
 21. 47. 77. 78.
Rau, Ch. N°. 132. 133.
Raynaud, G. N°. 11. 33. 34. 81.
 411.
Remesal, A. de. N°. 204.
Reynoso, D. de. N°. 390.
Ripalda, G. de. N°. 427.

Rüter, C. N°. 211.
Rivera y Maestre, M. N°. 183.
Rosny, L. de. N°. 17. 19. 20. 23.
   29. 42—53. 82. 116. 181. 198.
   311. 366.
Rossmann, W. N°. 6.
Roz, J. N°. 356—358°. 368.

Salisbury, St. N°. 152. 176. 216.
   271. 272.
Salvin. N°. 158.
Sanchez, J. N°. 153.
Sanchez, J. M. N°. 382.
Sanchez de Aguilar, P. N°. 298.
Sapper, K. N°. 167°. 196. 262—
   267°. 267°. 350°.
Saville, M. H. N°. 111. 165. 166.
   172°. 277°.
Schellhas, P. N°. 9. 79. 119. 145ᵈ.
   275. 276. 278¹.
Scherzer, C. N°. 178. 216. 308.
   399.
Schmidt, J. N°. 160.
Schott, A. N°. 112. 169. 170. 196.
   197.
Schultz-Sellack, C. N°. 113.
Seler, Ed. N°. 32. 65. 66. 68. 80.
   92. 97. 98. 100. 111°. 114. 115.
   118. 121ᵇ. 139. 148°. 154. 155.
   192. 278ᵇ. 376.
Sivers, J. v. N°. 313.

Solomayor, D. N°. 15.
Squier, N°. 290. 400.
Stephens, J. L. N°. 206—208.
Stoll, O. N°. 258. 313. 316. 388.
   392.
Strebel, H. N°. 122. 195°. 199.

Tapia Zenteno, C. de. N°. 384. 385.
Ternaux - Compans. N°. 320.
Thomas, C. N°. 12. 13. 30. 31.
   61—62°. 67. 69. 90. 99°. 101.
   109. 110. 138. 140.
Thompson, E. H. N°. 260. 261.

Valentini, J. J. N°. 36. 94. 145°.
Varigny, C. de. N°. 186.
Villagutierre y Sotomayor, J. de.
   N°. 303.
Vinson, J. N°. 125.
Viollet-le-Duc. N°. 218.
Vreeland, Ch. N°. 193.

Waldeck, F. von. N°. 141. 205.
West, M. X. N°. 145ᵇ.
Woelkof, A. N°. 225. 331.

Ximenez, F., v. Jimenez.

Zaragoza, J. N°. 302.
Zavala, L. de. N°. 184.

Inhalts-Übersicht.

   I. Bibliographisches. N°. 1–4.
   II. Die Handschriften. N°. 5—27.
   III. Maya-Hieroglyphen. N°. 28–51.
   IV. Zahlen- und Kalender-System. N°. 52–111.
   V. Mythologisches. N°. 112—123.
   VI. Inschriften und Altertümer. N°. 124–200.
   VII. Reisen und archäologische Forschungen. N°. 201—278.
   VIII. Geschichtschreiber. N°. 279–319.
   IX. Allgemeinere Schriften zur Amerikanistik. N°. 320—350.
   X. Grammatiken und Wörterbücher. N°. 351—407.
   XI. Texte. N°. 408–431.
   XII. Litteraturgeschichte. N°. 432–436.
      Autoren-Verzeichnis.

Dresden.   K. Haebler.

Recensionen und Anzeigen.

Die Miniaturen der Universitäts-Bibliothek zu Heidelberg beschrieben von A. von Oechelhäuser. Zweiter Theil. Mit sechzehn Tafeln. Heidelberg, Gustav Köster. 1895.

Nach längerer Pause ist dem ersten Bande der Heidelberger Miniaturen der zweite gefolgt. Ein Hauptgrund der Verzögerung war die Aufnahme der mittlerweile nach Heidelberg zurückgelangten Manesse-Handschrift in den vorliegenden Abschnitt des grossen Werkes. Wir lassen uns darum auch das verspätete Erscheinen dieses zweiten Teils gerne gefallen, bringt er doch nun auf 330 Seiten eine eingehende Beschreibung und Würdigung des wertvollsten Denkmals deutscher Buchmalerei. Die übrigen 90 Seiten des Bandes sind einer Anzahl anderer Bilderhandschriften der Palatina gewidmet.

Die letzteren, je 17 Werke aus dem 13. und 14. Jahrhundert, stehen voran. Ihre Erörterung beschränkt sich hauptsächlich auf eine genaue Beschreibung. Diese ist gewiss auch die Hauptsache, doch scheint uns, dass Stilcharakter, Herkunft und Entstehungszeit der Handschriften sich hier und da etwas genauer hätten umschreiben lassen. Schon F. Schneider hat sich in einer Besprechung der Vaticanischen Miniaturen von Stephan Beissel mit Recht dahin geäussert: „Eine kritisch gesichtete Übersebau, die den obschwebenden Fragen in entsprechender Weise Rechnung trägt, . . . ist das Postulat der Kunstgeschichte" (Zeitschrift für bildende Kunst N. F. V. 1894, S. 101). So glauben auch wir, dass durch reichlichere Vergleichung mit zugehörigen Bilderhandschriften in Karlsruhe, Stuttgart, München und anderswo sich wenigstens grössere Gruppen gleichartigen Charakters hätten feststellen und allgemein lokalisieren lassen. Das muss doch schliesslich das Ziel aller derartigen Publikationen sein. Wenn wir nur den absoluten Kunstwert der einzelnen Illustration im Auge haben, kann man fragen, ob der Gegenstand Mühe und Arbeit lohne. Sobald wir aber tiefer dringen, kann eine solche Frage vernünftigerweise nicht mehr gestellt werden. Über Schreib- und Malstuben, die Mittelpunkte der Handschriftenerzeugung, etwas zu erfahren, ist nicht nur dem Kunstforscher, sondern auch dem Philologen und Historiker wichtig. Ebenso sind sie alle gleichmässig an der Lösung der nachgerade brennend gewordenen Frage interessiert, wie stark der französische Einfluss war, wann er begann, wie weit er reichte. Endlich ist doch auch die Kunstwissenschaft heute viel mehr darauf aus, die breiten Schichten des Kunstlebens in den einzelnen Perioden und Landschaften exakt zu erforschen, Wesen und Absichten der verschiedenen Kunstzweige zu ergründen, als jedes Kunstwerk nach irgend einem ästhetischen Massstab zu würdigen. Mindestens dürften diese Seiten auch der Handschriftenkunde über der diplomatischen Beschreibung der einzelnen Bilder nicht zu kurz kommen.

Die berührten Fragen werden aber in unserer Publikation nur sehr spärlich, oft nur mit ganz allgemeinen Vermutungen beantwortet, häufig gar nicht aufgeworfen. Dass z. B. kein Versuch gemacht wird, die Selvias-Gruppe (S. 21 ff. und sonst) zu lokalisieren, befremdet nach Lamprechts Erörterung dieser Frage (die von Oechelhäuser selbst citiert S. 24 Anm.) doch einigermassen. Und was S. 74 über den französischen Einfluss auf die deutsche Illustration gesagt wird, genügt ja wohl schwerlich. Ebenso dürfte die einfache Wiederaufnahme einer älteren Hypothese des Verfassers über den Zeichner des Willehalm Gastes nach Burdachs Ausserungen (diese Zeitschrift VIII. 1891, S. 15) nicht mehr befriedigen. Hier wie auch sonst ab und zu (z. B. in der Frage des Federzeichnungsstils S. 64 und Anm. ebenda) hat man den Eindruck, als ob sich nach dem vorhandenen Material bestimmtere Sätze formulieren liessen. Die vielen blossen Möglichkeiten nimmt man nur widerstrebend hin.

Weiter haben wir noch eine allgemeine Bemerkung zu machen, die wir aber lieber sofort in die Form eines Wunsches für künftige ähnliche Publikationen kleiden wollen. Wäre es nicht möglich, solche beschreibende Verzeichnisse einer strengeren Systematik und festeren Terminologie zu unterwerfen! Wir stellen hier ein Schema zur Erörterung, das ja ganz gewiss noch sehr verbesserungsfähig ist, doch aber vielleicht den Anlass geben könnte zu einer Einigung über feste Grundsätze für die Beschreibung der künstlerischen Seite einer Handschrift. Es kommt vor allem darauf an, dass man beim Durchgehen eines Verzeichnisses auf jede Hauptfrage an einem bestimmten Orte Auskunft erhält, damit man sich ohne grossen Zeitverlust rasch zusammenstellen kann, was man eben im Auge hat.

Die Beschreibung hat zu berühren:

I. Die Handschrift selbst: Grösse, Stoff (Perg. oder Pap., dessen Art), Lagen-Einteilung und Bezeichnung, Paginierung, Linierung, Schriftductus, Art der Rubrikation, Überschriften, Art und Ort des Registers, verschiedene Hände.

II. Schmuck:
1. Grosse Buchstaben: Ob in Deckfarben, oder nur mit der Feder ausgeführt. Bau (Geriemsel, Flecht- und Bandwerk, aus pflanzlichen aus Tier-Motiven, Bilderbuchstaben, mit Federstrichornamenten in farbiger Tinte gefüllt und umsponnen, aus naturalistischen Blumen oder wie sonst gebildet). Untergrund. Umrahmung. Ansätze.
2. Leisten: Ob in Deckfarben ausgeführten Rahmenwerk, ob nur mit der Feder gezeichnet. Motive. Ob geschwungene zackige Stäbe mit Dornblatt. Drôleriëen. Ob völlige Randfüllung. Grund.
3. Bilder: Zahl. Grösse. Ob in Deckfarben, ob nur kolorierte Federzeichnung, ob Grisaillemalerei, ob unkoloriert. Grund. Rahmen.
Hier kann die genauere Beschreibung jedes einzelnen Bildes nach Gegenstand und Behandlung folgen. Daran müsste sich an der Hand umfangreichen Vergleichsmaterials für alle Seiten der Ausstattung der Versuch einer genaueren Bestimmung der Herkunft und Entstehungszeit anschliessen.

Endlich:

III. Einband.

Es wäre sehr willkommen, wenn dieses oder ein besseres Schema entsprechend gekürzt auch in den Handschriftenverzeichnissen Eingang fände: durch ein paar sachlich bezeichnende Bemerkungen würde uns oft ein unendlicher Zeitaufwand erspart.

Nach dieser principiellen Auseinandersetzung wollen wir uns nicht mehr mit Anmerkungen zu Kleinigkeiten in von Oechelhäusers Katalog aufhalten (S. 27 ist Heinrich Rücken zu lesen statt Friedrich R. S. 12 ist die Bemerkung über die Wiederbelebung der Bilderbuchstaben mit einem starken Fragezeichen zu begleiten, vgl. z. B. die Zwiefaltener Handschriften u. a.). Wir wenden uns vielmehr sofort der Besprechung der Manessehandschrift zu.

Da ist in erster Linie die überaus sorgsame Erörterung der Miniaturen hervorzuheben, die noch eingehender als seiner Zeit die Arbeit v. d. Hagens die Beschreibung, Erklärung und Würdigung jedes einzelnen Bildes unternimmt. Auf diese Erörterung ist augenscheinlich das Hauptgewicht gelegt. Und wir wollen nicht versäumen anzuerkennen, wie wertvoll sie ist, mögen wir auch an mancher Einzelheit Anstoss nehmen. Überzeugend ist ferner, was hier — auf Grund früherer Arbeiten des Verfassers und anderer — über die Entstehung (Zusammensetzung) des Codex gesagt wird. Die Unterscheidung von vier Malern insbesondere scheint uns durchaus das Richtige zu treffen. Man vergleiche, abgesehen von den Kriterien, die von Oechelhäuser beibringt, z. B. auch noch die ganz verschiedene Zeichnung der Augen bei den vier Meistern. Ebenso leuchtet ein, was über zeitlichen und örtlichen Ursprung der Handschrift festgestellt wird.

Viel weniger hat uns dagegen der Abschnitt „Künstlerisches und Technisches" (S. 300 ff.) befriedigt. Da geht es den Malern und Zeichnern der Handschrift herzlich schlecht. „Mangel an künstlerischem Empfinden", „geschmacklose Kolorierung", „kindliche Anschauungsweise", „Verirrungen schlimmster Art" werden den Meistern vorgeworfen. Der Verfasser steht durchaus auf dem alten Standpunkt: er vermag die mittelalterliche Handschriften-Illustration nur vom Gesichtskreis des 18. oder gar des 19. Jahrhunderts aus zu beurteilen. Und doch hat schon Janitschek in seiner — wenn immer populären — Würdigung der Manessehandschrift (Nation 1888, 24) einen kräftigen Versuch gemacht, zu einem gerechteren, historischen Maßstab für die Wertschätzung dieser Kunst zu gelangen — von Lamprecht und anderen ganz zu schweigen. Übrigens scheint der Verfasser gefühlt zu haben, dass die alte Beurteilungsweise nirgends ausreiche. Wir finden Bemerkungen wie: „es wiederholt sich hier die Beobachtung, dass der Mangel an Richtigkeit nicht ohne weiteres auf Mangel an Geschicklichkeit zurückzuführen ist . . ., und es wird einleuchten, dass der Maler . . . Besseres hätte leisten können, wenn er gewollt hätte" (S. 365). „Dass auch hier Methode und nicht Unvermögen zu Grunde liegt, beweist . . .," u. s. f. Um so mehr ist zu bedauern, dass diese zu richtigen Beobachtungen nicht Ausgangspunkt zu einer freieren, gerechteren Würdigung unserer Illustration wurden, die eben gar nicht darauf ausgeht, gar nicht daran denkt, naturwahr zu sein.

Ein Versuch, die stilistische Eigenart unserer Handschrift gegenüber anderen, gleichzeitigen Denkmalen der Illustration schärfer abzugrenzen, Gruppen zu bilden, zu lokalisieren, ist nicht gemacht worden. Wer etwa nach dieser Seite hin etwas ähnliches wie Janitscheks grundlegende Arbeit über die karolingische Buchmalerei in Beziehung zur Adahandschrift erwarten sollte, wird sich enttäuscht fühlen. Allerdings wäre das zu bewältigende Material ziemlich gross gewesen (keineswegs „nur gering" S. 371) und noch recht wenig vorbereitet für eine solche Untersuchung. Wenn der Verfasser aber einmal zu einer vergleichenden Besprechung ansetzte (S. 371 f.), dann musste er auch über das spärliche, zufällig in die Litteratur eingeführte Material hinausgehen. Und wenn sich schliesslich herausstellen sollte, dass thatsächlich die Manessehandschrift mit ihren vier Künstlern ganz für sich steht, so würden wir eben eine ausführliche Darlegung der einfachen Feststellung dieses Sachverhaltes vorziehen.

Das Ergebnis der Untersuchung über das „Verhältnis unserer Bilderfolge zu den übrigen illustrierten Minnesängerhandschriften" (S. 372) wird man wohl gelten lassen dürfen. Ein bestimmterer Stammbaum mag bei der Lage der Dinge kaum zu ermitteln sein. Auch principiell können wir dem Verfasser bezüglich seiner Bemerkung über „die Stetigkeit der Tradition bei den mittelalterlichen Illustrationsfolgen" (S. 381) nur zustimmen.

Ausführungen über Tracht, Gerät und Waffen in den Bildern der Handschrift schliessen die umfangreiche Besprechung des Manessecodex und damit den vorliegenden Band ab. Beigegeben sind 12 Lichtdrucktafeln — durchweg recht gut — und vier bunte Tafeln, die nach des Verfassers Bemerkung sehr gelten zum ersten Mal eine richtige Vorstellung von dem früheren Aussehen der Bilder geben.

Gern erkennen wir an, dass der zweite Band der Heidelberger Miniaturen viel Schönes und Fruchtbares zur Geschichte der Handschriftenillustration beibringt. Und auch die Ausstellungen, die wir machen mussten, sind nicht etwa einer Geringschätzung der vorliegenden Arbeit entsprungen, vielmehr dem Wunsche, die mittelalterliche Illustration nach allen Seiten der Wissenschaft für Historiker, Philologen und Kunstforscher gleichmässig gewürdigt zu sehen. Rudolf Kautzsch.

Zoologisches Adressbuch. Namen und Adressen der lebenden Zoologen, Anatomen, Physiologen und Zoopalaeontologen, sowie der künstlerischen und technischen Hilfskräfte. Herausgegeben im Auftrage der Deutschen zoologischen Gesellschaft von R. Friedländer u. Sohn. Berlin 1895. R. Friedländer u. Sohn. 8°. VIII, 740 S.

Nach zweijähriger Vorbereitung trat dies Werk an die Öffentlichkeit, so dass selbstredend bereits während dieser Frist mannigfache Veränderungen in den Adressen zu verzeichnen sind.

Nach dem Vorwort folgt ein Abkürzungs-Verzeichnis, dem sich von S. 1—577 das eigentliche Adressbuch innerhalb der einzelnen Länder alphabetisch nach Städten anschliesst. Zuerst finden wir die Zoologen und Ge-

lehrten verwandter Wissenschaften mit den Hilfskräften von Beruf, denen
sich die Liebhaber anreihen. Den Schluss bilden die Vereine und Gesellschaften mit ihren Publikationen, wie bei grösseren Städten eine Zusammenstellung der Ausstopfer, Lithographen, Maler u. s. w., Mikroskopen- und
Utensilienfabriken, Naturalienhandlungen und Verlagsbuchhandlungen. Veränderungen und Zusätze schliessen sich an. Als Register finden wir ein
wissenschaftliches nach den einzelnen Beschäftigungen, ein geographisches
wie ein Personalverzeichnis.

Die Anordnung der Länder ist eine ziemlich willkürliche; Ref. würde
für sie lieber eine alphabetische mit Ausnahme von Deutschland vorschlagen,
natürlich innerhalb der Erdteile.

Den Bibliotheken wird vielfach durch die Angabe der Vornamen gedient sein, wenn auch leider hierin keine Vollständigkeit besteht, worauf also
die Aufmerksamkeit für die Zukunft zu lenken ist.

Kleinere Versehen sind natürlich vorhanden, treten aber vollständig in
den Hintergrund.

Halle a. S. E. Roth.

Mitteilungen aus und über Bibliotheken.

**Mitteilungen aus dem Bücherverzeichnisse des ehemaligen
Klosters Sion in Köln.** — Die Kölner Stadtbibliothek besitzt den handschriftlichen Katalog der Bibliothek des ehemaligen Klosters Sion. Derselbe
ist i. J. 1748 von Peter Wachtendunck fertig gestellt, der sich am Schlusse
des Verzeichnisses nach einem Distichon nennt:

*Tot tibi sint laudes, Jesu! quot grammata scripsi: qui cunctis saeculis
Alpha et Omega manes. Orate pro confratre vestro F. Petro Wachtendunck. 1748.*

Das Bücherverzeichnis ist deshalb besonders interessant und zum Teil
der Veröffentlichung wert, weil es u. a. auch eine vollständige Bibliothekordnung enthält, welche, wenn auch erst in der Mitte des 18. Jahrhunderts niedergeschrieben, doch auf die Verwaltung und Benutzung des Bücherschatzes in
den vorangegangenen Jahrhunderten Rückschlüsse gestattet. Der Verfertiger
des Kataloges ist kein anderer als der Prior Peter Wachtendunck aus Köln
gewesen, dessen Hartzheim in seiner Bibliotheca Colonensis S. 350 Erwähnung
thut und der sich durch seine geistlichen Schriften ziemlich bekannt gemacht
hat. Die Bibliothek des Klosters[1]) darf man eine ganz ausgezeichnete nennen,
wenn man bedenkt, dass dasselbe gerade nicht unter die reichen und bevor-
zugten zu rechnen ist; zählte es doch bei der Aufhebung nur die Äbtissin,
den Prior und 4 Nonnen, ohne sonstige männliche Mitglieder. Von Büchern,
die dem Kloster Sion gehörten, besitzt die jetzt mit der städtischen ver-
einigte Bibliothek der katholischen Gymnasien in Köln eine ganze Menge.
Ihre frühere Zugehörigkeit zum Kloster ist in der Weise ersichtlich gemacht,
wie sie die Nr. 2 der 3. Regel der nachstehend abgedruckten Bibliothekordnung vorschreibt; Handschriften andrerseits verwahrt das historische Archiv
der Stadt Köln.

Die äussere Anlage des Kataloges, worüber sich das Vorwort ausspricht,
ist diese: Nach der 3 Bll. umfassenden Vorrede samt Bibliothekordnung folgt
das Bücherverzeichnis in systematischer Anordnung. Die Titel sind ziemlich
ausführlich, mit Angabe des Verlags- bezw. Druckortes, Verlegers bezw.
Druckers und Jahres; es folgt Format und Einband sowie evtl. Defektnotiz
und Angabe, wie viele Exemplare vorhanden. Nach diesem systematisch geordneten Verzeichnisse kommt ein Nachtrag, der mit folgender Begründung
eingeleitet ist:

---

[1]) Über dasselbe vgl. v. Mering u. Reischert, Die Bischöfe und Erz-
bischöfe von Köln, 1844, S. 249—251.

Quoniam autem haud modici libri tum actualiter ad Bibliothecam pertinentes, tum proxime a RRdis Patribus acquirendi et modo ad privatos usus acquisiti, inter luculamenta huius Bibliothecae utpote fere omnia repleta contineri non possunt, hinc necessarium fuit indicatum, ut pro hisce specialiter eligatur et erigatur Index miscellaneus tanquam appendix, cui inserantur promiscue suis quique lineis — Sit itaque.

Den Schluss des Kataloges bildet sodann ein alphabetisches Register mit den Hinweisen, in welcher Abteilung des Systems das betr. Buch zu finden ist. Dabei begegnet eine Anzahl Titel, die mit einem roten Sternchen versehen sind, was besagen will, dass also bezeichnetes Werk Beiband zu einem andern ist.

Es möge nunmehr die Bibliothekordnung in ihrem Wortlaute folgen:
Regulae bibliothecariae prout annis 1675 et 1727 in Capitulo nostro Coloniensi praelectae, examinatae, et receptae fuerunt.

Regula I.
De modo servando in tollendis libris ex Bibliotheca.

1mo. Praeter Biblia sacra, Concordantias, Libros scholares, Thomam à Kempis de imitatione Christi, aut similia formae vel materiae libellum, nulli licitum sit plures quam octo libros ex Bibliotheca efferre, ita tamen ut praedicti libri nunquam simul omnes tollantur.

2do. Cum similiter cuivis in communi tabula sint octo signa vel litterae assignatae, nullus imposterum praesumat librum tollere, nisi signum suum seu litteram substituat in locum libri sublati; qui vero negligentior esse consueverit, leget in Refectorio vel collatione spirituali flexis genibus et expansis brachijs quinquies Pater et Ave posito ante se libro sine signo ablato.

3no. Qui vero ratione ardui vel extraordinarij studij pluribus libris eguerit quam habeat signa, is petita et obtenta a Superiore licentia tradat P. Bibliothecario in schedula libros sibi a Superiore permissos subscripto suo nomine, anno, mense et die.

4to. Quando idem Author pluribus constat voluminibus puta: Faber, Conimbricenses, Ariaga etc. caveatur, ne pro integro Authore unicum duntaxat signum ponatur, sed quicis codex suo doceatur signo.

5to. Neque licitum erit unum ex praedictis Authoribus, vel similibus simul totum tollere et aliquot mensibus retinere in cella sed ita unum volumen post alterum sumet, ut sublatis alijs subsequentibus priora referat, ut unus idemque Author non uni solum sed pluribus inservire possit.

6to. Qui libris non amplius in cellis utuntur, eos quantocius referant, uti expresse caretur Cap. 4. libri usuum his verbis: Eos vero,: scilicet libros;: sartis eorum sermonibus ad Librarium statim reportabunt.

7mo. Quando plures eodem pene tempore eodem libro indigent, in potior sit jure, qui prior est indigentia, alias qui prius sustulit, modo crassante hac ejus indigentia, petenti non recuset.

Regula II.
De disciplina servanda in ipsa Bibliotheca.

1mo. In Bibliotheca omni studio servetur silentium; quod si aliqua necessario dicenda forent, ea nonnisi susurrando proferantur, ne studere volentes inquietentur. Hinc omni tempore etiam colloquij sint ibidem interdictae conventiones et colloquia, signanter deambulationes in et per Bibliothecam; contrarium facientes arbitraria Superioris poena mulctandi.

2do. Nullus sub eadem poena aliquod permanens signum libris infigat, inscribat, expungat sine speciali licentia; Qui vero religiosae paupertatis immemor ausus fuerit librum aliquem etiamsi manuscriptum discindere, aut ex eo quaterniones extrahere pro qualitate culpae a Superiore muletetur.

3tio. (?) Bibliotheca non tantum ab ingressu externorum sed etiam murium et glirium irreptione et corrosione arceatur, in- et egredientes semper post se claudant ostium.

4to. *Valvae, quae sunt in pavimento Bibliothecae, de facili non aperiantur, multo minus per ipsas ea attrahantur vel dimittantur, quae per valvas novi ambitus inferri vel dimitti queunt.*

5to. *Quando aliquis simul pluribus utitur libris, caveat, ne unum librum alteri aperto imponat, neque in cella eos relinquat apertos, sed ante fenestras ponat, ut a radijs solaribus, pluvia aut pulveribus incidentibus facile corrumpantur.*

Regula III.
De Novitijs et Laicis.

1mo. *Novitiorum nomen ante Professionem Tabellae non inscribatur, neque ipsis licitum erit ullum librum propria authoritate ex Bibliotheca ad cellam deferre, sed quos sibi viderint omnino necessarios, eos petant a suo Magistro vel Confessore Generali, qui libros Novitijs traditos signabunt litteris proxime vacantibus.*

2do. *Laicis omnino interdicta sit Bibliotheca, nisi a Superiore vel Bibliothecario pro aliquibus ordinandis vel reparandis ad eam vocentur: multo minus librum aliquem etiam minimum ex ea per seipsos tollent, neque sublatos ipsimet referrent, sed P. Bibliothecario porrigant, qui etiam idcirco habebit facultatem concredendi ipsis quatuor libros, scilicet vocalis et mentalis orationis, et duos libros spirituales, quos etiam notabit in speciali aliquo libello, addito die, mense et exteriori librorum forma. Caeteris ergo Fratribus sit inhibitum, Laicis aut Novitijs tradere libros suo signo notatos, sub poena Superioris arbitraria.*

Regula IV.
De Libris specialibus.

1mo. *Etsi juxta Capitulum quartum Libri usum ex Licentia et permissione Confessoris possint Fratres habere libros etiam speciales in cellis suis ad studendum pro sermonibus faciendis, prout necesse habuerint etc. attamen diligenter observanda sunt, quae in eodem capite subsequuntur, scilicet ut sic cum habentur, non negentur aliis, ad tempus si petantur.*

2do. *Ut nullus in cellis vel capsulis sanorum vel debilium discedentium vel mortuorum faciat scrutinium, aut inde libros sine speciali requisitione et licentia asportet.*

3tio. *Ut evitetur omnis species proprietatis, inhibitum sit, libros praedictos; si amplius ijs uti nolint vel non potuerint:/ fratribus etiam intraneis donare: Verum tunc cedant communitati et ad communem Bibliothecam referantur.*

4to. *Ut etiam Bibliothecarius aliqualem praedictorum librorum curam habere queat, nulli licitum sit, eos quomodocunque sive dono sive liberalitate aliorum, sive labore aut industria sua comparatos in cella retinere, vel ijs uti, donec a Bibliothecario communi librorum catalogo fuerint inscripti, sub poena supra Numero 2do Regulae 1mae expressa.*

Regula V.
De officio Bibliothecarij.

1mo. *Semper a Confessore Generali sit aliquis ex Fratribus deputatus custos Bibliothecae, cuius officium erit eam frequenter visitare, ejusque pavimentum expurgare: pulverem etiam ad minus semel in anno e libris excutere, eosque ab humiditate praeservare; Benefactorum nomina eorum frontispicio inscribere, prohibitos tollere vel corrigere.*

2do. *Mature providebit, ut libri antiqui reparentur, novi acquirantur et inscribantur, intus quidem nomine Conventus, ad extra vero nomine Authoris, item ut ab alijs mutuati tempestive referantur, suisque locis reponantur: denique ut omnia hisce regulis comprehensa inviolabiliter observentur.*

Regula VI.
De extraneis Bibliothecam ingredientibus.

1mo. *Quandocunque extraneorum aliquis ad Bibliothecam admittitur, semper curetur ut aliquis ex Fratribus eis adsit.*

2do. *Nulli extraneorum concedatur liber ex Bibliotheca nisi dato recerenti non tantum de numero sed etiam de exteriori forma librorum, subscripto etiam proprio nomine, anno, mense et die, cujus etiam copiam habeat Bibliothecarius; mutuatio tamen seu concessio haec nunquam fiat ultra mensem, si potentes magnae fuerint dignitatis et instanter postulaverint, alias ordinarie tantum ad quindenam.*

3tio. *Non tantum quoad mutuationem sed etiam permutationem et alienationem exactius servetur caput ultimum libri unum sub his terminis: Confessor libros Monasterij dare, vendere, commutare, aut alicui accommodare, vel quovis modo alienare abseque consilio et consensu Fratrum non attentet; et pretia librorum, qui venduntur pro reformandis et comparandis aliis libris colligat et reservet, et nullo modo nisi de consensu Fratrum in alium usum hujusmodi pretium convertal.*

Regula VII.
De hora petendi libros.

Quoniam autem ob increbrescentem paulatim praedictarum regularum transgressionem quamplurimi tot sumptibus comparati libri in erecto primaevo indice desiderantur, necessarium fuit judicatum, ut Bibliotheca imposterum observetur et pro coronide notus ille adjiciatur paragraphus ex cap. 4. Reg. G. S. Augustini: Codices certa hora singulis diebus petantur, extra quam, qui petierit, non accipiat. ne igitur justa detur causa querelae, sed cuivis equidem liber ad Bibliothecam pateat aditus, impraesentiarum determinatur tempus illud currens ab incoepto Mariano sacro usque ad finem eius, intra quod secundum praecedens monitum ejusdem Sti Patris, illi qui codicibus praeponuntur, sine murmure servient Fratribus suis.

Ita VenerabiLis P. Prior et CapItVLares In Sion ManDaVerVnt.

Köln. Jak. Schnorrenberg.

In dem Beiblatte zur Allgemeinen Zeitung vom 20. Oktober 1895, in No. 248, veröffentlicht der beste deutsche Kenner der spanischen Bibliotheken, Herr Dr. Rudolf Beer in Wien, einen sehr instruktiven Aufsatz: Mittelalterliche Bibliotheken Spaniens und Ihr Bestand an nationaler Litteratur. Herr Beer regt hier u. a. auch die Abfassung eines Corpus catalogorum an. Wenn Herr Beer es zu tadeln scheint, wie das C. f. B. seinem Versprochen, Nachträge zu Gustav Beckers Catalogi bibliothecarum antiqui zu bringen — denn offenbar ist unter „Zeitschrift für Bibliothekswesen" das „Centralblatt f. B." gemeint —, nicht gerecht geworden sei, so kann darauf nur erwidert werden, dass die Redaktion des C. f. B. gerne noch mehr einschlägige Nachträge gebracht hätte, wenn ihr solche zugegangen wären. Vielleicht hätte Herr Beer selbst in dieser Beziehung das Beste leisten können. Wenn eine Redaktion einer Zeitschrift auf Unterstützung der Fachgenossen angewiesen ist, so ist es die eines bibliothekswissenschaftlichen Blattes, das so viele Einzelheiten bringen muss, die nur an den verschiedensten Orten zu sammeln sind.

Von dem Kataloge der Bibliothek der Handelskammer zu Leipzig ist jetzt ein neuer, der dritte Band erschienen. Er verzeichnet die Erwerbungen der sehr wohl ausgestatteten Bibliothek vom 1. Juli 1888 bis zum 31. Dezember 1893. Der Katalog ist auf Grund der älteren Einteilung der Bibliothek weiter geführt, von dem am 19. Januar 1891 verstorbenen Bibliothekar Herrn Max Moltke ausgearbeitet und von dessen Sohne, dem Nachfolger des Vaters im dessen Amte, vollendet worden. Die hier verzeichneten Bücher haben, Schenkungen abgerechnet, der Handelskammer einen Kostenaufwand von 22753,29 Mk. verursacht.

In No. 238 u. 239 der Beilage zur Allgemeinen Zeitung werden Reisefrüchte eines Bibliothekars mitgeteilt, in denen von den handschrift-

Mitteilungen aus und über Bibliotheken.

Dehen Schätzen, die gelegentlich der Industrie- und Gewerbeausstellung in Strassburg zusammengebracht waren, und von verschiedenen Manuskripten der Fürstlich Fürstenbergischen Bibliothek in Donaueschingen gehandelt wird.

Die ständige Ausstellung von besonders interessanten Handschriften der K. Hof- und Staatsbibliothek zu München ist durch eine neue Abteilung vermehrt worden, in der eine Sammlung von Ex-libris prangt.

In seinem als Fasc. 4 der Collectanea Friburgensia (Freiburg, Schweiz, 1895) veröffentlichten „Meister Eckhart und seine Jünger". Ungedruckte Texte zur Geschichte der deutschen Mystik" S. 113—160 druckt Prof. Franz Josten ein dem 15. Jahrh. entstammendes Bücherverzeichnis des Katharinen-Klosters in Nürnberg ab. Es ist dasselbe, welches schon K. Bartsch im Anzeiger für Kunde der deutschen Vorzeit V S. 79 unter den Handschriften der Nürnberger Stadtbibliothek angeführt hat und das auch Th. Gottlieb, Über mittelalterliche Bibliotheken S. 55 Nr. 131, jedoch irrtümlich als Handschrift des germanischen Nationalmuseums, erwähnt. Das Verzeichnis ist zu einem ganz bestimmten Zwecke zusammengestellt: „Item dis ist der zetel wie man sol an Tisch lesen und zu collacie durch das ganez yor". Es sollte also der Vorleserin bei Tisch das leichte Auffinden eines passenden Textes ermöglichen. Wir haben daher wohl auch kaum ein Verzeichnis der gesamten Kloster-Bibliothek, sondern nur derjenigen Bücher vor uns, welche sich zu dem angegebenen Zwecke eigneten: hauptsächlich deutsche, fast durchweg religiöser Natur, wovon nur wenige Nummern, wie z. B. der Renner Hugo's v. Trimberg, eine Ausnahme machen. Über die Herkunft der Bücher erfahren wir aus den Notizen des ungefähr 370 Nummern umfassenden Kataloges, dass dieselben zum grössten Teil von den Schwestern, deren Schreibstube ja bekannt ist, selbst geschrieben sind, nur wenige ausser den Drucken wurden gekauft, andere geschenkt, eine ziemliche Anzahl aber von den Schwestern bei ihrer Aufnahme in das Kloster mit hineingebracht. Interessant ist die Anlage des Kataloges, der den gesamten Bücherschatz in 14 mit den Buchstaben des Alphabetes von A bis O bezeichneten Gruppen unterbringt, ohne sich jedoch gerade streng an das zu Grunde gelegte Einteilungsprincip zu halten. Letzter vermochte Prof. Josten nicht mehr als einen blossen Abdruck des Kataloges zu geben. Wir müssen daher Angaben darüber entbehren, in welchem Verhältnis derselbe zu dem zweiten auch vorhandenen, gleichfalls aus dem 15. Jahrh. stammenden Bücherverzeichnis desselben Klosters, das nach Gottlieb S. 55 dem gleichen Zwecke wie das abgedruckte dienen sollte, steht. Über den Verbleib der Handschriften des Klosters teilt Josten mit, dass ein grosser Teil derselben auf der Nürnberger Stadtbibliothek noch heute vorhanden ist. Genauere Nachforschungen waren ihm jedoch aus Mangel an Zeit unmöglich.

Ht.

Der Germania Männerchor in Chicago hat 1894 einen geschmackvoll ausgestatteten Katalog seiner Deutsch-amerikanischen Bibliothek drucken lassen. Die Bücher derselben entstammen meist unserem Jahrhundert, doch geht eine Anzahl auch bis in das vorige zurück. Der Provenienz nach sind sie ganz überwiegend amerikanische Erzeugnisse, hauptsächlich aus dem Gebiete der schönen Wissenschaften. Der Katalog giebt uns daher ein interessantes Bild von der Pflege deutscher Literatur seitens unserer Landsleute jenseits des Oceans. Das Bestreben des Germania Männerchors aber, eine derartige Sammlung zu unterhalten, verdient als ein sehr löbliches bezeichnet zu werden.

Ht.

Die Enoch Pratt Free Library in Baltimore giebt seit dem 1. April d. J. ein in vierteljährlichen Zwischenräumen erscheinendes „Bulletin" heraus, von dem jetzt 3 Nummern vorliegen. Ausser kurzen statistischen Nachrichten enthalten dieselben ein Verzeichnis des Zuwachses der Bibliothek.

Im Juli d. J. hat dieselbe Bibliothek eine „Finding List of Books and Periodicals in the Branch Libraries" veröffentlicht, bestimmt, den Benutzern der Bibliothek eine leichtere Befriedigung ihrer litterarischen Bedürfnisse zu ermöglichen. Die Anordnung dieses Verzeichnisses ist durchaus zweckentsprechend; systematisch, und innerhalb der einzelnen Abteilungen alphabetisch. — Die Enoch Pratt Free Library unterhält zur Zeit ausser einer Central-Bibliothek 5 Zweig-Bibliotheken, wodurch bei der räumlichen Ausdehnung einer Stadt von über 435 000 Einwohnern die Benutzung sehr erleichtert wird. Sie verfügte am 1. September d. J. über einen Bücherbestand von 159 000 Bänden, wovon 104 000 Bände in der Central-Bibliothek verwahrt wurden. In Cirkulation waren 1894 548 287 Bände und in diesem Jahre in der Zeit bis zum 1. September 394 311. ilt.

Dem ersten Verzeichnis von Werken, die sich auf gerade brennende grosse Tagesfragen beziehen und in der Königlichen Bibliothek im Haag vorhanden sind, hat die Verwaltung derselben im Monat November ein zweites folgen lassen. In diesem werden im Hinblick auf die Unruhen am Goldenen Horn und in Armenien auf 15 S. die über die Balkanländer vorhandenen Werke zusammengestellt, soweit sie den Zustand derselben nach dem Pariser Frieden von 1856 behandeln. ilt.

Die Begründung von Volksbibliotheken in ärmeren Gemeinden, besonders auch auf dem Lande, wird von der Gesellschaft für Verbreitung von Volksbildung mit Eifer fortgesetzt. Die Gesellschaft hat im Laufe dieses Jahres 20 Bibliotheken mit 1370 Bänden neu begründet und ausserdem 167 bereits bestehende Bibliotheken mit 2834 Bänden unterstützt. Die Bibliotheken werden überall fleissig benutzt und durch eigene Mittel der Gemeinden und Vereine in der Regel sehr bald vergrössert. Die Gesellschaft ist aber leider nicht in der Lage, den vielen Ansuchen um Zuwendung von Büchern vollständig zu entsprechen; z. Z. sind 29 Gesuche noch unerledigt. Deswegen ergeht hiermit an alle Freunde der Volksbildung die herzliche Bitte, der Gesellschaft solche Bücher, die für weitere Kreise verständlich und nützlich sind (Klassiker, Zeitschriften, populärwissenschaftliche Werke, Jugendschriften, Volkslieder, gute Romane und Novellen), unentgeltlich zu überweisen und den Ankauf von Büchern durch Geldzuwendungen zu ermöglichen. Sendungen werden erbeten an die Kanzlei der Gesellschaft für Verbreitung von Volksbildung, Berlin W., Maassenstr. 20.

Vermischte Notizen.

Unser verehrter Mitarbeiter, Herr Henri Omont, hat fast gleichzeitig drei bibliographische Arbeiten ausgeben lassen, von denen die eine den Anfang eines bedeutenden Unternehmens bildet, während die anderen beiden kleineren Gegenständen gewidmet sind und abgeschlossen vorliegen. Beginnen wir also mit der grösseren Leistung, die dem unermüdlich thätigen Gelehrten zu verdanken ist.

Die in der Bibliothèque Nationale zu Paris vorhandenen Handschriften in französischer Sprache übersteigen die Zahl von 33000 Bänden. Sie zerfallen in 3 Abteilungen:

1. Fonds français in engerem Sinne   26434 Bände.
2. Neue Erwerbungen   6500 Bände.
3. Sammlungen die Provinzen betreffend
   u. Verschiedenes   19737 Bände.

Die erste Abteilung besteht aus zwei grossen Gruppen: 1. Der sog. alte Bestand (ancien fonds), welcher in dem grossen Kataloge der Bibliothek von 1682 schon berücksichtigt ist (No. 1—6170). Diese Abteilung ist in dem

Vermischte Notizen. 585

neben Kataloge in 4to, von dem bisher 4 Bände erschienen sind und der
3. mit dem Register unter der Presse ist, ausführlich beschrieben: Catalogue
des manuscrits français. 1868—95. 2. Der sog. nouveau fonds, d. h. 20314 Bände,
der aus 5 Unterabteilungen besteht:

    1. Supplément français   No. 6171—15369,
    2. Saint-Germain français   No. 15370—20064,
    3. Petit-fonds français   No. 20065—26154.

Über diese rund 20000 Handschriften soll nun ein Katalog angegeben
werden, der, nicht so ausführlich als der in den 5 Quartbänden über „den alten
Bestand", doch die vorhandenen Schätze der Benutzung zugänglicher macht.
Das war zwar um so nötiger, als ja die Abteilung der „neuen Erwerbungen"
schon zum guten Teile in dem von Herrn L. Delisle herausgegebenen zweibändigen Kataloge: Manuscrits latins et français ajoutés .... pendant les
années 1875—1891 u. in der Bibliothèque de l'École des Chartes verzeichnet
war. Am Schlusse jeder der drei Abteilungen der noch nicht durch den
Druck veröffentlichten Kataloge der 20000 Handschriften des Fonds français
proprement dit sollen dann alphabetische Register erscheinen und über das
Ganze ein Inhaltsverzeichnis der vorzüglichsten in den Katalogbänden enthaltenen Materien gegeben werden.

Von dieser neuen grossen Unternehmung der Bibliothèque Nationale
ist nun der erste Halbband unter dem Titel: „Catalogue général des
manuscrits français par Henri Omont. Ancien supplément
français. 1. No. 6171 — 9560 du fonds français" in Paris bei E. Leroux
erschienen. Auf 412 Oktavseiten werden hier also rund 3400 Nummern in
kurzer, aber durchaus ausklömlicher Weise, etwa wie in den Katalogen
der französischen Provinzialbibliotheken oder der Münchener Hof- und Staatsbibliothek, beschrieben. Nimmt man an, dass in jedem Halbbande von ungefähr gleichem Umfange eine gleich grosse Anzahl Handschriften verzeichnet
werden wird, so sind drei Bände nötig, um das hoch verdienstvolle Werk zu
Ende zu führen. Möge es rasch und glücklich vorwärtsschreiten!

Von den beiden kleineren Arbeiten des H. Omont, auf die ich oben
ausspielte und die beide in der Revue des Bibliothèques im Sommer d. J. 1895
erschienen sind und von denen jetzt Separatabzüge ausgegeben werden, bezieht sich die eine auf die Entstehung des berühmten Foliokataloges der
Pariser Bibliothèque du Roi, der vom Abbé Jean-Paul Bignon und seinen
Neffen und Nachfolgern in der Leitung der Bibliothek seit 1739 herausgegeben
worden ist. Die Arbeit enthält auf 31 Seiten zahlreiche Aktenstücke. Die
andere, auf die in diesem Blatte S. 481 schon kurz hingewiesen ist, bringt
Dokumente zur Geschichte des Buchdrucks in Konstantinopel im 18. Jahrhundert. Die erste türkische Buchdruckerei war hier 1720 von Zaid Aga,
dem Sohne Mehemet Effendis, gegründet worden. Die Drucke sind bis zum
Jahre 1787 verzeichnet. Da die Revue des Bibliothèques wohl im Besitz
vieler Leser des C. f. B. ist, gehen wir nicht weiter auf die beiden verdienstvollen Abhandlungen ein.
                                                                                                   O. H.

Den Anfängen des Buchdrucks in Schwerin ist ein Aufsatz
des Regierungsrates Dr. Schröder im 60. Jahrg. der Jahrbücher des Vereins
für mecklenburgische Geschichte gewidmet. Schwerin, obwohl die Residenz
des Landes, ist später als manche andere mecklenburgische Stadt in den
Besitz einer Druckerei gelangt. Während in Rostock die älteste 1476 gegründet wurde, Parchim, Neubrandenburg und Güstrow schon im 16. Jahrh.
Druckereien besassen, fällt die erste Einrichtung einer solchen in Schwerin
in das letzte Viertel des 17. Jahrh. Zwar hatte sich schon 1624 Peter Vanse-
low in einem Schreiben an Herzog Adolf Friedrich zur Anlegung einer Buchdruckerei in Schwerin erboten. Aber seinem Gesuche war nicht gewillfahrtet
worden, ebenso wenig wie später, 1681, einer Bitte des Buchdruckers Hartwig
Jahke. Erst 1683 erlangte Peter Schröder in Parchim die Erlaubnis zur
Übersiedelung nach Schwerin und wurde als herzoglicher Buchdrucker angenommen. Er lebte bis 1695. Viele Drucke scheinen aus seiner Offizin nicht

hervorgegangen zu sein. Durch seine Tochter gelangte dann die Druckerei an Hartwig Lübke, der sich schon 1651 um das Druckerprivileg beworben hatte. Schröder bespricht in interessanter Weise die Geschicke der Schweriner Druckerei auf Grund der Akten des Grossherzogl. Hauptarchivs bis herab auf Wilhelm Bärensprung, den Ahnherrn der Schweriner Buchdruckerfamilie dieses Namens, der 1715 eintrat. Er lässt die einzelnen Erzeugnisse der Schweriner Presse zwar fast völlig ausser Betracht, seine aktenmässigen Darlegungen über die einzelnen Drucker bilden aber gleichwohl einen wertvollen Beitrag zur Buchdruckergeschichte des 17. und 18. Jahrhunderts. Ht.

Gustav Rasch hat in dem laufenden Jahrgang dieser Zeitschrift S. 346 bis 359 über einen Druck der Symphorian Reinhart gehandelt, der durch seine Holzschnitte nach Bildern von Lucas Cranach ein ganz besonderes Interesse bietet. Das von ihm unter No. 7 beschriebene Blatt zeigt starke Anklänge an eine kolorierte Federzeichnung des jüngsten Gerichts von der Hand Cranachs, die sich in der Matrikel I des Album academiae Vitebergensis findet und von Schuchardt, Lucas Cranach III, 161 beschrieben ist. Die Gruppierung der drei Hauptgestalten und der beiden musizierenden Engel sowie die Ausführung der einzelnen Figuren, wobei sich allerdings die Gestalt des Johannes der Vergleichung entzieht, weil sie auf der Zeichnung überklebt ist, haben auf beiden grosse Ähnlichkeit. Denselben Gegenstand behandelt übrigens auch noch ein anderer Cranach'scher Holzschnitt, der sich in dem Hortulus animae von 1547, 'gedruckt zu Wittemberg durch Georgen Rhaw' findet und über den zu vergleichen ist: Jos. Heller, Lucas Cranachs Leben und Werke (Bamberg 1821) S. 367 No. 221 und Schuchardt a. a. O. II, 270 No. 100. Ob er mit dem obigen identisch ist, wie es nach den Beschreibungen den Anschein hat, lässt sich nur durch Vergleichung der beiden Holzschnitte feststellen; mir fehlte dazu leider die Ausgabe des Hortulus animae. G. N.

F. Kölbing veröffentlicht in dem 3. Heft der Englischen Studien (Bd. XXI S. 456—471) im Anschluss an einen kurzen Überblick über Leben und Entwicklungsgang des im Juli dieses Jahres verstorbenen Professors der englischen Philologie Julius Zupitza ein ausführliches, 15 Seiten umfassendes Verzeichnis aller von ihm veröffentlichten Schriften und Aufsätze. G. N.

Einen bemerkenswerten Erfolg hat die am 1. Januar dieses Jahres von der deutschen Gesellschaft für ethische Kultur in Berlin, Neue Schönhauserstr. 13, errichtete öffentliche Lesehalle zu verzeichnen. Obwohl sie an den Wochentagen nur von 6—10 Uhr abends und Sonntags von 9½—1 Uhr vormittags und von 5—10 Uhr abends geöffnet war, ist sie in den ersten 10 Monaten ihres Bestehens von nicht weniger als 41642 Personen besucht worden. In den Räumen, die für 75 Personen Sitzplätze darbieten, haben sich oft Stunden lang an gleicher Zeit über 100 aufgehalten. Die niedrigste Besuchszahl betrug 68 an einem heissen Julitage. Ausser den in grosser Anzahl ausliegenden Zeitungen aller Parteien und Zeitschriften, welche übrigens in anerkennenswertem Entgegenkommen zum grossen Teil von den Redaktionen unentgeltlich geliefert werden, besitzt die Lesehalle gegenwärtig eine Bibliothek von etwa 3500 Bänden, die Dubletten nicht eingerechnet, welche 15865 Benutzungen innerhalb der Lesehalle — Entleihung nach aussen findet vorläufig nicht statt — erfahren hat. Die Einnahmen, die dem Unternehmen bisher zugeflossen sind, behufen sich auf etwa 9500 M., von denen aber nur wenig über 600 M. aus Jahresbeiträgen herrühren, während allein die Fortführung der Lesehalle in dem jetzigen bescheidenen Umfange eine Ausgabe von 6000 M. erfordert. Möge daher der soeben erlassene Aufruf für die Errichtung und Unterhaltung öffentlicher Lesehallen, dem die vorstehenden Angaben entnommen sind, dem Unternehmen viele neue Gönner zuführen! G. N.

Vermischte Notizen.

Aus dem Bulletin du Bibliophile hat der gelehrte Bibliograph Herr A. Claudin einen Aufsatz über Les libraires, les relieurs et les imprimeurs de Toulouse au XVI° siècle (1531--1550) in hundert Exemplaren abziehen lassen. Die Schrift von 70 Oktavseiten schliesst sich an die frühere Arbeit des Herrn A. Claudin über Les Enlumineurs, les relieurs, les libraires et les imprimeurs de Toulouse an und beruht auf Steuerbüchern dieser Stadt.

Der Globus (Bd. 68 S. 196) meldet den Tod des Bibliographen der nordamerikanischen Indianersprachen James Constantine Pilling. Seiner ausgezeichneten Arbeiten — neun Teile seiner Bibliographie sind erschienen — ist an dieser Stelle des öftern rühmend gedacht worden, sein Tod bedeutet einen schweren Verlust. Pilling war am 16. November 1846 zu Washington geboren, wo er nun am 26. Juli, am Bureau of Ethnology angestellt, auch gestorben ist. W.

Eine sehr erfreuliche Nachricht kommt aus dem Reichstage. Im Reichstagsbureau wird nämlich zur Zeit eifrig an der Herstellung eines Generalregisters zu den stenographischen Berichten und Drucksachen gearbeitet, das die Arbeiten des Reichstages vom Zusammentritt des konstituierenden Reichstages, am 24. Februar 1867, bis jetzt umfasst. W.

Eine 400 Seiten starke Strassburger Dissertation Richard Stettiner's von 1895, in Berlin bei Preuss gedruckt, behandelt die Illustrierten Prudentiushandschriften, und zwar werden im ersten Teil die in Paris, Leiden, Cambridge, London, München, Brüssel, Valenciennes, Lyon, Bern, Köln, St. Gallen befindlichen Handschriften beschrieben und besondere Untersuchungen über Ursprung, Entstehung, Anordnung und Schmuck der Berner Handschrift angestellt. In einem besonderen Exkurse werden Bemerkungen zu den alten Katalogen der St. Galler Bibliothek gegeben. Der zweite Teil beschäftigt sich mit dem Verwandtschaftsverhältnis der Handschriften, der dritte mit der ursprünglichen Gestaltung und Fortentwicklung der Bildmotive. W.

Die Mitte Oktober 1895 bei Weidmann in Berlin erschienene 2. Ausgabe der Collectanea rerum memorabilium des C. Julius Solinus von Theodor Mommsen trägt die Widmung: Bibliothecis Guelferbytanae Leidensi Parisinae quarum beneficio tres Solini optimi codices fuerunt simul domi apud editorem et dum libellus excuditur manserunt grato animo editor Berolinensis. P.

Da der Erfinder der Buchdruckerkunst aller Wahrscheinlichkeit nach kurz vor 1400 geboren ist, sein 500jähriger Geburtstag also demnächst gefeiert werden muss, so sind natürlich schon verschiedene Anregungen zu einer würdigen Feier dieses Ereignisses in der Presse zu Tage getreten. Die Herren Bibliothekare Dr. Heidenheimer und Börkel haben in dem „Mainzer Anzeiger" vom 7. November und in der „Frankfurter Zeitung" vom 8. November sich zur Sache geäussert, nachdem schon die „Zeitschrift für Deutschlands Buchdrucker" sich im November des vorigen Jahres mit einer damit im Zusammenhang stehenden Angelegenheit beschäftigt hatte. In dem Mainzer Anzeiger vom 11. November d. J. ist nun die Ansicht ausgesprochen worden, man solle zur Feier dieses Geburtstages alle Nationen auffordern. Der Herr Oberbürgermeister von Mainz hat anderen Zeitungsnachrichten zufolge schon im Oktober d. J. Gelehrte zu Gutachten über das wahrscheinlichste Geburtsjahr Gutenbergs aufgefordert, da er das Fest 1897 gefeiert sehen möchte. Unserer bescheidenen Ansicht nach sollte sich zunächst in Mainz ad hoc ein Komité bilden, das vorher mit den Vorständen des deutschen Buchdruckervereins und anderen maßgebenden Associationen in Leipzig in Verbindung treten würde, um die Angelegenheit möglichst einheitlich zu behandeln. Uns würde bis auf weiteres eine Feier im Jahre 1900 als die passendste erscheinen.   O. H.

Eine Anfrage.

Jede Woche werden an die Bibliothek, an der ich das Signieren der bestellten Bücher besorge, wenigstens ein- bis zweimal gedruckte oder geschriebene Anfragen gerichtet, in denen verlangt wird, in dem Katalog nachzusehen, welche Schriften eines Autors in unserer Bibliothek vorhanden sind, oder welche Bücher und Abhandlungen über einen häufig nicht einmal genau präcisierten Gegenstand wir besitzen. Unter diesen Anfragenden sind Examenskandidaten nicht selten. Aber auch Schriftsteller, welche ein Buch oder eine Abhandlung über einen beliebigen Gegenstand schreiben wollen, bitten auf diese Weise um Angaben von Litteratur, die sie nicht kennen, versichern ihre Dankbarkeit im voraus und statten denselben dann wohl, wie ein bekannter Fall beweist, dadurch ab, dass sie in der Vorrede ihres Buches drucken lassen: „Auf der und der Bibliothek gelang es mir die bisher unbekannte Ausgabe zu entdecken" und ähnlich.

Erstrecken sich diese Anfragen auf einen oder einige Titel, so wird kein gefälliger Bibliothekar sich der an ihn gerichteten Anfrage entziehen. Aber es sind mir doch auch verschiedene Fälle vorgekommen, wo verlangt wurde, die Titel aller auf unserer Bibliothek vorhandenen Schriften eines fruchtbaren Autors nicht etwa mit einer beiliegenden Liste zu vergleichen, sondern in extenso abzuschreiben und gefälligst einzusenden. Durch Erledigung solcher Anfragen geht mir viel Zeit verloren, und ich kann kaum die laufenden Bestellungen für die an Ort und Stelle auszuleihenden Bücher besorgen. Abgesehen davon, dass doch keine Bibliothek verpflichtet ist, umfängliche Arbeiten im Privatinteresse von wildfremden Autoren auszuführen, scheint mir die ganze Art dieses modernen bibliographischen Betriebes nicht der Würde der Wissenschaft zu entsprechen, sondern mehr einem litterarischen Handwerksbetriebe anzugehören. Ich erlaube mir daher bei den Kollegen anzufragen:

1. ob sich dieselbe Erscheinung auch auf anderen Bibliotheken gezeigt hat;
2. welche Praxis solchen Ansprüchen gegenüber dann geübt wird;
3. bitte ich eventuell um Mitteilung recht eklatanter Beispiele von solchen Anfragen.

Die Redaktion des C. f. B. hat sich bereit erklärt die etwa einlaufenden Antworten an mich gelangen zu lassen, so dass ich den Herren Kollegen vielleicht später weiteres mitteilen kann.   Ein Bibliothekar.

Neue Erscheinungen auf dem Gebiete des Bibliothekswesens.*)

Mitgeteilt von O. Koller in Leipzig.

*The Library. No. 83, Nov. 1895: „L'Institut international de bibliographie," by Fr. Campbell. — Hospital libraries, by Dor. Tylor. — The public libraries act of 1892 in a small country parish, by Ellis Verney. — Some account of Dundalk Public Library, being the first established in Ireland under the public libraries acts, by M. Comerford. — A plea for select lists of books on important subjects, by J. D. Brown.

Library Journal. Vol. 20, No. 10, Oct. 1895: Principles of selection of books, by M. S. Cutler. — Directories in public reference libraries, by R. G. Thwaites. — Fiction in public libraries, by E. H. Woodruff.

---

*) Die mit * bezeichneten Bücher haben der Redaktion vorgelegen.

*Revue des bibliothèques. Année 5, No. 8—9, août-sept. 1895; Jacques de Voragine. Additions à la liste des éditions de ses ouvrages publiées au XVe siècle, par M. Pellechet. — Documents sur l'Imprimerie à Constantinople au XVIIIe siècle (suite et fin), p. II. Omont. — Latino Latini et la Bibliothèque capitulaire de Viterbe (2. article). Inventaire sommaire des manuscrits de la Bibliothèque capitulaire de Viterbe, p. Léon Dorez. — Inventaire sommaire d'une collection de Président de Harlay sur diverses matières ecclésiastiques, politiques etc. (Mss. française 15409—15553 de la Bibliothèque nationale), p. L. Auvray. P. 1—32.

Adressebog for den danske, norske og svenske Boghandel samt de i Forbindelse med denne staaende Handelsgrene. Udgivet af M. Haagensen og C. Klein. Fjortende Aargang. Kjøbenhavn, Udgiv. 174 S. og 1 Portræt. 8°. Kart. Kr. 3.50.

Avetta, Ad. Di tre autografi della biblioteca universitaria di Cagliari. Cagliari, tip. del Corriere. 23 p. 8°.

Danmgartner, H. Zur Litteratur der Erdkunde. Eine Zusammenstellung älterer und neuerer Schriften über Geographie und verwandte Fächer im Anschluss an die „Geschichte der Erdkunde von J. G. Ludde, Berlin 1851". Leipzig, Simmel & Co. 74 S. gr. 8°. M. 1.—

Bertollni, F. Cesare Cantù e le sue opere: studio biografico e bibliografico. Firenze, Bemporad e figlio. 38 p. 8°. L. 1.—

Bibliotheca juridica. Systematisches Verzeichniss der neueren und gebräuchlicheren auf dem Gebiete der Rechts- und Staatswissenschaft erschienenen Lehrbücher, Compendien, Gesetzbücher, Commentare etc. Mit Sach- und Autorenregister. 12. Auflage. Leipzig, Rossberg'sche Hofbuchh. IX. 60 S. 8°. M. —.50

Bibliotheca zoologica II. Verzeichniss der Schriften über Zoologie, welche in den periodischen Werken enthalten und vom J. 1861—1880 selbständig erschienen sind. Mit Einschluss der allgemein-naturgeschichtlichen, periodischen und palaeontologischen Schriften. Bearbeitet von O. Taschenberg. Lief. 13. Leipzig, W. Engelmann. S. 3889—4205. gr. 8°. M. 7.—; Velinpapier M. 12.

Bollettino della stampa italiana: organo mensile dei giornali e dei pubblicisti. Anno I, No. 1. Milano, tip. Nazionale. 8 p. 4°.

Boagi, S. Annali di Gabriel Giolito de' Ferrari da Trino di Monferrato, stampatore di Venezia. Volume II, fasc. 1. Roma, presso i principali Librai. P. 1—160. 8°.

Catalogo della mostra storica del risorgimento italiano, ordinata nella Biblioteca Nazionale Vittorio Emanuele in occasione del venticinquesimo anniversario dell'unione di Roma al regno d'Italia, 1895. Roma, stamp. di Forzani e C. 92 p. con 6 tavole di facsimili. 8°.

Catalogue alphabétique des livres imprimés mis à la disposition des lecteurs dans la salle de travail de la Bibliothèque nationale, suivi de la liste des catalogues usuels du département des manuscrits. Paris, impr. nationale. 98 p. 8°.

Catalogue des incunables de la bibliothèque de la ville de Colmar. Paris, impr. Dumoulin & Cie. 56 p. 4°.

Catalogue des ouvrages lègués à la bibliothèque communale de Lille par M. le marquis de Godefroy de Ménilglaise. Histoire, deuxième partie. Lille, impr. Danel. 592 p. 8°.

Codices manuscripti Bibliothecae Apostolicae Vaticanae recensiti jubente Leone XIII. Pont. Max. Codices Urbinati graeci, edidit Cos. Stornajolo. Roma, Spithöver.

Costa-Lozi, G. Il codice magliabechiano della storia di S. Chiara; lettera a Luigi Fumi. Perugia. 10 p. 8°.

De codicibus hagiographicis Johannis Gielemans, canonici regularis in Rubra valle prope Bruxellas. Bruxelles, Polleunis et Ceuterick. 88 p. 8°. Fr. 2.—

Delisle, L. Les heures bretonnes au XVI° siècle. Mémoire suivi de notes sur quelques livres bretons du XV° et du XVI° siècle. Nogent-le-Rotrou, Imp. Daupeley-Gouverneur. 41 p. 8°.

*Department of science & art of the Committee of council on education. National art library South Kensington. Classed catalogue of printed books. Ceramics. London, Eyre & Spottiswoode. XI, 351 p. gr. 8°.

Elenco alfabetico dei signori che di loro doni regalarono la civica biblioteca roveretana durante l'anno 1891. Rovereto, tip. Sottochiesa. 9 p. 4°.

Franqueville, Cte. de. L'Institut de France: son origine, ses transformations, son organisation. Paris, Picard & fils. 99 p. 8°.

Franqueville, Cte. de. Le premier siècle de l'Institut de France 25 octobre 1795 – 25 octobre 1895. Tome I: Histoire, organisation, personnel, notices biographiques et bibliographiques sur les académiciens titulaires. Paris, J. Rothschild. 404 p. 4°. Prix pour les 2 volumes ensemble Fr. 60,—, sur papier du Japon Fr. 100.—

Hanauer, A. Dieboll Lauber et les calligraphes de Haguenau au XV° siècle. Strasbourg, J. Noiriel. 45 S. gr. 8°. M. 1.20
Separatabdruck aus „Revue cathol. d'Alsace".

Hausmann, S. Die Kaiserl. Universitäts- und Landesbibliothek in Strassburg. Festschrift zur Einweihung des neuen Bibliothekgebäudes. Strassburg, Karl J. Trübner. III. 51 S. mit 7 Abbildgn. gr. 8°. M. 1.80

Jagić, V. Die Geheimsprachen bei den Slaven. I. Bibliographie des Gegenstandes und die slavischen Bestandtheile der Geheimsprachen. Wien, G. Freytag. 64 S. Lex. 8°. M. 1.80
Aus „Sitzungsberichte der K. Akademie der Wissenschaften".

Jahresberichte für neuere deutsche Litteraturgeschichte, mit besonderer Unterstützung von E. Schmidt herausgegeben von J. Elias u. M. Osborn. Band 4 (J. 1893), 2. u. 3. Abteilung. Stuttgart, Göschens Verl. 288 S. Lex. 8°. M. 13.20

Inventaire sommaire des archives départementales antérieures à 1790, rédigé par J. Finot. Nord: Archives civiles. Série B: Chambre des comptes de Lille, No. 3390 à 3665. Tome 8. Lille, Imp. Danel. XLIII, 438 p. 4°.

Just's Botanischer Jahresbericht. Systematisch geordnetes Repertorium der botanischen Literatur aller Länder. Herausgegeben von E. Koehne. Jahrgang 21 (1893), 2. Abth. 1. Heft. Berlin, Gebr. Borntraeger. 365 S. gr. 8°. M. 12.—

Lombroso, A. Saggio di una bibliografia ragionata per servire alla storia dell' epoca napoleonica. Vol. V. Modena, Namias e C. 160 p. 8°. L. 3.50

Maire, A. Manuel pratique du bibliothécaire. Bibliothèques publiques, bibliothèques universitaires, bibliothèques privées. Paris, A. Picard & fils. 600 p. 8°.

Mazerolle, F. Documents sur les relieurs des ordres royaux de Saint-Michel et du Saint-Esprit. Châteaudun, Paris, Leclere et Cornuau. 51 p. 8°.
Extrait du Bulletin du bibliophile.

*Morpurgo, S. I manoscritti della r. biblioteca Riccardiana di Firenze: Manoscritti italiani. Vol. I, fasc. 4–5. Prato, tip. Giachetti, figlio e C. 8°. à L. 1.—

*Omont, H. Catalogue général des manuscrits français de la Bibliothèque nationale. Tome I: Ancien supplément français I. No. 6171–9560 du fonds français. Paris, E. Leroux. 8°. Fr. 7.50

Pawlowski, A. (A.-P. de Lannoy.) Bibliographie raisonnée des ouvrages concernant le Dahomey (Fopua, Juda, Porto-Novo, Dahomey, Mahi). Paris, L. Baudouin. 47 p. 8°. Fr. 1.50
Extrait de la Revue maritime.

Potter, E. N. Washington a model in his library and life. New York, Young & Co. 14, 220 p. 8°. cloth D. —.75

Raines, C. W. A bibliography of Texas; or a descriptive list of books, pamphlets and documents relating to Texas, in print and manuscript, since 1536. Austin, Texas, C. W. Raines. 200 p. 8°. D. 2.—

Régnier, J. — Bibliographie historique du département de l'Eure pendant
l'année 1894. Evreux, Impr. Hérissey. 96 p. 6°.
Sattler, Jos. Deutsche Kleinkunst in 42 Bücherzeichen. Berlin, J. A.
Stargardt. 10 S. u. Tafeln. 4°. M. 40.—
Small, Herb. Handbook of the New Public Library in Boston, with contributions by C. Howard Walker and Lindsay Swift. Boston, Curtis & Co.
71. 21 p. 8°. D. —.10
Thompson, Corrie I. Light railways: a catalogue of books, reports,
papers and articles relating to light railways. London, P. S. King & Son.
8°. Sh. 2.6
Vicaire, G. Manuel de l'amateur de livres du 19. siècle. 1831—1893. Fasc.
6. Paris, A. Rouquette. 8°. Fr. 10.—
Wolfram, G. Die Dufresne'sche Urkundensammlung. [Aus: Jahrbuch der
Gesellschaft für lothringische Geschichte."] Metz, G. Scriba. 30 S. Lex.
8°. M. 1.—
Zimmermann, Jul. Katalog der Schulbibliothek (des Realgymnasiums)
(1869—1895). Zwickau. 43 S. 6°.
Programm des Realgymnasiums.

Antiquarische Kataloge.

Ackermann, Th., München. No. 389: Deutsche Litteraturgesch. 952 N^{os}. —
No. 380: Mathematik. 655 N^{os}. — No. 301: Deutsche Geschichte. (Bibl. v.
Prof. Dr. A. v. Druffel.) 556 N^{os}. — No. 392: Staatswissenschaft, Politik,
Socialwiss. 1439 N^{os}. — No. 393: Philosophie. (Bibl v. Prof. Mor. Carriere.)
924 N^{os}. — No. 394: Physik. (Bibl. v. Prof. Narr.) 1696 N^{os}. — No. 395:
Hebraica u. Judaica. 538 N^{os}. — No. 396: Span. u. portugies. Sprachwiss.
u. Geschichte. 281 N^{os}. — No. 397: Angelsächs., Englisch. 1093 N^{os}. —
No. 400: Deutsche Belletristik. 5587 N^{os}.
Antiquariat, Schweizer., Zürich. No. 176. 178: Neueste Erwerbungen. 1358.
1481 N^{os}.
Baer & Co. Frankfurt. No. 360: Botanik. 981 N^{os}. — No. 361: Geschichte
Grossbritanniens. 910 N^{os}. — Anz. No. 445: Miscell. No. 7017—7156.
Bielefeld's Hofbh. Karlsruhe. No. 178: Deutsche Litteratur. 1724 N^{os}.
Bose Jena. No. 30: Klass. Philologie. 940 N^{os}. — No. 31: Volkswirtschaft.
580 N^{os}.
Cohen Bonn. No. 99: Erwerbgn. a. d. Bibl. d. franz. Botschafters Waddington. 901 N^{os}.
Dörling Hamburg. No. 57: Theologie etc. 994 N^{os}. — No. 58: Naturwissenschaften. 702 N^{os}.
Fiedler's Ant. Zittau. No. 23: Vermischtes. 469 N^{os}.
Fränkel Berlin. No. 12: Auswahl aus Rechts- u. Staatswiss. 1370 N^{os}.
Georg & Co. Basel. No. 52: Vermischtes. No. 411—659.
Gilhofer & Ranschburg Wien. No. 48: Schachbibliothek. Spielkartenlitteratur. 263 N^{os}.
Glogau Jun., M., Hamburg. No. 51: Vermischtes. 1945 N^{os}.
Gmad Würzburg. No. 24: Medicin. 3257 N^{os}.
Goldschmidt Hamburg. No. 28: Vermischtes. 551 N^{os}.
Harrassowitz Leipzig. No. 212: Kunst. Musik. Theater. 1122 N^{os}.
Hess & Cie. München. No. 11: Seltene u. wertvolle Bücher. 462 N^{os}.
Hiersemann Leipzig. No. 150: Kirchenslaw. u. russ. Bücher. 529 N^{os}. —
No. 153: Russland. Einzelblätter, Karten, Pläne etc. 1170 N^{os}. — No. 155:
Afrika. 659 N^{os}. — No. 139: Seltene u. kostbare Werke. 572 N^{os}.
Kaufmann Stuttgart. No. 73: Neuerwerbungen. 929 N^{os}.
Kerler Ulm. No. 215*: Spanien u. Portugal. 310 N^{os}. — No. 216: Russland
u. Polen. 813 N^{os}.
Kirchhoff & Wigand Leipzig. No. 967: Theologie. 4068 N^{os}.
Koehler's Ant. Leipzig. No. 529: Mineralogie. Krystallographie. 2619 N^{os}.
Lehmann, Paul, Berlin. No. 83: Rechtswissenschaft. (Bibl. v. Prof. Bernstein.) 2154 N^{os}.

Liebisch Leipzig. No. 85: Syst. Theologie. No. 3712—6299.
List & Francke Leipzig. No. 275: German Philology. 1971 Nos.
Lüneburg München. No. 6: Oriental. Religionssyst. Philosophie. 1550 Nos.
v. Masars Bremen. No. 2: Städteansichten. 841 Nos.
Meier-Merhart Zürich. No. 220: Vermischtes. 3271 Nos.
Merkel Erlangen. No. 134: Prot. Theologie. 1993 Nos.
Nauck Berlin. No. 63: Theologie. 2816 Nos.
Peeh Hannover. No. 9: Geschichte, Militaria, etc. 1323 Nos.
Pehrsson Gothenburg. No. 5: Vermischtes. 3469 Nos.
Poppelauer Berlin. No. 2: Hebraica u. Judaica. 1939 Nos.
Raunecker Klagenfurt. No. 80: Vermischtes. 937 Nos.
Ricker'sche Bh. Giessen. No. 18: Theologie. 2903 Nos.
Schweitzer Aachen. No. 8: Kath. Theologie. 1537 Nos. — No. 9: Deutsche Litteratur. 693 Nos. — No. 10: Geographie. 456 Nos. — No. 11: Gewerbekunde, Handelswiss. 623 Nos. — No. 12: Ausländ. Litteratur. Philologie. 1085 Nos.
Seligsberg Bayreuth. No. 232: Schönwiss. Litteratur. 2757 Nos.
Simmel & Co. Leipzig. No. 142: Geographia, historia, mythologia, antiquit. No. 7707—10809. — No. 161: Romanica 1760 Nos. — No. 165: Literae graecae et rom. 4712 Nos.
Stargardt Berlin. No. 200: Kulturgesch. 1882 Nos.
Volckmann & Jerosch Rostock. No. 32: Mecklenburgica. 1215 Nos.
Weber Berlin. No. 175: Theologie. Pädagogik. 66 S.
Weg Leipzig. No. 46: Geologie, Palaeontologie. 4161 Nos.
Weigel, Osw., Leipzig. No. 71: Cryptogamae. 2146 Nos. — No. 72: Anatomia et physiol. plantarum. 1810 Nos.
Wesley & Son London. No. 124: Astronomy. 1789 Nos.

Personalnachrichten.

Dem Bibliothekar an der Königlichen Bibliothek zu Berlin Dr. Theodor Gleiniger ist der Titel „Oberbibliothekar" beigelegt worden.

Der bisherige Volontär an der Kieler Universitäts-Bibliothek Dr. Johann Sass ist am 31. Mai d. J. als Assistent vereidigt worden.

Der bisherige Assistent der Universitäts-Bibliothek in Erlangen Dr. phil. Georg Wolff ist am 1. November d. J. zum Sekretär der Universitäts-Bibliothek in München befördert worden. Derselbe, protest., geb. 15. Oktober 1859 zu Leipzig, studierte klass. und deutsche Philologie und Theologie, bestand 1889 die philol. Hauptprüfung und trat am 1. Juli 1890 in den Dienst der Universitäts-Bibliothek Erlangen, woselbst er am 1. August 1890 zum Assistenten ernannt wurde.

Der seitherige Accessist an der Gr. Hofbibliothek in Darmstadt Lehramtsassessor Karl Bader ist am 2. November zum Sekretär an der Gr. Hofbibliothek ernannt worden.

Bei der Universitäts-Bibliothek zu Jena trat am 15. Oktober als Volontär ein Dr. phil. Max Zerbst. Derselbe ist am 1. September 1863 in Jena geboren und studierte germanische Philologie, Geschichte und Philosophie in Leipzig und Jena.

In Wien starb am 29. Oktober der Regierungsrat Wenzel Hartl, Custos der Hofbibliothek, im 68. Lebensjahre.

Dem Bibliothekar an der Königl. Universitäts-Bibliothek zu Göttingen, kommissarischen Bibliothekar der Königl. Landes-Bibliothek zu Wiesbaden Dr. Johannes Franke ist der Titel „Oberbibliothekar" beigelegt worden.

Am 28. Sept. starb in Krakau Gustav Ehrenberg, von 1867—1870 Bibliothekar der Gräfl. Zamoyskischen Bibliothek in Warschau, 77 Jahre alt.

Am 20. Okt. starb in Krakau der Nestor der polnischen Bibliothekare Zegota Pauli im 67. Lebensjahre. (Przev. bibl. XVIII, 11.)

Verlag von Otto Harrassowitz, Leipzig. — Druck von Ehrhardt Karras, Halle.